民事判例研究

〔XLIV〕

民事判例研究會 編

博 英 社

Journal of Private Case Law Studies

〔XLIV〕

Academy of Private Case Law Studies

2022

Parkyoung Publishing & Company

Seoul, Korea

머 리 말

지난 2021년은 코비드19 팬데믹으로 인한 사회적 거리두기가 계속되어 여러 연구모임들이 모두 어려움을 겪었습니다. 그럼에도 민사판례연구회는 꾸준히 본연의 임무인 판례연구를 계속하였습니다. 비록 오프라인 월례회는 거리두기가 완화된 5, 6월에만 열 수 있었지만 나머지 달에도 한 번도 빠지지 않고 온라인으로 월례회를 열어 함께 공부를 하였습니다. 많은 흥미로운 주제가 다루어졌습니다.

이번에도 위와 같이 10번의 월례회에서 발표된 논문들을 모아서 민사판례연구 제44권을 내게 되었습니다. 어려운 팬데믹 상황에서도 이렇게 꾸준히 연구활동을 하고 또 그 성과를 묶어 낼 수 있는 것에 감사할 따름입니다.

한편 2021년의 하계 심포지엄에서는 민사판례연구회의 10년마다의 전통에 따라 "2010년대 민사판례의 경향과 흐름"을 대주제로 하여, 민법총칙, 채권법, 물권법, 가족법, 상법, 민사소송법/민사집행법의 각 영역에서 판례 경향을 검토하였고, 이 하계심포지엄의 결과는 별도의 단행본으로 출간하였습니다.

올해 하계 심포지엄의 대주제는 "회사법의 제문제"입니다. 지난 10여년간 회사법에는 많은 개정이 있었고 새로운 쟁점들이 많이 등장하였습니다. 그래서 회사법은 연구자들에게 연구의 과제를 다수 제기하고 있습니다. 이 심포지엄을 통해 회원들의 회사법에 대한 이해를 더욱 깊게 하고, 또한 법조계 전체에도 새로운 쟁점들을 인식시킬 수 있을 거라고 기대합니다.

마지막으로 발간을 위하여 애써 주신 조인영 교수님, 김영진 부장판사님, 그리고 번거로운 출판작업을 맡아 주신 박영사의 여러분께도 감사의 뜻을 전합니다.

2022년 2월

민사판례연구회 **회장 전 원 열**

目　次

Contents

Case Comments

사정변경 원칙의 요건과 '예견불가능'에 관한 검토

장 윤 실*

요 지

사정변경 원칙은 계약 성립 당시 기초가 된 사정이 변경됨에 따라 계약 내용을 유지하는 것이 신의칙에 반하는 경우 계약당사자로 하여금 계약의 구속력에서 벗어나 계약 내용을 변경하거나 계약관계를 해소할 수 있는 기회를 제공한다. 종래 학설상 널리 인정되어 오던 사정변경 원칙은 대법원 판례에 의해서도 일반론으로서 명시적으로 인정되어 왔으나, 대법원이 구체적인 사안에서 사정변경 원칙을 적용하여 계약의 해제 또는 해지를 인정한 사례는 찾기 어려웠다. 대상판결은 공간된 대법원 판결 중 최초로 사정변경 원칙을 근거로 계약의 해지를 인정하였으며, 이를 위하여 '사정변경, 예견불가능, 중대한 불균형 또는 계약목적의 달성불능'의 요건이 필요함을 확인하였다.

사정변경 원칙의 요건 중 '사정변경을 예견할 수 없었을 것' 즉, '예견불가능' 요건의 충족 여부에 따라 사정변경 원칙의 적용 여부가 달라지는 경우가 다수 확인된다. 대법원은 '합리적인 사람'의 입장에서 계약의 유형과 내용, 당사자의 지위, 거래경험과 인식가능성, 사정변경의 위험이 크고 구체적인지 등의 사정을 고려하여 구체적인 사안의 사정변경을 예견할 수 없었는지를 판단해야 한다고 보는 입장이다. 결국 '예견불가능' 여부는 개별적인 사안에서 법관에 의해 판단될 수밖에 없다. 최근 선고된 판결을 살펴보면, 계약의 대상이 된 사업 자체에 내재한 위험이 현실화되어 발생하거나 당사자가 통제할 수 있는 영역 내에서 발생한 경우에는 '예견불가능' 요건이 부정되었

* 서울북부지방법원 판사.

고, 당사자가 통제할 수 없는 외부적 영역에서 발생한 경우에는 '예견불가능' 요건이 인정되었다. 대상판결과 같이 계약의 일방당사자가 행정청에 대하여 한 신고가 거부 또는 반려되어 사정변경이 발생할 수도 있는데, 계약의 쌍방 당사자가 그러한 사정변경이 발생할 것을 기대하지 않았고 객관적인 상황에 비추어 그러한 기대가 합리적인 것으로 수긍할 수 있는 경우에는 '예견불가능' 요건이 인정될 가능성이 클 것으로 생각된다. 대상판결을 계기로 사정변경 원칙을 인정하기 위한 구체적인 요건과 개별 요건에 대한 검토가 보다 심층적으로 이루어질 수 있기를 기대한다.

[주 제 어]
- 사정변경
- 사정변경 원칙
- 계약위험
- 예견불가능
- 합리적인 사람

대상판결 : 대법원 2020. 12. 10. 선고 2020다254846 판결

[사안의 개요]

1. 사실관계

원고는 2006년경부터 용인시 기흥구 신갈동 상미지구단위계획구역 내 주택건설사업(이하 '이 사건 사업'이라 한다)을 추진하던 중, 2016. 1. 22. 소외 회사와 사이에 이 사건 사업시행에 필요한 용역을 위임하는 내용의 시행대행계약을 체결하였다.

원고는 피고와 2016. 2. 17. 피고 소유의 용인시 기흥구 신갈동 388-215 답 1,213㎡, 같은 동 388-1090 답 437㎡(이하 '이 사건 토지'라 한다)에 관하여 보증금 1억 원, 연 차임 3,000만 원, 기간 계약일로부터 3년으로 하되 임차인 필요시 연장하는 내용의 임대차계약(이하 '이 사건 임대차계약'이라 한다)을 체결하였다. 이 사건 임대차계약은 특약사항으로 '① 양지상미 지주공동 사업의 견본주택 건축을 목적으로 한다. ② 피고는 계약과 동시에 가건물 건축 인허가에 필요한 제반서류를 제공한다'는 내용을 정하고 있다. 피고는 이 사건 임대차계약에 따라 소외 회사로부터 2016. 2. 17. 계약금 1,000만 원, 2016. 3. 16. 2,000만 원, 2016. 4. 4. 300만 원, 2016. 4. 16. 1억 원 합계 1억 3,300만 원을 지급받았다.

원고는 이 사건 사업을 위하여 주택건설사업자로 등록하고 이 사건 토지에 견본주택을 건축하기 위하여 2016. 4. 8. 기흥구에 가설건축물 축조신고서를 제출(이하 '이 사건 신고'라 한다)하였으나 2016. 4. 21. 위 신고가 반려되었다.

소외 회사는 2018. 4. 11. 피고에게 '이 사건 임대차계약이 무효가 되었으니 1억 3,300만 원을 임대차계약서에 기재된 원고에게 변제하라'는 내용의 통지를 보냈고, 원고는 2018. 5. 14. 피고를 상대로 임대차보증금 등의 반환을 구하는 이 사건 소송을 제기하였다.

2. 소송의 경과

(1) 제1심(수원지방법원 2018. 11. 8. 선고 2018가단521112 판결) : 원고 청구 기각

원고는, 이 사건 임대차계약은 이 사건 토지를 견본주택 건축부지로 사용하는 것을 전제로 하는 것인데 이 사건 신고가 반려되어 견본주택 건축부지로 사용하는 것이 불가능하게 됨에 따라 이 사건 임대차계약이 실효되었으므로 이 사건 소장 부본의 송달로써 이 사건 임대차계약을 해제하거나 착오를 이유로 취소한다고 주장하면서, 피고를 상대로 부당이득반환 또는 원상회복으로 임대차보증금 및 차임 합계 1억 3,300만 원의 반환을 구하였다.

제1심판결은 아래와 같은 사정을 들어 이 사건 임대차계약이 무효, 취소 내지 해제되었다는 점을 인정하기에 부족하다는 이유로 원고의 청구를 기각하였다.

① 이 사건 임대차계약의 목적인 이 사건 토지를 견본주택으로 사용하는 것이 임대차계약 체결 시에 이미 확정적으로 불가능하였다는 점을 인정할 증거가 없으므로 이 사건 임대차계약이 무효라고 보기 어렵다.

② 이 사건 임대차계약 체결의 동기가 된 견본주택의 설치 여부가 이 사건 임대차계약의 내용이 되었다고 보더라도 원고가 이 사건 임대차계약 체결 당시 중요 부분에 대하여 착오를 일으켰다고 인정할 증거가 없다.

③ 이 사건 임대차계약서에 특약사항으로 '양지상미 지주공동 사업의 견본주택 건축을 목적으로 한다'라고 기재되어 있는 사실만으로 위 특약사항이 이 사건 임대차계약의 약정해제사유를 정한 것으로 보기 어렵다.

④ 이 사건 신고가 반려된 사유는 '해당 주택건설사업계획부지에는 지역주택조합이 설립되었거나 설립인가가 신청된 바 없으며 지역주택조합이 아닌 개인사업자로부터 주택건설사업계획승인이 신청 접수되어 검토 중인 사항으로 승인되지 않은 주택건설사업의 견본주택 건립은 불가능하다'는 것으로 이는 원고 측의 사정에 의한 것이고, 그와 달리 피고의 귀책사유로 인하여 이행불능이 된 것이라고 볼 수 없다.

(2) 항소심(수원지방법원 2020. 7. 7. 선고 2018나87538 판결) : 원고 청구 일부인용

원고는 항소심에 이르러 이 사건 임대차계약이 유효하다고 하더라도 임대차계약을 유지할 수 없는 중요 부분에 사정변경이 발생하였으므로 이를 이유로 이 사건 임대차계약을 해제 또는 해지한다고 주장하였다.

항소심판결은 이 사건 계약의 취소, 해제 등 주장에 관하여는 제1심판결을 판단을 그대로 인용하였다. 다만 이 사건 임대차계약의 사정변경을 이유로 한 해제 또는 해지 주장에 관하여는 사정변경 원칙에 관한 종래 대법원 판시를 인용한 다음, 아래와 같은 사정에 비추어 보면, 견본주택 건축은 이

사건 임대차계약의 성립의 기초가 된 사정으로 인정되고 견본주택을 건축할 수 없어 원고가 임대차계약을 체결한 목적을 달성할 수 없고 피고가 원고에게 이 사건 토지를 사용·수익 가능한 상태로 인도한 것으로 볼 수도 없는 이상 이 사건 임대차계약을 그대로 유지하는 것은 원고와 피고 사이에 중대한 불균형을 초래하는 경우에 해당한다고 판단하였다.

① 원고와 피고는 이 사건 사업을 위한 견본주택 건축을 목적으로 임대차계약을 체결하였고, 이 사건 임대차계약서에도 특약사항으로 위 목적이 명시되어 있으므로, 이는 임대차계약에 있어 매우 중요한 사항이라고 판단된다.

② 피고는 이 사건 사업을 추진하던 상미마을 지주공동사업 추진위원회의 추진위원으로서 이 사건 사업의 진행 내용 등에 대하여 잘 알고 있었으므로, 견본주택이 건축되지 않을 경우 원고가 이 사건 토지를 사용할 이유가 없다는 것을 임대차계약 당시부터 인식하고 있었다고 보인다.

③ 원고는 용인시장으로부터 2016. 4. 21. 가설건축물 축조신고 반려통보를 받고, 2016. 8. 주택사업계획승인신청 반려통보를 받음으로써 견본주택을 건축할 수 없게 되었고, 피고도 그 무렵 이 사건 토지에 견본주택을 건축할 수 없다는 것을 알게 되었다.

④ 임대인은 목적물을 사용·수익에 적당한 상태를 갖추어 임차인에게 인도해야 하고 계약 존속 중에도 사용·수익에 필요한 상태를 유지하게 될 의무를 부담하는데, 이 사건 토지는 이 사건 임대차계약 체결 당시부터 현재까지 소외인이 무단으로 점유하면서 샷시 제조를 위한 임시가설물 설치, 각종 자재 보관 용도로 사용하고 있다.

나아가 항소심판결은 위와 같은 사정변경을 이유로 한 이 사건 임대차계약의 해지를 인정하였다. 원고는 2017. 2. 13.경 피고에게 '약속한 기일인 2017. 2. 17.까지 기다리는 것이 합당하나 서면으로 통고하는바 이 사건 사업에 필요한 홍보관을 건립하기 위하여 보증금 1억 원과 임대료 연 3,000만 원 합계 1억 3,300만 원으로 약정한 사실이 있으나, 홍보관 건축 불가 통보를 받아 시공할 수 없으므로 2017. 2. 1. 피고와 협의한 대로 보증금 반환을 요구한다'는 취지의 통고서를 발송하여 2017. 2. 17. 이후 장래를 향하여 이 사건 임대차계약에 대한 해지통보를 하였고, 이로써 이 사건 임대차계약이 2017. 2. 17.경 적법하게 해지되었다고 판단하였다. 원고의 청구는 '피고는 원고에게 임대차보증금 1억 원 및 이에 대한 해지 다음날부터 지연손해금을 지급'하는 범위에서 일부 인용되었다.[1)]

3. 대상판결의 요지 : 상고기각

위 항소심판결에 대하여 피고가 상고하였으나, 대법원은 사정변경 원칙에 관하여 아래와 같이 판시한 다음, 항소심판결을 인용하면서 위 판결에 논리와 경험의 법칙에 반하여 자유심증주의의 한계를 벗어나거나 계약당사자, 사정변경에 따른 계약해지 등에 관한 법리를 오해한 잘못이 없다고 판단하여 피고의 상고를 기각하였다.

> "계약 성립의 기초가 된 사정이 현저히 변경되고, 당사자가 계약의 성립 당시 이를 예견할 수 없었으며, 그로 인하여 계약을 그대로 유지하는 것이 당사자의 이해에 중대한 불균형을 초래하거나 계약을 체결한 목적을 달성할 수 없는 경우에는 계약준수 원칙의 예외로서 사정변경을 이유로 계약을 해제하거나 해지할 수 있다(대법원 2017. 6. 8. 선고 2016다249557 판결 참조)."

〔研　　究〕

1. 서　　론

사정변경 원칙은 계약준수 원칙의 예외로서 계약체결 당시 예상하지 못한 사유가 발생한 경우 계약당사자들이 계약의 구속력에서 벗어나는 것을 허용할 것인지의 문제를 다룬다.[2] 계약은 현재와 장래에 불확실한

---

1) 그 밖에도 원고가 피고에 대하여 소외 회사로부터 지급받은 임대차보증금 등의 반환을 청구할 수 있는지 문제되었으나, 항소심판결은 원고와 피고 사이에 이 사건 임대차계약이 체결되었으므로 임대차보증금을 누가 지급하였는지 여부를 불문하고 원고는 임대차계약의 당사자로서 피고에 대하여 보증금의 반환 등을 구할 수 있다고 판단하였고 대법원 역시 항소심의 판단을 수긍하였다.

한편, 원고는 임대차보증금 1억 원 외에 2016년도 차임 3,000만 원에 대하여도 반환을 구하였으나, 항소심판결은 원고가 이 사건 임대차계약일로부터 1년이 경과한 2017. 2 .17.자로 임대차계약을 해지하려는 의사였다고 봄이 상당하다는 이유로 2016년도 임대료는 피고에게 귀속된다고 판단하여, 위 인정범위를 초과하는 부분의 원고 청구를 기각하였다.

2) 사정변경 원칙이라는 용어는 일본의 가츠모토 마사아키라에 의하여 고안되어 정립된 용어와 이론이 우리나라에 수용된 것이라고 한다. 김희동, 사정변경 원칙론의 일본에서의 연혁과 입법동향, 서울법학 제25권 제2호(2017), 198면. 이와 관련하여

사태가 발생하는 경우에도 법적인 구속력을 가지고 당초의 예상과 실제 사이에 괴리가 있는 경우에도 당초 약정대로 이행하도록 함으로써 불확실성 내지 위험의 인수를 포함한다.[3] 그러나 계약 당시 예상과 다른 사태가 전개된 경우 계약의 구속력을 그대로 인정하는 것이 부당한 경우가 있고, 이러한 점에서 사정변경 원칙은 계약 성립 당시 당사자들이 예견할 수 없었던 계약 성립의 기초가 되는 사정변경이 발생하여 계약의 구속력을 인정하는 것이 신의칙에 반한다고 평가되는 경우에 한하여 계약에서 벗어날 수 있는 가능성을 제공한다.

대법원은 종래 일반론의 차원에서 사정변경 원칙을 인정하면서도 구체적인 사안에서 사정변경 원칙을 적용하여 계약의 해제 또는 해지를 인정하지는 않았다. 그러나 대상판결은 공간된 대법원판결 중 최초로 사정변경을 이유로 한 계약의 해지를 명시적으로 인정하였다. 이 글에서는 먼저 사정변경 원칙의 의미와 국내외 논의 및 판례의 태도를 정리한 다음, 대법원판결이 제시한 사정변경 원칙의 요건과 그 의미에 관해 살펴본다. 또한, 사정변경 원칙의 요건 중 실무상 빈번하게 다투어지는 '예견불가능'의 의미와 판단기준을 검토하고, 최근 선고된 대법원 및 하급심 판결에서 '예견불가능' 요건이 어떻게 기능하고 있는지를 정리하며 이에 비추어 대상판결 사안에서 '예견불가능' 요건이 인정되는지 여부를 논의한다. 끝으로 대상판결의 의미와 전망에 대해 살펴본다.

일반적으로 사정변경 원칙이라고 표현한 것은 이를 신의칙에서 파생되는 새로운 원칙으로 이해하여 민법상의 일반원칙으로 인정하려는 태도에 근거한 것인데 학설 중 이를 반대하는 견해가 있고 판례도 일정한 경우에만 사정변경을 인정하고 있다는 등의 이유로 원칙이 아니라 '사정변경의 법리' 정도로 표현하는 것이 바람직하다는 견해가 있다. 정상현, 매매목적 토지에 발생한 사정의 변경과 계약의 효력-대법원 2007. 3. 29. 선고 2004다31302 판결, 저스티스 제104호(2008), 196면. 이 글에서는 일반적으로 사용되는 용어에 따라 '사정변경 원칙'이라고 표현한다.

3) 이동진, 계약위험의 귀속과 그 한계: 사정변경, 불능, 착오, 비교사법 통권 제84호 (2019), 41-42면.

2. 사정변경 원칙 일반론

(1) 의 미

사정변경 원칙은 일반적으로 법률행위, 특히 계약 성립 당시의 기초가 되는 사정이 그 후에 현저하게 변경되어 당초 예정하였던 행위의 효과 내지 계약의 내용을 그대로 유지하는 것이 신의칙과 공평의 원리에 반하는 경우 당사자가 그 법률행위의 효과를 신의, 공평에 맞게 변경하거나 해소할 수 있다는 원칙을 의미한다.[4)]

(2) 연 혁

사정변경 원칙은 중세 교회법에 의해 제기된 사정존속약관(clausula rebus sic stantibus)[5)]의 이론에서 유래하는데, 이 이론은 모든 계약에서 그 기초가 되는 사정이 근본적으로 변경되면 계약에 대한 구속력은 없어진다고 본다.[6)] 19세기 이후 계약충실의 원칙(pacta sunt servanda)이 강조됨에 따라 사정존속약관의 이론이 부정되기도 하였으나, 제1, 2차 세계대전에 의한 사회적 변동을 계기로 다시 논의가 시작되었고, 법률행위를 하게 된 기초가 되는 사정이 현저히 변경되었음에도 당초 예정하였던 행위의 효과 내지 계약의 내용을 강제하는 것은 당사자에 대하여 불공평을 초래한다는 점에서 독일의 '행위기초론'(Die Lehre von der Geschäftsgrundlage), 프랑스법의 '불예견론'(la théorie de l'imprévision), 영미법의 '계약목적좌절의 법리'(The doctrine of frustration of contract) 등이 논의되기에 이르렀다.[7)] 우리나라의 경우 일본 민법의 사정변경 원칙이나 독일의 행위기초론의 영

4) 김용담 편, 주석민법 민법총칙(1) 제5판, 한국사법행정학회(2019), 151면(권영준 집필).
5) 효력유지약관으로 불리기도 한다. 이를 직역하면 '만일에 사물이 그대로 있었더라면이라는 조항'이라는 의미로 계약이 체결된 때의 사정이 그대로 있는 한도에서 그 계약은 유효하다는 약관이 모든 계약에는 포함되어 있다고 보는 것이다. 곽윤직, 채권각론 제6판, 박영사(2003), 92면.
6) 김용담 편(주 4), 152면(권영준 집필).
7) 김용담 편(주 4), 152면(권영준 집필); 백태승, 독일 행위기초론의 발전과 최근 동향, 저스티스 제25권 제1호(1992), 53-54면.

향을 받은 것으로 보인다.

(3) 비교법적 검토

사정변경 원칙에 의한 계약의 해소 또는 수정은 명문화되거나 학설 및 판례에 의해 인정되어 오다가 여러 국가에서 입법화되는 과정에 있는 것으로 평가된다.[8] 아래에서는 영미와 프랑스, 독일 및 일본에서의 사정변경 원칙에 관한 논의를 살펴본다.

(가) 독 일

독일의 행위기초론은 계약의 실제상황이 계약체결 당시 당사자의 표상 또는 기대에 현저히 어긋나는 경우 그로부터 발생하는 계약위험을 당사자에게 어떻게 공평하게 분산시킬 것인지의 문제를 다룬다.[9] 독일의 학설과 판례는 "행위기초의 결여 또는 상실(Fehlen oder Wegfall der Geschäftsgrundlage)"이라는 법리를 발전시켜 위와 같은 경우에 계약의 내용을 수정하거나 계약을 해제·해지할 수 있도록 정하였다.[10] 그 법적인 근거로는 통상 독일민법 제242조에 규정된 신의칙이 인용되며, 이는 계약참여자들이 근거로 삼고 있는 전제 요건들이 실제 존재하지 않는 것으로 확인되거나 계약체결 과정에서 계속 지속될 것으로 여겼던 관계가 근본적으로 변경되거나 기대되었던 사정들이 실현되지 못하는 경우, 계약참여자들이 추구한 목적은 당초 예정하였던 기초와 사정의 변경으로 더 이상 성취될 수 없게 되므로 그러한 법률행위에 계약참여자들을 계속 구속하여 두는 것은 신의칙상 적절하지 못하다고 본다.[11]

학설과 판례에서 인정되던 행위기초론은 2002년 독일채권법현대화법률이 시행되면서 독일민법 제313조에 "행위기초의 장애"[12]라는 이름으로

---

8) 이영준, 사정변경의 원칙, 민사법학 제82호(2018), 5면.
9) 백태승(주 7), 53-54면.
10) 박규용, 사정변경의 원칙과 행위기초론, 한국법학회 법학연구 제40호(2010), 86-87면.
11) 박규용(주 10), 98면.
12) 제313조(행위기초의 장애)
(1) 계약의 기초로 되어 있던 사정들이 계약체결 후에 중대하게 변경되었고, 당사자들이 이 변경을 미리 예견했더라면 계약을 체결하지 않았거나 다른 내용으로 체결

명문화되었다.[13] 그에 따라 객관적 행위기초의 장애로서 계약의 내용이 아닌 계약의 기초가 된 본질적인 사정이 변경되고, 계약체결 당시에 그러한 사정변경을 예견하지 못하였으며, 본래대로의 계약유지를 기대할 수 없는 경우 외에 계약의 기초로 되어 있는 본질적인 설명들이 옳지 않은 것으로 밝혀지는 경우인 주관적 행위기초의 장애가 발생한 경우, 계약당사자는 계약의 변경을 청구할 수 있고, 그러한 변경이 가능하지 않거나 또는 일방당사자에게 기대될 수 없는 경우에는 계약을 해제 또는 해지할 수 있게 된다.[14]

(나) 프 랑 스

종래 프랑스민법은 사정변경 원칙에 관한 규정을 두고 있지 않고 계약준수의 원칙(pacta sunt servanda)을 선언하고 있었다.[15] 다만 학설상으로는 계약체결 당초에 당사자가 예상하지 못한 새로운 사정이 발생한 경우 원래의 이행조건을 유지해야 하는지에 관하여 '불예견론'이라는 형태로 계속적 계약에 있어서 우연한 사고 또는 불가항력이라고 말할 수 없는 사정의 변경에 의하여 그 이행이 계약체결 당시에 채무자가 예견하였던 것보다 훨씬 부담되는 경우 그 채무자에게 계약의 해약 또는 개정을 요구하는 권리를 인정한다는 이론이 논의되고, 그 근거로는 앞서 본 사정존속약관의 이론, 민법 제1134조 제3항의 신의칙 등이 제시되었다.[16] 판례는 특히 민사 분야에서는 법원에 의한 계약의 변경이나 종료를 인정

했을 경우, 개별적인 모든 상황 특히 계약적 또는 법적 위험분배의 고려 하에서 일방당사자에게 변경되지 않은 계약의 유지를 기대할 수 없는 한, 계약의 수정이 요구될 수 있다.

(2) 계약의 기초로 되어 있는 본질적인 설명이 잘못으로 밝혀지는 경우에 사정의 변경과 동일하다.

(3) 계약의 수정이 가능하지 않거나 일방당사자에게 기대될 수 없으면, 불이익을 받는 당사자는 계약을 해제할 수 있다. 계속적 채권관계를 위해서는 해제권 대신에 해지권이 대신한다.

13) 박규용(주 10), 99면.

14) 박규용(주 10), 100-105면.

15) 프랑스 민법 제1134조 제1항은 "적법하게 된 약정은 그것을 체결한 자에 대하여 법률을 대신한다"고 정하고 있다.

16) 박정기, 사정변경의 원칙에 관한 비교법적 고찰, 법학논고 제37권(2011), 225-226면.

하지 않고 있는 것으로 평가되나 신의칙을 기초로 사정변경을 인정하는 사례도 있는 것으로 보인다.[17] 한편 2016년 프랑스 개정민법에서는 사정변경 원칙을 규정하여[18] 법원이 개입하여 계약을 수정하거나 종료할 수 있도록 정하고 있다.[19]

(다) 영 미

계약의 이행이 불가능한 경우 영국에서는 '계약목적좌절(Frustration)의 법리'를, 미국에서는 '실행곤란성(impracticability)의 법리'를 적용하여 계약이행의 예외를 인정하고 있다. 영국은 1863년 Taylor v. Caldwell 사건[20]에서 계약목적좌절의 법리에 따라 채무자의 면책을 최초로 인정하였고, 1943년 "목적좌절계약에 관한 개정법(Law Reform (Frustrated Contracts) Act 1943)"을 제정하여 신뢰이익의 배상을 인정하는 등 계약목적좌절로 인한 계약의 소멸에 따르는 위험을 법원의 재량으로 당사자에게 공평하게 배

---

17) 김성수, 프랑스민법의 사정변경의 원칙-현행법과 개정안의 주요내용을 중심으로, 재산법연구 제31권 제3호(2014), 26-27면. 프랑스에서 사정변경 원칙을 부정한 가장 유명한 판결은 Civ., 6 mars 1876, D. 1876.1.193, note Giboulot, S.1876.1.161, affaire Canal de Craponne. 판결로 1567년 토지의 면적에 비례하여 정해진 Craponne 운하의 사용료의 인상이 문제된 사안에서 민법 제1134조를 근거로 법원이 당사자들 사이의 합의를 변경하고 계약자가 자유롭게 승낙한 합의 대신 새로운 조항을 설정하기 위하여 때와 사정을 고려하는 것은 그 임무가 아니라고 판단하여 불예견론을 인정하지 아니하였다. 그러나 이후 농업임대차목적물의 일부가 임대인에게 과도한 비용 없이는 유지할 수 없는 경우 이를 재제공할 의무를 면할 수 있다거나(Soc. 6 avr. 1951, D.1951, 505, note R. Savatier) 원인에 근거한 불예견을 위한 계약의 실효를 인정하는 등(Com. 29 juin 2010, D.2010.2481, note D. Mazeaud, et 2485, note T. Genicon, RCD 2011.34, obs. E. Savaux, RTD civ. 2010.782, obs. B. Fage) 불예견론의 인정에 대해 완화된 태도를 보인다는 평가가 있다. 이상은 김성수(주 17), 40-44면에서 재인용.

18) 제1195조

계약체결 당시 예측할 수 없던 사정이 변경되고 사정변경에 따른 위험을 부담하기로 동의하지 않은 당사자에게 과도한 비용이 발생하면 당사자는 상대방에게 재협상을 요구할 수 있다. 당사자는 재협상기간 동안 의무이행을 계속하여야 한다. 재협상을 거절하거나 하지 못한 경우, 당사자들은 자신들이 정한 날짜와 조건에 따라 계약종료에 동의하거나 법원에 수정을 요구할 수 있다. 합리적인 시간 내에 합의가 없는 경우, 법원은 당사자의 요청에 의해 법원이 정한 날짜와 조건에 따라 계약을 수정하거나 종료할 수 있다.

19) 김효정, 계속적 계약관계에서 사정변경에 따른 해지, 민사판례연구 XLI(2018), 545면.

20) Taylor v. Caldwell, 122 Eng. Rep. 309 (Q.B. 1863).

분할 수 있도록 정하였다.[21] 영국의 계약목적좌절의 법리는 그 적용 요건에 있어 특정한 물품 또는 도급 목적물의 멸실, 목적물 완성을 위한 공급인력의 사망 또는 사고 등으로 인한 이행불능에 제한되고, 이행이 곤란한 경우에는 적용되지 않으며, 법률효과에서도 사유가 발생한 이후의 이행을 면제할 뿐이다.[22]

미국에서는 '실행곤란성(impracticability)의 법리'가 발전하였다. 즉 미국통일상법전(Uniform Commercial Code, UCC) 제2-615조[23]와 계약법 리스테이트먼트 제2판(Restatement(Second) of Contracts) 제265조[24] 규정에 따르면 ① 사정변경으로 인하여 계약의 이행이 불가능 또는 곤란하게 되고, ② 사정의 변경이 없을 것이 계약체결의 기본적인 전제가 되어 있었어야 하며, ③ 계약의 실행곤란이 면책을 구하는 당사자의 귀책사유 없이 발생하여야 하고, ④ 면책을 구하는 당사자가 그러한 실행곤란의 위험을 인수하지 않았던 경우에 '실행곤란성'의 요건이 충족되어 이행곤란의 경우에도 면책이 인정된다.[25]

(라) 일　　본

일본은 우리나라와 같이 민법상 사정변경 원칙에 대해 별도의 규정을 두고 있지 않고, 통설과 실무가 일반적으로 계약준수의 원칙에 대한 예외의 측면에서 사정변경 원칙을 인정하고 있다.[26] 일본의 통설에 의하면 사정변경 원칙은 ① 계약성립시에 그 기초가 되었던 사정이 변경되었을 것으로서 '사정변경', ② 사정변경이 당사자가 예견하거나 또는 예견할 수 있었던 것이 아닐 것이라는 '예견불가능성', ③ 사정변경이 당사자에게 책임을 돌릴 수 없는 사유로 인해서 발생하였을 것이라는 '무귀책성', ④ 사정변경의 결과 당초의 계약내용에 당사자를 구속시키는 것이 신의

21) 손경한, 국제계약상 사정변경의 원칙, 국제거래법연구 제23집 제1호(2014), 5면.
22) 손경한(주 21), 5면.
23) U.C.C. § 2-615 (2002).
24) RESTATEMENT (SECOND) OF CONTRACTS § 265 (1981).
25) 손경한(주 21), 5면.
26) 김희동(주 2), 196면.

칙상 현저하게 부당하다고 인정될 것이라는 '신의성실의 원칙'의 요건을 요구하고, 이러한 요건이 충족되는 경우 계약의 해제와 계약내용의 개정이 인정된다.[27)]

일본 대심원은 종래 부동산매매계약의 해제가 문제된 사안에서 "계약체결 후 그 이행기까지의 사이에 통제법령의 시행 등에 의해서 계약 소정의 대금액으로 소정의 이행기에 계약을 이행하는 것이 어렵게 되어 그 후 상당히 장기간에 걸쳐서 이행을 연기하지 않을 수 없게 되기에 이르렀을 뿐만 아니라 계약은 결국 실효하기에 이를 수밖에 없을지 모르는 경우에는 신의원칙에 반한다. 이러한 경우에는 당사자는 그 일방적 의사표시에 의해 계약을 해제할 수 있다고 해석하는 것이 상당하다"라고 판시하여 사정변경 원칙론을 수용하였으나,[28)] 이후 일본 최고재판소는 예견불가능성과 신의칙 위반이라는 요건이 충족되었는지에 대하여 엄격한 태도를 취하면서[29)] 거의 대부분의 사안에서 사정변경 원칙의 적용을 부정하고 있는 것으로 평가되었다.[30)]

다만 민법개정검토위원회는 2013년 민법(채권관계) 개정에 관한 중간시안에서 기존의 판례와 학설에서 인정되어 오던 사정변경의 법리를 명문화할 것을 제안하였고[31)] 사정변경 법리의 입법화 여부 및 적용요건,

---

27) 김희동(주 2), 201-202면.

28) 부동산매매계약을 체결한 후 이행기 도래 전에 가격통제령이 시행되어 토지의 매매에 필요한 허가를 언제 받을 수 있는지 알 수 없는 상황이 되었고 그 결과 계약금의 반환이 문제된 사안이다. 大判 昭和9年(1944년) 12月 6日 民集 23巻 613頁. 김희동(주 2), 206-207면에서 재인용.

29) 최고재판소는 장마로 골프장의 제방 일부가 붕괴되어 그 보수공사에 다액의 비용이 들고 원고가 골프장우선이용권을 사용할 수 없게 된 사안에서 부실공사로 제방이 일부 붕괴되었다는 사정에 대해 사정변경 원칙 적용 여부가 문제되자, 예견가능성의 판단과 무책성의 판단에 대해 엄격한 입장을 취하면서 "자연 지형을 변경하고 골프장을 조성하는 골프장 운영회사는 특단의 사정이 없는 한 골프장의 제방이 붕괴될 수 있다는 점에 대해서 예견불가능이었다고 할 수 없고 이에 대해서 귀책사유가 없었다고도 할 수 없다"고 판단한 바 있다. 最判 平成9年(1997년) 7月 1日 民集 51巻 6号 2452頁. 김희동(주 2), 208-209면에서 재인용.

30) 김희동(주 2), 207면.

31) 第32 사정변경의 법리
계약체결 후에 그 계약에서 전제가 되었던 사정에 변경이 생긴 경우, 그 사정의 변

효과 등에 대해 논의가 계속되었으나 예외적 법리의 적용 범위를 부당하게 확장할 가능성과 사정변경 법리의 남용 우려, 법기술 측면에서의 명문화의 어려움 등의 문제를 이유로 반론이 제기되어[32] 2015년 민법(채권관계)의 개정에 관한 요강안에서는 사정변경 원칙을 명문화하는 안이 제외되었다.[33] 그에 따라 민법(채권관계)의 전면개정이 이루어져 2017. 6. 2. 공포된 법률안[「민법의 일부를 개정하는 법률안(民法の一部を改正する法律案)」]에서도 사정변경 원칙에 관한 내용은 제외되기에 이르렀다.

(4) 국내 학설과 입법론 및 판례

(가) 학　　설

우리나라에서도 다수의 견해는 신의칙 등에 근거해 사정변경 원칙을 인정하면서,[34] ① 계약사정의 기초가 현저히 변경될 것, ② 당사자가 사정의 변경을 예견할 수 없었을 것, ③ 사정변경이 당사자의 귀책사유 없이 발생하였을 것, ④ 당초의 계약내용대로 구속력을 인정하면 신의칙에 반하는 결과가 될 것의 요건을 요구하고 있다.[35] 사정변경 원칙의 효과에 대하여는 계약의 해소에 중점을 두어 그 요건이 충족되면 계약의 해제나 해지를 인정하거나 계약의 유지에 중점을 두어 일차적으로 계약내용을 조정하고 부득이한 경우 이차적으로 계약의 해소를 인정하는 방안

경이 다음 각 호의 요건의 어느 하나에 해당하는 등 일정한 요건을 충족한 때에는 당사자는 계약을 해제(계약의 해제 또는 계약의 개정 청구)할 수 있는지의 여부에 대해서 검토를 계속한다.

ㄱ. 그 사정변경이 계약체결 시에 당사자가 예견할 수 없었고, 또한 당사자에게 책임을 돌릴 수 없는 사유에 의해 생긴 경우

ㄴ. 그 사정변경에 의해 계약의 목적을 달성할 수 없거나 당초의 계약내용을 유지하는 것이 당사자 사이의 형평을 현저히 해하는 경우

32) 民法(債權関係) 部会資料 65, 1頁. 김희동(주 2), 220면에서 재인용.

33) 김희동(주 2), 214-222면.

34) 사정변경 원칙을 긍정하는 견해 중에는 이를 극히 제한적으로 인정해야 한다거나 보충적 원칙에 머물도록 해야 한다고 주장하는 견해도 있다. 김상용, 민법총칙, 화산미디어(2009), 119면; 고상룡, 민법총칙, 법문사(2003), 54면.

35) 손봉기, 사정변경으로 인한 계약해제가 인정되는지 여부 및 그 요건 등, 대법원판례해설 제67호(2007년 상반기), 법원도서관(2007), 30-31면.

등이 논의된다.[36)]

이에 대하여는 종래 민법이 사정변경 원칙에 관한 일반규정을 두지 아니한 것은 입법자가 사정변경 원칙을 일반화시키는 것을 거부한 것이라고 해석하거나 사정변경 원칙을 인정할 경우 법적 안정성이나 거래의 안전이 위협받을 것이라는 이유에서 사정변경 원칙을 일반화하는 것에 반대하는 견해가 있었고,[37)] 계약해석 결과 계약의 규율범위에 포섭할 수 없는 위험 즉, 당사자가 명시적 또는 묵시적으로 배분하지 않은 위험에 한하여 사정변경 원칙이 적용된다는 견해,[38)] 예견불가능한 사정변경이 생긴 경우 협상 유인을 갖는 당사자로 하여금 스스로 재협상을 하도록 하는 방법이 후견적 역할을 하는 법원으로 하여금 계약보충을 하게 하거나 계약의 해소 등으로 위험을 일률적으로 배분하는 방법보다 더 효율적이라는 이유로 재협상 유도를 위해 계약보충의무를 지우는 것이 필요하고, 이는 사정변경 발생시에 계약당사자에 대해 법원에 대한 사정변경에 기한 심사청구권을 인정하는 것이 타당하다는 견해도 있다.[39)]

(나) 민법 규정과 개정안

현행 민법은 사정변경 원칙을 일반적으로 인정하는 명문규정을 두고 있지 않고, 각 개별규정에서 사정변경 원칙을 반영하고 있다. 민법 제218조에서 사정변경으로 인한 수도 등 시설의 변경 청구를 정하거나 제286조, 제312조의2에서 조세 기타 공과금 등 부담의 증감이나 지가 변동 또는 경제 사정의 변동으로 인한 지료 및 전세금의 증감청구를 정하며, 제557조에서 재산상태의 변경을 이유로 증여계약을 해제할 수 있다고 정하고, 제661조, 제689조, 제698조에서 고용, 위임, 임치 계약에서 부득이한 사유가 있는 경우 해지할 수 있다고 정하거나 제716조, 제720조에서 조

36) 손봉기(주 35), 31면.

37) 김증한 편, 주석채권각칙1, 사법행정학회(1985), 270면(김욱곤 집필).

38) 권영준, 위험배분의 관점에서 본 사정변경의 원칙, 민사재판의 제문제 제19권(2010), 321면.

39) 이중기, 사정변경에 대한 사적 자치와 법원의 역할-재협상 유도를 위한 법원의 계약보충의무-, 비교사법 제20권 제2호(2013), 422-428면.

합에 있어서 부득이한 사유가 있는 경우 임의 탈퇴 및 조합해산 청구를 할 수 있다고 정한 것이 그러한 예이다.[40)]

이와 관련하여 사정변경 원칙을 민법에 명문화하려는 시도가 꾸준히 이루어져 왔다. 2004년 민법개정안에서는 제544조의4로 "사정변경과 해제, 해지"[41)] 조문을 신설하는 안이 제안되었고,[42)] 이후 2013년 민법개정안은 제538조의2로 "계약성립의 기초가 된 사정이 현저히 변경되고 당사자가 계약의 성립 당시 이를 예견할 수 없었으며, 그로 인하여 계약을 그대로 유지하는 것이 당사자의 이해에 중대한 불균형을 초래하거나 계약을 체결한 목적을 달성할 수 없을 때에는 당사자는 계약의 수정을 청구하거나 계약을 해제 또는 해지할 수 있다"고 사정변경 원칙을 규정한 바 있다. 위 2013년 민법개정안은 계약의 기초가 된 사정이 변경되어야 할 것을 명확히 하면서, 사정변경의 요건을 '사정변경, 예견불가능, 중대한 불균형 또는 계약목적의 달성불능' 세 가지로 구성하여 귀책사유를 별도의 요건으로 상정하지 않고 부당성 판단기준으로 신의칙이라는 표현을 사용하지 않았으며, 사정변경의 효과로 계약의 수정, 계약의 해제 또는 해지를 병렬적으로 제시하였다.[43)]

(다) 판 례

사정변경을 사유로 한 계약의 해제 내지 해지에 관하여 초기 대법원

---

40) 김성욱, 사정변경의 원칙과 관련한 입법방향, 한국법학회 법학연구 제55호(2014), 122-123면.

41) 제544조의4(사정변경과 해제, 해지)
당사자가 계약 당시 예견할 수 없었던 현저한 사정변경으로 인하여 계약을 유지하는 것이 명백히 부당한 때에는 그 당사자는 변경된 사정에 따른 계약의 수정을 요구할 수 있고 상당한 기간 내에 계약의 수정에 관한 합의가 이루어지지 아니한 때에는 계약을 해제 또는 해지할 수 있다.

42) 이에 대하여는 사정변경의 요건을 명확히 할 필요가 있고 법원에 의한 계약내용의 수정을 부인하는 것은 부당하다는 등의 비판이 있었다. 김대정, 사정변경의 원칙을 명문화한 민법개정시안 제544조의4에 관한 검토, 전북대학교 법학연구 제22집(2001), 245면; 정상현, 민법개정안 제544조의4에 대한 비판적 검토, 성균관법학 제20권 제1호(2008), 140면. 위 2004년 개정안은 국회 임기만료로 폐기되었다.

43) 김재형, 계약의 해제 · 해지, 위험부담, 사정변경에 관한 민법개정안, 서울대학교 법학 제55권 제4호(2014), 51, 54면.

판례는 "매매계약 체결시와 잔대금 지급시 사이에 장구한 시일이 지나서 그동안 화폐가치의 변동이 극심한 탓으로 매수인이 애초 계약시의 금액표시대로 잔대금을 제공하면 앙등한 목적물의 가액에 비하여 현저히 균형을 잃은 이행이 되는 경우라도 사정변경의 원칙을 내세워 해제권이 생기지 않는다"고 판시하여 부정적인 입장을 취하였고,[44] 다만 계속적 보증의 경우 해지를 인정한 사례가 있었다.[45] 한편 대법원 1991. 2. 26. 선고 90다19664 판결에서는 "매매계약이 체결된 후 9년이 지났고 시가가 올랐다는 사정만으로 계약을 해제할 만한 사정변경이 있다고 볼 수 없다"고 판시하여 일반론으로서 사정변경 원칙을 인정하는 태도를 보였는데 이로써 사정변경 원칙 자체를 부정하는 태도는 실질적으로 변경한 것으로 평가된다.[46]

이후 대법원 2007. 3. 29. 선고 2004다31302 판결에서는 사정변경 원칙을 명시적으로 승인하는 취지의 판시를 하였고, 그 이후에도 같은 취지로 반복적으로 판시해 온 바 있다. 그러나 대법원이 사정변경 원칙의 요건을 제시하여 그 적용가능성을 열어 둔 이후에도 아래에서 보는 바와 같이 대법원 2017. 6. 8. 선고 2016다249557 판결을 선고할 무렵까지 개별적 사건에서 실제로 사정변경을 이유로 한 계약의 해제 또는 해지를 명시적으로 인정한 예는 확인되지 않는다.[47] 다만 항소심에서 사정

---

44) 대법원 1963. 9. 12. 선고 63다452 판결.

45) 회사의 이사라는 지위로 인하여 계속적 거래로 인한 회사의 채무를 연대보증한 자가 회사에서 퇴직한 경우에는 연대보증계약을 해지할 수 있다고 판단한 대법원 1992. 5. 26. 선고 92다2332 판결 등 참조.

46) 권영준(주 38), 311면; 손봉기(주 35), 31면; 송덕수, 사정변경의 원칙에 관한 현안의 정리 및 검토, 이화여자대학교 법학논집 제23권 제1호(2018), 94면.

47) 대법원 1996. 7. 30. 선고 96다17738 판결(매매계약의 해제 부정); 대법원 2006. 11. 23. 선고 2006다44401 판결(분양권 매매계약의 해제 부정); 대법원 2007. 3. 29. 선고 2004다31302 판결(매매계약의 해제 부정); 대법원 2009. 8. 20. 선고 2008다96253, 96260, 96277 판결(임대차계약의 해지 부정); 대법원 2009. 8. 20. 선고 2008다94769 판결(임대차계약의 해지 부정); 대법원 2010. 4. 29. 선고 2009다97864 판결(분양계약의 해제 부정); 대법원 2011. 6. 24. 선고 2008다44368 판결(수수료 지급계약의 해지 부정); 대법원 2012. 1. 27. 선고 2010다85881 판결(매매계약의 해제 부정); 대법원 2014. 6. 12. 선고 2013다75892 판결(조합가입 및 조합업무대행 계약의 해제 부정); 대법원 2015. 5. 28. 선고 2014다24327 등 판결(아파트 분양계약의 해제 부정) 등. 이상의 판결은 송덕수(주 46), 95면에 정리된 것들이다.

변경에 따른 계약의 해제를 인정한 항소심판결을 심리불속행으로 상고기각판결을 한 경우가 있을 뿐이다.[48] 그 이후에도 대상판결이 선고될 때까지 대법원이 구체적인 사안에서 사정변경 원칙을 적용하여 계약의 해제 또는 해지를 직접 판단한 사례는 찾기 어렵고,[49] 단지 원심이 사정변경 원칙을 적용한 결론을 수긍한 사례가 확인된다. 그러나 대법원은 대상판결에서 공간된 대법원판결 중 최초로 사정변경을 이유로 계약의 해지를 인정하였다. 아래에서는 대상판결 이전까지 대법원이 선고한 사정변경 원칙에 관한 대표적인 판결들을 살펴본다.

1) 일반론으로서 사정변경 원칙을 명시적으로 승인한 대법원 2007. 3. 29. 선고 2004다31302 판결

원고는 피고 소유의 토지에 관한 개발제한구역 해제결정 고시가 이루어진 후 위 토지가 건축 등이 가능한 토지로 알고 당시 객관적인 시가보다 비싼 가격에 공개매각절차를 통해 이를 피고로부터 매수하였다. 이후 피고가 위 토지를 공공공지로 지정함에 따라 건축이 불가능하게 되자, 원고는 사정변경을 이유로 한 계약의 해제를 주장하였다. 제1심은 원고의 주장을 배척하였으나, 원심은 원고가 위 토지에 건축 등이 가능한 것으로 알고 비싼 가격에 매수한 이후 피고가 이를 공공공지로 지정하여 건축 개발이 불가능해짐에 따라 매매계약 당시 원고가 예상할 수 없었던 현저한 사정변경이 생겼고 여기에 원고의 책임이 있다고 볼 수 없으며, 이를 그대로 유지하는 것은 신의칙에 반한다는 이유로 매매계약의 해제를 인정하였다.

그러나 대법원은 아래와 같이 판시하면서 일반론의 차원에서 사정변경 원칙을 인정하면서도, 위 토지의 공개매각조건에는 위 토지가 개발제

48) 대법원 2008. 7. 24. 선고 2008다24371 판결. 권영준(주 38), 313면.

49) 대법원 2017. 6. 8. 선고 2016다249557 판결이 선고된 이후 위 판결을 인용한 사안에서도 대법원은 예견불가능 요건이나 사정변경의 요건이 충족되지 않는다는 이유로 사정변경을 이유로 한 계약의 해제 주장을 인정하지 않았다. 대법원 2018. 7. 26. 선고 2015다49644 판결(미간행); 대법원 2020. 5. 14. 선고 2017다220058 판결(미간행), 대법원 2020. 5. 14. 선고 2016다12175 판결(공2020하, 1053). 구체적인 내용은 아래에서 다시 살펴본다.

한구역에 속해 있고 매각 후 행정상의 제한 등이 있을 경우 피고가 책임을 지지 않는다는 내용이 명시되어 있을 뿐, 당사자들 사이에 토지상의 건축 가능 여부가 논의되었다고 볼 만한 자료가 없는바, 건축 가능 여부는 원고의 주관적 목적에 불과할 뿐 매매계약의 성립에 있어 기초가 되었다고 보기 어렵다는 등의 이유로 사정변경 원칙을 부정하였다.[50)]

"이른바, 사정변경으로 인한 계약해제는 계약성립 당시 당사자가 예견할 수 없었던 현저한 사정의 변경이 발생하였고 그러한 사정의 변경이 해제권을 취득하는 당사자에게 책임 없는 사유로 생긴 것으로서, 계약내용대로의 구속력을 인정한다면 신의칙에 현저히 반하는 결과가 생기는 경우에 계약준수 원칙의 예외로서 인정되는 것이고, 여기에서 말하는 사정이라 함은 계약의 기초가 되었던 객관적인 사정으로서, 일방당사자의 주관적 또는 개인적인 사정을 의미하는 것은 아니라 할 것이다. 또한, 계약의 성립에 기초가 되지 아니한 사정이 그 후 변경되어 일방당사자가 계약 당시 의도한 계약목적을 달성할 수 없게 됨으로써 손해를 입게 되었다 하더라도 특별한 사정이 없는 한 그 계약내용의 효력을 그대로 유지하는 것이 신의칙에 반한다고 볼 수도 없다 할 것이다."

2) 계속적 계약관계에서 사정변경을 이유로 한 계약의 해지에 관해 판단한 대법원 2013. 9. 26. 선고 2012다13637 전원합의체 판결; 대법원 2013. 9. 26. 선고 2013다26746 전원합의체 판결 등

키코(KIKO, Knock-in, Knock-out)는 환율변동에 따른 위험을 피하기 위하여 환율이 일정한 범위에서 변동할 경우 미리 약정한 환율에 약정금액을 팔 수 있도록 한 통화파생상품이다. 원고들이 피고들 은행과 체결한 통화옵션계약에 의하면, 시장환율이 녹인(Knock-in) 이상인 경우 피고들

50) 위 판결에 대하여는 원칙적으로 사정변경 원칙을 인정하면서도 원고의 매수목적이 주관적 동기에 불과하고 사정변경의 원칙이 적용되는 객관적 목적으로 볼 수 없으며 결국 토지상의 건축이 불가능하게 변경되어 그 매수목적을 달성할 수 없게 되었더라도 신의칙상 현저히 부당한 것은 아니라고 하면서 판결을 결론을 지지하는 견해가 있다. 손봉기(주 35), 37-38면. 다만 판결의 결론에는 찬성하면서도 사정변경 원칙의 요건을 제시하여 그 적용여지를 남긴 것은 계약준수의 원칙에 비추어 타당하지 않다는 비판이 있다. 정상현(주 2), 219면.

은행은 원고들을 상대로 콜옵션을 행사하여 계약금액의 2배를 행사환율에 매수할 수 있다. 2008년경 환율이 위 기준 이상으로 높아져 원고들이 피고들 은행에 계약금액 2배의 달러를 행사환율에 매도할 의무를 부담하게 되자, 통화옵션계약 체결 이후 환율의 내재변동성이 급격히 증가한 사정변경이 발생하였다고 주장하면서 신의칙에 의하여 통화옵션계약을 해지한다고 주장하였다.[51)]

그러나 대법원은 환율의 변동가능성은 통화옵션계약에 이미 전제된 내용이거나 내용 자체로 원고들과 피고는 환율이 각자의 예상과 다른 방향과 폭으로 변동할 경우의 위험을 각자 인수한 것이고, 원고가 통화옵션계약의 구조를 이해하고 계약을 체결한 이상 그 손해는 기본적으로 원고가 부담하여야 하며, 계약의 해지를 인정하면 피고에게 불합리한 경제적 손실이 발생한다는 등의 이유로 원고들의 사정변경 주장을 배척하였다.

3) 사정변경 원칙의 요건을 정립한 대법원 2017. 6. 8. 선고 2016다 249557 판결

원고들은 피트니스클럽을 운영하는 피고와 위 클럽의 체력단련장, 수영장 등을 이용하는 내용의 시설이용계약을 체결하거나 회원권을 양수한 시설이용계약의 당사자들이다. 피고가 운영비용의 증가 및 적자 누적 등의 사유로 피트니스클럽의 운영을 중단하자 원고들은 채무불이행에 기한 손해배상을 청구하였고, 피고는 시설이용계약이 사정변경으로 해지되었다고 주장하였다.

제1심 및 원심은 원고들의 청구를 일부 인용하면서, 시간이 경과함에 따라 피트니스클럽의 시설유지, 관리비용이 증가하는 것은 충분히 예측할 수 있고, 피트니스클럽을 운영하면서 적자가 발생하면 안 된다는 사정이 시설이용계약의 기초가 되는 객관적 사정이라고 볼 수 없으며, 피고가 회원들에게 클럽의 경영상태가 어렵다는 이유로 연회비 인상을

51) 김효정(주 19), 559면.

요청하는 등의 조치를 취하지 않은 채 일방적으로 운영을 통보한 것에 비추어 계약내용대로의 구속력을 인정하는 것이 신의칙에 현저히 반한다고 볼 수 없다는 등의 이유로 피고의 사정변경에 따른 해지 항변을 받아들이지 않았다. 대법원은 아래와 같이 설시하면서, 피고가 적자 누적의 원인으로 들고 있는 신규 회원의 감소나 시설의 유지 · 관리비용 증가와 같은 사정은 시설이용계약의 기초가 된 사정이라고 보기 어렵고, 현저한 경제상황의 변동으로 인한 것이 아닌 한 원칙적으로 피고가 변경에 따른 위험을 떠안기로 한 것으로 보아야 하며, 적자가 누적되어 왔다는 점이 계약 당시 예견할 수 없었던 현저한 사정변경에 해당한다고 보기도 어렵다는 이유로 피고의 사정변경에 기한 계약해지 주장을 배척한 원심을 수긍하였다.

> "계약 성립의 기초가 된 사정이 현저히 변경되고 당사자가 계약의 성립 당시 이를 예견할 수 없었으며, 그로 인하여 계약을 그대로 유지하는 것이 당사자의 이해에 중대한 불균형을 초래하거나 계약을 체결한 목적을 달성할 수 없는 경우에는 계약준수 원칙의 예외로서 사정변경을 이유로 계약을 해제하거나 해지할 수 있다(대법원 2007. 3. 29. 선고 2004다31302 판결, 대법원 2013. 9. 26. 선고 2012다13637 전원합의체 판결 등 참조). 여기에서 말하는 사정이란 당사자들에게 계약 성립의 기초가 된 사정을 가리키고, 당사자들이 계약의 기초로 삼지 않은 사정이나 어느 일방당사자가 변경에 따른 불이익이나 위험을 떠안기로 한 사정은 포함되지 않는다. 경제상황 등의 변동으로 당사자에게 손해가 생기더라도 합리적인 사람의 입장에서 사정변경을 예견할 수 있었다면 사정변경을 이유로 계약을 해제할 수 없다. 특히 계속적 계약에서는 계약의 체결 시와 이행 시 사이에 간극이 크기 때문에 당사자들이 예상할 수 없었던 사정변경이 발생할 가능성이 높지만, 이러한 경우에도 위 계약을 해지하려면 경제적 상황의 변화로 당사자에게 불이익이 발생했다는 것만으로는 부족하고 위에서 본 요건을 충족하여야 한다."

3. 사정변경 원칙의 요건과 '예견불가능'

(1) 사정변경 원칙의 요건

사정변경 원칙에 관하여는 통상적으로 '① 계약의 기초가 되는 사정이 현저하게 변경되었을 것, ② 당사자가 이러한 사정변경을 예견할 수 없었을 것, ③ 그러한 사정의 변경이 해제권을 취득하는 당사자에게 책임이 없는 사유로 생겼을 것, ④ 계약 내용대로의 구속력을 인정한다면 신의칙에 반하는 결과가 될 것'이라는 요건이 제시된다. 대법원은 앞서 본 대법원 2007. 3. 29. 선고 2004다31302 판결(이하 '제①판결'이라 한다)에서도 사정변경에 따른 계약해제 요건으로 위와 같은 요건을 제시하면서 "이때 사정이라 함은 계약의 기초가 되었던 객관적인 사정으로서, 일방당사자의 주관적 또는 개인적인 사정을 의미하지 않는다"고 명시하였다.

그런데 대상판결이 인용하고 있는 대법원 2017. 6. 8. 선고 2016다249557 판결(이하 '제②판결'이라 한다)은 위와 달리 '① 계약 성립의 기초가 된 사정이 현저히 변경되었을 것, ② 당사자가 계약의 성립 당시에 이를 예견할 수 없었을 것, ③ 그로 인하여 계약을 그대로 유지하는 것이 당사자의 이해에 중대한 불균형을 초래하거나 계약을 체결한 목적을 달성할 수 없을 것'이라는 요건을 제시하였다. 또한, "이때 사정이란 당사자들에게 계약 성립의 기초가 된 사정을 가리키고 당사자들이 계약의 기초로 삼지 않은 사정이나 어느 일방당사자가 변경에 따른 불이익이나 위험을 떠안기로 한 사정은 포함되지 않는다"고 판단하였다.

이와 같이 제②판결은 사정변경의 요건으로 '사정변경, 예견불가능, 중대한 불균형 또는 계약목적의 달성불능'을 제시하였고, 이는 앞서 본 2014년 민법개정안 제538조의2가 정한 사정변경의 요건과도 일치한다. 제②판결이 설시한 요건은 제①판결이 설시한 요건과 비교하여 다음과 같은 차이가 있다.

(가) '계약 성립의 기초가 된 사정'의 변경

먼저 사정변경의 의미가 무엇인지에 관하여, 제①판결은 '계약의 기초가 된 객관적 사정에 해당하고 일방당사자의 주관적 또는 개인적인 사정을 의미하는 것은 아니'라고 명시하였다. 이때 당사자의 주관적 목적 달성 등과 관련된 사정은 계약의 기초가 된 경우에도 제외되는 것인지 여부가 문제되었다. 그러나 제②판결은 객관적 사정이라는 용어를 사용하지 않고 '당사자들에게 계약 성립의 기초가 된 사정'이라고 표현함으로써 당사자들의 주관적 목적 등의 경우에도 해당 내용이 계약 성립의 기초가 되었다면 사정변경의 요건에 포섭될 수 있다는 점을 보다 분명히 하였다.[52)]

종래 사정변경 원칙의 요건으로 논의되었던 사정은 주로 객관적 사정을 의미하였던 것으로 보이고[53)] 사정변경 원칙은 급부장애의 문제에 해당하므로 개념적으로 주관적 사정은 고려되지 않아야 하고 객관적 사정만 고려되어야 한다고 설명되기도 한다.[54)] 그러나 그러한 사정이 당사자들의 의사표시에는 결정적이지만 공통으로 잘못 인식한 경우에는 포함되어야 한다거나[55)] 판례의 '객관적 사정'을 '객관적 행위기초'로 해석하여 당사자의 주관적 목적 달성과 관련된 사정이라도 당사자들의 공통된 생각으로 그 기초 하에 거래의사가 형성되었다면 객관적 사정에 해당한다는 반론도 가능하다.[56)] 당사자들이 계약을 체결하게 된 주관적 목적의 경우에도 그러한 사유가 당사자들이 계약을 체결하는 데 있어 공통된 사유가 되었다면 이는 일방당사자의 주관적 또는 개인적인 사정에 해당하지 않고 계약 성립의 기초가 된 사정에 해당하고,[57)] 반드시 객관적인 사정으로 한정할 필요가 있다고 보기도 어렵다고 생각된다. 따라서 제②판

---

52) '사정'을 '객관적 사정'이라고 표현하지 않은 것은 주관적 사정도 포함시키기 위한 것이라고 한다. 송덕수(주 46), 99면 .

53) 손봉기(주 35), 38면.

54) 송덕수(주 46), 102면.

55) 백태승, 사정변경의 원칙, 이영준 박사 화갑기념 논문집 한국민법이론의 발전, 박영사(1999), 58면.

56) 박영목, 사정변경으로 인한 등기관계 장애의 법적 해결, 고려법학 제71호(2013), 447면.

57) 제①판결 역시 '일방당사자의 주관적 또는 개인적 사정'을 배제하고 쌍방의 주관적 사정은 고려될 수 있는 사정으로 해석될 여지도 있다. 같은 취지로 이영준(주 8), 21면.

결이 '계약 성립의 기초가 된 사정'이라고 표현한 것은 타당하다.[58)]

(나) 귀책사유에 관한 요건 제외

다음으로 제①판결이 계약해제 또는 해지권을 취득하는 당사자에게 책임 없는 사유로 생겼을 것이라는 요건을 요구하였던 것과 달리 제②판결은 귀책사유에 관한 요건을 제외하였다. 이에 대하여는 사정변경 원칙은 위험배분을 위한 법적 장치의 하나인데 일방당사자의 귀책사유로 인한 위험은 그가 스스로 떠안아야 하는 것이므로 애당초 사정변경 원칙의 적용 대상이 아니라는 점에서 귀책사유 부존재라는 요건이 불필요하고, 예견할 수 없었던 현저한 사정변경이 당사자의 귀책사유로 발생하였다고 말할 수 있는 경우는 상정하기 어렵다는 점에서 귀책사유 부존재 요건을 제외한 것이 타당하다는 설명이 있다.[59)] 이에 대하여는 계약 당시에는 당사자가 사정변경을 예견할 수 없는 경우에도 사정변경으로 인한 해제권을 취득하는 일방당사자의 귀책사유로 사정변경이 발생할 가능성도 있고, 채무자의 이행지체 중 채무자의 귀책사유 없이 현저한 사정변경이 발생한 경우가 있을 수도 있으므로 '귀책사유가 없을 것'을 사정변경 원칙의 요건으로 삼아야 한다는 비판도 있다.[60)]

종래 제①판결이 당사자의 귀책사유 없음을 요건으로 제시하고 있었음에도 실제 사정변경 원칙이 문제 된 사안에서 이러한 귀책사유가 존재하는지 여부를 명시적으로 판단된 사안은 찾기 어려웠던 것으로 보인다. 또한 당사자가 예견할 수 없었던 현저한 사정변경이 당사자의 귀책사유로 발생한 경우를 상정하기도 어려우므로 별도로 귀책사유가 없을

---

58) 한편 사정변경 원칙 외에 계약위험을 다루는 제도로는 착오에 기한 취소가 있는데, 착오취소의 경우에는 계약당사자들 사이의 주관적인 등가성이 문제되는 것과 달리 사정변경 원칙은 객관적 등가성이 문제된다고 보는 견해도 있다. 김형석, 동기착오의 현상학, 저스티스 통권 제151호(2015), 120-125면. 그러나 착오취소는 의사표시에 이르는 흠을 다룬다는 점에서 주관적 등가성에 관계한다고 볼 수 있으나, 사정변경 원칙이 객관적 등가성을 고려하는 주장은 타당하지 않다는 비판이 있다. 자세한 내용은 이동진(주 3), 53, 81면.

59) 김효정(주 19), 567면. 같은 견해로는 권영준, 2017년 민법 판례 동향, 법학 제59권 제1호(2018), 493면.

60) 송덕수(주 46), 101면. 다만 해당 글에서는 '유책사유'라는 용어를 사용하고 있다.

것이라는 요건이 반드시 필요하지 않다고 볼 수 있다.[61] 따라서 제②판결이 귀책사유 없음을 요건으로 제시하지 않은 것 역시 수긍할 수 있다.

(다) '신의칙에 반하는 결과' 요건의 구체화

제②판결은 제①판결에서 '신의칙에 반하는 결과'로 표현하였던 요건을 '계약을 그대로 유지하는 것이 당사자의 이해에 중대한 불균형을 초래하거나 계약을 체결한 목적을 달성할 수 없을 것'이라는 내용으로 구체화하여 표현하였다.

이에 대하여는 사정변경 원칙이 적용되어야 하는 사안이 제②판결이 제시한 두 가지 즉, 중대한 불균형과 계약목적의 달성 불가능이라는 경우에 반드시 한정되지 않고 누락된 경우가 있을 수 있다는 점에서 신의칙을 언급하지 않고 구체화하여 표현한 것은 바람직하지 않다는 비판이 있다.[62] 그러나 사정변경 원칙은 현행 민법상 별도의 근거조문이 없는 상황에서 민법 제2조를 실정법적 근거로 삼게 되는데 제①판결이 사정변경 원칙의 요건으로 신의칙을 언급한 것은 동어반복에 불과하여 의미가 크지 않았다.[63] 이러한 점에서 제②판결은 사정변경 원칙이 적용되는 유형으로 '당사자의 이해에 중대한 불균형을 초래하는 경우'와 '계약을 체결한 목적을 달성할 수 없는 경우'를 보다 구체적으로 제시하였다는 점에서 충분히 의미가 있다.

(2) '예견불가능'의 요건

(가) 의　미

사정변경 원칙의 요건 중 '당사자가 계약의 성립 당시 사정변경을 예견할 수 없었을 것', 즉 '예견불가능'의 요건은 사건 발생으로 인한 위험을 누가

61) 김효정(주 19), 567면. 비교법적으로 보더라도 독일민법 제313조, 유럽계약법원칙(PECL) 제6:111조, 유럽 연합의 공통참조기준초안(DCFR) Ⅲ.-1:110조 등 사정변경 원칙에 대해 규정한 주요 국가의 민법이나 국제모델법도 귀책사유를 요건으로 삼고 있지 않다고 한다. 권영준(주 57), 493면.

62) 송덕수(주 46), 107면.

63) 이동진(주 3), 50면; 권영준(주 57), 494면.

부담하는지와 관련하여 문제된다.[64] 대상판결의 경우 '예견불가능' 요건의 충족 여부를 명시적으로 판단하지는 않았으나, 이 사건 신고가 반려되었다는 사정변경을 원고가 계약체결 당시 예견할 수 없었다고 보아 그로 인한 위험을 원고가 부담하는 것은 부당하다는 전제에서 사정변경에 기한 계약해지를 인정하였다.

계약과 관련하여 어떠한 사건의 발생이 예견가능한 경우, 당사자들은 그러한 위험을 회피하는 수단을 사전에 협상하여 위험을 분배할 수 있게 된다.[65] 예컨대 시장상황의 변동, 자산가치의 변동, 파산 등 매수인에게 손해를 야기하는 사건이 예견가능한 경우 계약당사자는 이를 협상대상으로 삼아 위험에 대한 회피수단을 계약에 편입하거나 편입하지 않게 된다.[66] 그러나 계약 성립 당시 당사자들이 예견할 수 없었던 사건이 발생한 경우에는 당사자들이 그러한 위험에 대한 회피수단을 사전에 협상하거나 조율하여 계약에 반영시키는 것이 불가능하다. 사정변경에도 불구하고 계약의 구속력을 인정할 것인지, 계약을 해제하거나 해지하여 그로부터 해방되는 것을 허용할 것인지가 문제되는 이유이다. 당사자가 고려하지 아니하였고 경험 있고 합리적인 당사자라 하더라도 고려하지 아니하였을 것이며 또 고려할 수 없었을 위험에 대하여는 계약의 구속력을 인정할 수 없기 때문이다.[67] 사정변경 원칙은 현저한 사정변경이 발생하고 이를 예견할 수 없었다면, 계약을 유지하는 것이 당사자의 이해에 중대한 불균형을 초래하거나 목적을 달성할 수 없는 경우에 한하여 계약의 구속력에서 벗어날 수 있는 방법을 제공한다.[68]

---

64) 이중기(주 39), 408면.
65) 이중기(주 39), 409면.
66) 이중기(주 39), 411면.
67) 이동진(주 3), 69면.
68) 그와 달리 '예견불가능'이 인정되지 않는 경우 즉, 당사자가 계약체결 당시부터 예견하였거나 예견할 수 있는 경우에는 사정변경 원칙이 인정되지 않고, 계약에서 규율하지 않은 사태에 관해 계약의 공백이 존재한다고 보아 당사자의 가정적 의사에 따라 보충적 해석을 시도하는 방법 등이 고려될 것이다. 이동진(주 3), 87면; 권영준(주 38), 277-278면.

'예견불가능'의 의미에 관하여 대법원은 "경제상황 등의 변동으로 당사자에게 손해가 생기더라도 합리적인 사람의 입장에서 사정변경을 예견할 수 있었다면 사정변경을 이유로 계약을 해제할 수 없다"고 판시하여 당사자들의 주관적인 입장이 아니라 '합리적인 사람'의 관점에서 예견가능성 여부를 판단해야 한다고 본다. 이때 '합리적인 사람'은 가상의 행위주체로서의 역할을 수행하는데, 합리적인 사람이라면 무엇을 예견할 수 있었고, 예견할 수 없었는지에 대한 규범적인 판단이 필요하게 된다.[69]

대법원이 '예견불가능'에 관하여 판단하면서 '합리적인 사람'이라는 표현을 사용한 것은 당사자 일방의 주관적인 관점을 고려할 것이 아니라 규범적으로 보았을 때 사정변경을 예견할 수 있었는지에 대해 판단해야 함을 의미한다. 그러나 구체적으로 '합리적인 사람'[70]이 무엇이고 그 판단기준은 어떠한지에 대하여는 구체적인 설명이 없다. 구체적인 사안에서 사정변경 원칙의 적용 여부를 판단하기 위하여 '합리적인 사람'의 기준을 어떻게 설정할 것인지가 문제되고, 이는 사실인정의 문제로 귀결되며,[71] 개별적인 사안에서 법관에 의해 '예견불가능'의 해당 여부가 판단되고 있을 뿐이다.

---

69) 권영준, 불법행위의 과실판단과 사회평균인, 비교사법 제22권 제1호(2015), 100-101면.

70) 계약법의 영역에서 '합리적인 사람'의 관점에서 판단하는 예는 계약당사자의 확정방법에도 나타난다. 대법원은 "행위자와 상대방의 의사가 일치한 경우에는 그 일치한 의사대로" 계약의 당사자를 확정하되, 의사가 일치하지 않는 경우에는 "계약체결 전후의 구체적인 제반 사정을 토대로 상대방이 합리적인 사람이라면 행위자와 명의자 중 누구를 계약당사자로 이해할 것인가에 의하여 결정하여야 한다"고 판시하였다(대법원 2003. 12. 12. 2003다44059 판결 등 다수). 불법행위 사건에서 주의의무 판단기준이 되는 '사회평균인'도 '합리적인 사람'과 유사한 역할을 수행한다. 이러한 인간상은 규범적인 측면에서 마땅히 따라야 할 어떠한 속성을 지닌 사람으로 설명될 수 있다. 다만 '사회평균인'이 늘 '합리적인 사람'이라는 보장은 없으므로 표현상으로는 차이가 있으나, 사실상 같은 의미를 지니고 있다고 볼 수 있다. 권영준(주 69), 100면.

71) 사실인정은 민사재판에서 매우 핵심적인 비중을 차지하는데, 불법상 주의의무의 판단기준이 되는 '평균적 인간상' 또는 '합리적 인간상'을 어떻게 설정할 것인가 등의 문제는 모두 사실인정이라는 외피 속에서 실제로는 평가작용이 이루어지는 예라고 설명된다. 권영준, 민사재판에 있어서 이론, 법리, 실무, 법학 제49권 제3호(2008), 337-338면.

(나) '예견불가능'이 문제된 사례들

아래에서는 구체적인 사안에서 '예견불가능'의 요건이 어떻게 적용되고 있는지를 살펴본다. 사정변경 원칙의 요건을 설시한 제②판결을 인용하면서 최근 선고된 대법원, 하급심 판결[72] 중 '예견불가능'의 요건을 들어 사정변경 원칙을 인정하거나 인정하지 않은 사례를 검토한다.[73]

1) '예견불가능'을 인정하지 않은 사례(사정변경 원칙 부정)

① 대법원 2018. 7. 26. 선고 2015다49644 판결(미간행)

피고는 모니터 등에 사용되는 특수필름을 제작하여 대기업에 납품하는 회사이고 원고는 피고에게 그 원료가 되는 이 사건 혼합물을 수입하여 판매하는 회사이다. 원고는 피고와 약정을 체결하고 이 사건 혼합물을 납품하였는데, 피고로부터 특수필름을 납품받는 대기업이 품질검사 결과 기준에 미달한다는 이유로 특수필름의 납품을 거부하자 피고가 원고에 대하여 이 사건 혼합물 납품계약의 해제를 주장하였다. 원심은 피고가 특수필름을 납품하지 못하게 될 수 있다는 점을 충분히 예상하면서 그 위험부담을 안고 약정을 체결한 것이므로 사정변경을 이유로 계약을 해제할 수 없다고 판단하였고, 대법원은 원심의 판단을 수긍하였다.

② 대법원 2020. 5. 14. 선고 2016다12175 판결(공2020하, 1053), 대법원 2020. 5. 14. 선고 2017다220058 판결(미간행)

위 각 사건의 원고들은 예멘 남동부 지역의 석유광구 운영권에 대한 지분을 가진 한국석유공사인 피고와 사이에 공동참여계약을 체결하여 각 지분비율에 따라 피고에게 지분매입대금과 보상금을 지급하기로 정하

---

72) 이 글에서 인용한 하급심 판결들은 법원 홈페이지의 판결서 인터넷 열람신청을 통해 확인 가능한 사건들이다.

73) 그 밖에 사정변경의 요건 중 계약 성립의 기초가 된 사정변경이 발생하였는지 여부가 문제된 사안으로는 수원지방법원 2018. 8. 28. 선고 2017나62594 판결(상고기각 확정, 약사인 원고가 피고가 신축한 건물 중 1개 호실에 관한 임대차계약을 체결하고 건물 3층에 교회와 학원이 입점하자, 건물 3층에 병 · 의원을 입점시키지 않은 것이 중대한 사정변경이라고 주장하며 임대차계약의 해제를 주장한 사안에서, 위 건물 3층에 병 · 의원이 입점하는 것이 계약 성립의 기초가 된 사정에 해당한다고 보기 어렵다는 이유로 원고의 주장을 배척한 사례) 등이 있다.

였다. 이후 원고들은 석유광구 운영사업의 경제성이 낮아 졌다는 등의 이유로 원고들이 피고로부터 분배받을 이익에 대한 보상금 지급 약정 부분을 사정변경을 이유로 해제한다고 주장하였다.

대법원은 원고들과 피고 모두 석유광구 운영사업의 경제성에 관한 긍정적 평가 또는 그 평가의 근거가 된 요소들을 불확실한 것으로 인식하였으므로 위 사업의 경제성에 대한 전문가 등의 전망이 계약의 기초를 이루었다고 보기 어렵고, 석유탐사·개발 사업의 높은 위험성을 고려할 때 합리적인 사람이라면 석유광구 운영사업으로 말미암은 손해나 전문가 분석 보고서에 따른 경제성 전망의 변경을 예견할 수 있었다고 보아야 하며, 궁극적으로 석유광구 운영사업의 경제성이 예상보다 하회할 경우 원고들이 가진 지분 상당의 위험은 원고들이 이를 인수한 것이라는 이유로 사정변경을 이유로 한 계약해제 주장을 받아들이지 않았다.

③ **서울북부지방법원 2020. 10. 20. 선고 2019나39612 판결**(상고 없이 확정)

원고는 편의점을 운영하기 위하여 피고와 상가임대차계약을 체결하였으나, 인접한 점포에 편의점 용도의 임대차계약이 체결됨에 따라 원고가 담배사업법에 따른 담배소매인으로 지정받지 못하였다는 이유로 사정변경에 기한 상가임대차계약의 해제를 주장하였다. 법원은 원고가 담배사업법에 따른 소매인으로 지정되지 못한 위험은 항상 존재하는 것이어서 원고로서는 이를 충분히 예견할 수 있었고 그로 인하여 임대차계약의 효력을 유지하는 것이 신의칙에 현저히 반한다고 볼 수 없다는 이유로 원고의 주장을 배척하였다.

④ **부산고등법원**(창원) **2020. 7. 2. 선고 2019나12179 판결**(상고 없이 확정)[74]

원고들은 주택건설사업을 시행하는 지역주택조합에 가입한 조합원들로 피고와 사이에 조합원 분담금을 납부하고 주택건설사업에 따라 신축

74) 대법원 2014. 6. 12. 선고 2013다75892 판결(미공간)은 지역주택조합 사업에서 최초 사업계획이 변경되거나 당초 예정했던 사업의 진행이 지연되는 등의 사정이 발생할 수 있음은 어느 정도 예상할 수 있다는 등의 이유로 사정변경을 이유로 한 계약해제 주장을 배척한 바 있다. 수원지방법원 2020. 5. 14. 선고 2019나79558 판결(심리불속행 기각 확정)도 같은 취지이다.

된 아파트 1세대의 소유권을 이전받기로 하는 내용의 조합원 가입계약을 체결하였다. 원고들은 피고가 위 가입계약과 달리 입주예정일을 연기하고 일부 잔금에 대한 납부기일을 변경하였으며 시공자가 변경되는 등 사업의 이행이 불확실해졌다고 주장하며 사정변경 등을 이유로 조합원 가입계약의 해제를 주장하였다. 법원은 지역주택조합이 추진하는 주택건설사업은 절차상 변수가 많아 당초 예정했던 사업이 지연되거나 사업비가 증액되는 경우가 많으므로 이러한 사정은 원고들이 예상할 수 있었고 그러한 사정이 원고들이 예견할 수 없었던 현저한 사정의 변경이라고 보기 어렵다는 이유로 원고들의 주장을 배척하였다.

⑤ 검　토

위 사안들 중 ②, ④ 판결은 석유광구 운영사업의 경제성이 낮아지거나(② 판결) 지역주택사업의 진행에 차질이 발생한 사안(④ 판결)으로, 사업 자체에 내재한 위험이 현실화되어 사정변경이 발생한 경우이다. 이는 당사자가 직접 사정변경에 개입한 바는 없으나 사업 자체의 특성으로 인한 위험이 통상적으로 발생할 수 있는 범위 내에 있다면 이를 예견할 수 있다고 보아야 함을 의미한다. 그와 달리 ① 판결은 사정변경이 보다 당사자와 직접적으로 관련하여 발생한 경우이다. 피고가 생산한 특수필름이 품질검사 기준에 미달하였다는 사정은 피고가 충분히 통제할 수 있는 영역에서 발생한 것이므로 이를 예견할 수 없었다고 보기는 어렵다.[75] 한편 ③ 판결(이하 '담배소매인 사안'이라 한다)은 원고가 담배소매인 지정 신청을 하였으나 거부된 경우로 원고의 당사자의 행위가 일부 관여되어 있는 있는데, 이는 아래에서 대상판결과 비교하면서 다시 검토한다.

---

75) 대법원에서 심리불속행 기각 판결로 확정된 서울고등법원 2008. 2. 19. 선고 2006나78277 판결은 수급인이 파산한 사유가 예견할 수 없었던 사정변경에 해당한다고 공사도급계약의 해지를 인정한 바 있다. 그러나 당사자에게 발생한 파산은 예견할 수 있는 사정변경이므로 원칙적으로 사정변경 원칙이 적용되지 않는다거나 예견할 수 있는 사정으로서 보충적 해석 등으로 해결해야 한다는 비판이 있다. 이중기(주 39), 417면; 권영준(주 38), 277-278면.

2) **'예견불가능'을 인정한 사례**(사정변경을 인정한 사례)

① 대전지방법원 2020. 11. 19. 선고 2019나119044 판결(상고 없이 확정)

원고는 피고 회사와 이 사건 사업부지에 관하여 태양광 발전설비 공사용역계약을 체결하였고, 피고는 위 계약에 따라 태양광 발전사업 허가를 받았다. 이후 이 사건 사업부지가 속한 시군의 도시계획조례가 개정되어[76] 위 사업부지에서 태양광 발전설비사업을 진행하는 것이 불가능하게 되자, 원고는 사정변경을 이유로 계약의 해제를 주장하였고, 피고는 원고가 개발행위허가신청을 지연하여 사업이 불가능하게 된 것이라고 다투었다. 법원은 원고가 개발행위허가신청을 지연한 것은 아니고 개발행위허가 기준을 신설하는 내용으로 도시계획조례가 개정된 것은 원고와 피고가 지배할 수 없는 외부적 요인 즉, 불가항력인 사유 또는 사정변경으로 인하여 계약 목적을 달성할 수 없게 된 것이라는 이유로 계약의 해제를 인정하였다.

② 서울중앙지방법원 2020. 6. 11. 선고 2019나41661 판결(심리불속행 기각 확정)

원고는 컴퓨터소프트웨어 판매, 유지관리업 등을 영위하는 회사로, 산림청으로부터 전산관리시스템에 대한 관리위임을 받은 피고와 사이에 피고가 관리위임을 받은 전산관리시스템 중 이 사건 소프트웨어 관한 유지보수계약을 체결하였다. 원고가 피고를 상대로 유지보수계약에 따른 대금의 지급을 구하자 피고는 산림청이 전산관리시스템 관리위임을 해지함에 따라 이 사건 소프트웨어를 더 이상 사용하지 않게 되었다는 이유로 사정변경에 기한 유지보수계약의 해지를 주장하였다. 법원은 이 사건 소프트웨어를 더 이상 사용하지 않게 된 것이 피고가 통제할 수 있는 영역에서 생긴 사유가 아니고 계약체결 당시 이러한 사정을 알지 못하였다는 등의 이유로 사정변경에 기한 유지보수계약의 해지를 인정하였다.

---

76) 태양광 발전시설에 대한 이격거리 등의 입지기준이 신설된 것으로 보인다.

③ 제주지방법원 2019. 11. 13. 선고 2019나12 판결(상고 없이 확정)

원고는 피고와 건물을 임차하는 내용의 임대차계약을 체결하면서 특약사항으로 '근저당권설정등기가 1순위로 설정되어 있고 피고가 2순위로 전세권설정이 가능하다'는 내용을 정하였다. 그런데 임대차계약 체결 직후 위 건물에 가압류등기 및 강제경매개시결정등기가 마쳐지자 원고는 사정변경을 이유로 임대차계약의 해지를 주장하였다. 법원은 임대차계약의 특약사항에 비추어 1순위 근저당권설정등기 외에 다른 제한물권 등이 설정되어 있지 않다는 것은 계약 성립의 기초가 된 사정에 해당하고, 계약체결 직후 가압류 등기 등이 설정된 것은 현저한 사정변경을 초래하는 것이며 이러한 계약을 그대로 유지하는 것은 원고의 이해에 중대한 불이익을 초래한다는 이유로 사정변경에 기한 임대차계약의 해지를 인정하였다.

④ 서울중앙지방법원 2020. 12. 18. 선고 2019나38917 판결(상고기각 확정)[77]

원고는 해외이주알선업체인 피고와 사이에 원고의 이민을 신청하고 신청이 승인되면 원고가 이민비자를 신청하여 취득하는 내용의 비숙련공 취업이민에 관한 계약을 체결하였다. 원고의 신청에 대하여 미국 노동부 및 이민국의 허가 승인이 이루어졌으나 주한 미국대사관이 재심사를 위해 이민국으로 이송(TP, Transfer in Progress)하였다. 원고는 이민비자신청이 TP 단계로 넘어가 비자발급 여부나 그 시점을 알 수 없게 되어 사정변경이 발생하였으므로 이를 이유로 계약을 해지한다고 주장하였다. 법원은 계약체결 당시 원고와 피고 모두 이민비자 발급이 절차에 따라 원만하게 진행될 것으로 기대할 수 있는 상황이었고 미국대사관의 TP 결정으로 인하여 비자 발급이 사실상 거부상태에 이르게 될 것은 전혀 예측하지 못하였다고 봄이 상당하므로, 사정변경을 이유로 위 계약이 해지되었다고 판단하였다.

77) 서울중앙지방법원 2021. 1. 21. 선고 2019나77684 판결(심리불속행 기각 확정); 서울중앙지방법원 2020. 12. 11. 선고 2020나49807 판결(심리불속행 기각 확정) 등도 같은 취지이다.

⑤ 검　토

하급심에서 사정변경 원칙을 인정한 ① 내지 ③ 판결은 사정변경이 당사자의 행위와 직접 관련 없는 영역에서 발생한 것으로 통제가 불가능한 경우에 해당한다. 도시계획조례가 변경되어 더 이상 사업을 진행할 수 없게 되었다든가(① 판결) 당사자들이 체결한 계약의 전제가 되었던 소프트웨어가 더 이상 사용되지 않게 되어 계약이 필요 없게 된 경우(② 판결), 계약체결 이후 원고와 무관하게 계쟁 부동산에 제한물권이 설정된 경우(③ 판결[78])로, 법원은 "원고와 피고가 지배할 수 없는 외부적 요인"이라거나(① 판결) "피고가 통제할 수 있는 영역에서 생긴 사유가 아니고"라고(② 판결) 설시하였다. 사정변경 원칙이 계약준수 원칙의 예외로서 엄격한 요건 하에서만 제한적으로 인정되는 것에 비추어 실무상 '예견불가능'의 요건은 사정변경이 계약을 해제 또는 해지하려는 당사자 외부의 영역에서 발생하여 통제할 수 없는 경우에 인정되고 있다고 보인다.[79] 다만 ④ 판결(이하 '이민비자 사안'이라 한다)의 경우 원고가 이민비자를 신청하였으나 거부된 사안으로 이민비자 발급 거부라는 사정변경이 원고의

---

78) 이러한 제한물권이 설정된 것이 예견불가능하였다고 명시적으로 설시하지는 않았으나, 이를 전제로 판단하였다.

79) 다만 ① 판결의 경우 공사용역계약을 체결하기에 앞서 태양광발전시설 개발행위허가 기준 신설 등과 관련하여 개정이 이루어질 것이라는 입법예고가 있었던 것으로 보이는데, 위 입법예고에 따라 이 사건 사업부지에서 태양광발전시설설비사업을 진행하는 것이 어려워질 것이라는 점이 이미 부지와 사업의 특성상 내재되어 있던 위험이라고 볼 여지도 있다고 보인다. 종래 대법원 2012. 1. 27. 선고 2010다85881 판결은 회사가 주택개발을 위해 국유지를 매수하였으나 이후 도시관리계획이 변경되어 주택개발이 곤란하게 된 사안에서 "관련 법령의 개정 등으로 인하여 새로운 건축상의 제한이 생기거나 기존의 건축상의 규제가 없어질 가능성은 항상 존재하는 것이고 그와 같은 위험은 통상적으로 거래상 매수인이 부담"한다고 보아 '예견불가능' 요건을 부정한 바 있다. 도시계획조례 등의 변경이 당사자들이 지배할 수 없는 외부적 요인에 해당하는지 여부는 계약 당시 그러한 변경을 예상할 만한 사정이 있었는지 등의 요소를 고려해서 판단해야 할 것으로 생각된다. 예컨대, 앞서 살펴 본 대법원 2007. 3. 29. 선고 2004다31302 판결에서 건축 가능 여부가 계약의 기초가 된 사정에 해당한다고 보는 경우에도, 원고와 피고는 계약 내용으로 '매각 후 행정상의 제한 등이 있을 경우 피고가 책임을 지지 않는다'는 내용을 명시하였는데 이는 행정상의 처분 등으로 인하여 위 토지에 건축이 불가능하게 될 가능성을 포함한다고 볼 것이므로 원고로서도 그러한 사정변경을 예상할 수 있었다고 보인다.

행위와 관련되어 있는데, 이는 앞서 본 담배소매인 사안과 함께 아래에서 대상판결과 비교하면서 다시 검토한다.

(다) 대상판결의 검토

대상판결에서 원고는 이 사건 토지에 견본주택을 건축하기 위한 이 사건 신고 즉, 가설건축물 축조신고가 반려되어 이 사건 임대차계약을 유지할 수 없는 중요 부분에 사정변경이 발생한다고 주장하였고, 대상판결은 사정변경 원칙을 적용하여 원고의 주장을 받아들였다. 이 사건 신고가 반려된 것이 계약 성립의 기초가 된 사정으로 원고가 계약 성립 당시 이를 예견할 수 없었으며, 이 사건 임대차계약을 그대로 유지하는 것이 원고와 피고 사이에 중대한 불균형을 초래한다고 판단한 것이다. 원고가 계약체결 당시 이 사건 신고가 반려될 것을 예견할 수 없었는지가 문제된다.[80)]

대상판결의 사안은 앞서 본 담배소매인 사안 및 이민비자 사안과 마찬가지로 사정변경에 해당하는 사유의 발생이 원고의 행위와 관련되어 있다. 위 사안들 모두 원고의 신청 또는 신고행위에 대한 거부처분이 이루어진 경우인데, 법원은 구체적인 사안에 따라 '예견불가능'이 인정되는지 여부에 대한 판단을 달리하였다. 담배소매인 사안의 경우, '담배사업법에 따른 소매인으로 지정되지 못한 위험은 항상 존재한다'는 이유로 '예견불가능' 요건이 부정된 반면, 이민비자 사안에서는 '계약체결 당시 원고와 피고 모두 이민비자 발급이 절차에 따라 원만하게 진행될 것으로 기대할 수 있는 상황이었다'는 이유로 '예견불가능' 요건이 인정되었다.

먼저 담배소매인 사안에서는 인접한 점포가 담배소매업으로 지정되어 원고의 신청이 거부된 것으로 보인다.[81)] 원고가 편의점 용도로 임대

80) 대상판결에 대하여는 '인허가 좌절은 일반적으로 흔히 일어날 수 있는 일인데, 당사자는 인허가가 필요하다는 점을 명확히 알고 있었고 그 인허가 여부는 행정관청에 달려 있으므로 이를 받지 못하는 상태가 발생할 수 있었음을 예견할 수 있었으므로 사정변경 원칙이 적용되기 어렵고 다만 보충적 해석에 따라 대상판결과 같은 결론에 이를 수 있다'는 설명이 있다. 권영준, 2020년 분야별 중요판례분석 4. 민법下(채권), 2021. 2. 4.자 법률신문.

81) 담배사업법은 "담배소매업을 하려는 자는 사업장의 소재지를 관할하는 시장·군

차계약을 체결하였다는 것 외에, 원고와 피고가 인접한 점포에 담배소매업 지정이 이루어지지 않을 것으로 기대할 만한 상황이었다고 볼 만한 사정은 찾을 수 없다. 이는 계약체결 당시 원고의 일방적인 기대였던 것으로 생각된다. 반면 이민비자 발급 사안은 원고가 피고와 계약을 체결할 2015년경 당시에는 원고와 피고 모두 비숙련공 취업이민 비자가 발급되는데 약 1~2년 내외의 기간이 소요되고 늦어도 2년 내에는 비자가 발급될 것으로 예상하였으나, 주한미국대사관이 2016. 9.경부터 종전과 달리 한국인 비숙련공 취업이민비자 신청자들에 대하여 대거 TP 조치를 하기 시작한 경우이다. 즉, 계약체결 당시 원고와 피고 모두 이민비자가 발급될 것으로 기대하고 있었고, 이민비자 발급 현황에 비추어 그러한 기대는 합리적인 것으로 수긍할 수 있는 것으로 보인다. 사정변경이 당사자의 행위와 관련된 영역에서 발생한 경우, 계약의 쌍방당사자가 그러한 사정변경을 기대할 수 없었고 그러한 기대가 당시 객관적인 사정에 비추어 수긍할 수 있는 것이라면, '예견불가능' 요건을 인정될 가능성이 높다고 볼 수 있다.

대상판결 사안에 관하여 본다. 원고는 주택을 건설하는 이 사건 사업을 위하여 주택건설사업자로 등록하고 이 사건 토지에 견본주택을 건축하기 위해 이 사건 신고를 한 사람이고, 피고는 이 사건 사업 추진위원회의 추진위원이다. 원고와 피고는 이 사건 토지에 견본주택 건축이 필요함을 알고 있었고 이 사건 신고가 수리될 것으로 기대하였던 것으로 보인다. 계약의 쌍방당사자가 모두 신고가 반려될 것을 기대하지 않았던 것이다. 그렇다면 이러한 기대가 당시 객관적인 사정에 비추어 수긍할 만한 것인지 문제된다. 이 사건 신고[82]는 '주택건설사업계획승인이 신청

수·구청장으로부터 소매인의 지정을 받아야 한다"고 정하면서(제16조 제1항), 시장·군수·구청장이 소매인 지정을 하지 않을 수 있는 예외 사유로 "영업소 간의 거리 등 기획재정부령으로 정하는 지정기준에 적합하지 아니한 경우"를 정하고 있다(제16조 제2항 제2호).

82) 건축법 제20조 제3항은 대통령령으로 정하는 용도의 가설건축물을 축조하기 위해서는 시장 등에게 그 신고를 하도록 정하고 있고, 건축법 시행령 제15조 제5항은 그 각 호에서 신고의 대상이 되는 가설건축물을 열거하고 있다. 이는 가설건축물은 건축

접수되어 검토 중인 상태로 승인되지 않은 상황에서 견본주택 건립은 불가능하다'는 이유로 반려되었다. 대상판결이 수긍한 원심이 어떠한 사정을 근거로 이 사건 신고가 반려될 것이 예견불가능했다고 판단했는지를 알기는 어려우나, 이 사건 임대차계약 체결 당시 사업계획승인 절차가 상당히 진행되어 있었다거나 사업계획승인 신청에 하자가 될 만한 사유가 없었다면, 이 사건 신고가 수리될 것으로 믿었던 원고와 피고의 기대가 합리적인 것이라고 볼 가능성은 있다고 생각된다.

4. 대상판결의 의의 및 전망

대상판결은 공간된 대법원 판결 중 최초로 사정변경 원칙을 근거로 계약의 해지를 인정하였다는 점에서 의미가 있다. 대상판결은 또한 종래 대법원이 사정변경 원칙의 요건으로 설시하였던 '사정변경, 예견불가능, 중대한 불균형 또는 계약목적의 달성불능'의 요건을 다시 한 번 확인하였다. 대법원은 과거 사정변경 원칙을 인정하지 않다가 대법원 2007. 3. 29. 선고 2004다31302 판결에서 일반론으로써 사정변경 원칙을 인정한 이후 사정변경 원칙의 요건으로 '사정변경, 예견불가능, 귀책사유 부존재, 신의칙 위배'를 들고 있었다. 그러나 일반론의 차원에서 사정변경 원칙이 인정됨에도 불구하고 실제 사례에서 사정변경 원칙이 인정된 사안은 드물었던 것으로 보인다. 이후 대법원 2017. 6. 8. 선고 2016다249557 판결은 그 요건으로 '사정변경, 예견불가능, 중대한 불균형 또는 계약목적의 달성불능'이 요구된다고 판시함으로써 귀책사유 부존재 요건을 별도로 요구하지 않고, 신의칙 위배의 요건을 구체화시켰으며, 이러한 요건은 최근 선고된 판결과 대상판결에서도 그대로 유지되고 있다.

구체적인 사안에서 '예견불가능' 요건의 충족 여부에 따라 사정변경

법상의 건축물이 아니므로 건축허가나 건축신고 없이 설치할 수 있는 것이 원칙이지만 일정한 가설건축물에 대하여는 건축물에 준하여 위험을 통제하여야 할 필요가 있으므로 신고의 대상으로 규율하려는 취지이다(대법원 2010. 9. 9. 선고 2010두9334 판결 등 참조).

원칙의 적용 여부가 달라지는 경우가 다수 확인된다. 최근 선고된 판결을 살펴보면, 계약의 대상이 된 사업 자체에 내재한 위험이 현실화되어 발생하거나 당사자가 통제할 수 있는 영역 내에서 발생한 경우에는 '예견불가능' 요건이 부정되었고, 당사자가 통제할 수 없는 외부적 영역에서 발생한 경우에는 '예견불가능' 요건이 인정되었다. 대상판결은 사정변경이 발생하는 데 당사자의 행위가 개입된 경우인데, 계약의 쌍방당사자가 그러한 사정변경이 발생할 것을 기대하지 않았고 객관적인 상황에 비추어 그러한 기대가 합리적인 것으로 수긍할 수 있는 경우에는 '예견불가능' 요건이 인정될 가능성이 클 것으로 생각된다. 대상판결을 계기로 사정변경 원칙을 인정하기 위한 구체적인 요건과 개별 요건에 대한 검토가 보다 심층적으로 이루어질 수 있기를 기대한다.

[Abstract]

A Study on the Elements of Change of Circumstances and 'Unforeseeable'

–Focus on the Commentary on the Supreme Court Decision 2020Da254846–

Jang, Yoon Shil*

The principle of change of circumstances provides the opportunity to change the contract's contents or terminate the contract if the circumstances underlying the contract are changed and it is contrary to the circumstances. Although the principle of change of circumstances, which had been widely recognized in the past, was explicitly recognized as a general opinion by the Supreme Court's precedent, it was difficult to find a case in which the Supreme Court approved the termination of the contract. The Supreme Court Decision 2020Da254846 was the first case to recognize the termination of the contract on the basis of the principle of change of circumstances.

In many cases, the conclusion vary depending on whether the 'unforeseeable' requirement is met. From the perspective of a 'reasonable person', the Supreme Court states that it should determine whether a change in the circumstances of a specific issue could not be predicted by considering the type and contents of the contract, the party's status, transaction experience and perception. In the end, whether it is 'unforeseeable' will inevitably be determined by judges on individual matters. In recent cases, the 'unforeseeable' was denied if the risk inherent in the project itself was realized or occurred within the control of the party, while the

* Judge, Seoul Northern District Court.

'unforeseeable' was recognised if it occurred in an external area that the party could not control. As a result of the judgement, it is highly likely that the 'unforeseeable' will be recognized if either party of the contract does not expect such a change to occur and the expectation can be reasonable considering the objective circumstances. It is hoped that more in-depth reviews of specific and individual requirements will be discussed to recognize the principle of change of circumstances.

[Key word]

- change of circumstances
- the principle of change of circumstances
- contractual risk
- unforeseeable, reasonable person

참고문헌

1. 단 행 본

곽윤직, 채권각론 제6판, 박영사(2003).

고상룡, 민법총칙, 법문사(2003).

김상용, 민법총칙, 화산미디어(2009),

김용담 편, 주석민법 민법총칙(1) 제5판, 한국사법행정학회(2019).

김증한 편, 주석채권각칙1, 사법행정학회(1985).

2. 논문 등

권영준, 민사재판에 있어서 이론, 법리, 실무, 법학 제49권 제3호(2008).

______, 위험배분의 관점에서 본 사정변경의 원칙, 민사재판의 제문제 제19권(2010).

______, 2017년 민법 판례 동향, 법학 제59권 제1호(2018).

______, 2020년 분야별 중요판례분석 4. 민법下(채권), 2021. 2. 4.자 법률신문.

김대정, 사정변경의 원칙을 명문화한 민법개정시안 제544조의4에 관한 검토, 전북대학교 법학연구 제22집(2001).

김성수, 프랑스민법의 사정변경의 원칙-현행법과 개정안의 주요내용을 중심으로, 재산법연구 제31권 제3호(2014).

김성욱, 사정변경의 원칙과 관련한 입법방향, 한국법학회 법학연구 제55호(2014).

김재형, 계약의 해제·해지, 위험부담, 사정변경에 관한 민법개정안, 서울대학교 법학 제55권 제4호(2014).

김형석, 동기착오의 현상학, 저스티스 통권 제151호(2015).

김효정, 계속적 계약관계에서 사정변경에 따른 해지, 민사판례연구 XLI(2018).

김희동, 사정변경 원칙론의 일본에서의 연혁과 입법동향, 서울법학 제25권 제2호(2017).

박규용, 사정변경의 원칙과 행위기초론, 한국법학회 법학연구 제40호(2010).

박정기, 사정변경의 원칙에 관한 비교법적 고찰, 법학논고 제37권(2011).

박영목, 사정변경으로 인한 등기관계 장애의 법적 해결, 고려법학 제71호 (2013).

백태승, 독일 행위기초론의 발전과 최근 동향, 저스티스 제25권 제1호(1992).

______, 사정변경의 원칙, 이영준 박사 화갑기념 논문집 한국민법이론의 발전, 박영사(1999).

손경한, 국제계약상 사정변경의 원칙, 국제거래법연구 제23집 제1호(2014).

손봉기, 사정변경으로 인한 계약해제가 인정되는지 여부 및 그 요건 등, 대법원판례해설 제67호(2007년 상반기), 법원도서관(2007).

송덕수, 사정변경의 원칙에 관한 현안의 정리 및 검토, 이화여자대학교 법학논집 제23권 제1호(2018).

이동진, 계약위험의 귀속과 그 한계: 사정변경, 불능, 착오, 비교사법 통권 제84호(2019).

이영준, 사정변경의 원칙, 민사법학 제82호(2018).

이중기, 사정변경에 대한 사적자치와 법원의 역할 : 재협상 유도를 위한 법원의 계약보충의무, 비교사법 제20권 제2호(2013).

정상현, 민법개정안 제544조의4에 대한 비판적 검토, 성균관법학 제20권 제1호 (2008).

______, 매매목적 토지에 발생한 사정의 변경과 계약의 효력-대법원 2007. 3. 29. 선고 2004다31302 판결, 저스티스 제104호(2008).

문성공 율곡 이이의 종손권 분쟁에 대한 고찰*

-(조선)고등법원 1921. 5. 20. 선고 대정10년민상제5호 및 1922. 6. 20. 선고 대정11년민상제184호 판결을 대상으로-

정 긍 식**

■요 지■

본고에서는 이이(1536~1584)의 봉사손 선정을 둘러싼 1920년대 (조선)고등법원 판결 2건을 소개하고 宗統 분쟁의 역사적 연원과 족보 편찬과정에서 나타난 종중의 분열과 통합을 분석하였다.

1683년 이이의 증손 이계와 또 그의 부인 이후시가 연이어 사망했다. 이계에게 아들이 없어서 문묘에 종사된 이이의 봉사자를 선정하는 것은 조야의 관심사였다. 기혼인 이계를 위해 입후하여 이이를 봉사해야 하는 것이 예와 법의 원칙이다. 하지만 조정에서는 1685년(숙종 11) 이계의 계후자가 장성하기 전에 사망하여 다시 이이의 제사를 끊길 것을 우려하여 부 이후시를 위해 장성한 李綖(1652~1733)을 입후하였다. 이연을 입후한 위 결정은 제사의 지속을 위한 조처이었으며, 이이의 제자가 이론적 근거를 제공하였다. 이연의 계승은 兄亡弟及으로 보고 또 이연과 이계의 관계는 계후자와 친자의 관계로 보아 연장자를 우선하는 수교에 따랐다. 이 결정에 가장 중요한 근거는

---

* 본고는 연구회에서 발표한 후에 수정하여 한국법사학회 편, 『법사학연구』 64(민속원, 2021. 11.)에 게재하였다. 위 논문은 역사적 접근을 하였기에, 본문을 『민사판례연구』의 통일적인 형식에 따라 "사안의 개요"와 "연구"로 분리하였다. 또한 『법사학연구』에 수록된 원문은 『민사판례연구』의 성격과 독자를 고려하여 상당 부분 생략하였다.

** 서울대학교 법학전문대학원 교수.

'義로 맺어진 부자관계를 부정하는 파양을 금지'하는 이이의 〈立後議〉였다. 이계의 처는 독자적으로 李敍五(1689~?)를 입후하여 분쟁의 씨앗을 배태하였다.

1823년 이서오의 후손 이원배가 국왕에게 호소하였지만, 패소하였다. 그 근거는 1685년과 같았고 선례라는 점이 추가되었다. 이원배는 이후에도 여러 차례 상언을 하였지만, 서인의 영수인 송시열이 주도한 숙종대의 결정을 번복하는 것은 현실적으로 어려웠다.

1917년 이서오와 이연의 후손 사이에 다시 분쟁이 발생하여 다섯 차례의 재판 끝에 이연의 후손이 이이의 봉사손으로 확정되었다. (조선)고등법원에서는 종손권을 조선 고유의 권리로 인정하였으며, 청송기한을 활용하여 처리하였다. 항소심인 평양복심법원에서는 청송기한의 기산시기를 소송당사자가 안 때로 보아 이서오 후손의 손을 들어 주었지만, 상고심을 포함하여 나머지 법원에서는 그 기산시기를 당사자의 주장과 무관하게 분쟁이 발생한 때로 보아 이연 후손에게 승소판결을 선고하였다. 그러나 (조선)고등법원은 실체적 판단은 회피한 채 청송기한 경과라는 절차만으로 분쟁을 처리하여 표면상으로는 중립을 취하였다. 이 점에서 절차와 형식을 중시하는 근대사법의 한계를 찾을 수 있다.

이이의 종통을 둘러싼 종중의 분열은 여러 차례 편찬된 족보에 남아 있다. 2001년 종중은 족보를 편찬하면서 (조선)고등법원 판결문을 창조적으로 오독하여 이계−이서오의 후손을 이이의 후손에 편입하여 종중의 통합을 달성하였다. 이 사안은 분쟁을 자체적으로 해결한 점에서 의의를 찾을 수 있다.

[주 제 어]

- 이이
- 종손권
- 제사승계
- 청송기한
- 제척기간
- 시효

대상판결 : (조선)고등법원 1921. 5. 20. 선고 대정10년민상제5호 및 1922. 6. 20. 선고 대정11년민상제184호 판결

[사안의 개요]

1. 사실관계

栗谷 李珥(1536~1584)는 서자 景臨(1574~1626)과 景鼎만 두고 立後하지 않은 채 사망하였다. 자 景臨, 손자 穧(1596~1627), 증손 繼後子 厚蒔(1629~1683), 현손 繼(1657~1683)가 차례로 이이 종손의 지위를 승계하여 봉사하였다. 그런데 이이가 1682년(숙종 8) 문묘[1]에 종사된 후에 아들이 없는 玄孫 계는 입후하지 않은 채 1683년 3월 18일에, 부 후시 역시 같은 달 27일에 연이어 사망하였다. 가묘에서 영구히 제사를 받아야 할 不遷位인 이이의 봉사손을 선정하는 것은 조야의 관심사였다.[2]

조정에서는 논의 끝에 1685년(숙종 11) 2월 후시의 사촌인 厚樹(1630~1705)의 아들 綖(1652~1733)을 입후하여 이이의 봉사손으로 선정하였다. 그런데 계의 후처 밀양 박씨는 계를 위하여 6촌 형 綸(1660~1716)의 아들 一興을 입후하였지만 그는 곧 사망하였고, 다시 일흥의 아우 敍五(1689~?)를 입후하였다. 이로써 이이의 가계는 이연과 이서오의 후손 두 계열로 나누어져 정당한 종손 지위를 둘러싼 분쟁의 씨앗이 배태되었다(부록 1 : 관련자 가계도 참조).

1685년 이연을 이이의 봉사자로 왕명으로 결정할 당시에 이연과 이계의 처 밀양 박씨를 지지하는 집단 사이에 논쟁이 있었지만 쟁송으로 이어지지는 않았다. 이연과 이서오의 후손들은 약 140년 후인 1823년(순조 23)에 이서오의 후손 이원배가 자기 봉사손임을 上言하였지만 숙종대의 결정은 유지되었다. 이연을 봉사자로 선정한 1685년으로부터는 230여 년, 이원배의 상언으로부터는 약 100년 후인 1917년 12월경 이서오의 11대손 李希鏞(1901~1928)은 이연의 8대손 李種文(1868~1945)을 상대로 본인이 이이의 봉사손임을 확인하는 소를 해주지방법원에 제기하여 모두 다섯 차례 재판하였고, 종통 분쟁은

---

1) 文廟 : 공자를 비롯한 중국과 우리나라 名賢의 위패를 모셔 성균관과 향교에 세운 사당. 1949년 유림대회에서 우리나라 명현 18위만 大成殿에 모시기로 하였다. 문묘 종사는 名賢으로 공인받음을 의미한다.

2) 본고의 날짜는 1900년 이전은 음력, 이후는 양력이다.

일단락되었다. 200여 년에 걸친 쟁송 과정은 ≪增補 第九刊 德水李氏世譜≫[3]에도 기록되어 있다.[4]

2. 소송의 경과

(1) 소송 경과 및 당사자의 주장

이 재판은 지금부터 100년 전에 발생하였으며 또 제1, 2심이 미수복지구인 해주와 평양에서 진행되었기 때문에 소송의 경과를 파악할 수 있는 자료는 현재 찾을 수 없다.[5] 다행히 네 번째 재판인 파기환송심이 종결될 즈음인 『동아일보』 1922년 4월 11일자에 그 전말이 보도되었는데, 다음과 같다.

> 황해도 해주군 高山面 壽井里에 거주하는 이희용은 변호사 李東初씨와 松本正寬씨를 대리인으로 하고 동군 동면 石潭里 이종문을 피고로 하여, 피고는 원고에게 대하여 원고가 故**栗谷先生** 李珥씨의 15대 직계종손된 사실을 확인함이 可함이라는 소송을 제출하였다가 대정9년(1920) 5월 14일 해주지방법원에서 聽訟期限이 경과되고, 이유가 불분명하다는 판결에 원고가 패소를 당하고 다시 평양복심법원에 항소[控訴]를 제기하였든바 동 복심법원에서 판결한 바 해주지방법원에서 **聽訟期限**은 아직 경과치 아니하였고 원고의 주장이 가당(可當)하다는 판결로 피고가 패소되었음으로 피고는 다시 경성고등법원에 상고하였는데 고등법원에서는 **청송기한**이 경과하였다고 하는 것은 문제도 될 것이 없으나 원고의 주장이 都是 틀렸다는 이유로 다시 평양복심법원으로 일건 기록을 반려하였음으로 동 복심법원에서는 지난 8일(파기상고심 판결문은 5일) 원고 이희용이 다시 패소하였다는 판결을 써서 원피고에게 교부할 터이라 한다.[6]

---

3) 덕수이씨세보간행위원회, ≪增補第九刊 德水李氏世譜≫(2001). 이는 전 8책으로 구성되었지만, 전통방식을 따라 내부 구성은 卷首, 總編, 仁義禮智信編 등 7편으로 되어 있으며 편마다 1쪽으로 시작하였다. 본고에서는 "≪세보≫ 편의 쪽수"로 인용한다.

4) ≪세보≫에서는 소송수행자는 희용이 아니라 그의 부 載燉의 생부인 斗熹(생가 조부)라고 한다(≪세보≫ 지편상 : 745쪽). 갓 스물인 희용이 비록 종손이지만 소송을 수행하기에는 무리로 보인다. 실제 소송은 조부 두희가 수행하였지만 후술할 청송기한의 문제로 희용을 원고로 한 것으로 보인다.

5) 법원도서관의 조사에 따르면 식민지기 "민사판결원본철" 가운데 미수복지구의 것은 소장되어 있지 않다(2007. 12. 기준).

6) 『동아일보』 1922년 4월 11일 「栗谷子孫의 爭訟 : 서로 종손이 되겠다고 상고까지」(네이브뉴스라이브러리 검색[https://newslibrary.naver.com/search/searchByDate.nhn]). 인용문은 현대표기로 적절히 수정하였으며, 볼딕으로 된 부분은 원문에서 글자를

위 기사와 판결문 등을 종합하면 이희용은 1917년 12월경 이종문을 상대로 종손권 확인의 소를 해주지방법원에 제기하였고 동 지방법원에서는 아마도 청송기한 경과를 이유로 원고 패소 판결을 하였다.[7] 원고 이희용은 평양복심법원에 항소하였으며 복심법원은 청송기한이 경과하지 않았다고 하여 1920년 11월 29일 제1심 판결을 파기하였다. 패소한 이종문은 (조선)고등법원에 상고하였고, 동 법원에서는 1921년 5월 20일 청송기한 경과 여부에 대해 사실관계를 심리하여 판단해야 한다는 이유로 원심을 파기하였다(대정10년민상제5호, 대상판결①). 파기환송심인 평양복심법원은 1922년 4월 5일에, 재상고심은 1922년 6월 20일 청송기한이 경과하였다고 하여 이희용에게 패소판결을 선고하여 확정되었다(대정11년민상제184호 판결, 대상판결②).[8] 이 소송은 약 5년 동안 최고심인 (조선)고등법원의 두 차례 판단을 받는 등 다섯 차례의 재판을 거쳐 사실상 기존의 권리관계를 인정하는 것으로 확정되었다.[9]

원고 이희용과 피고 이종문은 다음과 같이 주장하였다(대상판결①).

> 원고 이희용 : ㉠ 10대조 이서오는 11대조 이계의 양자로서 당연히 율곡 선생의 종손이 되어야 함에도 불구하고 이종문의 8대조 이연 때문에 종손권을 침탈당하였다. ㉡ 이계는 기혼의 성년이었으므로 그를 一代에 산입하고 그 卑屬親이 상속하여야 하는 매우 현저한 관습이 있음에도 불구하고, 이연은 일대를 소급하여 스스로 이계의 양자라 참칭하였다. ㉢ 청송기한의 기산 시기는 이희용이 그 선대를 상속하여 본소의 종손권을 획득하고 피고 이종문이 이희용의 종손권 부인의 사실을 안 때부터이다. ㉮ 이연은 계후자가 되려고 당시의 정치세력에 아부

크게 하여 강조하고 행을 바꾼 곳이다.

7) 소송대리인은, 원고 이희용은 松本正寬 · 李東初이며, 피고 이종문은 李基燦 · 丁明燮, 복대리인 洪祐哲이다. 피고측 변호사가 원고보다 명망이 더 높았다. 김효전, 『근대한국의 법제와 법학』(부산 : 세종출판사, 2006)에는 피고측 변호사인 이기찬 · 정명섭만 소개되었다. 변호사의 선임에서도 당시 두 집단 위상의 차이를 확인할 수 있다.

8) 1921. 5. 20. 선고 대정10년민상제5호[대상판결①] 및 1922. 6. 20. 선고 대정11년민상제184호 판결[대상판결②] "宗孫權 확인 청구 사건." 출전 『국역 고등법원판결록』 8권 91/148쪽, 『판결록』 9-157/215쪽(법원도서관, 2009). 이하 『고등법원판결록』은 법원도서관에서 간행한 번역본을 이용하며, "『판결록』 권수-번역/원문 쪽(간행연도)"으로 표시한다.

9) 재상고심의 판결이유는 청송기한에 대한 새로운 법리를 제기한 것도 아니다. 그런데도 동일사건에 대해 두 차례나 『판결록』에 수록된 사실은 이 사건에 대한 조야의 관심을 간접적으로 보여 준다.

하였으며, ㉯ 당시 예조 아문의 完文[10]을 받아 양자로 자처하였다.

피고 이종문 : (ㄱ) 300여 년 동안 제사를 지내고 분묘를 지키며 종중과 세간 그리고 조정에서도 이종문 가를 율곡 선생의 종가로 인정하여 종손권을 행사해 왔다. (ㄴ) 8대조 이연은 종중의 결의와 예조의 특명에 의하고 또 조선 고유의 관습에 따라 이후시의 양자가 되었다. (ㄷ) 원고 가에서는 10대조 이서오 때부터 6대조 이원배에 이르기까지 종손권을 회복하려고 상언하는 등 노력하였다. 따라서 청송기한의 기산 시기는 당사자[피고]가 침해하고 있다는 사실을 안 때부터가 아니라 최초 발생시기부터이다. ㈎ 이연은 종중의 결의와 예조의 특명에 의하여 계후자로 결정되었으며, ㈏ 1708년 3월에 이희용의 선조 이서오가 이계의 양자가 되었고, ㈐ 10대조 이서오 때부터 그리고 6대조 이원배 등은 국왕에게 상언·격쟁을 하여 종손권을 회복하려고 노력하였다.

당사자들의 주장 중에 ㉠, (ㄱ)은 당위성을, ㉡, (ㄴ)은 당시의 입후 상황을, ㉢, (ㄷ)은 청송기한의 기산 시기를 논하고 있다. ㉮, ㉯ 및 ㈎, ㈏는 입후 과정에 대해서, ㈐는 이희용 조상의 종손권 회복 노력에 대해 서술하였다. 여기서 당사자들이 근거로 내세운 사실은 후술할 ≪숙종실록≫, ≪순조실록≫, ≪승정원일기≫ 등에 보이는데, 1920년대에 개인들은 이 자료를 열람할 수 없었다. 당사자들은 당시에 가문에서 소장하였던 이 분쟁과 관련된 고문서 등을 근거로 주장하였다.[11]

항소심에서 패소한 이종문은 다음과 같은 상고이유를 제출하였다(『판결록』에서는 상고이유 전체가 아니라 쟁점이 된 이유만 수록하였다).

상고이유 1 : ① 종손권은 일종의 신분권으로 그 특권으로서는 제사를 지내고 분묘를 소유하며 그 밖에 여러 권리를 가지며, 조선시대에는 관직을 제수받는 특권이 있었다. ② 종손권은 그 선대의 상속인이 된 후 원시적으로 취득하는 것이 아니고 선대에 이미 종손권을 가졌음을 전제로 하여 상속인이 그 선대를 상속함과 동시에 계승적으로 취득하는 권리이다. ③ 종손권은 계승적으로 취득하는 권리이므로, 선대가 소를 제기할 수 있음에도 불구하고 그렇게 하지 아니한 것을

10) 완문 : 관에서 사실의 확인 또는 권리나 특권의 부여를 인증하는 문서. 최승희, 『한국고문서연구』(증보판 : 지식산업사, 1989), 622면.

11) 현재 이이 선대의 문서는 남아 있지만, 이이와 그 후손의 세거지가 해주여서 후대의 문서는 거의 찾을 수 없다. 이상균, 「강릉 오죽헌의 조선시대 사회사적 의미」, 『문화재』 48-2(국립문화재연구소, 2015) 참조.

포함하여 청송기간의 경과 여부를 판단해야 한다.

상고이유 2 : ① 관련 판결 생략.[12] ②피고 이희용은 원고 이종문의 8대가 종손권을 획득한 후부터 제사를 지내왔다고 항변하였으므로 당사자 모두가 사실상 종손으로서 제사를 지내 왔는지를 증거에 의하여 인정하고, 그 소송은 이미 청송기한을 경과하였는지 여부를 판정하여야 한다.

상고이유 3 : 청송기한 기산 시기의 산정이 부당하다. 1685년 2월에[13] 상고인[이종문]의 8대조인 이연이 이후시의 양자가 되었으며, 1708년 3월에 피상고인[이희용]의 선조 이서오가 이계의 양자가 됨과 동시에 봉사자 지위를 다투어야 한다. 민사소송기한규칙 제5조[14]에 기재된 바와 같이 기한은 소송을 제기할 수 있을 때부터 이를 기산하여야 하므로, 원심과 같이 원고 이희용의 출생일로부터 기산한 것은 위법이다(상고이유 5).

이종문은 "종손권은 신분권이며, 이는 계승적으로 취득하는 권리로 선대를 상속함과 동시에 발생하며 따라서 청송기간의 경과 여부는 소송당사자가 아닌 선대를 기준으로 판단해야 하고, 따라서 원고 이희용의 선조 이서오가 이계의 양자가 됨과 동시에 봉사자 지위를 다투어야 한다"라고 주장하였다.

(2) (조선)고등법원의 판단

위 당사자들의 주장에 대해 (조선)고등법원은 다음과 같이 먼저 청송기한의 법적 성질 및 종손권을 논한 다음에 원심을 파기하여 이종문의 주장을 일단 긍정하였다.

가. ① 구 형법대전 제16조[15] 소정의 20년 청송기한은, 민사소송을 제기할 수 있는 때부터 기산하여 20년을 경과한 때에는 동법 시행 전후를 불문하고 모두 청송할 수 없다는 취지이다. ② 위 민사소송에는 채권관계, 물권관계, 신분관계 모두를 포함하는 것이다. ③ 물권 또는 신분권과 같은 법률관계가 침해받은 상태에 있을 때에는 청구권은 중단 없이 발생하므로 특별한 규정이 없는 한 이

12) 1919년 2월 28일 선고 대정8년민상제43호 판결 : 상고인 韓鍾哲, 피상고인 韓相武 간의 봉사손확인 청구사건(『판결록』 6-56/73쪽[2008]).

13) 원문은 '1686년 4월'이나 양력으로 변환하면 3월 14일이다[한국천문연구원 천문우주지식정보 → 생활천문관 → 음양력변환계산]. ≪숙종실록≫에 따랐다.

14) 民事訴訟期限規則(1908. 법률 20) 제5조 前四條의 期限은 訴訟을 提起홈을 得홀만훈 時로븟터 此를 起算홈.

15) 刑法大全(1905. 법률2) 제16조 : 聽訟ᄒᆞᄂᆞᆫ 期限은 一應 詞訟이 二十年 以內에 在훈 者로 定홈이라(1908년 7월 형법대전 제2차 개정 시 삭제).

> 의 구제를 요구할 수 있다. ④ 청송기한이 경과하여 권리자가 소송상의 구제를 청구할 수 없을 때에는 그 후부터는 그 자는 물론 그 후대 승계인도 동일한 법률관계에 관하여 다시 권리침해를 이유로 권리보호를 청구할 수 없다.
>
> 나. ① '종손권'은 一門의 종손으로서 선대가 가졌던 호주권, 재산권 및 집안 조상의 제사권을 포괄적으로 상속하는 신분상의 권리이다. ② 이는 상속원인에 의하여 선대가 가졌던 권리를 승계적으로 취득하여야 하는 권리로서 상속인이 자기의 父·祖가 청송기한의 경과로 말미암아 그 종손권의 존재를 주장할 수 없게 된 때에는 자기도 소송상 그 권리의 존재를 주장할 수 없다. ③ 종손권 확인의 소에서 피고가 원고의 부·조대에 청송기한을 경과하였다고 항변하면 법원은 그들이 소를 제기할 수 있었음에도 불구하고 그 기한을 경과했는지 여부를 심사해야 한다.
>
> 다. 원심[평양복심법원]이 본소를 수리하려면 반드시 이희용의 부·조도 종손권을 침해받아 소를 제기할 수 있었는데도 경과하였는지 여부를 판단해야 한다. 원심은 원고 이희용을 기준으로 청송기한을 경과하지 아니한 것으로 판단하였지만, 이는 이유불비의 위법이 있으므로 원판결은 파기를 면하지 못한다(구분은 필자 추가).

(조선)고등법원은 이종문의 주장을 수긍하여 "봉사권은 계승적 권리로 인정하여 청송기한의 기산 시기를 이희용이 아닌 그 선조를 기준으로 판단해야 한다"고 하여 일견 이종문의 손을 들어 주는 듯하였다. 그러나 다음과 같이 덧붙여 실체 판단은 회피하였다.

> **위 이종문의 상고논지는 청송기한을 경과한 것으로 단정하여야 한다는 주장이지만**, 이희용의 주장은 반드시 이희용이 "이종문의 선조인 이연이 율곡 선생의 종손으로 선정되고 대대로 승계하여 이종문에 이르기까지 이종문 가에서 이이의 종손으로서 봉사하고 종손권을 행사하여, 이희용 가에서 종손권을 행사할 수 없었다"는 이종문의 항변사실을 인정하는 것으로 해석할 수 없다. 이러한 사실관계에 대한 판단이 없으므로 본소가 이미 청송기한을 경과하였는지 여부를 결정할 수 없으므로 이 점에 관한 이종문의 주장은 채용하지 아니한다(강조는 필자, 이하 같다).

즉 (조선)고등법원은 청송기한 기산 시기의 오류만 지적하고 원심을 파기하였을 뿐, 이연의 후손인 이종문이 주장한 이연 이후 그 당시까지 봉사해 왔다는 사실에 대해서는 눈을 감고 다시 원심으로 미루었다.

파기환송심인 평양복심법원에서는 “항소인의 조상 이원배(판결문은 ‘李源執’이나 오류임)가 98년 전인 1823년에 이계가 승계한 이이의 종손권이 침해된 사실을 알고 있었고 따라서 그 당시에 본건 소송을 제기할 수 있었던 것”으로 청송기한을 경과한 제소라고 하여 이희용의 재항소를 기각하였다. 파기환송심에서 패소한 이희용은 (조선)고등법원에 다음을 이유로 재상고하였다(대정11년민상제184호 판결).

> 청송기한의 경과 여부는 제소자가 청구원인으로서 주장하는 사실을 기본으로 해서 판단해야 한다. 양 당사자 모두 이이의 봉사손임을 주장하고 제사를 거행하면서 다른 쪽의 제사 거행을 금지하지 못하였다. 따라서 이는 이연의 후손이 이계 후손가의 종손권 침탈을 원인으로 하는 상속회복청구권이 아니다. 1917년 12월 이후 기존의 이이의 봉사권이 부인되자 그 확인을 구하는 소이다. 따라서 청송기한의 기점은 1917년 12월이다.

즉 양쪽 모두 이이를 봉사해 왔는데, 1917년 12월경 이희용이 이종문을 상대로 종손권을 확인하는 소를 제기했기 때문에 이를 기점으로 청송기한을 산정해야 하고 따라서 아직 20년의 청송기한이 경과하지 않았다고 주장하였다. 이에 대해 (조선)고등법원은 다음과 같이 판단하였다.

> 청송기한의 경과 여부는 원고가 청구원인으로서 주장하는 사실 자체를 기초로 해서 판단하지 않아도 된다. 원고가 청송기한이 경과되지 않은 시기에 권리침해의 사실이 발생했다고 주장하고, 피고가 원고의 주장시기 이전에 권리침해가 발생하여 계속되어 제소시기는 원고가 주장하는 시기의 이전임을 항쟁할 때는, 사실심은 당사자의 주장을 심리 · 판단하여 청송기한 경과 여부를 결정해야 한다.

(조선)고등법원은 역사적 사실의 존재 자체는 인정하고 분쟁의 발생 시기는 이연이 이후시의 양자로 된 때로 약 300년 전이고 따라서 청송기한이 경과하였다고 판단하였다. 즉 계속적 침해행위에 대해서는 기산 시기를 처음 발생한 때로 보았다. 실체적 판단은 하지 않은 채 청송기한 경과라는 절차적 관점에서 처리하였다. 최고법원에서 두 차례의 패소로 이서오의 후손들은 법적으로 종손권을 다툴 수 없게 되었고, 이연의 후손들은 반사적으로 이이의 봉사손으로 인정받게 되었다.

〔硏　究〕

Ⅰ. 머 리 말

이이(1536~1584)는 조선을 대표하는 학자이며 경세가였다. 1623년(인조 1) 8월 시호 文成[16]이 내려졌다.[17] 1625년(인조 3)에 해주 유생이 중심이 되어 이이의 문묘 종사 상소를, 1635년(인조 13)에는 성균관 유생이 성혼과 함께 문묘 종사 상소를 올렸다. 1649년(효종 즉위년)과 1659년(현종 즉위년)에도 같은 상소가 있었다.[18] 1680년(숙종 6) 경신환국으로 서인이 집권하면서 문묘종사가 본격적으로 논의되어 1682년(숙종 8) 5월에 이이와 성혼이 문묘에 종사되었다. 그러나 1689년(숙종 15) 기사환국으로 집권한 남인정권은 이를 취소했으며, 1694년(숙종 20) 갑술환국으로 회복되었다.[19] 그의 시대는 사색당파로 일컬어지는 동서 분기가 시작된 때였고 그의 학문은 서인－노론으로 이어져 조선후기 집권세력인 노론의 학문적 宗匠으로 추앙받았다.[20]

문묘에 종사된 문성공 이이의 종손이라는 지위는 상징적인 것이 아니었다. 이이의 직계후손들은 庶孼이었다. 조선 전기부터 서자는 文科 응시가 금지되고, 門蔭 등으로 관직에 진출하더라도 승진에는 제한이 있는 등 많은 제약이 따랐다.[21] 이이의 종손이 되어 봉사하는 것은 承嫡할 수

---

16) '文成'은 "도덕과 사물을 널리 들어 통했고, 백성의 안위를 살펴 정사의 근본을 세웠다(道德博聞 文, 安民立政 成)"이다.

17) 한영우, 『율곡 이이 평전』(민음사, 2013), 155면.

18) 김용헌, 『조선 성리학, 지식권력의 탄생』(프로네시스, 2010), 220-230면.

19) 김용헌, 위의 책, 237-243면.

20) ≪선조실록≫ 17년(1584) 1월 17일 : 甲午/吏曹判書李珥卒. ≪선조수정실록≫ 선조 17. 1. 1(기묘) : ○朔己卯/吏曹判書李珥卒. … 有庶子二人. ≪선조수정실록≫은 인조반정 후 광해군대 북인이 중심이 되어 편찬된 ≪선조실록≫을 修改한 것으로 당시 집권세력인 서인의 입장이 반영되어 있다. 이이의 卒年 기사를 보면 정치적 입장이 분명히 드러난다. ≪선조실록≫은 7자에 불과하지만 ≪선조수정실록≫은 913자이다(干支 제외).

21) ≪경국대전≫ 〈예전〉 [諸科], 〈이전〉 [限品敍用] 참조.

있어서 서얼이라는 신분적 질곡을 벗어날 수 있는 절호의 기회였다. 후손들은 蔭職으로 관직을 받을 수 있었으며, 각종 세금 등을 면제받을 수 있었다. 또한 성현의 종손이라는 문화적·상징적 자본으로 향촌사회에서 위상을 확립할 수 있었다. 따라서 문성공 이이 종손 지위의 획득은 본인은 물론 후손의 삶을 좌우하는 특권으로 누구도 양보할 수 없었다.

이 사안은 1685년에 시작되어 법적으로는 1922년, 실질적으로는 2001년에 해결된, 조선시대에 발생한 분쟁이 근현대까지 이어지는 희귀한 사례이다. 宗統 분쟁의 흔적은 본고에서 다루는 재판 외에 수차례 증보된 족보에도 남아 있다. 1920년대 두 차례의 재판으로 두 계열의 후손 사이의 분쟁이 근본적으로 해소된 것은 아니었다. 2001년에 간행된 ≪增補 第九刊 德水李氏世譜≫에서 분쟁은 해소되었다. 제도의 변혁에 따른 동일한 분쟁을 처리하는 과정의 차이 그리고 공식적인 해결과 무관하게 종중에서 자체적으로 갈등을 해소하는 과정 등에서 시사점을 찾을 수 있을 것이다.

본고에서는 이연을 繼後子로 결정한 1685년의 논의를 소개·검토하고(Ⅱ.1), 1823년 이연의 후손 이용과 이서오의 후손인 이원배의 상언에 따른 논쟁을 소개한다(Ⅱ.2). 1921년, 1922년 (조선)고등법원 판결을 소개·분석하며(Ⅲ.1), 이이의 종손 지위를 다툰 후손들의 분열과 통합 과정을 수차례 증보된 ≪德水李氏世譜≫의 내용을 통해 소개한다(Ⅲ.2).

Ⅱ. 조선 후기의 봉사자 선정과 분쟁

1. 1685년 이이 봉사자의 선정

(1) 봉사자 선정 과정

이이의 문묘종사가 결정된 이듬해인 1683년(숙종 9) 3월 후시와 계부자가 연이어 사망하였으며, 계에게 아들이 없어서 이이 봉사손의 선정은 조정의 현안이었다. 김수홍은 송시열, 박세채 등과 논의하였는데, 송시열[22)]은 1685년(숙종 11, 을축) 1월 김수홍에게 보낸 답장에서 "장성한 이연을 이후시를 위해 입후하여 이이의 봉사자로 삼는 것을 긍정하고, 이계와 이연의 관계를 兄亡弟及의 變禮로 처리하여 血孫인 이연에게 관직을 제수하면 情과 義에 모두 마땅하니, 민정중,[23] 김만기[24]와 상의하여 처리할 것을 부탁하였다."[25] 1685년(숙종 11) 2월 조정에서는 다음과 같이 직계손인 이연을 이이의 봉사손으로 결정하였다.

> 후시와 계 부자가 사망하였는데, 계를 위해 입후하면 계후자가 어려서 장성하기가 쉽지 않아서 선현의 제사가 끊어질 우려가 있다. 종중에서는 후시의 사촌 후수의 아들 연을 後嗣로 삼기를 바라며 奉朝賀 송시열 등도 같은 의견이다. 그런데 養父가 될 후시 부부가 모두 사망하였기 때문에 예조에 계후입안을 신청할 수 없으므로 왕명으로 특별히 허용하는 것이 타당하다.[26]

김수흥 등은 계를 위해 입후하면 계후자가 어려서 제사가 단절될 우려가 있으므로 서른이 넘어 장성한 연을 계후자로 결정하였다.[27] 또 입후는 생가와 양가의 부 또는 모가 해야 하는데, 후시 부부가 모두 사망한 사후양자이기 때문에 왕명으로 특별히 허용하였다.[28]

위 결정으로 생전에는 이이의 후손이었다가 사후에 배제된 이계의 후처 밀양박씨는 綸의 자 一興을 입후하였지만 일찍 죽어 제사를 잇지 못하였다.[29] 또 이계를 지지하는 종원들은 이연이 이미 삼촌의 양자가

---

22) 宋時烈(1607~1689) : 17세기 노론의 영수로 활동하였으며, 영조대 이후 노론이 집권하면서 그의 위치는 공고해져서 '宋子'라고 존중되었다.

23) 閔鼎重(1628~1692) : 숙종 때의 문신으로 서인 계열이다.

24) 金萬基(1633~1687) : 예학자 김장생의 증손자이며 송시열의 문인이다.

25) 宋時烈, ≪宋子大全≫ 卷五十三 〈書 答金起之〉 乙丑正月二十日 참조.

26) ≪숙종실록≫ 숙종 11년 2월 10일[경자]②: 都提調金壽興, 陳文成公 李珥奉祀孫厚蒔夫妻俱沒, 其子亦死. 以厚蒔之從兄厚樹子綖, 立後之意, 上允之. 및 ≪승정원일기≫ 숙종 11년 2월 10일[13/15] 참조.

27) ≪세보≫ 厚蒔 : 有一子繼早沒 因朝命以從弟厚樹長男綖爲後 其後繼亦立後 而綖長於繼 故綖之後爲宗孫[의편 : 207쪽].

28) ≪대전회통≫ 〈예전〉 [立後] : [原] 兩家父同命立之 父歿 則母告官 [續] 以同宗之長子爲後者及一邊父母俱沒者 竝勿聽 〈[增] 情理可矜 則或因一邊父母及門長上言 本曹回啓 許令立後 [補] 一邊或兩邊父母俱死 而拘於常規 不得登聞者 本曹論理草記〉 부모 모두가 사망한 경우의 사후양자는 예외적으로 인정하였다. 정긍식, 「朝鮮時代의 家系繼承法制」, 『서울대학교 법학』 51-2(서울대학교 법학연구소 2010); 정긍식, 『한국 가계계승법제의 역사적 탐구 : 유교적 제사승계의 식민지적 변용』(전주 : 흐름 2019) 수록 참조.

되어 服喪하여 자격이 없다고 항변하였다(주 37, 83 참조). 그래서 이연의 봉사자 선정은 다시 논란이 되었다. 송시열은 그해 4월에 김수흥에게 보낸 편지에서, 다음과 같이 봉사자의 번복을 반대하였다.

> 첫째, 이연을 봉사자로 삼은 결정은 왕명이어서 번복할 수 없다. 둘째, (만약 이서오로 다시 정하면) 부자간의 대륜이 정해졌다가 다시 바뀌는 것으로 불가하다. 이는 형망제급의 正禮이지만, 계의 처가 입후하면 연은 종사를 입후자에게 돌려주고 후시의 차자가 되어도 무방하다. 연에게 관직을 除授하는 것은 미룰 수 없다. 퇴계의 嫡孫이 어려 支孫에게 제수한 예와 정몽주의 봉사도 지손이 임시로 한 예가 있다.[30]

김수흥[31]은 박세채에게 다음 편지를 보내 이연의 입후를 인정하면서 어디까지나 이계의 양자가 장성할 때까지만 맡는 임시 봉사[權奉]로 보았다.

> 예와 법상으로는 계를 위해 입후해야 하지만, 계후자가 어려서 이이의 제사를 받들 수 없어서 후시를 위한 입후에 찬성하며, 李紳의 동생이 약방에 있어서 국왕의 허가를 받을 수 있었다. 이계의 처가 입후를 신청하려는 것은 곤란하지만 종인들이 제대로 살피지 않아 이 문제가 발생하여 한스럽다. 송시열의 의견에 따라 연장자인 이연의 입후에 찬성한다. 그러나 이계의 처가 입후하면 그 계후자가 봉사하는 것이 당연하니 이연의 봉사는 이계의 계후자가 장성할 때까지만 하는 임시적인 것으로 보아야 한다. 또한 왕명에 따라 거행조목에 의해 입후한 이연에 대한 계후입안을 발급받을 필요가 없다.[32]

송시열은 1월에는 兄亡弟及을 변례로 보았으나, 4월에는 정례로 보았다.[33] 또 후손에게 관직을 제수하여 이이의 제사를 모시는 것을 우선

29) 《세보》 敍五 : 처음에는 綸의 자 一興을 입양하였으나 早沒하여 다시 입후하였다[의편 : 213쪽]. 이는 《세보》에만 보이며, 일흥은 미혼으로 사망하였기에 족보에는 수록되지 않았다. 1921년 (조선)고등법원 판결문에 의하면 1703년 4월에 일흥을 입후한 듯하며, 일흥은 20세가 되기 전에 사망한 듯하다.

30) 宋時烈, 《宋子大全》 卷五十三 〈書 答金起之 乙丑四月二十七日〉 참조.

31) 金壽興(1626~1690) : 김상헌의 손자로 서인이다.

32) 金壽興, 《退憂堂集》 卷之九 〈書牘 與朴和叔世采 ○乙丑〉 참조.

33) 제사승계는 父子로 이어지는 '嫡系主義'가 원칙이며, 兄弟로 이어지는 '輩行主義'는 예외이다. 兄亡弟及은 배항주의에 해당하는 변례이다. 정긍식, 앞의 논문(주 28), 70면 참조.

하였으며, 어린 嫡孫을 대신하여 장성한 지손에게 관직을 제수한 이황 등의 사례를 들어 기존 입장을 강화하였다. 또 7월에는 이계의 처가 입후를 한 상황에서 왕명으로 결정된 사안에 대해 논란이 있는 것을 이해할 수 없다고 하면서 다시 4월의 입장을 강화하였다.

> 이계와 이연의 나이를 알지 못한 상황에서 계의 나이가 많다고 생각하여 계의 처가 입후하면 당연히 계의 계후자가 이이의 제사를 받들어야 한다고 하였다. 그러나 나이가 많은 연이 宗子가 되고 계의 계후자는 別宗이 되어야 한다. 부자는 天倫이며 하늘을 대신한 임금이 결정한 것은 하늘이 한 것이니 번복할 수 없다. 諸葛亮과 胡安國은 입후한 후에 친자를 얻었지만 계후자를 長子로 삼았으며 우리의 崔鳴吉(1586~1647) 역시 그러하여 인조의 허락을 얻어서 이것이 법이 되었다. 그러므로 연장자인 이연을 봉사자로 삼는 것은 당연하다. 또 이연을 입후하면서 예조의 입안을 받지 않은 것에 대해 논란이 있는데, 왕명으로 허락하여 거행조목을 낸 것으로 입안보다 더 권위가 있는 것이니 굳이 다시 입안을 받을 필요가 없으며, 이는 사사로이 입안을 받은 경우와는 다르다. 이는 박세채도 같은 입장이다.[34)]

송시열은 이연의 봉사를 기정사실로 인정하여 연장자인 이계[35)]가 승계하는 것은 당연하며 또 예조의 입안을 받지 않았지만 왕명에 의해 거행조목[36)]이 나왔기 때문에 번거롭게 입안은 받을 필요가 없음을 역설하였다.

그럼에도 불구하고 논란은 끊이지 않았는데, 그 핵심은 이연이 계후자로 이이의 봉사자로 선정되기 전에 입후되어 養母에 대한 상복을 입었다는 이계를 지지하는 친족의 주장이었다(주 83 참조). 송시열은 "우선 이 사실을 부정하고, 설사 그러하더라도 이연은 왕명으로 이후시의 계후자가

---

34) 宋時烈, ≪宋子大全≫ 卷五十三 〈書 答金起之 乙丑七月四日〉 참조.

35) 李繼의 출생연도는 ≪세보≫에는 정유년(1657), 박세채의 문집에는 병신년(1656)이다.

36) 擧行條件 : 승정원에서 작성하는 문서로, 국왕과 신하가 논의한 사안 중에 실제 정책으로 거행될 내용을 담고 있으며, 이는 왕명으로 입법의 근원이 되었다. 이근호, 「조선후기 거행조건의 제정과 승정원의 역할」, 『규장각』 49(서울대학교 규장각한국학연구원, 2016); 김병구, 「조선시대 擧行條件의 고문서학적 고찰」, 『고문서연구』 54(한국고문서학회, 2019) 참조. 본고에서는 '조건'을 현재의 어감에 적합하게 '거행조목'으로 바꾸었다.

되었으므로 양부에 대한 복은 벗고 후시의 계후자가 되어야 하며, 계후자는 친부모에게는 降服하는 것이 예이기 때문에 양부모는 친부모[私親]로 해야 한다"[37]고 하여 이연의 입장을 두둔하였다. 1687년에는 이연이 이이의 가묘를 받들고 서울에서 벼슬살이를 하는 것이 순리라고 두둔하였다.[38]

박세채[39]가 이연을 가장 적극적으로 옹호하였다. 1685년 5월 李季周에게 보낸 편지에서 우선 처음에 이연의 봉사를 변례인 형망제급에 따른 임시 봉사[權奉]로 보는 입장을 논파하고 연장자인 이연을 봉사자로 삼아야 할 것을 주장하였다.

> 송시열 문하에서 "이연의 承嗣를 형망제급으로 보고 계의 처가 입후하면 이연은 그 계후자가에게 宗祀를 돌려주어야 한다"는 의견이 있다. 그러나 "嫡嗣를 위주로 하고 君命을 중시하는 것"이 송시열의 지론이며, 조정의 입후론은 이연을 차자로 삼으려는 것은 아니다. 또 "장자를 적자로 삼아야 한다"는 ≪의례문해≫[40] 立後條에 따라 이계보다 다섯 살이 많은 이연을 봉사자로 삼아야 한다. 계가 친자로 봉사하다가 사망하고 후시가 연을 입후하고 다시 계를 위해 입후하는 것은 입후한 후에 친자가 출생한 것과 같다. 또 부자가 연이어 사망하여 신주에 봉사자를 改題하지도 않았으니, 연과 계의 관계는 생전의 형제차서이다. 따라서 계의 처가 입후하여 남편의 제사를 받든 것은 연이 이이를 봉사하는 것과 모순이 되지 않는다. 글을 읽을 수 있는 자를 봉사자로 선정해서 문헌을 보존하는 것은 선생 가를 충실히 하는 것이다. 이계를 위해 입후하면 종족에 무슨 도움이 되겠는가?
>
> > 〈계가 친자로 제사를 주재하면 율곡의 신주는 옮겨야 하며 이는 禮經에 있는 것으로 다른 의견을 용납하기 어렵다. 이미 연으로 입후하였는데, 계의 계후자에게 종사를 돌려보내는 것은 바로 五世[袒免親]를 이루는 것이다.[41] 신주를 갑자기 수십 년 전으로 조천(祧遷)하는 것[후시

37) 宋時烈, ≪宋子大全≫ 卷五十六 〈書 答金久之 乙丑十月十八日〉 참조.

38) 宋時烈, ≪宋子大全≫ 卷五十三 〈書 答金起之 丁卯二月三日〉 : … 李綖事 微執事誠意 何以及此 奉家廟入京從仕 自是順理事 …. 이는 기존의 양친자관계를 파계하는 것이 아니라 재차 양부를 친부로, 이후시를 양부로 간주하는 것이다.

39) 朴世采(1631~1695) : 소론의 영수로 당쟁의 근절을 위해 노력했던 문신이며, 예학에 조예가 깊었다.

40) ≪疑禮問解≫ : 金長生(1548~1631)이 문인들과 예에 관한 문답을 엮어 1646년에 간행한 예서.

가 봉사한 신주를 타인에게 보내는 것]은 후학이 율곡선생을 애모하는 정이 아니다. 연이 나와 왕래한 지가 여러 해가 되어 내가 비루하게 연을 비호한다고 여겨 사람들이 당신에게 알렸으니 미리 조처를 부탁한다. 오늘 연 부자가 죽기를 무릅쓰고 계의 계후자에게 종사를 돌려주기를 바란다고 하니 그 정상이 매우 염려스럽다. 다만 내 의견으로 조정의 입장[事體]으로 여기고 선생은 뒷날을 생각하기 바라며, 감히 그들을 사사로이 비호하지 않겠다.〉[42]

조정에서는 이계 처가 입후한/할 사실을 고려하지 않은 상태에서 이연을 입후하였는데, 이계 측의 반발이 있자 이론적 근거를 마련하였다. 처음에는 변례인 형망제급으로 이연의 봉사는 이계의 계후자가 장성하여 봉사할 때까지만 하는 임시적인 것으로 보았다[攝祀]. 그러나 왕명으로 한 입후의 의의가 강조되면서 변례가 아닌 정례로 인정하였으며, 또 연장자를 봉사자로 삼는다는 수교를 전거로 제시하였다. 이로서 이연의 봉사는 확고하게 되었다.

하지만 반대도 있었다. 이지렴[43]은 1685년 3월 송시열에게 보낸 편지에서, 그리고 1758년(영조 34) 10월 조선후기의 대표적 예학자인 李縡(1680~1746) 문인 宋明欽(1705~1768)은 重峯 趙憲의 후손이 봉사손 분쟁[44]에 대해 논하면서 다음과 같이 위 결정을 비판하였다.

宗婦인 이계의 처가 입후하려는데도 김수흥이 그렇지 않게 국왕에게 보고하여 종사를 이연에게 옮기게 한 것은 잘못이다. 종부에게 입후할 의사가 없으면 그만이지만, 적격자가 있어서 관에 계후입안을 신청하여 후사를 정하는 것은 종가에서 처리할 일이지 移宗할 이치는 없다. 閔鼎重(1628~1692)도 宗法을 중시하여 찬성하였다. 이계주와 상의하여 바르게 해야 한다. …

〈소록 : 이이의 봉사손 이계 사후 문중에서 그가 무후라고 하여 6

41) '이미 연으로 입후하였는데, … 五世[袒免親]를 이루는 것이다' : 이연과 이계는 이이의 현손으로 유복친이다. 이계의 계후자는 5대손으로 단문친이 되니, 예법상으로 친족관계가 소멸됨을 뜻한다.

42) 朴世采, ≪南溪先生朴文純公文正集≫ 卷第二十七 〈書 與李季周 乙丑五月二十一日〉 참조.

43) 李之濂(1628~1691) : 김장생의 아들인 김집의 문인.

44) ≪승정원일기≫ · ≪영조실록≫ 영조 34년(1758) 10월 16 [기사] 참조.

> 촌 형제 이연에게 종통을 옮기려고 하는데, 김수홍이 이계에게 적합한 계후자가 없다는 뜻으로 임금에게 보고하여 허락을 받았다. 그런데 종부 박씨가 8촌의 아들이 후사에 적합하다고 하여 입후하려고 한다. 율곡의 宗祀가 다시 지손에게 가는 이치가 있는가? "부자의 윤서가 정해져서 변경하기 어렵다"고 들었으나 실은 그렇지 않다. 김수홍이 잘못 보고하였으니 예조에서는 定奪을 받지 않았다. 이계의 모는 "3년이 지나지 않았으므로 종사가 이연에게 옮겨지지 않았다"고 하니 종부가 입후하려는 것은 이 뜻이다. 이 뜻으로 예조에서 품의하였을 뿐이니 달리 구애되는 것이 없었다. … 결정이 나서 잘못된 단서를 없애는 것이 어떠한가?〉[45]

> 송시열은 중봉 조헌의 宗事에 대해 移宗을 예를 어기는 것으로 보아 임시로 봉사하는 것[權奉]으로 인정하였다. 그러나 정몽주, 이황, 이이〈서자 봉사 의미〉, 조헌 등의 후손은 지손의 權奉을 허용하였다. 그러나 이연은 지손으로 奪嫡한 것이다. 權奉은 親盡 전에는 가능하지만, 후에는 불가하다. … 비록 당시에는 장파가 쇠잔하여 이종할 수 없었지만, 지금 장파에서 입후하였으니 종사를 돌려주어야 한다. 이것은 前例에 합당하니 고찰할 수 있다.[46]

이지렴은 종부의 의사를 중시하여 이계를 위한 입후를 해야 하며 종통이 장자가 아닌 지손으로 옮겨가는 移宗을 부정하고, 잘못된 절차를 바로잡을 것을 주장하였다. 또한 송명흠은 이종을 犯禮로 보는 송시열의 의견에 근거하여 형망제급을 섭사인 변례로 보았다. 즉 이연이 이이를 봉사하는 것은 攝祀가 아닌 奪嫡으로 부정하였다. 그러나 이런 반대의견은 찻잔 속의 물결에 지나지 않았고, 대세는 이연을 지지하였다.

(2) 봉사자 선정의 쟁점

이이의 봉사손인 이후시 · 이계 부자가 연이어 사망하자 아들 이계가 아닌 부 이후시를 위한 입후를 승인한 1685년의 결정은 당시의 예와 법 및 관습에 어긋나는 것이었다. ≪경국대전≫에 규정된 제사승계의 순위는 "① 적장자 · 손, ② 적차자 · 손, ③ 첩자 · 손, ④ 계후자"이며,[47] 혼인한

---

45) 李之濂, ≪耻菴集≫ 卷之一 〈書 上尤齋宋先生 乙丑三月〉 참조.

46) 宋明欽, ≪櫟泉先生文集≫ 卷之九 〈書 答尹甥別紙〉 참조.

47) ≪경국대전≫ 〈예전〉 [봉사] : 若嫡長子無後 則衆子 衆子無後 則妾子奉祀. [입후] 嫡妾俱無子者告官 立同宗支子爲後.

자손만 승계자격이 있다.[48] 아들 없이 사망한 남편의 처도 관행적으로 亡夫와 그의 조상 제사를 지냈는데, 이를 '총부(冢婦)봉사'라고 하였다. 이계는 기혼으로 아들 없이 사망하였으니 예와 법으로는 세대에 편입된 그를 위해 입후하고 계후자가 제사를 승계해야 한다. 또 입후하기 전에는 遺妻가 총부봉사의 관행에 따라 임시로 망부의 제사를 이을 수 있다. 이계의 처 박씨는 총부봉사관행을 언급하지 않고 입후만 주장하였는데, 여기서 총부봉사관행은 17세기 후반에 거의 존재하지 않았음을 알 수 있다.[49]

장자가 무후로 사망하면 아우가 제사를 승계하는 것을 '兄亡弟及'이라고 부른다. 이는 장자가 미혼으로 사망한 경우는 당연하였고, 입후가 중시되지 않은 조선전기에는 아들 없이 기혼으로 사망한 경우에도 아우가 제사를 승계하였다. 입후가 중시된 조선 후기에는 총부봉사와 '형망제급'의 관행이 거의 사라졌다. 하지만 입후하기 전까지 조상 제사를 중단할 수는 없으므로 임시로 망장자의 아우가 '형망제급'에 따라 제사를 거행하였다. 이러한 봉사하는 임시적인 성격이 강해서 이를 攝祀 또는 權奉이라고 불렀다.

1685년 1월에 송시열은 이연을 계후자로 인정하면서 이는 변례인 형망제급으로 보았으며, 2월 조정의 최종결정도 같다. 즉 이계를 위해 입후하면 혹 어린 계후자가 사망하여 이이의 제사를 모시지 못할 우려가 있기 때문에 장성한 이연을 입후한 것이었다. 그러나 이 조처는 이연과 그 지지자는 임시봉사란 점에서 만족할 수 없으며, 이계 지지자는 예법을 어긴 입후 자체가 불만이었다. 결국 이연을 임시가 아닌 항구적인 봉사자로 인정해야 하고 결국 그렇게 귀결되었다. 위 상황을 그림으로 정리하면 다음과 같다.

48) 관례나 혼례를 거행하기 전인 19세 이전에 사망한 경우를 '상(殤)'이라고 하고, 독립된 제사가 아니라 의(義)에 따라 조상에게 덧붙여 부제(祔祭)를 지낸다. 따라서 미혼으로 사망한 자는 제사승계에서 배제되었다.

49) 정긍식, 『조선시대 제사승계의 법제와 현실』(한국학중앙연구원출판부, 2021), 113-117면.

형망제급 1(미혼)	형망제급 2(기혼)	이이 후손
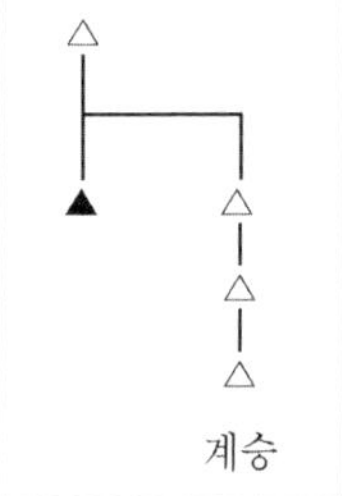 △ ▲ △ △ △ 계승	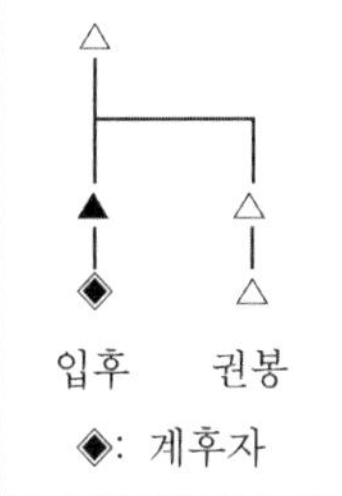 △ ▲ △ ◈ △ 입후 권봉 ◈: 계후자	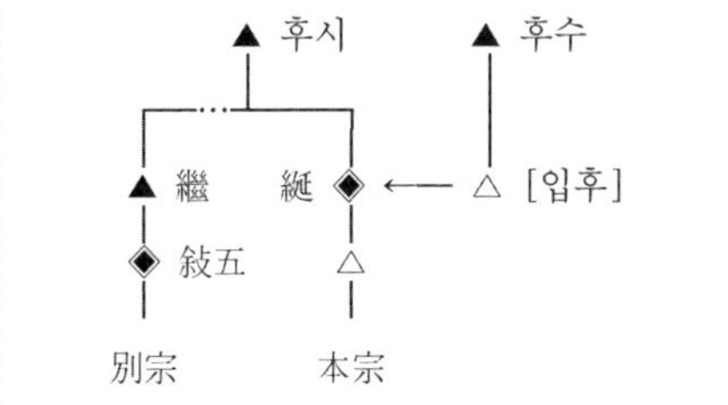 ▲ 후시 ▲ 후수 ▲ 繼 綖 ◈ ← △ [입후] ◈ 敍五 △ 別宗 本宗

예와 법을 위반한 입후는 먼저 "왕명에 의한 입후라는 점 및 기존의 사례"를 근거로 삼았다. 그러나 이것만으로는 부족하고 형망제급에 따른 임시봉사를 극복하고 이연을 옹호할 논리가 필요하였다. 이 때 이계와 이연을 관계를 입후한 후에 친자가 출생한 경우에서 계후자와 친자의 관계로 보고 논지를 전개하였다. 첫째, 이이의 〈입후의〉를 인용하여 후시와 부자의 義가 맺어진 이연을 파계할 수 없다는 점, 둘째, 그렇다면 이연과 이계는 형제간이고 연장자가 봉사자가 된다는 1669년(현종 10)의 수교[50]를 들었다.

입후한 후에 친자가 출생한 경우에 처음에는 파계하고 친자를 봉사자로 삼았으며, 입후하더라도 대상자를 친조카로 한정하고 파양을 허용하였다. 1580년(선조 13)에는 파양을 금지하여 나이가 많은 양자를 중자로 삼고 어린 친자를 장자로 삼아 봉사하게 하였다. 인조대 최명길이 처음으로 입후한 후에 친자가 출생하여도 계후자를 봉사손으로 삼았으며, 이는 위 현종대 수교로 확립되었다. 이 결정에 1583년(선조 16) 이이의 〈입

50) ≪수교집록≫ 〈예전〉 [立後] §370 : 이미 계후자가 있는데 자기의 친자로 제사를 주재하게 하는 것은 예제와 크게 어긋나니 다시 제도를 정하라(旣有繼後子 而使已出主祭 大有乖於禮制 更爲定制釐正〈康熙己酉承傳〉). 이는 ≪속대전≫ 〈예전〉 [奉祀] : "아들이 없어 입후한 자가 이미 입안을 받았으면 비록 후에 아들을 낳더라도 마땅히 둘째가 되며 입후자가 봉사한다(凡無子立後者 旣已呈出立案 雖或生子當爲第二子以立後者 奉祀). 정긍식, 「16세기 첩자의 제사승계권」, 『사회와 역사』 53(한국사회사학회, 1998), 170-181면.

후의〉가 중요한 역할을 하였는데, 핵심내용은 다음과 같다.

> 입후를 세속의 常情에서 본다면, 아들이 없어서 입후하였다가 아들을 낳으면 양자와의 인연을 끊어도 불가할 것이 없을 듯하나, 다만 聖人이 마련한 禮의 본뜻은 절대로 이렇지 않다. … 자는 생부를 버리고 그 양부를 부로 삼았는데, 부만 홀로 친자를 버리고 양자를 적자로 삼을 수 없겠는가. 만약 부가 친자를 버리는 것이 도리가 아니라면, 자가 생부를 버리는 것은 더욱 도리가 아니다. … 자는 부를 버릴 수 있는데, 부는 자를 버릴 수 없다면, 이는 천하에 다만 慈父만 있고 孝子는 없는 것이니, 어찌 天理와 人情의 본연인 것이겠는가. … 더구나 부자와 군신이 人倫의 큰 도리가 되는 것은 꼭 같다. 그러므로 부자의 은정이 중하지 않으면 군신의 의리가 밝지 못할 것이다. … 지금부터 이후로는 파양하지 못하게 하여 법으로 삼으면 綱常과 倫紀가 바르게 되어 천하 후세의 부자 관계가 정해질 것이다.51)
>
> 남의 양자가 된 사람이 아들이 되는 것은 常經이며 通義이다. 아들이 없어서 (입후하여) 아들을 두었으니 부자간의 인륜이 정해지고, … 양자도 친자와 다름이 없기에, 마땅히 형제의 차례로써 그 제사를 받드는 것을 정해야 한다.52)

이이는 혈연을 우선하여 친자가 출생하면 계후자를 파양하는 당대의 풍조를 비판하였다. 그 핵심은 이미 義로 정해진 부자관계는 끊을 수 없다는 점이며, 이를 군신관계로까지 확대하고 친자와 계후자의 관계를 형제로 보아 나이로 봉사자를 선정하도록 하였다.

1685년의 논의는 결론을 내리고 그에 맞추어 전거를 동원한 느낌이 강하다. 그 바탕에는 제사승계, 가계계승보다는 더 근본적인 것이 있었는데, 이는 바로 이이의 추숭이었다. 이 논의를 주도한 송시열, 박세채 등

---

51) 李珥, ≪栗谷先生全書≫ 〈立後議一〉: 立後事 若以世俗常情觀之 無子故繼後 有子則還罷 似無不可者 但聖人制禮本意 則斷不如此 … 子旣捨生父 而父其所後 則父獨不能捨親子 而以繼後子爲嫡乎 若父捨親子爲無理 則子捨生父無理尤甚矣 … 子可捨父 而父不可捨子 則是天下只有慈父而無孝子矣 此豈天理人情之本然者乎 … 況父子君臣 其爲大倫一也 是故 父子之恩不重 則君臣之義不明矣 … 自今以後 立爲不罷之法 永成金石之典 則綱常倫紀 庶得其正 而天下後世之爲父子者定矣.

52) 李珥, ≪栗谷先生全書≫ 〈立後議二〉: 爲人後者爲之子 是常經通義 無子而有子 父子之倫已定 反以所生父母 爲伯叔父母 則與親子無毫髮之殊 當以兄弟之序 定其奉祀 故宋賢胡安國有親子 而乃以繼後子寅奉祀 父子旣如此 則祖孫之倫 亦定矣.

은 서인으로 이이의 제자들이고, 이이는 서인, 노론의 종장으로 숭상되었다. 제자들의 입장에서는 이이 제사의 주재자보다 제사 자체의 지속과 이를 계기로 제자들이 결속되는 것이 더 중요하였다. 그래서 처음에는 변례인 형망제급에 따라 이연으로 선정하였으며, 이계의 처가 입후하려고 하자 형망제급을 정례로 보았다. 최종적으로는 이연과 계를 계후자와 친자의 관계로 보고 입후는 번복할 수 없으며 연장자를 우선하는 이이의 입론과 왕명[현종대의 수교]을 동원하였다. 이런 과정을 거쳐 이연을 이이의 주제자로 확정하였다. 그러나 사실 법에 따라 이계를 위해 입후하였으면 아무런 문제가 없었다. 그런데 왜 박세채 등은 이연을 옹호하였을까?

이이가 숭앙받고 그의 학문이 전수되려면 문집편찬은 필수이다. 이 작업은 사후 6년이 지난 1589년(선조 22)부터 시작되어 1611년(광해 3)에 紹賢書院에서 ≪율곡집≫ 11권으로 처음 간행되어 1749년(영조 25) 완성되었다.[53] 박세채는 송시열, 윤증 등의 도움을 받아 ≪外集≫, ≪續集≫, ≪別集≫을 石潭의 옛집에 있는 遺文을 이이의 종현손 李紳 등의 도움을 받아 편찬하였다.[54] 1749년(영조 25) 洪啓禧는 이연의 자 鎭五와 함께 ≪율곡전서≫를 완성하여 간행하였다.[55] 이연이 ≪율곡집≫ 木版을 소장하고 있어[56] 이계 측의 주장처럼 이연은 이들과 가까웠고, 특히 박세채는 이연과 친분이 있어 그에게 송별시를 주기도 하였다.[57] 박세채는 해주에

---

53) 율곡문집은 성혼 주도의 ≪율곡집≫(1611), 朴世采 주도의 ≪外集≫, ≪續集≫(1682), ≪別集≫(1686) 발간, 그리고 양자의 작업을 기반으로 진행된 李縡에 의한 ≪栗谷全書≫ 편찬(1744), 洪啓禧에 의한 ≪栗谷全書≫(拾遺 포함)(1749)이 발간되어 완료되었다. 율곡문집편찬에 대해 입장이 박세채와 다른 송시열은 ≪別集≫의 유통을 이이의 후손과 상의하여 막으려고 했으나, 실패하였다. 김태년, 「'正典' 만들기의 한 사례, ≪栗谷別集≫의 편찬과 그에 대한 비판들」, 『민족문화』 43(한국고전번역원, 2014) 참조.

54) ≪栗谷外集≫ 〈栗谷續外集 所輯書籍後錄〉: "詩集拾遺 先生庶子璟臨所錄 年譜後者", "海州所錄 先生從玄孫紳", "善山所錄 先生從玄孫東溟". 崔善慶, 「栗谷先生文集版本研究」, 『한문학연구』 7(계명대학교 계명한문학회, 1991), 10-11면.

55) 崔善慶, 위의 논문(주 54), 11면.

56) 宋時烈, ≪宋子大全≫ 卷七十四 〈書 與金永叔 丙寅〉 참조.

57) 朴世采, ≪南溪先生朴文純公文正集≫ 卷第四 〈詩〉 [助浦留別 追送諸君〈崔融 尹殷聘 申世雄 李綖〉] 참조.

소장된 ≪율곡집≫ 초고본을 중시하였으며 문집을 편찬하면서 이연과 상의하고 보존을 당부하였으며,[58] ≪율곡속집≫에 "先生玄孫綖所錄"이란 기록으로 보아 문집을 편찬하면서 이연의 도움을 받았다.[59]

이이 봉사손의 선정은 예와 법에 따른 원칙적 결정이 아니라 문묘 종사인의 제향을 끊어지게 할 수 없으며 또 율곡문집을 편찬하려면 자료를 소장한 후손인 이연의 도움을 받아야 하는 현실론이 작동하였다. 그리고 이론은 현실을 정당화하여 현상을 더욱 굳건히 하였으며, 결국 존재가 당위로 승화하였다.

(3) 후손의 우대와 관직 진출

서자가 적자를 갈음하여 봉사하는 것을 '承嫡'이라고 하며, 이는 唐의 封爵을 승계하는 것에서 연유하였다.[60] 문성공 이이의 봉사자로 선정된 이연은 신분적 제약을 넘어서서 관직 진출의 기회도 얻게 되었다. 이듬해인 1686년(숙종 12)에 김수흥은 이연을 우대할 것을 건의하였다.[61] 영조 1년(1725)에는 이연에게 氷庫 別提, 平陵道·重林道 察訪 등을 제수하였다.[62] 1731년(영조 7)에 영조는 이연을 불러 이이의 제향서원의 賜額과 致祭 여부를 묻는 등 우대하였다.[63] 이듬해에는 여든인 이연을 加資한 다음 직사가 없는 僉知에 제수하였다.[64] 1733년(영조 9)에는 이연의 차자 鎭五와 지손인 이계의 양자 서오 중에서 적격자를 논의하였다. 金在魯는

58) 朴世采, ≪南溪先生朴文純公文外集≫ 卷第三 〈書 問答論事〉 [答宋尤齋 丙寅十月十六日] 참조.

59) 이경동, 「조선후기 율곡 이이 문집 편찬의 추이와 의의」, 『儒學研究』 52(충남대학교 유학연구소, 2020), 13면.

60) ≪唐律疏議≫ 〈詐僞〉 §371 非正嫡詐承襲 : [疏]議曰 依封爵令 王公侯伯子男 皆子孫承嫡者傳襲 以次承襲 具在令文. 〈唐 封爵令〉 제12 : 諸王公侯伯子男 皆子孫承嫡者傳襲 若無嫡子及有罪戾 立嫡孫 無嫡孫 以次立嫡子同母弟 無母弟立庶子 無庶子立嫡孫·同母弟 無母弟立庶孫 曾玄以下准此. 仁井田 陞, 『唐律拾遺』(東京大學出版會, 1933), 305면.

61) ≪숙종실록≫ 숙종 12년 4월 18일[임인]② 참조.

62) ≪승정원일기≫ 영조 1년 3월 7일[을사]; 7월 28일[계해]; 3년 2월 20일[정축] 참조.

63) ≪승정원일기≫ 영조 7년(1731) 12월 28일[정사] 참조.

64) ≪승정원일기≫ 영조 8년 1월 8일[병인],; 동월 10일[무진]; 동년 2월 7일[을미]; 동년 6월 25일[경진] 참조.

祀版을 모시고 있는 이연의 아들 李鎭五가 어리지만 적격이라고 하였으며, 또 이이의 동생 李瑀의 후손인 李壽海도 찬성하여 이진오를 녹용하였다.[65] 1733년(영조 9)에 이연이 사망하자 후손을 녹용하도록 하였다.[66]

1734년(영조 10)에 영조는 문성공의 후손은 지손과 적파를 가리지 말고 녹용하라는 명을 거듭 내렸다.[67] 정조는 이이의 후손이 영락하였으므로 특별히 녹용할 것을 명하였고[68] 庶孫 李恒林을 전라우도 수군절도사에 녹용하였다.[69] 순조 역시 진사에 급제한 이이의 봉사손 진사 李宗孝을 등용할 것을 명하였다.[70] 헌종은 이이의 祀孫 李漢永(1826~1898)을 사간원 정언으로 삼았으며,[71] 그는 安邊府使, 공조 참판을 역임하였다.[72]

비록 종손 분쟁에서 패배하였지만, 이서오도 이이의 후손이기에 그 역시 관직을 제수받았다. 그는 1725년(영조 1)에 북부 參奉에 녹용되었다.[73] 1727년(영조 3) 우의정 李宜顯은 김장생의 봉사손을 논의하면서, 봉사손 이연은 음관으로 여러 관직을 역임하였지만 여든이어서 더 이상 관직을 제수할 수 없으며, 進士인 이서오를 천거하였고, 영조는 그를 녹용하도록 하였다.[74] 1732년(영조 8)에는 이연의 장자 대신에 계의 계후자인 조카 이서오를 녹용하였다.[75] 이후 이서오는 宗廟直長, 引儀, 氷庫別提 등에 녹용되었고,[76] 1775년(영조 51)에는 여든으로 가자되었다.[77]

이연과 이서오가 생존하는 동안 그들은 생가로는 7촌 숙질이지만 양

---

65) ≪승정원일기≫ 영조 8년 2월 7일[을미] 참조.
66) ≪승정원일기≫ 영조 9년 11월 28일[을사] 참조.
67) ≪승정원일기≫ 영조 10년 6월 18일[임술] 참조.
68) ≪정조실록≫ 정조 5년(1781) 8월 1일[신미]①; 7년(1783) 6월 24일[갑신]① 참조.
69) ≪정조실록≫ 정조 15년(1791) 11월 24일[을미]① 참조.
70) ≪순조실록≫ 순조 1년(1801) 4월 11일[정사]① 참조.
71) ≪헌종실록≫ 헌종 14년(1848) 6월 10일[임자]② 참조.
72) ≪승정원일기≫ 고종 1년(1864) 1월 21일[계해]; 15년(1878) 11월 1일[병오] 참조.
73) ≪승정원일기≫ 영조 1년(1725) 5월 20일[정사] 참조.
74) ≪승정원일기≫ 영조 3년 6월 29일 참조.
75) ≪승정원일기≫ 영조 8년 1월 10일[무진] 참조.
76) ≪승정원일기≫ 영조 12년(1736) 6월 2일; 23년(1747) 9월 29일; 24년(1748) 9월 19일; 25년(1749) 6월 19일 참조.
77) ≪승정원일기≫ 영조 51년 8월 3일 참조.

가로는 숙질 사이였고, 모두 관직을 제수받았다. 1734년(영조 10) 11월 이서오는 영조를 알현하고 4촌형인 李敦五가 이이의 봉사손임을 밝혀[78] 숙종대의 결정을 존중하였다. 그래서 그들이 살아 있는 동안은 아무런 문제가 없었다.

≪세보≫의 기록에서 보듯이 이연의 후손들이 음관 또는 과거를 통해 지속적으로 관직에 진출하였고, 이계의 후손은 이서오 다음부터 거의 그러하지 못하다. 또 생몰년의 경우 이연의 후손은 모두 기재되어 있으나, 이계의 후손은 기재된 인물이 소수에 불과하다. 이이의 봉사손 여부는 후손들의 삶에 영향을 주었음은 부인할 수 없다(부록 2 : 후손 관력 참조).

2. 19세기 쟁송의 재연

이연이 봉사자로 결정되었지만, 이계의 처는 1703년 4월에 敍五(1689~?)를 입후하여 가계를 이어갔고, 그들 당대에는 갈등은 겉으로 드러나지 않았을 뿐 언제든지 분출될 수 있었다. 이연 사후 90년, 이서오 사후 40년이 흐른 1823년(순조 23) 3월에 서오의 현손인 李源培(이이의 9대손)와 이연의 6세손 李鎔(이이의 10대손)[79]은 순조가 행차하였을 때 宗派의 변별을 擊錚하였고, 순조는 예조에서 처리하도록 명하였다.[80] 이원배와 이용은 모두 이이의 후손임을 밝히고 각각의 의견을 개진하였다.

> 이원배 : 1684년(숙종 10)에 후손을 녹용한다는 명이 있자 박세채의 문하에 출입하고 있던 이연은 일가 李紳(1638~1718)을 사주하여 이계의 조카 중에는 적격자가 없다고 소문을 내어 奪宗을 달성하였다.
>
> 이용 : 송시열, 김수홍, 박세채 등이 상의하여 임금의 허가를 받아 140여 년간 봉사하고 있다. 이계의 처가 이서오를 입후하여 禰宗(녜종 : 父를 잇는 종)이 된 것은 儒賢의 문집과 史書에 모두 실려 있으며, 이것이 거짓이면 反

---

78) ≪승정원일기≫ 영조 10년 11월 11일 : 上日 此爲先正後裔耶 敍五日 臣卽先正臣文成公五世孫矣 上日 爾爲奉祀乎 敍五日 臣之從兄敦五奉祀矣.

79) 이용은 ≪增補第九刊 德水李氏世譜≫에서 찾을 수 없다.

80) ≪日省錄≫ 순조 23년 3월 20일 : 刑曹啓言 今三月十六日幸行時 擊錚人 … 海州幼學李源培 李鎔互相卞別宗派事也 … 竝令禮曹稟處.

坐律(무고한 죄의 형벌로 처벌 받음)의 처벌을 받겠다.

예조 : 이용의 주장이 사실이며, 이미 6, 7대를 계승해 왔고 100여 년 전의 일이어서 변경할 수 없다.[81]

당사자 모두 새로운 사실을 주장하지 않았으며, 예조에서도 기존의 질서를 존중한 결정을 내렸다. 그해 9월에 이서오의 손자 敦寧都正 이희조[82]가 재종손 이원배를 옹호하면서 위 상언을 인용하면서 다음과 같이 내용을 추가하여 상소하였다.

이연이 종손의 지위를 빼앗아 인륜을 어지럽혔다. 인륜의 큰 것은 부자의 親이며, 예의 큰 대비책[豫防]은 宗支의 구별인데, 부자가 그 昭穆을 잃고 종지가 그 명분을 어지럽히면 사람은 사람일 수 없어서 천하만세에 죄를 짓고 公議가 배척하니 왕법이 마땅히 바로잡아야 한다. (저간의 사정 언급 부분 생략) 연은 계후자 一興이 장성하면 還宗될 것을 두려워하여 계 처의 유서를 위조하였다. … 이때 이연은 숙부에게 출계하여 양모의 상복을 입었는데, 방해가 될까 하여 숨기지 않았다. 벼슬에 나간 다음에 실토하였는데, 송시열은 김수항과 상의하여 왕명을 이유로 양가를 생가와 같이하여 후시의 계후자로 인정하였다. 계의 처는 연의 일당에게 위협을 받았고 일흥을 입후하였으나 갑자가 죽었는데, 그 연유를 알 수 없다. 또 서오를 입후하자 제사를 빼앗길 것을 두려워하여 계의 신주를 가묘에서 빼고 계의 처를 축출하였다. 연과 그 친족들이 송시열 등이 사실을 아는 것을 방해하였다. 또한 서울에 가서 상언하려고 하였으나 연의 생가 형제들이 방해하여 뜻을 이루지 못하였다. 연 일당은 지방에 있는 송시열을 속였고, 연이 처음에는 계의 처가 입후하면 제사를 돌려주어야 한다고 하였으니, 연의 봉사는 권도에서 나온 임시봉사이다. 그러므로 연은 당연히 계후자가 장성하기를 기다려 종사를 돌려주어야 한다. 종자가 죽으면 신주를 가묘에 모시는 것이 가의 常禮이다. 정몽주의 종손 鎬가 죽가 친족이 道濟를 입후하였는데, 그가 죽어 다시 夏濟를 입후하였고 또 그가 사망하자, 예학자 이재는 도제를 위해 입후해야 하고, 만약 하제를 위해 입후하면 도제는 종자가 되었지만 죄 없이 폐출된 것이다. 이재의 입장은 종통을 중시한 것이며, 세대가 오래된 것에 구애받지 않는다.[83]

---

81) ≪순조실록≫ · ≪승정원일기≫ 순조 23년 4월 9일[병술] 참조.
82) 李希祖 : 순조 5년(1805) 증광시 문과 급제(한국역대인물종합정보시스템 검색).

이희조는 종지의 구분을 강조하여 계의 계후자가 이이의 종통을 이어야 함을 강조하였고, 이연은 계후자[이서오]가 장성할 때까지만 임시로 봉사하는 변례임을 강조하고, 선례와 대표적 예학자인 이재의 의견을 근거로 주장을 강화하였다. 그해 10월에 조정에서 논의를 하였는데, 다음과 같은 대신의 의견에 따라 현상을 유지하였다(호조참의 宋啓榦과 형조참의 吳熙常은 의견을 내지 않았다).

영의정 南公轍 : 이이의 〈입후의〉에서 파양을 금지하고 있으며(주 51, 52 참조), 숙종대에는 혈손인 후시의 친자인 이계와 계후자인 이연 중에서 송시열 등과 상의하여 왕명으로 이연으로 결정하였다. 이후 이연의 장파가 음직에 제수되어 100년이 지났으므로 파양하여 번복할 수 없다.

대사헌 宋穉圭 : 이이의 봉사손은 김수흥과 선조 송시열 등이 논의하여 조정에 건의해서 왕명으로 결정한 것으로 100년이 지났으며, 이는 公私文蹟에 증거가 남아 있으며 조정의 공론도 같다. 특히 조상인 송시열을 비난하는 내용에 대해 분개하였다.[84]

남공철은 파양을 금지하려는 이이의 의견을 근거로 숙종대의 상황과 이후 음직 제수 등을 고려하여 이희조의 주장을 배척하였다. 그해 12월 副護軍 이희조는 위 송치규의 주장을 다음과 같이 반박하였다.

① 이연을 봉사손으로 결정한 김수흥과 송시열 등의 논의는 그들의 본의가 아니며 단지 제사가 끊어지게 되는 것을 불쌍히 여겨서 한 임시조치이다. '이서오가 탈적한다'는 말은 이연에게서 나온 것이다. 호남과 해서가 멀어서 사실은 쉽게 와전되며, 종부(이계의 처)는 억울함을 풀 수 없었다. 이연이 京鄕에 다니며 종자는 입후해야 하는데, 조카 항렬자 중에는 적격자가 없다는 말을 퍼뜨렸다. 처음에는 나이를 줄여 형망제급을 근거로 하였다. 이미 출계하여 양모의 복을 입었는데도 이를 숨겨 종부를 쫓아내었다. 또 그는 박세채의 문도로 선현들이 모두 그의 말을 믿었으니 사세가 당연하다. 그런데 이제는 이를 바로잡아야 한다. ② 송시열이 김수흥에게 보낸 1685년 1월의 편지(주 25 참조), 같은 4월의 편지(주 30 참조), 7월의 편지(주 34 참

83) 《승정원일기》 순조 23년 9월 21일(병술)[15/16] 참조.
84) 《순조실록》 순조 23년 10월 12일[정미] 및 《승정원일기》 동일자 참조.

> 조)를 보면, 이연을 봉사자로 인정한 것은 박세채의 의견이며 회덕에 사는 송시열은 사실을 알 수 없었고, 이계의 처가 입후하면 이연을 그 계후자에게 제사를 돌려주어야 한다고 하였으며, 이는 정당한 논의이다. 이계의 조카들이 많아서 입후할 자는 있었으니 송시열이 이 사실을 알았으면 그러지 않았을 것이다. 이는 모두 이연의 계략에 의한 것으로, 바로잡아야 한다. ③ 이이가 〈입후의〉에서 "쉽게 파양할 수 없다"고 하였는데, 이는 계후자가 대상이지 친자는 아니다. 증조 이계는 친자인데도 계후자 이연 때문에 가묘에서 쫓겨났는데, 양자도 그렇게 하지 못하는데, 친자는 쫓아낼 수 없다. 그러나 이계에게 제사를 돌려주고[還宗] 이연을 파양하여 친자와 양자를 구별해야 한다. ④ 오래되어 고칠 수 없다고 하는데, 이는 친자를 홀대하고 양자를 우대하는 것으로 이이가 말한 입후의 본뜻이 아니다. 이연이 혈손으로 宗支를 구분하지 않고 이이를 봉사할 수 있다고 한다. 시간은 100년이지만 나에게는 증조 대일 뿐이니 오래된 것이 아니다.[85]

이희조는 박세채의 문인인 이연이 탈종의 계략을 꾸며 성공하였으며, 만약 당시에 송시열 등이 입후적격자가 있는 사실을 알았으면 그렇지 않았을 것이며, 설사 그렇더라도 당시는 임시로 제사를 모시는 것으로 이계를 위해 입후하면 이연이 돌려주어야 한다고 주장하였다. 또 이이가 〈입후의〉에서 파양을 신중히 하라는 것은 계후자를 대상으로 한 것이지 친자는 아니라고 하여 친자인 이계를 사실상 파양하고 이연으로 입후한 것을 비난하였다. 마지막으로 100년이지만 본인에게는 3대에 불과한 증조이므로 오랜 세월이 아니라고 항변하였다. 하지만 결과는 달라지지 않았다.

송시열의 6대손 대사헌 宋穉圭(1759~1838)는 이원배와 이희조의 상소에 대해 다음과 같이 의견을 피력하였다.

> 율곡 봉사손 분쟁은 안타깝지만, 선현의 정론에 근거하여 왕명으로 정해져 100년이지나 재론하는 것은 이상하며, (이와 유사한 분쟁이 있는) 다른 집안도 이전의 결정을 따라야 한다.[86] 이계가 형이면 귀종해야 하고 연이

85) ≪승정원일기≫ 순조 23년 12월 20일[갑인] 22/23 참조.
86) 宋穉圭, ≪剛齋集≫ 〈書 與族孫宗洙〉 참조.

> 형이면 계속 봉사해야 한다. 나이에 대한 것은 당시에는 몰라서이다. 지금 앞의 논의를 바른 것으로 해야 하고, 뒤의 논의로 소급해서 바꿀 수 없다. 또 이계의 처 박씨의 상언이나 이연이 위조했다는 논의가 있는데, 당시에 그 사실을 몰랐다.[87] 양자가 친자보다 연장이면 김장생의 의견에 따라 연장자인 양자가 봉사하는 것이 당연하며, 율곡선생의 입장도 그러하다.[88]

송치규는 후손의 입장에서 송시열의 논의를 옹호하고 이이와 김장생의 의견 양자와 친자 사이에는 연장자를 봉사손으로 정해야 한다는 입장을 고수하였다.

1830년(순조 30) 10월에 이원배가 다시 격쟁을 하였는데, 예조에서는 중대한 일이므로 쉽게 처리할 수 없다고 결정을 미루었다.[89] 趙秉悳(1800~1870)은 1823년 이원배와 이희조의 상언으로 촉발된 이이의 봉사손 사건을 간단히 언급하고 ≪송자대전≫에 의거하여 위에서 언급된 사실을 소개하였다.[90] 고종대에도 이연의 후손인 李敏道가 봉사하고 있었다.[91] 조선시대는 이연의 후손이 이이 봉사손의 지위를 누렸고 그렇게 대우를 받았다.

1823년 이원배의 청원은 1685년 이연을 이후시의 계후자로 선정하여 이이의 봉사손으로 인정한 예조의 처분을 취소하고 이서오를 이계의 계후자로, 나아가 이이의 봉사손으로 인정하라는 내용이다. 이 행위는 국왕에게 직접 호소한 것으로 '上言'에 해당한다. 순조는 담당부서인 예조에 논의할 것을 명하였고 예조의 의견에 따라 기존의 결론을 그대로 유지하였다. 민본주의를 표방한 조선은 신문고를 설치하고 言官을 두어 민심을 파악하려고 노력하였다. 국왕은 기존의 언관의 활동만으로는 민심을 파

87) 宋穉圭, ≪剛齋集≫ 卷之三 〈書 答尹明直 光演〉 참조.

88) 宋穉圭, ≪剛齋集≫ 卷之四 〈書 答朴希德〉 참조.

89) ≪日省錄≫ 순조 30년 10월 9일 : 又啓言擊錚人海州幼學李源培 … 竝令禮曹稟處取考各人等原情 則李源培則爲其先祖先正臣文成公李珥宗派卞正事也 李繼以李厚蒔生育之子不得爲宗孫 所以有後孫之屢年呼籲 而事係重大有難遽 議今姑置之. ≪세보≫ 源培 : 율곡신주 반환건 문제로 12회 조정에 상소[예편상 : 639쪽]에서 보듯이 이원배는 지속적으로 상언하였다.

90) 趙秉悳, ≪肅齋集≫ 〈書 與李承旨拱五〉 참조.

91) ≪승정원일기≫ 고종 1년(1864) 1월 21[계해] 참조.

악하기에는 부족하였기에 직접 백성의 목소리를 들을 수 있는 訴冤의 확대인 上言과 擊錚을 적극적으로 허용하였다. 직접 국왕에게 호소할 수 있는 실체적 내용인 四件事가 16세기 중엽에 정립되어 상언 · 격쟁이 증대되었다. 18세기 초에는 상언 · 격쟁을 할 수 있는 주체가 확장된 新四件事가 확립되었다.[92] 백성은 상언 · 격쟁으로 국가에 대해 직접 권리의 보호 내지 회복을 청원할 수 있었다.[93]

이 쟁송의 성격은 침해된 권리의 회복을 요구하는 점에서 오늘날 행정쟁송과 유사하다. 현대행정쟁송의 핵심은 독립기관에서 처분의 정당성을 재심하는 것이다. 국왕을 정점으로 하여 사법과 행정이 통합된 조선시대에는 처분의 정당성 심사를 내부통제로 파악할 수 있다. 원처분기관과 재심기관 사이의 실체적 독립성 여부와 재심기관이 백성의 권익구제와 객관적인 질서유지를 위한 권능 행사 여부를 조선시대의 행정쟁송제도의 존부와 기능 나아가 법치주의의 완성도를 판단하는 기준으로 삼아야 한다. 백성이 국왕에게 직소하여 침해된 권익을 회복할 기회의 부여는 조선시대 행정쟁송제도의 존재를 긍정할 수 있는 근거이다. 조선에서 국왕은 독립된 최고의 결정권자이며 대신 등의 도움을 받아 객관적이고 타당성이 있는 결론을 도출할 수 있었다.[94] 이 사안에서 약 100년 전의 사건으로 같은 예조이지만 구성원이 다르기 때문에 독립된 기관이며, 국왕은 담당 기관의 의견을 수용하였다. 따라서 단편적이지만 조선시대 행정쟁송의 존재 가능성을 확인하였다.[95] 이원배는 처분이 있은 후 140년이 지나 상언하였지만, 후술할 청송기한[Ⅲ. 1. (2) 참조]은 전혀 논의되지

92) ≪續大典≫ 〈刑典〉 [訴冤] : 擊申聞鼓者 刑戮及身 · 父子分揀 · 嫡妾分揀 · 良賤分揀等項四件事 及子孫爲父祖 · 妻爲夫 · 弟爲兄 · 奴爲主 其他至冤極痛事情 則例刑取招此外竝嚴刑 啓達勿施. 〈申聞鼓 今無之 訴冤者 許擊金于差備門外 謂之擊錚.〉

93) 한상권, 『조선후기 사회와 訴冤制度 : 上言 · 擊錚 연구』(일조각, 1996) 참조. 이는 실체적 관계와 사회변동에 따른 백성의 권리의식의 변동에 초점을 두어 절차적 관점이 소략한 한계가 있다.

94) 임성훈, 「현대행정법이론에 비추어 본 조선시대의 행정법과 행정소송에 관한 개관」, 『법학연구』 10(서울대학교 법과대학, 2004) 참조.

95) 정긍식, 「조선시대의 권력분립과 법치주의」, 『서울대학교 법학』 42-4(서울대학교 법학연구소, 2001); 정긍식, 『조선의 법치주의 탐구』(태학사, 2018) 수록 참조.

않은 채 이원배와 이용의 주장을 심리하여 실체적으로 판단하였다. 이 사안에서 청송기한은 사인 사이의 쟁송에는 적용되며 국가의 처분에 대해서는 적용되지 않음을 간취할 수 있다.[96)]

Ⅲ. 신식의 재판과 현재의 상황

조선총독부는 1912년 3월 조선민사령(制令 7, 동년 4월 시행)를 공포하여 식민지 조선에서는 일본의 민법, 상법, 민사소송법 등을 依用하여 민사법원을 정비하였다. 그러나 급격한 일본법령의 시행은 반발 등이 있을 수 있으므로 조선인 상호 간의 법률행위(§10), 능력, 친족 · 상속(§11), 부동산 물권(§12)에 대해서는 조선의 관습을 법원으로 인정하였다.[97)] 따라서 본 사건은 조선민사령 제11조에 따라 조선의 관습이 법원으로 이에 따라 판단해야 한다.

1. (조선)고등법원 판결의 분석

(1) 宗孫權

조선총독부에서는 한국에서의 상속을 '제사, 재산, 호주'상속으로 삼분하여 일본 민법의 家督 · 遺産相續에 따라 설명하면서 "祭祀相續은 조상의 제사자인 지위를 승계하는 것으로 제사자가 되는 것을 奉祀라 한다. 제사상속이 가장 중요하다"라고 인식하였다.[98)] 중추원 산하 구관 및 제도조사위원회에서는 1923년 1월 25일 결의 「상속에 관한 사항」에서 제사 · 재산 · 호주 상속을 자세히 정리하면서도[99)] 宗孫權은 별도로 설명하지 않았다. 종손권은 제사자의 지위를 다투는 소송을 해결하면서 정립된 개념

---

96) 청송기한의 적용에 대해서는 우선 "凡訟田民〈奴婢同〉"과 관련하여 계쟁대상의 문제, 즉 전토와 노비송에만 해당되는지 여부와 쟁송주체의 문제 사인 사이에만 적용되고 본건과 같이 국가에 대해서는 적용되지 않는 것 등은 국가의 성격 등과 함께 고려할 필요가 있으며, 본고에서는 문제만 제기한다.

97) 정긍식, 「조선민사령과 한국 근대 민사법」, 『東北亞法研究』 11-1(전북대학교 동북아법연구소, 2017) 참조.

98) 조선총독부(1912), 〈관습조사보고서〉 "제158문, 가독상속의 개시 원인은 어떠한가?"; 정긍식 역, 『국역 관습조사보고서』(개역판 : 한국법제연구원, 2000), 85, 346-347면.

99) 朝鮮總督府 中樞院, 『民事慣習回答彙集』(1933), 부록, 43-57쪽 참조.

이다. 그 과정을 간단히 소개한다.

1911년에는 가계계승을 위한 입양과 관련하여 '종손'을 "一族의 선조 제사를 주재하는 자를 宗孫이라고 부르는 것은 조선의 관습이다(1911.4.27. 선고 명치44년민상제69호 판결, 『판결록』 1-180/247쪽[2004].)"라고 정의하였다. 1913년에는 "한 가문의 종손으로서 本系의 상속을 하는 경우는 호주권, 재산권의 상속뿐 아니라 門祖의 제사권도 상속하는 것이 조선에서의 관례이다(1913.10.21. 선고 대정2년민상제258호 판결, 『판결록』 2-266/346쪽[2006])" 라고 제사권 내지 종손권을 분명히 하였으며, 나아가 1917년에는 "종손의 지위가 부인되는 경우에는 그 확인소송은 확인의 이익이 있어서 적법하다(1917.12.11. 선고 대정6년민상제213호 판결; 『판결록』 4-794/1066쪽[2008])라고 하여 종손권의 법적 성격을 분명히 하였다.

위 판결에서 '일족', '본계', '문조' 등을 강조하고 있는데, 父祖만이 아니라 여러 대에 걸친 제사를 승계하는 지위를 갖는 자, 대종가의 종손이 제사에 대해 갖는 권리로 정의하였다. 대상판결 ①인 대정10년민상제5호 판결에서는 '종손권'을 "一門의 종손으로서 선대가 가졌던 호주권, 재산권 및 집안 조상의 제사권을 포괄적으로 상속하는 신분상의 권리이며, 선대가 가졌던 권리를 승계적으로 취득하는 것"으로 내용과 성격을 분명히 하였다.

그러나 장자 → 장손으로 이어지는 제사상속은 가계계승이며, 이는 호주상속과 일치하고 종손은 대개 호주이므로[100] 호주제도가 완비되자 (조선)고등법원은 1933년 3월 3일 다음과 같이 제사상속의 법적 성격을 부인하였다.[101]

> **호주상속 및 재산상속의 제도가 확립**된 현재에 있어서 그것을 제외한

100) 위 구관 및 제도조사위원회의 1923년 결의 「상속에 관한 사항」에서 제사상속 개시원인으로 "봉사자의 사망, 出繼, 파양"만을 들고 있으나, 호주상속 개시원인으로 "여호주가의 입양, 남자 출생, 여호주의 출가 및 去家, 차양자의 남자 출생 및 입양"을 추가하였다. 따라서 호주상속과 무관한 제사상속은 발생할 경우가 없다.

101) 이 판결의 배경과 그 의의에 대해서는 윤진수, 「고씨 문중의 송사를 통해 본 전통 상속법의 변천」, 『가족법연구』 19-2(한국가족법학회, 2005) 참조.

제사상속의 관념은 선대를 봉사하고 또 선조의 제사를 봉행할 **도의상의 지위를 승계**하는 것 외에는 없다. 단순히 타인이 자기가 종손임을 부인하거나 또는 타인에게 자기가 특별히 제사를 지내는 종손임을 인정하게 하거나 타인이 지내는 제사의 정지를 요구할 권리가 있다고 할 수 없다. 따라서 종손 지위에 수반하는 호주권 또는 재산권의 승계를 다투는 것이 아니면 그 **확인을 구하는 데 법률상의 이익이 있다고 할 수 없다**(1933.3.3. 선고 소화7년민상제626호 판결, 『판결록』 20-140/154쪽[2013]).

이 판결에 따라 제사상속 내지 제사권 또는 봉사권은 호주상속에 부수하는 도덕적 의무에 지나지 않게 되었다.[102] 그러나 1958년 제정민법[1960년 시행]의 호주제도가 제사승계에 바탕하고 있고, 이에 따라 제사용재산의 소유권은 호주상속인이 승계하도록 하였으며(§996), 호주상속을 호주승계로 개정한 1990년 개정민법에서는 제사용재산의 소유권은 제사를 주재하는 자가 승계하도록 하였다(§1008의3). 따라서 호주제도가 폐지된 현재에도 제사용재산의 소유권 귀속을 다투는 재판에서는 적법한 제사주재자를 판단하기 위해서는 여전히 봉사권 내지 종손권은 의미가 있다.[103]

(2) 聽訟期限

'청송기한' 또는 '呈訴期限'은 침해된 권리를 회복하기 위해 소장[所志]을 관사에 제출할 수 있는 법정기한이며, 이 기한이 지나면 訴權을 상실하고 관사에서 심리를 거부하였다. 또 전택의 매매계약을 취소할 때 관사에 訴求하는 기한을 설정하여 이도 정소기한과 같이 취급하였다. 이는 현재의 사법상의 시효와 공법상의 시효가 혼효된 것이다. 이 제도의 취지와 목적은 단송(斷訟)이다. 즉 일정 시점 이전에 발생한 사건에 대해서

102) 이상욱, 「日帝下 戶主相續慣習法의 定立」, 『법사학연구』 9(한국법사학회, 1988) 및 「일제 강점기의 제사상속관습법」, 『법사학연구』 60(한국법사학회, 2019) 참조.

103) 정긍식, 「제사용재산의 귀속주체」, 『민사판례연구』 22(박영사, 2000); 정긍식, 앞의 책(주 28) 수록 참조. '대법원 2012. 9. 13.선고 2010다88699 판결'에서는 "제사용 재산의 귀속과 무관하게 종중 내에서 단순한 제사주재자의 자격에 관한 시비 또는 제사 절차를 진행할 때에 종중의 종원 중 누가 제사를 주재할 것인지 등과 관련하여 제사주재자 지위의 확인을 구하는 것은 법률상 확인의 이익이 없다"고 판시하였다.

는 소송의 수리 자체를 거부하는 제도이다.

조선 초기 위정자는 고려 멸망의 원인 중의 하나로 소송의 폭증을 꼽았다. 그래서 조선은 초기부터 소송의 억제 나아가 無訟社會를 실현하려고 노력하였다. 청송기한도 그 일환으로 나온 제도이다. 소송을 없애는 가장 확실한 방법은 소송 자체를 인정하지 않는 것이다. 그러나 이는 반발을 초래할 것이고 다른 한편으로는 억울함을 풀어주는[伸寃抑] 유교이념에도 어긋나는 정책이었다. 결국 소송의 폭주라는 현실을 인정하고 이를 합리적으로 해결할 수 있는 공정한 소송제도를 정비하는 방향으로 전환하였다. 건국 이후 분쟁해결의 경험을 바탕으로 소송법을 정비하면서 결실의 하나로 '청송기한'이 탄생하였다. 즉 일정기간이 지난 사건은 증거 등을 고려하여 소송을 수리하지 않되 중요한 권리침해에 대해서는 예외를 인정하는 방향으로 소송의 근절이라는 정책적 목표와 '伸寃抑'의 이념이 타협한 결과이다.[104] 이러한 변화는 金伯幹이 편찬한 사찬법서인 ≪詞訟類聚≫(1585[선조 18] 간행)의 '斷訟'을 ≪決訟類聚補≫(17세기 후반)에서 '勿許聽理'로 고치면서 범례에서 "≪사송유취≫의 '斷訟'은 소송을 없게 한다는 뜻이나, 재판을 수리하지 않는다는 '勿許聽理'와는 차이가 있으므로, 이번에 '물허청리'로 고친다"[105]라고 설명한 것에서 잘 드러난다.

≪경국대전≫에서는 일반적 채권 · 채무는 1년이며,[106] 田宅과 노비는 5년이 청송기한인데, 다만 ① 타인의 토지가옥을 도매한 경우, ② 소송이 종결되지 않은 경우, ③ 부모의 상속재산을 분재하지 않고 독점한 경우, ④ 토지 임차인이 계약 만료 후에도 반환하지 않고 자기의 소유 토지로 점유한 경우, ⑤ 차가인이 가옥 임대차 계약 만료 후에도 반환하지 않고 자기의 소유 가옥으로 점유한 경우에는 예외를 인정하였다.[107] 그러

104) 임상혁, 「조선전기 민사사송과 소송이론의 전개」(서울대학교 법학박사학위논문, 2000), 124-144면 참조.

105) ≪決訟類聚補≫ [凡例]: 決訟類聚中 斷訟卽無訟之意 而與勿許聽理有間 故今改以勿許聽理.

106) ≪경국대전≫ 〈호전〉 [徵債]: 凡負私債 有具證 · 筆文記者 許徵 過一年不告官者勿聽.

107) ≪경국대전≫ 〈호전〉 [田宅]: 凡訟田宅 過五年 則勿聽. 〈盜賣者 · 相訟未決者 · 父

나 예외를 인정한 것은 법의 취지를 무색하게 하였다. 예외사유에 대해 무기한으로 제소할 수 있는 것에 대해 논란이 있어서 1508년(중종 3)에는 ①과 ③의 사유를 제외하고는 30년의 기한을 설정하였으며, 이는 ≪속대전≫에 수록되었다.[108] 즉 장기간 제소를 허용하여 권리관계가 불확실한 상황을 배제하려고 하였다. 또한 청송기한이 경과하였음에도 불구하고 제소한 사람은 非理好訟罪로 全家徙邊에,[109] 이를 수리한 관원은 知非誤決罪로 장100에 처하고 영구히 관원으로 임용하지 않았다.[110] 1870년대 전라도 영광군의 사례에 의하면 대체로 적용되었다.[111]

1894년 갑오개혁 이후에도 청송기한은 그 명맥을 유지하였다. 1894년 7월 15일 軍國機務處에서는 議案으로 10년 이내에 강탈된 전지나 산림, 가옥 등을 군국기무처에 제소하는 것을 허용하였다. 1900년의 육군법률에서는 30년으로 규정하였고,[112] 刑法大全 초안 중의 하나로 1903년경에 완성된 ≪형법초≫에서는 20년으로 규정하였으며 이는 형법대전 제16조로 이어졌다.[113] 형법대전 부칙에서는 아무런 경과규정을 두지 않고 반포일부터 시행하며 시행과 동시에 이전의 律例는 모두 폐지한다고 규

毋田宅合執者 · 因并耕永執者 · 賃居永執者 不限年. ○告狀而不立訟過五年者 亦勿聽奴婢同.〉

108) ≪대전후속록≫ 〈형전〉 [決訟日限] : 凡訟事在三十年以前者 勿聽理. 〈盜賣合執等項不在此限.〉; ≪속대전≫ 〈형전〉 [聽理] : 凡久遠田民相訟 一定大小限施行. 〈六十年謂之大限 三十年謂之小限. ○若相訟祖先田民合執 · 盜賣者及逃漏公賤 並不用此限.〉

109) ≪수교집록≫ 〈刑典〉 [聽理] §919 : 凡過限之事 · 三度得伸 相訟者 論以非理好訟全家徙邊 官吏決給者 論以知非誤決 永不敍用(嘉靖癸丑[1553 명종 8]承傳). 전가사변은 사형을 감경하여 전가족을 변방으로 강제이주시키는 조선 고유의 형벌로 영조대 ≪속대전≫에서 전부 폐지되었다.

110) ≪경국대전≫ 〈형전〉 [決獄日限] : 知非誤決者 · 故爲淹延者 杖一百 永不敍用 經赦則永不敍用.

111) 청송기한에 대한 전반적 설명은 박병호, 「재판의 제도와 기능」, 『한국법제사고』(법문사, 1974), 261-267면; 심희기, 「朝鮮 時代의 呈訴期限法과 現代 韓國의 取得時效法 : 田宅에 대한 '過五年勿聽法'을 중심으로」, 『한국법제사강의 : 한국법사상의 판례와 읽을 거리』(홍문사, 1997)[원 : 1996] 참조.

112) 陸軍法律 제62조 聽訟ᄒᆞᄂᆞᆫ 期限은 一應 詞訟事가 三十年年 以內에 在ᄒᆞᆫ 者로 定ᄒᆞᆷ이라(법률 5).

113) ≪刑法草≫ 제27조 聽訟ᄒᆞᄂᆞᆫ 期限은 一應 詞訟이 二十年 以內에 在ᄒᆞᆫ 者로 定ᄒᆞᆷ이라. 문준영, 「자료 : 刑法草(天)」, 『법사학연구』 19(한국법사학회, 1998), 224면.

정하였다(§679, §680). 따라서 조선시대의 1년, 5년, 30년 모든 청송기한은 폐지되고 20년으로 통일되었다.

형법대전의 20년은 일본 민법의 소멸시효 기간에 따른 것으로 보인다(일본민법 §167, 한국민법 §162). 1908년 7월 형법대전을 개정하면서 민사 관련 조문을 모두 삭제하면서,[114] 동시에 民事訴訟期限規則(1908. 법률 2, 8월 시행)을 제정하여 현행 민법의 소멸시효와 같이 1년, 3년, 10년(채권), 20년(재산권)으로 세분하였다. 그러나 현행 민법의 "시효가 완성한다"와 다르게 "○年을 經過혼 時는 此를 受理치 아니홈"이라고 규정하여 전통적인 청송기한을 유지하였다.

(조선)고등법원은 위 청송기한을 다음과 같이 정리하였다. ① 형법대전 시행 이전에 20년이 경과되었으면 제소를 허용하지 않으며, 그 승계인도 마찬가지이고, 재판계류 중에 20년이 경과하여도 해당된다(1916.11.7. 선고 대정5년민상제207호 판결, 『판결록』 3-590/805; 1921.5.20. 선고 대정10년민상제5호 판결[대상판결 1]). ② 당사자 간에 상대적으로 소권을 소멸시키는 절차적 규정이다(1916.11.7. 선고 대정5년민상제207호 판결[①]; 1923.4.10. 선고 대정12년민상제63호 판결, 『판결록』 10-69/97). ③ 채권 및 물권과 신분관계 등도 대상이다(1922.9.1. 선고 대정11년민상제185호 판결, 『판결록』 9-241/332). ④ 당사자 간에 다툼이 있을 때에는 사실심은 주장 사실을 판단해서 적용여부를 결정해야 한다(1922.6.20. 선고 대정11년민상제148호 판결[대상판결 ②]). ⑤ 기산 시기는 소권을 행사할 수 있는 객관적 사정이 발생한 때이며, 당사자가 이를 인지하였는지 여부와는 무관하다(1922.9.1. 선고 대정11년민상제185호 판결[③]).[115]

'제척기간'은 "법률에서 미리 권리의 존속기간을 정하고 있는 것"이다. 이는 19세기 독일에서 민법전을 제정할 때에 민법학에서 형성권 이론의 확립과 함께 정립되었다. 또 영미법에서는 소멸시효와 제척기간을

---

114) 형법대전 第1編 法例 第1章 用法範圍에서는 총칙적 내용을 규정하였다(§1-§65).

115) 손경찬, 「개화기 민사소송법제에 관한 연구」(서울대학교 법학박사학위논문, 2015), 138-143면.

구분하지 않고 절차법의 제도로 운영하고 있다.[116] 조선시대의 청송기한은 절차법적 제도로 보아야 하며, (조선)고등법원도 청송기한은 소멸시효보다는 제척기간과 유사한 절차법적 제도로 보았다.

1894년 갑오개혁 이후 사법과 행정의 분리, 재판의 독립 등 근대적 사법제도가 도입되었으나 1907년까지는 행정관이 사법관을 겸하는 등 전통적인 모습이 남아 있었다. 1907년 12월 재판소구성법의 제정, 일본인 법무보좌관의 도입 등으로 1908년부터 근대적 재판제도를 갖추었다. 특히 이토 히로부미는 한국인의 호감과 지지를 끌어내는 방안으로 사법과 행정의 구분, 공정한 재판 등 사법제도의 개혁을 중시하였다.[117] 개화기에 소송은 1905년 이후 급증하였으며 1908년 신식재판제도의 도입 이후에는 더욱 증가하였고, 이는 1910년 합방 이후에도 지속되어 1913년까지 정점을 이루고 1919년에 저점을 찍었다가 1927년까지 급증하였다.[118]

청송기한은 단송정책을 지향하는 제도이다. 경국대전에서는 예외사유를 인정하였지만, 형법대전 등에서는 예외를 인정하지 않았다. 조선총독부는 폭증하는 소송의 처리에 고심하였으며,[119] 청송기한은 오래되었거나 한국 특유의 사건으로 그들이 이해할 수 없어서 해결하기가 쉽지 않은 사건을 처리하는데 크게 기여하였을 것이다. 그러나 당사자는 청송기한 경과라는 이유로 실체적 판단은 받아보지 못한 채 소송이 종결되었다. 이는 표면적으로는 분쟁이 해결되었지만, 根因은 여전히 남아 있는 상태였다. 결국 형식성을 중시하는 근대사법의 한계이며 다른 한편으로 식민지 사법의 폭력성을 보여 주는 증거라고 할 수 있다.

---

116) 전원열, 『민사소송법 강의』(제2판 : 박영사, 2021), 84면 참조.

117) 문준영, 「이토 히로부미의 한국 사법정책과 그 귀결」, 이성환 · 이토 유키오 편, 『한국과 이토 히로부미』(선인, 2009) 참조.

118) 문준영, 「한말과 식민지시기 재판제도의 변화와 민사분쟁 : 재판통계의 분석을 중심으로」, 『법사학연구』 46(한국법사학회, 2012) 참조.

119) 식민지 초기의 사법실태에 대해서는 문준영, 『법원과 검찰의 탄생』(역사비평사, 2010), 438-461면 참조.

2. 종중의 통합

약 250년 동안 세 차례에 걸친 송사에서 이계－이서오의 후손은 패소하였다. 그리고 마지막 소송은 사회적 위상의 향상만을 목적으로 한 실질적 이익은 거의 없는 자기만족적인 것이었다.[120] 이 소송을 보도한 『동아일보』에서는 다음과 같이 평하였다.

> 이 소송이 이러한 원인을 잠간 말하자면 원·피고는 률곡선생의 15대 직계종손이 되며 아니 되는 것으로써 자손만대의 명예도 있고 없다는 것으로 생각이 되는 동시에 다만 헛된 명예를 서로 찾기에 적지 아니한 금전과 장구한 시간을 허비한 것이라더라(평양).[121]

이 소송은 당사자만이 아니라 율곡 제자들의 관심사였으며, 소송의 승패는 그들의 위상에 영향을 줄 수도 있었다. 소송이 진행 중인 1920년 은병정사[122]의 유생이 전우[123]에게 의견을 물었다. 전우는 1685년 4월 송시열이 김수홍에게 보낸 편지 중 "왕명이며 부자의 차서가 정해졌기 때문에 번복할 수 없다"는 내용(주 30 참조)과 7월의 편지 중 "연장자인 이연이 봉사자가 되고 이계의 계후자는 별종이 되어야 한다"는 내용(주 34 참조)을 인용하고, "송시열의 의견은 공평하며 또 율곡 선생도 이를 긍정할 것이며, 이계의 후손 역시 한스러움이 없을 것이다."라고 하였다. 이어서 이이의 〈입후의〉를 인용하고(주 51, 52 참조) "율곡도 친생자인 계를 버리고 입후자인 연을 적손으로 삼을 것이다. 부자가 정해졌으니 祖孫은 분명하여, 지금 소송에서 종문이 종손인 것은 다언이 필요 없다."라고 이

---

120) 종손은 제사주재자로 제사와 관련된 물건의 소유권을 승계하지만, 이 소송에서는 이를 다투지 않았으며, 제사권, 종손 지위 자체가 소송의 대상이었다.

121) 『동아일보』 1922년 4월 11일자 기사.

122) 隱屛精舍 : 이이가 1578년(선조 11) 황해도 해주 고산면 石潭里에 세워 가족과 생활하면서 문도를 교육한 곳이다. 박균섭, 「은병정사 연구 : 학문과 학풍」, 『율곡사상연구』 19(율곡학회, 2009) 참조. 은병정사의 소재지가 석담인 점 등으로 보아 유생들은 이연의 후손 즉 피고 이종문과 유대가 깊었을 것이다.

123) 田愚(1841~1922) : 노론파 학자들의 학통을 이은 조선말기, 식민지기 최고의 유학자. 만년에는 전라도 계화도에서 후학 양성에 전념하였다.

연 후손들을 옹호하였다.[124] 또 다음과 같이 이희용의 잘못을 지적하였다.

> 이희용은 "(자기는) 이계의 혈손이고, 이연은 義로 결합되었는데, 오히려 자기가 지손이 되었으니 원통하다"고 여긴다. (숙종대 이후의) 결정은 이상하지 않다. 입후하였으면 (계후자는) 친자와 情義[원문 : 精義]에서 차이가 없는데, (이희용의 생각은) 세밀히 살피지 않은 것에서 연유한다. 지금 율곡선생의 말로 알리니 마음을 비우고 이치를 살피면 저절로 깨달을 것이다. 대현의 종사와 선왕의 성헌과 관련하여 듣지 말아야 할 곳에서 잘못 들은 지경에 이르러 현재와 후대에 부끄러움을 끼치지 말아야 한다.[125]

전우는 송시열 등의 의론을 근거로 은병정사를 근거지로 하고 있는 이연의 후손들을 옹호하였으며, 특히 이이의 〈입후의〉 구절을 인용하여 이희용을 꾸짖었다. 당대 최고의 유학자 전우의 개입 덕분인지 더 이상 논란은 없었다.

종통 분쟁은 족보 편찬에도 영향을 미쳤다. "덕수이씨 세보"는 1712년(숙종 38)에 제1간을 간행하였고(임진보) 이후 2001년까지 增補 第九刊譜를 간행하였다(신사보). 제9간에서는 본고에서 다룬 내용을 해당 인물에서 소개하였는데, 이는 이전 세보의 내용을 전재한 것으로 보인다.[126] 1776년의 제3간까지는 이서오의 후손들은 세보에 대해 불평을 하지 않은 듯하다. 1823년 이원배가 패소한 후인 1830년 제4간 간행에 협조하지 않았는데, ≪세보≫에서는 그 내력을 다음과 같이 기록하였다.

> 이[문성공의; 필자 보충] 종통은 왕명에 의해 이연에 속한 지 수백 년이 되었고 전후 간보에도 이의가 없었다. 지금 이계의 후손들이 종통이 차례를 잃었다고 하여 修譜單字를 제출하지 않고 스스로 派를 세우려 하니 아주 잘못되었다. 서오의 생가 후손과 [경림의 제4자 稱의 장자인; 필자 보충] 厚發

---

124) 田愚, ≪艮齋先生文集後編續≫ 卷之一 〈書 答隱屛精舍儒林 庚申〉 참조.
125) 田愚, ≪艮齋先生文集後編續≫ 卷之一 〈書 答隱屛精舍儒林 庚申〉 참조.
126) ≪세보≫ 간행은 다음과 같다 : 제2간 1740년(영조 16, 경신보), 제3간 1776년(정조 즉위년, 병신보), 제4간 1830년(순조 30, 경인보), 제5간 1898년(광무 2, 무술보), 제6간 1930년(경오보), 제7간 4293년(경자보), 제8간 1981년(신유보). 본고에서는 제9간에 따라 서술한다.

> 派의 후손들이 서로 도와서 단자를 제출하지 않았다. 종중의 의견과 다투는 것은 아주 괴이하므로 세보에서 삭제해야 하지만, 舊譜의 내용은 그렇게 할 수 없으므로 병신보에 따라 그대로 둔다.[127)]

패소한 이서오의 후손들은 이서오의 생가 후손 및 후발의 후손과 협력하여 '山洞派'로 자칭하여 분립하였고, 종중에서는 이를 인정하지 않았다. 이는 이후 1981년 제8간까지 유지되었다. 2001년 제9간에서는 1830년 경인보 이후 고의로 수보단자를 제출하지 않고 산동파로 독립한 문성공 후손을 敦親의 대의를 위하여 종중이 합의하여 세보에 편입하기로 하여,[128)] ≪세보≫ 〈파계도〉 [율곡공파]에는 등재되었다(부록1 : 세보 [율곡공파] 총론). 산동파의 입보를 허용한 근거는 위 (조선)고등법원 1921년 판결이었는데, 이는 소송을 실제 수행한 두희 란에 있으며 그대로 인용하면 다음과 같다.

> 율곡종통 및 율곡신주 반환문제로 山洞石潭 소송에서 해주지방법원 승소, 평양고등법원 승소, 경성대법원에서 종통은 인정하나 신주는 시효관계로 반환불가 판시[129)]

이는 판결 내용과 다르다. 중요한 것은 위 내용이 진실, 즉 (조선)고등법원 판결을 정확하게 이해하고 결정하였는지가 아니라, 종중원들이 그렇게 믿고 산동파의 입보를 허용한 사실이다. 즉 관련 자료를 나름대로 창조적으로 오독하여 중종의 통합을 이끈 것이다. 조선시대에 패소한 이서오 후손들인 산동파는 두 차례 승소하였지만 최종심에서 패소하였다. 그들이 패소한 이유는 정당한 봉사손이 아니어서가 아니라 실체관계를

---

127) ≪세보≫ 繼 : 此派宗統 旣因朝命屬之於綖 今爲數百年 前後刊譜 無有異議 今繼之後孫輩 謂以宗統失序 不爲修單 甘自立異殊甚乖 當以至敍五本生派及厚發派後孫 互相援比 並爲闕單 有若角勝宗議者 尤極駭異 固宜削之譜中 而舊譜所載不可沒 故只從丙申譜書之[의편 : 213쪽].

128) ≪세보≫ 〈범례〉 : 종손 문제와 관련한 갈등으로 경인보(1830) 이후 고의 궐단하여 山洞派란 이름으로 별도 파보를 만들고 계대를 기록 유지해 오던 일부 文成公孫이 이번에 대동보에 합류하여 종인간 敦睦의 大義를 회복하였다[권수 : 59쪽]. 繼 : 第九刊譜에서는 敦親의 大義를 위하여 宗中이 合議入譜함[의편 : 213쪽].

129) ≪세보≫ 斗熹 [지편상 : 745쪽].

고려하지 않는 청송기한, 즉 시효 때문이었다. 이연의 후손들은 어쨌든 이이의 신주를 모시고 제사를 거행하고 있으며 그들에게는 사실이 중요하였지 법적 논리와 정당성은 큰 의미가 없을 것이다. 21세기에는 종중의 통합 그리고 친목을 다지고 이를 바탕으로 사회적·문화적 자본을 획득하는 것이 중요하였지, 누가 문성공 이이의 정당한 봉사손인지는 관심이 아니었을지도 모른다.

Ⅳ. 맺 음 말

본고에서는 1685년 문성공 이이의 봉사손 선정을 둘러싼 당시의 논의와 1823년 그리고 1921년, 1922년 식민지기의 소송을 검토하였다. 이 사안은 조선시대의 분쟁이 현대까지 이어진 드문 사례이다. 이어서 ≪세보≫ 편찬을 검토하여 종중이 자체적으로 화해하여 종원의 통합을 이끌어 내는 과정을 살펴보았다.

이이의 증손 이계가 혼인 후 아들 없이 사망하자, 문묘에 종사된 이이의 제사를 지속하는 것이 조정과 조야의 관심사였다. 예와 법으로는 이계를 위해 입후된 계후자가 이이의 봉사손으로 되어야 한다. 하지만 계후자가 어려서 봉사를 지속하기 힘들다는 염려 때문에 이후시를 위해 이연을 입후하였다. 이는 이이의 문인 송시열, 김수홍, 박세채 등이 지지하였으며, 왕명에 의해 입후하였고, 또 파양할 수 없으며, 친자와 계후자는 형제이므로 나이에 따라 봉사자를 정해야 한다는 이이의 의견 등을 근거로 들어 정당화하였다. 특히 박세채는 이이 문집 편찬과 관련하여 이연을 더욱 적극적으로 지지하였다. 이러한 입장은 이이의 봉사로 추숭하여 서인의 통합을 도모하려는 의도였다. 이후 이연의 후손들은 이이를 봉사하고 관직에 제수되었다. 식민지기에도 이들이 유림의 지지를 받았다.

이계의 처 박씨는 1703년 이서오를 입후하였으며, 이로써 이이의 계통은 둘로 나누어졌다. 1823년(순조 23) 이서오의 후손 이원배와 이연의 후손 이용은 봉사손 지위를 다투었다. 이때 이연의 후손이 승소하였는데, 논리적 근거는 전과 같았으며, 여기에 先王과 先正들이 논의하여 결정했고 선례라는 역사성이 추가되었다. 여기서 입법의 원칙인 祖宗成憲尊重主義가 분쟁의 해결에 동원되어 법원으로 활용된 점을 찾을 수 있다.

1917년 이서오의 후손 이희용은 이연의 후손 이종문을 상대로 종손권을 확인하려는 소를 제기하였으며, 파기환송 상고심까지 다섯 차례의 재판 끝에 이연의 후손이 이이의 봉사손으로 확정되었다. (조선)고등법원에서는 실체적 판단을 하지 않고 조선시대의 제도를 이은 20년이라는 청송기한을 활용하여 처리하였다. 근대적 사법제도를 지향한 통감부와 조선총독부에서는 청송기한에 대한 예외를 인정하지 않았다. 그리고 심급제와 기판력은 더 이상 다투는 것을 원천적으로 막았다. 현재의 제척기간과 유사한 청송기한은 적체된 그리고 근대사법체제에서 처리하기 곤란한 사안을 일거에 해소할 수 있는 전가의 보도였다. 소송당사자는 시효라는 장벽에 막혀 실체적 판단을 받지 못한 채 법원의 문턱에서 좌절하였다. 이점에서 절차와 형식을 중시하는 근대사법의 한계를 찾을 수 있다.

이이의 후손의 소송의 결과와 무관하게 각자 이이의 봉사손임을 주장하였고, 이는 ≪세보≫ 편찬에 그대로 반영되었다. 최종 판결 후 80년이 지난 2001년 종중은 제9간보를 편찬하면서 이계－이서오의 후손을 이이의 후손에 편입하여 종중의 통합을 달성하였고, 아마 이후로는 공적으로든 사적으로든 봉사손 분쟁은 다시는 없을 것이다. 이이 후손의 종통을 둘러싼 분쟁은 자체적으로 해결한 점에서 의의를 찾을 수 있으며, 또한 현재의 법제로는 접근이 힘든 유사한 분쟁을 해결할 실마리를 제공할 것이다.[130)]

---

130) 일례로 퇴계 이황의 수제자 자리를 둘러싼 안동 지역의 명문 사족인 풍산 유씨와 의성 김씨의 후손들이 200여 년 동안 다툰 ‘병호시비(屛虎是非)’를 들 수 있다. 2013년 5월에 경상북도의 중재로 두 문중과 유림의 대표가 합의하여 갈등이 해결된 것처럼 보였지만, 1년 후에 갈등은 재연되어 2020년에 경상북도의 재중재로 합의하였다. 궁극적 해결은 아니었다. 결국 2021년 9월 30일 퇴계의 후손들은 유림의 갈등을 종지부 찍기 위해 2019년 복설된 호계서원에 모신 퇴계선생을 위패를 태워 정갈한 곳에 埋安하였다(燒送儀式). 정긍식, 「분쟁과 재판」, 한국고문서학회 편, 『조선의 일상, 법정에서다 : 조선시대 생활사4』(역사비평사, 2013), 43쪽 및 『세계일보』 2021. 10. 2. 기사 참조.

부록 1 : 관련자 가계도 및 세보[율곡공파]

<table>
<tr><td></td><td colspan="8">이 원 수</td></tr>
<tr><td></td><td colspan="8">李 珥 1536~1584</td></tr>
<tr><td>1</td><td colspan="8">景臨 1574~1626</td></tr>
<tr><td>2</td><td colspan="4">①穧
1596~1627</td><td colspan="3">②秬
1600~1656</td><td>③秋
1602~1634</td></tr>
<tr><td>3</td><td colspan="4">厚蒔系
1629~1683. 3. 27.</td><td colspan="2">厚基
1643~1712</td><td>후시
出</td><td>厚樹
1630~1705</td></tr>
<tr><td>4</td><td colspan="3">繼 무후/ 사망
1657~1683. 3. 18</td><td>綎系
1652~1733</td><td colspan="2">綸
1660~1716</td><td></td><td>연 출</td></tr>
<tr><td>5</td><td>一興系
사망</td><td colspan="2">敍五系
1689~?</td><td>敦五
1684~1748</td><td>일홍
출</td><td>서오
출</td><td></td><td></td></tr>
<tr><td>6</td><td rowspan="10"></td><td>彦翕</td><td>彦愈</td><td>伯</td><td colspan="2" rowspan="10"></td><td rowspan="10"></td><td rowspan="10"></td></tr>
<tr><td>7</td><td>憲祖</td><td>希祖</td><td>仁林</td></tr>
<tr><td>8</td><td>櫟</td><td rowspan="8"></td><td>黙</td></tr>
<tr><td>9</td><td>源培</td><td>宗孝</td></tr>
<tr><td>10</td><td>鐵</td><td>敏道</td></tr>
<tr><td>11</td><td>承洙</td><td>漢永</td></tr>
<tr><td>12</td><td>種寅</td><td>種文</td></tr>
<tr><td>13</td><td>圭熹</td><td></td></tr>
<tr><td>14</td><td>載燉</td><td></td></tr>
<tr><td>15</td><td>希鏞</td><td></td></tr>
</table>

德水李氏世譜 派系圖

栗谷公派 禮上

珥 世號栗谷先生 謚文成 從享文廟 配宣廟

景臨 贈寺正

穧 進士 贈參議

厚蒔 別提 贈參判

綎 縣監

繼 — 叙五 十二代孫 根榮 仝

敦五 別提 十代孫 天鏞

鑌五 縣監 九代孫 載成 在北韓 海州

行五 八代孫 環熺 仝

권수, 77쪽

부록 2 : 후손 관력

1	景臨1574~1626	동몽교관[不就] 통정대부 평창군수		
2	穧1596~1627			
3	厚蒔1629~1683	장원서별제 증호조참판		
4	**綎**1651~1733	전의현감 통정대부[老職]	**繼** 1657~83	숙종생원[1682] 증호조판서
5	敦五1684~1748	서부참봉[不就]	**敍五**1689~??	경종생원[1723] 지사[노직]
6	伯1712~1758	빙고별제	彦翕1708~42	
7	仁林1735~1789	금산 군수	憲祖1728~?	
8	黙1759~1787	정조정유[1777] 진사	櫟 (?~?)	증통정대부 병조참의
9	宗孝1775~1842	순조진사[1801] 신창현감 증좌승지 증호조참판	**源培**(?~?)	가선대부 中樞副使
10	敏道1799~1868	사릉참봉 돈녕부도정	鐵 (?~?)	
11	漢永1826~1898	헌종문과[1848] 병조참판	承洙(?~?)	
12	**種文**1868~1945	고종문과[1885] 홍문교리	種寅(1833~?)	철종성균진사[1859]
13			圭熹(?~?)	성균진사
14			載燉(?~?)	
15			**希鏞**1901~28	

출전 : 景臨, 穧[의편 21], 厚蒔~仁林[의편 207], 黙~種文[예편상 606]
繼~憲祖[의편 212], 櫟~種寅[예편상 639], 圭熹~希鏞[지편상 744]
≪율곡전서≫ 권지33 부록 世系圖에는 黙과 鐵까지 나오는데 관직 유무는 차이가 없다.

[Abstract]

A Historical Study on Yi I's Dispute over the Right of Head of Clan

Jung, Geung Sik*

I analyzed the disputes over the selection of successor of Ancestor Worship for Yi I, in the Joseon Dynasty and the colonial period in this paper.

When Yi Kye, a descendant of Yi I, died without a son in 1685, the government adopted Yi Yeon for her father, Yi Hu-Si. This illegal decision was a measure for the continuation of the rituals for Yi I, and disciples of Yi I provided theoretical bases. However, Yi Kye's wife adopted Yi Seo-Oh and embedded the seeds of conflicts.

In 1823, Yi Won-bae, a descendant of Yi Seo-Oh, appealed to the king but defeated in this litigation. The bases weres the same as in 1685, and a precedent was added.

In 1917, a dispute arose again between the descendants of Yi Seo-oh and Yi Yeon-Yeon, and after five trials, Yi Yeon's descendants were confirmed as legitimate successor of Ancestor Worship for Yi I.

The Supreme Court in the colonial Korea handled it using the period of litigation. In this respect, the limitations of the modern judicial system that emphasize procedure and form can be found.

In 2001, when the clan compiled their genealogy, the descendants of Yi Seo-Oh were incorporated into Yi I's descendants to achieve the integration of the clan. Significance can be found in that the dispute has been resolved on its own.

---

* Professor, School of Law, Seoul National University.

[Key word]

- Yi I
- Rights of Head of Clan
- Succession of Ancestor Worship
- Period of Litigation
- Limitation of Period
- Prescription

참고문헌

≪선조실록≫, ≪선조수정실록≫, ≪숙종실록≫, ≪영조실록≫, ≪정조실록≫, ≪순조실록≫, ≪헌종실록≫, ≪승정원일기≫(숙종, 영조, 순조, 고종) ≪日省錄≫(순조), 『동아일보』, 『세계일보』.

≪경국대전≫, ≪대전회통≫, ≪대전후속록≫, ≪속대전≫, ≪수교집록≫, ≪결송유취보≫, ≪당률소의≫, ≪성리대전≫.

≪艮齋先生文集後編續≫(田愚), ≪剛齋集≫(宋穉圭), ≪南溪先生朴文純公文正集≫·≪南溪先生朴文純公文外集≫(朴世采), ≪櫟泉先生文集≫(宋明欽), ≪宋子大全≫(宋時烈), ≪肅齋集≫(趙秉悳), ≪疑禮問解≫(金長生), ≪栗谷先生全書≫(李珥), ≪恥菴集≫(李之濂), ≪退憂堂集≫(金壽興).

民事訴訟期限規則(1908. 법률 20), 陸軍法律(법률 5), 刑法大全(1905. 법률 2), ≪刑法草≫.

법원도서관, 『국역 고등법원판결록』.

덕수이씨세보간행위원회, ≪增補 第九刊 德水李氏世譜≫, 2001.

김용헌, 『조선 성리학, 지식권력의 탄생』, 프로네시스, 2010.

김효전, 『근대한국의 법제와 법학』, 부산 : 세종출판사, 2006.

문준영, 『법원과 검찰의 탄생』, 역사비평사, 2010.

전원열, 『민사소송법 강의』, 제2판 : 박영사, 2021.

정긍식, 『조선의 법치주의 탐구』, 태학사, 2018.

______, 『조선시대 제사승계의 법제와 현실』, 한국학중앙연구원출판부, 2021.

______, 『한국 가계계승법제의 역사적 탐구 : 유교적 제사승계의 식민지적 변용』, 전주 : 흐름, 2019.

최승희, 『한국고문서연구』, 증보판 : 지식산업사, 1989.

한상권, 『조선후기 사회와 訴冤制度 : 上言·擊錚 연구』, 일조각, 1996.

한영우, 『율곡 이이 평전』, 민음사, 2013.

조선총독부(1912), 정긍식 역, 『국역 관습조사보고서』, 개역판 : 한국법제연구원, 2000.

仁井田 陞, 『唐律拾遺』, 東京大學出版會, 1933.

朝鮮總督府 中樞院, 『民事慣習回答彙集』, 1933.

김병구, 「조선시대 擧行條件의 고문서학적 고찰」, 『고문서연구』 54, 한국고문서학회, 2019.

김태년, 「'正典' 만들기의 한 사례, ≪栗谷別集≫의 편찬과 그에 대한 비판들」, 『민족문화』 43, 한국고전번역원, 2014.

문준영, 「이토 히로부미의 한국 사법정책과 그 귀결」, 이성환·이토 유키오 편, 『한국과 이토 히로부미』, 선인, 2009.

______, 「자료 : 刑法草(天)」, 『법사학연구』 19, 한국법사학회, 1998.

______, 「한말과 식민지시기 재판제도의 변화와 민사분쟁 : 재판통계의 분석을 중심으로」, 『法史學硏究』 46, 한국법사학회, 2012.

박균섭, 「은병정사 연구 : 학문과 학풍」, 『율곡사상연구』 19, 율곡학회, 2009.

박병호, 「재판의 제도와 기능」, 『한국법제사고』, 법문사, 1974.

손경찬, 「개화기 민사소송법제에 관한 연구」, 서울대학교 법학박사학위논문, 2015.

심희기, 「조선 시대의 정소기한법과 현대 한국의 취득시효법 : 전택에 대한 '過五年勿聽法'을 중심으로」, 『한국법제사강의 : 한국법사상의 판례와 읽을 거리』, 홍문사, 1997[원 : 1996].

윤진수, 「고씨 문중의 송사를 통해 본 전통 상속법의 변천」, 『가족법연구』 19-2, 한국가족법학회, 2005.

이경동, 「조선후기 율곡 이이 문집 편찬의 추이와 의의」, 『유학연구』 52, 충남대학교 유학연구소, 2020.

이근호, 「조선후기 거행조건의 제정과 승정원의 역할」, 『규장각』 49, 서울대학교 규장각한국학연구원, 2016.

이상균, 「강릉 오죽헌의 조선시대 사회사적 의미」, 『문화재』 48-2, 국립문화재연구소, 2015.

이상욱, 「일제 강점기의 제사상속관습법」, 『법사학연구』 60, 한국법사학회, 2019.

______, 「일제하 호주상속관습법의 정립」, 『법사학연구』 9, 한국법사학회, 1988.

임상혁, 「조선전기 민사사송과 소송이론의 전개」, 서울대학교 법학박사학위논문, 2000.

임성훈, 「현대행정법이론에 비추어 본 조선시대의 행정법과 행정소송에 관한 개관」, 『법학연구』 10, 서울대학교 법과대학, 2004.

정긍식, 「16세기 첩자의 제사승계권」, 『사회와 역사』 53, 한국사회사학회, 1998.

______, 「분쟁과 재판」, 한국고문서학회 편, 『조선의 일상, 법정에 서다 : 조선시대 생활사4』, 역사비평사, 2013.

______, 「제사용재산의 귀속주체」, 『민사판례연구』 22, 박영사, 2000.

______, 「조선민사령과 한국 근대 민사법」, 『동북아법연구』 11-1, 전북대학교 동북아법연구소, 2017.

______, 「조선시대의 가계계승법제」, 『서울대학교 법학』 51-2, 서울대학교 법학연구소, 2010.

______, 조선시대의 권력분립과 법치주의」, 『서울대학교 법학』 42-4, 서울대학교 법학연구소, 2001.

최선경, 「율곡선생문집 판본연구」, 『한문학연구』 7, 계명대학교계명한문학회, 1991.

국사편찬위원회, 조선시대 법령자료(http://db.history.go.kr/law/).

______, 조선왕조실록(http://sillok.history.go.kr/main/main.do).

______, 승정원일기(http://sjw.history.go.kr/main.do).

네이브뉴스라이브러리(https://newslibrary.naver.com/search/searchByDate.nhn).

서울대학교 규장각한국학연구원, 원문검색서비스(https://kyudb.snu.ac.kr/index.jsp).

한국고전번역원, 한국고전종합DB(https://db.itkc.or.kr/).

한국천문연구원 천문우주지식정보 → 생활천문관 → 음양력변환계산(http://astro.kasi.re.kr/life/pageView/8).

한국학중앙연구원, 한국역대인물종합정보시스템(http://people.aks.ac.kr/index.aks).

후순위담보권자가 선순위담보권의 피담보채권의 소멸시효를 원용할 수 있는지 여부

장 민 하*

요 지

대법원은 소멸시효이익을 원용할 수 있는 자의 범위에 관하여 '소멸시효를 원용할 수 있는 사람은 권리의 소멸에 의하여 직접 이익을 받는 자에 한정된다'고 할 뿐 그 구체적인 판단 기준을 제시하고 있지 않다.

시효원용권자의 범위를 어디까지 인정할 것인가는 기본적으로 소멸시효제도에 대한 가치판단에 따라 차이가 있다. 소멸시효제도는 법적 안정성의 달성, 입증곤란의 구제, 권리행사의 태만에 대한 제재, 의무자의 신뢰보호와 같은 존재 이유에도 불구하고 정당한 권리자로부터 권리를 빼앗고 불성실한 채무자에게 이익을 부여하는 것으로서 실질적 정의와 도덕관념에 반한다는 점을 고려하면, 시효원용권자의 범위를 함부로 확대하여서는 안 된다. 이러한 전제에서 시효로 소멸하는 권리의 직접 당사자 외의 제3자는 직접 당사자에 준하는 강한 이해관계가 존재하는 경우에만 독자적인 시효원용권을 인정하는 것이 타당하므로, '소멸시효의 완성으로 자신의 의무나 법적 부담을 면하는 자'에 한하여 시효원용권을 인정하여야 한다.

후순위담보권자는 선순위담보권의 피담보채권이 시효소멸하는 경우 담보권 설정 당시 파악한 것 이상의 담보가치를 취득하는 이익을 추가로 얻게 될 뿐 자신의 의무나 법적 부담을 면하는 것은 아니다. 따라서 후순위담보권

* 대전지방법원 판사.

자에게 시효원용권을 부정한 대상판결의 결론은 타당하다.

위 기준에 의할 때 시효원용권의 인정 여부에 관한 대법원의 기존 판단들을 모두 설명할 수 있으며, 앞으로 구체적인 사례에서 대법원이 시효원용권을 인정할지 여부를 예측해 보는 데에도 위 기준을 참고해 볼 수 있을 것이다.

[주 제 어]

- 소멸시효
- 시효원용권
- 시효원용권자의 범위
- 후순위담보권자

대상판결 : 대법원 2021. 2. 25. 선고 2016다232597 판결

[사안의 개요]

1. 사실관계

(1) 갑은 을로부터 2억 5,000만 원을 차용하면서 2005. 8. 19. 그 담보로 이 사건 부동산에 관하여 을 앞으로 소유권이전청구권가등기(이하 '이 사건 담보가등기'라 한다)를 하였다. 을은 2006. 3. 10. 가등기담보 등에 관한 법률(이하 '가등기담보법'이라 한다)에서 정한 청산절차를 거치지 않은 채 이 사건 담보가등기에 기한 본등기(이하 '이 사건 본등기'라 한다)를 하였다.

(2) 원고는 갑과의 대위변제약정(원고가 을에게 4억 원을 대위변제하면, 원인무효인 이 사건 본등기를 말소하고 이 사건 담보가등기를 원고 명의로 이전하며, 1년 기한 6억 원의 약속어음을 발행하여 교부하겠다는 내용)에 따라 2006. 5. 9. 을의 승낙을 얻어 을에게 4억 원을 지급함으로써 이 사건 담보가등기의 피담보채무를 대위변제하였다.

(3) 한편, 갑과 을은 2006. 5. 9. 이 사건 부동산에 관하여 병 앞으로 소유권이전등기를 하기로 약정하고, 2006. 5. 10. 을로부터 병 앞으로 소유권이전등기를 하였다.

(4) 병은 2008. 7. 25. 이 사건 부동산에 관하여 피고 앞으로 채권최고액 15억 원의 근저당권설정등기(이하 '이 사건 근저당권'이라 한다)를 하였다.

(5) 피고가 이 사건 근저당권에 기하여 임의경매를 신청함에 따라 경매절차가 개시되었고, 원고는 경매법원에 담보가등기권리자 권리신고서를 제출하였다.

(6) 경매법원은 2014. 12. 17. 매각허가결정을 하고, 2015. 2. 25. 배당기일에 실제 배당할 금액 1,349,866,145원 중에서 180,000,000원을 선순위 근저당권자에게(1순위), 나머지 1,199,866,145원을 피고에게(2순위) 각 배당하는 내용의 배당표를 작성하였는데, 원고는 위 배당기일에 출석하여 피고의 배당액 전부에 대하여 이의하였다.

2. 당사자의 주장

(1) 원고의 주장

원고는 을에게 이 사건 담보가등기의 피담보채무를 변제함으로써 을의 갑에 대한 채권 및 이 사건 담보가등기에 기한 담보권을 법률상 당연히 이전받았다. 이 사건 담보가등기는 피고의 이 사건 근저당권보다 먼저 마쳐졌으므로, 원고는 피고에 우선하여 배당받을 권리가 있다.

(2) 피고의 주장

이 사건 담보가등기의 피담보채권은 상사소멸시효기간 5년이 경과하여 소멸하였으므로 원고는 배당을 받을 수 없다.

3. 법원의 판단[1)]

(1) 1심(수원지방법원 여주지원 2015. 10. 8. 선고 2015가합310 판결)-청구 기각

가등기담보법에서 정한 청산절차를 거치지 아니한 채 마쳐진 이 사건 본등기는 무효이나, 그 이후에 이 사건 부동산에 관하여 소유권이전등기를 마친 병이 이 사건 본등기가 청산절차를 거치지 않은 채 이루어진 것이라는 점을 알았다고 인정할 아무런 증거가 없으므로, 가등기담보법 제11조 단서[2)]에 의하여 병은 이 사건 부동산의 소유권을 확정적으로 취득하고, 이 사건 담보가등기에 기한 담보권은 소멸하였다(원고의 청구원인이 인정되지 아니하여 피고의 소멸시효 항변에 관하여는 판단이 이루어지지 않았다).

(2) 원심(서울고등법원 2016. 6. 9. 선고 2015나2065323 판결)-일부 인용

(가) 원고의 대위변제 당시 이 사건 본등기는 가등기담보법에서 정한 청산절차를 마치지 아니하여 원인무효의 등기였고 이 사건 담보가등기는 유효한 등기로 남았으므로, 갑에 대하여 구상금채권을 취득한 원고는 이 사건 담보가등기에 기한 담보권 및 그 피담보채권인 을의 갑에 대한 대여금채권을 법률상 당연히 이전받았다.[3)] 따라서 원고는 이 사건 부동산의 매각대금으로

1) 이 글에서의 논의와 무관한 부분은 축약한다.

2) 가등기담보법 제11조(채무자등의 말소청구권)

채무자등은 청산금채권을 변제받을 때까지 그 채무액(반환할 때까지의 이자와 손해금을 포함한다)을 채권자에게 지급하고 그 채권담보의 목적으로 마친 소유권이전등기의 말소를 청구할 수 있다. 다만, 그 채무의 변제기가 지난 때부터 10년이 지나거나 선의의 제삼자가 소유권을 취득한 경우에는 그러하지 아니하다.

3) 한편, 갑과 을의 중간생략등기 합의에 따라 이 사건 본등기에 대한 말소등기절차를 생략한 채 직접 을로부터 병 앞으로 소유권이전등기를 한 것이므로 병의 위 소유권이전등기는 실체관계에 부합하여 유효한바, 이처럼 병의 실체법상 소유권 취득원인이 갑의 처분행위인 이상, 1심판결과 같이 그 취득원인이 을의 처분행위이어서 가등기담보법 제11조 단서가 적용됨을 전제로 병이 선의의 제3자에 해당하

부터 배당받을 수 있다.

(나) 소멸시효를 원용할 수 있는 사람은 권리의 소멸에 의하여 직접 이익을 받는 자에 한정된다. 후순위담보권자는 선순위담보권의 피담보채권이 소멸하면 후순위담보권의 순위가 상승하고 이에 따라 피담보채권에 대한 배당액이 증가할 수 있지만, 이러한 배당액의 증가에 대한 기대는 담보권의 순위 상승에 따른 반사적 이익에 지나지 않는다. 따라서 후순위담보권자는 선순위담보권의 피담보채권의 소멸에 의하여 직접 이익을 받는 자에 해당한다고 볼 수 없고, 선순위담보권에 의하여 담보된 피담보채권의 소멸시효를 원용할 수 없다.

한편, 담보권이 설정된 부동산의 양도를 받은 제3취득자는 당해 담보권에 의하여 담보되는 피담보채권의 소멸시효를 원용할 수 있다고 보아야 하는데(대법원 1995. 7. 11. 선고 95다12446 판결 참조), 이는 제3취득자의 경우 위 피담보채권이 소멸하면 저당권이 소멸하고 이에 따라 부동산의 소유권을 보전할 수 있는 관계에 있고, 이 경우 소멸시효를 원용할 수 없다고 한다면 저당권이 실행됨으로써 부동산의 소유권을 상실하는 불이익을 직접 받을 수 있기 때문이다. 반면, 후순위담보권자가 선순위담보권에 의하여 담보되는 피담보채권의 소멸시효를 원용할 수 있다고 할 경우에 얻는 이익은 위에서 본 바와 같이 반사적 이익에 불과하고 소멸시효를 원용할 수 없다 하더라도 목적부동산의 가치로부터 담보권의 순위에 따라 변제를 받을 수 있는 후순위담보권자로서의 지위는 전혀 해하지 않는 것이어서 후순위저당권자와 제3취득자는 그 지위가 다르다고 보아야 한다.

(3) 상고심(대상판결)-원고 패소 부분 파기 환송, 피고 상고 기각

(가) 원고가 이 사건 경매절차에서 이 사건 부동산 매각대금으로부터 배당받을 채권자에 해당한다는 원심의 판단은 타당하나, 원고가 배당받을 수 있는 채권의 범위에 관한 판단에 법리오해 등의 잘못이 있으므로[4] 원심판결 중 원고 패소 부분을 파기 환송한다.

(나) 소멸시효가 완성된 경우 이를 주장할 수 있는 사람은 시효로 채무

여 이 사건 부동산의 소유권을 확정적으로 취득하고 그에 따라 이 사건 담보가등기에 기한 담보권이 소멸하였다고 볼 수는 없다고 판단하였다.

4) 원고가 변제자대위권에 따라 행사하는 원채권과 담보권의 범위는 구상권의 범위 내로 한정되므로, 원고가 배당받을 수 있는 금액은 배당기일까지 이자 또는 지연손해금을 가산하여 산정한 구상금과 을의 채권 중 적은 금액이 되어야 한다.

가 소멸되는 결과 직접적인 이익을 받는 사람에 한정된다(대법원 1997. 12. 26. 선고 97다22676 판결 등 참조). 후순위담보권자는 선순위담보권의 피담보채권이 소멸하면 담보권의 순위가 상승하고 이에 따라 피담보채권에 대한 배당액이 증가할 수 있지만, 이러한 배당액 증가에 대한 기대는 담보권의 순위 상승에 따른 반사적 이익에 지나지 않는다. 후순위담보권자는 선순위담보권의 피담보채권 소멸로 직접 이익을 받는 자에 해당하지 않아 선순위담보권의 피담보채권에 관한 소멸시효가 완성되었다고 주장할 수 없다.

〔硏 究〕

Ⅰ. 서 론

이 사건에서 원고가 변제자대위에 의하여 이 사건 담보가등기를 취득함에 따라, 그보다 늦게 이 사건 근저당권을 설정한 피고는 원고보다 후순위의 담보권자가 되었다. 이에 피고는 선순위인 이 사건 담보가등기의 피담보채권이 소멸시효가 완성되어 소멸하였다고 주장하였는바, 후순위담보권자가 선순위담보권의 피담보채권의 시효이익을 원용할 수 있는지 여부가 쟁점이 되었다. 대상판결은 '소멸시효가 완성된 경우 이를 주장할 수 있는 사람은 시효로 인하여 채무가 소멸되는 결과 직접적인 이익을 받는 사람에 한정된다'는 기존의 법리를 다시 한 번 확인한 후, 후순위담보권자는 선순위담보권의 피담보채권 소멸로 '반사적 이익'을 얻는 것에 불과하므로 시효원용권자에 해당하지 않는다고 판단하였다.

위와 같은 대상판결의 판시는 1999년에 있었던 일본 최고재판소의 판례(최고재 평성 11년 10월 21일 판결)를 그대로 따르는 것이다. 이 글에서는 소멸시효 제도의 의의 및 효과(이 부분에 대하여는 이미 많은 연구가 존재하므로 이 글에서는 시효원용권자의 범위를 논의하기 위한 전제로서 간략하게만 소개한다)와 시효원용권자의 범위에 관하여 먼저 살펴 본 다음, 위 최고재판소 판결과 관련한 일본에서의 논의 등을 참고하여 대상판결의 타당성을 검토해 본다.

Ⅱ. 소멸시효 일반론

1. 소멸시효 제도의 의의 및 한계

소멸시효 제도는 권리자가 권리를 행사할 수 있음에도 불구하고 일정한 기간 행사하지 않는 권리불행사의 사실상태가 계속되는 경우 그 상태가 진실한 권리관계와 부합하는지를 묻지 않고 그 권리의 소멸이라는 법률효과를 부여하는 제도이다.

소멸시효 제도의 존재 이유에 관하여 대법원은 '시효제도는 일정 기간 계속된 사회질서를 유지하고 시간의 경과로 인하여 곤란해지는 증거보전으로부터 구제를 꾀하며 자기 권리를 행사하지 않고 소위 권리 위에 잠자는 자를 법적 보호에서 제외하기 위하여 규정된 제도'(대법원 1976. 11. 6. 선고 76다148 판결, 1999. 3. 18. 선고 98다32175 판결, 2010. 1. 28. 선고 2009다73011 판결 등)라고 판시하여 ① 법적 안정성의 달성, ② 입증곤란의 구제, ③ 권리행사의 태만에 대한 제재를 들고 있다. 헌법재판소는 '첫째, 일정한 사실상태가 오래 계속되면 그동안에 진정한 권리관계에 대한 증거가 없어지기 쉬우므로 계속되어 온 사실상태를 진정한 권리관계로 인정함으로써 과거사실 증명의 곤란으로부터 채무자를 구제하고 분쟁의 적절한 해결을 도모하기 위한 것'이고, '둘째, 오랜 기간 동안 자기의 권리를 주장하지 아니한 자는 이른바 권리 위에 잠자는 자로서 법률의 보호를 받을 만한 가치가 없으며 시효제도로 인한 희생도 감수할 수밖에 없는 것이지만, 반대로 장기간에 걸쳐 권리행사를 받지 아니한 채무자의 신뢰를 보호할 필요가 있다'(헌법재판소 2010. 4. 29. 선고 2009헌바120 등 결정)고 판시하여 ④ 의무자의 신뢰보호 또한 그 존재 이유로 제시하였다.

위와 같은 소멸시효 제도의 존재 이유에도 불구하고, 권리자의 정당한 권리를 박탈하고 불성실한 의무자를 아무런 대가 없이 면책시킨다는 점에서 실질적 정의에 부합하지 않는다거나 비윤리적이라는 지적이 있는바, 소멸시효 제도를 운영함에 있어 진정한 권리자와 의무자 사이의 이익 균형을 고려할 필요가 있다.

2. 소멸시효 완성의 효과

(1) 학설 및 판례

민법 제167조는 '소멸시효는 그 기산일에 소급하여 효력이 생긴다'고 규정하고 있을 뿐 소멸시효 완성의 효과에 관하여 직접적으로 규정하고 있지 않다. 이에 따라 ① 소멸시효가 완성하면 곧바로 권리가 소멸한다는 '절대적 소멸설'과 ② 당사자의 원용에 의하여 비로소 권리가 소멸한다는 '상대적 소멸설'의 학설 대립이 오랜 기간 계속되고 있다. 대법원 판례의 태도에 대하여는 '종래에는 절대적 소멸설의 입장이었으나, 근래에는 절대적 소멸설로 볼 수 있는 판례와 상대적 소멸설로 볼 수 있는 판례가 공존하고 있다'는 평가가 일반적인 것으로 보인다.

즉, 대법원은 '현행 민법 아래에서는 당사자의 원용이 없어도 소멸시효기간이 완성하면 채무는 당연히 소멸된다 하겠으나, 변론주의 원칙상 당사자가 시효이익을 받겠다는 뜻으로 이를 원용하지 않는 이상 그 의사에 반하여 재판할 수 없다'(대법원 1978. 10. 10. 선고 78다910 판결)고 판시하여 기본적으로 절대적 소멸설을 따르면서도, '소멸시효를 원용할 수 있는 사람은 권리의 소멸에 의하여 직접 이익을 받는 자에 한정된다'(대법원 1979. 6. 26. 선고 79다407 판결 등)고 시효원용권자의 범위를 제한하는 등 상대적 소멸설의 논리를 받아들이고 있다.

(2) 검　　토

소멸시효 제도의 중요한 존재 이유 중의 하나는 '의무자의 신뢰보호'이므로, 소멸시효 완성의 효과와 관련하여서도 의무자의 의사를 존중할 수 있는 상대적 소멸설이 타당하다. 상대적 소멸설에 의하면 ① 소멸시효가 완성되면 시효의 이익을 받을 자에게 실체법상 형성권인 시효원용권이 생기므로, 당사자가 시효원용권을 행사하여야만 법원이 이를 고려할 수 있고(또한 재판 외에서도 행사할 수 있다), ② 채무자가 소멸시효 완성 사실을 알았는지 여부에 관계없이 소멸시효가 완성된 채무를 변제한 경우에는 모두 유효한 변제가 되며, ③ 시효이익의 포기는 시효원용권의 포기를 의미한다.

한편, 절대적 소멸설 또한 소멸시효 완성에 의하여 곧바로 권리가 소멸한다는 논리로 일관하지 않고 ① 변론주의 원칙상 당사자의 주장이 없으면 법원은 이를 고려할 수 없다거나, ② 채무자가 소멸시효가 완성된 채무를 변제한 경우에 시효이익의 포기(소멸시효 완성 사실을 알고 변제한 경우) 또는 도의관념에 적합한 비채변제(소멸시효 완성 사실을 모르고 변제한 경우)에 해당하여 반환청구를 할 수 없다고 해석하는 등 상대적 소멸설과 동일한 결론을 취하고 있다. 따라서 실제로 소멸시효 제도를 운용함에 있어서 절대적 소멸설과 상대적 소멸설 사이에 큰 차이는 없는 것으로 보인다. 그러나 절대적 소멸설의 위 ①, ②와 같은 주장에 대하여는 비판을 받는 각각의 경우마다 별도의 이론 구성에 의하여 부당한 결과를 회피하려고 한다는 지적이 있고,[5] ③ 시효이익의 포기는 절대적 소멸설의 입장에서 설명하기 어려운 제도라고 평가되는바, 상대적 소멸설에 의할 때 소멸시효 완성의 효과와 관련한 이론적 설명이 보다 용이하다.

3. 시효원용권자의 범위

절대적 소멸설에 의하면 소멸시효의 완성에 의하여 곧바로 권리가 소멸하므로 누구든지 권리의 소멸을 주장할 수 있다고 보는 것이 일반적이다.[6] 상대적 소멸설이나 소멸시효를 원용할 수 있는 사람을 권리의 소멸에 의하여 직접 이익을 받는 자로 한정하고 있는 판례에 의하면 시효원용권자의 범위를 구체적으로 확정하여야 하는 문제가 중요한 의미를 갖는다.

---

5) 윤진수, 소멸시효론, 한국 민법학의 재정립-청헌 김증한 교수의 생애와 학문세계, 경인문화사, 2016, 193쪽.

6) 이와 달리 김병선, 시효원용권자의 범위, 민사법학 제38호, 한국사법행정학회, 2007, 259쪽은 절대적 소멸설의 입장에 의하더라도 권리가 '절대적으로 소멸'한다는 것이 반드시 '누구라도 소멸시효의 효과를 주장할 수 있다'는 것으로 귀결되는 것은 아니라고 주장한다.

(1) 학 설

(가) 종래의 학설은 시효원용권자의 범위를 제한하여 좁게 인정하는 것은 소멸시효제도를 통하여 사회의 법률관계를 확정하고자 하는 취지에 반할 염려가 있다는 점에서 소멸시효를 원용할 수 있는 자에는 '소멸시효로 인하여 직접 의무를 면하거나 권리의 확장을 받는 자' 및 '그 권리나 의무에 기하여 의무를 면하거나 권리의 확장을 받는 자'가 포함되므로, 보증인, 연대보증인, 연대채무자, 물상보증인, 저당부동산의 제3취득자, 표현상속인으로부터 상속재산을 양수한 자, 사해행위의 수익자 등에게 시효원용권이 인정되어야 한다고 보았다.[7)]

(나) 최근의 주요 학설들의 내용은 아래와 같다.

1) 윤진수 교수의 견해[8)]

의무자 자신이 소멸시효를 원용할 수 있음은 당연하고, 그 외에도 권리의 소멸에 관하여 정당한 이익을 가지는 자에게 소멸시효의 원용권을 인정하여야 한다. 구체적으로는 의무자의 의무가 소멸함으로써 자신의 법률상 의무도 면하게 되는 자나, 권리자의 권리가 소멸되면 자신의 권리를 상실하지 않게 되는 이익을 얻게 되는 자도 의무자의 소멸시효를 원용할 수 있다고 보아야 한다.

2) 노재호 판사의 견해[9)]

제3자에게 시효원용권을 인정한다는 것은 직접의무자(소멸시효의 대상이 되는 권리의 의무자)가 시효이익을 포기하거나 시효원용권을 상실한 경우에도 독자적으로 소멸시효를 원용할 수 있다는 데 그 의미가 있으므로, 시효원용권자의 범위를 결정함에 있어서는 그 자에게 독자적인 시효원용권을 인정하여야 할 정당한 이익이 있는가 하는 점을 아울러 고려하여야 한다. 그렇다면 직접의무자 외에 소멸시효를 원용할 수 있는 자

---

7) 김병선(주 6), 257-258쪽.

8) 윤진수(주 5), 185쪽.

9) 노재호, 소멸시효의 원용-원용권자의 범위와 원용권자 상호간의 관계를 중심으로, 사법논집 제52집, 법원도서관, 2011, 298쪽.

는 권리의 시효소멸로 인하여 '자기의 의무나 법적 부담을 면할 자'에 한정된다.

3) 박운삼 판사의 견해[10)]

소멸시효제도가 존재하는 이상 누구나 소멸시효기간이 지나면 의무나 책임에서 벗어날 수 있다는 기대를 가지게 되고, 그러한 기대는 하나의 법률효과로서 존중되어야 할 것이다. 또한 존중되어야 할 채무자의 의사는 채무의 소멸을 주장하지 않고 성실히 채무를 이행하겠다는 내용의, 채무자 자신의 법률관계에 관한 것에 한정되지 물상보증인이나 담보부동산의 제3취득자 등 다른 사람의 법률관계에 관한 것까지 확장되지 않는다. 따라서 소멸시효원용권은 시효를 원용하려고 하는 자와 그 상대방 사이에 법률관계(권리의무 기타 법률적 부담)가 존재하고, 그 법률관계가 다른 사람의 법률관계와 독립적인 경우에 인정된다(일본의 모리타 히오키 교수의 견해를 따르는 것이다).

4) 김병선 교수의 견해[11)]

원칙적으로 소멸시효가 완성된 권리의 의무자만이 소멸시효를 원용할 수 있고, 제3자의 경우에는 법률이 규정하고 있거나 법률의 규정을 유추적용할 수 있는 경우(보증인, 연대보증인, 연대채무자, 물상보증인 등)에만 예외적으로 소멸시효를 원용할 수 있다. 소멸시효가 인정되는 범위를 되도록 좁게 인정함으로써 정당한 권리의 보호에 기여할 수 있고, 당사자의 의사를 존중할 수 있으며, 원용권자들의 소멸시효원용 내지 시효이익 포기에 관한 의견의 불일치로 인하여 법률관계가 분화되는 문제를 해결할 수 있기 때문이다.

(2) 판　　례

앞서 본 바와 같이 대법원 판례는 '소멸시효를 원용할 수 있는 사람은 권리의 소멸에 의하여 직접 이익을 받는 자에 한정된다'고 판시하고

---

10) 박운삼, 사해행위의 수익자와 취소채권자의 채권의 소멸시효의 원용, 판례연구 제21집, 부산판례연구회, 2010, 290쪽.

11) 김병선(주 6), 267-268쪽.

있으나, 위 '권리의 소멸에 의하여 직접 이익을 받는 자'에 해당하는지 여부에 관한 구체적인 판단 기준을 제시하고 있지는 않다. 판례가 시효원용권을 긍정 또는 부정한 사안은 아래와 같은바, 이에 대하여는 '대법원 판례가 초기에는 시효이익을 직접 받는 자를 좁게 해석해 오다가 점차 개별적 사안에 따라 그 범위를 확대하고 있다'고 평가된다.[12)]

(가) 시효원용권을 긍정한 판례

1) 연대보증인

민법 제433조에 의하면 주채무가 시효로 소멸한 때에는 보증인도 그 시효소멸을 원용할 수 있으며 주채무자가 시효의 이익을 포기하더라도 보증인에게는 그 효력이 없다(대법원 1991. 1. 29. 선고 89다카1114 판결).

2) 소유권이전등기청구권보전의 가등기가 설정된 부동산의 제3취득자

가등기에 기한 소유권이전등기청구권이 시효의 완성으로 소멸되었다면 그 가등기 이후에 그 부동산을 취득한 제3자는 그 소유권에 기한 방해배제의 청구로서 그 가등기권자에 대하여 본등기청구권의 소멸시효를 주장하여 그 등기의 말소를 구할 수 있다(대법원 1991. 3. 12. 선고 90다카27570 판결).

3) 가등기담보권이 설정된 부동산의 제3취득자

채권담보의 목적으로 매매예약의 형식을 빌려 소유권이전청구권 보전을 위한 가등기가 경료된 부동산을 양수하여 소유권이전등기를 마친 제3자는 당해 가등기담보권의 피담보채권의 소멸에 의하여 직접이익을 받는 자라 할 것이므로 위 부동산의 가등기담보권에 의하여 담보된 채권의 채무자가 아니라도 그 피담보채권에 관하여 소멸시효가 완성된 경우 이를 원용할 수 있다(대법원 1995. 7. 11. 선고 95다12446 판결).

4) 유치권이 성립된 부동산의 제3취득자

유치권이 성립된 부동산의 매수인은 피담보채권의 소멸시효가 완성

---

12) 김문희, 소멸시효 완성의 효과를 원용할 수 있는 자의 범위, 판례연구 제20집, 부산판례연구회, 2009, 707쪽; 김진형, 소멸시효 원용권자의 범위에 관한 소고, 재판실무연구 2010, 광주지방법원, 2011, 8쪽.

되면 시효로 인하여 채무가 소멸되는 결과 직접적인 이익을 받는 자에 해당하므로 소멸시효의 완성을 원용할 수 있는 지위에 있다(대법원 2009. 9. 24. 선고 2009다39530 판결).

5) 물상보증인

타인의 채무를 담보하기 위하여 자기의 물건에 담보권을 설정한 물상보증인은 채권자에 대하여 물적 유한책임을 지고 있어 그 피담보채권의 소멸에 의하여 직접 이익을 받는 관계에 있으므로 소멸시효의 완성을 주장할 수 있다(대법원 2004. 1. 16. 선고 2003다30890 판결).

6) 사해행위의 수익자

사해행위취소소송의 상대방이 된 사해행위의 수익자는 사해행위가 취소되면 사해행위에 의하여 얻은 이익을 상실하게 되나, 사해행위취소권을 행사하는 채권자의 채권이 소멸되면 그와 같은 이익의 상실을 면할 수 있는 지위에 있으므로, 그 채권의 소멸에 의하여 직접 이익을 받는 자에 해당하는 것으로 보아야 한다(대법원 2007. 11. 29. 선고 2007다54849 판결).

(나) 시효원용권을 부정한 판례[13]

1) 일반채권자

소멸시효가 완성된 경우 이를 주장할 수 있는 사람은 시효로 인하여 채무가 소멸되는 결과 직접적인 이익을 받는 사람에 한정되므로, 채무자에 대한 일반 채권자는 자기의 채권을 보전하기 위하여 필요한 한도

---

13) 한편 대법원 2015. 6. 11. 선고 2015다200227 판결은, 채무자 겸 근저당권설정자가 시효이익을 포기한 후에 해당 저당부동산의 소유권을 취득한 제3취득자와 관련하여 '시효이익의 포기에 대하여 상대적인 효과만을 부여하는 이유는 그 포기 당시에 시효이익을 원용할 다수의 이해관계인이 존재하는 경우 그들의 의사와는 무관하게 채무자 등 어느 일방의 포기 의사만으로 시효이익을 원용할 권리를 박탈당하게 되는 부당한 결과의 발생을 막으려는 데 있는 것이지, 시효이익을 이미 포기한 자와의 법률관계를 통하여 비로소 시효이익을 원용할 이해관계를 형성한 자에게 이미 이루어진 시효이익 포기의 효력을 부정할 수 있게 하여 시효완성을 둘러싼 법률관계를 사후에 불안정하게 만들자는 데 있는 것은 아니기 때문'이라는 이유로 그 시효원용권을 부정하였는바, 이는 시효이익 포기의 상대효를 제한한 것으로서 시효원용권자의 범위와는 논의의 평면을 달리한다고 보이므로 제외하였다.

내에서 채무자를 대위하여 소멸시효 주장을 할 수 있을 뿐 채권자의 지위에서 독자적으로 소멸시효의 주장을 할 수 없다(대법원 1997. 12. 26. 선고 97다22676 판결).

2) 채권자대위권의 제3채무자

채권자대위권에 기한 청구에 있어서 제3채무자는 채무자가 채권자에 대하여 가지는 항변으로 대항할 수 없을뿐더러 채권의 소멸시효가 완성된 경우 이를 원용할 수 있는 자는 시효이익을 직접 받는 자만이고 채권자대위소송에서 제3채무자는 이를 행사할 수 없다(대법원 1992. 11. 10. 선고 92다35899 판결).

3) 공탁금출급청구권에 관한 공탁자

공탁금출급청구권은 피공탁자가 공탁소에 대하여 공탁금의 지급, 인도를 구하는 청구권으로서 위 청구권이 시효로 소멸된 경우 공탁자에게 공탁금회수청구권이 인정되지 않는 한 그 공탁금은 국고에 귀속하게 되는 것이어서 공탁금출급청구권의 종국적인 채무자로서 소멸시효를 원용할 수 있는 자는 국가라 할 것이고, 구 토지수용법(2002. 2. 4. 법률 제6656호로 폐지) 제61조 제2항에 의하여 기업자가 하는 관할토지수용위원회가 토지수용재결에서 정한 손실보상금의 공탁은 같은 법 제65조에 의해 간접적으로 강제되는 것이고, 이와 같이 그 공탁이 자발적이 아닌 경우에는 민법 제489조의 적용은 배제되어 피공탁자가 공탁자에게 공탁금을 수령하지 아니한다는 의사를 표시하거나 피공탁자의 공탁금출급청구권의 소멸시효가 완성되었다 할지라도 기업자는 그 공탁금을 회수할 수 없는 것이어서, 그러한 공탁자는 진정한 보상금수령권자에 대하여 그가 정당한 공탁금출급청구권자임을 확인하여 줄 의무를 부담한다고 하여도 공탁금출급청구권의 시효소멸로 인하여 직접적인 이익을 받지 아니할 뿐만 아니라 채무자인 국가에 대하여 아무런 채권도 가지지 아니하므로 독자적인 지위에서나 국가를 대위하여 공탁금출급청구권에 대한 소멸시효를 원용할 수 없다(대법원 2007. 3. 30. 선고 2005다11312 판결).

Ⅲ. 후순위담보권자의 소멸시효 원용 가부(대상판결의 검토)

1. 일본의 논의

(1) 판례[최고재 평성 11년 10월 21일 판결(민집 53권 7호)] - 시효원용 부정

민법 제145조[14] 소정의 당사자로서 소멸시효를 원용할 수 있는 자는 권리의 소멸에 의하여 직접 이익을 얻는 자에 한정된다고 해석하여야 한다. 후순위저당권자는 목적부동산의 가격에서 선순위저당권에 의하여 담보된 채권액을 공제한 가격에 대하여만 우선하여 변제를 받을 수 있는 지위를 가지고 있다. 다만, 선순위저당권의 피담보채권이 소멸하면 후순위저당권자의 저당권의 순위가 상승하고, 이에 의하여 피담보채권에 대한 배당액이 증가할 수 있으나, 이 배당액의 증가에 대한 기대는 저당권의 순위 상승에 의하여 초래되는 반사적인 이익에 지나지 않는다고 하여야 한다. 그러면 후순위저당권자는 선순위저당권의 피담보채권의 소멸에 의하여 직접 이익을 받는 자에 해당하는 것이 아니고, 선순위저당권의 피담보채권의 소멸시효를 원용할 수 없는 것으로 해석함이 상당하다. 논지는 저당권이 설정된 부동산을 양도받은 제3취득자가 해당 저당권의 피담보채권의 소멸시효를 원용할 수 있다는 취지로 판시한 최고재 1973. 12. 14. 판결을 지적하며 제3취득자와 후순위저당권자를 동렬에 논하여야 한다고 하나, 제3취득자는 위 피담보채권이 소멸하면 저당권이 소멸하여 이로써 소유권을 보전할 수 있는 관계에 있으므로, 소멸시효를 원용할 수 없다고 하면 저당권 실행에 의하여 부동산의 소유권을 상실하는 불이익을 받을 수 있는 데 비하여, 후순위저당권자가 선순위저당권의 피담보채권의 소멸시효를 원용할 수 있다고 보는 경우에 받는 이익은 앞서 설

14) 위 판결 당시의 일본 민법 제145조(시효의 원용)는 '시효는 당사자가 원용하지 않으면 법원이 이에 의하여 재판할 수 없다.'고 규정하였다. 위 규정은 2017년 개정(2020. 4. 1. 시행)되어 '시효는 당사자(소멸시효에서는 보증인, 물상보증인, 제3취득자 기타 권리의 소멸에 대해 정당한 이익이 있는 자를 포함한다)가 원용하지 않으면 법원이 이에 의하여 재판할 수 없다.'고 규정함으로써 판례에 따른 소멸시효 원용권자의 범위를 명문화하였다.

시한 것에 지나지 않고, 또한 소멸시효를 원용할 수 없다고 하여도 목적 부동산의 가격에서 저당권의 종전 순위에 상응하는 변제를 받는다고 하는 후순위저당권자의 지위가 침해되지는 않으므로, 후순위저당권자와 제3취득자는 그 놓인 지위가 다르다고 할 수 있다.

(2) 학　설

(가) 위 판례에 찬성(시효원용권을 부정)하는 견해

1) 마츠이 가즈히코(松井和彦) 교수의 견해[15)]

시효에 의하여 소멸하는 채무의 직접 당사자인 채무자 자신이 시효에 의한 채무의 소멸을 주장하지 않는데 제3자가 시효를 주장하는 것을 인정하기 위해서는 마땅한 이유가 필요하다. 즉, 시효원용에 대한 정당한 이익이 존재하는 경우에만 제3자에게도 시효의 원용이 인정되어야 한다. ① 채무가 시효소멸함에 따라 자신의 의무 또는 부담이 소멸하는 경우에는 시효원용에 대한 정당한 이익이 존재하는 것으로 해석된다. 보증인, 연대보증인, 물상보증인, 저당부동산의 제3취득자가 이에 해당한다. 이러한 자는 채무를 인적, 물적으로 보증하였다는 의미에서 채무자에 준하는 법적 지위에 있다고 볼 수 있기 때문이다. ② 현재 소유하고 있는 권리 내지 법적 지위를 유지하기 위하여 소멸시효의 원용이 필요한 경우에도, 만약 시효를 원용하지 않으면 스스로의 권리나 법적 지위를 상실하므로 시효원용에 대한 정당한 이익이 존재한다고 해석된다. 후순위저당권자는 만약 선순위저당권의 피담보채권의 소멸시효를 원용할 수 없더라도 저당권 내지 우선변제권 그 자체를 상실하지는 않는다. 당초의 순위로 배당을 받을 수 있는 것이지 각별히 불이익을 받지 않는다. 즉, 후순위저당권자는 시효를 원용하지 않으면 현재 보유하는 권리나 법적 지위를 상실할 상황에 처하지 않으므로, 앞서 본 기준에 의하면 후순위저당권자는 선순위저당권의 피담보채권의 소멸시효를 원용할 정당한 이익이 인정되지 않는다.

15) 松井和彦, 後順位抵當權者が先順位抵當權者の被擔保債權の消滅時效を援用することの可否, 金融·商事判例 No.1087, 經濟法令硏究會, 2000, 58쪽.

2) 하타 미츠아키(秦光昭) 교수의 견해[16]

어떤 자를 소멸시효의 원용권자로 인정하는 것은 다른 원용권자가 시효의 이익을 포기한 경우에도 그 자가 시효이익을 원용하는 것을 인정한다는 것이므로, 그와 같은 강력한 권리를 인정하기 위해서는 소멸시효와 관련된 채권자와의 우열과 관련하여 그만큼 강한 이해관계가 있는 자이어야 한다. 후순위저당권자는 원래 선순위저당권자에게 뒤처질 것을 각오하고 거래에 들어간 자로, 채무자의 시효이익의 포기로 선순위저당권이 존속하는 것에 대해서는 특별히 이해관계가 인정되지 않으므로, 본 판결의 결론은 타당하다. 다만 본 판례가 설시한 '반사적 이익'이라는 기준은 명확성이 결여되었다. 소멸시효의 원용에 의하여 채무 또는 책임을 면하는 자인지 여부를 기준으로 판단하는 것이 명확하고, 지금까지의 판례에도 맞다고 생각된다.

3) 사쿠마 쿠니오(佐久間邦夫) 교수의 견해[17]

부동산 경매절차에서 배당을 받을 수 있는지 없는지는 매각 결과에 달려 있지 순위상승 자체로부터 구체적 이익을 얻을 수 없다. 또한 배당액의 증가 가능성이 있다는 점에 착안하면 이는 일반채권자의 경우에도 마찬가지다. 일반채권자도 배당액이 증가할 가능성이 있다고 하여 다른 채권자의 채권에 대하여 소멸시효를 원용할 수 있게 되면 애초에 소멸시효의 원용권자를 제한하는 것은 무의미해진다. 한편, 후순위저당권자는 선순위저당권의 피담보채권에 대한 소멸시효의 원용권이 인정되지 않더라도 저당권 설정 당시에 파악한 담보가치를 침해당하는 일은 없다.

4) 우에노 타카시(上野隆司), 아사노 켄이치(浅野謙一) 변호사의 견해[18]

순위상승의 원칙은 선순위저당권의 존재를 전제로 담보가치를 파악

---

16) 秦光昭, 後順位抵當權者による先順位抵當權の被擔保債權消滅時效の援用の可否, 金融法務事情 1577號, 金融財政事情研究所, 2000, 5쪽.

17) 佐久間邦夫, 後順位抵當權者と先順位抵當權の被擔保債權の消滅時效の援用, 法曹時報 53卷 11號, 法曹會, 2001, 164-165쪽.

18) 上野隆司, 浅野謙一, 後順位抵當權者が先順位抵當權の被擔保債權の消滅時效を援用することの可否, 銀行法務21 44卷 3號, 經濟法令研究會, 2000, 7-8쪽.

하고 있었던 후순위저당권자가 선순위저당권의 피담보채권의 소멸이라는 우연한 사유에 의하여 불측의 이익을 얻는 것이라는 이유에서 불합리한 원칙이라고 지적되고 있다. 후순위저당권자가 순위상승의 원칙을 매개로 하여 향수하는 이익을 반사적 이익이라고 명명한 것은 이를 고려한 것이라고 생각된다.

제3취득자의 경우, 만일 선순위저당권의 피담보채권의 소멸시효의 원용을 인정할 수 없다고 하면 해당 부동산의 소유권을 상실하는 불이익을 당하게 되고, 원용권이 인정되면 자기의 부담을 면하는 이익을 가진다. 한편 후순위저당권자의 경우에는 원용을 인정하지 않는다고 하여도 현재 보유하고 있는 후순위저당권자로서의 지위가 침해되지 않고, 도리어 원용을 인정하면 순위가 상승하여 후순위저당권자의 이익이 추가된다. 본 판결은 원용에 의한 이익의 내용에 착안하여 양자의 입장 차이를 분명히 했다.

5) 히라타 켄지(平田健治) 교수의 견해[19]

본 판결의 요지는, 후순위저당권자의 지위는 목적부동산의 가격에서 선순위저당권에 의해 담보되는 채권액을 공제한 가격에 대하여 우선변제를 받는 지위이므로 순위상승의 원칙에 의한 이익은 반사적 이익이고, 제3취득자는 본래 소유권을 저당권 실행 등에 의해 전부 부정당할 가능성이 있다는 의미에서 차이가 있다는 것이다. 이런 발상을 좀 더 추상화하면, 전자는 본래의 권리내용 플러스 반사적 이익이며, 후자는 본래의 권리내용만이 문제될 뿐인바, 반사적 이익의 허부와 본래의 권리내용의 허부는 차원이 다른 것으로서 구제의 필요성이 다르다는 논리가 된다. 그러나 이 전제에서는 순위상승의 원칙에 의한 이익을 이와 같은 반사적 내지 플러스 알파의 이익으로 평가하는 것이 타당한가 하는 문제가 있다. 또 담보권과 소유권의 권리차원에서의 보호 요청의 서열이 느껴지지 않는다. 즉, 선순위저당권이 목적부동산의 가치를 전부 파악하고 있는 경

19) 平田健治, 後順位抵當權者による先順位抵當權の被擔保債權の消滅時效の援用, 金融法務事情 增刊 1588號, 金融財政事情硏究所, 2000, 27쪽.

우에는 애초에 반사적 이익밖에 기대할 수 없는 것이고, 제3취득자의 경우에도 피담보채권액과의 관계에서 금전적 가치 귀속의 차원에서 잉여금이 지급되는 경우도 있다는 점 등을 고려하면, 본 판결은 제3취득자의 불이익을 과대평가한 것이다.

시효원용권자의 확대를 중단방법의 존부와 연동시켜 생각하는 견해가 있다. 시효완성의 이익, 불이익을 그 수단과 연관지어서 생각한다는 의미로, 이에 따르면 선순위저당권자는 후순위저당권자에 대하여 피담보채무의 시효를 중단할 방법을 가지고 있지 않으므로 본 판결의 결론은 지지를 받아야 한다.

6) 모리타 히오키(森田宏樹) 교수의 견해[20]

본 판결에서 설시한 이유는 다음과 같은 점에서 부당하다. 즉, ① 후순위저당권자는 선순위저당권에 의하여 담보되는 채권액에 상응하는 만큼 자기가 가진 저당권의 우선변제권이 제약되어 있고, 선순위저당권이 소멸되면 위 제약이 소멸되고 그 순위가 상승하는 관계에 있다. 그런데 저당부동산의 제3취득자도 자기에게 우선하는 저당권에 의하여 담보되는 채권액의 범위에서 그 소유권이 제한되어 있고, 저당권이 소멸되면 이러한 물적 부담이 소멸함으로써 완전한 소유권을 회복하는 관계에 있으므로, 양자는 모두 자기에게 우선하는 저당권의 존재에 의해 그 권리내용이 제약을 받고 있다는 점에서 동일하다. 그렇다면 제3취득자가 저당권의 부담의 소멸에 대하여 가지는 기대도 마찬가지로 '반사적 이익'이 아닌가. ② 저당권 설정 후의 제3취득자는 저당권의 실행으로 소유권을 상실하는 불이익을 받게 되나, 당초부터 저당권에 의한 물적 부담을 안고(통상 저당권의 부담에 상응하는 만큼 취득가격을 감액하여) 부동산을 취득하였으므로, 저당권이 실행되어 소유권을 상실하더라도 그것은 제3취득자가 종전부터 가진 권리내용에 의하여 당연히 각오해야 할 것이고, 시효원용권을 인정하지 않더라도 종전의 지위가 침해되는 것이 아니다. ③ 우선

20) 森田宏樹, 時效援用の可否: 後順位抵當權者, ジュリスト 別册 No.175 :民法判例百選, 有斐閣, 2005, 92-93쪽.

변제권을 그 본체적인 효력으로 하는 저당권은 채무자의 책임재산에 대한 채권자 상호간의 우선열후의 관계를 규율하는 권리이고, 그러한 의미에서 선순위저당권자와 후순위저당권자 사이에는 우선변제 순위의 선후관계라는 선순위저당권에 의하여 규율되는 직접적인 법률관계가 존재한다고 볼 수 있다.

그런데 문제는, 일반적으로 시효 원용의 효과는 상대효를 갖는다고 해석되고 있으므로, 만일 후순위저당권자에 의한 선순위저당권의 피담보채권의 소멸시효 원용을 인정한다면 양자의 상대적인 관계에서만 선순위저당권이 소멸했다고 취급해야 한다. 예를 들어, 1번저당권의 피담보채권이 소멸한 경우에 2번저당권자는 시효를 원용하지 않았으나 3번저당권자는 시효를 원용하면, 1번저당권은 2번저당권자에게는 우선하지만 3번저당권자에게는 후순위가 된다. 그러나 2번저당권자가 소멸시효를 원용하지 않았기 때문에 2번저당권이 3번저당권보다 후순위로 되어서는 안 될 것이며, 결국 3파전의 관계가 발생한다. 이와 같이 생각하면 후순위저당권자의 시효원용권이 부정되는 진정한 이유는 단지 법률관계가 복잡하게 된다고 하기보다는 소멸시효를 원용한 특정 저당권자와의 상대적 관계에서만 선순위저당권이 소멸한다고 하는 법률관계가 발생하는 것을 민법이 상정하고 있지 않기 때문이라고 설명해야 할 것이다.

7) **타구치 츠토무(田口勉) 교수의 견해**[21]

본 판결은 소멸시효의 원용권자를 '권리 소멸에 의하여 직접 이익을 얻는 자'로 한정하는 종래의 기준을 유지하면서, 그 실질적 기준으로 '대립하는 당사자의 권리가 양립할 수 있는가' 하는 점을 설시하였다. 저당권부 부동산의 제3취득자는 소멸시효를 원용할 수 없다고 하면 저당권이 실행됨에 따라 부동산의 소유권을 상실하는 불이익을 받으므로 저당권자와 제3취득자가 양립할 수 없는 관계에 있다. 반면 후순위저당권자의 경우, 선순위저당권과 후순위저당권은 서로 대립하고 양자에 우열이 있긴

---

21) 田口勉, 後順位抵當權者による先順位抵當權の被擔保債權の消滅時效援用, 法學教室 235號, 有斐閣, 2000, 127쪽.

하지만 일방이 타당을 완전히 배제하는 관계는 아니다. 그러나 이 실질적 기준에도 문제가 있다. 저당권 이외의 법형식을 사용하는 경우, 예를 들어 대물변제예약에 의한 소유권취득자나 양도담보권자에게는 원용권을 인정할 수 있을 것인가. 이익상황이 유사함에도 불구하고 법형식의 차이점으로 인해 원용권의 유무가 좌우된다면, 그 실질적 타당성은 문제가 된다.

결국, 본 판결에서 원용권을 부정하는 실질적 이유가 될 수 있는 것은 원용의 상대효가 아닐까 한다. 가령 3번저당권자가 1번저당권자의 피담보채권의 소멸시효를 원용한 경우에 2번저당권자처럼, 제3자가 얽힐 가능성이 있다. 이러한 권리관계의 분열을 방지하려는 것이 본 판결이 원용권을 부정한 근거의 하나라고 생각된다.

8) 이토 스스무(伊藤進) 교수의 견해[22]

본 판결에서 설시한 이유는 다음과 같은 점에서 부당하다. 즉, ① 후순위저당권자는 선순위저당권에 의해 담보되는 채권액을 공제한 가격에 대해 우선변제를 받을 수 있는 것에 지나지 않는다. 그러나 우리나라의 저당권제도에서는 순위상승의 원칙이 인정되고 있으며, 선순위저당권이 소멸하면 후순위저당권자는 선순위저당권에 의해 담보되지 아니한 가격분에 대해서도 우선변제를 받기로 예정되어 있다. 따라서 순위상승의 원칙에 의하여 발생되는 이익을 단순한 반사적 이익으로 해석해도 좋은지 여부에 대해서는 약간의 의문이 남는다. ② 선순위저당권의 부담이 있는 상태에서 부동산의 가치를 파악한 것이라는 점에서 후순위저당권자와 제3취득자는 동일하다. 이와 같은 이익에 주목하면 제3취득자에게 시효원용권이 인정된 이상 후순위 저당권자에게도 시효원용권이 긍정되어야 할 것임에도, 위 판례는 '소유권을 보전할 이익을 받는다'고 하는 것(제3취득자)과 '순위상승에 의하여 이익이 증진된다'고 하는 것(후순위저당권자) 사이에 어디가 직접이고 간접이라고 할 수 있는지 설명이 없다.

22) 伊藤進, 後順位抵當權者と先順位抵當權の被擔保債權の時效援用, 法律時報 別冊 私法判例リマ-クス 22號, 日本評論社, 2001, 11-13쪽.

또한 제3취득자에게 시효원용권이 인정되지 않으면 소유권을 상실한다는 불이익은 저당권부 부동산을 취득하고 있는 제3취득자로서는 각오해야 하는 것이므로, 우연히 저당권의 피담보채권의 소멸시효가 완성되었다고 해서 제3취득자에게 그에 따른 이익을 부여하여야 하는 필연성이 없다.

다만, 제3취득자의 경우에는 소유권 상에 존재하는 저당권의 부담을 면하는 데 반해, 후순위저당권자의 경우에는 이러한 의무나 부담을 면하는 관계에는 있지 않고, 이익 증진이라는 이익을 받음에 지나지 않는다는 차이가 있는 것은 분명하다. 본 판결은 '권리의 소멸에 의하여 직접 이익을 얻는 자'의 구체적인 판단에 최근 유력 학설에 의해 제시되고 있는 기준(소멸시효의 완성으로 자기의 의무나 법적 부담을 면하는 자에 대하여만 시효원용권을 인정하는 견해)을 실질적으로 차용한 것이라고 할 수 있다.

한편 본 판결에서 시효원용권을 부정한 실질적 이유를 시효원용의 상대효에서 찾으려는 견해에 대하여, 통상은 2번저당권자도 1번저당권의 피담보채권의 소멸시효 완성을 원용할 것이고, 원용하지 않는 경우라도 3번저당권과의 관계에서는 1번저당권이 존재하지 않는 것으로, 2번저당권과의 관계에서는 1번저당권이 존재하는 것으로 배당계산을 하는 것이 가능하다는 점에서 이를 후순위 저당권자의 시효원용권을 부정하는 실질적 근거로 해석하기 어렵다.

(나) 위 판례에 반대(시효원용권을 긍정)하는 견해-가나야마 나오키(金山直樹) 교수의 견해[23]

선순위저당권의 피담보채권이 소멸하더라도 후순위저당권자가 실제로 배당액의 증가라는 이익을 얻게 될지는 목적부동산의 가격이나 선순위저당권의 피담보채권액 등 우연적 사정에 의하여 결정된다. 그렇다 하더라도 그로부터 '시효를 원용할 수 없다'는 결론에 이르는 것은 논리비약이다. 일단 불확정성의 베일이 벗겨지고 사실이 확정되어 저당권의 순

23) 金山直樹, 後順位抵當權者による先順位抵當權の被擔保債權の消滅時效の援用の可否, ジュリスト 臨時增刊 1179號 , 有斐閣, 2001, 64쪽.

위가 구체적 이익과 결부될 때 이르러서도 그것은 구체적 가능성이므로 시효 원용이 안 된다고 하는 것은 전혀 이유가 되지 않는다. 선순위저당권자가 남긴 잉여가치로는 후순위저당권이 만족을 받을 수 없을 경우에는 그 불만족이 사후적 사유로 인하여 초래되었는지를 불문하고 저당부동산의 제3취득자와 동일한 이익상황에 놓여 있기 때문이다.

이익에 착안한다면 제3취득자도 그 시점에서 평가해야 한다. 소유권의 구체적 이익은 그 사용 · 수익 · 처분에서 발생하므로, 위 판시대로라면 '저당권이 소멸하면 소유권의 가치가 증가할 수 있으나, 그 증가에 대한 기대는 저당권의 소멸에 의해 초래되는 반사적 이익에 지나지 않는다'고 하였어야 할 것이나, 위 판례는 저당권의 소멸을 소유권의 완전화로 귀결하면서 갑자기 이익이 아닌 권리에 착안하여 시선의 방향을 바꾸고 있다. 만약 권리의 차원에서 말하는 것이라면, 선순위저당권의 소멸은 논리필연적으로 후순위저당권의 순위 상승을 이끌게 되므로 후순위저당권자에 대해서도 마찬가지로 논하여야 한다. 즉 후순위저당권자는 위 피담보채권이 소멸하게 되면 선순위저당권이 소멸하고, 이에 따라 저당권이 상승하게 된다고 해야 한다. 하지만 본 판결은 후순위저당권은 권리 차원에서는 선순위저당권이 파악한 가치의 잔여부분 밖에 그 지배가 미치지 않는다는 전제에 입각하였는바, 그 논의에 따르면 제3취득자의 소유권의 효력도 저당권에 의해 파악된 부동산의 가치의 잔여부분밖에 미치지 못하는 것이라고 해석할 수밖에 없다. 요컨대, 본 판시는 한편으로는 이익 차원에서 말하고, 다른 한편으로는 권리 차원에서 말하면서 양자의 시점을 시의적으로 가려 쓰고 있어 설득력이 부족하다.

시효를 원용할 수 없다고 한 경우에 대해 설명한 부분도 논지가 일관되지 않는다. 만일 시효를 원용할 수 없다고 하면 제3취득자는 저당권의 실행에 의하여 소유권을 상실하는 반면, 후순위저당권자는 원용이 안 되더라도 원 순위 그대로, 즉 후순위저당권자에 그칠 뿐 아무런 불이익도 입지 않는다고 한다. 그러나 권리 차원에서는 제3취득자에 대해서도 똑같이 소멸시효가 원용되지 않는다 하더라도 저당권부 부동산의 제3취득자의 지위는 저당권의 부담을 인계받은 원 상태로 머무를 뿐 아무런 불이익이 없다고 설시했어야 한다. 즉, 제3취득자도 후순위저당권자와 마찬가지로 저당권이 존재함에 따른 위험을 감수해야 한다.

2. 우리나라의 논의

(1) 시효원용권을 부정하는 견해

(가) 윤진수 교수[24] 및 노재호 판사[25]의 견해

권리의 시효소멸로 자신의 법률상 의무를 면하거나 자신의 권리를 상실하지 않게 되는 이익을 얻게 되는 자(윤진수 교수) 또는 자기의 의무나 법적 부담을 면할 자(노재호 판사)에게 시효원용권을 인정하여야 한다. 따라서 후순위저당권자는 선순위저당권의 피담보채권의 소멸시효를 원용하더라도 자신의 의무를 면하거나 권리 상실을 막을 수 있게 되는 것은 아니므로 시효원용권을 인정할 필요가 없다.

(나) 박운삼 판사의 견해[26]

시효를 원용하려는 자와 그 상대방 사이에 법률관계가 존재하고, 그 법률관계가 다른 사람의 법률관계와 독립적인 경우에 시효원용권을 인정할 수 있는데, 후순위담보권자는 상대방인 선순위담보권자 사이에 아무런 법률관계가 있지 않으므로 시효원용권이 인정되지 않는다.

(다) 김병선 교수의 견해[27]

소멸시효가 완성된 권리의 의무자 외에는 법률이 규정하고 있거나 법률의 규정을 유추적용할 수 있는 경우에만 시효원용권을 인정하여야 하므로, 후순위담보권자는 선순위담보권의 피담보채권의 소멸시효를 원용할 수 없다. 후순위담보권자는 선순위담보권의 소멸에 의하여 담보권의 순위가 승진하고 장차 배당액이 증가하게 된다는 사실상의 이익을 얻게

---

24) 윤진수(주 5), 189쪽.
25) 노재호(주 9), 300-301쪽.
26) 박운삼(주 10), 291쪽.
27) 김병선(주 6), 286쪽.

될 뿐이다.

(2) 시효원용권을 긍정하는 견해-양창수 교수의 견해[28)]

선순위담보권의 피담보채권이 소멸시효 등을 이유로 소멸하는 경우에 그 담보권의 소멸로 후순위담보권의 순위가 상승하는 것은 후순위담보권자가 구체적이고 실제적으로 향유하는 이익이다. 그 경우 후순위담보권자는 순위 상승을 단순히 기대하는 데 그치는 것이 아니라, 순위상승의 원칙의 적용에 의하여 발생하는 법적인 이익인 것이다. 만일 그것이 단순한 기대에 불과하다고 한다면, 담보권이 설정된 목적물의 제3취득자가 그 피담보채권의 시효소멸로 누리게 되는 담보권의 당연 소멸, 그리하여 이러한 법적 부담으로부터의 해방 역시 단순한 기대에 그친다고 말하여야 할 것이다. 제3취득자 역시 통상적으로는 담보권 등의 존재를 알면서(적어도 등기부를 통하여 알 수 있으면서) 이를 물적으로 인수하는 것으로 하여 목적물을 취득하였을 것임에도 그 후 소멸시효의 완성으로 그러한 반사적 이익을 얻는 것에 불과하다. 그러나 대법원은 가등기담보권이 설정되어 있던 부동산의 제3취득자의 시효원용권을 긍정한 바 있다(대법원 1995. 7. 11. 선고 95다12446 판결). 애초 시효소멸의 이익을 직접적으로 받는지, 간접적으로만 미치는지의 구분 자체가 그야말로 형식적 기준이므로 그 적용은 가급적 피하여야 할 것이다.

3. 검　　토

앞서 본 바와 같이 우리나라 및 일본의 최근 학설들은 대체로 후순위담보권자의 시효원용권을 부정한다. 시효이익을 원용할 수 있는 자의 범위를 어디까지 인정할 것인가는 기본적으로 소멸시효제도에 대한 가치판단에 따라 차이가 있는 것으로 보인다. 소멸시효제도는 법적 안정성의 달성, 입증곤란의 구제, 권리행사의 태만에 대한 제재, 의무자의 신뢰보호와 같은 존재 이유에도 불구하고 정당한 권리자로부터 권리를 빼앗고

---

28) 양창수, 후순위저당권자는 소멸시효 원용할 수 없는가?, 법률신문(2021. 5. 3.자).

불성실한 채무자에게 이익을 부여하는 것으로서 실질적 정의와 일반인의 도덕관념에 반한다는 점을 고려하면, 시효원용권자의 범위를 함부로 확대하여서는 안 된다고 생각한다. 이러한 전제에서 시효로 소멸하는 권리의 직접 당사자 외의 제3자는 직접 당사자에 준하는 강한 이해관계가 존재하는 경우에만 독자적인 시효원용권을 인정하는 것이 타당하므로, '소멸시효의 완성으로 자신의 의무나 법적 부담을 면하는 자'에 한하여 시효원용권을 인정하는 견해를 지지한다.

후순위담보권자는 선순위담보권의 피담보채권이 시효소멸하는 경우 담보권 설정 당시 파악한 것 이상의 담보가치를 취득하는 이익을 추가로 얻게 될 뿐 자신의 의무나 법적 부담을 면하는 것은 아니다. 따라서 위 기준에 의할 때 대상판결이 후순위담보권자에게 시효원용권을 부정한 것은 타당하다.

반면, 담보권이 설정된 부동산의 제3취득자는 그 피담보채권의 시효소멸로 담보권의 부담을 면하는 지위에 있으므로 시효원용권이 인정되어야 한다. 이에 대하여 제3취득자 역시 후순위담보권자와 마찬가지로 저당권의 부담이 있는 상태에서 부동산의 가치를 파악한 것이라는 비판이 있다. 그러나 소멸시효제도가 존재하지 않는다면 제3취득자는 언제 담보권이 실행될지 모르는 법적 불안 상태에 계속해서 놓이게 되므로 제3취득자 역시 소멸시효제도가 추구하는 법적 안정의 보호대상에 포함된다고 하는 것이 타당하며, 제3취득자는 후순위담보권자와 달리 목적물 중 선순위담보권에 의하여 파악된 부분을 제외한 나머지 부분만을 취득할 의사를 가지는 것이 아니라 목적물 그 자체를 취득할 의사를 가지는 것이 보통이므로 제3취득자가 담보권의 실행에 의해 목적물의 소유권을 잃을 수도 있다는 것을 각오하였다고 쉽사리 말할 수는 없다는 점을 고려하면, 제3취득자에게 시효원용권이 인정된다고 보는 것이 타당하다.[29] 따라서 대상판결이 제3취득자에 대하여 시효원용권을 인정한 종전 판례와 논

---

29) 노재호(주 9), 299-300쪽.

리모순이 있다고 보기 어렵다.

오히려 시효 완성에 의한 이익에 있어 후순위담보권자의 지위는 일반채권자의 지위와 유사하다. 즉, 일반채권자는 채무자의 채무가 시효로 소멸하면 채무자의 책임재산이 증가하고, 이에 따라 자신의 채권의 실현가능성이 높아지게 되는 사실상의 이익을 받게 될 뿐인바, 일반채권자에게 시효원용권을 인정하지 않는 것이 통설과 판례이다.

한편, 후순위담보권자 고유의 시효원용권을 부정하는 입장에서도 후순위담보권자가 채무자의 무자력 등 채권자대위권의 요건을 갖춘 경우에는 채권자의 지위에서 채무자를 대위하여 선순위담보권자의 피담보채권의 소멸시효를 원용할 수 있다고 본다(대법원 1979. 6. 26. 선고 79다407 판결은 시효원용이 채권자대위권의 행사 대상이 된다는 점을 밝히고 있다). 따라서 후순위담보권자에게 시효원용권을 인정하지 않더라도 개개의 사안에서 불합리한 결과가 초래될 우려는 거의 없다고 보이고, 이러한 경우에는 시효원용의 효과가 모든 채권자에게 미치기 때문에 법률관계가 분화되는 문제도 발생하지 않는다.

Ⅳ. 결 론

대상판결은 후순위담보권자가 선순위담보권의 피담보채권에 대한 소멸시효를 원용할 수 없다는 대법원의 첫 판단이다. 그동안 대법원이 시효원용권자의 범위를 확장해 온 흐름에 제동이 걸린 것으로 평가할 수 있다. 다만, 후순위담보권자도 채권자대위권을 행사하여 채무자의 시효원용권을 대위행사할 수 있으므로, 대상판결이 실제로 미치는 영향이 그리 크지는 않을 것으로 생각된다.

지금까지 대법원은 시효원용권자의 범위에 관하여 '시효 완성에 의하여 직접 이익을 받는 자'라는 추상적인 기준만을 제시하고 있기 때문에 개개의 사례에서 시효원용권 인정 여부를 보고 그 판단 기준을 추정해볼 수밖에 없다. '소멸시효의 완성에 의하여 자신의 의무나 법적 부담을 면하는 자'에게 시효원용권을 인정하는 견해에 의할 때, 대상판결을 비롯하여 연대보증인·담보목적물의 제3취득자·물상보증인·사해행위의 수익자에게는 시효원용권을 긍정하고, 일반채권자·채권자대위권의 제3채무자·공탁금출급청구권에 관한 공탁자에게는 시효원용권을 부정한 기존의 대법원 판례들을 모두 설명할 수 있으며, 대상판결이 법률상 보장되는 순위상승의 이익을 단순한 반사적 이익으로 평가한 것은 부당하다는 비판도 피해 갈 수 있을 것이다.

대법원이 실제로 위와 같은 판단기준을 취하고 있는지는 알 수 없으나, 구체적인 사례에서 대법원이 시효원용권을 인정할지 여부를 예측해 보는 데 위 기준이 참고가 될 수 있을 것으로 보인다. 대법원으로서도 향후 시효원용권자를 판단하는 실질적이고 명확한 기준을 제시하는 것이 필요하다고 생각된다.

[Abstract]

Whether a Junior Secured Creditor Can Invoke Extinctive Prescription of Claim Secured by a Senior Security Interest

Jang, Min Ha*

The judgement of the Supreme Court of Korea states that a person who stands to direct benefit from the extinction of a right can invoke extinctive prescription. However, it does not specify any criteria for judging who gets direct benefit.

Basically, the value judgement on the extinctive prescription system can determine a range of holders of a right to invoke the prescription. Although the extinctive prescription system has meaningful purposes such as achieving legal stability, relieving difficulties in proof, sanctions against negligence in exercising rights, and protecting the trust of the obligor, it could be contrary to justice and morality by taking rights from legitimate right holders and benefits unfaithful debtors. Therefore, a range of holders of a right to invoke extinctive prescription should not be expanded recklessly. The third party may invoke extinctive prescription only if he/she has as much a strong interest to the extinguishing right as a direct party does. In other words, a person who is exempt from his/her obligations or legal burden by the extinctive prescription has a right to invoke extinctive prescription.

On a condition that claim secured by a senior security interest expires, a junior secured creditor will get additional value of the collateral more than what he/she expected when the security interest was created, but will not be exempted from his/her obligations or legal burden. It makes sense to dismiss a right to invoke extinctive prescription of a junior secured cred-

* Judge, Court of Daejeon District Court.

itor in the Supreme Court's decision 2016Da232597.

The criteria mentioned above can explain all past judgements of the Supreme Court dealing with who has a right to invoke extinctive prescription. And it can be useful to predict the judgment of Supreme Court on a range of holders of a right to invoke extinctive prescription.

[Key word]

- Extinctive prescription
- Right to invoke extinctive prescription
- Range of holders of a right to invoke the prescription
- Junior secured creditor

참고문헌

1. 국내문헌

김문희, 소멸시효 완성의 효과를 원용할 수 있는 자의 범위, 판례연구 제20집, 부산판례연구회, 2009.

김병선, 시효원용권자의 범위, 민사법학 제38호, 한국사법행정학회, 2007.

김진형, 소멸시효 원용권자의 범위에 관한 소고, 재판실무연구 2010, 광주지방법원, 2011.

노재호, 소멸시효의 원용–원용권자의 범위와 원용권자 상호간의 관계를 중심으로, 사법논집 제52집, 법원도서관, 2011.

박운삼, 사해행위의 수익자와 취소채권자의 채권의 소멸시효의 원용, 판례연구 제21집, 부산판례연구회, 2010.

양창수, 후순위저당권자는 소멸시효 원용할 수 없는가?, 법률신문(2021. 5. 3.자).

윤진수, 소멸시효론, 한국 민법학의 재정립–청헌 김증한 교수의 생애와 학문세계, 경인문화사, 2016.

2. 외국문헌

金山直樹, 後順位抵當權者による先順位抵當權の被擔保債權の消滅時效の援用の可否, ジュリスト 臨時增刊 1179號 , 有斐閣, 2001.

松井和彦, 後順位抵當權者が先順位抵當權者の被擔保債權の消滅時效を援用することの可否, 金融・商事判例 No.1087, 經濟法令硏究會, 2000.

森田宏樹, 時效援用の可否: 後順位抵當權者, ジュリスト 別册 No.175 :民法判例百選, 有斐閣, 2005.

上野隆司, 浅野謙一, 後順位抵當權者が先順位抵當權の被擔保債權の消滅時效を援用することの可否, 銀行法務21 44卷 3號, 經濟法令硏究會, 2000.

伊藤進, 後順位抵當權者と先順位抵當權の被擔保債權の時效援用, 法律時報 別册 私法判例リマ-クス 22號, 日本評論社, 2001.

田口勉, 後順位抵當權者による先順位抵當權の被擔保債權の消滅時效援用, 法學敎室 235號, 有斐閣, 2000.

秦光昭, 後順位抵當權者による先順位抵當權の被擔保債權消滅時效の援用の可否,

金融法務事情 1577號, 金融財政事情研究所, 2000.
平田健治, 後順位抵當權者による先順位抵當權の被擔保債權の消滅時效の援用, 金融法務事情 增刊 1588號, 金融財政事情研究所, 2000.

법정임대차관계에 따른 임차주택의 점유와 임차보증금반환채권의 소멸시효

최 승 호*

■ 요 지 ■

대상판결은 주택임대차보호법의 적용대상이 되는 임대차관계에서 임대차 기간이 종료한 후에도 임차인이 계속해서 임차목적물을 점유하는 경우 임차보증금반환채권의 소멸시효가 진행하는지 여부에 관하여 대법원이 최초로 명시적인 입장을 밝힌 판결이다. 대상판결은 임대차 종료 후 임차인이 임차목적물을 계속 점유하는 동안 임차보증금반환채권의 소멸시효가 진행하지 않는다고 판시하면서, 그 근거를 임차목적물의 점유로서 임차보증금반환채권이 계속적으로 행사되고 있다고 보아야 하는 점, 임대인과 임차인 사이의 이익형량, 법정임대차관계에 관한 주택임대차보호법 제4조 제2항의 입법취지에서 찾았다.

그러나 임차인의 임차목적물 점유는 동시이행항변권의 행사에 불과할 뿐 상대방에 대한 권리의 행사라고 보기 어렵고, 적극적인 권리행사 측면에서 보더라도 임대차계약에 근거한 목적물의 점유만으로 보증금계약에 근거한 임차보증금반환채권을 행사한 것으로 볼 수 있을지는 의문이다. 나머지 논거인 당사자 간 이익형량 및 주택임대차보호법의 입법취지 문제만으로는 임차인의 임차목적물 점유가 계속되는 동안 임차보증금반환채권이 소멸시효에 걸리지 않는다는 대상판결의 결론을 직접 이끌어 내기에 부족하다.

그럼에도 불구하고, 대상판결의 사안에서 임차보증금반환채권이 시효로 소멸하는 것은 당사자 간 이익형량 및 주택임대차보호법 제4조 제2항의 입법

* 춘천지방법원 속초지원 판사.

취지에 비추어 부당하다는 대상판결의 논지는 타당하다고 본다. 본 글에서는 대상판결의 사안을 소멸시효의 남용론 측면에서 접근하는 것이 권리자와 의무자간 이익형량 및 법적 안정성의 요청을 균형 있게 고려하면서도 종전 판례의 법리와 상충하지 않는 가장 적절한 방안이라고 보았다. 법원은 당사자의 주장이 신의칙에 반하는지 여부를 직권으로 판단할 수 있으므로, 대상판결에서도 직권으로 임대인의 시효완성 주장이 권리남용에 해당한다고 판단할 수 있었을 것이다.

다만 장기적으로는 주택임대차보호법에 '제4조 제2항에 따라 임대차기간이 끝난 후에도 임차인이 목적물을 계속 점유하는 경우 임차인이 그 점유를 상실한 때로부터 ○년(내지 ○월) 내에는 임차보증금반환채권의 시효가 완성되지 아니한다'는 식의 시효정지 규정을 두는 방안을 검토할 필요가 있다.

[주 제 어]

- 주택임대차보호법
- 법정임대차
- 임차주택 점유
- 임대차보증금반환채권
- 소멸시효
- 소멸시효 남용

대상판결 : 대법원 2020. 7. 9. 선고 2016다244224(본소), 2016다244231(반소) 판결[공2020하, 1563]

[사안의 개요]

1. 사실관계

(1) 원고(반소피고, 이하 '원고'라 한다)는 1998. 5. 31. 피고(반소원고, 이하 '피고'라 한다)로부터 임대권한을 위임받은 소외 A와의 사이에 피고 소유인 다가구용 단독주택 중 한 개 호실(이하 '이 사건 주택'이라 한다)에 관하여 임대인을 피고로, 임차인을 원고로, 임대차기간을 2년으로 하는 임대차계약(이하 '이 사건 임대차계약'이라 한다)을 체결하였다. 원고는 그 무렵 피고에게 임차보증금 2,500만 원(이하 '이 사건 임차보증금'이라 한다)을 지급하고 이 사건 주택에 입주하였다.

(2) 이 사건 임대차계약에 따른 임대차기간이 종료될 무렵인 2000. 4. 28. 피고는 원고에게 이 사건 임대차계약의 해지의사를 통지하고 주택의 인도를 요구하였으나, 원고는 2000. 5. 19. 피고에게 이 사건 임차보증금의 반환을 요구하면서 미반환시 이 사건 주택을 인도하지 않고 보증금에 대해 연 25%의 이자를 청구하겠다는 의사를 표시하였다.

(3) 피고는 이 사건 임차보증금을 반환하지 않았고, 원고는 임대차기간이 종료한 2000. 5. 30. 이후에도 이 사건 주택에 계속 거주하였다. 원고는 2006.경에도 피고에게 보증금의 반환을 요구하였으나 피고가 이에 응하지 않자 거주를 계속하였다.

(4) 원고는 2008. 5.경 결혼을 하였는데, 피고로부터 이 사건 임차보증금을 지급받지 못하자 이 사건 주택에 기본적인 가재도구를 남겨 두었고, 원고의 모친 B 등으로 하여금 2013년 무렵까지 남겨둔 집기류의 확인 및 우편물 정리 등을 위해 이 사건 주택에 출입하게 하면서 위 주택을 계속 점유하였다.

(5) 원고는 2014. 4. 22. 피고를 상대로 임차보증금의 반환을 구하는 이 사건 본소를 제기하였고, 피고는 2015. 1. 9. 원고를 상대로 이 사건 주택의 인도 및 부당이득의 반환 등을 구하는 반소를 제기하였다.

(6) 한편, 피고는 2014. 12. 14. 소외 C에게 이 사건 주택을 매도하고 2015. 6. 19. C에게 소유권이전등기를 마쳐주었다. 원고는 2015. 6. 23. C에게 이 사건 주택을 인도하였다.

2. 소송의 경과

(1) 제1심[서울중앙지방법원 2015. 9. 10. 선고 2014가단84532(본소), 2015가단5004118(반소) 판결]

제1심은 이 사건 임차보증금의 반환을 구하는 원고의 본소청구를 대부분 받아들이면서(지연손해금 일부를 기각하였다) 이에 대한 피고의 소멸시효 완성 항변은 이 사건 임대차계약이 묵시적으로 갱신되다가 종료된 날[1]로부터 10년이 경과하지 않았다는 이유로 배척하였고, 피고의 반소청구는 전부 기각하였다.

(2) 원심[서울중앙지방법원 2016. 7. 13. 선고 2015나55891(본소), 2015나55914(반소) 판결]

원심은 제1심 판결 중 본소에 대한 부분을 취소하고 원고의 본소청구를 기각하면서 다음과 같은 이유로 피고의 소멸시효 항변을 받아들이는 한편, 피고의 반소에 대한 항소는 기각하였다.

① 피고가 2000. 4. 28.자로 원고에 대하여 한 해지의 의사표시는 갱신거절의 의미를 포함하는 것이고, 이에 대하여 원고가 보증금 반환을 요구함으로써 해지에 동의한 것이므로 이 사건 임대차계약은 2000. 5. 30. 기간만료로 종료되었다. 따라서 원고의 임차보증금반환채권은 이 사건 임대차계약이 종료한 이후부터 소멸시효가 진행하고, 원고는 위 종료일로부터 10년이 경과한 2014. 4. 22. 이 사건 본소를 제기하였으므로 위 임차보증금반환채권은 시효로 소멸하였다.

② 이에 대해 원고는 피고로부터 임차보증금을 반환받을 때까지 이 사건 주택을 점유할 수 있으므로 그와 같이 점유권이 있는 동안에는 임차보증금반환채권의 소멸시효가 진행하지 않는다는 주장을 하나, 이 사건 임차보증금반환채권과 이 사건 주택 인도의무가 동시이행관계에 있다고 하더라도 이는 피고가 원고로부터 인도의무의 이행제공을 받을 때까지 보증금 지급을 거절할 수 있는 데 지나지 않으므로, 임차보증금반환채권은 이 사건 임대차계약이 종료한 때로부터 소멸시효가 진행한다(대법원 1993. 12. 14. 선고 93다27314 판결 등).

---

1) 제1심은 이 사건 임대차계약의 종료 시점을 명시적으로 판단하지는 않았다.

(3) 원고 상고이유의 요지[2)]

원고는 주택임대차보호법 제4조 제2항은 "임대차기간이 끝난 경우에도 임차인이 보증금을 반환받을 때까지는 임대차관계가 존속되는 것으로 본다."라고 규정하고, 이 사건 주택은 같은 법의 적용을 받으므로, 임차인이 임차보증금을 반환받을 때까지는 임대차기간이 연장된다고 보아야 하고, 따라서 이 사건 임차보증금반환채권의 소멸시효가 2000. 5. 31.부터 진행한다고 보아 본소청구를 기각한 원심판단에는 법리오해의 잘못이 있다는 이유를 들어 상고하였다.[3)]

(4) 대상판결의 요지

대상판결은 소멸시효 제도의 존재이유에 관한 일반론을 설시한 뒤, 다음과 같은 이유[4)]로 원고가 이 사건 주택을 점유한 기간 동안에는 이 사건 임차보증금반환채권의 소멸시효가 진행하지 않는다고 보아 원심판결의 본소 부분 중 원고 패소 부분을 파기하고 이 부분 사건을 원심법원에 환송하였다.

① 소멸시효가 완성되기 위해서는 권리의 불행사라는 사실상태가 일정한 기간 동안 계속되어야 한다. 채권을 일정한 기간 행사하지 않으면 소멸시효가 완성하지만, 채권을 계속 행사하고 있다고 볼 수 있다면 소멸시효는 진행하지 않는다. 채권을 행사하는 방법에는 채무자에 대한 직접적인 이행청구 외에도 변제의 수령이나 상계, 소송상 청구 및 항변으로 채권을 주장하는 경우 등 채권이 가지는 다른 여러 가지 권능을 행사하는 것도 포함되므로, 채권을 행사하여 실현하려는 행위를 하거나 이에 준하는 것으로 평가할 수 있는 객관적 행위 모습이 있으면 권리를 행사한다고 보아야 한다. 그런데 임차인이 임대차 종료 후 동시이행항변권을 근거로 임차목적물을 계속 점유하는 것은 보증금반환채권에 기초한 권능을 행사한 것으로서 보증금을 반환받으려는 계속적인 권리행사의 모습이 분명하게 표시되었다고 볼 수 있고, 임차인이 임대인에 대하여 직접적인 이행청구를 하지 않았다고 해서 권리의 불행사라는 상태가 계속되고 있다고 볼 수 없다.

② 임대인의 목적물인도청구권은 소유권 등 물권에 기초하는 경우가 많

---

2) 대상판결에 대한 대법원판례해설인 정영호, "주택임대차보호법에 따른 임대차에서 임차인의 주택 점유와 임차보증금반환채권의 소멸시효", 대법원판례해설 제125호, 법원도서관(2020), 49면에서 재인용하였다.

3) 원심판결 중 반소청구 기각 부분에 대하여 피고도 상고하였으나, 피고의 상고이유는 대상판결의 요지와 별다른 관련이 없고, 상고심에서 피고의 상고가 기각되기도 하였으므로 그 상고이유를 별도로 기재하지 않는다.

4) 번호는 필자가 임의로 부여한 것이다.

으므로, 임대인이 적극적으로 권리를 행사하는지와 관계없이 그 권리가 시효로 소멸하는 경우는 거의 발생하지 않는데, 임차인이 임대차 종료 후 목적물을 점유하고 있는 동안에도 보증금반환채권이 시효로 소멸한다고 보면 임차인은 목적물반환의무를 그대로 부담하면서 임대인에 대한 보증금반환채권만 상실하게 되어 부당하다. 나아가 이러한 소멸시효 진행의 예외는 임차인이 임대차 종료 후 목적물을 적법하게 점유하는 기간으로 한정되므로, 목적물을 점유하는 임차인의 보증금반환채권에 대하여 소멸시효가 진행하지 않는다고 보더라도 당사자간 이익 균형에 반하지 않는다.

③ 주택임대차보호법 제4조 제2항은 “임대차기간이 끝난 경우에도 임차인이 보증금을 반환받을 때까지는 임대차관계가 존속되는 것으로 본다.”라고 정하는바, 이는 임대차기간이 끝난 후에도 임차인이 보증금을 반환받을 때까지는 임차인의 목적물에 대한 점유를 임대차기간이 끝나기 전과 마찬가지 정도로 강하게 보호함으로써 임차인의 보증금반환채권을 실질적으로 보장하기 위한 것이다. 그런데 임대차기간이 끝난 후 보증금을 반환받지 못한 임차인이 목적물을 점유하는 동안 위 규정에 따라 법정임대차관계가 유지되고 있는데도 임차인의 보증금반환채권은 그대로 시효가 진행하여 소멸할 수 있다고 한다면, 이는 위 규정의 입법 취지를 훼손하는 결과를 가져오게 되어 부당하다.

(5) 환송 후 원심[서울중앙지방법원 2021. 6. 4. 선고 2020나44611(본소) 판결]

환송 후 원심은 대상판결의 취지에 따라 피고의 소멸시효 완성 항변 등을 배척하고, 원고에게 이 사건 임차보증금 상당액(2,500만 원) 및 이에 대한 지연손해금을 지급하라는 내용의 판결을 선고하였다. 위 판결은 그대로 확정되었다.

3. 관련 규정

(1) 주택임대차보호법 제4조 제2항

주택임대차보호법이 1983. 12. 30. 법률 제3682호로 개정되면서 법정임대차관계에 관한 제4조 제2항이 신설되었고, 2008. 3. 21. 법률 제8923호로 일부 개정되어 현행 규정에 이르렀다.

주택임대차보호법(2008. 3. 21. 법률 제8923호로 개정된 것) 제4조(임대차기간 등) ② 임대차기간이 끝난 경우에도[5] 임차인이 보증금을 반환받을 때까지는 임대차관계가 존속되는 것으로 본다.

(2) 민법 제162조 제1항

민법 제162조(채권, 재산권의 소멸시효) ① 채권은 10년간 행사하지 아니하면 소멸시효가 완성한다.

〔研　　究〕

Ⅰ. 서　　론

대상판결의 사실관계와 그로부터 비롯한 주된 쟁점의 내용은 비교적 간단하다. 주택임대차보호법의 적용대상이 되는 임대차관계에서 임대차기간이 종료한 후에도 임차인이 계속해서 임차목적물을 점유하는 경우 임차보증금반환채권의 소멸시효가 진행하는가 하는 것이다. 대상판결은 위 쟁점에 관하여 대법원이 최초로 명시적인 입장을 밝힌 판결이다.

임차보증금반환채권은 다른 채권과 마찬가지로 10년의 소멸시효에 걸린다(민법 제162조 제1항). 그리고 그 소멸시효는 임차인이 위 채권을 행사할 수 있는 때인 임대차 종료 시로부터 진행한다(민법 제166조 제1항). 이에 따라 대상판결의 원심은 임차보증금반환채권의 소멸시효가 임대차관계 종료일로부터 진행한다고 판단하여 임대인의 시효소멸 항변을 받아들였다. 그런데 대상판결은 주택임대차보호법에 따른 임대차에서 임차인이 보증금을 반환받기 위해 임차목적물을 계속 점유하는 경우 임차보증금반환채권의 소멸시효는 진행하지 않는다고 판시함으로써 특정한 경우에서의 임차보증금반환채권을 소멸시효의 적용 대상에서 제외하는 결론에 이르렀다. 대상판결은 그 근거로 동시이행항변권에 근거하여 임차목적물을 계속 점유하는 것은 임차보증금반환채권을 행사하는 모습으로 볼 수 있고, 위 채권이 시효소멸한다고 보는 것은 당사자 사이의 이익 균형

5) 개정 전에는 '임대차가 종료한 경우에도 임차인이 보증금을 반환받을 때까지는 임대차관계는 존속하는 것으로 본다.'라고 규정되어 있었다.

과 주택임대차보호법 제4조 제2항의 입법취지에 비추어 부당하다는 점을 들었다.

그러나 판례는 종래 동시이행항변권에 기하여 이행을 거절한 것만으로는 상대방에 대한 자신의 권리를 행사한 것으로 평가하지 않고 해당 권리의 소멸시효가 그대로 진행한다는 태도를 보여 왔으므로,[6] 대상판결이 처음 들고 있는 논거는 종전 판례의 태도와 상치되는 것이 아닌지 의문을 갖게 된다. 대상판결이 들고 있는 다른 논거들, 즉, 당사자 사이의 이익 균형 및 입법취지의 문제에 있어서도, 위 문제들로부터 반드시 특정한 채권의 소멸시효가 처음부터 진행하지 않는다는 결론이 도출될 수 있는지 선뜻 이해되지 않아 검토할 필요가 있어 보인다.

이에 본고에서는 우선 대상판결이 논의의 출발점으로 삼고 있는 소멸시효 제도의 의의를 검토하고(Ⅱ), 이를 기초로 대상판결이 문제된 임차보증금반환채권을 소멸시효의 대상에서 제외한 논거가 타당한지 구체적으로 살펴본다(Ⅲ. 1.). 만약 대상판결의 논거에 법리상 다소 무리가 있다면, 소멸시효 중단사유가 발생한 것으로 보거나(Ⅲ. 2.) 임대인의 시효완성 주장을 신의칙에 반하는 권리남용으로 볼 수 있는지를 이어서 검토하고(Ⅲ. 3.), 위 논의에 따른 결론이 임차권등기의 시효중단효에 관한 최근의 판례와 배치되지 않는지, 소제기 전 임차인이 임차목적물의 점유를 상실한 경우에는 어떻게 접근하여야 할 것인지 간략히 살펴본 다음(Ⅲ. 4.), 결론으로 나가기로 한다(Ⅳ).

Ⅱ. 소멸시효 제도의 의의

1. 소멸시효의 개념

소멸시효는 권리자가 권리를 행사할 수 있음에도 그 권리를 행사하지 않는 사실상태가 일정한 기간 동안 계속되는 경우 그 상태가 실제 권리관계와 일치하는지 여부를 불문하고 그 사실상태를 존중하여 권리관계

6) 대법원 1991. 3. 22. 선고 90다9797 판결, 대법원 1993. 12. 14. 선고 93다27314 판결.

를 재편함으로써 권리의 소멸이라는 효과를 부여하는 제도이다. 우리 민법은 제162조부터 제184조까지에 걸쳐 소멸시효의 대상, 기간, 기산점, 효과, 중단, 정지 등에 관한 내용을 정하고 있다.

2. 소멸시효 제도의 존재이유

권리자가 정당한 권리를 가지고 있음에도 불구하고 단지 일정 기간 권리행사를 해태하였다는 이유로 그 권리를 소멸시키는 것은 일견 부당해 보이는 면이 있다. 통상 법은 사실상태를 정당한 권리관계에 부합하도록 하는 작용을 하는데, 소멸시효의 경우 시효 완성 이전까지의 정당한 권리관계와는 무관하게 사실상태에 부합하는 법률효과를 부여하는 작용을 하기 때문이다.[7]

시효제도(소멸시효, 취득시효)의 존재이유에 관하여는 다음과 같은 여러 가지 설명이 있다. 이는 대상판결에서 문제된 소멸시효 제도의 해석과 적용을 어떠한 관점에서 할 것인가 하는 문제와 밀접한 관련이 있으므로 일별할 필요가 있다.

(1) 학설의 태도[8]

(가) 통설적 견해

일반적인 견해는 시효제도(소멸시효, 취득시효)의 존재이유로 크게 다음의 세 가지를 들고 있다. 즉, ① 사회질서의 유지, ② 입증곤란의 구제, ③ 권리의 불행사에 대한 제재이다. 각각의 이유를 부연하면 다음

---

7) 장두영, "채무자의 소멸시효이익 포기 후 법률관계를 형성한 제3취득자의 지위". 민사판례연구 제39권, 박영사(2017), 127면.

8) 이하 학설의 내용은 편집대표 곽윤직, 민법주해[Ⅲ] 총칙(3), 박영사(2012), 387면 이하(윤진수 집필부분); 편집대표 김용담, 주석민법[총칙(3)], 한국사법행정학회(2010), 487면 이하; 고상룡, 민법총칙[전정판], 법문사(2001), 659면 이하; 김상용, 민법총칙[제3판], 화산미디어(2014), 703면 이하; 김주수 · 김상용, 민법총칙[제6판], 삼영사(2011), 486면 이하; 백태승, 민법총칙[제6판], 집현재(2014), 535면 이하; 이은영, 민법총칙[제5판], 박영사(2009) 286면 이하; 권영준, "소멸시효와 신의칙", 재산법연구 제26권 제1호, 법문사(2009); 노재호, "소멸시효의 원용-원용권자의 범위와 원용권자 상호간의 관계를 중심으로", 사법논집 제52집, 법원도서관(2011); 장두영(주 7)을 참조하여 정리한 것이다.

과 같다.

① 사회질서의 유지 : 일정한 사실상태가 일정 기간 계속되면 사람들은 이를 진실한 권리관계로 믿고 그에 기초한 다수의 새로운 법률관계를 맺게 되는데, 만약 그 사실상태가 정당한 권리관계와 다르다고 하여 이를 부인하게 되면 이를 기초로 한 법률관계가 모두 전복되어 거래의 안전이 위협받고 사회질서가 흔들리게 되므로, 일정 기간 계속된 사실상태는 이를 그대로의 권리관계로 인정할 필요가 있다.

② 입증곤란의 구제 : 일정한 사실상태가 오래 지속되는 경우 진정한 권리관계와 관련된 증거가 없어지게 되는데, 이러한 과거의 법률관계를 가지고 분쟁을 하는 것은 당사자들과 법원에 상당한 부담이 될 뿐 아니라, 어떠한 사실상태가 오랜 기간 지속되었다는 사실 자체가 그것이 실질적인 권리관계에 상당 부분 부합한다는 점을 방증하기도 하는 것이므로, 계속된 사실상태를 정당한 권리관계로 인정하더라도 부당하지 않다.

③ 권리의 불행사에 대한 제재 : 권리자가 오랫동안 권리를 행사하지 않다가 갑자기 권리를 행사하는 경우 의무의 존재를 잊어버린 의무자에게 뜻하지 않은 타격이 되므로 신의칙상 권리자에게도 적시에 권리를 행사할 의무가 있다 할 것이고, 이로부터 적시에 권리행사를 하지 않은 권리자의 권리를 박탈하는 제재를 과하는 시효제도가 정당화될 수 있다.

(나) 통설적 견해에 대한 비판

위와 같은 통설적 견해에 대하여는 다음과 같은 비판도 있다. ① 시효제도는 본래 시효기간의 도과로 인하여 직접 이익을 받는 자를 보호하기 위한 것이고, 민법의 일반적인 제3자 보호규정과 달리 시효기간 도과의 효력은 제3자의 선·악의와 관계없이 미친다는 차이가 있으므로, 사회일반이나 제3자의 신뢰를 근거로 시효제도를 정당화하기는 어렵다.[9)] ② 일정기간 지속된 사실상태가 있으면 그에 부합하는 권리관계가 존재할 개연성은 있으나, 그와 같은 개연성만을 가지고 무권리자에게 권리를 인정

9) 김주수·김상용(주 8), 487면.

하거나 의무자에게 의무를 면하게 하는 근거로 삼기에는 부족하다.[10] ③ '권리 위에 잠자는 자를 보호할 수 없다'는 논리는 입증곤란의 구제라는 두 번째 존재이유를 뒷받침하는 것일 뿐, 독립된 별개의 이유가 되기 어렵다.[11] ④ 입증자료가 충분히 존재하는 경우에도 여전히 소멸시효가 적용되므로, 입증곤란의 구제라는 이유 역시 독자적인 이유가 되기 어렵다.[12]

한편, 이처럼 통설을 비판하는 견해들에서는, ① 원칙적으로 시효제도는 특히 어떠한 형태의 이익을 보호해야 할 요청이 있는 경우나 특히 단기로 어떠한 일을 처리해야 하는 경우를 제외하고는 정당한 권리자의 권리를 보호하고 변제자의 이중변제를 방지하기 위한 제도이므로 시효를 가능한 제한해서 해석해야 한다는 견해,[13] ② 입증곤란의 구제에 더하여 권리자가 더 이상 권리를 행사하지 않을 것으로 믿은 의무자의 신뢰보호에서 시효제도의 존재이유를 찾는 견해,[14] ③ 법적 안정성, 환언하면 유동적인 법률상태 내지 분쟁을 매듭짓는 데에 소멸시효 제도의 가장 강력한 존재근거가 있다는 견해[15] 등이 제시되고 있다.

(2) 판례의 태도

판례는 줄곧 '시효제도는 일정 기간 계속된 사회질서를 유지하고 시간의 경과로 인하여 곤란해지는 증거보전으로부터의 구제를 꾀하며 자기 권리를 행사하지 않고 소위 권리 위에 잠자는 자는 법적 보호에서 이를 제외하기 위하여 규정된 제도'[16]라고 판시하여 통설과 같은 입장으로 평가받고 있다. 대상판결도 소멸시효 제도의 존재이유를 위와 같은 취지로 설시하였다.

---

10) 김주수 · 김상용(주 8), 487면.
11) 편집대표 김용담(주 8), 488면.
12) 권영준(주 8), 10면.
13) 고상룡(주 8), 665면 이하.
14) 윤진수(주 8), 391면.
15) 권영준(주 8), 10면.
16) 대법원 1976. 11. 6. 선고 76다148 전원합의체 판결, 대법원 1999. 3. 18. 선고 98다32175 전원합의체 판결 등 다수. 최근 선고된 대법원 2021. 4. 29. 선고 2017다228007 전원합의체 판결 역시 취득시효형 분묘기지권이 시효제도의 존재이유에 부합한다는 점을 설명하면서 같은 취지로 판시하였다.

한편, 대법원은 '소멸시효는 시간의 흐름에 좇아 성질상 당연히 더욱 커져가는 법률관계의 불명확성에 대처하려는 목적으로 역사적 경험에 의하여 갈고 닦여져서 신중하게 마련된 제도로서 법적 안정성이 무겁게 고려되어야 하는 영역이다'라거나,[17] '법률관계에는 불명확한 부분이 필연적으로 내재하는바 그 법률관계의 주장에 일정한 시간적 한계를 설정함으로써 그에 관한 당사자 사이의 다툼을 종식시키려는 것을 취지로' 한다고 설시하기도 하여[18] 법적 안정성 내지 분쟁의 종결에 소멸시효 제도의 취지가 있음을 강조한 바 있고, 미공간된 결정에서는 '원래 민법상의 소멸시효 제도는 권리자가 그의 권리를 행사할 수 있음에도 불구하고 일정한 기간 동안 그 권리를 행사하지 않는 상태, 즉 권리불행사의 상태가 계속된 경우에, 법적 안정성을 위하여 그 자의 권리를 소멸시켜 버리는 제도를 말한다. 이러한 소멸시효제도의 존재이유는 첫째 일정한 사실상태가 오래 계속되면 그 동안에 진정한 권리관계에 대한 증거가 없어지기 쉬우므로 그 계속되어 온 사실상태를 그대로 진정한 권리관계로 인정함으로써 과거사실의 증명의 곤란으로부터 채무자를 구제함으로써 민사분쟁의 적정한 해결을 도모한다는 점, 둘째 오랜 기간 동안 자기의 권리를 주장하지 아니한 자는 이른바 권리 위에 잠자는 자로서 법률의 보호를 받을 만한 가치가 없으며 시효제도로 인한 희생도 감수할 수밖에 없는 것이지만, 반대로 장기간에 걸쳐 권리행사를 받지 아니한 채무자의 신뢰는 보호할 필요가 있으며 특히 불법행위로 인한 손해배상청구에 있어서는 가해자는 언제 손해배상청구를 받을지 얼마나 손해배상책임을 지게 될지 등이 분명치 아니하여 극히 불안정한 지위에 놓이게 되므로 피해자가 손해 및 가해자를 알면서도 상당한 기간 동안 권리를 행사하지 아니하는 때에는 손해배상청구권을 시효에 걸리게 하여 가해자를 보호할 필요가 있는 점 등의 고려에 의하여 민사상의 법률관계의 안정을 도모하고 증거보전의 곤란을 구제함으로써 민사분쟁의 적정한 해결을 위하여 존재하는

17) 대법원 2010. 5. 27. 선고 2009다44327 판결.
18) 대법원 2010. 9. 9. 선고 2008다15865 판결.

제도이다.'라고 비교적 상세히 설시하여[19] 소멸시효의 존재이유를 법적 안정성, 입증곤란의 구제, 권리 불행사에 대한 제재, 의무자의 신뢰보호에서 찾기도 하였다.

(3) 검 토

(가) 소멸시효 제도의 주된 의의 : 법적 안정성 제고

소멸시효 제도는 그 기간이나 기간 경과의 효과 등에 관하여 다소간의 차이는 있으나 로마법 이래 대부분 국가의 법제에 도입된 제도이다. 앞서 살펴본 바와 같이 소멸시효의 존재이유에 관한 통설에 대하여 여러 비판적 견해가 있으나, 소멸시효 제도 자체의 정당성 내지 필요성을 부인하는 견해는 찾아보기 어렵다.

생각건대, 통설적 견해에서 들고 있는 시효제도의 존재이유는 모두 타당하다고 보며, 어느 한 가지 이유만이 제도의 의의를 온전히 설명할 수 있다고는 보이지 않는다. 다만, 입증곤란의 구제, 권리 불행사에 대한 제재라는 두 번째, 세 번째 이유는 궁극적으로 사회질서의 유지, 다시 말해 거래의 안전 내지 법적 안정성 제고라는 첫 번째 이유를 뒷받침하기 위한 것이 아닌가 한다. 비판적 견해에서 적절히 지적하는 바와 같이 증거자료가 충분히 남아 있는 경우에도 소멸시효 기간 경과의 효과는 발생한다. 의무자는 원칙적으로 자신의 의무를 이행하여야 하고, 그 의무를 이행함으로써 법적 불안정 상태에서 벗어날 수 있음에도 불구하고, 소멸시효는 권리자의 권리 불행사에 대해서만 제재를 부과한다. 그렇다면 소멸시효 제도의 주된 의의는 증거가 존재하고 있는지 여부나 의무가 이행되지 않은 데 권리자와 의무자 중 누구의 귀책이 더 큰지와 무관하게 어느 시점에 이르면 법이 더 이상 사실상태에 반하는 분쟁을 원칙적으로 허락하지 않겠다는 것에 있다고 할 것인바, 이는 영속하는 분쟁 가능성이 사회 전체의 거래 안전 내지 법적 안정성 측면에 있어 바람직하지 않다는 관점에 주로 기반한다고 보는 것이 남아 있는 설명이고, 또 가장

19) 대법원 2014. 4. 10. 선고 2014카기2040 결정.

타당하다고 생각된다.[20)]

의무자의 입장에서 보면, 소멸시효 제도가 존재하지 않을 경우 의무자는 자신의 의무를 이행한 뒤에도 언제 다시 분쟁이 발발할지 몰라 영원히 그 증거를 보관하고 있어야 한다.[21)] 의무의 존재를 인식하고는 있지만 그 내용이 명확하지 않은 등의 이유로 권리자의 권리 행사를 기다리고 있는 의무자의 경우라면 아무리 오랜 시간이 지나도 법적 불안에서 벗어날 수 없다.[22)] 소멸시효 제도는 의무자를 이와 같은 법적 불안에서 해방시켜 줌으로써 일단 의무자에게 직접적인 이익을 가져온다. 하지만 이러한 효과가 더욱 의미 있는 것은, 그것이 단순히 의무자 개인 차원에 그치지 않고 사회 전체적인 관점에서 상당한 이익을 가져온다는 데 있다. 소멸시효 제도가 존재하지 않는다면 앞서 본 것처럼 의무자 개인이 의무 이행의 증거를 보관하기 위한 비용을 들여야 함은 물론이고, 그 의무자와 거래한 제3자들도 의무자에게 법적 위험이 발생할 가능성을 늘 염두에 두고 그 불안을 제거하기 위한 비용을 지속적으로 들여야 한다. 권리자의 입장에서도 의무자에게 변제 자력 등 의무 이행 가능성이 생겼는지 계속 추적·관리하면서 일부라도 의무 이행이 가능해진 경우 그 권리 행사 절차를 밟아야 하는 번거로움과 비용이 발생한다.[23)] 필연적으로 사회 전체의 거래가 위축되고 거래의 효용이 감소할 수밖에 없다. 또한, 오랜 기간이 지난 뒤에 법적 분쟁이 발생할 경우, 진위 여부를 쉽게 확인하기 어려운 오래된 증거들을 가지고 지지부진한 공방을 벌이면서 한정된 사법 자원을 소진하게 되고, 오판의 가능성 역시 지나간 시간에 비

---

20) 대법원 2016. 9. 30. 선고 2016다218713, 218720 판결은 "소멸시효 제도는 법률관계의 주장에 일정한 시간적 한계를 설정함으로써 그에 관한 당사자 사이의 다툼을 종식시키려는 것으로서, 누구에게나 무차별적·객관적으로 적용되는 시간의 경과가 1차적인 의미를 가지는 것으로 설계되었음을 고려하면, 법적 안정성의 요구는 더욱 선명하게 제기된다."라고 판시하기도 하였다.

21) 권영준(주 8), 11면; 노재호(주 8), 239면.

22) 노재호(주 8), 239면.

23) 강인원, "소멸시효 제도의 존재의의 및 소멸시효 중단사유로서의 승인에 대한 소고", 인권과 정의 Vol. 478, 대한변호사협회(2018), 70면.

례해 높아지게 된다. 소멸시효 제도는 이와 같은 사회적 비용의 증가를 막고, 정당한 권리자에게는 의무자의 의무 이행이 신속히 이루어지지 않을 경우 조속한 법적 조치를 통해 유동적인 법률상태를 종결하도록 할 유인을 제공하여,[24] 궁극적으로는 사회 전체의 효용을 증진시키고 법적 안정성을 제고하는 데 중요한 역할을 한다.

(나) 소멸시효 제도의 구체적 운용

이처럼 소멸시효 제도의 주된 의의는 거래의 안전 내지 법적 안정성 제고에 있다고 할 것이고, 소멸시효와 관련된 여러 쟁점에 관한 관점을 설정하는 데 있어서도 이를 가장 중요하게 고려하여야 한다고 생각된다.

그러나 의무자는 자신의 의무를 이행하는 것이 원칙이고, 권리행사가 권리자의 법적인 의무는 아니므로, 거래의 안전이나 법적 안정성의 요청이 있음만을 들어 권리자의 권리를 박탈하는 데 있어서는 어디까지나 신중을 기하여야 한다. 특히, 모든 권리의 보호필요성이 동일하다고 할 수는 없으므로, 구체적인 사안별로 박탈하고자 하는 권리의 특성과 그 권리에 관한 법적 안정성의 요청을 균형 있게 살펴 권리자의 보호와 의무자의 면책이 적절한 지점에서 조화될 수 있도록 소멸시효 제도를 운용할 필요가 있다. 소멸시효 제도가 일정한 기간의 경과로써 분쟁을 종결짓는 제척기간, 상소, 재심 등의 제도들과 달리 중단, 정지에 관한 규정을 두거나, 의무자가 시효완성을 주장하여야 법원이 그에 대한 판단에 나아가는 것도 시효기간의 기계적인 적용으로 인하여 정당한 권리자에게 가혹한 결과가 초래될 가능성을 고려한 결과로 보인다.[25] 판례 역시 '소멸시효제도 특히 시효중단제도는 그 제도의 취지에 비추어 볼 때 이에 관한 기산점이나 만료점은 원권리자를 위하여 너그럽게 해석하는 것이 상당하다'라고 판시하면서 특정한 경우에 있어 최고의 계속적 효력을 인정하는 등,[26] 개별 사안에서의 권리자 보호 필요성을 고려하여 시효제도

24) 권영준(주 8), 12면.

25) 장두영(주 7), 132-133면.

26) 대법원 1975. 7. 8. 선고 74다178 판결, 대법원 1995. 5. 12. 선고 94다24336 판결, 대법원 2009. 7. 9. 선고 2009다14340 판결 등.

를 균형 있게 운용하려는 노력을 지속해왔다. 이렇듯 법적 안정성과 구체적 타당성을 함께 고려하는 방향으로 소멸시효 제도를 운용함에 있어서는 앞서 언급한 시효의 중단·정지를 비롯하여 대상적격, 기간, 기산점, 시효이익의 포기 등 법문상의 수단을 사안별로 유연하게 적용할 수 있겠고, 보충적인 수단으로서 신의칙을 활용할 여지도 있을 것이다.

Ⅲ. 대상판결의 구체적 검토

앞서 살핀 소멸시효 제도의 의의와 구체적인 운용 방향을 기초로 하여 이하에서 대상판결을 구체적으로 검토해 본다.

1. 소멸시효 대상적격 측면에서의 검토[27)]

(1) 채권의 소멸시효 대상적격

소멸시효와 관련하여 가장 먼저 문제되는 것은 어떠한 권리가 소멸시효에 걸리는가, 다시 말해 소멸시효의 대상 내지 목적이 되는가 하는 것이다. 우리 민법은 채권(민법 제162조 제1항)과 채권 및 소유권 외의 재산권(민법 제162조 제2항)에 대해 소멸시효의 대상적격을 인정하고 있는 반면, 인격권, 신분권 등의 비재산권, 소유권 등에 대해서는 소멸시효의 대

---

27) 대상판결은 '주택임대차보호법에 따른 임대차에서 그 기간이 끝난 후 임차인이 보증금을 반환받기 위해 목적물을 점유하고 있는 경우 보증금반환채권에 대한 소멸시효는 진행하지 않는다고 보아야 한다.'라고 설시하여, 위 임차보증금반환채권의 소멸시효 기산점을 임차인의 목적물 점유 종료일 후로 늦추는 것과 사실상 동일한 결과에 이르렀다. 그러나 대상판결은 임차인의 목적물 점유가 보증금반환채권을 행사하는 모습이라고 보아 소멸시효 진행을 부정한 것이지 권리행사에 어떠한 장애가 있다고 보아 위 채권의 시효 기산점이 목적물 점유 종료일 후로 늦춰진다고 판단한 것은 아닌 점, 대상판결이 참조조문으로 민법 제162조 내지 제164조만을 들고 있을 뿐 소멸시효의 기산점에 관한 민법 제166조를 들고 있지는 않은 점, 대상판결과 유사한 논리로 부동산 매수인이 목적물을 인도받아 사용·수익하는 기간 동안 그가 갖는 소유권이전등기청구권의 소멸시효는 진행하지 않는다고 판시한 대법원 76다148 전원합의체 판결에 관하여 대부분의 교과서가 이를 소멸시효의 대상적격 부분에서 다루고 있는 점 등에 비추어 대상판결이 당해 사안과 같은 경우의 임차보증금반환채권을 소멸시효의 대상에서 제외한 것으로 이해하고, 소멸시효의 기산점이 아닌 대상적격 측면에서 검토한다.

상적격을 인정하지 않고 있다.

대상판결에서 문제되는 '채권'에 한정하여 보면, 우선 일반 채권이 10년의 소멸시효에 걸리는 것은 민법 제162조 제1항의 문언상 명백하고, 채권적 청구권 역시 일반 채권과 마찬가지로 10년의 소멸시효에 걸림이 원칙이다. 다만 아래에서 보는 몇 가지 등기청구권[28]의 경우, 판례가 일반적인 채권적 청구권과는 달리 소멸시효에 걸리지 않는다고 설시한 바 있다.

(가) 목적물을 인도받아 사용 · 수익하고 있는 부동산 매수인의 소유권 이전등기청구권

대법원 1976. 11. 6. 선고 76다148 전원합의체 판결의 다수의견은, 부동산 매수인의 소유권이전등기청구권은 채권적 청구권으로서 소멸시효에 걸림이 원칙이지만, 매수인이 그 목적물을 인도받아 사용 · 수익하고 있는 경우에는 ① 그 매수인을 권리 위에 잠자는 자로 볼 수 없고, ② 매도인 명의로 잔존하고 있는 등기보다는 매수인의 사용 · 수익 상태를 더 보호할 필요가 있으며, ③ 매수인에게 매도되어 인도까지 마친 목적물을 매도인에게 반환하는 결과를 초래하는 것이 부동산 거래의 실정에 비추어 매우 불합리하므로, 위와 같은 매수인의 소유권이전등기청구권은 소멸시효에 걸리지 않는다고 판시하였다.

나아가, 대법원 1999. 3. 18. 선고 98다32175 전원합의체 판결은 부동산 매수인이 그 목적물을 인도받은 뒤 소유권이전등기를 마치지 않은 상태로 점유하다가 그대로 전매하여 타인에게 목적물을 인도하여 준 경우에도 위 매수인의 소유권이전등기청구권은 소멸시효에 걸리지 않는다고 판시하였는데, 위 판결의 다수의견은 부동산을 인도받은 매수인이 이를 사용 · 수익하다가 그 부동산에 대한 보다 적극적인 권리행사의 일환으로 다른 사람에게 그 부동산을 처분하고 그 점유를 승계하여 준 경우

28) 다수설과 판례는 법률행위로 인한 등기청구권을 채권적 청구권으로 새기고 있다 [편집대표 곽윤직, 민법주해[Ⅳ] 물권(1), 박영사(2011), 82-84면; 대법원 1962. 5. 10. 선고 61민상1232 판결, 대법원 1976. 11. 6. 선고 76다148 전원합의체 판결 등].

에도 그 이전등기청구권의 행사 여부에 관하여 그가 그 부동산을 스스로 계속 사용·수익만 하고 있는 경우와 특별히 다를 바 없다는 점을 논거로 삼았다.

(나) 취득시효완성으로 인한 소유권이전등기청구권

취득시효완성으로 인한 소유권이전등기청구권에 관하여는 이를 채권적 청구권으로 새기는 견해와 물권적 기대권에서 나오는 물권적 청구권이라고 새기는 견해가 있는데,[29] 대법원 1995. 12. 5. 선고 95다24241 판결은 이를 채권적 청구권이라고 명시하면서, 점유자가 부동산의 점유를 계속하는 동안에는 소멸시효가 진행하지 않고 그 점유를 상실한 때로부터 10년의 소멸시효에 걸린다고 판시하였다. 그 후에 선고된 대법원 1996. 3. 8. 선고 95다34866, 34873 판결 역시 같은 취지로 판시하였다.

(다) 명의신탁해지로 인한 소유권이전등기청구권

당초 판례는 명의신탁이 해지된 경우 신탁자가 수탁자에 대하여 가지는 소유권이전등기청구권은 신탁계약을 해제하였을 때 비로소 그 권리를 행사할 수 있음을 이유로 명의신탁 해제시로부터 10년의 소멸시효에 걸린다는 태도를 취하였다가,[30] 나중에는 신탁자가 수탁자를 상대로 신탁관계의 종료 자체만을 이유로 소유권이전등기절차의 이행을 청구할 수도 있음은 물론, 신탁해지를 원인으로 하고 소유권에 기해서도 이전등기절차의 이행을 청구할 수 있으며, 후자의 이전등기청구권은 소멸시효에 걸리지 않는다고 판시하였다.[31]

(2) 임차보증금반환채권의 소멸시효 대상적격

(가) 원칙 : 해당

임차보증금반환채권 역시 채권으로서 원칙적으로 소멸시효의 대상이 된다. 임차보증금반환채권의 소멸시효는 임대차 관계가 종료되어 임차인이 위 채권을 행사할 수 있는 때로부터 진행하고(민법 제166조 제1항), 그

---

29) 편집대표 곽윤직, 민법주해[Ⅴ] 물권(2), 박영사(2011), 393면(윤진수 집필부분).
30) 대법원 1975. 8. 19. 선고 75다273 판결.
31) 대법원 1976. 6. 22. 선고 75다124 판결.

때로부터 10년이 경과하면 시효로 소멸한다(민법 제162조 제1항).

(나) 예외(대상판결) : 임대차 종료 후 임차인이 임차주택을 계속 점유하는 경우, 점유기간 동안의 임차보증금반환채권

그러나 대상판결은 임대차관계가 종료된 뒤에도 임차인이 계속해서 임차주택을 점유하는 경우에는 그 점유기간 동안 임차보증금반환채권의 소멸시효가 진행하지 않는다고 판시하여, 위와 같은 경우의 임차보증금반환채권을 소멸시효의 적용 대상에서 제외하였다. 이에 따라 위 (1)의 (가), (나)항에서 본 '목적물을 인도받아 사용 · 수익하고 있는 부동산 매수인의 소유권이전등기청구권'이나 '취득시효완성으로 인한 소유권이전등기청구권'에 관한 판례와 마찬가지로 목적물을 점유하고 있는 권리자의 권리 보호가 의무자의 면책에 앞서는 결론에 이르렀다. 특히, 권리자가 권리를 행사하지 않고 있다고 볼 수 없고, 이익형량상 권리자를 보호하는 것이 부당하지 않다는 논거가 공통된다는 점에서 '목적물을 인도받아 사용 · 수익하고 있는 부동산 매수인의 소유권이전등기청구권'에 관한 대법원 76다148 전원합의체 판결의 논리구조와 상당히 유사한 것으로 보인다. 이하에서 대상판결의 논거별로 타당성을 검토해 본다.

1) 임대차기간 종료 후 임차목적물을 계속 점유하는 것을 임차보증금반환채권의 행사로 볼 수 있는지

소멸시효는 일정한 기간 동안 권리를 행사하지 아니함으로써 그 효과가 발생하는 것이므로(민법 제162조 내지 제164조), 만약 어떠한 권리를 행사한 것으로 볼 수 있다면 그 권리의 소멸시효는 진행하지 않는다고 할 것이다. 대상판결이 임대차기간 종료 후 임차목적물을 계속 점유하는 임차인의 임차보증금반환채권을 소멸시효의 대상에서 제외한 첫 번째 이유도 동시이행항변권에 기초한 임차인의 목적물 점유가 곧 자신의 임차보증금반환채권을 분명하게 행사하는 모습에 해당하므로 권리의 불행사라는 상태가 계속되고 있다고 볼 수 없다는 것이다. 그러나 위 논거에 대해서는 다음과 같은 비판이 가능하다.

① 우선, 임차인이 목적물을 점유하는 것은 임대인의 목적물인도청

구에 대하여 동시이행항변에 기한 이행거절권을 행사하는 것에 불과할 뿐이지 임차보증금반환채권 자체를 행사한 것으로까지 평가할 수는 없지 않은가 하는 것이다. 주지하는 바와 같이 임대차관계에 있어 임차보증금 반환의무와 목적물인도의무는 동시이행관계에 있다는 것이 확립된 판례[32)]이고, 대상판결도 이를 전제로 삼고 있다. 그런데 종래 판례는 부동산 매매에 있어 매도인의 매매대금 채권이 매수인의 소유권이전등기청구권과 동시이행의 관계에 있다고 할지라도 매도인은 매매대금의 지급기일 이후 언제라도 그 대금의 지급을 청구할 수 있고, 매수인은 매도인으로부터 소유권이전등기에 관한 이행제공을 받기까지 그 지급을 거절할 수 있는 데 지나지 않으므로, 매매대금 채권은 그 지급기일 이후부터 시효가 진행한다고 판시하거나,[33)] 점포 임대차 청약을 하면서 청약금을 지급하고 점포에 입주하여 점유하였으나 임대차계약의 체결이 거절된 사안에서 점포임대차 청약금반환채권이 점포명도의무와 동시이행 관계에 있기는 하나 청약금반환의무자는 청약자로부터 점포명도의 이행제공을 받을 때까지 청약금의 지급을 거절할 수 있는데 지나지 아니하므로 청약금반환채권은 청약에 대한 거절이 확정된 때 이후부터 소멸시효가 진행한다고 판시하는 등,[34)] 동시이행항변권에 기하여 이행을 거절한 것만으로는 상대방에 대한 자신의 권리를 행사한 것으로 평가하지 않고 해당 권리의 소멸시효가 그대로 진행한다는 태도를 취하여 왔다. 그렇다면 대상판결의 경우에서도 동시이행항변권에 기하여 임차주택의 인도를 거절하고 이를 점유한 것만으로는 임차보증금반환채권 그 자체를 행사한 것으로 볼 수 없으므로, 위 채권의 소멸시효는 그대로 진행한다고 봄이 논리적으로 일관된 것으로 생각된다.

② 임차인의 목적물 점유를 적극적인 권리행사의 측면에서 살피더

---

32) 대법원 1977. 9. 28. 선고 77다1241, 1242 전원합의체 판결, 대법원 1983. 11. 22. 선고 82다카1696 판결 등.
33) 대법원 1991. 3. 22. 선고 90다9797 판결.
34) 대법원 1993. 12. 14. 선고 93다27314 판결.

라도, 임대차계약으로부터 나오는 목적물 점유권을 행사한 것을 두고 보증금계약으로부터 나오는 임차보증금반환채권을 행사한 것으로 볼 수 있는지는 검토가 필요하다. 판례는 "건물임대차에서 보증금계약은 임차인의 차임, 손해배상 등 채무를 담보하기 위하여 금전 기타 유가물을 교부하기로 하는 약정으로서 임대차계약의 종된 계약이기는 하나 임대차계약 자체와는 별개의 계약"이라고 설시하여,[35] 임대차계약과 보증금계약이 별개의 계약임을 명백히 하고 있다. 그렇다면 목적물의 점유는 기껏해야 임대차계약에 기초한 임차권을 행사한 것일 뿐, 보증금계약에 기초한 임차보증금반환채권을 행사한 것은 아니라고 보아야 하는 것 아닌지 의문을 갖게 된다.

이러한 비판에 대해서는, 임대차기간 종료 후의 임차목적물 점유는 임대차계약 자체에 기한 것이 아니라 주택임대차보호법 제4조 제2항에 따른 이른바 법정임대차관계에 기한 것으로서 임차보증금의 반환을 확보하기 위해 이루어지는 것이므로 임차보증금반환채권에 근거한 권리의 행사이거나 적어도 이에 준하는 것으로 봄이 타당하다는 반론이 있다.[36] 물론 대상판결에서처럼 임차인이 임차보증금을 반환받으려는 목적으로 임차주택의 점유를 계속하고 있음이 드러나는 상황에서까지 '보증금계약과 임대차계약이 별개이므로 목적물 점유만으로는 임차보증금반환채권을 행사한 것으로 볼 수 없다'고 하는 것은 다소 형식적인 면이 있음을 부정하기 어렵다. 그러나 그렇다고 하더라도, 과연 목적물의 점유가 임차보증금반환채권의 소멸시효 진행을 확정적으로 막을 정도의 권리행사라고까지 볼 수 있는지는 여전히 의문이 남는다. 소멸시효의 진행을 막는 권리의 행사와 소멸시효의 중단사유 발생은 모두 시효기간의 경과를 막고 그 사유가 종료된 때로부터 새로 시효기간이 진행한다는 점에서 동일하므로, 어떠한 행위가 소멸시효의 진행을 막는 권리의 행사에 해당하는지 여부를 판단함에 있어 소멸시효의 중단사유에 준하는 것으로 평가할 수

35) 대법원 2016. 11. 18. 선고 2013다42236 전원합의체 판결.
36) 정영호(주 2), 62면.

있을지 여부도 함께 고려할 필요가 있을 것이다.[37] 그런데 민법은 자신의 권리행사를 공적으로 드러내는 재판상의 청구나 강제집행, 보전집행 등의 경우에만 확정적인 시효중단효를 부여하고 있고, 재판 외의 청구에는 잠정적인 시효중단효만을 부여하고 있는바,[38] 목적부동산의 점유라는 사실상태가 재판상의 청구나 (부동산의 경우) 공부상 등기가 이루어지는 강제집행 내지 보전집행에 준하는 정도에 이른다고 평가하기는 어렵다고 생각된다. 목적물의 점유가 계속되고 있더라도 그 근거가 되는 피담보채권의 행사로는 인정하지 않고 소멸시효가 그대로 진행하는 유치권의 경우(민법 제326조[39])와 비교하여 보아도 그러하다.[40]

③ 한편, 대상판결에서는 변제의 수령, 상계, 소송상 청구 및 항변으로 채권을 주장하는 경우 등 채권이 가지는 다른 여러 권능을 행사하는 것도 채권 행사의 방법에 포함된다고 설시하면서 임차주택의 계속 점유를 임차보증금반환채권 행사의 한 모습으로 보았다. 그러나 변제의 수령은 소멸시효의 확정적 중단사유인 채무자의 승인에 해당한다고 볼 여지가 크고, 상계나 소송상의 청구 및 항변으로 채권을 주장하는 경우는 권리자가 자신의 특정한 채권을 명시적으로 주장하거나 행사하는 모습이므로,[41] 임차주택의 점유가 임차보증금반환채권의 행사의 한 형태에 해당한다는 결론을 뒷받침할 만한 설시가 되지 못한다.

2) **임차인만이 임차보증금반환채권을 상실하게 되는 것이 당사자 사이의 이익 형량상 부당한지**

대상판결이 임차목적물을 계속 점유하는 임차인의 임차보증금반환채

---

37) 대상판결에 대한 평석인 권영준, "2020년 민법 판례 동향", 서울대학교 법학 제62권 제1호(2021), 244면.

38) 권영준(주 37), 245면.

39) 민법 제326조(피담보채권의 소멸시효)
유치권의 행사는 채권의 소멸시효 진행에 영향을 미치지 아니한다.

40) 임차인은 주택임대차보호법 제4조 제2항에 따른 법정임대차관계의 존속으로써 임차보증금반환채권에 관하여 마치 유치권을 갖는 것과 동일한 효과를 누린다고 설명되고 있다. 편집대표 곽윤직, 민법주해[XV] 채권(8), 박영사(2012), 252면(민일영 집필부분).

41) 同旨: 권영준(주 37), 244면.

권을 소멸시효의 대상에서 제외한 두 번째 이유는, 임대인의 목적물인도청구권은 소유권 등 물권에 기초하는 경우가 많아 시효로 소멸하는 경우가 드문데 임차보증금을 반환받기 위해 임차주택을 계속 점유한 임차인의 보증금반환채권만 시효로 소멸하는 것은 당사자 사이의 이익형량에 비추어 부당하다는 데 있다.

위 논거에 대해서는 다음과 같은 비판이 가능할 것으로 보인다. 즉, 소멸시효 제도 자체가 시효의 완성으로 정당한 권리자의 권리를 소멸시키고 의무자로 하여금 의무를 면하게 하는 취지의 것인데, 권리자의 권리를 소멸시키는 것이 부당하다는 이유로 소멸시효가 진행하지 않는다고 보는 것은 소멸시효 제도가 예정하고 있는 당연한 결과를 부정하는 것으로서, 제도 자체의 존재 의의를 부인하는 것과 다를 바 없다는 것이다.[42]

그러나 앞서 검토한 바와 같이, 구체적인 사안별로 박탈하고자 하는 권리의 특성과 그 권리에 관한 법적 안정성의 요청을 두루 살펴 권리자의 보호와 의무자의 면책이 적절한 지점에서 조화될 수 있도록 소멸시효 제도를 운용할 필요가 있음을 전제하면, 소멸시효가 문제된 이 사건에서 당사자 간의 이익형량을 고려하는 대상판결의 태도는 일단 수긍할 수 있다.

매매부동산을 인도받은 미등기 매수인의 경우, 그의 소유권이전등기청구권이 시효로 소멸한다고 보더라도 다음과 같은 논리로 그의 점유를 보호할 수 있다는 견해가 제시된 바 있다. 즉, 매도인은 매매계약상 매수인에게 목적물의 점유를 이전할 의무가 있고, 이에 따라 목적물을 인도한 이상 매수인은 적법하게 목적물을 점유할 권리가 있으므로, 매도인에게 소유권이 여전히 남아 있다고 하여도 매수인을 상대로 소유권에 기한 반환청구권을 행사할 수는 없다는 것이다.[43] 따라서 부동산 매수인의 소

42) 곽윤직 교수는 앞서 본 대법원 76다148 전원합의체 판결에 관한 평석에서 판례의 이익형량 논거에 대해 이와 같이 비판하고 있다. 곽윤직, "부동산매수인의 소유권이전등기청구권의 법률적 성질 및 그것이 시효로 소멸하는지의 여부", 민사판례연구 제1권, 민사판례연구회(1976), 58면; 정병호, "부동산 점유와 소유권이전등기청구권의 소멸시효", 민사판례연구 제33-1권, 박영사(2011), 173-174면도 같은 취지다.

43) 편집대표 김용담, 주석민법[총칙(1)], 한국사법행정학회(2010), 156면; 곽윤직(주 42), 63-64면은 로마법상의 이른바 「매각되어 인도된 물건의 항변」(exceptio rei

유권이전등기청구권을 소멸시효에 걸리는 권리로 보더라도, 그의 점유는 여전히 보호함으로써 매도인과의 이익형량 상 심히 부당하지 않은 대안을 꾀할 수 있다. 하지만 대상판결과 같은 주택임대차관계에서는 같은 방법을 관철할 수 없다. 임차인의 경우 임대차기간이 종료된 후에는 주택임대차보호법 제4조 제2항에 따라 임차보증금을 반환받을 때까지만 목적물을 적법하게 점유할 권리가 있을 따름이므로, 그 임차보증금반환채권이 시효로 소멸하게 되면 임차인은 부동산 매수인과 달리 더 이상 임차목적물을 점유할 근거가 없어져 임대인에게 목적물을 반환하여야 한다. 반면, 임대인의 경우 부동산 매도인과 마찬가지로 소유권에 근거해 목적물인도청구권을 행사할 수 있으므로, 그의 인도청구권이 시효로 소멸할 가능성은 거의 없다. 이에 더하여, 주택임대차보호법이 대상판결에서 문제된 법정임대차관계나 임차권등기 등 임차보증금 회수를 보장하기 위한 여러 가지 제도를 마련해 둔 사실에 비추어 보면 동법이 적용되는 주택임대차관계에서의 임차보증금반환채권은 일반적인 채권에 비하여 법이 그 권리의 보호 필요성을 특히 크게 평가하고 있음을 알 수 있는 점, 법정임대차관계가 계속되는 동안에도 임차인이 기존 임대차계약상의 권리를 초과하는 내용의 권리를 갖는 것은 아니고, 목적물을 사용·수익하는 경우 차임 상당액을 지급할 의무도 있는 점 등을 고려하면, 임차인이 주택을 점유하는 기간에 한하여 임차보증금반환채권이 시효로 소멸하지 않는 것으로 인정하더라도 임차인에게 과도한 이익이 주어진다거나 임대인에게 예상할 수 없는 불이익이 가하여진다고 보기는 어려울 것이다.

그럼에도 불구하고, 대상판결과 같이 당사자 간 이익형량의 문제를 들어 임대차 기간 종료 후 목적물을 계속 점유하고 있는 임차인의 임차보증금반환채권이 애당초 소멸시효에 걸리지 않는다는 결론에 이를 수 있는가 하는 부분은 여전히 의문이 남는다. 임대차 기간 종료 후의 임차인의 목적물 점유를 임차보증금반환채권의 행사로 평가할 수 있다면(다시

---

venditae et traditae)이 인정되어야 한다고 보고 있다.

말해 대상판결의 첫 번째 논거가 성립한다면), 민법 제162조의 규정상 '채권을 행사하지 아니함'을 전제로 진행하는 소멸시효 기간을 처음부터 저지할 수 있는 논리가 성립 가능할 것이다. 그러나 이익형량의 문제는 대상판결과 같은 특수한 경우에 한하여 임차인의 임차보증금반환채권이 시효로 소멸하지 않더라도 부당하지 않다는 점만을 뒷받침할 뿐, 민법의 규정과는 직접 관련이 없다. 따라서 이익형량의 문제를 위 채권의 소멸시효가 처음부터 진행하지 않는다는 결론을 뒷받침하는 독자적인 논거로 삼기에는 부족하다고 보인다.

3) 임차보증금반환채권의 시효 소멸이 주택임대차보호법 제4조 제2항의 입법 취지를 훼손하는지

대상판결이 임차목적물을 계속 점유하는 임차인의 임차보증금반환채권을 소멸시효의 대상에서 제외한 세 번째 이유는, 임대차기간이 끝난 후 보증금을 반환받지 못한 임차인이 법정임대차관계에 기하여 목적물을 점유하는 동안 임차보증금반환채권이 시효로 소멸한다고 보면 법정임대차관계를 정한 주택임대차보호법 제4조 제2항의 입법취지가 훼손되는 결과를 초래한다는 것이다.

결론부터 말하여, 대상판결의 이 부분 논지도 일응 타당하다고 생각되나, 이익형량 논거와 마찬가지로 임차보증금반환채권이 처음부터 소멸시효에 걸리지 않는다는 결론을 직접 뒷받침하기에는 부족함이 있다고 본다.

주택임대차보호법 제4조 제2항에서 정한 법정임대차관계는 사회적 차원에서의 임차인 보호 필요성에 입각하여 도입된 제도로서 임차보증금을 반환하지 아니한 임대인을 임대차관계에서 벗어나지 못하도록 하여 임차보증금 회수를 강력히 보장하는 데 그 취지가 있다. 1983. 12. 30.자 주택임대차보호법 개정법률안은 '주택문제를 규율하는 법률은 시민법의 차원에서가 아니라 사회법적 차원에서 임차인의 주거생활의 안정을 보장함을 그 목적으로 하여야 할 것이므로 1981. 3. 5. 공포·시행된 주택임대차보호법을 사회법적 차원에서 수정·보완하여 무주택영세민을 적극

보호하려는 것'을 그 제안이유로 들면서, '임대차기간이 만료되었음에도 임차보증금의 반환이 없는 경우 그 반환 시까지 임대차관계가 존속하는 것으로 간주하여 임차보증금 회수를 보장'하기 위해 제4조 제2항을 신설하였다고 하고 있다. 물론 위 조항은 임대차 기간 만료 후에도 임차보증금을 반환받을 때까지 임대차관계가 존속하는 것으로 간주하는 효과를 부여할 뿐, 임차보증금반환채권 자체의 행사를 의제하거나 그 소멸시효 진행을 막는 효과를 부여하는 것은 아니다. 그러나 임차인이 임차보증금을 반환받기 위해 위 조항에 근거하여 임차목적물을 계속 점유하고 있음에도 불구하고 임차보증금반환채권이 시효로 소멸한다고 보면, 결국 임차보증금을 반환하지 않은 임대인이 임대차관계에서 벗어나게 되어 위 조항의 입법취지에 정면으로 반하는 결과가 발생하게 된다.

다만, 입법취지의 문제 역시 대상판결과 같은 특수한 경우에 있어 임차인의 임차보증금반환채권이 시효로 소멸하지 않는다고 하여도 부당하지 않다는 점만을 뒷받침할 뿐 민법의 규정과는 직접적인 관련이 없어, 위 채권의 소멸시효가 왜 처음부터 진행하지 않는다고 보아야 하는 것인지에 대한 명쾌한 설명은 제공하지 못한다.

(3) 소 결 론

요약하면, 대상판결의 논거 중 '임차인이 임대차 기간이 종료된 후 동시이행항변에 기하여 임차목적물을 계속 점유하는 것도 임차보증금반환채권의 행사로 볼 수 있어 권리 불행사의 상태가 지속되고 있다고 보기 어렵다'는 부분에는 동의하기 어렵고, 설령 임차보증금반환채권의 행사로 보더라도 소멸시효의 개시를 처음부터 막을 수 있을 정도의 권리행사로 평가할 수 있는지 의문이 든다. 한편, 대상판결의 논거 중 당사자 사이의 이익형량, 주택임대차보호법 제4조 제2항의 입법취지 등에 비추어 위 임차보증금반환채권이 시효로 소멸하는 결과에 이르는 것이 부당하다고 하는 부분에는 동의하나, 이익형량 및 입법취지의 문제만으로 임대차 기간 종료 후 목적물을 계속 점유하고 있는 임차인의 임차보증금반환채권이 애당초 소멸시효에 걸리지 않는다는 결론을 직접 도출하기에는 여전히 부족함이 있다고 보인다.

만약 대상판결의 사안에서 소멸시효 중단사유가 발생한 것으로 볼 수 있다거나, 임대인의 시효완성 주장을 신의칙에 반하는 권리남용으로 볼 수 있다면 논리 구성이 보다 용이할 것으로 생각되므로, 이하에서 검토해 본다.

2. 소멸시효 중단사유 발생 측면에서의 검토

(1) 소멸시효의 중단사유

일정한 사유가 발생하면 소멸시효가 중단되어 그때까지 진행한 소멸시효 기간은 진행하지 않았던 것으로 되고, 그 사유가 종료한 때로부터 시효기간이 새로이 진행하게 된다.[44] 민법 제168조는 소멸시효의 중단사유로 ① 청구(제1호), ② 압류 또는 가압류, 가처분(제2호), ③ 승인(제3호)을 정하고 있다. 청구, 압류, 가압류, 가처분은 권리자 측의 행위로 인한 중단사유이고, 승인은 채무자 측의 행위로 인한 중단사유에 해당한다. 이 중 청구에 관하여는 민법 제170조 내지 제174조가(재판상의 청구, 파산절차참가, 지급명령, 화해를 위한 소환 및 임의출석, 최고), 압류 또는 가압류, 가처분에 관하여는 민법 제175조, 제176조가, 승인에 관하여는 민법 제177조가 다시 상세히 규정하고 있다. 소멸시효의 중단사유가 발생하면 그때까지 진행한 소멸시효 기간은 진행하지 않았던 것으로 되고, 중단사유가 종료한 때로부터 시효기간이 새로이 진행한다(민법 제178조 제1항).

대상판결의 사안에 적용될 수 있는 중단사유에 한정하여 살피자면, 임대차 기간 만료 후에 임차인이 목적물을 점유한 것이 민법 제170조 내지 제173조 소정의 재판상의 청구, 파산절차참가, 지급명령, 화해를 위한 소환 및 임의출석이나 민법 제175조, 제176조 소정의 압류, 가압류, 가처분에 해당한다고 볼 수는 없으므로, 민법 제174조 소정의 최고 또는 민법 제177조 소정의 승인에 해당할 여지가 있는지를 검토해 볼 수 있을

44) 편집대표 김용담(주 8), 590-591면.

것이다. 우선 대상판결의 사안에서 권리자인 임차인이 최고를 한 것으로 볼 수 있는지를 살피고, 이어서 의무자인 임대인이 승인을 한 것으로 볼 수 있는지를 살펴보기로 한다. 다만, 소멸시효 중단사유의 발생은 의무자인 임대인의 소멸시효 기간 도과의 항변에 대하여 권리자인 임차인이 주장하여야 할 재항변에 해당하는데, 대상판결 및 그 1심, 원심 판결문을 보아도 원고인 임차인이 소멸시효 중단의 재항변을 하였는지 여부는 명확하지 않은바,[45] 이하의 논의는 대상판결과 같은 사안에서 임차인이 시효중단의 재항변을 하였음을 전제로 하는 가정적 논의임을 밝혀 둔다.

(2) 대상판결에서 임차인이 최고를 한 것으로 볼 수 있는지

(가) 최고의 성질 및 방법[46]

최고란 권리자가 의무자에게 의무 이행을 청구하는 것을 말하고, 그 법률상의 성질은 일반적으로 의사의 통지(준법률행위)로 이해되고 있다.

최고에는 특별한 형식이 요구되지 않고, 행위 당시에 당사자가 시효중단효의 발생을 알았거나 의욕하지 않았더라도 그 행위가 권리 행사의 주장을 하는 취지임이 명백하다면 최고에 해당한다고 보아야 한다. 판례의 태도도 같다.[47] 또한 최고는 권리자의 당해 권리에 관한 권리행사의 의사통지가 채무자에게 도달하면 족하고, 채무자를 지체에 빠뜨릴 정도에 이를 것까지는 요하지 않는다. 묵시적인 최고 역시 인정되고 있다. 이처럼 특별한 형식을 요하지 않고 재판 외에서 이루어지는 최고를 시효중단사유로 인정하는 것은 우리 민법과 일본 민법에 특유한 규정으로서, 독일, 스위스, 프랑스 등 외국 입법례에서는 찾아보기 어렵다.

---

45) 대상판결의 원심이 피고인 임대인의 소멸시효 항변을 받아들이면서 원고인 임차인의 시효중단 재항변에 관하여 별달리 설시하지 않은 사실에 비추어 보면 원고가 시효중단의 재항변을 하지 않았던 것으로 보이고, 대상판결에 대한 대법원판례해설인 정영호(주 2), 49면을 보더라도 원고가 상고이유로 시효중단사유 발생을 주장하지는 않았던 것으로 보인다.

46) 이하 1) 내지 3)항의 내용은 편집대표 곽윤직(주 8), 518면 이하(윤진수 집필부분); 편집대표 김용담(주 8), 626면 이하; 정소민, "명시적 일부청구와 소멸시효 중단", 민사판례연구 제43권, 박영사(2021), 202면 이하를 참조하여 정리한 것이다.

47) 대법원 1992. 2. 11. 선고 91다41118 판결, 대법원 2003. 5. 13. 선고 2003다16238 판결 등.

어떤 행위가 최고에 해당하는지 여부는 결국 그 행위가 이행을 청구하는 의사의 통지로 인정될 수 있는지에 관한 해석의 문제인바, 권리자 보호 측면에서 최고의 범위를 넓게 새기는 것이 타당하다는 견해[48]가 유력하게 제시되고 있다.

(나) 최고의 범위와 관련한 판례의 태도

앞서 본 바와 같이 판례는 최고의 범위를 비교적 넓게 새기고 있다. 구체적으로는, 채권자가 확정판결에 기한 채권의 실현을 위해 채무자에 대하여 민사집행법 소정의 재산관계명시신청을 하고 재산목록의 제출을 명하는 결정이 채무자에게 송달된 경우,[49] 연대채무자 1인의 소유 부동산에 대해 경매신청을 한 경우,[50] 국가배상심의회에 대한 배상신청,[51] 채권자가 확정판결에 기한 채권의 실현을 위해 채무자의 제3채무자에 대한 채권에 대해 압류 및 추심명령을 받고 그 결정이 제3채무자에게 송달된 경우,[52] 재판상의 청구를 하였으나 소의 취하로 본안판결에 이르지 못한 경우[53] 등이 모두 판례상 최고로 인정되었다.

한편, 최근 대법원은 "소를 제기하면서 장차 청구금액을 확장할 뜻을 표시한 채권자로서는 장래에 나머지 부분을 청구할 의사를 가지고 있는 것이 일반적이라고 할 것이므로, 다른 특별한 사정이 없는 한 당해 소송이 계속 중인 동안에는 나머지 부분에 대하여 권리를 행사하겠다는 의사가 표명되어 최고에 의해 권리를 행사하고 있는 상태가 지속되고 있는 것으로 보아야 하고, 채권자는 당해 소송이 종료된 때부터 6월 내에 민법 제174조에서 정한 조치를 취함으로써 나머지 부분에 대한 소멸시효를 중단시킬 수 있다"고 판시하여,[54] 명시적 일부청구에 최고로서의 효력

48) 곽윤직/김재형, 민법총칙[제9판], 박영사(2013), 335면.
49) 대법원 1992. 2. 11. 선고 91다41118 판결, 대법원 2001. 5. 29. 선고 2000다32161 판결.
50) 대법원 2001. 8. 21. 선고 2001다22840 판결.
51) 대법원 1975. 7. 8. 선고 74다178 판결. 본 사안에서 채무자는 국가였다.
52) 대법원 2003. 5. 13. 선고 2003다16238 판결.
53) 대법원 1987. 12. 22. 선고 87다카2337 판결.
54) 대법원 2020. 2. 6. 선고 2019다223723 판결.

을 부여하면서 그 소송이 계속되는 동안 잔부에 대하여 지속적으로 최고를 하는 것으로 보기도 하였다.

(다) 최고의 효과

민법 제174조는 "최고는 6월내에 재판상의 청구, 파산절차참가, 화해를 위한 소환, 임의출석, 압류 또는 가압류, 가처분을 하지 아니하면 시효중단의 효력이 없다."라고 정하여, 최고 자체는 잠정적인 시효중단효만을 갖고, 최고가 상대방에게 도달한 때[55]로부터 6개월 내에 더 강력한 시효중단의 방법을 취하여야 확정적인 시효중단의 효과가 발생하도록 하고 있다. 한편, 판례는 최고를 여러 차례 거듭한 경우 6개월 내에 보완조치를 한 최고에 대해서만 시효중단효가 발생하고 최초의 최고시에 시효중단효가 발생하는 것은 아니라고 보고 있다.[56]

(라) 대상판결의 경우

위에서 살핀 것과 같이 학설과 판례는 최고의 범위를 폭넓게 인정하면서, ① 어떤 방식으로든 ② 의무의 이행을 청구하는 의사가 ③ 상대방에게 통지되었으면 최고로 인정하고 있다.

그러나 판결문에서 나타나는 대상판결의 사실관계에 의하면, 원고인 임차인은 최초 임대차계약이 만료될 무렵인 2000. 5. 19. 및 2006.경 피고인 임대인에게 임차보증금의 반환을 구하는 의사를 표시한 것 외에는 시효기간 중에 의무 이행 청구의 의사를 별달리 통지한 사실이 없는 것으로 보인다. 이익형량 등의 문제를 고려해 최고의 범위를 다소 넓게 새기더라도, 임차인이 임대차 기간 만료 후 임대차목적물을 점유하고 있다는 사실만으로 의무 이행 청구의 의사가 임대인에게 통지되었다고 평가하기는 어렵다고 본다. 최고의 범위에 관한 판례들을 살펴보면, 적어도 어떠한 식으로든 채무자에게 의무 이행을 구하는 취지의 의사표시가 실제로 도달한 경우에 최고가 있는 것으로 인정하였기 때문이다.

---

55) 편집대표 곽윤직(주 8), 520면, 편집대표 김용담(주 8), 630면.

56) 대법원 1970. 3. 10. 선고 69다1151 판결, 대법원 1983. 7. 12. 선고 83다카437 판결.

나아가, 대상판결에서 임차인이 임대인에게 '임차보증금을 반환하지 않을 경우 임차한 주택을 인도하지 않고 보증금에 대한 이자를 청구하겠다'는 의사를 표시한 뒤에 실제로 위 주택을 점유함으로써 보증금반환청구의 의사를 일단 묵시적으로나마 통지한 것으로 평가할 수 있다고 하더라도, 그 묵시적 최고의 효력이 점유 기간 동안 계속되는 것으로 보기는 쉽지 않다. 최고의 계속적 효력을 인정한 위 대법원 2020. 2. 6. 선고 2019다223723 판결은 재판상 이루어진 명시적 일부청구의 경우 당해 소송 종료 시까지 잔부에 대하여서도 지속적인 최고의 효력이 있다고 판시한 사례로서, 위 일부청구가 재판상 절차의 일환으로 행하여졌다는 점에 주목하여 나머지 부분에 대한 최고의 효력이 지속된다고 본 것이다. 대법원 2015. 5. 14. 선고 2015다16494 판결은 채무의 이행을 청구하는 의사가 표명된 소송고지에 최고로서의 효력을 부여하면서 소송고지서를 법원에 제출한 때에 시효중단효가 발생한다고 설시하기도 하였는데,[57] 이 역시 소송고지가 보통의 최고와는 달리 법원의 행위를 통하여 이루어진 것이라는 점을 중시하여 소송고지서의 제출 시부터 송달 시까지 최고의 효력이 유지된다는 결론에 이르게 된 것이다. 재판 외에서 행해진 최고에 대하여 계속적 효력을 인정한 대법원 1975. 7. 8. 선고 74다178 판결, 대법원 1995. 5. 12. 선고 94다24336 판결, 대법원 2012. 3. 15. 선고 2010다53198 판결 등은 채무자에게 채무 이행 청구 의사가 명시적으로 통지된 뒤 채무자가 이행의무의 존부 등에 대하여 검토한 후 회신하겠다는 의사를 표시한 사안에서 채무자의 회신 시까지 최고의 계속적 효력을 인정한 것이었다. 이처럼 최고의 계속적 효력을 인정한 판례 사안은 주로 그 최고가 재판절차상 행하여진 경우거나,[58] 채무자가 최고를 받은 뒤 스스로 그 이행의 유예를 구한 경우로서, 임차인의 목적물 점유라는 사실상태만이 존재하고 이에 대해 임대인이 별다른 의사표시를 하지 아

57) 대법원 2015. 5. 14. 선고 2014다16494 판결.

58) 이는 일본의 학설과 판례가 채택하고 있는 이른바 '재판상 최고' 이론과 큰 틀에서 동일한 결론을 내린 것이라고 한다. 정소민(주 46), 215면.

니한 대상판결의 사안과는 차이가 있다.

따라서 대상판결의 사안을 임차인의 최고 측면에서 접근하는 것은 적절하지 않다고 보인다.

(3) 대상판결에서 임대인이 채무를 묵시적으로 승인한 것으로 볼 수 있는지

(가) 승인의 의의 및 성질[59)]

소멸시효 중단사유로서의 승인이란, 시효의 이익을 받을 자가 시효에 의하여 권리를 잃게 될 자에 대해 그 권리가 존재한다는 것을 인식하고 있다는 것을 표시하는 행위이다. 그 법률적인 성질은 일반적으로 관념의 통지로 이해되어 소멸시효가 중단된다는 점에 대한 인식이나 효과의사를 필요로 하지 않는다.

승인을 소멸시효 중단사유로 보는 근거에 관하여 국내의 학설은 대체로 승인이 있으면 권리자가 권리를 행사하지 않더라도 권리행사를 태만히 한 것으로는 볼 수 없을 뿐 아니라, 권리관계의 존재도 명백해지기 때문이라고 설명하고 있다.

(나) 승인의 방법

승인은 시효의 이익을 받는 당사자인 채무자가 시효로 인해 권리를 잃는 권리자에 대하여 그 권리가 존재함을 인식하고 있다는 뜻을 표시하면 족하고, 어떠한 형식을 요하지 않는다. 재판상의 승인이나 재판 외의 승인이 모두 가능하고, 명시적인 승인뿐만 아니라 묵시적인 승인도 가능하다.

다만, 승인은 어디까지나 자신의 의무 또는 상대방의 권리의 존재를 전제하여 이루어지는 것이다. 따라서 묵시적인 승인의 표시는 채무자가 그 채무의 존재 및 액수에 대하여 인식하고 있음을 전제로 하여 그 표시를 대하는 상대방으로 하여금 채무자가 그 채무를 인식하고 있음을 그 표시를 통해 추단하게 할 수 있는 방법으로 행해져야 한다.[60)]

---

59) 이하 1) 내지 3)항은 편집대표 곽윤직(주 8), 532면 이하(윤진수 집필부분); 편집대표 김용담(주 8), 646면 이하; 강인원(주 23), 75면 이하를 참조하여 정리한 것이다.

(다) 묵시적 승인의 사례

1) 채무의 일부변제

판례는 동일 당사자 간의 계속적 거래관계로 인해 수개의 금전채무가 있는 경우 채무자가 전 채무액을 변제하기에 부족한 금액을 채무의 일부로 변제한 경우, 특별한 사정이 없는 한 기존의 수개 채무 전부에 대하여 승인을 하고 변제를 한 것으로 본 바 있다.[61] 다만, 채권액에 관하여 다툼이 있는 경우 채무자가 일부 변제를 하였더라도 나머지 부분에 관하여까지 시효중단효가 있다고 할 수는 없다. 판례도 "시효완성 전에 채무의 일부를 변제한 경우에는, 그 수액에 관하여 다툼이 없는 한 채무승인으로서의 효력이 있어 시효중단의 효과가 발생한다"라고 설시하여 같은 취지로 파악되고 있다.

2) 담보의 설정 및 제공

채무에 관하여 가등기담보권을 설정하고, 대물변제예약가등기를 하는 것도 채무의 승인으로 설명되고 있다.[62]

3) 기한유예의 청구

채권자의 변제독촉을 받자 채무자가 그 기한의 유예를 요청한 것은 채무의 존재를 인정함을 전제로 한 것으로서 채무의 승인이 된다. 판례는 소멸시효가 완성된 후 채무자가 기한의 유예를 요청한 것을 시효이익의 포기로 보고 있는바(대법원 1965. 12. 28. 선고 65다2133 판결), 같은 취지로 이해할 수 있다.

4) 상　　계

상계의 의사표시는 수동채권에 관한 한 승인에 해당하는 것으로 설명되고 있다. 상계는 의무자가 수동채권이 존재함을 전제로 하여 자동채권을 대등액에서 소멸시키는 행위이기 때문이다.

---

60) 대법원 2006. 9. 22. 선고 2006다22852, 22869 판결, 대법원 2010. 4. 29. 선고 2009다99105 판결, 대법원 2013. 10. 11. 선고 2013다207125 판결 등.

61) 대법원 1980. 5. 13. 선고 78다1790 판결.

62) 日東京高判, 昭 56(1981). 2. 3.(判時 998, 60), 편집대표 김용담(주 8), 652면에서 재인용.

5) 채무인수

채무인수의 의사표시 역시 기존채무에 대한 소멸시효의 중단효를 갖는다.[63] 이에 따라 면책적으로 인수한 채무의 소멸시효는 채무의 승인이 있은 채무인수일로부터 새로이 진행한다.[64]

6) 변제기 유예의 합의

회생절차 내에서 이루어진 변제기 유예의 합의에도 채무승인의 효력이 있다고 보는 것이 판례의 태도이다.[65]

7) 공 탁

판례는 형사재판절차에서 피해자를 위해 손해배상금의 공탁이 이루어진 경우, 위 공탁이 묵시적 승인에 해당하는지 여부는 공탁서에 기재된 공탁원인사실의 내용을 중심으로 공탁의 경위와 목적, 공소사실의 다툼 여부, 인정되는 손해배상채무의 성격 및 액수, 공탁 금액과의 차이, 그 밖의 제반사정을 종합하여 판단하여야 한다고 설시하여,[66] 공탁이 경우에 따라서는 묵시적 승인에 해당할 수 있음을 밝혔다.

8) 기 타

그 밖에도 판례는 국가가 채무 있음을 전제로 특별법을 제정한 경우 이러한 법의 제정은 국가가 채무를 승인한 것으로서 소멸시효가 중단된다고 보았다.[67] 또, 채권양수인이라고 주장하는 자가 채무자를 상대로 제기한 양수금 청구소송에서 채무자가 채권자로부터 채권양도사실이 없다는 취지의 진술서를 작성·교부받아 증거로 제출하여 승소판결을 받은 경우, 채무자는 채권자로부터 위 진술서를 교부받음으로써 채무를 승인한

---

63) 대법원 1969. 10. 14. 선고 69다1497 판결.

64) 대법원 1999. 7. 9. 선고 99다12376 판결.

65) 대법원 2016. 8. 29. 선고 2016다208303 판결.

66) 대법원 2010. 9. 30. 선고 2010다36735 판결. 판례는 위와 같은 기준 하에, 공탁자가 형사재판절차에서 무죄를 주장하면서도 유죄가 인정될 경우에 대비하여 손해배상금을 공탁하면서 손해배상금의 일부라는 표시도 하지 않고 공탁금회수제한신고서도 첨부한 동 사안에서, 공탁자가 그 공탁금을 넘는 손해배상채무가 존재함을 인식하고 있다는 뜻을 표시하였다고 보기는 어렵다는 이유로 손해배상채무 전액에 대한 묵시적 승인을 부정하였다.

67) 대법원 1969. 10. 28. 선고 69다1548 판결.

것이므로 그 무렵 소멸시효가 중단되었다고 본 사례도 있다.[68]

한편, 취득시효에 관한 판례 중에는 시효기간 진행 중 또는 완성 후에 여러 차례에 걸쳐 국유재산 대부계약을 체결하고 매년 대부료를 납부한 경우, 그 대부계약에 의하여 해당 토지가 국가 소유임을 승인하고 임차인의 지위에서 이를 점유하여 시효완성의 이익을 받지 않겠다는 의사를 분명히 표시한 것으로 보아 위 점유자의 시효완성 주장을 받아들이지 않은 사례가 있다.[69]

(라) 대상판결의 경우

이처럼 채무의 묵시적 승인은 채무자가 채무의 존재 및 액수에 대해 인식하고 있음을 전제로 하여 그러한 채무자의 인식을 상대방이 추단하게 할 수 있는 방법으로 행해져야 한다. 학설과 판례는 그 구체적인 모습으로 채무의 일부변제, 담보의 설정 및 제공, 기한유예의 청구, 상계, 채무인수, 변제기 유예의 합의, 공탁 등을 들고 있다.

그러나 대상판결의 사안에 돌아와 살피자면, 임대차기간 만료 후 임차인의 목적물 점유가 계속된 사정을 두고 임대인이 임차보증금반환채무를 묵시적으로 승인한 것으로까지 평가하기는 어렵다고 생각된다. 임대인이 보증금을 반환하지 않아 임대차기간 만료 후에도 임차인의 임차주택 점유가 계속되고 임대인이 그러한 상태를 인지하고 있다면, 임대인이 적어도 임차보증금반환채무의 존재 내지 임차인이 목적물을 점유하는 의도에 대하여서는 인식하고 있다고 봄이 상당할 것이다. 하지만 학설과 판례가 묵시적인 승인의 방법으로 들고 있는 채무의 일부변제, 담보의 설정 및 제공, 기한유예의 청구, 상계, 채무인수, 변제기 유예의 합의, 공탁 등은 전부 채무자가 자신의 채무를 인식하고 있다는 사실을 자발적으로 표시하는 경우에 해당한다는 공통점이 있는바,[70] 임차인의 임차주택 계속 점유는 임대인의 의사와는 관계없이 주택임대차보호법 제4조 제2항

68) 대법원 2000. 4. 25. 선고 98다63193 판결.

69) 대법원 1994. 9. 9. 선고 93다49918 판결.

70) 강인원(주 23), 79면은 채무의 승인 여부를 판단하는 사실상의 경계가 채무자의 자발적 의사표시에 있다고 설명하고 있다.

에 따라 이루어지는 것이므로 채무자가 채무에 대한 인식을 '자발적으로' 표시하는 때에 해당한다고 볼 수는 없다. 나아가, 임대차기간 만료 직후에 임차인이 목적물을 계속하여 점유하는 것을 감수한 사정을 두고 그때 일단 임대인이 임차보증금반환채무를 묵시적으로나마 승인한 것으로 보더라도, 그러한 최초의 승인상태가 목적물의 점유기간 동안 계속되고 있다고 할 근거는 없다.

따라서 대상판결의 사안을 승인의 틀로 포섭하는 것 역시 마땅치 않다고 보인다.

(4) 소 결 론

결국 대상판결의 사안을 권리자인 임차인의 최고 내지 의무자인 임대인의 승인에 따른 소멸시효 중단사유가 발생한 것으로 설명하기에는 어려움이 있다.

3. 소멸시효의 남용 측면에서의 검토

(1) 소멸시효와 권리남용

(가) 의 의

민법 제2조는 "권리의 행사와 의무의 이행은 신의에 좇아 성실히 하여야 한다(제1항).", "권리는 남용하지 못한다(제2항)."라고 정하여 신의칙과 권리남용 금지의 원칙을 명문화하고 있다.[71] 신의성실 및 권리남용금지의 원칙은 모든 법에 걸쳐 적용되어야 할 법의 기본원리로서, 소멸시효 제도 역시 그 적용의 예외가 될 수 없다. 따라서 소멸시효가 완성되었다

71) 양자의 관계에 대해서는, 권리행사가 신의성실에 반하는 경우 권리남용이 되는 것으로서 권리남용이 신의칙 위반의 효과에 해당한다고 하는 견해(중복적용가능설), 신의성실의 원칙은 채권법을, 권리남용금지의 원칙은 물권법을 각 지배하는 원리라거나, 특수한 법률관계에 있는 자 사이에서는 신의성실의 원칙이, 그 밖의 관계에서는 권리남용금지의 원칙이 각 적용된다고 하는 견해(중복적용부정설) 등이 있다고 한다. 그러나 신의성실의 원칙과 권리남용의 원칙의 적용 분야를 굳이 구별하여 설명하는 것은 어렵기도 한데다 지나치게 형식적이라고 생각되며[同旨: 박찬익, "소멸시효에 있어서의 신의성실의 원칙", 민사판례연구 제29권, 박영사(2007), 282면], 대상판결의 분석과 직접적인 연관이 있다고 보이지 않으므로 상세히 다루지 않는다.

고 하더라도 이를 주장하는 것이 신의칙에 반하는 권리남용으로 인정될 때에는 소멸시효 주장이 허용되지 않는다는 것이 학설과 판례의 태도이다.

(나) 소멸시효 제도 운용에 있어 신의칙의 기능과 한계

앞서 검토한 바와 같이 소멸시효 제도의 주된 의의는 법적 안정성의 제고에 있다고 할 것이나, 의무자를 보호할 필요성이 적은 데에 비하여 권리자로부터 권리를 박탈하는 것이 가혹한 결과로 평가되고, 시효완성 주장을 배척하더라도 법적 안정성을 저해할 위험이 적은 반면 오히려 위 주장을 배척하는 것이 구체적인 타당성을 충족하는 결론에 이른다면, 시효소멸의 효과가 기계적으로 발생하지 않도록 제도를 적절히 운용할 필요가 있다. 이러한 제도 운용에 있어서는 대상적격, 기산점, 기간, 중단, 정지, 시효이익의 포기 등 가급적 민법이 명문으로 정하고 있는 장치들을 우선적으로 활용하는 것이 해석상의 명확성이나 예측가능성의 측면에서 나을 것이나, 그만큼 위 장치들은 내용이 비교적 명확하고 법리도 상당 부분 축적되어 있어 구체적인 사안에서 유연하게 적용하는 데 다소 어려움이 따른다.[72)]

신의칙은 위와 같이 명문으로 정한 장치들을 활용하는 데 제한이 있는 경우 보충적으로 활용될 수 있는 도구이다. 다만, 신의칙에 관한 민법 제2조는 구체적인 요건 및 효과를 기재하지 않은 일반조항이어서 자의적 적용 및 법적 안정성을 저해할 위험을 내포하고 있으므로, 실제 적용에 있어서는 우선 실정법률의 의미를 면밀히 파악하고, 실정법률의 정신이나 목적, 규율의도를 고려해야 하며, 법을 구체화하고, 보충하고, 예외적으로 수정하는 정도의 역할을 맡도록 하여야 한다.[73)] 신의칙을 동원하여 소멸시효 주장을 배척하는 데에 있어서도 위와 같은 점을 신중히 고려할 필요가 있다.[74)] 특히 우리 민법은 어떤 권리를 소멸시효의 대상

---

72) 장두영(주 7), 171면.

73) 편집대표 곽윤직, 민법주해[Ⅰ], 총칙(1), 박영사(2012), 107면(양창수 집필부분).

74) 판례도 채무자의 소멸시효 완성 주장이 문제된 사안에서, 신의칙과 같은 일반적 원칙을 적용하여 법이 두고 있는 구체적인 제도의 운용을 배제하는 것은 법해석에 있어 또 하나의 대원칙인 법적 안정성을 해할 위험이 있으므로 그 적용에는 신중

에서 배제하거나, 시효기간을 연장하거나, 시효완성의 요건을 가중하는 법률행위를 할 수 없게 하여(민법 제184조 제2항) 법에서 정한 내용보다 의무자에게 불리한 약정을 하지 못하도록 정하고 있는바, 위 규정의 취지를 고려하여 보더라도 시효의 이익을 받는 의무자의 소멸시효 주장을 일반조항인 신의칙에 기하여 배척하는 데에는 한층 주의를 기울여야 할 것이다.[75)]

(다) 소멸시효 주장을 권리남용으로 배척함에 있어 주관적 요건(가해의사, 가해목적)의 요부

1) 일반적인 권리남용에 관한 판례의 태도

권리남용 주장이 문제된 일반적인 경우에 있어 판례는 주관적 요건을 주로 강조한 사례,[76)] 객관적 요건을 주로 강조한 사례,[77)] 주관적 요건과 객관적 요건을 모두 요구한 사례,[78)] 주관적 요건과 객관적 요건을 선택적으로 본 사례[79)] 등이 모두 존재하여 그 태도가 일관된 것은 아니다. 다만, 근래의 판례는 주관적 요건을 요구하는 경우 "권리의 행사가 주관

을 기하여야 한다고 설시한 바 있다(대법원 2005. 5. 13. 선고 2004다71881 판결, 대법원 2008. 5. 29. 선고 2004다33469 판결 등). 한편, 권영준(주 8), 21면은 소멸시효 주장에 대한 신의칙의 엄격한 적용필요성이 다른 나라에서도 받아들여지고 있다고 하면서, 영국에서는 원고가 유아이거나 정신적으로 성숙하지 못하여 권리를 행사하지 못했거나, 피고가 사기 또는 고의적 은닉을 행했거나, 피고가 책임을 인정한 경우 비로소 형평(equity)을 통해 소멸시효의 법리를 완화할 수 있다고 하고[N. H. Andrews, Reform of Limitation of Actions: The Quest for Sound Policy, Cambridge Law Journal. 57(3) (1998), p. 591], 독일에서는 소멸시효 항변이 신의칙에 반하는 경우를 단기소멸시효 사안을 위주로 엄격히 인정한다고 하며[Säcker/Grothe, Münchener Kommentar, Band I, 4. Aufl(2001), §194 Rn. 13,; Palandt(註 26), S. 199.: BGH NJW 1988, 2247], 일본에서도 신의칙을 적극 활용하는 태도가 결과적으로 법창설에 이른다는 점을 지적하면서 이를 이례적인 경우로 한정하여야 한다는 견해가 주장되고 있다고 소개하고 있다.

75) 권영준(주 8), 21-22면.

76) 대법원 1980. 5. 27. 선고 80다484 판결 등.

77) 대법원 1959. 12. 31. 선고 4291민상865 판결, 대법원 1982. 9. 14. 선고 80다2859 판결, 대법원 2003. 4. 11. 선고 2002다59481 판결 등.

78) 대법원 1986. 7. 22. 선고 85다카2307 판결, 대법원 1987. 3. 10. 선고 86다카2472 판결 등.

79) 대법원 1964. 11. 24. 선고 64다803 판결, 대법원 1983. 10. 11. 선고 83다카335 판결 등.

적으로 오직 상대방에게 고통을 주고 손해를 입히려는 데 있을 뿐 이를 행사하는 사람에게는 아무런 이익이 없고, 객관적으로 사회질서에 위반된다고 볼 수 있으면 그 권리의 행사는 권리남용으로서 허용되지 아니하고 … (중략) … 주관적 요건은 권리자의 정당한 이익을 결여한 권리행사로 보여지는 객관적인 사정에 의하여 추인할 수 있으며"라고 판시하여, 객관적 요건에 의해 주관적 요건이 추인될 수 있다고 보고 있다.[80)]

2) 소멸시효 주장의 경우

소멸시효 주장을 권리남용으로 배척하는 데 있어 주관적 요건이 필요한지 여부에 관하여, 소멸시효 주장에 있어 주관적 요건은 권리남용의 인정을 수월하게 하는 요소이지 필수적인 요소는 아니라는 견해,[81)] 객관적으로 채권자가 권리를 행사할 수 없는 사실상의 장애사유가 있었다고 보아 채무자의 시효완성 항변이 신의칙에 반한다고 판단한 사례와 관련하여, 권리남용의 주관적 요건까지 필요한 것은 아니고 신의칙상 권리소멸을 인정하는 것이 정의관념에 반하면 충분하다는 견해,[82)] 일반적인 권리남용에 관한 판례의 태도에 비추어 의무자 측의 귀책사유가 없는 경우에는 매우 예외적이고 특수한 사정 아래에서만 시효완성 주장을 권리남용으로 인정하여야 한다는 견해[83)] 등이 제시된 바 있다.

검토하건대, 권리남용에 관한 우리 민법 제2조 제2항은 '권리는 남용하지 못한다.'라고 정할 뿐 가해의사 내지 가해목적이라는 주관적 요건을 요구하지는 않고 있는 점, 판례가 권리남용에 있어 주관적 요건을 필요로 한다고 본 사례는 대체로 소유권과 같은 적극적이고 절대적인 권리의 행사를 권리남용으로 제한한 경우로서 그와 같은 고도의 권리가 일반조

80) 대법원 2003. 11. 27. 선고 2003다40422 판결, 대법원 2014. 10. 30. 선고 2014다42967 판결 등.

81) 박찬익(주 71), 285면.

82) 대법원 2002. 10. 25. 선고 2002다32332 판결에 대한 판례해설인 이주현, "채권자의 권리행사가 객관적으로 불가능한 사실상의 장애사유가 있음에 불과한 경우 채무자의 소멸시효항변이 신의칙에 반한다는 이유로 허용하지 않을 수 있는지 여부", 대법원판례해설, 법원도서관(2003), 581면.

83) 편집대표 김용담(주 8), 522면.

항인 신의칙에 의하여 함부로 박탈되는 경우를 제한하려는 취지로 보이는 점[84] 등에 비추어 보면, 소멸시효 주장을 권리남용으로 배척함에 있어 반드시 주관적 요건을 필요로 한다고 볼 것은 아니라고 생각한다. 아래 (라)항에서 기술하는 바와 같이, 판례 또한 소멸시효 주장이 권리남용으로 되는 경우를 네 가지로 유형화하면서 주관적 요건을 요구하지 않는 유형(유형 4)을 포함시키기도 하였고, 당사자의 상계권 행사가 권리남용에 해당하는지 여부가 문제된 사안에서는 "상계권자의 지위가 법률상 보호를 받는 것은, 원래 상계제도가 서로 대립하는 채권, 채무를 간이한 방법에 의하여 결제함으로써 양자의 채권채무관계를 원활하고 공평하게 처리함을 목적으로 하고 있고, 상계권을 행사하려고 하는 자에 대하여는 수동채권의 존재가 사실상 자동채권에 대한 담보로서의 기능을 하는 것이어서 그 담보적 기능에 대한 당사자의 합리적 기대가 법적으로 보호받을 만한 가치가 있음에 근거하는 것이므로 당사자가 상계의 대상이 되는 채권이나 채무를 취득하게 된 목적과 경위, 상계권을 행사함에 이른 구체적 · 개별적 사정에 비추어, 그것이 위와 같은 상계 제도의 목적이나 기능을 일탈하고, 법적으로 보호받을 만한 가치가 없는 경우에는, 그 상계권의 행사는 신의칙에 반하거나 상계에 관한 권리를 남용하는 것으로서 허용되지 않는다고 함이 상당하고, 상계권 행사를 제한하는 위와 같은 근거에 비추어 볼 때 일반적인 권리 남용의 경우에 요구되는 주관적 요건을 필요로 하는 것은 아니다."라고 판시하여 주관적 요건을 필요로 하지 않는다고 명시한 바도 있다.[85]

다만 주관적 요건의 요부와는 별개로, 신의칙의 신중한 적용 필요성 및 소멸시효 제도의 주된 의의인 법적 안정성 측면을 고려하면, 정당한 권리자로부터 권리를 박탈하고 의무자를 면책시키는 것이 가해의사를 가진 권리자의 권리행사를 배척하지 않는 것만큼이나 심히 부당하고 불공평하다는 객관적인 사정이 인정되고, 소멸시효 주장을 배척하더라도 법적

---

84) 박찬익(주 71), 285면.

85) 대법원 2003. 4. 11. 선고 2002다59481 판결.

안정성을 심히 해치는 결과에 이르지 않아야 비로소 소멸시효 주장이 권리남용에 해당한다고 평가할 수 있을 것이다.

(라) 소멸시효의 남용과 관련한 판례의 태도

판례는 소멸시효 주장에 대한 신의칙의 신중한 적용 필요성을 인정하는 한편으로 어떠한 경우의 소멸시효 주장이 권리남용에 해당하는가를 크게 네 가지 유형으로 분류한 바 있고,[86] 같은 취지의 판시가 반복되면서[87] 현재는 하나의 판례 법리로 이해되고 있는 듯하다. 그 네 가지 유형이라 함은, 채무자가 시효완성 전에 채권자의 권리행사나 시효중단을 불가능 또는 현저히 곤란하게 하였거나 그러한 조치가 불필요하다고 믿게 하는 행동을 한 경우(유형 1), 객관적으로 채권자가 권리를 행사할 수 없는 장애사유가 있는 경우(유형 2), 일단 시효완성 후에 채무자가 시효를 원용하지 아니할 것 같은 태도를 보여 권리자로 하여금 그와 같이 신뢰하게 한 경우(유형 3), 채권자보호의 필요성이 크고, 같은 조건의 다른 채권자가 채무의 변제를 수령하는 등의 사정이 있어 채무이행의 거절을 인정함이 현저히 부당하거나 불공평하게 되는 등의 특별한 사정이 있는 경우(유형 4)를 말한다. 각각의 유형과 관련된 사례를 구체적으로 보면 다음과 같다.

1) 유형 1 : 채무자가 시효완성 전에 채권자의 권리행사나 시효중단을 불가능 또는 현저히 곤란하게 하였거나 그러한 조치가 불필요하다고 믿게 하는 행동을 한 경우

본 유형의 전단 부분과 관련하여, 판례는 보호감호소에서 보호감호를 받고 있던 원고가 자신이 받은 부당한 처우에 대한 소송서류를 작성하기 위하여 집필허가신청을 하였으나 거부되었고, 그 후 이를 이유로 국가를 상대로 손해배상청구를 한 사안에서, 피고인 국가가 원고의 권리행사나 시효중단을 사실상 불가능 또는 현저히 곤란하게 하였다고 인정

86) 대법원 1994. 12. 9. 93다27604 판결.
87) 대법원 1997. 12. 12. 선고 95다29895 판결, 대법원 2002. 10. 25. 선고 2002다32332 판결, 대법원 2005. 5. 13. 선고 2004다71881 판결 등 다수.

하여 피고의 소멸시효 완성 주장을 신의칙에 반하는 것으로 보았다.[88)]

본 유형의 후단 부분과 관련하여서는, 증권회사 지점장이 고객으로부터 교부받은 증권투자예수금을 횡령하고 그 후에도 증권회사의 포괄적 대리권을 갖는 지위에 있으면서 원고들로부터 예수금을 받고 입출금확인서를 발행하여 안심시킨 경우, 피고인 증권회사가 지점장의 불법행위에 대해 소멸시효 항변을 원용하는 것은 신의칙에 반한다고 본 사례,[89)] 불법행위로 인한 손해배상채권의 단기소멸시효기간이 경과하기 전에 채무자인 피고가 적극적으로 채권자인 원고로 하여금 소제기 등 시효중단조치가 불필요하다고 믿게 하고 이를 소청심사위원회에 의한 구제절차의 종료시까지 미루도록 유인하는 행동 등을 한 사안에서 피고의 소멸시효 항변이 신의칙에 반한다고 본 사례[90)] 등이 있다.

2) 유형 2 : 객관적으로 채권자가 권리를 행사할 수 없는 장애사유가 있는 경우

본 유형은 채권자의 권리행사가 객관적으로 불가능한 사실상의 장애사유가 있는 경우이다.[91)]·[92)] 판례는 퇴직 근로자인 원고들이 피고 농업협동조합을 상대로 추가 퇴직금 청구권을 행사한 사안에서 개정된 피고의 퇴직금규정이 기존 근로자에게 유리한 경우에만 제한적으로 적용되어야 한다는 사실을 원고들이 알기 어려웠고 그러한 원고들의 인식에 과실이 있다고 보기도 어려우므로 추가 퇴직금 청구권을 행사할 수 없는 사실상의 장애사유가 있었다고 하거나,[93)] 근로자가 요양불승인에 대한 취

88) 대법원 2003. 7. 25. 선고 2001다60392 판결.

89) 대법원 1999. 12. 7. 선고 98다42929 판결.

90) 대법원 1997. 12. 12. 선고 95다29895 판결.

91) 권리행사에 법률상의 장애가 있는 경우에는 소멸시효의 기산점이 그 장애사유가 소멸된 때로 늦춰진다(민법 제166조 제1항). 이에 대하여는 권리행사가 객관적으로 불가능하다면 그것이 사실상의 장애사유라고 하더라도 소멸시효 자체가 진행되지 않는다고 보아야 하는 것 아닌지 의문이라는 지적도 있다[권영준(주 8), 23-24면].

92) 한편, 이 유형에 대하여는 객관적 장애사유의 발생에 채무자 측의 기여가 있어야 하는 것인지에 관한 견해의 대립도 있으나, 해당 논의가 대상판결의 분석과는 큰 관련이 없다고 보이므로 상세히 소개하지 않는다.

93) 대법원 2002. 10. 25. 선고 2002다32332 판결.

소소송의 판결확정시까지 근로복지공단에 휴업급여를 청구하지 않은 사안에서 근로복지공단의 요양불승인처분의 적법여부가 근로자의 휴업급여 청구권 발생의 전제가 된다고 볼 수 있는 점 등을 들어 근로자의 휴업급여청구권 행사에 사실상의 장애사유가 있었다고 보아 근로복지공단의 소멸시효 항변이 신의칙에 반한다고 판단한 바 있다.[94)]

3) 유형 3 : 일단 시효완성 후에 채무자가 시효를 원용하지 아니할 것 같은 태도를 보여 권리자로 하여금 그와 같이 신뢰하게 한 경우

본 유형은 채무자의 행위를 이유로 한다는 점에서 위 1) 유형과 맥락을 같이하나, 시효완성 후의 태도를 이유로 한다는 점에서 1) 유형과 차이가 있다. 판례는 과거사정리법에 의한 진실규명신청이 있었고, 피고 대한민국 산하의 과거사정리위원회도 망인들을 희생자로 확인 또는 추정하는 진실규명결정을 한 사안에서, 망인들의 유족인 원고들로서는 피고가 소멸시효 완성을 들어 권리소멸을 주장하지 않을 것이라는 신뢰를 가질 만한 특별한 사정이 있었다고 할 것이어서 피고의 소멸시효 완성 항변이 신의칙에 반한다고 판단하였다.[95)] 반면, 삼청교육대 피해자들이 국가를 상대로 제기한 손해배상청구소송에서 대통령의 시국담화가 사법상의 법률효과를 염두에 둔 것이 아니어서 시효이익을 포기한 것으로 볼 수 없다거나,[96)] 이른바 거창사건의 피해자들이 제기한 국가배상청구 사건에서 소멸시효기간이 완성된 후 국회에서 피해자들에 대한 보상금을 지급하도록 정한 특별법 개정안이 의결된 적이 있다는 사정 등만으로는 국가가 시효이익을 원용하지 않을 것 같은 태도를 보인 것이라고 할 수 없다거나,[97)] 학도의용군으로 복무한 원고가 피고인 국가의 병적관리상의 과실로 다시 징집되어 만기전역한 뒤 약 40년이 지나 손해배상청구를 한 사건에서 국방부장관이 1999. 3. 11. 원고가 학도의용군으로 복무한 사실을 공식 확

94) 대법원 2008. 9. 18. 2007두2173 전원합의체 판결.
95) 대법원 2013. 5. 26. 선고 2012다202819 전원합의체 판결.
96) 대법원 1996. 12. 9. 선고 94다22927 전원합의체 판결.
97) 대법원 2008. 5. 29. 선고 2004다33469 판결.

인한 사정만으로는 국가가 시효이익을 포기하거나 이를 원용하지 않을 것 같은 태도를 보인 것이라고 할 수 없다고 판단한 사례[98] 등과 같이 본 유형의 소멸시효 남용을 인정하지 않은 판례들도 있다.

4) 유형 4 : 채권자보호의 필요성이 크고, 같은 조건의 다른 채권자가 채무의 변제를 수령하는 등의 사정이 있어 채무이행의 거절을 인정함이 현저히 부당하거나 불공평하게 되는 등의 특별한 사정이 있는 경우

본 유형은 채권자 보호의 필요성이 크거나[99] 유사 조건의 다른 채권자들과 비교하였을 때 현저히 공평을 해하는 등의 사정이 있어 이익형량 상 채무자의 시효완성 주장을 받아들이는 것이 부당하다고 인정되는 경우이다. 판례는 불법체포 상태에서 고문 또는 협박을 당한 후 국가보안법위반으로 유죄판결을 받아 형의 집행을 받은 원고에 대하여 국가배상책임을 인정하면서, 원고의 보호 필요성이 큰 반면 국민의 인권을 중대하게 침해한 피고 대한민국의 소멸시효 항변을 인정하는 것은 현저히 부당한 결과를 초래하는 것이라는 이유 등을 들어 시효완성 주장을 배척하였다.[100] 반면, 판례는 앞서 본 대법원 2008. 5. 29. 선고 2004다33469 판결에서 이른바 거창사건의 피해자들이 6·25 사변을 전후하여 발생한 다른 유사사건 희생자들의 경우와 비교하여 상대적으로 불리한 처우를 받고 있다고 볼 만한 증거가 없으므로 소멸시효 완성을 주장하는 것이 현저히 부당하거나 불공평한 경우에 해당하지 않는다고 판단하였고, 대법원 2005. 5. 13. 선고 2004다71881 판결에서는 다른 손해배상청구권의 채권자들과 달리 원고에게 특별한 보호 필요성이 있다거나 같은 처지의 다

---

98) 대법원 2005. 5. 13. 2004다71881 판결.

99) 편집대표 김용담(주 8), 520면은 임금채권, 자의 부양료 채권 등을 그 예시로 들고 있다.

100) 대법원 2011. 1. 13. 선고 2010다53419 판결. 한편, 이 판결에서는 시대적 상황에 비추어 원고가 재심판결 확정 전까지 피고에 대해 손해배상청구권을 행사할 수 없는 객관적 장애사유가 있었다고도 보아, 유형 2에 해당하는 사유의 존재를 함께 인정하였다. 대법원 2011. 1. 27. 선고 2010다6680 판결은 피고 대한민국 산하 중앙정보부 수사관들이 원고를 불법구금한 상태에서 가혹행위를 가해 허위자백을 받은 사안에서 국가배상책임을 인정하며 같은 취지로 판시하였다.

른 채권자들이 배상을 받았다는 사정이 보이지 아니하여 피고가 소멸시효 완성을 주장하는 것이 현저히 부당하거나 불공평한 경우에 해당하지 않는다고 판단하기도 하여, 본 유형의 소멸시효 남용을 인정하지 않기도 하였다.

(2) 대상판결에서 임대인이 시효완성을 주장하는 것이 신의칙에 반한다고 볼 수 있는지

신의칙의 일반조항적 성격에 비추어 볼 때 어떤 사안이 반드시 판례가 유형화한 네 가지 형태에 해당하여야만 소멸시효의 남용으로 인정될 수 있는 것은 아니겠으나, 위 유형에 관한 판시가 반복적으로 이루어지고 있고 그 내용이 신의칙의 한계나 주관적 요건의 요부에 관한 앞선 논의와도 상충하지 않는 만큼, 이를 일응의 기준으로 삼아 대상판결의 사안에서 임대인이 시효완성을 주장하는 것이 권리남용에 해당할 수 있는지를 살펴보기로 한다.

① 우선 대상판결의 사안은 유형 2, 즉, '객관적으로 채권자가 권리를 행사할 수 없는 장애사유가 있는 경우'에는 해당할 여지가 없다고 보인다. 임차인은 임대차기간이 만료되면 임차보증금반환채권을 행사할 수 있는 것이고, 법정임대차관계 역시 임차보증금을 반환받을 때까지만 존속이 간주되는 것으로 정해져 있어 임차인의 보증금반환채권 행사가 가능함을 당연히 전제하는 것으로 볼 수밖에 없다.

② 다음으로 대상판결의 사안이 유형 1 및 유형 3, 즉, '채무자가 시효완성 전에 채권자의 권리행사나 시효중단을 불가능 또는 현저히 곤란하게 하였거나 그러한 조치가 불필요하다고 믿게 하는 행동을 한 경우' 또는 '시효완성 후에 채무자가 시효를 원용하지 아니할 것 같은 태도를 보여 권리자로 하여금 그와 같이 신뢰하게 한 경우'에 해당한다고 보기에도 어려움이 있다. 대상판결의 사안에서 임대인이 임차보증금반환채권의 행사를 불가능 또는 현저히 곤란하게 하였다는 사정은 보이지 않으므로, 임대인이 임차인에게 시효중단을 위한 조치가 불필요하다거나 임대인이 시효를 원용하지 않을 것이라는 신뢰가 생길 만한 태도를 보였다는 사정

이 인정되어야 할 것인데, 임차인이 임대차기간 만료 후 목적물을 계속 점유하는 데 대하여 임대인이 특별히 다투지 아니하였다는 사정만으로는 임차인에게 위와 같은 정도의 신뢰가 생겼을 것이라고 생각하기 힘들다. 유형 1, 3과 관련하여 소멸시효 남용이 인정된 판례 사안을 살펴보면, 의무자가 단지 권리의 존재를 다투지 아니하는 정도를 넘어 예수금을 받고 입출금확인서를 발행하여 주거나, 관련 구제절차의 종료 시까지 시효중단 조치를 미루도록 유인하는 행동을 하거나, 의무자 산하의 위원회에서 진실규명결정을 하는 등의 작위가 존재하였던 사실을 알 수 있으나, 대상판결의 경우 의무자인 임대인이 단순히 임차인의 목적물 계속 점유를 수인한 것 외에 별다른 작위를 행한 사정은 드러나지 않는다. 한편, 대법원 2008. 11. 27. 선고 2006다18129 판결은 학교법인인 피고가 원고들과 사이에 체결한 학교부지에 관한 매매계약을 1986. 4. 21. 해제하면서 원고들에게 이미 수령한 매매대금에 위약금 및 지연손해금을 가산하여 지급하기로 약정하였다가 원고들이 2002. 11. 11.에 이르러서야 약정금 지급을 구한 사안에서 '피고가 원고들의 소제기 전까지 채무의 존재를 명시적으로 다투거나 부정하지 않았다'는 점 등을 이유로 피고의 소멸시효 항변이 신의칙에 반한다고 판단한 바 있는데, 위 판결은 채무자인 피고가 채무의 존재를 다투지 않았다는 점 외에도 원고들에 대한 채무가 명시된 문서를 작성하여 공식적으로 외부에 공표하거나, 피고를 인수하려는 소외인에게 위 채무를 부담하고 있음을 전제로 '피고 채무를 모두 변제한 후 피고 정상화를 도모하겠다'는 내용의 통보를 하는 등의 여러 작위가 있었다는 사정도 신의칙 위반 인정의 주된 논거로 삼았으므로, 위 판결을 본 유형의 소멸시효 남용이 인정될 수 있는 근거로 삼기에는 부족하다.[101]

③ 그러나 대상판결의 사안은 유형 4, 즉, '채권자보호의 필요성이

---

101) 한편, 위 대법원 2006다18129 판결에 대하여는 단지 채무의 존재를 명시적으로 다투거나 부정하지 않다가 소멸시효 항변을 하였다고 하여 그것이 신의칙에 반하는 것은 아니며, 위 판결의 논리에 의할 경우 채무자가 채무의 존재를 명시적으로 다투거나 부정하여야 하는데 이는 몰염치한 채무자를 오히려 우대하는 결과를 조장하여 부당하다는 비판도 있다[권영준(주 8), 29-30면].

크고, 같은 조건의 다른 채권자가 채무의 변제를 수령하는 등의 사정이 있어 채무이행의 거절을 인정함이 현저히 부당하거나 불공평하게 되는 등의 특별한 사정이 있는 경우'에 해당할 수 있다고 생각된다.

우선, 관련 실정법인 주택임대차보호법이 임차보증금을 반환받지 못한 임차인의 보호 필요성에 주목하여 제4조 제2항을 신설하면서 임차보증금을 반환받을 때까지 이미 종료한 임대차계약 관계가 존속하는 것으로 의제하는 강력한 효과를 부여하기로 한 만큼, 보증금을 반환받지 못하여 부득이 임차주택을 계속 점유하고 있는 임차인의 보호 필요성이 결코 작다고 볼 수는 없다. 이른바 채권적 전세에 있어 임차보증금의 액수가 상당히 고액으로 정해지는 경우가 많은 점,[102)] 우리나라 가구의 상당수가 채권적 전세 형태로 거주하고 있고, 가계 총자산에서 채권적 전세에 따른 임차보증금이 차지하는 비율도 상당히 높은 점,[103)] 통상 임차인은 기존 임대인으로부터 임차보증금을 반환받은 뒤 이를 새로운 임대인에게 지급하는 방식으로 신규 임대차계약에 따른 보증금지급의무를 이행하고 있어 임차보증금의 회수는 임차인의 향후 주거 문제와도 직결되는 점[104)] 등의 사정에 비추어 보면 더욱 그러하다.

한편, 대상판결의 사안에서 임차보증금반환채권의 시효소멸을 인정하는 경우 임대인은 법정임대차관계를 도입한 입법자의 의지에 정면으로 반하여 임대차관계에서 완전히 해방되는 반면, 임차인은 여전히 목적물반환의무를 부담하고 임차보증금에 관해서는 아무런 청구를 할 수 없게 되어 그 결과가 현저히 부당하거나 불공평하다고 평가받을 만하다. 특히,

---

102) 한국감정원의 전국주택가격동향조사에 의하면, 2021. 7. 기준 전국 전세가율(주택매매가격 대비 전세가격 비율)은 64.5%에 이른다.

103) 최근 한 연구에 의하면, 우리나라 가구 중 19.5%가 채권적 전세 형태로 거주하고 있고, 채권적 전세에 따른 전세보증금은 평균적으로 우리나라 가계 총자산의 11.1% 수준으로서 금융자산 중 1/4 이상에 해당한다고 한다. 심현정, "국제비교를 통해 본 우리나라 가계 자산 특징 및 시사점", 미래에셋 은퇴리포트 No. 37, 미래에셋은퇴연구소(2018), 6면.

104) 대상판결의 사실관계에 의하면, 임차인인 원고는 임대차계약 종료일 이후에도 약 8년간 기존 임차주택에 계속 거주하다가 직업군인과 혼인하여 배우자의 근무지를 따라 이동하게 되면서 비로소 위 주택에 거주하지 않게 되었던 것으로 보인다.

주택임대차보호법은 동법이 제정된 1981. 3. 5. 이래 주택임차권의 대항력과 임차보증금의 우선변제권을 확보하기 위한 공통된 요건으로 임차인의 임차주택의 인도(점유)를 들어 왔고, 임차보증금의 회수를 위해 임차주택을 계속 점유해야 한다는 사실은 이제 일반적으로 잘 알려진 법적 상식이 되었다고 할 것인데, 임차인이 그와 같은 법 상식에 기대어 임차보증금을 반환받기 위해 임차주택을 계속 점유하였고, 임대인 역시 오랜 기간 임차인의 임차주택 점유를 인식하면서 그와 같은 점유의 의도를 알고 있었다고 봄이 상당함에도 불구하고 임차보증금반환채권이 시효로 소멸한다고 하면, 이는 일반인의 관점에서 매우 부당하게 여겨질 수밖에 없을 것이다.[105] 나아가, 임대인은 새로운 임차인을 물색하여 임차목적물을 재임대하거나 임차목적물을 매각함으로써 보증금 반환에 필요한 금원을 조달할 수 있다는 점도 채무이행 거절의 부당성 내지 불공평을 판단함에 있어 고려할 필요가 있다.

더하여, 임차인이 임대차 기간 만료 후 임차보증금을 반환받기 위해 임차주택을 계속 점유하는 경우 그 기간 동안에는 임대인이 위 주택을 스스로 사용·수익하거나 타인에게 이를 사용·수익하도록 할 수 없는 점, 임대인이 위와 같은 주택을 타인에게 매도하는 경우 임차인에게 반환하지 못한 임차보증금을 매매대금에서 제외하고 매매계약을 체결하는 것이 일반적인 점 등을 고려하면, 임차인이 임차주택을 계속 점유한 경우에 한하여 임차보증금반환채권의 시효소멸 주장을 허용하지 않더라도 거래의 안전 내지 법적 안정성을 저해할 위험은 크지 않다.

대상판결의 사안에서 소멸시효의 기간, 기산점, 정지는 별달리 문제되지 않고, 임차인이 임차보증금반환채권을 행사한 것으로 보아 위 채권을 소멸시효의 대상에서 제외하거나, 최고 내지 승인과 같은 시효중단사유가 발생하였다고 해석하기에 법리상 어려움이 있음은 전술한 바와 같다.[106] 그러므로 본 사안에서 권리자의 보호, 의무자의 면책 및 법적 안

105) 同旨: 정영호(주 2), 65면.

106) 임대인의 시효완성 전 묵시적 승인이 있었다고 인정하기 어려운 만큼 시효완성

정성의 요청을 균형 있게 고려하는 방향으로 소멸시효 제도를 운용하기 위하여서는 임대인이 시효소멸 주장이 신의칙에 반한다고 논리를 구성하는 것이 가장 적절하다고 생각된다. 이러한 논리 구성은 신의칙으로 하여금 관련 실정법인 주택임대차보호법 및 동법 제4조 제2항의 의미, 목적, 규율의도를 구체화 내지 보충하는 역할을 담당하도록 하는 것이어서 신의칙의 기능상 한계를 벗어나는 것으로도 보이지 않는다. 당사자의 주장이 신의칙에 반하는지 여부는 법원의 직권조사사항에 해당하므로,[107)]대상판결에서 임차인의 주장이 없었더라도 법원은 직권으로 임대인의 시효완성 주장이 신의칙에 반한다고 보아 이를 배척할 수 있었을 것이다.

4. 보 론

(1) 임차권등기의 시효중단효에 관한 최근 판례와의 관계

최근 대법원은 주택임대차보호법 제3조의3에서 정한 임차권등기명령에 따라 이루어진 임차권등기에 민법 제168조 제2호에서 정하는 소멸시효 중단사유인 압류 또는 가압류, 가처분에 준하는 효력이 없다고 판시하여 임대인의 시효완성 주장을 받아들인 바 있는데,[108)] 임차권등기와 법정임대차관계 모두 임차보증금의 회수를 위하여 마련된 제도인 점을 고려하면, 대상판결에서 임대인의 시효완성 주장을 권리남용으로 배척하는 것이 시효완성 주장을 받아들인 위 대법원 판결의 태도에 배치되는 것은 아닌지 의문이 있을 수 있다.

그러나 위 대법원 판결은 임차권등기에 압류, 가압류, 가처분에 준하는 소멸시효 중단효가 있는지 여부를 판단한 것으로서, 임대인의 시효완성 주장이 권리남용에 해당하는지 여부에 관해서는 판단이 이루어지지 않았다.

나아가, 위 대법원 판결에서 직권으로 권리남용 측면을 살폈더라도

후 시효이익의 묵시적 포기가 있었다고 인정하기도 어렵다고 할 것이다.

107) 대법원 1995. 12. 22. 선고 94다42129 판결.

108) 대법원 2019. 5. 16. 선고 2017다226629 판결.

반드시 대상판결과 같이 임대인의 시효완성 주장을 배척하는 결론에 이르렀을지는 의문이다. 대상판결과 같이 임대차 종료 후에 임차인의 임차주택 점유가 계속되는 경우 임대인이 스스로 목적물을 사용·수익하거나 타인에게 이를 사용·수익하도록 하는 것은 불가능하나, 임차권등기만이 이루어지고 임차인이 임차주택을 점유하지 않는 경우에는 이를 임대인 스스로 사용·수익하거나 타인에게 재임대하여 사용·수익하도록 하는 것이 가능하므로, 거래의 안전 내지 법적 안정성 측면에서 두 경우 간에 차이가 있다. 또한, 위 대법원 판결의 사실관계에 의하면 임차인이 임대차 종료 이후 임차목적물의 점유를 상실한 것으로 보이는바(위 사안에서 임차권등기명령 신청은 임대차 종료일인 2004. 8. 17.로부터 약 9개월 후인 2005. 5. 20.에야 이루어졌고 실제 임차권등기는 2005. 6. 28.에 이루어졌다), 권리자의 보호 필요성 내지 의무자 면책의 부당성 측면에 있어서도 임대차 종료 후 목적물의 점유가 계속된 대상판결의 사안과 동일하다고 평가하기는 어려워 보인다.

따라서 대상판결에서 임대인의 시효완성 주장을 권리남용으로 파악하더라도 임차권등기의 시효중단효를 인정하지 않은 위 대법원 판결의 태도에 배치되는 것은 아니라고 생각된다.

(2) 소제기 당시 임차인이 임차주택의 점유를 상실한 경우

대상판결의 사안과 달리, 임차인이 임대차기간 종료 후 일정 기간 임차주택을 계속 점유하다가 보증금반환청구의 소를 제기하기 전에 그 점유를 포기[109]하여 상실한 경우라면 어떻게 판단하여야 할지도 문제가 될 수 있다.

대상판결의 결론에 따를 경우, 임차인이 목적물을 점유하는 기간 동안에는 임차보증금반환채권의 소멸시효가 진행하지 않으므로 점유를 상

---

109) 점유를 승계해준 경우에는 임차인 자신이 계속 점유를 하는 것과 동일하게 볼 여지가 있고(대법원 1999. 3. 18. 선고 98다32175 전원합의체 판결 참조), 점유를 침탈당한 뒤 회수한 경우에는 처음부터 점유를 상실하지 않은 것으로 볼 것이므로 (민법 제192조 제2항 단서), 점유를 포기한 경우만을 상정한다.

실한 때로부터 10년 내에 소를 제기하기만 하면 시효기간은 도과하지 않았다고 보아야 할 것이다. 반면, 소멸시효 남용의 측면에서 이를 바라보면 문제는 다소 복잡해진다. 임차인이 소를 제기한 때로부터 9년 전에 임차주택의 점유를 상실한 경우라면 임대인의 소멸시효 주장을 권리남용으로 평가할 수 있을 것인지, 반대로 소를 제기한 때로부터 한 달 전에 점유를 상실한 경우라면 어떠한지 간단하게 답하기 어렵다. 결국 예측가능성의 측면에서는 대상판결의 결론이 낫다고 할 수밖에 없다.

그러나 위 문제상황을 권리남용의 측면에서 접근하더라도 예측가능성을 확보할 방법이 전혀 없는 것은 아니다. 예컨대, 국가기관이 수사과정에서 행한 위법행위에 따라 부담하는 손해배상채무에 관하여 국가가 시효완성을 주장하는 것은 권리남용으로 허용될 수 없으나, 채권자는 국가의 소멸시효 항변을 저지하기 위하여 상당한 기간 내에 권리를 행사하여야 한다고 판시한 대법원 2013. 12. 12. 선고 2013다201844 판결과 유사하게 임차인은 법정임대차관계에 따른 임차주택의 점유를 상실한 날로부터 일정한 기간 내에 권리를 행사하여야 임대인의 소멸시효 항변을 저지할 수 있다는 논리를 구성해 볼 수 있다. 위 논리에 의하면 임대인의 소멸시효 항변이 가능한 시점이 특정되므로 예측가능성 측면에 있어 대상판결의 결론과 큰 차이가 없다. 한편, 소제기 전에 임차주택의 점유를 포기한 임차인의 보호 필요성 및 임대인 면책의 부당성을 소제기 시까지 임차주택을 계속해서 점유한 임차인의 경우와 동일하게 평가하기는 어렵다고 할 것이므로, 위와 같은 논리구성이 대상판결에 따른 결론보다 구체적 타당성을 도모하기에는 더 적합하다고 보인다.

Ⅳ. 결 론

대상판결은 임대차 종료 후 임차인이 임차목적물을 계속 점유하는 동안 임차보증금반환채권의 소멸시효가 진행하지 않는다고 판시하면서, 그 근거를 임차목적물의 점유로서 임차보증금반환채권이 계속적으로 행사되고 있다고 보아야 하는 점, 임대인과 임차인 사이의 이익형량, 법정임대차관계에 관한 주택임대차보호법 제4조 제2항의 입법취지에서 찾았다. 그러나 임차인의 임차목적물 점유는 동시이행항변권의 행사에 불과할 뿐 상대방에 대한 권리의 행사라고 보기 어렵고, 적극적인 권리행사 측면에서 보더라도 임대차계약에 근거한 목적물의 점유만으로 보증금계약에 근거한 임차보증금반환채권을 행사한 것으로 볼 수 있을지는 의문이며, 설령 임차보증금반환채권의 행사로 보더라도 애당초 소멸시효가 진행하지 않는다고 할 정도의 권리행사라고 평가하기는 힘들다. 나머지 논거인 당사자 간 이익형량 및 주택임대차보호법의 입법취지 문제만으로는 임차인의 임차목적물 점유가 계속되는 동안 임차보증금반환채권이 소멸시효에 걸리지 않는다는 대상판결의 결론을 직접 이끌어 내기에 부족하다. 대상판결이 '목적물을 인도받아 사용·수익하는 부동산 매수인의 소유권이전등기청구권은 소멸시효에 걸리지 않는다'고 판시한 대법원 76다148 전원합의체 판결과 유사한 논리전개를 택함으로써 다른 판례의 태도와 충돌하거나 다소간 논리의 비약이 발생하게 된 것이 아닌가 하는 아쉬움이 있다. 한편, 종전 판례의 태도에 비추어 대상판결에서 임차인의 최고 내지 임대인의 승인과 같은 시효중단사유가 있었다고 해석하기도 쉽지 않다.

그럼에도 불구하고, 대상판결의 사안에서 임차보증금반환채권이 시효로 소멸하는 것은 당사자 간 이익형량 및 주택임대차보호법 제4조 제2항의 입법취지에 비추어 부당하다는 대상판결의 논지는 타당하다고 본다. 결국 본 사안은 소멸시효의 남용 측면에서 접근하는 것이 권리자와 의무자간 이익형량 및 법적 안정성의 요청을 균형 있게 고려하면서도 종전 판례의 법리와 상충하지 않는 가장 적절한 방안이라고 생각된다. 법원은 당사자의 주장이 신의칙에 반하는지 여부를 직권으로 판단할 수 있으므로, 대상판결에서도 직권으로 임대인의 시효완성 주장이 권리남용에 해당한다고 보면 족하였을 것이다.

한편, 위와 같이 소멸시효 남용으로 법리를 구성하더라도 결론에 있어서는 대상판결과 차이가 없다. 임대인의 시효소멸 주장을 권리남용으로 평가할 수 있는 주된 근거는 법정임대차관계에서 있어 임대인과 임차인 사이의 이익형량 및 주택임대차보호법 제4조 제2항의 입법취지에 있으므로, 주택임대차보호법이 적용되지 않는 일반적인 부동산 임대차관계에서의 임차보증금반환채권에 관하여는 같은 논리가 적용될 수 없다고 본다. 반면, 상가건물 임대차보호법 제9조 제2항[110]은 주택임대차보호법 제4조 제2항과 동일한 내용을 정하고 있으므로 동법이 적용되는 상가건물 임대차에 있어서는 임차보증금반환채권의 시효소멸 주장을 권리남용으로 배척할 여지가 클 것이다. 다만, 신의칙을 동원하여 구체적인 제도의 운용을 제한하는 것은 가급적 자제하는 것이 바람직하다는 지적은 여전히 유효하다. 장기적으로는 주택임대차보호법 및 상가건물 임대차보호법에 '제4조 제2항(상가건물 임대차보호법의 경우 제9조 제2항)에 따라 임대차기간이 끝난 후에도 임차인이 목적물을 계속 점유하는 경우 임차인이 그 점유를 상실한 때로부터 ○년(내지 ○월) 내에는 임차보증금반환채권의 시효가 완성되지 아니한다'는 식의 시효정지 규정을 두는 것이 가장 명료한 해결책이 될 것으로 생각한다.[111]

---

110) 상가건물 임대차보호법 제9조(임대차기간 등)
② 임대차가 종료한 경우에도 임차인이 보증금을 돌려받을 때까지는 임대차 관계는 존속하는 것으로 본다.

111) 同旨: 권영준(주 37), 247면.

[Abstract]

Occupation of the Leased House Under Statutory Lease and Extinctive Prescription of the Lease Deposit Refund Claim

Choi, Sheung Ho*

This Supreme Court Decision is the first case which states whether extinctive prescription of the lease deposit refund claim proceeds if the lessee continues to occupy the leased house even after the period for lease has expired, when the lease contract is subject to Housing Lease Protection Act. This decision held that extinctive prescription of such claim does not proceed for the following reasons: Occupation of the leased house shall be deemed as the exercise of the lease deposit refund claim; Balancing of conflicting interests between the lessor and the lessee; The legislative purpose of Article 4 (2) of Housing Lease Protection Act which regulates statutory lease.

However, occupation of the leased house by the lessee is merely an invocation of Exceptio non adimpleti contractus, not the exercise of a certain claim against the lessor. Also, it is questionable that occupation of the leased house can be seen as the exercise of the lease deposit refund claim, because the former is based on a house lease contract and the latter is based on a deposit contract. Balancing of interests and the legislative purpose of Housing Lease Protection Act does not directly support the conclusion that extinctive prescription of the lease deposit refund claim does not proceed in the first place.

Nonetheless, it is not reasonable for the lessee to lose his deposit refund claim due to the extinctive prescription despite the fact that he has

* Judge, Sokcho Branch Court of Chuncheon District Court.

continued to occupy the leased house, considerng the balancing of interests between the lessor and the lessee and the legislative purpose of Article 4 (2) of Housing Lease Protection Act. This paper suggests that it is appropriate to approach this case from the perspective of abuse of the extinctive prescription doctrine, considering precedents, balancing of conflicting interests between the parties, and legal stability. Since the court may, ex officio, determine whether one's allegation is against Good faith principle, the court could have rejected the lessor's allegation of completion of extinctive prescription by judging it as the abuse of extinctive prescription in this case.

In the long term, it is necessary to consider to add a new article in Housing Lease Protection Act which regulates the suspension of prescription, such as, "When the lessee continues to occupy the leased house under Article 4 (2) even after the period for lease has expired, the prescription shall not become complete for ○ years(or ○ months) from the time the lessee lost his occupation."

[Key word]

- housing lease protection act
- statutory lease
- occupation of the leased house
- lease deposit refund claim
- extinctive prescription
- abuse of extinctive prescription doctrine

참고문헌

[단 행 본]

편집대표 곽윤직, 민법주해[Ⅲ] 총칙(3), 박영사(2012).
______, 민법주해[Ⅳ] 물권(1), 박영사(2011).
______, 민법주해[Ⅴ] 물권(2), 박영사(2011).
______, 민법주해[ⅩⅤ] 채권(8), 박영사(2012).
편집대표 김용담, 주석민법[총칙(1)], 한국사법행정학회(2010).
______, 주석민법[총칙(3)], 한국사법행정학회(2010).
고상룡, 민법총칙[전정판], 법문사(2001).
곽윤직/김재형, 민법총칙[제9판], 박영사(2013).
김상용, 민법총칙[제3판], 화산미디어(2014).
김주수 · 김상용, 민법총칙[제6판], 삼영사(2011).
백태승, 민법총칙[제6판], 집현재(2014).
이은영, 민법총칙[제5판], 박영사(2009).

[논 문]

강인원, "소멸시효 제도의 존재의의 및 소멸시효 중단사유로서의 승인에 대한 소고", 인권과 정의 Vol. 478, 대한변호사협회(2018).
곽윤직, "부동산매수인의 소유권이전등기청구권의 법률적 성질 및 그것이 시효로 소멸하는지의 여부", 민사판례연구 제1권, 민사판례연구회(1976).
권영준, "2020년 민법 판례 동향", 서울대학교 법학 제62권 제1호(2021).
______, "소멸시효와 신의칙", 재산법연구 제26권 제1호, 법문사(2009).
노재호, "소멸시효의 원용-원용권자의 범위와 원용권자 상호간의 관계를 중심으로", 사법논집 제52집, 법원도서관(2011).
박찬익, "소멸시효에 있어서의 신의성실의 원칙", 민사판례연구 제29권, 박영사(2007).
심현정, "국제비교를 통해 본 우리나라 가계 자산 특징 및 시사점", 미래에셋은퇴리포트 No. 37, 미래에셋은퇴연구소(2018).

이주현, "채권자의 권리행사가 객관적으로 불가능한 사실상의 장애사유가 있음에 불과한 경우 채무자의 소멸시효항변이 신의칙에 반한다는 이유로 허용하지 않을 수 있는지 여부", 대법원판례해설, 법원도서관(2003).

장두영, "채무자의 소멸시효이익 포기 후 법률관계를 형성한 제3취득자의 지위", 민사판례연구 제39권, 박영사(2017).

정병호, "부동산 점유와 소유권이전등기청구권의 소멸시효", 민사판례연구 제33-1권, 박영사(2011).

정소민, "명시적 일부청구와 소멸시효 중단", 민사판례연구 제43권, 박영사(2021).

정영호, "주택임대차보호법에 따른 임대차에서 임차인의 주택 점유와 임차보증금반환채권의 소멸시효", 대법원판례해설 제125호, 법원도서관(2020).

공유물분할청구권을 대위행사하는 경우 '보전의 필요성' 유무의 판단기준

목 혜 원*

■요 지■

대상판결은 채권자인 원고가 자신의 금전채권을 보전하기 위하여, 채무자와 이 사건 아파트를 공유하고 있는 피고를 상대로 채무자의 공유물분할청구권을 대위행사하여 책임재산을 보전하고자 했던 사건이다. 기존 판례에 의하면 무자력 기준이 적용되어, 채권자는 채무자의 무자력을 입증하면 보전의 필요성을 인정받을 수 있었으나 대법원은 이 사건에서 피대위채권과 견련성이 있는 특정 채권자의 채권 보전에 관한 대법원 2001. 5. 8. 선고 99다38699 판결에서 설시된 밀접한 관련성 기준을 병합하여(병합형 판단기준) '채무자의 무자력' 이외에 '피보전채권의 현실적 이행을 유효·적절하게 확보하기 위한 필요성(유효·적절성)'과 '채무자의 자유로운 재산관리행위에 대한 부당한 간섭이 되는 특별한 사정의 부존재(부당한 간섭성)'를 추가로 요구하고, 그 기준을 충족하지 못했다는 이유로 보전의 필요성을 인정하지 않았다. '필요성'을 인정하기 위해 '정당성/타당성'을 요구하는 부당한 간섭성 요건이 '보전의 필요성 판단기준'이 되는 것이 적정한지에 관한 문제를 차치하더라도, 대법원이 피대위채권과 견련성 있는 특정 채권자의 채권 보전을 위한 채권자대위권 행사에서 위 밀접한 관련성 기준을 설정하여 허용범위를 점차 확장해 왔다는 측면에서, 이 사건에서 위 밀접한 관련성 기준을 병합하고 엄격한 심사를 통해 대위권의 행사를 허용하지 않은 데에는 비판의 여지가 있다. 대법원이나 하급심이 이 사안을 기점으로 피대위채권이 공유물분할청구권이

* 대전지방법원·대전가정법원 천안지원 판사.

아닌 경우에도 병합형 판단기준을 적용하고, 이를 엄밀하게 심사하는 경우 책임재산 보전 목적의 채권자대위권의 허용범위 자체가 지나치게 축소할 위험도 있다. 나아가 이 사건에서 당사자들의 관계, 공유관계의 보호 필요성과 예측가능성, 보전소송의 목적 등을 보면, 설사 병합형 판단기준에 따른다고 하더라도 보전의 필요성 인정요건을 충족한다고 볼 여지가 크다. 채무자와 제3채무자의 보호 필요성이 거의 없고, 채권자가 자신의 채권을 실효적으로 확보할 다른 구제수단이 현실적으로 없는 이 사안까지 채권자대위권 행사를 허용하지 않았다는 점에서 대상판결의 법리와 결론에 찬동하기 어렵다.

[주 제 어]

- 채권자대위권
- 보전의 필요성
- 채무자의 무자력
- 밀접한 관련성
- 유효 · 적절성
- 부당한 간섭
- 공유물분할
- 무잉여 경매

대상판결 : 대법원 2020. 5. 21. 선고 2018다879 전원합의체 판결 [공2020하, 1175]

[사안의 개요]

1. 상속분할협의 및 사해행위취소

(1) A가 소유한 부천시 소재 아파트(이하 '이 사건 아파트'라 한다)에는 농업협동조합중앙회 명의로 ① 채무자는 B, 채권최고액은 2억 4,000만 원인 근저당권과 ② 채무자는 B, 채권최고액은 합계 1억 800만 원인 근저당권이 각 설정되어 있었다(이하 위 각 근저당권을 통틀어 '이 사건 근저당권'이라 한다).

(2) A는 2011. 12. 7. 사망하였고, 자녀 7인(이하 '공동상속인들'이라 한다)이 위 재산을 공동으로 상속하였는데 공동상속인 중 한 명인 C(이 사건의 채무자이다. 이하 '채무자'라고만 한다)는 2012. 12. 10. 채무초과 상태에서 피고를 비롯한 다른 공동상속인들과 사이에 이 사건 아파트를 피고의 단독소유로 하는 내용의 상속재산 분할협의를 하였다. 피고는 2013. 5. 23. 이 사건 부동산에 관하여 위 협의분할에 의한 상속을 원인으로 한 소유권이전등기를 마쳤다.

(3) 채권자인 원고[1)·2)]는 위 상속재산분할협의가 사해행위임을 이유로 하여 사해행위 취소소송을 제기하였고, 1심 법원은 2014. 5. 20. 위 협의를 취소하고 소유권이전등기를 말소하라는 판결을 하였다(인천지방법원 부천지원 2013가단30280 판결[3)]). 이후 항소심에서 피고의 항소가 기각되고, 대법원에서 상고가 기각되어(심리불속행) 그 무렵 위 판결이 확정되었다. 이에 따

---

1) 당시 원고의 상호는 '티와이머니대부 주식회사'였으나 채권자대위소송을 제기할 무렵 '와이티에프앤아이대부 주식회사'로 변경되었고, 대법원의 선고 전에 '메이슨에프앤아이대부 주식회사'로 변경되었다.

2) 원고는 2012. 9. 18. 한국자산관리공사로부터 채무자에 대한 인천지방법원 부천지원 2008차2957호 지급명령에 기한 양수금채권(6,399,954원 및 그중 5,492,428원에 대한 1998. 6. 26.부터의 지연손해금, 이하 '이 사건 피보전채권'이라 한다)을 양수하여 그 무렵 채무자의 채권자가 되었다.

3) '① 피고 스스로도 채무자가 채무를 갚기 위해 노력하고 있었고 사업에 실패하여 어렵게 지낸다는 사실은 알고 있었다고 진술한 점을 감안하면, 비록 피고가 채무자의 채무액을 구체적으로 알지는 못한다고 하더라도 남매지간인 채무자가 채무초과 상태라는 사실 정도는 충분히 인식할 수 있었다고 할 것인 점, ② 더욱이 이 사건 부동산에 설정된 근저당채무액 2억 9,000만 원도 채무자의 대출로 비롯된 것이었음에도 그 채무가 해결되지 않고 있던 상황이었던 점' 등의 사정이 고려되었다.

라 위 소유권이전등기에 관하여 2015. 8. 17. 사해행위 취소를 원인으로 하여 2016. 11. 15. 이 사건 아파트의 1/7지분(이하 '이 사건 공유지분'이라 한다)은 채무자의, 6/7지분은 피고의 공유로 경정하는 내용의 등기가 이루어졌다.[4]

2. 채권자의 채무자 소유 지분에 대한 강제집행 시도와 이 사건 소송의 제기

(1) 채무자 명의의 경정등기가 이루어진 이후 신용보증기금은 이 사건 공유지분에 대한 강제경매를 신청하여 경매절차가 개시되었다(인천지방법원 부천지원 2016타경54686호). 경매법원은 2017. 2. 8. 신용보증기금에 "이 사건 공유지분의 최저매각가격 59,000,000원이 압류채권자의 채권에 우선하는 부동산의 부담 296,297,784원(이 사건 근저당권, 체납조세, 공과금)에 미치지 못한다."고 통지한 후 2017. 2. 17. 경매신청을 기각하였다.

(2) 이후 원고는 이 사건 피보전채권을 보전하기 위하여 채무자의 피고에 대한 공유물분할청구권을 대위행사한다는 내용의 이 사건 공유물분할소송을 제기하였다.

[소송의 경과]

1. 1심 : 인천지방법원 부천지원 2016가단28561 판결

1심은 ① 원고가 공유물분할청구권을 대위행사한다고 하여 채무자의 책임재산이 증가하지 않는 점, ② 채무자의 공유지분에 관하여 권리행사를 하여 채권의 만족을 얻을 수도 있는 점, ③ 이를 인정하면 경매에 의하여 변제받을 가망이 없는데도 무의미하게 경매가 이루어지거나 우선채권자가 그 의사에 반하여 불리한 시기에 불충분한 채권의 회사를 강요당하여 민사집행법 제102조[5]의 입법취지가 무의미해지는 점 등을 고려하여 원고가 금전채권을

4) 인천지방법원 부천지원 2013가단30280 판결, 인천지방법원 2014나9090 판결.

5) 민사집행법 제102조(남을 가망이 없을 경우의 경매취소)
① 법원은 최저매각가격으로 압류채권자의 채권에 우선하는 부동산의 모든 부담과 절차비용을 변제하면 남을 것이 없겠다고 인정한 때에는 압류채권자에게 이를 통지하여야 한다.
② 압류채권자가 제1항의 통지를 받은 날부터 1주 이내에 제1항의 부담과 비용을 변제하고 남을 만한 가격을 정하여 그 가격에 맞는 매수신고가 없을 때에는 자기가 그 가격으로 매수하겠다고 신청하면서 충분한 보증을 제공하지 아

보전하기 위하여 채무자를 대위하여 공유물분할을 청구할 보전의 필요성이 없다는 이유로 소를 각하하였다.

2. 원심 : 인천지방법원 2017나8494 판결

원심은, 원고가 이 사건 공유지분에 대하여 강제집행을 시도하더라도 그 강제집행은 위에서 본 신용보증기금의 경매신청과 동일한 결과를 맞을 수밖에 없는 반면, 집합건물인 이 사건 아파트를 경매하여 그 대가를 공유지분에 따라 분배하는 방법을 취할 경우에는 상당한 금액이 공유자인 채무자와 피고에게 배당될 수 있을 것으로 보이므로, 원고의 이 사건 아파트에 대한 대위권행사는 이 사건 피보전채권의 확보를 위한 유효·적절한 수단이 될 수 있다며, 1심 판결을 취소하고 이 사건 아파트를 경매하여 그 대금에서 경매비용을 제외한 나머지 돈을 원고에게 1/7, 피고에게 6/7의 비율로 분배할 것을 명하였다.

[대상판결의 요지]

1. 다수의견의 요지[6)]

(1) 채권자는 자기의 채권을 보전하기 위하여, 일신에 전속한 권리가 아닌 한 채무자의 권리를 행사할 수 있다(민법 제404조 제1항). 공유물분할청구권은 공유관계에서 수반되는 형성권으로서 공유자의 일반재산을 구성하는 재산권의 일종이다. 공유물분할청구권의 행사가 오로지 공유자의 자유로운 의사에 맡겨져 있어 공유자 본인만 행사할 수 있는 권리라고 볼 수는 없다. 따라서 공유물분할청구권도 채권자대위권의 목적이 될 수 있다.

(2) 권리의 행사 여부는 그 권리자가 자유로운 의사에 따라 결정하는 것이 원칙이다. 채무자가 스스로 권리를 행사하지 않는데도 채권자가 채무자를 대위하여 채무자의 권리를 행사할 수 있으려면 그러한 채무자의 권리를 행사함으로써 채권자의 권리를 보전해야 할 필요성이 있어야 한다. 여기에서 보전의 필요성은 ① (i) 채권자가 보전하려는 권리의 내용, (ii) 채권자가 보전하려는 권리가 금전채권인 경우 채무자의 자력 유무, (iii) 채권자가 보전하려는 권리와 대위하여 행사하려는 권리의 관련성 등을 종합적으로 고려하여 ② 채권자가 채무자의 권리를 대위하여 행사하지 않으면 자기 채권의 완

니하면, 법원은 경매절차를 취소하여야 한다.

6) 이에 대하여 대법관 민유숙, 대법관 김상환의 다수의견에 대한 보충의견이 있다.

전한 만족을 얻을 수 없게 될 위험이 있어 채무자의 권리를 대위하여 행사하는 것이 자기 채권의 현실적 이행을 유효·적절하게 확보하기 위하여 필요한지 여부를 기준으로 판단하여야 하고, ③ 채권자대위권의 행사가 채무자의 자유로운 재산관리행위에 대한 부당한 간섭이 되는 등 특별한 사정이 있는 경우에는 보전의 필요성을 인정할 수 없다(대법원 1993. 10. 8. 선고 93다28867 판결, 대법원 2013. 5. 23. 선고 2010다50014 판결, 대법원 2017. 7. 11. 선고 2014다89355 판결 등 참조).[7)]

(3) 채권자가 자신의 금전채권을 보전하기 위하여 채무자를 대위하여 부동산에 관한 공유물분할청구권을 행사하는 것은, 책임재산의 보전과 직접적인 관련이 없어 채권의 현실적 이행을 유효·적절하게 확보하기 위하여 필요하다고 보기 어렵고 채무자의 자유로운 재산관리행위에 대한 부당한 간섭이 되므로 보전의 필요성을 인정할 수 없다. 또한 특정 분할방법을 전제하고 있지 않는 공유물분할청구권의 성격 등에 비추어 볼 때 그 대위행사를 허용하면 여러 법적 문제들이 발생한다. 따라서 극히 예외적인 경우가 아니라면 금전채권자는 부동산에 관한 공유물분할청구권을 대위행사할 수 없다.

이는 채무자의 공유지분이 다른 공유자들의 공유지분과 함께 근저당권을 공동으로 담보하고 있고, 근저당권의 피담보채권이 채무자의 공유지분의 가치를 초과하여 채무자의 공유지분만을 경매하면 남을 가망이 없어 민사집행법 제102조에 따라 경매절차가 취소될 수밖에 없는 반면, 공유물분할의 방법으로 공유부동산 전부를 경매하면 민법 제368조 제1항에 따라 각 공유지분의 경매대가에 비례해서 공동근저당권의 피담보채권을 분담하게 되어 채무자의 공유지분의 경매대가에서 근저당권의 피담보채권 분담액을 변제하고 남을 가망이 있는 경우에도 마찬가지이다.[8)]

---

7) 번호는 필자가 임의로 부기한 것이다.

8) 이 부분에 관하여 다수의견이 덧붙인 '상세한 이유'의 요지는 다음과 같다.
① 채무자의 책임재산이 늘어난다고 법률적으로 평가할 수도 없고, 책임재산에는 실질적인 변동이 없다.
② 공유지분에 대한 강제집행이 남은 가망이 없다는 사정도 변할 수 있다.
③ 실질적으로는 법이 인정하고 있지 않은 일괄경매신청권을 일반채권자에게 부여하는 것이 된다.
④ 공유물분할제도의 본래의 목적과 취지에도 부합하지 않는다.
⑤ 부동산이 현물로 분할되면, 채무자의 책임재산에 대한 강제집행이 남을 가망이 없다.
⑥ 금전채권자가 바라는 특정한 공유물분할 방법을 전제로 한 공유물분할청구권

결국 원고가 자신의 금전채권을 보전하기 위하여 이 사건 아파트에 관한 공유물분할청구권을 대위행사할 수 있다고 본 원심의 판단에는 금전채권자의 공유물분할청구권 대위행사에 관한 법리를 오해하여 판결에 영향을 미친 잘못이 있고, 이와 달리 공유물에 근저당권 등 선순위 권리가 있어 남을 가망이 없다는 이유로 민사집행법 제102조에 따라 공유지분에 대한 경매절차가 취소된 경우에는 공유자의 금전채권자는 자신의 채권을 보전하기 위하여 공유자의 공유물분할청구권을 대위행사할 수 있다는 취지로 판단한 대법원 2015. 12. 10. 선고 2013다56297 판결은 이 판결의 견해에 배치되는 범위에서 이를 변경하기로 한다.

2. 반대의견의 요지[9)]

채무초과 상태인 채무자가 부동산의 공유지분을 소유하고 있으나, 공유부동산 위에 존재하는 공동근저당권으로 인하여 채무자의 공유지분에 대한 강제집행은 남을 가망이 없어 불가능한 반면, 공유물분할의 방법으로 공유부동산 전부를 경매하면 민법 제368조 제1항에 따라 각 공유지분의 경매대가에 비례해서 공동근저당권의 피담보채권을 분담하게 되어 채무자인 공유자에게 배분될 몫이 남을 수 있는 경우 채권자가 채무자의 재산권에 속하는 공유물분할청구권을 대위행사하여 채권의 현실적 이행을 유효·적절하게 확보할 수 있도록 허용해야 한다. 그 이유는 다음과 같다.

(1) 금전채권 보전을 위한 채권자대위권 행사에서 채무자의 무자력 외에 추가적인 것을 요구하며 보전의 필요성을 엄격하게 인정하려는 다수의견의 태도는 무자력 요건을 완화하여 채권자대위권 행사를 허용하는 범위를 확대해 온 판례의 기본적인 방향과 배치된다.

(2) 공유물분할청구권은 공유관계에서 수반되는 형성권으로서 공유자가

의 대위행사를 허용하지 않더라도 특별히 부당하다고 볼 수 없다.

⑦ 소송요건(보전의 필요성)의 구비 여부가 본안에 대한 최종심리 결과에 따라 달라지게 되면 본말이 전도되고, 소 각하 판결이 확정되어도 공유물분할청구의 소를 반복하여 제기할 수 있게 된다.

⑧ 공유자들로부터 공유물을 사용·수익할 권리를 근본적으로 박탈하고, 공유지분을 우선 매수할 수 없게 하고, 공유자들의 협의분할 시 대위권 행사가 무익하게 되므로 금전채권의 보전을 위한 공유물분할청구권 대위행사는 채무자의 자유로운 재산관리행위에 대한 부당한 간섭이 된다.

9) 대법관 권순일, 대법관 김재형, 대법관 박정화, 대법관 김선수.

갖는 재산권 중 하나이고, 채권자대위가 허용되지 않는 일신전속적 권리가 아니다. 공유물분할은 공유자의 재산권이 행사되는 자연스러운 모습 중 하나이고, 공유물분할의 자유는 공유가 다른 공동소유제도와 구별되는 본질적 특징이다.

(3) 공유물분할에서 공유지분만을 매각할 때보다 공유물 전부를 매각할 때 공유지분 자체의 매각금액이 커지는 것이 강제집행의 일반적 현실이다. 다수의견은 공유물분할청구권 행사의 결과가 실제 책임재산에 미치는 효과를 애써 외면하고 있다.

(4) 채권자가 채무자의 재산권에 속하는 공유물분할청구권을 대위행사하는 것은 다음과 같은 이유로 금전채권의 현실적 이행을 확보할 수 있는 유효·적절한 수단이다.[10)]

(5) 공동근저당권의 피담보채권이 공동근저당 관계에 있는 부동산 중 일부로부터만 변제되는 결과가 반드시 바람직한 것은 아니다. 공동근저당권자의 이익을 해치지 않으면서 공동근저당권의 목적인 부동산의 경매 대가가 동시에 배당되도록 하는 방법이 있다면 이를 허용하는 것이 타당하다. 공유물분할의 자유를 본질적 특징으로 하는 공유관계에서는 채권자대위의 법리에 따른 공유물분할청구가 바로 그러한 방법이 된다.

(6) 다수의견은 공유물이 현물로 분할되었을 때의 채권자 지위에 비추어 대금분할이 되는 경우 채권자의 이익을 보호할 필요가 없다고 하나, 이 사건과 같이 애초에 현물분할을 생각하기 어렵고 대금분할이 타당한 경우에는 이러한 비교 자체가 무의미하다. 이른바 전면적 가액보상에 의한 현물분할에 비춰 반드시 대금분할의 방법으로 공유물분할이 이루어져야만 채권자가 자신의 채권에 대한 현실적 이행을 확보할 수 있게 되는 것도 아니다.

(7) 법원이 본안에 관한 심리와 판단을 마치고도 변론종결 당시에 보전

10) 이 부분에 관하여 다수의견이 덧붙인 '상세한 이유'의 요지는 다음과 같다.
① 채권자에게 공동근저당권이 실행되거나 변제로 소멸되기만 기다리라는 것은 채권의 현실적인 이행을 확보하는 데에 아무런 도움이 되지 않는다.
② 공유지분만을 매각할 때보다 공유물 전부를 매각할 때 공유지분 자체의 매각금액이 커지고, 공동근저당권자에게 불이익하다고 할 수 없다.
③ 채무자 스스로 공유물분할청구를 하여 대금분할이 될 때에도 일괄경매신청과 같은 효과가 나타난다.
④ 보전 필요성을 인정하지 않으면, 채무자가 강제집행을 사실상 면하게 되는 반사적 이익을 얻게 된다.

의 필요성이 없음을 이유로 채무자를 대위하여 채권자가 제기한 소를 각하하는 일은 비단 공유물분할청구권이 아닌 다른 권리를 재판상 대위행사하는 경우에도 발생한다. '본안 전 소송요건에 대한 심리'와 '본안에 관한 심리' 단계를 엄격하게 구분하는 태도는 바람직하지 않다.

(8) 채무자의 자유로운 재산관리행위에 대한 부당한 간섭이 된다고 볼 수 없다.[11)]

〔研　　究〕

Ⅰ. 서　　론

채권자대위권은 본래 총채권자의 책임재산을 보전하기 위하여 채권자로 하여금 채무자의 권리를 행사하도록 하는 제도였지만, 우리 법체계에 계수된 이후 판례에 의하여 특정 채권자의 채권을 보전하기 위한 제도로 발전되어 왔다.[12)·13)] 현재 채권자대위권은, (1) 그 목적이 모든 채권자들의 공동담보로 될 책임재산의 확보인지 아니면 피대위채권과 밀접한 관련성이 있는 채권의 보전인지, (2) 피보전채권과 피대위채권이 금전채권(또는 채무불이행 등에 의하여 손해배상채권으로 轉化될 채권[14)])인지 아니

---

11) 상세한 이유의 요점은 다음과 같다.

① 예외적 사안에서 인정된 '부당한 간섭'을 금전채권 보전을 위한 채권자대위권의 행사 요건으로 일반화하는 것은 바람직하지 않다

② 공유지분에 대한 강제집행과 비교해서 공유물분할 경매가 채무자에게 더 불리하다고 할 수 없다.

③ 공유자들이 원하지 않는 시기에 공유물분할이 이루어지는 것이 공유자들에게 부당하다고 할 수 없다.

④ 공유자들은 분할협의 과정에서 분할을 청구한 공유자의 지분을 매수할 기회를 가질 수 있어 민사집행법 제140조가 적용되지 않는다고 하여 특별히 부당하다고 볼 수 없다.

⑤ 공유물분할청구권 대위행사가 허용되는 예외적 상황을 밝히고 있지 않아 법적 안정성을 해한다.

12) 오경미, "특정채권을 위한 채권자대위권의 인정기준과 한계", 판례연구 제23집(2012. 2.), 488면 참조.

13) 대법원 1952. 11. 4. 선고 4285민상89 판결 등 참조.

14) "여기에서 '손해배상채권으로 전화될 채권'이라 함은 채무자가 자기의 채권이 손해배상채권으로 전화될 경우에 대비하여 채무자의 책임재산확보의 방법으로 채권

면 특정채권인지에 따라 구분하여 볼 수 있다. 이를 유형화하여 보면, ① 채권자가 책임재산의 보전을 위하여 금전채권을 피보전채권으로 하여 금전채권을 대위행사하는 경우(제1유형), ② 채권자가 같은 목적으로 금전채권을 피보전채권으로 하여 특정채권을 대위행사하는 경우(제2유형), ③ 채권자가 피대위채권과 견련성이 있는 자신의 채권을 보전하기 위하여 그 금전채권을 피보전채권으로 하여 관련 금전채권을 대위행사하는 경우(제3유형), ④ 위 목적으로 그 금전채권을 피보전채권으로 하여 관련 특정채권을 대위행사하는 경우(제4유형), ⑤ 같은 목적으로 그 특정채권을 피보전채권으로 하여 관련 금전채권을 대위행사하는 경우(제5유형) 및 ⑥ 위 목적으로 그 특정채권을 피보전채권으로 하여 관련 특정채권을 대위행사하는 경우(제6유형)로 나누어 볼 수 있다.[15)·16)]

대상판결은 채권자인 원고가 자신의 피보전채권인 금전채권을 보전

자대위권을 행사하는 경우를 가리킴을 유의하여야 한다. 금전채권 이외의 모든 채권은 종국적으로는 채무불이행 등에 의하여 손해배상채권으로 화하고 따라서 금전채권으로 전화될 가능성을 내포하고 있으므로 특정채권을 피보전채권으로 한다고 하는 경우에는 그와 같은 손해배상채권으로서 전화를 전제로 하지 아니한 채 특정채권 본래의 목적달성을 위하여 채권자대위권을 행사하는 경우를 가리키는 것이다."[편집대표 곽윤직, "민법주해 제Ⅸ권 채권(2) 제387조~제407조", 박영사(1995), 750면(김능환 집필부분)].

15) 선행 논문은 피보전채권의 종류를 중심으로, 금전채권인 경우 '기본형(본래형)', 특정채권인 경우 '전용형'이라 하고, 제3, 4유형은 '기본형의 예외' 또는 '전용형의 확장'이라 설명한다. 필자는 제2유형을 제4유형과 분명히 구분하기 위하여 일본의 판례법상의 유형 분류방법을 참고하였다.

일본의 경우, 채권자대위권제도가 기능하고 있는 사례를 보전의 목적, 피보전채권 및 피대위채권의 종류에 따라 분류하고 있다. 즉 (1) 제도 본래의 목적인 책임재산보전을 위한 기능을 하고 있는 경우를 ① 금전채권보전을 위한 금전채권의 대위행사와, ② 금전채권보전을 위한 특정채권(또는 취소권, 해제권 등 다른 채권)의 대위행사 유형으로 나누고, (2) 제도가 다른 목적을 위해 전용되는 경우를 ① 특정채권보전을 위한 특정채권의 대위행사와 ② 금전채권보전을 위한 특정채권의 대위행사, ③ 금전채권보전을 위한 금전채권의 대위행사의 세 가지 유형으로 나누어 구분한다[이재찬, "채권자대위소송과 민사집행법상 금전채권에 대한 강제집행제도의 선후관계에 관한 연구", 사법논집 제63집(2017), 148면 참조].

16) 채권자가 채무자를 대위함에 있어서 대위에 의하여 보전될 채권자의 채무자에 대한 권리가 금전채권인 경우에는 그 보전의 필요성 즉, 채무자가 무자력인 때에만 채권자가 채무자를 대위하여 채무자의 제3채무자에 대한 권리를 행사할 수 있다 할 것이다(대법원 1993. 10. 8. 선고 93다28867 판결).

하기 위하여, 채무자와 이 사건 아파트를 공유하고 있는 피고를 상대로 채무자의 공유물분할청구권을 대위행사한 사건으로, 제2유형에 해당한다. 따라서 기존 판례에 의하면 채권자는 채무자의 무자력을 입증함으로써 보전의 필요성을 인정받을 수 있다.[17] 그런데 대법원은 이 사건에서 '채무자의 무자력' 외에 '피보전채권의 현실적 이행을 유효·적절하게 확보하기 위한 필요성(유효·적절성)'과 '채무자의 자유로운 재산관리행위에 대한 부당한 간섭이 되는 특별한 사정의 부존재(부당한 간섭성)'를 요건으로 추가하여, 이를 충족하지 못했다는 이유로 보전의 필요성을 인정하지 않았다.[18]

대법원은 제3 내지 6유형을 중심으로, 채권자대위권의 허용범위를 지나치게 확장하고 있다는 비판을 받아 왔으나 이 사안에서는 엄격한 판단기준을 적용하여 그 허용범위를 축소하고자 하였다. 이러한 대법원의 태도가 금전채권자가 공유물분할청구권을 대위행사하는 것을 막기 위한 것이라 하더라도, 그 법리의 적용대상을 이에 한정하지 않은 이상, 금전채권을 피보전채권으로 하는 다른 사건들 역시 위 법리의 영향을 받을 수밖에 없다. 결국 다수의견이 제시한 법리는, 제1, 2유형의 허용범위를 제3 내지 6유형에 비하여 지나치게 축소할 위험이 있다는 점에서 받아들이기 어렵다. 또한 극히 예외적인 경우가 아니라면 금전채권자는 부동산에 관한 공유물분할청구권을 대위행사할 수 없다는 다수의견에 따르더라도, 이 사안과 같이 채무자와 제3채무자의 보호 필요성이 거의 없고, 채권자가 자신의 채권을 실효적으로 확보할 다른 구제수단이 현실적으로 찾기 어려운 경우까지 이를 허용하지 않았다는 점에서 대상판결의 결론

17) 원심에서 채무자가 원심 변론종결 당시 채무초과의 무자력 상태에 있었다는 점이 이미 인정되었다.

18) 각주 68의 표 참조.
실무상 제3 내지 6유형에서도 '밀접한 관련성'이 있는지가 주요 심사대상이었고, 유효·적절성이나 부당한 간섭성 요건의 충족 여부를 독립적으로 심사하지는 않았다. 즉, 밀접한 관련성이 인정되었는데 유효·적절성 요건을 충족하지 못했다고 하여 보전의 필요성이 부정된 경우는 찾아볼 수 없고, 부당한 간섭성 요건은 극히 예외적인 사안(각주 61 참조)에서 인정된 적이 있었다.

에 찬동하기 어렵다. 다수의견이 '극히 예외적으로' 이를 허용할 여지를 남겨 놓으면서도 그 단서를 제시하지 않아 당사자들의 권리구제 및 분쟁의 해결에 도움이 될 수 있을지도 의문이다.[19)]

이하에서는 대법원의 기존 채권자대위권 판결을 제1 내지 6유형으로 분류하여 각 유형별 보전의 필요성의 판단기준을 검토하면서 종전 판례의 경향과 대상판결을 비교해 보고, 제3 내지 6유형의 보전 필요성의 판단기준을 구성하고 있는 각 요소의 적합성과 이러한 요소들이 제1, 2유형에 적용되는 것이 타당한지 검토한 후 이를 적용한 대상판결의 결론을 재고해 본다.

Ⅱ. 채권자대위권의 개관

1. 의의 및 연혁

채무자가 채권을 변제할 만한 충분한 자력을 가지고 있지 아니함에도 불구하고 스스로 제3채무자에 대한 권리를 실현하려고 하지 않는 경우에 채권자가 채권을 확보할 기회를 상실하는 것은 방지하기 위해 채권자로 하여금 채무자의 일반재산을 확보·보전할 수 있는 길을 열어 준 것이 채권자대위권이다. 채권은 상대적인 것으로서 제3자를 위한 계약과 같이 특별한 규정이 있는 경우를 제외하고는 제3자에게 영향을 미칠 수 없음이 원칙이나[20)] 채권자대위제도는 채권자로 하여금 채무자에 갈음하여 그의 채권을 행사할 수 있도록 한 것이다.

우리 민법 제404조 제1항에 규정된 본 제도는 프랑스 고대법에서 발전한 프랑스 구민법 제1166조를 계수한 일본 구민법 제423조를 다시 계승한 것이라는 견해가 지배적이다.[21)·22)] 프랑스는 과거 소송법상 채

19) 대상판결 이후에 선고된 서울동부지방법원 2019가단155548 판결 등 다수의 하급심 판결은 보전의 필요성이 인정될 수 있는지에 관한 실질적인 논의 없이 "예외적인 사정이 있다는 점에 대해 원고의 아무런 입증이 없어 보전의 필요성이 인정되지 않는다."며 소를 각하하였다.

20) 편집대표 곽윤직(각주 14), 741-742면(김능환 집필부분), 편집대표 김용덕, "주석민법 채권총칙 2", 제5판(2020), 한국사법행정학회, 184면(한애라 집필부분) 참조.

권의 집행제도, 특히 추심명령에 관한 규정을 두고 있지 않아 이를 보완하기 위해 위 제도를 받아들였으므로, 프랑스의 채권자대위권은 채무자의 일반재산을 확보·보전하기 위한 보전조치로서의 성격과 강제집행을 대체하는 사전조치로서의 성격을 함께 가지고 있었다.[23] 일본과 우리나라는 이미 강제집행 제도가 완비된 독일법을 계수하였으므로, 강제집행제도를 대체·보완하기 위한 수단으로 이를 도입한 것은 아니었으나 채무명의를 요하지 않고, 절차가 상대적으로 간명하며 형성권도 그 대상으로 삼을 수 있는 등 강제집행과 구별되는 제도적 이점으로 인해 이용되어 왔다. 한편, 강제집행제도와는 그 목적 및 기능, 성격이 다른 제3 내지 6유형의 채권자대위권은, 이러한 연혁과 별개의 제도로 발전·운용되어 왔다.[24]

---

21) 2016년에는 프랑스 민법전 중 채권법 부분에 대대적인 개정이 있었는데, 개정 이전의 프랑스 구 민법은 간접소권에 관하여 "채권자는 채무자에게 일신에 전속하는 권리를 제외하고는 채무자에게 속하는 모든 권리와 소권을 행사할 수 있다."고 규정하고 있었다[여하윤, "공유물분할청구권의 대위행사 허용 여부 – 프랑스 민법과 프랑스 재판례와의 비교를 중심으로 –", 비교사법 제26권 제1호(통권 제84호, 2019), 110면 참조].

일본은 민법 개정안이 2017. 5. 26. 가결되어, 2020. 4. 1.부터 시행되고 있다. 일본 구 민법 제423조는 채권자대위권에 관하여 "① 채권자는 자기의 채권을 보전하기 위하여 채무자에게 속하는 권리를 행사할 수 있다. 그러나 채무자의 일신에 전속한 권리는 그러하지 아니하다. ② 채권자는 그 채권의 기한이 도래하기 전에는 재판상의 대위에 의하지 아니하고는 전항의 권리를 행사하지 못한다. 그러나 보존행위는 그러하지 아니하다."라고 규정하고 있었다[김철수, "개정 일본민법상의 채권자대위권과 한국민법의 개정", 동북아법연구 제13권 제2호(2019. 9.), 24면 참조].

22) 편집대표 곽윤직(각주 14), 742면(김능환 집필부분) 참조.

23) 편집대표 곽윤직(각주 14), 743면(김능환 집필부분) 참조.

24) 프랑스에서 민사소송법상 채권압류제도가 정비된 이후에 채권자대위권은, 이로써 채권자가 바로 채권의 만족을 얻지 못한다는 단점으로 인해 활용도가 현저히 줄어들었다. 이에 따라 공유물분할의 경우를 제외하고 채권자대위권을 유지할 실익이 없다는 채권자대위권 무용론이 제기되기에 이르렀다. 그러나 최근 판례가 특정물 채권에 관하여 무자력을 요하지 않는 채권자대위권의 행사를 허용하기 시작하면서 채권자대위권 유용론이 등장하였다[오수원, "프랑스의 채권자대위권에 있어서 채권자의 채권과 특정물채권자 – 1980년대 이후의 새로운 경향", 법조 통권 제528호(2000), 49면 참조].

2. 법적 성격

(1) 학　　설

채권자대위권의 성격과 관련하여, 전통적으로 법정재산관리권설과 포괄적담보권설이 대립하여 왔다. 채권자대위권을 대리권의 일종으로 파악하여 채무자의 권리를 행사함에 있어서는 자기의 이름이 아니라 채무자의 이름으로 행사하여야 한다고 보는 대리권설이나 채권자가 채무자의 권리와 동일한 내용의 별개, 독립의 청구권을 취득하여 제3채무자에 대한 청구의 효과가 직접 자신에게 귀속된다고 보는 직접청구권설 등이 있으나 주요 학설의 주장 중 대상판결을 이해하는 데 필요한 핵심적인 내용만 살펴본다.

(가) 법정재산관리권설은 채권자대위권이 채권자가 법률의 규정에 의하여 사실상 또는 법률상 행위를 통해 채무자의 재산을 관리할 수 있는 권리로서, 공동담보인 채무자의 책임재산에 부족이 생긴 경우 채권자가 자기 이름으로 채무자의 재산권 내지 거래관계에 간섭하여 보존행위뿐만 아니라 처분행위까지 할 수 있는 권한을 가진다고 본다. 우리나라의 통설, 일본의 통설 및 판례의 입장이다.[25] 이는 프랑스 민법의 간접소권에서 채무자의 이름으로 채권자대위권을 행사하는 것과 달리, 채권자대위권에서 행사의 명의(채권자)와 효과의 귀속(채무자)이 분리되는 점에 착안한 이론이다.[26] 원칙적으로 피보전채권은 금전채권이고, 채무자는 무자력이어야 하나 예외적으로 특정채권의 보전도 채권자대위권의 전용으로서 인정한다.[27]

(나) 포괄적담보권설(법정포괄담보권설)은 채권자대위권을 채권자가 자신의 채권 보전을 위하여 채무자의 책임재산 전체에 대하여 가지는 일종

---

25) 편집대표 곽윤직(각주 14), 747-748면(김능환 집필부분) 참조, 이재찬(각주 15), 150-151면 참조.

26) 오경미(각주 12), 464면 참조.

27) 박광서, "채권자대위권 행사요건 중 보전의 필요성에 관한 판례이론", 청연논총 제15집(2019), 사법연수원, 62-63면 참조.

의 법률상 포괄적 담보권으로 본다. 이 견해는 채권자가 공동담보를 확보하기 위해서 뿐만이 아니라 채권자 자신의 채권을 보전하고 나아가 실현하기 위하여 적극적으로 채무자의 권리를 행사할 수 있다는 점을 강조하면서 채권자대위권의 중심기능을 책임재산의 보전에서 채권자 자신의 채권보전으로 옮기고자 한다.[28] 따라서 제3 내지 6유형의 채권자대위권도 당연히 채권자대위권의 일반적 행사범위에 포함되고, 그 행사에 있어 채무자의 무자력을 요구하지 않는다.

(다) 나아가 직접청구권설과 유사한 논리를 취하면서도, 제3 내지 6유형을 전통적인 제1, 2유형과 구별되는 별개의 직접청구권으로 구성하고 채권자대위권의 행사 효과를 채권자가 직접 받도록 해야 한다고 주장하는 직접청구권분리설도 있다.[29]

(2) 판례 및 검토

대법원은 채권자대위권의 성격에 관하여 명시한 적은 없으나 "채권자대위권을 행사하는 경우 채권자와 채무자는 일종의 법정위임의 관계에 있으므로 채권자는 민법 제688조를 준용하여 채무자에게 그 비용의 상환을 청구할 수 있다."고 하여 법정재산관리권설을 입장을 취한 것으로 평가된다.[30]

전통적인 채권자대위권 모습과 학설 및 판례에 의하여 발전되어 온 채권자대위권의 실무적 운용상황을 보면, 위 학설 중 어느 하나로 채권자대위권의 성격을 설명할 수 있다거나 이에 부합하는 논리를 정립하고 있다고 보기는 어렵다. 직접청구권설 또는 직접청구권분리설은 하나의 제도를 계수하여 단일 법규화하고 이를 유지하고 있는 우리 민법의 체계와 맞지 않고, 포괄적담보권설은 제3 내지 6유형을 채권자대위권의 원칙적 모습으로 포섭하여 법적 근거를 간명히 하고자 하였으나 담보권의 구체적인 의미와 포괄의 한계를 명확히 설명하지 못하고[31] 채권자대위권

28) 오경미(각주 12), 464면 참조.
29) 박광서(각주 27), 64면 참조.
30) 대법원 1996. 8. 21. 자 96그8 결정 참조.

본래의 목적 및 연혁과 조화를 이루기도 어렵다. 법정재산관리권설은 현재의 실무와 가장 유사한 체계를 보여주고 있으나 별다른 논리적 근거나 설명 없이 제3 내지 6유형을 예외로 받아들였다는 문제가 있다.[32)]

생각건대, 채권자대위권은 본래 금전채권을 피보전채권으로 채무자의 책임재산을 보전하기 위해 고안된 제도로, 채권의 상대적 효력에 비추어 채권자 자기 채권의 적극적인 실현에 나아가는 것까지를 예상하였거나 의도하였다고 보기는 어려우므로, 그 법적 성격은 제1, 2유형을 중심으로 하여 파악하는 것이 타당하다. 그러한 관점에서는 채무자에게 변제자력이 있다면 채권자가 그 재산권을 대위행사할 필요성을 인정할 수는 없고, 채권자에게 우선변제권도 인정되지 않는다고[33)] 설명하는 법정재산관리권설의 주장이 보다 논리적이다.

3. 채권자대위권의 행사요건 일반

채권자대위권에서 심리되어야 하는 사항은 ① 피보전채권의 존재, ② 피보전채권의 변제기 도래, ③ 보전의 필요성, ④ 대위 할 채권에 대한 채무자 스스로의 권리 불행사, ⑤ 대위 할 채권의 존재 및 대위가능성이다.[34)] 위 요건 중 대위 할 채권의 존재만 실체법적인 요건사실이고,

---

31) 박광서(각주 27), 65면 이하 참조.

32) 법정재산관리권설이 채무자의 무자력을 전제로 한 책임재산의 보전의 목적으로만 채권자대위권을 허용하는 것에 대한 비판도 있으나[박광서(각주 27), 65면 참조] 채무자에게 변제자력이 있어서 채권자가 자기의 금전채권을 변제받는 데 아무런 문제가 없다면, 굳이 채무자의 권리를 대신 행사하면서까지 그 채권을 보전할 필요가 있을지 의문이므로, 필자로서는 무자력은 보전의 필요성과 직결되는 필수적인 요건이라고 생각된다.

33) 상계제도를 통해 결과적으로는 우선변제를 받을 가능성이 있으나, 이는 채권자대위권과 논리필연성이 없는 별개의 제도로 인한 것이므로 이를 전제로 논의하지 않는다.

34) 2016년 개정된 프랑스 현행 민법 제1341-1조는 "채무자가 그의 재산적 권리와 소권 행사를 태만히 함으로써 채권자의 권리를 위태롭게 할 경우, 채권자는 채무자의 계산으로, 채무자의 일신에 전속한 권리를 제외한 채무자의 권리와 소권을 행사할 수 있다."라고 규정하고 있다. 프랑스 구 민법 제1166조와 비교하여 ① 채무자가 자신의 권리 행사를 태만히 하였을 것과 ② 이로 인해 채무자의 권리를 위태롭게 하였을 것이라는 두 가지 행사요건이 명문화되었다. 이 중 '채권자의 권

나머지 요건은 모두 당사자적격에 관계되는 소송요건으로서 법원의 직권조사사항이 되고, 이를 충족하지 못하면 당사자적격의 흠결로 대위소송은 부적법 각하된다.[35)]

(1) 피보전채권의 존재

피보전채권은 원칙적으로 채무자의 재산관리의 태만으로 인한 무자력으로부터 채권자의 채권만족을 보전하는 제도이므로 재산상의 청구권이어야 하고 공동담보의 확보를 목적으로 하므로 원칙상 금전채권의 보전을 위한 것이지만, 주는 채무이든 하는 채무이든 그 불이행으로 말미암아 손해배상채권으로 전환될 수 있으면 보전적격이 있다.[36)] 판례는 채권자대위권을 재판상 행사하는 경우에 있어 채권자가 그 피보전채권의 존재 사실 및 보전의 필요성, 기한의 도래 등을 입증하면 족한 것이지 채권의 발생 원인사실 또는 제3채무자에 대한 대항력까지 입증할 필요는 없다고 판시하였다.[37)]

(2) 채무자의 권리불행사

명문의 규정은 없으나 채무자가 스스로 권리를 행사하는 경우 채권

리를 위태롭게 하였을 것'이라는 요건은 종래 해석에 의하여 요구되었던 '채무자의 권리를 행사할 이익'에 갈음하여 사용한 표현이다[여하윤(각주 21), 111-112면 참조].

35) 피보전채권이 부존재하는 경우 채권자가 원고가 되어 채무자의 제3채무자의 권리를 행사할 당사자적격이 없는 경우이므로 부적법 각하되어야 한다는 소송요건설과 피보전채권의 존부는 본안심리를 거쳐 본안판결에 의하여야 하므로 피보전채권이 부존재로 인정되면 청구가 기각되어야 한다는 청구요건설이 대립하고 있으나 [강봉석, "채권자대위권에 있어서 채권보전의 필요성", 민사판례연구 제24권(2002), 180면 참조] 판례는 소송요건설을 취하고 있다(대법원 2002다6148 판결 등 참조).

36) 편집대표 곽윤직(각주 14), 750-752면(김능환 집필부분) 참조.

37) 대법원 1994. 12. 27. 선고 94다4806 판결, 1995. 2. 10. 선고 94다39369 판결 등 ("민법 제404조에서 규정하고 있는 채권자대위권은 채권자가 채무자에 대한 자기의 채권을 보전하기 위하여 필요한 경우에 채무자의 제3자에 대한 권리를 대위행사할 수 있는 권리를 말하는 것으로서, 이때 보전되는 채권은 보전의 필요성이 인정되고 이행기가 도래한 것이면 족하고, 그 채권의 발생원인이 어떠하든 대위권을 행사함에는 아무런 방해가 되지 아니하며, 또한 채무자에 대한 채권이 제3채무자에게까지 대항할 수 있는 것임을 요하는 것도 아니라 할 것이므로, 채권자대위권을 재판상 행사하는 경우에 있어서도 채권자는 그 채권의 존재사실 및 보전의 필요성, 기한의 도래 등을 입증하면 족한 것이며, 채권의 발생원인사실 또는 그 채권이 제3채무자에게 대항할 수 있는 채권이라는 사실까지 입증할 필요가 없다.").

자의 대위를 허용하는 것은 채무자의 재산관리의 자유에 대한 부당한 간섭이 되므로 채권자대위권제도의 목적에 비추어 당연히 요구되는 요건이라는 데에 이론이 없다.[38] 채무자가 스스로 그 권리를 행사하고 있는 경우에는 비록 그 행사 방법이 졸렬하여 재산의 감소를 가져올 우려가 있다고 하여도 채권자대위권을 행사하지는 못한다.[39] 채무자가 스스로 권리를 행사하지 않고 있다면, 그 이유와 채무자의 고의·과실의 유무는 문제되지 않으므로 채무자가 채권자의 대위권행사에 반대하더라도 채권자는 채권자대위권을 행사할 수 있다.[40]

(3) 보전의 필요성

채권의 보전이 필요한지는 사실심의 변론종결 당시를 표준으로 하여 판단하며, 그러한 요건의 존재사실은 채권자가 주장하고 증명하여야 한다.[41] 이 부분은 대상판결의 쟁점과 직결되므로 항을 바꾸어 다루도록 한다.

Ⅲ. 유형별 보전의 필요성 판단기준 및 밀접 관련성 요건의 분석

1. 채무자의 무자력 필요 여부에 관한 견해 대립

보전의 필요성에 관한 논의 역시 제1, 2유형을 기본으로 하여 발전해 왔다. 채무자의 권리를 대신 행사하지 않으면 채권자의 채권이 완전

38) 편집대표 곽윤직(각주 14), 760면(김능환 집필부분) 참조.

39) 대법원 1993. 3. 26. 선고 92다32876 판결("채권자대위권은 채무자가 제3채무자에 대한 권리를 행사하지 아니하는 경우에 한하여 채권자가 자기의 채권을 보전하기 위하여 행사할 수 있는 것이기 때문에, 채권자가 대위권을 행사할 당시 이미 채무자가 그 권리를 재판상 행사하였을 때에는 설사 패소의 확정판결을 받았더라도 채권자는 채무자를 대위하여 채무자의 권리를 행사할 당사자적격이 없는 것이다.").

40) 대법원 1963. 11. 21. 선고 63다634 판결("채권자가 자기의 채권을 보전하기 위하여 채무자의 권리를 행사할 경우에는 채무자가 그 권리행사에 대하여 반대의 의사를 표명한다 할지라도 그 대위권행사는 가능하다 할 것이다.").

41) 대법원 1976. 7. 13. 선고 75다1086 판결("채권자대위권의 행사로서 채권자가 채권을 보전하기에 필요한 여부는 변론종결당시를 표준으로 판단되어야 할 것이며 그 채권이 금전채권일 때에는 채무자가 무자력하여 그 일반재산의 감소를 방지할 필요가 있는 경우에 허용되고 이와 같은 요건의 존재사실은 채권자가 주장입증하여야 하는 것이라고 할 것").

한 만족을 얻지 못하게 될 위험이 있는 경우에 보전의 필요성이 인정된다는 점에는 이견이 없었으나[42] 그 해석을 둘러싸고, 채무자의 무자력이 반드시 요구되는지에 관한 견해의 대립이 있었다. 이에 대해 ① 채무자의 일반재산에 강제집행을 하려는 경우에 채무자가 무자력이어야 한다는 무자력 필요설, ② 프랑스 민법이나 우리 민법 제404조에서 무자력 요건을 도출할 근거가 없어 채권자대위권의 행사 목적이나 그 채권의 종류를 불문하고 이를 요구할 필요나 근거가 없다는 무자력 불요설, ③ 채권자대위권의 연혁에 비추어 원칙적으로 채무자의 책임재산이 총채권자의 채권을 만족시키지 못하는 채무초과의 경우에 한하여 대위행사가 허용되나, 특정채권에 대한 채권자대위권의 경우 구체적 타당성의 측면에서 예외적으로 무자력을 요구하지 않는다는 예외적 불필요설 또는 절충설이 있다. 3설이 우리나라와 일본의 통설이다.[43]·[44]·[45]

위 예외적 불필요설(또는 원칙적 무자력 필요설)과 유사한 견해들로 당해 채권자의 피보전채권과 채무자의 자력의 관련성 유무를 기준으로 하는 견해, 원칙적으로 채무자의 무자력을 요하지만 예외적으로 채권자가 대위에 의해 얻는 이익과 채무자의 재산관리의 자유를 인정함으로써 얻는 이익 및 대위의 결과 제3자에게 미치는 효과의 경중 등을 종합적으로

---

42) 편집대표 곽윤직(각주 14), 753면(김능환 집필부분) 참조.

43) 편집대표 곽윤직(각주 14), 755면(김능환 집필부분) 참조.

44) 프랑스파기원은 Demolombe의 이론을 받아들여 "채권자는 자기의 채권이 위협을 받는 한도 내에서 채무자의 권리와 소권을 행사할 수 있고, 그러한 이익이 없다면 채무자뿐만 아니라 채권자가 채무자의 권리와 소권을 행사한다고 주장하는 제3자에 의하여도 반대에 부딪치게 된다."고 판시한 바 있다. 이외 판결들도 "지급불능상태의 채무자", "지급불능이 확실한 채무자", "지급불능이 채권자의 권리를 위협하는 채무자" 또는 "원고의 채권을 위협에 빠뜨림" 등의 표현을 사용하여 채무자의 무자력을 요구하였다[오수원, 채권자대위권에 있어서 채무자의 무자력요건론의 재검토, 인권과 정의 통권 제443호(2014), 8면]. 다만, 프랑스 판결도 채권자가 비금전채권의 채권자일 때에는 채무자가 무자력이 아닌 경우에도 자유롭게 대위소권을 행사할 수 있다고 판단하고 있다[오수원(각주 46), 8면].

45) 2016년 프랑스 민법이 개정되면서 대다수의 프랑스 학자들은, 채무자가 무자력상태가 아닐지라도 채권자의 권리가 위태롭게 되었다고 평가할 여지가 있으므로, 간접소권의 행사에 있어 채무자의 무자력은 더이상 요구되지 않게 되었다고 보고 있다[여하윤(각주 21), 112면 참조].

고려하여 이와 달리 판단할 수 있다는 견해로 나뉜다. 이외에도 무자력 요건을 요구하는 것은 대위권행사의 결과 다른 채권자 또는 제3자의 이익이 침해되는 것을 막기 위해서이며, 따라서 다른 채권자 또는 제3자의 이익을 해치지 않는 범위 내에서는 채무자의 자력의 유무에 관계없이 대위권의 행사를 인정해도 좋다는 견해도 있다.[46)]

법적 성격에 관한 논의에서와 마찬가지로, 무자력 요건이 필요한지 여부도 채권자대위권의 본 모습인 제1, 2유형을 기준으로 정함이 타당하다. 역사적으로, 무자력 요건은 보전이 필요한 상황인지를 판별하고 채권자대위권 행사의 한계를 설정하는 유용하고 편리한 도구로서 프랑스, 일본, 우리나라에서 활용되어 왔다.[47)] 이러한 무자력 요건의 역할과 채권자대위권의 여러 측면을 보면 채무자의 무자력 이상으로 일반채권자가 채무자의 재산관리행위에 간섭할 필요가 인정되는 경우를 상정하기 어렵다. 따라서 제1, 2유형에서는 원칙적으로 무자력 요건이 충족되어야 보전의 필요성을 인정할 수 있다고 보는 것이 타당하다. 제3 내지 6유형에서는 채무자의 무자력이 보전의 필요성과 논리적으로 아무런 관련성이 없어 무자력을 대체하는 다양한 요소들을 고려하게 되었음은 앞서 본 바와 같다.

2. 각 유형별 판례의 태도

판례가 보전의 필요성 유무를 판단하는 기준은 일차적으로 '보전의 목적'에 따라 달라진다. 즉, 공동담보의 부족을 방지하기 위한 것이면 무자력 기준을, 피대위채권과 관련된 피보전채권을 보전하기 위한 것이면 밀접 관련성 기준을 적용한다. 대법원은 과거에는 '금전채권'인 경우에 무

46) 오경미(각주 12), 468-471면 참조.

47) 프랑스 구 민법상 채권자대위권 조항 역시 무자력 요건을 명시하고 있지 않음에도, 학설과 판례는 대위권 행사의 남용을 막기 위해 채무자의 무자력을 엄격하게 요구하고 있으며, 채무자에게 자력이 있음에도 불구하고 채권자가 대위권을 행사하면 이는 채무자의 거래관계에 대한 부당한 간섭이 된다고 보았다[Weill/Terre, Droit Civil, n° 857, 강봉석(각주 35) 민사판례연구 제24권에서 재인용)]. 이에 비추어 보면, 채무자가 무자력인 경우 대위행사는 특별한 사정이 없는 한 부당한 간섭이 되지 않는 것으로 보았을 여지가 크다.

자력 기준을, '특정채권'인 경우에 밀접 관련성 기준을 적용한다는 취지의 판시를 하였으나, 금전채권이라도 그 행사 목적이 총 책임재산의 확보와 무관하다면 견련성을 기준으로 보전의 필요성을 판단했다.

(1) 제1, 2유형('기본형', 금전채권을 피보전채권으로 하여 채무자의 책임재산을 확보 · 보전할 목적으로 채권자대위권을 행사하는 경우)

제1, 2유형의 경우, '보전의 필요성'을 판단하는 기준은 채무자의 무자력 여부였다. 채무자에게 자력이 있는 경우에 일반채권자가 채무자의 재산관리행위에 개입하면서까지 자신의 채권을 보전할 필요성이 있다고 보기는 어려웠기 때문이다.[48)]

대법원은 "민법 제404조 제1항에서 '자기의 채권을 보전하기 위하여'라 함은 그 채권이 금전채권이거나 당해의 경우 손해배상채권으로 귀착할 수밖에 없는 것인 때에는 채무자가 무자력하여 그 일반재산이 감소되는 것을 방지할 필요가 있는 경우를 말하는 것이다"라고 판시하였다.[49)] 동일한 견지에서 피보전채권이 금전채권이거나 금전채권이 아니라도 손해배상채권으로 귀착할 수밖에는 없는 것일 때에는, '채무자가 무자력이어서 그 일반재산이 감소되는 것을 방지할 필요가 있는 경우'에 보전의 필요성이 인정된다고 하였다.[50)] 그렇다면 채무자가 무자력이면, '책임재산이 감소되는 것을 방지할 필요가 있는 경우'에 해당하고, 이로써 보전의 필요성은 인정된다. 제1, 2유형에서 채무자의 무자력은 실질적으로 보전의 필요성의 단일 요건이자 절대적인 판단기준이 되었으며 무자력을 입증하지 않고 보전의 필요성이 인정된 사례는 없었다.[51)]

---

48) 반면, 무자력이 인정되는데 피보전채권의 현실적 이행을 유효 · 적절하게 확보하기 위해 필요하지 않다거나, 채무자의 자유로운 재산관리행위에 대한 부당한 간섭이라는 이유로 보전 필요성이 인정되지 않는 경우는 대상판결 이전에는 없었다.

49) 대법원 1963. 2. 14. 선고 62다884 판결, 1963. 4. 25. 선고 63다122 판결, 1976. 7. 13. 선고 75다1086 판결 등 참조.

50) 대법원 1968. 1. 23. 선고 67다2440 판결 참조.

51) 다만, 다소 전향적으로 제1, 2유형으로 구성되어 제기된 소송에서 무자력 요건을 피하기 위해 이를 제3, 4유형으로 전용하여 인정한 경우가 있을 뿐이다. 아래 다. 2)와 3) 항목 참조.

(2) 제5, 6유형의 경우('전용형', 피대위채권과 관련된 특정채권을 피보전채권으로 하여 그 특정채권을 보전할 목적으로 채권자대위권을 행사하는 경우)

(가) 대법원은 '특정물에 관한 채권에 있어서는 채무자가 그 채무를 이행하기 위하여 제3자에 대한 동일한 특정물에 관한 채권의 행사를 필요로 함에도 불구하고 채무자가 그 채권을 행사하지 아니하는 경우에는 채권자의 채권보전의 필요가 있다고 인정함이 타당하여 반드시 채무자에게 재산의 유무 및 그 채권 목적물에 관한 멸실 또는 가치감소 등의 우려 있음을 필요로 하지 아니하는 것'이라고 하여 채권자대위권이 전용되는 사례에서는 채무자의 무자력이 요건이 아님을 분명히 하였다(대법원 1952. 11. 4. 선고 4285민상89판결).[52)]

(나) 이후에도 1) 부동산이 전전매도되거나 원인무효인 경우, 채권자가 자기의 이전등기청구권 또는 말소등기청구권을 피보전채권으로 하여 채무자가 제3채무자에 대해 가지고 있는 이전등기청구권 또는 말소등기청구권을 대위행사하는 경우(대법원 1956. 12. 1. 선고 4289민상343,344 판결, 대법원 1988. 1. 19. 선고 85다카1792 판결 등 참조[53)]), 2) 임차인이 부동산에 대한 사용, 수익권을 피보전채권으로 하여 임대인의 제3자에 대한 소유권에 기한 방해배제청구권을 대위행사하는 경우(대법원 1955. 10. 13. 선고 4288민상364 판결, 대법원 1985. 2. 8. 선고 84다카188 판결 등 참조), 3) 미등기 건물의 매수인이 매매계약에 따라 취득한 부동산에 대한 권리를 피보전채권으로 하여 매도인이 불법점거자에 대해 가지는 건물의 인도청구권(민법 제213조)을 대위행사하는 경우(대법원 1973. 7. 24. 선고 73다114 판결, 대법원 1980. 7. 8. 선고 79다1928 판결 등 참조) 등 채무자가 무자력인지 여부에 상관없이 대위행사가 인정되어 왔다.

(다) 이와 성격을 달리하는 특정채권으로 1) 국토이용관리법상의 토

52) 박광서(각주 27), 76면 참조.

53) 그 외 대법원 1966. 1. 18. 선고 65다1313 판결, 대법원 1969. 10. 28. 선고 69다1351 판결, 대법원 1976. 10. 12. 선고 76다1591, 1592 판결, 대법원 1996. 2. 9. 선고 95다27998 판결, 대법원 1970. 7. 24. 선고 70다805 판결, 대법원 1973. 8. 31. 선고 72다2066 판결, 대법원 1976. 4. 27. 선고 73다1306 판결 등 참조.

지거래규제구역 내의 토지에 관하여 관할 관청의 허가 없이 매매계약을 체결한 매수인이 매도인에 대하여 가지는 토지거래허가신청 절차의 협력의무의 이행청구권을 피보전채권으로 하는 경우(대법원 1995. 9. 5. 선고 95다22917 판결, 대법원 1996. 10. 25. 선고 96다23825 판결), 2) 건축 중인 건물의 양수인이 그 건물에 관한 건축주 명의 변경권을 피보전채권으로 하여 양도인이 건축허가의 건축주를 상대로 가지는 건축주 명의변경절차의 이행청구를 대위행사는 경우(대법원 2009. 3. 12. 선고 2006다28454 판결), 3) 저작권법상 이용허락계약을 체결한 독점적인 이용권자가 자신의 독점적 이용권을 피보전채권으로 하여 저작권자를 대위하여 저작권법 제91조에 기한 침해정지청구권을 대위행사하는 경우(대법원 2007. 1. 25. 선고 2005다11626 판결)에도 채무자의 무자력을 요하지 않았다.

(라) 대법원 2001. 5. 8. 선고 99다38699 판결에서 "① 채권자가 보전하려는 권리와 대위하여 행사하려는 채무자의 권리가 밀접하게 관련되어 있고(밀접한 관련성) ② 채권자가 채무자의 권리를 대위하여 행사하지 않으면 자기 채권의 완전한 만족을 얻을 수 없게 될 위험이 있어 채무자의 권리를 대위하여 행사하는 것이 자기 채권의 현실적 이행을 유효·적절하게 확보하기 위하여 필요한 경우에는(유효·적절성) ③ 채권자대위권의 행사가 채무자의 자유로운 재산관리행위에 대한 부당한 간섭이 된다는 등의 특별한 사정이 없는 한(부당한 간섭성) 채권자는 채무자의 권리를 대위하여 행사할 수 있어야 한다."라고 판시하여, 최초로 제5, 6유형에 대한 보전의 필요성 판단기준(이를 통틀어 '밀접 관련성 요건'이라 한다)이 정립되었다.[54]

(3) 제3, 4유형의 경우('기본형의 예외' 또는 '전용형의 확장', 피대위채권과 관련된 금전채권을 피보전채권으로 하여 해당 금전채권을 보전할 목적으로 채권자대위권을 행사하는 경우)

(가) 제3, 4유형 일반

피보전채권이 금전채권인 위 유형에서 대법원은 채무자의 무자력 여

54) 번호와 괄호는 필자가 부기함.

부를 언급하지 않거나 무자력이 요구되지 않음을 명시적으로 선언하는 방법으로 이를 판단기준에 배제하였다. 대표적인 사안으로, 1) 유실물을 실제 습득한 종업원이 유실물법상 인정되는 보상금 반액에 대한 권리를 피보전채권으로 하여 법률상 습득자인 경영자의 유실물 소유자에 대한 보상금 청구권을 대위행사한 경우(대법원 1968. 6. 18. 선고 68다663 판결), 2) 임대차보증금반환채권 양수인이 임대인에 대한 양수금채권을 피보전채권으로 하여 임대인의 임차인에 대한 건물인도청구권을 대위행사하는 경우 등이 있다.[55)·56)]

(나) 제1유형의 제3유형화

최근 대법원은 원고가 특정 부동산에 대한 소유권이전등기청구권의 이행불능으로 발생한 가액배상청구권을 피보전채권으로 하여 위 부동산의 원상회복 불능으로 채무자가 제3채무자에 대해 가지는 가액배상청구권을 대위행사한 사안에서, "피보전채권이나 피대위채권이 모두 부동산에 대한 소유권이전등기의무의 이행불능으로 인한 가액배상의 금전채권으로 귀착될 성질의 것이기는 하나, 피보전채권인 채권자의 채무자에 대한 채권은 명의신탁해지를 원인으로 한 소유권이전등기청구권이 변형된 것이고, 피대위채권인 채무자의 제3채무자에 대한 채권 역시 명의신탁된 부동산 중 그 상속지분에 관한 원상회복이 불가능함으로 인하여 가액배상청구권으로 변형된 것으로서 양 채권이 그 발생원인에 있어 직접적인 관련성이 있는 이상, 채권자가 제3채무자에 대하여 가액배상청구권을 대위

55) 그 채권의 보전과 채무자인 임대인의 자력 유무는 관계가 없으므로 무자력을 요건으로 한다고 할 수 없다고 명백히 밝혔다(대법원 1989. 4. 25. 선고 88다카4253, 4260 판결 등 참조).

56) 이에 대해 금전채권을 피보전채권으로 하는 경우, 피보전채권과 피대위채권 사이에 관련성이 있는 사안 중 일부에서 무자력을 요구하지 않은 채 채권자대위권의 성립을 인정하는 판례의 태도에는 찬성하기 어렵다는 견해가 있다. 임대차보증금반환채권 양수인의 목적물인도청구 대위행사와 이와 유사한 경우로 무자력을 요건으로 하지 않고 대위권을 인정하더라도 채무자나 제3채무자에게 부당한 침해를 부담시킨다고 볼만한 사정이 없는 경우 이외에는 설사 관련성 인정된다고 하더라도 피보전채권이 금전채권이 사안에서는 원칙적으로 무자력을 요구하여야 한다고 한다[오경미(각주 12), 478-479면 참조].

행사함에 있어서 일반 금전채권의 경우와 같이 피대위자인 채무자가 무자력임을 그 요건으로 하여야 한다고 볼 수 없다."고 판시하였다(대법원 2006. 1. 27. 선고 2005다39013 판결). 위 사안에서 대법원은 단순 금전채권으로서 제1유형이 되었을 사안을 제3유형으로 편입시켜 무자력에 대한 입증 없이 채권자대위권의 행사를 허용하였다. 이처럼 대법원은 최근 피보전채권과 피대위채권과의 '밀접한 관련성'의 인정 범위를 대폭 확장하여 무자력이 입증되지 않은 사안의 보전 필요성 인정 범위를 넓혀 왔다.

(다) 제2유형의 제4유형화

종전의 방식으로는 제2유형으로 편입되어 무자력에 대한 입증 부족을 이유로 각하될 여지가 있었으나 대법원에 의해 제4유형으로 분류되어 무자력에 대한 입증 없이 대위행사가 허용된 사안도 있었다. 대법원 2014. 12. 11. 선고 2013다71784 판결에서는 수분양자가 분양계약의 해제에 따른 건설회사(분양자)에 대한 분양대금 반환청구채권을 피보전채권으로 하여 건설회사로부터 분양수입금 등의 수납, 관리, 집행 등 자금관리업무를 위탁받아 분양대금을 수납, 관리하고 있던 신탁회사에게 분양자가 가지는 사업비 지출 요청 권리를 대위행사할 수 있다고 판시하였고, 대법원 2017. 7. 11. 선고 2014다89355판결에서는 채권자들이 채무자에게 자금을 대여하면서 위 자금으로 구입할 토지에 2010. 10. 회원제 골프장 관련 인허가를 얻지 못하면 이를 반환하기로 하고, 토지매도인은 채무자에게 위 기간까지 인허가를 얻기로 약정하였다가 이를 얻지 못한 사안에서, 대법원은 채권자들이 보전하려는 채무자에 대한 대여금 채권과 채무자의 토지매도인에 대한 매매약정 해제로 인한 원상회복청구채권은 밀접하게 관련되어 있고, 채권자들이 채무자의 권리를 대위하여 행사하는 것이 원고들의 채권의 현실적 이행을 유효·적절하게 확보하기 위하여 필요한 경우이므로, 채무자의 자유로운 재산관리행위에 대한 부당한 간섭이 된다는 등의 특별한 사정이 없는 한 채권자들이 채무자의 권리를 대위하여 행사할 수 있다고 볼 여지가 크다며, 채무자의 무자력에 대한 입증이 없다며 원고들의 소를 각하한 원심을 파기환송하였다.

(4) 소　결

현재 대법원 및 하급심 판결은 일관되게 제1, 2유형에 관하여는 무자력 기준을, 제3 내지 6유형에 관하여는 밀접 관련성 기준을 각 적용하고 있으며 이를 표로 정리하면 다음과 같다.

유 형	보전 목적	피보전채권 종류	피대위채권 종류	학설의 분류	보전의 필요성 판단기준
제1유형	공동담보가 될 책임재산의 보전	금전채권	금전채권	기본형 (본래형)	무자력
제2유형			특정채권		무자력
제3유형	피대위채권과 견련성 있는 특정 채권자의 채권 보전	금전채권	금전채권	기본형의 예외 또는 전용형의 확장	밀접 관련성
제4유형			특정채권		밀접 관련성
제5유형		특정채권	금전채권	전용형	밀접 관련성
제6유형			특정채권		밀접 관련성

3. 밀접 관련성 기준의 각 요소에 대한 분석 및 비판적 검토

(1) 밀접 관련성 기준 중 '밀접한 관련성'의 의미와 인정기준

구민법부터 제3 내지 6유형에 대하여 피보전채권과 피대위채권 사이의 긴밀한 연관성이 있는지를 기준으로 보전의 필요성이 인정되어 왔으나 앞서 언급한 바와 같이 밀접 관련성 기준은 대법원 99다38699 판결에서 시작되었다. 여기서 '밀접한 관련이 있다'는 것은, 채권 발생의 원인관계가 사실상 같거나 공통된 부분이 많은 경우 또는 청구권의 종류나 목적이 유사한 경우, 그리고 피대위채권이 먼저 실현되어야 그에 이어서 피보전채권이 실현될 수 있는 관계에 있어 피대위채권의 실현이 피보전채권의 실현을 위한 사실상 또는 법률상의 기초 내지 조건을 이루고 있을 경우 등을 의미한다고 한다.[57] 또한 '피보전채권의 만족을 얻을 수 없어서 피대위채권을 행사함으로써 피보전채권의 현실적 이행을 유

57) 오경미(각주 12), 484면 참조.

효·적절하게 확보하기 위하여 필요한 정도'의 관련성이 요구된다고 보고 있다.[58)]

판례는 제3 내지 6유형에서 '밀접성'의 인정기준을 완화하여 밀접 관련성 기준의 적용대상과 인정 범위를 확대하여 왔다. 객관적 증거에 의하여 인정된 사실관계에 기해 일률적으로 정해지는 '무자력'과 달리, 법원은 밀접한 관련성의 유무를 판단하는 데에 있어서 광범위한 재량을 가지게 되므로, 제3 내지 6유형의 허용범위는 채권자대위권제도에 대한 대법원의 태도에 따라 크게 좌우될 수밖에 없다. 대법원이 금전채권을 피보전채권으로 하면서 무자력이 인정되지 않는 사안에서 채권 간의 밀접한 관련성을 인정하고, 특정채권을 피보전채권으로 하는 사안에서 밀접성의 인정기준을 완화하면서 제3 내지 6유형은 허용범위는 크게 확대되었다.

이에 대해, 위 유형은 본래 대위제도가 의도한 영역이 아니고, 강제집행제도가 완비된 우리나라에서는 채무자의 재산관리의 자유를 침해하는 채권자대위권의 인정범위를 가급적 좁게 해석하는 필요가 있으며, 특히 금전채권을 피보전권리로 하는 채권자대위소송에서는 무자력 요건을 엄격히 심사해야 함에도 뚜렷한 기준을 제시하지 않은 채 양 채권 사이에 관련성이 있다는 점을 근거로 그 요건을 완화하는 것은 문제가 있다는 비판이 있다.[59)] 앞서 소개한 판례 중에 '하나의 부동산에 대하여 동일한 원인으로 인하여 발생한 소유권이전등기 불능을 이유로 한 각 가액배상의 금전채권'과 '분양계약 해제에 따른 분양대금 반환채권과 그 분양사무에 관한 사업비 지출권 상호 간'은 관련성을 인정할 여지가 있다고 하더라도, '대여금 채권과 매매계약 해제권 및 매매계약 해제로 인한 원상회복에 따른 매매대금 반환채권 상호 간'에 밀접한 관련성을 인정하는 것은 채권자대위권 허용범위의 지나친 확대라는 비판도 있다.[60)]

---

58) 박광서(각주 27), 87면 참조.
59) 오경미(각주 12), 475면 참조.
60) 박광서(각주 27), 90-91면 참조.

(2) 밀접 관련성 기준 중 '유효 · 적절성' 요건과 '부당한 간섭성' 요건의 역할

밀접 관련성 기준이 충족되려면 피보전채권과 피대위채권 사이에 밀접한 관련성이 있는 이외에도 '피보전채권의 현실적 이행을 유효 · 적절하게 확보하기 위한 필요성'과 '부당한 간섭이 아닐 것'이라는 두 가지 요건을 더 충족되어야 한다. 그러나 실무상 밀접한 관련성이 인정되면, 자연스럽게 그 피대위채권의 행사가 피보전채권의 현실적 이행을 유효 · 적절하게 확보하기 위해 필요한 것으로 여겨졌다. 부당한 간섭인지 여부는 피대위채권과 피보전채권 모두 특이성이 있었던 사안에서만 다루어진 선례가 있었을 뿐이었다.[61] 일반적으로 채권자대위소송에서 보전의 필요성 인정 여부를 결정하는 데 심사대상이 된 것은 주로 무자력이 입증되었는지 여부(제1, 2유형) 또는 밀접한 관련성이 있는지 여부(제3 내지 6유형)였다.

(3) 밀접 관련성 기준 중 '부당한 간섭성' 요건에 대한 비판

'부당한 간섭이 아닐 것'이라는 요건은 채권자의 필요로 인하여 채무자의 이익이 부당하게 침해되는 것을 막기 위해 추가적으로 요구된 것으로,[62] 부당 여부는 채무자를 기준으로 판단하나 소송의 목적에 따라 제3채무자도 고려대상이 되는 것으로 보인다.

민법 제404조는 채권자로 하여금 채무자의 자유로운 재산관리행위에 간섭할 수 있는 권한을 부여하면서 '자기 채권의 보전을 위한 경우'일 것을 요구하였다. 따라서 보전의 필요성이 인정된다면 그 간섭은 이미 법에 예정된 것으로, 채무자 등의 권리 또는 이익을 침해된다는 이유로 이를 제한할 수는 없다. 권리행사의 부당하다는 이유로 이를 막기 위해서는 적어도 민법 제2조가 정한 권리남용에 준하는 사유가 있어야 할 것이

61) 대법원 2013. 5. 23. 선고 2010다50014 판결, 대법원 2013. 5. 24. 선고 2010다33422 판결, 대법원 2013. 6. 13. 선고 2011다83820 판결 등에서는 토지거래허가 신청절차의 협력의무 이행청구권을 보전하기 위하여 매도인의 권리를 대위하여 행사한 제6유형의 경우에 유동적 무효상태인 계약의 우열, 매도인들의 현실적 불이익 등을 고려하여 부당한 간섭에 해당한다고 보았다.

62) 박광서(각주 27), 89면 참조.

고, 권리남용의 법리상 권리행사가 권리남용에 해당하기 위해서는 '그 권리의 행사가 주관적으로 오직 상대방에게 고통을 주고 손해를 입히려는 데 있을 뿐 이를 행사하는 사람에게는 아무런 이익이 없고, 객관적으로 사회질서에 위반된다고 볼 수 있는 정도'에 이르러야 한다.[63] 따라서 채무자의 자유로운 재산관리 권한이 상당한 정도로 침해된다고 하더라도 채권자대위권의 행사가 권리남용으로 인정되기는 쉽지 않다. 그런데 밀접 관련성 기준은 보전의 필요성이 유지되기 위한 요건으로 '부당한 간섭이 아닐 것'을 요구하였고, 보전의 필요성에 관한 입증책임은 원고에게 있으므로, 원고 스스로 그것이 '적당하고 정당 혹은 타당한 권리행사'임을 증명할 책임을 부담하게 된다. 모든 권리의 행사가 신의칙에 반하지 않고, 권리남용이 아니어야 하는 것임이 당연하다고 하더라도, 채권자가 입증책임을 부담하는 보전의 필요성 부분에서 부당한 간섭성 요건을 삽입하는 것은 채권자의 법적 권리를 제한할 가능성이 있다.

내용상으로도, 보전행위가 필요한지 아닌지를 판단하는 '필요성'의 요건 중 하나로 그 행위가 정당(타당)한지 부당한지를 평가하는 '타당성' 요소를 포함되어, '보전행위가 (채무자에게) 부당하면, 보전행위가 (채권자에게) 필요하지 않다'는 명제가 성립된 것으로 보인다. 이를 언어의 가능한 의미 범위 내에 있다고 할 수 있는지와 그 논증이 타당한지를 재고해 볼 필요가 있다.

이러한 문제가 지금까지 깊이 있게 다루어지지 않았던 이유는, ① 밀접 관련성 기준이 본래 채권자대위권의 본래 모습에서 벗어난 제3 내지 6유형을 적용대상으로 한 것이므로 제1, 2유형에 비해 법 문언의 제약으로부터 자유로웠고, ② 이를 최초로 설시한 대법원 99다38699 판결에서 위 요건에 대해 달리 언급하거나 심사하지 않은 채 보전의 필요성을 인정하여 당시 위 요건의 의미 등에 대한 문제제기를 할 필요가 없었으며, ③ 후속 판결들 역시 밀접 관련성 기준을 그대로 인용하며 대부분 부당

63) 대법원 2010. 12. 9. 선고 2010다59783 판결, 대법원 2003. 11. 27. 선고 2003다40422 판결 등 참조.

한 간섭성 요건에 대한 별도의 심사 없이 보전의 필요성을 인정해 왔기에[64] 대상판결 전까지 이를 별도로 논의할 실익이 거의 없었기 때문인 것으로 보인다.

그러나 후술하는 바와 같이, 대상판결은 제3 내지 6유형뿐만 아니라 제1, 2유형의 경우에도 부당한 간섭이 아니어야 보전의 필요성이 인정된다는 점을 분명히 하였고, 나아가 적극적으로 제2유형의 대위행사가 부당한 간섭임을 이유로 보전의 필요성이 부정하였으므로 차후 제1, 2유형에서 부당한 간섭 여부가 주요한 쟁점으로 다투어질 가능성이 있다. 따라서 위 요건의 존속 필요성 및 그 논리적 타당성에 관한 구체적인 논의가 이어져야 할 것으로 생각된다.

Ⅳ. 대상판결의 새로운 판단기준과 공유관계에의 적용 문제

1. 새로운 판단기준의 설시

대상판결은 금전채권을 피보전채권으로 하는 전형적인 제2유형 사안이다. 피보전채권은 채권자가 은행의 신용카드 이용대금채권을 한국자산관리공사를 거쳐 양수한 양수금채권이고 피대위채권은 채무자와 제3채무자 사이의 상속재산분할협의가 사해행위로 취소되어 공유하게 된 부동산에 대한 공유물분할청구권이기 때문에 판례의 최근 경향에 의하더라도 제4유형으로의 전용될 가능성은 크지 않다. 따라서 기존 대법원의 판례에 의하면 보전의 필요성 유무는 무자력 여부에 따라 결정되었을 것이다.

그런데 대상판결에서 설시한 내용은 다음과 같다. “보전의 필요성은 ① (ⅰ) 채권자가 보전하려는 권리의 내용, (ⅱ) 채권자가 보전하려는 권리가 금전채권인 경우 채무자의 자력 유무, (ⅲ) 채권자가 보전하려는 권리와 대위하여 행사하려는 권리의 관련성 등을 종합적으로 고려하여 ② 채권자가 채무자의 권리를 대위하여 행사하지 않으면 자기 채권의 완전한 만족을 얻을 수 없게 될 위험이 있어 채무자의 권리를 대위하여 행사하

64) 논의된 사례로, 각주 61 참조. 일반적인 채권자대위권 행사에 영향이 없었다.

는 것이 자기 채권의 현실적 이행을 유효·적절하게 확보하기 위하여 필요한지 여부를 기준으로 판단하여야 하고, ③ 채권자대위권의 행사가 채무자의 자유로운 재산관리행위에 대한 부당한 간섭이 되는 등 특별한 사정이 있는 경우에는 보전의 필요성을 인정할 수 없다(대법원 1993. 10. 8. 선고 93다28867 판결,[65] 대법원 2013. 5. 23. 선고 2010다50014 판결,[66] 대법원 2017. 7. 11. 선고 2014다89355 판결[67]등 참조)."

---

65) "채권자가 채무자를 대위함에 있어서 대위에 의하여 보전될 채권자의 채무자에 대한 권리가 금전채권인 경우에는 그 보전의 필요성 즉, 채무자가 무자력인 때에만 채권자가 채무자를 대위하여 채무자의 제3채무자에 대한 권리를 행사할 수 있다 할 것이다."(원고가 채무자에 대한 대출금채권 중 채권최고액 금350,000,000원을 초과하는 부분의 보전을 위하여 채무를 대위하여 피고에게 채무자의 의사에 기하지 아니하고 경료되어 원인무효라고 주장하는 위 근저당권설정등기의 말소를 구한 사례로 제2유형에 해당, 무자력 요건을 적용함.)

66) "보전의 필요성은, 채권자가 보전하려는 권리와 대위하여 행사하려는 채무자의 권리가 밀접하게 관련되어있고, 채권자가 채무자의 권리를 대위하여 행사하지 않으면 자기 채권의 완전한 만족을 얻을 수 없게 될 위험이 있어 채무자의 권리를 대위하여 행사하는 것이 자기 채권의 현실적 이행을 유효·적절하게 확보하기 위하여 필요한 것을 말하며, 채권자대위권의 행사가 채무자의 자유로운 재산관리행위에 대한 부당한 간섭이 된다는 등의 특별한 사정이 있는 경우에는 보전의 필요성을 인정할 수 없다."(주택건설업 등을 목적으로 하는 원고가 매도인들과 토지거래허가구역 내에 있는 토지를 매수하기로 하는 매매계약을 체결한 후 매도인들이 피고 신탁회사와 사이에 매도인들을 신탁자, 피고 신탁회사를 수탁자 등으로 하는 부동산처분신탁계약을 체결하고 피고 신탁회사가 신탁예약을 원인으로 한 소유권이전청구권가등기를 마치자 매도인들에 대한 토지거래허가 신청절차의 협력의무 이행청구권을 피보전권리로 한 처분금지가처분을 받은 후 다시 같은 권리를 피보전권리로 하는 이 사건 신탁가등기말소청구권을 대위행사하려고 한 사례로 제6유형에 해당, 밀접 관련성 요건을 적용함.)

67) "채권자는 채무자에 대한 채권을 보전하기 위하여 채무자를 대위해서 채무자의 권리를 행사할 수 있는데, 채권자가 보전하려는 권리와 대위하여 행사하려는 채무자의 권리가 밀접하게 관련되어 있고, 채권자가 채무자의 권리를 대위하여 행사하지 않으면 자기 채권의 완전한 만족을 얻을 수 없게 될 위험이 있어 채무자의 권리를 대위하여 행사하는 것이 자기 채권의 현실적 이행을 유효·적절하게 확보하기 위하여 필요한 경우에는, 채권자대위권의 행사가 채무자의 자유로운 재산관리행위에 대한 부당한 간섭이 된다는 등의 특별한 사정이 없는 한 채권자는 채무자의 권리를 대위하여 행사할 수 있다."(원고는 채무자에 대하여 33억 원을 대여하면서 채무자가 위 돈으로 구입하는 골프장 부지에 회원제 골프장 관련 인허가를 받지 못하면 위 돈을 반환하기로 하였는데, 피고가 채무자와 골프장 부지 매매약정을 체결할 당시 약정한 골프장 관련 인허가를 받지 못하자 원고가 위 대여금채권을 피보전권리로 하여 채무자의 피고에 대한 매매약정의 해제권을 대위행사한

대법원은 제1, 2유형에서 보전의 필요성의 유일한 판단기준이던 무자력 요건을 밀접 관련성 요건과 병합하면서, '무자력'을 '밀접한 관련성'과 대응하는 제1요건으로 설정하고, 밀접 관련성 요건에만 속하던 유효·적절성 요건과 부당한 간섭성 요건을 무자력 요건의 제2, 3요건으로 구성하였다.[68)]·[69)] (이를 '병합형 판단기준'이라 한다.) 유효·적절성 요건이 특정채권의 대위행사에서만 요구되어야 하는 것은 아니나 채권자대위권의 연혁과 무자력 필요설에 대한 논의에서 보았듯이 제1, 2유형에서 '채권자가 자신의 금전채권의 현실적 이행을 확보하기 위해 채무자의 권리를 대위행사할 필요가 있어, 채권자가 채무자의 재산관리행위에 간섭할 권한과 정당성을 부여받게 되는 경우'를 채무자가 무자력인 경우로 보아 이를 보전 필요성의 인정요건으로 삼은 것이었으므로, 무자력이 인정된다면 유효·적절성 요건 등의 충족 여부를 다시 심사할 필요는 없다고 여겨져 왔다.[70)] 반면, 대상판결은 채무자가 무자력이라도 유효·적절성 요건을 충족하지 못한다고 보았다.

사안으로, 항소심은 제2유형으로 보고 무자력 요건을 적용하였으나 대법원은 제4유형으로 보아 밀접 관련성 요건을 적용하였다.)

68) 기재된 참조판례(종전 판시)의 각 법리와 대상판결의 법리 간에는 다음과 같은 차이가 있다.

구분형 판단기준(종전 판결)		
무자력 기준	밀접 관련성 기준	
	①	밀접한 관련
	②	유효·적절
	③	부당한 간섭(소극)

⇒

병합형 판단기준(대상판결)		
(구별 없음)		
①	(ⅰ) 무자력	(ⅱ) 밀접한 관련
②	유효·적절	
③	부당한 간섭(소극)	

69) 대상판결이 금전채권자의 공유물분할청구권 대위행사에 대한 것이기는 하지만 제1, 2유형 및 제3 내지 6유형의 요건을 병합하여 법리를 최초로 선언한 이상, 유형에 관계없이 적용될 일반적·보편적 판단기준을 정립한 것으로 볼 수 있다. 다만, 각주 68과 같이 제3 내지 6유형의 경우 표면적으로 그 판단기준에는 변화가 없다.

70) 오경미(각주 12), 483면 참조("금전채권을 보전하기 위한 채권자대위권에서는 채무자의 무자력 요건을 갖추는 것으로서 곧바로 위 ①, ②, ③ 기준을 모두 충족하여 채권보전의 필요성이 있다고 판단할 수 있으므로, 무자력 요건에 더하여 위 ①, ②, ③ 기준의 충족 여부를 추가로 판단할 필요는 없다. 이는 사실상 동어반복일 뿐이다.").

부당한 간섭성 요건을 보전 필요성 단계에서 다루는 점에 대한 문제는 앞서 지적한 바와 같고, 이에 더하여 '부당'의 의미가 여전히 추상적이고, '간섭'의 범위가 불명확하다는 점에서 이제까지 부당한 간섭성 요건을 알지 못하던 제1, 2유형에서까지 이를 인정요건으로 삼는 것에 찬성하기 어렵다. 앞서 언급하였듯이 제3채무자는 권리남용보다 용이하게 인정받을 가능성이 있는 부당한 간섭성 요건을 적극적으로 주장할 여지가 있고, 이러한 과정에서 제1, 2유형의 보전 필요성의 인정범위가 종전보다 불합리하게 축소될 가능성이 있다.

2. 피대위채권인 공유물분할청구권의 특징

앞서 본 병합형 병합형 판단기준은 금전채권자의 공유물분할청구권의 대위행사를 막기 위해 등장한 것이므로, 대상판결의 구체적 타당성을 검토하기에 앞서 공유 및 공유물분할제도의 특성을 간략하게 살펴본다.

(1) 공유관계 특징 및 공유물분할제도의 제도적 의의

다수인들 사이에 물건을 공동으로 소유한다는 점 외에 결합관계가 존재하지 않는 공동소유형태가 공유이다. 개인주의적 공유에서 각 공유자가 가지는 물건에 대한 지배권능은 상호독립적이다.[71] 각 공유자는 자기의 지분을 자유롭게 처분할 수 있고,[72] 지분을 처분함에 다른 공유자의 동의를 요하지 않으며, 지분처분금지의 특약이 있더라도 이는 채권적 효력을 가질 뿐이다.[73] 특별한 사정이 없는 한 각 공유자는 공유물의 분할을 청구하여 기존의 공유관계를 폐지하고 각 공유자 간에 공유물을 분배하는 법률관계를 실현하는 일방적인 권리를 가지고 공유자 1인이 이를 행사하면 어떤 방법에 의해서든지 공유물을 분할해야 하는 법률관계가 발생한다.[74] 분할의 자유는 지분권의 본질적 내용에 속한다. 이렇듯 각

---

71) 지원림, 민법원론, 홍문사(2017), 1239면 참조.

72) 민법 제263조 전단.

73) 대법원 1972. 5. 23. 선고 71다2760 판결 참조.

74) 대법원 1991. 11. 12. 선고 91다27228 판결.

공유자는 원칙적으로 언제든지 공유물분할의 방법으로 공유관계를 해소하여 각자의 단독소유로 전환할 수 있다는 것이 다른 공동소유관계와 대비되는 공유의 특색이다.[75]·[76] 다만, 공동상속재산과 같이 공유관계라도 지분의 처분과 분할이 상당히 제한되는 경우도 있다.[77]·[78]·[79]

(2) 공유물분할의 방법

공유물분할의 방법으로는 협의에 의한 분할과 재판상 분할이 있는데 협의에 의하여 분할하는 경우 그 방법에 제한이 없어 ① 공유물을 그대로 양적으로 분할하는 현물분할, ② 공유물을 매각하여 그 대금을 분할하는 대금분할 및 ③ 공유자의 1인이 단독소유권을 취득하고 다른 공유자는 지분의 가격을 지급받는 가액보상 등을 자유롭게 선택할 수 있다.[80] 민법 제269조 제1항은 '분할의 방법에 관하여 협의가 성립되지 아니한 때에는 공유자는 법원에 그 분할을 청구할 수 있다'고 하고, 분할에

---

75) 지원림(각주 71), 1239, 1247-1248면 참조.

76) 프랑스 민법은 공유 및 공유물분할에 관하여 다음과 같은 상세한 규정을 두고 공유물분할청구권을 절대적 권리로 인정하고 있다[원문에 해석은 여하윤(각주 21), 97면 참조].

프랑스 민법 제815조 어느 누구도 공유를 강요당할 수 없고, 판결 또는 약정에 의하여 유예되지 않는 한 언제든지 분할이 청구될 수 있다.

프랑스 민법 제816조 공유자의 일부가 공유물의 전부 또는 일부를 분리하여 [단독으로] 사용·수익하고 있다고 하더라도, 분할행위나 시효취득을 할 수 있는 충분한 점유가 있지 않다면 분할 청구할 수 있다.

77) 대법원 1996. 2. 9. 선고 94다61649 판결.

78) 제1011조(공동상속분의 양수)

① 공동상속인 중에 그 상속분을 제삼자에게 양도한 자가 있는 때에는 다른 공동상속인은 그 가액과 양도비용을 상환하고 그 상속분을 양수할 수 있다.

② 전항의 권리는 그 사유를 안 날로부터 3월, 그 사유있은 날로부터 1년내에 행사하여야 한다.

79) 제1012조(유언에 의한 분할방법의 지정, 분할금지) 피상속인은 유언으로 상속재산의 분할방법을 정하거나 이를 정할 것을 제삼자에게 위탁할 수 있고 상속개시의 날로부터 5년을 초과하지 아니하는 기간내의 그 분할을 금지할 수 있다.

제1013조(협의에 의한 분할)

① 전조의 경우외에는 공동상속인은 언제든지 그 협의에 의하여 상속재산을 분할할 수 있다.

② 제269조의 규정은 전항의 상속재산의 분할에 준용한다.

80) 지원림(각주 71), 1248면 참조.

관한 협의가 성립한 경우에는 공유물분할의 소를 제기하거나 유지하는 것은 허용되지 않는다고 하여, 공유자들 간에 자발적인 협의로 자유롭게 공유물을 분할하는 것을 우선시하고 있다.

법원은 공유물분할을 청구하는 자가 구하는 방법에 구애받지 아니하고 자유로운 재량에 따라 공유관계나 그 객체인 물건의 제반 상황에 따라 공유자의 지분 비율에 따른 합리적인 분할을 하면 된다.[81] 다만, 민법 제269조 제2항에 따라 법원은 현물분할이 가능한지 먼저 검토하여야 하고, 현물분할이 불가능하거나 그것이 형식상 가능하다고 하더라도 그로 인하여 그 공유물 전체의 교환가치가 현물분할로 인하여 현저하게 감손되는 등의 경우에는 공유물의 경매를 명하여 그 대금을 분할하는 이른바 대금분할의 방법에 의하도록 하고 있다.[82] 한편, 일정한 요건이 갖추어진 경우에는 공유자 상호간에 금전으로 경제적 가치의 과부족을 조정하게 하여 분할을 하는 것도 현물분할의 한 방법으로 허용되고, 공유자 간의 실질적인 공평을 해치지 않는다고 인정되는 특별한 사정이 있는 때에는 공유물을 공유자 중의 1인의 단독소유 또는 수인의 공유로 하되 현물을 소유하게 되는 공유자로 하여금 다른 공유자에 대하여 그 지분의 적정하고도 합리적인 가격을 배상시키는 방법에 의한 분할도 현물분할의 하나로 허용된다고 할 것이다.[83] 완전한 현물분할은 불가능하고 경매분할에 의하는 것보다 채무자가 더 많은 대금을 지급받을 여지가 있는 이 사건 아파트 같은 경우 논의의 실익이 있다.

3. 공유물분할청구권의 대위행사와 관련하여 검토가 필요한 문제

(1) 공유물분할청구권이 채권자대위권의 목적이 될 수 있는지 여부

민법 제404조 제1항 단서는 일신에 전속한 권리에 대해서는 채권자대위권을 행사할 수 없다고 규정하고 있다. 민법 제1005조상의 일신전속

---

81) 대법원 1993. 12. 7. 선고 93다27819 판결, 1997. 9. 9. 선고 97다18219 판결 등 참조.
82) 대법원 1993. 1. 19. 선고 92다30603 판결.
83) 대법원 2004. 10. 14. 선고 2004다30583 판결 참조.

권을 '귀속상의 일신전속권'이라 하여 채권자대위권의 대상이 될 여지가 있다고 보는 반면, 민법 제404조가 언급한 '행사상의 일신전속권'은 채권자대위권의 대상이 될 수 없다.[84)·85)]

공유물분할청구권에 관한 명문의 규정을 두고 있는 프랑스는 물론,[86)] 우리나라와 일본의 학설 모두 공유물분할청구권은 채권자대위권의 대상이 된다고 보고 있고, 대상판결 역시 공유물분할청구권이 채권자대위권의 목적이 될 수 있다고 하였다.

그런데 대상판결은 보전의 필요성에 관한 설시 부분에서, 공유물분할청구권을 채권자가 대신하여 행사하는 것이 "공유자가 다른 공유자들과 자유롭게 협의하여, 만약 협의가 되지 않으면 법원의 재판에 따라, 공유물을 공평하게 나누고 공유관계를 원만하게 해소하려는 공유물분할제도의 본래의 목적과 취지에도 부합하지 않는다."고 하거나 "공유자 중 어느 누구도 공유물의 분할을 희망하지 않는데도 단순히 금전채권자의 채권 보전을 위하여 채무자의 재산뿐만 아니라 다른 공유자의 공유지분 전부가 경매되는 것은 채무자를 포함한 공유자들에게 지나치게 가혹하다."고 하여 마치 공유물분할청구권이 공유자 본인만 행사할 수 있는 행사상의 일신전속권에 해당한다거나 그렇지 않더라도 성질상 채권자대위가 허용되지 아니하는 권리로 보는 듯한 표현을 사용하고 있다.[87)] 이는 보전

84) 대법원 2010. 5. 27. 선고 2009다93992 판결("유류분반환청구권은 그 행사 여부가 유류분권리자의 인격적 이익을 위하여 그의 자유로운 의사결정에 전적으로 맡겨진 권리로서 행사상의 일신전속성을 가진다고 보아야 하므로, 유류분권리자에게 그 권리행사의 확정적 의사가 있다고 인정되는 경우가 아니라면 채권자대위권의 목적이 될 수 없다.").

85) 편집대표 곽윤직(각주 14), 765면(김능환 집필부분), 편집대표 김용덕(각주 20), 251면(한애라 집필부분) 참조.

86) 프랑스 민법 제815-17조 제3항은 "그러나 전항의 채권자는 채무자의 이름으로 분할을 청구하거나 채무자에 의하여 제기된 분할에 참가할 수 있는 권한이 있다. 공유자들은 채무자의 이름으로 채무자를 대신하여 채무를 이행하여 분할청구의 소의 진행을 중단시킬 수 있다. 이 권한을 행사한 공유자들은 공유물로부터 우선적으로 상환을 받을 수 있다."고 규정하고 있다[원문에 대한 해석은, 여하윤, "우리 법상 공유물분할청구권의 대위행사를 허용할 것인지 여부－대법원 2020. 5. 21. 선고 2018다879 전원합의체 판결－", 법조 제69권 제5호(통권 제743호), 436면 참조].

의 필요성에 대한 논의 앞에 등장하는, 공유물분할청구권이 채권자대위권의 목적이 되는지에 관한 부분에서 설시했어야 내용으로 보이는바, 대상판결이 공유물분할청구권의 일신전속성을 비교적 간단히 부정한 후에 보전의 필요성 부분에서 이를 적극 설시한 것은 논리의 흐름 및 논의의 균형상 바람직하지 않다는 생각이 든다.

(2) 공유지분에 대한 강제집행으로 채권의 만족을 얻을 수 있는 경우 금전채권자의 공유물분할청구권 대위행사의 허용가능성과 보충성의 문제

대상판결로 인하여 변경된 대법원 2015. 12. 10. 선고 2013다56297 판결은 금전채권자가 책임재산의 확보를 위하여 채무자의 공유물분할청구권을 대위행사하는 경우에 보전의 필요성을 인정한 바 있다. 위 사안 역시 대상판결과 마찬가지로 채무자의 지분에 관한 강제집행이 민사집행법 제102조에 기해 취소되어 공유지분에 대한 강제집행으로는 채권의 만족을 얻을 수 없는 사안이었다.

그렇다면 채무자의 지분에 대한 강제집행으로 채권의 만족을 얻을 수 있는 경우에 보전의 필요성을 인정할 수 있을까. 우리 법률은 강제집행제도와 채권자대위제도의 행사 및 효력의 우선순위에 관하여 규정하고 있지 않으므로 채권자로서는 채무자의 공유지분에 대한 강제집행을 할 것인지, 아니면 채무자의 공유물분할청구권을 대위행사할 것인지를 자유롭게 선택할 수 있다. 대법원은, 채권자가 제3채무자에 대해 직접 권리를 청구할 수 있

---

87) 그 외 이러한 표현에 해당하는 것으로 볼 수 있는 부분은 다음과 같다.
- 채무자의 재산이 공유지분이라는 이유만으로 채무자 아닌 공유자들의 이익까지 희생시키면서 일반채권자에게 법이 인정하지 않는 특별한 이익을 제공할 이유는 없다.
- 공유물분할청구권 대위행사로 공유물 전부가 경매되는 결과는 채무자뿐만 아니라 공유지분을 보유한 다수 당사자들로부터 공유물을 사용·수익할 권리를 근본적으로 박탈하게 된다.
- 공유물분할로 공유물 전부가 경매되는 경우에는 다른 공유자들이 공유물에 대한 종전 사용관계를 유지할 수 있는 아무런 수단이 없다.
- 공유물분할청구에 따라 공유물의 분할을 실현하는 과정에서 공유자들 사이에 협의가 성립하여 현물분할과 같이 채권자의 금전채권 만족에 도움이 되지 않는 방법으로 공유물이 분할되는 경우에는, 채권자로서는 채권자대위권 행사가 무익하게 되고, 공유자들로서는 원하지 않는 시기에 공유물분할을 강요당하는 결과가 되고 만다.

는 권원을 가진다고 하더라도 대위청구는 별개의 요건으로 보아 보충성은 요하지 않고, 채권자대위권을 행사할 수 있다고 판시한 바 있다.[88)·89)·90)]

이에 대해, 공유지분이 경매되는 경우에는 다른 공유자의 우선매수권이 인정되는데, 공유지분에 대한 강제집행 대신 공유물분할을 인정하게 되면 다른 공유자의 이러한 권리를 침해할 가능성이 있고, 채무자가 무

---

88) 채권자대위권은 책임재산 보전이라는 본래의 영역을 넘어서 집행권원이 필요하지 않은 간이한 채권추심방법으로까지 발전하였다[범선윤, "채권자대위권의 행사와 채권압류·전부명령의 경합—채권자대위권의 효용과 한계—, 민사판례연구 제40권(2018), 335면 참조]

89) 보충성 요건은 채무자의 자유로운 재산관리행위에 대한 부당한 간섭이 아닐 것의 한 요소로서 고려하면 충분하고, 보충성을 요구하는 것은 다른 권리구제 수단에 대한 법원의 심리 부담을 가중시킬 뿐이며, 채무자에 입장에서 소송을 당하는 것을 마찬가지일 것이므로 구분실익이 적다는 견해도 있다[오경미(각주 12), 488면 참조].

대법원 2007. 5. 10. 선고 2006다82700, 82717 판결에서 대법원은 철거청구권을 피보전권리로 하는 채권자대위권의 행사를 인정하면서, "토지소유권에 근거하여 그 토지상 타인 소유건물의 임차인들을 상대로 건물에서 퇴거할 것을 청구할 수 있었더라도, 퇴거청구와 건물의 임대인을 대위하여 임차인들에게 임대차계약의 해지를 통고하고 건물의 인도를 구하는 청구는 그 요건과 효과를 달리하는 것이므로, 위와 같은 퇴거청구를 할 수 있었다는 사정이 채권자대위권의 행사요건인 채권 보전의 필요성을 부정할 사유가 될 수 없다."고 판시하여 채권자대위권의 보충성 요건이 필요하지 않음을 명시적으로 밝혔다.

90) "보전의 필요성이라는 것은, 다른 권리구제수단이 있는지 여부를 기준으로 하기보다는, 피보전권리와 피대위권리의 관계에 비추어 채권자대위권을 행사함으로써 피보전권리의 현실적 이행을 유효·적절하게 확보할 수 있는지 여부를 기준으로 하여 독자적으로 판단되어야 한다. 민법 제404조에서도 다른 구제수단이 없을 것을 요건으로 하고 있지 않다. (중략) 대법원 1964. 3. 31. 선고 63다214 판결은 '미등기건물의 전득자는 정당한 권원 없이 건물에 대한 소유권보존등기를 경료한 자를 상대로 하여 직접 그 소유권보존등기의 말소를 청구할 수 있으므로 피고가 본건 건물의 전소유자인 갑을 대위하지 않고 현재 등기부상의 보존등기명의자인 원고를 상대로 그 등기의 말소를 청구하였다 하여 위법일 것은 없다.'고 하고, 대법원 1964. 6. 23. 선고 63다1014 판결은 '부동산을 채무담보에 공할 목적으로 채권자가 지정하는 제3자에게 소유권 이전 가등기 절차를 필하였으나 그 후 피담보채권이 변제에 의하여 소멸된 경우에 부동산 소유권자는 부동산 위의 가등기 명의자에게 직접 그 말소를 청구할 수 있다고 할 것이며 채권자를 대위하여서만 할 수 있다는 논지는 독자적 견해이며 받아드릴 수 없다.'고 하여 오히려 대위에 의한 청구도 가능한 것처럼 판시하고 있을 뿐이다."[송평근, "물권적 청구권인 철거청구권을 피보전권리로 하는 채권자대위권이 인정되는지 여부 및 임대인의 임대차계약 해지권이 채권자대위권 행사의 대상이 될 수 있는지 여부 등", 대법원판례해설 제67호(2008 상반기), 247-250면 참조].

자력이라는 이유만으로 채무자가 공유하고 있는 모든 재산을 채권자가 분할할 수 있도록 하는 것은 채무자의 재산관계에 대한 지나친 간섭으로 부당한 면이 있어 보전의 필요성을 인정하기 어렵다는 견해가 있다.[91) 그러나 채권자대위제도는 앞서 본 바와 같이 강제집행보다 그 요건과 절차가 간단하고, 청구권뿐만 아니라 형성권 등도 피대위권리로 할 수 있는 고유한 제도적 이점이 있으므로 채권자가 강제집행이 아닌 채권자대위를 활용하려 하는 경우 가급적 이를 보장할 필요가 있다. 한편, 공유물은 공유자 1인의 의사에 따라 언제든 분할될 수 있고, 공유자도 당연히 이러한 공유관계의 특성을 잘 알고 그 위험을 예상하면서도 자신의 의지로 공유지분을 보유하고 있는 것으로, 공유자들 사이의 인적 관계나 공유물의 사용현황을 이유로 공유물분할청구에 대항할 수 없는데, 채권자가 공유지분권자 중 1인을 대위하여 공유물분할을 청구한다고 하여 다른 공유자의 지위가 이와 달라진다고 보기는 어렵다. 채권자가 채무자를 대위하여 공유물에 대한 공유물분할청구를 하지 못하고 공유지분에 대한 강제집행을 하는 경우, 경매절차에서 공유지분을 매수한 매수인이 매수 직후 자신의 이익을 위하여 공유물분할청구권을 행사하여 공유관계를 종료시킨다면 공유지분의 비율, 종전의 사용현황, 공유자들 사이의 인적 구성과 무관하게 공유관계는 유지되지 못한다. 공유지분이 매각되면 대상판결이 제시한 공유관계의 보호 가치 및 보호필요성은 종전과 달라질 수밖에 없다. 그렇다면 매수인에 의하여 공유물이 분할되도록 하는 것보다 공유자인 채무자가 채권자대위소송에 정식으로 참가하도록 하거나 적어도 공유물분할방법에 관하여 의견을 제시할 기회를 부여받을 수 있도록 하는 것이 오히려 전체 공유자들의 이익을 적절히 조화시킨 합리적인 공유물분할방법을 도출하는 데 도움이 될 여지가 크다.[92)]·[93)] 대위행사를

91) 오태환, 금전채권자가 채무자의 공유물분할청구권을 대위행사할 보전의 필요성이 있는 경우, 대법원판례해설 제105호(2015년 하), 5-6면 참조.

92) 공유물분할청구 사안은 아니지만 대법원 2010. 8. 19. 선고 2009다99402, 2009다99419(병합) 판결에서는 채무자가 피고들 보조참가인으로, 대법원 2014. 7. 10. 선고 2013다74769 판결에서는 채무자가 원고 보조참가인으로 참가하였다.

허용하는 경우, 공유지분에 대한 경매절차에서 인정되는 공유자의 우선매수청구권을 침해한다는 견해가 있으나 전면적 가액보상에 의한 공유물분할방법을 통해 강제집행절차에서 공유자가 우선매수권을 행사하는 것과 유사한 효과를 얻을 수 있어[94] 공유지분을 강제집행하는 경우에 비해 다른 공유자의 권리가 심각하게 침해된다고 할 수도 없다.

실무에서 공유지분에 대한 강제집행이 가능함에도 공유물 전체에 대한 분할을 청구하는 경우가 많지는 않을 것으로 보이나 대법원이 보충성을 채권자대위권 행사요건으로 삼지 않는다는 것은 명시적으로 밝히고 있는 이상, 채권자가 공유지분에 대한 강제집행으로 만족을 얻을 수 있다고 하여 공유물분할청구권의 대위행사를 허용해서는 안 된다고 단정할 수 없다. 다만, 개별 사안에서 구체적 사정에 따라 권리남용의 법리 등을 통해 이를 제한하는 것이 타당하다고 생각한다.

4. 대상판결 결론의 타당성

대상판결에 의하여 변경된 대법원 2013다56297 판결은 ① 공유물에 대하여 근저당권자 등 선순위 채권자가 있고 이미 일반채권자에 의해 채무자의 지분에 대한 강제집행이 개시되었으나 남을 가망이 없다는 이유

---

93) 현행 프랑스 민법에서 공유자의 채권자들과 공유자들의 절차참여권을 보장하고 있음은 아래 각주 93과 같지만 채무자의 절차참여에 관한 명문의 규정은 없는 것으로 보인다. 우리와 마찬가지로 프랑스에서 간접소권을 소송상 행사할 경우 피고적격은 제3채무자에게 있는 것이므로 채무자를 소송에 참가할 권리나 의무가 있는 것은 아니다. 그러나 프랑스에서는 예외적으로 채권자가 의무적으로 채무자를 소송에 참가시켜야 하는 경우가 판례상 인정되고 있고, 실제 채권자가 간접소권을 행사할 때 채무자를 소송에 참가시키는 것이 일종의 관행이 되고 있다고 하고 이유는 채무자에 대하여 판결의 기판력이 미치도록 할 수 있기 때문이라고 한다[여하윤, 채권자대위권 연구, 경인문화사(2007), 215-220면 참조].

94) 대법원은 민사집행법 제140조의 공유자의 우선매수권은, 공유자는 공유물 전체를 이용 · 관리하는 데 있어서 다른 공유자와 협의하여야 하고, 그 밖에 다른 공유자와 인적인 유대관계를 유지할 필요가 있다는 점 등을 고려하여 공유지분 매각에 있어 새로운 사람이 공유자로 되는 것보다는 기존의 공유자에게 우선권을 부여하여 그 공유지분을 매수할 수 있는 기회를 준다는 데에 그 입법취지가 있다고 하였다(대법원 2006. 3. 13. 선고 2005마1078 등 참조).

로 경매절차가 취소된 적이 있거나, 채무자 지분의 예상 최저매각가격이 공유지분에 의하여 담보되는 피담보채권액, 절차비용 등 우선채권액에 미달하여 남을 가망이 없다는 이유로 민사집행법 제102조에 따라 경매가 취소될 개연성이 있는 반면 ② 공유물 전부의 시가는 선순위 채권액을 상당 정도 초과하여, 공유물 전부에 대하여 경매를 할 경우 민법 제368조 제1항에 따라 각 지분 가액에 비례하여 피담보채무액이 분담됨으로써[95)]채권자가 배당받을 가능성이 높은 경우에는 채권자가 채무자의 공유물분할청구권을 대위행사할 보전의 필요성이 있다고 보았다.

대상판결은 위와 같은 경우라도 원고의 대위행사가 유효 · 적절성의 요건과 부당한 간섭성 요건을 충족하지 못하였다고 보아 보전의 필요성을 부정하였다. 유효 · 적절성 요건에서는 책임재산의 문제를, 부당한 간섭성 요건에서는 당사자 간의 형평성과 보호 필요성 문제를 중심으로 그 결론의 타당성에 대하여 살펴본다.

(1) 유효 · 적절성 요건의 충족 여부

다수의견은 공유물분할청구권 행사가 강제집행의 대상이 되는 채무

---

95) 동일한 채권의 담보를 위하여 공유인 부동산에 저당권을 설정한 경우 각 공유지분에 대하여는 특별한 사정이 없는 한 공동저당의 관계가 성립하여 각 공유지분은 저당권의 피담보채무 전액을 담보하고(대법원 2006. 6. 15. 선고 2005다44091 판결 참조), 공동저당 부동산 중 일부의 경매대가를 먼저 배당하는 경우 근저당권자는 피담보채권 전부를 변제받을 수 있다(민법 제368조 제2항 전문). 한편, 공유지분을 경매할 경우 '최저매각가격'은 공유물 전부의 평가액 중 공유지분에 해당하는 금액으로 산정한다(민사집행법 제139조 제2항).
민법 제368조(공동저당과 대가의 배당, 차순위자의 대위)
① 동일한 채권의 담보로 수개의 부동산에 저당권을 설정한 경우에 그 부동산의 경매대가를 동시에 배당하는 때에는 각 부동산의 경매대가에 비례하여 그 채권의 분담을 정한다.
② 전항의 저당부동산 중 일부의 경매대가를 먼저 배당하는 경우에는 그 대가에서 그 채권전부의 변제를 받을 수 있다. 이 경우에 그 경매한 부동산의 차순위저당권자는 선순위저당권자가 전항의 규정에 의하여 다른 부동산의 경매대가에서 변제를 받을 수 있는 금액의 한도에서 선순위자를 대위하여 저당권을 행사할 수 있다.
민사집행법 제139조(공유물 지분에 대한 경매)
② 최저매각가격은 공유물 전부의 평가액을 기본으로 채무자의 지분에 관하여 정하여야 한다. 다만, 그와 같은 방법으로 정확한 가치를 평가하기 어렵거나 그 평가에 부당하게 많은 비용이 드는 등 특별한 사정이 있는 경우에는 그러 하지 아니하다.

자의 책임재산 감소를 방지한다거나 공유물분할청구권 행사로 책임재산이 늘어난다고 일반적으로 말할 수 없다며 "공유부동산 전체를 매각하면 공유지분만을 매각할 때보다 공유지분의 매각대금이 더 커질 수 있다는 사실상의 가능성만으로 채무자의 책임재산이 늘어난다고 법률적으로 평가할 수도 없으며, 물상보증인 지위에 있는 채무자는 민법 제481조, 제482조를 통해 최종적인 배당결과가 동시배당의 경우와 같도록 보호받을 수 있으므로, 그 책임재산에는 실질적인 변동이 없고, 각 공유지분이 근저당권의 공동담보로 되어 있는 부동산이 현물로 분할되면 채무자가 취득하는 부동산을 경매하더라도 남을 가망이 없는 사정은 현물분할을 전후로 달라지지 않는다."고 하였다.

다수의견은 채무자가 아무런 권리를 행사하지 않고 그 공유지분을 보유하고 있는 상태에서의 지분가치를 기준으로 하여 채권자대위권을 행사하여도 채무자의 재산 증감은 없다고 판단한 것으로 보인다. 그러나 그 유효 · 적절성을 금전채권의 '현실적 이행을 확보할 수 있는지'에 초점을 맞추어 본다면 이와 달리 평가할 여지가 있다. 즉, 공동근저당권의 실행 여부가 불확실한 상황에서 채권자들이 채무자를 상대로 '현실적으로 확보'할 수 있는 책임재산은 민법 및 민사집행법에 정하여진 바에 따라 채무자 소유의 지분매각대금에서 선순위 근저당권 등 우선채권액을 제외한 금원이다. 이 사건 공유지분만 먼저 경매되어 그 경매대가를 배당하게 되면 민법 제368조 제2항에 따라 그 경매대가에서 이 사건 근저당권자에게 피담보채권금액 전부를 우선 변제하여야 하므로 채무자(또는 일반채권자)에게 배당될 금원이 없고, 그렇다면 이 사건 공유지분에 대한 경매절차에서 채권자가 현실적으로 확보할 수 있는 책임재산(잉여금)은 없다고 할 것이다. 반면, 채무자가 공유물분할청구권을 대위행사하는 방식으로 채권을 확보할 경우, 이 사건 근저당권의 피담보채무는 경매절차에서 지분 가액의 비율로 나누어져 채무자에게 배당될 금원이 확보되므로, 일반채권자의 입장에서 집행가능한 채무자의 재산은 증가하였다고 평가할 수 있다. 채권자대위권을 행사하는 원고의 집행가능한 금원을 기준으로 할 때, 이를 단순히 사실상의 가능성이라거나 막연한 기대라고 볼 수만은 없다. 더욱이 이 사건 아파트는 '아파트'로서 애초에 완전한 현물분할의 가능성이 전혀 없고, 이는 등기부등본의 표제만으로도 즉시 파악할 수 있는 것이므로, 공유지분의 경매와 동일한 결과를 가져오는 완전한 현물분할의 경우를 가정하여 공유물분할의 대위행사가 무용할 가능성을 고려할 필요는 없다고 생각된다.[96] 다른 형태의 부동산의 경우에는 현물분할의 원칙에 따라 공유지분의 경매와 동일하게 잉여금이 없을 가능성이 있다고 하더라도, 적어도 현물분할 가능성이 없어 채무자가 현실적으로 책임재산을 확보할 수 있을 이 사건은 "극히 예외적인 경우"로서 보전의 필요성이 인정되어야 할 것이다.

결국 보전소송의 본질과 목적에 비추어 채무자가 아닌 일반 금전채권자를 기준으로 공유물분할청구권 행사의 결과, 실제 확보할 수 있는 재산에 어떠한 변화가 있는지를 살펴 책임재산의 증감을 판단하는 것이 타당할 것이다. 반대의견이 적절히 지적한 바와 같이, 이를 단순한 사실상의 기대나 우연한 결과라 보아 보전의 필요성을 인정하지 않는다면, 채권자는 채무자에게 책임재산이 있고 그로부터 채권의 만족을 얻을 수 있었음에도 아무런 대안 없이 채권을 확보할 수 있는 기회를 상실하게 되고, 채무자는 그 책임재산이 공유재산이라는 이유만으로 일반채권자의 강제집행을 사실상 면하게 되는 반사적 이익을 얻게 되므로 구체적 타당성과 형평성의 측면에서 타당하다고 볼 수 없다.

(2) 부당한 간섭인지 여부

다수의견은 금전채권의 보전을 위한 공유물분할청구권 대위행사는 채무자의 자유로운 재산관리행위에 대한 부당한 간섭이 된다며, 공유자

96) 이 사건과 같은 아파트에 대하여 가능한 현물분할은, 공유부동산을 공유자 중의 1인의 단독소유 또는 수인의 공유로 하되 현물을 소유하게 되는 공유자로 하여금 다른 공유자에게 그 지분의 적정하고도 합리적인 가격을 지급하게 하는 방법에 의한 분할(이른바 전면적 가액보상에 의한 현물분할, 대법원 2004. 10. 14. 선고 2004다30583 판결 등 참조)인데, 이러한 분할방법에 따라 공유자인 채무자가 공유물을 취득한 다른 공유자들로부터 지분에 상응하는 가액을 지급받을 수 있다면 실제 책임재산에 변화가 있다고 평가할 수 있다.

중 어느 누구도 공유물의 분할을 희망하지 않는데도 단순히 금전채권자의 채권 보전을 위하여 채무자의 재산뿐만 아니라 다른 공유자의 공유지분 전부가 경매되고, 우선 매수 등 공유자들 사이의 인적 관계와 공유물에 대한 종전의 사용관계를 유지할 수 있는 아무런 수단이 없게 되는 것은 부당하다고 한다. 다수의견의 논지는, 공유물분할청구권을 가급적 공유자 본인에 의사에 따라 행사 여부가 결정되어야 하는 행사상의 일신전속권과 유사한 성격의 것으로 보거나 공유자들 간 긴밀한 인적 관계 또는 사용관계가 유지되고 있음을 전제로 이를 최대한 보장하여야 한다는 전제하에 공유자들 공유관계에 간섭하는 채권자의 권리행사를 '부당하다'고 평가한 것으로 보인다.

'부당한 간섭'을 보전의 필요성 판단기준 중 하나로 삼아 이를 이 단계에서 심사하는 것이 부적절하다는 것과 설사 '부당한 간섭' 여부를 심사한다고 하더라도 그 요건을 신의칙 위반 또는 권리남용에 준하여 엄격히 판단하여야 함은 앞서 언급한 바와 같다. 그렇다면 이 사건에서 위와 같은 사정을 들어 이 사건 공유관계에 간섭하는 것이 '부당한 간섭'이라고 볼 수 있는지 이 사건 아파트의 특징, 공유관계의 형성과정, 채권자, 채무자 및 제3채무자의 보호 필요성 등을 종합하여 그 이익을 형량하여 볼 필요가 있다.

(가) 우선 채무자의 보호 필요성 및 채무자의 추정적 의사에 관하여 본다. 채무자는 이 사건 공유지분을 스스로 포기하는 내용의 상속재산분할협의를 한 후 누나인 피고로부터 다른 형제들과 달리 이 사건 공유지분의 대가 이외에 추가적인 금전을 지원받았다. 원고가 양수한 채권은 상당히 오랜 기간 변제되지 않은 채 연체되어 있었고, 채무자는 이 사건 공유지분을 상속받기 전까지 이를 변제할 만한 재산이 전혀 없었던 것으로 보인다. 결국 채무자는 자신이 이 사건 공유지분을 상속받으면 곧장 집행이 이루어지리라는 사정을 잘 알고 그 집행을 면탈하고자 이를 포기한 것으로, 공유자로서의 권리를 행사하거나 피고와 공유관계를 유지하면서 공유물의 유지·사용에 관하여 긴밀한 협의를 할 의사가 전혀 없었

다. 채무자가 공유자의 지위를 재취득한 것은 책임재산을 회복시키고자 했던 채권자의 의지에 따른 것일 뿐이고, 채무자가 현재 스스로 공유물분할청구권을 행사하지 않는 것은 공유관계를 지키고자 하기 위함이 아니라 채권자의 강제집행을 피하기 위한 것으로, 이러한 채무자에 대해서까지 공유관계의 특성을 들어 '공유물분할청구권은 공유자들이 원하는 시기에 행사되어야 하고, 제3자가 그 행사를 강요해서는 안 된다'는 것은 보호할 가치가 없는 공유관계를 지나치게 보호하는 것이 되며, 채무자가 이로 인하여 반사적인 이익을 얻게 되어 부당하다.

(나) 채권자인 원고에 관하여 보건대, 이 사건 채권자는 금융기관으로부터 채무자에 대한 판결금 채무를 매수한 추심 또는 대부업체로 보이고, 채권을 추심하기 위하여 직접 채권자취소소송을 제기하여 이 사건 공유지분을 회복시키고, 이를 집행하기 위해 다양한 방안을 사용하였다. 그런데 이 사건에서 공유물분할청구권이 인정되지 않는다면, 채권자가 현재 자기 채권의 현실적 만족을 구할 방안은 전혀 없고 이 사건 근저당권이 실행될 때까지 기다릴 수밖에 없다. 자기 채권을 적극적으로 보전하고 실행하고자 채권자취소소송을 제기하여 승소 판결까지 받은 채권자를 상대로, 후속 소송에서 집행가능성을 사실상 봉쇄한 것은 지나치게 가혹한 측면이 있다. 한편, 일반적으로 저당권자의 경우 피담보채권을 변제받는 데에 목적이 있을 뿐이고 그 저당권의 존속 여부에 관심이 있는 것이 아니며, 이 사건 근저당권자의 경우 지분이 경매되는 경우나 공유물 자체가 경매되는 경우나 모두 피담보채권 전액에 대해 만족을 얻을 수 있으므로 분할을 인정하더라도 그 이익에는 별다른 영향이 없다.[97]

---

97) 당해 근저당권자는 저당부동산에 대하여 경매신청을 하지 아니하였는데 다른 채권자가 저당부동산에 대하여 경매신청을 한 경우 민사소송법 제608조 제2항, 제728조의 규정에 따라 경매신청을 하지 아니한 근저당권자의 근저당권도 경락으로 인하여 소멸한다. 대신에 그 근저당권자는 민사소송법 제605조가 정하는 배당요구를 하지 아니하더라도 당연히 그 순위에 따라 배당을 받을 수 있다(대법원 1999. 9. 21. 선고 99다26085 판결 참조). 근저당권자는 자신이 경매신청을 하지 아니하였으면서도 매수인이 매수대금을 완납한 때에 피담보채권이 확정되고 매수로 인하여 근저당권을 상실하게 되나, 이 역시 근저당권 설정 당시 이미 예상할 수 있는

(다) 마지막으로 공유자인 피고에 관하여 보면, 피고는 선행 사해행위 취소소송에서 악의의 수익자에 해당하여 상속분할협의가 취소됨으로써 피고의 의사에 반하여 이 사건 아파트를 공유하게 되었다. 피고가 채권자와 채무자의 채권관계 및 사해행위 취소소송의 경과에 대하여 누구보다 잘 알고 있었던 이상 이 사건 아파트에 대하여 채무자와의 공유관계가 설정되기 전, 즉 사해행위 취소소송에서 패소 판결을 받을 무렵에 이미 피고는 이 사건 공유지분의 강제집행 가능성과 공유물분할청구권의 대위행사 가능성에 대하여 예상하고 있었을 것으로 보인다. 피고로서는 원하지 않은 시기에 원하지 않는 방법으로 피고의 의사와 무관하게 채무자와 공유관계가 설정된 것이므로, 피고가 원하지 않는 시기에 공유물분할이 이루어진다고 하더라도 이를 공유관계에 대한 부당한 간섭이라고 볼 수는 없다. 이 사건 아파트에 대한 집행은 공유관계가 설정될 당시 이미 예정되었던 집행의 수순을 밟은 것일 뿐이다. 피고는 이 사건 아파트를 상속받은 이후에도 서울 송파구 소재 거주지에서 계속 거주한 것으로 보이므로 이 사건 아파트가 경매분할된다고 하여 피고가 거주지에서 퇴거청구를 당하게 되는 등의 심각한 불이익을 얻게 되는 것도 아니다.

우리 민법은 프랑스와 같이 공유물분할청구권 대위행사 과정에서 당사자들의 절차를 보장하고 그 이해를 반영할 수 있는 구체적인 규정을 마련해 두지는 않았지만, 실제 재판과 집행의 단계에서 당사자들이 불의의 타격을 받지 않도록 할 수 있는 최소한의 안전장치를 마련해 두고 있다고 생각된다.[98] 피고가 공유물의 소유권을 유지할 의지가 있었다면 피

것이므로 경매로 근저당권자의 기본적인 권리가 침해된다고 할 수는 없다.

98) 프랑스 민법 제815-17조 제2항에서는 공유자의 채권자들이 공유물분할청구권을 대위행사할 수 있음을 명시하여 이를 입법적으로 해결하면서 공유자의 채권자와 다른 공유자들의 이해관계를 조율할 수 있는 절차적 권리들을 함께 명시하고 있다. 프랑스 민법 제815-17조 제2항은 공유자의 채권자들이 공유물 분할로 인하여 그들의 권리가 해하게 되지 않도록 공유물분할절차에 참가할 수 있는 권리를 인정하고 있다. 또한 프랑스 민법 제817-17조 제2항 2문은 "[다른] 공유자들은 채무자[인 공유자]의 채무를 채무자의 이름으로 변제하고 그 채무를 면하게 함으로써 분할소송을 정지할 수 있다."고 규정하여 공유물분할청구의 대위행사가 있더라도, 다른 공유자들이 공유자를 대신하여 변제함으로써 공유물 분할을 막고 공유관계를

고는 채권자대위권소송이 계속될 당시 채무자의 채무를 변제하고 이 사건 아파트를 소유하겠다는 의사를 표시하여 법원이 전면적 가액보상에 의한 현물분할을 요청할 수 있었다. 법원은 이러한 당사자들의 요청 및 이해관계를 반영하여 합리적인 분할방법을 정할 수 있었을 것이다. 그렇다면 공유자들이 지분을 우선매수할 기회가 부여되지 않았다는 것만으로 공유물분할청구권의 행사가 부당하다고 볼 수는 없을 것이다.

(3) 소 결

결국 이 사건의 구체적인 사실관계를 보면, 대상판결 다수의견이 설정한 병합형 판단기준에 따른다고 하더라도, 유효 · 적절성 요건이나 부당한 간섭성 요건을 충족할 수 있었다고 생각된다. 대법원이 금전채권의 공유물분할청구권을 원칙적으로 허용하지 않기로 하면서도 당사자들의 관계, 공유관계의 보호 필요성, 보전소송의 목적 등을 고려하여 극히 예외적으로 이를 허용할 수 있다고 하였다면, 이 사건이 바로 그 예외적인 허용대상이 되어야 할 것이다. 대상판결에서 채권자대위권의 행사가 금지되었고, 판결에서 '극히 예외적인 경우'가 언제인지 추단할 아무런 단서도 남겨놓지 않은 이상, 금전채권 보전을 위한 공유물분할청구권 대위행사는 차후에도 사실상 허용되지 않을 것으로 보여 이러한 대법원의 논지와 결론에 찬성하기 어렵다.[99]

유지할 수 있는 방어권을 부여하고 있다. 그리고, 공유자를 대신하여 변제한 다른 공유자에게는 공유물 전체로부터 우선변제를 받을 권리까지 부여함으로써 공유물 분할 절차를 정지할 수 있는 유인을 제공하고 있다[여하윤(각주 21), 100-103면 참조].

99) 다만, 보전의 필요성이 인정되어야 한다는 견해를 취하더라도 이 사건 공유지분은 사해행위 취소소송으로 회복되었다는 사실로 인하여 채권자가 이 사건에서 채권의 만족을 얻을 가능성은 크지 않다. 즉 위 지분은 상속재산협의분할에 대한 사해행위 취소소송의 결과로 회복된 재산인데, 상대적 무효설에 따르면 채무자와 피고 사이의 상속재산협의분할은 여전히 유효하게 존재하는 것이 되어 채무자가 피고를 상대로 공유물분할을 청구할 권리가 없게 된다(대법원 2015. 11. 17. 선고 2012다2743 판결 및 대법원 2017. 3. 9. 선고 2015다217980 판결 등 참조). 대법원은 사해행위 취소소송으로 회복된 재산은 '책임재산'으로 취급되어야 한다는 것이나 이는 강제집행이 가능한 채무자의 책임재산일 뿐 채무자가 권리를 행사할 수 있는 재산이 아니므로 이 사건 청구는 채무자의 피대위권리가 인정되지 않아 기각될 가능성이 크다. 대상판결에서의 대위권행사는 '권리행사'의 측면보다 '집행절차'

V. 결　　론

채권자대위제도를 통해 채권자는 자신의 이름으로 채무자의 권리를 행사할 수 있는 권한을 얻게 된 반면, 채무자 및 제3채무자는 자신의 계약관계나 채권채무관계에 대해 그와 무관한 제3자로부터 간섭을 받게 되므로, 채권자가 갖는 이익의 중대성, 정당성과 및 채무자가 갖는 자유로운 재산관리권 사이의 이익형량의 과정을 거쳐 그 허용범위를 신중하게 설정할 필요가 있다. 판례는 채권자대위제도가 상정한 제1, 2유형 외에 제3 내지 6유형에 대해서도 채권자대위권을 행사하는 것을 허용하였고, 밀접 관련성 요건 중 피보전채권과 피대위채권의 견련성의 인정기준을 점차 완화함으로써 채권자대위권의 허용범위를 점차 넓혀 왔다. 이에 대해 채권자대위제도가 채권의 상대효 원칙에 대한 중대한 예외라는 점을 강조하여 채무자 및 제3채무자의 자유로운 재산관리권의 영역을 안정적으로 확보해주기 위해 채권자대위권의 지나친 확장을 경계할 필요가 있다거나 금전채권을 피보전채권으로 하는 경우에는 무자력 요건을 엄격하게 해석하여 채무자가 채무초과 상태일 때에만 채권자대위권을 인정하는 것으로 범위를 좁혀야 한다는 의견 등이 꾸준히 제기되었다.[100)]

이러한 경향과 달리, 대상판결은 무자력 요건으로 일관해오던 제1, 2유형에 밀접 관련성 요건을 병합하면서 보전의 필요성 인정기준을 강화하였고, 무자력이 입증되었음에도 강화된 기준을 충족하지 못하였다는 이유로 보전의 필요성을 부정하였다. 대상판결은 공유관계를 둘러싼 공유자들의 의사, 인적 관계 및 사용현황을 유지·보호할 필요성 등에 주목

로서의 실질을 가지고 있어 예외적으로나마 허용될 필요가 있다고 하더라도 판례가 현재 일관되게 상대적 무효설을 취하고 있는 이상 그 예외를 인정받을 수 있을 만한 뚜렷한 근거를 찾기 어렵다. 결과적으로 원고가 권리구제를 받지 못할 가능성이 크다는 것이 필자의 입장이나 이를 이유로 본안에서 기각되었더라면 보전의 필요성이 인정되지 않아 각하되는 것보다 원고와 유사한 상황에 있는 다수의 채권자들의 권리가 더 보호될 수 있었을 것으로 생각된다.

100) 오경미(각주 12), 486-490면 참조.

하여 금전채권자의 대위권 행사를 부당한 간섭으로 보았으나 공유관계는 반드시 공유자들 사이의 밀접한 인적 구성이나 긴밀한 사용 관계를 전제로 하는 것이 아니고 공유지분은 자유롭게 개별적인 재산권 행사가 보장된 재산에 불과하다는 측면에서, 대상판결이 위와 같은 병합형 판단기준을 설정하면서까지 금전채권자의 공유물분할청구권 대위행사를 금지할 이유가 있었는지 의문이다. 대상판결이 "극히 예외적인 경우"라는 가능성을 열어 두기는 하였으나 이 사건과 같이 채무자와 제3채무자를 보호할 필요가 거의 없고, 채권자에게 다른 권리구제 수단이 없었던 사안에서도 보전의 필요성이 부정되었기에 현재로서는 금전채권자에 의한 공유물분할청구권의 대위행사가 허용될 수 있는 상황을 상정하기가 어렵다. 병합형 판단기준이 다른 제1, 2유형의 사건에도 확대 적용되어 채권자대위권의 인정 범위에 영향을 미칠 것인지, 그렇다면 부당한 간섭성 요건을 어느 범위까지 적용하고, 어떻게 제한할 것인지 등에 대하여 지속적인 논의가 이루어져야 할 것으로 생각된다.

[Abstract]

The Standard of the 'Necessity for Preservation' When an Obligee Exercises the Right of Subrogation to Request a Partition of Jointly Owned Property

Mok, Hye Won*

This is the case which an obligee having a monetary claim try to exercise it's right of subrogation to request a partition of jointly owned property in relation to an obligor's real estate property in order to preserve the obligee's claim. According to the res judicata, when the obligee intends to preserve obligor's asset for all creditors, the need to preserve the obligee's right is directly determined by obligor's financial status('insolvency standard'). However, In this case, Supreme Court ruled that the obligee's subrogation of the obligor's right to request partition of jointly held real estate property for preservation of the obligee's monetary claim is difficult to be deemed necessary as Supreme Court adopted new standard('combination standard') which combines "insolvency standard" to "close relevance standard"(in Supreme Court decision 99Da38699, May. 8, 2001) which requires ① close relevance of the right to be preserved by the obligee to the right to be subrogated by the obligee, ② effectiveness and appropriateness in securing the actual satisfaction of the claim('effective · appropriate'), and ③ not being unreasonable interference with the obligor's right of free disposal and management of personal property('unreasonable interference').

Besides the criticism on close relevance standard itself, which irrationally regards justness and rightfulness as a prerequisite of necessity, one of the

* Judge, Daejeon district court Cheonan branch.

problem on this decision is that, 'relevance standard' is originally adopted to widen the extent of allowance when a obligee intends to preserve obligor's specific right only for securing obligee's peculiar asset related to that right, but unexpectedly this standard are used for narrowing down the range of recognition. If the court start to adopt combination standard and let the obligee prove not only 'insolvency' but also effectiveness, appropriateness and reasonable interference rigidly, the recognition case would rapidly reduce. Moreover, considering the ① relationship of parties, ② interest and expectation on maintaining the jointly ownership and ③ the necessity of protecting the joint owner as well as ④ the nature and purpose of the subrogation and the right the obligee intends to preserve, it should be deemed necessary in accordance with combination standard. If virtually there is no other way to obtain satisfaction of plaintiff's claim but to exercise right of subrogation as nothing will be left if only the obligor's co-ownership interest is put up for auction sale(whereas the entirety of the property is put up for auction sale and distribution is made pursuant to Article 368(1) of the Civil Act, interest is likely to remain), the examination and balancing should be done cautiously. For these reasons, it is difficult to agree with the decision. The obligee must be allowed to subrogate the obligor's right to request partition of joint property, securing a realistic satisfaction of his or her claim in an effective and appropriate manner.

[Key word]

- obligee's right of subrogation
- necessity for preservation
- obligor's insolvency
- close relevance
- effectiveness · appropriateness
- unreasonable interference
- partition of jointly owned property
- no likelihood of surplus

참고문헌

[국내 단행본]

김형배, 채권총론(제2판), 박영사(1999).

곽윤직, 채권총론(신정판), (1994).

여하윤, 채권자대위권 연구, 경인문화사(2007).

지원림, 민법원론, 홍문사(2017).

편집대표 곽윤직, 민법주해 제Ⅴ권 물권(2) 제211조~제278조, 박영사(1992).

______, 민법주해 제Ⅸ권 채권(2) 제387조~제407조, 박영사(1995).

편집대표 김용덕, 주석민법 채권총칙 2(제5판), 한국사법행정학회(2020).

[외국 단행본]

일본, 신판주석민법(10) Ⅱ 채권(1), 유비각(2011).

[논 문]

강봉석, "채권자대위권에 있어서 채권보전의 필요성", 민사판례연구 제24권 (2002).

김철수, "개정 일본민법상의 채권자대위권과 한국민법의 개정", 동북아법연구 제13권 제2호(2019. 9.).

박강회, "채권자대위권제도와 채무자의 무자력", 민사법연구 제9집(2001).

박광서, "채권자대위권 행사요건 중 보전의 필요성에 관한 판례이론", 청연논총 제15집(2019).

범선윤, "채권자대위권의 행사와 채권압류 · 전부명령의 경합－채권자대위권의 효용과 한계－, 민사판례연구 제40권(2018).

송평근, "물권적 청구권인 철거청구권을 피보전권리로 하는 채권자대위권이 인정되는지 여부 및 임대인의 임대차계약 해지권이 채권자대위권 행사의 대상이 될 수 있는지 여부 등", 대법원판례해설 제67호(2008 상반기).

여하윤, "공유물분할청구권의 대위행사 허용 여부－프랑스 민법과 프랑스 재판례와의 비교를 중심으로－", 비교사법 제26권 제1호(통권 제84호, 2019).

______, "우리 법상 공유물분할청구권의 대위행사를 허용할 것인지 여부－대법원 2020. 5. 21. 선고 2018다879 전원합의체 판결－", 법조 제69권 제5호(통권 제743호).

오경미, "특정채권을 위한 채권자대위권의 인정기준과 한계", 판례연구 제23집(2012. 2.).

오수원, "채권자대위권에 있어서 채무자의 무자력요건론의 재검토", 인권과 정의 통권 제443호(2014).

______, "프랑스의 채권자대위권에 있어서 채권자의 채권과 특정물채권자－1980년대 이후의 새로운 경향", 법조 통권 제528호(2000).

오태환, "금전채권자가 채무자의 공유물분할청구권을 대위행사할 보전의 필요성이 있는 경우", 대법원판례해설 제105호(2015년 하).

이재찬, "채권자대위소송과 민사집행법상 금전채권에 대한 강제집행제도의 선후관계에 관한 연구", 사법논집 제63집(2017).

입질채권을 담보하기 위해 사후적으로 설정된 저당권에 질권의 효력이 미치기 위한 요건

이 무 룡*

요 지

저당권은 담보물권으로서 채권에 대한 부종성을 가진다. 민법(이하 생략) 제361조는 통상 존속상 부종성, 정확히는 수반성을 규율하는 조문으로 이해되어 왔다. 강행규정으로 해석되는 위 조문에 따라 저당권만의 처분은 무효인 반면, 위 조문이 명시하지 않은 피담보채권의 처분에 대해서는 원칙적으로 저당권도 함께 처분되지만 예외적으로 채권만의 처분도 가능하고 저당권은 소멸한다는 것이 다수설, 판례의 입장이다. 그런데 이는 합리적 의사해석에 근거하므로, 그렇다면 수반성은 제361조가 아니라 원래부터 의사해석 규정인 제100조 제2항의 유추적용을 근거로 삼는 것이 바람직하다. 저당권부 채권양도는 수반성이 적용되는 대표적인 예로 독일, 오스트리아, 스위스, 프랑스, 일본 등 각 나라별로 규율방식이 다양한데 우리는 대항요건주의와 성립요건주의가 함께 적용되면서 고유의 법문제가 발생한다. 견해가 대립하지만 채권양도 및 저당권양도행위와 대항요건(통지, 승낙) 및 성립요건(등기)이 모두 갖추어져야 한다는 통설, 판례가 해석론으로서 타당하다. 그 근거는 질권 설정에 관한 제348조와 이와 동일한 내용인 만주민법 조문의 해석론에서 찾을 수 있다. 이에 따르면 대항요건과 등기가 갖추어지는 시점 사이에 차이[時差]가 생길 수 있고 그 선후에 따라 저당권의 소멸 여부 및 양도인에 대한 배

* 청주지방법원 판사.

당가능성(대항요건만 갖춘 경우), 양수인의 신청에 의한 경매절차 진행가능성(등기만 갖춘 경우) 등이 문제된다. 저당권부채권질권에도 이러한 양도 법리가 대체로 적용될 수 있다. 다만 채권의 귀속은 변경되지 않으므로 양도에서와는 다른 장면들이 등장하는데 대상판결에서 다루어진 채권질권 설정 이후에 설정된 저당권(사후적 저당권)에 질권의 효력이 미치기 위한 요건 문제가 그 예이다. 양도 법리를 그대로 적용한 대상판결의 판시는 대체로 타당하지만, 사후적 저당권에 질권의 효력이 '원칙적'으로 미친다는 판단은 존재하지 않았던 저당권에 대한 질권설정의 의사를 상정하기 어렵다는 점에서 합리적 의사해석이나 의사추정의 범위를 넘는다. 사후적 저당권에 대한 질권설정행위의 존재를 질권자가 주장, 증명하도록 해야 한다. 다만 어떠한 견해를 취하더라도 질권설정등기는 요구된다. 이러한 해석론은 질권자에게 부담이 되고 저당권의 활용도를 저해한다는 문제가 있다. 이에 더해 담보권 이전에서 공시 원칙이 물러나는 적지 않은 예들, 두 종류의 공시를 함께 요구함에 따라 공시 원칙이 추구하는 법적 안정성이 오히려 훼손되는 모순, 다른 종류의 담보권부채권에 대해서는 질권설정이 불가능한 입법적 공백, 채권과 담보 사이에서 처분의 일체성을 확보하려는 국제적 경향을 고려할 때 입법론으로는 과거 법무부 민법개정위원회에서 제안되었으나 채택되지 못했던 저당권의 당연이전 방식을 재고할 필요가 있다.

[주 제 어]

- 저당권부채권 양도
- 저당권부채권 질권
- 부종성
- 수반성
- 민법 제361조
- 민법 제100조 제2항
- 민법개정위원회

대상판결 : 대법원 2020. 4. 29. 선고 2016다235411 판결(공2020상, 964)

[사안의 개요][1)]

1. 사실관계

(1) 주식회사 T어학원(이하 'T어학원')은 2009. 4. 27.경 그 실질 운영자이자 2009. 3.부터 대표이사로 재직한 H로부터 그 소유의 서울 도봉구 창동 700-36 [도봉로 524] 지상의 7층 건물(이하 '이 사건 건물', 위 건물과 대지를 합쳐 '이 사건 부동산')을 보증금 18억 원, 기간 2009. 4. 27.부터 2011. 4. 26.까지 2년, 차임은 없는 것으로 하여 임차하였다(이하 '이 사건 임대차계약').

(2) H는 주식회사 에듀OO(이하 'E사')의 대표이사이기도 했는데 E사는 T어학원의 주식 100%를 가지고 있었다. E사는 2009. 10. 30.자로 권면 총액 30억 원의 신주인수권부사채를 발행하였고 말레이시아 법인인 원고[2)]와 E사는 위 발행일 전날인 2009. 10. 29. 원고가 위 사채를 인수하기로 약정하였다. 이에 따른 E사의 원고에 대한 사채금 반환채무를 담보하기 위해 H가 해당 채무를 연대보증하는 한편, T어학원도 위 2009. 10. 29.자로 자신이 H에 대해 가지는 위 18억 원의 임대차보증금반환채권(이하 '이 사건 임대차보증금반환채권')에 대하여 담보한도액을 36억 원으로 원고에게 근질권을 설정해 주었고 H도 이를 승낙하였다[3)](이하 '이 사건 근질권').

(3) T어학원은 2012. 3. 21. 이 사건 임대차보증금반환채권을 담보하기 위해 이 사건 부동산에 채권최고액 24억 5,000만 원의 근저당권을 취득하였는데(이하 '이 사건 근저당권'),[4)] 원고는 이 근저당권에 대해 질권설정의 부

---

1) 제1심, 원심 및 대상판결과 파기환송심 판결에 설시된 사실관계 전반을 본고의 논의를 위해 필요한 범위 내에서 종합, 정리하였다.

2) 회사명에 '인베스트먼트'가 포함되어 있는 점에 비추어 일종의 투자회사로 추측된다. 참고로 이러한 외국적 요소로 인해 이 사건에서는 준거법의 판단이 필요하였는데, 제1심에서는 이를 거치지 않고 바로 우리 민법을 적용하였으나 원심은 국제사법에 따라 우리 민법이 적용된다는 점을 명시적으로 판단하였다. 대상판결은 이에 대해 별다른 언급을 하지 않았고 파기환송심 판결은 원심과 같은 취지로 준거법을 우리 민법으로 판단하였다.

3) H가 승낙하였다는 부분은 원심의 판단 사항이었으나 제1심에서도 특별히 다투어지지는 않았고 이후 대상판결이나 파기환송심에서도 달리 판단되지 않았다.

4) 근저당권은 피담보채권의 소멸, 이전 등의 영향을 받지 않아 부종성이 완화되지만 특정채권을 담보하기 위한 근저당권은 통상의 저당권과 마찬가지로 부종성을

기등기를 한 바 없었다.

(4) 피고는 H의 아내였는데, H와 사이에 2012. 5. 29. 이 사건 부동산과 H 소유의 별도 아파트를 피고가 소유하기로 하는 재산분할약정을 한 다음, 한 달 뒤인 2012. 6. 29. 협의 이혼하였다. 이후 피고는 2012. 7. 6. 위 재산분할약정에 따라 이 사건 부동산에 대한 소유권이전등기를 마쳤다. 한편 이 사건 임대차계약도 그 무렵인 2012. 7.경 종료되었다.

(5) 이 사건 근저당권설정등기는 T어학원과 피고의 합의 하에 2012. 12. 27. 해지를 원인으로 말소되었다.

(6) 2013. 1. 30. 기준으로 E사가 원고에게 미지급한 위 사채 관련 채무(주채무)는 원금과 이자, 위약벌 등을 포함하여 17억 5,000만 원을 넘었다. E사는 2013. 4. 19. 파산신청을 하여 파산이 선고되었고, H도 2013. 8. 20. 개인파산 및 면책신청을 하여 파산선고 및 면책허가결정을 받았다.[5)]

2. 원고의 청구[6)]

(1) 원고는 자신이 이 사건 임대차보증금반환채권에 대한 근질권을 취득한 이후에 위 채권을 담보하기 위해 이 사건 근저당권이 설정된 이상 저당권의 부종성으로 인하여 이 사건 근저당권에는 당연히 이 사건 근질권의 효력이 미친다고 주장하며, 주위적으로는 근질권에 기한 방해제거청구권의 행사로, 예비적으로는 T어학원에 대해 가지는 손해배상청구권[7)]을 피보전채권으

가진다. 이러한 유형의 근저당권에 대해서는 일반 저당권에 불과하다는 견해와 근저당권으로 인정될 수 있다는 견해가 대립하지만 어느 입장에 의하더라도 부종성은 인정된다. 대상판결 역시 이 사건 근저당권이 부종성을 갖고 있음을 전제로 하였다(제1심, 원심, 파기환송심 판결도 마찬가지). 이지영, "저당권의 부종성과 질권의 부기등기: 무담보채권에 질권을 설정한 뒤 그 채권을 담보하기 위해 저당권을 설정한 경우(2020. 4. 29. 선고 2016다235411판결 : 공2020상, 964)", 대법원판례해설 제123호(2020. 12. 21.), 법원도서관, 64-65면 참고. 이는 대상판결에 대한 재판연구관의 판례해설이다.

5) 원심판결에서는 면책신청을 하였다는 것까지만 확인되는데 코트넷 사건조회를 통해 확인하였다.

6) 원고는 본문의 청구 이외에도 피고가 이 사건 건물의 소유권을 취득함에 따라 H의 임대인 지위 또는 임대차보증금반환채무를 승계하였다고 주장하며 질권의 실행으로서 이 사건 임대차계약 종료에 따른 임대차보증금의 반환도 구하였다. 제1심, 원심 및 대상판결 모두 그러한 승계사실을 인정할 수 없다고 보아 원고의 이 부분 청구를 받아들이지 않았다. 보다 상세한 내용은 생략한다.

7) T어학원이 근질권설정자로서 선량한 주의로 질물인 이 사건 임대차보증금반환채

로 T어학원을 대위하여, 이 사건 근저당권설정등기 말소회복등기절차의 이행을 구하였다.

(2) 원고는 원심에 이르러 위 회복등기절차 이행청구에 대한 예비적 청구로, 피고의 불법행위로 인한 이 사건 근질권 침해에 따른 손해배상청구 또는 감사[8)]의 임무 해태로 인한 근질권 침해에 따른 상법 제414조 제2항 소정의 손해배상청구로서 위 임대차보증금액 및 그 지연손해금의 지급을 구하는 청구취지를 추가하였다.

[소송의 경과]

1. 제1심 판결(서울중앙지방법원 2015. 4. 24. 선고 2014가합504262 판결)

(1) 제1심은 우선 원고가 근질권자로서 직접 회복등기를 구한 것에 대하여 "민법 제348조는 저당권으로 담보한 채권을 질권의 목적으로 한 때에는 그 저당권 등기에 질권의 부기등기를 하여야 그 효력이 저당권에 미치는 것으로 규정하고 있다(민법 제348조). 이는 저당권에 의하여 담보되는 채권에 대하여 질권을 설정하면 저당권의 부종성에 의하여 저당권도 당연히 권리질권의 목적으로 되지만, 만일 이를 공시하지 않으면 거래안전에 위협이 될 수 있기 때문에 둔 민법상의 특칙이라 할 것인바, 위 민법 조항의 규정 취지에 비추어 질권의 목적이 된 채권이 질권 설정 당시 근저당권부 채권이 아니었으나, 이후 근저당권이 설정된 이 사건의 경우에도 위 민법 조항이 그대로 적용된다고 할 것이고, 위 조항의 적용을 특별히 배제할 만한 근거가 없다."는 일반 법리를 판시한 뒤, 이 사건에서는 원고가 이 사건 근저당권설정등기에 질권의 부기등기를 하지 않아 근질권의 효력이 이 사건 근저당권에 미친다고 볼 수 없다고 하여 청구를 기각하였다.

(2) 이어서 원고가 T어학원을 대위하여 회복등기를 구한 것에 대하여는, 어떤 이유이건 당사자가 자발적으로 말소등기를 한 경우에는 말소회복등기를 할 수 없다는 대법원 2001. 2. 23. 선고 2000다63974 판결의 법리에 기초하

권을 관리할 의무가 있음에도 이에 위반하여 임의로 위 보증금반환채권을 소멸하게 한 것이 원고에 대한 채무불이행에 해당하고, 다른 한편 위와 같은 보증금반환채권 소멸행위 및 이 사건 근저당권설정등기 말소행위는 불법행위에도 해당한다며 각각에 따른 손해배상청구권을 주장하였다.

8) 제1심, 원심 및 대상판결 어디에도 이에 대한 구체적인 설명은 없는데 제반 사정에 비추어 피고가 T어학원의 감사 지위에 있었던 것으로 보인다.

여 이 사건 근저당권설정등기가 T어학원 스스로의 의사에 따라 해지를 원인으로 말소된 이상 T어학원이 피고에게 회복등기를 구할 수는 없어 피대위권리가 인정되지 않는다고 보아 청구를 기각하였다.

2. 원심 판결(서울고등법원 2016. 6. 10. 선고 2015나2023077 판결)

(1) 원심은 다음과 같이 판시하여 원고의 주위적 청구를 인용하였다. 즉, 질권설정자는 민법 제352조에서 정한 바에 따라 질권자의 동의 없이 질권의 목적된 권리를 소멸하게 하거나 질권자의 이익을 해하는 변경을 할 수 없음에도 이 사건 근질권의 설정자인 T어학원이 이 사건 임대차보증금반환채권이 그대로 남은 상태에서 피고와 공동으로 해지를 원인으로 한 말소신청을 하여 이 사건 근저당권설정등기를 말소한 것은 원고의 이 사건 근질권을 침해한 행위이므로 그 말소등기는 부적법하고 따라서 이 사건 근저당권말소등기 당시 이 사건 부동산의 소유자인 피고는 말소된 등기의 명의인인 T어학원에게 이 사건 근저당권설정등기의 말소회복등기절차를 이행할 의무가 있다고 본 것이다.

(2) 이에 대해 피고는, 원고는 이 사건 임대차보증금반환채권에 대해 이 사건 근질권을 설정한 것이므로 이후에 설정된 이 사건 근저당권에는 근질권의 효력이 미칠 수 없고, 민법 제348조에 따라 요구되는 질권설정의 부기등기는 이 사건과 같이 나중에 설정된 저당권에 대해서도 마쳐져야 하며, 만일 부기등기 없이 저당권에 질권의 효력이 미친다고 보면 물권변동에 관한 공시주의에 반하여 다른 담보권자나 채권자의 권리를 해하는 등 거래 안전을 해치게 된다고 다투었다. 그러나 원심은 다음과 같은 일반 법리를 들어 피고의 주장을 배척하였다.

(3) 살피건대, 민법 제348조는 "저당권으로 담보한 채권을 질권의 목적으로 한 때에는 그 저당권등기에 질권의 부기등기를 하여야 그 효력이 저당권에 미친다."라고 규정하고 있다. 저당권은 피담보채권과 분리하여 양도하지 못하는 것이어서 저당권부 채권의 양도는 언제나 저당권의 양도와 채권의 양도가 결합되어 행해지고 민법 제449조 내지 제452조의 채권양도에 관한 규정 외에 민법 제186조의 부동산물권변동에 관한 규정에 의해서도 규율되어 물권변동의 일반원칙에 따라 저당권을 이전할 것을 목적으로 하는 물권적 합의와 등기가 있어야 저당권이 이전되는 것(대법원 2005. 6. 10. 선고 2002다

15412, 15429 판결 등 참조)과 마찬가지로, 저당권부 채권 입질의 경우에도 저당권의 입질과 채권의 입질이 결합되어 이루어지고 저당권의 입질은 등기하여야 그 효력이 발생한다고 보아야 하므로 민법 제348조는 이러한 맥락에서 이해할 수 있다. 그러나 저당권에 의하여 담보되어 있지 아니한 채권을 입질한 후에 그 채권을 위하여 저당권을 설정한 때에는 당사자 사이에 저당권에 질권을 설정하기로 하는 합의에 의하여 저당권이 입질되는 것이 아니라 저당권의 부종성이라는 원칙으로 돌아가 당연히 질권의 효력이 저당권에도 미치는 것이므로 이러한 경우까지 민법 제348조를 유추적용하여 질권의 부기등기를 하여야만 저당권에 질권의 효력이 미친다고 볼 것은 아니다.

3. 대상판결

(1) 법　　리

(가) 민법 제361조는 "저당권은 그 담보한 채권과 분리하여 타인에게 양도하거나 다른 채권의 담보로 하지 못한다."라고 정하고 있을 뿐 피담보채권을 저당권과 분리해서 양도하거나 다른 채권의 담보로 하지 못한다고 정하고 있지 않다. 채권담보라고 하는 저당권 제도의 목적에 비추어 특별한 사정이 없는 한 피담보채권의 처분에는 저당권의 처분도 당연히 포함된다고 볼 것이지만, 피담보채권의 처분이 있으면 언제나 저당권도 함께 처분된다고는 할 수 없다(대법원 1999. 2. 5. 선고 97다33997 판결, 대법원 2004. 4. 28. 선고 2003다61542 판결 등 참조).

따라서 저당권으로 담보된 채권에 질권을 설정한 경우 원칙적으로는 저당권이 피담보채권과 함께 질권의 목적이 된다고 보는 것이 합리적이지만, 질권자와 질권설정자가 피담보채권만을 질권의 목적으로 하고 저당권은 질권의 목적으로 하지 않는 것도 가능하고 이는 저당권의 부종성에 반하지 않는다. 이는 저당권과 분리해서 피담보채권만을 양도한 경우 양도인이 채권을 상실하여 양도인 앞으로 된 저당권이 소멸하게 되는 것과 구별된다.

이와 마찬가지로 담보가 없는 채권에 질권을 설정한 다음 그 채권을 담보하기 위하여 저당권이 설정된 경우 원칙적으로는 저당권도 질권의 목적이 되지만, 질권자와 질권설정자가 피담보채권만을 질권의 목적으로 하였고 그 후 질권설정자가 질권자에게 제공하려는 의사 없이 저당권을 설정받는 등 특별한 사정이 있는 경우에는 저당권은 질권의 목적이 되지 않는다. 이때 저당권은 저당권자인 질권설정자를 위해 존재하며, 질권자의 채권이 변제되거나 질권설정계약이 해지되는 등의 사유로 질권이 소멸한 경우 저당권자는 자신의 채권을 변제받기 위해서 저당권을 실행할 수 있다.

(나) 한편 민법 제348조는 저당권으로 담보한 채권을 질권의 목적으로 한 때에는 그 저당권설정등기에 질권의 부기등기를 하여야 그 효력이 저당권에 미친다고 정한다. 저당권에 의하여 담보된 채권에 질권을 설정하였을 때 저당권의 부종성으로 인하여 등기 없이 성립하는 권리질권이 당연히 저당권에도 효력이 미친다고 한다면, 공시의 원칙에 어긋나고 그 저당권에 의하여 담보된 채권을 양수하거나 압류한 사람, 저당부동산을 취득한 제3자 등에게 예측할 수 없는 질권의 부담을 줄 수 있어 거래의 안전을 해할 수 있다. 이에 따라 민법 제348조는 저당권설정등기에 질권의 부기등기를 한 때에만 질권의 효력이 저당권에 미치도록 한 것이다. 이는 민법 제186조에서 정하는 물권변동에 해당한다. 이러한 민법 제348조의 입법 취지에 비추어 보면, '담보가 없는 채권에 질권을 설정한 다음 그 채권을 담보하기 위해서 저당권을 설정한 경우'에도 '저당권으로 담보한 채권에 질권을 설정한 경우'와 달리 볼 이유가 없다.

또한 앞서 본 바와 같이 담보가 없는 채권에 질권을 설정한 다음 그 채권을 담보하기 위해 저당권을 설정한 경우에, 당사자 간 약정 등 특별한 사정이 있는 때에는 저당권이 질권의 목적이 되지 않을 수 있으므로, 질권의 효력이 저당권에 미치기 위해서는 질권의 부기등기를 하도록 함으로써 이를 공시할 필요가 있다.

따라서 담보가 없는 채권에 질권을 설정한 다음 그 채권을 담보하기 위해 저당권이 설정되었더라도, 민법 제348조가 유추적용되어 저당권설정등기에 질권의 부기등기를 하지 않으면 질권의 효력이 저당권에 미친다고 볼 수 없다.

(2) 구체적 판단

대상판결은 T어학원과 H 사이의 임대차계약에 저당권설정에 관한 내용은 없었던 점, 원고와 T어학원의 근질권설정계약에서도 H에 대한 확정일자부 통지 또는 승낙을 받아줄 의무, 임대차계약상 제반 권리의 양도·담보제공 금지, 임대차계약의 갱신 또는 재계약체결 금지 등 질권설정자의 의무나 질권의 실행 조건, 실행 방법에 관하여 상세히 규정하였음에도 저당권에 관한 내용은 전혀 없었던 점, T어학원의 실질적 경영자이자 임대차보증금 반환채무자인 H도 '원고를 위해 이 사건 근저당권을 설정한 것이 아니고 회계감사 등을 위하여 설정하였고 피고에게 재산분할을 해준 뒤 기존 선순위 근저당권이 실행될 위기에 처하자 피고가 이 사건 건물을 담보로 새로 대출을 받기 위해서 이 사건 근저당권을 말소하였다'는 취지로 증언한 점 등 구체적인 사실관계를 설시한 뒤 이를 위 (가) 법리에 비추어 보면 질권자인 원고와 질권설정자인 T어학원이 이 사건 임대차보증금반환채권만을 질권의 목적으로 하고 질권설정자가 질권자에게 제공하려는 의사 없이 이 사건 근저당권을 설정받는 등 저당권이 질권의 목적이 되지 않는 특별한 사정이 있는 경우에 해당한다고 볼 여지가 있다고 판단하였다.

또 (나) 법리와 관련하여, 원고는 이 사건 근저당권설정등기에 관하여 질권의 부기등기를 마치지 않았으므로 이 점에서도 이 사건 근질권의 효력이 이 사건 근저당권에 미친다고 할 수 없다고 판단하였다. 결국 원심의 판단에는 법리오해, 심리미진의 잘못이 있으므로 파기하고 이와 불가분적으로 결합된 예비적 청구 부분도 함께 파기하여 원심법원에 환송하였다.

4. 파기환송심 판결(서울고등법원 2020. 10. 13. 선고 2020나2013555 판결)

파기환송심은 대상판결이 판시한 법리를 그대로 설시한 뒤, 대상판결이 든 구체적 사실관계에 의할 때 이 사건은 질권자인 원고와 질권설정자인 T어학원이 이 사건 임대차보증금반환채권만을 질권의 목적으로 하고 질권설정자가 질권자에게 제공하려는 의사 없이 이 사건 근저당권을 설정받아 저당권이 질권의 목적이 되지 않는 특별한 사정이 있는 경우에 해당하고, 또 원고가 질권의 부기등기를 마치지도 않았으므로 이 사건 근질권의 효력이 이 사건 근저당권에 미친다고 할 수 없다고 판단하여 원고의 주위적 청구인 말소회복등기절차 이행청구를 기각하였다. 나아가 예비적 청구에 대해서도 이 사건 근질권의 효력이 이 사건 근저당권에 미치지 않는 결과 이 사건 근저당권설정등기의 말소가 적법한 이상 피고의 민법상 불법행위 또는 상법상 감사로서의 임무해태를 인정할 수 없다고 보아 청구를 기각하였다.

〔研 究〕

Ⅰ. 서 론

질권의 종류로 동산질권과 권리질권만을 정하고 있는 우리 민법에서 동산질권은 그 유치적 효력으로 인해 활용도의 한계가 주로 부각된 반면, 권리질권은 목적물이 가지고 있는 가치에 중점을 두는 특성으로 인해 상대적으로 높은 사회적 활용도가 기대되었고 때로는 질권제도의 중심으로까지 평가되었다.[9] 여기에 우리 민법이 제345조[10]에서 부동산의 사용, 수익에 관한 권리를 제외하고 재산권 전반에 대한 권리질권의 성립을 인정함에 따라[11] 그 활용범위는 매우 넓고 이를 통해 물권법정주의로 인한 경직성이 다소 완화되는 것도 기대할 수 있다. 한편 채권질권은

9) 편집대표 김용덕, 주석 민법[물권 3] 제5판, 한국사법행정학회(2019), 562, 564-566면(이태종 집필부분). 양창수 · 김형석, 권리의 보전과 담보(민법Ⅲ) 제4판, 박영사(2021), 369면도 오늘날의 질권제도는 실제의 기능으로서는 채권질 등 권리질권에서 그 '본령'을 발휘하고 있다고 한다. 반면 편집대표 곽윤직, 민법주해[Ⅵ] 물권(3), 박영사(1992), 350-351면(양승태 집필부분)은 권리질권을 통해 질권이 서민금융수단의 틀에서 벗어나 기업금융의 방법으로 기능을 확대할 가능성이 생기기는 하지만, 민법 제346조가 질권설정을 양도의 방식에 의하도록 하여 질권과 양도담보의 식별이 쉽지 않고 어느 것에 해당하는지 분명하지 않을 때는 양도담보로 보아야 한다는 학설이 유력하기 때문에 질권의 활용도에는 한계가 있을 수밖에 없다고 전망하였다. 오래전 판결이기는 하나 대법원 1964. 5. 5. 선고 63다710 판결도 채권담보나 채무변제 확보를 위해 채권이 양도되었을 때 그것이 질권설정을 목적으로 하는 양도였다는 것은 '이례'에 속하므로 그에 관한 증명책임이 이를 주장하는 당사자에게 있다고 판단한 바 있다[위 민법주해, 423면(정동윤 집필부분)에서 재인용].

10) 이하에서 법명의 표시가 없는 조문은 모두 민법의 그것이다.

11) 부동산 사용수익권이 배제된 것은 우리 민법이 의용민법과 달리 부동산질권을 도입하지 않은 데에서 기인한다. 민법주해[Ⅵ](주 9), 421면(정동윤 집필부분). 다만 개별 법률에서 규율대상 물건이나 권리를 질권의 대상에서 배제하는 경우는 적지 않다. 어업권과 이를 목적으로 하는 권리를 민법상 질권 규정의 적용범위에서 배제하는 수산업법 제16조 제3항, 탐사권 및 채굴권에 대해 상속 등 특정한 처분만을 가능하게 하고 있어 그 반대해석상 질권설정을 허용하지 않는다고 이해되는 광업법 제11조, 공장(광업)재단에 대한 물권으로 소유권, 저당권만 인정하는 공장 및 광업재단 저당법 제12조, 제54조, 등록 대상인 자동차 등을 질권의 목적에서 배제한 자동차 등 특정동산 저당법 제9조, 일정 규모 이상의 선박에 대하여 소유권, 저당권, 임차권의 등기만을 허용한 선박등기법 제3조 등이 그 예이다.

목적물인 채권이 가지는 보편성으로 인해 권리질권의 전형적인 예로 거론되고 우리 민법도 채권질권에 관하여는 구체적인 규정들을 마련하고 있다. 그중 제348조는 저당권에 의해 담보되는 채권(이하 '저당권부채권')에 대한 질권에 관하여 별도로 규율하고 있는데 그럼에도 등기 관련 규정의 미비 등으로 인해 그다지 주목받지 못해왔다. 하지만 최근에는 부동산 경기의 활성화와 이에 따른 갭투자가 성행하면서 거래계에서 많은 관심을 받게 되었고[12] 금융기관, 특히 자금력이 부족한 제2, 3금융권[13]은 상호 자금유통의 수단으로도 이를 활용하는 모습이다.[14] 학계에서도 얼마 전 저당권부채권질권만을 정면으로 다룬 논문[15]이 발표되었고 그로부터 얼마 지나지 않아 저당권부채권에 대한 질권설정의 이론구성을 판시한

---

12) 배병일, "저당권부채권질권", 법학논고 제68집(2020. 1.), 경북대학교 법학연구원, 176면. 그에 관한 실증자료를 제시하고 있지는 않다. 맥락은 다소 다르지만 저당권부채권질권에 대한 최근의 수요 흐름을 확인할 수 있는 자료로 금융감독원, "금융회사의 대부업자를 통한 주택담보대출 규제우회 금지", 2020. 8. 26.자 보도자료가 있는데, 일부 저축은행이나 여신전문금융회사가 주택담보대출 취급 시 LTV 등 정부의 대출규제를 받지 않는 대부업자로부터 주택 근저당권부 채권에 대한 질권을 설정받고 그에게 대출을 취급하는 방식으로 자신들에게 적용되는 LTV한도를 넘겨 대출을 실행하는 이른바 '우회대출'을 실시하고 있음이 밝혀져 이러한 경우에도 LTV 한도 등 주택담보대출 규제를 적용할 예정이라고 밝히고 있다(금융감독원 홈페이지 '알림 · 소식' 중 '보도자료' 페이지에서 확인, http://www.fss.or.kr/fss/kr/promo/bodobbs_list.jsp?s_kind=&s_title=&page=8). 보도자료에서는 매우 부정적으로 묘사하고 있지만 우회의 대상인 주택담보대출 규제는 기본적으로 공법의 영역이라고 말할 수 있는 데다 그 당부에 관하여 각계각층에서 다양한 평가가 이루어지고 있는 상황에서 사법적 측면에서까지 부정적으로만 볼 이유는 없다고 생각된다.

13) 배병일(주 12), 178면에서도 은행과 같은 제1금융권은 저당권부채권질권을 취급하지 않고 보통 제2금융권인 저축은행, 신용협동조합이나 사채업자들이 취급한다고 한다.

14) 예컨대 A라는 금융(대부)업체가 일시적으로 유동자금이 부족해져 B 업체로부터 자금을 수혈받으면서 자신이 원래 보유하고 있던 대출채권과 그 담보인 저당권을 질권으로 담보제공하는 방식이다.

15) 배병일(주 12), 175-202면. 채권양도나 (채권)질권에 관한 기존 논의를 저당권부채권질권에 순차적으로 적용해나가는 연구방법을 취하고 있다. 한편 이후로도 저당권부채권질권을 부분논점으로 다루거나 대상판결을 다룬 문헌들이 추가로 간행되었다. 판례공보스터디 민사판례해설: 2019. 7. 1.자 공보 ~ 2020. 6. 15.자 공보, 서울고등법원 판례공보스터디(2020), 347-348면; 이계정, "[2020년 분야별 중요판례분석] 3. 민법 上(총칙 · 물권)", 법률신문(2021. 1. 28.); 이동진, "담보의 부종성에 관한 소고(小考)", 자율과 정의의 민법학 : 양창수 교수 고희기념논문집, 박영사(2021), 830-853면.

대상판결까지 선고되면서 이제는 본격적으로 연구의 터전이 갖추어졌다고 할 수 있다.

본 평석은 다음과 같은 순서로 진행하고자 한다. 먼저 저당권의 부종성(수반성)에 관한 규정으로 이해되는 제361조의 해석론을 살피고 그 한계를 논한다(Ⅱ). 다음으로 수반성이 발현되는 대표적 사례인 저당권부채권[16]의 양도에 관한 기존 연구와 판례를 살펴본다(Ⅲ). 질권에 비해 양도에 관하여는 이미 상당한 선행연구와 판례들이 축적되어 있고, 대상판결도 양도에 관한 기존 법리를 설시한 뒤 이를 질권설정에 적용함으로써 논지를 전개해나갔기 때문이다. 이어서 양도에 관한 법리를 질권설정에 적용하고 나아가 질권설정에 특유한 문제들을 탐색한다(Ⅳ). 대상판결에서 다루어진 채권질권 설정 이후 새롭게 설정된 저당권에 대해 질권의 효력이 인정되기 위한 요건 문제는 그 한 가지 예가 될 것이다. 이 단계에서 대상판결에 대한 전반적인 검토가 이루어질 예정이다. 마지막으로 대상판결에서 드러난 점을 비롯하여 기존의 통설, 판례에 따를 때 발견되는 문제점들을 확인하고 이를 해결할 수 있는 입법론을 모색해본다(Ⅴ). 이를 위해 저당권부채권양도와 질권설정에 관하여 과거 법무부 민법개정위원회에서 이루어졌던 개정 작업의 경과가 검토될 것이다.

Ⅱ. 저당권의 부종성(수반성)과 제361조

1. 도　　입

담보물권의 통유성(通有性) 가운데 하나인 피담보채권에 대한 부종성은 그 성립부터 존속, 소멸에 이르기까지 이어진다. 이와 관련하여 저당

---

16) 실무상의 활용도는 저당권에 비해 근저당권이 현저히 높으므로 근저당권부채권의 양도나 질권도 다루어져야 한다. 그러나 근저당권은 확정 전에는 피담보채권의 이전에도 불구하고 근저당권이 이전되지 않는 등 특유한 법리가 적용되고, 한편 확정 후에는 일반 저당권에 대한 법리가 대체로 적용된다. 본고에서는 우선 저당권부채권만을 논한다. 근저당권부채권 양도를 다룬 선행연구로는 우선 김재형, “근저당권의 양도에 관한 법률관계”, 同, 민법론 Ⅲ, 박영사(2007), 174-201면 참고. 같은 이유로 질권에서도 근질권은 원칙적으로 배제한다.

권이 다른 담보물권과 차별되는 부분은 명문의 규정이 존재한다는 점이다. 성립상의 부종성에 관한 규정은 없지만, 제369조는 그 표제 자체를 '부종성'으로 하여 소멸상의 부종성을 정하고 있다.[17] 제361조도 부종성이라는 용어를 사용하지는 않지만 "저당권은 그 담보한 채권과 분리하여 타인에게 양도하거나 다른 채권의 담보로 하지 못한다."고 하여 피담보채권과 분리된 저당권만의 처분제한을 규정하고 있는데[18] 이 조문이 보통 존속상 부종성을 규율하는 것으로 받아들여진다.

2. 제361조의 해석론

제361조가, 부종성을 다소 완화하여 전저당(轉抵當)이나 저당권 또는 그 순위의 양도, 포기 등 저당권의 단독처분을 인정한 의용민법의 태도를 의식적으로 배척하고 저당권의 부종성을 강화하려는 의도 하에 마련되었다는 점은 입법자료를 통해 그에 관한 입법자들의 의사가 분명히 확인되고[19] 해석론으로도 이론은 없다.[20] 이는 강행규정으로 해석되고 따라서 피담보채권의 이전을 수반하지 않는 저당권만의 처분은 무효이며[21]

---

17) 제369조(부종성) 저당권으로 담보한 채권이 시효의 완성 기타 사유로 인하여 소멸한 때에는 저당권도 소멸한다.

18) 중화민국민법이 제870조에서 "저당권은 채권에서 분리하여 양도하거나 또는 기타 채권의 담보로 할 수 없다."고 하여 우리와 거의 동일한 조문을 두고 있다. 김성수 역, 비교민법총서(2) : 대만민법전, 법무부(2012), 447면.

19) 民議院 法制司法委員會 民法案審議小委員會, 民法案審議錄 上卷(1957), 216면에는 현재의 제361조와 같은 내용인 제350조에 대한 심의경과로 "擔保債權과 抵當權을 같이 移轉할 수 있는 것과 債權과 分離하여 抵當權만 移轉할 수 없다는 두 가지 點을 立法으로 解決하는 意味에서 本 草案은 妥當하다.(띄어쓰기 및 밑줄은 필자)"는 내용이 기재되어 있다.

20) 다만 입법론으로는 비판론과 수긍론이 나뉘어 있다. 이에 대해서는 우선 이영준, 물권법 전정신판, 박영사(2009), 918면 참고. 이 문헌은 수긍하는 입장인데, 저당권의 자유로운 처분이 실질적으로 가능하기 위해서는 독일과 같은 일련의 제도정비가 필요하고 단지 국부적으로 전저당 등을 인정하는 것만으로는 실효성을 기대하기 어렵다는 점을 지적한다. 한편 이 규정의 국회 심의과정에 대한 간략한 소개로는 양창수, "민법안에 대한 국회의 심의(Ⅱ)－국회본회의의 심의－", 同, 민법연구 제3권, 박영사(2006), 69-70면. 저당권의 부종성을 완화하려는 시도가 있었으나 실패했음을 확인할 수 있다.

21) 편집대표 김용덕, 주석 민법[물권 4] 제5판, 한국사법행정학회(2019), 98면(배형원

그러한 처분을 원인으로 경료된 등기 또한 무효가 된다.[22] 이에 따르면 만일 채권만을 양도하기로 하면서 양도인에게 저당권을 유보하는 특약이 이루어질 경우 당사자의 가정적 의사를 살피는 제137조의 일부무효 법리에 따라 해당 계약 전체가 무효로 될 수도, 유보된 저당권은 소멸하고 양수인은 무담보채권을 양수하는 내용으로 존속할 수도 있을 것이다.[23]

동조는 저당권의 단독처분만을 명시적으로 금하였을 뿐 피담보채권의 처분과 그에 따른 저당권의 운명에 대해서는 침묵하고 있지만 피담보채권의 처분에 저당권이 따른다는 점까지 규율하고 있다는 해석이 일반적이다. 그러나 구체적으로는 견해가 나뉜다. 다수의 견해는 이때 저당권의 처분이 강제되는 것은 아니고 채권담보라는 저당권의 존재목적을 고려할 때 당사자들의 의사를 그와 같이 해석함이 합리적이라는 의미일 뿐[24] 당사자들의 저당권 처분에 대한 배제 특약 등 특별한 사정이 있다면 저당권은 피담보채권의 처분에 따르지 않을 수도 있고 다만 부종성에 의하여 소멸한다고 본다.[25] 반면 소수설은 제361조의 강행규정으로서의 의미가 피담보채권의 단독처분까지도 금지하는 취지라고 해석하여 저당권을 사전에 포기하지 않는 이상 피담보채권의 단독처분은 무효라고 본

집필부분); 김증한 · 김학동, 물권법 제9판, 박영사(1997), 550면; 이영준(주 20), 918면, 주 6); 김상용, 물권법 제4판, 화산미디어(2018), 715면; 고상룡, 물권법, 법문사(2001), 694면; 송덕수, 물권법 제5판, 박영사(2021), 551면; 윤철홍, 물권법 3정판, 법원사(2019), 538면; 양창수 · 김형석(주 9), 424면. 판례로는 대법원 1968. 2. 20. 선고 67다2543 판결(要集 民 Ⅰ-1, 600면); 대법원 1974. 2. 26. 선고 72다2560 판결(要集 民 Ⅰ-1, 601면)[각 김재형(주 16), 182면에서 재인용].

22) 편집대표 곽윤직, 민법주해[Ⅶ] 물권(4), 박영사(1992), 75면(남효순 집필부분).

23) 이지영(주 4), 66면.

24) 이동진(주 15), 832면에 따르면 독일에서 부종성을 이론적, 실질적 관점에서 설명하려는 시도가 이루어졌는데 그중 널리 받아들여진 것은 채권과 담보 양자를 단일한 만족을 위한(내지는 채권목적이 이끄는) 목적공동 관계로 보는 '목적(Zweck) 개념을 통한 설명'이라고 한다. 위 문헌은 이러한 설명이 "(합리적으로 구성된) 당사자의 의사와 이익상황"에서 근거를 찾았다는 점에 주목하는데, 이러한 이해는 다수설의 논지와 일맥상통한다.

25) 민법주해[Ⅶ](주 22), 75-76면(남효순 집필부분); 주석 민법[물권 4](주 21), 98면(배형원 집필부분); 곽윤직 · 김재형, 물권법 제8판(전면개정), 박영사(2014), 479면; 이영준(주 20), 918면; 김상용(주 21), 715면; 양창수 · 김형석(주 9), 428면. 김재형(주 16), 182면도 근저당권에 관하여 같은 입장이다.

다.[26] 이는 저당권의 부종성을 보다 강하게 보는 입장으로 이해할 수 있다. 판례는 담보물권으로서의 전세권에 있어 전세금반환채권을 전세권과 분리양도할 수 있는지 여부가 문제된 사건[27]이나 어음에 관한 양도담보 또는 질권이 설정된 사건[28]에서 반복하여 다수설의 입장을 따랐고, 대상판결도 위 기존 판결들을 인용함으로써 같은 입장을 유지하였다. 생각건대 제361조의 제정 과정에서 저당권만의 분리처분에 대해서는 '금지'가 의도된 반면 채권과 저당권의 동시이전에 대해서는 그 '가능성'이 부각된 점, 제361조에서 피담보채권 처분시 저당권의 운명에 관하여는 명정(明定)하지 않은 점을 고려할 때 우리의 해석론으로는 소수설을 받아들이기 어렵다.[29]

---

26) 김증한 · 김학동(주 21), 550-551면; 고상룡(주 21), 694면; 송덕수(주 21), 551면; 주석 민법[물권 3](주 9), 684면(이태종 집필부분). 이는 Ⅲ. 2. (1) (가)에서 볼 독일 민법 제1153조 및 그에 대한 해석론과 관련된다.

27) 대법원 1999. 2. 5. 선고 97다33997 판결[공1999.3.15.(78),436]. 관련 판시내용은 다음과 같다. "전세권이 담보물권적 성격도 가지는 이상 부종성과 수반성이 있는 것이므로 전세권을 그 담보하는 전세금반환채권과 분리하여 양도하는 것은 허용되지 않는다고 할 것이나, 한편 담보물권의 수반성이란 피담보채권의 처분이 있으면 언제나 담보물권도 함께 처분된다는 것이 아니라 채권담보라고 하는 담보물권 제도의 존재 목적에 비추어 볼 때 특별한 사정이 없는 한 피담보채권의 처분에는 담보물권의 처분도 당연히 포함된다고 보는 것이 합리적이라는 것일 뿐이므로, 피담보채권의 처분이 있음에도 불구하고 담보물권의 처분이 따르지 않는 특별한 사정이 있는 경우에는 채권양수인은 담보물권이 없는 무담보의 채권을 양수한 것이 되고 채권의 처분에 따르지 않은 담보물권은 소멸한다고 할 것이다." 한편 이에 앞서 이미 대법원 1997. 11. 25. 선고 97다29790 판결[공1998.1.1.(49),3]에서 유사한 취지의 판시가 이루어진 적이 있었는데, 위 97다33997 판결에서는 판시내용 말미에 피담보채권의 처분에 따르지 않는 담보물권이 소멸한다는 내용이 추가되는 등 약간의 차이가 있다.

28) 대법원 2004. 4. 28. 선고 2003다61542 판결[공2004.6.1.(203),898]. "담보권의 수반성이란 피담보채권의 처분이 있으면 언제나 담보권도 함께 처분된다는 것이 아니라 채권담보라고 하는 담보권 제도의 존재 목적에 비추어 볼 때 특별한 사정이 없는 한 피담보채권의 처분에는 담보권의 처분도 당연히 포함된다고 보는 것이 합리적이라는 것일 뿐이므로, 피담보채권의 처분이 있음에도 불구하고, 담보권의 처분이 따르지 않는 특별한 사정이 있는 경우에는 채권양수인은 담보권이 없는 무담보의 채권을 양수한 것이 되고 채권의 처분에 따르지 않은 담보권은 소멸한다."

29) 同旨 : 김준호, 물권법 제10판, 법문사(2017), 405면; 장지용, "저당권부 채권양도에 관한 연구", 서울대학교 법학석사 학위논문(2008), 9면. 소수설 중 송덕수(주 21), 551-552면은 다수설에 대해 당사자들이 명백히 저당권과 피담보채권 중 어느

한편 같은 이유로 위 조문이 피담보채권이 처분되면 저당권도 당연히 처분됨을 규율한다고 볼 수도 없다. 이에 반해 법률규정에 의해 피담보채권이 처분되는 경우에는 제187조에 따라 저당권도 당연히 피담보채권의 처분에 따른다고 설명되는데[30] 이때는 당사자들의 의사가 문제되지 않을 것이다.

3. 존속상 부종성과 수반성의 구별

이처럼 피담보채권의 처분에 저당권이 따르는 성질[31] 내지 피담보채권이 동일성을 유지하면서 승계되면 저당권도 이에 따라 승계되는 성질[32]은 보통 수반성이라고 일컬어진다. 존속상 부종성과 수반성은 구분없이 서술되는 경우가 적지 않고,[33] 견해에 따라서는 부종성과 수반성의 구별 무용론을 주장하기도 한다.[34] 대상판결에서도 부종성이라는 용어만 사용하였다. 하지만 수반성의 의미를 위와 같이 이해한다면 이는 권리변동이라는 동적(動的)인 현상을 전제로 그때의 당사자들의 의사해석이 문제된다는 점에서, 권리가 귀속되어 있는 정적(靜的)인 상태를 유지하기 위해 저당권의 단독처분을 금지하는 강행규정이 적용되는 국면과는 성격을

하나만을 처분하려 했음에도 그들의 의사를 두 권리 모두 처분하려는 것이라고 해석함은 실제 의사와 거리가 멀고, 다수설에 따를 경우 저당권과 피담보채권 중 어느 하나에 대해서만 요건(등기나 통지, 승낙)을 갖춘 상태에서 저당목적 부동산이 경매되는 경우 당사자들은 각각 피담보채권과 저당권 중 하나만 가지고 있으므로 어느 누구도 우선변제를 받지 못하게 되는 문제가 있다고 비판한다. 그러나 우선 전자에 관하여 보면 다수설에서도 만일 당사자들의 의사가 분명하게 드러난다면 그에 따라 처리하게 될 것인 이상(예컨대 피담보채권만의 처분의사가 명확하다면 저당권은 제369조에 따라 당연히 소멸한다) 다수설이 말하는 의사해석은 당사자들의 의사가 불명확한 경우의 규범적 해석을 의미하는 것이어서 이를 수긍할 수 있다. 그리고 후자의 경우 Ⅲ. 4.에서 살펴볼 구체적 사안별 처리례에 따르면 될 것이다.

30) 민법주해[Ⅷ](주 22), 76면(남효순 집필부분); 김증한 · 김학동(주 21), 553-554면; 김상용(주 21), 717면.

31) 민법주해[Ⅷ](주 22), 75면(남효순 집필부분).

32) 주석 민법[물권 4](주 21), 11면(배형원 집필부분); 곽윤직 · 김재형(주 25), 434면.

33) 이지영(주 4), 44면은 존속상 부종성을 달리 표현한 것이 수반성이라 하여 양자를 동일시하고 있다.

34) 김증한 · 김학동(주 21), 450-451면.

전혀 달리한다.[35)·36)] 수반성이 존속상 부종성의 하위 개념임은 분명하지만 위와 같이 작동원리를 달리하는 이상 독자적인 의의를 부정하긴 어렵다.[37)] 체계서나 주석서들이 대체로 담보물권의 특성 부분에서 수반성을 부종성과 독립하여 서술하고 있는 것[38)]도 이러한 측면에서 이해할 수 있다. 본고도 이하에서 양자를 구분한다.

4. 제361조의 한계

저당권의 수반성을 제361조에 근거하여 설명하는 것이 학설, 판례의 공통된 입장으로 보이지만 여기에는 다음의 두 가지 점에서 의문이 있다. 우선 수반성에 관하여 명시적으로 규율하지 않는 제361조의 문언상 한계이다. 다수설이나 판례가 이 부분 해석론에서 '합리적 의사해석'이라는, 조문 외적인 개념을 들고 나오는 이유도 이러한 한계로 인해 조문만을 근거로 삼기는 부족하기 때문이라 생각된다. 다른 한편 만약 다수설, 판례가 제361조를 위 합리적 의사해석의 근거규정으로 이해하는 입장이라고 하면, 하나의 조문이 이러한 성질과 앞서 본 강행규정성을 겸유할 수 있는 것인지에 대해서도 다소 의문이 있다. 이러한 이유로 수반성의 법률적 근거는 저당권의 피담보채권에 대한 종된 권리로서의 성격에 주목하여[39)] 위 조문이 아닌 제100조 제2항의 유추적용에서 찾는 것이 보다 타

35) 장지용(주 29), 5면도 부종성은 종속을, 수반성은 이동 내지 이전의 측면을 강조한 것이라고 보는 점에서 同旨로 이해된다. 다만 양자를 본질적으로 동일하다고 보는 점에서는 차이가 있다.

36) 이러한 차이는 이미 각각의 어의(語義)에 드러나 있다. 부종(附從)은 "가까이에 붙어서 좇음" 내지는 "매이어 복종함"의 뜻을, 수반(隨伴)은 "붙좇아서 따름" 또는 "어떤 일과 더불어 생김"이라는 뜻을 각 담고 있어(국립국어원 표준국어대사전, https://stdict.korean.go.kr/search/searchView.do, 2021. 11. 20. 최종방문) 전자는 수동적, 후자는 능동적 성격을 나타낸다.

37) 판례공보스터디(주 15), 348면은 수반성은 부종성의 일부분조차 아니며 전혀 다른 개념이라고까지 한다.

38) 예컨대 주석 민법[물권 4](주 21), 11면(배형원 집필부분); 곽윤직·김재형(주 25), 434면(저당권의 분리처분 금지를 부종성 항목으로, 피담보채권 승계에 따른 저당권의 승계를 수반성 항목으로 각 분류); 지원림, 민법강의 제18판, 홍문사(2021), 742면.

당해보인다.[40] 위 조항은 원래 의사해석 규정으로 이해되기 때문이다.[41]

다음으로 전술한 법률규정에 따라 저당권이 수반하는 경우에서의 제361조의 의미이다. 학설은 보통 이에 대한 예로 피담보채권의 상속이나 법정대위, 압류 및 전부명령을 든다.[42] 그런데 제361조 스스로 위와 같은 물권변동의 원인이 되는 것은 아니고 상속에서는 제1005조, 법정대위에서는 제482조 제1항, 압류 및 전부명령에서는 민사집행법 제228조, 제230조[43]에서 정한 법률효과가 발생하는 것이다. 결국 여기에서도 제361조를 수반성의 근거로 이해할 수 없고 그럴 필요도 없다.

---

39) 예컨대 곽윤직 · 김재형(주 25), 423면; 이영준(주 20), 844면; 고상룡(주 21), 610면; 김상용(주 21), 619면; 송덕수(주 21), 494면 등 다수의 체계서들은 입질채권을 담보하는 보증채권이나 담보물권에도 질권의 효력이 미친다고 서술하면서 '종된 권리'라는 표현을 분명하게 사용하고 있다. 양창수 · 권영준, 권리의 변동과 구제(민법Ⅱ) 제4판, 박영사(2021), 9면도 민법의 권리분류 일반론 부분에서 같은 취지의 서술을 한다. 대법원 역시 예컨대 2004. 5. 28. 선고 2003다70041 판결[공2004.7.1.(205),1069]에서 "근저당권의 피담보채권이 가압류되면 담보물권의 수반성에 의하여 종된 권리인 근저당권에도 가압류의 효력이 미치게 되어"라는 판시를 한 적이 있다. 다만 종물(종된 권리)과 부종성은 의존성의 강약(부종성이 보다 의존적), 권리변동 시 공시방법의 요부(부종성의 경우 공시방법 불요) 등에 있어 다르므로 각각의 이론은 엄격히 구분되어야 한다는 견해도 있다. 강태성, "민법에서의 종물이론과 부종성이론", 법학논고 제44집(2013. 11.), 경북대학교 법학연구원, 105-144면. 이 문헌에서 부종성이론이 적용된다고 본 것으로는 지역권, 저당권, 보증채무, 법정지상권, 기본적 이자채권이 있다.

40) 同旨 : 지원림(주 38), 827면. 주된 권리인 피담보채권이 양도되면 특별한 사정이 없는 한 종된 권리인 저당권도 함께 양도한 것으로 '추정'해야 한다고 한다.

41) 양창수 · 권영준(주 39), 316면. 양창수 · 김형석(주 9), 372면에서도 동산질권이 설정된 질물의 종물은 다른 약정이 없는 한 주물과 아울러 질권의 목적이 되는 것으로 '의사해석'됨을 제100조 제2항에 근거하여 설명하고 있다.

42) 민법주해[Ⅶ](주 22), 76면(남효순 집필부분); 김증한 · 김학동(주 21), 554면; 이영준(주 20), 919면. 그런데 상속을 예로 드는 것에는 의문이 있다. 상속에 따른 권리변동은 포괄승계이므로 저당권이 채권에 수반하는 것이 아니라 양자가 피상속인의 사망과 동시에 함께 승계되는 것이기 때문이다.

43) 제228조(저당권이 있는 채권의 압류) ① 저당권이 있는 채권을 압류할 경우 채권자는 채권압류사실을 등기부에 기입하여 줄 것을 법원사무관등에게 신청할 수 있다. 이 신청은 채무자의 승낙 없이 법원에 대한 압류명령의 신청과 함께 할 수 있다. ② 법원사무관등은 의무를 지는 부동산 소유자에게 압류명령이 송달된 뒤에 제1항의 신청에 따른 등기를 촉탁하여야 한다.

제230조(저당권이 있는 채권의 이전) 저당권이 있는 채권에 관하여 전부명령이 있는 경우에는 제228조의 규정을 준용한다.

Ⅲ. 저당권부채권양도의 이론구성 : 비교법적 검토와 우리의 해석론

1. 문제의 소재 : 대항요건주의와 성립요건주의의 접점(接點)

저당권만의 처분이 금지된 우리 법제 하에서 저당권부채권의 양도는 피담보채권의 변제기 도래나 저당권의 실행을 기다리지 않고도 투하된 자본을 회수하고 이를 유동화하는 방안으로서 그 의미가 부여되어 왔는데[44) IMF 사태 이후로 채권의 대량거래가 이루어지면서 본격적으로 주목되기 시작한 것으로 보인다.[45) 수반성의 원칙상 저당권부채권의 양도가 원칙적으로 피담보채권의 양도와 저당권 양도가 결합되어 이루어진다는 점은 비교적 명확하고 다만 그것을 법률적으로 어떻게 구성할 것인지에 관하여 견해가 나뉠 수 있다. 주지하는대로 우리 민법은 채권양도에 관하여는 대항요건주의를, 물권변동에 관하여는 성립요건주의[46)]를 채택하고 있으므로 저당권부채권의 양도에서는 필연적으로 양자가 교차(交叉)하게 된다.[47)] 통상 물권변동에 관하여 대항요건주의를 취하는 입법례는 채권변동에 관하여도 대항요건주의를 일관하는 반면(프랑스법계), 전자에 있어 성립요건주의를 취하는 입법례는 후자에 관하여는 대항요건주의가 아닌 선의보호주의[48)]를 취한다는 점(독일법계)[49)]을 고려할 때 이러한 모습

---

44) 물론 뒤에서 볼 질권설정도 마찬가지이다. 민법주해[Ⅷ](주 22), 73면(남효순 집필부분); 주석 민법[물권 4](주 21), 97면(배형원 집필부분); 곽윤직 · 김재형(주 25), 479면; 김증한 · 김학동(주 21), 550면. 我妻榮, 新訂 擔保物權法, 岩波書店(1972), 388-389頁도 피담보채권의 변제기 전에 이루어지는 저당권부채권의 양도나 입질을 통해 저당권에 의하여 파악된 담보가치가 간접적으로 유동화된다고 설명한 바 있다.

45) 손흥수, "저당권부 채권양도와 민사집행 – 성립요건주의와 대항요건주의의 교차 –", 민사집행법연구 제6권(2010. 2.), 한국민사집행법학회, 57면. 참고로 이 논문은 서두에서 장지용(주 29)을 많이 참고하였음을 밝히고 있다.

46) 물권변동에 관한 성립요건주의와 대항요건주의의 일반적인 비교에 관하여는 우선 곽윤직 · 김재형(주 25), 43-48면 참고.

47) 의용 민법에서는 프랑스법계의 태도에 따라 채권, 물권 모두에 관하여 대항요건주의를 취하였으나, 민법 제정 과정에서 물권변동에 관하여 성립요건주의를 받아들이면서 이러한 현상이 발생하게 되었다. 정병호, "저당권부 채권의 양도에 관한 하나의 시론 : 대항요건과 성립요건의 교차", 우리 민법학은 지금 어디에 서 있는가? – 한국 민사법학 60년 회고와 전망 –, 민사법학 특별호(제36호), 박영사(2007), 415면. 본문의 '교차(交叉)'라는 표현 역시 위 글에 따른 것이다.

은 독특한 형태로 우리 고유의 연구, 실무가 전개되어야 하는 영역이다.[50] 이러한 고유성 외에도 대항요건주의 법리와 성립요건주의 법리 사이의 넓은 간극으로 인해 어느 하나에 다른 하나를 흡수시키는 방식의 해결이 부적절하다는[51] 사안 자체의 내재적 난점 또한 이 문제를 어렵고도 중요하게 만든다. 필요한 범위에서는 질권설정에 관한 내용도 포함하여 세계 각국의 입법 태도와 해석론을 먼저 검토한 뒤 우리의 해석론을 살펴본다.

2. 비교법적 검토

(1) 성립요건주의 : 독일, 스위스, 오스트리아

(가) 독　　일

독일은 유통저당권을 원칙으로 하고 피담보채권이 불성립 또는 소멸한 경우에도 저당권은 소멸하지 않은 채 소유자에게 귀속되며 피담보채권의 존재를 전제하지 않는 (정기)토지채무를 규정함과 동시에 저당권등기의 공신력을 인정함으로써[52] 저당권의 부종성을 상당히 완화하는 근대적 저당권 개념을 도입하였다고 평가되나, 수반성에 관하여는 다음과 같이 비교적 엄격한 태도를 취하고 있다. 독일 민법[53]은 채권법 규정인 제

---

48) 당사자뿐만 아니라 제3자에 대한 관계에서도 별도 요건 없이 당사자들 사이의 의사표시만으로 채권양도는 유효하게 되고 다만 채권양도 사실을 알지 못하는 채무자나 제3자를 보호하기 위한 특별한 규정을 두는 방식이다. 편집대표 곽윤직, 민법주해[X] 채권(3), 박영사(1995), 574면(이상훈 집필부분).

49) 장지용(주 29), 45면.

50) 이러한 구체적 방향설정은 대법원 2003. 10. 10. 선고 2001다77888 판결[공 2003.11.15.(190),2164]에 관한 양창수 교수의 다음과 같은 서술에서 처음으로 발견된다. "저당권부 채권의 양도문제는 저당권을 포함한 물권의 변동에 대하여는 독일식으로 등기나 인도를 요건으로 하는 소위 형식주의를, 채권양도에 대하여는 프랑스식으로 대항요건적 접근을 택한 우리 민법 아래서 그 接點에서 생겨나는 것으로서, 이런 관점에서 보면 複合受繼法인 우리 민법을 학문적으로 처리함에 있어서의 시금석과 같은 것인지도 모른다." 양창수, "2003년 민사판례 管見", 同, 민법연구 제8권, 박영사(2005), 391면.

51) 이동진(주 15), 844면.

52) 민법주해[Ⅷ](주 22), 74면, 주 2)(남효순 집필부분); 이영준(주 20), 918면.

53) 이하의 독일민법 조문번역은 모두 양창수, 독일민법전(총칙 · 채권 · 물권) 2021년판,

401조(부종적 권리 또는 우선권의 이전) 제1항에서 "양도채권과 함께, 그 채권을 위한 저당권, 선박저당권이나 질권 및 그 채권을 위하여 설정된 보증에 기한 권리도 양수인에게 이전된다."고 하여 채권양도에 따른 저당권 등의 수반에 관하여 규정하는데, 통설은 이를 임의규정으로 이해한다고 한다. 반면 저당권에 관하여는 특별규정인 제1153조(저당권과 채권의 양도)가 "① 채권의 양도와 함께 저당권은 새로운 채권자에게 이전한다. ② 채권은 저당권과 분리하여, 또한 저당권은 채권과 분리하여 양도할 수 없다."고 규정하는데 제401조 제1항과 달리 이는 강행규정으로, 채권만의 양도나 저당권만의 양도에 다른 것의 양도도 포함되는지 해석할 필요 없이 양자는 법률규정에 의하여 언제나 함께 이전된다는 취지를 규정한 것이라고 한다.[54] 따라서 명시적으로 피담보채권과 저당권 중 하나만을 양도하고자 하는 의사표시는 무효가 된다.[55]

이에 따르면 피담보채권 양도에 따른 저당권의 이전은 법률규정에 의한 물권변동으로서 성립요건주의의 예외인 것처럼 보인다. 그렇지만 독일은 이 경우 채권양도의 의사표시에 일정한 형식을 요구함으로써 성립요건주의를 일관하고 있다. 즉 제1154조 제3항은 "저당증권의 교부가 배제된 경우에는 채권의 양도에 대하여 제873조, 제878조가 준용된다."고 규정하고 위 준용규정들 중 제873조는 부동산물권변동에 관한 성립요건주의를 천명한 일반규정인데,[56] 이에 따라 등기부저당권(Buchhypothek)[57]

박영사(2021), 247, 723, 835, 851, 895면을 따랐다.

54) Eickmann, in: Rebmann/Säcker/Rixecker(hrsg.), Münchener Kommentar zum BGB, Bd 6, 4. Aufl., C.H. Beck, 2004, § 1153 Rn. 5; Wolfsteiner, in: von Staudinger/Wiegand/Wolfsteiner(hrsg.), J. von Staudingers Kommentar zum Bürgerlichen Gesetzbuch mit Einführungsgesetz und Nebengesetzen, 13. Bearbeitung, de Gruyter, 1996, 3. Buch Sachenrecht, § 1153 Rn. 1[정병호(주 47), 421면에서 재인용. 이하 별도의 재인용 표시가 없는 아래의 독일 문헌들은 모두 같은 글 421-422면에서 재인용한 것이다].

55) MünchKomm/Eickmann, § 1153 Rn. 5[최수정, "피담보채권의 양도와 저당권이전", 민사법학 제48호(2010. 3.), 한국민사법학회, 141면에서 재인용].

56) 제873조(물권적합의와 등기에 의한 취득) ① 부동산의 소유권을 양도하거나 부동산에 권리를 설정하거나 또는 그 권리를 양도하거나 그 권리에 부담을 설정함에는, 법률에 다른 정함이 없는 한, 권리변동에 관한 권리자와 상대방의 합의 및 부

의 피담보채권을 양도할 때에는 채권양도의 합의 이외에 그에 관한 등기(Eintragung)[58]까지 이루어져야 채권양도의 효력이 발생하고 그 이후에 비로소 저당권이 법률규정에 따라 양도되며, 한편 앞선 분리처분금지 원칙에 반하는 채권의 처분은 무효이고 이를 등기할 수도 없다고 한다.[59] 결국 이는 부종성의 원칙을 관철시키기 위한 법리구성에 불과할 뿐 결과적으로는 물권변동의 법리에 따르는 것이 되는데[60] 그 이유는 독일 민법의 입법자들이 저당권부채권의 경제적 의의를 채권이 아닌 물권에서 찾았기 때문이다.[61] 이에 대해서는 독일 내에서도 수반성이라는 도그마에 의해 불분명하다거나[62] 불필요하게 복잡하다[63]는 평가가 있다고 한다.

(나) 스 위 스

2007년 기준 스위스 채무법 제170조 제1항은 “채권양도와 함께 우선권 및 종된 권리도 이전된다.”고 정하여 수반성을 규정하는데, 여기서의 종된 권리(Nebenrechte)는 저당권과 같은 채권담보 목적의 권리를 뜻한다고 하므로[64] 저당권의 수반성도 위 조항의 규율 범위에 포함된다. 한편 스위스 민법 제835조는 “저당권부채권의 양도는 등기 없이도 효력이 있다.”고 정하고 있어 앞의 규정과 함께 채권양도의 의사표시가 있으면 저당권은 법률상 당연히 이전한다고 해석되는데,[65] 다만 위 의사표시는 서

동산등기부에의 권리변동의 등기를 요한다.

57) 제1116조는 제1항에서 “저당권에 대하여는 저당증권이 교부된다.”고 정하여 증권저당을 원칙적인 형태로 하고, 제2항에서 “증권의 교부는 배제될 수 있다. 배제는 사후적으로도 할 수 있다. 배제에는 채권자와 소유자 간의 합의와 등기를 요한다. (후략)”고 정하여 예외적으로 증권의 교부가 배제된 저당권을 등기부저당권으로 정하고 있다.

58) 최수정(주 55), 142면은 이를 물권적 합의와 등기가 있을 때 비로소 채권이 양수인에게 이전되고 저당권도 더불어 이전된다는 의미라고 설명한다.

59) MünchKomm/Eickmann, § 1153 Rn. 7.

60) MünchKomm/Eickmann, § 1154 Rn. 26.

61) Motive zu dem Entwurfe eines bürgerlichen Gesetzbuches für das Deutsche Reich, Bd. Ⅲ: Sachenrecht, 1888, p. 705[최수정(주 55), 141-142면에서 재인용].

62) Baur/Stürner, Sachenrecht, 17. Aufl., C.H. Beck, 1999, § 38 Rn. 3.

63) MünchKomm/Eickmann, § 1154 Rn. 1.

64) BSK OR I-Girberger, Art. 170 N 8[정병호(주 47), 421면, 주 19)에서 재인용].

65) BSK ZGB Ⅱ-Trauffer, Art. 835 N 9; ZGB-Trauffer, Art. 835 N 9[정병호(주 47),

면에 의할 것이 요구되어 이를 통해 공시의 기능을 확보한다고 한다.[66)]

(다) 오스트리아

2010년 3월 기준 오스트리아 민법 제449조는 피담보채권이 양도되면 저당권은 부종성에 의해 양수인에게 이전된다고 규정하지만, 앞선 스위스와 달리 자동적으로 수반하지는 않고 양수인은 저당권이전청구권을 가질 뿐이며 저당권 취득을 위해서는 권원(Titel) 외에 방식(Modus), 즉 등기가 요구된다고 한다.[67)]

(2) 대항요건주의 : 프랑스, 일본

(가) 프 랑 스

대항요건주의의 원류(源流)라고 할 수 있는 프랑스 민법은 채권양도에 관한 제1321조 제3항에서 "채권양도는 그 채권의 종된 권리에도 효력이 미친다."고 정하고,[68)] 저당권에 관한 제2424조 제1항 전문은 "저당권은 피담보채권과 함께 이전된다."고 정한다.[69)] 제1321조 제3항의 개정 전 조문인 제1692조에서는 저당권을 채권에 종속된 권리 중 하나로 예시하였는데[70)] 당시에도 채권이 이전되면 저당권은 자동적으로 이전된다고 이

421면에서 재인용].

66) BSK OR I-Girsberger, Art. 165 N 1[정병호(주 47), 421면에서 재인용].

67) Hinteregger, in: Schwimann/Verschraegen(hrsg.), ABGB Praxiskommentar, 3 Aufl., LexisNexis, 2005, Bd. 2, § 449, Rn. 10; Koch, in: Koziol/Bydlinski/Bollenberger(hrsg.), Kurzkommentar zum ABGB, Springer, 2005, § 449, Rn. 13[최수정(주 55), 142면에서 재인용].

68) 이 조문의 번역은 김은아, "개정 프랑스민법전에서의 채권양도", 아주법학 제12권 제3호(2018. 12.), 아주대학교 법학연구소, 130면을 따랐다.

69) 이 조항과 아래 제2430조 제1항의 번역은 법무부, 개정 프랑스 민법 중 물권법, 담보법(제2권, 제4권)의 번역(2017), 189, 199면을 따랐다[국회도서관 외국법률번역 DB(https://law.nanet.go.kr/lawlibrary/totalsearch/list.do), 2021. 11. 20. 최종방문]. 그 정확한 시점까지는 확인할 수 없었으나 이 조문이 적어도 2006년 물적담보와 인적담보에 관한 제4편의 신설 이전에는 존재하지 않았음은 분명해 보인다. 명순구, 프랑스 민법전, 법문사(2004)에는 이 조문이 없는 반면, 위 제4편 신설에 관한 김성수, "프랑스민법전의 담보제도에 관한 최근 동향－2006년 신설된 민법전 제4편의 물적담보와 인적담보의 개정을 중심으로－", 법조 통권 제624호(2008. 9.), 법조협회, 272면에 정리된 편별체계 및 내용은 위 법무부 자료와 동일하다.

70) "채권의 매매 또는 양도는 보증·우선특권 및 저당권과 같이 채권에 부속되는 권리를 포함한다." 번역은 김은아(주 68), 118면에 따랐다.

해되었고,[71] 종된 권리를 더 이상 예시하지 않는 제1321조 제3항 아래에서도 채권의 변제를 담보하기 위한 여러 담보들은 종된 권리의 예가 된다고 해석되므로 마찬가지다.[72] 당사자 사이에 반대약정을 할 수 있다는 명문의 규정은 없지만 가능하다고 해석된다.[73] 제2430조 제1항이 "우선특권과 저당권의 대위, 등기말소, 경감, 합의에 의한 이전 및 선순위양도와 기간의 연장, 주소변경 그리고, 일반적으로, 특히 등기권리자인 채권자 개인에 관한 사항에서, 채무자의 사정을 악화시키는 효과를 발생시키지 않는 모든 변경은 기존등기부의 비고란에 기재하는 방식에 의하여 부동산파일에 공시된다."[74]고 정함에 따라 저당권의 이전도 부기등기가 되어야 제3자에게 대항할 수 있다.[75] 따라서 채권양도의 대항요건은 갖추었으나 저당권이전의 부기등기를 경료하지 않았다면 제3자에 대하여 채권양도는 대항할 수 있지만 저당권 이전은 대항할 수 없다고 해석된다.[76] 다만 부기등기가 채무자의 법적 지위에는 영향을 주지 않으므로 채무자에게는 부기등기 없이도 대항할 수 있다.[77]

(나) 일 본

일본 민법도 제176조에서 물권의 설정 및 이전은 당사자의 의사표시만에 의하여 효력이 생긴다고 정하고, 제177조에서 부동산에 관한 물

---

71) Ph. Malaurie et L. Aynes, Droit civil: les sûretés, la publicité foncière(droit du credit), 3 éd., 1999, Editions Cujas, pp. 677, 692[장지용(주 29), 6면에서 재인용].

72) 한불민사법학회 편, 개정 프랑스채권법 해제, 박영사(2021), 507면(김은아 집필부분); 이동진(주 15), 838면.

73) O. Deshayes, Th. Genicon et Y.-M. Laithier, Réforme du droit des contrats, du régime général et de la preuve des obligations, commentaire article par article, LexisNexis, 2016, p. 638[김은아(주 68), 118면에서 재인용]; G. Chantepie et M. Latina, La réforme du droit des obligations, Dalloz, 2018, n° 860, pp. 780-781[한불민사법학회(주 72), 507면에서 재인용].

74) 2006년 개정 전에는 제2149조. 명순구(주 69), 831면으로 확인되는 제2149조의 내용에 의하면 개정 전후로 내용상 변경은 없다.

75) 정병호(주 47), 420면.

76) Mazeaud et Chabas, Leçons de droit civil: Sûretés, Publicité foncière, 5. éd., 1977, Nr. 609[정병호(주 47), 420면에서 재인용].

77) 이동진(주 15), 838면.

권변동의 득실변경은 부동산등기법이나 그 밖의 등기관련법률이 정한 바에 따른 등기가 이루어지지 않으면 제3자에 대항할 수 없다고 정하여 대항요건주의를 선언한다. 한편 제375조, 제376조에서 부종성 완화에 따른 저당권만의 담보제공(전저당)과 저당권 또는 그 순위의 포기, 양도 등 5가지 종류의 저당권 단독처분을 규정하는데,[78] 여기에 저당권의 순위변경, 저당권부채권의 양도나 입질, 저당권의 절대적 포기 등을 포함해 광의(廣義)의 저당권 처분이라고도 한다.[79] 이중 저당권부채권의 양도나 입질에 관하여는 명문의 규정이 없지만 당연히 가능한 것으로 여겨진다.[80]

구체적으로 피담보채권이 양도되면, 당사자가 반대의 특약을 하지 않는 한 그 수반성에 의해 저당권도 당연히 이전됨이 원칙이다.[81] 다만 이 경우에도 대항요건으로서 등기가 필요하고, 양도인은 양수인에게 그러한 등기에 협력할 의무를 부담한다는 점이 판례로 인정되었다.[82] 이러한 등기의 대항요건으로서의 효력도 어디까지나 피담보채권의 양도가 유효하고 그에 대한 대항요건까지 갖추어진 뒤에 발생한다.[83] 따라서 만일 채권양도 자체에 하자가 있거나 대항요건을 갖추지 못한 경우에는 설령 저당권 이전의 등기가 이루어지더라도 공시의 원칙에 의한 보호를 받지 못하여 법률관계가 매우 불안정해지고, 이는 저당권에 기초하여 경매절차가 진행, 완료되거나 재차 저당권의 양도가 이루어진 경우에도 다르지

---

78) 그런데 제375조는 각 단독처분의 태양만을 규정할 뿐 각각의 법적성질이나 요건, 효과에 관하여는 침묵하고 있어 그 해석에 관한 판례, 학설의 다툼과 난립을 초래한다. 柚木馨 · 高木多喜南 編集, 新版 注釋民法(9) 物權(4), 有斐閣(1998), 331頁(山崎寬 집필부분, 이하 같다).

79) 柚木馨 · 高木多喜南(주 78), 333頁.

80) 我妻榮(주 44), 389頁; 船越隆司, 擔保物權法 第3版, 尙學社(2004), 236頁.

81) 我妻榮(주 44), 415頁; 高木多喜男, 擔保物權法 第4版, 有斐閣(2005), 114頁. 田山輝明, 擔保物權法 第2版, 成文堂(2004), 72頁은 이를 수반성이 저당권부채권 양도의 이론적 전제라는 서술로 표현한다.

82) 大審院 1915年(大正 4) 10月 4日, 大審院民事判決錄20輯, 1581頁[第一法規 사이트(http://www.D1-Law.com)에서 원문 검색].

83) 我妻榮(주 44), 416頁.

않다.[84] 반대로 채권양도가 유효하고 대항요건까지 갖추었더라도 저당권 이전의 부기등기를 하지 않으면 양수인이 저당권 취득을 대항할 수 없음은 당연하다.[85] 또한 일본 민사집행법 제181조 제1항 제3호, 제3항에 따라 경매신청을 하기 위해서도 등기를 마쳐야 하는 것으로 해석된다.[86] 한편 질권설정의 경우에도 피담보채권에 대한 질권설정계약은 원칙적으로 당연히 저당권에 관한 질권설정계약을 포함한다고 해석되고, 대항요건으로서 등기가 필요하다.[87]·[88] 전반적으로 이 주제에 관한 일본 체계서들의 서술은 我妻榮과 石田穰의 것을 제외하면 상당히 소략한 모습이다.

(3) 국제규범 : 유엔채권양도협약, 유럽계약법원칙, 공통참조기준초안

여러 국제규범들도 수반성을 선언하고 있다. 우선 유엔국제거래법위원회(United Nations Commission on International Trade Law, UNCITRAL)가 1992년부터 작업에 착수하여 2001년 12월 12일 유엔 총회에서 채택된 "국제거래에서 채권양도에 관한 유엔협약(United Nations Convention on the Assignment of Receivables in International Trade, 유엔채권양도협약)"은 제10조 제1항 전문에서 "양도된 채권의 지급을 담보하는 인적 또는 물적 권리는

---

84) 我妻榮(주 44), 416-417頁.

85) 我妻榮·有泉亨, コンメンタール擔保物權法 第3版, 日本評論社(2004), 150頁.

86) 船越隆司(주 72), 139頁. 인용된 일본 민사집행법 제181조 제1항 제3호는 부동산담보권실행 개시의 요건인 제출서류 중 하나로 담보권등기에 관한 등기사항증명서를 정한 규정이고, 동조 제3항은 담보권 승계 후에 담보권실행 신청을 하는 경우 승계사실을 증명할 수 있는 서류제출 의무를 정한 규정이다.

87) 我妻榮(주 44), 419頁. 같은 곳에서는 질권의 요물성을 관철하고자 하는 민법의 취지를 존중하여 채권질권 설정 시 채권증서 교부를 요건으로 정한 일본 민법 제363조(우리의 제347조)를 유추하여 저당권에 관한 증서의 교부를 저당권에 대한 질권설정의 요건으로 해석함이 타당하다고 하였다. 하지만 이러한 해석은 2020. 4. 1.자로 시행된 개정 민법에서 위 조문이 삭제된 이상 더 이상 유지되기 어려울 것이다.

88) 본문과 달리 채권양도의 통지, 승낙이나 물권에 관한 등기를 효력요건으로 보는 소수의 견해도 있는데, 이 견해는 저당권부채권양도의 요건으로 채권양도 합의와 통지, 승낙 및 저당권이전의 등기를 들고 통지, 승낙과 이전등기 가운데 하나라도 되지 않으면 저당권은 이전하지 않는다고 본다. 石田穰, 擔保物權法, 信山社(2010), 469-470頁.

새로운 이전행위 없이 양수인에게 이전된다."고 하여 채권양도에 따른 담보권의 당연 이전을 규정한다. 그러면서도 같은 항 후문에서는 "그러한 권리를 규율하는 법에 따라 그러한 권리가 새로운 이전행위에 의해서만 이전될 수 있는 경우에는 양도인은 그러한 권리와 모든 수익(proceeds)을 양수인에게 이전하여야 한다."고 하여 체약국이 담보권의 별도 이전행위를 요하는 법리를 채택하고 있다면 그에 따르도록 정하고 있다. 같은 조 제2항은 담보권의 양도를 제한하는 합의를 하였더라도 제1항에 따라 담보권이 이전된다고 정한다.[89] 유럽계약법원칙 제3부[Principles of European Contract Law(PECL) Ⅲ]의 제11 : 201조 (1)은 채권이 양도되면 양도된 채권에 대한 지급 또는 그 밖의 이행에 대한 모든 권리가 양수인에게 이전하며, 이와 더불어 모든 부수적인 권리도 이전함을 명시하는데,[90] 여기서의 '부수적인 권리'에는 담보권이 당연히 포함되는 것으로 해석되므로 이는 수반성의 근거가 된다. 위 원칙의 기초자들은 이러한 수반성이 당사자의 합의에 의해서도 배제될 수 없는 것으로 보았다.[91] EU모델법인 공통참조기준초안(Draft Common Frame of Reference, DCFR)도 유사한 규정을 두고 있는데 별도의 담보권 이전행위를 전제하지 않고 있다.[92]

---

89) 이상의 번역 및 해석은 김재형, "유엔채권양도협약의 국내법적 수용문제", 同, 민법론 Ⅲ, 박영사(2007), 339, 350면을 참조하였다. 한편 같은 글 353면에서는 제1항 전문에 주목하여 협약의 내용을 수용하려면 우리 민법의 개정이 필요하다고 보았지만, 최수정(주 55), 145면, 주 28)은 후문이 있기 때문에 우리 고유의 법리를 적용할 수 있어 별도의 입법적 조치는 필요 없다고 한다.

90) 조문 내용은 다음과 같다. "제11:201조 [양수인에게 이전되는 권리] (1) 채권의 양도로 다음 각 호의 권리가 양수인에게 이전된다. (a) 양도된 채권과 관한 양도인의 모든 이행청구권; 및 (b) 그 이행을 담보하기 위한 모든 부종적 권리" 양창수, "「유럽계약법원칙」의 소멸시효규정 – 우리 민법에의 시사를 덧붙여 –", 同, 민법연구 제8권, 박영사(2005), 170면(부록인 유럽계약법원칙 제3부의 번역).

91) Ole Lando, Eric Clive, Andre Prum & Reinhard Zimmermann(ed.), Principles of European Contract Law, Part Ⅲ, prepared by The Commission on European Contract Law(2003), p. 99[최수정(주 55), 145면에서 재인용].

92) "Ⅲ.-5:115: 양수인에게 이전되는 권리 (1) 이행에 대한 권리의 양도는 양수인에게 주된 채권뿐만 아니라 모든 부수적인 권리 및 이전가능한 수반된 담보권도 이전한다." 번역은 Christian von Bar 외 10인 편저 · 안태용 역, 비교민법총서(1) : 유럽민사법의 공통 기준안 – 총칙 · 계약편 – (DCFR 제1권~제4권), 법무부(2012), 369면에 의하였다. 한편 DCFR의 작성과정과 의의에 대한 일반적인 설명으로는 우선 권영

(4) 소 결

지금까지 살펴본 바에 의하면 주요국들의 민법[93]이 채권에 대한 저당권의 수반성을 실현하고자 하는 점은 모두 동일하고[94] 다만 성립요건주의 하에서는 이를 법률규정에 따른 물권변동으로 규율하되 등기나 서면계약 등 특별한 형식을 요구하여 거래안전을 보호하는 방식을, 대항요건주의 하에서는 채권양도의 의사표시에 일반적으로 저당권 양도의 의사표시가 포함되어 있다고 해석하는 방식을 각 채택하였다고 정리할 수 있다.[95] 그런데 후자의 원류인 프랑스가 민법 개정 과정에서 채권양도에 수반하는 종된 권리의 범위를 문언상 확장하고(제1321조 제3항), 저당권에 관한 부분에서 수반성을 선언하는 규정을 추가한 점(제2424조 제1항 전문)은 주목할 필요가 있다. 수반성이 점차 강화되는 흐름에 있음은 분명해 보인다. 또 우리에게는 구속력이 없지만[96] 앞서 본 국제규범들이 채권이전에 따른 담보권의 당연이전을 원칙으로 삼거나(협약) 관련 규정의 강행성을 인정하는 것(PECL)에서도 같은 경향성이 드러난다.[97]

준, 민법학의 기본원리, 박영사(2020), 63-66면 참고. 이 책에서는 민법 분야의 국제규범에 대한 보다 적극적인 관심과 연구를 강조하면서 국제규범의 한 예로 위 초안을 들었다.

93) 본문에서 다룬 국가 이외에도 예컨대 중화민국민법 역시 채권법 조문이기는 하지만 제295조 제1항 본문에서 "채권을 양도한 때에는 그 채권의 담보 및 기타 종된 권리도 함께 양수인에게 이전된다."고 정한다. 김성수(주 18), 181면.

94) 이런 현상은 대륙법계 공통의 모법(母法)인 로마법이 저당권의 부종성으로부터 채권이 양도되면 그와 동시에 저당권도 양도된다는 법리를 추론하였기 때문일 것이다. Motive zu dem Entwurfe eines bürgerlichen Gesetzbuches für das Deutsche Reich, Bd. Ⅲ: Sachenrecht, 1888, 706 f.

95) 정병호(주 47), 423면.

96) 2021. 11. 기준으로 우리는 유엔채권양도협약에 가입하지 않았다(https://uncitral.un.org/sites/uncitral.un.org/files/media-documents/uncitral/en/overview-status-table.pdf, 2021. 11. 20. 최종방문). 그 밖의 두 국제규범은 우리와는 직접적인 관계가 없다.

97) 참고로 미국에서도 대체로 저당권은 채권에 수반하고 등록(recording)은 저당권 이전의 요건이 아니며, 등록을 요구하는 일부 주(州)에서도 이는 대항요건에 그치는 것으로 보인다[Amendola et al., C.J.S. Mortgages §§ 415 f., 426 f. 이동진(주 15), 839면에서 재인용].

3. 우리 민법의 해석론

(1) 채권양도요건과 저당권양도요건의 요부 및 상호관계

(가) 도　　입

저당권부채권양도를 이론적으로 어떻게 구성할 것인지에 관하여는 다음과 같이 다툼이 있다. 쟁점은 저당권 양도를 위해 별도의 물권행위와 등기가 필요한지 여부와 이를 긍정할 경우 저당권등기와 채권양도의 관련성이다. 물론 이하의 논의들은, 뒤의 질권설정에 관한 부분을 포함하여 채권, 저당권 모두를 처분한다는 당사자들의 의사가 확인된 것을 전제로 한다.

(나) 학　　설[98]

1) 양 요건 필요설(등기필요설[99])[100]

통설은 저당권부채권양도는 채권양도와 저당권양도의 결합이므로 채권양도에 관한 규정과 물권변동에 관한 규정이 모두 적용되고 따라서 채권양도행위 및 저당권이전에 관한 물권행위와 함께 각각의 대항요건(통지, 승낙)[101], 성립요건(등기)이 모두 요구된다고 본다. 이에 대해서는 대체로 별다른 설명이 부가되지 않는데, 우리 민법이 채권양도에 관하여는 대항요건주의를, 물권변동에 관하여는 성립요건주의를 채택하였기 때문에 이러한 이해는 당연하다고도 할 수 있다. 채권양도행위에는 통상 저당권

98) 학설들에 대한 전반적인 정리와 명명(命名)은 장지용(주 29), 47-50면에서 처음으로 발견된다. 위 글은 본문에 소개될 각 학설들을 '양 절차 필요설', '제3자에 대한 대항요건 불요설', '저당권이전등기 불요설'로 칭하였는데, 각각의 명칭들이 학설의 요지를 드러내는 데에는 문제가 없으나 본고에서는 보다 간략히 표현하였다.

99) 채권양도와 대항요건의 구비는 모든 학설이 전제하고 있으므로 이와 같이 보다 간략히 표현해도 무방할 것이다.

100) 민법주해[VII](주 22), 77면(남효순 집필부분); 주석 민법[물권 4](주 21), 100면(배형원 집필부분); 곽윤직 · 김재형(주 25), 479-481면; 이영준(주 20), 919면; 김상용(주 21), 715-716면; 송덕수(주 21), 543면; 김준호(주 29), 451면.

101) 채권양도 자체에 관하여도 대항요건에 관한 해석론이나 입법론을 둘러싼 다툼이 상당히 많지만 간명한 논의를 위해 본고에서는 현행법과 확립된 통설, 판례를 전제로 서술한다.

이전에 관한 물권행위가 포함되지만[102] 양자가 별개의 행위로 이루어지는 것도 가능함은 물론이다.[103] 이 견해와 뒤이어 보는 등기기준설은 여기서의 수반성을 당사자의 의사해석과 법률행위에 의한 물권변동 문제로 이해한다는 점에서는 공통점이 있다.

2) 등기기준설[104]

저당권부채권양도가 채권양도행위와 저당권 양도행위로 구성된다고 보는 점에서는 통설과 차이가 없으나, 이 견해는 저당권은 물론 그 피담보채권의 양도도 채권양도에 관한 대항요건에 더하여 저당권에 대한 이전등기까지 이루어져야 비로소 유효하다고 본다. 다만 나아가 저당권 이전등기가 제450조 제2항의 대항요건인 확정일자부 통지 또는 승낙까지 대신할 수 있는지에 대해서는 저당권 이전등기에 의하여 피담보채권의 이전까지 공시된다는 점을 근거로 이를 긍정하는 견해(따라서 이중양도에서의 우열도 등기 여부로 판단)[105]와 부정하는 견해[106]가 나뉘어 있다. 제361조의 강행성을 확대하는 소수설 중 대표적 견해가 이 학설로 이어지지만, 앞에서 다수설을 취하면서도 저당권부채권을 양도, 양수하는 당사자들의 의사는 채권양도의 효력도 저당권이전등기가 경료되는 때 발생하게 하려는 것이라고 해석함이 타당하다고 하여 이 학설을 취하는 경우가 있는 반면[107] 앞서 소수설을 취하면서도 여기서 등기기준설을 따르지 않

102) 곽윤직 · 김재형(주 25), 480면; 이영준(주 20), 919면; 송덕수(주 21), 553면. 관련하여 민법주해[Ⅹ](주 48), 535면(이상훈 집필부분)에서는 담보권 이전을 위한 별도의 법률행위가 있어야 하는 것은 아니라고 하는데, 그 의미는 통상 채권양도행위에 포함되어 있기 때문에 따로 할 필요가 없다는 정도로 이해해야 할 것이다.

103) 김상용(주 21), 715면.

104) 김증한 · 김학동(주 21), 551면; 지원림(주 38), 828면.

105) 김증한 · 김학동(주 21), 552면. 같은 면 주 58)에서는 통설에 따라 저당권부채권 이중양도에서 채권의 대항요건을 기준으로 우열을 정하게 되면 저당권이전등기는 경료하였으나 위 대항요건을 갖추지 못한 양수인은 저당권을 취득하지 못하는 반면 대항요건만 갖춘 양수인이 등기 없이 저당권을 취득하게 되어 문제라고 한다. 한편 윤철홍(주 21), 539면은 제361조에 관한 소수설이나 등기기준설을 취하는지 여부는 다소 모호하지만 저당권이전등기가 확정일자부 통지, 승낙을 대신할 수 있다는 입장이다.

106) 지원림(주 38), 827면. 채권양도의 대항요건을 요구한다.

는 경우도 있다.[108] 양자가 논리필연적인 관계에 있는 것은 아니겠으나 앞의 소수설과 등기기준설의 결합이 보다 잘 어울리는 것 같다. 제361조의 강행성을 확장하면 피담보채권과 저당권은 언제나 함께, 그리고 동시에 처분되어야 하기 때문에 채권양도의 효력발생을 위해 저당권이전등기까지 요구하는 논리가 자연스럽기 때문이다.

3) 등기불요설

소수이기는 하나 저당권의 부종성에 의하여 저당권부채권이 양도되면 저당권도 그에 따라 당연히 양수인에게 이전되고 저당권이전의 물권적 합의와 부기등기는 요하지 않는다고 보는 견해도 있다.[109] 이 견해는 우선 일본, 만주국, 독일, 스위스의 각 민법과 유엔채권양도협약이 모두 저당권이전의 물권행위와 부기등기를 요하지 않고 수반성이나 법률규정에 의거하여 피담보채권 이전에 따라 당연히 저당권이 이전한다는 태도를 취한다고 평가한다. 그리고 그중 일본에서는 민법 제177조에서 법률행위에 의하지 않은 물권변동에서도 대항요건으로 등기를 요함에 따라 저당권이전등기를 하지 않으면 이를 제3자에게 대항할 수 없게 되는데 우리의 통설, 판례가 그 영향을 받은 것이라고 본다. 통설, 판례에 의하면 채권은 양도되었으나 저당권이전등기가 경료되지 않는 동안은 양자의 귀속이 달라져 부종성에 반하고, 소멸상 부종성에 있어서는 등기 없이도

---

107) 지원림(주 38), 828면. 같은 책 827면의 "즉 저당권은 피담보채권과 일체로만 처분될 수 있다. 저당권의 양도뿐만 아니라 저당권을 포기하지 않은 채 피담보채권만을 양도하는 것도 허용되지 않는다."라는 서술은 일견 제361조의 강행성을 확대하자는 입장으로 보이기도 하나 그 바로 뒤에 "(이러한 경우에 저당권은 소멸한다)"를 덧붙인 점에서는 다수설과 같은 입장이라고 이해함이 타당할 것 같다. 한편 장지용(주 29), 69-70면은 이 견해를 '조건부 효력발생설'이라고 하여 별도 학설로 분류하였지만 그러면서도 같은 글 73면에서는 김증한 · 김학동(주 21)이 취하는 견해와의 유사성을 인정하고 있는바, 본고에서는 유사성에 초점을 맞춰 같은 견해로 분류해 보았다.

108) 고상룡(주 21), 694면; 송덕수(주 21), 555면.

109) 강태성, "담보물권부 채권의 처분", 同, 법률행위론, 대명출판사(2012), 205-213, 216-217면. 강태성 교수는 자신의 체계서[同, 물권법 제10판, 대명출판사(2020), 1229-1239면]에서도 같은 주제를 다루고 있으나 위 논문의 서술이 보다 상세하여 이를 주로 참고한다.

저당권의 소멸을 인정하면서 수반성에 관하여 이전등기를 요하는 것은 일관성이 없을 뿐만 아니라 수반성을 부정하거나 약화시키는 결과가 되며, 주채권이 양도된 경우 보증채권에 대해서는 별도로 대항요건을 갖출 필요가 없다고 한 점을 고려할 때[110] 판례의 태도는 일관성도 없다고 한다. 저당권의 존속상 부종성(수반성) 자체가 제187조에서 정하는 등기를 요하지 않는 물권변동의 원인이 되므로 저당권 이전에 관한 물권적 합의와 이전등기가 필요하지 않고 설령 별도의 물권적 합의와 이전등기가 있더라도 저당권의 이전 시점은 피담보채권 양도 시라고 본다. 이로써 통설, 판례에 비해 저당권이전의 신속성을 확보할 수 있다고 한다. 이 견해에 따르면 저당권 양도여부를 결정하기 위해 따로 당사자의 의사를 해석할 필요는 없겠지만 당사자들의 특약에 의해 저당권의 처분을 배제할 수 있다는 점은 인정하고 있는 것으로 보인다.[111] 최근에 등기불요설을 택한 문헌에서는 저당권에 대한 별도의 양도행위가 필요하다고 보는 통설이 불필요하게 형식적이고, 비교법적으로 당연이전을 취하는 예가 많으며, 제482조 제2항 제1호를 유추하여 저당권 부기등기 전 목적물에 대한 권리를 취득한 제3자에게는 대항할 수 없다고 보아 거래 안전의 보호를 도모할 수도 있음을 지적한다.[112] 등기불요설은 입법론으로 주장되기도 하는데[113] 구체적인 내용은 V.항에서 상론한다.

(다) 판　　례

대법원은 2005. 6. 10. 선고 2002다15412, 15429 판결에서 "저당권은 피담보채권과 분리하여 양도하지 못하는 것이어서 저당권부 채권의 양도는 언제나 저당권의 양도와 채권양도가 결합되어 행해지므로 저당권부

---

110) 예컨대 대법원 2002. 9. 10. 선고 2002다21509 판결[공2002.11.1.(165),2428].

111) 강태성, 법률행위론(주 109), 226면. 이 부분 서술은 저당권부채권질권에 관한 것이나 양도에 관하여도 다르지 않을 것이다.

112) 이동진(주 15), 846-847면.

113) 최수정(주 55), 148-150면. 강태성 교수도 뒤에서 보는 2014년 민법 개정시안이 결정된 이후 同, "질권과 저당권의 변동에 관한 민법개정론", 법학논고 제49집 (2015. 2.), 경북대학교 법학연구원, 179-181면을 통해 입법론으로 등기불요설을 주장한 바 있다.

채권의 양도는 민법 제186조의 부동산물권변동에 관한 규정과 민법 제449조 내지 제452조의 채권양도에 관한 규정에 의해 규율된다. 그러므로 저당권의 양도에 있어서도 물권변동의 일반원칙에 따라 저당권을 이전할 것을 목적으로 하는 물권적 합의와 등기가 있어야 저당권이 이전된다고 할 것"이라고 판시하여 통설을 따르고 있다. 다만 앞서 본대로 대법원 스스로 피담보채권 처분시 당사자들의 의사에 따라 저당권의 처분이 따르지 않을 수 있음을 인정하고 있고 이것이 타당한 이상, 위 판결의 "언제나"라는 판시는 정확하지 않은 것이라 생각된다.

(라) 검 토

1) 등기기준설, 등기불요설 비판

먼저 등기기준설은 명백히 전술한 독일 민법의 해석론을 도입하려는 시도로 보인다.[114] 그렇지만 우리의 규정은 독일의 제1153조, 제1154조와는 달라 그들의 해석론을 그대로 받아들일 수 없다. 민법 제정 당시 독일 민법의 위 규정을 특히 채권의 분리처분을 금지하는 내용을 중심으로 참고하였음에도[115] 이에 대해서는 명문으로 규정하지 않은 입법자들의 의사를 추측해보더라도 그렇다.[116] 실천적인 측면에서도 등기기준설에 의할 경우 채무자는 양수 등을 주장하는 채권자가 등장하면 통지, 승낙뿐만 아니라 그가 저당권이전등기를 마쳤는지까지 확인해야 하는 과도한 부담을,[117] 채권자로서도 채무자를 상대로 채권을 행사하려면 저당권이전

114) 정병호(주 47), 422면도 등기기준설이, 민법이 대항요건주의에서 성립요건주의로 전환함에 따라 성립요건주의를 취하는 독일 민법이 등기저당권의 양도에 등기를 요구하는 점에 착안한 것은 아닌가 추측된다고 한다. 이 학설의 주요 주장자인 김증한 교수의 독일법학에 대한 지향성(志向性)은 익히 알려진 바이다. 물론 그는 일본법학의 극복이라는, 그 자체로는 정당하다고 볼 수 있는 목적을 위해 이를 주장한 것이다. 이에 관하여는 우선 양창수, "우리 민법학 70년의 성과와 앞으로의 과제", 同, 민법연구 제10권, 박영사(2019), 78-79면 참고.

115) 民法案審議錄(주 19), 216면에서는 독일 민법 제1153조를 "債權의 讓渡와 같이 抵當權은 新債權者에게 移轉한다 債權은 抵當權과 같이 하지 않으면 이를 讓渡할 수 없다."로 번역하여 인용하고 있다.

116) 정병호(주 47), 423-424면; 장지용(주 29), 12면.

117) 정병호(주 47), 424-425면.

등기까지 마쳐야 하는 불필요한 부담을 각 지게 된다.[118)] 이처럼 주된 권리인 피담보채권의 변동을 종된 권리인 저당권의 공시방법에 따르도록 한다면 민법이 정한 부종성 원칙에 반하여 주종이 전도되고 대항요건주의가 변형된다.[119)] 우리 법제 전반의 체계정합성 측면에서도 등기기준설은 받아들이기 어려운데, 예컨대 앞서도 보았지만 민사집행법 제228조는 저당권부채권을 압류한 경우 종된 권리인 저당권은 등기가 없어도 당연히 압류되는 것을 전제로 저당권에 대한 압류등기 절차를 마련함으로써 분명하게 채권압류에 중점을 두고 저당권에 대한 압류를 규율하고 있기 때문이다.[120)] 한편 당사자들의 의사해석에 근거한 견해에 대해서는 그러한 일률적인 의사해석은 지나친 의제라는 비판이 가능하다.[121)] 다만 실정법 중에서 한국자산관리공사 설립 등에 관한 법률 제44조[122)]는 저당권 이전등기로 채권양도의 대항요건까지 갖춘 것으로 보는 점에서 이 견해와 맥락을 같이하는 면이 있다.

등기불요설에 관하여 보면, 우선 일본에서 저당권 이전에 관한 별도의 물권적 합의가 관념되지 않는다는 이해는 받아들이기 어렵다. 일본의 여러 체계서들이 공통적으로 피담보채권의 이전, 입질에 따라 저당권이

---

118) 장지용(주 29), 57면.

119) 이영준(주 20), 920면; 최수정(주 55), 147면. 정병호(주 47), 425면, 주 34)도 등기기준설에 따를 때 채권양도의 원칙적인 모습과는 거리가 있다고 하는바 같은 취지로 이해된다.

120) 노만경, "근저당권부 채권이 양도되었으나 근저당권의 이전등기가 경료되지 않은 상태에서 실시된 배당절차에서 근저당권의 명의인이 배당이의를 할 수 있는지 여부(2003. 10. 10. 선고 2001다77888 판결 : 공2003하, 2164)", 대법원판례해설 제46호(2004. 7.), 법원도서관, 473-474면. 법원실무제요 민사집행[Ⅳ]-동산·채권 등 집행-, 사법연수원(2020), 295면에서도 이를 전제로, 저당권에 압류나 이전의 부기등기가 마쳐지지 않은 경우에도 피담보채권에 대한 압류명령이 효력을 발생하거나 전부명령이 확정되면 '법률상 당연히' 저당권에 대하여 압류나 전부의 효력이 미친다고 서술하고 있다.

121) 장지용(주 29), 72-73면.

122) 제44조(지명채권양도의 대항요건에 대한 특례) 공사가 제26조제1항제1호에 따라 인수한 담보부 부실채권의 저당권 설정등기에 관하여 공사의 명의로 저당권 이전(移轉)의 부기등기를 마친 경우에는 부기등기를 마친 때에 「민법」 제450조에 따른 대항요건을 갖춘 것으로 본다. 조문의 존재는 손홍수(주 45), 58면, 주 3)에서 확인.

이전, 입질되는 것은 '당연'하다는 취지의 서술을 하고 있지만 결코 이를 법률행위에 의하지 않은 물권변동이라고 명시하지는 않으며, 오히려 채권과 저당권에 대한 법률행위를 명확히 구분하여 관념하는 서술도 보인다.[123] 하지만 이는 부차적인 것이고 이 견해의 가장 큰 문제는 저당권 당연이전의 법률상 근거가 없다는 데에 있다. 당연이전의 근거로 제시되는 것은 단지 수반성이라는 추상적 개념에 불과한데[124] 이것만으로는 제187조에서 말하는 물권변동의 근거가 될 수 없고, 우리 민법에서 저당권부채권양도의 경우에 적용되는 저당권 당연이전의 근거조문을 발견할 수도 없다. 거래 안전 보호의 근거로 제시된 제482조 제2항 제1호는 변제자대위에 관한 조문으로 유추적용을 하기에는 거리가 느껴진다. 결국 등기불요설은 입법론은 별론, 해석론으로는 받아들이기 어렵다.[125]

2) 양 요건 필요설의 타당성

수반성을 기본적으로 당사자의 의사해석 문제로 이해하는 한편 대항요건주의와 성립요건주의를 분명하게 결합하고 있는 우리 민법에서는 통설, 판례에 따르지 않을 수 없다. 이는 주요국 민법에서는 찾아볼 수 없는 제348조,[126] 그리고 이 조문의 비교법적 근거이자 부동산물권변동에 관하여 대항요건주의에서 성립요건주의로 전환함으로써[127] 우리와 같은

---

123) 我妻榮(주 44), 415頁; 船越隆司(주 80), 139, 237頁; 高木多喜男(주 81), 114頁. 후자의 예로는 앞의 주 87)과 해당 본문 내용 참고.

124) 손홍수(주 45), 80면에서는 이 견해가 제361조를 근거로 삼는다고 서술하고 있지만 실제 문헌상으로 위 조문은 전혀 드러나지 않는다.

125) 이 밖에도 장지용(주 29), 58면은 이 견해에 의할 경우 저당권부채권이 전전양도됨에 따라 저당권이 함께 양도되더라도 저당권이전등기는 요구되지 않기 때문에 제187조 단서의 적용이 사실상 배제된다고 비판한다. 그렇지만 그러한 현상은 상속 등 제187조에서 명확히 예정하고 있는 경우에도 동일하게 발생하기 때문에 적절한 비판으로 생각되지는 않는다.

126) 주석 민법[물권 3](주 9), 682면(이태종 집필부분)은 제348조가 제186조에서 정한 물권변동 법리가 저당권부채권에 대한 질권설정에도 적용된다는 것을 정한 주의적 규정에 불과하다고 하는데 이는 그 자체로 타당한 이해이다. 하지만 우리 민법이 저당권부채권양도의 구조나 요건에 관하여 명시적인 규정을 두고 있지 않은 상황에서 제348조는 주의적 규정이라도 그 의미가 결코 적지 않을 것이다.

127) 이철송, "만주국민법의 우리 법제사적 의의－만주민법의 자리매김에 관한 의문－", 민사법학 제78호(2017. 2.), 한국민사법학회, 23면.

구조를 가졌던 만주국 민법의 해석론에 의하여도 뒷받침된다. 제348조는 지금까지 저당권부채권양도에 관한 법리 구성의 측면에서는 별로 주목받지 못한 것으로 보이는데, 위 조문은 '저당권'과 '저압권(抵押權)', '등기'와 '등록' 등 용어상의 차이를 제외하면 만주민법 제338조[128]와 완전히 동일하고 입법자료에 의하면 조문 신설의 유일한 근거가 위 만주민법 조문이었다는 사실이 확인된다.[129] 그런데 당시 만주민법에 관한 일본의 체계서에서는 위 제338조에 따른 부기등록이 저압권에 대한 권리질권이 설정되기 위한 '성립요건'임을 분명히 하고 있다.[130] 뒤이어 같은 책은 저압권의 양도에 관하여, 저압권자는 피담보채권과 함께 저압권을 다른 사람에게 양도할 수 있으나 저압권양도가 성립하기 위해서는 저압권이전의 등록이 필요하고 이 등록은 저압권 등록에 대한 부기등록의 방법에 의하

128) 第338條 "抵押權으로써 擔保하는 債權을 質權의 目的으로 하였을 境遇에 있어 質權者가 그 抵押權의 登錄에 그 趣旨를 附記하였을 때에 限하여 質權의 效力은 抵押權에 및인다"(띄어쓰기는 필자). 法務資料 第3輯 : 蘇聯中國 및 滿洲民法典, 法務部調査局[단기4281년(1948) 12월], 56면에서 확인. 참고로 이 법무자료는 해방 이후 진행될 입법작업의 준비를 위한 기초자료로 간행된 일련의 자료들 중 3번째의 것이다. 법무자료들의 전체 목록과 그에 관한 분석으로는 양창수, "민법전 제정과정에 관한 殘片", 同, 민법연구 제8권, 박영사(2005), 27-29면 참고.

129) 民法案審議錄(주 19), 208면에서는 현행 제348조와 동일한 제337조에 대한 외국입법례로 만주민법 제338조만을 들고 있으며 별다른 이유 설명도 없다. 한편 만주민법이 우리 민법의 제정 과정에 미친 영향 전반에 대해서는 앞서 이미 인용되었지만 우선 이철송(주 127), 3-41면 참고. 이철송 교수는 상법학자로서 전공 영역의 상이함에 따른 한계를 스스로 고백하면서도 상호 동일하거나 유사한 우리와 만주 민법의 개별 조문들을 구체적으로 살핌으로써 우리 민법 제정 과정에서 만주민법이 미친 영향이 매우 컸음을 설득력 있게 밝히고 있다. 그는 그러면서도 당시 의용민법이 이미 우리 국민들의 생활규범으로 자리잡은 상황에서 이를 상당히 개량하였다고 평가되는 만주민법을 본뜬 것은 법적 안정성과 입법자의 자기구속성 측면에서 오히려 바람직한 입법이었다고 긍정적으로 평가한다.

130) 石田文次郎 · 村教三, 滿洲民法(擔保物權), 有斐閣(1943), 53-54頁. 만주국이 일제가 세운 괴뢰국으로 14년 동안만 존속하였고(1932~1945), 만주민법은 건국 후 상당한 시간이 지난 1937년 12월부터 시행되어 존속기간이 8년을 넘지 않을 정도로 [이철송(주 127), 7-8면에서 확인] 매우 짧아 만주민법에 관한 당시의 연구자료가 희박할 수밖에 없다는 점을 고려할 때 국내에서 비교적 어렵지 않게 입수할 수 있는 이 체계서는, 비록 162면 정도의 간략한 것이지만 그 의미가 적지 않으리라 생각된다. 이 밖에도 石田文次郎가 주저자인 채권총론, 채권각론 체계서, 柚木馨의 총론적 체계서는 법원도서관에서도 그 소장정보가 쉽게 확인된다.

며, 한편 저압권 양도에는 피담보채권의 양도도 따르기 때문에 이로써 채무자, 보증인, 저압권설정자 및 그 승계인에게 대항하기 위해서는 주채무자에 대한 채권양도의 통지 또는 그의 승낙이 필요하다고 하여[131] 우리와 유사한 구조의 서술을 보여 주고 있다.[132]

관련 규정의 존재, 대항요건주의와 성립요건주의의 병존(竝存)을 공통점으로 가지고 있는 만주민법의 이러한 해석론은 우리 민법에서도 달라질 이유가 없을 것이다. 설령 이를 그대로 받아들이기 어렵더라도 우리 민법에 현존하는 제348조를 고려할 때 통설, 판례와 같이 이해함이 타당하다. 위 조문은 질권설정에 관한 규정이기는 하지만 그것이 처분행위라는 점에서 양도를 포함한 처분행위 전반에 있어 위 규정에 따른 논리는 일관되어야 할 것인데, 우리 민법이 채권질권설정의 요건으로 채권양도의 방식을 따르도록 하면서도 입질채권이 저당권부채권인 경우 저당권에 질권의 효력이 미치기 위해 등기가 필요하다고 정한 것은 통설, 판례와 같은 이해를 전제로 하였다고 볼 수밖에 없기 때문이다. 따라서 등기불요설은 지지될 수 없고, 제348조에서 등기가 채권질권의 효력에 영향을 미친다고 정한 바가 없는 이상 등기기준설도 더욱 설득력을 잃는다.

(2) 저당목적물 소유자의 동의 요부

저당권부채권양도에 수반하여 저당권이 양도되기 위한 요건으로 저당목적물의 소유자인 물상보증인이나 제3취득자의 동의가 추가로 요구되는지 여부에 관하여 양도로 인해 이들이 입게 되는 불이익을 피하기 위해 필요하다는 견해도 있다.[133] 그렇지만 물권은 원칙적으로 자유롭게

---

131) 石田文次郎 · 村教三(주 130), 97頁.

132) 한편 중화민국민법은 주 128)의 *法務資料* 작성 당시부터 비교적 최근에 이르기까지 우리의 제348조, 만주민법의 제338조와 같은 취지의 규정을 두고 있지 않은데[위 *法務資料*와 김성수(주 18)를 통해 확인], 그럼에도 그들의 학설과 실무는 우리와 같이 질권의 부기등기를 요한다고 한다. 謝在全, 民法物權法(中), 新學林(2007), 509면[강태성, 법률행위론(주 109), 220면에서 재인용]. 다만 위 책이 그 근거를 분명하게 밝히고 있지는 않다고 하고 다른 문헌에는 이에 관한 언급이 전혀 없다고 한다. 강태성, 법률행위론(주 109), 225면, 주 47).

133) 곽윤직 · 김재형(주 25), 434면. 민법주해[Ⅶ](주 22), 76면(남효순 집필부분)도 기본적으로 같은 입장이지만, 채무자 아닌 제3자 소유물 위에 저당권이 설정되거

처분할 수 있는 것이고, 저당권 양도만으로는 목적물 소유자가 부담하는 물적 책임에 아무런 변화가 없어 그가 불이익을 입는다고 볼 수 없기 때문에 불요설이 타당하다.[134] 판례도 저당권 양도에 관한 물권적 합의는 양도, 양수인 사이에만 있으면 되고 채무자나 물상보증인 사이에까지 있어야 하는 것은 아니라 하여 불요설의 입장이다.[135] 등기실무에서도 저당권이전등기 신청시 물상보증인이나 제3취득자의 승낙서를 첨부할 필요가 없다.[136]

4. 구체적 사안별 검토

(1) 개　관

통설, 판례에 따르면 채권이 양도되는 시점, 대항요건이 갖추어지는 시점과 저당권이전등기가 갖추어지는 시점이 달라지는 경우가 생길 수밖에 없어 그 사이의 저당권의 효력과 경매신청, 배당 등 권리행사 가능성이 문제된다. 이는 종래 양자 간의 중간기간(中間期間)[137] 또는 시차(時差)[138] 문제라고 표현되었는데 관련 대법원 판결들을 중심으로 살펴본다. 또 시차 문제와는 맥락을 달리하지만 채무자가 이미 소멸한 피담보채권의 양도를 이의를 보류하지 않고 승낙한 경우 저당권의 부활 여부도 구체적 사안 유형으로 보아 여기에서 함께 논한다.

(2) 대항요건 충족, 이전등기 미경료 : 저당권의 소멸, 양도인의 배당참가 여부 등

대법원은 근저당권 확정 이후 근저당권부채권이 양도되고 확정일자 있는 통지에 의해 대항요건까지 갖추었으나 근저당권 이전등기는 경료되

나 저당목적물을 제3취득자가 취득한 경우를 저당권이 채권에 수반하지 않는 특별한 사정 중 하나로 들고 있다는 점에서 서술체계상 차이가 있다.

134) 김재형(주 16), 193, 195-196면; 지원림(주 38), 827면; 장지용(주 29), 44면.

135) 대법원 1994. 9. 27. 선고 94다23975 판결[공1994.11.1.(979),2816]; 앞선 2002다15412, 15429 판결.

136) 부동산등기실무[Ⅱ], 법원행정처(2015), 476면.

137) 양창수(주 50), 407면.

138) 주 50)의 2001다77888 판결.

지 않은 채 근저당목적물에 관하여 실시된 경매의 배당절차에서 근저당권 명의인(양도인)이 배당이의로 배당표의 경정을 구한 사건(앞선 2001다77888 판결)에서, 채권양도는 당사자 사이의 의사표시만으로 양도의 효력이 발생하지만 근저당권이전은 등기를 해야 하므로 채권양도와 근저당권 이전등기 사이에 어느 정도 시차가 불가피한 이상 피담보채권이 먼저 양도되어 일시적으로 피담보채권과 근저당권의 귀속이 달라진다고 하여 근저당권이 무효로 된다고 볼 수는 없으나, 그러한 근저당권은 피담보채권의 양수인에게 이전되어야 할 것에 불과하고, 근저당권 명의인은 피담보채권을 양도하여 결국 피담보채권을 상실한 셈이므로 집행채무자로부터 변제를 받기 위하여 자신에게 배당하는 것으로 배당표의 경정을 구할 수 있는 지위에 있지 않다고 보았다. 판례해설에 의하면 판결이유에 드러난 법리적인 근거 외에도, 만일 양도인에 대한 배당을 인정하면 양도인이 근저당명의인으로서 배당금을 수령한 뒤 이를 양수인에게 이전하기로 하는 합의를 통해 양수인이 등록세 등 등기경료에 따른 제비용의 부담없이 담보권의 경제적 이익만 향수할 수 있어 부당하다는 정책적인 판단도 있었던 것으로 보인다.[139] 양도인이 배당을 받을 수 없다고 판단한 부분에 대해서는 실체관계에 대해 판단할 권한이 없는 집행법원으로서는 등기에 따라 양도인에게 배당함이 적절하였을 것이라는 비판도 제기되었다.[140]

최근 미간행이기는 하나 대법원 2020. 2. 27. 선고 2017다233795 판결은 일시적인 분리 귀속으로 인해 근저당권이 무효로 되지 않는다는 앞선 법리를 전제하면서, 근저당권설정등기가 위법하게 말소된 뒤 회복등기가 되지 않은 상태에서 양도인과 양수인 사이에 채권양도와 함께 근저당권 이전등기를 하기로 합의하였는데 경매가 개시되어 배당절차가 진행되는 등 이전등기를 마칠 수 없는 장애사유가 발생하였다면 양수인이 근저당권부 채권을 취득하지 못하지만 양도인은 양수인에 대해 이전등기의무를 부담하므로 그는 유효한 근저당권에 기하여 배당을 받거나 초과배당

139) 노만경(주 120), 478-480면.
140) 손흥수(주 45), 103면.

을 받은 다른 채권자에게 부당이득반환을 구할 수 있고, 다만 양수인과의 사이에서는 배당금이 양수인에게 귀속되어야 하므로 양도인이 양수인에게 수령한 배당금 또는 부당이득금을 지급하거나 각 청구권을 양도할 의무를 부담한다고 보았다. 그렇지만 이로써 2001다77888 판결이 폐기된 것은 아니었는데, 대법원의 입장은 기본적으로 양도인에게 배당하고 이로써 저당권의 피담보채무는 소멸하는 것으로 하되 별다른 장애사유 없이 제 비용 부담을 면할 의도로 부기등기를 해태한 경우에는 배당하지 않는다는 실무 운영을 전제하는 것으로 보인다.[141] 이로써 앞선 비판은 어느 정도 해소될 수 있을 것으로 보이지만, 집행법원에서 당사자들의 의도를 실질적으로 살펴 배당 여부를 결정하는 것이 가능하고도 타당한지에 대해서는 의문이 든다.

판례가 근저당권의 존속을 인정한 논리에 관하여는 견해가 나뉜다. 2001다77888 판결에 대한 판례해설은 채권이 양도된 후 상당한 기간 내에 저당권이전등기가 이루어져 채권과 저당권의 귀속이 일치되었다면 일시적인 분리를 이유로 저당권이 소멸된다고 할 필요는 없다는 입장이고[142] 그러한 논리가 판시내용에 반영된 것으로 보인다. 이와 달리 중간기간 동안의 저당권의 효력을 '유동적'이라고 해석하여 양도인이 저당권을 포기하지 않는 이상 그에게 저당권등기의 말소를 청구할 수 없다고 보는 견해,[143] '일시적', '상당한 기간'의 정확한 기준설정이 곤란하고 사후적으로 이전등기 경료 여부에 따라 저당권의 유효성을 판단해야만 한다는 점을 지적하면서 남아있는 저당권은 양도되기 위해 존재하고 이미 양도된 피담보채권에 부종하므로 이러한 목적 범위 내에서만 '제한적'으로 유효하다는 견해[144]도 제시된다. 이때의 저당권을 "일종의 휴면상태"

---

141) 이지영(주 4), 68-69면.

142) 노만경(주 120), 474면.

143) 정병호(주 47), 426면.

144) 장지용(주 29), 75-77면. 배당요구나 경매신청은 이러한 범위를 넘는 것이어서 불가능하다고 본다. 이 논문에서는 본문의 견해들을 '일시적 유효설', '유동적 무효설', '제한적 효력설'로 명명하였다.

라고 표현하는 문헌도 있다.[145)]

한편 같은 상황에서 경매절차에 의하지 않고 통상의 이행청구가 이루어지는 경우를 생각해보면 양수인만이 채권자로서 변제를 구할 수 있으며 채무자도 양수인에 대해 변제해야만 유효한 변제로 인정됨은 대항요건 규정에 비추어 당연하다.[146)]

(3) 이전등기 경료, 대항요건 미충족 : 양수인 지위의 불안정성과 경매 신청 가부

등기실무가 저당권이전등기 신청시 채권양도통지서나 승낙서의 첨부를 요하지 않음에 따라[147)] 이러한 상황이 발생할 수 있는데, 체계서들은 대체로 양수인이 등기를 마쳤더라도 채무자나 제2양수인에게 채권의 귀속을 주장할 수 없기 때문에 채무자의 양도인에 대한 변제로 저당권이 소멸하게 되는 등 양수인의 지위가 불안정하다고 설명한다.[148)] 이를 채권양도의 대항요건이 동시에 저당권양도의 대항요건도 된다거나,[149)] 저당권의 부종성을 매개로 한 등기의 대항요건화[150)]라고 표현하는 문헌들도 있다. 한편 판례에서는 양수인이 경매신청을 하고 그에 따른 절차에서 배당을 받을 수 있는지 여부가 문제되었다. 대법원은 이에 대해 양수인이 저당권실행의 요건을 갖추고 있는 한 경매신청을 할 수 있되, 채무자는 경매절차의 이해관계인으로서 채권양도의 대항요건을 갖추지 못하였다는 사유를 들어 경매개시결정에 대한 이의나 즉시항고를 제기할 수 있

---

145) 양창수 · 김형석(주 9), 424면.

146) 정병호(주 47), 419면. 같은 곳에서는 등기기준설에 의할 경우에는 양수인이 유효하게 변제를 구할 수 없지만, 채무자의 양수인에 대한 변제는 제470조에 따라 채권의 준점유자에 대한 변제로서 유효할 수 있다고 설명한다.

147) 다만 이후 경매신청을 할 때에는 저당권부채권양도증서와 양도승낙서 등을 함께 첨부하는 것이 일반적이다. 법원실무제요 민사집행[Ⅲ]－부동산집행(2)－, 사법연수원(2020), 345면. 이는 바로 이어서 보는 경매개시결정에 대한 이의나 즉시항고의 제기를 방지하기 위함일 것이다.

148) 곽윤직 · 김재형(주 25), 480면; 김증한 · 김학동(주 21), 552면; 이영준(주 20), 919-920면; 강태성, 물권법(주 109), 1234면.

149) 민법주해[Ⅷ](주 22), 79면(남효순 집필부분).

150) 정병호(주 47), 428면.

고 이때 대항요건 구비사실은 양수인이 증명해야 하나, 이러한 절차를 거쳐 경매절차가 실효되지 않은 이상 그 절차는 적법하고 양수인이 배당도 받을 수 있다고 판단하였다.[151] 이 판결에 대해 특별히 비판하는 견해는 아직 발견되지 않는다. 이에 따를 경우 적어도 경매를 통한 채권의 만족에 있어서는 저당권부채권양도의 두 요건 중 저당권양도요건의 '우위'가 일정한 범위에서 승인되는 결과가 된다는 평가도 있다.[152]

(4) 이의 유보 없는 승낙의 문제

채무자가 채권양도에 대해 이의를 보류하지 않고 승낙한 경우 양도인에게 대항할 수 있는 사유로 양수인에게 대항하지 못하게 되므로(제451조 제2항), 만일 피담보채권이 양도 이전에 이미 변제 등으로 소멸하였거나 불발생, 무효임에도 채무자가 이의 유보없이 그 양도를 승낙하였다면 선의[153]의 양수인은 채권을 유효하게 취득한다. 여기에서는 저당권부채권이 변제 등의 이유로 소멸하였음에도 저당권설정등기가 말소되지 않은 상태에서 채권이 양도되고 저당권이전등기까지 이루어졌으며 채무자가

---

151) 대법원 2005. 6. 23. 선고 2004다29279 판결[공2005.8.1.(231),1221]. 나아가 이 판결은 양수인보다 후순위인 근저당권자는 채권양도의 대항요건을 갖추지 않은 경우 대항할 수 없는 제3자에 포함되지 않으므로 대항요건 흠결이 배당절차에서 양수인이 후순위근저당권자보다 우선하여 배당받는 데에 장애가 되지 않는다고 보았다. 판례해설로는 이우재, "가. 근저당권의 피담보채권과 함께 근저당권을 양수하였으나 채권양도의 대항요건을 갖추지 못한 양수인의 저당권실행의 가부(적극) 및 배당 여부(적극), 나. 선순위의 근저당권부채권을 양수한 채권자가 채권양도의 대항요건을 갖추지 아니한 경우 후순위의 근저당권자가 채권양도로 대항할 수 없는 제3자에 포함되는지 여부(소극) (2005.6.23. 선고 2004다29279 판결 : 공2005하,1221)", 대법원판례해설 제54호(2006. 1.), 법원도서관, 158-180면. 평석으로는 이현종, "채권양도의 대항요건을 갖추지 못한 저당권부 채권양수인의 저당권 실행", 민사판례연구 제29권, 박영사(2007), 201-225면. 두 문헌들 모두 채권양도의 대항요건 법리와 담보권 실행경매의 절차적 측면을 검토하였고 저당권부채권양도 법리가 다루어지지는 않았다. 한편 위 평석 219-220면에서는 제450조에서 규정하는 제3자의 범위에 관하여 통설, 판례인 제한설에 따르면 집행절차를 담당하는 국가 또는 집행법원이나 채무자, 양수인 등을 제외한 제3자 일반은 위 제3자에 포함되지 않기 때문에 대항요건이 없어도 경매신청이 가능하다는 논리를 전개한다.

152) 양창수(주 50), 408면.

153) 규정에는 없으나 통설은 이를 요구하고, 일부 학설과 판례는 중과실이 없을 것까지 요구한다. 민법주해[Ⅹ](주 48), 594-595면(이상훈 집필부분); 대법원 1999. 8. 20. 선고 99다18039 판결[공1999.9.15.(90),1878].

이의 유보없이 이를 승낙한 경우, 채권뿐만 아니라 저당권도 부활하여 양수인이 저당권까지 취득하는지가 문제된다.[154] 과거에는 저당권이 부활한다며 이를 긍정하는 소수의 견해도 있었으나[155] 현재는 부활을 부정하고 양수인은 무담보 채권만을 취득한다고 보는 견해가 대부분인데,[156] 최근에는 채무자 및 승낙 후 이해관계를 맺은 제3자(물상보증인, 제3취득자, 후순위저당권자 등)에 대해서는 저당권의 부활을 인정할 수 있지만 승낙 당시의 제3자들은 저당권의 소멸을 주장할 수 있다는 견해도 제시된다.[157]

Ⅳ. 저당권부채권질권에서의 적용 및 대상판결 검토

1. 저당권부채권 양도법리의 적용과 질권설정에 특유한 모습

(1) 저당권부채권 양도법리의 적용과 약간의 차이

질권설정은 그 범위만 다를 뿐 처분행위라는 점에서는 양도와 본질적으로 다르지 않다. 설정방법도 각 권리의 양도방법에 의하도록 한 제346조에 의해 채권질권에 관하여는 채권양도에 관한 제450조 이하가, 저

154) 이러한 문제상황은 양창수 · 김형석(주 9), 427-428면에 가장 상세히 서술되어 있다.

155) 최식, 신물권 · 담보물권법, 박영사(1960), 424면[민법주해[Ⅶ](주 22), 78면(남효순 집필부분)에서 재인용].

156) 다만 그 근거로 긍정설에 따르면 무효인 저당권등기에 공신력을 인정하는 결과가 되어 우리 법제 하에서는 부당하다는 점을 드는 견해가 대부분이지만[곽윤직 · 김재형(주 25), 480면; 김상용(주 21), 716면; 송덕수(주 21), 554면; 윤철홍(주 21), 539면; 김준호(주 29), 451면], 양수인의 신뢰대상은 등기가 아닌 채무자의 승낙이므로 등기의 공신력은 문제되지 않는다고 보는 견해[김증한 · 김학동(주 21), 553면, 주 59)], 부종성을 피담보채권의 부활에 따라 저당권도 부활한다는 의미로까지 확장할 수는 없다는 점을 지적하는 견해도 있다[민법주해[Ⅶ](주 22), 78면(남효순 집필부분)].

157) 양창수 · 김형석(주 9), 427-428면. 기존의 일부 문헌들에서도 이해관계 있는 제3자가 없는 상태에서 양수인과 채무자 간의 등기유용 합의가 인정된다면 무효등기의 유용 법리에 따라 저당권이 부활할 수 있다는 점은 지적되었는데[김증한 · 김학동(주 21), 553면; 이영준(주 20), 921면], 이 견해는 이해관계인에 따라 부활이 상대적으로 결정된다는 점에서 다르다. 이런 점에서 '상대적 부활설'이라고 명명할 수도 있을 것이다. 일본에서는 이미 오래 전부터 절충설들이 제시된 바 있다. 일본의 학설과 판례에 관하여는 우선 我妻榮(주 44), 417-419頁과 장지용(주 29), 81-83면을 참고.

당권 질권에 관하여는 제186조가 각 적용되고 특히 후자에 관하여는 이미 본대로 제348조가 부기등기를 명시적으로 요구하고 있다. 결국 저당권부채권양도에 관한 통설, 판례의 이론 구성은 여기서도 그대로 적용되어 저당권부채권에 대한 질권설정에는 채권, 저당권에 대한 각 질권설정행위와 대항요건(통지, 승낙) 및 성립요건(등기)이 모두 요구된다.[158] 이는 채권과 저당권의 '공동입질'로 표현되기도 한다.[159] 앞선 등기불요설도 여기서는 제348조의 존재로 인해 질권설정의 부기등기가 필요하다고 본다.[160] 이때 물상보증인이나 제3취득자의 동의는 필요하지 않다. 양 요건이 갖추어지는 과정에서 시차가 생기게 될 것인데 추심권한을 가진 질권자는 채권이나 저당권의 행사에 관한 한 양수인과 다를 바 없으므로 구체적 사안별 판례법리들도 그대로 적용될 것이다. 이의 유보없는 승낙의 문제도 같다.

그런데 위와 같은 이해를 전제로 할 때 제348조에 대한 기존 체계서들의 서술은 검토를 요한다. 대체로 문헌들은 제348조의 의의에 대해 저당권부채권에 질권이 설정되면 부종성으로 인해 저당권에도 질권의 효력이 '당연히 미치지만(또는 마땅히 그래야 하지만)' 등기 없이 질권의 효력을 인정한다면 공시원칙과 거래안전을 침해할 우려가 있으므로 이를 위해 마련된 규정(특칙)이라고 서술한다.[161] 제1심 판결의 법리설시도 이를

158) 민법주해[Ⅷ](주 22), 80면(남효순 집필부분); 주석 민법[물권 3](주 9), 682면(이태종 집필부분); 이영준(주 20), 922면; 김상용(주 21), 717면; 양창수 · 김형석(주 9), 428-429면; 김준호(주 29), 453면; 배병일(주 12), 181면. 김증한 · 김학동(주 21), 554면도 이러한 구조는 동일하게 파악한다.

159) 주석 민법[물권 4](주 21), 104면(배형원 집필부분); 이영준(주 20), 922면.

160) 그러면서도 위 조문은 거래안전을 위해 부종성의 예외를 인정하는 것에 불과할 뿐 이로써 위와 같은 질권설정이 제186조에서 정하는 법률행위에 의한 물권변동이 되는 것은 아니라고 한다. 강태성, 법률행위론(주 109), 221면 및 같은 면 주 39). 나아가 입법론으로는 제348조가 저당권의 부종성(수반성)에도 반하고 제187조에서 정한 부동산물권변동의 원칙과도 충돌하며 질권설정의 신속성을 저해하므로 삭제되어야 한다고 주장한다. 같은 글 224-225면.

161) 민법주해[Ⅵ](주 9), 428면(정동윤 집필부분); 곽윤직 · 김재형(주 25), 423면; 이영준(주 20), 844면; 고상룡(주 21), 610면; 김상용(주 21), 619면; 송덕수(주 21), 493면.

차용한 것으로 보인다. 이러한 서술은 내용상 일본 체계서의 영향을 받은 것으로 보이기도 하는데 통설, 판례의 법리구성과는 잘 어울리지 않고 오히려 등기불요설의 주장에 가까워보인다. 저당권에 질권의 효력이 미치는지 여부는 어디까지나 당사자들의 의사에 맡겨져 있는 것이지 미리 결론을 정해놓을 문제는 아니다. 제361조와 관련하여 전술한 바와 마찬가지로 합리적 의사해석의 결과 저당권에 질권의 효력이 '원칙적'으로 미친다고 볼 수 있을 따름이다. 제348조도 특칙이 아닌 성립요건주의를 확인하는 주의적 규정[162)]으로 이해되어야 한다. 대상판결도 제348조의 입법취지에 관한 판시에서 이 점을 분명히 하고 있다.

한편 피담보채권의 존재 등 담보권 설정을 위한 일반 요건이 필요한 점, 채권증서가 있다면 제347조에 따라 그 교부가 필요한 점[163)] 등은 양도에서와 다르다.[164)] 제354조에 따라 압류 및 전부, 추심명령의 방법으로 질권을 실행할 수 있는데 이때는 법률규정에 의한 물권변동으로서 등기 없이도 저당권에 질권의 효력이 미칠 가능성이 있다는 점[165)] 역시 차이가 있다. 당사자 구성에 있어서도 저당권자가 질권설정자로 되는 것이 기본적인 모습이겠지만, 현실에서는 저당권양수인이 저축은행 등에 질권대출을 신청하면 대출금을 저당권양도인에게 직접 지급한 뒤 같은 날 저당권이전등기와 질권설정등기를 함께 하는 방식에 의하여 저당권양수인이 질권설정자가 되는 경우가 많다고 한다.[166)]

(2) 질권설정의 부기등기가 없는 경우 피담보채권에 대한 질권의 효력

종래 제348조와 관련하여 학설이 대립하였던 주된 논점은 저당권에 대한 질권설정의 부기등기가 없는 경우 피담보채권에 대해서만 질권의 효력을 인정할 수 있는지 여부였다. 이에 관하여 부기등기가 없더라도

---

162) 주 126).

163) 이에 대해서는 삭제론이 대세였고[예컨대 양창수, "최근 일본의 담보물권법 개정", 同, 민법연구 제8권, 박영사(2005), 187-191면], 실제로 2004년 민법 개정안과 2014년 민법 개정시안에서는 공히 삭제된 바 있다.

164) 배병일(주 12), 180, 182면.

165) 이지영(주 4), 71면.

166) 배병일(주 12), 177-178면.

채권에 대해서는 질권이 성립한다는 긍정설[167]과 채권에 대해서도 질권의 효력이 생기지 않는다는 부정설[168]이 주장된다. 위 각 견해가 전술한 양 요건 필요설과 등기기준설의 연장선 위에 있다는 것은 쉽게 알 수 있는데 전자가 타당함은 이미 살폈다. 채권만에 대한 질권의 성립을 긍정하는 것이 당사자들의 의사에 보다 부합하고 이로 인해 제3자를 해칠 염려도 없다.[169] 긍정설이 타당하다. 다만 이상의 논의는 당사자들 사이에 질권설정의 부기등기를 경료하지 않기로 확정된 경우를 전제로 한다. 만일 위 등기절차이행 문제가 남아있다면 저당권에 대한 질권의 효력은 유동적인 상태일 것이다.

(3) 질권설정에 특유한 모습

질권의 설정은 권리의 귀속 주체에는 변함이 없고 그 담보가치와 추심 등 일부 권능(權能)만 질권자에게 이전되는 것이어서 이로 인해 양도와는 다른 양상을 보이는 장면들이 생긴다. 우선 대상판결의 판시 중 "질권자와 질권설정자가 피담보채권만을 질권의 목적으로 하고 저당권은 질권의 목적으로 하지 않는 것도 가능하고 이는 저당권의 부종성에 반하지 않는다. 이는 저당권과 분리해서 피담보채권만을 양도한 경우 양도인이 채권을 상실하여 양도인 앞으로 된 저당권이 소멸하게 되는 것과 구별된다."는 부분이 이를 잘 드러내 준다. 이 부분 판시의 의미는 양도에서와는 달리 질권설정에 있어 양자가 분리된 경우에는 저당권이 소멸하지 않는다는 점을 명확히 하였다는 데에 있다.

이때 소멸하지 않고 남아 있는 저당권은, 피담보채권에 대한 질권의

---

167) 민법주해[VI](주 9), 429면(정동윤 집필부분); 곽윤직 · 김재형(주 25), 423면; 이영준(주 20), 844면; 김상용(주 21), 715면; 고상룡(주 21), 610면. 이은영, 물권법 제4판, 박영사(2006), 729면도 저당권부채권의 입질에서 채권만 입질되는 경우의 하나로, 저당권과 채권 양자를 함께 입질하기로 합의하였으나 질권의 부기등기를 하지 않은 경우를 들고 있는 점에서 같은 입장으로 이해된다.

168) 김증한 · 김학동(주 21), 500면; 배병일(주 12), 182면. 특히 주석 민법[물권 3](주 9), 684면(이태종 집필부분)은 이 부분 논의에서 Staudinger/Scherübl, § 1154 Rz 53, 54를 인용하고 있어 이를 통해 여기서의 부정설 또한 독일 해석론의 영향을 받았음을 확인할 수 있다.

169) 송덕수(주 21), 493면.

효력으로 인해 질권설정자가 질권자의 동의 없이는 채권을 행사할 수 없게 됨에 따라 부종성으로 인해 그 행사가 제한된다.[170] 이는 수반성과는 구별되는 존속상 부종성의 또 다른 한 양태라고 볼 수 있다. 이러한 효과는 질권이 소멸하면 질권설정자가 다시 저당권을 행사할 가능성이 남아있다는 점에서 일시적이다. 대상판결이 사후적으로 설정된 저당권에 질권의 효력이 미치지 않는 경우에 대해 "이때 저당권은 저당권자인 질권설정자를 위해 존재하며, 질권자의 채권이 변제되거나 질권설정계약이 해지되는 등의 사유로 질권이 소멸한 경우 저당권자는 자신의 채권을 변제받기 위해서 저당권을 실행할 수 있다."고 판시한 것은 이러한 점을 분명히 드러낸 것이다.[171]

한편 대상판결에서 문제된 '입질된 채권을 담보하기 위해 저당권이 사후적으로 설정되는 상황'도 양도에서는 상정될 수 없는 것이다. 채권이 양도되었다면 이후의 담보설정은 양수인만이 할 수 있기 때문이다. 이에 관하여는 다음 항에서 상론한다.

2. 저당권이 사후적으로 설정된 경우의 저당권부채권질권

무담보채권에 대해 질권이 설정된 뒤 그 채권을 담보하기 위해 저당권이 설정되었을 때 저당권에 질권의 효력이 미치기 위한 요건이 무엇인지에 관하여는 제348조와 같은 명문의 규정이 없어 전적으로 해석론에 맡겨진 문제이다. 이에 대해서는 기존에 학설이 대립한 적도 없었고 판례 또한 없었다. 다만 한 주석서에서는 제348조 부분에서 이 문제를 정면으로 다루었는데, 독일 문헌을 인용하여 저당권의 부종성으로 말미암아

---

170) 주석 민법[물권 3](주 9), 683면(이태종 집필부분). 다만 질권자가 동의한 경우에는 권리행사가 가능한데 예컨대 질권설정자인 저당권자는 질권자의 동의서를 첨부하여 저당권에 기한 경매를 신청할 수 있고, 설령 동의서가 누락된 채 경매개시결정이 이루어지더라도 사후적으로 동의서가 보정되면 하자가 치유된다. 법원실무제요 민사집행[Ⅲ](주 147), 305면.

171) 강태성, 법률행위론(주 109), 226면, 주 49)에서도 이미 "그리고, 질권에 의하여 담보되는 채권이 변제 등으로 소멸하면, 입질되지 않고 존속하고 있던 저당권은 그 피담보채권을 계속 담보한다."라고 하여 같은 취지의 서술을 한 바 있다.

부기등기 없이도 저당권에 질권의 효력이 미친다고 하면서 그 이유에 대해서는 이때의 질권설정은 당사자들의 합의에 의한 것이 아니기 때문이라는 설명을 부가하고 있다.[172] 동일한 취지의 원심판결 판시는 이를 차용한 것으로 추측된다.[173]

그렇지만 전술한 등기불요설에 대한 비판이 여기에서도 그대로 적용될 수 있다. 즉 등기 없이 저당권에 질권의 효력이 미치려면 제187조에서 정하는 물권변동의 근거가 있어야 하는데 사후적으로 저당권이 설정된 경우에도 그것이 부존재함은 마찬가지이기 때문이다. 이러한 해석에 의하면 저당권의 발생 시점에 따라 질권설정 부기등기의 요부가 나뉘어 질권자의 지위가 달라질 뿐만 아니라, 질권설정 당시 저당권이 이미 존재하고 있어 보다 유리한 상황에 놓여 있었다고 말할 수 있는 질권자가 오히려 부기등기의 부담을 지게 되는 점에서 불합리하다. 따라서 이 경우에도 양 요건 필요설이 그대로 적용된다고 봄이 타당하다.

3. 대상판결에 대한 검토[174]

(1) 통설과 기존 판례법리의 수용 및 확장

대상판결은 저당권부채권양도에서의 수반성(부종성이라고 표현)은 당사자들의 의사해석 문제라고 하는 기존 판례의 법리를 확인한 뒤 이것이 질권설정에도 적용되므로 저당권부채권에 질권을 설정한 경우 저당권에도 질권의 효력이 미치는 것이 원칙이지만 질권자와 설정자 사이의 합의에 따라 채권에 대해서만 질권이 설정될 수도 있다고 보았다. 나아가 이 법리가 입질된 채권의 담보를 위해 사후적으로 저당권이 설정된 경우에

---

172) 주석 민법[물권 3](주 9), 682면(이태종 집필부분). 인용된 독일 문헌은 MünchKomm/Damrau, § 1274 Rn. 20으로 이지영(주 4), 76면에 해당 부분의 번역이 있다.

173) 원심판결의 선고일은 2016. 6. 10.로 위 주석서의 발간일보다 앞선다. 하지만 이 부분 서술은 늦어도 2011년 발간된 같은 주석서 제4판에서부터 같은 집필자에 의해 이어져온 것이다. 편집대표 김용담, 주석 민법[물권 3] 제4판, 한국사법행정학회(2011), 572면(이태종 집필부분) 참고.

174) 앞서 부분적으로 평가가 이루어졌던 판시내용들은 여기에서 다시 다루지 않았다.

도 "마찬가지로" 적용되어 원칙적으로 저당권도 질권의 목적이 되지만, "질권자와 질권설정자가 피담보채권만을 질권의 목적으로 하였고 그 후 질권설정자가 질권자에게 제공하려는 의사 없이 저당권을 설정받는 등 특별한 사정이 있는 경우"에는 저당권이 질권의 목적이 되지 않을 수 있다고 하였다. 한편 제348조는 공시원칙을 준수하고 거래안전을 보장하기 위해 채권질권의 효력이 부종성에 따라 저당권에 당연히 미치는 것을 배제하고 "민법 제186조에서 정하는 물권변동" 법리에 따라 질권설정의 부기등기를 요구하는 것이므로 이러한 입법취지를 고려할 때 사후적으로 저당권이 설정된 경우에도 달리 볼 이유가 없어 제348조가 유추적용된다고 판시하였다. 앞의 판시는 저당권에 대한 질권설정의 '물권적 합의', 뒤의 판시는 '등기'에 관한 것으로 사후적으로 저당권이 설정된 경우에도 양 요건 필요설이 적용됨을 분명히 한 것이다.[175] 이러한 법리구성의 타당성은 이미 확인하였다. 다만 등기에 관한 판시내용 중 "당사자 간 약정 등 특별한 사정이 있는 때에는 저당권이 질권의 목적이 되지 않을 수 있기 때문에, 질권 설정의 부기등기를 하도록 함으로써 이를 공시할 필요가 있다."고 한 부분에는 다소 의문이 있다. 질권설정의 부기등기는 질권의 성립요건으로서 요구되는 것이므로 위와 같이 질권이 성립하지 않는 특별한 경우와 연관시켜 공시기능을 강조할 필요는 없다.

(2) 당사자들의 의사해석과 주장, 증명책임의 분배

(가) 대상판결의 입장

대상판결에서 이 문제가 뚜렷이 부각되지는 않았지만 판시 내용에 의하면 저당권이 처음부터 존재했던 경우나 사후적으로 설정된 경우 모두 저당권에 대한 질권의 효력을 부정하고자 하는 질권설정자나 그 밖의 제3자가 저당권이 질권의 목적에서 제외되었다는 점에 관한 특별한 사정을 주장, 증명해야 하는 것으로 되어 있다.[176]

---

175) 원심판결도 처음부터 저당권이 존재했던 경우에 대해서는 통설, 판례의 법리를 따랐음을 쉽게 확인할 수 있다. 한편 제1심 판결의 판시내용에 대해서는 앞서 그 당부를 검토하였지만 결론에 있어서는 대상판결과 동일하다.

176) 판례해설에는 이 부분 판시가 증명책임의 분배를 고려하여 이루어졌음이 분명

(나) 원래부터 저당권이 존재했던 경우

저당권이 질권설정 당시부터 존재했던 경우, 즉 원래의 저당권부채권 질권설정에 있어 통설, 판례의 논리는 저당권에도 질권을 설정하려는 것이 당사자들의 '합리적' 의사이므로 이와 달리 저당권에 질권이 설정되지 않는 경우는 예외적인 특별한 사정이 된다는 것이다. 대상판결도 이를 그대로 견지하였다. 여기에서 말하는 의사해석의 합리성은 그 근거가 분명히 드러나지 않지만 일단은 경험칙에 근거한 것으로 이해해 볼 수 있는데 그렇다면 이는 민사소송법상 사실상 추정[177]이 이루어진다는 의미로 해석될 여지가 있다. 즉, 채권에 대한 질권설정행위가 있다면 저당권에 대한 질권설정행위의 존재도 사실상 추정된다고 보는 것이다. 그런데 법률상 추정과 달리 사실상 추정은 증명책임의 전환이 일어나지 않아[178] 반증(反證)만으로도 번복된다는 점[179]을 고려하면 대상판결을 비롯한 판례가 "피담보채권의 처분이 있음에도 불구하고, 담보권의 처분이 따르지 않는 특별한 사정"이라는[180] 적극적인 반대사실을 요구하는 것과는 어울리지 않는다.

이러한 판시는 앞서 본 제100조 제2항의 유추적용에 근거하여 보다 자연스럽게 설명될 수 있다. 제100조 제2항을 의사해석 규정으로 이해한다면 이는 이른바 유사적 추정 가운데 법규가 의사표시의 내용을 추정하는 의사추정(意思推定) 내지 법정의사해석(法定意思解釋)이라 할 수 있는데[181] 그 법률효과를 뒤집고자 하는 사람은 법률효과를 발생시키지 않기로 하는 합의의 성립을 적극적으로 주장, 증명해야 하기 때문이다.[182] 이

하게 드러난다. 이지영(주 4), 79면.

177) 이시윤, 신민사소송법 제14판, 박영사(2020), 549면; 전원열, 민사소송법 강의 제2판, 박영사(2021), 391면. 앞의 주 40)도 참고.

178) 요건사실론, 사법연수원(2012), 11면.

179) 이시윤(주 177), 549면; 전원열(주 177), 391면.

180) 대상판결에서는 "특별한 사정이 없는 한"이라고만 판시하고 있지만 대상판결이 인용하고 있는 97다33997 판결과 2003다61542 판결은 모두 본문과 같이 판시하고 있다. 주 27), 28) 참고.

181) 이시윤(주 177), 551; 전원열(주 177), 396면. 같은 곳에서는 그 예로 제153조 제1항, 제398조 제4항 등을 들면서도 위 조항은 거론하지 않고 있으나 위 조항도 충분히 포섭시킬 수 있다고 생각된다.

러한 합의는 실체법적으로는 임의규정인 제100조 제2항을 배제하기로 하는 약정으로 이해될 수 있다.[183] 나아가 이렇게 볼 때 통설, 판례가 여기에서 말하는 당사자의 의사해석이란 법률적 판단 영역으로서의 의사표시 해석이 아닌, 채권에 대한 질권설정행위의 존재로부터 저당권에 대한 질권설정의 '묵시적' 의사표시 존부를 확인하는 사실인정의 문제[184]로 보는 것이 타당하다.[185]

(다) 문제 : 사후적으로 저당권이 설정된 경우

그런데 대상판결에서 말하는 의사해석과 그에 따른 주장, 증명책임 분배의 근거를 위와 같이 파악할 때 저당권이 사후적으로 설정된 경우에도 앞선 논리를 그대로 적용한 것에는 다음과 같은 의문이 있다. 핵심은 이 경우에는 채권질권 설정 당시 저당권이 존재하지 않았고 따라서 저당

182) 요건사실론(주 178), 12면.

183) 양창수 · 권영준(주 39), 316면. 대법원 2012. 1. 26. 선고 2009다76546 판결[공2012상,303]도 "종물은 주물의 처분에 수반된다는 민법 제100조 제2항은 임의규정이므로, 당사자는 주물을 처분할 때에 특약으로 종물을 제외할 수 있고, 종물만을 별도로 처분할 수도 있다고 보아야" 한다고 판시하였다.

184) 의사표시에 관한 사실인정과 법률판단 문제의 구분에 관하여는 대법원 2001. 3. 15. 선고 99다48948 전원합의체 판결[집49(1)민,248;공2001.5.1.(129),873] 다수의견의 다음 판시가 현재까지도 유효하다. "의사표시와 관련하여, 당사자에 의하여 무엇이 표시되었는가 하는 점과 그것으로써 의도하려는 목적을 확정하는 것은 사실인정의 문제이고, 인정된 사실을 토대로 그것이 가지는 법률적 의미를 탐구 확정하는 것은 이른바 의사표시의 해석으로서, 이는 사실인정과는 구별되는 법률적 판단의 영역에 속하는 것이다. 그리고 어떤 목적을 위하여 한 당사자의 일련의 행위가 법률적으로 다듬어지지 아니한 탓으로 그것이 가지는 법률적 의미가 명확하지 아니한 경우에는 그것을 법률적인 관점에서 음미, 평가하여 그 법률적 의미가 무엇인가를 밝히는 것 역시 의사표시의 해석에 속한다."

185) 김준호(주 29), 451면에서도 "담보물권의 수반성에 따라 피담보채권이 처분되면 다른 약정이 없는 한 담보물권도 함께 처분한다는 당사자의 (묵시적) 의사에 기초한 것이기 때문이다."라고 서술하고 있다. 한편 요건사실론(주 178), 17-18면은 묵시적 의사표시에서의 주요사실이 묵시적 의사표시 자체인지 아니면 이를 추인하게 하는 개개의 구체적 사실인지에 대해서는 견해대립이 있는데 후자가 이론적으로 우월한 면이 없지 않지만 실무와 판례는 전자의 입장을 취한다고 하면서 이로써 개개의 구체적 사실은 간접사실이 된다고 설명한다. 이러한 실무의 입장에 따른다면 여기서 채권질권 설정행위는 채권질권의 성립에 관하여는 주요사실이 되지만 저당권에 대한 질권성립에 관하여는 그 묵시적 설정행위를 뒷받침하는 간접사실이 되는 것이라 할 수 있다.

권에 대해 질권을 설정하려는 당사자들의 '합리적 의사'라는 것을 애초에 상정하기 곤란하다는 점에 있다.[186] 이는 제100조 제2항의 유추적용에 의하더라도 마찬가지인데, 주된 권리의 처분 당시 종된 권리가 아예 존재하지 않았다면 그런 경우에까지 위 조항에 의하여 종된 권리에 대한 처분의사(행위)를 추정함은 지나친 것이기 때문이다. 결국 대상판결이 사후적으로 저당권이 설정된 경우에까지 "원칙적으로" 저당권도 질권의 목적이 된다고 본 것은 위와 같은 의사해석이나 의사추정의 한계를 벗어난다.[187] 대상판결의 이 부분 판시 중 "질권자와 질권설정자가 피담보채권만을 질권의 목적으로 하였고 그 후 질권설정자가 질권자에게 제공하려는 의사 없이 저당권을 설정받는 등"은 결국 질권자와 질권설정자 사이에 저당권에 대한 질권설정행위의 부존재에 다름 아닌 것인데, 이러한 부존재 사실을 "특별한 사정"으로서 주장, 증명케 하는 것은 부당하다. 저당권이 사후적으로 설정된 경우에는 질권자와 질권설정자 사이에 새롭게 발생한 저당권에 대한 질권설정의 합의가 있었는지 여부를 어떠한 전제조건 없이 판단함이 옳고 이에 따르면 주장, 증명책임 분배의 기본원칙(법률요건분류설)에 따라[188] 질권의 효력을 주장하는 질권자가 위와 같은 합의사실을 주장, 증명해야 한다. 이로써 대상판결에 비해 질권자가 다소 불리하게 되고, 저당권을 직접 행사할 수 없는 질권설정자에게 저당권이 귀속됨에 따라 저당권의 활용도가 낮아지는 측면이 있겠지만,[189] 가능한 의사해석(추정)의 범위를 넘어서까지 질권자를 보호하거나 위와

186) 양창수 · 김형석(주 9), 527면은 양도담보의 처분에 관하여 다음과 같은 서술을 하고 있다. "그러므로 피담보채권이 양도되는 경우에는 그 당사자들이 그 채권을 위한 양도담보권의 존재를 아는 한 다른 특별한 약정이 없으면 양도담보의 목적물인 권리도 같이 양도하는 것으로 의사해석된다."(밑줄은 필자) 즉, 양도담보권이 원칙적으로 피담보채권에 수반하여 함께 양도된다는 의사해석의 전제로 양도 당시 양도담보권의 '존재'와 그에 대한 '당사자들의 인식'을 들고 있는 것이다.

187) 同旨 : 이동진(주 15), 847면.

188) 이시윤(주 177), 544면; 전원열(주 177), 387면.

189) 이지영(주 4), 78면에 의하면 사후적 저당권이 질권자에게 원칙적으로 귀속된다는 대상판결의 판시가 저당권의 활용도를 높이려는 정책적 목표를 갖고 있었음을 엿볼 수 있다.

같은 목표를 달성할 수는 없는 일이다.

(3) 부기등기가 요구됨에 따른 결과

사후적으로 설정된 저당권에 대해 질권의 효력이 미치기 위해 질권설정의 부기등기가 필요하다는 판시는 통설, 판례의 법리에 의할 때 당연한 것으로 제348조가 유추적용되지 않더라도 같은 결론에 이르게 될 것이다. 그런데 이에 따르면 제3자와의 분쟁에서는 질권설정등기의 경료여부만이 유일한 판단기준으로 작용하게 되고 그에 선행하는 질권설정행위에 관한 의사해석이나 주장, 증명책임의 분배는 별다른 의미를 가지지 않는다. 질권자는 저당권에 질권설정의 부기등기를 해야만 제3자를 상대로 질권의 효력을 주장할 수 있고, 반대로 등기가 경료된 이상 질권설정행위의 존재는 등기에 의해 법률상 추정되어 질권의 효력을 부정하려는 제3자가 이를 복멸시켜야 하는 부담을 지기 때문이다. 결국 앞선 의사해석과 주장, 증명책임 분배 논의는 질권자가 질권설정자를 상대로 저당권에 대한 질권설정 부기등기 절차의 이행을 구하는 경우에 있어 그 의미를 가지는 것이다. 만일 저당권에 대한 질권설정합의가 인정되어 질권자가 설정자를 상대로 질권설정 부기등기절차 이행청구권을 가진다면 비록 실제 등기가 경료되기 전이라도, 대상판결 사안과 같은 근저당권등기 말소행위가 이루어질 경우 질권자에 대하여 질권설정자(T어학원)는 채무불이행이나 불법행위책임을, 저당목적물 소유자(피고)는 학설, 판례가 요구하는 엄격한 요건 하에[190] 제3자 채권침해에 따른 불법행위책임을 각 부담할 가능성이 있다.

(4) 소 결

이상 일련의 논지에 의하면 입질채권을 담보하기 위해 사후적으로

190) 제3자의 채권침해 문제에 관하여는 우선 편집대표 곽윤직, 민법주해[IX] 채권(2), 박영사(1995), 48-64면(송덕수 집필부분) 참고. 대법원 2007. 9. 6. 선고 2005다25021 판결[공2007.10.1.(283),1526]은 제3자가 채무자의 책임재산을 감소시키는 행위를 한 경우 채권자의 존재 및 그 채권의 침해사실에 대한 인식과 의도, 채무자와의 적극 공모, 사회상규에 반하는 부정한 수단의 사용 등이 인정된다면 채권침해에 따른 불법행위가 성립할 수 있다고 판시한 바 있다.

저당권이 설정된 경우 질권자는 저당권에 대한 질권설정합의 사실에 대한 주장, 증명책임을 부담하고 나아가 실제로 등기를 하지 않으면 질권의 효력을 주장하지 못한다. 이로 인해 질권자의 이익이 침해될 가능성과 질권설정자가 전략적 행동을 선택할 가능성이 생긴다. 우선 질권자로서는 질권설정자가 저당권을 취득하는지 여부를 지속적으로 추적해야 하고 만일 저당권이 설정되었다면 그에 관하여 질권설정자와 새롭게 협의하여 질권설정의 합의를 한 뒤 등기절차까지 마쳐야 질권을 취득한다. 이는 그 자체로 상당한 수고와 비용을 요하는 일이다. 한편 이로 인해 질권설정자에게는 질권자에 대하여 저당권 취득 사실을 숨길 유인이 주어진다.[191] 물론 당사자들이 채권질권을 설정하는 단계에서 장래에 설정될 저당권의 운명에 대해서까지 약정한다면 그에 따라 처리되겠지만 사안의 성질상 한계가 있을 수밖에 없고 대상판결이 이를 실증한다. 위와 같은 현상들은 단순히 일방 당사자(질권자)를 보호해야 한다는 차원을 넘어 분쟁발생과 그에 따른 사회적 비용의 증대라는 면을 고려할 때 바람직한 것으로 보이지 않지만, 수반성을 의사해석과 법률행위에 의한 물권변동으로 규율하는 현행 규정과 그에 대한 정당한 해석론에 따른다면 불가피하다.[192]

---

191) 계약상 '부수의무'를 "계약의 명시적인 내용이나 법률의 규정 또는 신의칙이 요구하는 바에 따라, 상대방이 그 계약의 체결에 의하여 달성하고자 하는 목적의 실현에 필요한 일정한 행태에의 의무 또는 그 목적의 실현을 좌절시키는 행태를 하지 아니할 의무"라고 정의한다면[민법주해[IX](주 190), 343면(양창수 집필부분)] 질권설정자에게 사후적으로 저당권을 취득한 사실을 질권자에게 알려 그가 실질적인 담보가치를 확보할 수 있도록 교섭의 기회를 보장할 의무를 부수의무로서 인정할 가능성도 없지는 않을 것이다. 그렇지만 그 근거로는 신의칙 정도를 생각해볼 수 있을 뿐이어서 인정 여부 자체가 불확실하고 설령 이러한 의무를 인정하더라도 위반에 따른 효과는 손해배상 등으로 제한적이다.

192) 물론 채권질권설정 당시부터 저당권이 존재한 경우에도 그에 대해 질권자가 질권설정자와 물권적 합의를 하고 등기까지 마쳐야 하며 그 과정에서 질권설정자가 저당권의 존재를 숨길 가능성이 있다. 그렇지만 저당권이 사후적으로 설정된 경우와 비교할 때 질권자가 저당권의 존재를 확인할 수 있거나 그에 관하여 질권설정자와 정상적으로 교섭할 가능성은 훨씬 높을 것이고, 만일 저당권에 대한 질권설정을 누락하였더라도 그로 인한 불이익을 질권자에게 귀속시키는 것이 정당한 경우가 보다 많을 것이다.

4. 등기절차, 권리행사의 구체적 모습

(1) 부기등기 관련 규정과 실무상 처리

통설과 판례의 법리구성에 따라 저당권에 대한 질권의 효력을 인정하기 위해 필요한 부기등기 절차와 그에 따른 질권의 행사방법을 살펴본다. 우선 제348조에서 저당권부채권에 대한 질권설정의 부기등기에 관하여 규정함에 따라 부동산등기법 제3조 제6호에서 등기할 수 있는 권리 중 하나로 권리질권을 정하고, 제76조 제1항[193]과 부동산등기규칙 제132조 제1항[194]에서는 위 부기등기의 등기사항 및 세부절차를 정하고 있다. 그런데 이 조문들은 모두 1983년 12월 31일 개정되어 1984년 7월 1일부터 시행된 부동산등기법(법률 제3692호)에 이르러 비로소 신설된 것[195]으로 그 이전에는 규정의 흠결로 인해 제대로 활용되지 못하였다.[196] 한편 법령에서는 분명히 정하고 있지 않으나 근저당권부채권에 대해서도 질권설정 부기등기가 가능하고 이 경우 피담보채권의 확정도 요하지 않는다는 것이 실무이다.[197] 1983년 개정 당시의 제142조의2에서는 등기사항으로 채권액만 규정하고 채권최고액은 빠져 있었기 때문에 등기실무는 명

---

193) 제76조(저당권부채권에 대한 질권 등의 등기사항) ① 등기관이 「민법」 제348조에 따라 저당권부채권(抵當權附債權)에 대한 질권의 등기를 할 때에는 제48조에서 규정한 사항 외에 다음 각 호의 사항을 기록하여야 한다. 1. 채권액 또는 채권최고액 2. 채무자의 성명 또는 명칭과 주소 또는 사무소 소재지 3. 변제기와 이자의 약정이 있는 경우에는 그 내용

194) 제132조(저당권에 대한 권리질권등기 등의 신청) ① 저당권에 대한 권리질권의 등기를 신청하는 경우에는 질권의 목적인 채권을 담보하는 저당권의 표시에 관한 사항과 법 제76조제1항의 등기사항을 신청정보의 내용으로 등기소에 제공하여야 한다.

195) 현행 제3조 제6호는 83년 개정 당시의 제2조 제6호에, 제76조 제1항은 제142조의2(저당권에 대한 권리질권)에 대응하는데 특히 후자는 다음과 같이 현행 조항과는 다소 달랐다. "민법 제348조의 규정에 의한 질권의 부기등기를 신청하는 경우에는 신청서에 질권의 목적인 채권을 담보하는 저당권을 표시하고 다음 각 호의 사항을 기재하여야 한다. 1. 채무자의 표시 2. 채권액 3. 변제기와 이자의 약정이 있는 때에는 그 내용"

196) 배병일(주 12), 176면.

197) 부동산등기실무[Ⅱ](주 136), 526면.

문의 규정이 없음을 근거로 근질권설정의 부기등기는 신청할 수 없다고 보았으나, 현행 제76조 제1항 제1호에서 "채권최고액"을 등기사항으로 추가함에 따라 이제는 근질권 부기등기도 허용되고 있다.[198]

질권설정의 부기등기는 등기의무자인 저당권자와 등기권리자인 질권자의 공동 신청에 의하고 등기의무자의 등기필정보로는 저당권설정등기의 등기필정보가 제공된다. 등기 1건당 7,200원(定額)의 등록면허세 및 지방교육세와 15,000원의 등기신청수수료를 납부해야 하지만 국민주택채권은 매입하지 않아도 되는데, 이러한 비용상 이점이 저당권부채권질권의 활용도를 높이는 요인 중 하나로 파악되기도 한다.[199] 등기목적은 "○번 (근)저당권부 질권"이라고 기록되는데, 이에 대해서는 개념상 '저당권의 입질'이라고 표시하는 것이 맞다는 비판이 있다.[200] 타당한 지적으로 생각되나 입질은 법률상 용어가 아니므로 '저당권질권' 정도로 표시하면 적당할 것이다. 저당권이 공동저당이라면 질권등기에도 '공동담보'로 표시되어 그 취지가 기록된다.[201]

(2) 질권자의 저당권 행사

부기등기를 마쳐 저당권에 대해서도 질권을 취득한 질권자는 저당권과 질권의 행사요건이 모두 갖추어졌다면 저당권에 기초하여 직접 임의경매를 신청하거나[202] 진행 중인 절차에서 배당금을 수령[203]할 수 있

198) 앞의 주.

199) 배병일(주 12), 176면. 같은 면 주 5)에 의하면 저당권양도 방식에 의할 경우 이전등기시 피담보채권액의 1,000분의 2 상당의 등록면허세와 등록면허세액의 100분의 20인 지방교육세, 국민주택채권 매입비용이 소요되어 질권설정에 비해 비용 부담이 크다. 위 문헌이 말하는 양도란 아마도 양도담보를 의미할 것이다.

200) 강태성, 물권법(주 109), 1096면, 주 31).

201) 이 문단의 내용 전반은 부동산등기실무[Ⅱ](주 136), 527-528면에 의하였다.

202) 법원실무제요 민사집행[Ⅲ](주 147), 304면.

203) 집행실무에서는 질권자가 제353조 제1항(채권질권자의 직접청구)에 근거하여 배당법원에 직접 배당금의 지급을 청구하거나, 제342조(물상대위)에 따라 배당금 지급 전에 저당권자가 배당받을 금원(정확히는 배당금지급청구권일 것이다)에 대해 스스로 압류, 추심(전부)명령을 받거나 제3자가 이를 압류한 경우 배당금에 대한 우선변제권을 행사할 수 있다고 보면서도, 질권자가 이러한 권리행사로 나아가지 않더라도 배당법원은 등기기록에 기입된 부동산 위의 권리자로서(민사집행법 제

다.[204] 한편 질권자는 회생절차에서는 회생담보권자로서 원칙적으로 절차 내에서 의결권행사 등의 방법으로만 권리를 행사할 수 있는 반면(채무자 회생 및 파산에 관한 법률 제141조 제1항 등), 파산이나 개인회생절차에서는 별제권자로서 도산절차와 관계없이 저당권에 대한 질권을 행사할 수 있다(동법 제411조 이하, 제586조). 물론 질권설정의 부기등기를 마치지 않았더라도 대항요건만 갖춘다면 채권질권자로서의 지위는 인정받을 수 있을 것이다.

5. 보론 : 저당권부채권에 대한 다른 유형의 담보설정(채권담보, 양도담보)

저당권부채권의 담보활용은 질권설정만 가능한 것이 아니다. 양도담보로 제공하는 것은 원래부터 가능하였고[205] 이제는 동산·채권의 담보에 관한 법률(이하 '동산채권담보법')에 근거한 채권담보권의 설정까지도 가능해져 그 방법이 한층 다양해졌다. 특히 동산채권담보법에서는 저당권부채권에 대한 담보설정을 예정하여 제37조에서 제348조를 준용하고,[206] 이에 부동산등기법도 제76조 제1항에 바로 이어 제2항에서 관련 등기사항을 정함으로써[207] 질권과 동일한 규정형식을 취한다. 따라서 채권담보

90조 제3호, 대법원 1999. 11. 10.자 99마5901 결정) 질권자 앞으로 배당하여 유보공탁을 한다(민사집행법 제160조 제2항). 법원실무제요 민사집행[Ⅲ](주 147), 270면 참조. 따라서 질권자의 권리행사 부담은 실제로는 크지 않을 것으로 보인다.

204) 주석 민법[물권 3](주 9), 682-683면(이태종 집필부분). 같은 책 663면에서는 담보물권에 대한 질권 일반에 대해 그 실행방법에 관한 특별규정이 없어 설령 질권의 성립은 긍정하더라도 이를 특별히 권리질권으로 취급할 실익은 없다고 하는데 본문의 내용에 비추어 의문이다.

205) 오히려 채권을 담보로 제공하는 원칙적인 형태는 질권이 아닌 양도담보라고 파악되기도 하였음은 서두의 주 9)에서 살펴본 바이다.

206) 제37조(준용규정) 채권담보권에 관하여는 그 성질에 반하지 아니하는 범위에서 동산담보권에 관한 제2장과 「민법」 제348조 및 제352조를 준용한다.

207) 제76조(저당권부채권에 대한 질권 등의 등기사항) ② 등기관이 「동산·채권 등의 담보에 관한 법률」 제37조에서 준용하는 「민법」 제348조에 따른 채권담보권의 등기를 할 때에는 제48조에서 정한 사항 외에 다음 각 호의 사항을 기록하여야 한다. 1. 채권액 또는 채권최고액 2. 채무자의 성명 또는 명칭과 주소 또는 사무소 소재지 3. 변제기와 이자의 약정이 있는 경우에는 그 내용

권의 효력이 저당권에 미치기 위해서는 저당권등기에 채권담보권 부기등기를 마쳐야 한다고 해석된다.[208)] 그런데 질권과 달리 금전채권만을 목적으로 하는 채권담보권의 개념상(동법 제2조 제3호) 저당권에 대해서는 설정될 수 없으므로 여기서 말하는 효력을 채권담보권의 '설정'이라고 볼 수는 없다. 생각건대 부종성에 따라 채권담보권자의 이익에 반하는 저당권 처분을 할 수 없다는 정도의 '처분제한적 효력'으로 이해함이 타당할 것이다. 그렇다면 통설, 판례의 이론구성에 의할 때 여기서의 저당권에 대한 물권행위도 '처분제한행위'라는 특수한 것으로 이해해야 한다. 한편 양도담보는 권리이전 형식으로 담보를 설정하는 변칙담보이므로 채권 및 저당권의 양도와 대항요건 및 저당권이전등기의 방식을 취하게 될 것이고 따라서 여기서도 양도에 관한 앞서 본 법리들이 대체로 적용될 수 있을 것이다.

Ⅴ. 입법론적 검토 : 저당권의 당연이전

1. 문제의 소재

대상판결의 판시가 해석론으로서 정당한 통설, 판례를 따른 것이어서 전반적으로 타당하지만, 앞서 본대로 저당권이 사후적으로 설정된 경우에 관한 비판적 검토에 따를 때 실제상 난점이 발견되기도 하므로 입법론적 고민을 해보게 된다. 그런데 과거 법무부 자문기구였던 민법개정위원회(이하 '개정위')[209)]에서는 이미 관련 규정인 제361조, 제348조의 개정이 상당히 충실하게 검토된 바 있다. 따라서 이하에서는 개정위의 논의과정과 거기에서 제시된 논거들을 먼저 살핀 다음 대상판결의 시사점을

---

208) 김형석, "「동산·채권 등의 담보에 관한 법률」에 따른 동산담보권과 채권담보권", 서울대학교 법학 제52권 제3호(2011. 9.), 서울대학교 법학연구소, 229면.

209) 개정위는 2009. 2. 4. 출범하여 2014. 2.까지 5년에 걸쳐 활동하였는데 과거 2004년 민법 개정안 마련 당시에 비해 참여인원이 대폭 확대되어 2009년 1기 37명, 2010년 2기와 2011년 3기 각 43명, 2012년 4기 33명 등 다수가 위원으로 활동하였다. 기타 개정위의 세부구성 등은 개정시안에 대한 해설집인 권영준, 민법개정총서(11) : 2014년 법무부 민법개정시안 해설, 법무부(2017), 18-19면 참조.

포함하여 추가 논거들을 덧붙이거나 종전의 논거들을 보완함으로써 바람직한 개정 방안을 논하고자 한다.

2. 개정위의 논의 과정[210)]

(1) 제출된 조문안들

(가) 최수정 위원안

위 각 조문을 포함한 담보권 분야 개정작업은 2009년 제1기 개정위의 5분과위원회(이하 '분과위')[211)]에서 담당하였는데, 위 조문들에 대한 공식적인 개정 논의는 2009. 10. 31. 분과위 제18차 회의에서 최수정 위원[212)]이 채권양도나 질권설정 시점에 저당권도 함께 처분되는 것으로 하는 다음 내용의 조문안을 제시함으로써 시작되었다.[213)] 최수정 위원은 앞서 본 '시차' 문제를 해결하기 위해 채권과 저당권의 처분시점을 일치시킬 필요가 있음을 지적하고 그 방안으로는 채권양도시점을 기준으로 하는 방안과 저당권이전등기시점을 기준으로 하는 안이 있는데 후자는 채권양도법리가 물권법 원칙에 의해 변형되어 불합리한 반면 채권을 양도, 양수하는 당사자들의 의사에는 전자가 보다 부합한다고 설명하였다. 앞선 학설들과 대응시키면 전자는 등기불요설,[214)] 후자는 등기기준설의

210) 이 2.항에서 서술하는 개정위 논의 내용은 모두 법무부 민법개정자료발간팀(서정민, 남재현, 우승학, 이선미, 김훈주) 편, 민법개정총서(8) : 2013년 법무부 민법개정시안 물권편, 법무부(2013), 294-300, 370-380, 384-389면에 따른 것이다. 한편 위 발간팀 편, 민법개정총서(6) : 2013년 법무부 민법개정시안 조문편, 법무부(2013), 33면, 주 7)에 의하면 원(原)자료로 법무부 민법개정위원회 회의속기록 제1-10권이 전국 국립도서관에 배포되어 있다고 하나 본고에서는 분량관계로 다루지 못하였다.

211) 분과위원장 윤진수, 분과위원 이상영, 박영복, 김재형, 최수정, 김상수(이상 학계), 정준영(법원). 권영준(주 209), 22면 참고.

212) 이하에서는 '위원', '위원장'이라고만 한다.

213) 권영준(주 209), 669면에 의하면 2004년 개정위원회에서는 이에 대한 논의가 없었다고 한다. 한편 최수정 위원은 제1안과 제2안을 제시하였는데 제1안은 별도의 규정을 두지 않는다는 것이어서 이하에서는 제2안만을 최수정 위원안이라 칭한다.

214) 한편 권영준(주 209), 673-674면은 앞선 등기불요설에 관한 문헌을 인용하지는 않았지만 저당권의 수반성에 의하여 등기가 없더라도 피담보채권의 양도 시에 저

반영이라고도 할 수 있다. 이 입장에 따르면 결국 여기에서의 수반성은 법률행위에 의한 물권변동(제186조)에서 법률규정에 의한 물권변동(제187조)으로 그 성질이 바뀌게 된다.

제356조의2(피담보채권의 양도와 저당권의 이전) 저당권의 피담보채권을 양도하는 경우, 당사자들이 저당권을 소멸시키고자 하는 의사가 없는 한 저당권은 당연히 양수인에게 이전된다.

제348조(저당권의 피담보채권에 대한 질권) 피담보채권에 질권을 설정하는 경우, 당사자가 당해 채권만을 질권의 목적으로 하지 않는 한 질권의 효력은 당연히 저당권에도 미친다.

(나) 최수정 위원안(수정)과 윤진수 위원장안

이에 대해 윤진수 위원장은 기본적으로 최수정 위원안에 찬성하면서도 저당권이전의 부기등기에 채권양도의 대항요건인 확정일자부 통지, 승낙과 같은 효력을 부여하는 것이 타당하다는 의견을 덧붙였다. 2009. 11. 20. 분과위 제19차 회의에서 최수정 위원은 이러한 의견을 반영하여 수정안을 제출하였고, 윤진수 위원장도 취지는 같고 체계 및 내용을 약간 달리하는 별도의 조문안을 제출하였는데 그 내용은 다음과 같았다.

[최수정 위원안(수정)]

제356조의2(피담보채권의 양도와 저당권의 이전) ① 저당권의 피담보채권을 양도하는 경우, 당사자간에 다른 약정이 없는 한 저당권은 당연히 양수인에게 이전된다.

② 저당권이전의 부기등기를 하는 때에는 제450조 제2항에 의한 대항요건을 갖춘 것으로 본다.[215)]

당권도 당연히 이전되는 것이 아닌지 의문이 있을 수 있다고 언급하면서, 확정된 개정시안 제361조 제2항은 이러한 의문을 입법적으로 해결한 것이라고 설명한다.

215) 이 조항과 바로 뒤의 제348조 제2항은 윤진수 위원장이 부가의견을 제시한 데다, 제18차 분과위 회의에서 김재형 위원이 저당권이전등기 시 제3자에 대한 대항요건을 갖춘 것으로 '간주'하는 규정을 둘 필요가 있음을 언급하였기 때문에 추가된 것으로 추측된다.

第348條(저당권의 피담보채권에 대한 질권) ① 피담보채권에 질권을 설정하는 경우, 당사자간에 다른 약정이 없는 한 질권의 효력은 당연히 저당권에 미친다.
② 저당권이전의 부기등기를 하는 때에는 제450조 제2항에 의한 대항요건을 갖춘 것으로 본다.

[윤진수 위원장안]

第361條(저당권의 양도) ① 저당권은 그 담보한 채권과 분리하여 타인에게 양도하거나 다른 채권의 담보로 하지 못한다.
② 저당권으로 담보한 채권이 양도된 때에는 다른 의사표시가 없으면 저당권은 채권과 함께 양수인에게 이전된다.
③ 저당권 이전의 부기등기가 있는 때에는 양수인은 담보한 채권의 양도를 채무자 이외의 제3자에게 대항할 수 있다.

第348條(저당채권에 대한 질권) ① 저당권으로 담보한 채권을 질권의 목적으로 한 때에는 다른 의사표시가 없으면 질권의 효력은 저당권에 미친다.
② 저당권 등기에 대한 질권의 부기등기가 있는 때에는 질권자는 질권을 채무자 이외의 제3자에게 대항할 수 있다.

(다) 김재형 위원안

반면 김재형 위원은 제18차 분과위 회의에서부터 독일, 오스트리아에서는 피담보채권 양도의 요건으로 등기를 요구하고 있고, 채권양도 시기를 저당권이전시점에 일치시켜야 하며, 형식주의는 관철되어야 한다는 점을 들어 최수정 위원안에 대해 반대하는 한편[216] 채권양도의 대항요건을 불비하였으나 저당권이전등기가 이루어진 경우에는 저당권이전등기를 하였을 때 제3자에 대한 대항요건을 갖춘 것으로 간주할 필요가 있다고 주장하였는데 제19차 분과위 회의에서 이러한 입장을 반영한 다음의 조문안을 제출하였다. 등기기준설 중 등기에 대항요건으로서의 효력까지

216) 박영복 위원도 이 반대의견에 대해 찬성하면서 다만 그에 따를 때 등기부상 권리자와 실제 권리자가 일치하지 않아 불이익을 입는 선의의 제3자가 생기지 않도록 해야 한다는 의견을 제시하였다.

인정하는 견해를 반영한 것으로 보인다.[217)]

제361조(저당권의 양도) ① 저당권은 그 담보한 채권과 함께 타인에게 양도하거나 다른 채권의 담보로 제공할 수 있다.

② 제1안: 저당권과 그 피담보채권을 함께 양도하는 경우에는 저당권 이전의 부기등기를 할 때에 그 효력이 발생한다. 제2안: 저당권에 의하여 담보된 채권을 양도하는 경우에는 저당권 이전의 부기등기를 한 때에 그 효력이 발생한다.[218)]

③ 저당권 이전의 부기등기가 있는 때에는 양수인은 담보한 채권의 양도를 채무자 이외의 제3자에게 대항할 수 있다.

제348조(저당채권에 대한 질권) ① 저당권으로 담보한 채권을 질권의 목적으로 한 때에는 그 저당권등기에 질권의 부기등기를 하여야 그 효력이 저당권에 미친다.

② 저당권등기에 대한 질권의 부기등기가 있는 때에는 질권자는 질권을 채무자 이외의 제3자에게 대항할 수 있다.

(라) 확정된 조문안(제1, 2안)

분과위는 2010. 1. 4. 제22차 회의에서 위 세 가지 조문안을 토대로 정리한 아래의 제1, 2안 모두를 개정위 전체회의에 제출하기로 결정하였고, 이에 따라 2010. 1. 21. 열린 개정위 제4차 전체위원회(이하 '전체위') 회의에 제출되었다. 최수정 위원안(수정)과 윤진수 위원장안은 제1안으로 통일되고 김재형 위원안이 제2안으로 이어진 것으로 보인다.[219)] 전체위에서는 제1안에 관하여 저당권의 수반성을 강조한 것으로 이로써 피담보채

---

217) 비슷한 시기에 손흥수(주 45), 106면, 주 109)에서도 같은 취지의 입법론을 주장한 바 있다.

218) 제1, 2안은 표현상으로만 차이가 있다.

219) 이 밖에도 각각 약간의 자구수정과 함께, 제1안은 저당권이전 부기등기가 된 사실이 채무자에게 통지됨으로써 제450조 제1항의 대항요건이 충족된 것으로 간주하는 내용이 추가되고 제348조는 저당권에 관한 조문을 준용하는 방식으로 변경되었으며, 제2안은 저당권이전 부기등기를 하기 전의 법률관계를 명확히 하는 부분이 추가되었음을 알 수 있다. 다만 주 209), 210)의 관련자료들에 제19차 회의에서 제22차 회의 사이의 수정과정이 드러나 있지 않아 본고에서는 조문안들의 내용을 비교, 대조하여 그 경과를 추측해 볼 뿐이다.

권 양도시기와 저당권 이전시기가 달라짐에 따라 생기는 문제들을 해결할 수 있고 채권의 유통성을 보장할 수 있다는 점이, 제2안에 관하여 공시의 원칙을 관철한 것으로 이로써 법률관계를 간명히 할 수 있고, 부기등기가 되기 전 단계에서 저당권부채권 양수인을 보호하기 위해 그 양수인이 담보권 없는 채권을 취득한 것으로 보도록 하였으며, 채무자에 대한 대항요건은 채권양도 분야의 개정 경과에 따르도록 하기 위해 별도로 규정하지 않았다는 점이 주로 설명되었다.

【제 1 안】

제361조(저당권의 이전) ① 저당권은 그 담보한 채권과 분리하여 타인에게 양도하거나 다른 채권의 담보로 하지 못한다.

② 저당권에 의하여 담보된 채권을 양도하는 경우, 저당권은 저당권이전의 부기등기 없이도 양수인에게 이전된다.

③ 저당권이전의 부기등기가 있는 때에는 제450조 제2항의 대항요건을 갖춘 것으로 본다.[220)·221)]

④ 채무자에게 저당권이전의 부기등기가 된 사실이 통지된 때에는 제450조 제1항의 채무자에 대한 대항요건을 갖춘 것으로 본다.[222)]

---

220) 부기등기의 경료와 확정일자부 통지, 승낙의 우열관계를 묻는 전체위 회의에서의 윤용섭 위원의 질의에 대해, 윤진수 위원장은 양자의 선후에 의하고 자산유동화에 관한 법률의 취지도 그러하다고 답변하였다. 이는 제2안 제361조 제4항에 관한 설명으로서도 그대로 유효할 것이고, 실제로 권영준(주 209), 675면에는 이러한 취지로 서술되어 있다.

221) 한편 이 조항이 있더라도 채권양수인은 확정일자부 통지, 승낙에 의해서도 제3자에 대한 대항요건을 갖출 수 있다. 즉, 대항요건으로서 위 통지, 승낙과 저당권 이전등기는 병존하는 것이다. 최수정(주 55), 151면. 따라서 채권양수인에게는 양도인이 저당권이전등기절차에 협조하지 않더라도 채권과 저당권 모두에 대하여 완전한 권리를 취득할 가능성이 열려있다. 다만 통지에 의하고자 할 경우에는 양도인으로부터 미리 통지권한을 받아놓아야 하겠지만 이는 원래부터 양수인의 몫이다.

222) 이에 대해서는 전체위 회의에서 종된 권리인 저당권에 관한 부기등기사실 통지가 주된 권리인 채권양도의 통지를 대체하는 것이 체계상 맞는지 의문이라는 남효순 위원의 질의가 있었고, 이에 대해 윤진수 위원장은 저당권이 이전되는 것을 알면 피담보채권이 양도된 사실을 알게 되는 것은 당연하고 위 부기등기에 채권이 양도되었다는 내용이 포함되어 있다고 답변하였다.

第348조(저당권에 의하여 담보된 채권에 대한 질권) 저당권에 의하여 담보된 채권을 질권의 목적으로 하는 때에는 제361조 제2항 내지 제4항의 규정을 준용한다.

【제 2 안】

第361조(저당권의 이전) ① 저당권은 그 담보한 채권과 함께만[223] 타인에게 양도하거나 다른 채권의 담보로 제공할 수 있다.

② 저당권과 그 피담보채권을 함께 양도하는 경우에는 저당권 이전의 부기등기를 하여야 저당권이전의 효력이[224] 발생한다.

③ 제2항의 경우 저당권 이전의 부기등기를 하기 전에는 양수인이 저당권에 의하여 담보되지 않은 채권을 취득한다.[225]

④ 저당권 이전의 부기등기가 있는 때에는 양수인은 담보한 채권의 양도를 채무자 이외의 제3자에게 대항할 수 있다.

第348조(저당채권에 대한 질권) ① 저당권으로 담보한 채권을 질권의 목적으로 한 때에는 그 저당권등기에 질권의 부기등기를 하여야 그 효력이 저당권에 미친다.

② 저당권등기에 대한 질권의 부기등기가 있는 때에는 질권자는 질권을 채무자 이외의 제3자에게 대항할 수 있다.

(2) 토론 및 표결

(가) 분과위와 전체위 토론

분과위 제18, 19, 22차 회의와 전체위 제4차 회의에서는 위원들 간에 다양한 의견교환이 이루어졌는데 이미 언급한 내용들 이외에 각 조문

223) 분과위 단계에서는 "함께"로 되어 있었는데 전체위 회의에서 수정된 것이다.

224) 분과위 단계에서는 "부기등기를 하여야 그 효력이"로 되어 있던 것이 전체위 회의에서 수정되었다.

225) 한편 전체위 회의에서의 남효순 위원의 질의에 대한 김재형 위원의 답변에 의하면 이 조항은 저당권이전의 부기등기 경료를 조건부로 하여 채권을 취득한다는 의미이고, 부기등기를 경료하여야 한다는 데에 중점이 있는 조항이라고 한다. 최초 위원안으로부터 변화된 제2, 3항의 문언과 앞선 전체위 회의에서의 설명 내용을 보면 김재형 위원안에 기초한 제2안은 등기기준설에서 양 요건 필요설로 변경된 것으로도 이해되지만, 위 토론 내용에 의하면 등기기준설에 따른 입장이 변화되지 않은 것으로 보이기도 한다. 이로 인해 이에 따라 입법이 이루어질 경우 향후 해석을 둘러싸고 논란이 생길 가능성은 있을 것 같다.

안들을 뒷받침하는 논거들을 회의가 진행된 순서에 따라 분류, 정리하면 다음과 같다.[226)]

1) 제1안의 논거

- 보험자대위, 변제자대위의 경우에도 저당권은 당연히 이전하고, 피담보채권과 저당권은 같이 이전되는 것이 타당하다(윤진수, 제18차 분과위).
- 채권양도의 대항요건을 갖추었으나 저당권이전등기가 이루어지지 않은 경우에, 채권양도의 대항요건만을 기준으로 삼아 해결하더라도 별도로 피해를 입게 되는 사람이 없다(윤진수, 제18차 분과위).
- 채권양도 후 저당권이전등기가 경료되지 않은 상태에서 채무자가 채권양도인에게 변제한 경우 채무자는 채권의 준점유자에 대한 변제로 보호될 수 있다(최수정, 제19차 분과위).
- 저당권이전의 부기등기는 기존에 존재하던 저당권의 이전만을 공시하는 것이기 때문에 우선권을 공시한다는 의미는 없고, 부기등기를 안 하더라도 제3자에게 불이익이 돌아갈 염려는 없다(김성수, 제19차 분과위).
- 제1안에 의하면 저당권이전 시기가 유동적이고 형식주의에 배치될 우려가 있기는 하나 이는 현행법에서도 동일하게 나타난다(윤진수, 제19차 분과위).
- 제2안에 따르면 채권양수인의 지위가 현저히 악화된다. 채권의 귀속이 명확해지면 저당권의 이전은 그에 따르면 된다. 법률규정과 법률행위에 의한 물권변동을 구분하는 스위스에서도 우리의 저당권과 유사한 Grundpfandverschreibung은 등기 없이 이전된다(윤진수, 제22차 분과위).
- 유엔채권양도협약과 유럽계약법원칙에서도 채권양도시 부수적 권리가 이전되는 것이 원칙이라고 규정할 뿐 담보권 이전시에 채권양도

226) 해당 내용의 말미에 주장자와 주장이 제기된 회의를 표기하였다.

의 효력이 발생한다고 되어 있지 않다(정준영, 제22차 분과위)[227].

－등기말소청구의 상대방이 등기부상 저당권자와 실제 저당권자 중 누구로 되어야 하는지는 법률에 의한 물권변동의 경우에 일반적으로 발생하는 문제에 불과하고 '증명'을 통해 해결되어야 한다(윤진수, 전체위).[228]

2) 제2안의 논거

－채권양도의 대항요건을 갖추었으나 저당권이전등기가 이루어지지 않은 경우에 판례(앞서 본 2001다77888 판결을 의미하는 것으로 보인다)의 태도대로 해결할 수밖에 없고 이러한 점에서 제1안은 체계상 문제를 발생시킬 수 있다(김재형, 제18차 분과위).

－제1안에 따를 경우 저당권이전등기가 이루어지지 않은 상태에서 채권양수인이 채무변제를 받은 경우 저당권설정등기 말소등기절차 이행청구의 상대방을 누구로 하여야 하는지에 관하여 문제가 생긴다(김재형, 제19차 분과위).

－실제 저당권 실행시에는 등기부의 기재에 따르게 되므로 제2안이 간명하고 분쟁의 소지를 줄일 수 있다. 저당권부채권양도 당사자들도 저당권 양도에 주안점을 둔다(정준영, 제19차 분과위).

－저당권이전등기 없이 양수인이 경매신청권이나 우선변제권을 갖게 되면 경매절차가 불안정하게 된다(김재형, 제22차 분과위).

－유엔채권양도협약은 물권법 영역에 대해 규율하고 있지 않으므로(김재형, 박영복, 제22차 분과위), 이를 저당권의 이전시기에 관한 논거로 사용하기에는 적절하지 않다(박영복, 同 회의).[229]

---

227) 그러면서 정준영 위원은 공시의 원칙을 중시하여 제2안에 찬성하였던 기존 입장을 바꾸어 제1안에 찬성하는 것으로 변경한다고 하였다.

228) 나아가 최수정 위원은 개정시안 확정 이후에 간행된 논문에서 이때의 말소청구 상대방은 등기를 보유하고 있는 양도인으로 하면 될 것이고, 이렇게 보더라도 등기의무자로서의 양도인의 의무내용이 종전의 (양수인에 대한) 이전등기에서 (채무자 등에 대한) 말소등기로 바뀐 것에 불과하여 그에게 특별히 부담이 되지 않을 것이라는 논거를 덧붙였는데 타당하다고 생각된다. 최수정(주 55), 150면.

229) 한편 이 밖에 근저당권에 관한 내용이나, 제19차 분과위 회의에서 김재형 위원

(나) 전체위 표결 결과

第348조 조문안은 제361조 조문안과 연동되어 있다는 이유로 별도로 표결하지 않고 제361조만이 최종 표결에 부쳐졌는데, 재적위원 19인 중 제1안에 찬성하는 위원이 7명, 제2안에 찬성하는 위원이 10명[230]으로 제2안이 개정위의 개정시안으로 결정되어 법무부에 입법권고되었다.[231] 하지만 위 개정시안은 국회에 정식으로 제출되지 않았다.[232]

3. 제1안에 대한 재고(再考)

(1) 논의의 필요성

결과적으로 개정위의 공식 개정시안은 제2안으로 확정되었지만 앞서 본대로 표결결과 제1, 2안의 표 차이는 크지 않았다. 만약 제2안을 찬성한 위원 중 2명만 의견을 달리하였더라도 제출안은 제1안으로 확정되었을 가능성이 있었다. 각 제출안을 뒷받침하는 대부분의 논거들은 이미 개정위에서 충분히 의논되었던 것으로 보인다. 따라서 본고에서는 대상

은 근저당권의 피담보채권 확정 전에는 양도인, 양수인, 채무자가 3면계약에 의하여 기본적 채권관계를 이전하고 근저당권이전의 부기등기를 하여야 근저당권이 이전되는데, 제1안에 의하면 3면계약에 의해 피담보채권이 확정되기 전에 곧바로 근저당권이 이전되는 문제점이 발생한다고 주장하였다. 이에 대해 윤진수 위원장은 그러한 문제는 현행 제361조, 제357조 하에서도 마찬가지인데 현행법 하에서도 기본적 계약관계와 근저당권을 분리하여 양도하는 것은 불가능하므로 별다른 문제가 되지 않고 대항요건의 문제로 해결할 수 있다고 반박하였다.

230) 위원들의 면면은 다음과 같았다. 2명(서민, 김규완)은 표결하지 않았던 것으로 보인다.
제1안 찬성 : 윤진수, 최수정, 윤용섭, 송호영, 백승흠, 최흥섭, 서희석
제2안 찬성 : 김재형, 이상태, 송덕수, 하경효, 김대정, 지원림, 남효순, 윤철홍, 김성수, 정태윤

231) 실제 국회 제출을 위해서는 정부 차원의 정책적 판단과 체계 및 자구수정 등을 마쳐야 하기 때문에 '개정시안'이라는 용어가 사용되었다고 한다. 민법개정총서(6)(주 210), 15면.

232) 그 배경에는 법무부가 2004년 민법 개정안을 국회에 일괄 제출하였다가 임기만료로 폐기된 전례를 고려하여 국회의 심의부담을 줄이기 위해 개정시안의 분리 제출 전략을 취하였다는 사실이 있다. 민법개정총서(6)(주 210), 14면 참고. 참고로 당시 공식적으로 제출된 개정시안은 성년후견, 법인, 시효, 유치권, 보증계약, 여행계약에 관한 부분에 한정되었는데[권영준(주 209), 20면] 주지하는 대로 이중 성년후견, 보증계약, 여행계약 부분이 실제 개정으로 이어졌다.

판결과 관련된 내용을 포함해 제1안을 뒷받침할 수 있는 논거들을 추가하거나 보완함으로써 그 타당성을 다시 생각해보고자 한다. 그리고 말미에서 그에 따른 등기 방법에 대해서도 간략히 살펴본다.

(2) 논거들

(가) 대상판결과 관련한 해석론의 한계 해결

우선 대상판결 관련내용을 살핀다. 이미 본대로 저당권에 질권의 효력이 미치도록 하기 위해 별도의 설정행위의 등기를 요구하는 것은 질권자에게는 상당한 부담으로 작용함과 동시에 질권설정자에게는 저당권의 존재를 숨기는 전략적 행동의 유인을 제공하고[233] 이러한 문제는 저당권이 사후적으로 설정된 경우에 현저하다.[234] 채권을 위해 존재한다는 저당권의 목적과 이를 구현하기 위한 부종성, 수반성의 원칙을 고려할 때 그 가치가 피담보채권의 질권자에게 귀속되어야 한다는 당위는 긍정될 수 있고[235] 이는 저당권의 설정시점을 불문하는데, 규정의 한계 내지 미비로 인해 현재의 해석론(판례의 입장이 아닌, 본고의 비판적 해석론)으로는 사후적 저당권의 경우에 이것이 제대로 실현되지 못하는 것이다. 특히 대상판결에서와 같이 입질채권의 가치가 전혀 없는 상황(제3채무자 H의 파산면책)에서 질권자에게는 저당권의 가치를 확보하는 것이 더욱 긴요하다. 이러한 점을 여기에서 고려한다면 제1안이 보다 타당하다고 할 수 있다. 이로써 질권자는 질권설정의 부기등기에 관한 질권설정자의 협력을 얻기 어려운 때에도 자신의 권리를 유효하게 실현할 수 있게 된

233) 이와 유사한 현상은 과거 채권질권 설정에 채권증서의 교부를 요구했던 일본 민법 제363조에 관한 개정 이유에서도 확인할 수 있다. 즉, 실제 채권증서가 존재하는 경우에도 질권설정자가 그 존재를 부인하고 그것을 숨기거나 하여서 증서가 질권자에게 교부되지 않으면 질권설정의 효력이 생기지 않게 되는 것이다. 양창수(주 163), 186면. 같은 글 189면 및 주 15)에서는 같은 조문인 우리의 제347조와 관련하여 이로 인한 불필요한 분쟁가능성과 거래상의 부담을 염려한다.

234) 제2안에서도 저당권이 사후적으로 설정된 경우에 관하여는 명확한 규율을 하고 있지 않지만 그 취지와 내용을 고려하면 현재의 통설, 판례에서와 같은 문제가 발생할 것이다.

235) 我妻榮(주 44), 419頁은 저당권부채권에 대한 질권설정에 의해 저당권에 의하여 파악된 담보가치가 다시금 질권에 의하여 우선적으로 파악된다고 설명한 바 있다.

다.[236] 나아가 기존 법리에 따른 불필요한 분쟁발생과 이에 따른 사회적 비용도 줄일 수 있을 것이다. 대상판결이 의욕하였던 저당권의 활용도 제고를 달성할 수 있음도 물론이다.

(나) 공시의 원칙이 물러나는 다른 예들

개정위에서 거론된 보험자대위나 변제자대위 이외에도 우리 민법상 담보권의 이전에 있어 공시원칙이 물러나는 예로는 공동저당에서의 후순위저당권자 대위(제368조 제2항)를 들 수 있다.[237] 다른 한편 제358조는 저당목적물의 종물에 대해 저당권등기가 경료되어 있지 않더라도 저당권의 효력이 미치도록 하는 것에 그 입법취지가 있고[238] 판례는 이때의 종물에 저당권 설정 이후의 종물까지도 포함된다고 한다.[239] 이는 거래 안전에는 다소 공백이 생기더라도 주, 종물의 일체성을 확보하겠다는 결단으로 이해된다. 요역지소유권 처분에 따른 지역권의 처분(제292조 제1항)도 등기를 요하지 않는다.[240]

민사집행법에서 피담보채권에 대한 압류, 전부명령의 효력이 당연히 저당권에 미친다는 것을 전제한 규정을 두고 있음은 이미 보았는데, 이밖에도 실체법상 이유로 저당권이 등기 없이 이전되었다면 대위변제자, 후순위저당권자 등은 부기등기를 하지 않더라도 다른 증거들(대위변제 사실이 기재된 공정증서나 후순위저당권자로 기입된 등기사항증명서 및 배당표등본 등)을 제출하면서 경매신청을 할 수 있다.[241] 특별법인 자산유동화에 관한 법률 제8조[242]나 한국주택금융공사법 제28조[243]에서는 금융위원회 등

---

236) 최수정(주 55), 148-149면. 원문은 양도에 관한 서술인데 질권에서도 다르지 않을 것이다.

237) 최수정(주 55), 147면.

238) 양창수 · 권영준(주 39), 315면. 같은 곳에서는 이러한 해석이 주된 권리와 종된 권리 사이에서도 마찬가지로 적용된다고 설명한다.

239) 대법원 1971. 12. 10.자 71마757 결정(總 358, 12)[민법주해[VII](주 22), 45면(남효순 집필부분)에서 재인용].

240) 민법주해[VI](주 9), 129면(박재윤 집필부분).

241) 법원실무제요 민사집행[III](주 147), 345면. 다만 실무상으로는 부기등기를 거친 뒤에 경매신청을 하는 것이 일반적이라고 한다.

242) 제8조(저당권 등의 취득에 관한 특례) ① 자산유동화계획에 따라 양도 또는 신

록 시에 채권양도의 제3자에 대한 대항요건이 구비되는 것과 함께 저당권도 이전된다고 규정하고 있는데, 등록은 대항요건으로서의 의미가 있을 뿐(자산유동화에 관한 법률 제7조 제2항, 한국주택금융공사법 제26조 제2항) 저당권은 채권 이전에 따라 당연히 이전되는 것이다.[244)]

또한 물권변동에 관한 것은 아니지만 판례는 주채권이 양도되면 보증채권은 당사자 사이에 별도의 특약이 없는 이상 당연히 주채권에 따르고 이때 주채권에 대한 대항요건만 갖추면 된다고 하는데,[245)] 보증채권에도 보증인에 대한 통지, 승낙이라는 고유의 공시방법을 관념할 수 있음에도 이를 요하지 않고 있는 것이다.[246)]

이러한 예들을 살펴볼 때 제1안의 근거가 되는 발상, 즉 다른 목적을 위해 수반성의 영역에서 성립요건주의와 공시원칙이 물러날 수 있다는 사고는 이미 우리 법제에서 상당히 흔하게 발견된다.

(다) 공시원칙의 실질적 실현 : 공시방법의 단일화

1) 통설, 판례와 제2안 : 공시방법 중첩으로 인한 공시원칙 훼손

현재와 같이 채권양도와 저당권양도에 관한 규정이 함께 적용됨에 따라 저당권부채권의 처분에서는 결과적으로 공시방법이 이원화된다. 이로 인해 공시원칙이 지양하는 현상들이 발생한다. 저당권이전등기만 마친 양수인의 불안한 법적 지위는 통설도 인정하는 바인데, 2004다29279 판결 사안에서도 그는 경매신청을 할 수 있지만 채무자의 이의나 즉시항

탁한 채권이 질권 또는 저당권에 의하여 담보된 채권인 경우 유동화전문회사등은 제6조 제1항의 규정에 의한 등록이 있은 때에 그 질권 또는 저당권을 취득한다.

243) 제28조(저당권의 취득에 관한 특례 등) ① 공사는 제24조 제1항에 따른 등록이 있는 때에 채권유동화계획에 따라 양도 또는 신탁받은 주택저당채권을 담보하기 위하여 설정된 저당권을 취득한다.

244) 곽윤직 · 김재형(주 25), 136면에서도 이를 제187조에 의한 물권변동의 예로 소개한다.

245) 예컨대 주 110)에서 본 2002다21509 판결. 등기불요설이 이를 통설에 대한 비판근거로 삼았음은 전술한 바이다.

246) 최수정, 채권양도론, 진원사(2007), 13면은 이러한 현상의 이유로 보증채무에는 달리 공시방법이 없다는 점을 드는데, 결론의 당부는 논외로 하더라도 본문의 내용을 고려할 때 의문이 있다.

고로 번복될 수 있는 불안정한 지위에 있다. 이는 공시제도가 추구하는 법적 안정성과는 거리가 멀고 이러한 분쟁가능성 자체가 불필요한 사회적 비용이기도 하다. 채권이 이중양도된 경우에도 저당권이전등기만을 갖춘 양수인은 그 외관에도 불구하고 채무자나 대항요건을 갖춘 다른 양수인 등 제3자에게 저당권을 주장할 수 없다.[247] 이는 저당권이전등기로 제3자에 대한 대항요건을 충족한다고 보더라도 마찬가지인데, 채무자와 제3자에 대한 대항요건이 분리됨에 따라 채무자와의 관계에서는 그 외관에도 불구하고 저당권을 행사할 수 없기 때문이다.[248] 결국 중첩된 공시방법을 엄격히 요구함에 따라 역설적으로 실체관계에 부합하는 공시라는, 공시원칙이 지향하는 바를 훼손하게 된다.[249]

2) 채권양도의 공시방법으로 단일화하는 경우

제187조에서 공시원칙의 예외로 법률행위에 의하지 않은 물권변동을 규정하는 취지는, 일반적으로 상속 등 특정한 경우에는 일정한 시기에 권리변동이 일어난다는 이론 구성을 해야만 하고 이때에도 등기를 요구한다면 법률관계의 공백상태가 생기기 때문에 이를 방지하려는 데에 있다고 설명되는데[250] 저당권부채권 처분시 발생하는 시차(중간기간)를 바로 여기서 말하는 '공백상태'라고 볼 여지는 충분하다.

공시방법을 채권양도의 그것으로 단일화한다면 이때도 권리귀속 주체의 측면에서는 저당권등기가 실체관계와 불일치하는 경우가 생기지

247) 이영준(주 20), 920면에서는 이때의 저당권등기는 실체관계에 부합하지 않는 등기에 준하여 말소되어야 한다고 하면서 이러한 결론이 거래안전에 다소 부담이 되나 제361조가 예정하고 있는 것이라며 위 조문의 손질이 불가피하다고 주장한 바 있다.

248) 최수정(주 55), 152-153면.

249) 양창수(주 50), 391면에서도 등기기준설에 대한 지적이기는 하지만 채권양도의 대항요건이나 저당권이전등기 중 하나만이 이루어진 상태에서는 "피담보채권이나 저당권의 귀속에 대하여 公示된 바와 실제의 권리귀속 사이에 괴리가 생긴다는 문제가 있다."고 서술하고 있다.

250) 곽윤직 · 김재형(주 25), 131면. 다만 양창수 · 권영준(주 39), 62-64면에서는 상속의 경우에는 법률관계의 공백을 방지하기 위한 것이지만, 공용징수나 경매는 적법성이 상당히 보장되고 단시간 내에 등기가 추완된다는 점에 근거하고, 판결의 경우 그 자체의 형성효로 인한 것이라고 설명한다.

만[251] 다음과 같은 점들을 고려할 때 이로써 공시원칙이 지향하는 바를 실질적으로 해치지는 않는다. 채권자의 동일성을 제외하면 당해 부동산이 부담하는 책임내용은 여전히 공시되고 있어 양도인이 등기부상 남아 있는 것만으로 특별히 부당한 결과가 발생하지 않는다.[252] 한편 채무자나 다른 양수인, 질권자, 압류채권자 등 채권을 기준으로 한 이해관계인들과의 관계는 원래부터 채권양도의 대항요건을 기준으로 규율될 수 있고 또 그래야 한다. 물상보증인이나 제3취득자와 같이 물적 책임을 부담하는 사람들은 직접 채권관계에 들어오지 않지만 저당권의 귀속주체가 변경되어도 이들의 물적 책임에는 아무런 변화가 없다. 물론 이들이 변제할 정당한 이익 있는 자로서 피담보채권을 대위변제하려 할 때는(제481조) 채권관계에 들어오게 되지만 대항요건주의의 취지를 고려하면 이 경우에는 이들도 등기가 아닌 채무자를 통해 채권의 귀속주체를 확인하도록 함이 타당하다. 이미 현재에도 집행실무와 판례는 저당권부채권에 대한 (가)압류채권자와 채권양수인(질권자) 사이의 우열을 가리기 위해 (가)압류결정과 선후가 비교되는 대상을 등기가 아닌 채권양도(질권설정)에 대한 통지, 승낙으로 삼고 있다.[253]

이상의 내용들에 따른다면 대상판결의 "그 저당권에 의하여 담보된 채권을 양수하거나 압류한 사람, 저당부동산을 취득한 제3자 등에게 예측할 수 없는 질권의 부담을 줄 수 있어 거래의 안전을 해할 수 있다."

---

251) 손홍수(주 45), 66면, 주 24)는 民法案審議錄 등에 비추어 볼 때 우리 민법에서 저당권의 당연이전을 규정하지 않은 것이 실수로 인한 단순 누락인지 의도적 입법인지가 분명하지 않다고 하면서도, 당연이전을 규정할 경우 장기간 이전등기가 경료되지 않음에 따라 실체관계와 공시 사이에 괴리가 생겨 거래안전에 위협이 되는 것을 방지하기 위한 의도적 입법일 가능성은 충분하다고 보고 있다.

252) 최수정(주 55), 149면. 예컨대 채권이 일부 양도된 경우 양수인은 양도인과 그 합의에 의하여 정한 비율에 따라 저당권을 공유하게 되는데, 이 때 후순위권리자는 이미 선순위권리를 전제하고 있기 때문에 새삼 불측의 손해를 입는 것은 아니라고 한다. 이 부분은 윤진수 위원장, 김성수 위원 등이 개정위 과정에서 제시한 논거를 보다 구체화한 것으로 이해된다.

253) 법원실무제요 민사집행[Ⅲ](주 147), 270면; 법원실무제요 민사집행[Ⅳ](주 120), 293면. 대법원 2005. 3. 25. 선고 2003다35659 판결[공2005.5.1.(225),644](전세금반환청구권 사안)

는 판시는 다소 피상적인 것이라고도 할 수 있다.

(라) 다른 담보물권부채권들에 대한 질권설정 : 입법공백과 해결방안으로서 제1안

우리 법제상 부동산에 대한 것으로서 등기를 성립요건으로 하는 담보물권은 저당권만 있지 않다. 우선 가등기담보 등에 관한 법률이 정하는 가등기담보권, 위 법률의 규율을 받지 않는 양도담보권이 있다. 이러한 담보권에 의해 담보되는 채권을 '담보물권부채권'이라 통칭한다면 기존 문헌들은 예외없이 이러한 담보물권부채권의 처분은 저당권부채권의 처분 법리에 따른다는 취지의 서술을 하고 있다.[254] 한편 이견이 있을 수 있지만 존속기간 만료 등으로 담보물권적 성질만 남은 전세권[255]은 제345조 단서에도 불구하고 권리질권의 목적이 될 수 있다고 본다.[256] 이 밖에 부동산 이외의 물건, 권리에 대한 것으로서 등기(등록)에 의하여 공시되는 저당권으로 입목에 관한 법률상의 입목저당권, 자동차 등 특정동산 저당법상의 자동차, 건설기계 등 저당권, 선박등기법상의 등기선박저당권, 공장 및 광업재단 저당법상의 공장(재단)이나 광업재단저당권, 댐건설 및 주변지역지원 등에 관한 법률상의 댐사용권 저당권[257]도 있다.

254) 민법주해[Ⅷ](주 22), 321-323면(서정우 집필부분); 강태성, 법률행위론(주 109), 249면. 가등기담보권 처분에 관한 서술로 송덕수(주 21), 604면, 양도담보권 처분에 관한 서술로 양창수 · 김형석(주 9), 527면; 송덕수(주 21), 629면도 있다. 김증한 · 김학동(주 21), 585, 600면도 등기기준설을 전제로 한 것이겠지만 같은 취지이다.

255) "전세권설정등기를 마친 민법상의 전세권은 그 성질상 용익물권적 성격과 담보물권적 성격을 겸비한 것으로서, 전세권의 존속기간이 만료되면 전세권의 용익물권적 권능은 전세권설정등기의 말소 없이도 당연히 소멸하고 단지 전세금반환채권을 담보하는 담보물권적 권능의 범위 내에서 전세금의 반환시까지 그 전세권설정등기의 효력이 존속하고 있다 할 것"이라는 주 253) 2003다35659 판결의 판시 참고.

256) 기존 문헌은 특별한 설명없이 전세권을 질권의 대상에서 배제하고 있다. 민법주해[Ⅵ](주 9), 421면(정동윤 집필부분); 주석 민법[물권 3](주 9), 664면(이태종 집필부분). 하지만 권리질권의 활용 측면에서는 담보물권의 성질만 남은 전세권을 저당권과 달리 볼 이유가 전혀 없고 이렇게 해석함으로써 전세금반환청구권에 대한 질권의 활용도 상승을 기대해볼 수 있다. 이은영(주 167), 730면에서도 채권질권 설정 시 수반성에 따라 질권이 설정될 수 있는 담보물권으로 전세권을 저당권과 나란히 들고 있다.

비록 그 목적물은 각 법률의 규정들로 인해 질권의 대상이 될 수 없지만 이러한 저당권들이 권리질권의 목적이 될 수 있음은 제345조의 문언상 명백하다. 이상의 담보물권에 의해 담보되는 채권들의 처분법리도 다르지 않을 것이다.

그런데 부동산등기법은 저당권부채권에 대한 질권설정의 부기등기만을 규정할 뿐 가등기담보부채권이나 전세권부채권(전세금반환청구권)에 대한 질권설정의 부기등기에 관하여는 아무런 규정을 두고 있지 않다. 앞서 본 일련의 개별법들에 질권설정의 부기등기(등록)에 관한 정함이 없는 것은 물론이다. 따라서 통설, 판례에 의하면 등기사항 법정주의상[258] 이들 담보물권부채권들을 담보물권과 함께 권리질권의 목적물로 활용할 수 있는 방법은 현재로선 없다.[259] 이들은 1983년 부동산등기법 개정 이전의 저당권부채권과 같은 상태에 놓여 있는 것이다. 저당권부채권과 이들

257) 동법 제2조 제3호에 의하면 댐사용권이란 "다목적댐에 의한 일정량의 저수를 일정한 지역에 확보하고 특정용도에 사용할 수 있는 권리"를 말하는데 동법 제29조는 댐사용권을 물권으로 보고 부동산에 관한 규정을 준용한다고 정하고, 제32조는 댐사용권과 그에 대한 저당권의 물권변동은 환경부 소관 댐사용권등록부에 등록하지 않으면 효력이 없다고 정하여 성립요건주의를 명시한다. 한편 제30조 제1항에서는 댐사용권은 포괄승계, 양도, 체납처분, 강제집행, 저당권 이외의 다른 권리의 목적이 될 수 없다고 정한다. 위 법률의 존재는 법원실무제요 민사집행[Ⅳ](주 120), 288면에서 확인하였다.

258) 등기사항, 특히 절차법상의 그것(등기능력)은 부동산등기법이나 그 밖의 법률(주택법상의 금지사항 부기등기 등)에 의하여 등기하는 것이 허용되는 사항으로 이에 한하여 당사자는 등기를 신청할 수 있고 등기공무원은 등기할 직책과 권한을 가지게 되는데 이는 다시 등기대상인 물건, 등기되어야 할 권리 및 그 변동 세 가지로 나뉜다. 물권변동의 공시를 목적으로 한다는 등기제도의 본질상 이상적으로는 물건의 이용과 처분에 관한 모든 사항을 등기하는 것이 바람직하겠지만 현실적으로 불가능하기 때문에 법률에 의하여 등기할 수 있는 사항을 한정하여 그것만 등기할 수 있는 것으로 정한 원칙이 등기사항 법정주의이다. 부동산등기실무[Ⅰ], 법원행정처(2015), 33-34면; 곽윤직, 부동산등기법 신정수정판, 박영사(1998), 81면; 구연모, 부동산등기법, 박영사(2020), 11-12면. 한편 등록에 관하여는 이러한 명시적인 설명을 찾아보기 어렵지만 달리 볼 이유는 전혀 없을 것이다.

259) 이은영(주 167), 730면에서도 입질채권이 전세권에 의해 담보되어 있는 경우 질권의 효력이 전세권에 미치기 위해서는 저당권의 경우와 같이 부기등기를 해야 한다고 서술하는데, 전세권에 대한 질권설정의 부기등기는 부동산등기법에 관련 규정이 없다. 한편 양도담보권은 소유권 이전의 형식을 취하는 이상 질권설정이 불가능하기 때문에 본문과는 다른 이유에서 권리질권의 활용이 불가능하다.

담보물권부채권을 달리 취급할 이유가 없는 이상 입법의 불비라고 볼 수 밖에 없다. 나아가 이로 인해 질권설정자에게는 현재의 법상황을 이용하여 채권질권설정 후 사후적으로 담보를 취득할 때 부동산저당권 이외의 다른 담보물이나 담보권을 선택하여 거기에 질권의 효력이 미치는 것을 회피하는 유인이 주어질 수 있다.

별도의 등기(등록)을 요하지 않는 제1안에 의하면서 이를 준용규정이나 유추적용을 통해[260] 다른 담보물권부채권에도 일괄적으로 적용하면 이러한 문제를 비교적 손쉽게 해결할 수 있다. 통설, 판례나 제2안에 의하더라도 개별 규정을 정비함으로써 해결할 수 있겠지만 우리의 입법현실을 감안할 때 적시에, 공백이 없는 완전한 입법이 가능할지는 심히 의문이다.[261]

(마) 비교법적 검토

채권과 담보권 사이에 처분의 일체성을 확보하려는 국제적 흐름은 Ⅲ. 2.에서 본대로 뚜렷하다. 개정위에서 지적된 대로 비록 관련 국제규범들이 물권법 영역을 다룬 것은 아니긴 하지만 그것만으로 이러한 경향성이 퇴색되지는 않을 것이다. 한편 저당권부채권양도에 등기를 요하는

260) 자동차 등 특정동산 저당법은 제12조에서 "특정동산의 저당권에 관하여는 이 법에 규정한 것을 제외하고는「민법」중 저당권에 관한 규정을 준용한다."는 명문의 준용규정을 두고 있다. 주 257)의 제29조도 준용규정이다. 그 밖의 다른 법률에는 이러한 준용규정이 없지만 유추적용은 충분히 가능할 것이고 준용규정이 필요하다고 보더라도 그 신설은 성질상 상대적으로 용이할 것이다.

261) 댐사용권과 같이 잘 알려지지 않은 물건 또는 권리에 대한 저당권으로서 본고가 파악하지 못한 것이 더 있을지도 모른다. 이러한 점에서도 개별적 개정을 통한 해결은 한계를 드러낸다. 더 나아가 생각하면 과학의 발달과 사회의 복잡다기화로 인해 갈수록 다양한 형태의 물건이나 재산권, 심지어는 물건인지 권리인지도 잘 분간되지 않는 것들(예컨대 가상화폐)이 생성될 가능성은 농후한데 이러한 대상들에 대해서 권리변동의 법적 구성, 공시원칙의 적용 여부와 그 방식, 구체적인 요건과 효과 등이 어떻게 전개되어 나갈지에 대한 예상은 극히 어렵다. 이에 반해 이 새로운 '실체'들도 재산적 가치가 있는 이상 결국에는 담보로 활용되리라는 점은 보다 확실히 예상해볼 수 있는데 통설, 판례나 제2안에 의할 때는 관련 공시방법 및 구체적인 규정들이 완전히 자리잡지 않는 이상 그러한 활용이 불가능한 반면 제1안의 이론구성에 의하면 비교적 단시간에 거래계에서 활용될 가능성이 있다.

독일 민법도 동산질권부채권 이전에 관하여는 제1250조에서 질권의 부종성(Akzessorietät)을 명시하는데,[262] 전적으로 채권양도법리에 근거하여 질권은 질물의 점유이전 없이도 법률행위, 법률규정, 법원의 명령 등에 의해 채권에 수반하여 이전한다고 해석된다.[263] 저당권에 대한 규율과의 차이는 공시방법으로서 등기와 점유가 가지는 의미의 차이로부터 연유하는 것으로 보이기는 하지만,[264] 성립요건주의 하에서도 담보권 자동이전 방식의 입법이 가능하다는 예시가 되기에는 충분할 것이다.

(3) 제1안에 따를 경우 양수인(질권자)의 등기 경료방법

제1안에 의한다면 저당권부채권은 등기 없이 전전 양도되거나 질권이 설정되므로 특정 시점에서의 양수인(질권자)이 이전(질권설정)등기를 경료하고자 할 때 그 방법이 문제될 수 있는데, 양수인(질권자)은 이전 권리자들을 순차 대위하여 저당권 명의인을 상대로 등기절차 이행을 청구할 수 있다. 저당권이전에 등기를 요하지 않는 이상 등기청구권이 없기 때문에 위와 같은 방식은 불가능하다고 보는 견해도 있지만,[265] 제187조 단서를 고려할 때 법률행위에 의하지 않은 물권변동에서도 등기청구권을 관념하는 데에 문제는 없고 제1안에서 등기에 제3자에 대한 대항요건이라는 별도의 의미를 부여하고 있는 점에서도 그러하다. 이러한 절차가 다소 복잡하나 현재에도 자주 발생하는 현상이다. 나아가 양수인(질권자)

---

262) 제1250조(채권의 양도) ① 채권의 양도와 동시에 질권은 새로운 채권자에게 이전한다. 질권의 채권과 별도로 양도할 수 없다. ② 채권의 양도에 있어서 질권의 이전이 배제된 경우에는 질권은 소멸한다.

263) L. Michalski, in: Westermann(hrsg.), Erman Bürgerliches Gesetzbuch, 12. Aufl., Otto Schmidt, 2008, Bd Ⅱ, §1250 Rn. 1; Damrau, in: Säcker/Rixecker(hrsg.), Münchener Kommentar zum BGB, Bd 6, 5. Aufl., C.H. Beck, 2009, § 1274 Rn. 9; Bülow, in: Dauner-Leib/Heidel/Ring(hrsg.), Anwaltkommentar BGB, Deutscher Anwaltverlag, 2004, Bd 3, §1251 Rn. 1[최수정(주 55), 142면, 주 23)에서 재인용]. 이에 대해서는 저당권부채권양도와 다른 입법태도를 취한 점에 대해 체계적 관련성을 간과하였다는 비판이 제기된다고 한다. Wieling, Sachenrecht, 2. Aufl., Springer, 2006, S. 742(같은 곳에서 재인용).

264) von Rintelen, Der Übergang nichtakzessorischer Sicherheiten bei der Forderungszession, 1996, S. 92-93, 96-98[이동진(주 15), 833면에서 재인용].

265) 강태성(주 39), 129면.

이 물권적 방해배제청구권의 행사로서, 저당권 등기명의인을 상대로 직접 진정등기명의 회복을 원인으로 한 이전등기 절차의 이행을 구할 수 있다고 본다면[266] 이러한 번잡함을 피할 수도 있을 것이다.

Ⅵ. 결　　론

대상판결은 거래계에서의 수요에 비해 학설, 판례의 전개는 미진하였던 주제인 저당권부채권에 대한 질권설정의 이론구성에 관하여 양도에 관한 통설, 판례의 법리가 원칙적으로 적용된다는 점, 그리고 이는 처음부터 저당권이 존재했던 경우뿐만 아니라 저당권이 사후적으로 설정된 경우에도 동일하다는 점을 최초로 판시하면서 그 내용을 명확히 하였다는 데에 그 의의가 있다. 양도, 질권설정 등 저당권부채권의 처분에 관한 법리는 채권변동에 관한 대항요건주의와 물권변동에 관한 성립요건주의가 병존하는 우리만의 법상황 하에서 수반성이라는 담보물권의 보편적 성질을 다루는 문제이기에 그 중요성에 대해서는 이론이 있을 수 없다. 하지만 이에 대해서는 뚜렷한 명문의 규정이 없어 그 해결이 쉽지만은 않은데 우리의 현행 규정들과 독일 등 주요국들의 법제, 국제규범들에 대한 비교법적 검토 등에 터 잡아 도달할 수 있는 통설, 판례의 결론(양요건 필요설)은 현재의 해석론으로서 타당하고 이를 적용한 대상판결도 기본적으로 지지될 수 있다.

본고는 기존 연구와 판례를 되도록 충실히 정리하면서도 다음과 같이 고유의 주장을 개진하거나, 기존에 주목되지 않았던 내용들을 논거 보완을 통해 재조명하고자 하였다. 우선 민법 조문에 있어서는 수반성의 근거로 제361조보다 제100조 제2항의 유추적용이 타당하다는 점을 밝히고, 통설 및 판례 법리의 실정법상 근거로서 제348조가 가지는 의미와 이를 뒷받침하는 만주민법의 해석론을 구체적으로 확인해보았다. 한편 저당권부채권양도와 구별되어 질권설정에서만 나타나는 장면들을 포착하

---

266) 강태성(주 39), 128면에서는 이전등기 직접 청구를 긍정하면서도 그 근거를 중간생략등기에서 찾는데 의문이다.

고 그중 사후적으로 저당권이 설정된 경우에도 저당권에 질권의 효력이 미치는 것이 원칙이라고 보아 이를 다투는 자에게 주장, 증명책임을 지우는 대상판결의 태도가 합리적 의사해석이나 민법상 의사추정의 한계를 벗어나 부당하다는 점, 이 경우에는 질권자에게 다소 불리하더라도 물권변동과 주장, 증명책임 분배의 원칙으로 돌아가 그에게 주장, 증명책임을 지우는 것이 타당하다는 점을 비판적으로 살폈다.

나아가 입법론으로는 개정위에서의 논의를 토대로 당시에는 채택되지 못한, 수반성을 법률규정에 의한 물권변동으로 구성하는 방안을 재고해볼 필요가 있음을 검토하였다. 그리고 그 논거로서 질권자의 정당한 이익을 보호하고 분쟁을 예방할 필요성, 수반성의 영역에서 공시의 원칙이 뒤로 물러나는 우리 법제상의 적지 않은 사례들, 중첩된 공시방법을 요구함에 따라 역설적으로 공시원칙의 목표가 훼손되는 문제와 이를 해결하기 위한 공시방법의 단일화 필요성, 저당권 이외의 다른 담보물권부 채권에 대한 질권설정에서의 입법적 흠결, 비교법적 검토결과를 들었다.

논의가 확장되어 판례평석으로서는 다소 긴 글이 되었으나 본고가 저당권부채권양도와 질권설정에 대한 해석론과 입법론, 그리고 보다 넓게는 담보물권의 수반성에 관한 논의에 조금이나마 기여하는 바가 있기를 바란다.

[Abstract]

The Requirement for the Right of Pledge for Claim to be Effective to the Mortgage Established Later to Secure that Claim(Ex-post Mortgage)

Lee, Moo Ryung*

Mortgage, as one kind of security right, has appendant(accompanying) nature to its secured claim. Article 361 of Korean Civil Law has been regarded as the article about this nature. Based on this Article comprehended as mandatory, disposal of mortgage alone is invalid. On the other hand, most lawyers and the judicial precedent hold that disposal of secured claim alone(not explicitly prescribed by the article) is allowed but mortgage becomes extinct. Considering that these opinions are based on reasonable construction of parties' intention, we should find the ground for accompanying nature in analogical application of Article 100 Paragraph 2, not 361. The transfer of mortgage claim is a major issue about accompanying nature. Many countries(Germany, Austria, Switzerland, France, Japan etc.) stipulate it diversely. Korean Civil Law adopts two systems. About assignment of receivables(claim), the assignee can claim receivables by notification of the assigner or acceptance of the debtor. On the other hand, transfer of property needs registration. These two systems intersect at the issue of mortgage claim transfer and this causes characteristic legal issues. Although several views conflict, most lawyers and the judicial precedent argue that assignment of mortgage claim, notification(acceptance) and transfer of mortgage, registration are all required. The ground of this argument can be found at

* Judge, Cheongju District Court.

Article 348 which is about the right of pledge for mortgage claim and the same article of Manchurian Civil Law. According to this opinion, notification(acceptance) and registration may not occur simultaneously and it brings about many questions−whether the mortgage becomes extinct; whether the assigner can be repaid through distribution procedure[when only notification(acceptance) completed]; whether the assignee can file execution procedure(when only registration completed). These theory and questions can be adopted generally to the issue about establishment of right of pledge for mortgage claim. But in that case, there is no change at the belonging of right, hence several different scenes can be captured. The question dealt in the subject case, which condition is required for the right of pledge for claim to be effective to the mortgage established later to secure that claim(ex-post mortgage), is one example. The court ruling on this case that adopted the theories about transfer of mortgage claim is to the most extent reasonable. However, the judgement that the right of pledge should be extended 'in principle' to the ex-post mortgage is unfair, because the intention to establish right of pledge for the non-existing mortgage cannot be postulated and is beyond reasonable construction(or assumption) of parties' intention. The pledge's holder should take burden of proving the existence of establishment to the ex-post mortgage. Registration for the ex-post mortgage is required by any views. This argument may put burden on the pledge's holder and reduce availability of mortgage. Considering this problem and the following matters−allowing not a few exceptions to disclosure principle in security right transfer; contradiction that legal stability is harmed because two types of disclosure are all required; legislative voidness that denies the right of pledge for other types of secured claim; international tendency that emphasizes consistency between secured claim and security transfer−it is necessary to reconsider the amendment draft of Korean Civil Code about automatic transfer of mortgage which was not adopted at the committee of civil code amendment.

[Key word]

- mortgage claim transfer
- the right of pledge for mortgage claim
- appendant nature
- accompanying nature
- Korea Civil Law Article 361
- Article 100 Paragraph 2
- committee of civil code amendment

참고문헌

[단 행 본]

편집대표 곽윤직, 민법주해[Ⅵ] 물권(3), 박영사(1992).
______, 민법주해[Ⅶ] 물권(4), 박영사(1992).
______, 민법주해[Ⅸ] 채권(2), 박영사(1995).
______, 민법주해[Ⅹ] 채권(3), 박영사(1995).
편집대표 김용담, 주석 민법[물권 3] 제4판, 한국사법행정학회(2011).
편집대표 김용덕, 주석 민법[물권 3] 제5판, 한국사법행정학회(2019).

강태성, 물권법 제10판, 대명출판사(2020).
고상룡, 물권법, 법문사(2001).
곽윤직, 부동산등기법 신정수정판, 박영사(1998).
곽윤직 · 김재형, 물권법 제8판(전면개정), 박영사(2014).
구연모, 부동산등기법, 박영사(2020).
권영준, 민법개정총서(11) : 2014년 법무부 민법개정시안 해설, 법무부(2017).
______, 민법학의 기본원리, 박영사(2020).
김상용, 물권법 제4판, 화산미디어(2018).
김성수 역, 비교민법총서(2) : 대만민법전, 법무부(2012).
김용덕, 주석 민법[물권 4] 제5판, 한국사법행정학회(2019).
김준호, 물권법 제10판, 법문사(2017).
김증한 · 김학동, 물권법 제9판, 박영사(1997).
명순구, 프랑스 민법전, 법문사(2004).
송덕수, 물권법 제5판, 박영사(2021).
양창수, 독일민법전(총칙 · 채권 · 물권) 2021년판, 박영사(2021).
양창수 · 권영준, 권리의 변동과 구제(민법Ⅱ) 제4판, 박영사(2021).
양창수 · 김형석, 권리의 보전과 담보(민법Ⅲ) 제4판, 박영사(2021).
윤철홍, 물권법 3정판, 법원사(2019).
이시윤, 신민사소송법 제14판, 박영사(2020).
이영준, 물권법 전정신판, 박영사(2009).

이은영, 물권법 제4판, 박영사(2006).
전원열, 민사소송법 강의 제2판, 박영사(2021).
지원림, 민법강의 제18판, 홍문사(2021).
최수정, 채권양도론, 진원사(2007).
한불민사법학회 편, 개정 프랑스채권법 해제, 박영사(2021).
Christian von Bar 외 10인 편저 · 안태용 역, 비교민법총서(1) : 유럽 민사법의 공통 기준안-총칙 · 계약편-(DCFR 제1권~제4권), 법무부(2012).

법무부 민법개정자료발간팀(서정민, 남재현, 우승학, 이선미, 김훈주) 편, 민법개정총서(6) : 2013년 법무부 민법개정시안 조문편, 법무부(2013).
______, 민법개정총서(8) : 2013년 법무부 민법개정시안 물권편, 법무부(2013).
법원실무제요 민사집행[Ⅲ]-부동산집행(2)-, 사법연수원(2020).
______, [Ⅳ]-동산 · 채권 등 집행-, 사법연수원(2020).
부동산등기실무[Ⅰ], 법원행정처(2015).
부동산등기실무[Ⅱ], 법원행정처(2015).
요건사실론, 사법연수원(2012).
판례공보스터디 민사판례해설: 2019. 7. 1.자 공보~2020. 6. 15.자 공보, 서울고등법원 판례공보스터디(2020).

高木多喜男, 擔保物權法 第4版, 有斐閣(2005).
石田文次郎 · 村敎三, 滿洲民法(擔保物權), 有斐閣(1943).
石田穰, 擔保物權法, 信山社(2010).
船越隆司, 擔保物權法 第3版, 尙學社(2004).
我妻榮, 新訂 擔保物權法, 岩波書店(1972).
我妻榮 · 有泉亨, コンメンタール擔保物權法 第3版, 日本評論社(2004).
柚木馨 · 高木多喜南 編集, 新版 注釋民法(9) 物權(4), 有斐閣(1998).
田山輝明, 擔保物權法 第2版, 成文堂(2004).

[논문 · 평석]

강태성, “담보물권부 채권의 처분”, 同, 법률행위론, 대명출판사(2012).
______, “민법에서의 종물이론과 부종성이론”, 법학논고 제44집(2013. 11.), 경북대학교 법학연구원.

______, "질권과 저당권의 변동에 관한 민법개정론", 법학논고 제49집(2015. 2.), 경북대학교 법학연구원.

김성수, "프랑스민법전의 담보제도에 관한 최근 동향－2006년 신설된 민법전 제4편의 물적담보와 인적담보의 개정을 중심으로－", 법조 통권 제624호(2008. 9.), 법조협회.

김은아, "개정 프랑스민법전에서의 채권양도", 아주법학 제12권 제3호(2018. 12.), 아주대학교 법학연구소.

김재형, "근저당권의 양도에 관한 법률관계", 同, 민법론 Ⅲ, 박영사(2007).

______, "유엔채권양도협약의 국내법적 수용문제", 同, 민법론 Ⅲ, 박영사(2007).

김형석, "「동산·채권 등의 담보에 관한 법률」에 따른 동산담보권과 채권담보권", 서울대학교 법학 제52권 제3호(2011. 9.), 서울대학교 법학연구소.

노만경, "근저당권부 채권이 양도되었으나 근저당권의 이전등기가 경료되지 않은 상태에서 실시된 배당절차에서 근저당권의 명의인이 배당이의를 할 수 있는지 여부(2003. 10. 10. 선고 2001다77888 판결 : 공2003하, 2164)", 대법원판례해설 제46호(2004. 7.), 법원도서관.

배병일, "저당권부채권질권", 법학논고 제68집(2020. 1.), 경북대학교 법학연구원.

손흥수, "저당권부 채권양도와 민사집행－성립요건주의와 대항요건주의의 교차－", 민사집행법연구 제6권(2010. 2.), 한국민사집행법학회.

양창수, "민법안에 대한 국회의 심의(Ⅱ)－국회본회의의 심의－", 同, 민법연구 제3권, 박영사(2006).

______, "민법전 제정과정에 관한 殘片", 同, 민법연구 제8권, 박영사(2005).

______, "「유럽계약법원칙」의 소멸시효규정－우리 민법에의 시사를 덧붙여－", 同, 민법연구 제8권, 박영사(2005).

______, "최근 일본의 담보물권법 개정", 同, 민법연구 제8권, 박영사(2005).

______, "2003년 민사판례 管見", 同, 민법연구 제8권, 박영사(2005).

______, "우리 민법학 70년의 성과와 앞으로의 과제", 同, 민법연구 제10권, 박영사(2019).

이계정, "[2020년 분야별 중요판례분석] 3. 민법 上(총칙·물권)", 법률신문(2021. 1. 28.).

이동진, "담보의 부종성에 관한 소고(小考)", 자율과 정의의 민법학 : 양창수 교수 고희기념논문집, 박영사(2021).

이우재, "가. 근저당권의 피담보채권과 함께 근저당권을 양수하였으나 채권양도의 대항요건을 갖추지 못한 양수인의 저당권실행의 가부(적극) 및 배당 여부(적극), 나. 선순위의 근저당권부채권을 양수한 채권자가 채권양도의 대항요건을 갖추지 아니한 경우 후순위의 근저당권자가 채권양도로 대항할 수 없는 제3자에 포함되는지 여부(소극) (2005. 6. 23. 선고 2004다29279 판결 : 공2005하,1221)", 대법원판례해설 제54호(2006. 1.), 법원도서관.

이지영, "저당권의 부종성과 질권의 부기등기: 무담보채권에 질권을 설정한 뒤 그 채권을 담보하기 위해 저당권을 설정한 경우(2020. 4. 29. 선고 2016다235411판결 : 공2020상, 964)", 대법원판례해설 제123호(2020. 12. 21.), 법원도서관.

이철송, "만주국민법의 우리 법제사적 의의－만주민법의 자리매김에 관한 의문－", 민사법학 제78호(2017. 2.), 한국민사법학회.

이현종, "채권양도의 대항요건을 갖추지 못한 저당권부 채권양수인의 저당권 실행", 민사판례연구 제29권, 박영사(2007).

장지용, "저당권부 채권양도에 관한 연구", 서울대학교 법학석사 학위논문(2008).

정병호, "저당권부 채권의 양도에 관한 하나의 시론 : 대항요건과 성립요건의 교차", 우리 민법학은 지금 어디에 서 있는가?－한국 민사법학 60년 회고와 전망－, 민사법학 특별호(제36호), 박영사(2007).

최수정, "피담보채권의 양도와 저당권이전", 민사법학 제48호(2010. 3.), 한국민사법학회.

[기타 자료]

法務資料 第3輯 : 蘇聯中國 및 滿洲民法典, 法務部調査局[단기4281(1948). 12.].

民議院 法制司法委員會 民法案審議小委員會, 民法案審議錄 上卷(1957).

국립국어원 표준국어대사전(https://stdict.korean.go.kr, 2021. 11. 20. 최종방문).

금융감독원, "금융회사의 대부업자를 통한 주택담보대출 규제우회 금지", 2020. 8. 26.자 보도자료(http://www.fss.or.kr/fss/kr/promo/bodobbs_list.jsp?s_kind=&s_title=&page=8).

법무부, 개정 프랑스 민법 중 물권법, 담보법(제2권, 제4권)의 번역(2017)[국회도서관 외국법률번역DB(https://law.nanet.go.kr/lawlibrary/totalsearch/list.do), 2021. 11. 20. 최종방문].

UNCITRAL 홈페이지(https://uncitral.un.org/sites/uncitral.un.org/files/media-documents/uncitral/en/overview-status-table.pdf, 2021. 11. 20. 최종방문).

누적적 근저당권의 성립 조건과 운용상 특징에 관한 연구

여 동 근*

■요 지■

우리 민법은 근저당권 관련 조문과 공동저당 관련 조문을 각 하나씩 두고 있을 뿐, 공동근저당권에 관하여는 별도의 명시적 규정을 두고 있지 않다. 이에 따라 하나의 기본계약에서 발생하는 동일한 채권을 담보하기 위하여 여러 근저당권을 설정하면서도 공동저당에 관한 민법 제368조의 적용을 배제하고 각각의 채권최고액을 합한 전액의 범위 내에서 우선변제받기 위하여 공동근저당권의 형식을 취하지 않는 이른바 '누적적 근저당권'이 해석상 허용되는지가 문제된다. 이를 부정하는 견해도 존재하나, 대법원은 대상판결[대법원 2020. 4. 9. 선고 2014다51756, 2014다51763(병합) 판결]을 통해 누적적 근저당권의 개념을 명시적으로 인정하였다. 위 개념을 인정하더라도 물권법정주의 내지 민법 제368조의 강행규정성에 반한다거나 후순위담보권자의 권리를 부당하게 침해한다고 할 수 없는 반면, 위 개념을 부정할 경우 근저당권자 등의 자유는 물론 채무자의 자금융통 기회를 부당하게 제한하는 결과를 초래할 수 있으므로, 위 개념을 인정하는 대상판결의 태도가 타당하다.

누적적 근저당권은 각 근저당권별로 채권최고액이 동일할 필요가 없고 피담보채권의 범위도 일부 상이할 수가 있으며, 무엇보다 공동근저당권의 형식, 즉 공동저당의 등기를 갖추지 아니한다는 점에서, 민법 제368조의 적용을 받는 협의의 공동근저당권과 구분된다. 다만, 피담보채권의 범위의 일부는 각 근저당권별로 공통되어야만 누적적 근저당권이라 할 수 있다. 각 근저

* 춘천지방법원 영월지원 판사.

당권별로 피담보채권이 완전히 구분된다면 이는 누적적 근저당이 아닌 단순한 개별 근저당권에 불과하다.

누적적 근저당권은 각 근저당권이 개별 확정될 수 있다는 점에서는 공동근저당권과 다르지 않으나, 일부 근저당권에서의 우선변제로 다른 근저당권의 채권최고액이 감액되지 않는다는 점에서 공동근저당권과 결정적으로 다르다. 그리고 누적적 근저당권은 처음부터 민법 제368조의 적용을 배제하고자 개별 근저당권의 형식을 취하는 것이므로 후순위저당권자 대위의 여지가 없다. 반면 물상보증인이 누적적 근저당 관계에 있는 다른 근저당권에 변제자대위권을 행사하는 것은 가능하다. 한편 누적적 근저당권에 민법 제368조 제1항을 유추적용하자는 논의가 있으나, 그 유추적용을 배제하는 것이 간명하고 누적적 근저당권의 성격에도 부합하는 태도라고 생각한다.

[주 제 어]

- 누적적 근저당권
- 공동근저당권
- 민법 제368조
- 물권법규정의 강행규정성
- 물권법정주의
- 담보범위 중첩
- 후순위저당권자 대위
- 변제자대위
- 근저당권 확정
- 이시배당

대상판결 : 대법원 2020. 4. 9. 선고 2014다51756, 2014다51763(병합) 판결

[사안의 개요]

I. 각 근저당권 설정

1. X은행은 2009. 10. 16. Y회사에 75억 원을 대출하였다(이하 '이 사건 대출'이라 한다). 이 사건 대출금 채무를 포함, Y회사가 X은행에 대하여 현재 및 장래에 부담하는 채무를 포괄 담보하기 위하여, ① 원고1은 97억 5,000만원 범위에서 위 채무를 포괄연대보증하였고, ② Y회사와 원고들은 X은행에게 아래 각 3그룹의 근저당권 설정등기를 마쳐주었다(이하 각 그룹별로 'ㅇ그룹 근저당권'이라 하고, 통틀어 '이 사건 전체 근저당권'이라 한다). 아래 각 그룹 간에는 서로 공동담보라는 뜻이 등기되지 않았다.

A그룹	B그룹	C그룹
– Y회사 소유 남양주시 소재 건물(이하 '남양주 건물'이라 함) 중 4개 호실 – 원고1 소유 인천 연수구 송도동 소재 아파트(이하 '송도 아파트'라 함) ※ 채권최고액 25억 원, 위 각 부동산이 공동담보인 뜻이 함께 등기됨	– 원고1 소유 인천 남구 주안동 소재 토지 및 건물 – 원고들 공유(각 1/2지분씩) 같은 구 도화동 소재 토지(이하 '도화동 토지'라 함) ※ 채권최고액 40억 원, 위 각 부동산이 공동담보인 뜻이 함께 등기됨	– Y회사 소유 남양주 건물 중 36개 호실 ※ 공동담보인 뜻이 등기되지 않음. 채권최고액은 각 호실별로 약 9,000만 원부터 약 16억 원까지 다양하며, 합하면 133억 4,980만 원에 달함

2. 피고는 Y회사에 대하여 공사대금 등 채권을 가지고 있었는데, 2010. 9. 7. 위 채권을 담보하기 위하여 Y회사 소유 남양주 건물 전체를 공동담보로 채권최고액 19억 5,000만 원인 후순위근저당권이 설정되었다.

II. 원고들(물상보증인, 원고1은 연대보증인)의 대위변제

1. 이후 도화동 토지(B그룹, 원고들 공유)에 관한 공익사업 시행으로 해당 사업시행자가 도화동 토지를 협의취득하였고, 사업시행자는 2010. 4.~7.경 X은행의 물상대위권 행사에 따라 토지보상금 중 원고1을 위한 10억 1,146만 3,842원과 원고2를 위한 10억 1,300만 원을 각 X은행에 지급하였다.

2. X은행은 2011. 10. 13. 송도 아파트(A그룹, 원고1 소유)에 대한 임의경매를 신청하였고, 다음 날 그에 기한 임의경매개시결정이 내려져 위 아파트에 대한 경매절차가 진행되었다. 원고1은 2012. 2. 23. 매각기일 연기를 위해 X은행에 2억 원을 변제하였다.

Ⅲ. Y회사 소유의 남양주 건물에 대한 경매·배당절차 진행과 원고들의 배당이의

1. X은행은 2012. 3. 21. Z회사에 이 사건 대출금 및 이를 담보하기 위한 이 사건 전체 근저당권을 모두 양도하였고(이하 해당 근저당권부 채권양도계약을 '이 사건 채권양도계약'이라 한다), 2012. 4. 3. 위 양도에 따른 근저당권이전의 부기등기가 마쳐졌다.

2. 이후 남양주 건물 38개 호실(C그룹의 36개 호실 전체와 A그룹의 4개 호실 중 2개 호실, 이 부분에 설정된 근저당권을 이하 '경매대상 근저당권'이라 한다)에 관한 경매절차가 진행되었다(의정부지방법원 2010타경34077호 등, 이하 '이 사건 경매절차'라 한다).

3. 이 사건 경매절차에서 2013. 2. 12. 매각대금이 완납되었고, 같은 날 및 2013. 3. 12. 2차례에 걸쳐 배당기일이 열렸다. 배당법원은, 실제 배당할 금액 중 당해세 압류권자, 소액임차인 및 1순위 근저당권자 Z회사에 먼저 배당하고 남은 17억 7,066만 2,540원(= 2013. 2. 12.자 배당액 1,608,205,161원 + 2013. 3. 12.자 배당액 162,457,379원, 이하 '잔존 매각대금'이라 한다)을 모두 피고 및 피고의 전부채권자(위 각 배당기일 전에 피고의 배당금채권 일부에 대해 채권압류 및 전부명령이 있었다)에게 배당하고 원고들에게는 전혀 배당하지 않는 내용으로 배당표 작성하였다.

4. 그러자 원고들은 위 각 배당기일에 피고에 대한 배당액에 이의하고서 피고를 상대로 각 배당이의의 소를 제기하였다.

[소송의 경과]

Ⅰ. 제1심 법원의 판단

제1심 법원은 원고들의 청구를 일부 인용하는 판결을 선고하였다[서울중앙지방법원 2013. 10. 2. 선고 2013가합1775, 2693(병합) 판결]. 그 요지는 아래와 같다.

1. 구상권의 성립과 변제자대위

원고들은 물상보증인 또는 연대보증인(원고1의 경우)으로서 이 사건 대출금 중 원고1은 합계 12억 1,146만 3,842원[= 도화동 토지 보상금(B그룹 관련) 10억 1,146만 3,842원 + 송도아파트 관련 변제금(A그룹 관련) 2억 원]을, 원고2는 10억 1,300만 원(도화동 토지 보상금, B그룹 관련)을 대위변제하였으므로, 민법 제441조, 제425조 제2항(수탁보증인 관련 규정) 및 민법 제370조, 제341조(물상보증인 관련 규정)에 따라 Y를 상대로 각 구상권을 행사할 수 있고, 민법 제481조, 제482조 제1항, 제483조 제1항에 따라 위 각 구상권의 범위에서 이 사건 대출금 채권 중 원고들의 대위변제로 소멸한 부분을 변제자로서 대위할 수 있으며, 이와 같이 대위하는 채권을 변제받기 위하여 그 담보에 관한 권리 또한 대위할 수 있다.

2. 경매대상 근저당권, 특히 C그룹 근저당권에 대한 변제자대위권 행사 가부

(1) 근저당권은 그 목적 부동산 전부가 피담보채권 전부를 담보하는 불가분성이 있으므로(민법 제370조, 제321조), 특별한 사정이 없는 한 C그룹 근저당권은 그 각 채권최고액의 범위에서 A, B그룹 각 근저당권과 함께 이 사건 대출금 채권 전액을 담보한다고 보아야 한다. 따라서 C그룹 근저당권은 이 사건 대출금 채권 중 원고들의 대위변제로 소멸한 부분 또한 담보하므로, 원고들은 A그룹 근저당권 중 2개 호실 부분은 물론 C그룹 근저당권에 대하여도 변제한 가액에 비례하여 변제자 대위권을 행사할 수 있다.

(2) 피고는 다음과 같은 취지로 주장한다. A그룹, B그룹 및 C그룹 각 근저당권은 이 사건 대출금 채권을 그 담보범위를 달리하여 개별적·누적적으로 담보하는 개별 근저당권으로서 공동저당권이 아니므로 상호간 그 피담보채권을 달리한다. 따라서 원고들이 A그룹 및 B그룹 각 근저당권의 피담보채권을 변제한 것으로써 그 피담보채권을 달리하는 C그룹 근저당권을 대위할 수 없다.

㈎ 살피건대, X는 Y에 대한 이 사건 대출금 채권을 포함한 현재 및 장래의 일체의 채무를 포괄적으로 담보하기 위하여 이 사건 전체 근저당권을 취득하였고, 그 각 채권최고액의 합계액은 이 사건 대출금 채권액을 초과하나 이 사건 전체 근저당권의 개별 채권최고액은 위 대출금 원본에도 미달한다. 아울러 이 사건 전체 근저당권이 상호간 공동저당의 관계에 있다고 본다

면 X가 이 사건 전체 근저당권으로부터 변제받을 수 있는 금액은 B그룹 근저당권의 채권최고액인 40억 원을 상한으로 하게 되어 역시 위 대출금 원본에 미달한다. 이에 비추어 보면, 이 사건 전체 근저당권 설정계약의 당사자인 X, Y 및 원고들의 의사는, 이 사건 대출금 채권 등을 이 사건 전체 근저당권으로 중첩적으로 담보할 의사라기보다는, 다른 그룹의 근저당권이 담보하지 않는 범위를 누적적으로 담보하는 수개의 근저당권을 설정할 의사였다고 보는 것이 타당하다.

(나) 그러나 이 사건 전체 근저당권이 누적적 근저당이라는 사정만으로 당연히 그룹별 근저당권의 각 피담보채권이 달라져 A, B그룹 근저당권의 물상보증인으로서 변제한 경우에 C그룹 근저당권에 대하여 변제자대위를 할 수 없다고 보기 어렵다. 그 이유는 다음과 같다(아래에서 볼 대상판결의 논거와 크게 다르지 않다). ① 이 사건 전체 근저당권 설정계약의 당사자인 X, Y 및 원고들은 각 그룹별 근저당권의 채권액이나 부담비율 또는 이를 정하는 기준에 관하여 정한 바가 없었다. 또한 Y가 이 사건 채권양도계약을 체결할 때에도, 각 근저당권별로 피담보채권을 구별하여 특정하지 않았다. 따라서 이 사건 대출금 채권 등이 각 그룹별로 분할되어 별개로 귀속된다고 보게 되면 위 당사자들의 의사에 반한다. ② 물상보증인인 원고들에게 변제자대위를 허용하더라도 후순위근저당권자인 피고의 보호가치 있는 신뢰를 침해하지 않는 반면, 원고들에게 변제자대위를 허용할 필요성은 공동저당의 경우와 마찬가지로 크다.

3. 변제자대위의 범위

(1) 이 사건 전체 근저당권의 피담보채권은, X와 Z가 이 사건 대출금 채권의 잔존 원본 및 이자를 정하여 이 사건 채권양도계약을 체결한 무렵에 위 채권으로 확정된다. 그리고 Z가 집행법원에 경매대상 근저당권의 각 채권최고액 범위 내에서 행사할 피담보채권의 범위를 정한 채권계산서를 제출함으로써, 경매대상 근저당권이 부담하는 개별 담보한도가 최종적으로 확정된다고 보는 것이 타당하다. 따라서 경매대상 근저당권의 각 채권최고액에서, 각 근저당권이 담보하는 (Z 보유의) 피담보채권을 공제한 나머지 부분에 관한 권리는, 대위변제자인 원고들에게 법률상 당연히 이전된다(대법원 2002. 7. 26. 선고 2001다53929 판결 참조).

(2) 그렇다면 원고들은 경매대상 근저당권의 각 채권최고액에서 Z에게

배당된 각 금원을 제외한 잔존 채권최고액의 범위에서 우선변제권을 가지므로, 잔존 매각대금 17억 7,066만 2,540원은 위 잔존 채권최고액을 상한으로 원고들에게 우선 배당되어야 한다. 그런데 잔존 매각대금은 위 잔존 채권최고액의 합계액은 물론 원고들의 구상채권 원본인 각 대위변제금 합계 22억 2,446만 3,842원에도 미달한다. 따라서 이 사건 경매절차에서 원고들에게 배당할 금원은 (잔존 매각대금을 원고들의 대위변제금액에 비례하여 안분한 금액의 범위 내에서) 원고들이 각 부동산별로 배당을 신청한 금원 전액이다.

Ⅱ. 항소심 법원의 판단

1. 제1심 판결에 대해 원고들과 피고 모두 항소하였다. 피고는 앞서 본 주장을 항소심에서도 동일하게 제기하였으나, 항소심 법원은 제1심 판결과 대체로 유사한 논거를 들어 피고의 주장을 배척하고 원고들의 C그룹 근저당권에 대한 변제자대위를 긍정하였다. 그리하여 항소심도 제1심과 마찬가지로 원고들의 청구를 일부 인용하는 판결을 선고하였다[서울고등법원 2014. 6. 24. 선고 2013나69240, 2013나69257(병합) 판결].[1]

2. 피고는 위 주장에 더하여, 변제자대위 범위와 관련한 다음 주장을 추가로 제기하였다. 원고들이 이 사건 경매절차에서 신고한 채권액을 경매목적물인 각 부동산별로 배분한 금액의 비율에 따라서 배분하면, 일부 부동산의 경우 위와 같이 배분된 채권액이 원고들이 주장하는 각 배당신청액에 미달한다. 이러한 경우 원고들에게 배당할 금액은 원고들의 배당신청액이 아니라 위와 같이 배분된 채권액에 의하여야 한다.

그러나 항소심 법원은 다음과 같은 이유로 피고의 위 주장을 배척하였다. 원고들이 주장하는 각 배당신청액의 합계액이 원고들의 각 구상금 채권의 원본에도 미치지 못함이 명백하다. 따라서 원고들은 자신들이 배당받을 채권액을 각 경매목적 부동산의 잔존 채권최고액의 범위 내에서 자유로이 배분하여 주장할 수 있다.

Ⅲ. 대법원의 판단(대상판결)

피고는 항소심 판결에 불복하여 상고하였으나, 대법원은 피고의 상고를

1) 다만, 구체적 배당표 경정액 산정방식의 차이로 인해 인용금액이 아주 약간 달라진 등으로 단순 항소기각 주문이 선고되지는 않았다.

모두 기각하는 판결(대상판결)을 선고하였다.

1. 대법원은 대상판결에서 '당사자들은 공동근저당권으로 등기된 A그룹 근저당권 상호간 및 B그룹 근저당권 상호간을 제외하고는 각 근저당권 사이에 담보 범위가 중첩되지 않고 이 사건 대출금 채권 전체를 누적적으로 담보할 의사로 각 근저당권을 설정하였다'고 설시하여 제1심 및 항소심 법원의 당사자 의사해석을 수긍하였다. 이를 토대로 대법원은 대상판결에서 아래와 같은 내용으로 누적적 근저당권의 개념을 명시적으로 인정함과 동시에 누적적 근저당권의 특징을 설명하였다.

> "당사자 사이에 하나의 기본계약에서 발생하는 동일한 채권을 담보하기 위하여 여러 개의 부동산에 근저당권을 설정하면서 각각의 근저당권 채권최고액을 합한 금액을 우선변제받기 위하여 공동근저당권의 형식이 아닌 개별 근저당권의 형식을 취한 경우, 이러한 근저당권은 민법 제368조가 적용되는 공동근저당권이 아니라 피담보채권을 누적적(累積的)으로 담보하는 근저당권에 해당한다. 이와 같은 누적적 근저당권은 공동근저당권과 달리 담보의 범위가 중첩되지 않으므로, 누적적 근저당권을 설정받은 채권자는 여러 개의 근저당권을 동시에 실행할 수도 있고, 여러 개의 근저당권 중 어느 것이라도 먼저 실행하여 그 채권최고액의 범위에서 피담보채권의 전부나 일부를 우선변제 받은 다음 피담보채권이 소멸할 때까지 나머지 근저당권을 실행하여 그 근저당권의 채권최고액 범위에서 반복하여 우선변제를 받을 수 있다."

2. 나아가 대법원은 대상판결에서, "채권자가 하나의 기본계약에서 발생하는 동일한 채권을 담보하기 위하여 채무자 소유의 부동산과 물상보증인 소유의 부동산에 누적적 근저당권을 설정받았는데 물상보증인 소유의 부동산이 먼저 경매되어 매각대금에서 채권자가 변제를 받은 경우, (중략) 물상보증인은 변제자대위에 의하여 종래 채권자가 보유하던 채무자 소유 부동산에 관한 근저당권을 대위취득하여 행사할 수 있다고 보아야 한다."면서 그 상세한 이유를 다음과 같이 제시하였다.

> (1) 누적적 근저당권은 모두 하나의 기본계약에서 발생한 동일한 피담보채권을 담보하기 위한 것이다. 이와 달리 당사자가 근저당권 설정 시 피담보채권을 여러 개로 분할하여 분할된 채권별로 근저당권을 설정하였다면 이는 그 자체로 각각 별개의 채권을 담보하기 위한 개별 근저당권일 뿐 누적적 근저당권이라고 할 수 없다. 누적적 근저당권은 각 근저당권의 담보 범위가 중첩되지 않고 서로 다르지만 이러한 점을 들어 피담보채권이 각 근저당권별로 자동으로 분할된다고 볼 수도 없다. 이는 동일한 피담보채권이 모두 소멸할 때까지 자유롭게 근저당권 전부 또는 일부를 실행하

여 각각의 채권최고액까지 우선변제를 받고자 누적적 근저당권을 설정한 당사자의 의사에 반하기 때문이다. (중략) 따라서 채무자 소유 부동산에 설정된 근저당권은 물상보증인이 변제로 채권자를 대위할 경우 민법 제482조 제1항에 따라 행사할 수 있는 채권의 담보에 관한 권리에 해당한다.

(2) 민법 제481조, 제482조가 대위변제자로 하여금 채권자의 채권과 그 채권에 대한 담보권을 행사할 수 있도록 하는 이유는 대위변제자의 채무자에 대한 구상권의 만족을 실효성 있게 보장하기 위함이다. 물상보증인은 채무자의 자력이나 함께 담보로 제공된 채무자 소유 부동산의 담보력을 기대하고 자신의 부동산을 담보로 제공한다. 누적적 근저당권의 피담보채권액이 각각의 채권최고액을 합한 금액에 미달하는 경우 물상보증인은 변제자대위 등을 통해 채무자 소유의 부동산이 가장 우선적으로 책임을 부담할 것을 기대하고 담보를 제공한다(누적적 근저당권의 피담보채권액이 각각의 채권최고액을 합한 금액보다 큰 경우에는 채권자만이 모든 근저당권으로부터 만족을 받게 되므로 물상보증인의 변제자대위가 인정될 여지가 없다). 그 후에 채무자 소유 부동산에 후순위저당권이 설정되었다는 사정 때문에 물상보증인의 기대이익을 박탈할 수 없다.

(3) 반면 누적적 근저당권은 공동근저당권이 아니라 개별 근저당권의 형식으로 등기되므로 채무자 소유 부동산의 후순위저당권자는 해당 부동산의 교환가치에서 선순위근저당권의 채권최고액을 뺀 나머지 부분을 담보가치로 파악하고 저당권을 취득한다. 따라서 선순위근저당권의 채권최고액 범위에서 물상보증인에게 변제자대위를 허용하더라도 후순위저당권자의 보호가치 있는 신뢰를 침해한다고 볼 수 없다.

3. 대법원은 위와 같은 법리를 토대로, 원고들이 변제자대위에 의하여 A그룹 근저당권은 물론 C그룹 근저당권도 X은행의 승계인인 Z와 함께 행사할 수 있다면서(아울러 원고1의 경우 연대보증인의 지위에서도 위 각 근저당권에 대해 변제자대위를 할 수 있다고 하였다), 원고들이 위 각 근저당권의 각 채권최고액 중 Z에 배당된 금액을 뺀 나머지 범위에서 피고에 우선하여 배당받을 수 있다고 한 항소심 법원의 판단을 수긍하였다.

4. 나아가 대법원은, 잔존 매각대금이 원고들이 대위행사하는 각 근저당권의 잔존 채권최고액은 물론 원고들의 구상채권 원본인 대위변제금액에도 미달하는 상황에서, 원고들이 각 근저당권의 잔존 채권최고액 범위에서 자신들이 배당받을 채권액을 부동산별로 자유롭게 배분하여 배당을 신청할 수 있다는 취지의 항소심 법원 판단도 수긍하였다.

〔研　　究〕

I. 서　　론

근저당권은 물적 담보 중에서 가장 많이 이용되고 있는 담보수단으로서, 신용거래에서 확고한 위치를 차지하고 있다.[2] 1회적인 금융거래를 담보하는 경우에도 일반저당권이 설정되는 일은 별로 없고, 그 피담보채권액에 적어도 30% 정도를 가산한 액을 채권최고액으로 하여 근저당권을 설정하는 것이 통상이다.[3] 이처럼 실무에서 근저당권이 흔히 활용되는 것에 비례하여 그와 관련한 법적 분쟁이 다수 제기되고 있는데, 장래의 증감변동하는 채권을 담보한다는 근저당권의 특성 및 이에 기초한 근저당권 확정의 법리 등으로 인하여 근저당권을 둘러싼 법률분쟁이 결코 간단치가 않다. 그런데 우리 민법은 근저당권에 관하여 1개의 조문(제357조)만을 두고 있을 뿐이어서, 근저당권과 관련한 세부적인 문제들이 학설과 판례에 맡겨져 있는 실정이다.[4] 게다가 우리나라는 토지와 건물을 서로 별개의 물건으로 다루는 법제를 가지고 있는 등으로, 하나의 기본계약에서 발생하는 채권을 담보하기 위해 여러 부동산에 근저당권이 설정되는 경우가 빈번하게 발생한다. 그런데 우리 민법에는 단순 공동저당권을 염두에 둔 조문만 있을 뿐(제368조), 공동'근'저당권에 관하여는 아무런 별도의 규정이 없다. 위와 같은 경우에 민법 제368조가 적용될 수 있다는 점에 대해서는 학계나 실무에서 별다른 이의가 없으나,[5] 그 구체적인 적용 양상은 공동저당이 가지는 독립성 등의 성격에 앞서 본 근저당권의

2) 김재형, 근저당권연구, 박영사(2000), 1면.

3) 양창수 · 김형석, 민법Ⅲ－권리의 보전과 담보 제3판, 박영사(2018), 465면.

4) 김재형(주 2), 2면.

5) 곽윤직 · 김재형, 물권법[민법강의Ⅱ] 제8판(전면개정), 박영사(2014), 508면; 송덕수, 물권법 제3판, 박영사(2017), 561면; 이영준, 새로운 체계에 의한 한국민법론[물권편] 신정2판, 박영사(2004), 883면; 양창수 · 김형석(주 3), 490면; 김석우, "공동근저당권에 관한 소고", 법조 Vol. 25 No. 2, 법조협회(1976), 4면; 대법원 2006. 10. 27. 선고 2005다14502 판결 외 다수.

특성 및 법리가 더해져 상당히 복잡한 모습을 띤다.

이러한 와중에, 하나의 기본계약에서 발생하는 동일한 채권을 담보하기 위하여 여러 근저당권을 설정하면서도, 공동저당에 관한 민법 제368조의 적용을 배제하고 각각의 채권최고액을 합한 전액의 범위 내에서 우선변제받기 위하여 공동근저당의 형식을 취하지 않는 경우가 실무에 등장하면서 논의를 한층 더 복잡하게 만들고 있다. 이러한 근저당권을 이른바 '누적적 근저당권'이라 하는데,[6] 대법원은 대상판결을 통하여 처음으로 누적적 근저당권의 개념을 명시적으로 인정하였다.[7] 이와 관련하여, 애초에 누적적 근저당권이라는 개념을 인정할 수 있는지, 인정한다면 이를 민법 제386조의 적용을 받는 공동근저당권(이하 '협의의 공동근저당권'이라 하고, 누적적 근저당권과 협의의 공동근저당권을 통틀어 '광의의 공동근저당권'이라 하되, 별도의 표시가 없는 한 '공동근저당권'은 '협의의' 공동근저당권을 지칭하는 것으로 한다)과 어떻게 구별할 것인지, 공동근저당권과 구별되는 누적적 근저당권의 특징은 무엇인지 등을 검토할 필요가 있다.

이하에서는 먼저 (1) 누적적 근저당권의 개념을 인정할지에 관한 학계의 논의를 검토하고, 누적적 근저당권의 개념을 인정하는 대상판결이 타당하다는 결론을 내린다. 나아가 (2) 어떠한 경우에 누적적 근저당권이 성립하는지와 관련하여, 그와 구별되는 개념으로서 공동근저당권이 성립하기 위하여 채권최고액 등이 각 근저당권별로 동일하여야 하는지, 해당 각 근저당권이 서로 공동저당 관계에 있다는 취지가 반드시 등기되어야 하는지를 검토한다.

다음으로 누적적 근저당권이 공동근저당권과 어떠한 운용상의 차이점을 가지는지 살펴보는데, 이와 관련하여 먼저 (3) 공동근저당권에서 이

---

6) 김용덕 편집대표, 주석 민법 [물권4] 제5판, 한국사법행정학회(2019), 231면(오민석 집필부분); 곽윤직 · 김재형(주 5), 510면.

7) 대상판결 이전에도, 누적적 근저당의 개념을 전제로 논지를 전개한 항소심 판결을 대법원이 수긍한 사례는 존재하였다. 대법원 2014. 12. 11. 선고 2014다219033 판결 및 그 항소심 판결인 서울고등법원 2014. 6. 19. 선고 2013나2026034 판결; 대법원 2015. 12. 23. 선고 2015다219245 판결 및 그 항소심 판결인 서울남부지방법원 2015. 5. 14. 선고 2014나55340 판결 등.

시배당이 진행될 때에 제기되는 쟁점, 그리고 물상보증인 등이 존재하는 경우에 그와 후순위저당권자 사이의 우열관계는 어떠한지 등을 검토한 다음, 공동근저당권과 구별되는 누적적 근저당권에서의 이시배당 관련 운용상 특징을 살펴본다. 특히, 대상판결 사안에서와 같이 물상보증인 소유의 부동산에 설정된 근저당권이 먼저 실행되어 그 물상보증인이 변제자대위권을 행사하고자 하는 경우, 채무자 소유의 다른 부동산에 설정된 근저당권이 변제자대위권의 행사대상인지를 본다. 한편 (4) 동시배당의 경우에는 누적적 근저당권에도 민법 제368조 제1항이 유추적용되어야 한다는 견해가 제기되고 있는데, 이러한 견해가 타당한지에 대해서도 살펴본다.

Ⅱ. 누적적 근저당권 인정 가부 및 누적적 근저당권의 특징 개괄

1. 누적적 근저당권 관련 일본의 입법례와 일본에서의 입법 전 논의

논의를 본격적으로 전개하기에 앞서, 일본의 입법례 및 학계 논의를 먼저 살펴볼 필요가 있다. 종래 일본 민법이 근저당권 관련 명문규정 자체를 두고 있지 않았음에도 불구하고, 일본의 학설·판례는 예전부터 근저당권의 개념을 해석론으로 인정해 오고 있었다.[8] 이에 따라 공동저당 관련 규정이 광의의 공동근저당권 사례에 항상 적용되는지 등에 대한 일본 학계의 논의가 존재하였다. 그러다가 1971년 개정으로 일본 민법에 누적근저당권을 명시적으로 인정하는 조문을 비롯한 근저당권 관련 조문 21개가 신설됨에 따라, 해당 논의가 입법적으로 해결되었다.

(1) 현행 일본 민법의 규정

(가) 일본은 위 민법 개정 과정에서 누적근저당권 및 순수공동근저당권에 관한 3개 조문을 신설하였다. 이후 2004년에 자구(字句)를 다듬은 외에는 해당 조문들이 별다른 개정 없이 현재까지 그대로 유지되고 있

8) 김용한, "일본의 신근저당 입법", 법경논총 제7호(1972), 62면; 김형석, 담보제도의 연구, 박영사(2021), 173면.

다.[9] 해당 조문들의 내용은 아래와 같다.[10]

제398조의16(공동근저당) 제392조 및 제393조의 규정은 근저당권에 대해서는 그 설정과 동시에 동일한 채권의 담보로 수개의 부동산에 대하여 근저당권이 설정된 취지의 등기를 한 경우에 한하여 적용한다.[11]

제398조의17(공동근저당권의 변경 등) ① 전조의 등기가 되어 있는 근저당권이 담보하여야 할 채권의 범위, 채무자, 최고액[12]의 변경 또는 그 양도나 일부양도는 그 근저당권이 설정되어 있는 모든 부동산에 대하여 등기를 하지 아니하면 그 효력을 발생하지 아니한다.

② 전조의 등기가 되어 있는 근저당권이 담보하여야 할 원본은 1개의 부동산에만 확정되어야 할 사유가 생긴 경우에도 확정한다.[13]

제398조의18(누적근저당) 수개의 부동산에 대하여 근저당권을 가지는 자는 제398조의16의 경우를 제외하고 각 부동산의 대가에 대하여 각 최고액에 이르기까지 우선권을 행사할 수 있다.[14]

(나) 일본 민법 제392조는 공동저당에서의 동시배당과 이시배당 및 후순위저당권자의 대위에 관하여 규정한 우리나라 민법 제368조와 사실상 동일한 규정이고,[15] 일본 민법 제393조는 공동저당과 관련하여 후순

9) 我妻榮 · 有泉亨 · 清水誠 · 田山輝明, 我妻 · 有泉コメンタール民法 −総則 · 物権 · 債権− 第5版, 日本評論社(2018), 664-666면; 森田修 編, 新注釈民法(7) 物権(4) 第1版, 有斐閣(2019), 383-386면(田高寛貴 집필부분).

10) 번역은 일본민법전, 법무부(2011)를 참조하였다.

11) 원문: (共同根抵当) 第三百九十八条の十六 第三百九十二条及び第三百九十三条の規定は、根抵当権については、その設定と同時に同一の債権の担保として数個の不動産につき根抵当権が設定された旨の登記をした場合に限り、適用する。

12) 정확히는 '극도액'("極度額")인데, 우리나라에서의 채권최고액과 대체로 동일한 개념이다. 이하에서는 일본에서의 극도액도 '채권최고액' 또는 '최고액'으로 지칭한다.

13) 원문: (共同根抵当の変更等) 第三百九十八条の十七 前条の登記がされている根抵当権の担保すべき債権の範囲、債務者若しくは極度額の変更又はその譲渡若しくは一部譲渡は、その根抵当権が設定されているすべての不動産について登記をしなければ、その効力を生じない。

2 前条の登記がされている根抵当権の担保すべき元本は、一個の不動産についてのみ確定すべき事由が生じた場合においても、確定する。

14) 원문: (累積根抵当) 第三百九十八条の十八 数個の不動産につき根抵当権を有する者は、第三百九十八条の十六の場合を除き、各不動産の代価について、各極度額に至るまで優先権を行使することができる。

15) 원문: (共同抵当における代価の配当) 第三百九十二条 債権者が同一の債権の担保として数個の不動産につき抵当権を有する場合において、同時にその代価を配当す

위저당권자가 대위권을 행사하는 경우에 그 부기등기를 마칠 수 있다는 규정이다.[16] 이처럼 일본 민법은 여러 개의 부동산 위에 근저당권을 설정하는 경우에, 공동근저당이라는 취지를 등기하여야만 공동저당에 관한 규정이 적용되도록 하였다. 일본에서는 광의의 공동근저당권 중, 일본 민법 제398조의 16에 따라 공동근저당이라는 취지가 등기됨으로써 공동저당에 관한 규정을 적용받는 공동근저당권을 '협의의 공동근저당권' 또는 '순수공동근저당권'이라 하고, 그 외의 경우로서 각 부동산의 대가에 대하여 각 최고액에 이르기까지 우선권을 행사할 수 있는 형태의 근저당권을 '누적식 공동근저당권' 또는 '누적근저당권'이라 한다.[17]

(다) 일본은 원래 물권변동의 공시방법과 관련하여 이른바 대항요건주의(의사주의)를 취하여, 등기 등 공시방법을 갖추지 않더라도 당사자 사이에서는 물권변동의 효과가 나타나고, 다만 공시방법을 갖추지 않으면 그 물권변동을 가지고 제3자에게 대항하지 못하는 것을 원칙으로 삼고 있다.[18] 그럼에도 불구하고 순수공동근저당권의 경우에는, 근저당권 "설정과 동시에" 공동근저당이라는 취지의 등기를 마칠 것을 순수공동근저당권의 효력발생요건으로 정하고 있는바, 이것이 일본 민법 제398조의16의 특징이다.[19] 여기서 "설정과 동시에"라는 문구의 의미와 관련하여 일

べきときは、その各不動産の価額に応じて、その債権の負担を按あん分する。
2 債権者が同一の債権の担保として数個の不動産につき抵当権を有する場合において、ある不動産の代価のみを配当すべきときは、抵当権者は、その代価から債権の全部の弁済を受けることができる。この場合において、次順位の抵当権者は、その弁済を受ける抵当権者が前項の規定に従い他の不動産の代価から弁済を受けるべき金額を限度として、その抵当権者に代位して抵当権を行使することができる。

16) 원문: (共同抵当における代位の付記登記) 第三百九十三条　前条第二項後段の規定により代位によって抵当権を行使する者は、その抵当権の登記にその代位を付記することができる。

17) 我妻榮 外 3人(주 9), 664-665면; 森田修 編(주 9), 383면(田高寛貴 집필부분); 高木多喜男 外 1人 編, 新版 注釈民法(9) 物権(4) 改訂版, 有斐閣, 2015年, 537면(高木多喜男 집필부분).

18) 곽윤직 · 김재형(주 5), 37면.

19) 高木多喜男 外 1人 編(주 17), 538면(高木多喜男 집필부분); 森田修 編(주 9), 384면(田高寛貴 집필부분).

부 일본 문헌은, 기존에 A부동산에 설정되어 있는 근저당권에 추가하여 B부동산에 새롭게 근저당권을 설정하면서 해당 근저당권을 A부동산의 근저당권과 함께 순수공동근저당권으로 삼는 것은 가능하나, 수개의 근저당권이 그 설정 시에 공동저당으로 등기되지 아니하여 일단 누적근저당권이 된 경우에는 이를 더 이상 순수공동근저당권으로 삼을 수 없다고 설명한다.[20]

(라) 아울러 일본 학계는 순수공동근저당권이 성립하기 위해 각 근저당권마다 ① 피담보채권의 범위, ② 채무자, ③ 채권최고액의 3요소가 동일하여야 한다고 설명하고 있으며,[21] 일부 문헌은 그러한 동일성 요건이 (위 3요소를 변경할 경우에 모든 부동산에 관하여 등기를 마쳐야만 변경의 효력이 발생한다는) 일본 민법 제398조의17의 규정에 표현되어 있다고 설명한다.[22] 이러한 동일성 요건과 앞서 본 등기요건 중 어느 하나라도 충족되지 않으면서, 동일한 기본계약에서 발생하는 채권의 담보로 수개의 부동산에 근저당권이 설정되는 경우, 일본에서는 이를 전부 누적근저당권으로 보게 된다. 즉, 일본에서는 광의의 공동근저당권 중에 누적근저당권이 원칙이고 오히려 순수공동근저당권이 예외에 해당한다.[23]

(2) 1971년도 일본 민법 개정 전 일본 학계의 논의[24]

위와 같은 입법이 이루어지기 이전에는, 동일한 기본계약으로부터 발생하는 채권을 담보하기 위하여 수개의 부동산에 근저당권을 설정하면서 공동근저당의 형식을 취하지 않는 경우에도 일본 민법 제392조가 당연히 적용되어 공동근저당이 된다고 볼 것인지(이러한 견해를 '적용인정설' 또는, 근저당권별로 담보한도가 분할되는 것을 허용하지 않는다는 의미에서 '분할

---

20) 森田修 編(주 9), 384-385면(田高寛貴 집필부분); 高木多喜男 外 1人 編(주 17), 538면(高木多喜男 집필부분).

21) 高木多喜男 外 1人 編(주 17), 538면(高木多喜男 집필부분); 森田修 編(주 9), 384면(田高寛貴 집필부분); 松岡久和 外 2人 編, 新・コンメンタール民法(財産法) 第1版, 日本評論社(2012), 522면(梶山玉香 집필부분).

22) 我妻榮 外 3人(주 9), 665면.

23) 森田修 編(주 9), 384면(田高寛貴 집필부분).

24) 이 부분에서 소개하는 일본 학계 내지 실무계의 논의 내용은 곽윤직 편집대표, 민법주해[Ⅷ]-물권(4), 박영사(1992), 34-35면(박해성 집필부분) 및 같은 책 210-211면(조대현 집필부분)의 내용을 간추린 것이다.

부정설'이라 부른다), 아니면 위 규정을 적용하지 않고 각각 독립된 근저당권으로 취급할 것인지(이 견해를 '적용부정설' 또는 '분할허용설'이라 한다)에 대해 일본 학계 및 실무계에서 의견대립이 있었다.

적용인정설은, 수개의 근저당권이 같은 기본계약으로부터 발생하는 동일한 채권을 담보하면 물권법정주의의 원칙상 당연히 공동근저당권으로 된다고 보아야 한다면서, 이러한 경우에 근저당권별로 담보한도의 분할을 허용하면 후순위저당권자의 이익이 당사자의 의사에 좌우되어 일본 민법 제392조의 취지에 반할 뿐만 아니라, 나중에 확정되는 피담보채권 중 어느 채권이 어느 근저당권으로 담보되는지 특정할 수가 없는 문제가 발생한다고 한다.

반면 적용부정설은, 물권법정주의가 거래의 안전을 해하지 않는 경우에까지 당사자의 자치를 부인하는 것은 아니고, 근저당권자에게 각 근저당권별로 최고액까지 우선변제권을 인정하여도 당초 후순위담보권자가 가졌던 기대에 반한다고 볼 수 없다고 한다. 나아가 위 견해는, 근저당권별로 분할·할당되는 것은 각 담보목적물이 부담하는 책임이지 채권 자체가 아니고, 애초에 근저당권은 확정되기 전까지 피담보채권의 총액을 알 수가 없어 그 담보한도를 당사자의 판단에 따라 자유롭게 정할 수 있으므로, 처음부터 피담보채권의 액수가 확정되어 있는 공동저당의 경우와 달리 취급하여도 일본 민법 제392조의 취지에 반하지 않는다고 한다.

2. 우리나라에서의 누적적 근저당권 인정 가부

우리나라의 경우 동일 채권의 담보로 수개의 부동산에 근저당권을 설정한 경우라도 민법 제368조의 적용이 배제될 수 있는지에 관하여 아무런 명시적 규정이 없다. 이에 따라 1971년도 일본 민법 개정 전 일본에서 불거졌던 논의가 우리나라에서도 유사하게 제기되고 있다.

(1) 견해의 대립

(가) 우리나라 학계의 상당수는 누적적 근저당권의 개념을 인정하는 입장이다.[25] 이 견해는 일본에서의 적용부정설이 제시한 앞서의 논거들

에 더하여 다음과 같은 논거들을 추가로 든다. ① 부동산등기법 제78조가 공동저당의 경우 각 부동산의 등기기록에 공동저당의 뜻을 기록하도록 규정하고 있기는 하나, 그러한 등기를 강제할 방법이 없다. ② 민법 제368조가 보장하려고 하는 이익은 오로지 부담이 각 부동산에 할당됨에 따라 부동산의 담보가치를 적정하게 유지하는 데에 있고 그 이익은 소유자에게 귀속되는데, 소유자가 그 이익을 포기하고 근저당권자의 자유선택권 행사를 인정하기로 약정한다고 하여 이를 부인할 근거가 없다.[26] 대상판결도 같은 입장으로 볼 수 있다.

(나) 그러나 현행 민법의 해석상으로는 적어도 대상판결이 인정하는 것과 같은 누적적 근저당권의 개념을 인정할 수 없다는 견해도 유력하게 제기되고 있다.[27] 이 견해는 다음과 같은 논거에 기초한다. 먼저 ① 근저당권설정계약 당사자들끼리의 합의로 민법 제368조의 적용을 배제할 수 있도록 한다면, 후순위저당권자의 의사와 무관하게 그의 지위가 임의로 처분·변경되는 결과가 되어 부당하다는 것이다. 그리고 ② 대상판결과 같은 논리를 일관할 경우, 근저당이 아닌 일반저당의 경우에도 당사자 합의에 따른 누적적 저당의 가능성을 인정하는 결론에 이르게 되어, 강행규정인 민법 제368조를 사실상 임의규정화하는 부당한 결과를 초래한다고 한다.

다만 이 견해는, 당사자들이 여러 부동산에 근저당권을 설정하면서, 먼저 실행되는 근저당권의 피담보채권을 확정된 채권 전부로, 나중에 실행되는 근저당권의 피담보채권을 '선행 경매에서 만족을 받지 못한 나머지 채권'으로 각 정함으로써, 각 근저당권의 채권이 중첩되지 않도록 하면서도 누적적 근저당으로 달성하려는 결과를 도모하는 것은 가능하다고 한다.[28]

---

25) 곽윤직 편집대표(주 24), 36면(박해성 집필부분); 김용덕 편집대표(주 6), 233면(오민석 집필부분); 곽윤직 · 김재형(주 5), 511면; 김상용, 물권법 제3판, 화산미디어(2016), 744면; 김석우(주 5), 9면.

26) 특히 ②의 논거는 오민석(주 5), 233면 참조.

27) 김형석(주 8), 180-183면.

(다) 한편, 담보권도 물권법정주의의 제약을 받는데, 누적적 근저당에 대하여 우리나라에 명시된 실정법규가 없으므로, 담보목적물마다 각 채권최고액의 범위 내에서 중복하여 채권변제를 받기로 하는 당사자 사이의 합의는 채권적 효력을 가질 뿐이라는 견해도 있다.[29)]

(2) 검토—대상판결과 같은 누적적 근저당권 개념을 해석론상 인정할 수 있음

(가) 물권법정주의로 인하여 계약자유의 원칙이 전면 배제되는 것은 아니고, 법정된 물권의 내용을 테두리로 하여 그 구체적인 내용을 결정할 자유는 얼마든지 허용된다.[30)] 따라서 동일한 기본계약으로부터 발생하는 채권을 담보하기 위하여 수개의 부동산에 근저당권을 설정하면서 공동근저당의 형식을 갖추지 아니하였다고 하더라도, 각 근저당권이 민법 제356조 및 제357조에서 규정한 범주를 벗어나지 않는 이상 법률에서 규정하지 아니한 임의의 물권을 창설한 것이라고 할 수 없다. 각 부동산에 개별 근저당권이 설정되는 형식 자체는 물권법정주의의 테두리 안에 있는 것이며, 그 구체적인 내용에서 각 근저당권의 피담보채권 범위가 동일할 뿐이기 때문이다.

(나) 위와 같은 형태의 근저당권에 대해 민법 제368조가 적용되지 않는 것으로 본다고 하여 위 규정의 강행규정성을 완전히 부정하는 처사라고 볼 수 없다. 이를 논하기 위해 먼저 민법 제368조의 본래적 상황, 즉 일반저당에서의 공동저당을 살펴볼 필요가 있다. 일반저당의 경우 처음부터 피담보채권의 범위가 확정·고정되고(원본채권은 물론 이자 등 부수채권도 일정 범주로 제한된다. 민법 제360조), 등기상으로도 채권액 자체가 표상될 뿐 채권액과 구별되는 담보범위의 한도(채권최고액)가 따로 등기되지 않는다(부동산등기법 제75조 제1항). 그러므로 일반저당에서는 피담보채

28) 김형석(주 8), 184면.
29) 김동욱, "근저당권실행에서 경매와 배당에 관한 연구", 한국외국어대학교 박사학위 논문(2011), 164면.
30) 곽윤직 편집대표, 민법주해[Ⅳ]—물권(1), 박영사(1992), 118면(김황식 집필부분).

권의 범위가 곧 담보의 범위이고 이 둘이 다르게 정해질 여지가 없다. 따라서 동일한 피담보채권을 담보하고자 수개의 부동산에 각각 일반저당권을 설정할 경우, 각 저당권의 담보범위가 자연스럽게 중첩되게 된다(따라서 일반저당에서의 누적적 저당은 상정하기 어렵다고 생각된다). 이처럼 각 저당권이 부동산별로 독립적으로 성립함에도 그 담보범위가 서로 중첩됨에 따라 발생하는 문제를 동시배당에서는 안분배당을 통해, 이시배당에서는 후순위저당권자 대위를 통해 해결하는 규정이 민법 제368조이다. 즉, 민법 제368조는 담보범위의 중첩을 전제로 담보의 부담을 각 부동산에 안분·할당하는 규정이다.

그런데 근저당권의 경우, 피담보채권의 확정을 장래에 유보하는 대신 사전에 채권최고액을 확정하여 등기함으로써(부동산등기법 제75조 제2항 제1호) 담보범위가 고정되게 된다. 그리하여 **근저당권에서는 피담보채권의 범위와 담보의 범위가 서로 구분된다.** 따라서 동일한 채권을 담보하기 위하여 수개의 부동산에 '근'저당권을 설정하는 경우에는, 채권의 동일성을 이유로 담보범위까지 반드시 중첩되어야 한다고 볼 수 없으며, 각 근저당권별로 담보범위가 중첩되지 않고 누적되는 상황을 얼마든지 상정할 수 있다. 이러한 상황이 바로 누적적 근저당권이며, 여기에 담보범위의 중첩을 전제로 한 민법 제368조는 적용되지 않는다고 보아야 한다. 대상판결도 "누적적 근저당권은 각 근저당권의 담보 범위가 중첩되지 않고 서로 다르지만 이러한 점을 들어 피담보채권이 각 근저당권별로 자동으로 분할된다고 볼 수도 없다"고 판시하여, 피담보채권의 동일성과 담보범위의 중첩 문제는 구분된다는 점을 명확히 하였다. 한편 공동저당등기에 관한 부동산등기법 제78조 제1항은 "등기관이 … 하여야 한다."는 형식의 등기절차관련 규정에 불과하므로,[31] 위 규정을 이유로 '동일 채권의

31) 해당 규정의 구체적인 문언은 다음과 같다. "등기관이 동일한 채권에 관하여 여러 개의 부동산에 관한 권리를 목적으로 하는 저당권설정의 등기를 할 때에는 각 부동산의 등기기록에 그 부동산에 관한 권리가 다른 부동산에 관한 권리와 함께 저당권의 목적으로 제공된 뜻을 기록하여야 한다."

담보로 수개의 부동산에 근저당권을 설정하는 모든 경우에 공동저당의 취지를 등기하여 담보범위의 중첩을 공시하여야 한다'고 볼 수도 없다.

결국 민법 제368조는 적어도 공동근저당권과 관련해서는 "동일한 채권의 담보로 '**담보범위가 중첩되는**' 수개의 부동산에 저당권을 설정한 경우"에 적용되는 규정으로 해석함이 타당하다. 이와 같이 해석한다고 하여 위 규정을 사실상 임의규정화하는 조치라고 단정할 수 없다. 적어도 일반공동저당, 그리고 담보범위의 중첩을 전제로 공동저당의 형식을 취한 근저당권에 대해서는 민법 제368조의 적용을 임의로 배제할 수 없다고 봄으로써 위 규정의 강행규정성을 확보할 수 있기 때문이다.

(다) 동일한 채권의 담보로 수개의 부동산에 근저당권을 설정할 때마다 항상 민법 제368조가 적용된다고 보면, 근저당권자로서는 동일한 기본계약과 관련하여 추가담보의 이익을 얻고자 하는 경우에 기존 근저당권의 채권최고액을 그대로 놔두면서 다른 부동산에 별도로 새로운 근저당권을 설정하는 방법을 사용할 수가 없다. 어차피 해당 근저당권에도 민법 제368조가 적용되어 우선변제의 범위가 담보목적물별로 안분 할당될 것이기 때문이다. 결국 근저당권자로서는 기존 근저당권의 채권최고액을 증액시키는 수밖에 없는데, 이때 기존 담보목적물에 후순위담보권자 등이 존재하면, 그로부터 채권최고액 증액에 관한 승낙을 얻어야만 한다(부동산등기법 제52조 제5호 참조). 이는 근저당권자 등의 자유를 지나치게 제약하는 것일 뿐만 아니라, 채무자에게도 추가적인 담보가치를 활용을 통한 추가 자금융통 등의 기회를 봉쇄하는 결과를 초래한다.

반면 후순위담보권자로서는, 공동근저당권의 형식을 갖추지 아니하였던 근저당권에 민법 제368조가 적용되는 결과 생각지도 않았던 이익을 얻게 된다.[32] 앞서 본 바와 같이 동일 채권의 담보로 수개의 부동산에 근저당권을 설정하는 모든 경우에 위 규정이 항상 적용된다고 할 수 없는 이상, 위와 같은 이익을 후순위담보권자에게 반드시 보장해 주어야 할 이

32) 곽윤직 편집대표(주 24), 34면(박해성 집필부분).

유가 없으며, 근저당권설정 시점부터 민법 제368조 제2항의 적용을 배제하기로 설정계약 당사자들 간에 합의하였다 하여 그것이 후순위저당권자의 지위 내지 대위권을 부당하게 처분·변경하는 처사라고 할 수도 없다.

(라) 공시제도는 물권을 거래하는 자를 보호하기 위한 것으로서 거래 안전을 위한 제도인데,[33] 근저당권의 채권최고액만 명확하게 공시되면 후순위담보권자 등으로서는 선순위 근저당권의 피담보채권 범위 등을 알지 못하더라도 담보목적물의 잔여 담보가치를 충분히 파악할 수 있어 거래의 안전을 보호받을 수 있다. 따라서 '누적적 근저당권 관계를 공시할 방법이 없기 때문에 그에 관한 합의가 채권적 효력만을 가진다'는 견해도 받아들이기 어렵다.

(마) 결국 누적적 근저당권에 관한 명문의 규정을 가지고 있지 아니한 우리나라에서도 대상판결에서 설시한 것과 같은 개념의 누적적 근저당권을 인정할 수 있다고 봄이 타당하다.

Ⅲ. 누적적 근저당권의 성립요건과 공동근저당권과의 분별기준

1. 문제의 소재

광의의 공동근저당권(즉, 동일한 기본계약으로부터 발생하는 채권을 담보하는 수개의 근저당권이 설정된 경우)은 민법 제368조의 적용이 배제되는 누적적 근저당권과 위 규정의 적용을 받는 협의의 공동근저당권으로 나뉘므로, 어떠한 경우에 누적적 근저당권이 성립하는지를 이해하려면 그와 반대선상에 있는 협의의 공동근저당권이 어떠한 경우에 성립하는지를 먼저 확인할 필요가 있다.

이와 관련하여 우선, 여러 근저당권의 채권최고액이 서로 다르고 그 피담보채권의 범위가 일부는 동일하나 일부는 상이한 경우(피담보채권의 범위가 완전히 다르다면 앞서 본 바와 같이 개별 근저당권이 될 뿐이어서 공동근저당권 성부를 논의할 여지가 없다)에, 공동근저당권이 성립할 수 없다고 볼

33) 곽윤직·김재형(주 5), 36-37면.

것인지, 아니면 피담보채권의 범위와 채권최고액이 공통·중첩되는 범위에서 공동근저당권이 성립한다고 볼 것인지가 문제된다. 다음으로, 해당 근저당권들이 서로 공동저당관계에 있다는 취지가 등기되어야만 공동근저당권이 되는지가 문제된다. 일본과 같은 명시적인 규정이 없는 우리나라에서는 위 문제들 역시 해석론으로 해결될 수밖에 없다.

2. 공동근저당권 성립을 위한 피담보채권의 범위 및 채권최고액 동일성 요부

(1) 견해의 대립

(가) 일본 민법 제398조의16, 제398조의17과 같은 규정을 두고 있지 아니한 우리나라의 경우 피담보채권의 발생원인과 담보한도(채권최고액)가 모두 동일하여야 한다는 제한이 없으므로, 피담보채권과 담보한도가 공통되는 한도에서는 공동근저당권이 성립한다는 견해(이하 '중첩한도설'이라 한다. 이 부분 및 아래 3.항에서 제기하는 논점의 학설 명칭은 논의의 편의를 위해 필자가 임의로 설정한 것임을 밝혀 둔다)가 있다.[34] 이 견해에 따르면, 예컨대 甲은행이 乙회사에 대한 기업운영자금대출채권(a채권)을 담보하기 위하여 그 소유의 M부동산에 채권최고액 1억 원의 근저당권(m근저당권)을, a채권은 물론 위 회사에 대한 가계자금대출채권(b채권)까지 함께 담보하기 위하여 그 소유의 N부동산에 채권최고액 2억 원의 근저당권(n근저당권)을 각 설정한 경우(이하 이 가상사례를 '〈사례1〉'이라 한다)에, n근저당권 중 a채권을 담보하는 부분에 한해서는 m근저당권과 공동근저당관계에 있다는 것이다. 나아가 이때 n근저당권의 채권최고액 중에서 공통피담보채권인 a채권만을 담보하는 한도가 얼마인가는 설정계약과 등기로 구분되어 있으면 그에 따라 정하고, 그러한 구분이 없으면 결산기에 확정된 채권액에 의하되, a, b채권의 채권총액이 채권최고액을 초과할 때에는 변제충당의 법리에 따라 담보한도를 정하여야 한다고 한다.

---

34) 곽윤직 편집대표(주 24), 209-210면(조대현 집필부분); 김용덕 편집대표(주 6), 225-226면(오민석 집필부분); 곽윤직 · 김재형(주 5), 508-509면.

(나) 반면에, 공동근저당권이 성립하기 위해서는 각 근저당권의 피담보채권 범위와 채권최고액이 같아야 한다는 견해(이하 '전부공통설'이라 한다)도 존재한다. 예컨대 문헌 중에는 ① "공동근저당권은 동일한 채권의 담보를 위하여 설정되는 것으로서, 공동저당에서와 마찬가지로 그 목적물 전체에 관하여 하나의 채권최고액을 정함으로써 우선변제액을 단일하게 하여야 한다"거나[35] ② "하나의 기본계약에서 발생하는 채권을 담보하기 위해 여러 개의 부동산에 근저당권을 설정한 경우, 각 근저당권의 채권최고액이 일치한 때에는 공동근저당권을 설정한 것으로 다루지만, 각 채권최고액이 다른 때에는 누적적 근저당권을 설정한 것으로 보아야 할 것"이라고 설명[36]하는 문헌들이 있다. 나아가 ③ 공동근저당권이 문제되었던 대법원 판결 48건을 분석하였는데 명시적으로 중첩한도설의 견해를 뒷받침하는 것으로 보이는 판결의 사안은 발견하기 어려웠다면서, 각 근저당권의 피담보채권 범위와 채권최고액이 일치하는 경우를 공동근저당권으로 상정하여 논의를 전개한 논문[37]도 있다.

(2) 판례 및 실무의 태도

(가) 대법원은 2010. 12. 23. 선고 2008다57746 판결에서 "근저당권설정자와 근저당권자 사이에서 동일한 기본계약에 기하여 발생한 채권을 중첩적으로 담보하기 위하여 수 개의 근저당권을 설정하기로 합의하고 이에 따라 수 개의 근저당권설정등기를 마친 때에는 (중략) 각 채권최고액이 동일한 범위 내에서 공동근저당관계가 성립한다"고 언급하여, 각 근저당권별로 채권최고액이 다르더라도 그 담보범위가 중첩되는 한도에서는 공동근저당관계가 성립한다는 뜻으로 이해될 여지가 있는 표현을 사용하였다. 그러나 위 판결 사안은, 각 근저당권의 피담보채권이 원금 2억 원의 대출금 채권으로 동일하고 채권최고액도 3억 원으로 서로 동일하며

---

35) 양창수 · 김형석(주 3), 489-490면.

36) 양형우, "누적적 근저당과 물상보증인의 변제자대위 인정여부", 홍익법학 Vol. 21 No. 4, 홍익대학교 법학연구소(2020), 382면.

37) 이준현, "공동근저당권자에 대한 일부 담보목적 부동산의 우선배당과 나머지 담보목적 부동산에 대한 효력", 法曹 Vol. 67 No. 1, 법조협회(2018), 654-665면.

채무자도 같았던 사안이어서, 위와 같은 표현만으로 위 판결이 중첩한도설의 견해를 채택하였다고 평가하기는 어렵다.

(나) 오히려 법원의 등기실무는, 공동근저당권이 성립하기 위해서는 설정행위에서 정한 기본계약이 동일하여야 하는데, 이때 기본계약이 동일하다는 것은 채권자, 채무자, 기본계약의 내용, 채권최고액 등이 동일함을 의미한다고 하여[38] 전부공통설의 입장에 서 있다.

(3) 검토-전부공통설 타당

(가) 중첩한도설의 입장에 따라 근저당권별로 채권최고액이 다르거나 피담보채권의 범위가 일부 다른 경우에도 공통되는 한도에서 공동근저당권이 성립한다고 볼 경우, 공동근저당권을 둘러싼 법률관계, 특히 배당관계가 지나치게 복잡해지고 불명확해질 우려가 있을 뿐만 아니라, 근저당권에서 채권최고액이 가지는 기능이나 저당권의 불가분성 등에 비추어 설명하기 어려운 문제가 발생한다.

(나) 예컨대 〈사례1〉에서 N부동산에 후순위근저당권을 설정한 丙이 있어 그의 신청에 따라 위 부동산에 대한 경매절차가 진행되고 매각대금 2억 원이 완납되었는데, 당시 확정된 b채권이 1억 5,000만 원이라 하자.

1) 현행 부동산등기법상 근저당권의 피담보채권이나 기본계약의 종류를 등기할 근거규정이나 절차는 마련되어 있지 않으므로(부동산등기법 제75조 제2항 참조), 하나의 근저당권에 대해 피담보채권 또는 기본계약별로 채권최고액을 나누어 등기하는 것은 허용되지 않는다. 그러므로 甲과 乙이 n근저당권 중 a채권만 담보하는 한도를 설정계약에서 따로 정하였다 하더라도 이는 위 두 사람 사이에 채권적 효력만을 가질 뿐이다. 그리고 근저당권은 장래의 증감변동하는 채권을 '채권최고액의 범위 내에서' 담보하는 물권으로서, 후순위저당권자 등 제3자로서는 선순위 근저당권의 채권최고액을 보고서 목적물의 잔존 담보가치를 확인하고 이해관계를 맺게 되므로, 채권최고액만큼은 일정하게 유지되어야 한다. 부동산등

---

38) 부동산등기실무[Ⅱ], 법원행정처(2015), 492-493면.

기법이 근저당권의 경우에 채권최고액을 필요적으로 등기하도록 한 것은 이러한 이유에서다. 그런데 n근저당권 중 a채권에 대한 채권최고액이 따로 존재하고, 그것이 결산기에 비로소 a채권의 액수에 맞추어 확정된다고 한다면, 이는 오히려 채권최고액이 피담보채권의 증감변동에 좌우되는 결과가 되어 본말이 전도되는 문제를 초래한다.

2) 위와 같은 해결방식 대신, n근저당권의 채권최고액 2억 원 중 m근저당권의 채권최고액과 동일한 1억 원 부분의 한도에서 자동적으로 공동근저당관계가 성립한다고 보더라도, 문제는 여전히 발생한다. 앞서 보았듯이 하나의 근저당권에 대해 피담보채권 또는 기본계약별로 채권최고액을 나누어 등기할 근거규정이나 절차가 존재하지 않는 상황임에도, 甲이 n근저당권에 대해 배당되는 2억 원 중 b채권과 관련해서는 1억 원만 만족을 받을 수 있다고 한다면, 확정된 a채권액이 7,000만 원일 경우에 甲은 a, b채권을 합하여 총 2억 원의 피담보채권을 가지고 있음에도 그 중 1억 7,000만 원(a채권 7,000만 원, b채권 1억 원)만 변제받고도 담보한도의 범위에서 전액을 변제받았다는 이유로 n근저당권을 말소당하게 된다. 이는 근저당권자가 채권 전부를 변제받을 때까지 담보물 전부에 대해 근저당권을 행사할 수 있다는 불가분성에 반한다.

3) 그렇다고 甲이 b채권 전액을 채권최고액 전체의 범위에서 우선변제받을 수 있다고 하면, 후순위저당권자 등의 이익이 침해되는 문제가 발생한다. 위 사례에서 후순위저당권자 丙이 보유한 피담보채권이 1억 원이고, M부동산에도 丁의 후순위저당권(피담보채권 1억 원)이 설정되어 있으며, M부동산의 담보가치가 1억 원이고, 확정된 a채권액이 1억 원이라고 하자. 丙은 甲이 N부동산의 경매대가 2억 원(a채권 5,000만 원, b채권 1억 5,000만 원)을 전부 우선변제받아감에 따라 m근저당권에 후순위저당권자 대위권을 행사하려 할 텐데, 후순위저당권자 대위권이 발생하는 시기는 공동저당권자의 채권이 완전히 변제되는 때이므로,[39] 甲이 먼저 m근

39) 곽윤직 · 김재형(주 5), 제489쪽; 김준호, 민법강의 제22판, 법문사(2016), 965면.

저당권으로부터 나머지 a채권 5,000만 원을 우선변제받아 가는 것을 막을 길이 없다. 이때 丙이 m근저당권의 남은 담보한도 5,000만 원만큼을 우선변제받아 가 버리면, 丁으로서는 M부동산의 담보가치를 전혀 배당받지 못하게 되어, 민법 제368조에 따른 안분의 기대를 침해당한다. m근저당권의 남은 담보한도 5,000만 원을 丙과 丁이 2,500만 원씩 나누어 가져가더라도, 위 두 사람의 기대, 즉 공동근저당권의 담보한도 1억 원이 각 부동산의 경매대가에 따라 안분됨에 따른 이익이 충분히 실현되지 못하기는 마찬가지이다.

(다) 중첩한도설의 입장을 취할 실익도 없다. 만약 〈사례1〉에서 甲과 乙이 a채권의 담보로는 N, M부동산을 공동담보로 정하고, b채권의 담보로는 N부동산만을 잡고자 하였다면, a채권을 담보하는 공동근저당권을 위 각 부동산에 설정하고, 그에 더하여 b채권을 담보하는 별개의 근저당권을 추가로 설정하면 그만이다. 굳이 앞서 본 복잡한 문제를 일으키면서까지 채권최고액이나 피담보채권의 범위가 다른 근저당권을 일부 중첩되는 한도에서 공동근저당권으로 인정해 줄 이유가 없는 것이다.

(라) 결국, 공동근저당권이 성립하기 위해서는 피담보채권의 발생원인인 기본계약과 채권최고액이 근저당권별로 모두 동일하여야 한다는 전부공통설, 즉 현재 부동산등기 실무의 입장이 타당하다.

3. 공동근저당권 성립을 위한 공동저당등기 경료 요부

(1) 판례의 입장과 학설의 태도

(가) 대법원은 앞서 본 2008다57746 판결에서 "부동산등기법 제149조[40]는 (중략) 공동저당권의 목적물이 수 개의 부동산에 관한 권리인 경우에 한하여 적용되는 등기절차에 관한 규정일 뿐만 아니라, 수개의 저당권이 피담보채권의 동일성에 의하여 서로 결속되어 있다는 취지를 공시함으로써 권리관계를 명확히 하기 위한 것에 불과하므로, 이와 같은

40) 2011. 4. 12. 법률 제10580호로 전부개정되기 전의 부동산등기법 제149조로서 현행 부동산등기법 제78조 제1항과 동일한 취지의 규정이다.

공동저당관계의 등기를 공동저당권의 성립요건이나 대항요건이라고 할 수 없다"면서, "근저당권설정자와 근저당권자 사이에서 동일한 기본계약에 기하여 발생한 채권을 중첩적으로 담보하기 위하여 수개의 근저당권을 설정하기로 합의하고 이에 따라 수개의 근저당권설정등기를 마친 때에는 부동산등기법 제149조에 따라 공동근저당관계의 등기를 마쳤는지 여부와 관계없이 (중략) 공동근저당관계가 성립한다"고 판시하였다.

(나) 문헌을 살펴보면, 위 대법원 판결의 태도를 지지하거나 그에 부합하는 견해(이하 '등기불요설'이라 한다)가 자주 확인된다.[41] 그 주요 논거는 다음과 같다. 수개의 저당권이 동일채권을 담보하면 각 저당권의 부종성과 불가분성, 피담보채권의 동일성에 의하여 법률상 당연히 결속되어 공동저당이 성립하고 공동저당관계의 등기가 있어야 비로소 공동저당이 성립하는 것은 아니다. 그리고 일본 민법 제398조의16과 같은 규정이 없는 우리나라에서는 공동저당이나 공동근저당에 관한 특별한 공시방법이 없으므로, 일반원칙에 따라 각 부동산에 근저당권 설정등기를 마치면 그로써 족하다.

(다) 그러나 공동근저당관계의 등기를 공동근저당권의 성립요건으로 보거나 그와 같은 견해(이하 '등기필요설'이라 한다)를 전제한 것으로 보이는 문헌도 존재한다. 해당 문헌들은 ① "우리나라는 등기가 부동산물권변동의 성립요건이므로, 수개의 부동산 위에 근저당권을 설정할 때에는, 공동근저당권임을 등기해야 하므로, (중략) 공동근저당권임을 등기하지 않는 경우에는, 누적적 공동근저당권으로 해석할 수 있을 것이다"라거나[42] ② "공동저당임의 등기가 없는 경우에는 공동저당에 관한 민법 제368조는 적용되지 아니한다고 봄이 타당하다"고 한다.[43] 또한 ③ '민법 제368조의 취

41) 조대현, "공동저당의 등기원리", 재판자료 제44집, 법원행정처(1988)[곽윤직 편집대표(주 24), 175면(조대현 집필부분) 및 김승래, "공동저당권의 공시방법으로서 등기와 후순위저당권자의 대위등기", 법학연구 제18권 제2호(통권 제66호), 한국법학회(2017), 6면으로부터 재인용]; 곽윤직 · 김재형(주 5), 509면; 김용덕 편집대표(주 6), 226면(오민석 집필부분); 양형우(주 36), 384면.

42) 김상용(주 25), 743-744면.

43) 곽윤직 편집대표(주 24), 36면(박해성 집필부분).

지는 후순위저당권자의 기대이익 보호에 있고, 그 기대는 공동담보관계의 등기를 보고 비로소 생기는 것이므로 공시가 반드시 필요하다'거나,[44] ④ 누적적 근저당권의 문제가 "등기부상 공동근저당의 형식을 취하지 않고 별개의 근저당권으로 등기하는 경우"에 민법 제368조를 적용 또는 유추적용할 것인지의 논의라고 설명하는 논문[45]도 있다.

(2) 검토-등기필요설 타당

(가) 일단 등기불요설을 취한 일부 문헌에서 나타나는 '각 저당권의 부종성과 불가분성, 피담보채권의 동일성에 의하여 법률상 당연히 결속되어 공동저당이 성립한다'는 표현은 일반공동저당에서는 타당할지언정 공동근저당의 경우에는 타당한 논거라 할 수 없다. 앞서 본 것과 같이, 피담보채권이 동일하다고 하여 담보범위가 반드시 중첩되는 것은 아니므로, 피담보채권의 동일성이 당연히 공동저당으로서의 결속을 의미하는 것은 아니기 때문이다. 저당권의 부종성과 불가분성도, '피담보채권'이 성립 · 존속하여야 저당권도 성립 · 존속하며, 저당권자가 '피담보채권' 전부를 변제받을 때까지 목적물 전부에 대해 저당권을 행사할 수 있다는 것일 뿐, '담보범위'의 중첩 문제와는 무관하다.

(나) 공동근저당에 관한 별도의 공시방법이 없다는 사정도 등기불요설을 뒷받침하기에 부족하다. 기존의 근저당권에 추가하여 새로운 근저당권을 설정하면서 당사자들 사이에 설정계약으로 해당 두 근저당권이 공동저당관계에 있는 것으로 합의하였다면, 이는 '법률행위로 인한 물권의 변경'에 해당하므로 민법 제186조에 따라 해당 공동저당관계를 등기로 공시하여야 공동저당으로서의 효력이 생기기 때문이다.

1) 물권의 변경이란 물권의 동일성을 유지하면서도 물권의 주체나

---

44) 도제문, "금융실무상 공동저당에 대한 일고", 金融法硏究 Vol. 10 No. 2, 한국금융법학회(2013), 298-299면.

45) 양진수, "공동근저당권자가 채무자에 대한 회생절차에서 채무자 소유 부동산의 환가대금으로부터 우선변제받은 경우에 공동담보물인 물상보증인 소유의 다른 목적 부동산의 채권최고액 감액 여부", 민사판례의 제문제 제26권, 한국사법행정학회(2018), 505면(강조점은 필자가 부가하였다).

내용 또는 작용이 변경되는 것을 말한다.[46] 그런데 예컨대 가액 1억 원인 P부동산에 채권최고액 1억 원인 p근저당권을 설정해놓은 상태에서 역시 동일 가액의 Q부동산에 동일 채권최고액의 q근저당권을 설정하면서 p, q근저당권이 서로 공동근저당관계에 있는 것으로 정하게 되면, 원래 p근저당권으로 P부동산에 대하여 항상 채권최고액 1억 원까지 우선변제를 받을 수 있었던 것이, Q부동산과의 동시배당이 이루어지는 경우에는 각 부동산의 경매대가에 비례하여 분담이 이루어짐에 따라 5,000만 원의 한도에서 우선변제를 받게 된다. 이는 p근저당권이라는 물권의 작용 양상이 변경되는 결과를 초래한다[만약 위 사안에서 누적적 근저당권으로서 q근저당권을 추가로 설정한 경우라면, 근저당권자가 p근저당권으로부터 우선변제받는 범위는 (동시배당의 경우에도) 채권최고액인 1억 원 그대로이고, 담보의 추가로 피담보채권의 범위가 기존과 달라지는 것도 아니므로, p근저당권의 관점에서는 물권의 작용 양상 등이 '변경'되는 것이 아니다].

2) 따라서 기존의 근저당권에 추가하여 새로운 근저당권을 설정하면서 이들 사이에 공동근저당관계가 성립하게 하려면 공동근저당의 취지를 등기하여야 한다고 보는 것이 성립요건주의를 취한 민법의 태도에 부합한다. 같은 맥락에서, 여러 근저당권을 함께 설정하면서 이들을 공동근저당권으로 하는 경우도 마찬가지라고 볼 것이다. 앞서 본 2008다57746 판결은 공동저당의 등기가 "수개의 저당권이 피담보채권의 동일성에 의하여 서로 결속되어 있다는 취지를 공시함으로써 권리관계를 명확히 하기 위한 것에 불과"하다고 하나, 바로 이와 같은 '공시를 통한 권리관계의 명확화'를 위해 공시제도가 존재하고 우리 민법이 성립요건주의를 채택하고 있는 것이다.

(다) 공동근저당의 등기가 마쳐져 있지 않은 경우에 공동근저당관계를 인정하더라도, 후순위담보권자의 권리를 부당하게 침해하는 문제가 발생하지 않기는 하다. 이 경우 후순위담보권자는 단순히 선순위 근저당권

46) 지원림, 민법강의 제7판, 홍문사(2009), 166면 및 434면.

의 채권최고액 전액을 제외한 나머지 담보가치를 보고 목적물에 담보권을 설정할 것이므로, 선순위 근저당권이 생각지도 않게 다른 근저당권과 공동근저당관계에 있음으로 하여 오히려 이익을 누리기 때문이다.

그러나 이러한 점만을 이유로 등기불요설의 입장을 따르기는 곤란하다. 등기불요설을 따르게 되면, 예컨대 수개의 부동산에 근저당권이 설정되어 있고 이들 부동산이 함께 경매되어 동시배당이 이루어지는 경우에, 위 근저당권들이 누적적 근저당권 내지 개별 근저당권으로서 근저당권자가 채권최고액을 합산한 범위에서 피담보채권 전액을 우선변제받는지, 아니면 공동근저당권으로서 각 부동산의 경매가액에 비례하여 피담보채권액(피담보채권액이 채권최고액을 초과할 경우 채권최고액)을 분담하는지를 등기만 보고서는 판단할 수가 없다. 이렇게 되면 수개의 근저당권에 관한 경매절차를 진행할 때마다 그 설정계약 및 채권신고서 등의 내용과 관련 첨부자료 등을 보고서, 당사자가 각 근저당권의 담보범위를 중첩시키기로 합의하였는지 여부를 구체적으로 확인·해석하는 과정을 거쳐야 하게 되어, 경매절차가 지나치게 번잡해진다.

특히 대상판결의 사례와 같이, 수개의 근저당권 중 일부는 서로 공동근저당관계이면서 다른 근저당권과는 누적적 근저당의 관계에 있는 복합적인 형태를 띠는 경우, 서로 공동근저당관계인 그룹과 누적적 근저당관계인 그룹을 공동근저당의 등기 유무로 분별할 수 없다고 한다면, 수개의 근저당권과 관련한 배당문제가 걷잡을 수 없이 복잡해지고, 그와 관련한 분쟁이 지나치게 늘어날 우려가 있다.

(라) 결국 등기필요설의 입장이 타당하다. 이와 달리 등기불요설의 입장을 취한 2008다57746 판결의 태도는 다시 검토될 필요가 있다. 관련하여 대상판결은, "하나의 기본계약에서 발생하는 동일한 채권을 담보하기 위하여 여러 개의 부동산에 근저당권을 설정하면서 각각의 근저당권 채권최고액을 합한 금액을 우선변제받기 위하여 공동근저당권의 형식이 아닌 개별 근저당권의 형식을 취한 경우"에는 누적적 근저당권이 성립한다고 설시하였는바, 여기서 말하는 '형식'이 무엇을 지칭하는 것인지 명확

하지 아니하여 대상판결이 등기필요설의 입장을 채택하였다고 해석할 수는 없겠으나, 물권변동의 공시에 관한 성립요건주의, 즉 형식주의를 채택한 우리나라에서 물권의 '형식'은 '등기'를 의미한다고 보는 것이 타당하지 않은가 한다.

4. 소결-공동근저당권과 누적적 근저당권의 각 성립요건

이상의 논의를 종합해 보면, 하나의 기본계약에서 발생하는 채권을 담보하기 위하여 수개의 근저당권이 설정된 경우에, 공동근저당권이 성립하기 위해서는 ① 각 근저당권의 채권최고액과 피담보채권의 범위 등이 모두 동일하여야(전부공통설) 할 뿐만 아니라, ② 해당 각 근저당권이 서로 공동근저당관계에 있다는 취지가 등기되어야(등기필요설) 하며, 위 요건을 하나라도 충족하지 못하면 해당 근저당권은 누적적 근저당권이라고 볼 것이다. 이렇게 해석하는 것이 광의의 공동근저당권을 둘러싼 법률관계를 명확하고 간명하게 처리하는 길이다.

물론 대상판결이 적절하게 지적한 바와 같이, 수개의 근저당권이 피담보채권의 범위를 전혀 별개로 한다면 이는 개별 근저당권일 뿐 누적적 근저당권이 아니다. 다만, 근저당권별로 피담보채권의 범위가 완전히 동일한 경우는 물론 일부만 동일한 경우, 예컨대 앞서 본 〈사례1〉과 같은 경우에도 누적적 근저당권은 성립한다.[47] 이와 같이 보더라도, 담보범위의 중첩이나 후순위근저당권자의 대위 등이 문제되지 않는 누적적 근저당권에서는, 앞서 공동근저당권과 관련하여 중첩한도설의 입장을 취했을 때에 나타나는 모순이 발생하지 않는다. 결국, 누적적 근저당권은 '피담보채권의 전부 또는 일부가 동일한 기본계약으로부터 발생하는 근저당권이 수개 존재하는 상황에서, 각 근저당권의 채권최고액이나 피담보채권의 범위가 서로 다르거나, 같더라도 공동근저당의 취지가 등기되지 아니한

47) 일본에서도 누적근저당권과 관련하여 같은 취지로 설명한다. 高木多喜男 外 1人 編(주 17), 541면(高木多喜男 집필부분); 森田修 編(주 9), 386-387면(田高寬貴 집필부분).

경우'에 성립한다. 이는 결국 일본의 입법례와 유사한 태도를 해석론으로 취하는 것이기는 하나, 그렇다고 하여 일본의 제도와 완전히 동일한 것은 아니다. 예를 들어, 일본에서는 이미 누적저당권이 성립한 것을 사후적으로 순수공동근저당관계로 전환하는 것이 허용되지 않으나, 우리나라에서는 누적적 근저당권이던 것을 나중에 당사자 간 합의로 협의의 공동근저당권으로 변경하면서 공동저당의 취지를 등기하는 것이 허용되지 않을 이유가 없다. 이하에서는 (협의의) 공동근저당권 및 누적적 근저당권의 성립요건을 위와 같이 보는 전제로 논의를 전개한다.

Ⅳ. 공동근저당권과 구별되는 누적적 근저당권의 운용상 특징

누적적 근저당권의 운용상 특징, 구체적으로 누적적 근저당권과 관련한 이시배당과 동시배당에서 드러나는 누적적 근저당권의 특성을 파악하기 위해서도, 먼저 그와 대비하여 공동근저당권에서의 이시배당 및 동시배당에 관하여 살필 필요가 있다. 공동근저당권에서는 특히 이시배당과 관련하여 실무에서 복잡한 문제들이 제기되었고 이에 관한 다양한 학설이 논의되었는데, 최근에 해당 문제를 정리하는 내용의 대법원 판결들이 선고되었다. 이하에서는 해당 논의를 간략히 소개한 다음, 이와 대조하여 누적적 근저당권에서의 상황을 살펴본다.

1. 공동근저당권에서의 이시배당과 관련한 쟁점

(1) 근저당권의 공동 확정 여부

(가) 동일 채권을 담보로 여러 부동산에 근저당권을 설정하는 경우에도 각 부동산마다 저당권이 독립적으로 성립하고 단지 저당권 상호간에 일정한 제약을 받을 뿐인 것으로 이해하는 우리나라와 일본의 법제하에서는,[48] 하나의 부동산에 대해서만 경매절차가 진행된 경우에 그로

48) 김병두, "다수의 부동산 위에 설정된 근저당권의 법률관계", 재산법연구 Vol. 25(1), 한국재산법학회(2008), 115-117면; 박유화, "공동근저당권에 대한 연구–이시배당과 관련된 문제를 중심으로", 서울대학교 석사학위 논문(2018), 18-19면.

써 해당 부동산에 설정된 근저당권은 물론 다른 부동산에 설정된 나머지 근저당권도 함께 확정되는지가 문제된다.

(나) 일본의 경우 1971년도 민법 개정으로 하나의 근저당권에 확정 사유가 생기더라도 나머지 근저당권에까지 확정의 효력이 미친다고 명시(일본 민법 제389조의17 제2항)하여 입법적으로 해결했으나, 우리나라에서는 위 문제가 여전히 해석론의 영역으로 남겨져 있다.

우리나라 학계의 논의를 살펴보면, 공동근저당권자가 스스로 일부 근저당권을 실행하여 경매를 신청하는 경우에는 공동근저당관계에 있는 나머지 근저당권까지 모두 확정된다는 데에는 별다른 이견이 없다(공동근저당권자가 직접 채무자와의 기본계약관계를 종료하겠다는 의사를 표시함으로써 근저당권 전부에 확정사유가 발생하기 때문이다).[49] 문제는 제3자가 공동근저당권의 담보목적물 중 일부에 대하여 경매를 신청한 경우[50]인데(대법원은 오래 전부터 이러한 경우에 매각대금 완납 시에 근저당권이 확정된다는 판시를 해오고 있다. 대법원 1999. 9. 21. 선고 99다26085 판결 등 참조), 그와 같은 사유만으로는 당연히 채권자와 채무자 사이의 거래관계가 종료된다고 볼 수 없다는 등의 이유로, 경매대상 담보목적물에 설정된 근저당권을 제외한 나머지 근저당권은 확정되지 않는다는 견해(개별확정설)[51]와, 공동근저당권 중 일부만 확정되고 일부는 확정되지 않는다는 이론 자체가 자연스럽지 못하고 구체적 법률관계를 복잡하게 만들며 민법 제368조 제2항과도 조화되지 않는다는 등의 이유로, 이때에도 공동근저당권 전부가 확정된다는 견해(전부확정설)[52]가 대립한다. 대법원은 2017. 9. 21. 선고 2015

---

49) 김용덕 편집대표(주 6), 228면(오민석 집필부분); 곽윤직 · 김재형(주 5), 509면; 양창수 · 김형석(주 3), 490면; 송덕수(주 5), 563면; 이준현(주 37), 659면; 대법원 1996. 3. 8. 선고 95다36596 판결, 대법원 1997. 2. 28. 선고 96다495 판결 등.

50) 경매신청 외에도 타인에 의해 개시된 공매나 수용, 회생절차 등을 통해 담보목적물 일부가 환가되거나 그 대상물(代償物)이 발생하는 경우 등 여러 가지 경우의 수가 있으나, 이하에서는 가장 대표적으로 문제되는 민사집행법상의 강제경매 또는 임의경매를 전제하여 논의한다.

51) 곽윤직 편집대표(주 24), 212-213면(조대현 집필부분); 곽윤직 · 김재형(주 5), 510면; 양창수 · 김형석(주 3), 490면; 김병두(주 48), 141면; 양형우(주 36), 386-387면.

52) 윤진수, "2006년도 주요 민법 관련 판례 회고", 민법논고Ⅲ-재산법3, 박영사

다50637 판결 등에서 개별확정설의 태도를 취하였다.

(다) 다음과 같은 이유로 개별확정설이 타당하다. 위 2015다50637 판결에서 적절히 지적하였듯 “기본거래가 계속되는 동안에는 공동근저당권자가 나머지 목적 부동산에 관한 근저당권의 담보가치를 최대한 활용할 수 있도록 피담보채권의 증감 · 교체를 허용할 필요”가 현실적으로 존재한다. 일본 민법 제398조의17 제2항과 같은 명문의 규정이 우리나라에 없음에도 불구하고 전부확정설의 입장을 택하게 되면 위와 같은 공동근저당권자의 담보가치 활용기회를 법률상 근거 없이 박탈하는 결과를 초래한다.

(2) 후행 경매절차에서의 채권최고액 감액 여부

(가) 위와 같이 개별확정설을 채택하게 되면, 제3자에 의한 선행 경매절차 이후로도 나머지 근저당권의 피담보채권은 확정되지 않고 계속 증감변동하므로, 해당 선행 경매절차에서 우선변제받은 금액만큼 후행 경매절차에서의 우선변제 범위(채권최고액)가 감액되는지를 별도로 검토할 필요가 있다. 이와 관련하여 후행 경매절차에서의 채권최고액 감액을 부정하는 견해[53]와 긍정하는 견해[54]가 대립한다. 대법원은 이 쟁점에 관해 종래 다소 일관되지 못한 태도를 보였으나, 최근 대법원은 2017. 12. 21. 선고 2013다16992 전원합의체 판결로 감액긍정설의 입장을 명확히 하였다.

(나) 다음과 같은 이유로 감액긍정설이 타당하다. 애초에 공동근저당권은 민법 제368조의 적용으로 인하여 근저당권 전체에 공통된 채권최고액의 한도에서 우선변제가 예정된 형태의 근저당권이다. 따라서 감액부정설의 입장을 따르면, 굳이 공동근저당의 취지를 등기한 당사자의 의사와 전혀 맞지 않을 뿐만 아니라, 해당 등기를 보고서 민법 제368조의 적용을 전제로 이해관계를 맺은 후순위담보권자 등의 기대이익을 침해하

(2008), 735면; 송덕수(주 5), 563-564면.

53) 곽윤직 편집대표(주 24), 213면(조대현 집필부분); 김병두(주 48), 141면. 다만, 이 견해는 선행 경매절차에서 채권최고액 ‘전액’이 우선변제되면 공동근저당권 전체가 그 목적을 달성하여 아예 소멸한다고 한다(같은 글 148면).

54) 양창수 · 김형석(주 3), 490-491면; 양창수, “공동근저당권에 있어서 선행경매절차에서의 일부배당이 후행절차상의 우선변제권에 미치는 영향”, 민법연구 제8권, 박영사(2005), 221면; 곽윤직 · 김재형(주 5), 510면; 양형우(주 36), 387-388면.

게 된다. 그리고 앞서 보았듯이 근저당권에서 담보범위(채권최고액)와 피담보채권의 범위는 서로 구별되므로, 공동근저당권에서 선행 경매에서의 우선변제로 인한 후행 경매에서의 채권최고액 감액 여부가 반드시 선행 경매에서의 피담보채권 확정을 전제하여야만 하는 것도 아니다.

(3) 대위변제자와 후순위저당권자 사이의 우열 문제

공동근저당에서 선행 경매절차로 매각된 목적물이 물상보증인 소유일 경우에, 채무자 소유의 다른 담보목적물에 후순위저당권자가 있음에도 불구하고 물상보증인이 변제자대위권을 행사하여 나중의 경매절차에서 후순위저당권자보다 우선변제를 받을 수 있는지도 중요한 문제이다. 민법 제368조 제2항을 근거로 후순위저당권자의 권리가 우선한다는 견해도 존재하나[55], 대법원은 오래 전부터 물상보증인의 변제자대위권이 후순위저당권자의 대위권보다 우선한다는 입장을 취해 왔다(대법원 1994. 5. 10. 선고 93다25417 판결, 대법원 1996. 3. 8. 선고 95다36596 판결, 대법원 2010. 4. 15. 선고 2008다41475 판결 외 다수). 물상보증인으로서는 채무자가 아니면서도 책임을 부담하는 자인데다가, 다른 공동담보물인 채무자 소유의 부동산이 가지는 담보력을 기대하고서 자기의 부동산을 담보로 제공한 자인데, 채무자 소유의 부동산에 후순위저당권자가 있다거나 특히 사후적으로 위 부동산에 후순위저당권이 새로이 설정되었다는 이유로 물상보증인의 기대이익을 박탈한다면 이는 부당하므로, 대법원의 태도가 타당하고, 학계에도 변제자대위 우선설이 보다 많은 것으로 보인다.[56]

2. 이시배당에서 공동근저당권과 구분되는 누적적 근저당권의 특징

이상과 같이 공동근저당권에서의 이시배당 상황을 살펴보았다. 이제 누적적 근저당권에서 이시배당이 이루어지는 경우에는 양상이 어떻게 다르게 나타나는지 살펴본다. 먼저 각 근저당권별 피담보채권의 범위가 전

---

55) 김상용(주 25), 724면; 이영준(주 5), 제867면.

56) 곽윤직 · 김재형(주 5), 490-492면; 양창수 · 김형석(주 3), 483-484면; 송덕수(주 5), 549면.

부 동일한 경우를 전제로 논의한 뒤, 각 근저당권별 피담보채권의 범위가 일부만 같은 경우에 관하여 마지막에 따로 살펴본다.

(1) 근저당권의 개별 확정 문제에서는 공동근저당권과 크게 다르지 않음

공동근저당에서와 같은 개별 확정 상황은 누적적 근저당권의 경우도 마찬가지이다. 민법 제368조의 적용 배제로 각 근저당권의 담보범위가 구분·누적됨에 따라 공동근저당권에서와 같은 담보범위의 중첩에 따른 연대성[57]이 문제되지 않는 누적적 근저당권에서는, 각 근저당권의 개별 확정이 오히려 원칙이라고 할 수 있다. 다만, 근저당권자가 스스로 일부 근저당권을 실행하여 경매를 신청하는 경우 채무자와의 기본계약관계를 종료하는 의사를 표시한 것이라는 설명은 다른 특별한 사정이 없는 한 누적적 근저당권에서도 타당하다.

이 점에서, 이 사건 전체 근저당권의 피담보채권이 이 사건 채권양도계약을 체결 무렵에 위 채권으로 확정되었다는 대상판결의 제1심 판단은 다소 의문이다. X은행은 위 채권양도계약 체결일(2012. 3. 21.) 이전인 2011. 10. 13.에 송도 아파트에 대한 경매신청을 하였고, 바로 다음 날 그에 따른 경매개시결정도 내려졌으므로, 이때 이 사건 전체 근저당권의 피담보채권이 확정되었다고 보아야 하는 것이 아닌가 한다. 다만, 대상판결 사안에서 문제되었던 피담보채권은 이 사건 대출금 채권뿐이고, 근저당권에서 피담보채권 확정 후로도 확정된 원본채권의 이자나 지연손해금은 원본채권과 함께 피담보채권에 포함되므로(대법원 2007. 4. 26. 선고 2005다38300 판결 등), 위와 같은 근저당권 확정 시점의 문제가 위 사안의 결론에 큰 영향을 준다고 보이지는 않는다.

(2) 선행 배당과 무관하게 후행 경매절차에서도 채권최고액 전액을 우선변제받음

누적적 근저당권에서의 이시배당이 공동근저당권과 다른 지점은, 일부 근저당권으로부터의 우선변제가 다른 근저당권의 채권최고액에 영향을

57) 박유화(주 48), 19-20면; 공동저당과 관련한 곽윤직 편집대표(주 24), 162면 및 180-181면(조대현 집필부분).

미치지 않는다는 점이다.[58] 이 역시 담보범위의 중첩과 근저당권별 연대성이 문제되지 않는 누적적 근저당권의 성격에 비추어 당연하다. 대법원도 대상판결에서 "누적적 근저당권은 공동근저당권과 달리 담보의 범위가 중첩되지 않으므로, (중략) 여러 개의 근저당권 중 어느 것이라도 먼저 실행하여 그 채권최고액의 범위에서 피담보채권의 전부나 일부를 우선변제 받은 다음 피담보채권이 소멸할 때까지 나머지 근저당권을 실행하여 그 근저당권의 채권최고액 범위에서 반복하여 우선변제를 받을 수 있다."고 설시하여, 이 부분이 누적적 근저당권의 가장 중요한 특징임을 밝히고 있다.

(3) 후순위저당권자 대위의 여지가 없다는 점과 변제자대위의 문제

(가) 누적적 근저당권에서는 민법 제368조의 적용이 배제됨에 따라 후순위저당권자가 민법 제368조 제2항 후문에 따라 대위권을 행사할 여지가 처음부터 존재하지 않는다. 이에 따라 누적적 근저당권의 담보목적물 중 일부만 채무자 소유이고 다른 일부는 물상보증인의 소유인 경우에, 공동근저당권에서와 같은 변제자대위와 후순위저당권자 대위 상호간의 충돌 문제는 발생하지 않는다. 이 점에서 "채무자 소유 부동산에 후순위저당권이 설정되었다는 사정 때문에 물상보증인의 기대이익을 박탈할 수 없다"는 대상판결의 설시는 당연한 지적이다. 따라서 이러한 경우에 물상보증인 소유의 담보목적물이 먼저 경매되면[대상판결의 사안처럼 그 대상물(代償物)에 대해 채권자가 물상대위권을 행사한 경우도 마찬가지이다], 물상보증인은 당연히 민법 제370조, 제341조, 제441조 등에 따라 채무자에 대해 구상권을 가질 뿐만 아니라, 민법 제481조, 제482조 제1항에 따라 변제자대위로서 구상권의 범위에서 채무자 소유의 담보목적물에 설정된 근저당권을 행사할 수가 있다.

(나) 이때 채무자 소유의 담보목적물에 설정된 근저당권은 물상보증

58) 만약 앞에서 공동근저당권 확정 문제와 관련하여 전부확정설의 입장을 취한다면, 일본의 입법태도와 같이, 일부 근저당권에 발생한 확정사유가 다른 근저당권에 영향을 미치는지 여부가 공동근저당권과 누적적 근저당권의 주요 차이점이 될 것이다.

인 입장에서 민법 제482조 제1항에서 말하는 '채권의 담보에 관한 권리'에 해당한다. 누적적 근저당에서도 각 근저당권이 동일한 (기본계약에서 발생한) 피담보채권을 담보하는 이상, 채무자 소유의 담보목적물에 설정된 근저당권의 피담보채권과, 물상보증인 소유 담보목적물의 경매로 우선변제된 채권은 서로 동일한 채권이라고 보아야 하기 때문이다.

(다) 대상판결에서 피고는 각 그룹별 근저당권의 피담보채권이 다르다는 전제에서 C그룹 근저당권이 원고들 입장에서 변제자대위로 행사할 수 있는 '채권의 담보에 관한 권리'에 해당하지 않는다고 주장하였다. 앞서 본 것과 같이 대상판결에서 전제하는 누적적 근저당권의 개념을 인정하지 않고 '먼저 실행되는 근저당권의 피담보채권을 확정된 채권 전부로, 나중에 실행되는 근저당권의 피담보채권을 선행 경매에서 만족을 받지 못한 나머지 채권으로 각 정하는 형태의 근저당권'만이 가능하다고 보는 견해에 따른다면, 각 근저당권의 피담보채권을 상이하다고 보게 되어 위 주장을 받아들이는 결론으로 이어질 것이다.

그러나 대상판결에서 전제한 누적적 근저당권의 개념이 인정될 수 있음은 앞서 본 것과 같다. 나아가 위 견해를 따르게 되면, 당사자들이 각 근저당권의 피담보채권을 동일한 것으로 분명하게 의도한 경우에조차 그들의 의사를 무리하게 기술적으로 재해석하게 될 우려가 있다. 대상판결 사안에서도, X은행과 Y회사 그리고 원고들이 이 사건 전체 근저당권을 위 견해에서 제시하는 형태의 근저당으로 의도하였다고 해석할 수 있는지 의문이다. 원고1은, 이 사건 대출금 채무를 비롯하여 Y회사가 X은행에 대하여 현재 및 장래에 부담하는 채무를 전부 포괄적으로 담보하는 차원에서, 이 사건 전체 근저당권 설정에 더해 위 채무를 포괄적으로 연대보증하기까지 하였다. 이처럼 당사자들이 원고1로 하여금 하나의 연대보증계약으로 X의 Y에 대한 일체의 채권을 포괄적으로 보증하도록 하면서 같은 채권을 그대로 이 사건 전체 근저당권의 피담보채권으로 삼았음에도 불구하고, 당사자들의 의사가 각 그룹별 근저당권의 피담보채권을 어떻게든 구분하고자 하는 의사였다고 해석하는 것은 부자연스럽다.

(라) 무엇보다 대상판결에서의 피고 주장을 따를 경우, 물상보증인으로서는 자기의 희생으로 채무자의 채무를 대신 변제해주었음에도 불구하고 채무자 소유의 다른 재산에 대한 담보로서 그 희생을 보전받을 방법이 없게 되어 부당하다. 이러한 물상보증인의 희생은 채무자 내지 채무자 소유 재산에 대한 후순위담보권자의 이익에 대응하는데, 그러한 이익을 보장해줄 이유가 없음은 앞서 Ⅱ.의 2.항에서 본 것과 같다.

(4) 각 근저당권별로 피담보채권의 범위가 일부만 동일한 경우

누적적 근저당권에서 각 근저당권별로 피담보채권의 범위가 일부만 동일한 경우에도 각 근저당권의 개별 확정이 원칙이라는 점과 선행 경매절차에서의 우선변제가 다른 근저당권의 채권최고액을 감액시키지 않는다는 점은 동일하다. 각 근저당권별 피담보채권의 범위가 전부 동일한 사안과 다른 점을 〈사례1〉의 상황을 토대로 살펴보면 아래와 같다.

(가) 근저당권자가 스스로 일부 근저당권을 실행하여 경매를 신청한 것이 채무자의 기본계약을 종료하겠다는 의사를 표시한 것에 해당하지 아니할 여지가 넓어진다. 예컨대 〈사례1〉에서, ① 甲은행이 n근저당권에 기초하여 N부동산에 대해 경매신청을 하는 경우에, 그것이 m근저당권의 피담보채권이기도 한 a채권의 만족을 위한 것일 수도 있지만, a채권과는 무관하게 b채권의 채무연체 등으로 인하여 경매신청을 하는 것일 수도 있다. 따라서 甲은행의 n근저당권 실행으로 a, b채권이 모두 확정될 수도 있지만, 경우에 따라서는 b채권만 확정되는 것으로 해석할 가능성도 있다. 이는 결국 a채권의 기본계약을 둘러싼 甲은행과 乙회사의 의사를 해석하는 문제이다. 한편 ② a채권을 담보하는 m근저당권에 기초하여 M부동산에 대해 경매신청을 하였다고 하여 n근저당권과 관련해서만 피담보채권인 b채권에 대해서까지 그 기본계약관계를 종료하겠다는 의사를 표시하였다고 보기는 어려우므로, 별도의 사정이 없는 한 甲은행의 m근저당권 실행으로 b채권이 확정된다고 할 수 없다.

(나) 물상보증인의 변제자대위 문제도 각 근저당권의 피담보채권 범위가 완전히 동일한 경우에 비하여 다소 복잡해진다.

〈사례1〉에서 ① 만약 N부동산이 채무자 乙회사의 소유가 아닌 물상보증인 戊의 소유이고, 甲은행이 N부동산에 대해서 먼저 경매신청을 하였으며, 이때 확정된 채권가액이 a채권은 7,000만 원, b채권은 1억 원이라면, 戊가 m근저당권에 관하여 변제자대위권을 행사할 수는 있으나, 그 범위는 a채권액인 7,000만 원에 한정되어야 할 것이다. b채권의 입장에서는 m근저당권이 민법 제482조 제1항에서 말하는 '채권의 담보에 관한 권리'가 아니기 때문이다(만약 戊가 m근저당권의 채권최고액 1억 원 전액에 대해서 배당을 받아가려 한다면 甲은행이나 M부동산의 후순위담보권자 등이 배당이의의 소로 다툴 수 있다).

② 반대로 만약 M부동산이 물상보증인 戊의 소유이고, M부동산에 대해 먼저 경매가 이루어져 b채권이 해당 경매대가로 전액 변제되었다면 어떨까? n근저당권이 a채권은 물론 b채권도 함께 담보하므로, 戊로서는 n근저당권에 대해 변제자대위권을 행사할 수 있을 것이나, 한편 甲은행으로서도 여전히 a채권을 n근저당권으로 담보받을 지위에 있다. 이는 마치 보증인 등이 피담보채권 일부만 대위변제하여 그 채권의 담보를 원채권자와 함께 행사하여야 하는 상황과 유사하므로, 일부대위에 관한 민법 제483조 제1항을 유추적용할 것이다. 이와 관련하여 채권자가 일부 대위변제자보다 우선한다는 견해가 판례의 일관된 입장[59]이고, 학설도 이를 지지함과 동시에 일부 대위변제자가 단독으로 대위한 권리를 행사할 수 없다는 견해가 많은바,[60] 채권을 전부 변제받지도 못한 채권자가 일부 변제만을 이유로 자신이 보유한 담보물권 등으로부터 완전한 만족을 얻지 못하고 또한 해당 담보물권 등의 행사를 강요당하는 불이익을 입는다는 것은 타당하지 못하므로 위 판례 및 학설의 태도가 타당하다. 따라서 위 사안에서 戊는 n근저당권 관련 배당가액 중 甲이 a채권액만큼 우선변

59) 대법원 2004. 6. 25. 선고 2001다2426 판결, 대법원 2009. 11. 26. 선고 2009다57545, 57552 판결, 대법원 2011. 6. 10. 선고 2011다9013 판결 외 다수.

60) 곽윤직 편집대표, 민법주해[XI]-채권(4), 박영사(1995), 210-211면(이인재 집필부분); 지원림(주 46), 920면.

제를 받고 남은 금액만큼만 채권최고액 1억 원의 한도에서 우선변제를 받을 것이며, 이때 甲이 경매신청을 하지 않았는데 戊가 단독으로 N부동산에 대해 경매신청을 할 수는 없을 것이다.

(다) 문헌 중에는, 〈사례1〉과 같은 경우에 甲은행이 b채권 전액인 1억 원을 변제받으면 N부동산의 채권최고액이 2억 원에서 1억 원으로 감액된다는 견해가 있으나,[61] 경매나 물상대위권 행사 등으로 변제가 이루어진 경우라면 몰라도, 乙회사가 임의로 위와 같이 변제한 것이고 그 변제 시점이 n근저당권 확정 이전이라면, 임의변제는 통상 담보권의 실행과 무관한 점, 근저당권의 경우 소멸에서의 부종성이 완화되는 점, 근저당권의 불가분성에 비추어 甲은 b채권의 전부소멸 후로도 a채권의 만족을 위한 n근저당권 전체로부터 우선변제를 받을 수 있는 점 등에 비추어 변제로 b채권 전부가 소멸하더라도 n근저당권의 채권최고액이 그만큼 감액되는 것은 아니라 할 것이다.

3. 동시배당에서 공동근저당권과 누적적 근저당권의 차이

(1) 문제의 소재-누적적 근저당권에서의 동시배당과 관련한 민법 제368조 제1항 유추적용설

앞서 본 바와 같이, 누적적 근저당권 설정계약의 당사자들은 민법 제368조의 적용을 의도적으로 배제하고자 공동근저당권의 형식(필자의 견해에 의하면 공동근저당관계의 등기)을 취하지 않는 것이다. 그리고 누적적 근저당권에서 후순위저당권자는 민법 제368조에 기한 책임 분담의 기대를 가지지 않는다. 따라서 이러한 사정만 놓고 본다면, 동시배당의 경우라고 하여 누적적 근저당권에 민법 제368조 제1항을 적용할 이유는 없을 것 같다. 그런데 일본 학계에는, 누적근저당이라 하더라도 동시배당의 경우에는 일본 민법 제392조 제1항(우리나라 민법 제368조 제1항과 거의 동일한 조항이다)이 유추적용되어야 한다는 견해가 존재한다.[62] 해당 견해는, 누

61) 양형우(주 36), 391면.

62) 高木多喜男 外 1人 編(주 17), 543면(高木多喜男 집필부분); 森田修 編(주 9),

적근저당이라고 하여 동시배당의 경우에까지 근저당권자가 임의로 각 부동산별로 우선변제의 범위를 결정할 수 있도록 하는 것은 과도하며, 이 경우에는 후순위담보권자들 간에 이익의 형평을 도모해야 한다는 논거를 든다. 우리나라에서도 일본 학계에서의 논의와 동일하게, 누적적 근저당에서의 동시배당에 대해 민법 제368조 제1항을 유추적용해야 한다는 견해가 제기되고 있다.[63] 위 견해들은 유추적용의 전제로 총 피담보채권액이 채권최고액 합산액에 미치지 못하는 상황을 상정한다.[64]

(2) 대상판결의 태도

대상판결에서 C그룹에 속한 남양주 건물 36개 호실에 설정된 각 근저당권은 이 사건 경매절차를 통해 동시배당이 이루어지는 상황이었는데, 항소심은 피고의 주장을 판단하는 과정에서 "원고들은 자신들이 배당받을 채권액을 각 경매목적 부동산의 잔존 채권최고액의 범위 내에서 **자유로이 배분**하여 주장할 수 있다"고 판시하였고(굵은 글씨는 필자), 대법원은 해당 판시를 수긍하였다. 다만 해당 사안은, 잔존 매각대금이 잔존 채권최고액의 합계는 물론 원고들의 구상채권 원본에도 미달하는 상황이었으므로, 당연히 누적적 근저당권자 X를 대위하는 원고들에게 피고보다 앞서 우선변제권을 보장해주어야 하는 상황이었다. 따라서 대상판결에서 대법원 및 항소심이 민법 제368조 제1항의 유추적용 가능성을 부정하였다고 단정하기는 어렵다.

(3) 검토-누적적 근저당권에서의 동시배당에 민법 제368조 제1항은 유추적용되지 않음

(가) 공동근저당권의 경우 담보범위가 중첩됨에 따라, 단일한 채권최고액을 기준으로 하여 피담보채권액이 채권최고액을 초과하면 채권최고액을, 피담보채권액이 채권최고액보다 적으면 피담보채권액을 각 부동산

388면(田高寛貴 집필부분); 遠藤浩 外 2人 編, 不動産擔保(註解不動産法第3巻) 初版, 青林書院(1990), 392면(田山輝明 집필부분).

63) 양형우(주 36), 392면.

64) 양형우(주 36), 392면; 高木多喜男 外 1人 編(주 17), 543면(高木多喜男 집필부분).

별 경매가액에 비례하여 안분하면 되므로, 민법 第368조 제1항을 적용한다고 해서 배당문제가 크게 복잡해지지 않는다. 그러나 누적적 근저당권의 경우, 근저당권자의 우선변제 범위는 채권최고액의 총합이고, 그러면서도 각 근저당권별로는 채권최고액이 모두 다를 수 있으며, 그와 함께 각 목적부동산별로 경매가액이 채권최고액에 미달하는지 여부도 개별적으로 판단하여야 하기 때문에, 위 규정을 유추적용하게 되면 배당액 계산이 번잡해질 우려가 있다.

1) 예를 들어 ㈎, ㈏, ㈐ 부동산에 각 채권최고액을 아래 표와 같이 하여 각 근저당권을 누적적으로 설정한 사안에서, 피담보채권액이 3억 5,000만 원으로 확정되고, 각 부동산의 경매가액이 아래 표와 같이 나왔다고 하자. 이때 각 부동산에는 후순위저당권자가 있음이 전제된다(통상 채권최고액은 담보목적물의 감정평가액으로 정해지기는 하나, 시세변동 등에 따라 경매 시점의 경매가액은 예상과 크게 달라질 수 있다).

담보목적물	㈎부동산	㈏부동산	㈐부동산
채권최고액	1억 원	2억 원	3억 원
경매가액	4억 원	2억 원	1억 원

2) 이 사안에 민법 第368조 제1항을 유추적용하면, 피담보채권액 3억 5,000만 원에 대한 분담액이 ㈎부동산 2억 원, ㈏부동산 1억 원, ㈐부동산 5,000만 원으로 정해진다. 그런데 ㈎부동산의 경우 정해진 분담액 2억 원이 채권최고액 1억 원을 초과하므로, ㈎부동산의 경매가액으로부터 우선변제받는 금액은 1억 원으로 정하여야 한다. 그렇다고 근저당권자가 나머지 1억 원을 우선변제받지 못한다고 하면 근저당권자로 하여금 각 부동산의 채권최고액만큼 누적·반복하여 우선변제받을 수 있도록 하고자 한 당사자들의 의사에 반한다. 그러므로 나머지 1억 원은 어차피 ㈏부동산과 ㈐부동산의 경매가액으로부터 만족을 받아야 하고, 이를 다시 두 부동산의 경매가액에 안분하는 계산을 해야 한다.

3) 만약 경매대상 부동산이 위와 같이 3개가 아니라 대상판결 사안

처럼 36개 호실에 달한다고 한다면, 그리고 해당 각 부동산의 채권최고액과 경매가액이 천차만별이라면, 위와 같은 안분계산→각 부동산별 채권최고액, 안분액 및 경매가액과의 비교→초과분에 대하여 재차 안분계산→각 부동산별 잔여 채권최고액 내지 경매가액과의 비교 … 의 과정을 계속해서 거쳐야 하는 상황이 발생할 수 있다. 법령의 유추적용은 해당 법령이 예정한 것과 유사한 사안에 대해 이루어져야 하는데, 위와 같은 누적적 근저당권에서의 동시배당 상황은 민법 제368조의 유추적용을 긍정할 만큼 공동근저당권에서의 경우와 유사하지가 않다.

(나) 단순히 동시배당이 이루어진다는 사정만으로 이처럼 번잡한 과정을 거치면서까지 후순위저당권자를 배려·보호해야 할 이유도 없다. 앞서 누차 강조한 바와 같이, 누적적 근저당권에서 후순위저당권자에게 민법 제368조에 기한 책임 분담의 기대는 처음부터 존재하지 않는다. 따라서 선순위 누적적 근저당권자가 굳이 특정 담보목적물로부터 해당 채권최고액까지 우선변제를 받아간다 하더라도, 후순위저당권자도 처음부터 이를 예측하고 감수하였기 때문에, 후순위저당권자의 보호가치 있는 이익이 침해되었다고 할 수 없다. 따라서 민법 제368조 제1항의 유추적용에 기한 안분배당을 하지 않았음으로써 후순위저당권자별로 이익 실현 여부가 달라지더라도, 그것이 반드시 형평에 반한다고 할 수 없다.

(다) 이러한 이유로 누적적 근저당권에서의 이시배당에 민법 제368조 제1항을 유추적용할 필요가 없다고 생각한다. 따라서 앞서 ㈎항에서 본 사례에서도, 근저당권자는 각 부동산별로 해당 각 채권최고액의 범위에서 피담보채권액 3억 5,000만 원을 적절히 배분하여 채권신고서를 제출하고 배당받으면 그만이다. 이렇게 하는 것이 배당관계를 간명하게 처리하는 길이다.

V. 결 론

지금까지의 논의를 정리해 보면 다음과 같다. 우리나라에는 비록 일본에서와 같은 명시적 규정이 없으나, 해석론상 누적적 근저당권의 개념을 인정함이 타당하다. 누적적 근저당권은 각 근저당권별로 채권최고액이 동일할 필요가 없고 피담보채권의 범위도 일부 상이할 수가 있으며, 무엇보다 공동근저당관계를 등기하지 아니하였다는 점에서 공동근저당권과 구분된다. 다만, 피담보채권의 범위의 일부는 각 근저당권별로 공통되어야만 누적적 근저당권이라 할 수 있다. 누적적 근저당권은 각 근저당권이 개별 확정될 수 있다는 점에서는 공동근저당권과 다르지 않으나, 일부 근저당권에서의 우선변제로 다른 근저당권의 채권최고액이 감액되지 않는다는 점에서 공동근저당권과 결정적으로 다르다. 그리고 누적적 근저당권은 처음부터 민법 제368조의 적용을 배제하고자 개별 근저당권의 형식을 취하는 것이므로 후순위저당권자 대위의 여지가 없다. 반면 물상보증인이 누적적 근저당 관계에 있는 다른 근저당권에 변제자대위권을 행사하는 것은 가능하다. 한편 누적적 근저당권에 민법 제368조 제1항을 유추적용하자는 논의가 있으나, 그 유추적용을 배제하는 것이 간명하고 누적적 근저당권의 성격에도 부합하는 태도라고 생각한다.

이상과 같은 복잡한 논의가 전개되는 이유는, 앞서 서론에서도 언급하였지만 우리나라에 광의의 공동근저당권을 포괄적으로 규율하는 명시적 규정이 없을 뿐만 아니라, 근저당권이나 공동저당에 대해서도 지나치게 간략하게 규정이 되어 있기 때문이다. 우리나라에서도 근저당권의 확정 등에 관한 명문의 규정을 마련하려는 시도가 2004년 및 2014년경에 있었으나, 현재까지 해당 시도는 성공하지 못하였을 뿐만 아니라, 당시 마련된 민법개정안 또는 민법개정시안에도 공동근저당권이나 누적적 근저당권에 관한 규율은 반영되지 않았다.[65] 앞으로 우리나라의 경제규모 성장과 더불어 누적적 근저당 형태의 담보가 적잖이 등장할 것으로 보이는바, 추가적인 논의를 통해 광의의 공동근저당권을 포괄하는 입법안이 마련되어 민법에 반영되는 날이 오기를 기대해 본다.

---

65) 박유화(주 48), 6-14면.

[Abstract]

A Study on Requirements for Establishment and Operational Characteristics of 'Accumulative Floating Sum Mortgages'

Yeo, Dong Geun*

The Civil Code of Republic of Korea provides only one provision related to 'floating sum mortgages' and another related to 'joint mortgages', but does not provide explicit provisions on 'joint floating sum mortgages.' As a result, it has come to a matter whether the concept of so-called "accumulative floating sum mortgages"—mortgages which are set up on several real estate properties to secure the same bonds arising from a single basic contract, but are excluded from the application of the Article 368 of the Civil Code of ROK, the article which regulates matters related to joint mortgages, by not taking the form of joint mortgages, in order to receive preferential repayment within the scope of the whole sum of the 'maximum preferential repayment limit' of each mortgage—is acceptable or not within the South Korean civil law system. While there are some views denying the acceptability of this concept, the Supreme Court of ROK explicitly recognized and accepted this concept of 'accumulative floating sum mortgages' by sentencing a decision(decision number 2014Da51756, 2014Da51763) on April 9, 2020, the decision which is the main subject of this study. The conclusion of this study is that the concept of 'accumulative floating sum mortgages' should be accepted and the rule of the Supreme Court should be respected. This is because accepting the concept violates neither the principle of numerus clausus in property law—the principle that no property right

* Judge, Chuncheon District Court Yeongwol Branch.

can be accepted if law does not recognize it—, nor the compulsory characteristic of the Article 368 of the Civil Code, and does not unfairly infringe the rights of posterior mortgagees, while not accepting the concept results in not only unjust limitation of the rights of the mortgagees who intend the establishment of accumulative mortgages, but also deprivation of the debtors(mortgagers) of the opportunity to utilize the collateral value of their properties.

It does not need mortgages to have the same 'maximum preferential repayment limit' to become accumulative floating sum mortgages, and the scope of bonds secured by each mortgage may also be partially different. Accumulative floating sum mortgages are distinguished from joint floating sum mortgages in that they are not registered as the form of joint mortgages. However, mortgages can be regarded as accumulative floating sum mortgages only when the scope of bonds secured by each mortgage is common, at least in part. If the scope of bonds secured is totally different, then each mortgage will be just separate, independent mortgages, not accumulative floating sum mortgages.

Accumulative floating sum mortgages and joint floating sum mortgages are the same in that the final scope of bonds secured by each mortgage can be determined separately, but are different in that preferential repayment from one mortgage results in the reduction of maximum preferential repayment limits of all other mortgages only in the case of joint floating sum mortgages, not in the case of accumulative floating sum mortgages. In addition, since the Article 368 of the Civil Code does not apply to accumulative floating sum mortgages, there is no room for posterior mortgagees to exercise their rights of subrogation granted under the Clause 2 of Article 368. The property guarantor—a person who has pledged one's property to secure obligations of the mortgager—, on the other hand, can exercise the rights of subrogation on other properties subject to accumulative floating sum mortgages when he/she repaid the debt on behalf of the mortgager. There is a discussion whether the Clause 1 of Article 368 of the Civil Code can be applied when several auctions started by accumulative floating sum mortgages are carried out at the same time, but in my opinion, the application of this clause cannot be considered in the case of accumulative floating sum mortgages, because the application of the clause makes the process of auctions too complicated, and is incompatible with the characteristics of this kind of mortgages.

[Key word]

- accumulative floating sum mortgages
- joint floating sum mortgages
- the Article 368 of the Civil Code of ROK
- the compulsory characteristic of property law
- the principle of numerus clausus in property law
- overlapping of the ranges of mortgages
- the rights of subrogation granted to posterior mortgagees
- the rights of subrogation granted to the guarantors who repaid the debt on behalf of the debtor
- a determination of the final scope of bonds secured by the floating sum mortgage
- auctions carried out at different times

참고문헌

[국내문헌]

1. 단 행 본

곽윤직 편집대표, 민법주해[Ⅳ]–물권(1), 박영사(1992).
______, 민법주해[Ⅶ]–물권(4), 박영사(1992).
______, 민법주해[XI]–채권(4), 박영사(1995).
곽윤직 · 김재형, 물권법[민법강의Ⅱ] 제8판(전면개정), 박영사(2014).
김용덕 편집대표, 주석 민법 [물권4] 제5판, 한국사법행정학회(2019).
양창수 · 김형석, 민법Ⅲ–권리의 보전과 담보 제3판, 박영사(2018).
김상용, 물권법 제3판, 화산미디어(2016).
김준호, 민법강의 제22판, 법문사(2016).
부동산등기실무[Ⅱ], 법원행정처(2015).
송덕수, 물권법 제3판, 박영사(2017).
이영준, 새로운 체계에 의한 한국민법론[물권편] 신정2판, 박영사(2004).
일본민법전, 법무부(2011).
지원림, 민법강의 제7판, 홍문사(2009).

2. 논 문

김동욱, "근저당권실행에서 경매와 배당에 관한 연구", 한국외국어대학교 박사학위 논문(2011).
김병두, "근담보 상호간의 관계", 토지법학 제23-1호, 한국토지법학회(2007).
______, "다수의 부동산 위에 설정된 근저당권의 법률관계", 재산법연구 Vol. 25(1), 한국재산법학회(2008).
김석우, "공동근저당권에 관한 소고", 法曹 Vol. 25 No. 2, 법조협회(1976).
김승래, "공동저당권의 공시방법으로서 등기와 후순위저당권자의 대위등기", 법학연구 제18권 제2호(통권 제66호), 한국법학회(2017).
김용한, "일본의 신근저당 입법", 法經論叢 제7호(1972).
김지웅, "이시배당에 있어서 선순위 공동근저당권자의 우선변제권 범위", 성균관법학 Vol. 30 No. 4, 성균관대학교 법학연구원(2018).
도제문, "금융실무상 공동저당에 대한 일고", 金融法研究 Vol. 10 No. 2, 한국금융법학회(2013).
박유화, "공동근저당권에 대한 연구-이시배당과 관련된 문제를 중심으로", 서울대학교 석사학위 논문(2018).
양진수, "공동근저당권자가 채무자에 대한 회생절차에서 채무자 소유 부동산의 환가대금으로부터 우선변제받은 경우에 공동담보물인 물상보증인 소유의 다른 목적 부동산의 채권최고액 감액 여부", 민사판례의 제문제 제26권, 한국사법행정학회(2018).
양창수, "공동근저당권에 있어서 선행경매절차에서의 일부배당이 후행절차상의 우선변제권에 미치는 영향", 민법연구 제8권, 박영사(2005).
양형우, "누적적 근저당과 물상보증인의 변제자대위 인정여부", 홍익법학 Vol. 21 No. 4, 홍익대학교 법학연구소(2020).
윤진수, "2006년도 주요 민법 관련 판례 회고", 민법논고Ⅲ-재산법3, 박영사(2008).
이준현, "공동근저당권자에 대한 일부 담보목적 부동산의 우선배당과 나머지 담보목적 부동산에 대한 효력", 法曹 Vol. 67 No. 1, 법조협회(2018).

[외국문헌(단행본)]

我妻榮 外 3人, 我妻・有泉コメンタ-ル民法-総則・物權・債権-第5版, 日本評論社(2018).
高木多喜男 外 1人 編, 新版 注釈民法(9) 物權(4) 改訂版, 有斐閣(2015).
森田修 編, 新注釈民法(7) 物權(4) 第1版, 有斐閣(2019).
松岡久和 外 2人 編, 新・コンメンタール民法(財産法) 第1版, 日本評論社(2012).
遠藤浩 外 2人 編, 不動産擔保(註解不動産法 第3巻) 初版, 青林書院(1990).

사해행위취소에 따른 소유권이전등기의 말소가 불가능한 경우, 다시 소유권이전등기청구를 할 수 있는지 여부

박 상 한*

■요　지■

대법원 2006. 12. 7. 선고 2004다54978 판결은 채권자가 일단 사해행위취소 및 원상회복으로 원물반환 청구를 하여 승소 확정판결을 받았다면, 그 후 어떠한 사유로 그 원물반환의 목적을 달성할 수 없게 되었다고 하더라도 다시 원상회복청구권을 행사하여 가액배상을 청구하는 것은 권리보호의 이익이 없다고 판시한 바 있다. 대상판결은 위 판결의 법리를 질적·양적으로 확장하여 채권자가 일단 사해행위취소 및 원상회복으로 소유권이전등기의 말소를 명하는 승소 확정판결을 받았다면, 그 후 어떠한 사유로 그 소유권이전등기를 말소하는 것이 불가능하게 되었다고 하더라도 다시 수익자를 상대로 채무자 앞으로 직접 소유권이전등기절차를 이행할 것을 구하는 것은 권리보호의 이익이 없다는 입장을 명시적으로 밝혔다는 점에서 중요한 의미가 있다.

그러나 소유권이전등기 말소등기청구와 소유권이전등기청구는 원칙적으로 소송물이 다르다고 보아야 하고, 취소채권자의 후소 제기를 권리보호이익이 없다고 보아 배척할 경우 선행 소송에서 이미 법적 보호의 필요성이 확인된 취소채권자의 정당한 이익을 침해할 우려가 있으며, 보통의 수익자보다 위법의 영역으로 한 걸음 더 나아간 수익자의 행위를 용인하는 결과가 초래될 위험이 있다는 사정을 감안할 때, 원심과 같이 후소 제기를 허용하는 것

* 수원지방법원 성남지원 판사.

이 더욱 바람직하지 않았을까 하는 아쉬움이 남는다.

다만, 전소와 후소는 모두 그 궁극적인 목적이 책임재산의 최대한의 회복이라는 점에서 공통점이 있고, 그 법적 근거나 성질도 대단히 밀접한 관계에 있으며, 이미 소유권이전등기의 말소를 명하는 승소 확정판결을 받은 취소채권자가 그 승소 확정판결에 따른 권리구제를 받지 못한 데에 귀책사유가 있는 등 후소의 제기를 허용하는 것이 부당한 경우에는 그러한 후소 제기는 신의칙에 위반되어 허용되지 않는다고 할 것이다.

[주 제 어]

- 채권자취소권
- 사해행위
- 소유권이전등기 말소
- 소유권이전등기 청구
- 원상회복
- 원물반환
- 가액배상
- 권리보호이익
- 신의칙

대상판결 : 대법원 2018. 12. 28. 선고 2017다265815 판결(공2019상, 378)

[사안의 개요 및 소송의 경과][1)]

1. 기초 사실관계

(1) 원고는 채무자에 대하여 부당이득반환청구권을 가지고 있는 일반 채권자이다.

(2) 채무자는 2010. 2. 1. 피고와 사이에, 자신의 유일한 재산인 부동산(이하 '이 사건 부동산'이라 한다)에 관하여 매매계약을 체결(사해행위)하고, 2010. 2. 4. 피고에게 그 소유권이전등기를 마쳐주었다.

2. 이 사건 소 제기 전까지의 경과

(1) 선행 소송

(가) 원고는 2011. 7. 25. 피고를 상대로 『위 매매계약을 사해행위로 취소하고 그 원상회복으로 채무자에게 이 사건 부동산에 관한 소유권이전등기의 말소등기절차를 이행할 것』을 구하는 내용으로 사해행위 취소소송을 제기하였다.

(나) 제1심법원은 위 소가 제척기간을 도과하여 부적법하다는 이유로 원고의 소를 각하하였다.[2)]

(다) 항소심법원은 2013. 12. 19. 변론을 종결한 후 2014. 1. 16. 제1심판결을 취소하면서, 『위 매매계약을 사해행위로 취소하고, 피고는 원상회복으로 채무자에게 이 사건 부동산에 관한 소유권이전등기의 말소등기절차를 이행하라.』라는 내용으로 원고 승소판결을 선고하였고,[3)] 위 판결은 2014. 2. 4. 그대로 확정되었다(이하 '선행 소송'이라 한다).

(라) 그런데 피고는 선행 소송의 항소심 변론종결 직전인 2013. 12. 4. A와 대출거래약정을 체결한 후 같은 날 A 앞으로 이 사건 부동산에 관하여 근저당권설정등기를 마쳐주었고, 위 항소심 판결선고 직후인 2014. 1. 17. B로부터 금원을 빌린 후 같은 날 B에게 근저당권설정등기를 마쳐주었다.

---

1) 쟁점과 직접 관련이 없는 부수적인 사실관계는 생략하였다.
2) 전주지방법원 2013. 6. 19. 선고 2011가합4345 판결.
3) 광주고등법원(전주) 2014. 1. 16. 선고 2013나1544 판결.

(2) 첫 번째 후행 소송

(가) 선행 소송의 판결 확정 후 위와 같은 사실을 알게 된 원고는 2014. 3. 24. A와 B를 상대로 선행 소송의 확정판결에 따른 이 사건 부동산에 관한 소유권이전등기의 말소등기에 대하여 승낙의 의사표시를 구함과 아울러, 피고를 상대로 선행 소송에 따른 확정판결의 집행이 불가능하게 되었음을 이유로 손해배상을 구하는 소를 제기하였다.

(나) 제1심법원은 2015. 1. 7. 피고에 대한 손해배상청구는 '말소등기의무의 이행불능으로 인한 전보배상책임이 있다'는 이유로 그 청구를 일부 인용하였으나, A와 B에 대한 승낙의 의사표시 청구는 '승낙의 의무가 있다고 보기 어렵다'는 이유로 그 청구를 기각하는 판결을 선고하였다.[4)]

(다) 항소심에서 원고는 주위적 청구원인으로 피고에 대하여 선행 소송의 판결에 따른 피고의 원상회복의무가 이행불능 내지 집행불능에 이르렀음을 이유로 가액배상을 구하고, 제1예비적 청구원인으로 피고의 소유권이전등기 말소의무가 이행불능 내지 집행불능임을 이유로 손해배상을 구하며, 제2예비적 청구원인으로 피고의 위법한 근저당권설정행위로 인한 손해배상을 구하고, 제3예비적 청구원인으로 원고가 채무자에 대하여 갖는 채권 상당의 부당이득반환을 구하는 내용으로 청구를 변경하였다. 항소심법원은 2015. 11. 12. 원고의 주위적 청구 및 제1예비적 청구 부분은 권리보호의 이익이 없다는 이유로 이를 각하하고, 원고의 제2, 3예비적 청구는 모두 기각하는 판결을 선고하였다.[5)]

(라) 원고가 이에 불복하여 상고(대법원 2015다72262호)하였으나, 2016. 3. 24. 심리불속행 기각되었다.

(3) 이 사건 소 제기 전까지의 주요 사건의 흐름

이 사건 소 제기 전까지의 주요 사건을 시계열적 흐름에 따라 간략히 정리하면 아래와 같다.

(가) 2010. 2. 1. 채무자는 피고에게 이 사건 부동산을 매도(사해행위 발생)

(나) 2011. 7. 25. 원고의 피고에 대한 사해행위 취소소송(선행 소송) 제기

(다) 2013. 6. 19. 선행 소송의 제1심판결(제척기간 도과로 소 각하)

(라) 2013. 12. 4. 선행 소송의 항소심 변론종결 직전 피고가 A에게 근

---

4) 전주지방법원 2015. 1. 7. 선고 2014가합1804 판결.

5) 광주고등법원(전주) 2015. 11. 12. 선고 2015나231 판결.

저당권 설정

(마) 2013. 12. 19. 선행 소송의 항소심 변론종결

(바) 2014. 1. 16. 선행 소송의 항소심판결(원고 승소—사해행위 취소 및 소유권이전등기 말소) 선고

(사) 2014. 1. 17. 항소심판결 선고 직후 피고가 B에게 근저당권 설정

(아) 2014. 2. 4. 선행 소송의 항소심판결 확정

(자) 2014. 3. 24. 원고의 피고에 대한 가액배상 등 청구(첫 번째 후행 소송)

(차) 2016. 3. 24. 첫 번째 후행 소송에서 원고 패소 확정

3. 이 사건 소 제기

(1) 이처럼 첫 번째 후행 소송에서 원고가 패소 확정되자, 원고는 2016. 6. 8. 다시 피고를 상대로 사해행위취소에 따른 원상회복으로 채무자 앞으로 이 사건 부동산에 관하여 소유권이전등기절차를 이행할 것을 청구하는 소를 제기하였다.

(2) 이에 대하여 피고는 『원고가 이미 선행 소송에서 소유권이전등기의 말소를 명하는 승소 확정판결을 받았으므로, 이 사건 소는 선행 소송에 따른 확정판결의 기판력으로 인하여 권리보호의 이익이 없다.』라는 내용으로 본안 전항변을 하였다.

4. 제1심판결[6]: 청구인용

제1심법원은 다음과 같은 이유로 이 사건 소가 적법하다는 전제에서 본안 심리를 거쳐 원고의 청구를 인용하였다.

(1) 원고가 선행 소송에서 원상회복의 원칙적인 방법으로 소유권이전등기의 말소를 구하였다고 하여, 승소한 채권자에게 소유권이전등기청구와 같은 보충적인 방법을 택하지 아니하였음을 이유로 소 자체를 각하하는 것은 원상회복청구권의 행사에 대한 지나친 제약이다.

(2) 선행 소송의 사실심 변론종결 직전에 발생한 우연하거나 의도적인 사정으로 판결의 집행이 불가능해진 예외적인 경우마저 권리보호의 이익이 없다는 이유로 소를 각하한다면 이는 지나치게 가혹하다.

(3) 이러한 경우에도 원상회복을 원인으로 하는 소유권이전등기청구의

---

6) 전주지방법원 2016. 12. 23. 선고 2016가합1938 판결.

방법에 의한 원물반환을 재차 허용하지 않는다면, 향후 취소채권자들은 예상하지 못한 집행불능에 따른 불이익을 막기 위하여 대부분 원상회복으로 가액배상 또는 소유권이전등기청구의 방법을 택할 것이므로, 원칙과 예외가 전도된다.

(4) 이 사건은 원고가 선행 소송과 같이 원물반환을 구하되 그 원물반환의 방법만 소유권이전등기 말소등기청구에서 소유권이전등기청구로 달리하는 경우이므로, '사실심 변론종결 당시 원물반환과 가액배상 중 하나의 원상회복청구권을 선택한 경우'에 관한 대법원 2004다54978 판결[7]과는 사안을 달리한다.

(5) 원칙적으로 청구취지가 다르면 소송물이 다르다. 진정명의회복을 원인으로 한 소유권이전등기청구와 원인무효인 소유권이전등기의 말소등기청구의 소송물이 실질적으로 동일하다고 본 대법원 99다37894 전원합의체 판결[8]은 청구취지가 다름에도 소송물을 같게 본 중대한 예외로서, 이러한 예외적인 법리를 다른 영역에까지 확장하는 데에는 신중해야 한다.

5. 항소심판결[9]: 항소기각

피고는 위 대법원 2004다54978 판결을 근거로 들어 소 각하를 주장하며 제1심판결에 불복하여 항소하였는데, 항소심법원은 제1심판결의 위 논거에 더하여 아래와 같은 추가 논거를 들어 피고의 항소를 기각하였다.

(1) 사해행위 취소소송의 사실심 변론종결 직전에 원물반환을 청구받은 취소상대방이 그 부동산에 제한물권을 설정하는 행위가 일반적인 경우라고 보기는 어려우므로, 원고가 선행 소송 과정에서 보전처분을 하지 아니하였다고 하여 그러한 사정을 이유로 선행 판결의 집행 불가능이 예상 가능했다고 보기 어렵다.

(2) 여러 사정들에 비추어 원고가 선행 소송 당시 근저당권이 설정된 사실을 알면서도 소유권이전등기의 말소를 구하는 청구를 유지하였다고 보기 어렵다.

(3) 위 대법원 99다37894 전원합의체 판결은 소유권이전등기의 말소등기

---

7) 대법원 2006. 12. 7. 선고 2004다54978 판결[공2007. 1. 15.(266), 115]은 '원상회복청구권은 사실심 변론종결 당시의 채권자의 선택에 따라 원물반환과 가액배상 중 어느 하나로 확정된다'고 판시하였다. 이하 '대법원 2004다54978 판결'이라 한다.
8) 대법원 2001. 9. 20. 선고 99다37894 전원합의체 판결[집49(2)민, 84; 공2001. 11. 1.(141), 2251]. 이하 '대법원 99다37894 전원합의체 판결'이라 한다.
9) 광주고등법원(전주) 2017. 9. 7. 선고 2017나10164 판결.

청구소송에서 패소 확정판결을 받으면 그 기판력이 그 후 제기된 진정명의회복을 원인으로 한 소유권이전등기 청구소송에도 미친다는 것이므로, 소유권이전등기 말소등기청구소송에서 승소 확정판결을 받은 당사자가 그 판결이 집행불능임을 이유로 진정명의회복을 원인으로 한 소유권이전등기 청구소송을 제기하는 경우에도 당연히 그 기판력이 미친다고 단정하기 어렵다.

6. 대상판결(대법원 2018. 12. 28. 선고 2017다265815 판결): 파기환송

대상판결은 다음과 같은 이유로 후소가 권리보호의 이익이 없다고 판시하면서 원심판결을 파기하였다.

『채권자의 사해행위취소 및 원상회복청구가 인정되면, 수익자는 원상회복으로서 사해행위의 목적물을 채무자에게 반환할 의무를 진다. 만일 원물반환이 불가능하거나 현저히 곤란한 경우에는 원상회복의무 이행으로서 사해행위 목적물의 가액 상당을 배상하여야 하는데, 여기서 원물반환이 불가능하거나 현저히 곤란한 경우는 원물반환이 단순히 절대적, 물리적으로 불가능한 경우가 아니라 사회생활상 경험법칙 또는 거래 관념에 비추어 채권자가 수익자나 전득자로부터 이행의 실현을 기대할 수 없는 경우를 말한다. 따라서 사해행위로 부동산 소유권이 이전된 후 그 부동산에 관하여 제3자가 저당권이나 지상권 등의 권리를 취득한 경우에는 수익자가 부동산을 저당권 등의 제한이 없는 상태로 회복하여 채무자에게 이전하여 줄 수 있다는 등의 특별한 사정이 없는 한 채권자는 수익자를 상대로 원물반환 대신 그 가액 상당의 배상을 구할 수 있지만, 그렇다고 하여 채권자가 스스로 위험이나 불이익을 감수하면서 원물반환을 구하는 것까지 허용되지 않는 것은 아니다. 채권자는 원상회복 방법으로 가액배상 대신 수익자 명의 등기의 말소를 구하거나 수익자를 상대로 채무자 앞으로 직접 소유권이전등기절차를 이행할 것을 구할 수도 있다. 이 경우 원상회복청구권은 사실심 변론종결 당시 채권자의 선택에 따라 원물반환과 가액배상 중 어느 하나로 확정된다. 채권자가 일단 사해행위취소 및 원상회복으로서 수익자 명의 등기의 말소를 청구하여 승소판결이 확정되었다면, 어떠한 사유로 수익자 명의 등기를 말소하는 것이 불가능하게 되었다고 하더라도 다시 수익자를 상대로 원상회복청구권을 행사하여 가액배상을 청구하거나 원물반환으로서 채무자 앞으로 직접 소유권이전등기절차를 이행할 것을 청구할 수는 없으므로, 그러한 청구는 권리보호의 이익이 없어 허용되지 않는다(대법원 2006. 12. 7. 선고 2004다54978 판결 참조).』[10]

〔研　　究〕

I. 서　　론

대상판결은, 채권자가 사해행위 취소소송에서 사해행위취소 및 원상회복으로 소유권이전등기의 말소를 명하는 승소 확정판결을 받았다면, 그 후 어떠한 사유로 그 소유권이전등기를 말소하는 것이 불가능하게 되었다고 하더라도 다시 수익자를 상대로 채무자 앞으로 직접 소유권이전등기절차를 이행할 것을 구하는 것은 권리보호의 이익이 없다는 입장을 명시적으로 밝힌 최초의 판결이다.

이미 대법원 2004다54978 판결은 '채권자가 일단 사해행위취소 및 원상회복으로 원물반환 청구를 하여 승소판결이 확정되었다면, 그 후 어떠한 사유로 원물반환의 목적을 달성할 수 없게 되었다고 하더라도 다시 원상회복청구권을 행사하여 가액배상을 청구하는 것은 권리보호의 이익이 없다'는 내용으로 판시함으로써, 원물반환을 명하는 승소 확정판결이 있는 경우 이후 가액배상청구가 허용되지 않는다는 태도를 밝힌 바 있다. 대상판결은 위 대법원 2004다54978 판결을 인용하여 그 기본적인 법리를 재확인함과 아울러, 여기에서 더 나아가 원물반환으로 소유권이전등기의 말소를 명하는 승소 확정판결이 있었다면, 이후 후소로 가액배상청구가 아니라 채무자 앞으로 소유권이전등기절차의 이행을 청구하는 것도 권리보호의 이익이 없다고 판시함으로써 위 대법원 2004다54978 판결의 법리를 질적·양적으로 확장하고 있다.

그런데 대상판결의 제1심판결과 원심판결은 모두 사해행위의 취소에 따른 원상회복으로서 소유권이전등기의 말소등기청구와 소유권이전등기청구의 소송물이 서로 동일하지 않다고 명시적으로 판단하고 있음에도, 대상판결은 원심판결을 파기하면서도 위 양 소의 소송물의 동일성 여부

10) 이후 이 사건은 2019. 12. 10. 환송심[광주고등법원(전주) 2019나10014]에서 당사자 사이에 조정이 성립되었다.

에 대해서는 침묵하고 있어, 과연 위 양 소의 소송물의 동일성 여부를 어떻게 본 것인지 의문이 생긴다. 특히 위 두 소송물의 동일성 여부와 관련해서는 원인무효에 기한 소유권이전등기의 말소등기청구와 진정명의 회복을 원인으로 하는 소유권이전등기청구의 소송물에 관한 대법원 99다37894 전원합의체 판결과도 연관성이 있어 신중한 접근이 필요하다. 또 구체적 타당성의 측면에서 보더라도 취소채권자의 후소 제기를 권리보호의 이익이 없다고 보아 배척할 경우, 선행 소송에서 이미 법적 보호의 필요성이 확인된 취소채권자의 정당한 이익을 침해하고, 보통의 수익자보다 위법의 영역으로 한 걸음 더 나아간 수익자의 행위를 용인하는 결과를 초래하는 것은 아닌지도 걱정이다.

이러한 의문과 걱정으로부터 출발하여, 이하에서는 ① 사해행위취소에 따른 원상회복에 관한 일반론을 간략히 살펴본 다음, ② 대상판결의 이론적 근거가 된 대법원 2004다54978 판결과 관련하여 사해행위 취소소송에서 원물반환의 승소 확정판결 이후 가액배상의 후소를 제기한 경우 권리보호이익이 인정되는지 여부를 검토하되, 원물반환청구와 가액배상청구의 소송물이 동일한지 여부의 관점에서 자세히 살펴본다. 이어서 ③ 대상판결에서 문제가 된 쟁점, 즉 사해행위 취소소송에서 소유권이전등기의 말소를 명하는 승소 확정판결 이후 소유권이전등기절차의 이행을 구하는 후소를 제기한 경우 권리보호이익이 인정되는지 여부를 검토하되, 특히 원상회복으로서의 소유권이전등기 말소등기청구와 소유권이전등기청구의 소송물이 동일한지 여부의 관점에서 자세히 살펴보고, ④ 이러한 논의를 기초로 대상판결의 결론을 비판적으로 검토하기로 한다.

Ⅱ. 사해행위취소에 따른 원상회복

1. 사해행위취소의 효력

민법 제406조, 제407조에서 정하고 있는 채권자취소권은 사해행위의 취소와 원상회복을 구할 수 있는 실체법상 권리이다. 사해행위취소의 효력에 관하여 통설 및 판례가 취하고 있는 상대적 무효설은 채권자취소권이 채무자의 사해행위로 인하여 책임재산으로부터 일탈된 재산을 반환하여 채권자의 공동담보를 회복함을 목적으로 하므로 채권자취소권의 행사 및 효과가 그러한 목적을 달성함에 필요한 최소한도에 그쳐야 한다는 전제에서 출발한다.[11] 이러한 상대적 무효설에 따르면, 사해행위취소에 따른 효력은 취소채권자와 그 상대방인 수익자 또는 전득자와의 관계에서만 미치므로, 수익자 또는 전득자만이 피고로 될 수 있고, 채무자는 피고로 될 수 없으며, 채무면제 등과 같이 현실적인 재산적 급부가 수반되지 아니하여 채무자의 사해행위를 취소하는 것만으로도 채권자취소권의 목적을 달성하는 데에 지장이 없는 예외적인 경우를 제외하고는 사해행위의 취소 외에 원상회복도 함께 청구하여야 하고, 취소채권자로서는 전득자가 있는 경우에 수익자와 전득자 중 피고를 선택하여 소를 제기할 수 있다.[12)]

2. 원물반환

사해행위가 취소되면 채무자의 책임재산에서 일탈된 재산이 채권자들의 공동담보로 원상회복되어야 하는데, 이는 일반적으로 채무자의 재산 자체가 아니라 책임재산만을 사해행위가 없었던 상태로 회복시키는 것이라고 이해할 수 있다.[13)] 따라서 사해행위의 취소에 따라 책임재산을 원상으로 회복시키는 방법은 원칙적으로 원물반환, 즉 사해행위가 없었던

---

11) 대법원 2017. 10. 26. 선고 2015다224469 판결(공2017하, 2171)은 채권자취소권이 채무자의 사해행위를 채권자와 수익자 또는 전득자 사이에서 상대적으로 취소하고 채무자의 책임재산에서 일탈한 재산을 회복하여 채권자의 강제집행이 가능하도록 하는 것을 본질로 하는 권리라고 한다.

12) 지원림, 민법강의(제17판), 홍문사(2020), 1190면 이하; 호문혁, 민사소송법(제12판), 법문사(2020), 239면 등. 김문관, '사해행위취소의 효력에 관한 판례의 고찰', 판례연구 제26집(2015. 2.), 772면은 상대적 무효설의 특징을 ① 당사자 적격의 한정, ② 형성소송과 이행소송의 병합, ③ 상대방 선택의 자유로 요약하고 있다.

13) 김재형, '채권자취소권의 본질과 효과에 관한 연구', 인권과 정의 제329호(2004), 대한변호사협회, 121-122면; 김형배, 민법학강의(제5판), 신조사(2006), 860면; 이봉민, '사해행위 취소의 효과로서 대상청구권', 민사판례연구 제36권(2015), 477-478면; 이진수, '가액배상을 구하는 사해행위 취소소송에서 원물반환을 명할 수 있는지 여부', 판례연구 제21집(2010. 2.), 부산판례연구회, 653면

상태로 목적물 자체를 반환하는 방법에 의하여야 하고, 그것이 불가능하거나 현저히 곤란한 경우에 한하여 예외적으로 가액배상의 방법에 따르게 된다.[14] 가액배상을 일반적으로 허용할 경우 취소채권자가 상계 등의 방법으로 사실상 우선변제 받는 것을 용인하게 되어 사해행위의 취소와 원상회복이 모든 채권자의 이익을 위하여 효력이 있음을 선언한 민법 제407조의 취지에 위배될 우려가 있기 때문이다.[15]

3. 가액배상

(1) 가액배상의 유형

원물반환의 원칙에 대한 예외로, 원물반환이 불가능하거나 현저히 곤란한 경우에는 가액배상을 청구할 수 있다. 가액배상이 인정되는 유형으로는 ① 저당권 등이 설정된 부동산에 관하여 매매계약 등의 사해행위가 이루어진 후 그 저당권 등이 변제 등의 사유로 말소됨으로써 원물반환을 명할 경우에는 당초 일반채권자들의 공동담보에 공하여져 있지 않던 부분까지 원상으로 회복되어 공평에 반하는 부당한 결론이 도출되는 유형(이하 '제1유형'이라 한다)[16]과 ② 부동산에 관하여 사해행위가 이루어

---

14) 민법주해[IX], 김능환 집필부분, 편집대표 곽윤직, 채권(2), 박영사, 842면 이하; 김재형(주 13), 122면.

15) 강세빈, '채권자취소권의 행사에 따른 원상회복방법', 재판실무연구(2008), 183면; 김능환, '채권자취소권의 행사방법: 부동산이 전전양도된 경우를 중심으로', 민사재판의 제문제 제6권, 한국사법행정학회(1991), 39면; 김재형(주 13), 122면; 이봉민(주 13), 478면.; 이진수(주 13), 653면.

한편, 전원열, '채권자취소권의 효력론 비판 및 개선방안', 저스티스 통권 제163호(2017. 12.), 227면은 민법 제407조가 세계적으로 한국과 일본에만 있는 규정으로, 그런 규정이 없는 독일, 프랑스, 미국도 모두 채권자취소제도를 운용함에 있어서 원물에 대한 집행을 원칙으로 하고 있고 가액반환은 불가피한 경우에만 인정하므로, 민법 제407조를 공문화시키지 않기 위해서 원물반환이 원칙이 된 것이 아니라, 사해행위취소제도가 원래 원물에 집행하는 것, 즉 일출재산 그 자체를 책임재산으로 삼아서 집행을 하게 하는 제도이기 때문이라고 설명한다.

16) 대법원 1996. 10. 29. 선고 96다23207 판결[집44(2)민, 299; 공1996. 12. 15.(24), 3530]은 제1유형의 전형적인 사안으로서, 저당권이 설정된 부동산이 사해행위로 이전된 후 피담보채무가 변제되어 저당권이 말소된 사안에 관한 것이다. 위 판결은 "부동산 자체의 회복을 명하는 것은 당초 담보로 되어 있지 아니하던 부분까지 회복시키는 것이 되어 공평에 반하는 결과"가 된다는 이유로 가액의 배상을 명할 수

진 후 해당 부동산이 제3자에게 이전되거나 해당 부동산에 지상권, 전세권, 저당권 등 제한물권이 설정됨으로써 원물반환이 불가능하거나 현저히 곤란하게 되는 유형(이하 '제2유형'이라 한다)[17]으로 구분할 수 있다.[18]

제1유형은 원물반환을 하게 될 경우 당초 일반채권자들의 공동담보에 공하여져 있지 않던 부분까지 원상회복됨으로써 부당하게 되는 경우로서, 법원이 원물반환을 명하는 판결을 선고할 수 없는 경우이다. 그 반면에 제2유형은 법원이 원물반환을 명하는 판결을 선고하는 데에는 법률상 장애가 없으나,[19] 그 원물반환의 집행 또는 이행이 불가능하거나 현저히 곤란하게 되는 경우이다. 제1유형과 제2유형은 가액배상이 필요한

있을 뿐이라고 판시하였다.

17) 대법원 2001. 2. 9. 선고 2000다57139 판결[공2001. 4. 1.(127), 623]은 제2유형의 전형적인 사안으로서, 사해행위 후 제3자가 부동산에 관하여 지상권설정등기를 경료한 경우에 관한 것이다. 위 판결은 "사해행위 후 목적물에 관하여 제3자가 저당권이나 지상권 등의 권리를 취득한 경우에는 (중략) 특별한 사정이 없는 한 채권자는 수익자를 상대로 원물반환 대신 그 가액 상당의 배상을 구할 수도 있다고 할 것이나, 그렇다고 하여 채권자가 스스로 위험이나 불이익을 감수하면서 원물반환을 구하는 것까지 허용되지 아니하는 것으로 볼 것은 아니"라고 판시하였다.

18) 이러한 가액배상의 유형 구분은 윤경, '사해행위취소와 가액배상', 저스티스 제34권 제5호(2001), 160면을 참조하였다. 이진수(주 13), 654면은 제1유형을 '공평형', 제2유형을 '원물반환 불능형'으로 구분하고 있는데, 같은 취지이다. 김대희, '사해행위취소소송에서 명한 원물반환이 이행불능인 경우와 대상청구권', 강원법학 39권(2013. 6.), 233면은 제2유형을 다시 ① 사해행위 목적물이 수익자를 거쳐 전득자로 전전 양도된 경우로서 수익자가 전득자로부터 목적물의 소유권을 회복하여 이를 다시 채무자에게 이전하여 줄 수 있는 특별한 사정이 없는 한 목적물의 원상회복의무는 법률상 이행불능의 상태에 있으므로 가액배상을 해야 하는 경우와 ② 사해행위로 목적물이 양도된 후 수익자에 의하여 근저당권 등의 담보물권이 새로 설정된 경우로 구분하고 있으나, 이는 결국 원상회복이 불가능하거나 현저히 곤란하게 되는 경우, 즉 제2유형으로 포섭할 수 있으므로, 제1, 2유형으로만 구분하기로 한다. 전원열(주 15), 228면은 사해행위로 건물의 원시취득자인 채무자로부터 이를 양수한 수익자가 그 건물에 추가공사비를 투입하여 완공한 경우(즉 수익자가 목적물에 자본을 투하하여 가치를 높인 경우)도 가액배상이 가능한 경우로 제시하고 있는바, 부동산 자체의 회복을 명하게 되면 당초 일반 채권자들의 공동담보로 되어 있지 않던 부분까지 회복을 명하는 것이 되어 불공평하게 되는 경우에 해당하므로, 넓은 의미에서 제1유형에 포섭할 수 있을 것이다.

19) 대법원 1993. 7. 13. 선고 93다20955 판결[공1993. 9. 15.(952), 2279]은 순차적으로 소유권이전등기가 경료된 경우 후순위등기의 말소등기절차 이행청구가 패소확정됨으로써 직접적으로는 그 전순위등기의 말소등기의 실행이 불가능하게 되었다 하더라도 그 전순위등기의 말소를 구할 소의 이익이 있다고 한다.

이유나 가액배상의 방법 등에서 상당한 차이를 보이므로, 이를 구분하여 살펴볼 필요가 있다.

(2) 제1유형

제1유형, 즉 원물반환을 명하는 것이 공평에 반하는 경우 대법원은 부동산의 가액에서 저당권의 피담보채무액을 공제한 잔액의 한도에서 사해행위를 취소하고 그 가액의 배상을 구할 수 있을 뿐이고, 원고가 사해행위인 계약 전부의 취소와 부동산 자체의 반환을 구하는 원물반환의 청구취지 속에는 그 일부 취소와 가액배상을 구하는 취지도 포함되어 있다고 보아, 청구취지의 변경 없이 바로 가액반환을 명할 수 있다고 한다.[20] 이는 아래에서 자세히 살펴보는 것처럼, 원물반환과 가액배상이 그 법적 근거와 성질이 동일하여 소송물이 실질적으로 동일하되, 원물반환은 전부, 가액배상은 일부의 관계에 있다는 전제에서 도출되는 결론으로 볼 여지가 있다.

(3) 제2유형

제2유형, 즉 사해행위 후 해당 부동산이 제3자에게 이전되거나 해당 부동산에 새로운 제한물권이 설정되어 원물반환의 실제 집행 또는 이행이 불가능하거나 현저히 곤란하게 된 경우, 대법원은 수익자가 목적물을 제한물권의 제한이 없는 상태로 회복하여 이전하여 줄 수 있다는 등의 특별한 사정이 없는 한 채권자는 수익자를 상대로 원물반환 대신 가액 상당의 배상을 구할 수 있으나, 그렇다고 해서 채권자가 스스로 위험이나 불이익을 감수하면서 원물반환을 구하는 것까지 허용되지 아니하는 것으로 볼 것은 아니고, 그 경우 채권자는 원상회복 방법으로 가액배상 대신 수익자 명의의 등기의 말소를 구하거나 수익자를 상대로 채무자 앞으로 직접 소유권이전등기절차를 이행할 것을 구할 수 있다고 한다.[21] 이는 채권자가 집행불능 등의 위험을 감수하면서 원물반환을 구하는 경우에는 그 청구취지에 구속되어 가액배상이 아니라 원물반환을 명하여야

20) 대법원 2001. 6. 12. 선고 99다20612 판결[공2001. 8. 1.(135), 1567] 등 다수 판결.
21) 대법원 2001. 2. 9. 선고 2000다57139 판결[공2001. 4. 1.(127), 623] 등 다수 판결.

한다는 것이어서, 논리적으로는 원물반환과 가액배상을 별개 소송물로 보고 있다는 전제에서 도출되는 결론으로 볼 여지가 있다.[22)]

Ⅲ. 원물반환의 승소 확정판결 후 가액배상의 후소를 제기한 경우 권리보호이익의 인정 여부

1. 문제의 제기

대상판결이 이론적 근거로 삼고 있는 대법원 2004다54978 판결은 취소채권자가 선행 소송에서 원물반환을 명하는 승소 확정판결을 받은 다음, 어떠한 사유로 그 판결의 집행이 불가능하게 되더라도 다시 후소로 가액배상을 구하는 것은 권리보호의 이익이 없다고 판시하였다.

여기서 권리보호의 이익은 국가적·공익적 견지에서는 무익한 소송제도의 이용을 통제하는 원리이고, 사익적 견지에서는 소송제도를 이용할 정당한 이익 또는 필요성을 말한다.[23)] 따라서 권리보호의 이익이 있다고 하기 위해서는 청구가 소구할 수 있는 구체적인 권리 또는 법률관계일 것,[24)] 중복소제기금지, 재소금지, 부제소특약 등 법률상·계약상 소제기 금지사유가 없을 것,[25)] 특별구제절차가 없을 것,[26)] 동일한 청구에 대하여 승소 확정판결을 받은 경우가 아닐 것, 신의칙위반의 소 제기가 아닐

---

22) 박치봉, '사해행위 취소소송에서 원물반환청구와 가액배상청구의 소송물', 재판과 판례 제24집(2015. 12.), 대구판례연구회, 177-179면.

23) 이시윤, 신민사소송법(제4판), 박영사(2008), 192면 이하; 전원열, 민사소송법 강의(제2판), 박영사(2021), 235면 이하.

24) 대법원 1994. 11. 22. 선고 93다40089 판결[공1995. 1. 1.(983), 57]은 종중총회에서 종원의 종금횡령죄를 무죄라고 한 결의 등의 부존재확인 또는 무효확인을 구하는 것은 그 결의가 구체적인 권리 또는 법률관계를 대상으로 하는 것이 아니므로 부적법하다고 판시하였다.

25) 대법원 1993. 5. 14. 선고 92다21760 판결[공1993. 7. 15.(948), 1693]은 부제소합의에 위반하여 제기된 소는 권리보호의 이익이 없다고 판시하였다.

26) 대법원 2002. 9. 4. 선고 98다17145 판결[집50(2)민, 76; 공2002. 10. 15.(164), 2300]은 하급심 판결에 위법한 오류가 있음을 알게 된 당사자가 상소절차를 이용할 수 있었음에도 그를 이용하지 아니하고 당연무효가 아닌 그 판결을 확정시켰다면, 그 후에는 상소로 다투었어야 할 그 분쟁을 별소로 다시 제기하는 것은 특별한 사정이 없는 한 권리보호를 위한 적법요건을 갖추지 못하여 허용되지 않는다고 판시하였다.

것[27] 등의 요건을 충족하여야 한다. 위와 같은 여러 요건 중 대법원 2004다54978 판결에서 권리보호의 이익을 부정한 것과 연관 지을 수 있는 것은 무엇보다도 '동일한 청구에 대하여 승소 확정판결을 받은 경우가 아닐 것'으로, 이는 전소에 대한 승소 확정판결의 기판력이 그와 소송물이 동일한 후소에 미침으로써 후소의 권리보호이익이 부정되는 경우를 말한다. 비록 위 대법원 2004다54978 판결이 원물반환청구와 가액배상청구의 소송물의 동일성 여부에 관해서는 침묵하고 있지만, 그 원심판결은 명시적으로 원물반환청구와 가액배상청구의 소송물이 실질적으로 동일하다는 전제에서 원고가 동일한 청구에 대하여 승소 확정판결을 받은 경우에 해당한다는 이유로 후소의 권리보호이익을 부정한 것은 이러한 측면에서 이해할 수 있다. 이처럼 취소채권자가 선행 소송에서 원물반환을 명하는 승소 확정판결을 받은 다음, 어떠한 사유로 그 판결의 집행이 불가능하게 된 경우 다시 후소로 가액배상을 구하는 것이 허용되는지 여부는, 그것이 '동일한 청구에 대하여 승소 확정판결을 받은 경우'에 해당하는 것인지, 그리고 그보다 더 근본적으로는 원물반환청구와 가액배상청구의 소송물이 동일한지 여부와 분리하여 논하기는 어렵다고 생각한다.

2. 소송물의 동일성 여부

그렇다면, 사해행위의 취소에 따른 원물반환청구와 가액배상청구의 소송물은 동일한 것인가? 소송물은 소송의 객체, 즉 법원의 심판대상으로서 기판력의 객관적 범위에 해당한다.[28] 소송물에 관하여 대법원 판례가

---

27) 대법원 1974. 9. 24. 선고 74다767 판결[집22(3)민, 11; 공1974. 11. 15.(500), 8059]은 학교법인의 경영권을 다른 사람에게 양도하기로 하여 학교법인 이사직을 사임한 사람이 학교법인이나 현 이사로부터 돈을 받을 목적만으로 학교법인의 이사회결의의 부존재확인을 구하는 것은 권리보호의 자격 내지 소의 이익이 없다고 판시하였다.

28) 이시윤(주 23), 210면 이하; 전원열(주 23), 224면 이하 등 다수.

한편, 대법원 2017. 4. 7. 선고 2016다204783 판결은 채무자와 수익자 사이의 화해권고결정에 따라 수익자 명의로 소유권이전등기가 경료된 경우로서 채무자의 채권자가 채권자취소권을 행사하여 수익자를 상대로 위 소유권이전등기의 말소를 구한 사안에서 위 말소등기청구가 화해권고결정의 기판력에 반하지 않는다고 판시

취하고 있는 구소송물이론에 따르면, 소송물은 실체법상의 권리 또는 법률관계의 주장으로서 실체법상의 권리마다 소송물이 별개로 되므로, 결국 소송물은 청구취지와 청구원인의 동일성 여부에 따라 결정되는 것이 원칙이다.

사해행위 취소소송은 사해행위의 취소권이라는 형성권과 일탈재산의 원상회복청구권이라는 청구권이 결합된 권리로서, 형성소송과 이행소송의 병합소송으로 이해된다.[29] 그중 이행소송 부분인 원물반환청구와 가액배상청구의 소송물이 서로 동일한지 여부에 관하여, 동일소송물설[30]은 원물반환과 가액배상은 모두 사해행위에 의하여 일탈된 책임재산을 환원하여 일반 채권자들의 채권만족을 얻기 위한 것으로서 그 목적이 동일하고, 형평의 견지에서 법에 의하여 특별히 인정된 원상회복청구권으로서 법적 근거와 성질이 동일하므로, 실질적으로 소송물이 동일하다고 한다. 동일소송물설에 의하면, 원물반환청구 속에는 가액배상청구의 취지가 포함되어 있으므로 원물반환이 불가능하거나 현저히 곤란한 경우 원물반환청구를 하더라도 청구의 변경 없이 가액배상을 명할 수 있고, 원물반환을 명하는 승소 확정판결 후 그 원물반환이 불가능하게 되더라도 가액배상의 후소를 제기하는 경우 승소 확정판결의 기판력이 미쳐 그 후소는 권리보호의 이익이 없게 된다.[31]

하였는데, 전원열(주 23), 523면은 이처럼 채권자취소권에서 발생하는 특수한 문제는 채권자취소권 제도의 상대적 효력설과 그 행사 후 등기복귀라는 처리방식 사이의 모순 때문에 불가피하게 발생하는 것으로서, 근본적으로 채권자취소권 제도가 개혁되어야 한다고 한다.

29) 민법주해[IX], 김능환 집필부분, 편집대표 곽윤직, 채권(2), 박영사, 800면 이하; 송덕수, 채권법총론(제2판), 박영사(2015), 233면.

30) 김대희(주 18), 244면 이하; 이배규, '채권자취소권의 행사요건', 법조 제534호(2001. 3.), 85-86면; 임일혁, '사해행위 취소에 따른 원상회복으로서의 원물반환과 가액배상의 관계', 재판과 판례 제17집(2008. 12.), 대구판례연구회, 102면. 송흥섭, '저당권이 설정된 부동산을 채무자가 제3자에게 양도한 행위가 사해행위가 되는 경우 사해행위취소의 범위와 방법', 민사판례연구 제20권(1998), 156면은 『공유물분할소송에서의 경매분할이냐 가격배상이냐의 문제, 정기금배상과 전액일시금배상의 문제 등과 궤를 같이하는 경우로 보이며, 법원의 폭넓은 재량을 인정하는 쪽이 옳다.』라고 하는바, 동일소송물설에 기반한 것으로 이해된다.

별개소송물설[32)]은 원물반환과 가액배상은 청구취지가 전혀 다르고, 양립불가능한 택일적 관계에 있으며, 판결의 내용과 집행의 방법도 다르고, 회복되는 실질가치도 달라 그 소송물이 전혀 별개라고 한다. 별개소송물설을 논리적으로 일관하면, 취소채권자가 원물반환청구를 하는 경우 그 원물반환이 불가능하더라도 청구의 변경이 없는 한 법원이 임의로 가액배상의 판결을 할 수는 없고, 원물반환을 명하는 승소 확정판결 후 그 원물반환이 불가능하게 되더라도 가액배상의 후소를 제기하는 경우 승소 확정판결의 기판력이 미칠 여지가 없어 신의칙위반 등 별개의 사유가 없는 한 권리보호의 이익이 흠결될 이유가 없다.

유형구분설[33)]은 가액배상이 인정되는 기준에 관한 제1유형과 제2유형을 구분하여, 제1유형, 즉 원물반환을 명하는 것이 형평에 반하는 경우에는 원물반환청구와 가액배상청구의 소송물이 동일하고, 제2유형, 즉 사해행위 후 목적물에 새로운 제한물권이 설정됨으로써 원물반환의 집행 또는 이행이 불가능하거나 현저히 곤란하게 된 경우에는 원물반환청구와 가액배상청구의 소송물이 다르다고 한다. 유형구분설에 따르면, 제1유형의 경우에는 원물반환청구와 가액배상청구의 소송물이 동일하므로 원물반환을 명하는 승소 확정판결 이후 그 원물반환이 불가능하게 되어도 후소로 가액배상을 구하는 경우 승소 확정판결의 기판력이 미쳐 권리보호이익이 없게 되지만,[34)] 대법원 2004다54978 판결의 사안과 같은 제2유형

31) 다만, 전소의 사실심 변론종결 이후 발생한 사유로 인하여 원물반환이 불가능하게 된 경우에는 전소의 기판력의 시적 범위를 벗어나게 되어 후소의 제기에 기판력이 미치지 않으나, 아래에서 자세히 살펴보겠지만 대법원 2004다54978 판결은 전소의 사실심 변론종결 후에 저당권의 경매가 개시되어 기판력의 시적 범위를 벗어나는 것으로 볼 여지가 큰 사안임에도 후소의 제기에 관하여 그 권리보호이익을 부정하였다.

32) 윤진수, '2007년도 주요 민법 관련 판례 회고', 법학 제49권 제1호(통권 제146호, 2008), 서울대학교 법학연구소, 359면; 박치봉(주 22), 186면 이하; 이진수(주 13), 675면.

33) 윤경(주 18), 169면.

34) 윤진수(주 32), 359면은 제1유형의 사안을 다루고 있는 대법원 2001. 6. 12. 선고 99다20612 판결[공2001. 8. 1.(135), 1567]에 관하여, '이 판결이 청구취지의 변경이 없더라도 바로 가액반환을 명할 수 있다고 판시하였으므로, 이 판결에 따르면 원

의 경우에는 원물반환청구와 가액배상청구의 소송물이 전혀 다르기 때문에 후소의 제기에 관하여 그 권리보호이익을 부정할 이유가 없게 된다.

사견으로는 다음과 같은 이유로 사해행위의 취소에 따른 원물반환청구와 가액배상청구는 별개의 소송물에 해당한다고 본다.

(1) 기판력의 발생 및 작용 범위를 결정하는 소송물은 원고가 신청한 청구취지와 청구원인에 의하여 특정되는 것으로, 청구취지가 다르다면 소송물도 다른 것이 원칙이고, 청구취지가 다름에도 소송물이 같다고 보아 그 기판력을 확장하는 것은 특별한 사정이 있는 경우에 한하여 예외적으로 인정되어야 한다. 그런데 사해행위취소로 인한 원물반환과 가액배상의 청구취지가 다름에도 그 소송물을 동일하다고 보아 기판력을 확장하여야 할 만한 특별한 사정을 발견하기는 어렵고, 오히려 그러한 기판력의 확장이 대상판결의 사안과 같이 채무자의 사해행위로 인한 위법적 상태를 눈감아주는 결과까지 야기할 우려가 있으므로, 원물반환과 가액배상의 청구취지가 다름에도 굳이 소송물을 동일하다고 볼 필요가 있다고 보기 어렵다.

(2) 원물반환은 해당 부동산의 소유권이전등기를 채무자 앞으로 복귀시키는 것인 반면에, 가액배상은 금원을 직접 원고에게 지급하도록 하는 것이고, 그로 인하여 원고는 가액배상으로 받은 금원을 채무자에게 돌려주어야 할 채무와 자신의 채무자에 대한 채권을 서로 상계함으로써 다른 일반 채권자들에 비하여 사실상 우선변제를 받게 되고 수익자의 일반재산에 대해서도 강제집행을 할 수 있으므로, 원물반환과 가액배상은 그 법률효과가 서로 다르다.[35] 이처럼 원물반환과 가액배상의 청구취지가 다르고 그로 인한 법률효과도 서로 다름에도 소송물을 동일하다고 보

물반환과 가액배상은 동일한 소송물이고 따라서 원물반환을 명하는 판결의 기판력이 가액배상을 구하는 청구에도 미친다는 결론이 도출될 수 있다'고 한다.

35) 윤진수(주 32), 360면도 가액배상의 경우 채무자에 대한 채권을 가지고 상계할 수 있는 등, 원물반환과 가액반환의 법률효과가 다른 채권자들에 대한 관계 등에 있어서 차이가 있다고 한다. 전원열(주 15), 227면은 가액반환에서는 취소채권자가 자신의 피보전채권을 우선변제받는 것이 가능해짐에 따라 취소채권자로서는 가액반환을 선호하는 현상이 두드러지게 되었다고 한다.

는 것은 지나친 의제이다.

(3) 동일소송물설에 의하면 원고가 원물반환을 구하고 있음에도 법원이 가액배상을 명할 수 있다는 결론에 이르게 되는데, 수익자인 피고의 입장에서도 가액배상은 당해 사해행위의 목적물인 부동산뿐만 아니라 자신의 일반재산에 대해서까지 강제집행력이 미치게 될 우려가 있으므로, 법원이 임의로 가액배상을 명하게 될 경우에는 수익자인 피고의 이익과 방어권을 침해할 우려도 있게 된다.[36] 물론 수익자가 원물반환이 불가능하거나 현저히 곤란하다는 구체적인 사실을 주장하지 않는 경우 변론주의 원칙상 법원이 가액배상을 명할 수 없다는 반론이 있을 수 있지만, 오히려 제1유형에 관한 유형구분설은 수익자인 피고가 가액배상을 명하여야 할 사유를 주장·입증하지 않더라도 가액배상을 명할 수 있다는 결론[37]에까지 이르고 있어, 수익자인 피고의 이익과 방어권이 침해될 우려가 해소되지 않는다.

(4) 동일소송물설에 의하면 원물반환의 청구취지 속에는 그 원물반환이 불가능한 경우 가액배상을 구하는 취지도 포함되어 있는 것이므로, 당사자들의 명시적인 주장이 없더라도 법원은 변론에 제출된 자료를 적극적으로 조사하여 가액배상을 명하여야 하는 사안인지 여부를 살펴보아야 한다. 그런데 부동산등기부상으로 확인하기 어려운 권리, 즉 주택임대차보호법상 우선변제권 또는 대항력을 갖춘 임차인의 권리 등의 경우에는 그러한 조사 자체가 대단히 어려워 법원에 지나친 부담을 주게 되고,[38] 부동산등기부상으로 확인하기 어려운 권리의 설정으로 인하여 원

36) 이진수(주 13), 675면은 수익자는 가액배상판결에 기하여 당해 사해목적 부동산뿐만 아니라 자신의 일반재산에 대하여도 강제집행 당할 위험이 있으므로 자신의 불이익을 감수하고서라도 가액배상보다는 원물반환을 원하는 경우에 가액배상을 명한다면 수익자의 이익과 방어권을 침해하는 결과가 될 것이라고 한다.

37) 윤경(주 18), 164면은 수익자로부터 가액배상의 주장이 없었다는 이유로 법원의 심리결과 원상회복이 불가능함에도 원상회복을 명하는 것은 사해행위취소의 범위에 대한 판단을 그르친 것이므로 원상회복을 명한 것을 잘못으로 보아야 한다고 한다. 동일소송물의 경우에도 같은 입장을 취할 수 있을 것으로 보인다.

38) 이진수(주 13), 675면은 가액배상을 명할 수 있는 사안이 단순히 등기부등본만을 보고 알 수 있는 경우뿐만 아니라 우선변제권이 있는 임차인이나 소액임차인이 있

물반환의 판결을 받고서도 원물반환이 불가능하게 되어 취소채권자가 부당하게 불이익을 입게 될 우려도 있다.[39)]

(5) 별개소송물설은 이론적으로 명쾌하고 간명하며 구체적 타당성에 부합한다. 원고가 원물반환청구를 하고 있다면 그 원물반환청구권의 존부에 대해서만 판단하고, 별개의 소송에서 가액배상청구권의 존부를 판단하면 되는 것이지, 굳이 원물반환청구를 하고 있는 사건에서 가액배상청구권의 존부까지 판단할 필요는 없다. 또한 원물반환을 명하는 승소 확정판결이 있더라도 그 원물반환의 이행이나 집행이 불가능하게 되면 채권자는 다시 가액배상의 후소를 제기하여 위법상태를 해소하고 종국적으로 권리보호를 받을 수 있으므로, 구체적 타당성에도 부합한다. 만약 법원의 석명권 행사에도 채권자가 원물반환청구를 고집하였다는 등의 특별한 사정이 있다면, 후소로써 가액배상을 청구하는 경우 이를 신의칙위반 등 별개의 사유로 권리보호이익을 부정하면 될 것이고, 굳이 원물반환청구와 가액배상청구를 동일한 소송물이라고 의제하여 접근할 필요는 없다.

(6) 한편, 유형구분설이 제1유형과 제2유형의 각 경우 원물반환이 불가능하게 되는 취지와 그 양상이 다르다는 점을 잘 포착하고 이를 구분하여 검토하는 것은 좋은 접근법이라고 생각한다. 그러나 제1유형의 경우라고 해서 원물반환과 가액배상의 청구취지가 다름에도 굳이 소송물을 동일하게 보아야 할 필연적인 이유는 없다고 생각한다.[40)] 동일소송물

는 경우 등에도 발생할 수 있어 모든 경우의 수를 고려하여 이를 구체적으로 확인한 다음 채권자가 원물반환을 구함에도 가액배상을 명하여야 하는데, 이는 법원에 너무 가혹한 부담을 주는 것은 아닌지 의문이 있고, 민사소송법상 대원칙인 변론주의 원칙에 위배될 소지가 있다고 한다.

39) 대상판결의 사안은 부동산등기부상 원물반환이 불가능하거나 현저히 곤란하게 되는 사실이 드러나 있기는 하나, 수익자인 피고가 이를 변론에서 주장한 사실은 없으므로, 변론주의 원칙상 부동산등기부상 확인되지 않는 부담이 설정된 경우와 소송법상으로는 차이가 있다고 보기 어렵다.

40) 유형구분설을 취하는 윤경(주 18), 162면은 제1유형에서 채권자의 원물반환청구에는 원물반환이 불가능하거나 부적당한 경우 가액반환을 구하는 취지도 포함되어 있다고 할 것이고, 가액반환을 구하는 소를 다시 제기하는 것이 기판력에 저촉된

설의 주요 논거인 소송경제의 이익이나 분쟁의 일회적 해결 및 판결의 모순·저촉 방지가 제1, 2유형 중 제1유형에서만 유독 필요하다고 보기도 어렵기 때문이다.

(7) 동일소송물설은 소송경제의 이익이나 분쟁의 일회적 해결 및 판결의 모순·저촉 방지를 중시하고 있으나, 대상판결과 같이 선행 소송에서 사해행위의 성립 및 사해행위에 대한 수익자의 악의 등이 모두 인정되어 원물반환의 승소 확정판결을 받았음에도 그 이행 또는 집행이 불가능하여 권리구제를 받지 못한 취소채권자로서는 어떻게든 권리를 구제받기 위하여 그것이 종국적으로 허용되든, 그렇지 않든 후소를 제기하는 경우가 대부분이므로, 가액배상청구의 후소에 대하여 권리보호이익이 없다는 이유로 소를 각하함으로써 소송경제의 이익을 중시한다는 것은 공허한 외침에 불과할 우려가 있다. 오히려 별개소송물설에 따라 원물반환청구와 가액배상청구의 소송물을 별개로 보더라도 취소채권자가 다시 후소를 제기한 경우 전소에서 사해행위의 성립, 수익자의 악의 등에 관해서는 판단이 이루어졌고 그에 따른 승소 확정판결은 후소에서도 쉽게 배척할 수 없는 유력한 증거가 되어,[41] 후소 법원으로서는 원물반환이 불가능하거나 현저히 곤란하다는 점만 추가로 심리하면 되므로, 그것이 소송경제에 반하거나 판결의 모순·저촉의 우려가 있다고 보기도 어렵다. 오히려 소송경제를 추구한다는 미명하에 이미 전소에서 보호의 필요성을 확인받았던 취소채권자의 후소 제기를 차단하는 바람에 취소채권자가 가액배상청구, 소유권이전등기청구, 채무불이행에 기한 손해배상청구, 불법행위에 기한 손해배상청구, 부당이득반환청구 등 어떠한 방법으로라도 권리를 구제받기 위하여 온갖 종류의 후소 제기를 남발하게

다면 더더욱 그렇다고 한다. 그러나 제1유형에서 가액반환의 후소가 기판력에 저촉된다는 것은 원물반환과 가액반환의 소송물이 동일하다는 것을 전제로 하는 것이므로, 위와 같은 논거는 순환논법에 해당할 여지가 있다.

41) 대법원 1995. 10. 12. 선고 94다52768 판결[공1995. 12. 1.(1005), 3728]은 민사재판에 있어서는 다른 민사사건 등의 판결에서 인정된 사실에 구속받는 것이 아니라 할지라도 이미 확정된 관련 민사사건에서 인정된 사실은 특별한 사정이 없는 한 유력한 증거가 되므로 합리적인 이유설시 없이 이를 배척할 수 없다고 판시하였다.

만든 것은 아닌지 의문이다.[42)]

3. 신의칙 위반 여부

이처럼 사해행위 취소소송에서 원물반환청구와 가액배상청구는 그 소송물이 서로 다르므로, 전소의 승소 확정판결에 따른 기판력의 작용으로 인하여 후소의 제기가 곧바로 차단되어서는 아니 된다고 생각한다. 다만, 원물반환청구와 가액배상청구의 소송물이 다르더라도 그 종국적인 목적이 책임재산의 최대한의 회복이라는 점에서 넓은 의미에서는 공통점이 있고, 그 법적근거나 성질도 대단히 밀접한 관계에 있다는 점은 부인할 수 없으며, 원물반환의 승소 확정판결을 받은 취소채권자가 실제로 원물반환을 받지 못한 데에 귀책사유가 있는 등 가액배상청구의 후소를 허용하는 것이 구체적 타당성에 부합하지 않는 경우까지 후소의 제기를 허용할 필요는 없으므로, 가액배상의 후소 제기에 대한 적절한 소송법적 통제는 필요하다. 대법원이 원물반환청구와 가액배상청구의 소송물의 동일성 여부에 관하여 명시적인 판단을 하지 아니한 채 권리보호이익의 관점에서 후소의 적법성을 통제하고 있는 것도 결국에는 소송물의 동일성 여부를 명확히 판단할 경우 그 이론적인 구속으로 인하여 구체적인 타당성을 추구하는 데에 어려움이 있을 경우를 우려한 것은 아닐까 조심스럽게 추측해본다. 이러한 우려를 해소하기 위하여 원물반환청구와 가액배상청구는 소송물이론에 따른 원칙대로 별개의 소송물로 보되, 구체적인 사정을 고려하여 신의칙에 위반되는 후소의 제기를 차단하는 것이 타당한 방법이라고 생각한다. 이는 아래에서 살펴볼 원인무효에 기한 소유권이전등기 말소등기청구와 진정명의회복을 위한 소유권이전등기청구의 소

42) 대상판결의 사안에서도 취소채권자는 선행 소송 이후 가액배상을 구하는 첫 번째 후소를 제기하였다가 패소하였고, 이후 다시 소유권이전등기절차의 이행을 구하는 두 번째 후소를 제기하였다가 제1심, 항소심에서 승소한 후 대법원에서 패소하여 파기환송되었으며, 환송심에서는 조정으로 사건이 종결되었는바, 과연 이러한 소송경과가 동일소송물설이 꾀하는 소송경제에 부합하는 것이라고 말할 수 있는지 의문이다.

송물과 기판력에 관한 대법원 99다37894 전원합의체 판결에서의 별개의견과 궤를 같이하는 것으로, 이 이론을 사해행위 취소소송에서의 원물반환청구와 가액배상청구의 소송물 및 기판력에도 적용할 수 있을 것으로 기대한다.

위 대법원 99다37894 전원합의체 판결의 별개의견은 『후소가 실질적으로 전소를 반복하는 것에 불과하다면 후소는 신의칙상 허용되지 않는다.』라고 설시하면서, 그러한 경우로서 전소와 후소를 통하여 당사자가 얻으려고 하는 목적이나 사실관계가 동일하고, 전소의 소송과정에서 이미 후소에서와 실질적으로 같은 청구나 주장을 하였거나 그렇게 하는 데 아무런 장애가 없었으며, 후소를 허용함으로써 분쟁이 이미 종결되었다는 상대방의 신뢰를 해치고 상대방의 법적 지위를 불안정하게 하는 경우를 제시[43]하고 있는바, 원물반환의 승소 확정판결을 받은 후 가액배상의 후소를 제기하는 경우에도 이를 경청할 필요가 있다. 특히 원물반환과 가액배상의 경우에는 ① 전소 판결에 따른 이행 또는 집행이 불가능하게 된 원인, ② 취소채권자가 전소에서 원상회복방법을 선택할 기회가 있었는지 여부, ③ 전소에서 법원의 석명 유무 및 이에 대응한 취소채권자의 소송행위, ④ 취소채권자의 별도 권리구제 방법의 존부 등을 종합적으로 고려할 필요가 있을 것이다. 더 구체적으로 살펴본다.

① 전소 판결에 따른 이행 또는 집행이 불가능하게 된 것이 수익자의 처분행위나 제한물권의 설정행위에 의한 것이라면, 비록 취소채권자가 전소 판결에 따른 집행을 다소 지체하고 있었다고 하더라도 그것이 더 이상 집행을 하지 않겠다는 의사를 묵시적으로 표시한 것으로 볼 수 있다거나 수익자에게 더 이상 집행이 이루어지지 않을 것이라는 데에 대한

---

43) 이충상, '진정명의회복을 위한 소유권이전등기청구와 기판력', 저스티스(2002. 4.), 160면은 일본 최고재판소 판례는 당사자가 얻으려고 하는 목적의 동일성, 사실관계의 동일성, 전소에서의 청구의 가능성, 후소를 허용함에 의한 상대방의 지위의 불안정성(전소에서 분쟁이 해결되었다고 하는 상대방의 신뢰의 보호를 포함)을 신의칙 적용의 요건으로 들고 있다고 요약할 수 있다고 하는바, 위 대법원 전원합의체 판결의 별개의견이 제시한 신의칙 적용의 요건과 사실상 같은 취지로 보인다.

보호가치 있는 신뢰가 구축될 정도로 장기간 지체되었다는 등의 특별한 사정이 없는 한 취소채권자의 후소 제기가 신의칙에 위배된다고 단정하기는 어려울 것이다. 취소채권자는 이미 전소에서 보호의 필요성이 확인된 반면에, 수익자는 채무자의 사해행위로 인한 책임재산의 일탈에 기여하였을 뿐만 아니라, 거기서 더 나아가 전소의 승소 확정판결에 따른 이행 또는 집행이 불가능하게 된 데에 직접적인 원인을 제공하여 비난가능성이 큰 사람으로서, 통상의 수익자보다도 한 걸음 더 위법의 영역으로 들어간 사람이므로 보호의 필요성도 크지 않기 때문이다. 그 반면에, 수익자는 별다른 행위를 하지 아니하였으나 취소채권자가 단지 전소 판결에 따른 집행을 지체하고 있던 중 원래부터 해당 부동산에 설정되어 있던 저당권 등이 실행되는 바람에 그 집행 또는 이행이 불가능하게 된 경우에는 수익자를 비난하기 어려우므로, 취소채권자의 후소 제기가 신의칙에 위배된다고 볼 여지가 있을 것이다.[44)]

② 취소채권자가 전소에서 원상회복방법을 선택할 기회가 있었음에도 굳이 원물반환을 그대로 유지하였다면, 그 원물반환에 따른 판결의 집행이 불가능해지고 나서 다시 후소로 가액배상을 구하는 것은 신의칙에 위배된다고 볼 여지가 크고, 이 경우 취소채권자가 그 원물반환이 불가능해지는 구체적인 사유를 쉽게 알 수 있었다면 그 신의칙 위반의 가능성이 더욱 높아질 것이다. 만약 원물반환이 불가능해지는 사유가 사실심 변론종결 직전에 발생하였다거나 부동산등기부상 확인이 되지 않는 경우(주택임대차보호법상 대항력을 갖춘 임차인 등) 등에는 취소채권자가 그러한 사유를 쉽게 알 수 없으므로, 원상회복방법을 선택할 기회가 있었다고 보기는 어려울 것이다.

---

44) 아래에서 살펴볼 대법원 2004다54978 판결(취소채권자가 승소 확정판결에 따른 집행을 지체하던 중 사해행위 전에 설정되어 있던 제2순위 근저당권에 기한 경매가 개시되어 해당 부동산이 매각되었다), 대법원 2010다71431 판결(사해행위 취소소송 중 선순위 근저당권에 기하여 경매가 개시되어 해당 부동산이 매각되었고, 수익자인 피고가 배당금을 수령하였다)이 이러한 경우에 해당하는데, 대법원 2004다54978 판결에서는 가액배상의 후소를 각하하였으나, 대법원 2010다71431 판결에서는 가액배상청구를 대상청구를 함께 구하는 것으로 선해하여 인용하였다.

③ 전소에서 원물반환이 불가능해지는 사정이 발견되어 법원이 취소채권자에게 가액배상으로 청구취지를 변경하도록 석명권을 행사하였음에도, 취소채권자가 원물반환청구를 그대로 유지한 경우에는 이후 원물반환이 불가능해졌다는 이유로 가액배상을 청구하는 것은 신의칙에 위배된다고 보아야 할 것이다.[45]

④ 취소채권자가 가액배상을 구하는 방법 외에 다른 권리구제 수단이 없는 경우라면, 가액배상을 명하는 것이 가장 간명하고 구체적 타당성에도 부합하므로 가액배상의 후소 제기를 허용할 필요가 있을 것이다. 취소채권자로서는 원물반환이 불가능해진 경우 가액배상 외에 이행불능에 따른 대상청구, 채무불이행 또는 불법행위에 기한 손해배상청구, 부당이득반환청구 등의 방법을 고려할 수 있다. 그러나 이행불능에 따른 대상청구[46]는 상대방이 대상을 취득한 경우에만 실효성이 있고, 채무불이행 또는 불법행위에 기한 손해배상청구는 수익자의 위법성이나 귀책사유[47] 또는 손해의 존재[48]를 인정하는 것이 현실적으로 어려운 경우가 많으며, 부당이득반환청구의 경우 법률상 원인 없는 부당한 이득 또는 손실의 발생[49]을 인정하기 어려운 경우가 많을 것이다. 이러한 대체 구제

---

45) 윤진수(주 32), 360면은 채권자가 원물반환을 고집한다면 다른 사정의 변경이 없다면 채권자가 다시 가액배상을 청구하는 것은 허용될 수 없을 것이나, 이 경우에도 법원으로서는 채권자가 원물반환을 고집하는 이유가 무엇인지 석명하여 볼 필요는 있을 것이라고 한다. 또한 박치봉(주 22), 193면은 전소에서 법원이 채권자에게 석명을 명하여 채권자가 원물반환판결이 확정된 후에 원물반환이 불가능하게 되어도 다시 가액배상청구를 하지 않겠다는 의사를 표시한 경우에는 채권자는 자신의 의사표시에 구속되어야 한다고 한다.

46) 아래 대법원 2010다71431 판결은 원물반환이 불가능하여 후소로 가액배상청구를 한 사안에서 피고가 수령한 배당금에 관한 대상청구도 함께 구하고 있는 것으로 보아 대상청구를 받아들였다.

47) 제1심판결에서 수익자가 승소한 다음 항소심 단계에서 수익자가 부동산을 처분한 경우, 그 수익자의 부동산 처분행위를 위법하다거나 수익자에게 귀책사유가 있다고 단정하기는 어려울 것이다.

48) 원물반환이 불가능해지더라도 그 손해는 채무자의 손해일 뿐이고, 취소채권자의 채무자에 대한 채권은 그대로 존속하되, 다만 그 채권을 실현하지 못할 위험이 증가한 것에 불과하여 이를 손해라고 단정하기는 쉽지 않다.

49) 취소채권자가 집행권원을 가지고 있음에도 집행을 하지 못하는 것에 불과하므로, 수익자가 법률상 원인 없이 부당한 이득을 얻었다거나 취소채권자가 손실을

수단이 인정되지 않을 경우 가액배상에 의한 권리구제의 필요성이 있으므로, 취소채권자의 후소 제기를 허용할 가능성이 높아질 것이다.

4. 관련 대법원 판결의 검토

(1) 접근방법

이처럼 사해행위 취소소송에서 원물반환을 명하는 승소 확정판결이 있은 후 어떠한 사유로 그 원물반환의 집행 또는 이행이 불가능하게 되어 가액배상의 후소를 제기한 경우에는 원칙적으로 원물반환청구와 가액배상청구의 소송물이 별개이므로 전소 확정판결의 기판력이 후소에 미치지 아니하고, 다만 신의칙상 후소 제기를 허용할 필요가 없는 경우에 한하여 그 권리보호이익을 부정하면 충분할 것이다. 이러한 전제에서 유사한 사례에 관한 대법원 판결들을 검토한다. 다만, 제1, 2유형별로 가액배상의 필요성이나 그 취지가 크게 다르므로, 이를 구분하여 살펴보기로 한다.

(2) 제1유형

(가) 대법원 2001. 6. 12. **선고** 99**다**20612 **판결**[**공**2001. 8. 1.(135), 1567]

[사실관계]

을은 근저당권이 설정된 부동산의 소유자로서, 그 남편인 피고에게 증여를 이유로 소유권이전등기를 마쳤는데, 이후 그 근저당권설정등기가 피담보채무의 변제로 말소되었다. 을의 채권자인 원고는 피고를 상대로 사해행위 취소소송을 제기하면서 사해행위인 증여계약의 취소와 원상회복으로 소유권이전등기의 말소등기절차를 이행할 것을 청구하였다. 피고는 항소심 변론종결 시까지 위 피담보채무가 변제되었다거나 그로 인하여 근저당권설정등기가 말소되었다는 주장·증명은 하지 아니하였는데, 항소심법원이 사해행위를 인정하고 원물반환을 명하는 판결을 선고하자,

---

입었다고 단정하기도 어렵다.

상고이유서에서 처음으로 근저당권이 소멸되었으므로 가액배상을 해야 한다고 주장하였다. 다만, 원고가 소장 제출 시 첨부한 등기부등본에는 사해행위 후 위 근저당권설정등기가 말소된 것으로 나타나 있다.

[대법원 판결]

대법원은 다음과 같은 법리를 제시하며, 부동산 가액에서 저당권의 피담보채무액을 공제한 잔액의 한도에서 사해행위를 취소하고 그 가액의 배상을 명하여야 한다는 이유로 원심판결을 파기하였다.[50)]

『저당권이 설정되어 있는 부동산이 사해행위로 이전된 경우에 그 사해행위는 부동산의 가액에서 저당권의 피담보채권액을 공제한 잔액의 범위 내에서만 성립한다고 보아야 하므로, 사해행위 후 변제 등에 의하여 저당권설정등기가 말소된 경우 그 부동산의 가액에서 저당권의 피담보채무액을 공제한 잔액의 한도에서 사해행위를 취소하고 그 가액의 배상을 구할 수 있을 뿐이고, 특별한 사정이 없는 한 변제자가 누구인지에 따라 그 방법을 달리한다고 볼 수는 없는 것이며, 원고가 사해행위인 계약 전부의 취소와 부동산 자체의 반환을 구하는 청구취지 속에는 위와 같이 일부취소를 하여야 할 경우 그 일부취소와 가액배상을 구하는 취지도 포함되어 있다고 보아, 청구취지의 변경이 없더라도 바로 가액반환을 명할 수 있다.』

[의의 및 검토]

위 대법원 판결은 제1유형에 관한 것으로서, 원고는 상고심까지 원물반환의 청구취지를 그대로 유지하고 있는 상태였다. 피고가 상고심에 이르러 비로소 근저당권설정등기의 말소로 인하여 가액배상을 해야 한다고 주장하였는바, 대법원은 원고의 청구취지 변경이 없음에도 원물반환의 청구취지 속에 가액배상을 구하는 취지가 포함되어 있다는 이유로 가액반환을 명하여야 한다고 판시하였다. 이는 처분권주의의 원칙을 고려할 때 원물반환청구는 전부, 가액배상청구는 일부의 관계에 있어 그 소송물

50) 이 사건은 환송심(부산고등법원 2001나7490호)에서 조정성립으로 종결되었다.

이 동일하다는 것을 전제로 하지 않으면 도출될 수 없는 결론이다. 대법원은 이후에도 제1유형에서는 위와 같은 법리를 그대로 유지하고 있다.[51)]

이러한 대법원의 판결은 소송경제 또는 무익한 소송의 반복을 막기 위한 부득이한 사정 등을 고려할 때 수긍할 수 있는 측면이 없지 않지만, 앞서 본 것처럼 원물반환청구와 가액배상청구는 그 소송물이 동일하다고 볼 수 없으므로, 원물반환청구 속에 가액배상청구가 포함되어 있다는 판시에는 동의하기 어렵다. 법원으로서는 원고가 정한 원물반환의 청구취지에 구속되어 판단을 해야 하고, 이때 원물반환을 명할 수 없다는 구체적인 사실은 원물반환청구권의 멸각 또는 저지사유로서 항변사유[52)]에 해당하므로, 피고가 사실심 단계에서 이를 항변하고 있음에도 원고가 청구취지를 가액배상으로 변경하지 않으면 원고의 원물반환청구를 기각[53)]하여야 하고, 피고가 상고심 단계에서 비로소 항변하면 원고의 원물반환청구를 인용한 항소심판결을 유지[54)]하는 것이 타당하다. 위 판결의

51) 대법원 2002. 11. 8. 선고 2002다41589 판결[공2003. 1. 1.(169), 46] 등 다수 판결.

52) 임일혁(주 30), 101면은 취소채권자는 원물반환을 구하면서 원물반환이 가능하다는 사실을 주장·입증할 필요가 없고, 원물반환을 거부하는 수익자 등이 원물반환이 불가능함을 주장·입증해야 한다고 한다. 박치봉(주 22), 188면도 같은 취지이다.

53) 이 경우 사해행위취소청구 부분은 일부 인용, 원물반환청구 부분은 전부 기각의 주문이 나갈 것이다. 김창종, '채권자취소권행사에 의한 원상회복의 방법 및 내용', 사법논집 제26집, 171면에 의하면, 일본 하급심 판결(일본 선태고재 소화 35. 10. 10.)은 매매예약 및 그에 기한 매매계약의 취소와 가등기 및 이전등기의 말소를 구한 사안에서 가액배상밖에 인정되지 않는 경우라는 이유로 매매계약(사해행위)의 일부 취소만을 인용하고 말소등기청구는 모두 기각하였다고 한다.

한편, 박치봉, '원물반환을 청구취지로 하는 사해행위 취소소송에서 가액배상판결을 할 수 있는가?', 재판과 판례 제11집(2002), 대구판례연구회, 83면은 채무자가 피담보채무를 변제한 경우에는 원물반환을 인정하여도 수익자에게 손해를 가하는 것이 아니라는 점에서 채권자에게 부당한 이득을 주는 것이 아닌 한도에서 원물반환을 인정할 수 있다고 한다. 그러나 박치봉(주 22), 188면에서는 원물반환이 가능한지 여부에 관련되는 구체적인 사실은 피고가 항변해야 하는 주요사실이라 하고 있는바, 이에 따르면 피고가 원물반환이 불가능하게 된 구체적인 사실을 항변함으로써 원물반환청구권의 멸각·저지사유가 발생한 것이므로 원물반환청구는 기각하는 것이 타당하다고 생각한다.

54) 변제로 근저당권설정등기가 말소된 사실은 사실심 변론종결 전에 이미 부동산등기부상으로 확인할 수 있는 상태였지만, 피고가 이를 주장하지 아니한 이상 석명권의 대상이 됨은 별론으로 하고 변론주의의 원칙상 그러한 사실이 없는 것으로

사안에서 피고는 사실심 변론종결 후 상고이유서에서 처음으로 항변사유로서 사해행위 전 부동산에 설정되어 있던 근저당권이 사해행위 후 변제로 말소되었다는 사실을 주장하였으므로, 상고심인 대법원으로서는 피고의 항변을 판단하지 아니한 채 원물반환을 명한 원심의 판단을 그대로 유지하는 것이 타당하다고 생각한다.

(나) 대법원 2009. 5. 14. 선고 2009다4947 판결(미간행)

[사실관계]

원고와 피고는 채무자의 일반 채권자들이다. 채무자는 근저당권이 설정된 부동산의 소유자로서, 동서인 피고에게 위 부동산을 매매하면서, 그 매매대금 10억 5,000만 원 중 6억 원은 위 근저당권의 피담보채무 등 채무 6억 원을 피고가 인수하는 것으로 갈음하고, 나머지 차액은 피고의 채무자에 대한 기존 대여금채권(3억 1,800만 원 및 이자)과 상계하기로 약정하였다(사해행위). 위 사해행위 후 피고는 위 근저당권의 피담보채무를 대위변제하였고 그날 근저당권설정등기가 말소되었다.

[소송의 경과]

원고는 피고를 상대로 사해행위 취소소송을 제기하면서 원상회복으로 원물반환을 청구하였으나, 위 근저당권설정등기가 말소된 사실을 알게 되자 가액배상을 구하는 것으로 청구취지를 변경하였다. 제1심법원은 근저당권이 설정되어 있는 부동산에 관하여 사해행위가 이루어진 후 변제 등에 의하여 근저당권설정등기가 말소된 경우 사해행위를 취소하고 그 부동산 자체의 회복을 명하는 것은 당초 일반 채권자들의 공동담보로 되어 있지 아니하던 부분까지 회복시키는 것이 불공평하므로 가액배상을 명하여야 한다는 이유로 가액배상을 명하였다.[55] 항소심에서 피고는 자신의 피해를 감수하고서라도 자신 명의의 소유권이전등기의 말소등기절차의 이행을 명하는 원물반환을 원한다고 주장하였다. 이에 항소심법원은 수익자가 원상회복의 방법으로 스스로의 불이익을 감수하면서 원물반

보고 판단할 수밖에 없다.

55) 부산지방법원 2008. 6. 20. 선고 2007가합4496 판결.

환을 원할 경우에는 가액배상을 명하기보다는 사해행위취소에 따른 본래적 의미의 원상회복방법인 원물반환을 명하는 것이 공평의 관념에 비추어 더욱 타당하다는 이유로 원물반환을 명하였다.[56)]

[대법원 판결]

대법원은, 『원고는 근저당권이 설정되어 있는 부동산에 관하여 사해행위 후 변제에 의하여 근저당권설정등기가 말소되었음을 이유로 사해행위의 일부 취소 및 가액반환을 청구하였고, 원심은 원고가 구한 대로 사해행위의 취소 청구를 받아들이면서 그 원상회복으로 가액반환이 아니라 부동산 자체의 반환을 명하였으며, 이에 대하여 원고가 부동산 자체의 반환을 명한 것은 부당하다고 주장하면서 상고를 제기하였음을 알 수 있다. 사해행위 후 기존의 근저당권이 변제에 의하여 말소된 이 사건에서 채권자의 사해행위의 취소 및 원상회복으로서의 가액배상청구가 정당한 이상, 특별한 사정이 없는 한 채권자가 구하는 가액배상의 범위를 넘어 원물반환을 명하는 것은 허용될 수 없다. 그러나 결국 이러한 원심의 재

56) 부산고등법원 2008. 12. 3. 선고 2008나11795 판결은, 『채권자취소에 따른 원상회복으로서 가액배상을 할 때에 수익자는 채무자에 대한 채권자라는 이유로 채무자에 대하여 가지는 자기의 채권과의 상계를 주장할 수도 없으므로, 채무자에 대한 총 채권액에 비하여 수익자에 의하여 소멸된 근저당권의 피담보채권액이 현저히 소액인 이 사건의 경우[6.29%(소멸된 피담보채권 2,000만 원/채무자에 대한 총 채권액 3억 1,800만 원)]까지 피고의 명백한 의사에 반하여 가액배상을 명할 경우 피고에게 상당히 불리한 점, 가액배상의 경우 현행법상 사해행위취소를 구하는 채권자뿐 아니라 다른 채권자의 변제충당을 위한 절차 규정이 흠결되어 있어 다른 채권자는 배당요구의 기회가 없어 사실상 우선변제된다는 문제가 생기는데, 수익자가 스스로 피해를 감수하고 원물을 반환할 의사가 있음에도 가액배상을 명하게 되면 사해행위취소를 구하는 채권자에게만 사실상 우선변제효를 부여함으로써 채권자 평등의 원칙을 실현하기 위하여 마련된 사해행위취소 제도가 채권자 평등의 원칙을 넘어뜨리는 방편으로 사용되어 채권자취소권의 근본취지에 반하는 결과가 되는 점, 그 밖에 이 사건의 경우 피고에게 원물반환을 명하게 되면, 원고는 이 사건 부동산만을 강제집행하여 채권만족을 얻을 수 있을 것인데, 원고의 청구처럼 가액배상을 명하게 되면 경매부동산의 매각가격이 시가(감정가액)보다 낮게 형성될 가능성이 매우 큰 현실을 감안할 때 이 사건 부동산의 매각대금에 의한 배당금만으로는 원고의 피고에게 대한 채권을 만족시킬 수 없게 되는 결과 피고는 자신의 고유재산에 관하여도 강제집행을 당할 수밖에 없는 매우 불합리한 결론에 도달되는 점 등』의 사정을 고려하였다.

판이 자신에게 이익이 되는 원고로서는 앞서 본 법리에 비추어 그 변경을 구할 수 없다 할 것이므로 원고의 상고는 상고의 이익이 없는 것으로서 부적법하다.』라는 취지로 판시하며, 상고를 각하하였다.

[의의 및 검토]

위 판결은 제1유형의 사안으로서, 특이하게도 원고는 가액배상청구를 하였음에도 수익자인 피고가 원물반환을 주장한 사안에 관한 것이다. 수익자로서는 원물반환의 경우에는 단지 해당 부동산의 소유권이전등기만 회복시키면 충분하지만, 가액배상의 경우에는 자신의 일반재산에 대해서도 강제집행을 당할 우려가 있기 때문에 사해행위임을 다투기 어려운 상황에서 원물반환이 그나마 손해가 덜하다고 보아 이를 주장하였던 것으로 보인다. 원심법원은 원고가 가액배상청구를 하는 경우에도 수익자인 피고가 원물반환을 원하는 경우에는 원물반환을 명하는 것이 타당하다고 판시하였는데, 대법원은 이러한 판단이 부당하다고 판시하면서도 원고에게 상고의 이익이 없다고 보아 상고를 각하한 것이다.

동일소송물설과 유형구분설에 따르면 제1유형에서 원물반환은 전부, 가액배상은 일부의 관계에 있으므로 원고가 가액배상을 구하고 있는 경우 법원이 원물반환을 명하는 것은 작은 것을 구하는데 큰 것을 명하는 것이 되어 처분권주의의 원칙에 위배된다. 별개소송물설에 따르더라도 원물반환과 가액배상은 전혀 별개의 소송물이므로 원고가 가액배상을 구하는 데에 대하여 법원이 원물반환을 명하는 것은 전혀 이질적인 소송물에 대한 판단이 되어 마찬가지로 처분권주의의 원칙상 허용되지 않는다. 따라서 원심이 원고가 가액배상을 구함에도 원물반환을 명한 것은 소송물의 동일성 여부에 관하여 어떠한 견해를 취하든 위법함을 면하기는 어렵다. 그러나 위 판결은 원고가 가액배상을 구하였다고 하더라도 종국적으로 그보다 큰 이익인 원물반환을 명하는 판결을 받았으므로 상고의 이익이 없다고 보았는바, 이는 원물반환청구와 가액배상청구의 소송물이 같고 원물반환의 청구가 가액배상의 청구를 포함한다는 전제에서 가능한 결론이므로, 결국 동일소송물설에 입각한 것으로 볼 여지가 있다. 그런데 이러한 판단은 가액배상을 받아 사실상 우선변제를 받고 수익자의 일반재산에 대해서도 강제집행을 받기를 의욕하였던 원고의 의사를 무시하는 결론이므로 동의하기 어렵다. 이 사안에서도 법원은 별개소송물설에 따라 원고의 가액배상 청구취지에 구속되어 판단하되, 이 경우에는 가액배상을 할 수 있는 구체적인 사실관계에 대한 주장·입증책임이 처음부터 가액배상을 청구한 원고에게 있으므로, 가액배상을 할 수 있는 경우라면 원고의 청구를 인용하여야 하고, 가액배상을 할 수 없는 경우라면 원고의 청구를 기각하여야 할 것이며, 아울러 항소심은 원고의 신청과는 다른 판단을 함으로써 원고에게 상고의 이익도 인정되므로 대법원은 본안심리에 들어가는 것이 타당하다고 생각한다.

(3) 제2유형

(가) 대법원 1998. 5. 15. **선고** 97**다**58316 **판결**[**집**46(1)**민**, 365; **공**1998. 6. 15.(60), 1627]

[사실관계]

채무자의 일반 채권자인 피고가 채무자로부터 대물변제로 아파트를 이전받자(사해행위), 채무자의 일반 채권자인 원고는 위 아파트에 처분금지가처분을 집행하고 피고를 상대로 사해행위 취소소송을 제기하면서 소유권이전등기의 말소등기청구를 하였다.

[선행 소송]

제1심법원은 원고의 청구를 기각[57]하면서 처분금지가처분도 함께 취소하였다. 원고가 제1심판결에 불복하여 항소하였는데, 피고는 항소심 계속 중 제3자에게 아파트의 소유권이전등기를 마쳐주었다. 항소심법원은 사해행위를 취소하고 소유권이전등기의 말소를 명하는 원고 승소판결을 선고[58]하였고, 위 판결이 그대로 확정되었다.

[후행 소송]

이후 원고는 위 소유권이전등기의 말소가 어렵게 되자, 피고를 상대

57) 서울지방법원 남부지원 1995. 12. 6. 선고 95가단18622 판결.
58) 서울지방법원 1995. 3. 15. 선고 96나2322 판결.

로 불법행위를 원인으로 손해배상을 청구하였으나, 제1심법원은 불법행위를 인정하기 어렵다는 이유로 그 청구를 기각하였다.[59] 원고가 이에 불복하여 항소하면서 그 청구를 이행불능에 기한 손해배상청구로 변경하였으나, 항소심법원은 '원고가 전득자를 상대로 원상회복을 구할 수 있으므로 이를 이행불능이라 보기 어렵고, 선행 소송에서 가처분이 취소되고 제1심에서도 패소했으므로 피고가 아파트를 처분한 것에 귀책사유가 있다거나 위법한 행위라고 평가하기 어렵다'는 이유로 항소를 기각하였다.[60]

[대법원 판결]

대법원은, 『사해행위의 목적물이 수익자로부터 전득자로 이전되어 그 등기까지 경료되었다면 후일 채권자가 전득자를 상대로 소송을 통하여 구제받을 수 있는지 여부에 관계없이, 수익자가 전득자로부터 목적물의 소유권을 회복하여 이를 다시 채권자에게 이전하여 줄 수 있는 특별한 사정이 있으면 모르되, 그렇지 아니한 일반의 경우에는 그로써 채권자에 대한 목적물의 원상회복의무는 법률상 이행불능의 상태에 있다고 봄이 상당하다. (중략) 원고가 제1심 이래 당심에 이르기까지 청구하는 바는 원고의 채권자취소권의 행사로 인하여 원상회복의무를 부담하는 피고가 이 사건 아파트를 타인에게 처분하여 그 반환이 불가능하게 되었으니 그로 인한 손해의 배상을 구한다는 것이므로, 원심으로서는 원고의 청구원인 가운데에 가액배상을 구한다는 주장이 포함되어 있는 것으로 보아 마땅히 그 당부와 범위에 관하여도 심리하였어야 할 것이다.』라고 판시하면서, 원심판결을 파기하였다.[61]

[의의 및 검토]

위 대법원 판결은 사해행위의 목적물인 부동산이 수익자로부터 전득자로 이전됨으로써 원물반환이 불가능하거나 현저히 곤란하게 된 유형,

---

59) 의정부지방법원 1997. 6. 13. 선고 97가단2856 판결.

60) 서울중앙지방법원 1997. 11. 18. 선고 97나33132 판결.

61) 환송심법원은 위 대법원 판결의 취지에 따라 가액배상을 명하는 판결을 선고하였고(서울중앙지방법원 1998. 9. 25. 선고 98나26971 판결), 그 판결이 그대로 확정되었다.

즉 제2유형의 경우로서, 원물반환을 명하는 승소 확정판결이 있었고, 그 선행 소송의 사실심 변론종결 전에 그 부동산이 전득자에게 이전되어 원물반환의 이행이 불가능하게 된 경우에도, 가액배상을 구하는 후소를 제기하는 것이 가능하다고 판시하였다. 이는 원물반환을 명하는 선행 소송의 판결의 기판력이 가액배상을 구하는 후소에 미치지 않는다는 것으로, 특히 그 원물반환의 이행이 불가능하게 된 사유가 선행 소송의 사실심 변론종결 전에 발생하였던 사안임을 고려할 때, 원물반환청구와 가액배상청구의 소송물이 서로 다르다는 전제에 있지 않는 한 도출되기 어려운 결론이다.[62)]

나아가 신의칙의 관점에서 후소 제기의 허용 여부를 살펴보건대, 비록 제1심에서 취소채권자의 사해행위취소청구가 기각되었고 처분금지가처분도 취소되기는 하였지만, 사실심 변론종결 직전에 부동산이 전득자에게 이전되었고 그러한 사정이 원고나 피고의 주장으로 변론에 현출되지도 아니하여 원고에게 원상회복의 방법을 선택할 기회도 없었고, 이에 대한 법원의 석명도 없었으며, 취소채권자의 보호 필요성도 여전히 인정되므로, 가액배상의 후소 제기가 신의칙에 위반된다고 보기도 어려울 것이다. 결론적으로 이 판결의 태도에 찬동하지만, 이 판결은 이후 대법원 2004다54978 판결이 등장한 이후에는 사실상 폐기된 것으로 보는 견해[63)]도 있다.

(나) 대법원 2001. 2. 9. 선고 2000다57139 판결[**공**2001. 4. 1.(127), 623]

[사실관계]

채무자가 근저당권이 설정되어 있는 부동산을 피고에게 증여하고 소

---

62) 박치봉(주 22), 177면도 전소와 후소의 소송물이 동일하다고 가정하면, 전소의 사실심 변론종결 이전에 이미 발생한 이행불능은 전소판결의 기판력에 차단되므로 그 이행불능을 들어 후소를 제기하는 것은 전소판결의 기판력에 저촉되어 허용되지 아니할 것인데, 대법원이 후소의 제기가 허용된다고 본 것은 원물반환 청구와 가액배상청구의 소송물이 다르다고 본 것으로 이해할 수 있다고 한다.

63) 박치봉(주 22), 187면은 대법원 2004다54978 판결에 의하여 대법원이 원물반환 판결 확정 후에 다시 가액배상을 청구할 수 있느냐에 관하여 긍정하는 입장에서 부정하는 입장으로 확고하게 전환하였다고 한다. 김대희(주 18), 243면도 대법원 97다58316 판결은 사실상 폐기되었다고 한다.

유권이전등기를 마쳐주었다. 이에 채무자의 일반 채권자인 원고는 피고를 상대로 사해행위 취소소송을 제기하면서 소유권이전등기의 말소등기절차를 이행할 것을 청구하였고, 제1심, 항소심에서 모두 승소하였다. 그런데 위 부동산에는 사해행위 이후에 제3자 명의의 지상권설정등기가 마쳐져 있었는데, 피고는 상고심에서 처음으로 이를 주장하였다.

[대법원 판결]

대법원은, 『채권자의 사해행위취소 및 원상회복청구가 인정되면, 수익자는 원상회복으로서 사해행위의 목적물을 채무자에게 반환할 의무를 지게 되고, 만일 원물반환이 불가능하거나 현저히 곤란한 경우에는 원상회복의무의 이행으로서 사해행위 목적물의 가액 상당을 배상하여야 하는바, 여기에서 원물반환이 불가능하거나 현저히 곤란한 경우라 함은 원물반환이 단순히 절대적, 물리적으로 불능인 경우가 아니라 사회생활상의 경험법칙 또는 거래상의 관념에 비추어 그 이행의 실현을 기대할 수 없는 경우를 말하는 것이므로, 사해행위 후 그 목적물에 관하여 제3자가 저당권이나 지상권 등의 권리를 취득한 경우에는 수익자가 목적물을 저당권 등의 제한이 없는 상태로 회복하여 이전하여 줄 수 있다는 등의 특별한 사정이 없는 한 채권자는 수익자를 상대로 원물반환 대신 그 가액 상당의 배상을 구할 수도 있다고 할 것이나, 그렇다고 하여 채권자가 스스로 위험이나 불이익을 감수하면서 원물반환을 구하는 것까지 허용되지 아니하는 것으로 볼 것은 아니고, 그 경우 채권자는 원상회복 방법으로 가액배상 대신 수익자 명의의 등기의 말소를 구하거나 수익자를 상대로 채무자 앞으로 직접 소유권이전등기절차를 이행할 것을 구할 수 있다.』라고 판시하면서, 피고의 상고를 기각하였다.

[의의 및 검토]

위 대법원 판결은, 원물반환이 불가능하거나 현저히 곤란한 경우라 하더라도 취소채권자가 반드시 가액배상만을 구하여야 하는 것은 아니고, 스스로 위험이나 불이익을 감수하면서 원물반환을 구하는 것도 허용된다고 판시하였는바, 이후 여러 후속 판결들의 이론적 근거를 제공하였다는 점에서 상당한 의의가 있는 판결이다. 그리고 위와 같이 취소채권자가 위험이나 불이익을 감수한 채 원물반환을 구할 수 있다고 판단한 것은, 결과적으로 소송물이 원물반환청구와 가액배상청구 중 취소채권자가 청구취지에 기재한 원물반환청구로 구속된다는 것이므로, 논리적으로는 원물반환청구와 가액배상청구가 별개소송물에 해당한다는 결론으로 연결될 수 있다. 따라서 이 대법원 판결의 이론을 논리적으로 일관하면 원고는 어떠한 사정으로 원물반환이 불가능하게 되었다면 후소로 피고를 상대로 가액배상청구를 다시 할 수 있게 되는데, 이후 상세히 살펴볼 대상판결은 위 이론을 채용하면서도 '채권자가 일단 소유권이전등기 말소등기청구를 하여 승소 확정판결을 받으면 다시 수익자를 상대로 가액배상을 청구하거나 소유권이전등기청구를 할 수는 없다'고 판시하였다.

(다) 대법원 2006. 12. 7. **선고** 2004**다**54978 **판결[공**2007. 1. 15.(266), 115]

[사실관계]

채무자는 수익자에게 사해행위로 부동산을 매도하였고, 수익자는 전득자에게 제3순위 근저당권을 설정하였다. 취소채권자는 수익자를 상대로 사해행위 취소소송을 제기하면서 원물반환으로 채무자 앞으로 소유권이전등기절차를 이행할 것을 청구하여 승소 확정판결을 받았다. 이후 취소채권자가 승소 확정판결에 따른 집행을 지체하던 중 사해행위 전에 설정되어 있던 제2순위 근저당권에 기한 경매가 개시되어, 1, 2순위 근저당권자와 3순위 근저당권자(전득자)에게 배당금이 지급되었고, 나머지 잉여금은 수익자에게 배당되었다. 다만, 취소채권자는 이에 앞서 수익자의 대한민국에 대한 배당금지급청구권을 가압류하였으므로, 위 배당금이 수익자에게 실제로 지급되지는 아니한 상태였다. 취소채권자(원고)는 수익자(피고)를 상대로 선행 사해행위 취소소송에 따른 소유권이전등기의무의 이행불능을 이유로 가액배상을 구하는 후소를 제기하였다. 이에 대하여 피고는 전소에서 원물반환의 승소 확정판결을 받고서도 그 집행을 게을리 하다가 다시 가액배상을 구하는 것은 기판력에 위배되어 부적법하다는 취지로 본안전항변을 하였다.

[제1심판결][64]

제1심법원은, 『전소의 소송물은 원고의 피고에 대한 원상회복으로서의 소유권이전등기청구권[65] 유무이고, 이 사건 소의 소송물은 원고의 피고에 대한 가액배상청구권 유무이므로 양소의 소송물이 동일하다고 볼 수 없고, 이미 원상회복이 이루어진 후에 제기된 소송이 아닌 한 종전 소송에서 주장하지 않았던 원상회복방법인 가액반환을 주장하는 것이 판결의 모순을 가져온다거나 불필요한 소송이라고 볼 수는 없다.』라고 판시하면서, 피고의 본안전항변을 배척하고 원고의 가액배상청구를 인용하였다.

[항소심판결][66]

항소심법원은, 『원물반환청구권과 가액배상청구권은 어느 것이나 일탈된 채무자의 재산을 책임재산으로 환원시킴으로써 일반채권자들의 채권만족을 도모하기 위한 것으로서 실질적으로 그 목적이 동일하고, 두 청구권 모두 사해행위취소의 효과로서 형평의 견지에서 법에 의하여 특별히 인정된 원상회복청구권으로서 그 법적 근거와 성질이 동일한 이상 비록 그 청구취지가 상이하더라도 그 소송물은 실질상 동일하다.』라고 판시하면서, 전소의 확정판결의 기판력이 후소에 미쳐 후소는 권리보호이익이 없다는 이유로 피고의 본안전항변을 받아들였다.

[대법원 판결]

대법원은, 『사해행위 후 목적물에 관하여 제3자가 저당권이나 지상권 등의 권리를 취득한 경우에는 수익자가 목적물을 저당권 등의 제한이 없는 상태로 회복하여 이전하여 줄 수 있다는 등의 특별한 사정이 없는 한, 채권자는 원상회복 방법으로 수익자를 상대로 가액 상당의 배상을

---

64) 서울북부지방법원 2003. 11. 11. 선고 2002가단25324 판결.

65) 판결문에는 소유권이전등기말소청구권으로 기재되어 있으나, 전소는 소유권이전등기청구를 한 사안이므로 이에 따라 고쳐 쓴다.

66) 서울고등법원 2004. 9. 14. 선고 2003나81418 판결.

구할 수도 있고, 채무자 앞으로 직접 소유권이전등기절차를 이행할 것을 구할 수도 있다. 이 경우 원상회복청구권은 사실심 변론종결 당시의 채권자의 선택에 따라 원물반환과 가액배상 중 어느 하나로 확정되며, 채권자가 일단 사해행위 취소 및 원상회복으로서 원물반환 청구를 하여 승소 판결이 확정되었다면, 그 후 어떠한 사유로 원물반환의 목적을 달성할 수 없게 되었다고 하더라도 다시 원상회복청구권을 행사하여 가액배상을 청구할 수는 없으므로 그 청구는 권리보호의 이익이 없어 허용되지 않는다.』라고 판시하면서, 원고의 상고를 기각하였다.

[의의 및 검토]

제1심법원과 항소심법원이 원물반환청구와 가액배상청구의 소송물이 동일한지 여부를 정면으로 다루며 권리보호이익의 유무를 탐구한 반면에, 대법원은 소송법적 접근이 아니라 선택채권과 유사한 실체법적 권리의 측면에서 접근하여, 원상회복청구권은 사실심 변론종결 당시의 채권자의 선택에 따라 원물반환청구권과 가액배상청구권 중 어느 하나로 확정이 되고, 일단 원물반환청구를 하여 승소판결이 확정되었다면, 그 후 어떠한 사유로 원물반환의 목적을 달성할 수 없게 되었다고 하더라도, 가액배상청구권을 행사하는 것은 권리보호이익이 없다고 보았다. 위 대법원 판결이 원고의 원물반환의 청구취지에 구속되어 판단하였다는 점은 원물반환청구와 가액배상청구의 소송물이 동일하지 않다는 전제에서 이해될 수 있는 반면에, 결과적으로 후소인 가액배상의 권리보호이익이 없다고 본 것은 원물반환청구와 가액배상청구의 소송물이 동일하다는 전제에서 이해될 수도 있어, 대법원이 양 소의 소송물을 어떻게 본 것인지는 분명하지 않다.

그러나 위 대법원 판결은 취소채권자가 원물반환 또는 가액배상을 선택할 수 있었던 경우 취소채권자가 원물반환을 선택한 결과 원물반환을 명하는 판결이 확정되었다고 하더라도, 그 판결의 사실심 변론종결 후에 원물반환 자체가 불가능하게 된 경우에는 취소채권자가 원래 감수하고자 했던 위험보다 더 큰 위험이 실현된 것이고 취소채권자가 그러한 위험까지 감수하려고 했던 것으로 볼 수는 없으므로 취소채권자의 가액배상청구를 허용해야 할 뿐만 아니라, 설령 원물반환청구와 가액배상청구의 소송물을 동일하다고 보더라도 원물반환을 명하는 판결의 확정 후 원물반환이 불가능하게 되었다는 사정은 기판력의 표준시 이후에 발생한 사실로서 기판력의 제한을 받지 않는다는 비판이 있다.[67] 나아가 위 판결이 취한 실체법적 접근법에 따르더라도, 사실심 변론종결 당시에 원물반환청구권과 가액배상청구권 중 어느 하나로 확정된다면, 이는 양 청구권이 별개의 실체법적 권리에 해당함을 전제로 하는 것으로 볼 수 있어 오히려 별개소송물설을 뒷받침하는 주요 근거가 될 수 있을 뿐만 아니라, 채권자가 사실심 변론종결 당시에 원물반환청구권과 가액배상청구권 중 어느 하나를 선택함으로써 원상회복청구권이 그중 하나로 확정되었다면 그 선택에 의하여 나머지 청구권은 부존재하는 것으로 확정되는 것이므로, 채권자가 나머지 청구권을 근거로 후소를 제기하는 경우 그 후소는 청구권의 부존재로 기각되어야 할 것이지 권리보호이익 자체가 부정되어 각하되는 것은 타당하지 않다고 생각한다. 게다가 선행 소송의 사실심 변론종결 당시 원물반환의 불가능 또는 현저한 곤란 등의 사유가 변론에 드러나지 아니하여 채권자가 선택권을 행사조차 할 수 없었던 경우를 설명하기도 어렵다.

아울러 아래에서 살펴볼 대법원 2010다71431 판결의 경우와 비교할 때 형평에 맞지 않는 문제도 있다. 즉, 대법원 2010다71431 판결에서는 취소채권자가 가액배상을 청구(청구취지는 금전지급청구의 형태가 된다)하고 있는 경우, 법원이 그 가액배상청구를 수익자가 지급받은 배당금에 대한 대상청구(마찬가지로 청구취지는 금전지급청구의 형태가 된다)도 함께 구하는 것으로 보아 청구를 인용하였던 것과 비교하여 볼 때, 이 사안의 경우에도 만약 수익자가 대한민국에 대하여 가지는 배당금지급청구권에 대하여 대상청구권을 행사(이 경우 청구취지는 채권양도 및 그 통지의 이행을 구하는

67) 윤진수(주 32), 361면; 이봉민(주 13), 498면.

형태가 될 것이다)하였다면 그 청구를 인용하였을 가능성이 높았을 것이나, 이 사안에서는 취소채권자가 금전지급청구의 형태로 가액배상만을 구하였기 때문에, 법원이 대상청구도 함께 구하는 것으로 보아 청구를 받아들이기는 무리였을 것이다. 그런데 취소채권자가 아무런 보전처분을 하지 아니하여 수익자가 배당금을 수령한 경우(대법원 2010다71431 판결의 경우)에는 금전지급청구인 가액배상청구를 마찬가지로 금전지급청구인 대상청구도 함께 구하는 것으로 보아 그 청구를 인용할 수 있는 반면에, 취소채권자가 수익자의 위 배당금지급청구권을 가압류하는 등 더욱 적극적으로 권리회복을 위하여 노력한 경우(위 사안의 경우)에는 금전지급청구인 가액배상청구를 채권양도 및 그 통지의 이행을 청구하는 형태인 대상청구도 함께 구하는 것으로 선해할 수는 없는 것이기에 그 청구를 기각하게 되므로, 형평에도 맞지 않는다. 이처럼 이 판결은 여러 비판의 요소가 있음에도 이후 대상판결을 비롯하여 유사한 사안에서 이론적 근거로 자주 인용되고 있어 그 중요성을 간과할 수 없는 판결이다.[68]

생각건대, 원물반환청구와 가액배상청구는 별개소송물로 보는 것이 타당하고, 나아가 원물반환의 집행 또는 이행불능의 사유가 사실심 변론종결 후에 생긴 것으로서 취소채권자인 원고가 원상회복의 방법을 선택할 기회조차 없어 가액배상의 후소 제기가 신의칙에 위반된다는 사정을 발견하기도 어려우므로, 후소의 제기를 허용함이 타당하다.

(라) 대법원 2012. 6. 28. 선고 2010다71431 판결[공2012하, 1287]

[사실관계]

채무자는 자신이 소유하고 있는 부동산에 관하여 피고 앞으로 근저당권을 설정하였다. 채무자의 일반 채권자인 원고는 피고를 상대로 사해행위 취소소송을 제기하며 근저당권설정등기의 말소를 청구하여 승소 확정판결을 받았다. 그런데 그 소송 계속 중 선순위 근저당권에 기하여 임

---

68) 앞서 본 것처럼 박치봉(주 22), 187면은 위 대법원 판결 이후 대법원은 후소로 가액배상을 청구할 수 있는지 여부에 관하여 부정적인 입장으로 확고하게 전환하였다고 평가한다.

의경매가 개시되었고, 원고가 승소판결에 따른 집행을 지체하던 중 그 부동산이 매각되어 피고가 배당금을 수령하게 되었다. 이에 원고는 후소로써 피고를 상대로 가액배상을 청구하였다.

[대법원 판결]

대법원은, 『부동산이 임의경매절차에 의하여 제3자에게 낙찰됨으로써 확정된 이전 판결에 기한 피고의 근저당권설정등기의 말소등기절차의무가 이행불능이 된 경우, 원고는 대상청구권의 행사로서 피고가 말소될 근저당권설정등기에 기한 근저당권자로서 지급받은 배당금의 반환을 청구할 수도 있다고 보아야 할 것인데, 기록에 의하면 원고는 소장에서 '이 사건 근저당권설정계약이 사해행위로서 이미 확정판결에 의하여 취소되었고, 피고의 이 사건 근저당권설정등기가 임의경매 진행으로 인해 배당금청구권으로 변했으므로 피고에 대하여 원상회복의 수단으로 위 배당금청구권을 소외 2에게 양도하라는 등의 의사표시를 구하는 것입니다'라고 주장한 후, 피고가 이 사건 부동산에 관한 임의경매절차에서 근저당권자로서 배당금을 수령하자 2009. 10. 9. 청구취지 및 원인변경신청서를 제출하면서 '원상회복으로 피고가 지급받은 배당금 상당금원의 지급을 구하는 것'으로 청구취지 및 청구원인을 변경한 사실을 알 수 있으므로, 원고의 위와 같은 주장 속에는 가액배상만을 구하는 것이 아니라 대상청구도 함께 구하고 있는 것으로 봄이 상당하다.』라고 판시하면서, 피고의 상고를 기각하였다.

[의의 및 검토]

위 대법원 판결은 앞서 본 대법원 2004다54978 판결의 사안과 비교적 유사한 사안에서 그 판결에 저촉되는 문제를 피하면서도 구체적 타당성에 부합하는 결론을 도출하고자 가액배상청구가 아닌 대상청구라는 법리를 동원한 것으로 보인다. 그러나 대상청구권은 그 상대방에게 대상이 귀속된 경우에만 인정되므로 그 적용이 제한적이며, 가액배상과의 구분도 분명하지 아니하여, 사해행위 취소소송에서 일반적으로 적용할 수 있는 법리로 보기에는 한계가 있다.[69]

이 사안의 경우에도 원물반환청구와 가액배상청구를 별개소송물로 보는 것이 타당하고, 사실심 변론종결 당시 경매사건이 진행 중이었다고 하더라도 그로 인하여 원물반환이 불가능하거나 현저히 곤란하였다고 할 수도 없었으므로 그 단계에서 원고가 가액배상을 구할 수도 없었던 점, 따라서 원고가 그 경매사건의 진행경과를 기다렸다가 그에 맞추어 청구취지를 변경했어야 했다고 볼 수도 없는 점, 원고가 그렇게 하지 않았다고 하여 가액배상청구권을 행사할 수 없다고 하는 것은 취소채권자의 원상회복청구권을 지나치게 제약하고 수익자에게 부당한 이익을 안겨주는 점 등[70]에 비추어, 가액배상의 후소 제기가 신의칙에 위반된다는 사정을 발견하기도 어려우므로, 후소의 제기를 허용하여야 한다고 생각한다.

(마) 제2유형의 대법원 판결 정리

이처럼, 제2유형의 사안에서 대법원 97다58316 판결은 당초 원물반환의 승소 확정판결이 있은 후 원물반환이 불가능하게 되더라도 다시 후소로 가액배상을 청구할 수 있다는 태도를 취하였으나, 이후 대법원은 위 2004다54978 판결을 기점으로 특별한 사정이 없으면 가액배상청구를 허용하지 않고 있는 것으로 보인다. 그럼에도 대법원은 원물반환청구와 가액배상청구의 소송물이 동일한지 여부에 관해서는 명확한 입장을 밝히지 않고 있다. 이는 양 청구의 소송물의 동일성 여부를 명시적으로 밝히는 경우 구체적인 사안에서 소송물이론과 대치되는 이론전개가 야기되는 것을 회피하기 위한 것이 아닌가 추측된다. 그렇다고 해서 위 대법원 2004다54978 판결이 구체적인 사안에서 누구나 수긍할 수 있는 타당성을 가진다고 보기도 어렵다. 취소채권자가 원물반환의 승소 확정판결을 받은 후 그 판결에 따른 집행을 지체하였다는 사정 외에 취소채권자를 비난할 만한 사정은 발견하기 어렵고, 오히려 사건의 발단 자체가 채무자

69) 김대희(주 18), 232면; 박치봉(주 22), 186면; 이봉민(주 13), 500면도 같은 취지이다.

70) 원심판결(서울중앙지방법원 2010. 7. 27. 선고 2010나13229 판결)이 가액배상의 후소 제기를 허용하면서 제시한 근거들이다.

의 사해행위와 이에 대한 수익자의 악의에 기인하였음을 고려할 때 취소채권자의 후소 제기를 차단할 필요가 있는지 의문이기 때문이다.[71)]

Ⅳ. 사해행위의 취소에 따라 소유권이전등기의 말소를 명하는 승소 확정판결 후 소유권이전등기청구의 후소를 제기한 경우 권리보호이익의 인정 여부

1. 문제의 제기

지금까지의 논의를 종합하면, 사해행위 취소소송에서 원물반환을 명하는 승소 확정판결이 있은 후 어떠한 사유로 원물반환이 불가능하게 되어 가액배상의 후소를 제기한 경우, 원물반환청구와 가액배상청구는 청구취지가 다르므로 소송물도 다르다고 보아야 한다. 다만, 후소 제기가 신의칙에 위반되는 구체적인 사정이 있다면, 그 후소를 권리보호이익이 없다고 보아 각하하는 것이 타당하다고 생각한다. 이하에서는 이러한 논의를 바탕으로 대상판결의 쟁점, 즉 사해행위 취소소송에서 원상회복으로 소유권이전등기의 말소를 명하는 승소 확정판결이 있은 후 어떠한 사유로 그 집행 또는 이행이 불가능하게 되어 소유권이전등기청구의 후소를 제기한 경우로 논의를 전환하여 살펴본다.

대상판결은 대법원 2004다54978 판결을 이론적 근거로 삼되, 그 판결에서 더 나아가 『취소채권자가 일단 사해행위취소 및 원상회복으로서 수익자 명의 등기의 말소를 청구하여 승소판결이 확정되었다면, 어떠한 사유로 수익자 명의 등기를 말소하는 것이 불가능하게 되었다고 하더라도 다시 수익자를 상대로 원상회복청구권을 행사하여 원물반환으로서 채무자 앞으로 직접 소유권이전등기절차를 이행할 것을 청구할 수는 없으므로, 그러한 청구는 권리보호의 이익이 없다.』라고 판시하였다. 대상판결이 후소를 권리보호의 이익이 없다고 보아 차단하는 것은 앞서 원물반환청구와 가액배상청구의 관계에서도 그러하였던 것처럼 소유권이전등기

---

71) 대법원 2004다54978 판결에서는 수익자에게 잉여금이 배당될 예정으로 있으므로, 수익자로부터 가액배상을 명하더라도 수익자에게 지나치게 가혹하지도 않다.

말소등기청구와 소유권이전등기청구의 소송물이 동일한지, 그로 인하여 전소의 승소 확정판결의 기판력이 후소에 미침으로써 후소를 제기하는 것이 권리보호이익이 부정되는지 여부와 관련하여 검토할 필요가 있다. 다만, 소유권이전등기 말소등기청구와 소유권이전등기청구의 경우에는 원인무효에 기한 소유권이전등기 말소등기청구의 패소 확정판결의 기판력이 진정명의회복을 원인으로 한 소유권이전등기청구에도 미친다는 대법원 99다37894 전원합의체 판결과의 관련성을 고려하지 않을 수 없다. 소유권이전등기 말소등기청구에 관한 확정판결의 기판력이 진정명의회복을 원인으로 한 소유권이전등기청구에도 미친다고 본다면 후소의 제기는 원칙적으로 권리보호이익이 흠결되기 때문이다.[72)]

따라서 이하에서는 사해행위 취소소송에서 원상회복으로 소유권이전등기의 말소를 명하는 승소 확정판결을 받은 후 다시 채무자 앞으로 소유권이전등기절차를 이행할 것을 청구하는 경우 권리보호이익이 있는지 여부를 검토하되, 먼저 소유권이전등기 말소등기청구와 진정명의회복을 원인으로 하는 소유권이전등기청구의 소송물 및 기판력을 위 대법원 99다37894 전원합의체 판결과 관련하여 살펴본 다음, 그 논의를 사해행위 취소소송에서 원상회복청구로서의 소유권이전등기 말소등기청구와 소유권이전등기청구의 관계에까지 적용해 보기로 한다.

---

72) 박치봉(주 22), 191면은 위 대법원 99다37894 전원합의체 판결은 전소에서 '패소'한 경우에 관한 것으로서, 전소에서 패소한 자가 다시 실질적으로 동일한 쟁점에 관하여 후소를 제기하는 것은 전소에서 확정된 법률관계와 내용상 모순된 반대관계를 주장하는 것이 되어 전소의 기판력이 후소에 미친다고 볼 필요가 있지만, 전소에서 '승소'한 경우에는 전소의 기판력을 확장하여 후소 제기를 차단할 필요까지는 없으므로, 전소에서 '승소'한 경우에 관해서도 대법원이 후소의 권리보호이익을 부정할지는 의문이라고 한다. 그러나 위 대법원 99다37894 전원합의체 판결은 '소유권이전등기 말소등기청구권과 소유권이전등기청구권은 실질적으로 소송물이 동일하다'고 판시하였으므로 전소에서 '승소'한 경우에도 후소에 기판력이 미친다고 볼 여지가 크고, 실제로 이후 대법원 2018. 8. 30. 선고 2017다205905 판결(미간행)은 소유권이전등기 말소등기청구소송의 승소 확정판결을 받은 원고가 다시 피고를 상대로 진정명의회복을 위한 소유권이전등기청구를 구하는 것은 전소의 기판력에 반하여 부적법하다고 판시하였으므로, 위 견해와 같이 위 대법원 99다37894 전원합의체 판결을 패소의 경우로 제한적으로만 이해하기는 어렵다고 생각한다.

2. 소유권이전등기 말소등기청구와 진정명의회복을 원인으로 하는 소유권이전등기청구의 소송물 및 기판력

대법원 99다37894 전원합의체 판결의 다수의견은 진정명의회복을 위한 소유권이전등기청구권과 무효등기의 말소등기청구권은 진정한 소유자의 등기명의를 회복하기 위한 것으로서 실질적으로 그 목적이 동일하고 모두 소유권에 기한 방해배제청구권으로서 법적 근거와 성질이 동일하므로 실질상 소송물이 동일하고, 따라서 소유권이전등기 말소청구의 패소확정판결의 기판력은 진정명의회복을 원인으로 한 소유권이전등기청구에도 미친다고 판시하였다.[73] 동일한 쟁점에 관하여 모순·저촉되거나 반복되는 판결을 피하기 위하여 위 다수의견이 후소 청구를 받아들이지 아니한 결론 자체에 대해서는 다수 견해가 지지[74]하고 있으나, 이론적 구

73) 다수의견(대법원장 최종영, 대법관 서성, 조무제, 윤재식, 이용우, 강신욱, 이규홍, 손지열, 박재윤)을 그대로 옮기면 다음과 같다. 『진정한 등기명의의 회복을 위한 소유권이전등기청구는 이미 자기 앞으로 소유권을 표상하는 등기가 되어 있었거나 법률에 의하여 소유권을 취득한 자가 진정한 등기명의를 회복하기 위한 방법으로 현재의 등기명의인을 상대로 그 등기의 말소를 구하는 것에 갈음하여 허용되는 것인데, 말소등기에 갈음하여 허용되는 진정명의회복을 원인으로 한 소유권이전등기청구권과 무효등기의 말소청구권은 어느 것이나 진정한 소유자의 등기명의를 회복하기 위한 것으로서 실질적으로 그 목적이 동일하고, 두 청구권 모두 소유권에 기한 방해배제청구권으로서 그 법적 근거와 성질이 동일하므로, 비록 전자는 이전등기, 후자는 말소등기의 형식을 취하고 있다고 하더라도 그 소송물은 실질상 동일한 것으로 보아야 하고, 따라서 소유권이전등기말소청구소송에서 패소확정판결을 받았다면 그 기판력은 그 후 제기된 진정명의회복을 원인으로 한 소유권이전등기청구소송에도 미친다.』

74) 김명수, '전소인 소유권이전등기 말소청구소송의 확정판결의 기판력이 후소인 진정명의회복을 원인으로 한 소유권이전등기청구소송에 미치는지 여부', 대법원판례해설 제38호(2002. 6.), 316면; 김상수, '말소등기청구소송과 진정명의회복을 원인으로 한 소유권이전등기청구소송의 소송물', Jurist 제377호(2002. 2.), 44면; 김홍엽, '소유권이전등기 말소등기청구소송과 진정명의회복을 위한 소유권이전등기청구소송에 있어서 기판력의 문제', 법조 제51권 제1호(통권 제544호, 2002. 1.), 187면 이하; 원유석, '말소등기청구와 진정명의회복을 원인으로 한 소유권이전등기청구의 소송물과 기판력', 민사판례연구 제26권(2004), 54면 이하; 유병현, '기판력과 진정명의회복을 위한 소유권이전등기청구소송', 고려법학 제39호(2002), 319면 이하; 이충상(주 43), 153면 등.

성에 관해서는 비판도 많다. 구체적으로 살펴본다.

(1) 위 대법원 전원합의체 판결의 다수의견은 양 소가 진정한 소유자의 등기명의 회복을 의욕하고 있어 실질적으로 목적이 동일하고 모두 소유권에 기한 방해배제청구권으로서 법적 근거와 성질이 동일하여, 『소송물이 실질상 동일』하다고 보았고, 따라서 소유권이전등기 말소등기청구소송의 패소 확정판결의 기판력이 진정명의회복을 위한 소유권이전등기청구소송에도 미친다고 판시하였다.[75] 그러나 위 다수의견이 제시한 이론적 근거에 대해서는 소송물의 동일성 식별기준으로 제시하고 있는 양 소송의 목적, 법적 근거 및 성질의 동일성이라는 식별방법이 소송물의 동일성을 식별하기 위한 극히 새로운 방법일 뿐만 아니라, 그 제시된 기준은 매우 취약하고 모호하여 통일적이고 체계적인 소송물의 식별기준으로는 미흡하다거나,[76] 소송물이 실질상 동일하다는 것만을 가지고 기판력이 미친다는 점을 설명할 수는 없고, 과거에 의문의 여지없이 다르다고 보았던 양 소의 소송물을 기판력을 위하여 인위적으로 동일한 소송물로 보는 것은 석연치 않다[77]는 등 비판이 있다. 양 소가 모두 소유권에 기한 방해배제청구권을 근거로 하고 있다 하더라도 청구취지가 다른 이상 법원의 심판대상이 다른 것이고, 상대방 명의의 소유권이전등기가 이루어진 후에 저당권, 지상권 등의 제한물권이 설정된 경우에는 소유권이전등기 말소를 명하는 것과 소유권이전등기절차의 이행을 명하는 것은 그 법률적, 경제적 효과도 현저하게 다르므로, 소송물이 실질적으로 동일하다는 다소 모호한 이론을 제시하여 기존의 확립된 소송물이론의 경계선을 뚜렷하지 않게 만든 것에는 쉽게 동의하기 어려운 것도 사실이다. 다만, 위 전원합의체 판결의 다수의견이 제시한 '소송물의 실질상 동일'이

75) 김명수(주 74), 316면; 이충상(주 43), 155면 이하는 위 다수의견에 찬동하고 있다. 김상수(주 74), 46면은 위 전원합의체 판결에 따라 소송물론의 통일성에서 상대성으로의 변화를 초래하는 계기가 되었다고까지 평가한다.

76) 김홍엽, '소유권이전등기의 말소등기청구소송과 진정명의회복을 위한 이전등기청구소송에 있어서 기판력의 문제에 관하여', 민사재판의 제문제 제11권(2002), 민사실무연구회, 1087면.

77) 유병현(주 74), 320면.

라는 이론적 근거에 대해서는 비판의 소지가 있더라도, 판결의 모순 · 저촉이나 무의미한 소송의 반복을 막을 필요는 부정할 수 없기에, 조화로운 해석을 위하여 모순관계설, 전제관계설, 신의칙설 등의 대체방안이 제시되고 있다.

(2) 모순관계설은 소유권이전등기 말소등기청구소송에서 패소판결이 확정된 경우 후소로 소유권이전등기청구를 인용하는 것은 결과에 있어서 모순관계에 있고, 소유권이전등기 말소등기청구소송에서 승소판결이 확정된 경우 패소한 피고가 청구한 소유권이전등기청구소송은 실질적으로 말소회복등기청구소송과 동일하고 말소회복등기청구소송은 말소등기청구소송과 정반대의 모순관계에 있으므로, 어느 경우이든 후소에 기판력이 미친다고 한다.[78] 그러나 모순관계는 전소에서 패소한 피고가 모순된 반대관계의 소를 제기하는 경우가 일반적이고, 소유권이전등기의 말소등기청구소송에서 패소한 원고가 진정명의의 회복을 원인으로 한 소유권이전등기청구소송을 제기하는 것은 엄밀히는 모순관계가 아니라 양립가능한 관계에 해당한다는 비판이 가능하다.[79]

---

78) 유병현(주 74), 311면 이하는 말소등기청구소송에서 패소한 원고가 다시 진정명의 회복을 위한 소유권이전등기청구의 소를 제기하는 경우에는 말소등기청구소송의 소송물과 이전등기청구소송의 소송물이 실질상 동일하다고 볼 수 있으나, 패소한 피고가 자기 등기를 말소당한 뒤 원고를 상대로 소유권이전등기청구를 하는 경우에는 양 소의 소송물이 다르고, 말소등기청구소송에서 받은 패소 확정판결의 기판력이 이전등기청구소송에 미치는 것은 양자의 소송물이 실질상 동일하기 때문이 아니라 전소의 소송물과 후소의 소송물이 모순된 반대관계에 있기 때문이라고 한다.

79) 원유석(주 74), 59면도 같다. 이에 대하여, 유병현(주 74), 315면 이하는 모순된 반대관계는 전소에서 패소한 피고가 모순된 반대관계의 소를 제기하는 경우인 반면에, 소유권이전등기 말소등기청구소송에서 패소한 원고가 다시 진정명의회복을 원인으로 소유권이전등기청구소송을 제기하는 것은 패소한 원고가 다시 소를 제기하는 경우이므로 일반적인 모순된 반대관계와는 다른 양상이 있으나, 진정명의회복을 위한 소유권이전등기청구는 소유권이전등기말소청구와 법적 근거와 목적이 동일하고 말소청구의 대용으로 사용되는 것이므로 말소등기청구소송의 소송물과 이전등기청구소송의 소송물은 실질적으로 동일하고, 전소판결은 말소등기청구소송에서의 패소확정판결인데 원고가 다시 후소로서 요구하는 판결은 소유권이전등기이므로, 만일 후소가 받아들여진다면 전소판결의 기판력이 침해될 것이어서 이전등기말소청구에 관한 기각판결의 소송물과 소유권이전등기청구소송의 소송물은 실질적으로 동일한 것으로 내용상 모순된 반대관계에 해당한다고 한다.

(3) 전제관계설은 진정명의회복을 위한 소유권이전등기청구는 말소등기청구의 대용물에 해당하므로 그러한 소유권이전등기청구를 소유권에 기한 방해배제청구로서 소유권이전등기 말소등기청구권이 인정됨을 전제로 하되, 이해관계인의 승낙 등이 문제되어 말소등기의 방법으로 방해를 제거할 수 없는 경우에 한하여 보충적으로 인정되는 것으로 보아, 전소인 말소등기청구가 패소 확정된 경우 말소등기청구권의 부존재가 확정되고, 이에 대한 전소의 판단은 후소인 진정명의회복을 위한 소유권이전등기청구의 선결문제(전제관계)가 되어 후소에서는 말소등기청구권의 존부에 관하여 달리 판단할 수 없게 된다고 한다.[80] 소송물이 다르더라도 전소가 후소의 선결문제가 되는 경우에는 전소의 판결로 확정된 권리관계가 다시 후소의 심판대상으로 되어 전소의 기판력에 구속되므로,[81] 전제관계설에 의하면 전소 판결의 기판력이 후소의 선결문제로 작용하게 되어 후소 판결이 전소 판결과 모순·저촉될 우려를 막을 수 있다는 장점이 있기는 하나, 소유권이전등기청구권이 소유권이전등기 말소등기청구권을 포함하는 관계라고 보기 어렵고, 만약 이를 포함관계로 본다면 그 역의 경우, 즉 전소가 진정명의회복을 위한 소유권이전등기청구이고 후소가 소유권이전등기 말소등기청구인 경우에는 명쾌한 설명이 어렵다. 만약 둘 중 어느 하나가 다른 하나에 전부 포함되는 관계가 아니라 서로 균등하거나 동일하다는 취지라면, 이는 결국 위 전원합의체 판결의 다수의견이 제시한 '소송물의 실질상 동일'과 큰 차별이 없어지게 된다는 비판이 가능하다.

(4) 위 전원합의체 판결의 별개의견은 양 소의 목적, 법적 근거와 성질이 같아서 실질적으로 동일하더라도 그 청구취지와 청구원인이 다른 이상 소송물은 서로 다른 것이므로, 전소 확정판결의 기판력은 후소에 미치지 않고, 다만, 후소가 실질적으로 전소를 반복하는 것에 불과하다면 후소는 신의칙상 허용되지 않는다고 설명하면서, 그러한 경우로 전소와

80) 원유석(주 74), 61면 이하.
81) 대법원 1994. 12. 27. 선고 93다34183 판결[공1995. 2. 1.(985), 655] 등 다수 판결.

후소를 통하여 당사자가 얻으려고 하는 목적이나 사실관계가 동일하고, 전소의 소송과정에서 이미 후소에서와 실질적으로 같은 청구나 주장을 하였거나 그렇게 하는 데 아무런 장애가 없었으며, 후소를 허용함으로써 분쟁이 이미 종결되었다는 상대방의 신뢰를 해치고 상대방의 법적 지위를 불안정하게 하는 경우를 제시하고 있는바, 이 별개의견은 이른바 신의칙설로 통용되고 있다.[82] 신의칙설은 청구취지와 청구원인의 동일성을 바탕으로 소송물의 동일성 여부를 판단함으로써 이론적으로 구소송물이론과 일관되고 명쾌하면서도 개별 사건의 고유 특성을 반영할 수 있어 구체적 타당성을 확보할 수 있다는 장점이 있다. 물론, 신의칙설에 대해서는 보충적으로 적용되어야 할 신의칙이라는 담론을 전면에 내세우는 것은 적절하지 않고 구체적인 기준을 설정하기 어려우며 예측가능성을 담보할 수 없다는 등의 비판[83]이 있으나, 앞서 본 것처럼 여러 견해가 저마다 장·단점을 가지고 있고, 신의칙을 적용하기 위한 구체적인 기준은 여러 사안을 통하여 축적함으로써 자연히 해결할 수 있으며, 또 그것이 법원의 존재 이유이고,[84] 그러한 사안의 축적을 통하여 예측가능성도

82) 별개의견(대법관 유지담, 배기원, 이강국)을 그대로 옮기면 다음과 같다. 『전소인 소유권이전등기말소등기청구소송과 후소인 이 사건 진정명의회복을 위한 소유권이전등기청구소송이 그 소송목적이나 법적 근거와 성질이 같아서 실질적으로 동일하다고 하더라도, 각기 그 청구취지와 청구원인이 서로 다른 이상, 위 2개의 소의 소송물은 다른 것이고, 따라서 전소의 확정판결의 기판력은 후소인 이 사건 소송에는 미치지 않는다. (중략) 그러나 위 2개의 소의 소송물이 서로 다르고, 따라서 전소의 확정판결의 기판력이 후소에는 미치지 않는다고 하더라도, 이미 전소에 관하여 확정판결이 있고, 후소가 실질적으로 전소를 반복하는 것에 불과한 것이라면 후소는 신의칙상 허용되지 않는다고 보아야 할 것이다. 즉, 전소와 후소를 통하여 당사자가 얻으려고 하는 목적이나 사실관계가 동일하고, 전소의 소송과정에서 이미 후소에서와 실질적으로 같은 청구나 주장을 하였거나 그렇게 하는 데 아무런 장애가 없었으며, 후소를 허용함으로써 분쟁이 이미 종결되었다는 상대방의 신뢰를 해치고 상대방의 법적 지위를 불안정하게 하는 경우에는 후소는 신의칙에 반하여 허용되지 않는다.』

83) 김홍엽(주 74), 224면; 이충상(주 43), 157-159면; 원유석(주 74), 59-60면.

84) 이충상(주 43), 160면 이하는 일본의 경우 신의칙을 근거로 소송의 되풀이를 금지하는 이론을 채용하였고, 그 이론이 판례상 확립되었으며, 일본의 학자들도 대체로 최고재판소 판례를 받아들이고 신의칙 적용의 요건과 사정거리를 구체적으로 논하고 있다고 한다.

자연스럽게 담보될 수 있다고 생각한다.

(5) 사견으로는 소송물이론의 일관성을 유지하면서도 무의미한 소송의 반복을 막고 당사자의 권리구제에도 충실한 신의칙설에 찬동하나, 위 대법원 전원합의체 판결은 이미 확립된 판례로서 그 이론적 구성에 관한 여러 비판에도 불구하고 그 결론에 있어서는 타당성을 확보하고 있어 변경될 가능성도 높아 보이지 않으므로, 이하에서는 위 다수의견과 신의칙설 각각의 경우에 기초하여 이론을 전개하기로 한다.

3. 사해행위 취소소송에서 원상회복으로서의 소유권이전등기 말소등기청구와 소유권이전등기청구의 소송물 및 권리보호이익

(1) 소송물의 동일성 여부

지금까지 살펴본 원물반환청구와 가액배상청구의 관계 및 소유권이전등기 말소등기청구와 소유권이전등기청구의 관계에 관한 논의는 사해행위 취소소송에서 원상회복으로 소유권이전등기의 말소를 명하는 승소판결이 확정된 후 후소로써 소유권이전등기청구를 한 경우에도 마찬가지로 적용될 수 있을 것이다. 이에 대한 구체적인 연구를 찾아보기는 어려우나 다음과 같은 견해를 상정할 수 있을 것이다.

먼저 동일소송물설은 소유권이전등기 말소등기청구와 소유권이전등기청구는 모두 사해행위에 의하여 일탈된 책임재산을 환원하여 일반 채권자들의 채권만족을 얻기 위한 것으로서 그 목적이 동일하고 형평의 견지에서 법에 의하여 특별히 인정된 원상회복청구권으로서 법적 근거와 성질이 동일하여 소송물이 실질상 동일하다고 본다. 사해행위 취소소송에서 원물반환청구와 가액배상의 소송물을 동일하다고 보는 견해, 소유권이전등기 말소등기청구와 진정명의회복을 위한 소유권이전등기청구의 소송물을 실질상 동일하다고 보는 견해는 이 논제에서도 동일소송물설로 이어질 가능성이 크다. 이 견해를 일관하면 취소채권자가 소유권이전등기 말소등기청구를 하는 경우에도 법원은 청구의 변경 없이 소유권이전등기를 명할 수 있고, 전소의 승소 확정판결의 기판력이 후소에 미치게 되어 후소는 원칙적으로 권리보호의 이익이 없게 된다.

별개소송물설은 원상회복으로서의 소유권이전등기 말소등기청구와 소유권이전등기청구는 청구취지가 전혀 다르고, 판결의 내용과 집행의 방법도 다르며 회복되는 실질가치도 달라 그 소송물이 전혀 별개라고 본다. 사해행위 취소소송에서 원물반환청구와 가액배상청구의 소송물을 다르다고 보는 견해, 소유권이전등기 말소등기청구와 진정명의회복을 위한 소유권이전등기청구의 소송물을 다르다고 보는 견해는 별개소송물설로 이어질 가능성이 높을 것이다. 이 견해에 따르면 취소채권자가 소유권이전등기 말소등기청구를 하는 경우 청구의 변경이 없는 한 법원이 임의로 소유권이전등기를 명하는 판결을 할 수 없고, 소유권이전등기 말소를 명하는 승소 확정판결 후 그 말소가 불가능하게 되더라도 소유권이전등기청구의 후소를 제기하는 것은 승소 확정판결의 기판력이 미칠 여지가 없어 신의칙 위반 등 별개의 사유가 없는 한 권리보호의 이익이 부정될 이유가 없다.

유형구분설은 제1유형과 제2유형을 구분하여 제1유형의 경우에는 소유권이전등기 말소등기청구와 소유권이전등기청구의 소송물이 동일하고, 제2유형의 경우에는 각 소송물이 다르다고 본다. 이 견해에 따르면, 제1유형의 경우에는 소유권이전등기 말소를 명하는 승소 확정판결 이후 그 말소가 불가능하게 되어도 후소로 소유권이전등기청구를 하는 것은 승소 확정판결의 기판력이 미치게 되어 권리보호이익이 없지만, 제2유형의 경우에는 권리보호이익이 있게 된다.

생각건대, 사해행위의 취소에 따른 소유권이전등기 말소등기청구와 소유권이전등기청구는 별개의 소송물에 해당한다고 본다. 그 근거는 앞서 살펴본 사해행위 취소소송에서 원물반환청구와 가액배상청구의 소송물을 달리 본 근거 및 무효등기의 소유권이전등기 말소등기청구와 진정명의회복을 위한 소유권이전등기청구의 소송물을 달리 본 근거와 대체로 같지만, 몇 가지 논거만 강조하여 다시 살펴보기로 한다.

(가) 기판력의 범위를 결정하는 소송물은 원고가 신청한 청구취지와

청구원인에 의하여 특정되어야 하므로, 청구취지가 다름에도 소송물이 같다고 보는 것은 신중해야 한다. 사해행위의 취소에 따른 원상회복청구의 일환인 소유권이전등기 말소등기청구와 소유권이전등기청구의 경우를 따로 떼어 소송물이론에 관한 예외를 인정하는 것은 부당하고 그럴 필요도 없다고 생각한다. 대법원 99다37894 전원합의체 판결의 법리는 청구취지가 다름에도 그 실질적인 목적과 법적 근거, 성질이 동일하다는 이유로 소송물까지 실질상 동일하게 보았는데, 이는 청구취지가 다르면 소송물도 다르게 본다는 원칙에 대한 중대한 예외로서, 이러한 법리를 다른 영역에까지 확장하여 적용함에 있어서는 신중해야 할 뿐만 아니라, 진정한 등기명의의 회복을 위한 소유권이전등기청구권과 무효등기의 소유권이전등기 말소등기청구권은 대세적 효력을 지닌 소유권에 기한 방해배제청구권에 근거를 둔 것으로 진정한 소유자의 등기명의를 회복하는 데 목적이 있는 반면, 사해행위의 취소에 따른 원상회복의 방법으로서 소유권이전등기 말소등기청구와 소유권이전등기청구는 채권자와 수익자 또는 전득자 사이의 상대적 효력만 인정되는 채권자취소권에 근거한 것이므로 위 전원합의체 판결의 법리가 그대로 적용된다고 보기도 어렵다고 생각한다.[85] 이에 대하여 대법원 99다53704 판결[86]을 들어, 사해행위 취소소송에서도 위 대법원 99다37894 전원합의체 판결의 법리가 그대로 적용된다는 주장이 있을 수 있으나, 위 대법원 99다53704 판결은 사해행위 취소소송에서도 원상회복의 방법으로 소유권이전등기 말소등기청구 외에 소유권이전등기청구를 할 수 있다는 것일 뿐, 그 각 청구가 서로 동일한

85) 대상판결의 원심법원도 같은 논거를 제시하였다.

86) 대법원 2000. 2. 25. 선고 99다53704 판결[공2000. 4. 15.(104), 826]은 자기 앞으로 소유권을 표상하는 등기가 되어 있었거나 법률에 의하여 소유권을 취득한 자가 진정한 등기명의를 회복하기 위한 방법으로는 그 등기의 말소를 구하는 외에 현재의 등기명의인을 상대로 직접 소유권이전등기절차의 이행을 구하는 것도 허용되어야 하는바, 이러한 법리는 사해행위 취소소송에 있어서 취소 목적 부동산의 등기명의를 수익자로부터 채무자 앞으로 복귀시키고자 하는 경우에도 그대로 적용될 수 있다고 할 것이고, 따라서 채권자는 사해행위의 취소로 인한 원상회복 방법으로 수익자 명의의 등기의 말소를 구하는 대신 수익자를 상대로 채무자 앞으로 직접 소유권이전등기절차를 이행할 것을 구할 수도 있다고 판시하였다.

소송물에 해당한다는 것과는 다른 차원의 논의이다. 게다가 특히 제2유형의 경우에는 소유권이전등기 말소청구는 저당권, 지상권 등의 제한물권이 없는 상태로의 온전한 복귀를 의욕하는 것으로서 전득자인 저당권자 등이 소유권이전등기의 말소에 대하여 승낙의 의사표시를 하여 줄 수 있다는 등의 특별한 사정이 없는 이상 이행불능의 상태에 빠지게 되는 반면에, 소유권이전등기청구는 그러한 제한물권을 그대로 안은 채로 등기명의만 채무자로 변경하는 것이므로, 양 청구는 그 목적도 상당히 다르고, 그러한 제한물권의 부담을 그대로 감수한 채 이루어지는 소유권이전등기청구는 회복되는 질적·양적 실질가치의 측면에서는 오히려 가액배상의 경우와 유사한 측면이 있다.[87)]

(나) 동일소송물설에 의하면 원고가 소유권이전등기 말소등기를 청구하고 있음에도 청구의 변경 없이 법원이 소유권이전등기를 명할 수 있다는 결론에까지 이를 수 있는데, 동일소송물설에서도 이러한 결론을 쉽게 수긍하기는 어려울 것이다.

(다) 별개소송물설은 이론적으로 명쾌하고 간명하며 구체적 타당성에 부합한다. 원고가 소유권이전등기 말소등기청구를 하고 있다면 그 말소등기청구권의 존부에 대해서만 판단하고, 별개의 소송에서 소유권이전등기청구권의 존부를 판단하면 되는 것이지, 굳이 소유권이전등기 말소등기청구를 하고 있는 사건에서 소유권이전등기청구권의 존부를 판단할 필요는 없다. 또한 소유권이전등기 말소를 명하는 승소 확정판결이 있더라도 그 원물반환의 이행이나 집행이 불가능하게 되면 채권자는 다시 소유권이전등기청구의 후소를 제기하여 위법상태를 해소하고 종국적으로 권리보호를 받을 수 있으므로, 구체적 타당성에도 부합한다. 만약 그러한

87) 예를 들어, 사해행위로 2억 원 상당의 부동산 소유권이 이전된 후 채권최고액 5,000만 원의 근저당권이 설정된 경우, ① 소유권이전등기의 말소등기는 근저당권의 말소가 전제되어야 하므로, 회복되는 공동담보가 부동산 가액인 2억 원이 되는 반면에, ② 가액배상은 1억 5,000만 원(=부동산 시가 2억 원−근저당권의 채권최고액 5,000만 원)이 회복되고, ③ 근저당권이 붙은 채로 채무자 앞으로 소유권이전등기가 이루어지는 경우에도 회복되는 공동담보가 1억 5,000만 원이 된다.

후소 제기가 무의미한 소송의 반복에 해당한다면 이를 신의칙에 위반된다고 보아 권리보호이익을 부정하면 되는 것이고, 신의칙에 위반되는 특별한 사정이 없는 경우에는 후소 법원으로서는 소유권이전등기의 가부만을 심리하면 되므로 소송경제에도 반하지 않는다.

(라) 유형구분설은 양 소의 청구취지가 다름에도 개별 유형에 따라 소송물의 동일성이 변하게 된다는 것을 설명하기 어렵다.

(마) 사해행위 취소소송에서 소유권이전등기 말소등기청구권의 존재가 확인되었음에도 후소로 다시 소유권이전등기청구를 하는 경우는, 이미 전소에서 채무자의 사해행위와 이에 대한 수익자의 악의가 종국적으로 확인되었음에도 수익자가 해당 목적물에 새로운 제한물권을 설정하는 등의 방법으로 집행불능 또는 이행불능의 상태를 야기하였기 때문인 경우가 대부분이다. 그럼에도 양 소의 소송물을 동일하다고 보아 후소의 제기를 차단한다면, 선행 사해행위소송 이후 그 판결을 존중하여 가만히 있었던 수익자보다 새로운 위법상태를 야기한 수익자를 더 보호하는 부당한 결과가 초래될 우려가 있다.

(2) 권리보호이익의 유무

별개소송물설에 따라 사해행위 취소소송에서 소유권이전등기 말소등기청구와 소유권이전등기청구의 소송물이 다르다고 보더라도, 그 궁극적인 목적이 책임재산의 최대한의 회복이라는 점에서 공통점이 있고 그 법적 근거나 성질도 대단히 밀접한 관계에 있다는 점을 부인할 수 없고, 이미 소유권이전등기 말소를 명하는 승소 확정판결을 받은 취소채권자가 그 승소 확정판결에 따른 권리구제를 받지 못한 데에 귀책사유가 있는 등 후소의 제기를 허용하는 것이 구체적 타당성에 부합하지 않는 경우에까지 후소의 제기를 무조건 허용할 필요는 없으므로, 앞서 본 대법원 99다37894 전원합의체 판결의 별개의견과 궤를 같이하여 신의칙에 위반되는 후소의 제기를 차단할 필요가 있다.

앞서 상세히 살펴본 것처럼, 후소가 실질적으로 전소를 반복하는 것에 불과하다면 후소는 신의칙상 허용되지 않는다고 할 것인바, 신의칙에 위반되는 경우로는 전소와 후소를 통하여 당사자가 얻으려고 하는 목적이나 사실관계가 동일하고, 전소의 소송과정에서 이미 후소에서와 실질적으로 같은 청구나 주장을 하였거나 그렇게 하는 데 아무런 장애가 없었으며, 후소를 허용함으로써 분쟁이 이미 종결되었다는 상대방의 신뢰를 해치고 상대방의 법적 지위를 불안정하게 하는 경우를 들 수 있을 것이다. 특히 사해행위 취소소송에서 원상회복으로서의 소유권이전등기 말소등기청구와 소유권이전등기청구의 경우에는 앞서 원물반환청구와 가액배상청구의 경우에 자세히 살펴본 것과 같이 ① 전소 판결에 따른 집행 또는 이행이 불가능하게 된 원인, ② 취소채권자가 전소에서 원상회복방법을 선택할 기회가 있었는지 여부, ③ 전소에서 법원의 석명 유무 및 이에 대응한 취소채권자의 소송행위, ④ 취소채권자의 별도 권리구제 방법의 존부 등을 종합적으로 고려하여야 할 것이다.

설령, 사해행위 취소소송에서 원상회복으로 소유권이전등기 말소등기청구와 소유권이전등기청구의 소송물이 동일하다고 보더라도, 대법원은 승소 확정판결의 기판력이 후소에 미치는 경우에도 시효의 중단이 필요하다거나 강제집행이 불가능하다는 등의 예외적인 사정이 인정되는 경우 그 권리보호이익을 인정하고 있다.[88] 따라서 동일소송물설에 따라 전소 판결의 기판력이 후소에 미친다고 보더라도, 전소 판결에 따른 강제집행

---

88) 대법원 2018. 7. 19. 선고 2018다22008 전원합의체 판결[공2018하, 1708]은 확정된 승소판결에는 기판력이 있으므로, 승소 확정판결을 받은 당사자가 그 상대방을 상대로 다시 승소 확정판결의 전소와 동일한 청구의 소를 제기하는 경우 그 후소는 권리보호의 이익이 없어 부적법하지만, 예외적으로 확정판결에 의한 채권의 소멸시효기간인 10년의 경과가 임박한 경우에는 그 시효중단을 위한 소는 소의 이익이 있다고 한다. 대법원 2001. 1. 19. 선고 2000다62841 판결(미간행)은 당해 사건의 각 목적 건물 및 그 부지가 전소의 그것들과는 오랜 기간의 경과로 구조, 편적 등 현황이 많이 변경됨으로써 동일성을 인정하기가 쉽지 않으므로 전소의 확정판결에도 불구하고 이 사건 소를 제기할 권리보호의 이익이 있다고 보았다. 대법원 1995. 5. 12. 선고 94다25216 판결[공1995. 6. 15.(994), 2103]은 화해조서에 기재된 반대의무(동시이행의무)의 내용인 하자의 범위와 정도가 특정되었다고 볼 수 없고, 하자보수의 완성 여부에 대한 객관적인 명백한 기준도 없어 원고가 집행개시요건인 위 반대의무를 이행할 방법이 없으므로, 다시 동일한 청구의 소를 제기할 이익이 있다고 하였다.

이 불가능하다는 등의 예외적인 사유가 인정될 수 있다면, 권리보호이익을 인정할 수 있다.

Ⅴ. 대상판결의 결론에 대한 검토

대상판결은 대법원 2004다54978 판결을 이론적 근거로 제시하면서, 원상회복청구권이 사실심 변론종결 당시 채권자의 선택에 따라 원물반환과 가액배상 중 어느 하나로 확정되고, 채권자가 일단 사해행위취소 및 원상회복으로서 수익자 명의 등기의 말소를 청구하여 승소판결이 확정되었다면, 어떠한 사유로 수익자 명의 등기를 말소하는 것이 불가능하게 되었다고 하더라도 다시 수익자를 상대로 원상회복청구권을 행사하여 원물반환으로서 채무자 앞으로 직접 소유권이전등기절차를 이행할 것을 청구할 수는 없으므로 그러한 청구는 권리보호의 이익이 없다고 판시하였다. 대상판결은 위 양 소의 소송물의 이동(異同)에 대해서는 명시적으로 밝히지는 않았지만, 위 양 소의 소송물이 동일하다고 이해한 것으로 보인다.

그러나 앞서 살펴본 것처럼 원고가 신청한 청구취지와 청구원인이 다른 이상 소유권이전등기 말소등기청구와 소유권이전등기청구는 소송물이 다르다고 보아야 한다. 나아가 대상판결의 사안에서는 피고가 항소심 변론종결 직전에 제3자에게 근저당권을 설정하여 놓고 법원에 소유권이전등기의 말소가 불가능하다는 항변도 하지 아니하였기에, 취소채권자인 원고로서는 근저당권의 설정 사실을 알지 못하여 원상회복 방법을 선택할 기회조차 없었던 점, 수익자는 여기서 그치지 않고 소유권이전등기의 말소를 명하는 항소심판결 선고 직후에도 또다른 제3자에게 근저당권설정등기를 마쳐주는 등 일반적인 사해행위 취소소송에서의 수익자들에 비하여 한 걸음 더 위법의 영역으로 들어가 비난가능성이 큰 점, 기판력은 공격·방어의 기회를 충분히 보장받았음에도 그 주장·입증을 다하지 아니하여 패소한 당사자를 향하는 것[89]이므로, 전소에서 피고가 소유권이전등기의 말소가 불가능하다는 항변을 하지 아니한 이상 그 불이익은 패소한 당사자인 피고에게 미쳐야 하는 점, 후소를 허용하더라도 후소 법원으로서는 사해행위의 성립 및 수익자의 악의에 관해서는 선행 소송의 확정판결의 증거효[90]에 따라 특별한 사정이 없는 한 이를 다시 판단할 필요가 없고 소유권이전등기의 말소가 불가능한지 여부만을 심리하면 충분하므로, 소송경제에 반한다거나 판결의 모순·저촉이 발생할 우려도 없는 점 등을 종합하면, 후소의 제기가 신의칙에 위반된다고 보기도 어렵다. 따라서 법원은 후소를 인용하여 피고에게 소유권이전등기절차의 이행을 명함이 타당하다고 본다.

설령, 동일소송물설에 따라 사해행위 취소소송에서 소유권이전등기 말소등기청구와 소유권이전등기청구의 소송물이 동일하다고 보더라도, 위의 여러 사정들에 비추어 권리보호이익의 예외사유를 인정하기에도 충분하므로 후소의 본안판단에 들어가는 것이 타당하다.

그러나 대상판결은 소송물의 동일성에 관해서는 명시적으로 입장을 밝히지 아니한 채, 선택채권과 유사한 실체법적 권리의 측면에서 접근하여 일단 채권자의 선택에 따라 사해행위취소 및 원상회복으로서 수익자 명의 등기의 말소를 청구하여 승소판결이 확정되었다면, 다시 원상회복청구권을 행사하여 원물반환으로서 채무자 앞으로 직접 소유권이전등기절차를 이행할 것을 청구할 수는 없다고 판시하였는바, 그 이론적 구성 및 결과 모두에 대해서 동의하기 어렵다.

---

89) 박치봉(주 22), 188면.

90) 대법원 2018. 8. 30. 선고 2016다46338, 46345 판결(공2018하, 1902)은 "민사재판에서 다른 민사사건 등의 판결에서 인정된 사실에 구속받는 것은 아니라 할지라도 이미 확정된 관련 민사사건에서 인정된 사실은 특별한 사정이 없는 한 유력한 증거가 되고, 특히 전후 두 개의 민사소송이 당사자가 같고 분쟁의 기초가 된 사실도 같으나 다만 소송물이 달라 기판력에 저촉되지 않는 결과 새로운 청구를 할 수 있는 경우에는 더욱 그러하다."라고 판시하였는바, 대상판결의 경우에도 전소와 후소의 당사자가 같고 분쟁의 기초가 된 사실도 같으며 별개소송물설에 따르면 양소의 소송물이 달라 기판력에 저촉되지 않는 결과 새로운 청구를 할 수 있는 경우에 해당하므로, 전소의 확정판결에서 인정된 사실은 매우 유력한 증거가 될 수 있다.

Ⅵ. 결 론

지금까지 사해행위 취소소송에서 원상회복으로 소유권이전등기의 말소를 명하는 판결이 확정된 후 어떠한 사유로 수익자 명의의 등기를 말소하는 것이 불가능하게 된 경우에 다시 수익자를 상대로 소유권이전등기청구를 할 수 있는지 여부를 검토하였다. 원물반환을 명하는 승소 확정판결을 받은 후 다시 가액배상을 청구할 수 있는지 여부를 논의의 시작점으로 정하되, 소송물의 동일성 및 권리보호이익의 유무를 논의의 진행 동력으로 삼았다. 사해행위 취소소송의 사안은 아니지만, 원인무효에 기한 소유권이전등기의 말소등기청구권과 진정명의회복을 원인으로 하는 소유권이전등기청구권에 관한 대법원 전원합의체 판결과의 조화로운 해석도 시도해 보았다.

사해행위 취소소송에서 원상회복으로 원물반환청구와 가액배상청구는 별개의 소송물에 해당하므로, 후소로서의 가액배상청구가 신의칙에 반한다고 볼 만한 특별한 사정이 없다면 그 권리보호이익을 부정할 수 없다고 판단하였고, 또 같은 논리로 사해행위 취소소송에서 원상회복으로 소유권이전등기의 말소등기청구와 소유권이전등기청구는 별개의 소송물에 해당하므로, 후소로서의 소유권이전등기청구가 신의칙에 반한다고 볼 만한 특별한 사정이 없다면 그 권리보호이익을 부정할 수 없다는 결론에 이르렀다. 향후 사해행위 취소소송에서 더욱 면밀한 연구와 검토가 이루어지기를 기대한다.

[Abstract]

Whether to Claim the Registration of Ownership Transfer Again, When It Is Impossible to Cancel the Registration of Ownership Transfer Due to the Revocation of the Fraudulent Act

Park, Sang Han*

The Supreme Court decision of 2004DA54978(sentenced in Dec. 7 of 2006) announced that if a creditor has received a final and conclusive judgment in favor of returning the original property by revoking the fraudulent act and restoring it to its original state, after that even if the purpose of returning the original property cannot be achieved for any reason, there is no benefit in protecting the right to perform the right of restoration and claim the vicarious compensation. Furthermore subject decison[the Supreme Court decision of 2017DA265815(sentenced in Dec. 28 of 2018)] is meaningful in expanding the principles of the above decision qualitatively and quantitatively and claryfing that once the creditor has received a final judgment in favor of canceling the registration of ownership transfer by revocation of the fraudulent act and restorement to its orginal state, then even if it becomes impossible to cancel the registration of ownership transfer for any reason after that, there is no interest in protecting the rights to claim the beneficiary to carry out the registration of ownership transfer directly to the debtor again.

But, in principle, the claim for cancellation of the registration of ownership transfer and the request for registration of ownership transfer should be regarded as different litigations. If the cancellation creditor's complaint is re-

* Judge, Seongnam Branch of Suwon District Court.

jected as there is no interest in protecting the rights, there is a risk of infringing on the legitimate interests of the cancellation creditor whose need for legal protection has already been confirmed in the preceding litigation and acknowledging the behavior of the beneficiary that has gone one step further into the illegal realm than the ordinary beneficiaries. Considering the above, it is regrettable that it would have been more desirable to allow a lawsuit as the lower court.

However, both the former and the latter have in common in that their ultimate purpose is the maximum recovery of liability property, and their legal basis and nature are very closely related. And in cases where it is unreasonable to allow the filing of a later lawsuit, such as there being a reason attributable to the revocation creditor who received the revocation of not receiving the right relief according to the final and conclusive judgment, it will be said that such filing of a later lawsuit is in violation of the rule of good-faith and will not be allowed.

[Key word]

- fraudulent act
- vicarious compensation
- the registration of ownership transfer
- return of the original property
- the interest in protecting the right to claim
- the rule of good-faith

참고문헌

1. 단 행 본

김형배, 민법학강의(제5판), 신조사(2006).

민법주해[IX], 김능환 집필부분, 편집대표 곽윤직, 채권(2), 박영사.

송덕수, 채권법총론(제2판), 박영사(2015).

이시윤, 신민사소송법(제4판), 박영사(2008).

전원열, 민사소송법 강의(제2판), 박영사(2021).

지원림, 민법강의(제17판), 홍문사(2020).

호문혁, 민사소송법(제12판), 법문사(2020).

2. 논 문

강세빈, '채권자취소권의 행사에 따른 원상회복방법', 재판실무연구(2008).

김능환, '채권자취소권의 행사방법: 부동산이 전전양도된 경우를 중심으로', 민사재판의 제문제 제6권, 한국사법행정학회(1991).

김대희, '사해행위 취소소송에서 명한 원물반환이 이행불능인 경우와 대상청구권', 강원법학 제39권(2013. 6.).

김명수, '전소인 소유권이전등기 말소청구소송의 확정판결의 기판력이 후소인 진정명의회복을 원인으로 한 소유권이전등기청구소송에 미치는지 여부', 대법원판례해설 제38호(2002. 6.).

김문관, '사해행위취소의 효력에 관한 판례의 고찰', 판례연구 제26집(2015. 2.).

김상수, '말소등기청구소송과 진정명의회복을 원인으로 한 소유권이전등기청구소송의 소송물', Jurist 제377호(2002. 2.).

김재형, '채권자취소권의 본질과 효과에 관한 연구', 인권과 정의 제329호(2004), 대한변호사협회.

김창종, '채권자취소권 행사에 의한 원상회복의 방법 및 내용', 사법논집 제26집.

김홍엽, '소유권이전등기 말소등기청구소송과 진정명의회복을 위한 소유권이전등기청구소송에 있어서 기판력의 문제', 법조 제51권 제1호(통권 제544호, 2002. 1.).

______, '소유권이전등기의 말소등기청구소송과 진정명의회복을 위한 이전등기

청구소송에 있어서 기판력의 문제에 관하여', 민사재판의 제문제 제11권 (2002), 민사실무연구회.

박치봉, '사해행위 취소소송에서 원물반환청구와 가액배상청구의 소송물', 재판과 판례 제24집(2015. 12.), 대구판례연구회.

______, '원물반환을 청구취지로 하는 사해행위 취소소송에서 가액배상판결을 할 수 있는가?', 재판과 판례 제11집(2002), 대구판례연구회.

송흥섭, '저당권이 설정된 부동산을 채무자가 제3자에게 양도한 행위가 사해행위가 되는 경우 사해행위취소의 범위와 방법', 민사판례연구 제20권 (1998).

원유석, '말소등기청구와 진정명의회복을 원인으로 한 소유권이전등기청구의 소송물과 기판력', 민사판례연구 제26권(2004).

유병현, '기판력과 진정명의회복을 위한 소유권이전등기청구소송', 고려법학 제39호(2002).

윤 경, '사해행위취소와 가액배상', 저스티스 제34권 제5호(2001).

윤진수, '2007년도 주요 민법 관련 판례 회고', 법학 제49권 제1호(통권 제146호, 2008), 서울대학교 법학연구소.

이배규, '채권자취소권의 행사요건', 법조 제534호(2001. 3.).

이봉민, '사해행위 취소의 효과로서 대상청구권', 민사판례연구 제36권(2015).

이진수, '가액배상을 구하는 사해행위 취소소송에서 원물반환을 명할 수 있는지 여부', 판례연구 제21집(2010. 2.), 부산판례연구회.

이충상, '진정명의회복을 위한 소유권이전등기청구와 기판력', 저스티스(2002. 4.).

임일혁, '사해행위 취소에 따른 원상회복으로서의 원물반환과 가액배상의 관계', 재판과 판례 제17집(2008. 12.), 대구판례연구회.

전원열, '채권자취소권의 효력론 비판 및 개선방안', 저스티스 통권 제163호 (2017. 12.).

채권양도에서 이의를 보류하지 않은 승낙 및 상계*

여 미 숙**

■요 지■

대상판결은 채무자가 채권양도사실을 통지받은 후 그에 관하여 확인서를 발급한 것이 이의를 보류하지 않은 승낙에 해당하는지 여부가 쟁점인 사건에서, 이의를 보류하지 않은 승낙에 해당하는지 여부에 관한 판단기준을 제시하였다.

확인서는 채권양도사실에 대한 인식의 표명으로서 승낙에 해당하므로 이를 전제로 판단한 것은 타당하다. 이의를 보류하지 않은 승낙도 항변포기의 의사표시가 아니라 관념의 통지로서의 승낙인데, 민법 제451조 제1항이 대항사유 단절이라는 중대한 효과를 부여하는 근거에 대하여는 2017년 일본민법 개정 전의 일본의 통설, 판례와 마찬가지로 다수설과 판례는 공신설의 입장을 취하고 있고 대상판결도 이를 재확인하고 있다. 그러나 아무런 방식도 요구되지 않는 관념의 통지인 승낙에 공신력을 인정하는 것은 타당하지 않고, 채무자가 이의를 보류하지 않은 승낙을 함으로써 양수인에게 양수채권에 대항사유가 없다는 신뢰를 부여하였으므로 그 신뢰를 보호하고 거래의 안전을 보장하려는 것이 위 규정의 취지이자 대항사유 단절 효과의 근거라고 봄이 타당하다.

이의를 보류하지 않은 승낙이 있었는지 여부는 양수인으로 하여금 양수채권에 대항사유가 없을 것을 신뢰하게 할 정도에 이르렀는지에 따라 판단해

---

* 이 논문은 법조 제70권 제5호(2021. 10.)에 게재되었다.

** 한양대학교 법학전문대학원 교수.

야 할 것이고 대상판결이 이를 명시적으로 밝힌 점은 의미가 있다. 확인서가 양수인으로 하여금 신뢰하게 할 정도에 이르지 않았다고 본 것은 타당하나, 구체적으로 고려한 사정과 관련하여서는 확인서에는 채권양도사실을 알고 있다는 내용만 표시되어 있을 뿐 이의의 보류 여부에 관한 의사 표명은 없다고 할 수 있고, 이러한 부작위 또는 침묵을 통해 양수인으로 하여금 양수채권에 대항사유가 없을 것이라는 신뢰를 갖게 할 정도에 이른 것은 아니라고 보아야 할 것이며, 채무자가 상계할 수 있는 반대채권의 존재를 몰랐다는 사정이 그 신뢰형성에 영향을 주는 것은 아니라고 본다.

한편 대상판결은 채권양도 통지가 있는 경우 채무자가 양도인에 대한 채권에 의한 상계로써 양수인에게 대항할 수 있는지에 관하여 종전의 대법원판결과 동일한 판시를 하고 있는데, 채권양도에서도 채권압류와 마찬가지로 변제기기준설이 타당하고 판례도 변제기기준설을 취하고 있음에도 불구하고, 대법원의 입장을 명확히 밝히지 않고 그와 다르게 해석될 수 있는 여지를 남긴 것은 아쉬운 점이다.

[주 제 어]

- 채권양도
- 이의를 보류하지 않은 승낙
- 양수인의 신뢰보호
- 공신설
- 대항사유
- 상계

대상판결: 대법원 2019. 6. 27. 선고 2017다222962 판결

[사건의 개요]

1. 사실관계

원고 은행은 2014. 1. 20. 의사인 소외 A에게 9억 원을 대여하였다. A는 위 대출금채무를 담보하기 위하여 2014. 1. 17. 원고에게 자신이 피고 국민건강보험공단에 대하여 가지는 채권으로서 이미 발생하거나 장래 발생할 국민건강보험법에 근거한 요양급여비용 채권과 의료급여법에 근거한 의료급여비용 채권 중 210억 원에 달할 때까지의 금액을 양도하였다. A는 2014. 1. 17. 피고에게 내용증명우편으로 채권양도사실을 통지하였고 이는 그 무렵 피고에게 도달하였다.

피고는 2014. 1. 20. A에게 아래의 '압류진료비 채권압류 확인서'(이하 '확인서'라 한다)를 발급하여 원고에게 팩스로 송부하였다. 확인서에는 '발급목적'란에 '확인용', '결정일자'란에 '2014. 1. 17.', '접수일자'란에 '2014. 1. 20.', '채권자'란에 '원고', '압류유형'란에 '채권양도'로 기재되어 있고, 하단에 "본 자료는 개인정보보호법에 의거 엄격히 개인의 비밀이 유지되어야 하며, 기재된 발급목적 외 용도로 사용할 수 없으며, 타업무의 증빙자료로 사용되어 발생되는 모든 책임은 본인에게 있으므로 공단에는 일체의 이의를 제기할 수 없습니다. 또한, 확인서 발행일 현재 압류채권자 접수등록 누락된 사건이 있을 수 있습니다."라는 내용이 부동문자로 기재되어 있다.

A는 원리금을 일부 상환하다가 자신이 운영하던 병원을 2015. 11. 19. 폐업하였다. A가 병원을 운영한 이후 2015. 11. 19.까지 발생한 양수채권 중 피고가 A에게 지급을 보류하고 있는 요양급여비용은 681,324,890원이다.

한편 A는 2008. 9. 5. '2007. 11. 1.부터 의료기관을 개설할 수 없는 비의료인과 동업으로 병원을 운영하기로 하고, 의사인 자신의 명의를 빌려주어 비의료인이 의료기관을 개설하도록 하였다.'는 범죄사실로 벌금 700만 원의 약식명령을 받았고, 이후 약식명령이 확정되었다. 피고는 2007. 11. 1.부터 위 약식명령 발령일인 2008. 9. 5.까지 A에게 요양급여비용으로 합계 914,284,680원을 지급하였다.

<table>
<tr><td colspan="2">요양기호</td><td colspan="2">31205801</td><td>요양기호명</td><td>○○○○병원</td></tr>
<tr><td colspan="2">발급목적</td><td colspan="4">확인용(V), 다른기관 제출용(기관명 :)</td></tr>
<tr><td colspan="3">압류접수 일자</td><td colspan="3">1900.01.01 ~ 2014.01.23</td></tr>
<tr><td rowspan="2">연번</td><td rowspan="2">접수일자</td><td rowspan="2">결정일자</td><td>법 원 명</td><td>사 건 번 호</td><td rowspan="2">채권청구금액
(단위 원)</td></tr>
<tr><td>채 권 자 명</td><td>압 류 유 형</td></tr>
<tr><td rowspan="2">1</td><td rowspan="2">2014.01.20</td><td rowspan="2">2014.01.17</td><td></td><td>내증제3460902007040</td><td rowspan="2">21,000,000,000</td></tr>
<tr><td>(주)페퍼저축은행</td><td>채권양도</td></tr>
<tr><td colspan="3">합 계</td><td colspan="3">1건, 21,000,000,000원</td></tr>
<tr><td colspan="6">본 자료는 「개인정보보호법」에 의거 엄격히 개인의 비밀이 유지되어야 하며, 기재된 발급목적외 용도로 사용할 수 없으며 타업무의 증빙자료로 사용되어 발생되는 모든 책임은 본인에게 있으므로 공단에는 일체의 이의를 제기할 수 없습니다. 또한, 확인서 발행일 현재 압류채권자 접수등록 누락된 사건이 있을 수 있습니다.</td></tr>
</table>

2. 소송의 경과

(1) 제1심(서울서부지방법원 2016. 9. 28. 선고 2015가합39338 판결[1]): 청구기각

원고는 양수채권 중 A의 잔존 대출금에서 일부 상환금을 변제충당하고 남은 돈 548,435,246원 및 지연손해금의 지급을 청구하였고, 이에 대하여 피고는 A가 2007. 11. 1.부터 의료법 위반하여 비의료인과 동업으로 병원을 운영하면서 피고로부터 보험급여를 수령하는 불법행위를 저질렀으므로 이로 인하여 피고가 입은 기지급 보험급여 상당액의 손해를 배상하여야 하는바, A에 대한 914,284,680원의 손해배상채권으로 원고의 양수채권과 상계한다고 항변하였다.

제1심법원은 피고의 상계항변을 받아들여 이 사건 양수채권이 모두 소멸하였다고 판단하고 원고의 청구를 기각하였다.

(2) 항소심(서울고등법원 2017. 3. 28. 선고 2016나2072328 판결): 제1심 판결취소 청구일부인용

원고는, 피고가 확인서를 발급·교부하고 채권양도 후 양수채권에 대하여 지속적으로 요양급여비 등을 지급하여 왔는바, 피고는 채권양도에 대하여 명시적 또는 묵시적으로 이의를 보류하지 않는 승낙을 하였으므로 위 손해배상채권으로 원고에게 상계로 대항할 수 없다고 주장하였고, 항소심판결은 아래와 같은 이유를 들어 원고의 주장을 받아들여 원고의 청구를 일부 인용하였다.[2]

---

1) 대법원 홈페이지 '판결서 인터넷열람'(https://www.scourt.go.kr/portal/information/finalruling/peruse/ peruse_status.jsp)에서 열람하였다.

① 확인서가 민원업무 처리 과정에서 발급되었다고 하더라도 이는 피고가 A 또는 원고에게 A의 원고에 대한 채권양도사실에 관하여 인식하고 있음을 표명한 것으로서 민법 제451조 제1항에서 정한 '승낙'에 해당한다고 보아야 한다.

② 확인서에는 위와 같은 부동문자로 된 기재가 있을 뿐, 위 기재사항 이외에 당시에 이미 발생되어 있던 A에 대한 의료법 위반에 따른 손해배상채권에 기한 대항사유 등에 관하여는 기재되어 있지 않으므로 확인서에는 비밀유지, 발급목적 외 사용금지 및 다른 압류채권자 접수등록이 누락된 사건이 있을 수 있다는 취지는 표시되어 있다고 할 것이나, 이를 두고 피고가 발급신청자인 A에 대한 손해배상채권 등으로 이 사건 채권양도에 대하여 이의를 유보하였다고 보기는 어렵다.

③ 오히려 피고는 확인서를 발급한 이후 2014. 1. 23.경부터 2015. 3. 16.까지 지속적으로 원고에게 이 사건 양수채권에 대한 지급으로 합계 3,331,377,890원을 원고 명의의 계좌로 송금하여 지급하여 왔다.[3)]

3. 대상판결: 파기환송

대법원은 아래 (1)과 같이 법리를 설시하고, (2)와 같은 사정을 종합하여 피고가 채권양도에 대하여 이의를 보류하지 않은 승낙을 한 것으로 보기는 어렵다고 하여 원심판결을 파기환송하였다.[4)]

(1) 지명채권의 양도는 양도인이 채무자에게 통지하거나 채무자가 승낙하지 않으면 채무자에게 대항하지 못한다(민법 제450조 제1항). 채무자가 채권양도 통지를 받은 경우 채무자는 그때까지 양도인에 대하여 생긴 사유로써 양수인에게 대항할 수 있고(제451조 제2항), 당시 이미 상계할 수 있는 원인이 있었던 경우에는 아직 상계적상에 있지 않더라도 그 후에 상계적상에 이

2) 원고의 청구금액이 변제충당과정에서의 계산상 오류가 있어 잔존 대출금에서 일부 상환금을 변제충당하고 남은 돈 489,039,470원 및 지연손해금의 지급을 명하는 일부인용판결이 선고되었다.

3) 박설아, "채권양도에 대한 채무자의 이의를 유보하지 않은 승낙", 대법원판례해설(제119호), 법원도서관(2019. 12), 31면 주 43에 의하면 원고는 피고에게서 지급받은 돈을 당시의 A의 미지급 대출원리금에 충당하고 나머지 돈은 A에게 지급한 것으로 보인다.

4) 환송 후 2019. 9. 17. 화해권고결정으로 확정되었다(서울고등법원 2019나2028629).

르면 채무자는 양수인에 대하여 상계로 대항할 수 있다(대법원 1999. 8. 20. 선고 99다18039 판결 참조).

민법 제451조 제1항 본문은 "채무자가 이의를 보류하지 아니하고 전조의 승낙을 한 때에는 양도인에게 대항할 수 있는 사유로써 양수인에게 대항하지 못한다."라고 정하고 있다. 이 조항은 채무자의 이의를 보류하지 않은 승낙이라는 사실에 공신력을 주어 양수인을 보호하고 거래의 안전을 꾀하기 위한 것이다. 여기에서 양도인에게 대항할 수 있지만 양수인에게는 대항하지 못하는 사유는 협의의 항변권에 한정되지 않고 넓게 채권의 성립·존속·행사를 저지하거나 배척하는 사유를 포함한다(대법원 1997. 5. 30. 선고 96다22648 판결 등 참조).

채무자가 이 조항에 따른 이의를 보류하지 않은 승낙을 할 때에 명시적으로 항변사유를 포기한다거나 양도되는 채권에 대하여 이의가 없다는 뜻을 표시할 것까지 요구하지는 않는다. 그러나 이의를 보류하지 않은 승낙으로 말미암아 채무자가 양도인에 대하여 갖는 대항사유가 단절되는 점을 감안하면, 채무자가 이 조항에 따라 이의를 보류하지 않은 승낙을 했는지 여부는 문제 되는 행위의 내용, 채무자가 그 행위에 이른 동기와 경위, 채무자가 그 행위로 달성하려고 하는 목적과 진정한 의도, 그 행위를 전후로 채무자가 보인 태도 등을 종합적으로 고려하여 양수인으로 하여금 양도된 채권에 대하여 대항사유가 없을 것을 신뢰하게 할 정도에 이르렀는지를 감안하여 판단해야 한다.

(2) ① 확인서는 그 제목이 '압류진료비 채권압류 확인서'로 되어 있는 것처럼, 주된 용도가 A의 요양급여 등 채권에 대하여 피고에게 접수된 확정일자 있는 채권양도 통지나 압류 등 내역을 확인하는 데 있다. 확인서는 피고의 민원업무를 신속하고 획일적으로 처리하기 위해서 발급목적과 용도가 채권압류 확인으로 제한되어 있고, 발급목적 외 다른 용도로 사용하는 것이 엄격히 금지되어 있다.

② 이 사건 채권양도의 대상이 된 채권은 장래 발생할 채권이 다수 포함된 집합채권으로서 확인서 발급 당시에는 210억 원이라는 한도만 정해져 있었을 뿐 대부분의 채권이 발생 시기나 금액이 불확실하였다. 그와 같은 상황에서 피고가 양도인에 대한 모든 대항사유를 포기한 채 채권양도를 승낙하였으리라고는 통상적으로 기대하기 어렵다.

③ 피고는 이 사건 채권양도 통지를 받은 다음 2014. 1. 23.부터 2015. 3.

16.까지 원고에게 약 33억 원이 넘는 돈을 지급하였으나, 2015. 4.경 다른 사건의 소송 수행 과정에서 A의 의료법 위반 사실을 비로소 알게 된 것으로 보이고, 이후 원고에 대한 지급행위를 중단하였다. 피고가 2007. 11. 1.부터 2008년까지 있었던 A의 의료법 위반 사실을 미리 알았더라면 의료법 위반에 따른 손해배상채권을 이유로 그 즉시 지급을 중단하거나 상계권을 행사하였을 것으로 보는 것이 자연스럽다. 이에 비추어 보면, 피고는 이 사건 채권양도 통지를 받고 양수인인 원고에게 변제한 것일 뿐, 이를 이유로 피고가 이 사건 채권양도에 대하여 이의를 보류하지 않은 승낙을 한 것으로 보기는 어렵다.

④ 피고가 위와 같이 A에 대한 손해배상채권이나 그에 따른 상계 가능성을 알지 못하였던 것으로 보이는 상황에서 확인서 발급 당시 A에 대한 대항사유를 구체적으로 보류할 것을 기대하기는 어렵다. 확인서에는 진료비채권에 대한 압류확인 외의 목적으로 확인서를 사용하는 것을 금지하고 확인서의 발급으로 인해서 어떠한 책임도 피고에게 물을 수 없다는 내용이 기재되어 있다. 피고는 위와 같은 기재내용을 통하여 대항사유의 단절이라는 법적 책임이나 불이익을 지지 않음을 포괄적으로 표시하였다고 볼 수도 있다.

〔研　　究〕

Ⅰ. 서　　론

이 사건의 주요 쟁점은 피고가 A에게 확인서를 발급하여 주고, 원고에게 양수금의 일부를 지급한 행위가 민법 제451조 제1항 본문이 정한 이의를 보류하지 않은 승낙에 해당하는지 여부이고, 대상판결은 제451조 제1항 본문이 채무자의 이의를 보류하지 않은 승낙에 대항사유 단절 효과를 부여하는 근거에 관한 종래의 판례의 입장을 재확인하면서 이의를 보류하지 않은 승낙에 해당하는지 여부에 관한 판단기준을 제시하고 이 사건에서 피고가 이의를 보류하지 않은 승낙을 한 것으로 보기 어렵다고 판단하였다.

이 글에서는 우선 피고의 확인서 발급이 승낙에 해당하는지 여부를 살핀 후, 이의를 보류하지 않은 승낙이 대항사유 단절이라는 효과를 가져오는 근거에 대한 고찰을 통해 이의를 보류하지 않은 승낙을 판단하는 기준 및 확인서가 이의를 보류하지 않은 승낙에 해당하는지 여부에 관하여 검토하고자 한다.[5)]

한편 대상판결은 이 사건의 주요 쟁점은 아닌,[6)] 채권양도 통지가 있는 경우 채무자가 양도인에 대한 채권에 의한 상계로써 양수인에게 대항할 수 있는지에 관하여 종전의 대법원판결에서와 동일한 판시를 하고 있는데, 채권양도 통지가 있는 경우[7)] 상계로 대항할 수 있는 범위에 관한 검토를 통하여 그 판시내용이 적정한지 여부에 대하여도 살펴보겠다.

Ⅱ. 이의를 보류하지 않은 승낙

1. 확인서가 승낙인지 여부

대상판결은 확인서가 이의를 보류하지 않은 승낙인지 여부에 관하여 판시할 뿐 확인서가 '승낙'인지 여부에 관하여는 별도로 판시하고 있지 않은데 이는 확인서가 승낙에 해당된다는 것을 당연한 전제로 한 것으로 보인다. 우선 확인서가 승낙에 해당하는지 여부를 살펴본다.

(1) 승낙의 의미 및 법적 성질

(가) 학　　설

지명채권의 양도는 양도인이 채무자에게 통지하거나 채무자가 승낙하지 않으면 채무자에게 대항하지 못하는바(제450조 제1항), 채권양도의 대항요건으로서 채무자의 승낙은 채권양도사실에 대한 인식을 표시하는 행위로 청약에 대한 승낙이 아니며 그 법적 성질은 관념의 통지로서 의사

---

5) 피고의 변제행위가 이의를 보류하지 않은 승낙에 해당하는지 여부도 문제되나, 대상판결이 판시하는 바와 같이 피고는 원고의 채권양도 통지를 받고 그에 응하여 상계 가능성을 알지 못한 채 원고에게 일부 금액을 변제한 것으로 그러한 변제행위가 이의를 보류하지 않은 승낙에 해당한다고 보기 어려운바, 이 사건에서 해석상 문제가 된 확인서에 관하여 중점적으로 살핀다.

6) 대상판결에 대한 해설논문인 박설아, 앞의 논문(주 3), 3면 이하도 채무자의 이의를 보류하지 않은 승낙에 대하여만 검토하고 있고 상계에 대하여는 언급이 없다.

7) 채권양도 통지와 같은 효력이 있는 이의를 보류한 승낙이 있는 경우 및 이의를 보류하지 않은 승낙이 있었으나 양수인에게 악의 또는 (중)과실이 있는 경우도 마찬가지이다.

표시에 관한 규정이 유추적용된다는 것이 통설이다.[8)]

이에 반해 승낙은 통지와 달리 채권양도에 대한 승낙으로서 의사표시라는 견해도 있는데 원래 민법에서 승낙이라는 것은 상대방이 청하는 바를 들어주는 것이고 어떤 사실이 있다는 것을 알리는 것이 아니므로 그것은 의사표시이지 관념의 통지가 아니며, 제450조 제1항이 채권의 '양도를 승낙'하는 것으로 규정하고 있고 채권양도사실을 알고 있다거나 양도사실을 승낙하는 것으로 규정하고 있지 않으므로 채권양도를 승낙하는 것은 채권양도라는 법률행위를 승낙하는 것이지 채권양도사실에 관한 인식을 표명하는 것이 아니어서 의사표시라는 것이다.[9)]

승낙의 사전적 의미는 청하는 바를 들어주는 것이고,[10)] 민법에서 승낙이라 함은 청약에 응하여 계약을 성립시킬 것을 목적으로 청약자에 대하여 행하는 의사표시를 말하므로 이러한 승낙이라는 용어에 주목하면

---

8) 곽윤직, 『채권총론(제6판)』, 박영사(2003), 216면; 곽윤직 편집대표, 『민법주해 X 채권(3)』, 박영사(1995), 582면(이상훈 집필부분); 김상용, 『채권총론(제3판)』, 화산미디어(2016), 379면; 김용덕 편집대표, 『주석민법 채권총칙3(제5판)』, 한국사법행정학회(2020), 564면(최수정 집필부분); 김용한, 『채권법총론』, 박영사(1983), 443면; 김주수, 『채권총론(제3판)』, 삼영사(1999), 383면; 김증한 저, 김학동 증보, 『채권총론(제6판)』, 박영사(1998), 303면; 김형배, 『채권총론(제2판)』, 박영사(1998), 586면; 송덕수, 『채권법총론(제5판)』, 박영사(2020), 389면; 양창수 · 권영준, 『민법 Ⅱ 권리의 변동과 구제(제4판)』, 박영사(2021), 199면; 윤철홍, 『채권총론(개정판)』, 법원사(2012), 400면; 지원림, 『민법강의(제18판)』, 홍문사(2021), 1289면. 한편 이은영, 『채권총론(제4판)』, 박영사(2009), 618면은 승낙이 양도행위에 대한 사전동의 또는 사후승인을 의미하고 계약체결의 요소로서의 승낙이 청약과 합쳐서 계약을 체결시키는 효과를 가져오는 것과 구별된다고 하면서 그 법적 성질이 관념의 통지인지 여부에 관해서는 언급이 없는데, 이에 관해서는 채권양도의 승낙을 마치 미성년자의 법률행위에 대한 법정대리인의 사전동의 또는 사후승인(추인)처럼 이해하는 것으로 보이는데 미성년자의 행위에 대한 동의 · 승인은 모두 의사표시이며 관념의 통지가 아니어서 문제라는 지적이 있다[송덕수, "지명채권 양도에 대한 채무자의 승낙 등-대상판결: 대법원 2011. 6. 30. 선고 2011다8614 판결-", 법학논집(제18권 제4호), 이화여자대학교 법학연구소(2014. 6), 480면].

9) 오수원, "채무자의 이의를 보류하지 아니한 채권양도승낙의 법적 성질과 그 채권양도의 포섭범위", 저스티스(제166호), 한국법학원(2018. 6), 96면 이하. 채권양도계약을 제3자의 부담을 위한 계약으로 보고 채무자의 승낙을 채무부담의 의사표시라고 한다.

10) 국립국어원 표준국어대사전(https://stdict.korean.go.kr).

위와 같이 해석될 여지도 있으나 이는 타당하지 않다. 채권양도를 양도인, 양수인, 채무자 사이의 3면계약에 의하거나 양도인과 양수인의 양도계약에 채무자의 승낙을 조건으로 하는 등 채무자의 승낙이 있어야 비로소 채권양도의 효력이 발생하는 경우에는 채무자의 승낙이 권리변동에 직접 영향을 주는 의사표시에 해당하겠지만, 민법상 채권양도는 특별한 사정이 없는 한 양도인과 양수인의 합의에 의하여 효력이 발생하므로 채무자의 승낙은 채권양도의 효력에 영향을 미치지 못하고 대항요건을 갖추는 방법의 하나로서 채권양도사실에 대한 인식을 표명하는 것이어서 관념의 통지라고 봄이 타당하다.[11]

또한 승낙이 그 본질에서 채무자가 능동적인 지위에서 채권양도사실을 승인하는 의사를 표명하는 행위로서 채무자가 스스로 채권양도에 수반되는 불이익을 인수하는 위험인수행위이므로 승낙은 언제나 관념의 통지인 것이 아니라 경우에 따라 진정한 의사표시가 될 수 있고, 통설과 같이 승낙이 채권양도의 사실에 대한 단순한 인식에 지나지 않는다고 새기기 위하여는 입법자가 일반적 · 보편적 승낙과 다른 의미 · 내용의 승낙을 특별히 제450조에 규정하였다는 것을 인정할 수 있어야 하는데 채권양도 어디에서도 이러한 예외를 받아들일 수 있는 증거는 물론 심지어 정황마저도 발견할 수 없다고 하며 대항요건에서 승낙을 삭제하여야 한다는 견해[12]도 있으나, 앞서 본 바와 같이 사적 자치의 원칙상 채권양도의 당사자가 채권양도의 효력 발생 자체를 채무자의 승낙에 의존하게 할 수 있고 이때의 채무자의 승낙은 의사표시로서 의사표시에 관한 규정과 이론이 적용될 것이지만 그 승낙은 제450조 제1항이 규정하고 있는 채권양도의 대항요건으로서의 승낙이 아니라는[13] 점에서 타당하지 않다. 즉

11) 그리하여 통설은 채권양도에 있어서의 승낙은 청약에 대한 승낙이 아니라고 설명하고 있으며, 특히 최수정, "채권양도에 있어서 채무자의 승낙", 서강법률논총(제10권 제1호), 서강대학교 법학연구소(2021. 2), 210-211면; 송덕수, 앞의 논문(주 8), 485면은 이 점을 강조하고 있다.

12) 이진기, "지명채권의 양도-제450조 대항요건에 관하여", 민사법학(제81호), 한국민사법학회(2017. 12), 18-19면.

13) 송덕수, 앞의 논문(주 8), 485면.

채무자가 '채권이 양도된 사실에 대하여 알고 있다'라고 하면 관념의 통지가 되고 '채권이 양도된 것을 승인한다'라고 하면 승인의 의사를 표명하고 있다는 이유로 의사표시가 되는 것은 아니다. 후자의 경우도 양도인과 양수인의 양도계약에 채무자의 승낙을 조건으로 하는 등 채무자의 승낙이 있어야 비로소 채권양도의 효력이 발생하는 경우가 아닌 한 채무자가 승인의 의사를 표명하고 있다고 해서 그 의사가 채권양도의 효력에 영향을 미쳐 채무자가 의욕하는 효과가 발생하는 것이 아니라 민법이 정하는 채권양도의 대항요건으로서의 효과가 발생하므로 이 역시 전자의 경우와 마찬가지로 의사표시가 아니라 관념의 통지에 해당하는 것이다.[14)]

(나) 판 례

판례는 승낙은 채무자가 채권양도사실에 관한 인식을 표명하는 것으로서 그 법적 성질이 관념의 통지라고 한다.[15)] 한편 대법원판결 중에는 승낙이 채권양도사실을 채무자가 '승인하는 뜻'이라고 하거나,[16)] '승인하는 의사를 표명하는 채무자의 행위'라고 하여,[17)] 마치 채무자의 승낙이 의사표시인 것처럼 표현한 것도 있다. 승낙의 법적 성질을 의사표시라고 하는 견해는 승낙의 법적 성질에 관하여 판례를 채권양도사실의 승인이라고 한 판결과 양도사실의 인식의 승인이라고 한 판결로 나누고 이들 판결을 전자에 해당하는 것으로 설명하고 있으나,[18)] 위 대법원판결 중

---

14) 김선석, "지명채권양도의 증명책임", 사법논집(제23집), 법원행정처(1992. 12), 235면 이 채권양도에 있어서의 대항요건이 채무자의 관념의 통지로서의 승낙이라고 하여 채무자의 '채권양도에 대한 동의' 또는 '채권양도의 청약에 대한 승낙'을 금하거나 그 효력이 부정되어야 할 것은 아니고, 만약 채권양도에 있어서 채무자가 그와 같은 의미의 승낙 즉 의사표시를 했다면 그에 따른 효력을 인정해야 한다고 하는데, 만약 그 취지가 채무자의 승낙이 채권양도에 동의한다는 내용이면 의사표시로서 그 효력이 발생한다는 것이라면 마찬가지의 이유로 타당하지 않고, 다만 항변포기의 의사표시에 해당한다면 그에 따른 효력은 인정될 것이다.

15) 대법원 1978. 3. 28. 선고 77다2513 판결; 대법원 2013. 6. 28. 선고 2011다83110 판결.

16) 대법원 1986. 2. 25. 선고 85다카1529 판결.

17) 대법원 2011. 6. 30. 선고 2011다8614 판결; 대법원 2014. 11. 13. 선고 2012다52526 판결.

전자의 판결은 승낙이 있었는지 여부가 쟁점이었던 사건으로 승낙의 법적 성질을 통설과 다르게 본 것은 아니라고 해석되고, 후자의 판결의 사안은 채권양도의 효력이 발생하기 위하여 채무자의 승낙이 필요하였던 것으로 이때의 승낙은 대항요건으로서의 승낙이 아니라 의사표시에 해당하는 것이므로,[19] 이들 판결에도 불구하고 승낙을 관념의 통지로 보는 것이 판례의 입장이라고 하겠다.[20]

(2) 승낙의 판단기준

단순히 채무자로부터 채권양도와 관련한 표명이 있었다고 해서 곧 승낙이 인정되는 것은 아니고, 채무자의 승낙이 있었는지 여부는 구체적인 경우 여러 가지 사정을 고려하여 판단하여야 할 것인데,[21] 채무자의 채권양도와 관련한 표명이 채권양도사실에 대한 인식이 표시된 것으로 해석할 수 있다면 승낙에 해당할 것이다.

대법원은 채무자가 공사대금채권의 양수인에게 보낸 "시공자가 위임한 것은 인정하나… 시공자와 타협하여 공사가 하자 없이 완공될 경우 시공자의 입회하에 공사대금을 지불하겠으며… 본인으로서는 시공자와의 계약대로 처리할 것이며 귀하의 통고내용에 책임이 없는 것으로 인정합니다."라는 답변서가 승낙에 해당하는지 여부가 다투어진 사안에서, 답변서의 전반부에서 채무자가 '채권양도'한 것을 인정한다고 하지 않고 채권자가 '위임'한 것을 인정한다고 하여 채권자로부터 양수인에게로 공사대금채권의 귀속이 달라지지 아니한 것으로 이해하는 듯한 표현을 쓰고 있고 후반부에서 채권양도를 받아들이지 않겠다는 취지가 있다는 점을 들

18) 오수원, 앞의 논문(주 9), 96면.

19) 송덕수, 앞의 논문(주 8), 484면은 위 2011다8614 판결에서 채무자의 승낙에 대하여 정의하고 있는 부분은 부적절하며, 그 부분은 다른 판결들에서처럼 '채권양도사실에 대한 인식을 표명하는 행위'라고 했어야 한다고 적절히 지적하고 있다.

20) 오영준, "이의를 보류하지 않는 채권양도에 대한 승낙의 법적 성질과 효과 등", 대법원판례해설(제95호), 법원도서관(2013. 12), 120면도 위 2011다8614 판결 이후의 위 2011다83110 판결이 이의를 보류하지 않은 '승낙'의 법적 성질이 관념의 통지라고 명확히 밝히고 있다고 해설하고 있다.

21) 김용덕 편집대표, 앞의 책(주 8), 565면(최수정 집필부분).

어 답변서가 승낙이라고 보기 어렵다고 판시한 바 있다.[22)]

그러나 승낙은 채권양도를 승인하는 것이 아니라 채권양도사실을 인식했다는 것을 표명하면 족한 것으로, 위 답변서는 채권양도 통지를 받은 채무자가 이를 '위임'이라고 표현하면서 채권양도를 인정할 수 없다는 취지를 담고 있는데, 채권양도를 승인한 것은 아니나 적어도 채권이 양도된 사실을 인식했다는 것을 표명한 것으로는 볼 수 있으므로 승낙에 해당한다고 보았어야 할 것이다.[23)]

(3) 검　토

이 사건에서 확인서가 승낙에 해당하는지를 보면, 우선 단지 원고의 채권양도통지서가 피고에게 도달했다는 내용의 문서로 볼 여지는 없는가 하는 의문이 들 수 있는데, 만약 '접수증'이라는 명칭으로[24)] 원고가 보낸 문서가 피고에게 접수되었다는 내용만 들어 있다면 그것은 단순히 채권양도통지서의 도달을 확인하는 문서에 지나지 않는 것으로 아예 승낙이라고도 볼 수 없을 것이다. 그러나 확인서는 민원처리과정에서 채권양도인 등의 요청에 응하여 채권압류현황을 확인해 주기 위해 발급된 것인데,[25)] 그 내용이 단순히 채권양도통지서라는 문서를 접수했다는 것뿐만 아니라 A가 원고에게 채권을 양도했다는 내용의 채권양도통지서를 받아서 그 채권양도사실을 인식했다는 내용을 담고 있어 이는 채권양도사실에 대한 인식의 표명으로서 승낙에 해당한다고 봄이 타당하다.[26)]

---

22) 대법원 1993. 4. 27. 선고 92다43784 판결.

23) 원심(서울고등법원 1992. 9. 9. 선고 92나18834 판결)은 비록 위 답변서 후반부에서 채권양도를 받아들이지 않겠다는 취지가 있다고 하더라도 전반부에서 채권양도사실을 알면서 그 양도사실을 인정한 이상 이의를 유보한 '승낙'에 해당한다고 판단하였다.

24) 문서의 성격이 그 명칭에 따라 결정되는 것은 아니지만 문서의 명칭이 문서의 성격을 판단하는 데 중요한 요소가 될 수 있다.

25) 박설아, 앞의 논문(주 3), 23-24면.

26) 권영준, "2019년 민법 판례 동향", 서울대학교 법학(제61권 제1호), 서울대학교 법학연구소(2020. 3), 549면; 최수정, 앞의 논문(주 11), 238면도 확인서가 승낙에 해당한다고 한다.

2. 확인서가 이의를 보류하지 않은 승낙인지 여부

대상판결의 주요 쟁점인, 확인서가 '이의를 보류하지 않은' 승낙에 해당하는지 여부를 살펴본다.

(1) 이의를 보류하지 않은 승낙의 의미 및 법적 성질

제451조 제1항 본문은 "채무자가 이의를 보류하지 아니하고 전조의 승낙을 한 때에는 양도인에게 대항할 수 있는 사유로써 양수인에게 대항하지 못한다."라고 규정한다. 위 조항에서 이의를 보류하지 않은 승낙이라 함은 양도인에 대하여 항변사유를 가지고 있음을 밝히지 않고서 하는 단순승낙을 말하는 것으로 위 조항이 '전조의 승낙'이라고 규정하고 있으므로 이의를 보류하지 않은 승낙도 제450조의 승낙 즉 관념의 통지로서의 승낙이라는 것이 통설이다.[27]

이는 항변포기의 의사표시와는 구분된다. 사적자치의 원칙에 따라 채무자는 양수인에 대항할 수 있는 자신의 양도인에 대한 항변을 포기할 수 있는바, 채무자가 양도인에 대한 대항사유를 인식하면서 이를 양수인에게 행사하지 않겠다는 의사를 표시한 경우 이는 항변포기의 의사표시로서 그 의욕한 바에 따른 효력이 발생한다.[28]

---

27) 곽윤직 편집대표, 앞의 책(주 8), 594면(이상훈 집필부분); 김상용, 앞의 책(주 8), 381면; 김용덕 편집대표, 앞의 책(주 8), 590-591면(최수정 집필부분); 김용한, 앞의 책(주 8), 448면; 김주수, 앞의 책(주 8), 386면; 김증한 저, 김학동 증보, 앞의 책(주 8), 306면; 김형배, 앞의 책(주 8), 591면; 송덕수, 앞의 책(주 8), 393면; 양창수·권영준, 앞의 책(주 8), 200면; 윤철홍, 앞의 책(주 8), 402면. 한편 곽윤직, 앞의 책(주 8), 219면은 이의를 보류하지 않은 승낙을 '항변을 양도인에 대하여 가지고 있음을 보류하지 않고서 행하는 단순승인'이라고 하여 승인이라는 표현을 사용하고 있으나 이의를 보류하지 않은 승낙을 대항요건으로서의 승낙과 다르게 해석하는 취지는 아닌 것으로 보인다.

28) 권영준, 앞의 논문(주 26), 553면; 김용덕 편집대표, 앞의 책(주 8), 594면(최수정 집필부분); 이동진, "지명채권양도에서 채무자의 이의보류 없는 승낙에 의한 항변차단", 재산법연구(제36권 제3호), 한국재산법학회(2019. 11), 77면; 전원열, "채권양도에 대한 이의보류 없는 승낙에 있어서 대항사유의 단절", 재산법연구(제33권 제3호), 한국재산법학회(2016. 11), 11-12면(채무자가 '이의보류 없음'을 표현하는 데에는 그 강도에 차이가 있다고 하며, '항변권을 가지고 있지 않고 이를 주장하지 않을 것을 확인한다'라고 가장 강하게 표현한 것은 항변권 포기의 의사표시로서 사

(2) 대항사유 단절 효과의 근거

제451조 제1항은 민법제정 당시 시행되던 일본민법 제468조 제1항[29]을 그대로 계수한 것이고,[30] 일본민법 제468조 제1항은 보아소나드(Boissonade)가 당시 시행되던 프랑스민법을 바탕으로 하여 작성한 일본구민법초안 재산편 제367조 제2항[31]에서 유래하는데, 프랑스민법 제1295조[32]가 이의를 보류하지 않은 승낙을 한 채무자는 상계로 대항할 수 없다고 규정하고 있었으나 보아소나드가 당시의 프랑스에서의 소수설에 따라 대항할 수 없는 항변을 상계항변에 한하지 않고 그 외의 항변에도 확장하여 규정한 것으로,[33] 제451조 제1항은 같은 내용의 일본민법 제468조 제1항 이외에는 유례를 찾기 어려운 특이한 규정이다.

그리하여 이의를 보류하지 않은 승낙의 대항사유 단절이라는 중대한 효과의 근거에 대하여도 일본에서의 논의가 우리나라의 논의에도 영향을 미쳐 견해의 대립 상황이 유사하므로 먼저 종전의 일본에서의 논의를 살펴본다.

(가) 일본의 논의

일본에서는 이의를 보류하지 않은 승낙[34]의 대항사유 단절 효과의

적 자치의 정신에 비추어 채무자가 항변을 주장하지 못한다고 해석하여도 무방하다고 한다).

29) "채무자가 이의를 보류하지 아니하고 전조의 승낙을 한 때에는 양도인에게 대항할 수 있었던 사유가 있어도 이를 양수인에게 대항할 수 없다. 이 경우에 채무자가 그 채무를 소멸하게 하기 위하여 양도인에게 지급한 것이 있는 때에는 이를 회수하고, 양도인에 대하여 부담한 채무가 있는 때에는 이를 성립하지 아니한 것으로 볼 수 있다."

30) 일본민법 제468조와 동일한 내용의 민법안 원안 제442조가 별다른 의견 없이 합의에 이르러 제451조가 되었다[민의원 법제사법위원회 민법안심의소위원회 편, 『민법안심의록 상권』, (1955), 266-267면].

31) "채무자의 승낙은 그가 양도인에게 대항할 수 있었던 모든 항변 및 소송불수리사유를 양수인에게 대항하는 것을 방해한다. 송달만으로는 채무자로 하여금 그 송달 후에 생긴 항변을 상실하게 하는 데 그친다."

32) "채권자가 그의 권리에 대하여 제3자에게 양도하는 것을 순수하고 단순하게 승낙한 채무자는 승낙 전에 양도인에게 대항할 수 있었던 상계로 양수인에게 대항하지 못한다."

33) 池田眞朗, 『債權讓渡の研究(增補二版)』, 弘文堂(2004), 348면; 西村信雄 編, 『注釋民法(11) 債權(2)』, 有斐閣(1965), 387면(明石三郎 執筆部分).

34) 이의를 '유보'하지 않은 승낙이 보다 정확한 번역이라고 것이나 이를 구분하지

근거에 대하여 주로 이의를 보류하지 않은 승낙의 법적 성질이 무엇인가 하는 주제로 논의되었다.

처음 나온 학설은 石坂音四郎이 주장한 것으로, 일본민법 제468조 제1항의 '전조의 승낙'이 일본민법 제467조의 승낙과는 다른 것으로 해석하여 이의를 보류하지 않은 승낙이 단순한 양도사실의 승인인 관념의 통지가 아니라 양수인에 대한 채무승인 즉 새로운 채무의 부담행위인 의사표시라고 하는 채무승인설이다.[35)]

이를 비판하며 鳩山秀夫가 금반언설[36)]을 주장하였는데, 일본민법 제468조 제1항은 양수인의 이익을 보호하고 거래의 안전을 보호하기 위하여 법률이 양도의 무조건적 승낙에 대하여 특히 부여한 법률효과라고 해석하며 위 규정이 '전조의 승낙'이라고 하여 단순한 양도사실에 대한 승인을 규정하고 있고 그 이유는 영미법의 금반언(estoppel)과 동일한 취지에서 나온 것이라고 한다.[37)]

다음으로 我妻榮이 공신설(또는 공신력설)을 주장하였고 이후 일본의 통설이 되었다. 공신설은 이의를 보류하지 않는 승낙이 특수한 효과를 발생하는 것은 채무자의 승낙-채권의 양도라고 하는 사실의 승인-이라고 하는 사실에 '공신력'을 부여하여 양수인을 보호하고 채권양도의 안전을 보장하려고 하는 취지에 기한 것이라고 한다.[38)] 이어서 於保不二雄이

않고 이의를 '보류'하지 않은 승낙으로 통칭한다.

35) 西村信雄 編, 앞의 책(주 33), 388면(明石三郎 執筆部分).

36) 鳩山秀夫가 주장한 학설을 금반언설이라고 부르며 我妻榮이 주장한 공신설과 구분하여 설명하고 있는 다수의 문헌과 달리 西村信雄 編, 앞의 책(주 33), 389면(明石三郎 執筆部分)은 '公信說(鳩山說)'이라고 하나 그 내용으로 鳩山秀夫는 법리적 근거를 금반언칙에서 구함에 비하여 그 후 我妻榮은 공신의 원칙에서 구했다고 설명하고 있고, 武久征治, "債權讓渡の承諾: 異議を留めない債權讓渡の承諾は, どのような效力をもつか", 民法學4: 債權總論の重要問題, 有斐閣(1976), 269-270면은 공신설을 '鳩山-我妻說'이라고 명명하면서 공신설이 영미법의 금반언칙적 사고(鳩山)에서 공신설적 사고(我妻)로 변화가 있었다고 설명하고 있으며, 近江幸治, 『債權總論(第3版補訂)』, 成文堂(2009), 266면은 공신설을 외관신뢰보호설이라고 하며 이에 鳩山秀夫의 견해와 我妻榮의 견해 등을 포함시키면서 공신설이 금반언적 관념(鳩山)으로부터 순수한 공신력 관념(我妻)으로 변천하였다고 설명하고 있다.

37) 鳩山秀夫, 『日本債權法(總論)(增訂改版)』, 岩波書店(1925), 360-361면.

양수인보호설[39]을 주장하였는데, 양수인의 신뢰를 보호하고 채권양도의 안전을 보장하기 위하여 이의를 보류하지 않은 승낙에 법률이 특별히 항변상실의 효과를 부여한 것은 인정하지만, 공신력이라는 용어는 권리존재의 표상, 예를 들면 점유 · 등기 · 증권 등에 부여되는 권리취득의 적극적 효력에만 한정한 것이 타당하고, 이의를 보류하지 않은 승낙에는 소극적으로 항변절단의 효력이 부여되는 것뿐이고 승낙의 공신력에 의해 적극적으로 권리의 선의취득이 행해지는 것은 아니므로 공신력이라는 용어를 사용하는 것은 부당하다고 주장하였다.[40]

그 후 安達三季生이 공신설을 비판하며 이의를 보류하지 않은 승낙은 단순한 관념의 통지가 아니라 의사표시이며 독일민법상의 Anweisung을 인수하는 무인의 채무약속이라고 하는 지도인수설(指図引受說, 또는 처분수권설)을 주장하였다.[41]

또한 단순한 관념의 통지에 공신력을 인정하는 공신설을 비판하며 새롭게 등장한 학설로 池田眞朗의 이중법정효과설이 있는데, 일본민법 제468조 제1항의 입법의도를 보면 위 규정이 채무자의 항변을 절단시키는 것은 채무자의 의사적 행위 즉 단순한 관념의 통지나 의사표시가 아닌 '양도계약절차에의 사실적 관여에 향해진 적극적 지향성'이 있기 때문으

---

38) 我妻榮, 『債權總論』, 岩波書店(1940), 375면.

39) 池田眞朗, 앞의 책(주 33), 335-336면; 西村信雄 編, 앞의 책(주 33), 389면(明石三郎 執筆部分)은 양수인보호설이라 부르면서도 공신설의 범주에 포함시켜 설명하고 있는데, 이는 양수인보호설이 공신력이라는 표현을 사용하는 것에 비판적이기는 하나 그 실질은 공신설과 같다고 보는 것으로 생각된다. 近江幸治, 앞의 책(주 36), 266면도 공신설(외관신뢰보호설)에 於保不二雄의 견해를 포함시키고 있다.

40) 於保不二雄, 『債權總論(新版)』, 有斐閣(1972), 316-317면. 奧田昌道, 『債權總論(增補版)』, 悠悠社(1992), 444면도 공신력에 의한 보호는 권리존재의 표상을 신뢰한 자에게 권리를 취득하게 하는 반면 진정한 권리자의 권리를 잃게 하는 것이고, 항변절단이라고 하는 소극적 효력의 반사로서 선의자가 권리를 취득하는 결과가 되는 경우도 있지만 於保不二雄의 견해가 말하는 바와 같이 공신력과는 구별하는 것이 타당하다고 한다.

41) 安達三季生, "指名債權讓渡における債務者の異議を留めない承諾(一)", 法学志林(五九巻三 · 四号), 法学志林協會(1962), 35면 以下. 武久征治, 앞의 논문(주 36), 270면은 이 설이 채무승인에의 새로운 차원에서의 복귀라고도 할 수 있다고 하여 '지도인수설적 채무승인설'이라고 한다.

로, 단순히 양수인의 외관신뢰보호만이 아니라 양수인을 신뢰하도록 의사적 행위를 한 채무자에 대한 제재로서의 의미를 가지는 법정 효과라고 주장한다.[42)]

그 밖에 이중법정효과설의 발상에 동조하면서 항변절단의 효과는 채무자가 한 행위(이의를 보류하지 않은 승낙)와 모순하는 행위(이의를 말하지 않으면서 대항을 주장한 것)에는 효과를 인정하지 않는다고 하는 일반원칙이 나타난 것이고 그 근거는 신의칙(일본민법 제1조 제2항)이라고 하는 견해[43)]도 있다.

이와 같이 학설이 변천함에 따라 판례도 변천해왔다. 오래 전에 이의를 보류하지 않은 승낙을 항변의 포기로 해석한 판결[44)]이 있었고, 채무승인설의 영향을 받아 이의를 보류하지 않은 승낙의 법적 성질을 채무의 승인이라고 하며 그 채무의 승인에 의해 항변절단의 효과가 생기는 것을 특별히 규정한 것이라고 한 판결[45)]이 있었다가, 그 후 금반언설에 따라 채무자가 아무런 이의를 보류하지 않은 승낙을 한 경우 양수인은 그 채권에 붙은 하자가 없다고 하는 신념을 가지는 것이 당연하므로 법률이 예외적으로 위 양도승낙인 법률사실에 특수한 효력을 인정함이 상당하고 그 경우 채무자가 양도인에게 대항할 수 있는 사유로 양수인에게 대항할 수 없다는 취지의 특칙을 두어 양수인을 보호하려는 것이라고 한 판결[46)]이 나왔다. 그 후 공신설이 등장한 후 그에 따른 판결이 계속되어 일본의 판례는 공신설을 취하는 것으로 해석되는데,[47)] “일본민법 제468조

42) 池田眞朗, 앞의 책(주 33). 413-422면. 일본민법 제468조 제1항은 항변사유가 있는 채권을 양도한 채권자와 이의를 보류하지 않은 승낙이라고 하는 의사적 행위를 한 채무자 어느 쪽이나 책임이 있다는 것으로 전단은 채무자와 양수인 사이에서는 채무자에게 책임을 부담시키고 후단은 양도인과 채무자 사이에서는 양도인에게 책임을 부담시킴으로써 위 조항은 전단과 후단 전체로 이중의 법정효과를 규정한 것이라고 한다.

43) 平井宜雄, 『債權總論(第2版)』, 弘文堂(1994), 143면. 中田裕康, 『債權總論(新版)』, 岩波書店(2011), 525면은 위 견해를 신의칙설이라고 부른다.

44) 大判 大正5(1916).8.18. 民錄22輯 1657면.

45) 大判 大正6(1917).10.2. 民錄23輯 1510면.

46) 大判 昭和9(1934).7.11. 民集13卷 1516면.

제1항 본문이 지명채권의 양도에 대하여 채무자가 이의를 보류하지 않은 승낙에 항변상실의 효과를 인정하고 있는 것은 채권양수인의 이익을 보호하고 일반 채권거래의 안전을 보호하기 위하여 법률이 부여한 법률상의 효과로서 해석하여야 하고"라고 한 판결[48]이 대표적이다.

'오늘날 민법학에 있어 가장 어려운 문제 중 하나'[49]라고까지 평가되던 이 문제는 2017년 일본민법 개정[50]에 의해 일본민법 제468조 제1항을 삭제하는 것으로 해결되었다. 채무자가 항변을 포기할 의사가 없이 단지 채권이 양도되었다는 것을 인식했다는 취지의 통지를 한 것만으로 항변상실이라고 하는 채무자가 예견하지 못한 중대한 효과가 발생하는 것은 합리성이 인정될 수 없다는 학설상의 비판을 수용한 것이다.[51] 명문규정은 없으나 의사표시에 의한 항변포기가 가능함은 당연하고, 개정 일본민법 하에서는 채무자가 양수인에 대하여 항변을 주장할 수 없게 되는 것은 항변포기의 의사표시에 한하게 된다.[52]

(나) 학 설

우리나라는 공신설이 다수설로서, 채무자가 이의를 보류하지 않은 승낙을 한 경우 양수인은 양수채권에 아무런 항변도 없다고 믿는 것이

---

47) 池田眞朗, 앞의 책(주 33). 346면은 대심원, 최고재판소 판결을 통틀어 '공신' 또는 '공신력'이라는 표현을 사용한 것은 하나도 없다는 점을 강조하여 판례가 공신설을 취한 것은 아니라고 볼 여지가 있는 듯이 주장하나, 대부분의 학자들은 최고재판소 판결이 공신설의 입장이라고 이해하고 있다.

48) 最判 昭和42(1967).10.27. 民集21卷8号 2161면.

49) 池田眞朗, 앞의 책(주 33), 330면.

50) 현행 일본민법은 2017. 6. 2. 법률 제44호로 개정되어 2020. 4. 1.부터 시행되고 있다.

51) 大村敦志・道垣内弘人 編, 『解説 民法(債権法)改正のポイント』, 有斐閣(2017), 290면(加毛明 執筆部分); 中田裕康 外, 『講義 債権法改正』, 商事法務(2017), 327면(沖野眞已 執筆部分); 松岡久和 外 編, 『改正債権法 コンメンタール』, 法律文化社(2020), 433-434면(石田剛 執筆部分).

52) 潮見佳男, 『新債權總論Ⅱ』, 信山社(2017), 451면; 中田裕康 外, 講義 債権法改正, 商事法務, 2017, 327-328면(沖野眞已 執筆部分); 松岡久和 外 編, 위의 책, 435면(石田剛 執筆部分); 民法(債權法)改正檢討委員會 編, 『詳解 債權法改正の基本方針Ⅲ』, 商事法務(2009), 310면. 한편 채무자의 항변포기의 의사표시는 일방적 이익상실행위이므로 신중하게 행해질 필요가 있다는 이유에서 서면에 의하도록 하는 것이 제안되었으나 논의를 거쳐 이를 규정하지 않기로 하였다.

보통이므로 양수인의 신뢰를 보호하고 채권양도의 안전을 보장하기 위해 공신의 원칙을 기초로 이의를 보류하지 않은 승낙에 대해 항변상실의 효과를 부여한 것이라고 한다.[53)]

이에 대하여 양수인보호설은 공신력이란 등기 · 점유와 같은 권리존립의 표상에 주어지는 권리취득의 적극적 효력을 의미하는 것인데 이의를 보류하지 않은 승낙을 표상이라고 하기 어렵고 그에 권리취득의 적극적 효과가 주어지는 것이 아니므로 제451조 제1항은 공신력을 인정한 것이 아니라 양수인의 이익을 보호하고 채권거래의 안전을 보장하기 위해 소극적인 항변절단의 효과를 규정한 것이라고 한다.[54)]

또한 이의를 보류하지 않은 승낙이 공신의 대상이라고 할 수 없고, 채무자가 기왕에 적극적으로 승낙을 함에 있어서 실제와 다르게 양도인에 대해 가진 항변사유를 표명하지 않았다면 그에 따른 불이익은 피할 수 없는 반면 양수인으로서는 채무자가 이의를 보류하지 않은 채 승낙을 하였다면 별도의 항변사유가 없는 것으로 믿게 될 것이므로 채무자에 대한 일종의 제재라고 하는 측면과 양수인의 신뢰보호라고 하는 측면에서 이의를 보류하지 않은 승낙에 대해 항변의 단절이라고 하는 무거운 효과

---

53) 곽윤직, 앞의 책(주 8), 219면; 곽윤직 편집대표, 앞의 책(주 8), 594면(이상훈 집필부분); 김용한, 앞의 책(주 8), 449면; 김증한 저, 김학동 증보, 앞의 책(주 8), 306면; 윤철홍, 앞의 책(주 8), 402면; 진홍기, "채권양도에 대한 이의를 보류하지 않은 승낙과 제 항변의 승계 · 절단효", 비교사법(제18권 제1호), 한국비교사법학회(2011. 3), 105면.

54) 김동훈, "이의의 보류 없는 채권양도 승낙의 효력-대상판결: 대법원 2002. 3. 29. 선고, 2000다13887 판결-", 고시연구(제31권 제1호), 고시연구사(2004), 273면; 김상용, 앞의 책(주 8), 382면; 김형배, 앞의 책(주 8), 592면; 송덕수, 앞의 책(주 8), 394면. 공신력에 대한 언급이 없이 무보류승낙에 대한 양수인의 신뢰를 보호하는 것을 목적으로 하는 것이라는 견해[김주수, 앞의 책(주 8), 386면]와 이의를 보류하지 않은 승낙에 항변 단절효과를 부여하는 이유는 양수인을 보호하고 거래의 안전을 꾀하기 위한 것이라고 하는 견해[양창수 · 권영준, 앞의 책(주 8), 200면]도 양수인보호설로 볼 수 있을 것이다. 한편 이은영, 앞의 책(주 8), 621-622면은 인적 항변의 절단제도는 채권양도에 공신의 원칙을 도입하여 양수인을 보호하려는 취지에서 마련된 것이라고 하면서도 지명채권의 양도에까지 공신의 원칙을 인정하는 것은 바람직하지 못하다고 하며 민법이 채무자에게 승낙 당시에 양수인에게 항변사유를 모두 고지할 의무를 간접의무로서 부과하고 있다고 설명하고 있는데, 이 역시 양수인보호설의 입장인 것으로 보인다.

를 부여한 것이라는 견해[55]가 있다.

자기구속에서 그 근거를 찾는 견해도 있는데, 채권양도에서 정보센터라 할 수 있는 채무자가 승낙을 할 때 자기의 이익을 위하여 대항사유의 존재를 알리는 것이 보통이고 합리적임에도 불구하고 대항사유의 존재에 대하여 아무런 이의를 보류하지 않은 채 승낙하였다면 온전한 채권을 신뢰한 양수인을 보호하기 위하여 그러한 선행사실과 모순되는 항변의 주장은 신의칙상 허용되지 않으므로 항변의 절단이라는 효과는 스스로 이의를 보류하지 않은 승낙을 한 채무자의 자기구속에 그 근거가 있다는 것이다.[56]

또한 제451조 제1항을 양수인의 신뢰보호를 위한 권리외관책임으로 보는 견해는 위 규정은 채무자의 결정 내지 귀책사유만으로 정당화될 수 없고 양수인 측의 신뢰를 보태어야 비로소 정당화될 여지가 생기며, 권리외관책임은 대개 본래의 권리자에게 책임을 돌릴 만한 근거를 요구하므로 채무자에 대한 제재라는 측면도 그 일면이라고 할 수 있다고 한다.[57]

(다) 판 례

대법원 1997. 5. 30. 선고 96다22648 판결이 '제451조 제1항은 채무자의 승낙이라는 사실에 공신력을 주어 양수인을 보호하고 거래의 안전을 꾀하기 위한 규정'이라고 하여 공신설의 입장을 취하였고, 이후의 대법원판결들이 위 판결에 따라 동일하게 판시하여[58] 공신설이 확고한 판례가 되었다. 대상판결도 판례의 입장을 재확인하고 있다.

(라) 검 토

다수설과 판례는 이의를 보류하지 않은 승낙에 대항사유 단절의 효

---

55) 김용덕 편집대표, 앞의 책(주 8), 594면(최수정 집필부분).

56) 지원림, 앞의 책(주 8), 1292면; 지원림, "지명채권양도에서 양수인의 지위", 비교사법(제24권 제3호), 한국비교사법학회(2017. 8), 1000면; 이호행, "상계와 제3자", 홍익법학(제21권 제4호), 홍익대학교 법학연구소(2020), 194면도 자기결정의 원칙과 자기책임의 원칙상 이 견해가 타당하다고 한다.

57) 이동진, 앞의 논문(주 28), 79면.

58) 대법원 2002. 3. 29. 선고 2000다13887 판결; 대법원 2013. 6. 28. 선고 2011다83110 판결; 대법원 2018. 7. 24. 선고 2016다205687 판결.

과를 인정하는 이유는 채무자가 이의를 보류하지 않은 승낙을 하였다는 사실에 공신력을 주어 양수인을 보호하고 거래의 안전을 꾀하기 위한 것이라고 하고, 대상판결도 종래의 판례의 입장에 따라 동일하게 판시하고 있는데, 과연 채무자의 이의를 보류하지 않은 승낙에 공신력을 인정할 수 있는지는 의문이다. 앞서 양수인보호설이 주장하듯이 공신력은 등기·점유 등에 권리의 존재를 추측하게 하는 표상에 그 표상대로의 권리를 인정하는 효력이므로 제451조 제1항이 이의를 보류하지 않은 승낙에 공신력을 부여하였다고 보는 것은 부당하다. 부동산등기에 대하여도 공신력을 인정하고 있지 않은데 아무런 방식도 요구되지 않는 관념의 통지인 승낙에 의해 아무런 대항사유가 없는 채권의 존재가 공시되었다고 보아 이에 공신력이 주어졌다고 하기는 어렵다. 이 점은 비단 양수인보호설뿐 아니라 다른 설을 취하는 학자들에 의해서도 비판을 받고 있다.[59)]

이러한 비판에 대하여 일본에서는 채권양도의 대항요건의 기본구조가 등기·점유와 같지 않다는 것은 자명한 이치로 그와 같은 공신이론을 사용하는 것은 아니고, 공신설에서 말하는 '공신'이라 함은 신뢰하는 것이 지당하다고 생각되는 외형사실(이의를 보류하지 않은 승낙이라고 하는 외관)이 있은 경우에 그것을 신뢰한 양수인은 일정한 요건(선의·무과실)을 전제로 하여 보호된다는 것이라고 하는 넓은 이해이고 그 실질이 외관신뢰보호법리라는 것은 더 말할 필요가 없으며, 공신설이 주장된 당시는 그 외관신뢰보호법리가 성숙되지 않아 '공신' 이외에 설명할 용어를 가지지 못하여서 '공신'이라는 용어가 사용된 것일 뿐이고, 이러한 외관보호법리의 효과로서 권리취득 외에 권리주장의 부정 또는 항변의 상실도 있을 수 있으므로 공신설에 대한 위와 같은 비판은 타당하지 않다고 하는 견해가 있고,[60)] 우리나라에도 제451조 제1항을 양수인의 신뢰보호를 위한

59) 김용덕 편집대표, 앞의 책(주 8), 593면(최수정 집필부분); 오수원, "채무자의 이의를 보류하지 아니한 채권양도 승낙에 의한 대항불능의 취지와 양수인의 선의·무중과실", 법학연구(제29권 제1호), 충북대학교 법학연구소(2018. 6), 229-231면; 전원열, 앞의 논문(주 28), 12면.

60) 近江幸治, 앞의 책(주 36), 267면. 공신설을 외관신뢰보호설이라고 하며 이에 鳩

권리외관책임으로 보는 견해가 금반언이나 공신력은 모두 권리외관책임을 설명하는 근거, 방식 내지 용어에 불과하며, 점유·등기 등 공시방법이 없고 권리취득이 문제되지 아니하는 이의보류 없는 승낙에 의한 항변상실에서는 공신의 원칙을 이야기할 수 없다는 주장은 핵심에서 벗어난 것이라고 한다.[61] 또한 이의를 보류하지 않은 승낙에 대항사유 단절의 효과를 인정하는 것은 채권거래의 안전을 위하여 양수인의 신뢰 내지 신뢰이익을 보호하기 위하여 마련된 것으로 공신설과 양수인보호설은 근본적으로 다른 것이 아니라 표현의 차이에 불과하다는 주장도 있다.[62]

채무자가 이의를 보류하지 않은 승낙을 하는 행위를 함으로써 양수인에게 양수채권에 대항사유가 없다는 신뢰를 부여하였으므로 그 신뢰를 보호하고 거래의 안전을 보장하려는 것이 이의를 보류하지 않은 승낙에 대항사유 단절의 효과를 부여하는 규정의 취지이자 대항사유 단절효의 근거로 봄이 타당할 것인데, 위와 같은 반론은 오히려 '공신력'이라는 용어를 사용하여 위 규정이 이의를 보류하지 않은 승낙에 '공신력'을 준 것이라고 하는 것이 적절하지 않음을 보여 준다고 할 수 있다. 더욱이 '공신' 이외에 설명할 용어를 가지지 못하여서 '공신'이라는 용어가 사용된 것일 뿐이라면 적절하지 못한 용어를 계속 사용할 이유가 없는 것이다. 채무자의 이의를 보류하지 않은 승낙이 공신의 대상이 된다고 보기 어려우므로 제451조 제1항 본문이 이의를 보류하지 않은 승낙에 공신력을 주었다고 해석할 것인지 여부가 단지 표현의 차이에 불과한 것이라고 볼 수 없다. 일본의 판례가 공신설을 취한 것이라고 이해되지만 '공신' 또는 '공신력'이라는 용어를 사용하고 있지 않은 점도 주목할 필요가 있다. 공신설을 취한 대표적인 판결[63]도 상고대리인의 상고이유는 "일본민법 제468조 제1항 본문은 채무자의 이의를 보류하지 않은 승낙이라고 하는 사

山秀夫의 견해와 我妻榮의 견해 및 於保不二雄의 견해를 모두 포함시키고 있다.

61) 이동진, 앞의 논문(주 28), 79면.

62) 박준서 편집대표, 『주석민법 채권총칙2(제3판)』, 한국사법행정학회(2000), 575-576면(서민 집필부분).

63) 最判 昭和42(1967).10.27. 民集21卷8号 2161면.

실에 '공신력'을 주어 양수인을 보호한 것"이었으나 그 판시에서 '공신력'이라는 용어를 사용하지 아니하였다.

한편 공신설에 대한 비판으로 채권양도 후에 이의를 보류하지 않은 승낙이 있은 경우에는 양수인이 그 승낙을 신뢰하여 채권을 양도받는 것이 아니므로 공신이라고 하는 의미에서의 양수인의 신뢰보호가 성립할 수 없다는 주장[64]도 있으나, 이미 양수인이 채권을 양도받은 경우에도 그 후에 채무자가 이의를 보류하지 않은 승낙을 하여 그로 인하여 양수인이 양수채권에 대항사유가 없을 것이라고 신뢰하게 되었다면 채무자의 이의를 보류하지 않은 승낙에 의해 형성된 양수인의 신뢰를 보호할 필요가 있다고 할 것이므로 위 주장은 타당하지 않다고 본다.

(3) 이의를 보류하지 않은 승낙의 판단기준

채무자가 채권양도에 대하여 승낙을 하면서 이의를 보류하지 않았다는 단순한 부작위가 대항사유 단절이라는 중대한 효과를 발생시키는데 이는 채무자의 입장에서는 예견하지 못한 과도한 불이익이므로 이를 해석상 제한할 필요성이 있었으나, 종래 그 제한방법으로 대항사유 단절의 효과를 얻기 위하여 양수인에게 선의·무(중)과실을 요구하는, 즉 양수인의 주관적 사정에 의해 효과를 축소해석하는 문제에 논의가 집중되었을 뿐이고, 어떠한 채무자의 승낙이 이의를 보류하지 않은 승낙에 해당하는가 하는 근본적인 문제에 대하여는 별다른 논의가 없었다고 할 수 있다.[65]·[66]

---

64) 김용덕 편집대표, 앞의 책(주 8), 593면(최수정 집필부분); 野村豊弘 外, 『債權總論(第3版補訂)』, 有斐閣(2012), 182면(池田眞朗 執筆部分).

65) 다만 이은영, 앞의 책(주 8), 622면이 단순승낙은 채무자에게 인적 항변을 절단시키는 효과를 가져오므로 승낙 여부의 인정에 있어서 이를 감안하여 신중하게 판단하여야 하고, 묵시의 승낙을 광범위하게 인정하여 채무자의 인적 항변의 권리를 박탈하는 것은 옳지 못하다고 한다.

66) 일본에서의 종래의 논의상황도 마찬가지였다가 규정을 삭제하는 개정으로써 문제를 해결함에 따라 우리나라에서도 개정 일본민법과 같이 삭제하거나 단절되는 항변을 상계로 제한하는 프랑스민법 또는 개별·구체적인 신뢰보호를 도모하는 유럽민사법 공통기준안(DCFR)과 같은 규정을 두는 방식으로 개정하자는 입법론이 주장되었다[권영준, 앞의 논문(주 26), 553면; 김기환, "채권양도의 승낙과 상계",

아마도 이는 이의를 보류하지 않은 승낙에서 우선 '승낙'이란 양도사실의 인식에 대한 표명으로서 관념의 통지에 해당하고, 따라서 단순히 양도사실을 안다는 것을 나타내면 충분하다는 점, 그리고 '이의를 보류하지 않았다'라는 것은 이의를 보류하지 않는다는 취지를 적극적으로 표시할 필요가 없다는[67] 점에서 결국 단순히 양도사실을 안다는 표시만 있으면 이의를 보류하지 않은 승낙이 있다는 결론이 당연히 도출된다는 사고에 기인하는 것이 아닌가 한다.[68]

단순히 양도사실에 대한 인식을 표명하면서 대항사유에 대하여는 언급이 없었다는 단순한 부작위가 모두 이의를 보류하지 않은 승낙에 해당

민사법학(제94호), 한국민사법학회(2021. 3), 202면; 김용덕 편집대표, 앞의 책(주 8), 597면(최수정 집필부분); 이동진, 앞의 논문(주 28), 86면; 이진기, 앞의 논문(주 12), 22면; 전원열, 앞의 논문(주 28), 2016, 21-22면].

67) 김주수, 앞의 책(주 8), 386면. 이동진, 앞의 논문(주 28), 61면도 이의를 보류하지 아니한 승낙은 항변사유를 보유하고 있음을 밝히지 아니한 채 단순히 승낙한 것을 가리킨다고 하는 통설에 따르면 승낙 시 적극적으로 이의가 없다거나 항변이 없다고 표시하여야 하는 것은 아니라고 한다. 이에 반하여 윤진수, 『민법기본판례(제2판)』, 홍문사(2020), 392면은 항변절단의 효과가 인정되는 이의를 보류하지 않은 승낙이라고 하려면 단순히 이의를 하지 않았다는 것만으로는 부족하고 명시적 · 묵시적으로 항변사유를 포기한다거나 양도채권에 대하여 이의가 없다는 뜻을 표시해야 한다고 주장하나, 채권양도의 대항요건으로서 관념의 통지인 이의를 보류하지 않은 승낙의 법적 성질에 비추어 볼 때 항변포기의 의사표시에 해당할 수 있는 의사가 표시되어야만 한다고 해석하기는 어려울 것이다. 한편 일본에서는 양수인을 보호하고자 하는 규정의 취지상 특정의 채권이 양도된 것에 대한 명료한 승낙이 있으면 반드시 항변을 하지 않는다거나 이의를 진술하지 않는다는 적극적인 표시를 수반할 필요가 없다고 하는 견해[我妻榮, 『新訂 債權總論』, 岩波書店(1964), 538면]가 있는 반면 이의를 보류하지 않은 승낙에 의해 발생하는 효과의 중대성을 고려하면 이의를 보류하지 않은 것에 대한 명시를 필요로 하는 것이 적절하므로 단순히 승낙을 한 경우는 이의를 보류한 승낙이 행해졌다고 해석하여야 한다는 견해[我妻榮 外, 『我妻 · 有泉コンメンタール 民法 −總則 · 物權 · 債權−(第2版)』, 日本評論社(2008), 864면]도 있다.

68) 특히 전원열, 앞의 논문(주 28), 11-12면, 22면은 채무자가 '이의보류 없음'을 표현하는 데에는 '항변권을 가지고 있지 않고 이를 주장하지 않을 것을 확인한다'라는 표현에서부터 '채권의 양도사실을 안다'라는 표현까지 그 강도에 큰 차이가 있다고 하며 후자의 단순인식의 표시에 양도통지와 달리 채무자가 포괄적으로 항변을 잃는 것에 의문을 제기하면서도 후자도 이의를 보류하지 않은 승낙에 해당하므로 그에 상응하도록 효과를 가능한 한 축소해석할 필요가 있다고 하며 그 방안으로 양수인이 선의일 뿐만 아니라 무과실인 경우에만 대항사유 단절의 효과를 인정하여야 한다고 주장한다.

된다고 하여 대항사유가 단절되는 중대한 법적 효과가 부여되는 것은 채무자에게 지나친 불이익이고, 또한 양수인의 선의·무과실을 요구하는 쪽으로 양수인의 주관적 요건을 강화하는 것으로 문제가 해결되는 것도 아니다.[69)]

앞서 살펴보았듯이 이의를 보류하지 않은 승낙에 대항사유 단절 효과를 부여하는 근거는 채무자의 이의를 보류하지 않은 승낙에 의해 양수채권에 대항사유 없다고 믿은 양수인의 신뢰를 보호하는 것이므로 근본적으로 이의를 보류하지 않은 승낙을 했는지 여부는 양수인으로 하여금 양수채권에 대하여 대항사유가 없을 것을 신뢰하게 할 정도에 이르렀는지에 따라 판단해야 할 것이고 대상판결이 이를 명시적으로 밝히면서 그와 같은 기준으로 대상사건에서 이의를 보류하지 않은 승낙이 있었는지를 판단한 것은 타당하다고 하겠다.[70)] 대상판결이 제시한 추상적인 기준이 향후 채무자의 승낙이 있는 때 과연 그것이 항변단절의 효과를 발생시키는 이의를 보류하지 않은 승낙인지 아닌지를 둘러싸고 법률관계를 불안하게 만들고 분쟁을 야기할 수 있다는 점에서 우려를 표하면서 기준을 유형화하여 보다 명확히 할 필요가 있다는 견해[71)]도 있으나, 대상판결이 양수인의 신뢰형성을 기준으로 하여 채무자의 이의를 보류하지 않은 승낙이 양수인의 신뢰를 불러온 경우에만 제451조 제1항 본문이 규정한 대항사유 단절의 효과를 발생시키는 이의를 보류하지 않은 승낙에 해당한다고 본 것은 위 규정이 적용되는 경우를 합리적으로 제한하여 채무

69) 대상사건에서 채무자인 피고가 상계가 가능한 반대채권이 있음을 알지 못했으므로 양수인인 원고도 이를 알지 못하였고 알지 못한 데 과실이 있다고 할 수 없을 것이어서 양수인의 주관적 요건에 따라 채무자의 대항사유 단절 효과의 발생 여부가 달라지지 아니한다.

70) 대상판결 이후 양창수·권영준, 앞의 책(주 8), 200면은 이의를 보류하지 않은 승낙의 의미에 대하여 이는 채무자가 채권양도를 승낙하면서 그가 양도인에게 어떠한 대항사유를 가지고 있음을 밝히지 않은 경우를 말하고, 침묵이 언제나 곧바로 이의 무보류로 해석되는 것은 아니며, 이의 무보류인지 여부는 여러 가지 사정을 종합적으로 고려하여 양수인으로 하여금 양도된 채권에 대하여 대항사유가 없을 것을 신뢰할 정도에 이르렀는지를 감안하여 판단해야 한다고 설명하고 있다.

71) 최수정, 앞의 논문(주 11), 240-241면.

자의 보호와 양수인의 신뢰보호 사이에 적정한 균형을 이룰 수 있도록 한다는 점에서 의미가 있고, 구체적인 적용 문제는 실제 사건에서 그 문제에 대한 판단이 쌓이면서 해결될 것으로 본다.

(4) 검　토

대상판결은 여러 사정을 종합하여 이의를 보류하지 않은 승낙이 있었다고 할 수 없다고 판단하였는데, 대상사건에 나타난 사정들을 고려할 때 확인서가 양수인으로 하여금 양수채권에 대하여 대항사유가 없을 것을 신뢰하게 할 정도에 이르지 않았다고 본 것은 타당하다. 아래에서 대상판결이 들고 있는 판단의 근거가 타당한지 여부에 관하여 살핀다.

(가) 피고가 대항사유 단절에 관하여 표시하였는지에 관하여

대상판결은 확인서가 민원업무를 신속하고 획일적으로 처리하기 위해서 발급목적과 용도가 채권압류 확인으로 제한된 것으로 발급목적 외 다른 용도로 사용하는 것이 금지되어 있고, 확인서의 발급으로 인해서 어떠한 책임도 피고에게 물을 수 없다는 내용이 기재되어 있으므로 이를 통하여 대항사유의 단절이라는 법적 책임이나 불이익을 지지 않음을 포괄적으로 표시하였다고 볼 수도 있다고 한다.

이의를 보류한다는 것은 채무자가 양도인에 대하여 대항사유를 가지고 있음을 나타내 보이는 것인데, 확인서에는 이러한 내용이 없다. 다만 확인서에 "…기재된 발급목적 외 용도로 사용할 수 없으며 타업무의 증빙자료로 사용되어 발생되는 모든 책임은 본인에게 있으므로 공단에는 일체의 이의를 제기할 수 없습니다."라는 내용이 기재되어 있는데, 이는 확인서의 발급목적인 압류채권 확인 외에 다른 용도로 사용되는 경우에 피고에게 책임을 물을 수 없다는 내용일 뿐이다. 따라서 확인서의 발급목적 외에 증빙자료로 사용하는 것과 관련이 없는, 원고가 양수한 채권에 대한 대항사유가 단절되는 법적 책임을 포함한 모든 책임을 피고에게 물을 수 없다는 내용을 표시하였다고 보기는 어렵다.

이에 관하여 이의의 보류가 구체적 항변의 존재를 개시하는 것으로 제한될 필요는 없고, 항변의 존재를 보류하는 대신 다른 방법으로 양수인의 신뢰를 차단한 경우에도 항변대항을 허용할 필요가 있으므로 이의 보류를 확장 해석하여 항변의 부존재 내지 그 포기와 부합하지 아니하는 사정이 있으면 이의보류가 아니어도 이의보류에 준하는 효력을 부여하여야 한다고 하면서, 대상판결이 확인서에 그 이용목적이 제한되어 있고 다른 용도로 사용하는 것이 금지된다고 기재되어 있는 점 등을 들어 이의보류 없는 승낙이 아니라고 한 것을 이러한 관점에서 이해할 수 있다는 견해[72]가 있다. 채무자가 구체적 대항사유의 존재를 개시하지 않고도 양수인의 신뢰를 차단한 경우라면 대항사유 단절의 효과가 발생하지 않는다고 보는 데에는 동의하나, 확인서에 발급용도 외의 사용을 금지한다고 기재되어 있는 것이 항변의 부존재 내지 그 포기와 부합하지 아니하는 사정에 해당한다고 보아 이의보류에 준하는 효력을 부여할 수 있는지는 의문이다. 확인서에 발급용도를 명시하며 그 외의 용도로 사용하는 것을 금지한다는 문구가 기재되어 있는 것은 항변의 부존재 내지 포기와의 부합하는 사정인지 여부를 떠나 아예 항변의 부존재 내지 포기와는 관련이 없는 내용이라고 할 수 있다.

결국 확인서에는 이의의 보류 여부에 관한 아무런 의사 표명이 없다고 할 수 있고, 이러한 승낙을 이의를 보류하지 않은 승낙으로 볼 것인지가 문제이고 앞서 보았듯이 양수인으로 하여금 양수채권에 대항사유가 없다는 신뢰를 갖게 하였는지를 기준으로 판단해야 하는 것이다. 이런 점에서 볼 때 채무자의 침묵이 이의 무보류로 평가되어 항변 단절효를 발생시키려면 단순한 침묵 또는 모든 형태의 침묵이 아니라 더 이상 양수인에게 항변권을 행사하지 못하게 되어도 무방하다는 의미의 침묵이라야 한다는 주장[73]은 채무자가 대항사유에 관하여 아무런 의사를 표명하지 않은 것이 으레 이의를 보류하지 않은 것에 해당하게 되는 것이 아니라 양수인의 신뢰를 형성한 경우에만 이의를 보류하지 않은 것에 해당한다고 볼 수 있다는 의미에서 타당하다.[74]

---

72) 이동진, 앞의 논문(주 28), 85면.
73) 권영준, 앞의 논문(주 26), 551면.

확인서는 그 제목과 내용에서 보듯이 피고의 민원업무를 신속하고 획일적으로 처리하기 위해서 발급목적과 용도가 채권압류 확인으로 제한되어 있고, A의 요양급여 등 채권에 대하여 피고에게 접수된 확정일자 있는 채권양도 통지나 압류 등 내역을 확인하는 내용으로 단지 피고가 채권양도통지서를 접수하여 원고의 채권양수사실을 알고 있다는 내용만 표시되어 있을 뿐 그 외에 다른 내용은 없고, 특히 양도채권에 관한 내용은 전혀 기재되어 있지 않은바, 확인서를 통해 원고는 단지 피고가 채권양도통지서를 받아 원고의 채권양수사실을 인식하고 있다는 것을 확인할 수 있을 뿐 더 이상의 신뢰가 형성되었다고 보기는 어려울 것이다. 피고가 A에 대하여 상계할 수 있는 반대채권이 있음을 알지 못한 상태였기도 하지만, 채권양도통지서를 언제 받았다는 내용과 함께 그와 같은 종류의 채권압류확인서에 통상적으로 기재되는 문구가 부동문자로 기재되어 있을 뿐인 확인서는 상계할 수 있는 반대채권이 있다는 등의 내용이 기재될 만한 문서도 아니어서 원고가 확인서로 인하여 양수채권에 아무런 대항사유가 없을 것이라는 신뢰를 갖게 되었다고 볼 수도 없다. 이와 달리 만약 채무자가 양도채권의 내용에 관하여 구체적으로 기재하면서 대항사유에 대하여는 언급이 없었던 경우라면 그러한 침묵은 양수인으로 하여금 대항사유가 없다는 신뢰를 갖게 하였다고 보아도 좋을 것이다.

(나) 피고가 상계할 수 있음을 알지 못한 점에 관하여

대상판결은 피고가 A에 대한 손해배상채권이나 그에 따른 상계 가능성을 알지 못하였던 것으로 보이는 상황에서 확인서 발급 당시 A에 대한 대항사유를 구체적으로 보류할 것을 기대하기는 어렵다는 점을 고려할 사정 중 하나로 들고 있다.

---

74) 윤진수, 앞의 책(주 67), 392면은 특별한 부가적 설명 없이 단순히 승낙을 하였다는 것만으로는 양수인이 대항사유가 없을 것을 신뢰하게 되는 것은 아니므로 항변절단의 효과가 인정되는 이의를 보류하지 않은 승낙이라고 하기 위하여는 단순히 아무런 이의를 하지 않았다는 것만으로는 부족하다고 하나, 채무자가 아무런 이의를 하지 않고 단순히 승낙한 경우에도 그 승낙으로 인하여 양수인이 대항사유가 없을 것을 신뢰할 정도에 이르렀다면 이의를 보류하지 않은 승낙에 해당한다고 할 것이다.

이에 대하여 상계를 할 수 있다는 사실 자체를 몰랐던 경우에는 이의를 보류하지 않은 승낙을 하였다는 것만으로 상계로 대항할 수 없다고 하는 것은 가혹하다고 하며 피고가 원고에 대하여 상계로 대항할 수 있다고 본 판례의 입장에 찬성하는 견해가 있고,[75] 양수인의 신뢰의 대상은 채무자가 알고 있는 항변을 숨기지 아니하였을 것이라는 점에 국한된다는 카나리스(Canaris)의 주장에 기초하여 채무자가 알지 못하는 항변을 포기할 수는 없고, 양수인도 채무자가 알지 못하는 항변을 유보하여 개시하리라고 기대할 수도 없다고 하며 판례의 입장에 찬성하는 견해[76]도 있다.

채무자의 입장에서 보면 승낙 시 양도인에 대하여 상계할 수 있는 반대채권이 있다는 사실을 알지 못하여 그에 관해 이의를 보류할 수 없었음에도 불구하고 그로 인하여 양수인에 대하여 상계로 대항할 수 없는 결과가 생기는 것은 부당하다고 할 수 있는데, 반면 양수인의 입장에서 보면 채무자의 이의를 보류하지 않은 승낙에 의해 대항사유가 없을 것을 신뢰하였는데 그 후 채무자가 상계할 수 있음을 몰랐다는 이유로 상계로 대항할 수 있다고 한다면 이는 양수인의 신뢰에 반하는 것으로 이 또한 부당하다고 할 수 있다. 대항사유 단절의 효과를 발생시키는 이의를 보류하지 않는 승낙의 범위는 채무자의 보호와 양수인의 신뢰보호 사이에 균형을 이룰 수 있도록 합리적으로 제한되어야 한다는 점에서 보면, 채무자가 상계할 수 있는 반대채권이 있음을 몰랐다는 사정만으로 양수인에 대하여 상계로 대항할 수 있다고 보기는 어려울 것이다. 이때 양수인의 신뢰가 채무자가 알고 있는 항변을 숨기지 아니하였을 것이라는 점에 대한 것이라고 볼 근거가 없고 오히려 양수인의 신뢰는 양수채권에 대항사유가 없을 것이라는 점에 대한 것이라고 보아야 할 것이다. 채무자는 채권양도에 대하여 승낙할 의무가 없는데 그럼에도 승낙을 함으로써 양

75) 윤진수, 앞의 책(주 67), 392면.
76) 이동진, 앞의 논문(주 28), 84면. 권리외관에 대한 책임은 책임주체 즉 채무자가 외관창출에 기여하여 그에게 책임을 귀속시킬 수 있어야 정당화될 수 있다고 한다.

수인으로 하여금 대항사유가 없을 것이라고 신뢰하게 하였다면 그렇게 신뢰한 양수인의 이익을 보호하여야 하는 것이고 그것이 이의를 보류하지 않은 승낙이 대항사유 단절의 효과를 가지는 근거이다. 또한 채무자가 항변을 포기할 의사로 이의를 보류하지 않은 승낙을 한 경우에 한하여 대항사유 단절의 효과가 생긴다고 볼 근거도 없으므로 채무자가 대항사유가 있음을 알지 못했다고 하는 주관적 사유에 의해 이의를 보류하지 않은 승낙인지 여부가 달라진다고 보기는 어렵다.[77]

(다) 채권양도의 대상인 채권이 장래 발생할 채권이 다수 포함된 집합채권이라는 점에 관하여

대상판결은 채권양도의 대상이 된 채권은 장래 발생할 채권이 다수 포함된 집합채권으로서 확인서 발급 당시에는 210억 원이라는 한도만 정해져 있었을 뿐 대부분의 채권이 발생 시기나 금액이 불확실하였으므로 그와 같은 상황에서 피고가 양도인에 대한 모든 대항사유를 포기한 채 채권양도를 승낙하였으리라고는 통상적으로 기대하기 어렵다는 점도 고려사유로 들고 있다.

이에 대하여 제451조 제1항의 규율근거가 항변포기에 있는 것은 아닐 뿐 아니라, 대상사건에서 문제된 상계항변은 장래 발생할 대항사유가 아닌 승낙 당시 이미 존재한 대항사유로서 단지 채무자가 알지 못하였을 뿐이라는 점에서 의문을 제기하는 견해[78]가 있다. 대상사건에서 문제된 대항사유는 발생 시기나 금액이 불확실한 장래채권에 관한 것이 아니라 승낙 당시 이미 발생한 반대채권에 기한 상계항변이므로 대상판결의 위와 같은 판단논거가 문제된 상계항변에 관해서는 타당하지 않은 면이 있으나, '포기'라는 표현은 채무자가 모든 대항사유를 일일이 인식하여 이에

77) 한편 최수정, 앞의 논문(주 11), 239면은 채무자가 이의를 보류할 것을 기대할 수 없어 제451조 제1항의 효과가 제한되는 경우는 이의의 보류를 객관적으로 기대할 수 없는 경우이고 단순히 채무자가 알지 못하였다는 사정은 이에 해당하지 않는다고 하며 대상판결이 '채무자의 단순승낙에 의한 양수인의 신뢰형성'이라고 하는 스스로가 제시한 척도가 아니라 채무자의 사정에 더 귀기울인 듯한 인상을 지울 수 없다고 하며 대상판결을 비판한다.

78) 이동진, 앞의 논문(주 28), 86면 주 94; 최수정, 앞의 논문(주 11), 239면.

관하여 이의가 없다는 의사를 가지기 어렵다는 의미로 해석할 수 있고, 집합채권양도담보의 경우 통상적으로 채무자가 모든 대항사유에 대하여 이의를 하지 않을 것을 기대하기는 어려우므로 대항사유에 관하여 아무런 표시가 없더라도 일반 채권의 양도와 달리 이의를 보류하지 않은 승낙이라고 판단함에 있어 보다 신중하여야 한다는 취지로 이해할 수 있다고 본다.

Ⅲ. 상　　계

채무자가 채권양도 통지를 받은 경우 채무자는 그때까지 양도인에 대하여 생긴 사유로써 양수인에게 대항할 수 있는바(제451조 제2항), 채무자가 대항할 수 있는 사유에 상계도 포함된다고 보는 것에 학설과 판례가 일치하며,[79] 대상판결도 같은 입장이다. 대상사건에서 피고는 이의를 보류하지 않은 승낙을 한 것이 아니므로 원고에 대하여 상계항변으로 대항할 수 있는데, A에 대한 손해배상채권이 상계할 수 있는 채권인지 여부가 문제된다. 채권양도 통지가 있는 경우 채무자가 상계할 수 있는 범위에 관하여는 채권이 압류된 경우와 동일한 기준에 의하여 판단하여야 한다는 견해가 다수설[80]로서 타당한바, 우선 채권이 압류된 경우의 상계

---

79) 김용덕 편집대표, 앞의 책(주 8), 603면(최수정 집필부분). 한편 상계항변에 관하여 명문으로 규정할 필요가 있다는 주장으로 박준서 편집대표, 앞의 책(주 62), 581-582면(서민 집필부분)(다른 항변사유들은 채권 자체에 붙어 있는 사유이지만 상계의 항변은 채권자의 지위에서 받는 대항사유이므로 이들을 똑같이 볼 수 없다고 한다); 이은영, 앞의 책(주 8), 623면(제451조의 항변사유와 상계의 항변은 그 성질이 다른 것이라고 한다); 최영덕, "채권양도에 있어서 채무자의 상계항변", 원광법학(제24권 제3호), 원광대학교 법학연구소(2008. 9), 72면(상계항변은 중요한 채무자 보호수단이기 때문이라고 한다)이 있다. 2004년 법무부 민법개정안은 채무자의 상계항변을 규정하는 제451조 제3항을 신설하였으며[양창수, "채권편에 대한 민법개정안 해설", 민법연구(제8권), 박영사(2005), 250면], 2013년 법무부 민법개정시안은 제451조의2를 신설하여 채무자의 상계권에 관하여 규정하고 있다[법무부 민법개정자료발간팀 편, 『2013년 법무부 민법개정시안-채권편 상-』, 법무부(2013), 55면].

80) 김선석, 앞의 논문(주 14), 240면; 김용덕 편집대표, 앞의 책(주 8), 604면(최수정 집필부분); 양창수, "은행거래와 상계", 금융거래법강의, 법문사(1999), 103면; 장재현, "상계에서 몇 가지 문제", 법학논고(제28집), 경북대학교 출판부(2008), 519면; 주기동, "지명채권양도 통지의 요건과 효력", 민사재판의 제문제(제7권), 민사실무

에 관하여 살펴본 후 채권이 양도된 경우의 상계범위와 대상판결의 상계에 관한 판시내용의 타당성에 관하여 검토한다.

1. 채권압류의 경우

지급을 금지하는 명령을 받은 제3채무자는 그 후에 취득한 채권에 의한 상계로 그 명령을 신청한 채권자에게 대항하지 못하는바(제498조), 제3채무자가 압류채무자에 대한 채권(반대채권)을 압류 전에 취득한 경우에는 어느 범위에서 피압류채권과 상계할 수 있는지가 문제되고, 이에 관하여, ① 압류 시점에서 피압류채권과 반대채권의 변제기가 모두 도래하여 상계적상에 있었던 경우에 한하여 상계로 대항할 수 있다는 상계적상설, ② 압류 시점에서 피압류채권과 반대채권이 상계적상에 있지 않더라도 반대채권이 변제기에 이르렀다면 피압류채권의 아직 변제기에 이르지 않았더라도 그 기한의 이익을 포기할 수 있는 때에는 상계로 대항할 수 있다는 완화된 상계적상설(상계적상수정설, 준상계적상설), ③ 압류 당시에 대립하는 두 채권이 상계적상에 있거나 반대채권의 변제기가 도래하지 아니한 경우에는 그것이 피압류채권의 변제기와 동시에 또는 그보다 먼저 도래하여야 한다는 변제기기준설(변제기선후관계설, 변제기선도래설), ④ 제3채무자의 합리적 기대이익을 판단기준으로 하여 변제기의 선후뿐만 아니라 피압류채권과 반대채권 사이의 상호의존성 또는 견련성의 유무 및 그 강도 등 거래의 객관적 제반사정을 종합하여 두 채권 사이에 사실상 강한 담보적 기대관계가 있어서 상계에 의한 채권회수의 강한 기대 내지 이익이 있는 때에는 그 기대이익은 합리적이어서 보호되어야 하므로 상계로 대항할 수 있다는 기대이익설(실질관계기준설),[81] ⑤ 압류 시

연구회(1993), 45면; 지원림, 앞의 논문(주 56), 996면. 반면 김용한, 앞의 책(주 8), 611-612면; 윤진수, "금융기관의 수신거래와 여신거래(Ⅱ)", BFL(제11호), 서울대학교 금융법센터(2005. 5), 76면; 이호행, 앞의 논문(주 56), 195-196면은 채권압류의 경우와 채권양도의 경우는 차이가 있다는 점을 지적하고 있고, 김우성, "양도채권 · 피압류채권 채무자의 상계주장", 서울대학교 법학(제57권 제4호), 서울대학교 법학연구소(2016. 12), 165-167면, 180면은 상계의 범위에 관하여 서로 다른 기준을 적용해야 한다고 주장한다.

점에 반대채권이 성립 또는 취득되어 있는 한 반대채권과 피압류채권의 변제기 선후를 가릴 필요 없이 제3채무자는 상계로써 대항할 수 있다는 무제한설이 있다.[82] 판례는 변제기기준설을 취하고 있다.[83] 이는 압류와 상계의 우열관계에서 어느 이익을 어디까지 보호하는 것이 타당한가의 문제로서 제3채무자의 상계기대의 정당한 이익과 압류채권자의 채권 만족의 이익을 균형 있게 고려하여 그 범위를 적절하게 정할 필요가 있으므로 변제기를 기준으로 상계의 담보적 기능에 적절한 한계를 설정한 변제기기준설이 타당하다고 본다.

한편 판례는 피압류채권과 반대채권이 동시이행관계에 있는 경우에는 처음부터 채권발생의 기초관계가 존재하고 있어 상계를 할 수 있다는 기대가 존재하기 때문에 반대채권이 압류 후에 발생한 경우에도 상계로 대항할 수 있다고 한다.[84] 이러한 판례의 입장은 학설의 지지를 받고 있

81) 이범주, "민법 제498조와 상계예약-압류와 상계의 우열의 측면에서-", 민사재판의 제문제(제2집), 민사실무연구회(1980), 95면, 119면이 이 견해를 취하고 있다. 이 설은 일본에서 林良平에 의해 주장된 것으로 기대이익설로 불리는데[林良平・中務俊昌, "擔保的機能からみた相殺と假處分", 60면 以下(이범주, 위의 논문, 95면에서 재인용)], 김용덕 편집대표, 『주석민법 채권총칙4(제5판)』, 한국사법행정학회(2020), 610면(강경구 집필부분)은 기대이익설 또는 합리적기대설이라는 명칭은 이 설을 포함하여 변제기기준설과 무제한설을 아우르는 의미로 사용되는 합리적 기대이익설과 혼동을 일으킬 수 있다는 이유에서 실질관계기준설이라고 부른다. 한편 林良平은 그 후 판례가 변제기기준설을 채택하였다가[最判 昭和39(1964).12.23. 民集18卷10号, 2217면] 다시 무제한설로 변경하는[最判 昭和45(1970).6.24. 民集24卷6号, 587면] 과정에서 견해를 수정하여 오다가 상계예약과 달리 법정상계에서 합리적인 기대이익을 판단기준으로 삼는 것은 상계의 유효를 주장하는 자에게 입증부담을 지우게 되어 가혹하고, 법적 불안정과 예측의 곤란을 초래한다는 이유로 변제기기준설의 입장을 취하고 있다[林良平, "相殺の機能と効力", 担保法大系(第5卷), 金融財政事情研究會(1984), 551면].

82) 각 학설의 상세 내용은 김용덕 편집대표, 위의 책, 603-613면(강경구 집필부분) 참조.

83) 대법원 1982. 6. 22. 선고 82다카200 판결에서 변제기기준설을 채택한 이래 대법원 2012. 2. 16. 선고 2011다45521 전원합의체 판결에서 이를 재확인하였고, 이후 현재까지 변제기기준설의 입장을 견지하고 있다.

84) 대법원 1993. 9. 28. 선고 92다55794 판결; 대법원 2001. 3. 27. 선고 2000다43819 판결; 대법원 2005. 11. 10. 선고 2004다37676 판결; 대법원 2010. 3. 25. 선고 2007다35152 판결.

고,[85] 2013년 법무부 민법개정시안에도 반영되었다.[86]

두 채권이 동시이행관계와 같은 밀접한 관계가 있는 경우에는 반대채권이 압류 당시 구체적으로 발생하지 않았더라도 그 발생의 기초관계가 존재하고 있으면 제3채무자의 상계에 대한 기대가 있게 되고 그 기대는 보호되어야 하므로 이러한 판례의 태도는 타당한바, 이는 그와 관계가 없는 채권의 경우 반대채권이 압류 당시에 발생한 것을 당연한 전제로 하여 압류 당시 반대채권이 발생되어 있기만 하면 되는지 아니면 압류 당시 상계적상에 있어야 하는지 등 어떠한 요건 하에서 상계로 대항할 수 있다고 볼 것인지에 관한 앞서 본 학설의 대립과는 다른 영역의 문제이고, 따라서 어느 범위에서 상계를 인정할 것인가에 관한 변제기기준설, 기대이익설, 무제한설 등과 같은 선상에서 이해해서는 안 되며, 여기서 두 채권의 변제기의 선후는 아예 문제되지 않는 것이다.[87]

---

85) 김상수, “압류와 상계”, 민사법학(제60호), 한국민사법학회(2012. 9), 288면; 김용덕 편집대표, 앞의 책(주 81), 621면(강경구 집필부분); 양창수, “1992년 민법 판례 개관”, 민법연구(제3권), 박영사(1995), 495면; 이동진, “상계의 담보적 기능”, 민사법학(제70호), 한국민사법학회(2015. 3), 471면; 이범주, “전부명령과 상계항변: 압류 후에 발생한 자동채권이 동시이행의 관계에 있는 경우”, 재판의 한 길: 김용준 헌법재판소장 화갑기념논문집, 박영사(1998), 670면; 이상주, “압류된 채권에 대한 상계의 허용요건”, 자유와 책임 그리고 동행: 안대희 대법관 재임기념, 재판연구관 실무연구회(2012), 392-393면; 이호행, 앞의 논문(주 56), 190면; 정병호, “지급금지된 채권 또는 양도된 채권을 수동채권으로 하는 상계에 관한 민법개정안”, 서울법학(제24권 제1호), 서울시립대학교 법학연구소(2016. 5), 230면(‘채권발생의 기초관계설’이라고 이름 붙일 만하다고 한다); 지원림, 앞의 책(주 8), 1043면. 한편 김기환, 『상계』, 경인문화사(2018), 280면은 견련관계 있는 채무 사이의 상계는 압류 시 반대채권이 발생하지 않은 경우에도 허용하여야 하므로 동시이행의 관계나 압류 시 반대채권의 발생원인이 있었다는 점을 거론할 필요는 없다고 주장한다.

86) 판례의 입장이 제498조의 문언의 한계를 넘어서는 것이어서 입법론적으로 재검토할 필요성이 제기되었고, 2013년 법무부 민법개정위원회에서는 판례가 합리적이라고 보고 제498조에 “다만 제3채무자가 취득한 채권이 지급이 금지된 채권과의 사이에 동시이행관계 그 밖에 밀접한 관련이 있는 때에는 그러하지 아니하다.”라는 단서를 두는 민법개정안을 마련하였다[정병호, 앞의 논문(주 85), 220면, 236-237면].

87) 위 92다55794 판결에 관하여 김상수, 앞의 논문(주 85), 288면은 동시이행의 항변권이 인정되면 변제기가 동시에 도달하는 것으로 설명하고 있는데 두 채권이 동시이행의 관계에 있다고 하여 변제기가 동시에 도달하는 것은 아니므로 이러한 설명은 타당하지 않다. 또한 이범주, 앞의 논문(주 85), 673면은 기대이익설의 입장에서 변제기의 선후라는 형식에만 집착한 변제기기준설의 입장에서 한 걸음 나아

2. 채권양도의 경우

채권양도 통지가 있은 후에 양도인에 대하여 반대채권을 취득한 경우에는 그 채권을 가지고는 상계하지 못한다는 점에 대하여는 학설[88]과 판례[89]가 일치한다.

채무자가 양도인에 대한 반대채권을 채권양도 통지 전에 취득한 경우에 어느 범위에서 양도채권과 상계할 수 있는지에 관하여는 앞서 채권압류의 경우에서의 경우와 마찬가지로 완화된 상계적상설,[90] 변제기기준설,[91] 기대이익설(실질관계기준설),[92] 무제한설[93]이 대립하고 있다.[94]

가 이른바 상계의 담보적 기능에 대한 평가의 개별화를 강조하고 두 이익의 조화점을 탄력성 있게 추구하는 기대이익설에 접근하는 판결로 이해하고, 김영진, "지급이 금지된 채권을 수동채권으로 하는 상계", 민사판례연구(XXXV), 민사판례연구회(2013), 337-338면은 변제기의 선후가 정당한 상계기대의 판단기준으로서 부적절하다는 점을 지적하면서 위 판결들을 들고 있으며, 이상주, 앞의 논문(주 85), 392, 394면은 대법원이 기존의 변제기기준설의 예외를 인정한 것이고 이로써 무제한설보다 제3채무자가 상계로 대항할 수 있는 요건이 확대되었다고 하는데, 이는 위 판결의 입장을 변제기기준설, 기대이익설 및 무제한설과 같은 선상에 놓고 이해하고자 하는 것으로 보여 동의하기 어렵다. 한편 양창수, 앞의 논문(주 85), 497-498면은 위 판결의 사안에서 반대채권이 피압류채권과 동시이행관계에 있으나 변제기는 피압류채권보다 나중에 도래하였으므로 변제기기준설과는 다른 새로운 시각을 도입한 것으로 이해될 수 있다고 한다.

88) 곽윤직, 앞의 책(주 8), 218면; 곽윤직 편집대표, 앞의 책(주 8), 592면(이상훈 집필부분); 김상용, 앞의 책(주 8), 380면; 김선석, 앞의 논문(주 14), 293면; 김용덕 편집대표, 앞의 책(주 81), 642면(강경구 집필부분); 김주수, 앞의 책(주 8), 385면; 김증한 저, 김학동 증보, 앞의 책(주 8), 305면; 김형배, 앞의 책(주 8), 590면; 지원림, 앞의 책(주 8), 1291면.

89) 대법원 1984. 9. 11. 선고 83다카2288 판결.

90) 김기환, 앞의 책(주 85), 321-322면.

91) 김상용, 앞의 책(주 8), 381면; 김선석, 앞의 논문(주 14), 240면; 김용덕 편집대표, 앞의 책(주 8), 604면(최수정 집필부분); 김형배, 앞의 책(주 8), 590면; 양창수, 앞의 논문(주 80), 102-103면; 정구태, "피압류채권을 수동채권으로 한 제3채무자의 상계권 행사의 허용범위-대법원 2012. 2. 16. 선고 2011다45521 전원합의체 판결-", 고려법학(제66호), 고려대학교 법학연구원(2012. 9), 411-414면; 지원림, 앞의 책(주 8), 1290-1291면; 진홍기, 앞의 논문(주 53), 96면; 최영덕, 앞의 논문(주 79), 74면; 홍준호, "지명채권양도에 대한 이의보류 없는 승낙의 효과와 상계항변의 단절 여부", 민사판례연구(XXIII), 민사판례연구회(2001), 291면.

92) 김우성, 앞의 논문(주 80), 164-167면(실질관계기준설이라고 부른다).

93) 곽윤직, 앞의 책(주 8), 218면; 곽윤직 편집대표, 앞의 책(주 8), 592-593면(이상훈

판례의 입장을 살펴보면, 우선 대법원 1999. 8. 20. 선고 99다18039 판결이 임차인이 임대차계약 체결 직전 임대차보증금의 지급을 위하여 금전을 차용(변제기: 1996. 5. 30.)함에 있어 임대인이 연대보증을 하고 임대차보증금을 수수하면서, 임대인이 연대보증책임을 지는 경우에는 임대차보증금반환채권에서 이를 공제하기로 약정하고, 임차인이 임대차보증금반환채권을 양도하여 임차인, 임대인 및 양수인이 함께 임대차계약을 체결하였는데(1996. 1. 29.), 임대차계약이 해지로 종료되고(1996. 10. 31.), 그 후 임대인이 연대보증인으로서 임차인을 대신하여 차용금채무를 변제한 사안에서, "채권양도에 있어서 채무자가 양도인에게 이의를 보류하지 아니하고 승낙을 하였다는 사정이 없거나 또는 이의를 보류하지 아니하고 승낙을 하였더라도 양수인이 악의 또는 중과실의 경우에 해당하는 한, 채무자의 승낙 당시까지 양도인에 대하여 생긴 사유로써 양수인에게 대항할 수 있다고 할 것인데, 승낙 당시 이미 상계를 할 수 있는 원인이 있었던 경우에는 아직 상계적상에 있지 아니하였다 하더라도 그 후에 상계적상이 생기면 채무자는 양수인에 대하여 상계로 대항할 수 있다고 할 것이다."라고 판시하며, 임대차계약서 작성 당시 임대인이 이의를 보류하지 아니하고 승낙을 하였는지 또는 이의를 보류하지 아니하고 승낙을 하였더라도 양수인이 악의 또는 중과실의 경우에 해당하는지 여부를 심리가 미진하다고 하여 파기환송하였다.

위 판결이 어떤 입장을 취한 것인지에 관하여 다수의 견해는 '승낙 당시 이미 상계를 할 수 있는 원인이 있었던 경우에는 아직 상계적상에 있지 아니하였다 하더라도 그 후에 상계적상이 생기면 채무자는 양수인에 대하여 상계로 대항할 수 있다'는 판시에 근거하여 무제한설을 취한

집필부분); 김용한, 앞의 책(주 8), 447면; 김주수, 앞의 책(주 8), 385면; 김증한 저, 김학동 증보, 앞의 책(주 8), 306면; 송덕수, 앞의 책(주 8), 392면; 임상민, "상계와 채권 압류의 우열-대법원 2012. 2. 16. 선고 2011다45521 전원합의체 판결-", 판례연구(제24집), 부산판례연구회(2013), 383면; 장재현, 앞의 논문(주 80), 521면.

94) 김용덕 편집대표, 앞의 책(주 8), 603면(최수정 집필부분); 정병호, 앞의 논문(주 85), 238면은 무제한설이 다수설이라고 한다.

것으로 보고 있는데,[95] 위 판결의 설시만으로는 대법원이 채권양도의 경우에 압류와 마찬가지로 변제기기준설을 채택한 것인지 압류의 경우와 달리 무제한설을 채택한 것인지는 명확하지 않다는 견해,[96] 기대이익설(실질관계기준설)에 가까운 것으로 보는 견해,[97] 견련관계 있는 채권 사이에 변제기의 선후와 관계없이 상계로 대항할 수 있다고 본 것이라는 견해[98]도 있다.[99]

위 사건에서 상계로 대항할 수 있는지에 관하여 보면, 상계 여부가 문제될 수 있는 반대채권은 사후구상금채권으로 채권양도의 승낙 후에

95) 김영진, 앞의 논문(주 87), 338면; 김용담 편집대표, 『주석민법 채권총칙4(제4판)』, 한국사법행정학회(2014), 654면(조용구 집필부분); 장재현, 앞의 논문(주 80), 519, 521면; 정구태, 앞의 논문(주 91), 403면; 지원림, 앞의 논문(주 56), 996면; 진홍기, 앞의 논문(주 53), 96면; 최영덕, 앞의 논문(주 79), 72면. 채권압류에 관하여 위 2011다45521 전원합의체 판결의 원심인 서울고등법원 2011. 4. 27. 선고 2010나86664 판결이 무제한설을 취하면서 그 근거 중 하나로 위 99다18039 판결이 채권양도에 관하여 변제기기준설을 채택하지 않았다는 점을 들고 있다. 한편 김용덕 편집대표, 앞의 책(주 8), 606-607면(최수정 집필부분)은 판례가 무제한설의 입장이라고 보면서 대항요건구비 이후에 채권이 발생한 때에도 그 원인된 법률관계가 이전에 존재하였다면 자동채권이 양도채권과 견련관계에 있는 것인지를 묻지 않고 상계가 가능하다고 함으로써 채무자의 상계항변을 폭넓게 인정하고 있다고 해석하고, 홍준호, 앞의 논문(주 91), 288면, 299-301면은 채권압류의 경우 변제기 선후에 따른 제한을 가하고 있는 기존 판례와 명확히 일치하지 않은 것이라고 하면서, 채권성립의 기초가 되는 법률관계(금원대여에 따른 공제약정)가 성립되어 있다면 승낙 이후에 그 법률관계로 인하여 성립된 채권(사후구상금채권)으로 상계할 수 있다고 해석한다.

96) 이동진, 앞의 논문(주 85), 461면; 이상주, 앞의 논문(주 85), 398-399면; 임상민, 앞의 논문(주 93), 381면.

97) 김우성, 앞의 논문(주 80), 145면 주6, 164면; 이호행, 앞의 논문(주 56), 194-195면.

98) 김기환, 앞의 논문(주 66), 185-186면, 213면은 구상금채권을 임대차보증금에서 공제하기로 하는 약정을 하였으므로 임대차보증금반환채권과 같은 법률관계에서 발생하였고 서로 견련관계에 있다고 한다.

99) 한편 권영준, 2013년 민법 개정시안 해설(채권편), 법무부 연구용역 과제 보고서(2013), 80면, 83면은 채권양도 시 채무자의 상계권과 관련한 판례로 위 판결을 적시하면서도 채권압류의 경우와 달리 채무자와 양수인 사이의 상계에 관하여 대법원 판례는 없고 서울고등법원 1997. 12. 26. 선고 97나23473 판결이 변제기기준설을 취하고 있다고 설명하고 있고, 정병호, 앞의 논문(주 85), 239면도 위 99다18039 판결을 기재하면서도 위 판결이 어느 입장인지에 대하여는 언급이 없고, 위 97나23473 판결이 채권양도 통지가 있는 경우 변제기기준설을 따르고 있다고 설명하고 있다.

발생한 것이므로 채권양도 통지 전에 발생한 채권의 경우와 같이 변제기 또는 기대이익을 기준으로 제한하거나 또는 그러한 제한 없이 상계할 수 있는지 여부를 따질 문제가 아니고, 어느 견해에 의하더라도 상계로 대항할 수 없게 된다.[100] 다만 대법원은 채권압류의 경우와 마찬가지로 채무자의 채권양도인에 대한 자동채권이 발생하는 기초가 되는 원인이 양도 전에 이미 성립하여 존재하고 자동채권이 양도채권과 동시이행의 관계에 있는 경우에는 자동채권이 양도통지 후에 발생하였다고 하더라도 채무자는 상계로 양수인에게 대항할 수 있다고 하고,[101] 두 채권이 동시이행관계는 아니지만 그와 같은 밀접한 관계가 있는 경우에는 반대채권이 채권양도 당시 구체적으로 발생하지 않았더라도 그 발생의 기초관계가 존재하고 있으면 채무자의 상계에 대한 기대를 보호할 필요가 있다고 할 것인바,[102] 위 사건에서 구상금채권을 임대차보증금반환채권에서 공제하기로 하는 약정을 함으로써 두 채권이 밀접한 관계에 있게 되어 반대채권 발생의 기초관계가 양도 전에 존재하고 있었다고 본다면 비로소 상

---

100) 김기환, 앞의 논문(주 66), 185면은 차용금채무의 변제기(1996. 5. 30.)에 보증채무의 사전구상권이 발생하고 그 후 임대차계약의 종료로 임대차보증금반환채무의 변제기가 도래하고(1996. 10. 31.), 그 후 피고의 보증채무 이행에 따른 사후구상금채권이 발생하였으므로 승낙 당시 자동채권의 이행기가 도래하지 않았고 자동채권의 이행기가 수동채권의 이행기보다 늦게 도래하고 있으므로 변제기기준설에 의하면 양수인에게 상계를 할 수 없게 되고, 자동채권인 사후구상금채권을 사전구상금채권의 변형이라고 보아 그 이행기 도래시기를 사전구상금채권의 이행기로 의제하는 경우에는 변제기기준설에 의하더라도 상계로 채권양도에 대항할 수 있게 된다고 설명하나, 사후구상금채권이 양도 후에 발생하였으므로 변제기기준설에 의하더라도 상계로 채권양도에 대항할 수 없고, 수탁보증인의 사전구상권과 사후구상권은 발생원인을 달리하고 법적 성질도 달리하는 별개의 독립된 권리이고, 사전구상권에는 담보제공청구권이 항변권으로 부착되어 있어 상계가 허용될 수 없으므로(대법원 2019. 2. 14. 선고 2017다274703 판결 참조), 사후구상금채권을 사전구상금채권의 변형이라고 보아 그 변제기를 사전구상금채권의 변제기로 의제할 수도 없다는 점에서 타당하지 않다.

101) 대법원 2015. 4. 9. 선고 2014다80945 판결.

102) 2013년 법무부 민법개정시안 제451조의2 제2항은 "채무자는 양도인에 대한 채권이 양도된 채권과의 사이에 동시이행의 항변권 등 밀접한 관련이 있는 경우에는 양도인에 대한 채권이 양도통지 후에 발생한 때에도 양도인에게 행사할 수 있었던 상계권을 양수인에게도 행사할 수 있다."라고 규정한다[법무부 민법개정자료발간팀 편, 앞의 책(주 79), 55면].

계로 대항할 수 있게 될 것이다.

위 사건에서 상계로 대항할 수 있는 범위는 주된 쟁점이 아니었음에도 '승낙 당시 이미 상계를 할 수 있는 원인이 있었던 경우에는 아직 상계적상에 있지 아니하였다 하더라도 그 후에 상계적상이 생기면 채무자는 양수인에 대하여 상계로 대항할 수 있다'고 판시함으로 인하여 판례가 어떠한 입장인지에 관하여 견해가 분분한 것인데, 그 판시만 보면 '상계를 할 수 있는 원인이 있었던 경우'는 반대채권이 발생한 경우를 의미하는 것으로 보이고, 변제기에 의한 제한을 두지 않고 '그 후에 상계적상이 생기면' 상계로 대항할 수 있다고 하므로, 승낙 당시 반대채권이 발생한 경우에는 그 후에 상계적상이 생기면 제한 없이 상계로 대항할 수 있다는 것, 즉 무제한설을 취한 것으로 해석되기에 무리가 없다. 그러나 앞서 살펴보았듯이 위 판결은 상계의 범위라는 쟁점에 대하여 어느 기준이 타당한지에 관하여 판시한 것이 아니고, 더욱이 이전에 채권압류의 경우에 취했던 견해와 다르게 변제기기준설이 아닌 무제한설을 취하였다고 보기는 어렵다.

최근 대법원 2017. 3. 30. 선고 2015다200784 판결[103)]은 원심판결[104)]이 위 99다18039 판결의 판시내용에 더하여 "그러나 위의 경우 자동채권의 변제기가 수동채권의 변제기보다 먼저 도래하거나 동시에 도달할 것을 요한다."라고 법리를 설시한 후 채무자의 반대채권의 변제기가 양도채권의 변제기보다 늦게 도래하였다는 이유로 채무자의 상계주장을 배척한 데 대하여 원심의 판단이 정당하다고 하여 상고를 기각하였고, 대법원 2017. 6. 15. 선고 2015다78123 판결[105)]도 채무자의 반대채권의 변제기가 양도채권의 변제기보다 늦게 도달한 사건에서 채권양도 통지

103) '판결서 인터넷열람'에서 열람하였다.

104) 서울고등법원 2014. 12. 12. 선고 2013나2030217 판결('판결서 인터넷열람'에서 열람하였다).

105) '판결서 인터넷열람'에서 열람하였다. 김용덕 편집대표, 앞의 책(주 81), 642면(강경구 집필부분)은 이 판결이 채권양도와 상계의 관계에 관하여 변제기기준설을 취하였다고 설명하고 있다.

당시 반대채권이 양도채권과 상계적상에 있었거나 그 변제기가 양도채권보다 먼저 혹은 동시에 도래한다고 볼 수 없다는 이유로 채무자의 상계 주장을 배척한 원심판결을 정당하다고 하여 상고를 기각하였다. 위 판결들에 비추어 보면 판례가 명시적으로 판시하지 않았을 뿐 채권압류의 경우와 같이 채권양도에서도 변제기기준설을 취하고 있다고 이해할 수 있고, 이러한 판례의 입장은 타당하다.[106]

3. 검 토

대상판결의 사안은 채권양도 통지 전에 채무자의 양도인에 대한 불법행위로 인한 손해배상채권이 발생함과 동시에 변제기도 도래한 경우이므로[107] 완화된 상계적상설, 변제기기준설, 무제한설 중 어느 견해에 의하든 채무자는 양수인에 대하여 상계로 대항할 수 있다. 상계의 범위가 쟁점이 되지 않았고 어떠한 견해를 취하는가에 따라 상계 가능 여부가 달라지는 것도 아니므로 채권양도와 상계에 관한 법리를 상세히 설시할

---

106) 서울고등법원 2017. 9. 29. 선고 2016나2063379 판결(미상고 확정, '판결서 인터넷열람'에서 열람하였다)은 가정적 판단이기는 하나 채권양도와 상계의 관계에 관하여 위 99다18039 판결의 판시내용에 더하여 "다만 이러한 경우에도 자동채권의 변제기가 수동채권의 변제기보다 먼저 도래하거나 동시에 도달하여야 한다고 봄이 상당하다(대법원 2012. 2. 16. 선고 2011다45521 전원합의체 판결 참조)"라고 판시하고 있는바, 채권양도에서도 채권압류의 경우와 마찬가지로 변제기기준설을 따르는 것이 정착된 실무례로 보인다. 또한 2013년 법무부 민법개정시안은 변제기기준설을 채택하여 제451조의2 제1항에서 "채무자는 양도통지를 받은 때에 양도인에 대한 채권이 아직 이행기에 이르지 아니하였더라도 그 이행기가 양도된 채권의 이행기 이전에 도래한 경우에는 양도인에게 행사할 수 있었던 상계권을 양수인에게도 행사할 수 있다."라고 규정한다[법무부 민법개정자료발간팀 편, 앞의 책(주 79), 55면].

107) 주지홍, "2019년 채권법 중요판례평석", 인권과 정의(제489호), 대한변호사협회(2020. 5), 240면은 대상판결에 관하여 통지가 있은 후에 채권자의 불법행위로 인해 채무자가 반대채권을 취득하였기 때문에 상계할 수 없는 것이 아닌가 하는 비판이 제기될 수 있으나 장래 발생할 채권이 다수 포함된 집합채권의 특성을 가지고 있으며 확인서 발급당시 최고금액 한도만 정해져 있지 대부분의 채권의 발생시기나 금액이 불확실하였으므로 이와 같은 경우에 획일적으로 통지 이후에 발생한 채권을 가지고 상계를 할 수 없다거나 단순 양도통지 확인서의 법적 의미를 피고가 양도인에 대한 모든 대항사유를 포기한 것으로 보기 어렵다는 점에서 대법원의 태도가 타당하다고 설명하나, 피고는 양도 통지 당시 채권자인 A의 불법행위로 인한 손해배상채권이 있음을 알지 못하였을 뿐 이미 채권을 취득하고 있었다.

필요는 없었을 것이다. 그러나 그에 관한 태도를 명확히 밝히지 않고 위 99다18039 판결을 참조판결로 인용하며 그와 동일하게 판시한 것은 앞서 본 바와 같이 판례가 채권압류의 경우와 같이 변제기기준설을 취하면서도 판례의 입장이 무엇인지를 둘러싸고 견해가 분분하고 심지어 판례가 무제한설을 취하는 것으로 잘못 이해되는 상황을 고려하면 여전히 그러한 상황이 계속되게 할 수 있다는 점에서 적절하지 않다.

또한 대상판결은 위 99다18039 판결에서의 '상계할 수 있는 원인이 있었던 경우'라는 표현도 그대로 사용하고 있는데 이는 반대채권이 발생한 경우 또는 채무자가 반대채권을 취득한 경우의 의미로 사용된 것으로 이해된다.[108] 그러나 위 99다18039 판결에 대하여 특히 상계항변에 관하여는 승낙 당시 상계를 할 수 있는 원인만 있었다면 아직 반대채권이 발생하지 아니하였다고 하더라도 채무자는 양수인에게 상계적상이 발생한 후에 상계항변을 할 수 있다고 하는 취지의 판례의 문구는 양수인이 상계 가능성에 대하여 알았거나 중대한 과실로 알지 못하였다는 이유로 상계의 허용 범위를 지나치게 확장하고 있는 것이 되고, 이는 채권양도와 상계의 경합 문제에 대하여 무제한설에 의하는 것보다 더 나아가는 것이므로, 승낙 당시 상계를 할 수 있는 원인이 있었던 사안에서 폭넓게 상계를 허용하는 판례의 설시는 상계의 대상 채권이 같은 법률관계에서 발생한 사례와 같이 서로 견련관계에 있는 채무 사이의 상계에 국한하여 한정적으로 적용하여야 할 것이라고 하는 견해[109]도 있는바, 위 99다18039 판결에서는 상계할 수 있는 원인을 채권발생의 기초관계로 이해하

108) 그러한 의미로 이 표현을 사용하고 있는 문헌으로는 곽윤직, 『채권총론(전정판)』, 박영사(1976), 359면[그 후의 곽윤직, 앞의 책(주 8)에서는 이 표현을 사용하고 있지 않다]; 곽윤직 편집대표, 앞의 책(주 8), 592면(이상훈 집필부분); 김선석, 앞의 논문(주 14), 240면; 김용담 편집대표, 앞의 책(주 95), 652면(조용구 집필부분); 김용덕 편집대표, 앞의 책(주 8), 603면(최수정 집필부분); 김용한, 앞의 책(주 8), 447면; 김증한, 『채권총론(보정판)』, 박영사(1988), 281면[그 후의 김증한 저, 김학동 증보, 앞의 책(주 8)에는 이 표현이 없다]; 장재현, 앞의 논문(주 80), 521면; 최영덕, 앞의 논문(주 79), 72면; 홍준호, 앞의 논문(주 91), 291면이 있다.

109) 김기환, 앞의 논문(주 66), 212면.

여 반대채권이 채권양도 당시 아직 발생하지 않았더라도 그 발생의 기초관계가 존재하고 있으면 상계로 대항할 수 있다는 것으로 해석할 수 있으나 대상판결에서는 그러한 의미로 해석되는 것은 곤란하다. 따라서 대상판결이 의미하는 바와 달리 해석되지 않도록 '승낙 당시 채무자가 양도인에 대하여 반대채권을 가지고 있는 경우' 등 명확한 표현을 사용하는 것이 좋을 것이다.

Ⅳ. 결 론

항변포기의 의사표시가 아닌 관념의 통지에 불과한 채무자의 이의를 보류하지 않은 승낙에 대항사유가 단절되는 효과를 부여하는 제451조 제1항 본문 규정은 일본민법의 개정으로 이제는 유일한 입법례가 되었다. 대상판결은 어떠한 채무자의 승낙이 이의를 보류하지 않은 승낙에 해당하는가 하는 근본적인 문제에 관하여 이의를 보류하지 않은 승낙에 대항사유 단절의 효과를 인정하는 이유에 근거하여 채무자가 양수인으로 하여금 양수채권에 대하여 대항사유가 없을 것을 신뢰하게 할 정도에 이르렀는지를 판단기준으로 제시하여 그와 같은 과도한 효과를 제한한 점에서 의미가 있다. 다만 위 규정이 채무자가 이의를 보류하지 않은 승낙을 하였다는 사실에 공신력을 주었다는 판시는 채무자의 이의를 보류하지 않은 승낙이 공신의 대상이 된다고 볼 수 없다는 점에서 적절하지 않다고 본다.

대상판결이 제시한 판단기준에서 볼 때 확인서가 이의를 보류하지 않은 승낙에 해당하지 않는다고 한 것은 타당하나, 구체적으로 고려한 사정과 관련하여서는 확인서에는 채권양도사실을 알고 있다는 내용만 표시되어 있을 뿐 이의의 보류 여부에 관한 의사 표명은 없다고 할 수 있고, 이러한 부작위 또는 침묵을 통해 원고로 하여금 양수채권에 대항사유가 없을 것이라는 신뢰를 갖게 할 정도에 이른 것은 아니라고 보아야 할 것이며, 피고가 상계할 수 있는 반대채권의 존재를 몰랐다는 사정이 그 신뢰형성에 영향을 주는 것은 아니라고 본다.

한편 대상판결은 채권양도 통지가 있는 경우 채무자가 양도인에 대한 채권에 의한 상계로써 양수인에게 대항할 수 있는지에 관하여 종전의 대법원판결에서와 동일한 판시를 하고 있다. 채권양도에서의 상계의 범위에 관하여 판례는 채권압류의 경우와 마찬가지로 변제기기준설을 취하고 있는 것으로 보이고 이는 타당한바, 그에 관한 대법원의 입장을 명확히 밝히지 않고 그와 다르게 해석될 수 있는 여지를 남긴 것은 아쉬운 점이다.

[Abstract]

Recognition Without Objection and Set-off on Assignment

-Supreme Court's Decision of 2017Da222962 on Jun. 27, 2019-

Yeo, Mee Sook*

The Supreme Court's Decision(hereinafter 'the decision') provides the criteria for judging the recognition without objection in the case whether the debtor's issuance of a confirmation document(hereinafter 'the document') after being notified of the assignment is recognition without objection or not.

The document that expresses the awareness of the assignment is the recognition of the assignment. It is reasonable that the decision is based on that premise. The recognition without objection is not a manifestation of the intention of waiving the refusal ground. Article 451(1) of the Civil Act provides the significant effect that the debtor who recognizes assignment without objection cannot resist to the assignee with the refusal ground that she had to the assignor. The majority theory and precedents, similar to that of Japan before the revision of the Japanese Civil Act in 2017, take public trust theory, and the decision reconfirms it.

However, it is not reasonable to acknowledge public trust in the recognition of assignment that is not required any specific method. The purpose and basis of Article 451(1) are to protect the assignee's trust and ensure the safety of the transaction since the debtor has given the assignee the trust that there is no refusal ground to the assignor by recognizing without objection.

* Professor, Hanyang University School of Law.

Whether or not there is the debtor's recognition without objection should be judged depending on whether the assignee has come to trust that there is no refusal ground, and it is meaningful that the decision explicitly stated it. However, I do not agree with the specific grounds for judging that the document did not arouse the trust of the assignee. The document only states that the debtor is aware of the assignment, and does not express an intention as to whether or not to withhold the objection. This kind of silence does not give the assignee the trust that there is no refusal ground to the assignor. Also, the fact that the debtor was unaware of the set-off does not affect the trust of the assignee.

The decision rules the same as the previous Supreme Court decision on whether the debtor can resist the assignee with the set-off to the assignor after being notified of the assignment. Regrettably, the decision leaves room for different understanding without clarifying the opinion of the Supreme Court that decides whether or not to allow set-off based on the date of payment.

[Key word]

- assignment
- recognition without objection
- protection of assignee's trust
- public trust theory
- refusal ground
- set-off

참고문헌

[국내문헌]

1. 단 행 본

곽윤직, 『채권총론(전정판)』, 박영사(1976).

______, 『채권총론(제6판)』, 박영사(2003).

곽윤직 편집대표, 『민법주해Ⅹ 채권(3)』, 박영사(1995).

김기환, 『상계』, 경인문화사(2018).

김상용, 『채권총론(제3판)』, 화산미디어(2016).

김용담 편집대표, 『주석민법 채권총칙4(제4판)』, 한국사법행정학회(2014).

김용덕 편집대표, 『주석민법 채권총칙3(제5판)』, 한국사법행정학회(2020).

______, 『주석민법 채권총칙4(제5판)』, 한국사법행정학회(2020).

김용한, 『채권법총론』, 박영사(1983).

김주수, 『채권총론(제3판)』, 삼영사(1999).

김증한, 『채권총론(보정판)』, 박영사(1988).

김증한 저, 김학동 증보, 『채권총론(제6판)』, 박영사(1998).

김형배, 『채권총론(제2판)』, 박영사(1998).

민의원 법제사법위원회 민법안심의소위원회 편, 『민법안심의록 상권』, (1955).

박준서 편집대표, 『주석민법 채권총칙2(제3판)』, 한국사법행정학회(2000).

법무부 민법개정자료발간팀 편, 『2013년 법무부 민법개정시안 -채권편 상-』, 법무부(2013).

송덕수, 『채권법총론(제5판)』, 박영사(2020).

양창수 · 권영준, 『민법Ⅱ 권리의 변동과 구제(제4판)』, 박영사(2021).

윤진수, 『민법기본판례(제2판)』, 홍문사(2020).

윤철홍, 『채권총론(개정판)』, 법원사(2012).

이은영, 『채권총론(제4판)』, 박영사(2009).

지원림, 『민법강의(제18판)』, 홍문사(2021).

2. 논　　문

권영준, "2019년 민법 판례 동향", 서울대학교 법학(제61권 제1호), 서울대학교 법학연구소(2020. 3).

김기환, "채권양도의 승낙과 상계", 민사법학(제94호), 한국민사법학회(2021. 3).

김동훈, "이의의 보류 없는 채권양도 승낙의 효력—대상판결: 대법원 2002. 3. 29. 선고, 2000다13887 판결—", 고시연구(제31권 제1호), 고시연구사(2004).

김상수, "압류와 상계", 민사법학(제60호), 한국민사법학회(2012. 9).

김선석, "지명채권양도의 증명책임", 사법논집(제23집), 법원행정처(1992. 12).

김영진, "지급이 금지된 채권을 수동채권으로 하는 상계", 민사판례연구(XXXV), 민사판례연구회(2013).

김우성, "양도채권·피압류채권 채무자의 상계주장", 서울대학교 법학(제57권 제4호), 서울대학교 법학연구소(2016. 12).

박설아, "채권양도에 대한 채무자의 이의를 유보하지 않은 승낙", 대법원판례해설(제119호), 법원도서관(2019. 12).

송덕수, "지명채권 양도에 대한 채무자의 승낙 등—대상판결: 대법원 2011. 6. 30. 선고 2011다8614 판결—", 법학논집(제18권 제4호), 이화여자대학교 법학연구소(2014. 6).

양창수, "1992년 민법 판례 개관", 민법연구(제3권), 박영사(1995).

______, "은행거래와 상계", 금융거래법강의, 법문사(1999).

______, "채권편에 대한 민법개정안 해설", 민법연구(제8권), 박영사(2005).

오수원, "채무자의 이의를 보류하지 아니한 채권양도 승낙에 의한 대항불능의 취지와 양수인의 선의·무중과실", 법학연구(제29권 제1호), 충북대학교 법학연구소(2018. 6).

______, "채무자의 이의를 보류하지 아니한 채권양도승낙의 법적 성질과 그 채권양도의 포섭범위", 저스티스(제166호), 한국법학원(2018. 6).

오영준, "이의를 보류하지 않는 채권양도에 대한 승낙의 법적 성질과 효과 등", 대법원판례해설(제95호), 법원도서관(2013. 12).

윤진수, "금융기관의 수신거래와 여신거래(Ⅱ)", BFL(제11호), 서울대학교 금융법센터(2005. 5).

이동진, "상계의 담보적 기능", 민사법학(제70호), 한국민사법학회(2015. 3).

______, "지명채권양도에서 채무자의 이의보류 없는 승낙에 의한 항변차단", 재산법연구(제36권 제3호), 한국재산법학회(2019. 11).

이범주, "민법 제498조와 상계예약-압류와 상계의 우열의 측면에서-", 민사재판의 제문제(제2집), 민사실무연구회(1980).

______, "전부명령과 상계항변: 압류 후에 발생한 자동채권이 동시이행의 관계에 있는 경우", 재판의 한 길: 김용준 헌법재판소장 화갑기념논문집, 박영사(1998).

이상주, "압류된 채권에 대한 상계의 허용요건", 자유와 책임 그리고 동행: 안대희 대법관 재임기념, 재판연구관 실무연구회(2012).

이진기, "지명채권의 양도-제450조 대항요건에 관하여", 민사법학(제81호), 한국민사법학회(2017.12).

이호행, "상계와 제3자", 홍익법학(제21권 제4호), 홍익대학교 법학연구소(2020).

임상민, "상계와 채권 압류의 우열-대법원 2012. 2. 16. 선고 2011다45521 전원합의체 판결-", 판례연구(제24집), 부산판례연구회(2013).

장재현, "상계에서 몇 가지 문제", 법학논고(제28집), 경북대학교 출판부(2008).

전원열, "채권양도에 대한 이의보류 없는 승낙에 있어서 대항사유의 단절", 재산법연구(제33권 제3호), 한국재산법학회(2016. 11).

정구태, "피압류채권을 수동채권으로 한 제3채무자의 상계권 행사의 허용범위-대법원 2012. 2. 16. 선고 2011다45521 전원합의체 판결-", 고려법학(제66호), 고려대학교 법학연구원(2012. 9).

정병호, "지급금지된 채권 또는 양도된 채권을 수동채권으로 하는 상계에 관한 민법개정안", 서울법학(제24권 제1호), 서울시립대학교 법학연구소(2016. 5).

주기동, "지명채권양도 통지의 요건과 효력", 민사재판의 제문제(제7권), 민사실무연구회(1993).

주지홍, "2019년 채권법 중요판례평석", 인권과 정의(제489호), 대한변호사협회(2020. 5).

지원림, "지명채권양도에서 양수인의 지위", 비교사법(제24권 제3호), 한국비교사법학회(2017. 8).

진홍기, "채권양도에 대한 이의를 보류하지 않은 승낙과 제 항변의 승계 · 절단효", 비교사법(제18권 제1호), 한국비교사법학회(2011. 3).

최수정, "채권양도에 있어서 채무자의 승낙", 서강법률논총(제10권 제1호), 서강대학교 법학연구소(2021. 2).

최영덕, "채권양도에 있어서 채무자의 상계항변", 원광법학(제24권 제3호),

원광대학교 법학연구소(2008. 9).
홍준호, “지명채권양도에 대한 이의보류 없는 승낙의 효과와 상계항변의 단절 여부”, 민사판례연구(XXIII), 민사판례연구회(2001).

[자　　료]

권영준, 2013년 민법 개정시안 해설(채권편), 법무부 연구용역 과제 보고서(2013).

[외국문헌]

1. 단 행 본

池田眞朗,『債權讓渡の研究(增補二版)』, 弘文堂(2004).
近江幸治,『債權總論(第3版補訂)』, 成文堂(2009).
大村敦志・道垣内弘人 編,『解説 民法(債権法)改正のポイント』, 有斐閣(2017).
奧田昌道,『債權總論(增補版)』, 悠悠社(1992).
於保不二雄,『債權總論(新版)』, 有斐閣(1972).
潮見佳男,『新債權總論Ⅱ』, 信山社(2017).
中田裕康,『債權總論(新版)』, 岩波書店(2011).
中田裕康 外,『講義 債権法改正』, 商事法務(2017).
西村信雄 編,『注釋民法(11) 債權(2)』, 有斐閣(1965).
野村豊弘 外,『債權總論(第3版補訂)』, 有斐閣(2012).
鳩山秀夫,『日本債權法(總論)(增訂改版)』, 岩波書店(1925).
平井宜雄,『債權總論(第2版)』, 弘文堂(1994).
松岡久和 外 編,『改正債権法 コンメンタール』, 法律文化社(2020).
民法(債權法)改正檢討委員會 編,『詳解 債權法改正の基本方針Ⅲ』, 商事法務(2009).
我妻榮,『債權總論』, 岩波書店(1940).
______,『新訂 債權總論』, 岩波書店(1964).
我妻榮 外,『我妻・有泉コンメンタール 民法 −總則・物權・債權−(第2版)』, 日本評論社(2008).

2. 논　　문

安達三季生, “指名債權譲渡における債務者の異議を留めない承諾(一)”, 法学志

林(五九巻三・四号), 法学志林協會(1962).
林良平, “相殺の機能と効力”, 担保法大系(第５巻), 金融財政事情研究會(1984).
武久征治, “債權譲渡の承諾: 異議を留めない債權譲渡の承諾は, どのような效力をもつか”, 民法學4: 債權總論の重要問題, 有斐閣(1976).

경매목적물에 설정된 제한물권으로 인한 담보책임과 확인의 이익

박 인 범*

■요 지■

경매절차에서의 담보책임과 관련하여 민법 제578조 제1항은 매매하자담보책임 규정을 준용하여 경락인이 1차적으로 채무자에게 해제 또는 대금감액을 청구할 수 있는 것으로 정하였다. 제578조 제1항의 채무자를 누구로 볼 것인지에 관하여 학설은 물상보증인으로 해석하는 견해와 문구 그대로 채무자로 보는 견해로 나뉘어져 왔다. 종래의 대법원 판례 태도는 물상보증인설을 따르고 있는 것으로 해석되었다. 대상판결은 임의경매절차를 거쳐 낙찰된 부동산에 유치권이 존재하였던 경우 유치권 부존재 확인의 이익과 관련하여 누가 담보책임을 지는지가 문제되었던 사안이었는데, 대상판결은 "채무자가 아닌 소유자"는 위 규정에 의한 담보책임을 지지 않으므로 유치권 부존재 확인의 이익이 없다고 판단하여 종래 판례의 태도와 달리 채무자설을 취한 것으로 보인다. 이 글에서는 대상판결을 검토하기 위한 전제로 제한물권의 존재로 인한 경매하자담보책임의 경우 경락인의 해제권 행사로 인한 효과를 먼저 분석하였다. 나아가 이와 같은 분석을 기초로 대상판결과 같이 제한물권의 존재로 인한 경매하자담보책임의 1차적 책임자를 채무자로 보는 것이 타당한지를 검토하고, 경락인이 해제권을 행사한 경우 물상보증인 또는 제3취득자의 지위에 미치는 영향을 고려하여 경매로 인하여 경락인에게 소유권이 전등기가 마쳐진 부동산에 관한 유치권 부존재 확인의 소의 확인의 이익에 관하여도 검토하였다. 민법이나 민사집행법에서 경락인의 해제권 행사의 방

* 창원지방법원 밀양지원 판사.

법 및 효과에 관하여 별다른 규정을 두고 있지 않기 때문에 이러한 검토과정에서 특히, 경매목적물에 제한물권이 존재하는 경우, 해석론만으로는 경락인의 해제권 행사가 갖는 효과를 명확히 하는 데 한계가 있었다. 이 점에 대해서는 향후 입법적인 해결이 요청된다.

[주 제 어]

- 민법 제578조
- 경매하자담보책임
- 물상보증인의 경매목적물에 대한 유치권 부존재 확인의 이익
- 경매 해제의 효과

대상판결 : 대법원 2020. 1. 6. 선고 2019다247385 판결(공2020상, 417)

[사안의 개요]

1. 사실 관계

(1) X토지 지상 건물의 신축공사

피고는 소외 A로부터 X토지 위에 건물(이하 '이 사건 건물'이라 한다) 신축공사와 관련한 일체의 권한을 위임받아[1] 2011. 9. 1. 소외 3회사에게 이 사건 건물 신축공사를 도급하였다. 이 사건 건물은 소외 3회사에 의하여 2011. 12.경 3층 골조 공사까지 진행되었으나 그 이후 공사대금이 지급되지 않아 중단되었다.

(2) 이 사건 건물에 관한 피고의 유치권 성립

소외 B는 2012. 4. 25. 자신 명의로 이 사건 건물에 관한 소유권보존등기를 마치고[2], 2012. 8. 3. 피고에게 "이 사건 건물 신축공사와 관련하여 지하 터파기 공사 등 총 10억 원의 공사비를 지출하였음을 인정한다. 피고가 이 사건 토지 및 건물을 점유하면서 유치권을 행사함에 있어 이의 없음을 인정한다."라는 내용의 각서를 작성한 후 공증하여 주었다. 피고는 2016. 1. 21. 소외 4회사[3]를 상대로 이 사건 건물에 관한 유치권확인을 구하는 소송을 제기하였다. 위 소송의 항소심 계속 도중 이 사건 건물에 대한 임의경매절차에서 소외 5회사가 이 사건 건물을 경락받아 인수참가하였다. 피고는 소외 5회사의 인수참가 후 청구취지를 변경하여 '소외 5회사는 피고에게 이 사건 건물 부분 지하1층 제비101호 및 제비102호(이하 '이 사건 각 부동산'이라 한다)[4]를 인도하고, 피고의 점유를 방해하여서는 안 된다'는 취지의 판

---

1) 제1심 판결에 나타난 구체적인 사실관계는 다음과 같다. 소외 A는 처음에는 X토지 위에 이 사건 건물 건축공사를 진행하면서 토목공사 부분을 피고에게 도급하였다. 건축공사 진행 중 소외 2회사가 건축주 지위를 넘겨받았고, 피고는 2010. 5. 20.경 소외 2회사로부터 이 사건 건물 신축공사 중 설계변경으로 인한 공사 부분을 다시 도급받았다. 이후 건축이 제대로 진행되지 않자 소외 A가 이 사건 건물의 신축공사와 관련한 일체의 권한을 피고에게 위임하였다.

2) 소외 B는 소외 2회사로부터 다른 회사를 거쳐 이 사건 건물의 건축주명의를 이전받았다.

3) 이 사건 건물에 관하여 2013. 6. 4. 소외 4회사 명의의 소유권이전등기가 마쳐졌다.

4) 다만, 위 판결 선고 이후에야 이 사건 건물의 지하1층 부분이 이 사건 각 부동산으로 구분되었다.

결[5])을 받았다.

(3) 원고 을 회사의 근저당권 취득과 원고 갑 회사의 소유권취득

원고 을 회사는 2016. 9. 6. 이 사건 각 부동산에 채권최고액 62억 4,000만 원, 채무자 소외 5회사로 하는 1순위 근저당권설정등기(이하 '이 사건 근저당권'이라 한다)를 마쳤고, 원고 갑 회사는 2018. 1. 8. 소외 5회사로부터 이 사건 각 부동산을 매수하여 소유권이전등기를 마쳤다.

2. 소송의 경과

(1) 제1심 판결(청주지방법원 충주지원 2019. 1. 24.선고 2018가합5898 판결)과 원심판결(대전고등법원 2019. 5. 21.선고 2019나1207 판결)

원고 갑, 을 회사는 피고를 상대로 이 사건 각 부동산에 관하여 피고의 유치권 부존재 확인을 구하는 소를 제기하였고 제1심 판결은 원고 갑, 을 회사의 청구를 받아들여 이 사건 각 부동산에 관하여 피고의 유치권이 존재하지 않음을 확인한다는 판결을 선고하였다. 제1심 판결에 대하여 피고가 항소하였으나 원심판결은 피고의 항소를 기각하였고, 피고가 상고하였다.

(2) 원심 변론종결 전후의 추가적인 사정

원심은 2019. 4. 30. 변론 종결되었는데, 변론종결 전인 2018. 5. 4. 이 사건 각 부동산에 관하여 이 사건 근저당권에 기한 임의경매절차가 개시되었다. 위 임의경매절차에서 병 회사가 이 사건 각 부동산을 경락받아 2019. 4. 11. 병 회사 명의의 소유권이전등기가 이루어졌고 같은 날 원고 을 회사의 근저당권설정등기가 말소되었다. 원고 갑 회사는 2019. 5. 13. 병 회사가 이 사건 각 부동산의 소유권을 취득하였다는 이유로 변론재개신청을 하였고, 병 회사는 같은 달 14일 이 사건 각 부동산에 관한 권리를 승계하였다는 이유로 승계참가 신청하였으나 원심은 이를 받아들이지 않은 것으로 보인다.

3. 대상판결의 요지

대상판결은 먼저 이 사건 소의 확인의 이익에 관하여 판단하면서[6]) '근저당권자에게 담보목적물에 관하여 각 유치권의 부존재 확인을 구할 법률상 이

5) 위 판결은 상고 기각되어 확정되었다.

6) 피고는 원심판결에 대하여 상고하면서 확인의 이익이 없다는 취지의 주장을 한 것으로 보인다.

익이 있다고 보는 것은 경매절차에서 유치권이 주장됨으로써 낮은 가격에 입찰이 이루어져 근저당권자의 배당액이 줄어들 위험이 있다는 데에 근거가 있다(대법원 2004. 9. 23. 선고 2004다32848 판결 등 참조)'는 종래의 법리를 설시하고, 이와 같은 법리가 '소유자가 그 소유의 부동산에 관한 경매절차에서 유치권의 부존재 확인을 구하는 경우에도 마찬가지이다'라고 보았다. 대상판결은 그러면서 ① '경매절차에서 유치권이 주장되었으나 소유부동산 또는 담보목적물이 매각되어 그 소유권이 이전되어 소유권을 상실하거나 근저당권이 소멸'한 경우와 ② '경매절차에서 유치권이 주장되지 아니한 경우'로 나누어 ①의 경우에는 소유자와 근저당권자가 유치권 부존재 확인을 구할 법률상 이익이 없다고 보았다. 그러나 ②의 경우에는 민법[7] 제578조, 제575조의 규정에 의하여 '담보목적물이 매각되어 그 소유권이 이전됨으로써 근저당권이 소멸하였더라도 채권자는 유치권의 존재를 알지 못한 경락인[8]으로부터 위 각 규정에 의한 담보책임을 추급당할 우려가 있고, 위와 같은 위험은 채권자의 법률상 지위를 불안정하게 하는 것이므로, 채권자인 근저당권자로서는 위 불안을 제거하기 위하여 유치권 부존재 확인을 구할 법률상 이익이 있'다고 보았다. 그러나 대상판결은 이 경우에도 '채무자가 아닌 소유자는 위 각 규정에 의한 담보책임을 부담하지 아니하므로, 유치권의 부존재 확인을 구할 법률상 이익이 없다'고 보았다. 이에 따라 대상판결은 '원심은 직권으로 Ⓐ 피고가 이 사건 경매절차에서 유치권을 주장하거나 신고하였는지 여부와 Ⓑ 원고 갑 회사가 이 사건 근저당권(원고 을 회사 명의의 근저당권)의 피담보채무를 승계하였는지 여부를 심리하여 원고들의 유치권 부존재 확인의 이익이 있는지 여부를 판단하였어야'[9] 함에도 이를 간과하였다는 이유로 원심판결을 파기하고 환송하였다.[10]

---

7) 이하에서 법명 표시 없이 인용하는 조문은 민법의 조문이다.

8) 대상판결은 매수인이라는 표현을 사용하였으나 이 글에서 사인간의 매매에서의 매수인과 구별하기 위하여 경락인이라고 표현한다.

9) 동그라미 기호는 필자가 추가하였다.

10) 이 사건 환송심인 대전고등법원 2020. 7. 14. 선고 2020나1210 판결은 원고 갑 회사에 대하여는 이 사건의 경우 피고가 경매절차에서 유치권을 주장하여 신고하였고, 이 사건 각 부동산이 매각되어 승계참가인 병 회사(파기 환송심에서는 승계참가 신청이 받아들여진 것으로 보인다)에게 소유권이 이전되어 소유권을 상실하였으므로 원고 갑 회사는 유치권의 부존재 확인을 구할 법률상 이익이 없다고 판단하였다. 원고 을 회사에 대하여는 승계참가인이 이 사건 경매절차에서 매각대금에 갈음하여 이 사건 근저당권의 근저당권부 채무를 인수함으로써 이 사건 건물의

〔研　　究〕

I. 문제의 소재

제578조 제1항은 경매의 경우 경락인은 전8조(즉, 제570조부터 제577조)에서 정한 하자담보책임 규정에 의하여 채무자에게 계약의 해제 또는 대금감액의 청구를 할 수 있도록 정하였고, 같은 조 제2항은 채무자가 자력이 없는 때에는 대금의 배당을 받은 채권자에 대하여 그 대금전부나 일부의 반환을 청구할 수 있도록 정하였다. 이와 같은 규정으로 제570조부터 제577조까지의 조문에서 각기 서로 조금씩 다른 요건과 효과를 정해놓은 일반 매매에 관한 담보책임 규정이 그대로 경매절차에 적용된다. 기존에 제578조 제1항의 1차적 책임을 지는 채무자를 누구로 볼 것인지에 관하여 학설의 논의는 있었으나 주로 경매목적물이 타인의 소유인 경우에 논의가 집중되었고, 경매목적물에 제한물권이 존재함으로 인한 하자담보책임의 경우, 즉 제578조에 의하여 제575조가 적용되는 경우에 관한 논의가 상세히 이루어지지는 않았다. 경매절차에서 하자담보책임이 문제된 경우의 대법원 판례 역시 주로 경매목적물이 타인의 소유인 경우에 관하여 형성되었는데, 대법원의 태도는 경매절차에 관한 민법상 하자담보책임 규정의 적용여부 등에 관하여 사안에 따라 다소 일관되지 않은 태도를 취해왔던 것으로 평가될 여지가 있다.

대상판결은 부동산이 임의경매절차를 거쳐 낙찰되었고, 낙찰된 부동산에 유치권이 존재하였으나 이를 경락인이 알지 못하였다면 채권자인 근저당권자로서는 민법 규정에 따른 담보책임을 질 우려가 발생하지만,

---

소유권을 취득하였고 이후 근저당권설정등기가 해지를 원인으로 결국 말소되었으므로 확인의 이익이 없다고 판단하였다. 승계참가인에 대하여는 승계참가인이 현재 이 사건 각 부동산을 점유하면서 완전한 소유권을 행사하고 있고, 피고가 승계참가인을 대상으로 법적 조치를 취하고 있다고는 보이지 않아 권리 또는 법률상의 지위에 현존하는 불안·위험이 있다고 보기 어렵다는 이유로 확인의 이익이 없다고 판단하였다. 위 판결은 현재 상고심 계속 중이다.

"채무자가 아닌 소유자"는 위 규정에 의한 담보책임을 지지 않는다고 명시하여 기존에 학설이 논의되었던 부분, 즉 제578조 제1항에서 1차적 책임을 지는 것으로 규정한 채무자를 누구로 볼 것인지에 관한 견해를 나타내었다. 나아가 대상판결은 이러한 견해를 바탕으로 담보책임을 부담하지 않는 "채무자가 아닌 소유자"는 경매목적물의 유치권을 주장하는 자에 대하여 유치권 부존재 확인을 구할 법률상 이익이 없다고 보았다. 그런데 이러한 태도는 뒤에서 살펴보는 바와 같이 경락인이 물상보증인에 대하여 제578조의 담보책임을 물은 사안에서 위 조문에 따라 담보책임을 지는 자를 물상보증인으로 해석한 종래 대법원의 판결의 태도와는 모순되는 것으로 볼 여지가 있다.

이 글에서는 대상판결을 논의하기 위한 전제로 먼저 경매의 성질을 어떻게 파악할 것인지에 관하여 검토하고 이와 같은 경매의 성질이 하자담보책임 규정 해석에 어떠한 영향을 미칠 것인지를 살펴본다. 이어 하자담보책임에서 1차적 책임자를 누구로 볼 것인지에 관한 기존의 학설 대립을 소개하고, 경매절차에서 하자담보책임 규정 적용에 관한 대법원 판례를 검토한다. 대법원은 경매절차가 무효인 경우 하자담보책임 규정이 적용될 여지가 없다고 보면서 경매목적물이 타인의 소유였던 경우 그러한 강제경매를 무효라고 보기도 하였고, 경매절차의 무효는 경매절차 해제의 효과에 관한 논의와도 관계가 있으므로, 경매목적물에 관한 사유로 경매를 무효로 볼 것인지 여부에 관한 판례의 태도도 함께 분석한다.

한편, 기존 학설의 논의는 경매목적물이 타인의 소유인 사안을 중점으로 이루어졌고, 그 논의의 가장 핵심적인 부분은 담보책임에 관련된 이해관계인들, 즉 채무자, 채권자, 경락인의 이해관계를 어떻게 고려할 것인가의 문제였다. 그런데 대상판결의 사안과 같이 제한물권이 존재하는 경우에는 경매목적물이 타인의 소유였던 것으로 밝혀진 경우와 담보책임으로 인한 효과가 다소 다르다. 특히 경매절차의 특성상 담보책임으로 인하여 경락인이 해제권을 행사하는 경우 일반적인 매매와는 그 효과가 달라질 수밖에 없으므로 그 구체적인 효과를 검토하고, 이와 같은 경우에도 기존 학설의 논의가 그대로 적용될 수 있는지 살펴본다. 나아가 대상판결은 경매하자담보책임 그 자체가 문제가 되었던 것이 아니라 소극적 확인의 소의 확인의 이익과 관련하여 문제가 된 것이므로 경락인이 해제권을 행사한 경우 물상보증인 또는 제3취득자의 지위에 미치는 영향을 고려하여 경매로 인하여 경락인에게 소유권이전등기가 마쳐진 부동산에 관한 유치권 부존재 확인의 소의 확인의 이익에 관하여 검토한다.

Ⅱ. 경매절차의 성질과 담보책임

1. 경매절차의 성질

일반적으로 제578조가 규정하는 경매에는 민사집행법에 의한 강제집행 외에도 저당권 등 담보권실행을 위한 경매, 국세징수법에 의한 공매가 포함되는 것으로 해석하고 있다.[11] 이때 경매의 성질에 대하여는 사법상의 매매로서의 성질을 부정하고 공법상의 처분행위라고 보는 공법상 처분행위설[12]도 존재하였으나 대체로 학설은 담보책임에 관한 한 경매를 사법상의 매매로 보고 채무자를 매도인으로 보고 있다고 설명한다.[13] 일본에서는 대금을 대가로 소유권이 채무자로부터 매수인에게 이전한다는 측면과 국가기관에 의한 강제적 환가절차라는 두 가지 면을 지적하고, 실체적인 면에 있어서는 매매라고 하며 절차적인 면에 있어서는 공법상 처분이라고 하는 견해도 유력하게 주장되고 있다.[14]

---

11) 편집대표 곽윤직, 민법주해[XIV] 채권(7), 박영사(1997), 455면(남효순 집필부분); 편집대표 김용담, 주석 민법 채권각칙(3) 제4판, 사법행정학회(2016), 119면(김대정 집필부분); 곽윤직, 채권각론(민법강의 Ⅳ), 제6판, 박영사(2007), 152면; 송덕수, 채권법각론 제4판, 박영사(2019), 206면; 조인영, "경매절차에서의 유치권과 제3취득자의 담보책임-대법원 2020. 1. 6. 선고 2019다247385 판결에 대한 비판적 소고-", 인권과정의 제493호(2020. 11.), 142면 등 다수의 문헌에서 이와 같이 해석하고 있으며 달리 보는 견해가 발견되지는 않는다.

12) 최식, 신채권법각론(1961), 108면; 민법주해[XIV] 채권(7)(주 11), 456면(남효순 집필부분)에서 재인용; 다만, 김상찬·송서순, "경매에서의 매도인의 담보책임", 법과 정책 제12권(2006), 제주대학교 법과정책연구원, 94면은 이와 같은 견해를 지지하는 국내 학자는 거의 존재하지 않는다고 한다.

13) 민법주해[XIV] 채권(7)(주 11), 456면(남효순 집필부분); 주석 민법 채권각칙(3)(주 11), 119면.

우리나라에도 이와 같은 종래의 통설에 대하여 시각을 다소 다르게 하는 견해들이 존재한다. 먼저 종래 통설에 대하여 사적자치가 전면적으로 부정되는 경매에 있어서는 적어도 채무자에 관한 한 계약자유의 원칙이 거의 전적으로 배제되고 집행기관을 채무자의 법정대리인으로 보기에도 무리가 있다고 비판하고, 공법상처분행위설 역시 경매에 의한 소유권 취득이 원시취득이라는 결론에 이르게 되어 현행법의 태도와 맞지 않는다고 비판하면서 금전채권의 강제적 실현을 위해 민사집행법에서 인정하고 있는 독립한 제도라고 보는 견해[15]가 있다. 또한 경매를 사법상의 매매라고 하는 경우에도 통상의 법률행위에 의한 매매와 완전히 동일한 법리를 가지고만은 처리할 수 없고, 실체면에서는 실체법의 법리가, 절차면에서는 절차법의 법리가 적용되어야 하며 양자가 교착하는 경우에는 원칙으로서 절차법의 법리가 우선한다고 보는 견해[16]도 존재한다. 최근에는 제578조의 문언과 체계상 위치에서 통설이 일응 우리 민법의 태도를 적절하게 설명하는 것처럼 보이기는 하지만 채권자들의 보충적 책임을 규율하는 제578조 제2항, 채권자의 손해배상책임을 규정한 제578조 제3항의 존재가 이러한 통설의 입장에서는 설명하기 어렵고 결과적으로 공법적 측면과 사법적 측면을 동시에 가지는 것으로 보아야 한다는 의견[17]도 제기된다.

대법원 결정례 중에서 '경매는 일면에 있어서는 사법상의 매매의 성질을 보유하고 있기는 하나 다른 한편으로는 법원이 소유자의 의사에 관계없이 소유자의 소유물을 처분하는 공법상의 처분으로서의 성질을 아울러 가지고 있다(대법원 1994. 4. 22.자 93마719 결정)'는 결정도 존재하기는 한다. 그러나 이는 법인이 경매에 의한 택지를 취득하는 데 있어서 시

14) 柚木馨 · 高木多喜男 編集, 新版注釋民法(14) 債權(5), 有斐閣(1998), 248면 이하.

15) 김상찬 · 송서순(주 12), 95면 이하.

16) 김병선, 경매가 무효인 경우 각 당사자의 반환의무와 동시이행관계, 민사법학 제59호(2012. 6.), 한국민사법학회, 199면.

17) 김형석, "경매와 담보책임", 민사법학 제93호(2020. 12.), 한국민사법학회, 225면 이하. 위 견해는 이러한 의문이 소수설에 의하여도 완전히 해소되지는 않는다고 본다.

장·군수 등의 허가를 받지 않은 경우 해당 법인에 대한 경락결정이 적법한지 여부에 관한 것이어서 하자담보책임 등의 쟁점이 문제되는 사안에서도 판례가 이중적 성질을 인정할 것으로 단정하기는 어렵다.

다만 통설을 포함한 많은 논의가 지적하듯이 경매의 본질을 매매로 볼 것인지 공법상 처분 행위로 볼 것인지가 경매절차상의 담보책임에 관한 논의의 향방을 결정짓는 역할을 하기는 어려울 것이다.[18] 경매에서의 담보책임을 둘러싼 쟁점에서 경락인, 채무자 또는 물상보증인, 채권자 등 당사자들의 이해관계를 구체적으로 검토하여 보지 않은 채 경매 절차의 본질을 이유로만 결론을 내리는 것이 불가능하기 때문이다. 다만, 위에 소개한 최근의 견해들이 보여 주는 것과 같이 법원 등 국가 기관의 작용이 개입하는 이상 경매가 완전히 매매와 동일하게 취급될 수는 없고 공법적인 측면을 가지고 있다는 점은 경매담보책임과 관련된 논의에서도 충분히 고려되어야 한다.[19]

2. 경매절차에서의 담보책임자에 관한 학설의 대립

(1) 채무자설[20]

제578조 제1항에서 담보책임자로 규정하고 있는 채무자를 문언 그대로 '채무자'로 새기는 견해이다. 위 견해는 물상보증인이 경락인에게 담보책임을 이행하면 채무자에 대하여 구상권을 취득한다고 하더라도 채무자가 무자력인 경우에는 결국 그 구상권의 현실적인 만족을 얻지 못하여 물상보증인은 아무런 보상 없이 부담을 질 뿐이며, 물상보증인은 단지 물적 유한책임을 지는 자에 불과하므로 그에게 담보책임과 같은 인적 책임을 부담시키는 것은 공평하지 않고, 물상보증인이 제공한 담보물이 매

---

18) 민법주해[XIV] 채권(7)(주 11), 457면(남효순 집필부분)은 적어도 담보책임에 관한한 경매절차의 법적 성질에 관한 논쟁은 큰 실익이 없다고 본다.; 김형석(주 17), 233면도 이와 유사하게 우리 법제에서 경매를 매매라고 성질 결정할 것인지 여부가 결정적인 쟁점은 아니라고 보았다.

19) 김형석(주 17), 240면.

20) 송덕수(주 11), 207면; 김형배·김규완·김명숙, 민법학강의 제14판(2015), 신조사, 1352면; 주석 민법 채권각칙(3)(주 11), 120면 이하(김대정 집필부분).

각된 경우에도 채무자는 대금변제의 범위 내에서 그 채권자에 대한 채무를 면하기 때문에[21] 물상보증인이 1차적으로 원상회복의무를 지는 것은 지나치게 가혹하다는 것을 그 이유로 한다. 또한 위 견해 중에는 민법에서 물상보증인은 '채무자가 아닌 담보물의 소유자', 즉 '자기의 재산을 타인의 채무의 담보로 제공한 자'를 가리키는 법전상의 용어이므로(제341조, 제482조 제2항 제4, 5호), 물상보증인을 "채무자"라고 하는 것은 해석의 범위를 일탈하는 무리한 해석이라고 보는 것을 논거로 들기도 한다.[22]

(2) 물상보증인설[23]

물상보증인이 포함된 관계 당사자들의 이익균형이라는 관점에서 경매하자담보책임의 분배가 결정되어야 한다고 보는 전제 아래 ① 물상보증인은 처음부터 채무자가 무자력한 경우에 대비하여 그러한 경우 자신이 제공한 담보물로 채권자를 만족시켜 주기로 한 것이므로 물상보증인이 채무자의 무자력으로 인한 위험을 인수한 사람이라는 점,[24] ② 제578조와 같은 내용을 규정한 의용민법 제568조는 일본 구 민법 재산취득편 제67조 제1항의 규정을 수정한 것인데, 위 일본 구 민법 규정에서 "차압된 재산의 경락인이 추탈을 받은 경우에는 피차압인에 대하여 대금의 반환을 구할 수 있다"라고 규정하여 1차적 담보책임자로서 '피차압인', 즉 압류당한 물건의 소유자를 규정하였다는 점[25]을 논거를 들고 있다. 또한 이외에도 우리 민법의 입법과정에서 제578조는 제정 당시부터 채무자라는 표현을 사용하였는데, 당시 우리 법제상 임의경매절차에서 채무자와

---

21) 양창수, "타인 소유 물건의 경매와 물상보증인의 담보책임", 민법연구 제2권, 박영사(2005), 245면은 종래 채무자설이 다수설을 차지하고 있던 우리나라의 학설대립 상황을 我妻榮의 영향인 것으로 보면서, 我妻榮이 제시한 채무자설의 근거를 위와 같이 정리하였다.

22) 주석 민법 채권각칙(3)(주 11), 119면(김대정 집필부분).

23) 민법주해[XIV] 채권(7)(주 11), 466면 이하; 곽윤직(주 11), 152면; 양창수(주 21), 246면 이하; 민일영, '경매와 담보책임의 법리-임차주택의 경매를 중심으로-', 법조 제53권 제1호(2004. 1.), 33면 이하; 지원림, 민법강의 제17판, 홍문사(2020), 1461면; 이은영, 채권각론 제5판, 박영사(2005) 331면.

24) 양창수(주 21), 247면.

25) 양창수(주 21), 248면.

물상보증인을 명시적으로 구분하여 규정하지 않더라도 특별한 문제가 발생할 일이 없었고, 제578조에 관한 법제사법위원회 민법안심의소위원회 및 본회의 회의록에도 민법 원안에서 강제경매라고 한 것을 임의경매를 포함하기 위하여 경매로 문구수정을 한 것으로 기재된 점[26] 역시 논거로 제시된다.

(3) 일본에서의 논의 상황

앞서 살펴보았듯이 이 부분에 관한 학설의 대립은 일본에서의 논의에 영향을 받았던 것으로 보인다. 담보책임과 관련하여 2017년 개정 전 일본 민법은 우리와 유사하게 권리의 전부 또는 일부가 타인에게 속하는 경우, 목적물에 용익물권이나 저당권 등의 타인의 권리가 부착되어 있는 경우 및 목적물에 숨은 하자가 있는 경우로 나누어 각각 일정한 요건 하에서 손해배상청구권과 해제권 등의 구제 수단을 매수인에게 인정하였고, 경매에 관하여는 그와 같이 규정된 담보책임을 그대로 적용하는 방식을 취하였다.[27] 개정 전 일본 민법 하에서 물상보증인 소유의 경매목적물에 경매가 실행되었으나 하자담보책임이 발생한 경우에 관하여 통설은 물상보증인에게 1차적인 책임이 있다는 것이었고 이에 대해 我妻榮을 필두로 채권자설이 제기되어 학설이 대립하고 있었다.[28]

이후 2017년 일본 민법 개정으로 계약 내용에 적합한 권리의 이전과 목적물의 인도를 해야 할 의무를 전제로 담보책임에 대한 개정 전 민법의 규정에 대해 발본적인 변경이 이루어졌다.[29] 그러나 경매의 경우에

26) 조인영(주 11), 147면 이하.

27) 潮見佳男 · 千葉惠美子 · 片山直也 · 山野目章夫 編, 詳解 改正民法, 商事法務, 2018, 426면 이하.

28) 新版 注釋民法(14) 債權(5)(주 14), 252면; 각각의 견해가 제시하는 논거는 앞서 우리나라의 학설을 소개하며 든 논거와 크게 다르지 않다.

29) 詳解 改正民法(주 27), 428면 이하. 구체적으로는 물건에 관한 계약부적합을 이유로 하는 매수인의 구제 수단으로 추완청구권(일본 민법 제562조), 대금감액청구권(일본 민법 제563조), 손해배상청구권 및 해제권(일본 민법 제564조)에 대한 규정이 마련되어, 그 후에, 이상의 제 규정이 권리의 계약부적합인 경우에 대해서도 그대로 준용된다(일본 민법 제565조). 다만, 권리의 전부가 타인에게 속하는 경우는 일본 민법 제565조에 적용 대상에서 제외되어 있다. 채무의 이행이 전혀 이루

는 규정대상을 '강제경매'에서 경매 일반('민사집행법 그 외 법률의 규정에 기한 경매'로 개정하였다)으로 확장하는 것 이외에는 종전의 규정이 대체로 유지된 것으로 평가된다.[30] 1차적 담보책임자 역시 개정 후에도 동일하게 '채무자'[31]로 유지되었는데 이에 관하여는 종래의 통설을 변경하려는 입법적 고려가 있었던 것으로 보이지 않는다.

어지고 있지 않은 무이행의 경우에 대해서는, 채무불이행의 일반 규정의 적용에 의해 처리 될 것이 상정되어 있다.

30) 詳解 改正民法(주 27), 428면; 潮見佳男, 民法(債権関係)改定法の概要, 金融財政事情研究会(2017), 272면.

31) 다만, 앞서 본 바와 같이 담보책임이 근본적으로 변화하였기 때문에 적용대상 조문이 변경되었다. 구체적으로 살펴보면 다음과 같다.
일본 민법 제568조(이하 조문은 모두 일본 민법의 그것이다)
① 민사집행법 그 밖의 법률의 규정에 따른 경매(이하 본 조에서는 단순히 '경매'라 한다)에서의 매수인은 제541조 및 제542조의 규정과 제563조(제565조에서 준용하는 경우를 포함한다.)의 규정에 의하여 채무자에 대하여 계약을 해제하거나 대금의 감액을 청구할 수 있다.
② 전항의 경우에 채무자가 무자력할 경우 매수인은 대금을 배당받은 채권자에 대하여 그 대금의 전부 또는 일부의 반환을 청구할 수 있다.
제541조
당사자의 일방이 그 채무를 이행하지 아니하는 경우, 상대방이 타당한 기간을 정하여 그 이행을 최고하고, 그 기간 내에 이행하지 아니하는 때에는 상대방은 계약을 해제할 수 있다.다만, 그 기간이 경과한 때의 채무 불이행이 그 계약 및 거래상의 사회통념에 비추어 경미한 때에는 그러하지 아니하다.
제542조
① 다음에 열거하는 경우에는 채권자는 전조의 최고를 하지 아니하고 즉시 계약을 해제할 수 있다.
(이하 생략)
제562조
① 인도된 목적물이 종류, 품질 또는 수량에 관하여 계약의 내용에 적합하지 아니한 것인 때에는 매수인은 매도인에 대하여 목적물의 보수, 대체물의 인도 또는 부족분의 인도에 의한 이행의 추후보완을 청구할 수 있다.다만, 매도인은 매수인에게 부당한 부담을 주는 것이 아닌 때에는 매수인이 청구한 방법과 다른 방법에 의한 이행을 추후 보완할 수 있다.
제563조
① 전조 제1항 본문에서 규정하는 경우, 매수인이 타당한 기간을 정하여 이행의 추후보완을 최고하고, 그 기간 내에 이행의 추후보완이 없는 때에는 매수인은 그 부적합의 정도에 따라 대금의 감액을 청구할 수 있다.
② 전항의 규정에도 불구하고 다음에 열거된 경우에는 매수인은 동항의 최고를 하지 않고 즉시 대금의 감액을 청구할 수 있다.
(이하 생략)

3. 종래 판례의 상황

종래의 대법원 판결에서 주로 경매담보책임이 논의되었던 국면은 경매목적물이 타인의 소유였던 경우이다. 대법원은 경매목적물이 타인 소유였던 경우 제578조의 규정이 적용된다는 전제에서 이러한 경우 제578조에서 1차적 담보책임자로 규정한 채무자는 물상보증인을 의미하는 것으로 보았다. 한편, 대법원은 강제경매의 원인이 된 집행권원이 무효이거나 임의경매 절차의 원인이 된 근저당권 등 담보권이 해당 경매목적물에 효력을 미치지 못하는 경우 담보책임은 논할 여지가 없이 경매절차가 무효라고 보았다. 그러면서 강제경매에서 경매목적물이 타인의 소유였던 경우 이와 마찬가지로 경매절차가 무효여서 하자담보책임은 문제될 여지가 없다고 판단한 판결도 있다. 관련된 대법원 판결의 사실관계 및 결론을 분석하여 대법원 판례의 경향을 구체적으로 검토한다.

(1) 경매절차 무효에 관한 대법원 판결

대법원은 경매절차의 원인이 된 집행권원이 무효인 경우 '매매의 일종인 경매에 있어서 그 목적물의 하자로 인하여 경락인이 경락의 목적인 재산권을 완전히 취득할 수 없을 때에 매매의 경우에 준하여 매도인의 위치에 있는 경매의 채무자나 채권자에게 담보책임을 부담시켜 경락인을 보호하기 위한 규정으로서, 그 담보책임은 매매의 경우와 마찬가지로 경매절차는 유효하게 이루어졌으나 경매의 목적이 된 권리의 전부 또는 일부가 타인에게 속하는 등의 하자로 경락인이 완전한 소유권을 취득할 수 없거나 이를 잃게 되는 경우에 인정되는 것이고, 경매절차 자체가 무효인 경우에는 경매의 채무자나 채권자의 담보책임은 인정될 여지가 없는 것으로 풀이할 것이다'라고 판결(대법원 1991. 10. 11. 선고 91다21540 판결[32])하였다. 마찬가지로 근저당권에 의한 임의경매가 실행되었으나 해당

32) 위 사건에서 원고는 강제경매절차를 통하여 부동산을 낙찰받았으나 강제집행의 채무명의가 된 약속어음공정증서가 위조된 것이어서 무효라는 이유로 그 소유권이전등기의 말소를 명하는 판결이 확정됨으로써 경매목적 부동산에 대한 소유권을

경매목적물에 근저당권의 효력이 미치지 못하는 경우 대법원은 위 판결과 같이 경매하자담보책임은 경매가 유효한 경우에 인정되는 것이라는 전제에서 무효인 근저당권설정 등기에 기하여 진행된 임의경매절차는 경매절차 자체가 무효여서 채무자나 채권자의 담보책임은 인정될 여지가 없다는 취지로 판단하였다(대법원 1993. 5. 25. 선고 92다15574 판결[33]).

(2) 경매목적물이 타인의 소유인 경우에 관한 대법원 판결

(가) 대법원 1988. 4. 12. 선고 87다카2641 판결

위 판결의 구체적인 사실관계는 다음과 같다.[34] 물상보증인인 피고는 원고가 소외 병에 대하여 가지는 대여금채권을 담보하기 위하여 자신 소유 부동산(이하 이 단락에서 '이 사건 부동산'이라 한다)에 원고 명의의 근저당권설정등기를 마쳐주었고, 병이 대여금채권의 변제를 하지 않자, 원고가 근저당권에 기하여 경매를 신청하였다. 위 임의경매절차에서 원고가 경락을 받았고 그 대금을 완납하여 경매목적물인 이 사건 부동산의 소유권이전등기가 완료되었다. 그런데 그 후 이 사건 부동산의 전전소유자인 갑이 전소유자인 을과 원고, 피고를 상대로 각 그 명의로 된 소유권등기의 말소를 청구하는 소를 제기하여 갑의 청구가 전부 인용되었다. 이에 원고는 피고를 대상으로 매매계약 이행불능을 원인으로 이 사건 부동산의 경매절차를 해제하고 원상회복으로서 경락대금의 지급을 구하였다. 원심판결이 경매집행비용을 제외한 나머지 경락대금에 대하여 원고의 주장을 받아들여 피고에게 그 지급을 명하였고 피고가 이에 대하여 물상보증인은 제587조의 채무자에 해당하지 않는다는 취지로 상고하였다.

위 81다카2641 판결은 경매목적물에 권리하자가 있는 경우 1차적

취득하지 못하게 되었다.

33) 이 사건에서는 경매목적물의 소유자였던 사람이 건물에 대하여 근저당권설정등기를 한 후 그 건물을 헐고 같은 대지상에 새로운 건물을 건축하였으나 새로운 건물에 대하여는 소유권보존등기를 하지 않고 있던 상황에서 종전 건물의 근저당권자가 새로운 건물에 대하여 경매를 신청하였다. 대법원은 구 건물 멸실 후에 신축된 신 건물 사이에 동일성이 없다고 본 원심의 사실인정을 수긍하고, 이러한 경우 하자담보책임을 물을 여지가 없다고 보았다.

34) 양창수(주 21), 231면 이하에서 요약된 것을 인용하였다.

책임을 지는 사람에 관하여 "민법 제578조 제1항의 채무자에는 임의경매에 있어서의 물상보증인도 포함되는 것이라고 보는 것이 옳으므로 경락인이 그에 대하여 적법하게 계약해제권을 행사하였을 때에는 물상보증인은 경락인에 대하여 원상회복의 의무를 지는 것이라고 할 것이다."라고 명시적으로 판단하였다. 대체로 위 판결은 물상보증인설의 입장에서 판단한 것으로 해석된다.[35]

(나) 대법원 2004. 6. 24. 선고 2003다59259 판결

한편, 2003다59259 판결은 앞선 판결과는 다소 다른 태도를 취하였다. 이 사건의 사실관계는 다음과 같다. 부동산에 대한 경매절차에서 경락인이 경매목적물을 경락받아 경락대금을 완납하고 소유권이전등기까지 마쳤다. 그러나 그 후 소외 갑의 청구에 의하여 경매목적물에 관하여 마쳐진 채무자 명의의 소유권보존등기가 원인무효의 등기라는 이유로 경락인에 대하여 그 명의의 소유권이전등기를 말소하라는 판결이 확정되었고, 이에 경락인인 원고가 근저당권자들인 피고들을 상대로 부당이득반환청구로서 배당금의 반환을 구한 사안이었다. 원심은 원고의 청구를 인용하였다. 이에 대하여 피고들은 매도인에게 추탈담보책임을 묻는 것은 몰라도 매도인도 아닌 피고들에게 부당이득을 구할 수는 없다는 취지로 상고하였다.[36] 위 판결은 '경락인이 강제경매절차를 통하여 부동산을 경락받아 대금을 완납하고 그 앞으로 소유권이전등기까지 마쳤으나, 그 후 강제경매절차의 기초가 된 채무자 명의의 소유권이전등기가 원인무효의 등기이어서 경매 부동산에 대한 소유권을 취득하지 못하게 된 경우, 이와 같은 강제경매는 무효라고 할 것이므로 경락인은 경매 채권자에게 경매대금 중 그가 배당받은 금액에 대하여 일반 부당이득의 법리에 따라 반환을 청구할 수 있고, 민법 제578조 제1항, 제2항에 따른 경매의 채무자나 채권자의 담보책임은 인정될 여지가 없다'라고 판단하였다. 다만,

35) 민법주해[XIV] 채권(7)(주 11), 467면(남효순 집필부분); 민일영(주 23), 33면; 양창수(주 21), 246면; 지원림(주 23), 1460면 이하; 김형석(주 17), 239면.

36) 이규철, "경매의 목적이 된 권리가 타인에게 속한 경우와 담보책임", 재판과 판례 제16집(2007), 대구판례연구회, 276면.

이에 관하여는 제578조, 제570조의 문언상 당연히 담보책임이 문제가 되어야 하는 것으로 위 판결의 취지를 따르면 경매에 있어서는 제570조가 적용될 여지가 없고, 종래의 재판례에도 부합하지 않는다는 비판[37)]이 존재한다.

4. 종래 논의 상황의 검토와 대상판결 논의에서의 시사점

종래 제578조의 해석을 둘러싼 학설의 대립은 앞서 살펴본 바와 같이 제578조의 문언이나 입법상황 뿐만이 아니라 채무자의 무자력과 관련된 위험을 채권자와 물상보증인 사이에서 어떻게 분배하는 것이 타당한 것인지가 핵심적인 쟁점이 되어 왔다. 경매목적물이 타인의 소유인 경우 채권자와 물상보증인 사이에서는 결과적으로 채무자 무자력의 위험부담을 지는 사람은 물상보증인이어야 한다는 점에서, 그리고 무엇보다 부당

37) 양창수, "채무자 소유 아닌 부동산에 대한 경매와 담보책임", 민법연구 제8권, 박영사(2006), 359면; 송인권, "경매와 매도인의 담보책임－채무자가 형식적으로는 경매목적물의 소유자로 등재되어 있으나 실질적으로는 소유권을 취득하지 못한 경우를 중심으로", 저스티스 제91권(2006. 6.), 한국법학원, 210면은 이외에도 "둘째, 대상판결의 입장에 의하면, 매수인의 이익을 보호하기 어렵고, 매수인, 채권자, 채무자 사이의 이해관계를 조화롭게 해결하지도 못한다. 부당이득반환은 민법 제741조 이하의 일반규정에 따라 이루어지므로, 사법상 매매나 경매에 관련된 특별한 이해관계를 고려할 수 없고, 특히 현존이익 반환의 원칙은 매수인 보호에 불충분하다. 거래의 안전을 보호할 필요성 및 매수인은 채무자의 재산, 신용 등에 관한 정보에 가장 취약하다는 점에서, 경매절차에 관한 이해관계인 중 매수인 보호의 필요성이 가장 크다 할 것이다. 셋째, '경매절차의 무효'라는 개념을 적용, 확장하는 시도는 경매절차의 안전성을 해할 우려가 있다. '경매절차의 무효'는 '경매비용의 반환' 등과 같은 불필요한 문제를 발생시킬 염려가 있을 뿐, 실제적인 문제를 해결하는 데 도움이 되지 못한다."는 논거를 제시한다. 반면, 경매법원이 경락허가결정을 함에 있어 경매 목적물로 적시된 부동산이 채무자의 소유인지 심사하여야 하고 이것이 강제집행의 요건이 되는 점, 임의경매의 경우에는 근저당권설정자 명의의 소유권이전등기 무효인 경우 그 소유권이전등기를 전제로 한 근저당권설정등기도 무효이므로 무효인 근저당권에 의한 경매는 그 등기의 말소 여부에 관계없이 무효라고 판시하고 있고 대부분 강제경매의 목적 부동산이 근저당권 기타 담보물권이 설정되어 있을 뿐만 아니라 임의경매신청도 중복하여 신청되는 실정이므로, 우연한 사정에 의하여 강제경매절차로 진행되었다고 하여 그 효력을 달리 볼 것은 아닌 점 등을 이유로 기존 재판례와 모순되는 것이 아니라고 보는 견해도 존재한다.; 김상찬, "경매절차의 무효와 담보책임(2004. 6. 24. 선고 2003다59259 판결: 공2004하, 1205)", 대법원판례해설 제49호(2004), 법원도서관, 182면 이하.

이득의 관점에서 경락인의 대금지급에 따라 재산적 이득은 경락인 → 물상보증인 → 채권자의 방향으로 이동한 것이고 따라서 경락인은 물상보증인을 상대로 부당이득을 청구해야 할 것[38]이라는 점에서 경매목적물이 타인의 소유인 경우에는 1차적 책임자를 물상보증인으로 보는 통설의 입장을 좇는 것이 타당하고, 제3취득자의 경우도 물상보증인과 달리 볼 이유는 없다.[39]

한편, 91다21540 판결을 비롯한 상당수의 판결이 비교적 확고하게 경매절차가 무효인 경우가 존재함을 인정하고 이때는 담보책임이 문제될 여지없이 경락인이 채무자에게 부당이득으로서 경매대금의 반환을 구할 수 있는 것으로 보고 있다.[40] 경매목적물이 타인의 소유인 사안에 대하여는 앞서 본 바와 같이 87다카2641 판결과 2003다59259 판결이 일견 일관되지 않은 모습을 보인다. 2003다59259 판결에 대하여는 찬반이 나뉘어 있으나 2003다59259 판결에서 담보책임을 배제하는 판단이 이루어진 배경을 조금 더 주목할 필요가 있다. 위 사안에서 제578조의 담보책임 규정이 경락인이 배당채권자들에 대하여 배당받은 경락대금을 부당이득반환으로 구하는 것을 저지하기 위한 일종의 방어수단으로서 작동하였고, 대법원이 이와 같은 논리를 배척하는 수단으로 이전의 판결에서 언급되었던 “경매절차의 무효” 논의를 등장시킨 것이라는 점은 시사하는 바가 적지 않다. 즉, 앞선 두 판결이 결론에 있어서 타인 소유의 경매목적물을

38) 김형석(주 17), 240면 이하. 한편, 위 논문은 제578조가 정하는 책임의 성질은 전체로 볼 때 엄밀한 의미에서 매매의 효력에 따른 담보책임이라고 말하기는 어렵다고 보고, 오히려 위 조문은 권리의 하자가 있는 목적물이 경매된 경우 경락인의 보호를 위해 정해진 부당이득 및 불법행위의 특칙으로서 성질을 가지는 점을 염두에 둔 것으로 보는 전제에서 위와 같은 논거를 들고 있다.; 위 논문 233면 참조.

39) 조인영(주 11), 153면은 종래의 학설도 모두 물상보증인 또는 제3취득자의 경우를 함께 설명하고 있을 뿐, 각 경우를 나누어 견해를 달리하는 경우는 전무하다고 한다.

40) 앞의 2003다59259 판결을 비판하는 입장에서도 경매절차가 무효일 수 있다는 점에 관하여는 특별히 반대하지 않는 것으로 보인다. 양창수(주 37), 356면; 송인권(주 37), 210면.

낙찰받은 경락인이 채무자 내지 물상보증인, 채권자로부터 경락대금을 반환받을 수 있도록 최대한 보장하려는 모습을 보인다는 점에서는 일관적인 것으로 평가할 수도 있다.

대상판결의 사안은 앞서 살펴본 학설과 판례가 주로 논의되던 경우와 달리 제한물권의 존재로 인한 담보책임이 문제된 것이었다. 경매목적물이 타인 소유인 경우 경락인이 해제권을 행사하더라도 별다른 원상회복의무를 지지는 않는 것[41]과 달리 제한물권이 존재하여 경락인이 해제권을 행사하고 경매대금의 반환을 요청하는 경우에는 경락인에게도 경매목적물에 관한 원상회복의무가 발생하게 된다. 따라서 제한물권의 존재로 인한 경매하자담보책임이 논의되는 국면은 타인 소유의 물건이 경매된 경우와는 관련 당사자들 사이의 이해관계가 달라질 가능성이 높아 종래의 논의를 그대로 따르기는 곤란하다. 이때 당사자들 사이의 이해관계를 분석하기 위해서는 경매목적물에 제한물권이 존재함으로써 하자담보책임 인정되어 경락인이 해제권을 행사할 경우의 효과를 먼저 분석하고, 기존의 채무자설과 물상보증인설에 따를 때 각 당사자들의 이해관계를 검토할 필요가 있다.

Ⅲ. 경락인의 해제권 행사와 원상회복의무

제575조는 매매목적물이 지상권 등의 목적이 된 때 매수인이 선의이고 계약의 목적 달성이 불가능하다면 매수인이 계약을 해제하도록 허용하고 있다. 그런데 경매절차에서 위 규정에 따른 해제를 어떻게 이해할 것인가에 관해서는 견해가 갈리는 것으로 보인다. 이는 우리 민법에 규정된 해제의 법적 성질을 어떻게 이해할 것인 지와도 밀접한 관련이 있다. 따라서 먼저 우리 민법상 해제의 법적 성질에 관하여 간략히 살펴보고 이후 경매절차를 해제할 경우에 나타나는 효과를 검토한다.

---

41) 민법주해[XIV] 채권(7)(주 11), 342면(남효순 집필부분) “타인권리의 매매의 경우는 원상회복의무는 일방적이어서 매도인에게만 발생한다.”

1. 경매절차 해제에 따른 효과

(1) 해제의 효과에 관한 일반적인 논의[42]

해제의 효과에 관하여 학설은 직접적 효과설과 청산관계설로 나뉘어 있다. 먼저 직접적 효과설[43]은 해제에 의하여 계약에 의한 모든 채권관계가 소급적으로 소멸한다고 설명한다. 직접적 효과설에는 채무이행으로서의 등기나 인도까지 완료하여 이미 물권변동이 일어난 경우 해제에 의하여 물권변동의 효과도 소급적으로 소멸한다는 물권적 효과설과 이를 부정하는 채권적 효과설이 있다. 청산관계설[44]은 원래의 계약에 따른 채권관계가 소멸하는 것이 아니라 장래에 향하여 청산관계로 변형된다는 입장이다.

대법원 1977. 5. 24. 선고 75다1394 판결이 "우리의 법제가 물권행위의 독자성과 무인성을 인정하고 있지 않은 점과 민법 제548조 제1항 단서가 거래 안정을 위한 특별규정이란 점을 생각할 때 계약이 해제되면 그 계약의 이행으로 변동이 생겼던 물권은 당연히 그 계약이 없었던 원상태로 복귀한다."라고 명시한 이래로 판례는 물권적 효과설을 따른 것으로 평가된다.[45]

제550조가 해제의 소급효를 전제로 입법한 것으로 평가되는 점,[46] 제548조 제1항의 단서가 직접적 효과설을 따를 경우 의미 있는 규정인 점을[47] 감안할 때, 청산관계설을 현행법의 해석으로 받아들이는 것은 곤

---

42) 이하 목차의 해제의 효과에 관한 논의는 양창수 · 김재형 계약법 제3판, 박영사(2020), 598면 이하를 참조하였다.

43) 편집대표 김용담, 채권각칙(2) 제4판(2016), 164면 이하(남효순 집필부분); 양창수 · 김재형(주 42), 598면 이하; 곽윤직(주 11), 100면; 지원림(주 23), 1407면; 송덕수(주 11), 139면.

44) 김형배 · 김규완 · 김명숙(주 20), 1280면 이하; 김용담 "해제의 효과에 관한 일고찰", 사법행정 제24권(1983), 30면 이하.

45) 곽윤직(주 11), 99면; 양창수 · 김재형(주 42), 598면 이하; 지원림(주 23), 1407면 이하.

46) 지원림(주 23), 1407면.

47) 양창수 · 김재형(주 42), 599면.

란하다. 이하에서는 직접적 효과설을 전제로 논의한다.

(2) 경매절차의 해제 효과에 관한 견해

제578조가 경매절차에 적용하는 제570조부터 제577조까지의 담보책임에서 정한 해제권의 구체적인 의미에 관하여 그 의미를 매각허가결정[48]의 취소라고 보는 견해(1설)[49]와 낙찰자의 해제의사표시는 경매가 매매로서의 성질을 가지는 사법적 측면에서만 그 효력을 발휘하고, 그것이 공법적 처분이라는 측면에까지 영향을 미치지는 않는 것이라고 보는 견해(2설)[50]의 대립이 존재한다. 한편 위 두 설과는 전제를 달리하여 일단 경매절차가 종료되어 경락인이 경매목적물의 소유권을 취득한 이후에는 담보책임은 문제될 여지가 없으므로 경매절차의 해제는 불가능하다는 견해[51]도 존재한다.

(가) 해제로서 매각허가결정이 취소된다고 보는 견해(1설)

1설은 제578조에 의하여 경매에 담보책임 규정이 적용되는 때에는 계약의 해제를 매각허가결정의 취소로 해석해야 한다고 본다. 1설은 경매의 본질을 사법상 매매인 것으로 보는 전제에서 채무자와 경락인 사이에는 매매계약이 성립한 것이 아니고 오직 매각허가결정의 효력에 의하여 채무자 소유의 부동산이 경락인에게 이전되었던 것이기 때문에 경락인으로서는 매각허가결정을 취소한다고 할 수밖에 없음을 이유로 한다.[52] 위 견해는 또한 직접적 무효설의 입장을 전제로 경락인의 매각허가결정 취소 의사통지가 도달하게 되면 매각허가결정이 실체법상으로는 소급하여 무효가 되는 것이므로 경락인은 매각허가결정이 취소됨에 따라서 물상보증인 내지 채무자[53]에게 원상회복의무에 따른 부당이득반환으

48) 민사집행법의 개정 등을 반영하여 경락허가결정은 매각허가결정으로 통일하여 지칭한다.

49) 이재성, "경락인의 채권자에 대한 배당금반환청구의 성질", 이재성판례평석집, 육법사(1986), 484면; 주석 민법 채권각칙(3)(주 11), 838면(최준규 집필부분).

50) 민일영, 주택의 경매와 임차인의 보호에 관한 실무연구, 경인문화사(2005), 160면.

51) 오시영, 채무자 소유 아닌 부동산 경매와 담보책임과의 관계, 민사법학 제42호(2008), 한국민사법학회, 344면.

52) 이재성(주 49), 484면.

로서 경락대금의 반환을 구할 수 있다고 본다.[54] 나아가 경락으로 말소되었던 부담들은 다시 회복되며 채무자의 채무는 변제되지 않은 것으로 될 것이고 보증인의 채무도 소급적으로 부활하는 것으로 해석한다(다만, 채무자가 경락인에게 매각대금 전액을 반환하면 그 범위에서 배당받은 채권자들의 채권은 소멸한다).[55]

(나) 낙찰자의 해제의사표시는 경매의 공법적 처분에는 영향을 미치지 않는다는 견해(2설)

2설은 경매절차에서 하자담보책임에 의한 해제는 매각허가결정의 효력에는 아무런 영향을 미치지 아니하면서, 다만 경매의 사법적인 측면에 국한하여서만 낙찰의 효과를 부정함으로써 채무자에게 대금의 반환의무를 지우는 것으로 해석해야 한다는 입장이다.[56] 2설은 이미 낙찰자에게 소유권이전등기가 마쳐지고 경매개시결정기입등기를 비롯한 저당권 등 각종 부담의 말소등기 등이 경료된 상태에서 이를 되돌릴 회복등기 절차 및 방법에 관하여 민법이나 민사집행법의 어느 곳에서도 규정하고 있지 않다는 점, 경매의 본질적 성격이 매매라고 하여도 강제환가라는 측면에서 공법적 처분의 성질도 아울러 가지므로 낙찰자의 해제의사표시는 공법적 처분에까지 당연히 영향을 미칠 수는 없는 점, 경매절차는 여전히 유효한데 단지 낙찰자의 보호를 위하여 담보책임을 추궁하기 위한 경우까지 다른 많은 이해관계인들의 이익을 침해하면서 경매절차를 원점으로 돌린다는 것은 지나치다는 점, 경매법원의 매각허가결정이라는 공적인 재판을 낙찰자가 일방적으로 무효화할 수는 없고 민사집행법이 낙찰자에게

53) 이재성(주 49), 482면 이하에서 경매 해제의 효과를 논의하게 된 배경이 된 판결은 앞서 살펴본 대법원 1986. 9. 23. 선고 86다카560 판결인데, 이 사안은 앞서 살펴보았듯이 채무자 소유의 부동산이 강제경매가 실행된 사안이었으므로 담보책임을 1차적으로 채무자가 질 것인지, 물상보증인이 질 것인지에 관한 논의는 하지 않았다.

54) 청산관계설을 취하게 되면 저당권 등의 부담이 직접 부활하는 것으로 해석하기 어려워 논의가 완전히 달라질 가능성이 있다.

55) 채권각칙(3)(주 11), 838면(최준규 집필부분).

56) 민일영(주 50), 160면.

그러한 권한을 부여하고 있지도 않은 점을 논거로 한다.[57] 위 견해는 하자담보책임에 의한 경락인의 해제권 행사가 가집행선고부 판결에 의하여 강제경매를 실시하여 낙찰허가결정이 선고되고 낙찰자가 낙찰대금을 납부한 후 그 판결이 상급심에서 취소된 경우, 매각허가결정의 효력은 그대로 유지되고 가집행채권자가 부당이득 내지 손해배상책임을 지는 것과 유사한 측면이 있다고 본다.[58] 그러나 2설도 경락인이 해제 전 이미 소유권이전등기를 마친 경우에는 낙찰자가 이를 말소하여 원소유자에게 소유권을 회복시켜 주어야 한다고 본다.[59]

(다) 경매절차가 종료된 후에는 담보책임 규정의 적용 여지가 없다고 보는 견해

한편, 위 견해들과 전제를 달리하여 경매목적물이 타인의 소유인 경우 진정한 권리자는 경매절차가 진행되는 동안에는 제3자이의의 소로써 자신의 권리임을 주장하며 다툴 수 있지만 경매가 종료한 후에는 더 이상 다툴 수 없으므로 이에 따라 경락인이 유효하게 경매목적물의 소유권을 취득함을 전제로 경매절차 종료 이후에는 담보책임의 문제가 발생하지 않는다는 견해도 있다.[60] 위 견해는 우리법제상 등기의 공신력은 없지만 등기에 강한 추정력을 인정하고 있는 판례의 태도, 국가기관인 법원의 경매를 통해 정당하게 경락받은 경락인의 신뢰, 등기제도가 정비된 현실을 고려하여 경락인의 소유권 취득을 보장하는 것이 바람직하다는 이유를 든다.[61] 특히 위 견해는 절차법상 제3자이의의 소라는 제도를 두

---

57) 민일영(주 50), 160면 이하; 한편, 앞의 책 162면 주 298은 이와 같이 해석하면서 "제578조를 입법할 때 단순한 매매와 구별되는 경매의 특성을 충분히 염두에 두고 계약해제"를 규정한 것인지 알 수 없고, 오히려 민의원 법제사법위원회 민법심의소위원회, 민법안심의록(상)(1957), 336을 볼 때, 이렇다 할 깊은 검토 없이 일본 민법 제568조를 그대로 옮겨 놓은 것이 아닌가 싶다. 일본 민법 외에는 경매의 경우의 담보책임에 관한 규정을 명문으로 둔 입법례를 찾아보기 어렵다는 것이 아쉬운 점이다."라고 지적한다.

58) 민일영(주 50), 162면, 각주 299.

59) 민일영(주 50), 165면.

60) 오시영(주 51), 344면.

61) 오시영(주 51), 336면.

어 강제집행절차가 진행되는 동안에 진정한 권리자가 자신의 권리임을 주장하며 다툴 수 있도록 하였음에도 제3자이의의 소를 통하여 다투지 않았다면 경매절차의 신뢰를 높이기 위하여 경매 종료 후에는 더 이상 이를 다툴 수 없도록 하여 경매절차의 신뢰를 높여야 하고 그 반사적 효과로서 진정한 권리자의 경매목적물에 대한 권리는 상실된다고 보아야 한다는 점을 지적한다.[62] 위 견해에 따르면 경매목적물이 타인의 소유인 경우에도 진정한 권리자에 의하여 제3자이의의 소가 제기되지 않고 경매절차가 종료되었다면 부당이득반환이나 담보책임은 더 이상 문제되지 않고, 오직 권리를 상실한 진정한 권리자가 경매절차에서 배당받은 채권자나 채무자에 대한 부당이득반환청구권이나 불법행위로 인한 손해배상청구권을 행사할 수 있는지 여부만이 문제된다.[63] 다만, 부동산 유치권은 압류에 의하여 점유를 뺏기는 등의 영향이 없으므로 제3자이의의 소의 이의의 원인이 될 수 없어[64] 제한물권의 존재로 인한 경매하자담보책임에서도 이와 동일하게 볼 것인지 여부는 불분명하다.

(3) 판례의 태도

대법원 1986. 9. 23. 선고 86다카560 판결은 '채무명의에 기한 강제경매신청에 의하여 경매목적부동산에 대한 경락허가결정이 확정된 경우에는 비록 경매개시결정이 있기 전에 경료된 제3자명의의 가등기에 기하여 그 제3자명의로 소유권이전본등기가 경료됨으로써 경락인이 경락부동산의 소유권을 취득하지 못하게 되었다 하더라도 그 사유만으로서 경락허가결정이 무효로 돌아가는 것은 아니'라고 판결한 바 있다. 이에 대하여 2설은 경락인의 해제로 인하여 매각허가결정이 무효로 되는 것은 아니라는 전제에서 내려진 판결로 해석한다.[65] 1설은 타인 명의의 가등기에 기한 본등기가 경료됨으로써 경락인이 경매목적 부동산의 소유권을

62) 오시영(주 51), 336면 이하.
63) 오시영(주 51), 339면.
64) 이시윤 민사집행법 제7개정판, 박영사(2016) 232면; 편집대표 민일영, 주석 민사집행법(Ⅱ) 제4판, 한국사법행정학회(2018), 307면(홍동기 집필부분).
65) 민일영(주 23), 31면, 각주 47.

취득하지 못하게 되었다고 하더라도 그 사유만으로는 경락허가결정이 무효로 돌아가는 것은 아니라고 한 부분이 제578조에 의한 경락인의 해제권 행사 전을 전제로 하는 것이라면 수긍할 수 있지만, 제578조에 의한 해제권 행사 후에도 위와 같은 해석을 한 것이라면 이를 수긍하기는 어렵다고 비판한다.[66)]

위 판결의 구체적인 사실관계는 다음과 같다. 원고는 강제경매절차에서 부동산을 경락받아 경락대금을 완납하였고, 피고는 그 경락대금 중 채무자에 대한 조세채권의 변제명목으로 배당을 받았다. 그런데 경매대상 부동산에 관하여 경매개시결정이 있기 전에 경료된 소유권이전청구권의 순위보전가등기에 기한 본등기가 경료되어 결과적으로 원고가 이 건 경락부동산의 소유권을 취득할 수 없게 되었다. 원고는 이에 따라 경매목적 부동산의 소유권을 취득할 수 없게 되었음을 이유로 제578조에서 정한 담보책임 규정에 따라 경락부동산에 대한 매매계약을 해제하고 채무자의 무자력을 이유로 피고에게 배당금의 반환을 구하였다. 원심은 강제경매는 그 개시 당시부터 채무자 소유가 아닌 타인 소유의 부동산을 대상으로 하여 그 절차가 진행된 것이므로 무효이고 피고는 부당이득으로서 그 경락대금 중 배당받은 돈을 반환할 의무가 있다고 판단하였다. 이에 대하여 대법원은 위와 같이 판단하면서 '채권자가 경락대금 중에서 채권의 변제조로 교부받은 배당금을 법률상 원인 없이 취득한 부당이득이라고는 말할 수 없다'고 하여 원심을 파기한 것이다.

이러한 사실관계와 위 판결에서 제3자명의의 가등기에 기하여 소유권이전등기가 마쳐졌다고 하더라도 그 사유만으로 매각허가결정이 무효로 돌아가는 것은 아니라고 한 취지를 고려하면 위 판결은 앞선 대법원 2003다59259 판결의 사안, 즉 강제경매 개시 당시 이미 경매목적물의 소유권이 제3자에게 속하였던 사안과 달리 강제경매 개시 당시 채무자의 소유였으나 이후 제3자명의의 가등기에 기하여 소유권이전등기가 경료된

66) 이재성(주 49), 490면.

경우에는 경매절차가 유효하다고 판단한 점에 주안을 두고 이해되어야 할 것이고 이를 넘어서 2설과 같이 경매하자담보책임으로 인한 해제권행사에도 불구하고 매각허가결정이 유효하다는 의미까지 포함되는 것으로 해석하기는 어려운 측면이 있다.

(4) 검　　토

먼저, 경매절차가 종료된 후에는 경락인이 경매목적물의 소유권을 취득하여 담보책임이 문제될 여지가 없다는 견해는 경매하자담보책임에 관하여 그 시기상의 제한을 두고 있지 않은 제578조의 규정과 달리 위 규정을 통하여 담보책임을 물을 수 있는 시기를 경매절차 종료 전으로 제한하는 점, 동산에 한하여 선의취득을 인정하는 제249조의 입법 취지 등에 비추어 입법론적인 논의는 별론으로 현행법의 해석으로는 채택하기 어려운 측면이 있다.[67] 남은 1설과 2설은 결정적으로 민사집행법 제144조 제1항 제2호에 의하여 경락으로 말소되었던 각종 부담의 회복을 인정할 것인지 여부에서 차이가 있다. 이러한 차이는 경락인의 해제권 행사가 이미 완료된 경매절차에 영향을 미치는 것으로 볼 것인지에 관한 견해차에서 비롯된다.

그런데 대법원 2002. 12. 24.자 2001마1047 전원합의체 결정은 구 민사소송법(2002. 1. 26. 법률 제6626호로 전면 개정되기 전의 것)이 적용된 사안에서 즉시항고로서 매각허가결정이 취소될 수 있는 시점과 관련하여 근저당권자에 대하여 경매기일통지가 누락되어 이해관계인인 근저당권자가 매각허가결정에 대한 항고기간을 준수하지 못한 경우 '특단의 사정이 없는 한 그 이해관계인은 자기책임에 돌릴 수 없는 사유로 항고기간을 준수하지 못한 것으로 보아야 하며(대법원 1989. 11. 27.자 89마888 결정 참조), 그러한 경우에는 형평의 원칙으로부터 인정된 구제방법으로

67) 오시영(주 51), 344면에서도 이와 같은 방식으로 현행법을 해석하기에는 절차법(집행법)에 의한 실체법상의 권리 박탈이라는, 진정한 권리자의 권리 상실이라는 엄청난 법률관계의 변동을 가져오게 되어 많은 문제가 있는 것이 사실이라는 점을 인정한다. 다만, 다수의 이해관계인이 관계되어 있는 경매절차의 안정성을 도모하고, 경락인의 신뢰를 보호한다는 측면에서 위 견해가 시사하는 바가 적지 않다.

서의 추완이 허용되어야 할 것'이고, '경락허가결정에 대하여 이해관계인이 추완에 의한 항고를 제기한 경우 항고법원에서 추완신청이 허용되었다면 비록 다른 이유로 항고가 이유 없는 경우에도 경락허가결정은 확정되지 아니하고 따라서 그 이전에 이미 경락허가결정이 확정된 것으로 알고 경매법원이 경락대금 납부기일을 정하여 경락인으로 하여금 경락대금을 납부하게 하였다고 하더라도 이는 적법한 경락대금의 납부라고 할 수 없는 것이어서(대법원 1998. 3. 4.자 97마962 결정 참조), 배당절차가 종료됨으로써 경매가 완결되었다고 하여 그 추완신청을 받아들일 수 없는 것은 아니다(대법원 1968. 11. 5.자 68마1090 결정 참조)'라고 보면서 추완항고에 의한 경매절차 완료 이후의 매각허가결정 취소가 가능하다고 판단하였고, 현행 민사집행법 아래에서도 이와 크게 다르지 않은 것으로 보인다.[68]

대법원의 이와 같은 결정에 대하여는 이익형량의 면에서 문제가 있다는 비판과 소유자뿐만 아니라 이해관계인에 대한 송달에 문제가 있으면 사후적으로 경매절차가 소급하여 무효가 되는데다가 국가나 공무원의 손해배상책임까지 문제가 되기 때문에 실무상 큰 부담을 주고 있다는 비판이 있다.[69] 그러나 경매목적물에 존재하는 하자로 인하여 경락인이 해제권을 행사한 경우는 송달 등의 실무상 부담과는 무관하고, 경매를 통해 경매목적물의 소유권을 취득한 장본인인 경락인이 그 경매절차의 해제를 구하는 것이므로 절차안정의 측면에서 보호해야할 신뢰의 이익이 위 대법원 결정의 사안보다 훨씬 더 적다. 따라서 경매 절차가 완료되었으므로 경락인의 해제권 행사가 경매절차의 효력에 영향을 미치지 않는다고 단정할 것은 아니다. 나아가 앞서 살펴본 판례의 경향에 비추어 보면 경매목적물에 관한 사유가 경매절차의 효력에 영향을 미친다는 개념

68) 법원실무제요 민사집행[Ⅱ] 부동산집행(1), 사법연수원(2020), 256면; 이시윤(주 64), 355면 이하도 같은 입장이다.

69) 손흥수, "민사집행법 10년, 그 회고와 전망-총론 · 부동산 집행", 사법 통권 25(2013), 242면 참조.

이 이례적이라고 할 수도 없다.

무엇보다도 2설의 입장을 취할 경우 오히려 경매절차를 둘러싼 이해관계인들의 법률적 지위가 더 큰 혼란에 빠지게 될 우려가 생긴다. 경매목적물에 제한물권이 있었던 경우 담보책임 규정에 따른 경락인의 해제권 행사로 경매목적물의 소유권은 물상보증인에게 복귀하게 된다. 그런데 2설은 경매절차의 효력이 유지되는 것을 전제로 말소된 부동산에 관한 각종 부담이 회복되지 않는 것으로 본다. 그렇게 되면 경매목적물의 저당권자, 가압류채권자 등[70]과 같이 등기상으로 권리를 취득했으나 경매로 인하여 그 등기가 말소된 자들의 지위가 무엇인지 불분명해질 뿐만 아니라 이들과 소유권을 회복한 물상보증인, 경매절차에 참여하지 않았던 물상보증인의 다른 채권자 등 이해관계인 사이에서 복잡한 분쟁을 발생시킬 가능성이 크다. 또한 말소된 부동산에 관한 각종 부담이 담보책임으로 인한 해제 이후에도 부활하지 않는다고 할 경우 뒤에서 분석하는 바와 같이 경락인의 선·악의라는 사후적인 사정에 따라 채권자가 이미 확보해 놓은 저당권의 효력에까지 영향을 미치게 되어 불합리한 결과가 발생한다.

따라서 1설의 입장이 보다 타당하다. 2설은 1설을 취할 경우 민사집행법이나 민법상 이미 말소된 저당권설정등기 등의 회복에 관한 별도의 절차가 마련되어 있지 않다는 문제를 제기한다. 그런데 실체법적인 측면에서는 앞서 살펴본 바와 같이 해제의 효과를 직접적 효과설 및 물권적 효과설에 따라 '계약이 해제되면 그 계약의 이행으로 변동이 생겼던 물권은 당연히 그 계약이 없었던 원상태로 복귀'하는 것으로 해석하는 경우 상당 부분 문제 해결이 가능[71]하다. 나아가 위 대법원 2001마1047 결정

---

70) 말소되는 등기의 구체적인 범위에 관하여는 법원실무제요 민사집행[Ⅱ] 부동산집행(1)(주 68), 433면 이하 참조.

71) 대법원 2002. 10. 22. 선고 2000다59678 판결은 '근저당권설정등기가 위법하게 말소되어 아직 회복등기를 경료하지 못한 연유로 그 부동산에 대한 경매절차의 배당기일에서 피담보채권액에 해당하는 금액을 배당받지 못한 근저당권자는 배당기일에 출석하여 이의를 하고 배당이의의 소를 제기하여 구제를 받을 수 있'다고 판결하였는데 위 대법원 판결의 취지를 고려하면 경락인이 해제권을 행사한 경우에

이후 진행된 후속 절차를 참조하면 절차적인 측면에 관한 규정이 없다는 문제점도 어느 정도 해결할 수 있을 것으로 예상된다. 앞선 대법원 2001마1047 결정은 수원지방법원 98타경110104 사건에 관한 것이었는데, 위 대법원 결정으로 매각허가결정 취소가 확정된 후의 절차는 다음과 같이 진행되었다.[72] ① 법원은 낙찰대금을 배당받은 근저당권자 갑에게 배당금 반환을 요구하여 위 돈을 반환받고, 낙찰된 토지(이하 이 단락에서 경매목적 토지라 한다)의 경락인 병 명의 소유권이전등기가 말소된 후에 위 돈과 법원보관이자를 합하여 병에게 환급하였다. ② 집행법원은 관할 등기관에게 경매목적 토지에 관한 병 명의의 소유권이전등기와 말소된 경매개시결정등기, 갑 명의의 근저당권설정등기 말소된 또 다른 근저당권자 을 명의의 근저당권설정등기 등의 회복등기를 촉탁하여 각 그 등기가 경료되었다. ③ 집행법원은 위 말소등기와 회복등기가 경료된 후 새로운 매각절차를 진행하였는데 감정평가가 이루어진 후로부터 상당한 시일이 경과하였고, 그동안 경제사정의 급격한 변동이 있었음을 이유로 재평가명령을 하였다. ④ 이후 재평가액을 최저매각가격으로 하여 진행된 새 입찰기일에서 경매목적 토지가 낙찰되었고 배당이 실시되었다.

다만, 이하에서는 1설과 2설의 각 입장에 따라 채무자책임설과 물상보증인책임설을 각 적용한 결과가 어떻게 달라지는지 검토한다.

2. 경매절차 해제와 담보책임 부담 주체에 따른 이익상황 분석

이 글은 제578조에 의하여 제575조가 적용되는 상황에 대한 것이므로 경매목적물에 유치권 등 제한물권이 있는 경우에 한정하여 이익상황

도 마찬가지로 저당권자가 아직 회복등기를 경료하지 못하였더라도 이후에 새로운 매각절차에서 배당기일에 출석하여 이의하고 배당이의의 소를 제기하는 등의 방법으로 배당을 받을 수 있을 것이다.

72) 이하는 이민수, “외견상 매각절차가 종결돼 후 매각허가결정이 취소된 경우의 실무처리”, 재판실무연구 제3권(2006), 수원지방법원, 57면 이하의 처리방안을 정리한 것이다; 앞선 대법원 2001마1047 결정은 수원지방법원 98타경110104 부동산임의경매 사건에 관한 것으로 위 논문의 저자는 위 98타경110104 사건의 낙찰허가결정 취소 이후 담당 집행판사로서 새로운 매각절차를 진행하였다.

을 분석한다. 일반적으로 제575조의 규정에 따라 계약을 해제하는 것뿐만 아니라 손해배상을 청구하는 것 역시 매수인이 선의인 경우에만 가능하다고 해석[73)]되므로 이하의 논의에서는 매수인의 선의 또한 가정한다. 경매목적물에 제한물권이 존재함에도 불구하고 계약의 목적 달성이 가능한 경우에는 경락인이 경매절차의 해제를 구할 수는 없다. 그러나 일반적으로 경매목적물에 경락인이 알지 못한 유치권, 질권 또는 대항력을 갖춘 임차인이 존재하는 것으로 밝혀진 경우 목적을 달성할 수 없다고 보아야 할 것[74)]이므로 경락인이 해제권을 행사할 수 있는 경우에 집중하여 논의한다. 채무자설과 물상보증인설의 대립은 물상보증인이 존재하는 경우 비로소 의미를 가지므로 물상보증인 소유 부동산이 경매되고 배당받은 채권자가 저당권자인 경우를 전제한다.[75)・76)]

73) 민법주해[XIV] 채권(7)(주 11), 426면 이하(남효순 집필부분); 곽윤직(주 11), 145면. 다만, 지원림(주 23), 1451면은 매수인이 이를 알지 못한 때는 해제권에 한정되는 요건인 것으로 해석한다. 그러나 이하의 논의가 해제를 중심으로 하므로 결과에 있어서 큰 차이는 없다.

74) 양창수・김재형(주 42), 박영사, 563면은 계약의 목적을 달성할 수 없다고 볼 것이냐는 당사자들의 계약목적, 목적물의 종류・성질, 거래관행 등을 고려하여 객관적으로 판단해야 한다고 본다.; 지원림 (주 23), 1379면은 권리의 흠결로 인하여 매수인이 예정된 대로 목적물을 사용・수익 또는 처분을 할 수 없어서 매수인이 하자의 존재를 알았더라면 계약을 체결하지 않았을 정도에 이르러야 한다고 본다. 한편 대법원은 아파트에 대항력 있는 임대차가 존재하고, 낙찰자인 원고가 그로 인하여 소유자로서의 권리를 행사할 수 없게 된 경우 계약의 목적을 달성할 수 없다고 본 바 있다(대법원 2015. 2. 12. 선고 2013다79061 판결).

75) 한편, 2설의 입장을 취하더라도 경우에 따라서는 채무자 또는 물상보증인이 해제 후에 여전히 근저당권설정등기를 회복할 의무를 부담한다고 해석할 여지가 있다. 채무자 또는 물상보증인이 채권자에 대하여 처음 근저당권설정등기 의무를 부담하게 된 것이 별도의 근저당권설정약정에 따른 것일 수 있는데 위와 같은 약정에 따라 근저당권이 설정된 경매목적물에 대한 경매가 이루어졌으나 경락인이 담보책임 규정에 의하여 해제권을 행사한 경우 약정의 해석상 채무자 또는 물상보증인이 채권자에 대하여 다시 근저당권설정등기를 마쳐줄 의무를 부담하는 것으로 해석될 여지가 있기 때문이다. 다만 개개의 약정에 따라 달라질 가능성이 높으므로 이하에서는 약정에 따른 근저당권설정등기의무는 별도로 고려하지 않는다. 한편, 청산관계설의 입장을 취하면 저당권설정등기를 다시 마쳐줄 의무가 있는 것으로 볼 여지가 있으나 앞서 본 바와 같이 직접적 효과설이 타당하므로 이에 관하여 추가로 더 논의하지 않는다.

76) 이하의 논의는 근저당권에도 동일하게 적용될 것이다.

(1) 채무자설에 따를 경우

경락인은 제578조에 따라 해제권을 행사하고 채무자에게 경락대금의 반환을 구할 수 있다. 이때 채무자가 무자력이라면 채권자에게 그 반환을 구할 수 있고, 경락인은 경매절차의 해제로 인하여 물상보증인에게 경매목적물의 소유권이전등기 말소등기를 마쳐줄 의무를 부담한다. 이 점은 1설과 2설이 모두 동일하고, 제3취득자도 물상보증인과 다를 바 없다.

(가) 1설에 의할 경우

1설에 따르면 경매목적물에 설정되었던 저당권설정등기 등 부담 또한 회복하게 된다. 채무자가 자력이 없어 채권자가 경락대금을 전부 반환한 경우 채권자, 채무자, 물상보증인 모두 경매 이전의 권리상태로 복귀하게 되는 결과가 발생한다. 채무자가 경락인에게 경락대금의 일부라도 반환한 경우 문제가 있다. 경락인의 해제권 행사로 매각허가결정이 취소되는 점을 감안하면 채무자가 경락인에 대하여 경락대금을 반환하였더라도 저당권의 피담보채무가 잔존하는 한 경락인의 해제로서 채권자의 저당권이 회복되는 것으로 보아야 한다.[77] 결과적으로 물상보증인은 채무자가 경락인에게 경락대금을 반환하여 채권자가 이전 경매절차에서 배당받은 경락대금을 보유하는 경우에도 채권최고액 또는 잔존하는 피담보채권액의 범위에서 경매목적물에 존재하는 저당권의 부담을 여전히 지게 되고, 채권자는 이후 이루어질 새로운 매각절차에서 중복하여 배당받을 수 있게 된다. 이 점은 물상보증인으로부터 경매목적물이 될 부동산을 취득한 제3취득자의 경우에도 다를 바 없다. 다만 채무자가 자력이 있음에도 불구하고 경매절차가 개시될 가능성은 높지 않고, 설사 자력이 있어 위와 같은 결과가 되었더라도 채무자가 피담보채권을 일부 변제한 것과 다를 바 없어 부당한 결과라 하기는 어렵다.

(나) 2설에 의할 경우

2설에 의할 경우에는 저당권설등기 등 경매목적물에 설정된 부담은

77) 다만, 이후 진행될 새로운 매각절차에서 피담보채권액이 감소하였음을 주장할 여지가 있다.

회복되지 않고 그 반대급부로서 물상보증인은 완전한 소유권을 회복하게 된다. 채무자가 자력이 있어 경락대금 전부를 반환한 경우 채권자 입장에서는 경매가 실행된 것과 다를 바 없고 물상보증인 역시 채무자의 출재로 자신 소유 부동산에 등기되어 있던 근저당권이 말소되는 결과를 얻게 된 것이므로 특별한 불이익을 받는 것으로 보기는 어렵다. 그런데 위와 같은 경우는 현실적으로는 그 가능성이 낮다. 반대로 채권자가 경락인에게 경락대금을 반환한 경우 채권자로서는 결국 아무런 대가도 받지 못한 채 저당권을 상실하는 반면, 물상보증인으로서는 채무자가 자력이 없는 경우에도 완전한 소유권을 회복하는 반사적 이익을 누리게 될 가능성이 높다. 한편 제3취득자의 경우에도 기본적으로는 물상보증인과 동일하나 채권자와 계약관계가 없을 가능성이 높아 저당권설정등기의 회복의무를 부담할 가능성은 낮다.

(2) 물상보증인설을 따를 경우

물상보증인설에 따를 경우 경락인은 제578조에 따라 해제권을 행사하고 물상보증인에게 경락대금의 반환을 구할 수 있다. 이때 물상보증인이 무자력이라면 채권자에게 그 반환을 구할 수 있고, 경락인은 경매절차의 해제로 인하여 물상보증인에게 경매목적물의 소유권이전등기 말소등기를 마쳐줄 의무를 부담한다. 이 점은 1설과 2설이 모두 동일하고, 제3취득자도 물상보증인과 다를 바 없다.

(가) 1설에 의할 경우

마찬가지로 저당권설정등기 등 경매목적물에 설정된 부담이 회복되는데 물상보증인의 자력이 없어 채권자가 경락대금을 전부 반환한 것이라면 채권자는 자신의 저당권을 회복하여 경매 이전과 동일한 상태로 돌아가게 된다. 그러나 물상보증인이 경락대금의 일부라도 반환한 경우 피담보채권액이 채권최고액을 초과하는 한 물상보증인은 반환한 경락대금에 추가하여 다시 자신의 부동산에 종전과 동일한 저당권의 부담을 지게 된다. 설사 피담보채권액이 채권최고액을 밑돌게 되어 일부 부담이 경감되더라도 경매목적물의 가액이 피담보채권액에 미치지 못하는 경우에는 그와 같은 경감이 큰 의미가 없다. 즉, 당초 물상보증인이 예상한 물적 책임의 한도를 넘어 자신의 일반재산으로 변제하게 되는 효과가 발생하는 것이다. 반면, 채권자로서는 해제 전 경매절차에서 경락대금을 배당받고 다시 새로운 매각절차에서 배당을 받는 이중의 이익을 얻을 가능성이 생긴다. 위와 같은 논의는 물상보증인으로부터 경매목적물이 될 부동산을 취득한 제3취득자에 대해서도 같다.

(나) 2설에 의할 경우

물상보증인이 자력이 있어 경락대금 전부를 반환하였다면 채권자는 경매절차에서 배당받은 경락대금을 보유하고, 저당권설정등기는 말소되므로 물상보증인이나 채권자 모두 예기치 못한 손해를 입거나 이득을 얻은 것은 없다. 그러나 물상보증인이 자력이 없어 채권자가 경락대금을 반환한 경우 앞서 채무자설에서와 마찬가지로 물상보증인은 채권자의 출재로 저당권 부담 없는 완전한 소유권을 회복하는 반면 채권자는 아무 대가 없이 자신의 저당권을 잃게 되는 부당한 결과가 발생한다. 제3취득자의 경우에도 상황은 같다.

3. 검　　토

위에서 살펴 본 바와 같이 1설에 따르게 되면 물상보증인설의 입장을 취할 때 물상보증인이 애초에 예정한 물적 책임 범위를 넘는 부담을 지게 되는 결과가 발생한다. 이 부분은 경매목적물이 타인의 소유인 경우에 관하여 채무자설이 일부 지적한 문제점이기도 하다.

그런데 제한물권의 존재로 인한 경매하자담보책임은 다음과 같은 두 가지 측면에서 타인 소유 물건의 경매로 인한 하자담보책임의 경우와 다소 다르다. 첫째 제570조가 적용되는 경우와 달리 채권자가 저당권을 회복하여 중복적인 이익을 얻을 가능성이 발생한다는 점이다. 둘째, 사전적인 측면에서 채권자가 제한물권의 존재를 알고, 그와 같은 상황을 고려한 담보설정행위 등 이 이루어졌을 가능성이 크다는 점이다. 특히 이 국면에서 물상보증인과 채권자의 선·악의와는 무관하게 경락인이 제한물권의 존재에 대하여 선의이기만 하면 저당권의 회복을 전제로 하는 경락인의 해제권이 인정된다는 점을 신중하게 고려할 필요가 있다. 채무자, 채권자, 물상보증인이 모두 담보로 제공되는 경매목적물에 대한 제한물권의 성립여부를 정확하게 파악하여 제한물권을 전제로 한 담보가치만을 확보하고자 하였고, 이를 바탕으로 이들 사이에 법률관계가 형성되었다고 하더라도 경락인이 제한물권의 존재를 알지 못하였다면 해제권을 행사할 수 있다. 이때 제한물권의 존재로 인한 경매하자담보책임을 1차적으로 물상보증인에게 물을 수 있는 것으로 해석한다면 앞서 본 바와 같이 저당권 설정 당시에 전혀 예상할 수 없는 사정에 따라 사전에 채권자, 채무자, 물상보증인 사이에 계약에서 정한 이해관계가 크게 달라지므로 부당한 상황이 발생할 수 있다.

오히려 이때에는 제한물권의 존재를 알지 못하였던 경락인이 나타나기 이전의 상태, 즉 경매개시 당시의 상태로 돌아가는 것이 나머지 당사자들에게는 보다 공평한 결론일 수 있다. 결과적으로 경락인이 해제권을 행사하는 경우 채권자의 저당권이 부활한다는 1설을 택하면 제한물권의 존재로 인한 경매하자담보책임이 문제되는 국면에서는 채무자설이 오히려 당사자의 의사의 관점에서나 이익과 위험의 공평한 분배라는 관점에서 보다 타당한 결론에 도달할 가능성이 높아 보인다. 또한 채권자, 채무자, 물상보증인이 제한물권의 존재를 파악하지 못하였더라도 물상보증인에게 약정 등에 의한 담보보충의무나 불법행위로 인한 손해배상의무가 발생한 것이 아닌 한 담보물로 제공된 물건의 가액을 넘어서는 책임을 지우기는 어려우므로 이때에도 물상보증인에게 추가적인 책임을 묻지 않고 경매개시 당시의 상태로 돌아가는 것이 보다 공평한 결론일 수 있다.

그러나 앞에서 검토한 바와 같이 타인 소유 물건의 경매로 인한 하자담보책임의 경우 그 1차적 책임자는 물상보증인 내지 제3취득자로 보는 것이 타당하다. 동일하게 '채무자'로 규정된 법조문에 대하여 특정 상황에서는 1차적 책임자를 물상보증인으로 다른 상황에서는 채무자로 해석하는 것은 특별한 정당화 사유가 없는 한 허용되기 어렵다. 한편, 일반적으로 경매절차에서 유치권자는 유치권신고서를 법원에 제출할 것이고 이와 같은 신고에 따라 집행법원이 매각물건명세서에 유치권의 신고가 있었다는 취지의 기재를 하게 되므로[78] 상대적으로 제578조에 의하여 제575조가 적용되는 경우가 적을 것이다. 나아가 제한물권의 존재로 인한 경매하자담보책임이 인정되는 경우의 가장 큰 문제점이 채권자의 저당권이 부활함에 따라 채권자가 이중의 이익을 누릴 위험이 존재한다는 것인데, 물상보증인에 의한 배당이의 내지 부당이득반환을 허용함으로써 이를 해결할 수 있고 이는 제3취득자도 마찬가지이다.[79] 따라서 제578조에 의하여 제575조가 적용되는 경우에도 1차적인 책임자는 물상보증인 또는 제3취득자로 보는 것이 타당하다.

Ⅳ. 보론-채무자설을 취할 경우 확인의 이익 존부에 관한 검토

1. 소극적 확인의 소와 확인의 이익

확인의 소에서 확인의 이익은 ① 권리 또는 법률상의 지위에 ② 현존하는 불안 · 위험이 있고, ③ 그 불안 · 위험을 근본적으로 제거함에는 확인판결을 받는 것이 가장 유효 · 적절한 수단일 때에 인정된다.[80] 다른 사람이 권리가 없는데도 있다고 주장하며 자기의 지위를 위협하는 경우도 현존하는 불안이 있는 경우로 인정되고 이와 같이 존재하지 않은 권리나 법률관계를 주장하는 경우 이를 제거하기 위해 제기하는 것이 소극적 확인의 소이다.[81]

---

78) 법원실무제요 민사집행Ⅱ 부동산집행(1)(주 68), 189면 이하.

79) 경락인의 해제권 행사로 물상보증인이 경락인에게 경락대금을 반환하였다면 매각허가결정 취소 후 새로운 매각절차에서는 채권자가 물상보증인의 경락대금 반환으로서 반환의무를 면한 범위 내에서 물상보증인이 채권자를 우선하여 배당받을 권리가 있다거나 그 부분에 한하여 부당이득이 성립하는 것으로 해석함으로써 앞서 지적한 문제를 완화할 수 있다. 다만, 물상보증인이 채권자를 우선하여 배당받을 권리의 법률상 근거가 미약하므로 부당이득반환을 통해 균형을 도모하는 것이 보다 타당할 수 있다.

80) 이시윤, 민사소송법 제12판(2018), 박영사, 237면 이하; 대법원 1991. 12. 10. 선고 91다14420 판결; 호문혁, 민사소송법 제14판(2020), 법문사, 326면 이하는 권리 · 법률관계에 법적 불안이 있고 이를 제거하기 위한 적절한 수단으로 표현한다.

확인의 이익이 요구되는 것은 법원이 쓸모없는 판결을 하는 데 시간과 노력을 들이지 않도록 하기 위해서인데,[82] 소극적 확인의 소에 관하여는 판례가 확인의 이익을 부정하는 경우가 많다.[83] 그러나 특정한 권리 또는 법률관계에 관한 분쟁이 존재하고 그 권리 또는 법률관계의 부존재를 확인받으면 자신의 법적 지위에 관한 불안을 근본적으로 해소할 수 있는 때에는 확인의 이익이 인정될 수 있다고 보아야 한다.[84]

2. 경매하자담보책임 물상보증인의 권리 또는 법률상의 지위의 불안[85]

물상보증인설의 입장에서는 유치권의 존재가 인정될 경우 앞서 살펴본 바와 같이 물상보증인에게 담보책임에 따른 1차적인 대금반환의무가 발생하므로 물상보증인에게는 유치권 부존재를 구할 법률상 이익이 손쉽게 인정될 것이다.[86] 반면 채무자설을 택할 경우 물상보증인에게 담보책임에 따른 1차적인 대금반환의무는 인정되지 않는다.

그런데 제한물권의 존재로 인한 경매하자담보책임이 인정되어 해제

81) 호문혁(주 80), 327면.

82) 오정후, "확인의 이익의 판단에 관하여", 법학 제54권 제3호(2013. 9.), 서울대학교 법학연구소, 168면.

83) 법원실무제요 민사소송Ⅱ(2017), 법원행정처, 679면. 특히 판례는 "권리의 귀속을 둘러싼 다툼이 있는 경우 소유권 등 권리가 원고에게 귀속되지 않는다는 점에 관하여 다툼이 있는 경우 특별한 사정이 없는 한 그 소유권 등의 권리자를 상대로 그 권리 귀속에 관한 적극적 확인을 구할 것이고, 소유권 등 권리가 원고에게 귀속되지 않는다는 내용의 소극적 확인을 구하는 것은 근본적인 분쟁의 해결 방법이라고 볼 수 없어 확인의 이익이 없다(대법원 2003. 7. 25. 선고 2002다3860 판결 등 참조)."라는 입장을 보여 적극적 확인의 소가 가능한 경우의 소극적 확인의 소의 확인의 이익에 관하여 부정적인 입장이다.

84) 강수미, "채무부존재확인의 소의 확인의 이익에 관한 고찰: 판례를 중심으로", 민사소송 제18권 제2호(2015), 한국사법행정학회, 117면 이하.

85) 경락인이 유치권 등 제한물권의 존재에 대하여 악의인 경우에는 제578조에 따른 하자담보책임을 물을 수 없으므로 물상보증인과 제3취득자의 법적 지위 내지 법률관계에 어떠한 영향도 미치지 못하게 되어 확인의 이익이 인정될 여지가 없다. 따라서 이하에서는 경락인이 유치권 등 제한물권의 존재를 알지 못한 경우를 전제로 논의한다. 또한 대상판결이 경매절차가 완료되어 경락인에게로의 소유권이전등기가 마쳐진 경우이므로 이 경우를 전제로 논의를 이어 나간다.

86) 조인영(주 11), 153면.

권이 행사될 경우 경매절차가 종료된 이후에는 담보책임의 문제가 발생하지 않는다는 견해를 제외하고, 앞서 살펴본 1설과 2설 모두 물상보증인에게 경매목적물의 소유권이 회복된다고 보고 있다. 따라서 제한물권의 성립여부에 따라 물상보증인의 경매목적물 소유권 회복 여부가 달라진다. 나아가 1설의 입장을 따르면 경락인의 해제권 행사로 매각허가결정이 취소되는 것이므로 경매목적물의 소유자인 물상보증인으로서는 종료되었던 것으로 생각했던 경매절차에 다시 관여해야 하는 우려를 안게 된다.[87] 따라서 종래의 판례의 태도에 따르면 설사 물상보증인이 제578조에 따른 담보책임을 부담하지는 않더라도 법률상의 지위에 현존하는 불안이 부정되기는 어려울 것이다.

다만, 물상보증인이 제기하는 유치권 부존재 확인의 소가 이와 같은 법적지위에 관한 불안을 근본적으로 해소할 수 있는 수단인지 문제된다. 대법원은 근저당권자가 경매절차 진행 중 유치권자로 권리신고를 한 사람에 대하여 유치권 부존재 확인의 소를 제기한 사안에서 '유치권자는 여전히 자신의 피담보채권이 변제될 때까지 유치목적물인 부동산의 인도를 거절할 수 있어 부동산 경매절차의 입찰인들은 낙찰 후 유치권자로부터 경매목적물을 쉽게 인도받을 수 없다는 점을 고려하여 입찰을 하게 되고 그에 따라 경매목적 부동산이 그만큼 낮은 가격에 낙찰될 우려가 있다고 할 것인바, 이와 같은 저가낙찰로 인해 원고의 배당액이 줄어들 위험은 경매절차에서 근저당권자인 원고의 법률상 지위를 불안정하게 하는 것이므로 위 불안을 제거하는 원고의 이익을 단순한 사실상·경제상의 이익으로 볼 수 없다(대법원 2004. 9. 23. 선고 2004다32848 판결)'라고 판단하면서 확인의 이익을 인정한 바 있다. 이와 같은 대법원 판결의 태도에 비

87) 한편 2설의 경우에는 물상보증인 내지 제3취득자가 다시 경매목적물의 소유권을 회복하기는 하지만 그 외 나머지 경매절차가 무효로 되는 것은 아니어서 경매목적물의 소유자가 자동적으로 다시 경매절차에 관여하게 되는 것은 아니다. 다만, 2설에 따르더라도 물상보증인 내지 제3취득자가 경매목적물의 소유권을 회복하게 되는데, 소유권의 회복을 여전히 법률적 지위의 '불안'으로 평가할 수 있는지는 다소 의문이 있지만 자신의 의사에 따르지 않은 권리의 변동을 맞이하게 된다는 점에서 반드시 부정적으로 볼 것은 아니다.

추어 볼 때 설사 물상보증인이 담보책임을 부담하지 않는 경우라도 유치권 부존재 확인의 소의 이익을 쉽게 부정하기는 어렵다. 제3취득자도 물상보증인과 같은 지위를 가지므로 달리 볼 것은 아니다.

Ⅴ. 대상판결의 분석

대상판결이 경매절차에서 유치권이 주장된 경우에 경매목적물의 소유자와 배당받은 채권자가 유치권의 부존재 확인을 구할 법률상 이익이 없고, 경매절차에서 유치권이 주장되지 않았다면 채권자는 유치권의 존재를 알지 못한 경락인으로부터 담보책임을 추급당할 우려가 있어 유치권 부존재 확인을 구할 법률상 이익이 있다고 본 점에는 특별한 문제가 없다. 대상판결은 위와 같이 판단하면서 원심이 경매절차에서 유치권이 주장되었거나 신고하였는지 여부를 심리하여야 했음에도 이를 간과하였음을 이유로 원심을 파기 환송하였다. 사안에서 원고들의 유치권 부존재 확인소송이 진행 중이었고, 경락인인 소외 병 회사가 소유권이전등기를 마친 직후에 곧바로 그 소송에 대한 승계참가 신청까지 하였으므로 이 사건에서는 경락인이 유치권에 대하여 선의였을 가능성은 낮다.[88] 다만, 경락인의 선의 여부를 판단하게 하는 간접사실들에 대하여 원심에서 심리되었는지 여부가 불분명한 것으로 보이고 확인의 이익은 직권조사사항이므로 이를 이유로 원심을 파기하여 환송하는 것이 부당하다고 보기는 어렵다.

그런데 대상판결은 더 나가서 '채무자 아닌 소유자'는 제578조의 담보책임을 부담할 여지가 없다고 보면서 추가로 원고 갑 회사에 대하여는 '이 사건 근저당권의 피담보채무를 승계하였는지 여부도 함께 심리'하여야 한다는 취지로 판단하였다. 앞에서 살펴본 바와 같이 경매절차에서의

88) 조인영(주 11), 152면. 위 논문은 그 외에도 "피고는 소외 5 회사를 상대로 점유회복 및 방해배제를 구하여 승소 확정 판결을 받았으므로 이 사건 경매절차 중에도 위 부동산을 점유하고 있었을 것으로 보이는데, 경매실무상 유치권을 주장하며 점유하는 자가 있다면 매각물건명세서나 현황조사보고서에 이미 그 취지가 기재되어 있었을 것"이라고 본다.

1차적 담보책임은 제575조가 적용되는 경우에도 물상보증인 또는 제3취득자에게 있다는 물상보증인설이 타당하므로 대상판결이 '채무자 아닌 소유자'는 제578조에 의한 담보책임을 부담하지 않는다는 전제에서 확인의 이익을 판단한 것은 부당하다.

대상판결 이전 판례들이 타인 소유 물건이 경매된 경우 제570조의 적용 여부에 관하여 다소 엇갈리는 결론을 내놓고 있고, 제한물권의 존재로 인한 경매하자담보책임의 1차적 담보책임자가 누구인지를 명시적으로 판단한 바 없으므로 이 경우에 있어서는 '채무자 아닌 소유자'가 담보책임을 지지 않는다고 보는 것이 이전 판례와 완전히 배치된다고 단정하기는 어렵다. 또한 앞서 살펴본 바와 같이 이 경우 1차적 책임자를 채무자로 해석하는 견해가 일견 타당한 측면도 있다. 다만 대상판결은 이에 관하여 상세한 이유를 제시하지는 않고 있어 이러한 고려 하에서 위와 같은 판단을 명시한 것인지는 불분명하다.[89] 그러나 제한물권의 존재로 인한 경매하자담보책임의 경우 채무자설을 따르는 것이 구체적 타당성에 부합한다는 고려가 있었더라도 앞서 살펴본 바와 같이 제578조의 통일적인 해석이라는 측면에서 이러한 판단은 부당하다.

한편 경락인이 제한물권의 존재를 이유로 하자담보책임에서 정한 해제권을 행사하는 경우에는 앞서 살펴본 바와 같이 견해를 불문하고 물상보증인에게 경매목적물의 소유권이 회복된다고 보고 있다. 따라서 경락인이 경매목적물에 제한물권이 존재한다는 점에 관하여 선의라면 제한물권의 성립여부에 따라 물상보증인의 법적 지위가 달라지므로 설사 대상판결과 같이 제한물권의 존재로 인한 경매하자담보책임의 경우 채무자 아닌 소유자가 담보책임을 부담하지는 않는다고 보더라도 그 지위에 현존하는 불안이 있다고 보아야 하고, 이점은 제3취득자도 마찬가지이다. 나아가 물상보증인 또는 제3취득자로서는 경락인으로부터 경락대금 반환

89) 다만, 대상판결이 '채무자 아닌 소유자'라는 표현을 사용하여 채무자설에서 들고 있는 논거 중 물상보증인을 '채무자'라고 하는 것은 해석의 범위를 일탈하는 무리한 해석이라고 보는 논거를 따른 것으로 볼 여지가 있다.

청구를 받기 전까지는 확인의 소로써 제한물권의 존재 여부를 다투는 외에 자신의 지위의 현존하는 불안을 제거할 수단이 없다. 그렇다면 채무자설의 입장에서도 물상보증인 또는 제3취득자에게 유치권 부존재 확인의 이익이 있다고 볼 여지가 크다. 설사 그렇지 않더라도 유치권 부존재 확인의 소가 물상보증인 또는 제3취득자의 법적 지위에 영향을 미치는 것이 분명한 이상 위 사람들이 제기하는 유치권 부존재 확인의 소가 현존하는 불안을 제거하는 유효한 수단으로 인정되기 어렵다면 그와 같은 사정에 관한 별도의 언급이 필요하였다고 생각한다. 나아가 원심판결이 원고 갑, 을 회사의 확인의 이익을 인정하여 심리를 계속한 결과 그 청구를 인용한 점이 시사하는 바와 같이 경락인 보호의 관점에서 대상판결과 같은 판단을 할 필요가 있었던 상황도 아니었으므로 대상판결의 결론 중 원고 갑 회사로서는 경락인이 유치권의 존재에 대하여 선의더라도 유치권 부존재 확인을 구할 법률상 이익이 인정되기 어렵다는 결론에는 동의하기 어렵다.

Ⅵ. 결　　론

이상의 논의를 정리하면 다음과 같다. 첫째, 기존 학설과 판례의 논의는 제578조에 의하여 제570조가 적용되는 경우, 즉 경매목적물이 타인의 권리에 속하는 경우 1차적 책임자가 누구인지에 대하여 집중되어 있다. 학설은 채무자설과 물상보증인설로 나뉘어 있고 판례는 이 경우 경매절차 무효에 해당한다는 취지로 판단한 경우도 있었지만 대체로 물상보증인을 1차적 책임자로 보는 입장으로 평가되고 있다. 채무자 무자력 위험을 궁극적으로는 물상보증인이 부담하는 것으로 해석함이 상당한 점, 부당이득의 관점에서 경락대금 지급에 따라 재산적 이득은 경락인 → 물상보증인 → 채권자의 방향으로 이동한 것인 점을 감안하여 이 경우에는 통설과 같이 물상보증인설이 타당하다.

둘째, 대상판결은 제한물권의 존재로 인한 경매하자담보책임에 관한 것인데, 경락인의 해제권 행사에 따른 효과를 어떻게 보느냐에 따라서 이익상황이 다소 달라질 수 있으므로 그 당부를 논하기 앞서 이에 관한 분석이 필요하다. 경락인의 해제권 행사로 인한 효과에 관하여는 매각허가결정의 취소 효과가 있다고 보는 견해와 경락인에 대한 경락대금 반환의무와 물상보증인의 소유권 회복의 의미만 있을 뿐 이미 이루어진 경매절차에는 영향을 미치지 않는다는 견해, 경매 절차가 완료된 이상 경락인이 완전한 소유권을 취득한다는 전제 아래에 담보책임을 물을 수는 없다는 견해가 존재한다. 부동산 선의취득에 관한 우리법제의 태도를 고려할 때 위 견해 중 경매절차가 완료된 이상 담보책임을 물을 수 없다는 견해는 부당하다. 일단 경락인에 의하여 경매절차가 해제된 이상 그 효과를 제한적으로만 해석하더라도 이해관계인에게 혼란을 끼치는 것은 피할 수 없고, 경매절차가 유효한 상태에서 경매목적물의 소유권만 물상보증인에게 복귀한다고 해석하면 오히려 이해관계인들 사이에 더 큰 혼란을 초래할 수 있으며, 저당권 말소로 인하여 저당권자가 예기치 못한 불이익을 당할 수 있는 점 등을 고려하여 남은 견해들 중 경락인의 해제권 행사는 매각허가결정 취소 효과가 있다고 보는 견해가 타당하다.

그런데 위 견해에 의할 경우 제578조의 1차적 책임자를 물상보증인으로 본다면 저당권자가 사후의 우연한 사정으로 사실상 이중의 배당을 받게 되거나 물상보증인이 물적 책임 범위를 벗어나는 부담을 질 가능성이 생기므로 이때에는 물상보증인설이 다소 설득력을 잃는다. 그러나 같은 법조문에 규정된 채무자를 상황에 따라 달리 해석하는 것은 특별한 정당화 사유가 없는 한 허용하기 어렵고, 제578조에 의하여 제575조가 적용되는 경우가 제570조가 적용되는 경우보다 드물며, 물상보증인설에 의하더라도 부당이득반환청구권을 인정하는 등의 방법으로 저당권자와 물상보증인 사이의 균형을 회복할 수 있으므로 제578조에서 정한 경락대금 반환의무의 1차적 책임자를 물상보증인으로 보는 것이 타당하다. 설사 제578조에서 정한 경락대금 반환의무의 1차적 책임자를 채무자로 보더라도 경락인이 제578조에 따라 경매절차를 해제하는 경우 경매목적물이 물상보증인 소유로 회복되면서 새로운 매각절차가 시작되므로 물상보증인에게 담보책임의 원인이 되는 유치권 부존재 확인의 이익이 인정될 여지가 크다. 이와 같은 논의는 경매목적물의 제3취득자에게도 동일하게 적용되므로 대상판결의 결론 중 제3취득자인 원고 갑 회사에 대한 확인의 이익에 관한 판단에는 동의하기 어렵다.

제한물권의 존재로 인한 경매 담보책임이 인정되는 경우 그 1차적 책임자를 누구로 볼 것인지에 대한 논의를 위해서 경락인의 해제권 행사가 어떠한 효과를 갖는지에 관한 논의가 필요했다. 민법이나 민사집행법에 별다른 규정이 없기 때문에 위와 같은 논의는 상당히 복잡한데, 현재의 입법 상황에서는 경매절차의 해제가 매각허가결정의 취소라는 다소 파장이 큰 효과를 갖는 것으로 해석할 수밖에 없다. 또한 경락인의 해제권 행사의 효과가 불분명하므로 앞서 살펴본 견해 중 어떠한 견해를 택하더라도 완전히 명쾌한 결론에 도달하기는 어렵고, 그 결과 이해관계인들로서도 매우 불안정한 지위에 놓인다는 문제가 있다. 이와 같은 문제점은 앞서 지적된 바와 같이 경매담보책임에 있어서 우리 민법 입법 당시 별다른 고민 없이 그 적용범위를 제한물권이 존재하는 경우로 확장한 데서 비롯된 것으로 보인다.[90] 나아가 이와 같은 규정이 주택임대차보호법 제3조 제5항[91]에 의하여 대항력 있는 주택임대차에도 준용되어 적용

90) 구체적인 입법 과정은 고찰은 김형석(주 17), 228면부터 230면까지 참조. 위 내용을 간략히 요약하면 다음과 같다. 19세기부터 프랑스 학설에서는 목적물을 추탈당한 경락인에게 담보책임에 따른 권리가 인정되는지, 그리고 인정된다면 누구를 상대로 해야 하는지에 대해 논쟁이 진행되었고, 프랑스의 학설과 판례는 경락인은 일차적으로 채무자를 상대로 권리를 행사해야 하지만 채무자가 무자력인 때에는 채권자를 상대로 반환을 청구할 수 있다는 견해를 채택하였다. 이러한 프랑스 학설과 판례가 기본적으로 일본 구 민법 재산취득편 제67조로 승계되었고, 의용민법 제568조는 전부 추탈을 전제하는 일본 구 민법 규정을 일부 추탈을 포함하도록 권리의 하자 일반으로 확대하고, 채무자의 손해배상 책임 요건을 완화하며, 민사소송법에 비슷한 규정(당시 제542조)이 있음을 이유로 집행기관의 책임을 삭제하는 수정에 그쳤다. 우리 민법은 기본적으로 의용민법의 이 규정을 받아들인 것이다. 다만, 프랑스 법제는 우리 법제와는 달리 "집행절차에서는 유치권의 피담보채권을 변제하지 아니하면 경매를 할 수 없다." T. com. Grenoble 11 octobre 1954, Gaz. Pal., 1955, I, 231. 이동진, "물권적 유치권의 정당성과 그 한계", 민사법학 제49권 제1호(2010), 한국민사법학회, 66면에서 재인용.

91) 주택임대차보호법 제3조 제5항 "이 법에 따라 임대차의 목적이 된 주택이 매매

범위가 확대되고 있으므로 향후 유치권에 관한 민법 또는 민사집행법의 개정이 이루어진다고 하더라도 문제가 남아 있을 가능성도 있다. 따라서 보다 근본적인 문제의 해결을 위해 입법론적으로 경매절차에서 제한물권이 존재하는 경우의 담보책임에 해제권 행사시기를 제한하거나 일정한 요건 아래에서 담보책임을 배제하는 것[92] 등을 비롯하여 경매절차의 신뢰를 보호하기 위한 추가적인 해결책을 마련할 것이 요청된다.

나 경매의 목적물이 된 경우에는 「민법」 제575조 제1항 · 제3항 및 같은 법 제578조를 준용한다."

92) 독일의 경우 경매는 공법상 행위로, 경락인은 채무자의 권리의 흠결에도 불구하고 제한 없는 소유권을 취득한다고 해석한다.; 김형석(주 17), 227면.

[Abstract]

Liability in Public Auction and Guarantor's Interest in Declaratory Judgment

Park, In Bum*

Regarding to liability in public auction, the article 578 (1) of the Korean Civil code allows the successful bidder to primarily request 'the debtor' to cancel the auction or reduce the price by applying seller's warranty liability. As to who takes the primary liability under the article 578 (1) when a third party(a guarantor) provides a property as a security, opinions have been divided into two ways. One is the view that a guarantor has the primary liability under the article 578 (1)(guarantor theory), and the other is the view that a debtor primarily has it(debtor theory). The Supreme Court of Korea was seen to follow the guarantor theory. But recently the Supreme court decided that a guarantor('owner who is not debtor') does not have interest in declaratory judgment for confirming the existence of right of retention on the object provided by him and sold in public auction. It can be seen that the supreme court takes the debtor theory in contrast to it's precedent decide. In this paper, frist I explore the effect of cancellation made by a successful bidder in a public auction under article 578. Then I compare the guarantor theory and the debtor theory in public auction when there is encumbrance on a object provided by a guarantor and check whether the guarantor has the interest in declaratory judgment for confirming the existence of right of retention in that case. It is essential that analyze the exact effect of cancellation made by a successful bidder for this

---

* Judge, Changwon district court, Miryang branch court.

comparison. Because korean civil code nor civil enforcement code do not determine the procedure and effect of cancellation of a successful bidder, there is limit to clarifying that effect, especially in the case of encumbrance, by interpret alone. It is requested to be determined by legislators.

[Key word]

- Korean civil code 578
- Liability in public auction
- Guarantor's interest in declaratory judgment for confirming the right of retention on a security
- Effect of cancellation in public auction

참고문헌

[단 행 본]

편집대표 곽윤직, 민법주해[XIV] 채권(7), 박영사(1997).
편집대표 김용담, 주석 민법 채권각칙(2) 제4판, 사법행정학회(2016).
______, 주석 민법 채권각칙(3) 제4판, 사법행정학회(2016).
편집대표 민일영, 주석 민사집행법(Ⅱ) 제4판, 사법행정학회(2018).

곽윤직, 채권각론(민법강의 Ⅳ) 제6판, 박영사(2007).
김형배 · 김규완 · 김명숙, 민법학강의 제14판, 신조사(2015).
민일영, 주택의 경매와 임차인의 보호에 관한 실무연구, 경인문화사(2005).
법원실무제요 민사집행Ⅱ 부동산집행(1), 법원행정처(2020).
법원실무제요 민사소송Ⅱ, 법원행정처(2017).
송덕수, 채권법각론 제4판, 박영사(2019).
양창수 · 김재형 계약법 제3판, 박영사(2020)
이시윤, 민사소송법 제12판, 박영사(2018),
______, 민사집행법 제7개정판, 박영사(2016).
이은영, 채권각론 제5판, 박영사(2005).
지원림, 민법강의 제17판, 홍문사(2020).
호문혁, 민사소송법 제14판, 법문사(2020).

柚木馨 · 高木多喜南 編集, 新版注釋民法(14) 債權(5), 有斐閣(1998).
潮見佳男 · 千葉惠美子 · 片山直也 · 山野目章夫, 詳解 改正民法, 商事法務(2018).
潮見佳男, 民法(債權關係)改定法の概要, 金融財政事情研究会(2017).

[논문 · 평석]

강수미, "채무부존재확인의 소의 확인의 이익에 관한 고찰: 판례를 중심으로", 민사소송 제18권 제2호(2015), 한국사법행정학회.
김병선, "경매가 무효인 경우 각 당사자의 반환의무와 동시이행관계", 민사법학 제59호(2012. 6.), 한국민사법학회.
김상찬, "경매절차의 무효와 담보책임(2004. 6. 24. 선고 2003다59259 판결:

공2004하, 1205)", 대법원판례해설 제49호(2004), 법원도서관.
김상찬 · 송서순, "경매에서의 매도인의 담보책임", 법과 정책 제12권(2006), 제주대학교 법과정책연구원.
김용담, "해제의 효과에 관한 일고찰", 사법행정 제24권(1983).
김형석, "경매와 담보책임", 민사법학 제93호(2020. 12.), 한국민사법학회.
민일영, "경매와 담보책임의 법리"-임차주택의 경매를 중심으로-', 법조 제53권(2004), 법조협회.
손흥수, "민사집행법 10년, 그 회고와 전망-총론 · 부동산 집행", 사법 통권 25(2013).
송인권, "경매와 매도인의 담보책임", 저스티스 제91권(2006. 6.), 한국법학원.
양창수, "타인 소유 물건의 경매와 물상보증인의 담보책임", 민법연구 제2권, 박영사(2005).
______, "채무자 소유 아닌 부동산에 대한 경매와 담보책임", 민법연구 제8권, 박영사(2006).
오시영, "채무자 소유 아닌 부동산 경매와 담보책임과의 관계", 민사법학 제42호(2008), 한국민사법학회.
오정후, "확인의 이익의 판단에 관하여", 법학 제54권 제3호(2013. 9.), 서울대학교 법학연구소.
이규철, "경매의 목적이 된 권리가 타인에게 속한 경우와 담보책임", 재판과 판례 제16집(2007), 대구판례연구회.
이동진, "물권적 유치권의 정당성과 그 한계", 민사법학 제49권 제1호(2010), 한국민사법학회.
이민수, "외견상 매각절차가 종결된 후 매각허가결정이 취소된 경우의 실무처리", 재판실무연구 제3권(2006), 수원지방법원.
이재성, "경락인의 채권자에 대한 배당금반환청구의 성질", 이재성판례평석집, 육법사(1986).
조인영, "경매절차에서의 유치권과 제3취득자의 담보책임-대법원 2020. 1. 6. 선고 2019다247385 판결에 대한 비판적 소고-", 인권과정의 Vol. 493(2020. 11.), 대한변호사협회.

임대차 존속 중 소멸시효가 완성된 자동채권과 유익비상환청구권의 상계 가부
-민법 제495조의 해석을 중심으로-

도 민 호*

요 지

종래 대법원은 민법 제495조가 적용되기 위해서는 자동채권의 소멸시효 완성 전에 상계적상이 존재하여야 하고, 그 시효 완성 전 수동채권에 대한 기한의 이익을 포기한 사실이 없다면 상계적상이 발생하지 않아 상계가 허용되지 않는다는 취지로 판시하였다. 대상판결은 이를 전제로, 임대차 기간 중에 자동채권의 시효가 완성된 경우에는 임대차 종료 후 발생하는 유익비상환청구권을 수동채권으로 상계할 수 없다고 판단하였다. 그러나 민법 제495조의 "그 완성 전에 상계할 수 있었던 것"이라는 문언의 통상적 의미에는 '자동채권의 소멸시효 완성 전 상계권자가 상계적상을 형성하여 상계할 수 있었던 경우'가 포함되는 것으로 보아야 한다. 이러한 결론은 민법 제495조의 목적론적 해석, 체계적 해석에 의하여도 뒷받침된다. 다만 상계기대는 무한정 보호되는 것이 아니고, 구체적 사안에서 상계권자의 상계기대에 보호가치가 있는지 여부를 따져보아야 한다.

유익비상환청구권은 임대차 종료를 정지기한으로 발생하는 선택채권으로, 임차인이 비용을 지출한 후에는 임대차가 종료되기 전이라 하더라도 임대인이 그 정지기한의 이익을 포기할 수 있다고 보아야 한다. 따라서 임대인의 임차인에 대한 자동채권이 임대차 종료 전 시효 완성으로 소멸하였다 하

* 부산가정법원 판사.

더라도, 임대인이 가진 상계기대에 보호가치가 있다면 민법 제495조에 의한 상계가 가능하다.

대상판결의 사안에서 원고의 구상금 채권은 임대차 종료 전 시효가 완성되었으나, 피고의 유익비상환청구권을 수동채권으로 하는 원고의 상계기대에 보호가치가 인정되므로 민법 제495조가 적용될 수 있다.

[주제어]
- 소멸시효
- 상계
- 상계적상
- 민법 제495조
- 유익비상환청구권 발생

대상판결 : 대법원 2021. 2. 10. 선고 2017다258787 판결[공2021상, 592]

[사안의 개요][1)]

1. 사실관계

대상판결의 원고는 종중이고 피고는 회사로, 원고는 1993. 6. 피고에게 임대차 기간 20년, 차임 월 100만 원으로 정하여 甲 토지를 임대하였다. 피고는 해당 임대차 계약에 따라 甲 토지의 형질을 '임야'에서 '공장용지'로 변경하고 그 지상에 乙 공장을 신축하였다. 원고는 2013. 2. 14. 피고에게 '임대차 계약이 2013. 7. 1. 기간 만료로 종료되므로, 지상물을 철거하고 甲 토지를 인도하라'고 통보하였다. 피고가 2013. 7. 1. 이후에도 乙 공장을 소유하면서 甲 토지를 계속하여 점유하자, 원고는 피고를 상대로 乙 공장의 철거, 甲 토지의 인도, 차임 상당의 부당이득반환을 구하는 소를 제기하였다.

2. 소송경과

(1) 제1심 판결

제1심 법원은 철거 청구를 인용하고 토지 인도 및 부당이득 반환 청구를 일부 인용하였다. 특히 토지 인도 청구에 관하여, 피고가 1994. 6.경 甲 토지에 관하여 지출한 토지개발부담금 104,917,010원을 유익비로 인정하고 원고의 유익비상환 의무와 피고의 토지인도 의무가 동시이행 관계에 있다고 판단하였다.

(2) 항소심 판결

항소심 법원은 위 토지개발부담금에 더하여 피고가 1994. 6.경 甲 토지에 관하여 지출한 토목공사비도 유익비로 인정한 후, 원고는 원고가 선택한 현존 가치증가액 342,432,000원을 피고에게 상환할 의무를 부담한다고 판단하였다. 이에 대하여 원고는 1998년부터 2013년까지 피고를 대신하여 납부한 세금 27,290,781원에 대한 구상금 채권과 위 유익비상환청구권을 대등액에서 상계한다고 주장하였고, 피고는 원고의 구상금 채권 중 1998. 1. 1.부터 2005. 12. 31.까지 부과된 세금에 관한 부분은 상계 의사표시가 있었던 2015. 11. 2. 이전에 시효로 소멸하였다고 주장하였다. 항소심 법원은 ① 유익비상

1) 본 글의 논의와 관련된 부분만을 정리하여 기재하였다.

환청구권은 유익비 지출 당시 이미 발생이 예정되어 있고, 반대채권을 가진 임대인에게 합리적 기대 이익을 인정할 수 있는 경우에는 특별한 사정이 없는 한 반대채권을 자동채권으로 유익비상환청구권과 상계할 수 있다고 할 것인 점[2)], ② 원고의 구상금채권은 피고의 유익비상환청구권보다 변제기가 먼저 도래하는 점 등을 근거로 원고가 양 채권의 상계에 대한 합리적 기대 이익을 가지고 있었다고 판단하고, 민법 제495조에 기한 원고의 상계 주장을 받아들였다.

(3) 대상판결

대상판결은, [민법 제495조는 "소멸시효가 완성된 채권이 그 완성 전에 상계할 수 있었던 것이면 그 채권자는 상계할 수 있다."라고 규정하고 있다. 이는 당사자 쌍방의 채권이 상계적상에 있었던 경우에 당사자들은 그 채권·채무관계가 이미 정산되어 소멸하였다고 생각하는 것이 일반적이라는 점을 고려하여 당사자들의 신뢰를 보호하기 위한 것이다. 다만 이는 '자동채권의 소멸시효 완성 전에 양 채권이 상계적상에 이르렀을 것'을 요건으로 한다(대법원 2016. 11. 25. 선고 2016다211309 판결 등 참조). 민법 제626조 제2항은 임차인이 유익비를 지출한 경우에는 임대인은 임대차 종료 시에 그 가액의 증가가 현존한 때에 한하여 임차인의 지출한 금액이나 그 증가액을 상환하여야 한다고 규정하고 있으므로, 임차인의 유익비상환채권은 임대차계약이 종료한 때에 비로소 발생한다고 보아야 한다. 따라서 임대차 존속 중 임대인의 구상금채권의 소멸시효가 완성된 경우에는 위 구상금채권과 임차인의 유익비상환채권이 상계할 수 있는 상태에 있었다고 할 수 없으므로, 그 이후에 임대인이 이미 소멸시효가 완성된 구상금채권을 자동채권으로 삼아 임차인의 유익비상환채권과 상계하는 것은 민법 제495조에 의하더라도 인정될 수 없다.]고 설시하고, 이에 따라 이 사건 임대차 계약이 종료된 2013. 7. 1. 당시 소멸시효가 완성된 구상금 채권은 유익비상환채권과 상계할 수 없다고 판단하여 원심판결을 파기하였다.[3)]

---

2) 항소심 법원은 이 부분 판단과 관련하여 "전세금반환채권은 전세권이 성립하였을 때부터 이미 발생이 예정되어 있다고 볼 수 있으므로, 전세권저당권이 설정된 때에 이미 전세권설정자가 전세권자에 대하여 반대채권을 가지고 있고 반대채권의 변제기가 장래 발생할 전세금반환채권의 변제기와 동시에 또는 그보다 먼저 도래하는 경우와 같이 전세권설정자에게 합리적 기대 이익을 인정할 수 있는 경우에는 특별한 사정이 없는 한 전세권설정자는 반대채권을 자동채권으로 하여 전세금반환채권과 상계함으로써 전세권저당권자에게 대항할 수 있다(대법원 2014. 10. 27. 선고 2013다91672 판결 등 참조)."는 판례를 근거로 제시하였다.

3) 한편 파기환송심은 2006년 이후에 발생한 25,907,958원의 구상금 채권에 대하여만 상계를 인정하고, 이를 제외한 나머지 유익비상환 의무와 甲 토지 인도 의무가

〔研 究〕

I. 문제의 소재

상계는 당사자 쌍방이 서로 같은 종류를 목적으로 한 채무를 부담한 경우에 어느 일방의 의사표시로 양 채권을 대등액에서 소멸시키는 것을 의미한다.[4] 원칙적으로 상계 의사표시 당시 자동채권과 수동채권은 모두 현존하여야 하나, 예외적으로 민법 제495조는 "소멸시효가 완성된 채권이 그 완성 전에 상계할 수 있었던 것이면 그 채권자는 상계할 수 있다."라고 정하였다. 그 취지에 대하여는 대상판결과 같이 '채권·채무관계가 이미 정산되어 소멸하였다고 생각하는 당사자들의 신뢰를 보호하기 위한 것'이라고 이해함이 일반적이다.[5] 이에 따르면 '소멸시효가 완성된 채권이 그 완성 전에 상계할 수 있었던 때'는 상계에 대한 당사자들의 신뢰가 존재하고 그러한 신뢰에 보호가치가 인정되는 경우라 할 것인데, 대상판결은 구체적으로 '소멸시효 완성 전에 자동채권과 수동채권이 상계적상에 이르렀을 것'을 요한다고 판시하였다. 한편 대상판결은 위 판시에 있어 대법원 2016. 11. 25. 선고 2016다211309 판결(이하 '참조판결'이라 한다)을 인용하였는데, 참조판결은 "임대인의 임대차보증금 반환채무는 임대차계약이 종료된 때에 비로소 이행기에 도달하므로, 임대차 존속 중 차임채권의 소멸시효가 완성된 경우에는 소멸시효 완성 전에 임대인이 임대차보증금 반환채무에 관한 기한의 이익을 실제로 포기하였다는 등의 특별한 사정이 없는 한 양 채권이 상계할 수 있는 상태에 있었다고 할 수 없다"고 하였다.[6]

동시이행관계에 있다고 판단하였다. 이에 대하여 재차 원고가 상고하였으나, 2021. 9. 28. 상고가 기각되었다.

4) 편집대표 김용덕, 주석 민법[채권총칙 4](제5판), 한국사법행정학회, 2020, 467쪽(강경구 집필부분).

5) 편집대표 김용덕, 전게서, 538-539쪽(강경구 집필부분); 김형배·김규완·김명숙 공저, 민법학강의(제13판), 신조사, 2014, 1153쪽; 김상용·박수곤 공저, 민법개론, 화산미디어, 2015, 1400쪽; 김준호, 채권법(제12판), 법문사, 2021, 114쪽 등.

6) 참조판결의 구체적 내용 및 평가에 관하여는 후술하는 바와 같다.

위 각 판결의 판시만을 놓고 본다면, 민법 제495조가 적용되기 위해서는 자동채권의 소멸시효가 완성되기 전 상계적상이 존재하였어야 하고, (그 소멸시효 완성 후에 수동채권의 이행기가 도래하는 사안에서는) 상계권자가 실제 수동채권에 대한 기한의 이익을 포기하지 않았다면 상계적상이 존재한 바 없어 소멸시효 완성 후의 상계가 허용되지 않는다는 결론이 도출된다.[7)]

그러나 이러한 결론에 대하여는 몇 가지 의문이 발생한다. 수동채권의 변제기가 도래하기 전에는 '상계적상'이 발생하지 않는가? 그렇다 하더라도, 민법 제495조는 '소멸시효가 완성된 채권이 그 완성 전에 상계할 수 있었던 것'을 요건으로 하는데, 상계권자가 기한의 이익을 포기하고 상계할 수 있었다면 이는 '소멸시효의 완성 전에 상계를 할 수 있었던' 경우에 해당하지 않는가? 이러한 경우에는 '채권 · 채무관계가 이미 정산되어 소멸하였다고 생각하는 당사자들의 신뢰'가 존재하지 않는가? 또는 그 신뢰는 보호할 가치가 없는가?

이러한 문제의식은 대상판결의 판시가 과연 민법 제495조의 타당한 해석이라 할 수 있는지 의문을 갖게 한다. 이에 본 글은 민법 제495조의 의미를 다시금 검토하였고, 결론적으로 '자동채권의 소멸시효 완성 전에 수동채권이 발생하지 않았더라도, 상계권자가 기한의 이익을 포기하여 상계할 수 있었다면 상계기대에 대한 보호가치에 따라 민법 제495조가 적용될 수 있다'는 해석에 이르렀다.

이는 대상판결의 사안과도 밀접한 관련이 있다. 대상판결은 참조판결의 판시를 따르면서 실제 유익비상환청구권이 발생한 시점만을 살펴 민법 제495조가 적용될 수 없다고 보았다. 그런데 위 사안에서 피고는 자동채권인 구상금채권의 소멸시효가 완성되기 전 유익비를 지출하였는 바,[8)] 원고가 그 소멸시효 완성 전 유익비상환청구권을 성립시켜 상계할

7) 참조판결을 다룬 손태원, "소멸시효가 완성된 차임채권과 임대차보증금반환채권 사이의 상계 내지 공제 가부", 민사판례연구 제40권, 박영사, 2018, 461-510쪽은 이러한 입장을 취하였다.

8) 앞서 본 바와 같이 피고는 1994. 6. 비용을 지출하였고, 원고는 1998년부터 구상금 채권을 취득하였다.

수 있었다면 민법 제495조가 적용될 여지가 있게 되며, 종국적으로는 원고의 상계기대에 보호가치가 있는지를 따져보아야 한다.

이에 따른 본 글의 논의 순서는 다음과 같다. 먼저 민법 제495조의 타당한 해석을 모색하되(Ⅱ), 그 방법론으로 "문언의 통상적인 의미에 충실하게 해석하는 것을 원칙으로 하면서, 법률의 입법 취지와 목적, 그 제·개정 연혁, 법질서 전체와의 조화, 다른 법령과의 관계 등을 고려하는 체계적·논리적 해석방법을 추가적으로 동원"[9]하는 판례의 입장을 따르고자 한다. 법률해석의 방법 내지 법학방법론으로는 다양한 접근법을 취할 수 있겠으나, 위 방법론은 앞서 본 의문점들을 해소하는 과정과 밀접하게 맞닿아 있고 민법 제495조의 해석을 재검토하려는 취지에도 부합하기 때문이다. 따라서 해당 부분에서는 민법 제495조의 문리적 해석(Ⅱ-1), 목적론적 해석(Ⅱ-2), 체계적 해석(Ⅱ-3)을 차례대로 검토한다.

다음으로는 민법 제495조의 새로운 해석에 따라 대상판결의 사안에서 상계가 가능한지 따져본다(Ⅲ). 우선 원고가 자동채권의 소멸시효 만료 전 유익비상환청구권과 '상계를 할 수 있었는지' 살펴보아야 하므로(Ⅲ-1) 유익비상환청구권의 법적 성질을 분석하고(Ⅲ-1-가) 임대차기간이 종료하기 전 임대인이 기한의 이익을 포기하고 이를 발생케 하여 상계할 수 있음을 논한다(Ⅲ-1-나). 이후 대상판결의 사안에서 원고의 상계기대에 대한 보호가치가 있는지 검토하여 결론을 제시한다(Ⅲ-2).

Ⅱ. 민법 제495조의 해석론

1. 문리적 해석

문리적 해석은 법령의 문언적 의미를 밝히는 것으로, 해당 문구가 일상생활에서 사용되는 통상적 의미를 고려하여야 하고, 동일한 법에 있는 동일한 문언은 원칙적으로 동일하게 해석하여야 한다.[10]

---

9) 대법원 2013. 1. 17. 선고 2011다83431 전원합의체 판결, 2018. 6. 21. 선고 2011다112391 전원합의체 판결, 대법원 2017. 12. 22. 선고 2014다223025 판결 등.

10) 이양희, "연합회 회원인 협회의 강제가입 및 임의탈퇴제한 여부", 대법원판례해설

민법 제495조는 “소멸시효가 완성된 채권이 그 완성 전에 상계할 수 있었던 것이면 그 채권자는 상계할 수 있다.”고 정하였다. 통상적으로 ‘무엇을 할 수 있다’는 것은 해당 행위가 금지되지 않고, 이를 함에 있어 장애가 존재하지 않음을 의미한다. 따라서 ‘상계할 수 있었다’는 문언은 상계를 하는 것이 금지되지 않았고, 그에 장애도 존재하지 않았다는 것으로 풀이할 수 있다. 상계가 금지되어 있지는 않으나 상계권자가 일방적으로 해소할 수 있는 장애사유가 있는 경우는 어떠한가. 일상에서 사용되는 의미에 의할 때, 행위자가 행위에 필요한 상황을 스스로 조성할 수 있다면 행위자는 그 행위를 ‘할 수 있다’고 표현할 수 있을 것이다. 적어도 ‘상계를 할 수 있었던 경우’라는 문언의 해석 가능한 의미 범주에 ‘상계에 필요한 상황을 상계권자가 형성할 수 있었던 때’가 확정적으로 배제된다는 의견은 지지를 얻기 어려울 것으로 생각한다.

민법 제495조 외의 상계 관련 규정에서는 ‘상계할 수 있다’는 문언이 통상적 의미에 부합하는 방향으로 해석되고 있다. 위 문언의 해석에 있어 가장 기본이 되는 규정은 민법 제492조 제1항 본문이라 할 수 있다. 위 규정은 “쌍방이 서로 같은 종류를 목적으로 한 채무를 부담한 경우에 그 쌍방의 채무의 이행기가 도래한 때에는 각 채무자는 대등액에 관하여 상계할 수 있다.”고 정하여 상계의 기본적 요건을 정하였다. 민법 제492조 제1항 단서, 동조 제2항, 민법 제496조 내지 제498조는 상계가 금지되는 소극적 요건을 규정하고 있는바, 상계의 기본적, 소극적 요건이 모두 충족된 상태를 ‘상계적상’이라 한다.[11] 구체적으로 상계적상은 쌍방이 서로 대립하는 채권을 가지고 있을 것, 두 채권이 같은 종류를 목적으로 할 것, 쌍방의 채권이 변제기에 있을 것, 채권의 성질이 상계가 허용되는 것일 것, 상계가 금지된 채권이 아닐 것을 의미한다. 그런데 ‘쌍방의 채권이 변제기에 있을 것’이라는 요건과 관련하여, 상계권자는 수동채권의 기

제113호, 법원도서관, 2018, 359쪽.

11) 편집대표 김용덕, 전게서(주 4), 484쪽(강경구 집필부분), 김준호, 민법강의(제22판), 법문사, 2016, 1329쪽.

한의 이익을 포기할 수 있으므로(민법 제153조 제2항, 제468조) 자동채권의 변제기만 도래한 경우에도 상계가 가능함에 대하여는 이론이 없다. 다만 대다수 문헌은 단순히 수동채권의 이행기 도래 전이라도 이를 포기하고 상계할 수 있다고만 서술하고 있어 자동채권의 변제기만 도래한 경우를 '상계적상'에 있다고 할 것인지, 아니면 '상계적상을 형성할 수 있다'고 할 것인지는 다소 불분명하다. 반면 판례는 명시적으로 '상계적상은 수동채권의 기한의 이익을 포기할 수 있는 경우를 포함한다'고 판시한 바 있고,[12] 자동채권의 변제기 도래만을 상계적상의 요건으로 파악하는 견해도 존재한다.[13] 또한 민법 제493조 제2항은 "상계의 의사표시는 각 채무가 상계할 수 있는 때에 대등액에 관하여 소멸한 것으로 본다."고 정하였는데, 판례는 '각 채무가 상계할 수 있는 때란 수동채권의 변제기가 도래하지 아니하였다고 하더라도 기한의 이익을 포기할 수 있는 경우를 포함한다'[14]고 판시하였다. 이에 의하면, 민법 제495조의 '상계할 수 있었던 것'이라는 문언을 해석함에 있어서도 동법 제492조, 제493조와 동일하게 수동채권의 기한의 이익을 포기할 수 있는 경우를 포함함이 타당하다.

참조판결은 이러한 해석을 택하지 않았으나, 그 판시를 일반화하기는 어렵다고 생각된다. 참조판결은 임대인이 임대차 기간 중 소멸시효가 만료된 차임채권을 자동채권으로 하여 임차인의 임대차보증금반환채권과 상계할 수 있는지 여부가 문제된 사안이다. 그런데 임대차보증금은 임대차에 따른 임차인의 모든 채무를 담보하는 것으로 차임채권과 임대차보증금반환채권 사이에는 비전형적 채권의 소멸원인[15]으로서 '공제'라는 특수한 법리가 적용된다. 따라서 임대차 관계에서의 분쟁은 우선 공제의 법리에 의하는 것이 타당하다고 할 것인데,[16] 참조판결은 공제에 민법 제495조가 유추

12) 대법원 1980. 9. 9. 선고 80다939 판결, 대법원 2003. 6. 13. 선고 2002다73326 판결.

13) 김형배 · 김규완 · 김명숙, 전게서, 1151-1152쪽.

14) 대법원 2011. 7. 28. 선고 2010다70018 판결.

15) 남관모, "공제와 상계의 구별 및 공동수급체가 구성원에게 지급할 이익분배금에서 출자금을 공제하기 위한 요건(대상판결 : 대법원 2018. 1. 24. 선고 2015다69990 판결)", 저스티스(167), 2018, 312-330쪽 참조.

적용된다고 보아 임대차 기간 중 소멸시효가 완성된 차임채권 상당액을 임대차보증금에서 공제할 수 있다고 판단하였다. 결국 위 사안에서는 1차적으로 공제에 의하여 상계와 동일한 목적을 달성할 수 있었으므로, 민법 제495조의 구체적 의미나 그 적용 여부가 주된 논점이 되었다고 보기 어렵다.[17)]

그렇다면, 자동채권의 소멸시효가 만료되기 전 수동채권의 기한의 이익을 포기할 수 있었던 경우, 위 자동채권은 민법 제495조의 '소멸시효 완성 전에 상계할 수 있었던 것'에 해당한다고 해석함이 '동일한 법에 있는 동일한 문언은 원칙적으로 동일하게 해석하여야 한다'는 원칙에 부합한다.

나아가, 이는 수동채권의 '발생'이 기한부인 경우에도 동일하다. 즉 기한은 이행기한 외에 그 도과로 권리가 발생하는 정지기한[18)]을 지칭하기도 하는데(민법 제152조 제1항 참조), 정지기한의 이익을 포기할 수 있는 경우도 '상계할 수 있다'고 해석해야 한다. 앞서 본 판례들은 수동채권에 대한 이행기한의 이익을 포기할 수 있는 경우를 상계적상에 포함하였고, 이로써 '상계할 수 있다'는 문언에 해당한다고 보았다. 즉 상계의 의사표시(민법 제493조 제1항) 외에[19)] 기한의 이익을 포기한다는 의사표시가 추가적으로 요구되더라도[20)] '상계할 수 있는 때'에 해당한다는 것이다. 수동

---

16) 조경임, "임대차에서의 공제에 관하여", 법조 제63권 제11호, 법조협회, 2014. 11., 55쪽은 "보증금이 수수된 임대차 관계에서는 상계가 아닌 공제의 법리가 적용된다는 것이 대법원의 확립된 태도이다."라고 평가하고 있다. 한편 임대인은 임대차 종료 전에도 임대차보증금에서 연체차임을 공제한다는 의사를 표시할 수 있는 바(대법원 2013. 2. 28. 선고 2011다49608, 49615 판결), 양 채권의 이행기 도래를 요건으로 하는 상계와 차이가 있다.

17) 참조판결에 대한 자세한 평석으로는 손태원, 전게 논문(주 7) 참조.

18) '정지기한'은 기한의 도래로 법률행위의 효력을 발생하게 하는 기한으로, 기한이 도래할 때까지 법률행위의 효력을 정지시킨다. 정지기한은 기한의 도래로 채무의 이행청구를 가능하게 하는 '이행기한'과 구분된다. 편집대표 김용덕, 주석 민법[채권총칙 1](제5판), 한국사법행정학회, 2020, 416-418쪽(고홍석 집필부분) 참조. 자세한 내용을 후술하는 바와 같다.

19) 상계 의사표시는 상계적상과 별도의 상계요건으로 이해함이 일반적이다.

20) '상계적상' 자체에 수동채권의 기한의 이익을 포기할 수 있는 경우를 포함한다는 해석이 실제 기한의 이익을 포기하지 않고도 상계를 할 수 있다는 의미는 아니다(민법 제492조 제1항). '상계적상'에 자동채권의 변제기 도래만을 요한다는 견해 또한 수동채권에 대하여는 기한의 이익을 포기하여 변제기를 도래하게 할 수 있으므로 별도로 이를 요할 필요가 없다는 취지이다. 한편, 수동채권의 변제기 이전에

채권에 대한 이행기한의 이익을 포기할 수 있는 잠정적 상태를 '상계할 수 있다'고 해석하는 데에 대한 걸림돌은, 수동채권의 변제기가 도래하지 않은 상태에서는 상계의 요건이 충족되지 않는다는 점이다. 그리고 수동채권의 정지기한이 도래하지 않은 사안이든 이행기한이 도래하지 않은 사안이든, 당장 상계의 요건이 충족되지는 않았으나 상계권자가 이를 일방적으로 충족시킬 수 있는 잠정적 상태에 있다는 점은 동일하다. 따라서 그러한 잠정적 상태를 '상계할 수 있다'는 문언의 의미범위에 포함시킨다면, 적어도 문리적 해석에서 이행기한과 정지기한을 달리 취급하는 것은 부당하다.

2. 목적론적 해석[21)]

앞서 본 바와 같이 통설과 판례는 민법 제495조를 채권·채무관계가

상계의 의사표시를 한 경우에는 묵시적으로 기한의 이익을 포기한다는 의사표시를 한 것으로 보아야 할 것이다(대법원 2017. 3. 15. 선고 2015다252501 판결 참조).

21) 변종필, "형법해석에서 법정책적 논거원용의 타당성문제–객관적·목적론적 해석카논의 사용과 관련하여–", 형사법연구 제26호, 한국형사법학회, 2006, 511쪽에 의하면, '목적론적 해석'은 법률 제정 당시의 입법자의 입법목적 내지 취지 등을 고려하는 '주관적 목적론적 해석'을 의미할 수도, 일반적 의미에서 법률 자체가 추구하는 객관적 목적을 고려하는 '객관적 목적론적 해석'을 의미할 수도 있다고 하며, 이는 타당한 지적으로 보인다. 예를 들어 김동국, "법령의 해석방법과 구체적 적용", 강원 법조 세미나(강원지방변호사회), 2016, 26쪽은 전자의 입장에서, 김부찬, "법의 해석 및 흠결 보충에 관한 고찰", 법과 정책 제21권 제3호, 2015. 12, 109-111쪽은 후자의 입장에서(108-109쪽은 전자를 '역사적 해석방법'이라 칭하였다) 목적론적 해석을 설명하고 있다. 대법원은 다수의 판례에서 '(그 법률의) 입법 취지와 목적, 입법연혁 등을 고려한 목적론적 해석'이라는 표현을 사용하고 있는데(대법원 2018. 7. 24. 선고 2018도3443 판결, 대법원 2019. 9. 10.자 2019마5464 결정, 대법원 2018. 11. 29. 선고 2018두48601 판결 등) 이는 주관적 목적론적 해석으로 이해되며, 본문에서도 주관적 목적론적 해석만을 검토하였다. 본 글은 판례의 해석방법에 따라 문리적 해석에 목적론적/체계적 해석을 더함으로써 민법 제495조의 타당한 해석을 모색하고자 하였다. 특히 대상판결의 사안을 해결함에 있어서는 이러한 해석방법에 의하더라도 충분하고 달리 법의 목적 내지 이념에 반하는 문제가 발생하지 않으며(김부찬, 전게논문, 109쪽 참조), '법발견'을 넘어선 '법형성'으로서의 객관적 목적론적 해석(김영환, "한국에서의 법학방법론의 문제점 법발견과 법형성: 확장해석과 유추, 축소해석과 목적론적 축소 간의 관계를 중심으로", 법철학연구 제18권 제2호, 한국법철학회, 2015. 8., 137-140쪽 참조)이 필요치 않다고 생각되기 때문이다.

이미 정산되어 소멸하였다고 생각하는 당사자들의 신뢰를 보호하기 위한 규정으로 이해하고 있다. 다만 위 규정의 입법취지를 상계의 소급효,[22] 항변권의 영구성[23] 등으로 달리 설명하는 견해들도 있으므로, 이를 명확히 한 후 입법목적에 따른 민법 제495조의 해석을 살펴본다.

(1) 연혁 및 비교법적 분석

민법 제495조를 비롯한 상계에 관한 규정들은 민법 제정 이후 개정된 바 없다. 따라서 그 입법취지를 확인하기 위해서는 1차적으로 민법 제정 당시의 논의를 살펴볼 필요가 있다. 그런데 민법안 심의록에는 민법 제495조에 관하여 '의용 민법 제508조와 동일한 취지이고, 독일, 스위스, 중국, 만주국의 법을 참조하였다'는 점[24] 외에 별다른 언급이 없다. 따라서 2차적으로 연혁적/비교법적 분석을 통해 그 입법목적을 살펴보되, 외국의 사례에 대하여는 일본, 독일, 스위스로 논의 대상을 한정한다.

(가) 상계제도의 연혁

대륙법상 상계의 연원은 로마법이라 할 수 있는데,[25] 유스티니아누스 시기에 이르러 통일된 상계 법리가 발전되면서 '법률상(ipso jure)' 상계가 이루어지게 되었으며[26] 당시 다수 견해는 'ipso jure'의 의미를 당연상계주의로 해석하였다.[27] 당연상계주의는 19세기 초반까지 통설적 지위에 있었고,[28] 프랑스, 오스트리아 민법 등에도 영향을 미쳤다. 그러나 19세기 중반에 이르러 상계의 권리성이 강조되었고, 상계에 의사표시 내지 권리 행사가 필요하다는 견해가 통설적 지위를 얻게 되었다.[29] 독일은 상계를 실체법상 형성권으로 규정하였고 스위스 채무법도 이를 따랐으며,

22) 조경임, 전게논문, 89-90쪽. 다만, 소급효만을 그 입법취지로 보는 것인지는 명확치 않다.
23) 고상룡, 민법총칙(제3판) 법문사, 2003, 666쪽.
24) 민의원 법제사법위원회, 민법안심의소위원회, 민법안심의록, 상권, 1957, 291쪽.
25) 이동진, "상계의 담보적 기능", 민사법학 제70호, 한국사법행정학회, 2015, 454쪽.
26) 이동진, 전게 논문, 455쪽.
27) 이창현, "소멸시효의 완성의 효력과 상계의 관계에 관한 연구", 사법 제54호, 사법발전재단, 2020, 276쪽.
28) 이창현, 전게 논문, 278쪽.
29) 이창현, 전게 논문, 279-280쪽, 이동진, 전게 논문, 456-457쪽.

일본 또한 당연상계주의를 따르던 구 민법과 달리 현행 민법에서는 독일과 같은 입장을 취하였다.[30] 우리 민법 또한 독일, 스위스, 일본과 마찬가지로 상계에 의사표시를 요하고 있다. 그런데 독일 민법 제390조 후문, 스위스 채무법 제120조 제3항, 일본 민법 제508조, 우리 민법 제495조는 모두 상계에 의사표시를 요하면서도 소멸시효가 완성된 채권을 자동채권으로 하는 상계를 허용하고 있다. 당연상계주의에서는 시효완성 된 자동채권에 의한 상계가 허용됨이 당연하다고 할 수 있는바,[31] 위 규정들은 당연상계주의의 영향에 따른 것임을 부인하기 어렵다.[32] 이에 대하여 민법 제495조가 당연상계주의에 따른 결과를 실현하려는 취지이거나 '상계적상 시'를 기준으로 상계에 대한 기대를 보호하는 취지라고 본다면[33] 그 해석에도 큰 영향을 미칠 수밖에 없다. 무엇보다 당연상계주의에 따르면 기한의 이익을 포기하는 등으로 실제 기한이 도래하여야 상계의 효과가 발생할 것이기 때문이다.[34] 따라서 민법 제495조가 당연상계주의에 따른 결과를 지향한다고 볼 경우, 기한의 이익을 포기할 수 있는 잠정적 상계가능성만이 존재하였을 뿐 자동채권이 소멸하기 전 실제 그 포기가 이루어지지 않았다면 상계의 효과발생을 인정하기 어려울 것이다. 따라서 아래에서 민법 제495조의 입법취지를 당연상계주의로 설명하는 것이 타당한지 여부도 함께 살펴본다.

---

30) 이동진, 전게 논문, 457쪽.

31) 이창현, 전게 논문, 278-279쪽.

32) 이동진, 전게 논문, 458쪽은 이에 관하여 "상계에 관한 이들 법제의 규율은 단순한 소급효를 뛰어넘어 의식적으로 법정상계와 같은 결론을 도출하려고 하였다."고 한다.

33) 송영복, "소송상 상계 재항변 불허 판결로 살펴본 상계충당, 소송의 상계의 해석론", 사법 제36호, 사법발전재단, 2016, 287쪽.

34) 김기환, "2016년 프랑스 채권법 개정에서 상계규정의 변화", 비교사법 제24권 제2호(통권 제77호), 한국비교사법학회, 2017. 5., 691쪽에 의하면, 당연상계주의를 택한 프랑스 민법에서는 상계의 요건으로 '청구가능성(exigibilité)'을 요하고 이는 통상 이행기 도래를 의미하며, 이행기가 도래하지 않은 경우에는 채권자의 동의가 있어야 청구가능성이 발생한다고 한다. 프랑스 상계제도 일반에 관하여는 손태원, "프랑스법계에서의 상계", 외국사법연수논집(40) 제142집, 법원도서관, 2021, 291-336쪽 참조.

(나) 비교법적 분석

1) 독　　일

소멸시효가 완성된 자동채권에 의한 상계에 관하여는, 독일에서 가장 상세한 논의가 전개되었다.[35] 독일 민법 채권편의 예비초안 작성자인 퀴벨(v. Kübel)은 상계에 의사표시를 요한다는 입장을 견지하면서 상계 시점에 자동채권의 존재를 요구하였으며, 상계의 소급효만으로 소멸시효가 만료된 자동채권에 의한 상계가 허용되는 것은 아니라고 보았다.[36] 위 문제는 제2위원회 논의에서 본격적으로 다루어졌는데, 다수의견은 소멸시효가 만료된 자동채권에 의한 상계에 찬성하면서, ① (수동채권의) 채무자로서는 자동채권의 소구 시 상계로 인하여 청구가 기각되고 추가 비용을 지불할 수 있어 자동채권을 행사하기보다는 수동채권 행사에 대응하여 상계할 유인이 있을 뿐이므로 소멸시효를 막기 위하여 먼저 상계할 의무를 부과할 수 없는 점, ② 상계에 대한 채무자의 신뢰를 악용하여 소멸시효 완성 후 수동채권을 행사하는 것은 허용될 수 없는 점, ③ 실무적으로 이를 허용하더라도 법적 안정성을 해하거나 시효제도의 취지를 몰각시키지 않는 점, ④ 양 채권을 서로 청구하지 않는 상태가 장기화되는 경우, 이러한 상태에 대한 기대가 더욱 정당화되는 점 등을 근거로 하였다.[37] 이후 민법의 개정 과정에서도 소멸시효가 만료된 자동채권에 의한 상계를 허용하는 것이 실무적으로 타당하다는 점이 증명되었다는 이유로 해당 규정이 유지되었고,[38] 학설과 판례도 형평을 근거로 이를 지지하였다.[39]

35) 이창현, 전게 논문, 299쪽.
36) 이창현, 전게 논문, 287-288쪽.
37) 이창현, 전게 논문, 289쪽.
38) 다만 상계 편에 있던 제390조가 소멸시효 편의 제215조로 이전되었다. 한편, 이상영, "독일개정민법상 소멸시효제도", 비교사법 제9권 제2호(통권 제17호), 한국비교사법학회, 2002. 8, 32쪽에 의하면, 개정 독일 민법 제215조는 시효완성 전 급부를 거절할 수 있었을 때에는 시효의 완성으로 유치권의 주장을 방해할 수 없다고 정하여 구법 하의 해석론을 수용하였다고 한다.
39) 이창현, 전게 논문, 290쪽.

2) 스 위 스

스위스는 1910년 채무법 시행 이전까지는 소멸시효가 완성된 자동채권에 의한 상계를 허용할 것인지 여부에 다툼이 있었으나[40] 1910년 채무법 제120조 제3항이 이를 명문으로 인정하였다. 이는 독일 민법을 참조한 것으로, 상계의 소급효가 아닌 공평의 원칙에 근거하였다고 한다.[41]

3) 일 본

상계에 관한 일본의 민법 규정은 우리 민법과 매우 유사하다. 즉 일본 민법 제505조 내지 제512조의2는 상계(相殺)에 관한 규정을 두고 있는데, 각 조문의 소제목, 순서, 내용 등이 우리 민법과 거의 동일하다. 다만 소멸시효가 완성된 채권에 의한 상계를 정한 제508조는 '시효로 소멸한 채권이 그 소멸 이전에 상계에 적합하게 되어 있었던 경우에 그 채권자는 상계할 수 있다'고 정하였다.[42] '상계에 적합하게 되어 있었던 경우'라는 문언상 위 규정은 자동채권의 소멸시효가 완성되기 전 양 채권이 '상계적상'에 있었음을 요하는 것으로 해석하여야 할 것으로 보이는데, 이는 일본의 통설적 입장이기도 하다.[43] 그런데 일본의 다수학설은 '기한의 이익을 포기할 수 있다는 가능성'만으로는 상계적상을 인정하지 않고, 실제 기한의 이익을 포기한 경우에만 상계적상을 인정한다고 한다.[44] 일본의 최고재판소도 명시적으로 이러한 입장을 택한 바 있으며,[45] 이에 따

---

40) 이창현, 전게 논문, 292-293쪽.

41) 이창현, 전게 논문, 293쪽.

42) 원문은 아래와 같다.
第五百八条(時効により消滅した債権を自働債権とする相殺) 時効によって消滅した債権がその消滅以前に相殺に適するようになっていた場合には、その債権者は、 相殺をすることができる.

43) 我妻 · 有泉, コンメンタ―ル 民法 總則 · 物權 · 債權, 日本評論社, 2019, 1014쪽.

44) 서종회, "소멸시효가 완성된 채권을 자동채권으로 하는 상계 및 소송상 상계재항변 인정여부", 안암법학 제61호, 무지개출판사, 2021, 237쪽.

45) 최고재판소 평성 25(2013). 2. 28. 선고 평성23년(수) 제2094호 판결. 해당 사안에서 피상고인은 A로부터 금전을 차용하면서 매월 1일 원리금을 분할변제하기로 하되 이를 지체하였을 때는 기한의 이익을 상실한다는 취지의 특약을 두었고, 상고인은 2003. 1. 6. A를 흡수합병하였다. 원심은 피상고인이 금전 차용 시점에 기한의 이익을 포기하면 상계를 할 수 있었으므로 자동채권(별도 거래에서 피상고인

라 위 제508조가 적용되기 위해서는 자동채권의 변제기 도래 전에 수동채권의 변제기가 도래하였거나 기한의 이익을 포기함으로써 실제 변제기가 도래한 것으로 볼 수 있어야 한다고 하였다. 한편 최고재판소는 같은 사건에서 '민법 제508조는 상계에 대한 당사자의 기대를 보호하는 취지'라고 판시하였다.

(2) 민법 제495조의 입법취지

상계의 소급효가 당연상계주의에서 의사표시에 의한 상계로 이전되는 과정에서 인정된 것이기는 하나,[46] 독일, 스위스의 입법과정에서는 소멸시효가 만료된 자동채권에 의한 상계가 소급효에 근거하여 인정된 것이 아님이 확인된다. 즉 상계의 소급효와 소멸시효 완성 후의 상계는 연혁적, 논리적으로 불가분적 관계에 있는 것이 아니다.[47] 따라서 민법 제495조의 입법취지를 상계의 소급효로 설명하는 것은 타당하다고 보기 어렵다. 청구권에 근거한 항변권은 원칙적으로 그 청구권이 소멸한 때에는 인정될 수 없는바,[48] 우리 민법 하에서는 항변권의 영구성을 근거로 하는 견해도 받아들이기 어렵다.[49]

민법 제495조의 해석에 있어 당연상계주의를 적용한 경우와 동일한 결과가 도출되어야 하는 것도 아니다. 위 규정이 당연상계주의의 영향을 받은 것이라 하더라도, 의사표시에 의한 상계를 택한 우리 법제 하에서 논리적으로 당연상계주의적 해석이 강제될 수는 없다. 독일의 사례에서도 볼 수 있듯, 소멸시효가 만료된 자동채권에 의한 상계를 허용함에 있어서는 당연상계주의 법리가 아니라 형평성, 정책적·현실적 타당성이 고

이 이자제한법의 이율을 초과하여 상고인에게 지급한 변제금의 반환청구권)과 수동채권인 위 상고인의 대여금 채권은 흡수합병일인 2003. 1. 6. 상계적상에 있어 제508조가 적용된다는 취지로 판단하였으나, 최고재판소는 '원심의 해석은 채무자가 이미 향수한 기한의 이익을 소급적으로 소멸시키는 것이 되어 상당하지 않다'는 등의 이유로 위와 같이 판단하여 원심판결을 파기하였다.

46) 이동진, 전게 논문, 457쪽, 이창현, 전게 논문, 280쪽.

47) 서종희, 전게 논문, 229-230쪽, 손태원, 전게 논문(주 7), 469-470쪽 참조.

48) 예를 들어, 채권이 소멸한 때에는 그에 기한 동시이행항변권은 허용될 수 없다.

49) 이창현, 전게 논문, 305-306쪽도 같은 견해인데, 다만 동시이행항변권에는 민법 제495조가 유추적용되고 유치권에는 위 규정이 유추적용 되지 않는다고 한다.

려되었다. 또한 기한의 이익 포기와 관련하여 우리 판례는 일본의 통설·판례와 상계적상의 해석을 달리하고 있는데, 기한의 이익이 실제 포기되기 전 상계적상을 인정하는 것은 당연상계주의로 설명이 어렵다.

결국 민법 제495조의 입법취지에 대하여는 앞서 본 통설과 판례의 입장이 타당하다고 본다. 이는 외국의 입법례에서도 명확히 드러나고, 소멸시효가 완성된 자동채권에 의한 상계를 인정하는 것은 공평유지 등 상계의 본질적 기능을 관철하여 당사자의 신뢰를 보호한다는 점을 제외하고는 설명하기 어렵다.[50)]

한편, 일본 민법 제508조의 문언은 '상계에 적합하게 되었던 때'라고 되어 있으나, 입법자는 민법 제495조가 위 제508조와 동일한 취지라고 하면서도 '소멸시효가 만료되기 전 상계할 수 있었던 때'라는 다소 상이한 문언을 채택하였다. 민법 제정 당시 독일 구 민법 제390조 후단과 스위스 채무법 제120조 제3항을 참조하였음은 앞서 본 바와 같은데, 전자는 '시효로 인하여 소멸한 채권이 그 소멸 이전에 상계에 적당하였을 때는 상계할 수 있다'로 번역되었고,[51)] 후자는 '시효에 인하여 소멸된 채권이 기 시효소멸 전에 타의 채권과 상계할 수 있었을 때에는 이를 상계에 공여할 수 있다'고 번역되었다.[52)·53)] 민법 제492조의 경우 의용 민법과

---

50) 편집대표 곽윤직, 주해민법[XI](채권 4), 박영사, 1995, 404쪽(윤용섭 집필부분)은 민법 제405조의 입법취지를 "대립하는 양채권의 당사자는 양채권이 상계적상에 달하였을 때 특별히 의사표시가 없더라도 당연히 정산결제되는 것으로 생각하는 것이 보통이므로 이러한 당사자간의 신뢰를 보호할 필요가 있기 때문이다. 또한 양채권이 상계적상에 있을 때에는 이행청구 등으로 시효를 중단시키지 않을 경우가 많으므로 이때 상대방채권의 시효완성을 기다렸다가 자기의 채권만을 청구하는 것은 불공평하기 때문이다."라고 설명한다.

51) 민의원 법제사법위원회, 전게서, 291쪽.

52) 민의원 법제사법위원회, 전게서, 291-292쪽.

53) 다만, 독일과 스위스의 규정 모두 '상계 가능하였을 때 시효가 만료되지 않았다면' 정도로 번역할 수 있을 것으로 보이고, 본문과 같은 번역의 차이가 발생한 유래는 찾지 못하였다.

독일 구 민법 제390조 후단 원문 : Die Verjährung schließt die Aufrechnung nicht aus, wenn die verjährte Forderung zu der Zeit, zu welcher sie gegen die andere Forderung aufgerechnet werden konnte, noch nicht verjährt war.

스위스 제120조 제3항 원문 : Eine verjährte Forderung kann zur Verrechnung gebracht

동일한 취지라고 하면서도 '상계하여 그 채무를 면할 수 있다'는 문언을 '상계할 수 있다'로 변경하였음이 명시되어 있는 점에 비추어[54] 이러한 언급이 없는 제495조의 문언은 의도된 변경이 아니라고 볼 여지도 있으나, 위 번역문의 차이에 비추어 보면 입법자는 '상계에 적합하였던 때'라는 문언과 '상계할 수 있었던 때'라는 문언 사이에서 후자를 택한 것으로 생각되며, 앞서 본 문리적 해석에 의할 때 민법 제495조의 문언은 '상계에 적합한 상황을 형성할 수 있던 때'도 포함하므로 보다 넓은 의미를 갖는다.

(3) 민법 제495조의 목적론적 해석

이러한 입법취지에 따르면, 민법 제495조는 시효로 소멸한 자동채권으로 상계를 하려는 당사자의 상계기대에 보호가치가 있는 경우 적용되어야 한다. 그런데 양 채권의 이행기가 모두 도래한 경우의 상계기대를 보호할 필요성이 그렇지 않은 경우에 비하여 반드시 크다고 할 수는 없다.

상계기대의 보호가치는 구체적 사안마다 제반 사정을 종합적으로 고려하여 판단할 문제이고,[55] 단순히 수동채권의 기한이 도래하였는지 여부가 상계기대의 보호가치를 판단하는 절대적 기준이 될 수는 없다. 판례 역시 양 채권이 변제기에 이른 경우에도 이른바 '상계권의 남용'에 해당한다면 상계기대에 대한 보호가치를 부정하여 상계를 허용하지 않는다.[56] 통설은 소멸시효가 완성된 자동채권을 양수한 경우에는 상계가 허용될 수 없다고 보는데,[57] 이는 소멸시효 완성 전 상계적상이 없었다는 점[58] 외에 상계에 대한 보호가치 있는 신뢰가 없었다는 점[59]으로도 설명

werden, wenn sie zurzeit, wo sie mit der andern Forderung verrechnet werden konnte, noch nicht verjährt war.

54) 민의원 법제사법위원회, 전게서, 290쪽.

55) 이창현, 전게 논문, 301쪽.

56) 대법원 2003. 4. 11. 선고 2002다59481 판결. 이는 권리남용에서의 주관적 요건을 요하지 않는다는 점에서 상계에 특유한 해석원리라 할 수 있다.

57) 편집대표 김용덕, 전게서(주 4), 541쪽(강경구 집필부분).

58) 편집대표 곽윤직, 주해민법[XI](채권 4), 박영사, 1995, 406쪽(윤용섭 집필부분).

59) 김준호, 전게서(주 11), 1331쪽.

될 수 있다. 반대로, 우리 법체계에서 상계의 요건이 충족되지 않은 시점의 상계기대가 보호되고 있음은 체계적 해석 부분에서 후술하는 바와 같다. 요컨대, 민법 제495조는 상계기대에 보호가치가 있는지 여부를 기준으로 적용되어야 하고, 시효 완성 전에 수동채권의 기한이 도래하지 않았다는 점만으로 상계를 불허할 것은 아니다.

다만 이 장에서 소멸시효 제도의 취지를 고려하지 않은 것은, 수동채권의 기한이 도래하지 않은 때에도 민법 제495조가 적용될 수 있다는 점을 논하는 데에는 상계요건이 충족된 경우와의 상계기대를 비교하는 것으로 충분하였기 때문이다. 상계에 대한 보호가 소멸시효 완성에 대한 이익을 제한할 수 있는지 여부는 입법론으로 다룰 문제이다. 현행 민법 하에서 '일정한 경우' 상계에 대한 신뢰보호가 소멸시효로 보호되는 이익에 우선함은 명백하므로, 이 장에서 구체적으로 소멸시효 제도의 목적을 분석하고 양 제도의 법적 이익을 형량하여 보는 작업은 불필요할 것으로 생각된다. 그러나 구체적 사안에서 상계권자의 상계기대가 보호가치가 있는지(즉 민법이 정한 '일정한 경우'에 해당하는지) 여부를 판단함에 있어서는 소멸시효 완성에 대한 피상계자의 이익을 외면할 수 없다. 다만 그에 관하여 모든 사안을 포섭할 수 있는 기준을 마련하는 것을 불가능하다. 따라서 본 글에서는 민법 제495조의 적용에 있어서는 소멸시효 완성을 신뢰한 제3자의 이익, 상계권자가 장기간 자동채권을 행사하지 않은 이유, 법률관계가 조속히 처리되어야 할 필요성[60] 등을 아울러 고려하여야 한다는 정도만을 언급하고자 한다.

3. 체계적 해석

상계권자의 기대 내지 신뢰의 보호라는 입법 목적은 대법원이 다수의 상계 관련 규정을 해석하는 기준이 되어 왔다. 상계기대는 상계를 허용하지 않는 소극적 기준으로도 작용한 반면,[61] 상계적상의 요건을 완화

60) 편집대표 곽윤직, 민법주해[Ⅲ](총칙 3), 박영사, 1992, 388-389쪽(민형기 집필부분) 참조.

하는 역할도 수행하였다. 이 장에서는 민법과 채무자 회생 및 파산에 관한 법률(이하 '채무자회생법'이라 한다)을 중심으로 상계요건이 충족되지 않은 시점에 형성된 상계기대가 보호되는 사례들을 검토하여, 보다 일반적으로 적용될 수 있는 구체적 기준을 도출하고자 한다. 즉 목적론적 해석에서는 자동채권의 소멸시효 완성 전 수동채권의 기한이 도래한 사안과 그렇지 않은 사안 사이에 민법 제495조의 입법취지가 동일하게 관철되어야 함을 살펴보았다면, 이 장에서는 소멸시효 외의 법적 이익과 상충하는 상계기대가 수동채권의 기한 도래 이전에 보호되는 사례를 살펴보고, 그러한 해석 기준이 민법 제495조에서도 동일하게 적용되어야 함을 논증하고자 한다.[62)]

(1) 민법상 상계요건 충족 이전에 형성된 상계기대의 보호

민법 제498조는 "지급을 금지하는 명령을 받은 제3채무자는 그 후에 취득한 채권에 의한 상계로 그 명령을 신청한 채권자에게 대항하지 못한다."고 규정하고 있다. 여기서 '지급을 금지하는 명령'은 일반적으로 가압류 내지 압류 명령을 지칭하고[63)]·[64)] 민사집행법 제227조 제1항, 제242조, 제296조 제3항에 따라 채권의 가압류 내지 압류(이하 '압류'로 통칭한다)가 있는 때에는 원칙적으로 제3채무자의 채무자에 대한 지급이 금지된다. 따라서 압류의 목적을 달성하려면 압류 이후 제3채무자의 채무자에 대한 상계는 금지되어야 하나, 민법 제498조는 압류 전 채권을 취득한 제3채무자의 상계 가능성을 열어 두고 있다. 다만 제3채무자가 압류 전에 채권을 취득하기만 하면 압류 당시 상계적상이 있었는지 등을 불문하고

---

61) 주 56 판결 참조.

62) 김학태, "법률해석의 한계−판례에서 나타난 법해석방법론에 대한 비판적 고찰", 외법논집 제22집, 한국외국어대학교 법학연구소, 2006. 5., 187-188쪽에 의하면, 법체계는 목적론적 법원칙에 있어서도 통일적이어야 하며, 법규에서 귀납적으로 도출된 일반적 법원칙들을 유기적으로 연결하여 법규를 해석하여야 한다고 한다.

63) 편집대표 김용덕, 전게서(주 4), 578쪽(강경구 집필부분).

64) 이상주, "압류된 채권에 대한 상계의 허용요건", 자유와 책임 그리고 동행: 안대희 대법관 재임기념, 사법발전재단, 2012, 375-376쪽에 의하면 국세체납처분 및 지방세체납처분에 의한 채권압류도 이에 해당한다.

상계가 허용되는지에 대해서 다양한 견해가 주장되었는데,[65] 중요한 점은 그러한 견해의 대립이 '압류제도의 실효성 확보와 제3채무자의 상계에 대한 기대와 이익의 보호 중 어느 쪽에 중점을 두느냐'에 따라 발생하였다는 사실이다.[66] 즉 현재 주장되는 어느 견해에 의하더라도 상계의 담보적 기능은 상계요건이 충족되기 이전에 발휘되는바[67] 이는 그러한 시점에 형성된 상계기대가 민법에 의하여 보호될 수 있음을 의미한다. 대법원은 민법 제498조에 대하여 "압류의 효력 발생 당시 대립하는 양 채권이 상계적상에 있거나, 그 당시 반대채권(자동채권)의 변제기가 도래하지 아니한 경우에는 그것이 피압류채권(수동채권)의 변제기와 동시에 또는 그보다 먼저 도래하여야 한다."고 판시하였는데[68] 그 근거를 상계에 대한 신뢰 보호에서 찾고 있다.[69] 이는 채권양도에서도 유사하다. 즉 다수설은 수동채권이 양도된 경우에도 압류와 동일한 기준을 적용하여,[70] 양도 통지·승낙 당시 상계의 요건이 충족되지 않았다 하더라도 자동채권의 변제기가 수동채권의 변제기보다 늦게 도래하지 않는다면 상계를 인정한다. 대법원 또한 채권양도 통지 이전에 양 채권이 상계적상에 있을 것을 요하지 않는다는 점을 분명히 하였다.[71] 다만 판례는 그 근거를 '채무자가 채권양도 통지를 받은 경우 채무자는 그때까지 양도인에 대하여 생긴 사유로써 양수인에게 대항할 수 있다'는 민법 제451조 제2항에서 찾고 있으나, 위 규정에 의하여 그와 같은 결론이 당연히 도출되는 것은 아니다.[72] 이 또한 민법 제498조에서와 마찬가지로 상계에 대한 기대와 양수

---

65) 구체적 내용은 김영진, "지급이 금지된 채권을 수동채권으로 하는 상계", 민사판례연구 제35권, 박영사, 2013, 313-323쪽 참조.

66) 편집대표 곽윤직, 전게서(주 58), 424쪽(윤용섭 집필부분).

67) 이동진, 전게 논문, 461쪽.

68) 대법원 2012. 2. 16. 선고 2011다45521 전원합의체 판결. 이와 관련한 판례의 변화에 대하여는 편집대표 김용덕, 전게서(주 4), 583-602쪽(강경구 집필부분) 참조.

69) 위 2011다45521 판결 중 대법관 양창수의 보충의견 참조.

70) 편집대표 김용덕, 전게서(주 4), 640쪽(강경구 집필부분).

71) 대법원 2019. 6. 27. 선고 2017다222962 판결, 대법원 1999. 8. 20. 선고 99다18039 판결.

72) 채권양도 통지 이전에 원칙적으로 상계적상이 존재해야 한다는 김우성, "양도채

인의 이익 중 전자에 무게를 둔 것으로 보아야 한다.[73]

다만 위와 같은 압류 내지 채권양도에서의 논의는 상계의 담보적 기능이 문제되는 사안으로, 상계요건 충족 이전의 상계기대가 담보적 기능에서만 보호되는지 짚고 넘어갈 필요가 있다.[74] 일반적으로 상계는 간이결제 기능, 공평유지 기능, 담보적 기능을 한다고 설명된다.[75] 쌍방이 채무를 이행하는 불필요한 절차를 생략할 수 있도록 하는 것이 간이결제 기능이고, 일방의 자력이 부족하게 되는 등으로 다른 일방만이 채무를 이행하게 되는 불공평한 결과를 방지하는 것이 공평유지기능이다. 또한 상계권자는 다른 채권자들에 우선하여 자기채권을 만족시킬 수 있어 담보권자와 유사한 지위에 있게 되는바, 이를 상계의 담보적 기능이라 한다.

민법 제495조의 적용에 있어서도 상계요건 충족 이전에 형성된 상계기대가 보호되어야 하는 근거는 다음과 같다. 담보적 기능은 상계의 간이결제 기능 내지 공평유지 기능의 결과로써 부수적으로 인정되는 것이다.[76] 담보적 기능에서 상계권자의 상계에 대한 기대 내지 신뢰는 법규범이 상계를 인정함으로써 창출되므로 그 자체만으로는 법규의 해석기준이 되는 법원리 자격을 갖추기에 불충분하고,[77]·[78] 이를 인정하는 것은 순환 논증의 오류를 야기한다.[79] 따라서 압류 내지 채권양도 관련 규정

권·피압류채권 채무자의 상계주장", 서울대학교 법학 제57권 제4호, 서울대학교 법학연구소, 2016 참조(특히 152-167쪽).

73) 장재현, "상계에서 몇 가지 문제", 법학논고 28집, 경북대학교, 2008. 6., 521-522쪽. 김우성, 전게논문, 165쪽 또한 민법 제451조 해석의 본질은 양 가치를 조화하는 문제라고 본다.

74) 담보적 기능의 의미 내지 적용국면에 대하여는 문헌별로 설명이 상이하기는 하나, 주로 우선변제적 기능을 지칭하는 것으로 보인다. 민법 제495조는 상계권자와 제3자의 관계를 규율하는 규정이 아니고, 우선변제적 효력을 보장하는 취지도 아니어서 반드시 담보적 기능이 발휘된다고 보기 어렵다.

75) 편집대표 김용덕, 전게서(주 4), 468쪽(강경구 집필부분).

76) 편집대표 곽윤직, 전게서(주 58), 348쪽(윤용섭 집필부분), 양창수·김재형, 계약법(제2판), 박영사, 2015, 363쪽.

77) 이동진, 전게 논문, 454쪽.

78) 반면 간이결제, 공평유지는 상계제도 자체의 목적으로 볼 수 있다. 대법원 2011. 4. 28. 선고 2010다101394 판결 참조.

79) 즉, '담보적 기능에 대한 신뢰가 보호되어야 하므로 상계가 가능하다'는 주장에

의 해석기준이 되는 '상계에 대한 신뢰'가 '담보적 기능에 대한 신뢰'만을 의미한다고 할 수는 없다. 결국 통설과 판례의 상계기대는 공평유지 기능을 아우르는 상계 제도 일반에서 보호되어야 할 상계기대를 의미한다. 특히 상계에 대한 신뢰는 공평유지 기능과 밀접한 관련을 갖는데,[80] 민법 제495조 또한 공평 내지 상계에 대한 신뢰 보호를 그 목적으로 한다. 한편 담보적 기능이 작용하는 사안에서는 상계권자와 피상계자 외에 제3자의 이해관계 조율이 문제되는 반면, 민법 제495조에서는 원칙적으로 제3자의 이해관계가 문제되지 않는다. 상계 당사자들의 재산상황을 알 수 없는 제3자의 이익과 스스로 채권·채무를 부담하고 상계를 예측할 수 있는 피상계자의 이익 중 전자를 보호할 필요성이 적다고 할 수는 없을 것이다. 따라서 압류 내지 채권양도에 있어 상계요건 충족 이전의 상계기대가 보호된다면, 제3자의 이해관계를 해하지 않는 사안에서도 그러한 상계기대가 보호되어야 한다. 입법자는 민법 제495조에서 일정한 상계기대를 소멸시효 완성에 대한 피상계자의 이익에 우선하여 보호하기로 하였는바, 소멸시효 완성 전 상계요건이 충족되지 않은 사안이라 하더라도 그 보호 필요성이 상계요건이 충족된 사안보다 작지 않다면 상계가 허용되어야 한다.

(2) 도산절차에서의 기한부 채무에 대한 상계기대 보호

채무자에 대한 회생(특별한 언급이 없는 경우 개인회생을 포함한다) 내지 파산절차가 개시되는 경우, 채권자는 권리 행사에 상당한 제약을 받게 된다. 무엇보다 채권자는 회생 내지 파산절차에 의하지 않고는 원칙적으로 변제를 받거나 채권을 행사할 수 없다(채무자회생법 제131조, 제424조, 제582조). 그러나 채무자회생법은 상계에 대하여 예외를 두었다. 즉 채권자는 회생절차나 파산절차에 의하지 않고도 회생·파산 채무자에 대한 채

대하여 '상계가 가능하므로 담보적 기능이 인정된다'는 근거를 제시하는 것이다.

80) 편집대표 곽윤직, 전게서(주 58), 348쪽(윤용섭 집필부분)은 '양자의 채권이 서로 동등한 가치를 갖는다고 신뢰하는 것이 보통이므로, 이러한 신뢰관계를 무시하고 일방만이 채무를 변제하게 되는 결과를 인정하는 것은 공평에 반한다'고 한다.

권과 채무를 상계할 수 있다(동법 제144조, 416조, 587조). 이 또한 채권자의 상계기대를 보호하기 위한 규정으로,[81] 채권자는 채무자에 대한 채권으로 상계할 수 있을 것이라 기대하였을 것인데 회생 내지 파산으로 상계를 금지한다면 불측의 손해를 입게 되고, 그 채권은 회생 내지 파산절차에 의하여만 변제를 받을 수 있음에도 불구하고 자신의 채무는 전액을 변제하여야 한다면 형평에 반한다.

채무자회생법은 상계요건 충족 이전에 형성된 상계기대도 보호하고 있다. 회생채권의 변제금지 효과는 회생절차 개시 시점을 기준으로 발생하나(동법 제131조 본문), 회생절차 개시 당시 상계요건이 충족하지 않았다 하더라도 신고기간 만료 전[82]에 그 요건이 충족될 수 있다면 채권자의 상계가 허용된다. 이는 자동채권의 기한이 도래하지 않은 경우뿐만 아니라 수동채권의 기한이 도래하지 않은 경우에도 동일하다. 동법 제144조 제1항 후문은 "회생채권자 또는 회생담보권자가 회생절차개시 당시 채무자에 대하여 채무를 부담하는 경우 채권과 채무의 쌍방이 신고기간만료 전에 상계할 수 있게 된 때에는 회생채권자 또는 회생담보권자는 그 기간 안에 한하여 회생절차에 의하지 아니하고 상계할 수 있다. 채무가 기한부인 때에도 같다."고 정하였는데, 후문의 '기한부 채무'는 장래에 실현되거나 도래할 것이 확실한 사실에 채무의 이행의 시기뿐만 아니라 '발생이 종속되어 있는 경우'도 포함하며, 그 기한의 이익을 포기하고 상계하는 것도 가능하다. 이 경우 상계권자가 채무를 부담하는 것 자체는 확정되어 있으므로 상계를 인정할 필요성은 일반채권의 경우와 다르지 않기 때문이다.[83] 파산선고 당시 상계요건이 충족되지 않은 경우에도 상계가 허용된다. 즉 자동채권이 기한부, 조건부인 경우(동법 제417조 본문, 제418조 내지 제419조)는 물론, 수동채권이 기한부, 조건부여서 파산선고 당시

81) 회생에 관하여 대법원 2017. 3. 15. 선고 2015다252501 판결; 파산에 관하여 전대규, 채무자회생법(제4판), 법문사, 2020, 1013-1014쪽 참조.

82) 법원은 회생절차개시결정을 하면서 신고기간을 지정하므로(채무자회생법 제50조 제2호) 신고기간 만료는 회생절차개시결정 이후가 된다.

83) 대법원 2017. 3. 15. 선고 2015다252501 판결.

상계요건이 충족되지 않았다 하더라도 상계가 허용된다(동법 제417조 후문). 즉 채권자는 수동채권에 대한 기한의 이익 또는 조건성부의 기회를 포기하여 이를 현재화시키고 상계할 수 있다.

도산제도는 재정적 파탄 상태에 빠진 채무자의 채권자, 주주, 지분권자 등 이해관계인의 법률관계를 조정하여 채무자의 효율적인 회생을 도모하거나, 그 재산을 공정하게 환가·배당하는 것을 목적으로 한다(동법 제1조). 그와 같은 목적에도 불구하고 채권자의 상계를 허용한 점에서 우리 법이 '상계기대'를 우선적으로 보호하려는 의지를 확인할 수 있다.[84] 채무자회생법은 일정한 경우 상계요건 충족 이전에 형성된 상계기대를 상계요건이 충족된 때와 동일하게 보호한다.[85] 기한 미도래로 수동채권이 발생하지 않았다 하더라도 그러하며, 판례는 이 경우 상계를 허용할 필요성이 일반채권의 경우와 다르지 않다고 하였다. 이러한 입법태도와 더불어 상계기대 보호가 담보적 기능에 국한되지 않는 점, 도산절차에서는 제3자의 이익을 보호할 필요성이 더욱 크다는 점을 고려하여 보면, 소멸시효 완성 전 수동채권이 기한이 도래하지 않은 경우에도 상계기대가 보호될 수 있다고 보아야 한다.

(3) 채권 · 채무의 발생 원인만이 존재하였던 경우의 상계기대 보호

우리 민사법에 의하면 채권 발생의 기초만이 존재하는 경우에도 채권자가 보호되는 경우가 있다. 예를 들어 채권자취소권에 의하여 보호되는 채권은 원칙적으로 사해행위 이전에 발생된 것을 의미하나, 이미 채권 발생의 기초가 되는 법률관계가 성립되어 있었다면 채권자취소가 허용되기도 한다.[86] 이는 상계에서도 그러하다. 대법원은 [자동채권과 수동채권이 동시이행 관계에 있는 경우 압류명령이 제3채무자에게 송달되어

---

84) 다만 그 입법목적에 따라 도산절차에서 상계권 행사가 제한됨에 관하여는 채무자회생법 제145조, 제422조 참조.

85) 이러한 상계적상의 완화는 당연한 법리적 결과라기보다는 입법적 결단이라 할 수 있다. 양창수, "파산절차상의 상계－소위 「상계권의 확장」에 대한 입법론적 재고를 포함하여", 민법연구 제7권, 박영사, 2003, 201-232쪽은 이러한 입법태도에 의문을 제기한 바 있다.

86) 대법원 2014. 6. 12. 선고 2014다204567 판결 등.

압류의 효력이 생긴 후에 자동채권이 발생하였다고 하더라도 자동채권이 발생한 기초가 되는 원인은 수동채권이 압류되기 전에 이미 성립하여 존재하고 있었던 것이므로, 그 자동채권은 민법 제498조 소정의 "지급을 금지하는 명령을 받은 제3채무자가 그 후에 취득한 채권"에 해당하지 않는다고 봄이 상당하다]고 하였다.[87] 이러한 결론은, "제3채무자의 상계기대의 보호는 자동채권이 현실적으로 존재하는 경우뿐만 아니라 그 기초가 되는 법률관계가 현존하는 경우에도 승인되어야"[88] 한다는 근거에서 타당하다. 위 사안은 압류 당시 자동채권이 발생조차 하지 않았다는 점에서 민법 제498조의 일반론에서 살펴본 것과 또 다른 국면의 상계기대 보호이다.[89] 수동채권 발생의 기초만이 존재한 시점에 형성된 상계기대 또한 보호될 수 있다. 채권자는 파산 내지 회생 이후 부담하게 된 채무에 대하여는 상계를 할 수 없으나, 그 채무의 발생 원인이 이미 존재하였다면 상계할 수 있다(채무자회생법 제145조 제2호 단서 나목, 제422조 제2호 단서 나목).[90] 이러한 예외가 허용된 이유 또한 채권자의 상계기대를 보호하기 위함으로,[91] 상계기대가 채권·채무의 발생 이전부터 보호될 수 있음을 알 수 있다. 다만 채권 내지 채무의 발생원인이 존재하였다는 사실만으로 상계기대가 보호되지는 않는다. 이는 대법원이 채무자회생법 제145조 제2호 단서 나목의 '원인'에 대하여 "채권자에게 상계의 기대를 발생시킬 정도로 직접적인 것이어야 할 뿐 아니라 구체적인 사정을 종합하여 상계의 담보적 작용에 대한 회생채권자의 신뢰를 보호할 가치가 있는 정당한 것으로 인정되는 경우를 의미한다."고 판시한 점에서 잘 드러난다.[92]

---

87) 대법원 1993. 9. 28. 선고 92다55794 판결.

88) 양창수, "1993년 민법 판례 개관", 민법연구 제3권, 박영사, 1995, 495쪽.

89) 편집대표 김용덕, 전게서(주 4), 581쪽(강경구 집필부분)에 의하면 민법 제498조의 '취득'은 제3채무자의 채무자에 대한 채권이 발생하였거나 이를 양수한 경우를 의미한다. 따라서 원칙적으로는 압류 당시 자동채권이 발생조차 하지 않았다면 위 규정이 적용되지 않는다.

90) 각 동조 제4호에 따라 자동채권 발생의 기초가 있었던 경우도 보호된다.

91) 대법원 2019. 1. 31. 선고 2015다240041 판결.

92) 위 2015다240041 판결.

따라서 상계기대에 대한 보호를 정당화하는 근거가 인정된다면, 수동채권 발생의 기초만 존재하는 경우의 상계기대도 법의 보호대상이 될 수 있다.

나아가, 자동채권과 수동채권 사이에 일정한 견련관계가 존재하는 경우에는 채권 발생의 기초만 존재하더라도 상계기대를 보호할 필요성이 증대된다. 우리 상계 관련 규정에는 입법적으로 견련성이 고려되었다고 할 수 없으나,[93] 비교법적으로는 견련성에 의하여 상계에 대한 보호가 두텁게 되는 사례를 확인할 수 있다. 영국에서는 양 채권 사이에 견련관계를 요건으로 하는 형평상 상계가 인정된다.[94] 프랑스에서는 견련성이 있는 경우 소송 지연의 우려가 있다 하더라도 상계에 관하여 판단하여야 하고, 상계의 요건이 결여된 경우에도 견련성이 인정된다면 상계를 허용하는 판례가 형성되어 있다.[95] 대법원도 부분적으로 견련성에 따른 상계권의 확장을 인정한 바 있다. 즉 앞서 본 바와 같이 자동채권과 수동채권이 동시이행관계에 있는 경우 수동채권의 압류에도 불구하고 상계가 허용되는 자동채권의 범위가 확장되는데, 쌍무계약상의 채무가 아니더라도 그 사이에 대가적인 의미가 있는 경우,[96] 당사자 일방의 여러 의무가 포괄하여 상대방의 여러 의무와 사이에 대가관계에 있다고 인정되는 경우[97]에 동시이행 관계가 인정되어 압류 이후 발생한 자동채권으로 상계가 가능하게 된다. 양 채권이 견련관계에 있다면 그렇지 않은 경우보다 상계에 대한 기대가 크고[98] 형평에 따른 상계의 요청도 증대되므로[99] 상계기대에 대한 보호가 정당화될 수 있는 것이다.

다만 상계에 있어서 쌍무계약에서 논의되는 엄격한 의미의 견련

93) 이동진, 전게 논문, 475쪽.
94) 김기환, "채무의 견련관계가 상계에 미치는 영향", 민사법학 제67호, 한국민사법학회, 2014. 6., 79-81쪽.
95) 김기환, 전게 논문(주 94), 82쪽.
96) 대법원 2001. 3. 27. 선고 2000다43819 판결.
97) 대법원 2010. 3. 25. 선고 2007다35152 판결.
98) 김기환, 전게 논문(주 94), 75쪽.
99) 이동진, 전게 논문, 475쪽.

성[100]을 요할 것은 아니다. 상계기대에 대한 판단에 한정하여 보면, 견련성은 상계기대의 보호가치를 증감케 하는 요소 중 하나이다. 즉 일반적으로 양 채권이 밀접한 관계에 있을수록 상계기대에 대한 보호가치가 높아진다고 할 수 있을 것이므로, 여기서는 '정도'의 개념으로 견련성을 이해할 수 있을 것이다. 상술한 바와 같이 판례는 쌍무계약 관계에 있지 않은 채무 사이에도 이행상의 견련성을 인정하여 상계를 허용하였다. 이러한 완화된 기준에 의한다면, 일반적으로 양 채권이 동일한 법률관계에서 발생한 경우 견련성을 인정할 수 있을 것이다.[101]

4. 소 결 론

다시 한 번 강조하자면, 본 글은 민법 제495조의 유추적용 내지 문언의 의미를 넘어서는 확장해석을 주장하는 것이 아니다. 1차적으로 민법 제495조의 문언이 갖는 의미의 범위를 살펴보고, 그 범위 내에서 목적과 체계를 고려한 타당한 해석을 모색하려 하였다. 그에 따른 결론을 정리하면 다음과 같다.

민법 제495조의 '소멸시효가 완성된 채권이 그 완성 전에 상계할 수 있었던 것'이라는 문언을 '소멸시효 완성 전 상계의 요건이 실제 충족된 경우'로 한정하여 해석하는 것은 타당하지 않다. 위 문언 상 상계권자가 수동채권을 일방적으로 발생시켜 상계를 할 수 있었던 경우가 배제된다고 할 수 없기 때문이다. 그 입법취지 및 법체계에 비추어 보아도 이러한 결론은 타당하다. 다만 구체적으로는 상계권자의 상계기대가 보호가치 있는 경우에 상계가 허용된다고 보아야 한다.

그렇다면, 대상판결의 사안에 민법 제495조가 적용될 수 있는지 여부는 ① 원고가 소멸시효 만료 전 상계를 할 수 있었는지(즉 문리적 해석

100) 지원림, 민법강의(제14판), 홍문사, 2016, 1289-1290쪽에 의하면, 쌍무계약에서 채무의 견련성은 일방의 채무가 성립하지 않으면 상대방의 채무도 성립하지 않는다는 성립상의 견련성, 양 채무가 상환 이행되어야 한다는 이행상의 견련성, 위험부담 등에 관한 소멸상의 견련성으로 나타난다.

101) 김기환, 전게 논문(주 94), 110쪽.

의 한계를 벗어나는 사안이 아닌지), ② 원고의 상계기대가 보호할 가치가 있는 것인지를 따져보는 문제가 된다.

Ⅲ. 대상판결 사안의 해결

1. 임대차기간 만료 전 유익비상환청구권을 반대채권으로 하는 상계 가부

(1) 유익비상환청구권의 성질

대상판결은 유익비상환청구권이 '임대차 계약이 종료한 때'에 비로소 발생한다고 설시하였는바, 그 타당성 내지 구체적인 의미를 살펴볼 필요성이 있다. 유익비상환청구권의 발생시점에 따라 민법 제495조를 적용함에 있어 검토되어야 할 법적 요소가 달라지기 때문이다. 따라서 이하에서는 유익비상환청구권의 발생시점을 중점으로 그 성질을 살펴본다.

민법 제626조 제2항은 "임대차종료시에 그 가액의 증가가 현존한 때에 한하여 임차인의 지출한 금액이나 그 증가액을 상환"하여야 한다고 정하였는데, 이는 임대인이 실제 지출액과 현존 증가액 중 하나를 선택할 수 있음을 의미한다.[102] 통설은 유익비상환청구권을 일종의 부당이득반환청구권[103]으로서 선택채권[104]이라고 이해하고 있으나, 그 발생시기는 구체적으로 논의되고 있지 않은 것으로 보인다. 일부 문헌은 임대차 종료를 유익비상환청구권의 '행사시기'로 설명하고 있어[105] 이미 발생한 유

---

102) 대법원 2002. 1. 22. 선고 2001다40381 판결 등.

103) 곽윤직, 채권각론[민법강의 Ⅳ], 제6판, 2003, 202쪽; 편집대표 김용담, 주석 민법[채권각칙 3](제4판), 한국사법행정학회, 2016, 603쪽(박해식 집필부분). 그 본질을 사무관리로 보는 견해로는 윤철홍, "임차인의 비용상환청구권", 법학논총 제14권, 2004, 3-4쪽. 한편 윤철홍, 전게 논문, 4쪽에 의하면 일본의 통설도 임차인의 유익비상환청구권을 본질적으로 부당이득으로 보는 반면 독일 민법은 유익비상환청구권의 본질을 사무관리로 보고 있다고 한다.

104) 김준호, 전게서(주 11), 1045쪽; 편집대표 김용덕, 전게서(주 18), 281쪽(이혁 집필부분); 송덕수, 민법강의(제10판), 박영사, 2017, 952쪽. "원심의 위와 같은 판단에 상고이유와 같이 선택채권의 선택권 행사에 관한 법리를 오해하는 등으로 판결에 영향을 미친 위법이 없다."는 문구에 비추어 보면, 대상판결 또한 임차인의 유익비상환청구권을 선택채권으로 이해한 것으로 보인다.

105) 예를 들어, 구재군, "임차인의 유익비상환청구권", 고시연구 제30권 제4호, 고시

익비상환청구권의 '이행기'가 임대차 종료 시에 도래하는 것이라고 이해할 여지가 있으나, 그 발생시기를 염두에 둔 서술로 보이지는 않는다. 대상판결 이전의 판례는 민법 제203조 제2항의 유익비상환청구권은 점유물의 반환을 청구 받거나 반환할 때에 '발생한다'거나,[106] 그러한 때에 이를 '행사할 수 있다'[107]는 표현을 모두 사용한 바 있다.

살피건대, 선택채권은 '채권의 목적이 수개의 행위 중에서 선택에 좇아 확정되는 경우'를 지칭한다(민법 제380조). 선택채권은 '하나의 채권으로 수개의 선택적 급부가 채권의 목적이 되는 것'으로서, 선택권의 행사를 해제조건으로 하는 복수의 해제조건부채권이 병존하는 경우와는 다르다.[108] 유익비상환청구권을 '해제조건부채권의 병존'으로 이해한다면 '실제 지출액에 대한 상환청구권'은 그 지출 시기에 발생한다고 볼 여지가 있으나, 이를 선택채권으로 이해하는 한 '현존 증가액'이라는 목적급부 일부가 확정되지 않은 상태에서는(즉 임대차 종료 이전에는) 원칙적으로 권리가 발생하였다고 보기 어렵다. 또한 그 발생시점을 비용지출 시로 본다면, 임대인이 '임대차 종료 시점'의 현존 증가액을 선택한 경우에도 선택의 소급효(민법 제386조)에 따라 유익비상환청구권이 '비용지출 시'로 소급하여 성립하게 되는 문제가 있다. 따라서 원칙적으로 유익비상환청구권은 임대차 종료 시에 발생한다고 보아야 한다.

한편 민법 제626조 제2항의 '가액의 증가가 현존한 때에 한하여'라는

연구사, 2003, 153쪽. 한편 편집대표 김용담, 전게서, 609쪽(박해식 집필부분)은 유익비의 '행사시기'라는 용어를 사용하거나 '유익비 상환의무의 이행기는 임대차 종료 시에 도래'한다고 서술하였으나, 612쪽에서는 '유익비 상환청구권은 임대차가 종료하지 않으면 발생하지 않기 때문에 임료지급의무와의 동시이행 문제는 생기지 않는다'고 하였다.

106) 대법원 1993. 12. 28. 선고 93다30471, 93다30488 판결.

107) 대법원 1994. 9. 9. 선고 94다4592 판결. 따라서 지원림, 전게서, 532쪽의 "비용상환청구권의 발생시기는 점유물의 반환청구를 받은 때라 할 것이고, 판례의 입장도 같다."는 서술에는 의문이 있다. 한편 '임대차 종료'와 달리 '점유물의 반환 청구'는 반환청구권자의 의사에 따르므로 그 발생이 확정적이지 않다는 점에서 민법 제203조의 비용상환청구권과 민법 제626조의 비용상환청구권 사이에 발생시기를 동일하게 논의하기는 어렵다고 생각된다. 필요비의 경우 그 차이가 보다 명확하다.

108) 편집대표 김용덕, 전게서(주 18), 272-274쪽(이혁 집필부분).

문언에 의하면, 일견 '가액 증가의 현존을 정지조건으로 유익비반환청구권이 발생한다'는 해석이 타당할 것으로 보인다. 그러나 아래와 같이, 위 제626조 제2항은 '임대차의 종료라는 기한이 도래하면 선택채권으로서 유익비상환청구권이 발생한다'고 해석함이 타당하다(이를 다루고 있는 문헌은 없는 것으로 보이나, 편의상 전자를 '정지조건설', 후자를 '정지기한설'이라 칭하기로 한다).

정지조건설에 의하면 유익비상환청구권은 현존 증가액의 존재를 정지조건으로 발생하며, 발생한 유익비상환청구권은 선택채권으로서 임대인은 현존 증가액과 지출 비용액을 중 하나를 선택할 수 있게 된다. 가치 증가액이 없는 경우 조건 불성취로 유익비상환청구권 자체가 발생하지 않게 된다. 유익비상환청구권의 본질이 부당이득반환청구권임을 고려한다면, 임대인이 얻은 이익, 즉 현존 증가액이 없는 경우에는 비용상환청구권이 발생하지 않는 것이 타당하다고 볼 수도 있다.[109] 그러나 민법 제626조 제1항의 필요비 상환청구권 역시 그 본질이 부당이득에 해당함에도 임차인은 임대인의 이득액과 무관하게 지출 비용 전부를 구할 수 있으며, 결과적으로 부당이득의 경우보다 상환범위가 넓다.[110] 이는 민법 제626조의 비용상환청구권이 부당이득의 특칙이라는 점으로 설명될 수 있을 것이다. 따라서 유익비상환청구권의 본질이 부당이득이라는 이유만으로 정지조건설을 따를 것은 아니다.

정지기한설은 당사자의 의사를 보다 충실히 반영할 수 있고, 법률관계를 간명하게 하여 준다. 현실적으로 임대인은 임대차 종료 시 실제 지출액보다 현존 증가액이 적다면 당연히 후자를 선택할 것이다. 이는 현존 증가액이 없는 경우에도 동일하다. 따라서 현존 증가액이 없음에도

109) 제철웅, "도급계약상의 수급인과 민법 제203조의 비용상환청구권", 법조 제52권 제6호, 2003, 78쪽에 의하면, 독일 물권법 초안의 기초자인 Johow는 점유자의 비용상환청구권과 관련하여 비용지출 자체만으로는 소유자에게 어떠한 이익도 발생하지 않아 비용상환청구권은 성립하지 않으며, 이는 보통법의 태도와 일치한다고 보았다고 한다.

110) 민법 제203조에 관하여, 김학동, "점유자의 비용상환청구권", 민사재판의 제문제: 송천 이시윤 박사 화갑기념 상권, 민사실무연구회, 1995, 99쪽.

임차인이 유익비상환청구권을 행사할 수 있는 상황은 실제 발생하기 어려우며, '가액의 증가가 현존하는 때'라는 문언은 임차인으로 하여금 현존 증가액이 존재하는 경우에만 유익비상환청구권을 행사하도록 하여 법률관계를 간명하게 정리하는 것으로 볼 수 있다. 그럼에도 불구하고 현존 증가액이 없는 경우 임대인이 실제 지출액의 반환을 선택하는 것을 막을 이유는 전혀 없다. 가치 증가액의 현존을 '조건'으로 보아, 현존 증가액이 없는 경우 유익비상환청구권이 발생조차 하지 않는다고 하는 것은 당사자의 의사에 부합하지 않는다.[111)·112)]

이에 대하여, 현존 증가액이 없는 경우에도 임대인은 현존 증가액의 반환을 선택하여 실질적으로 유익비상환의무를 면할 수 있으므로, 정지기한설은 '가액의 증가가 현존하는 때'라는 문언을 무의미 혹은 불필요하게 만든다는 반론이 있을 수 있다. 그러나 정지기한설에 따르더라도 위 문언은 민법 제385조 제1항의 적용을 방지하는 의미가 있다. 즉 현존 증가액이 없는 경우를 이행불능으로 해석하여 민법 제385조 제1항이 (유추)적용된다고 본다면, 유익비상환청구권의 목적은 지출 비용액의 상환으로 특정되게 된다. 이는 임대인이 실질적으로 얻은 이익이 없음에도 소액이라도 이익을 얻은 경우에 비하여 불리하게 된다는 점에서 매우 부당한 결론이라 할 수 있는데, '가액의 증가가 현존하는 때'라는 문언은 임대인이 현존 증가액의 상환을 선택할 수 있게 하여 형평을 유지한다.[113)]

법적 효과 면에서도 보다 법률관계가 복잡하게 되는 정지조건설을

111) 반대로, 부속물매수청구권과 달리 임차인의 비용상환청구권은 당사자의 약정에 의하여 임차인이 이를 포기할 수 있다. 대법원 2005. 11. 10. 선고 2005다33886(본소), 2005다33893(반소) 판결 참조.

112) 다만 정지조건설에 의하더라도 임대인이 지출 비용액을 상환하겠다는 의사를 표시한 경우 별도의 법률행위가 성립하여 그러한 권리가 발생할 수 있을 것이다. 그러나 이를 민법 제626조에 따른 유익비상환청구권이라 할 수는 없다.

113) 다만 이행불능은 '채무의 내용에 합치하는 결과를 실현할 수 없거나 그에 필요한 행위가 이루어질 수 없는 경우'를 지칭하므로(지원림, 전게서, 1007쪽), 채무를 이행할 수 없는 것과 채무의 목적 자체가 '0'인 것은 상이하다. 따라서 현존 증가액이 없다고 하여 현존 증가액의 상환 의무가 이행불능이 되는 것은 아니라고 생각된다.

취할 실익은 크지 않다. 정지조건설에 의하더라도 현존 증가액이 있는 경우는 그 효과에 있어 정지기한설과 차이가 없게 될 것이고, 현존 증가액이 없는 경우의 설명은 방금 살펴본 본 바와 같다. 임대인이 '현존 증가액'의 성립을 방해한 경우 민법 제150조 제1항이 적용되어 법률관계가 간명하게 해소될 여지가 있다는 점을 고려할 수 있겠으나, 민법 제147조 이하의 규정은 일응 법률행위에 대한 것으로 이를 부당이득반환청구권인 유익비상환청구권에 적용할 수 있을 것인지 추가적인 검토를 요한다.[114) 반면 정지기한설은 이러한 상황을 해결할 수 있으므로[115) 정지조건설을 취하여 보다 복잡한 법률관계를 상정할 이유는 없다고 생각된다.

요컨대, 유익비상환청구권은 임대차 종료를 정지기한으로 발생하는 선택채권이다. 임대인은 임대차 종료 후 현존 증가액과 지출 비용액 중 하나를 선택할 수 있게 된다. 현존 증가액이 없는 경우에도 유익비상환청구권은 발생하나 임대인은 현존 증가액의 반환을 선택하여 실질적으로 유익비상환의무를 면할 수 있다.

(2) 유익비상환청구권에서 정지기한의 이익 포기 가부

민법 제153조 제2항은 '기한의 이익은 이를 포기할 수 있다'고 정하였으므로, 정지기한설에 의하면 임대인은 기한의 이익을 포기하고 임대차 기간 중 유익비상환청구권을 성립시킬 수 있을 것으로 보인다. 다만, 이

114) 즉, 법률행위가 아닌 법률규정에 따라 발생한 채권에도 조건에 관한 민법규정을 적용할 수 있는지 문제된다. 사견으로는 성질에 반하지 않는다면 이를 부정할 이유는 없다고 생각된다.

115) 이 경우 선택권 있는 임대인이 급부를 불능하게 한 것으로 보아, 민법 제385조의 (유추)적용에 따라 '지출 비용액'의 상환으로 목적이 특정된다고 볼 수도 있을 것인데[곽윤직, 채권총론[민법강의Ⅲ](제6판), 박영사, 2003, 50쪽 참조], 이는 민법 제150조를 적용하였을 때보다 임차인을 두텁게 보호하게 된다. 즉, 민법 제150조가 적용되는 경우에는 급부 목적이 '지출 비용액'으로 특정되는 것이 아니라 방해행위가 없었을 경우의 '현존 증가액'이 존재하는 것으로 의제될 것이므로 임대인은 현존 증가액과 지출 비용액 중 더 적은 비용을 택할 것이고, 임차인이 상환받을 비용은 후자를 초과할 수 없게 된다. 반면 민법 제385조의 (유추)적용에 따라 '지출비용액'으로 특정된다고 본다면 임차인은 현존 증가액이 지출 비용액보다 적은 경우에도 후자를 상환받을 수 있게 된다. 그 외에 이 경우 임대인이 손해배상 책임을 지게 될 수도 있다.

러한 결론이 타당하기 위해서는 몇 가지 검토를 요한다.

(가) 첫째, '정지기한'을 민법 제153조의 '기한'으로 볼 수 있는지, 즉 정지기한의 이익을 포기할 수 있는지 문제된다. 기한은 법률행위의 효력 발생 시점이 되는 '부관으로서 기한'과 이미 발생한 채무의 이행기를 지칭하는 '이행기한'으로 구분할 수 있고,[116)·117)] 부관으로서 기한 중 법률행위의 효력을 발생하게 하는 기한을 '정지조건'에 대응하는 '정지기한'이라 할 수 있다.[118)] 그런데 '민법 제152조는 부관으로서 기한에 관한 규정인 반면 민법 제153조는 이행기한에 관한 규정으로, 기한의 이익이라는 개념은 정지기한에 있어 무의미하다'는 견해[119)]에 의하면 정지기한에는 민법 제153조가 적용될 수 없게 된다. 민법 제153조 제1항의 '채무자'라는 문언에 비추어 이는 '이미 발생한 채무'의 이행기한을 지칭하는 것으로 볼 여지가 있으나, 다음의 근거에 비추어 민법 제153조는 부관으로서 기한에도 적용된다고 생각한다.[120)]

1) 법률행위가 아직 효력을 발생하기 전이라 하더라도 그 내용에 따라 채권자/채무자를 상정할 수 있고, 이행기가 도래하지 않음으로써 발생하는 이익 외에 법률행위의 효력이 발생하지 않음으로써 발생하는 이익도 상정할 수 있다.[121)] 이러한 이익을 향유하는 당사자가 그 이익을 포

116) 지원림, 전게서, 365쪽; 편집대표 김용덕, 전게서(주 18), 416-418쪽(고홍석 집필부분); 편집대표 곽윤직, 주해민법[IX](채권 2), 박영사, 1995, 77-79쪽(양창수 집필부분).

117) 예를 들어, A와 B가 'B가 성년이 되면 A는 B에게 월 30만 원씩을 매월 말일 지급한다'는 계약을 체결하였을 때, '법률행위의 효력'으로서 A의 금원지급의무가 발생하는 시기는 B가 성년이 되는 시점이고, 그와 같이 발생한 금원지급의무의 이행기는 매월 말일이 될 것이다. '부관으로서 기한'을 '조건'으로 치환한 사례를 생각하여 보면 그 성격이 보다 분명하게 된다(A와 B가 'B가 취업하면 A는 B에게 월 30만 원씩을 매월 말일 지급한다'는 계약을 체결한 경우).

118) 편집대표 곽윤직, 전게서(주 116), 78쪽(양창수 집필부분).

119) 편집대표 곽윤직, 전게서(주 116), 79-80쪽(양창수 집필부분).

120) 편집대표 곽윤직, 전게서(주 60), 335쪽(민형기 집필부분)은 채무자가 기한의 이익을 포기하여 즉시 이행을 하는 것이 가능하다는 점에서 이행기한과 정지기한을 구분할 실익이 없다고 한다.

121) 곽윤직 · 김재형, 민법총칙[민법강의 I](제9판), 박영사, 2013, 409-410쪽; 이영준, 민법총칙(개정증보판), 박영사, 2007, 778쪽.

기하는 것을 막을 이유나 근거는 없다.

2) 정지기한에서 기한의 이익을 논할 실익이 별로 없다는 점은 대부분의 법률행위가 쌍무계약에 해당하기 때문이나,[122] ① 기한의 이익은 쌍방에게 존재할 수 있는 점(민법 제153조 제2항 참조), ② 쌍무계약에서는 쌍방 모두가 법률행위의 효력 발생 또는 소멸에 관한 이익을 가지는 것으로 봄이 타당한 점, ③ 편무계약의 경우 정지기한에 대한 이해관계의 대립 양상이 분명해지는 점에 비추어, 정지기한에서 기한의 이익 개념 자체를 부정하거나 그 포기가 불가능하다고 볼 것은 아니다.

3) 회생 내지 파산절차에서는 부관으로서 기한의 이익을 포기하는 행위가 법률적으로 가능하다는 점이 보다 분명하게 드러난다. 즉 채무자회생법 제144조 제1항의 '기한부 채무'는 장래에 실현되거나 도래할 것이 확실한 사실에 채무의 발생이 종속되어 있는 경우를 포함하며, 그 기한의 이익을 포기하는 것도 가능함은 앞서 보았다. 한편 동법 제417조는 "파산채권자의 채권이 파산선고시에 기한부 또는 해제조건부이거나 제426조에 규정된 것인 때에도 상계할 수 있다. 채무가 기한부나 조건부인 때 또는 장래의 청구권에 관한 것인 때에도 또한 같다."고 정하여 파산채권자는 수동채권이 정지조건부인 경우에도 정지조건불성취의 이익을 포기하고 이를 현재화할 수 있는바,[123] 법률행위의 효력 발생에 정지조건이 첨부된 경우 채무자가 조건불성취의 이익을 포기할 수 있다면, 정지기한이 첨부된 경우에도 채무자가 그 이익을 포기할 수 있다고 봄이 타당하다.

(나) 둘째, 유익비상환청구권과 같이 법률의 규정에 의하여 성립하는 채권에도 정지기한을 논할 수 있는지, 그리고 그 기한의 이익을 포기할 수 있는지 검토를 요한다. 즉 '이행기한은 법률행위뿐만 아니라 법률규정에 의한 채권에서도 문제되나, 부관으로서 기한은 법률행위에만 문제된

122) 편집대표 곽윤직, 전게서(주 116), 82쪽(양창수 집필부분).

123) 전대규, 전게서, 1020쪽. 기한에 대하여는 '수동채권의 기한의 이익을 포기하여 이를 현재화시키고 상계할 수 있다'고 하나, 이행기한만을 지칭하는 것인지, 부관으로서 기한을 포괄하는 것인지 명확치 않다.

다'는 견해[124]에 의하면, 법률행위에서 정지기한을 포기할 수 있다 하더라도 법률 규정에 의하여 성립하는 채권에 정지기한 내지 정지기한의 포기 법리가 적용될 수 있는지는 별개의 문제이다. 정지기한은 그 도래 시점까지 법률행위의 효력을 정지시키는 것을 의미하는바[125] 이는 성립된 법률행위(즉, 성립요건이 충족된 법률행위)의 효력발생을 유예하는 것으로 이해할 수 있다. 그렇다면, 민법 제152조의 문언이 '법률행위'를 명시하고 있기는 하나, '법률규정에 의한 채권'에서도 특정 시점에 일정한 법률관계가 성립되고 장래 발생이 확실한 사실에 구체적 효력이 발생하도록 정하였다면, 그 '장래 발생이 확실한 사실'을 정지기한과 동일하게 볼 수 있다. 설령 이를 법률행위의 정지기한과 동일하게 볼 수 없다 하더라도 민법 제153조는 법률 규정에 의한 채권에 적용될 수 있는바, 위 '장래 발생이 확실한 사실'이 발생하기까지 채권이 성립하지 않음으로써 이익을 갖는 채무자가 '특정시점'에 이러한 이익을 포기함으로써 구체적인 채권을 성립시킬 수 있다면 민법 제153조의 적용을 배제할 이유는 없다고 생각한다.

나아가 유익비상환청구권에 민법 제153조의 적용이 가능한지 본다. 우선 '임대차 종료'가 발생이 확실한 사실에 해당함은 명백하다. 비록 비용 지출 당시에는 선택적 급부 중 하나인 현존 증가액이 특정되지 않으나, 다른 급부인 실제 지출액을 목적으로 하는 유익비상환청구권이 구체적 권리로서 성립하는 데에는 아무런 지장이 없다. 따라서 유익비상환청구권에 대하여는 민법 제153조가 적용될 수 있다.

(다) 셋째, 임대인은 임차인이 유익비를 지출한 이후에만 기한의 이익을 포기할 수 있다. 즉 유익비상환청구권에서 정지기한의 이익을 포기할 수 있다 하더라도, 이로써 그 권리의 발생이 가능해야 한다. 임차인이 유익비를 지출조차 하지 않은 경우에는 유익비상환청구권을 둘러싼 법률관계가 형성되어 있지 않고, 임대인이 기한의 이익을 포기하더라도 구체

124) 지원림, 전게서, 365쪽.
125) 편집대표 김용덕, 전게서(주 18), 416쪽(고홍석 집필부분).

적인 권리가 발생할 여지가 없다. 같은 이유로, 임대인이 기한의 이익을 포기하는 경우에는 실제 지출액의 반환만을 선택할 수 있다. 즉 기한의 이익을 포기한다는 의사표시[126]는 반드시 '실제 지출액'을 선택한다는 의사표시[127]를 수반한다. 임대차 종료 전 '현존 증가액'을 선택한다 하더라도 권리의 내용이 특정될 수 없을 뿐만 아니라, 이는 앞서 본 바와 같이 선택권 행사의 소급효와 어울리지 않는다. 또한 일방적 의사표시에 불확정적인 법효과가 발생하는 것을 막기 위하여 선택의 의사표시에 조건이나 기한을 금지한[128] 취지에도 부합하지 않는다.

(라) 마지막으로는 유익비상환청구권에 있어 기한의 이익이 누구에게 있는지 검토를 요한다. 만약 임차인에게도 기한의 이익이 존재하고 임대인이 그 손해를 전보할 방법이 없다면 기한의 이익을 포기하는 것이 허용되지 않을 수 있기 때문이다.[129] 앞서 본 바와 같이 임대인은 임차인이 실제 지출한 비용을 선택함으로써만 기한의 이익을 포기할 수 있으므로, 임차인은 오히려 금전적 이익을 얻을 수 있고[130] 조기에 권리를 실현할 수도 있게 된다. 반면 그로써 임차인이 입게 되는 불이익은 생각하기 어렵다. 따라서 유익비상환청구권의 정지기한에 대한 이익은 임대인에게만 존재하고, 임대인은 일방적 의사표시로 이를 포기할 수 있다.

(3) 유익비상환청구권을 수동채권으로 하는 상계 가부

임대인이 유익비상환청구권의 발생에 대한 기한의 이익을 포기하였다면, 상계적상에 있는 임차인에 대한 자동채권으로 양 채권을 대등액에서 상계할 수 있다. 이 경우 수동채권인 유익비상환청구권이 존재하고 이는 특별한 사정이 없는 한 상계금지 채권에 해당하지 않으므로, 임대인이 임차인에 대하여 변제기에 이른 금전채권을 보유하고 있고 해당 자동채권이 상계금지 채권에 해당하지 않는다면, 임대인은 상계의 의사표시

126) 기한의 이익의 포기는 상대방에 대한 의사표시로 한다. 지원림, 전게서, 367쪽.
127) 민법 제382조 제1항.
128) 지원림, 전게서, 889쪽, 곽윤직, 전게서(주 115), 49쪽.
129) 민법 제153조 제2항 단서 및 김준호, 전게서(주 22), 410쪽 참조.
130) 현존 증가액이 실제 지출액보다 적은 경우에도 후자를 반환받을 수 있게 된다.

로써 양 채권을 대등액에서 상계할 수 있다. 임차인이 목적물을 임대인에게 반환하는 때에만 유익비상환청구권을 행사할 수 있다고 보더라도,[131] 임대인은 수동채권에 대한 항변권을 행사하지 않고 상계할 수 있으므로[132] 이는 문제되지 않는다.

2. 대상판결 사안에서 상계기대의 보호가치 검토

위 1.항의 결론에 따르면, 대상판결의 사안에서 원고는 자동채권인 구상금채권의 소멸시효가 완성되기 전 이를 피고의 유익비상환청구권과 상계할 수 있었다. 따라서 민법 제495조의 적용을 위한 나머지 요건으로서 원고의 상계기대를 보호할 정당한 사유가 있는지 본다.

대상판결의 사안에서, 우선 피고는 자동채권의 소멸시효가 완성되기 전 비용을 지출하여 수동채권의 발생 기초가 존재하였다. 특히 원고와 피고는 임대차 계약 당시 “피고는 이 사건 토지에 대한 공과금을 책임지고 지급하기로 한다.”고 명시하였는데, 그럼에도 불구하고 원고는 1998년경부터 자신이 세금을 납부하였다. 피고는 1994년경 이미 유익비를 지출하였으므로, 원고로서는 어차피 반환하여야 할 유익비 중 일부를 선지급함으로써 양자를 정산한다고 인식하였을 가능성이 높다. 관련하여 비법률가인 임대인으로서는 임차인이 유익비를 지출한 시점에 이를 반환할 의무가 발생한다고 인식할 가능성도 있는 점, 임대인은 임차인이 지출한 비용이 필요비와 유익비 중 어느 것에 해당하는지 명확히 알기 어려울 것인데, 전자는 즉시 상환의무가 발생한다는 점[133]도 고려할 필요가 있다. 대상판결의 판시와 같이 민법 제495조는 당사자가 채권ㆍ채무관계가 이미 정산되어 소멸하였다고 생각하는 것이 일반적이라는 점을 고려한 것이므로, 법적으로 그 당시에 상계의 효과가 발생할 수 없다는 사정만으로 보호가치를 부정할 것은 아니다.

---

131) 서울고등법원 1969. 4. 11. 선고 1969. 4. 11. 68나1723 판결 참조.
132) 편집대표 김용덕, 전게서(주 4), 503쪽(강경구 집필부분).
133) 편집대표 김용담, 전게서, 608쪽(박해식 집필부분).

대상판결의 사안에서 양 채권은 동일한 임대차관계에서 발생하였을 뿐만 아니라, 피고의 유익비 지출을 근거로 원고의 구상금 채권이 발생하게 되었다는 점에서 견련관계를 인정할 수 있다. 반대로, 같은 이유에서 자동채권의 소멸시효 완성에 대하여 피고가 갖는 이익은 크지 않다고 생각된다. 자신이 지급하기로 한 세금을 수년간 납부하지 않고 원고의 대납을 용인하였다는 점에서, 정산관계에 관한 피고의 인식도 원고와 다르지 않았을 것으로 보인다. 피고는 원고의 구상금 채권 발생 시점에서 상계를 예상할 수 있었으므로 불측의 손해를 입게 된다고 할 수 없다.

당사자들은 임대차 관계에서 발생한 채권/채무를 일시에 정산하고자 임대차 기간 중에는 권리 행사를 보류할 개연성이 크다. 임대차 종료 전에는 원고가 자동채권을 행사하더라도 추후 피고가 수동채권을 행사할 것을 예상할 수 있고, 이는 임대차 관계의 정산을 번거롭게 할 뿐이므로 원고의 권리 불행사를 탓하기 어렵다. 대상판결의 사안에서 달리 제3자의 이익이 문제되거나 자동채권인 구상금 채권을 둘러싼 법률관계를 조속히 처리하여야 할 필요성도 확인되지 않는다.

이러한 점을 종합하여 보면, 원고의 상계기대는 보호가치 있다고 평가되어야 한다. 따라서 원고는 그 소멸시효 완성 후에도 자신의 구상금 채권과 피고의 유익비상환청구권을 상계할 수 있다. 다만 이 경우 상계의 효과가 발생하는 시점이 문제된다. 상계의 효과는 상계할 수 있는 때에 소급하여 발생하는데(민법 제493조 제2항), 일반적으로는 상계적상에 달한 시점을 의미한다.[134] 따라서 양 채권의 변제기가 모두 도달한 경우에는 그 시점을 기준으로 상계의 효과가 발생하고,[135] 수동채권의 기한의 이익을 포기하여 상계하는 경우에는 자동채권의 변제기가 기준이 된다.[136] 그런데 대상판결의 사안에서는 소멸시효가 완성하기 전 수동채권

---

134) 편집대표 김용덕, 전게서(주 4), 530쪽(강경구 집필부분).

135) 편집대표 곽윤직, 전게서(주 58), 396-397쪽(윤용섭 집필부분).

136) 편집대표 김용덕. 전게서(주 4), 531쪽. 편집대표 곽윤직, 전게서(주 58), 397쪽(윤용섭 집필부분)은 기한의 이익을 포기하는 시기를 따로 지정한 경우에는 그 시점이 기준이 된다고 한다.

이 발생하지 않았고, 원고가 실제 기한의 이익을 포기한 사실도 없다. 이러한 경우 자동채권이 소멸하지 않은 것으로 가정하고 수동채권의 변제기가 도래한 때를 기준시점으로 볼 여지도 있겠으나, 민법 제493조 제2항의 '상계할 수 있는 때'라는 문언과 제495조의 '상계할 수 있었던 것'이라는 문언의 통일적인 해석 상, 수동채권의 기한의 이익을 포기하고 상계할 수 있었던 자동채권 변제기를 기준시점으로 봄이 타당하다.

결론적으로, 원고가 상계의 의사표시를 한다면,[137] 구상금 채권의 변제기를 기준으로 원고의 구상금 채권과 실제 지출액을 내용으로 하는 피고의 유익비상환청구권이 대등액에서 소멸하게 된다.[138]

Ⅳ. 결 론

대상판결은 민법 제495조가 소멸시효 완성 전 상계적상이 있었던 경우에 적용된다는 점을 전제로, 유익비상환청구권은 임대차 종료 시점에 발생하므로 그 이전에 소멸시효가 완성된 원고의 구상금 채권과는 상계할 수 없다고 판단하였다. 유익비상환청구권이 임대차 종료 시점에 발생한다는 결론은 원칙적으로 타당하다. 구체적으로 유익비상환청구권은 선택채권으로서 임대차 종료는 정지기한에 해당하며 임대인이 그 기한의 이익을 포기할 수 있다. 다만 대상판결이 택한 민법 제495조의 해석에는 동의하기 어렵다. 대법원은 민법 제492조, 493조 등의 해석에 있어서는 수동채권에 대한 기한의 이익을 포기할 수 있는 경우 상계적상을 인정하였으나, 유사한 문언을 둔 민법 제495조에서만 다른 해석을 택하였다. 이

137) 대상판결의 사안에서 종국적으로 인정된 지출 비용액은 488,530,010원이고 현존 증가액은 342,432,000원인 반면 원고의 구상금 채권액은 27,290,781원이므로, 기한의 이익을 포기하지 않는 것이 오히려 원고에게 유리할 것으로 보인다.

138) 한편 임대인이 임대차 기간 중 실제 기한의 이익을 포기하고 상계한 때에는 잔존 유익비의 상환과 임대차 목적물 반환의 동시이행을 주장할 수 없을 것이나, "쌍무계약에 있어서 당사자간의 특약으로 선행의무와 후행의무를 정한 경우에도 이 쌍방채무가 모두 이행지체가 되면 그 이후에 있어서는 동시이행관계에 있게" 되는 점(대법원 1970. 5. 12. 선고 70다344 판결)에 비추어, 대상판결의 사안에서는 이미 임대차가 종료되었으므로 상계 후 남은 유익비상환청구권과 甲 토지인도 의무 사이에 동시이행관계를 인정해야 할 것이다.

는 민법 제495조의 입법취지, 민법 및 채무자회생법 등 관련 법령과 기존의 판례 원칙에 부합한다고 할 수 없다. 판례에서 일반적으로 사용되는 법령의 해석방법에 의하더라도, 자동채권의 소멸시효 완성 전 수동채권에 대한 정지기한의 이익을 포기할 수 있었던 때에는 민법 제495조가 적용될 수 있다고 봄이 타당하다.

본 글은 유익비상환청구권의 발생시점과 그 기한의 이익 포기, 민법 제495조의 해석과 관련하여 다소 생소한 논지를 전개하였다. 이에 논의 전반에 걸쳐 그 근거가 설득력 있게 전개되었는지 의문이 있을 것으로 예상한다. 다만 적어도 본 글이 제기한 문제의식에 공감대가 형성될 수 있다면, 이를 바탕으로 민법 제495조의 타당한 해석이 다시금 논의될 수 있기를 희망한다.

[Abstract]

The Set-Off Against a Lessee's Claim for Reimbursement by a Lessor's Claim Whose Extinctive Prescription Was Completed Before Expiration of the Term

Do, Min Ho*

Regarding the Article 495 of the Korean Civil Act, The Supreme Court previously ruled that the requirements of set-off should be satisfied before the completion of extinctive prescription. According to that ruling, in a case where the benefit of time of debt was not abandoned actually, the set-off based on the Article 495 is not permitted. This means that mere possibility of abandonment cannot be equated to the circumstance where the requirements are fulfilled. In the present case, the Supreme Court maintained the same position and ruled that set-off is not allowable because the extinctive prescription was completed before the debt occurs.

However, the text of the Article 495 should be interpreted to the effect that it includes the situation when the claimant could make the circumstance eligible for set-off. This interpretation is in accordance with the ordinary meaning of the text, as well as its purpose and legislative conformity. Nonetheless, this conclusion does not mean that the Article 495 provides unlimited protection. The worth of protection should be considered in specific cases.

Lessee's right of reimbursement for the expense used to improve the object comes into existence when the term expires. However, the lessor can abandon the benefit of time and make his debt of reimbursement come in-

* Judge, Busan Family Court.

to effect immediately before the expiration. Therefore, when the lessor's claim for set-off is worthy of protection, the Article 495 can be applied even though the extinctive prescription of the lessor was completed before the expiration.

[Key word]

- Extinctive Prescription
- Set-Off
- Permissibility of the Set-Off
- Article 495 of the Korean Civil Act
- Occurrence of Lessee's Right of Reimbursement

참고문헌

1. 단 행 본

편집대표 곽윤직, 주해민법[Ⅸ](채권 2), 박영사, 1995.
______, 주해민법[XI](채권 4), 박영사, 1995.
______, 민법주해[Ⅲ](총칙3), 박영사, 1992.
편집대표 김용담, 주석 민법[채권각칙 3](제4판), 한국사법행정학회, 2016.
편집대표 김용덕, 주석 민법[채권총칙 1](제5판), 한국사법행정학회, 2020.
______, 주석 민법[채권총칙 4](제5판), 한국사법행정학회, 2020.

고상룡, 민법총칙(제3판), 법문사, 2003.
곽윤직, 채권총론[민법강의 Ⅲ](제6판), 박영사, 2003.
______, 채권각론[민법강의 Ⅳ], 제6판, 2003.
곽윤직 · 김재형, 민법총칙[민법강의 Ⅰ](제9판), 박영사, 2013.
김상용 · 박수곤 공저, 민법개론, 화산미디어, 2015.
김준호, 민법강의(제22판), 법문사, 2016.
______, 채권법(제12판), 법문사, 2021.
김형배 · 김규완 · 김명숙 공저, 민법학강의(제13판), 신조사, 2014.
민의원 법제사법위원회, 민법안심의소위원회, 민법안심의록, 상권, 1957.
송덕수, 민법강의(제10판), 박영사, 2017.
양창수 · 김재형, 계약법(제2판), 박영사, 2015.
이영준, 민법총칙(개정증보판), 박영사, 2007.
전대규, 채무자회생법(제4판), 법문사, 2020.
지원림, 민법강의(제14판), 홍문사, 2016.

我妻 · 有泉, コンメンタール 民法 總則 · 物權 · 債權, 日本評論社, 2019.

2. 논문 · 평석

구재군, "임차인의 유익비상환청구권", 고시연구 제30권 제4호, 고시연구사, 2003.
김기환, "2016년 프랑스 채권법 개정에서 상계규정의 변화", 비교사법 제24권 제2호(통권 제77호), 한국비교사법학회, 2017. 5.

______, "채무의 견련관계가 상계에 미치는 영향", 민사법학 제67호, 한국민사법학회, 2014. 6.

김동국, "법령의 해석방법과 구체적 적용", 강원 법조 세미나(강원지방변호사회), 2016.

김부찬, "법의 해석 및 흠결 보충에 관한 고찰", 법과 정책 제21권 제3호, 2015. 12.

김영진, "지급이 금지된 채권을 수동채권으로 하는 상계", 민사판례연구 제35권, 박영사, 2013.

김영환, "한국에서의 법학방법론의 문제점 법발견과 법형성: 확장해석과 유추, 축소해석과 목적론적 축소 간의 관계를 중심으로", 법철학연구 제18권 제2호, 한국법철학회, 2015. 8.

김우성, "양도채권 · 피압류채권 채무자의 상계주장", 서울대학교 법학 제57권 제4호, 서울대학교 법학연구소, 2016.

김학동, "점유자의 비용상환청구권", 민사재판의 제문제: 송천 이시윤 박사 화갑기념 상권, 민사실무연구회, 1995.

김학태, "법률해석의 한계-판례에서 나타난 법해석방법론에 대한 비판적 고찰", 외법논집 제22집, 한국외국어대학교 법학연구소, 2006. 5.

남관모, "공제와 상계의 구별 및 공동수급체가 구성원에게 지급할 이익분배금에서 출자금을 공제하기 위한 요건(대상판결 : 대법원 2018. 1. 24. 선고 2015다69990 판결)", 저스티스(167), 2018.

변종필, "형법해석에서 법정책적 논거원용의 타당성문제 - 객관적 · 목적론적 해석카논의 사용과 관련하여 -", 형사법연구 제26호, 한국형사법학회, 2006.

서종희, "소멸시효가 완성된 채권을 자동채권으로 하는 상계 및 소송상 상계 재항변 인정여부", 안암법학 제61호, 무지개출판사, 2021.

손태원, "소멸시효가 완성된 차임채권과 임대차보증금반환채권 사이의 상계 내지 공제 가부", 민사판례연구 제40권, 박영사, 2018.

______, "프랑스법계에서의 상계", 외국사법연수논집(40) 제142집, 법원도서관, 2021.

송영복, "소송상 상계 재항변 불허 판결로 살펴본 상계충당, 소송의 상계의 해석론", 사법 제36호, 사법발전재단, 2016.

양창수, “파산절차상의 상계－소위 「상계권의 확장」에 대한 입법론적 재고를 포함하여－”, 민법연구 제7권, 박영사, 2003.

______, “1993년 민법 판례 개관”, 민법연구 제3권, 박영사, 1995.

윤철홍, “임차인의 비용상환청구권”, 법학논총 제14권, 2004.

이동진, “상계의 담보적 기능”, 민사법학 제70호, 한국사법행정학회, 2015.

이상영, “독일개정민법상 소멸시효제도”, 비교사법 제9권 제2호(통권 제17호), 한국비교사법학회, 2002. 8.

이상주, “압류된 채권에 대한 상계의 허용요건”, 자유와 책임 그리고 동행: 안대희 대법관 재임기념, 사법발전재단, 2012.

이양희, “연합회 회원인 협회의 강제가입 및 임의탈퇴제한 여부”, 대법원판례해설 제113호, 법원도서관, 2018.

이창현, “소멸시효의 완성의 효력과 상계의 관계에 관한 연구”, 사법 제54호, 사법발전재단, 2020.

제철웅, “도급계약상의 수급인과 민법 제203조의 비용상환청구권”, 법조 제52권 제6호, 2003.

장재현, “상계에서 몇 가지 문제”, 법학논고 28집, 경북대학교, 2008. 6.

조경임, “임대차에서의 공제에 관하여”, 법조 제63권 제11호, 법조협회, 2014. 11.

제3자를 위한 계약에서 기본관계의 흠결과 부당이득관계*

-금전이 급부된 경우를 중심으로-

고 석 범**

■요 지■

제3자를 위한 계약관계에서 기본관계를 이루는 계약에 무효, 취소, 해제 등의 흠결이 생긴 경우, 이미 급부한 낙약자는 요약자와 제3자 중 누구에게 부당이득반환을 청구할 수 있는가. 이를 금전이 급부된 대상판결 사안을 중심으로 살피는 것이 이 논문의 연구 목적이다.

대법원은 종래 "기본관계가 무효이거나 해제된 경우 그 계약관계의 청산은 특별한 사정이 없는 한 계약의 당사자인 낙약자와 요약자 사이에 이루어져야" 한다고 판시한 바 있다. 그러다가 대상판결에서는, "보험자는 보험계약이 무효이거나 해제되었다는 것을 이유로 보험수익자를 상대로 하여 그가 이미 보험수익자에게 급부한 것의 반환을 구할 수 있고, 이는 타인을 위한 보험이 제3자를 위한 계약의 성질을 가지고 있다고 하더라도 달리 볼 수 없다."고 판시하면서, 제3자를 위한 계약에서 부당이득반환의 당사자는 어떻게 결정되어야 하는지 문제되고 있다.

이 논문에서는, 당사자들의 이익 상황에 대한 실질적인 평가를 기초로 당사자 사이의 무자력 위험이 합리적으로 분배되고, 각 당사자가 계약 당시

---

* 이 글은 2021. 3. 22. 민사판례연구회 제439회 월례회에서 발표한 글을 수정, 보완한 것이다. 발표 당일 지정토론을 맡아 유익한 논평을 해 주신 서강대학교 장덕조 교수님께 감사드린다.

** 전주지방법원 정읍지원 판사.

가진 신뢰가 청산단계에서도 보호될 수 있는 방향으로 부당이득반환의 당사자가 결정되어야 함을 전제로, 제3자를 위한 계약에서 이익 상황을 좌우하는 대가관계 및 계약의 경제적 목적과 결부 지어 부당이득반환의 당사자를 규명해 보려 하였다.

먼저 급부를 간이화할 목적으로 이루어진 제3자를 위한 계약관계에서는 낙약자의 제3자에 대한 출연으로써 기본관계의 채무와 대가관계의 채무가 동시에 변제되고, 따라서 제3자는 요약자에 대해 보유하는 유효한 채권에 기해 낙약자의 급부를 수령할 법률상 원인을 보유하므로, 낙약자는 제3자에 대해 직접 부당이득반환을 청구할 수 없다고 보아야 한다. 이렇게 보는 것이 계약법상 자기책임의 원칙에도 부합한다. 반면, 요약자의 제3자에 대한 증여, 생명보험계약처럼 제3자에게 경제적 도움을 주거나 그에 대한 급양기능이 목적인 경우, 대가관계는 부존재하거나 단지 제3자에 대한 수익자 지위 취득만을 목적으로 하고, 낙약자의 출연으로 인한 이득은 요약자를 경유하지 않은 채 제3자에게 직접 발생하므로, 기본관계에 흠결이 발생하면 낙약자가 제3자에 대해 직접 청구할 수 있다고 보아야 한다. 이렇게 보더라도 제3자의 요약자에 대한 항변권이 박탈되거나 요약자의 무자력 위험을 부당하게 부담하게 되는 불합리는 발생하지 않는다.

대상판결은 보험자의 보험수익자에 대한 직접청구를 허용하였다. 보험수익자에 대한 보험금 지급은 그 자체로 보험자의 보험수익자에 대한 채무 이행의 의미만 있을 뿐, 보험계약자와 보험수익자의 대가관계 정산과는 무관한 점을 고려해 볼 때, 타당한 결론이다. 다만, 대상판결이 그 결론에 이른 이유를 다소 불분명하게 설시한 점은 아쉬움으로 남는다. 그럼에도 불구하고 대상판결은 제3자를 위한 계약에서 구체적인 법적 상황에 따라 부당이득의 법률관계가 다르게 형성될 수 있다는 점을 분명히 하였다는 점에서 의미가 있다. 이와 같은 대상판결의 함의를 기초로, 향후 제3자를 위한 계약의 청산관계에서 당사자들 사이의 이해관계 조정이 합리적으로 이루어지기를 기대한다.

[주 제 어]

- 제3자를 위한 계약
- 부당이득
- 다수당사자
- 타인을 위한 보험계약

대상판결 : 대법원 2018. 9. 13. 선고 2016다255125 판결[공2018하, 1967]

[사안의 개요][1)]

1. 사실관계

(1) 원고와 소외인은 2010. 2. 25. 피고를 피보험자 겸 보험수익자로 하는 보험계약(이하 '제1보험계약'이라 한다)을 체결하였다가 2013. 6. 24. 보험계약자를 소외인에서 피고로 변경하였다.

(2) 원고와 피고는 2010. 7. 21. 피고를 피보험자 겸 보험수익자로 하는 또 다른 보험계약을 체결하였으며, 이를 2013. 7. 21. 갱신하여 보험계약을 체결하였다(제1보험계약과 통틀어 이하 '이 사건 각 보험계약'이라 한다).

(3) 피고는 이 사건 각 보험계약에 따라 원고로부터 합계 10,370,000원의 보험금을 지급받았는데, 그중 제1보험계약과 관련하여 피고가 2013. 6. 24. 이전에 보험수익자의 지위에서 지급받은 보험금의 액수는 2,220,000원이다.

(4) 원고는, 이 사건 각 보험계약은 순수하게 생명, 신체 등에 대한 우연한 위험에 대비하기 위한 목적에서 체결된 것이 아니라, 다수의 보험계약을 통하여 보험금을 부정취득할 목적에서 체결된 것으로서 선량한 풍속 기타 사회질서에 반하여 무효라고 주장하며, 피고를 상대로 이미 지급한 보험금 10,370,000원에 대한 부당이득반환을 구하는 이 사건 소를 제기하였다.

2. 소송의 경과

(1) 제1심(광주지방법원 2016. 1. 28. 선고 2014가합58056 판결)

제1심은, 이 사건 각 보험계약이 선량한 풍속 기타 사회질서에 반하여 무효라고 보아 피고에게 보험금 합계 10,370,000원에 대한 반환을 명하였다.

(2) 원심(광주고등법원 2016. 9. 9. 선고 2016나10949 판결)

원심은 제1심과 마찬가지로 이 사건 각 보험계약을 무효로 보면서도, 반환범위에 대하여는 다음과 같이 판단을 달리하였다.

① 보험계약자와 보험수익자가 다른 타인을 위한 보험계약은 제3자를 위한 계약의 일종이다(대법원 2015. 10. 15. 선고 2014다204178 판결 등 참조).

---

1) 쟁점에 관한 논의에 필요한 범위 내에서만 기재하였다.

② 이와 같은 제3자를 위한 계약관계에서 낙약자와 요약자 사이의 법률관계를 이루는 계약이 무효이거나 해제된 경우 그 계약관계의 청산은 계약의 당사자인 낙약자와 요약자 사이에 이루어져야 하고, 특별한 사정이 없는 한 낙약자가 이미 제3자에게 급부한 것이 있더라도 낙약자는 계약 무효 등에 기한 부당이득을 원인으로 제3자를 상대로 그 반환을 구할 수 없다(대법원 2010. 8. 19. 선고 2010다31860, 31877 판결 등 참조).

③ 결국 원고가 이 사건 각 보험계약의 무효를 이유로 피고에게 반환을 구할 수 있는 부당이득금은 원고가 피고에게 지급한 보험금 합계 10,370,000원에서 피고가 제1보험계약의 보험수익자로서 받은 보험금 2,220,000원을 공제한 8,150,000원이 된다.

(3) 원고 상고이유의 요지[2)]

원고는, 이 사건 각 보험계약이 무효인 경우 보험계약자가 아니라 실제로 보험금을 지급받은 보험수익자를 상대로 이미 지급한 보험금의 반환을 구할 수 있다고 보아야 한다는 이유를 들어 상고하였다.

3. 대상판결의 요지

대상판결은 다음과 같은 이유로 원심판결 중 원고 패소 부분(피고가 제1보험계약의 보험수익자로서 지급받은 2,220,000원 부분)을 파기하고, 이 부분 사건을 원심법원에 환송하였다.

① 보험계약자가 타인의 생활상의 부양이나 경제적 지원을 목적으로 보험자와 사이에 타인을 보험수익자로 하는 생명보험이나 상해보험 계약을 체결하여 보험수익자가 보험금 청구권을 취득한 경우, 보험자의 보험수익자에 대한 급부는 보험수익자에 대한 보험자 자신의 고유한 채무를 이행한 것이다. 따라서 보험자는 보험계약이 무효이거나 해제되었다는 것을 이유로 보험수익자를 상대로 하여 그가 이미 보험수익자에게 급부한 것의 반환을 구할 수 있고, 이는 타인을 위한 생명보험이나 상해보험이 제3자를 위한 계약의 성질을 가지고 있다고 하더라도 달리 볼 수 없다.

② 이 사건 각 보험계약이 선량한 풍속 기타 사회질서에 반하여 무효인

2) 대상판결에 대한 대법원판례해설인 민철기, "타인을 보험수익자로 하는 생명보험에서 보험계약이 무효인 경우 보험자가 보험수익자에게 이미 급부한 보험금의 반환을 구할 수 있는지 여부", 대법원판례해설 제117호, 법원도서관(2019), 101면에서 재인용하였다.

이상, 원고는 제1보험계약과 관련하여 피고가 2013. 6. 24. 이전에 보험수익자의 지위에서 지급받은 보험금 2,220,000원에 대하여도 피고를 상대로 부당이득반환청구를 할 수 있다고 보아야 한다.

4. 환송 후 판결(광주고등법원 2018. 12. 14. 선고 2018나24546 판결)

환송 후 법원은, 보험금 2,220,000원에 대하여 부당이득반환을 명한 제1심 판결이 정당하다고 보았다. 위 판결은 그대로 확정되었다.

〔研 究〕

Ⅰ. 서 론

본고에서 다루고자 하는 대상판결의 쟁점은, 제3자를 위한 계약관계에서 기본관계를 이루는 계약에 무효, 취소, 해제 등의 흠결이 있는 경우, 이미 급부한 낙약자는 요약자와 제3자 중 누구에게 부당이득반환을 청구할 수 있는가 하는 것이다.

주지하다시피 제3자를 위한 계약에서 낙약자는 수익의 의사표시를 한 제3자에 대하여 직접 채무를 부담한다(민법 제539조). 동시에 낙약자는 기본계약에 따라 요약자에 대하여도 제3자에게 출연하여야 할 채무를 부담한다. 따라서 낙약자의 제3자에 대한 출연은, 요약자에 대한 채무의 이행이면서 제3자에 대한 채무 이행으로도 이루어지는 이중성을 띠게 되는데, 이로 인해 기본관계 흠결에 따른 부당이득반환의무를 누가 부담하여야 할지에 대하여도 어려운 문제가 야기되고 있다.

이에 관해 대법원은 종래 “기본관계가 무효이거나 해제된 경우 그 계약관계의 청산은 특별한 사정이 없는 한 계약의 당사자인 낙약자와 요약자 사이에 이루어져야” 한다고 판시한 바 있다. 그러다가 대상판결에서는, “보험자는 보험계약이 무효이거나 해제되었다는 것을 이유로 보험수익자를 상대로 하여 그가 이미 보험수익자에게 급부한 것의 반환을 구할 수 있고, 이는 타인을 위한 보험이 제3자를 위한 계약의 성질을 가지고 있다고 하더라도 달리 볼 수 없다."고 하여 대법원의 앞선 태도와 다르다고 이해될 여지가 있는 판시를 내놓았다.

이에 본고에서는 대상판결의 이론적 근거와 당부를 살피고자 한다. 이를 위해 먼저 논의에 필요한 범위에서 제3자를 위한 계약의 구조를 개관하고(Ⅱ), 다수당사자 사이에서 부당이득의 당사자를 정하는 일반적인 기준을 검토한다(Ⅲ). 이어서 그러한 일반적인 기준이 제3자를 위한 계약관계에서는 어떻게 적용될 수 있는지를 금전이 급부된 사안을 중심으로 구체적으로 살펴본 다음, 대상판결의 당부를 논하기로 한다(Ⅳ).

Ⅱ. 제3자를 위한 계약 개관[3)]

1. 의 의

계약으로부터 발생하는 권리를 계약당사자 이외의 제3자에게 직접적으로 귀속시키는 내용의 계약을 제3자를 위한 계약이라 한다(민법 제539조 제1항). 통상의 계약이 그 효력을 당사자 사이에서만 발생시킬 의사로 체결되는 것과는 달리, 제3자를 위한 계약은 계약당사자가 자기 명의로 체결한 계약에 의하여 제3자로 하여금 직접 계약당사자의 일방에 대하여 권리를 취득하게 하는 것을 목적으로 한다.[4)]

제3자는 계약의 이익을 받을 의사를 표시함으로써 낙약자에 대하여 직접 이행을 청구할 수 있게 된다(민법 제539조 제2항). 그러나 제3자가 계약당사자의 지위까지 취득하게 되는 것은 아니고, 수익의 의사표시 이후에도 요약자가 여전히 계약의 당사자이다.

제3자를 위한 계약은 요약자가 낙약자로부터 급부를 받아 다시 그것을 수익자에게 급부한다는 번거로움을 생략하여 급부절차를 간이화한다. 또한 제3자에 대한 증여, 생명보험계약처럼 요약자가 그의 가족이나 기

---

3) 이 부분은 편집대표 김용담, 주석민법[채권각칙(1)], 한국사법행정학회(2016), 463-522면(김문석 집필부분); 편집대표 곽윤직, 민법주해 XIII-채권(6), 박영사(1997), 127-132면(송덕수 집필부분); 양창수 · 김재형, 계약법(제3판), 박영사(2020), 243-248면; 지원림, 민법강의(제18판), 홍문사(2021), 1392-1398면을 기초로 정리하였다.

4) 대법원 1997. 10. 24. 선고 97다28698 판결[공1997하, 3602].

타 일정한 자에게 경제적 도움을 주거나 급양(給養)할 목적으로 이용되기도 한다.

어떤 계약이 제3자를 위한 계약에 해당하는지는 당사자의 의사가 그 계약에 의하여 제3자에게 직접 권리를 취득하게 하려는 것인지에 관한 의사해석의 문제로서 이는 계약 체결의 목적, 계약에 있어서의 당사자의 행위의 성질, 계약으로 인하여 당사자 사이 또는 당사자와 제3자 사이에 생기는 이해득실, 거래 관행, 제3자를 위한 계약제도가 갖는 사회적 기능 등 여러 사정을 종합하여 계약당사자의 의사를 합리적으로 해석함으로써 판별할 수 있다.[5)]

대상판결 사안에서, 2013. 6. 24. 갱신되기 전의 제1보험계약은 보험계약자인 소외인이 피고의 이익을 위하여 자기 이름으로 보험자인 원고와 체결한 보험계약으로 보험계약자와 보험금을 청구할 권리를 가지는 자가 서로 다른 타인을 위한 보험계약에 해당한다(상법 제639조 제1항).

타인을 위한 보험계약이 제3자를 위한 계약에 해당하는지에 대하여는 견해 대립이 있는데, 원심판결은 기존 판례[6)]와 마찬가지로 제3자를 위한 계약의 일종으로 보았다. 대상판결은 타인을 위한 보험계약의 법적 성질을 분명히 밝히지는 않았지만, "(보험자가 보험수익자를 상대로 부당이득반환청구를 할 수 있다는 점은) 타인을 위한 생명보험이나 상해보험이 제3자를 위한 계약의 성질을 가지고 있다고 하더라도 달리 볼 수 없다."고 판시함으로써 사실상 원심과 견해를 같이하였다.

이와 관련한 학설로는, 타인을 위한 보험계약에는 보험계약자와 보험수익자 사이에 대가관계가 형성되지 않아 제3자를 위한 계약과 기본구조가 다르고, 상법에도 여러 특칙[7)]이 존재한다는 이유로 이를 상법상 특

---

5) 대법원 2006. 9. 14. 선고 2004다18804 판결[공2006하, 1717], 대법원 2013. 10. 24. 선고 2010다90661, 90678 판결[공보불게재].

6) 대법원 2015. 10. 15. 선고 2014다204178 판결[공2015하, 1660] 등 다수.

7) 타인을 위한 보험계약에 관한 상법 제639조 외에 고지의무에 관한 상법 제651조, 통지의무에 관한 상법 제652조, 제657조, 위험유지의무에 관한 상법 제653조, 손해보험에서의 손해방지의무에 관한 상법 제680조가 거론된다.

수한 계약으로 보는 견해도 제시되고 있지만,[8] 상법상의 여러 특칙에도 불구하고 보험수익자는 보험계약자와 보험자 사이의 보험계약에 기하여 보험금청구권을 직접 취득한다는 제3자를 위한 계약의 본질적인 모습은 그대로 유지되고 있고, 아래서 보는 바와 같이 대가관계가 없더라도 제3자를 위한 계약은 성립할 수 있으므로, 이를 특수한 형태의 제3자를 위한 계약으로 보는 판례와 다수설[9]이 더 타당하다고 보인다.

2. 3자 사이의 법률관계

제3자를 위한 계약관계에서는 요약자와 낙약자, 제3자 사이에 세 가지 법률관계가 형성된다. 요약자와 낙약자 사이의 기본관계, 요약자와 제3자 사이의 대가관계, 낙약자와 제3자 사이의 급부관계가 그것이다.

먼저 기본관계는 제3자를 위한 계약의 내용, 즉 낙약자가 이행하여야 할 채무의 내용과 제3자를 결정하는 요약자와 낙약자 사이의 관계로서, 수익자에게 급부함으로써 입게 되는 낙약자의 손실이 요약자와의 원인관계에 의하여 보상된다는 점에서 보상관계로도 불린다. 기본계약이 유효하게 성립하여야만 제3자가 권리를 취득하므로, 기본계약이 무효이거나 취소되면 제3자는 권리를 취득할 수 없고, 낙약자가 이미 이행한 채무에 대하여는 청산의 문제가 발생한다.

다음으로 대가관계란 요약자와 제3자 사이의 원인관계를 일컫는 것이다. 제3자가 제3자를 위한 계약에 의하여 채권을 취득하는 것은 결국 요약자가 낙약자와의 기본관계를 통해 간접적으로 출연하는 데 기인하기 때문에, 요약자와 제3자 사이에서도 출연하게 된 원인관계, 즉 대가관계가 있는 것이 일반적이다. 그러나 대가관계는 요약자와 제3자 사이의 내

8) 이를테면 김성태, 보험법강론, 법문사(2001), 343면; 김홍기, 상법강의(제6판), 박영사(2021), 1158, 1159면; 장덕조, 상법강의(제4판), 법문사(2021), 1120면.

9) 양승규, 보험법(제5판), 삼지원(2004), 182, 183면; 최기원, 보험법(제3판), 박영사(2002), 134면; 이기수·최병규·김인형, 보험·해상법(제9판), 박영사(2015), 167, 168면; 정경영, 상법학쟁점(전정판), 박영사(2021), 577면; 정찬형, 상법강의요론(제18판), 박영사(2021), 1003면; 한기정, 보험법(제3판), 박영사(2021), 434-436면.

부관계에 불과하므로, 제3자를 위한 계약의 내용은 아니다. 따라서 대가관계가 없더라도 제3자를 위한 계약과 이를 기초로 하는 제3자의 채권은 발생할 수 있고, 그 흠결이나 하자는 제3자를 위한 계약의 성립이나 효력에 직접적으로 영향을 주지 않는다.[10)]

급부관계는 낙약자와 제3자 사이의 관계로, 제3자관계, 실행관계로도 불린다. 수익자는 낙약자에 대한 이행청구권을 가지고, 낙약자는 수익자에게 급부하게 되는데, 이행청구권은 기본계약에 기한 것이므로, 낙약자는 기본계약에 기인하는 항변으로 제3자에게 대항할 수 있게 된다(민법 제542조).

대상판결은 기본관계인 이 사건 각 보험계약이 보험금을 부정취득할 목적에서 체결된 것으로서 선량한 풍속 기타 사회질서에 반하여 무효라고 판단하였다. 이 경우, 낙약자인 보험자가 제1보험계약에 기해 2013. 6. 24. 이전에 지급한 보험금을 누구로부터 반환받아야 할지 문제된다. 이는 이른바 '다수당사자 사이의 부당이득관계'의 한 유형으로 논의되어 오던 것으로, 아래에서는 먼저 다수당사자 사이의 부당이득관계에 관한 일반적인 결정 기준을 살피고, 이어서 그것이 제3자를 위한 계약에 어떻게 적용될 수 있는지를 검토하는 것이 적절할 것으로 보인다.

Ⅲ. 다수당사자 사이의 부당이득관계

1. 유형론의 채택[11)]

민법 제741조는 "법률상 원인 없이 타인의 재산 또는 노무로 인하여 이익을 얻고 이로 인하여 타인에게 손해를 가한 자는 그 이익을 반환하여야 한다."고 규정하여 부당이득반환청구권의 일반적 요건과 효과를 정하고 있다. 여기에서 민법 제741조가 말하는 '법률상 원인'의 흠결을 어

---

10) 대법원 2003. 12. 11. 선고 2003다49771 판결[공2004상, 107].

11) 이 부분은 편집대표 곽윤직, 민법주해 XIII-채권(10), 박영사(2005), 102, 159-172면(양창수 집필부분); 윤진수, "부당이득법의 경제적 분석", 서울대학교 법학 제55권 제3호, 서울대학교 법학연구소(2014. 9.), 110, 111면을 기초로 정리하였다.

떻게 파악할 것인지에 대하여 견해가 대립한다. 이른바 통일론으로 불리는 전통적인 견해는 부당이득의 기초를 공평의 이념에서 구하면서, 부당이득은 형식적, 일반적으로 정의되는 재산가치의 이동이 실질적, 상대적으로는 정당화되지 않는 경우에 공평의 이념에 의하여 그 모순의 조정을 시도하려는 제도로 본다. 이 입장에 서면, 법률상 원인의 흠결은 공평의 이념에 반하는 것을 의미하게 된다.

그러나 통일론에 대하여는 부당이득을 단순히 형평에 반하는 것으로 해석함으로써 부당이득 성립 여부에 관한 구체적인 판단기준을 전혀 제시하지 못한다는 한계가 지적되었고, 그와 같은 문제의식 하에서 부당이득의 유형을 급부부당이득, 침해부당이득, 비용부당이득 등으로 나누어 그 유형별로 '법률상 원인'의 판단을 달리하자는 유형론이 유력하게 제기되었다.[12)]

대법원은 종래 "부당이득제도는 이득자의 재산상 이득이 법률상 원인을 결여하는 경우에 공평·정의의 이념에 근거하여 이득자에게 그 반환의무를 부담시키는 것"[13)]이라며 통일론의 태도에 따른 판시를 하여 왔으나, 2000년대 이후 특히 다수당사자 사이의 부당이득이 문제된 사안을 해결함에 있어서는 '급부' 또는 '급부관계'라는 개념을 사용하는 등 유형론의 영향을 강하게 받은 판결들도 많이 내고 있다.[14)]

통일론과 유형론의 견해대립은 부당이득의 요건을 일반적, 추상적으로 규정한 민법 제741조의 불분명한 규정 방식에 유래되는 것이다. 그런데 부당이득관계가 문제되는 개개의 사례에서 통일론과 유형론 중 어떤 입장을 택하느냐에 따라 반드시 다른 결론이 도출되는 것은 아니고, 사안에 따라서는 같은 입장 내에서도 세부적인 관점에 따라 상이한 결론이

---

12) 민법주해 XVII(주 11), 159-172면(양창수 집필부분)이 이에 해당한다.

13) 대법원 2003. 6. 13. 선고 2003다8862 판결[집51-1, 민340; 공2003하, 1531], 대법원 2012. 1. 12. 선고 2011다74246 판결[공2012상, 261] 등.

14) 대표적인 것으로는 대법원 2003. 12. 26. 선고 2001다46730 판결[집51-2 민375; 공2004상, 207] 참조. 민법주해 XVII(주 11), 205면(양창수 집필부분)은, 위 판결이 독일에서 전개된 삼각관계 부당이득의 법리를 의식적으로 받아들인 것이라고 한다.

도출되기도 한다.[15] 따라서 통일론과 유형론 중 어느 견해를 택하느냐가 개별 문제를 해결함에 있어서 결정적 역할을 하는 것은 아니다. 그렇지만 부당이득에 관한 여러 유형의 분쟁 사이에 존재하는 차이를 보다 분명하게 인식하기 위해서는 개별적인 법률관계에 따라 이득의 부당성을 설명하는 유형론의 입장을 기초로 논의를 전개할 필요가 있다고 생각한다.[16]

2. 유형론에 따른 결정 기준[17]

유형론에 의할 때, 급부부당이득은 계약관계의 청산을 위한 구체적인 장치로 기능한다. 급부부당이득에서 급부 원인의 흠결은 곧 법률상 원인의 흠결이 되므로, 상대방이 얻은 계약상 급부는 다른 특별한 사정이 없는 한 당연히 부당이득으로 반환되어야 한다.[18] 이득자의 이득은 손실자의 급부에 의하여 이루어졌으므로, 급부의 법률상 근거가 결여되었다면, 그 급부를 반환하여야 한다는 결론은 누구든지 쉽게 수긍할 수 있을 것이다.

문제는 3인 이상의 다수당사자가 얽힌 급부부당이득관계에서 발생한다. 통상적인 계약에서는 계약상대방에 대하여 이행이 이루어진다. 그러나 경우에 따라서는 그 이행의 상대방이 제3자일 수 있다. 예컨대, 계약일방이 계약상대방의 지시 등으로 급부과정을 단축하여 제3자에게 직접 급부하거나(지시에 의한 단축급부), 계약상대방이 아닌 제3자에 대한 이행

---

15) 보다 근본적으로, 양창수 · 권영준, 권리의 변동과 구제(제4판), 박영사(2021), 506면은 통일론과 유형론이 반드시 정면으로 대립하는 입장이라거나 양립 불가능한 입장이라고 할 수 없고, 상호보완관계에 있다고 본다.

16) 나아가 통일론과 유형론의 상호관계와 그 대립이 가지는 의미에 관하여는 박세민, 삼각관계상의 부당이득–지시사례를 중심으로–, 박사학위논문, 서울대학교(2007), 72-77면에 잘 기술되어 있다.

17) 이 부분은 민법주해 XVII (주 11), 174, 175, 203-209, 221면(양창수 집필부분); 김형배, 사무관리 · 부당이득, 박영사(2003), 306-317면; 정태윤, "제3자를 위한 계약관계에서 기본계약이 해제되었을 때의 부당이득반환관계", 민사판례연구 제29권, 박영사(2007), 670-674면을 기초로 정리하였다.

18) 대법원 2010. 3. 11. 선고 2009다98706 판결[공2010상, 731], 대법원 2017. 6. 29. 선고 2017다213838 판결[공2017하, 1569].

을 목적으로 할 수 있다(제3자를 위한 계약). 또한 계약 일방이 제3자에게 자신의 채권을 양도할 수도 있다(채권양도). 이처럼 다수당사자가 관여하는 형태의 법률관계는 다양하게 형성될 수 있는데, 그 계약관계가 일정한 사유로 해소되어야 하는 상황에 이르렀을 때, 부당이득반환이 누구와 누구 사이에서 이루어져야 하는지 분명하게 결정되지만은 않는 경우가 발생하게 된다.

이에 관하여 종래 독일에서는 유형론의 입장에서 '의식적이고 목적지향적으로 행하여진 타인의 재산증가 행위'라고 급부의 개념을 정의하고, 이를 그러한 의식과 목적이 없는 '출연'과 구별하면서, 목적적 급부 개념에 의하여 확정된 급부자와 급부수령자 사이에서만 부당이득관계가 인정된다고 보아 왔다.[19] 급부관계설로 일컬어지는 이 견해는 소위 지시에 의한 단축급부 사례(이하 '지급지시 사례'라 한다)에서 부당이득의 당사자가 누구인지를 결정하는 데 일정한 역할을 수행하였다. 이를테면, 乙에 대하여 대여금채무를 부담하는 甲이 乙의 지시에 따라 丙에게 대여금채무 상당액을 지급하였고, 丙은 이를 乙에 대한 기존 매매대금채권에 충당하였는데, 甲과 乙의 대여금계약이 무효임이 밝혀진 경우에 있어서,[20] 비록 금전출연은 甲과 丙 사이에서 이루어졌지만, 甲의 급부 목적은 丙에 관하여는 존재하지 않고, 乙에 대한 대여금채무의 변제에 있다고 논리 구성함으로써 甲과 乙 사이에서 부당이득반환이 이루어져야 하는 이유를 보다 쉽게 설명할 수 있었던 것이다.

그러나 급부관계설이 취하는 목적적 급부 개념만으로는 계약관계와 급부관계가 분열되어 있는 경우나, 급부 목적에 관하여 당사자 사이에 서로 인식의 불일치가 존재하는 사례[21]에서는 부당이득의 당사자가 분명

---

19) 정태윤, "독일에서의 부당이득 삼각관계에 대한 논의가 우리 민법에도 그대로 타당한가?", 비교사법 제14권 제4호(통권 제39호), 한국비교사법학회(2007. 12.), 211, 212면. 따라서 급부자·급부수령자가 출연자·출연수령자와 반드시 일치하는 것만은 아니다.

20) 이하에서 출연자는 甲, 甲의 계약 상대방은 乙, 甲의 출연을 수령한 제3자는 丙으로 표시한다.

21) 이 경우 출연자와 수령자 중 누구의 관점에 따라 급부자 및 급부관계를 파악할

하게 결정되지 않는 한계가 드러났다. 예컨대 존재하지 않는 채권의 양수인에 대하여 채무자가 변제한 경우를 상정해보자. 채권이 양도된 이후에는 양수인만이 채권자가 되고 양도인은 더 이상 채권자라 말할 수 없다. 여기서 목적적 급부 개념을 그대로 관철한다면, 오로지 양수인만이 급부의 상대방으로서 부당이득의 당사자가 될 것이다. 그러나 그렇게 볼 경우 사안에 따라서는 채권양도에 따른 당사자 사이의 이익 상황에 부합하지 않는 불합리한 결론에 이를 수 있다. 예컨대, 양도인이 양수인에 대한 다른 피담보채무의 변제를 담보하기 위하여 채권을 양도한 경우, 양수인에 대한 채무자의 출연은 양도인으로부터 피담보채무를 변제받는 것이라고 이해되므로, 채무자의 급부상대방을 양수인으로 보는 것은 타당하지 않다.[22)]

이에 카나리스 교수는 급부 개념에 의존하여 부당이득반환의무자를 결정하려는 종래의 태도를 비판하면서 다음과 같은 3개의 법적 평가요소가 부당이득 당사자의 판단에 있어서도 관철되어야 한다고 주장하였다. 현재의 독일의 지배적 견해는 물론 독일연방대법원도 기본적으로 급부 개념에 의한 해결을 시도하면서 다른 한편으로 카나리스 교수가 제시한 3개의 실질적 평가기준을 활용하고 있다.

① 하자 있는 원인관계에 있어서 당사자들이 취득하는 대항사유를 상대방 당사자에게 주장할 수 있어야 하며 제3자가 부당이득관계의 상대방이 됨으로써 그것을 주장할 기회를 박탈하여서는 안 된다.
② 다른 한편 원인관계의 각 당사자는 상대방 당사자가 제3자와의 관계에서 취득하는 대항사유로부터 보호되어야 한다.
③ 무자력 위험은 정당하게 분배하여야 한다. 즉 계약당사자는 스스로 상대방을 선택하였고, 그에 있어서 상대방의 자력을 신뢰한 것이다. 따라서 그가 원칙적으로 그 신뢰의 결과, 즉 상대방의 무자력 위험을 부담하여야 하며, 이를 제3자에게 전가하여서는 안 된다.

것인지 견해가 대립되고 있다. 국내에서 이루어지는 구체적인 논의 내용은, 장지웅, "'급여자에 관한 착오'가 있는 경우의 부당이득", 민사판례연구 제42권, 박영사(2020), 586-588면 참조.

22) 윤지영, "채권양도와 부당이득-「삼각관계에서의 급부부당이득」 법리를 중심으로-", 민사판례연구 제41권, 박영사(2019), 648-651면.

다수당사자 사이의 부당이득관계에 관한 논의는, 세 당사자 이상이 관여된 법률관계가 해소되는 과정에서 발생한 부당한 이득과 손실 관계를 공정하게 조정하여야 한다는 요청에서 이루어지는 것이다.[23] 그러려면 무자력 위험이 합리적으로 분배되고, 각 당사자가 계약 당시 가진 신뢰가 청산단계에서도 보호될 수 있어야 한다. 따라서 급부 개념으로부터 다수당사자 사이의 법률관계를 파악하는 데 일정한 도움을 얻을 수 있겠지만, 그에 의한 도식적인 해결은 지양되어야 하고, 카나리스 교수의 제안대로 무자력 위험이나 당사자들이 가진 항변권 등 개별사안의 특수성에 주목하여 문제를 해결할 필요가 있다고 보인다.

Ⅳ. 제3자를 위한 계약에서 기본관계 흠결에 따른 청산관계-금전이 급부된 경우

1. 문 제 점

제3자를 위한 계약에서 수익의 의사표시를 한 제3자는 낙약자에 대하여 직접 계약상의 권리를 가진다(민법 제539조 제1항). 그리고 낙약자는 기본계약에 기해 요약자에 대하여도 제3자에게 출연하여야 할 채무를 부담한다. 따라서 낙약자가 수익자에 대한 채무를 이행하는 것은 동시에 요약자에 대한 채무 이행도 된다.

제3자를 위한 계약에서 부당이득 당사자를 결정하는 어려움은 이 지점에서 비롯된다. 낙약자의 급부가 이중성을 띠고 있는 것으로 보이기 때문에 기본계약의 흠결[24]에 따른 부당이득반환의 국면에서 종래의 목적적 급부 개념만으로는 누가 부당이득반환의무를 부담하는 급부수령자가

23) 박세민(주 16), 10면.

24) 기본계약의 부존재, 무효, 취소, 해제처럼 계약의 효력이 없는 경우뿐만 아니라, 보험사고가 발생하지 아니하였음에도 보험금을 지급한 경우처럼 협의의 비채변제의 경우도 포함하는 의미이다. 양자는 일정한 채무의 이행을 위한 급부가 이루어졌지만, 그 채무가 성립하지 않았거나 후에 부존재하게 되었다는 점에서 차이가 없기 때문이다[민법주해 XVII(주 11), 174, 175면(양창수 집필부분)]. 아래서 소개될 '하급심①'은 후자의 예에 해당한다.

되어야 하는지를 합리적으로 설명할 수 없는 문제가 발생하는 것이다.

아래에서는 이에 관한 독일과 우리나라의 학설 및 판례의 경향을 살피고, 이를 토대로 기본관계 흠결에 따른 청산관계에 관해 논하고자 한다. 다만 논의의 범위는 대상판결처럼 금전 지급을 급부 내용으로 하는 경우에 한하고, 물건 인도를 급부 내용으로 하는 경우는 추후 연구대상으로 남겨 두기로 한다.[25)]

2. 독일에서의 논의

(1) 독일민법 규정[26)]

독일민법은 제328조 내지 제335조에서 제3자를 위한 계약에 관하여 규정하고 있다. 즉, 제328조에서는 제3자를 위한 계약의 성립가능성을 일반적으로 인정하면서, 제3자가 그 수익의 의사표시를 하지 않아도 계약에 의해 채권을 직접 취득하는 효과를 부여할 수 있다고 정하고 있다. 나아가 제329조와 제330조에서는 이행인수와 종신정기금계약이 제3자를

25) 급부 대상이 물건인 경우에는, 낙약자가 제3자에게 소유권에 기한 반환청구권을 행사할 수 있는지, 행사할 수 있다면, 제3자가 대가관계를 이유로 반환청구를 저지할 수 있는지, 저지할 수 있다면 그 항변사유의 체계상 지위는 어떠한지에 관하여 추가적인 검토가 필요하기 때문이다. 이에 관하여 대법원 2021. 8. 19. 선고 2018다244976 판결[공2021하, 1693]은 “계약이 적법하게 해제되면 그 효력이 소급적으로 소멸하므로 그 계약상 의무에 기하여 실행된 급부는 원상회복을 위하여 부당이득으로 반환되어야 하고, 그 계약의 이행으로 변동이 되었던 물권은 당연히 그 계약이 없었던 상태로 복귀한다(민법 제548조 제1항 본문). 다만 이와 같은 계약해제의 소급효는 제3자의 권리를 해할 수 없으므로, 계약해제 이전에 계약으로 인하여 생긴 법률효과를 기초로 하여 새로운 권리를 취득한 제3자가 있을 때에는 그 계약해제의 소급효는 제한을 받아 그 제3자의 권리를 해하지 아니하는 한도에서만 생긴다(민법 제548조 제1항 단서). 이때 계약해제의 소급효가 제한되는 제3자는 일반적으로 그 해제된 계약으로부터 생긴 법률효과를 기초로 하여 해제 전에 새로운 이해관계를 가졌을 뿐만 아니라 등기, 인도 등으로 권리를 취득한 사람을 말한다. 나아가 제3자를 위한 계약에서도 낙약자와 요약자 사이의 법률관계(기본관계)에 기초하여 수익자가 요약자와 원인관계(대가관계)를 맺음으로써 해제 전에 새로운 이해관계를 갖고 그에 따라 등기, 인도 등을 마쳐 권리를 취득하였다면, 수익자는 민법 제548조 제1항 단서에서 말하는 계약해제의 소급효가 제한되는 제3자에 해당한다고 봄이 타당하다.”고 판시한 바 있다.

26) 이 부분 번역은 양창수, 독일민법전: 총칙 · 채권 · 물권, 박영사(2018), 195-197, 659-663면에 따랐다.

위한 계약인지에 관한 해석기준을 제시한다.[27] 그리고 제333조에서는 당사자의 계약에 의하여 직접 발생한 제3자의 권리는 제3자가 이를 거절한 때에만 소급적으로 소멸한다고 규정한다. 한편 낙약자는 제3자에 대하여도 계약에 기하여 가지는 대항사유를 가진다고 규정하고(제334조), 요약자는 계약당사자의 다른 의사가 인정되지 않는 한, 제3자가 급부에 대한 권리를 가지는 경우에도 제3자에의 급부를 청구할 수 있다고 규정한다(제335조). 이와 같은 독일민법의 내용은, 제3자가 수익의 의사표시를 하지 않아도 이행청구권을 취득하되, 거절권을 가진다고 규정한 점을 제외하고는 우리 민법에서 제3자를 위한 계약을 바라보는 관점과 크게 차이 나지는 않는다.

한편 독일민법 제812조 내지 제822조에서는 부당이득에 관해 규정하고 있다. 그 중 제812조 제1항은 부당이득청구권에 관한 일반규정이다. 특히 주목할 만한 것은 제822조다. 제822조는 '제3자의 반환의무'라는 표제 하에 "수령자가 취득한 것을 무상으로 제3자에게 출연한 때에는, 이로 인하여 수령자의 부당이득반환의무가 배제되는 한도에서, 제3자는 부당이득청구권자로부터 법적 원인 없이 출연을 받은 경우에 준하여 반환의 의무를 진다."고 규정하고 있다. 이는 삼면관계에서 제3자에 대한 직접청구를 제한적으로 인정하는 조항으로 이해되고 있다.[28]

(2) 학 설[29]

제3자를 위한 계약에서는 제3자가 낙약자에 대해 고유한 급부청구권을 취득하게 함으로써 제3자의 입장을 강화한 점에 특색이 있을 뿐, 그 이외에는 지시관계의 경우와 다를 것이 없으므로, 낙약자는 원칙적으로 요약자에 대해서만 부당이득반환청구권을 가진다고 보는 견해(요약자반환

---

27) 즉 의심스러운 때에는, 이행인수는 제3자를 위한 계약이 아니라고 보고 있고(제329조), 종신정기금계약은 제3자를 위한 계약으로 보고 있다(제330조).

28) 김형석, "지급지시 · 급부관계 · 부당이득", 서울대학교 법학 제47권 제3호, 서울대학교 법학연구소(2006. 9.), 294, 295면; 민법주해 XVII(주 11), 573, 574면(양창수 집필부분).

29) 민법주해 XVII(주 11), 209-212면(양창수 집필부분)을 참조하여 정리하였다.

설), 제3자를 위한 계약에서 낙약자가 제3자에게 급부를 하는 근거는 기본관계에 있으므로, 기본관계가 무효이면 곧바로 낙약자의 제3자에 대한 급부가 법률상 원인을 결하는 것으로 평가될 수 있어 제3자를 상대로 부당이득반환청구권을 가진다고 보는 견해(제3자반환설), 낙약자의 제3자에 대한 급부의 경제적 효과가 낙약자와 요약자의 관계 또는 낙약자와 제3자와의 관계 중의 어느 것에서 발생하고 있는가에 따라 부당이득의 당사자를 결정하려는 견해(경제적 관점설) 등이 제시되고 있다.

(3) 판　　례[30]

독일연방대법원은 기본적으로 요약자반환설에 따르면서도, 사안에 따라서는 제3자에게도 반환청구를 허용한다.

(가) BGH 1952. 3. 20. 판결(BGHZ 5, 281)

甲(낙약자, 원고)과 乙(요약자)은 보일러에 대한 매매계약을 체결하였는데, 丙은 위 계약에 의해 직접 甲으로부터 보일러의 인도를 청구할 수 있는 권리를 취득하게 되었다. 甲은 丙(제3자, 피고)에게 보일러를 인도하였는데, 그 후 甲과 乙은 매매계약을 합의에 의하여 파기하였다. 이에 甲은 丙에게 보일러의 반환을 요구하였지만, 이미 乙과 보일러 매매계약을 유효하게 체결하였던 丙은 이를 거절하였다.

독일연방대법원은 甲의 丙에 대한 부당이득반환청구를 기각하였다. 甲과 乙 사이의 매매계약에 대한 사후의 합의파기는 소급효 있는 취소와 마찬가지로 甲의 丙에 대한 부당이득반환청구권을 발생시키지 못한다는 것이다. 丙에 대한 급부는 대가관계에 대하여 이미 확정적으로 작용을 하였고, 甲은 대가관계에 개입하여서는 안 된다는 점을 근거로 든다.

이 판결은 乙과 丙 사이의 매매계약이 丙의 급부 보유를 정당화하는 근거로 활용되었다는 점에 그 의미가 있다. 다만 물건이 급부된 이 사안에는 물권행위의 무인성론을 따르는 독일의 특수성이 반영되어 있다. 따라서 물권행위의 유인성론에 입각해 있는 우리 판례 하에서 위 판

30) 이 부분은 민법주해 XVII(주 11), 220, 221면(양창수 집필부분); 정태윤(주 17), 679, 680면을 참조하였다.

결의 논리를 그대로 적용하는 데에는 한계가 있을 것으로 보인다.

(나) BGH 1972. 2. 24. 판결(BGHZ 58, 184)

甲(원고)은 乙 회사가 건축한 주택을 매수하는 계약을 체결하였다. 丙(피고)은 乙 회사의 사원으로 그 계약의 교섭을 담당하였다. 위 계약에 관하여 3통의 계약서가 작성되었는데, 그 중 2통에는 乙 회사에 대하여 3%의 부동산중개료를 지급한다는 내용을 포함시켰고, 그에 따라 甲은 丙이 지정한 계좌에 중개료를 입금시켰다. 그런데 사실 乙 회사는 유령회사였고, 甲이 입금한 계좌는 丙의 계좌였다. 이에 甲은 사기를 이유로 중개료에 관한 계약조항을 취소하고, 丙에 대하여 위 지급액의 반환을 청구하였다.

위 판결은, 甲과 乙 회사 사이의 중개료계약을 제3자를 위한 계약으로 보면서 丙에 대한 직접청구를 허용하였다. 즉, 두 당사자보다 많은 사람이 관여하는 이득과정을 부당이득법적으로 타당하게 판단하려면, 일차적으로 개별 사안의 특수성에 착안하여야 함을 강조하면서, 그에 있어서는 당사자들의 표현된 의사에 의할 때 그들이 어떠한 목적을 추구하였는가가 기준이 된다고 보았다. 그러면서 甲은 중개료 지급에 있어서 자신을 위하여 이루어진 어떠한 노무에 대한 보상을 하는 것으로 생각하였을 것이므로, 경제적 중점이 甲과 丙의 관계에 놓여 있고, 따라서 중개료의 지급은 乙 회사와 丙의 관계를 청산하려는 것은 아니었다는 것이 분명해졌다고 보았다.

이 사안에서는 乙 회사와 丙 사이에 대가관계가 객관적으로 존재하지 않고, 甲, 乙 회사, 丙 모두가 대가관계의 청산을 위해 제3자를 위한 계약을 체결한다는 의사를 가지지 아니하였다는 점이 특징적인데, 이 판결은 제3자를 위한 계약에서 급부의 경제적 효과가 누구 사이에서 발생하는가에 따라 급부의 반환당사자가 정하여진다는 입장을 기초로, 丙에 대한 직접청구를 허용한 것으로 볼 수 있다.

3. 우리나라에서의 논의

(1) 학 설

(가) 요약자반환설

국내에서 제시되는 요약자반환설의 논거로는, 계약의 일방 당사자가 계약상대방의 지시 등으로 급부를 단축하여 제3자에게 직접 급부한 경우와 이익 상황이 유사하다는 점,[31] 제3자가 낙약자에 대하여 청구권을 가지는 것은 제3자의 지위를 강화하기 위함인데, 이것이 제3자에게 불리하게 작용한다는 것은 합리적이지 않다는 점,[32] 제3자를 위한 계약에서 대가관계에 흠결이 있다고 하여 낙약자가 제3자에 대하여 부당이득반환청구를 허용한다면, 제3자가 대가관계상 요약자를 상대로 가지는 항변권을 침해하고, 낙약자가 계약상대방으로 선택한 요약자의 무자력 위험을 제3자에게 전가하는 결과가 되어 부당하다는 점,[33] 계약법의 기본원리상 계약관계의 청산은 계약당사자 사이에서 이루어져야 한다는 점[34] 등이 언급되고 있다.

다만, 이 견해의 대부분은 제3자에 대한 직접청구가 예외적으로 허용되는 경우가 있다고 본다. 구체적으로 제3자의 생활상의 부양이나 경

---

31) 배호근, "제3자를 위한 계약관계에서 낙약자와 요약자 사이의 법률관계(이른바 기본관계)를 이루는 계약이 해제된 경우, 낙약자가 이미 제3자에게 급부한 것에 대해 계약해제에 기한 원상회복 또는 부당이득을 원인으로 제3자를 상대로 그 반환을 구할 수 있는지 여부(소극)", 대법원판례해설 제57호, 법원도서관(2005), 315-317면; 제철웅, "보상관계 또는 대가관계에서의 흠결이 이미 경료된 중간생략 등기에 미치는 영향", 저스티스 제33권 제1호, 한국법학원(2000), 143, 144면; 연광석, 제3자를 위한 계약에 관한 연구, 박사학위논문, 서울대학교(2007), 265-267면; 이원석, "채권질권과 삼각관계에서의 부당이득의 법리", 대법원판례해설 제103호, 법원도서관(2015), 30-32면.

32) 윤진수(주 11), 136면.

33) 이계정, "삼각관계에서의 부당이득 법률관계와 질권자의 부당이득반환의무 유무-대법원 2015. 5. 29. 선고 2012다92258 판결-", 법조 통권 제721호, 법조협회(2017. 2.), 640, 641면.

34) 이상훈, "계약법의 기본원리에 따른 3각관계 부당이득 사안 해결-DCFR과의 비교를 중심으로-", 재산법연구 제34권 제1호, 한국재산법학회(2017. 5.), 97, 98면.

제적 지원에 목적이 있어 낙약자에 대한 청구권이 배타적으로 제3자에게 귀속되는 경우, 요약자와 제3자 사이의 대가관계에서 요약자가 제3자에 대해 무상출연을 한 경우, 낙약자와 수익자만의 관계로 볼 수 있는 경우[35]에는 예외적으로 제3자인 수익자에게 직접 청구를 할 수 있다고 보는 견해,[36] 낙약자의 출연에 따라 수익자가 보유한 이득에 대한 재산이동의 경로가 '낙약자 → 요약자 → 수익자'인 경우에는 수익자의 보유이득은 유효한 대가관계상 채권에 기해 취득한 것으로서 법률상 원인 있는 이득이지만, 타인을 위한 보험계약처럼 위와 같은 재산이동이 나타나지 않거나, 대가관계상 채권의 효력에도 문제가 있다면 낙약자는 수익자에 대해 부당이득반환청구를 할 수 있다고 보아야 하는 견해[37] 등이 제시되고 있다.

(나) 제3자반환설

낙약자는 제3자에 대하여만 부당이득반환청구를 할 수 있다는 입장으로는, 제3자가 받은 급부는 낙약자의 제3자에 대한 채무 이행으로서 받은 것이고, 이로써 낙약자와 제3자 사이에서는 목적적 급부 개념의 급부관계가 인정되므로, 제3자를 위한 계약이 실효된다면 제3자가 낙약자로부터 급부로서 수령한 것은 법률상 원인이 없게 되어 부당이득반환의무를 부담하게 된다는 견해,[38] 수익자가 수익의 의사표시를 함으로써 요약자와 낙약자 사이의 계약관계에 편입되었고, 이로써 지위가 강화되는 이득을 누림과 동시에 지위가 약화되는 위험을 안은 것으로 보아야 한다는 점을 강조하는 견해,[39] 비록 제3자가 기본계약의 당사자는 아니지만, 기본계약에 의하여 낙약자에 대해 직접 권리를 취득한 자이므로 낙약자의 제3자에 대한 직접청구를 부정할 만한 합리적인 이유를 찾기 어렵고, 낙약자가 요

35) 앞서 본 BGHZ 58, 184가 이에 해당한다고 한다.
36) 김형배(주 17), 330-332면.
37) 박세민(주 16), 316-326면.
38) 김병선, "제3자를 위한 계약의 실효와 부당이득반환관계", 홍익법학 제13권 제2호, 홍익대학교 법학연구소(2012), 418-428면.
39) 홍성주, "삼각관계에서의 부합과 부당이득-대법원 2009. 9. 24. 선고 2009다15602 판결-", 판례연구 제23집, 부산판례연구회(2012. 2.), 657, 658면.

약자에게 반환청구를 하여야 한다고 볼 경우 반환의 대상이 불분명해지는 점을 강조하는 견해,[40] 제3자를 위한 계약에서 제3자가 수익의 의사표시를 한 이후 기본계약을 해제하기 위해서는 제3자의 동의가 필요하다는 입장을 취하면서, 제3자의 동의 있는 해제는 제3자의 부당이득반환의무를 발생시킨다고 해석해야 할 것이라고 보는 견해[41]가 제시된다.

(다) 부진정연대채무설[42]

이 견해는, 물권행위의 유인성론을 따르는 우리 법제에서 물권행위의 무인성론에 입각한 독일의 논의를 그대로 받아들이기는 어렵다고 전제하면서, 낙약자는 변제원인을 가지고 제3자에게 급부하였다고 보아야 함에 비해, 요약자의 권리는 부수적이라고 본다. 따라서 기본관계에 흠결이 발생하였다면 원칙적으로 제3자의 권리는 소급하여 효력을 상실하고, 제3자가 민법 제548조 제1항 단서의 제3자에 해당하지 아니한다면 그가 받은 급부는 낙약자의 소유물반환청구 또는 부당이득반환청구의 대상이 된다.

나아가 낙약자는 제3자와의 관계와는 별도로 계약당사자의 지위에서 요약자에 대해 부당이득반환을 청구할 수 있는데, 요약자의 반환의무는 제3자의 반환의무와 상호 부진정연대관계에 있게 된다.

(2) 하급심 판결

대상판결 이전에 본고의 쟁점사항에 관해 명시적인 판단을 한 하급심 판결들을 중심으로 검토한다.

---

40) 김명숙, “제3자를 위한 계약의 재검토－새로운 형태의 보증을 중심으로－”, 안암법학 통권 제44호, 안암법학회(2014), 331-351면.

41) 이은영, 채권각론(제5판보정), 박영사(2007), 205면.

42) 정태윤(주 17), 685-696면. 한편 정태윤, “계약이 무효이거나 취소 또는 해제된 경우에 보호받는 제3자의 범위에 관한 대법원판례의 정합성 여부”, 이화여자대학교 법학논집 제20권 제4호, 이화여자대학교 법학연구소(2016. 6.), 168-170면은, 제3자를 위한 계약에서 수익자가 이행을 받은 후에는 민법 제107조 제2항 내지 제110조 제3항, 또는 민법 제548조 제1항 단서의 제3자에 해당한다고 해석하여야 하고, 이러한 해석은 결과적으로도 계약이 무효이거나 취소 또는 해제된 경우에 그 청산은 계약의 당사자 사이에서 이루어져야 한다고 하는 계약법의 기본원리와 자연스럽게 조화된다고 보고 있다.

(가) 서울북부지방법원 2017. 11. 30. 선고 2017가합20771 판결('하급심①')

1) 사안의 개요

부두 운영업을 영위하는 甲(낙약자, 원고)은 여수항과 광양항을 소유·관리하는 해양수산부 산하 공공기관인 乙(요약자)과 사이에 A부두에 관한 임대차계약을 체결하면서 연 차임의 10% 상당을 丙(수익자, 피고)에게 항만현대화기금 명목으로 지급하기로 약정(이하 '기금지급 약정'이라 한다)하였고, 이에 따라 甲이 직접 丙에게 항만현대화기금을 납입하여 왔다.

항만현대화기금은 항만근로자의 고용 안정을 목적으로 운용되는 기금으로서, 해양수산부의 성과평가 대상인 부두(이하 '기금 대상 부두'라 한다)에 한하여 부두운영회사와 항만시설운영자(乙이 이에 해당한다) 사이에 체결한 부두 임대차계약에서 정한 바에 따라 납입·조성되어 왔다.

그런데 사실은 A부두는 기금 대상 부두가 아니었는데, 甲과 乙은 A부두를 기금 대상 부두로 착오하여 丙에게 항만현대화기금을 납부하기로 약정한 것이었다.

이에 甲은 丙을 상대로 이미 납입한 항만현대화기금을 부당이득으로 반환하여야 한다고 주장하였다.

2) 판결 요지 : 甲의 丙에 대한 부당이득반환청구권 긍정

먼저 위 판결은, 위 임대차계약의 기금지급 약정을 丙으로 하여금 직접 甲에 대하여 항만현대화기금을 청구할 수 있는 권리를 취득하게 하는 제3자를 위한 계약으로 보면서, 甲과 乙 사이에서는 A부두가 기금 대상 부두가 아닌 경우 丙에게 항만현대화기금을 납부하지 않기로 하는 묵시적인 의사의 합치가 있었다[43]고 보았다.

---

43) 구체적으로 공통의 착오에서 보충적 해석에 관한 대법원 2014. 11. 13. 선고 2009다91811 판결[공2014하, 2305]의 법리를 기초로, A부두는 기금 대상 부두와 임대료체계가 다르고, 해양수산부의 성과평가의 대상인 부두도 아닌 점, 甲이 납부하여야 한다고 정하여진 항만현대화기금의 액수는 연 임대료의 10%에 달하여 적은 금액이라고 볼 수 없는 점, 이 사건 임대차계약의 주된 목적은 A부두의 사용 및 차임의 지급·징수로서 항만현대화기금의 납부 목적과 직접적인 관련은 없고, 甲의 항만현대화기금 납부로 인하여 乙이 직접 이득을 얻는 것 또한 없는 점, A부두가 기금 대상 부두가 아니라는 것을 알게 된 이후 甲과 乙은 기금지급 약정 조

나아가 "제3자를 위한 계약관계에서 낙약자와 요약자 사이의 법률관계를 이루는 계약이 무효이거나 해제된 경우 그 계약관계의 청산은 계약의 당사자인 낙약자와 요약자 사이에 이루어져야 하고, 이는 당사자의 묵시적 합의 또는 가정적 의사에 따라 계약상 급부의 원인이 부존재하는 것으로 해석되는 경우도 마찬가지라고 할 것이지만, ① 기본관계의 원인이 부존재하면서 요약자와 제3자 사이의 대가관계도 전혀 존재하지 아니하거나 무상이고, ② 당초부터 요약자와 낙약자, 제3자가 모두 대가관계의 청산을 위해 제3자를 위한 계약을 체결하거나 그에 따른 급부를 이행한다는 의사를 가지지 아니하였다는 등의 특별한 사정이 있는 경우에는 낙약자가 직접 제3자를 상대로 부당이득반환을 구할 수 있다고 봄이 상당하다."고 하면서, "항만현대화기금의 목적, 조성 및 운영·관리 방법에 비추어 乙 및 甲, 丙의 의사는 모두 기본관계인 이 사건 임대차계약이 정한 급부의 이행 자체에 집중되어 있었고, 乙과 丙 사이의 대가관계를 청산하려는 데 있었던 것이 아니었던 점, 甲이 丙에게 직접 부당이득반환청구를 할 수 있다고 보더라도 丙의 항변권이 박탈된다거나 丙이 乙의 무자력 위험을 부담하게 된다는 등의 사정은 발생하지 않아 丙이 법률상 보호할 가치가 크다고 볼 수 없는 점" 등을 근거로 丙에 대한 甲의 부당이득반환청구를 인용하였다.

이 판결은 당사자 쌍방이 항소하지 않아 그대로 확정되었다.

(나) 창원지방법원 2018. 1. 18. 선고 2017가합50525, 51900 판결 ('하급심②')

1) 사안의 개요

甲(낙약자, 원고)과 乙(요약자, 피고)은 丙(수익자, 피고)을 피보험자 겸 보험수익자로 하는 보험계약을 체결하였다. 위 계약에 따라 甲은 丙에게 보험금을 지급하였다.

甲은 위 보험계약이 선량한 풍속 기타 사회질서에 반하여 무효라고 주장하며 乙과 丙을 상대로 보험금 상당액을 연대하여 부당이득으로 반

항을 삭제하는 수정계약을 체결한 점 등을 근거로 들었다.

환할 것을 구하였다.

2) 판결 요지 : 甲의 丙에 대한 부당이득반환청구권만 긍정

먼저 위 판결은, 甲과 乙 사이의 보험계약이 선량한 풍속 기타 사회질서에 반하여 무효라고 보았다. 이어서 보험금을 부당이득으로 반환하여야 할 자에 관하여는 "제3자를 위한 계약관계에서 낙약자와 요약자 사이의 법률관계를 이루는 계약이 무효이거나 해제된 경우 그 계약관계의 청산은 계약의 당사자인 낙약자와 요약자 사이에 이루어져야 하므로, 특별한 사정이 없는 한 낙약자가 이미 제3자에게 급부한 것이 있더라도 낙약자는 계약해제 등에 기한 원상회복 또는 부당이득을 원인으로 제3자를 상대로 그 반환을 구할 수 없고, 보험계약자와 보험수익자가 다른 타인을 위한 보험계약은 제3자를 위한 계약의 일종이기는 하나, 타인을 위한 보험계약과 같이 제3자를 위한 계약이, 낙약자의 요약자에 대한 급부와 요약자의 수익자에 대한 급부를 단축하여 할 목적으로 하는 경우가 아닌, 제3자에 대한 급여 그 자체를 목적으로 하는 경우에는 기본계약 관계가 무효인 경우 낙약자가 수익자를 상대로 직접 부당이득반환청구를 하여야 한다."는 법리를 설시하고, 위 법리에 따라 甲의 乙에 대한 부당이득반환청구는 기각하고, 丙에 대한 부당이득반환청구만을 받아들였다.

이 판결에 대해 丙이 항소·상고하였으나, 항소기각·심리불속행기각되어 확정되었다.

(3) 대법원 판결

대법원 판결은 크게 요약자에 대하여 반환을 구하여야 한다고 본 것과 제3자에 대하여 반환을 구하여야 한다고 본 것으로 나누어볼 수 있다.

(가) 요약자에 대하여 반환을 구하여야 한다고 본 사례

대법원 판결 중 기본계약의 흠결과 부당이득의 당사자에 관한 법리를 정면으로 설시한 사례들은 모두 요약자에 대하여 반환을 구하여야 한다고 보았다.

1) 대법원 2005. 7. 22. 선고 2005다7566, 7573 판결[공보불게재]('대법원①')

① 사안의 개요

甲(낙약자, 원고)이 乙(요약자)로부터 물건을 매수하면서 매매대금은 乙에 대한 대여금채권을 가진 丙(수익자, 피고)에게 지급함으로써 乙에 대한 매매대금의 지급에 갈음하기로 하였다. 이에 따라 甲이 丙에게 매매대금 상당의 금원을 지급하였는데, 甲이 위 매매계약을 해제하고 丙에 대하여 부당이득반환을 구하였다.

② 판결 요지 : 甲의 丙에 대한 부당이득반환청구권 부정

이 사건 원심판결은, "기본관계를 이루는 매매계약이 적법하게 해제되었다고 하더라도, ① 丙에 대한 甲의 모든 급부는 기본관계를 이루는 매매계약의 당사자인 甲과 乙 사이의 채권관계에 기한 급부일 뿐이므로 (제3자인 丙은 이와 직접적인 관련이 없다.) 이로 인한 부당이득반환의무는 당연히 甲과 乙 사이에서만 발생한다고 봄이 타당한 점, ② 기본관계는 해제로 인하여 무효라 하더라도 대가관계에 아무런 하자가 없는 경우 제3자의 급부수령은 요약자와의 관계에 기한 정당한 수령으로서 부당이득반환의 대상이 되지 아니한다 할 것이고, 또한 제3자에 대한 낙약자의 급부에 의하여 요약자가 채무를 면하게 되며, 요약자와 제3자 사이의 유효한 결제를 부인할 필요가 없으므로, 낙약자로서는 제3자가 아닌 요약자에 대하여 부당이득의 반환을 청구하여야 한다고 봄이 상당한 점, ③ 또한, 甲이 丙에 대하여 직접 부당이득반환청구를 할 수 있다고 보면, 자기책임하에 체결된 계약에 따른 위험부담을 제3자에게 전가시키는 것이 되어 계약법의 기본원리에 반하는 결과를 초래하게 되는 점 등에 비추어 볼 때, 그 계약관계의 청산은 이 사건 매매계약의 당사자인 甲과 乙 사이에 이루어져야 할 것이고, 제3자인 丙을 상대로 하여 해제에 따른 원상회복 또는 위 매매대금을 지급받은 것이 부당이득이라는 이유로 그 반환을 구할 수는 없다"고 보아 甲의 청구를 배척하였다.

대법원은, "제3자를 위한 계약관계에서 낙약자와 요약자 사이의 법률관계(이른바 기본관계)를 이루는 계약이 해제된 경우 그 계약관계의 청

산은 계약의 당사자인 낙약자와 요약자 사이에 이루어져야 하므로, 특별한 사정이 없는 한 낙약자가 이미 제3자에게 급부한 것이 있더라도 낙약자는 계약해제에 기한 원상회복 또는 부당이득을 원인으로 제3자를 상대로 그 반환을 구할 수 없다."는 법리를 설시하면서, 원심판결은 위와 같은 법리에 따른 것으로 정당하다고 보았다.

2) 대법원 2010. 8. 19. 선고 2010다31860, 31877 판결[공2010하, 1786]('대법원②')

① 사안의 개요

甲(낙약자)이 乙(요약자)로부터 토지거래허가 대상인 토지를 매수하면서 매매대금은 乙에 대한 대여금채권자인 丙(수익자)에게 지급하기로 약정하였다. 이에 따라 甲이 丙에게 매매대금을 지급하였는데, 乙의 소유권이전등기의무가 이행불능되어 매매계약이 확정적으로 무효가 되자 甲이 丙을 상대로 부당이득반환을 구한 사안이다. 이 사안에서는 丙의 乙에 대한 대여금채권 또한 존재하지 않는 것으로 밝혀졌다.

② 판결 요지 : 甲의 丙에 대한 부당이득반환청구권 부정

기본관계인 매매계약만이 해제된 '대법원①'과 달리, 이 사안은 기본관계인 매매계약이 무효이면서 동시에 대가관계인 대여금계약도 무효인 경우, 소위 이중흠결인 사안이었다.

이와 같은 경우에도 기본관계에만 흠결이 있는 때와 마찬가지로 낙약자는 제3자를 상대로 부당이득반환청구를 할 수 없다고 볼 것인지 문제되었는데, 이 판결은 '대법원①'의 법리를 그대로 인용한 후, 甲은 丙에 대하여 부당이득반환을 구할 수 없다고 보았다.

(나) 제3자에 대하여 반환을 구하여야 한다고 본 사례 : 대법원 2004. 12. 24. 선고 2004다20265 판결[공2005상, 191]('대법원③')

다음 판례는 보증보험계약이 문제된 사례이다. 기본계약의 흠결과 부당이득의 당사자에 관한 법리를 정면으로 다루고 있지는 않다. 이는 대법원이 보증보험계약이 보증임을 전제로 사안을 해결하였기 때문이다.

보증보험계약이 보증의 성격을 지니고 있다는 점은 분명하지만,[44]

보증보험계약은 피보험자와 어떠한 법률관계를 가진 보험계약자의 채무불이행으로 인하여 피보험자가 입게 될 손해의 전보를 보험자가 인수하는 것으로서 채무자와 보험자 사이에 체결되는 제3자를 위한 계약의 구조로도 이해될 수 있는바,[45] 다음의 판례 사안을 구체적으로 살펴보면 낙약자가 제3자에 대하여 반환을 구하여야 한다고 본 것으로 이해할 수 있다.

① 사안의 개요

乙(요약자)은 丙(제3자, 피고)으로부터 부동산을 매수하면서 매매대금에 관해 보증보험회사인 甲(낙약자, 원고) 발급의 이행보증보험증권을 제출하기로 하고, 이에 따라 乙은 甲과 사이에 매매대금 지급을 보증하는 이행보증보험계약을 체결하였다. 丙은 그 후 乙의 채무불이행을 이유로 甲에게 보험금 지급을 청구하여 甲은 丙에게 보험금을 지급하였다. 그 후 丙은 乙의 채무불이행을 이유로 해제하였다. 甲은 丙에게 이미 지급한 보험금에 대한 부당이득반환을 구하였다.

② 판결 요지 : 甲의 丙에 대한 부당이득반환청구 긍정

"이 사건 보증보험계약은 주계약인 이 사건 매매계약을 그 전제로 하고 보험계약자인 乙이 매매계약에 따른 위 각 분할대금채무를 이행하지 아니함으로써 피보험자인 丙이 입게 되는 손해를 약관이 정하는 바에 따라 보험가입금액의 범위 내에서 보상하기로 한 계약으로서, 형식적으로는 보험계약이나 실질적으로는 보증의 성격을 가지고 보증계약과 같은 효과를 목적으로 하는 것인데, 보험계약자인 乙이 위 각 분할대금채무를 이행하지 아니하여 보험자인 甲이 보증보험계약의 내용에 따라 피보험자인 丙에게 각 분할대금 상당을 보험금으로 지급한 후 丙이 나머지 매매

44) 2014. 3. 11. 상법 개정으로 신설된 보증보험에 관한 第726조의7도 '보증보험계약에 관하여는 그 성질에 반하지 아니하는 범위에서 보증채무에 관한 민법의 규정을 적용한다.'고 규정한다.

45) 대법원 1974. 12. 10. 선고 73다1591 판결[집22-3, 민118; 공1975, 8249], 대법원 2006. 5. 25. 선고 2003다45267 판결[공2006하, 1115](주택분양보증계약이 문제된 사안), 대법원 2018. 10. 25. 선고 2014다232784 판결[공2018하, 2201](주택분양보증계약이 문제된 사안).

대금에 관한 乙의 채무불이행을 이유로 이 사건 매매계약을 해제함으로써 위 매매계약이 소급적으로 무효가 되었으므로, 보험자인 甲은 丙을 상대로 이미 지급한 보험금을 부당이득으로 반환청구할 수 있다고 할 것이다."라고 판시하였다.[46)]

4. 검 토

(1) 지급지시 사례로부터의 접근

앞서 살펴본 바처럼 제3자를 위한 계약에서 누가 부당이득반환을 해야 하는지의 문제에 대하여는 학설상 견해 대립이 크고, 판례상으로도 결론이 일관되지 않는다. 이 문제를 본격적으로 검토하기 전에, 우선 다수의 판례를 통해 법리가 비교적 공고히 구축되어 있고, 또 학설상으로도 견해 대립이 크지 않은 지급지시 사례를 상기해 볼 필요가 있다. 일단 지급지시 사례에서의 결론과 그에 이른 논리를 수용할 수 있다면, 이를 제3자를 위한 계약에도 마찬가지로 적용할 수 있을지의 관점에서 문제를 보다 쉽게 풀어 나갈 수 있기 때문이다.

앞서도 언급하였지만, 지급지시 사례는 다음과 같은 법률문제를 의미한다. 乙에 대하여 대여금채무를 부담하는 甲이 乙의 지시에 따라 丙에게 대여금채무 상당액을 지급하였고, 丙은 이를 乙에 대한 기존 매매대금채권에 충당하였다. 甲과 乙의 대여금계약이 무효임이 밝혀진 경우, 甲은 乙과 丙 중 누구에게 부당이득반환을 구하여야 하는가?

이에 대해 대법원은 甲의 乙에 대한 부당이득반환청구권만 인정된다고 보아 왔다.[47)] 구체적인 이유는 다음과 같다. "계약의 일방당사자가 계

46) 한편 대법원 2004. 2. 13. 선고 2003다43858 판결[공보불게재], 대법원 2012. 2. 23. 선고 2011다62144 판결[공2012상, 504]은, 보증보험계약에서 보증인의 출연행위 당시 주채무가 성립되지 아니하였거나 타인의 면책행위로 이미 소멸되었거나 유효하게 존속하고 있다가 소급적으로 소멸한 경우, 보증채무자(본문의 甲에 해당한다)의 주채무 변제는 비채변제가 되어 채권자(본문의 丙에 해당한다)와 사이에 부당이득반환의 문제를 남길 뿐이고 주채무자(본문의 乙에 해당한다)에 대한 구상권을 발생시키지 않는다고 보았다.

47) 대법원 2003. 12. 26. 선고 2001다46730 판결[집51-2 민375; 공2004상, 207], 대법

약상대방의 지시 등으로 급부과정을 단축하여 계약상대방과 또 다른 계약관계를 맺고 있는 제3자에게 직접 급부한 경우, 그 급부로써 급부를 한 계약당사자의 상대방에 대한 급부가 이루어질 뿐 아니라 그 상대방의 제3자에 대한 급부도 이루어지는 것이므로 계약의 일방당사자는 제3자를 상대로 법률상 원인 없이 급부를 수령하였다는 이유로 부당이득반환청구를 할 수 없다. 이러한 경우에 계약의 일방당사자가 계약상대방에 대하여 급부를 한 원인관계인 법률관계에 무효 등의 흠이 있다는 이유로 제3자를 상대로 직접 부당이득반환청구를 할 수 있다고 보면 자기 책임하에 체결된 계약에 따른 위험부담을 제3자에게 전가하는 것이 되어 계약법의 원리에 반하는 결과를 초래할 뿐만 아니라 수익자인 제3자가 계약상대방에 대하여 가지는 항변권 등을 침해하게 되어 부당하기 때문이다."

이와 같은 대법원의 판단은 일반적으로 타당한 것으로 받아들여지고 있고,[48] 필자도 이에 동의한다. 판시에서도 잘 나타나지만, 그 정당성은 크게 다음 두 가지로 압축할 수 있다.

① 첫째로 甲의 丙에 대한 급부로써 乙의 丙에 대한 채무도 이행되었다는 점이다. 즉, 甲과 乙 사이의 계약에 흠결이 있다고 하더라도, 丙은 자신이 乙에 대한 관계에서 보유하는 유효한 채권에 기해 甲으로부터 지급받은 것이므로, 丙에게는 민법 제741조의 '법률상 원인'이 존재한다고 보아야 한다.

② 둘째로 당사자들의 계약관계에서 본래 예정하던 실질적인 이익상황은 청산단계에서도 유지되어야 한다는 점이다. 당사자들 사이에 존재하는 계약관계는 이에 수반되는 이익과 불이익을 충분히 고려한 뒤 스스로의 의사에 기하여 이를 당사자들 사이에 가장 효율적으로 분배한 결

원 2008. 9. 11. 선고 2006다46278 판결[공2008하, 1330], 대법원 2017. 7. 11. 선고 2013다55447 판결[공2017하, 1607], 대법원 2018. 7. 12. 선고 2018다204992 판결[공2018하, 1597] 등 다수. 본문의 다음 판시에서 '계약의 일방당사자'는 甲을, '계약상대방'은 乙을, 계약상대방과 또 다른 계약관계를 맺고 있는 제3자는 丙을 의미한다.

48) 법경제학적인 관점에서 위 판시의 타당성을 논증하는 견해로는, 윤진수(주 11), 130-133면 참조.

과라고 할 수 있다. 따라서 계약에 따른 이익과 불이익(무자력 위험)은 계약당사자가 부담하여야 하고, 당사자가 계약관계에서 가지는 대항 사유 내지 항변권은 부당이득관계에서도 함부로 박탈당해서는 안 된다.[49]

문제는 위와 같은 논리 구조를 제3자를 위한 계약에도 적용할 수 있는지이다. 그 적용이 주저되는 이유는, 제3자를 위한 계약과 지급지시 사례의 구조상 차이 때문일 것이다. 즉, 지급지시 사례와 달리 제3자를 위한 계약에서 제3자는 낙약자에 대해 직접 이행청구권을 가진다. 따라서 제3자에 대한 낙약자의 출연은 요약자에 대해서뿐만 아니라, 제3자에 대하여도 채무를 이행한 것이 되고, 이로 인해 급부상대방을 누구로 보아야 할지 분명치 않게 된다. 또한 지급지시 사례는 그 개념상 대가관계의 존재를 전제로 한다. 이는 대가관계가 없더라도 성립 가능한 제3자를 위한 계약과 다르다.

이러한 구조상의 차이가 부당이득관계에 미치는 영향을 검토하기에 앞서, 다수당사자 사이의 부당이득관계에서는 그들 사이에 형성된 개개 법률관계의 고유한 구조적 특성을 고려하는 것 못지않게, 개개 법률관계에서 부당이득의 당사자를 누구로 보느냐의 문제에 있어서 상호 균형적인 해석이 필요하다는 점을 지적해두고자 한다. 이는 각 제도를 선택하는 당사자의 이익 상황이나 의사에 큰 차이가 없다는 점에 기인한다.

① 예컨대, 甲에 대하여는 대여금채권을, 丙에 대하여는 매매대금채무가 있는 乙은 丙에 대한 채무를 변제하기 위해 다양한 형태의 법률관계를 고려해 볼 수 있다. 먼저 乙은 甲으로부터 대여금채무를 변제받은 후, 丙에 대한 매매대금채무를 변제하는 가장 전형적인 모습을 떠올릴 수 있다(급부연쇄). 이외에도 乙은 甲으로 하여금 자신이 아닌 丙에게 직접 지급하도록 지시하거나(지급지시), 甲에 대한 대여금채권을 丙에게 양도하여 丙이 甲으로부터 직접 변제받도록 할 수 있다(채권양도). 丙에 대한 乙의 매매대금채무를 甲이 중첩적으로 인수하도록 하는 것도 가능함

---

49) 양창수 · 권영준(주 15), 601, 602면.

은 물론이다(제3자를 위한 계약).

② 그런데 甲, 乙, 丙 사이에서 어떤 법적 형식이 택하여졌든지 간에 그 거래가 온전히 종결된다면, 채권의 만족 또는 채무의 소멸이라는 관점에서 본 甲, 乙, 丙의 이익 상황은 궁극적으로 큰 차이가 없다. 애초에 거래 방식을 선택한 당사자들의 의사에도 큰 차이가 없었다고 보는 것이 보통의 거래 현실에도 부합할 것이다. 특히 민법이 개별 제도에 관하여 구체적으로 규율하고 있는 경우에도,[50] 그에 따른 청산방법까지 개별적으로 정해 두지는 않고 모두 일반조항인 민법 제741조를 통해 청산할 것을 예정하고 있으므로, 다수당사자 사이의 부당이득 문제는 모두 민법 제741조의 틀 속에서 논해져야 하는 공통점을 갖기도 한다.

③ 그렇다면 甲과 乙 사이의 대여금계약에 흠결이 있어 그 부당이득관계를 논함에 있어서는, 채권양도나 제3자를 위한 계약, 지급지시라는 각 제도의 고유한 구조와 특성이 물론 중요하게 고려되어야겠지만, 각 제도 사이에서 민법 제741조를 일관성 있게 해석하려는 노력이 필요하다. 개별 제도의 특색만을 강조한 나머지, 유사한 이익 상황에서 판이한 결과가 초래되는 것은 앞서 지양하고자 한 도식적 해결에 다름 아니기 때문이다.

④ 이를 위해서는 결국 당사자들의 이익 상황에 대한 실질적인 평가를 기초로 당사자 사이의 무자력 위험이 합리적으로 분배되고, 각 당사자가 계약 당시 가진 신뢰가 청산단계에서도 보호될 수 있는 방향으로 부당이득의 당사자가 결정되어야 할 필요가 있다. 이는 곧 카나리스 교수의 실질적 평가기준설과도 상통하는 것이다.

이 점을 염두에 두고, 지급지시 사례에서의 논리가 제3자를 위한 계약에서도 적용될 수 있는지 본다. 지급지시 사례의 특징은 甲이 丙에게 금전을 지급함으로써 甲의 乙에 대한 채무와 乙의 丙에 대한 채무가 동시에 변제되고(동시변제효), 乙이 丙에 대한 채무를 면하게 된다는 점에서

---

50) 예컨대 채권양도에 관한 제449조 내지 제452조, 제3자를 위한 계약에 관한 제539조 내지 제542조.

재산상 이익이 乙을 경유하여 흘러가게 된다는 데 있다(재산의 경유적 이전).[51] 그리고 이러한 특징이 甲의 丙에 대한 부당이득반환청구를 부정하는 핵심적 근거를 이룬다는 점은 앞서 보았다. 따라서 제3자를 위한 계약에서도 이와 같은 재산이동의 양상이 나타난다면, 앞서 본 지급지시 사례에서와의 구조상 차이에도 불구하고, 특별한 사정이 없는 한 낙약자의 제3자에 대한 부당이득반환청구를 부정하는 것이 당사자들의 이익 상황과 의사에 부합하는 것으로 볼 수 있을 것이다.

그런데 제3자를 위한 계약에서 재산이동의 양상은 대가관계의 존재 여부나 내용에 따라 달라진다. 그리고 대가관계의 존재 여부나 내용은 당연히 제3자를 위한 계약의 경제적 목적이나 기능과 밀접하게 관련될 수밖에 없다.[52] 그렇다면 제3자를 위한 계약에서 부당이득의 당사자는 일단 계약의 경제적 목적이나 기능으로부터 추론해나가는 것이 합목적적이다. 아래에서는 크게 '급부를 간이화할 목적인 경우'와 '제3자에 대한 급양기능이 목적인 경우'로 나누어 살펴본다.

(2) 급부를 간이화할 목적인 경우

먼저 급부를 간이화할 목적, 즉 요약자가 낙약자의 출연을 취득하여 이를 다시 제3자에게 급부하는 절차를 생략하고, 낙약자가 직접 제3자에게 급부하게 하는 데 목적이 있는 계약 유형이 있다. 이 유형에서는 통상 요약자와 제3자 사이에 대가관계가 존재하게 된다. 그리고 이는 대부분 쌍무·유상계약일 것이다.

이 경우 지급지시 사례처럼 낙약자의 제3자에 대한 출연으로써 기본관계의 채무와 대가관계의 채무가 동시에 변제되고, '낙약자 → 요약자 → 제3자'의 방향으로 재산이 흘러가므로, 지급지시 사례에서 甲의 丙에 대한 부당이득반환청구권을 부정하는 논리가 그대로 적용될 수 있다. 즉, 제3자는 요약자에 대해 보유하는 유효한 채권에 기해 낙약자로부터 지급받은 것이므로, 제3자에게는 민법 제741조의 '법률상 원인'이 존재한다.

51) 박세민(주 16), 77면.
52) 주석민법[채권각칙(1)](주 3), 477, 478면(김문석 집필부분).

한편 낙약자가 제3자에 대해 출연하는 것은, 요약자가 기본관계를 통해 반대의무의 형태로 간접적으로 출연을 하는 데 기인하는 것이고, 요약자가 출연하는 이유는 제3자와의 대가관계에서 찾을 수 있다는 점은 앞서 보았다. 그렇다면 기본관계는 요약자와 낙약자가 이에 수반되는 이익과 불이익을 충분히 고려한 뒤 스스로의 의사에 기하여 이를 당사자들 사이에 가장 효율적으로 분배한 결과라고 할 수 있으므로, 급부 후 기본관계 청산과정에서의 위험 또한 요약자와 낙약자 사이에서 분배되는 것이 합리적이다. 또한 대가관계에서 요약자와 제3자의 의무는 대체로 상호 동시이행관계에 놓여 있을 것이므로, 제3자는 낙약자로부터 출연을 받음과 동시에 요약자에게 반대급부를 함으로써 요약자의 무자력 위험을 회피할 수 있었을 것이다. 그런데 그 이후 낙약자에게 제3자를 상대로 한 부당이득반환청구를 허용하면, 제3자가 이미 회피하였던 요약자의 무자력 위험을 새로이 부담하게 됨으로써 대가관계에서 정당하게 형성된 제3자의 신뢰가 허물어지게 된다.

이와 같은 이익 상황을 고려했을 때, 낙약자와 제3자 사이에 직접 채권, 채무 관계가 설정되었으므로 그들 사이에서 청산도 이루어져야 한다고 보는 견해는, 제3자를 위한 계약의 구조적 특성을 지나치게 강조한 나머지 부당이득법이 의도하는 이익 조정 기능을 소홀히 한 것으로 보인다. 특히 제3자가 직접 낙약자에 대한 채권을 가지는 것은 제3자의 지위를 강화하기 위함인데, 위와 같은 결론은 제3자를 더 불리하게 하는 것이어서 받아들이기 어렵다.

그렇다면 급부를 간이화할 목적으로 이루어진 제3자를 위한 계약에서 낙약자는 제3자에게 부당이득반환을 청구할 수 없다고 보아야 한다. 다만 낙약자는 요약자에 대하여 부당이득반환을 구할 수 있을 뿐이다.[53]

(3) 제3자에 대한 급양기능이 목적인 경우

반면 요약자의 제3자에 대한 증여, 생명보험계약과 같이 제3자에게

---

53) 이때 요약자가 부당이득으로 반환할 대상은 낙약자가 제3자에게 출연한 금액 상당액일 것이다.

경제적 도움을 주거나 그에 대한 급양기능이 목적인 경우에는, 대가관계가 존재하지 않거나, 존재하더라도 급부를 간이화할 목적인 경우와는 다른 양상을 띠게 된다.

이를테면, 갓 태어난 자녀를 위해 그 아버지가 자신을 피보험자, 자녀를 보험수익자로 하는 생명보험계약을 체결한 경우 요약자와 제3자 사이에는 대가관계가 존재하지 않는다. 이 경우 낙약자의 제3자에 대한 출연은 대가관계의 정산과는 무관하므로, 낙약자의 급부로 인한 제3자의 이익은 요약자를 경유하지 않은 채 제3자에게 직접 발생한다. 이 경우에는 지급지시 사례의 논리 구조가 그대로 적용될 수 없고, 낙약자는 제3자에 대하여만 부당이득반환청구를 할 수 있다고 보아야 한다. 제3자는 낙약자의 출연으로 인한 이득을 보유할 어떠한 법률상 원인도 없는 반면, 요약자가 낙약자의 출연으로 이득하였다고 보기도 어렵기 때문이다. 이 점에서 제3자가 청산단계에서 요약자의 무자력 위험을 부담하는 것이 정당화되는 특별한 사정도 찾을 수 있다.

한편 보험계약자가 보험수익자의 승낙 하에 보험계약자를 피보험자로 하는 질병보험계약을 체결한 경우나, 제3자의 양해 하에 제3자의 종신까지 정기금을 지급하기로 하는 계약(민법 제725조)을 체결한 경우에는 요약자와 제3자 사이에 증여계약 같은 대가관계가 존재한다고 볼 수 있다. 그렇지만 앞서 본 급부를 간이화할 목적인 경우와는 대가관계의 내용에 차이가 있다. 이때의 대가관계는 단지 기본관계의 발생 및 그에 따른 제3자의 수익자 지위 취득을 목적으로 하는 것으로, 요약자의 대가관계상 의무는 제3자가 수익자 지위를 취득함으로써 곧바로 소멸하고, 그 이후 낙약자의 현실적인 출연 시점에는 요약자의 제3자에 대한 대가관계상 의무가 존재하지 않게 된다. 따라서 낙약자의 출연으로 요약자의 대가관계상 의무가 이행되는 것이 아니므로, 그로 인한 이득은 요약자를 경유하지 않은 채 제3자에게 직접 발생한다. 즉 지급지시 사례나 급부를 간이화할 목적의 제3자를 위한 계약처럼 '동시변제효'와 '재산의 경유적 이전'이 발생하지는 않는다.[54] 또한 요약자는 대가관계의 청산보다는 단지 제3자에게 경제적 도움을 주기 위해 기본계약을 체결한 것이고, 제3자도 이러한 사정을 능히 알 수 있었으므로, 제3자가 청산의무를 부담하는 것이 제3자의 합리적 기대에 반한다고 볼 수도 없다. 그렇다면 이 경우에도 낙약자는 제3자에 대하여만 부당이득반환청구를 할 수 있다고 보아야 한다.

이러한 결론이 앞서 본 계약법의 기본원리, 즉 자기책임의 원칙에 반하는 것은 아닌지 의문이 들 수 있다. 그러나 급부부당이득에서 계약법의 원리를 적용하는 것은, 계약당사자 이외의 자에게 무자력 위험이 전가되거나 항변권이 박탈되는 것을 막기 위한 고려에서 이루어지는 것이지, 그러한 우려가 없는 경우에도 급부의 청산이 언제나 계약당사자 사이에서만 이루어질 것을 관철하고자 하는 것이 아니다. 부당이득법은 계약법과 밀접하게 결부되어 있기는 하지만, 기본적으로 계약법과는 독자적인 법 원리를 가지는 별개의 법 영역으로 기능한다. 따라서 부당이득법을 통해 계약이라는 제도의 내재적인 원리가 파괴되는 것을 경계하여야 하는 것[55]으로 이해하면 충분하다. 이와 같은 전제에서 보면, 적어도 대가관계가 존재하지 않거나, 존재하더라도 단지 수익자 지위 취득을 목적으로 하는 유형에 있어서는 낙약자의 직접청구를 허용한다 하여 제3자가 요약자의 무자력 위험을 부담하거나 요약자에 대한 항변권이 박탈되지는 않으므로, 자기책임의 원칙에도 어긋나는 것으로 볼 수는 없을 것이다.

(4) 이중흠결의 문제

제3자를 위한 계약이 급부를 간이화하기 위한 목적에서 체결되었는데, 만일 기본관계 뿐만 아니라 대가관계에도 흠결이 있는 경우 낙약자는 제3자에 대하여 직접 부당이득반환을 구할 수 있는가? 앞서 본 것처

---

54) 이와 달리, 丙에게 1,000만 원을 증여할 의무를 부담하는 乙이 甲에게 부동산을 매도하면서, 丙이 직접 甲에 대해 매매대금 1,000만 원을 청구할 수 있도록 하는 제3자를 위한 계약을 체결한 경우에는 甲이 丙에게 1,000만 원을 지급함으로써 甲의 乙에 대한 채무와 乙의 丙에 대한 채무가 동시에 변제되므로 지급지시 사례와 이익 상황이 다르지 않다. 이 경우 매매대금을 지급한 甲은 乙을 상대로만 매매계약 흠결에 따른 부당이득반환청구를 하여야 한다.

55) 박세민(주 16), 272면.

럼 직접청구를 배제하는 근거를 제3자가 대가관계상 자신의 급부를 수령하였다는 사실 때문으로 새긴다면, 이중흠결에서 제3자는 대가관계에서도 법률상 원인 없는 급부를 수령한 것이 되므로 직접청구를 배척할 근거가 사라지게 된다는 데 그 근본 문제가 있다.[56)]

그러나 결론적으로 이 경우에도 낙약자는 요약자에 대하여 부당이득반환청구를 하여야 한다고 생각한다. 제3자에 대한 직접청구를 인정하게 되면, 제3자는 요약자에 대하여 가지는 대가관계상의 대항사유를 주장할 수 없게 되고, 요약자의 무자력 위험을 부담하게 되는 불합리는 여전히 발생하기 때문이다.[57)] 또한 요약자, 낙약자, 제3자 모두 적어도 대가관계를 청산하려는 의사로 급부하였을 것이므로, 이렇게 보는 것이 당사자의 급부 당시 의사에도 부합한다.

다만 요약자와 제3자를 사실상 동일시할 수 있을 정도로 대가관계가 형해화되어 있다면, 예외적으로 제3자에 대한 직접청구가 가능하다고 보아야 할 것이다. 예컨대 앞서 본 BGHZ 58, 184 판결에서 乙 회사는 실질적으로 그 배후에 있는 丙의 개인기업에 불과하고, 대가관계랄 것은 존재하지 않았다. 乙 회사가 丙의 개인기업임을 알지 못하고, 乙 회사에 중개수수료를 지급하기 위해 급부한 甲의 의사를 고려해 볼 때, 丙을 기본계약의 당사자로 보기는 어렵겠지만, 적어도 乙 회사는 위 계약구조에서 독자적인 의사를 가지지 않았고, 실질적으로 丙의 의사에 따라 기본계약이 체결되었다는 점에서, 丙이 부당이득의 당사자가 됨으로써 乙 회사의 무자력 위험을 부담하거나 대항사유를 주장할 수 없게 되는 것이 불합리하다고 볼 수 없을 것이다.

(5) 대상판결에 대한 평가

대상판결을 검토하기에 앞서 선례인 '대법원①'과 '대법원②'를 살펴

56) 김형석(주 28), 323, 324면.

57) 지급지시 사례에서 이중흠결의 경우에도 피지시자의 수령자에 대한 직접청구를 부정하여야 한다는 견해로는, 민법주해 XVII(주 11), 207, 208면(양창수 집필부분); 김형배(주 17), 295-297면; 김형석(주 28), 324, 325면.

본다. 위 판결들은 모두 급부를 간이화할 목적으로 계약이 이루어진 사안이었는데, 낙약자(甲)의 제3자(丙)에 대한 직접청구를 부정하였다.

일단 위 두 판결의 결론은 타당하다고 보인다. '대법원①'에서 甲이 丙에게 매매대금을 지급한 것은 乙과의 매매계약에 기한 것이기는 하지만, 이로써 乙은 丙에 대한 채무를 이행한 것이고, 丙도 甲으로부터 받은 돈을 乙에 대한 채무에 충당하였으므로, 비록 甲과 乙사이의 매매계약이 해제되었다고 하더라도, 丙이 甲으로부터 지급받은 돈을 법률상 원인 없이 보유하게 되었다고 평가하기는 어렵기 때문이다.[58] 이렇게 보는 것이 계약법상 자기책임의 원칙에도 부합한다. 그리고 '대법원②'처럼 이중흠결이 문제된 경우라도, 항변권 박탈이나 무자력 위험 부담의 측면에서 낙약자의 제3자에 대한 직접청구는 원칙적으로 허용되어서는 안 된다는 점은 앞서 검토하였다.

그런데 위 판결들은 당사자들의 이익 상황에 대한 자세한 논증 없이 낙약자와 요약자 사이에서 청산하여야 한다는 결론에 이르렀다. 앞서 검토한 바와 같이 제3자를 위한 계약의 목적과 기능에 따라, 궁극적으로는 대가관계의 존부나 내용에 따라 부당이득의 당사자가 달라질 수 있다는 점을 법리상 보다 명확히 하였으면 더 좋았을 것이라는 아쉬움은 든다. 그러나 제3자에 대한 급양을 목적으로 하는 계약처럼 대가관계가 존재하지 않거나, 존재하더라도 제3자의 수익권만을 취득만을 목적으로 하는 계약 유형은 대개 특수한 인적관계에서 비롯되고, 급부를 간이화할 목적으로 하는 계약 유형이 좀 더 전형적인 점을 감안해보면, 위와 같은 판시도 수긍할 수 있다. 무엇보다 위 판결들은 기본적으로 요약자를 반환당사자로 보면서도, '특별한 사정'이라는 상투적인 표현으로나마 낙약자가 제3자를 상대로 반환을 구할 수 있는 여지를 열어두었다. 비록 어떠한 경우에 제3자에게 부당이득반환을 구할 수 있는지, 그 구체적인 요건까지 상세히 설시하지는 않았지만, 대법원도 언제나 요약자와 낙약자 사

58) 배호근(주 31), 315면.

이에서만 청산이 이루어져야 한다고 본 것이 아니라, 구체적인 사안 내용에 따라 달리 결론 내려야 할 경우가 있다는 점을 인식하고 있었다고 볼 수 있다.

'대법원①'과 '대법원②' 이후 선고된 대상판결에서는 타인을 위한 보험계약이 무효인 경우 보험자가 보험수익자에게 이미 급부한 보험금의 반환을 구할 수 있는지 문제되었다. 여기서 만일 '대법원①'과 '대법원②'처럼 요약자가 반환하여야 한다는 결론을 취한다면, 낙약자인 보험자는 제3자인 보험수익자를 상대로 부당이득반환청구를 할 수 없다고 보아야 할 것이다. 그러나 대상판결은 보험자가 보험수익자를 상대로 부당이득반환을 구할 수 있다고 보았다. 그런데 대상판결이 선례인 '대법원①'과 '대법원②'의 법리를 변경할 의도까지는 없었던 것으로 보이므로, 결국 대상판결은 위 판결들이 말하는 '특별한 사정'이 있는 사안으로 볼 수 있다. 그렇다면 대상판결에서 앞선 두 판결과 다른 결론에 이른 이유는 구체적으로 무엇인가.

대상판결은 "타인의 생활상의 부양이나 경제적 지원을 목적으로 보험자와 사이에 타인을 보험수익자로 하는 생명보험이나 상해보험 계약을 체결하여 보험수익자가 보험금 청구권을 취득한 경우, 위 보험계약이 무효이거나 해제되었다면, 보험자가 보험수익자를 상대로 이미 급부한 보험금의 반환을 구할 수 있다"고 보았다. 그러면서 그 근거로는, "보험자의 보험수익자에 대한 급부는 보험수익자에 대한 보험자 자신의 고유한 채무를 이행한 것"이라는 점을 들고 있다.

대상판결이 보험수익자에 대한 부당이득반환청구권의 발생 요건으로 든 "타인의 생활상의 부양이나 경제적 지원을 목적으로 보험자와 사이에 타인을 보험수익자로 하는 생명보험이나 상해보험 계약을 체결하여 보험수익자가 보험금 청구권을 취득한 경우"라는 부분은 대가관계가 존재하지 않거나, 대가관계가 제3자의 수익자 지위 취득을 목적으로 한 경우를 구체화한 것으로 볼 수 있다. 이 경우에는 보험자의 보험수익자에 대한 출연으로써 보험자의 보험계약자에 대한 급부와 보험계약자의 수익자에 대한 급부가 함께 이루어지는 것이 아니다. 즉, 보험자의 보험수익자에 대한 보험금 지급은 그 자체로 보험자의 보험수익자에 대한 채무 이행의 의미만 있을 뿐, 보험계약자와 보험수익자 사이의 대가관계 정산과는 무관하다. 따라서 보험수익자에게 직접 반환을 명하더라도, 보험수익자가 부당히 보험계약자의 무자력 위험을 부담한다거나 보험계약자와의 관계에서 항변권을 주장할 수 없게 되는 불합리가 발생하지는 않는다. 보험자 자신의 '고유한' 채무를 이행하였다는 대상판결의 표현은 이와 같은 의미를 내포한 것으로 보인다. 그리고 이것이 '대법원①' 및 '대법원②'와 결론을 달리하게 된 '특별한 사정'일 것이다. 이와 같은 법리에 따라 보험수익자를 부당이득의 당사자로 본 대상판결의 결론은 당사자의 이익상황을 적확히 반영한 것으로서 타당하다.

다만 대상판결은 타인을 위한 보험계약, 그것도 타인의 생활상의 부양이나 경제적 지원을 목적으로 체결된 경우에 국한된 법리만을 설시하였다. 이는 '대법원①' 및 '대법원②'가 '요약자', '낙약자', '제3자', '기본관계'라는 용어를 사용하며 제3자를 위한 계약 일반을 아우르는 법리를 설시한 것과 대비되는 부분이다. 이러한 대상판결의 판시에 비추어, 대상판결은 보험계약의 특수성을 고려한 것으로서 이를 제3자를 위한 계약 일반에 관한 논의로 확장시키는 것은 어렵지 않은지 의문이 들 수 있다.[59)]

앞서 본 것처럼 타인을 위한 보험계약에 관하여 상법상 여러 특칙(상법 제639조, 제651조, 제652조, 제653조, 제657조 등)이 존재하고, 이로 인해

---

59) 한편 대상판결에 대한 판례평석인 장덕조, "타인을 위한 보험계약과 민법상 제3자를 위한 계약, 그리고 부당이득반환청구권", 선진상사법률연구 통권 제86호, 법무부(2019. 4.), 134-140면은 대상판결의 결론을 수긍하면서도, 대상판결이 타인을 위한 보험계약을 제3자를 위한 계약으로 파악함으로써 그 결론에 합당한 논거를 제대로 제시하지 못하였다고 비판한다. 그러면서 타인을 위한 보험계약을 상법상 특수한 계약으로 이해해야만, 대상판결의 결론을 합리적으로 설명할 수 있다고 주장한다. 그러나 타인을 위한 보험계약을 상법상 특수한 계약으로 본다고 해서 곧바로 보험자와 보험수익자 사이에서 청산이 이루어져야 한다는 결론에 이를 수 있는 것은 아니다. 타인을 위한 보험계약의 법적 성질을 어떻게 파악하든지 간에, 부당이득반환의 당사자는 궁극적으로 민법 제741조의 틀 안에서 당사자들의 이익상황에 대한 평가를 거쳐 결정되어야 할 문제이기 때문이다.

전형적인 제3자를 위한 계약에서는 찾아보기 어려운 다양한 법률관계가 전개되곤 한다. 그러나 이와 같은 상법 조문과 그와 관련된 법리들은 보험계약의 '체결 및 이행' 과정에서 문제되는 것이다. 보험계약이 일단 무효로 된 경우 누가 보험금을 반환하여야 하는가를 정한 규정은 상법에 없고, 논리상 당연히 도출되지도 않는다. 그렇다면 타인을 위한 보험계약에서 청산관계는 부당이득의 일반조항, 즉 민법 제741조에 의거하여 이루어질 수밖에 없고, 이는 부당이득의 당사자가 결국 보험계약자, 보험수익자, 보험자 사이의 이익 상황에 대한 평가를 거쳐 가려져야 함을 의미하게 된다. 그리고 타인을 위한 보험계약을 제3자를 위한 계약의 일종으로 새기는 이상, 그 청산관계 또한 제3자를 위한 계약의 전체적인 구조 속에서 이해하는 것이 필요하다. 따라서 대상판결은 보험계약의 특수성에도 불구하고 제3자 급양기능을 목적으로 한 유형으로서 제3자를 위한 계약 일반에 관한 논의로 확장될 수 있다고 보이고, 대상판결의 의미를 구태여 타인을 위한 보험계약에 국한된 것으로 이해할 필요는 없다고 생각한다.

그렇지만 대상판결의 위와 같은 함의에도 불구하고, 대상판결의 판시에는 약간의 오해를 불러일으킬 수 있는 부분이 존재한다. 누차 언급한 바와 같이 수익의 의사표시를 한 제3자는 직접 낙약자에 대하여 권리를 취득하고, 이는 제3자를 위한 계약 전반에 공통된 것이다. 따라서 대상판결이 말하는 "타인의 생활상의 부양이나 경제적 지원을 목적으로 하는 보험계약이 체결된 경우"가 아니라 하더라도, 낙약자의 제3자에 대한 급부가 자신의 고유한 채무를 이행하였다는 말은 틀린 설명이 아니다. 그렇다면 대상판결이 취한 결론의 당부는 별론으로 하더라도, 낙약자의 제3자에 대한 급부가 자신의 고유한 채무를 이행한 것이라는 논거만으로 제3자에 대한 직접청구를 논리적으로 정당화하기에는 다소 부족한 점이 없지 않다. 무엇보다 선례인 '대법원①' 및 '대법원②'와의 관계를 어떻게 이해하여야 할지에 대하여도 충분히 설시하지 않은 점은 아쉬움으로 남는다.

대상판결 사안의 본질은 낙약자의 급부가 급부단축을 목적으로 하지 않는다는 점에 있었다. 그리고 이 점이 '대법원①' 및 '대법원②'와 다른 결론에 이르게 한 이유였다. '하급심②'가 "('대법원①' 및 '대법원②'처럼) 낙약자의 요약자에 대한 급부와 요약자의 수익자에 대한 급부를 단축하여 할 목적으로 하는 경우가 아닌, 제3자에 대한 급여 그 자체를 목적으로 하는 경우에는 기본계약 관계가 무효인 경우 낙약자가 수익자를 상대로 직접 부당이득반환청구를 하여야 한다."고 판단한 것은 대상판결과 '대법원①' 및 '대법원②'와의 차이를 정확히 포착한 것이다. 대상판결이 이 부분을 정면으로 지적하였으면 더 좋았을 것이다.

그러나 이와 같은 한계에도 불구하고, 대상판결은 제3자를 위한 계약에의 경제적 목적과 기능에 착안하여 구체적인 법적 상황에 따라 부당이득의 법률관계가 다르게 형성될 수 있다는 점을 분명히 하였다는 점에서 그 의의가 있다.[60] 종래의 '대법원①' 및 '대법원②'는 낙약자는 언제나 요약자를 상대로만 부당이득반환청구를 하여야 한다고 이해될 여지가 있었다.[61] '대법원③'처럼 예외적으로 제3자에 대한 직접청구를 허용하는 경우에도 제3자를 위한 계약의 관점에서 접근한 바는 없었다. 이 점에서 대상판결은 제3자를 위한 계약에서의 부당이득관계를 바라보는 관점을 새로이 한 것이다. 이와 같은 대상판결의 함의를 기초로, 향후 제3자를 위한 계약의 청산관계에서 당사자들 사이의 이해관계 조정이 합리적으로 이루어지기를 기대해 본다.

Ⅴ. 결 론

이상의 논의를 요약하면 다음과 같다.

1. 다수당사자 사이의 부당이득관계의 전형적 유형인 지급지시 사례

---

60) 윤지영(주 22), 634면.

61) 실제로 '대법원①' 및 '대법원②'의 법리를 들어 타인을 위한 보험계약에서 보험자의 보험수익자에 대한 부당이득반환청구를 기각한 하급심 재판례가 적지 않게 발견된다.

에서는 이른바 동시변제효와 재산의 경유적 이전이 특징적으로 나타나고, 이는 피지시자의 수령자에 대한 부당이득반환청구를 부정하는 핵심 근거를 이루고 있다. 제3자를 위한 계약에서도 이와 같은 재산이동의 모습이 나타난다면, 낙약자의 제3자에 대한 부당이득반환청구를 부정하는 것이 당사자들 사이의 이익 상황과 의사에 부합하는 것으로서 합리적이라고 볼 수 있다.

2. 그런데 제3자를 위한 계약에서 재산이동의 양상은 대가관계의 존재 여부나 내용에 따라 달라지고, 대가관계의 존재 여부나 내용은 제3자를 위한 계약의 경제적 목적이나 기능과 밀접하게 관련되어 있다. 그렇다면 제3자를 위한 계약에서 부당이득의 당사자는 계약의 경제적 목적이나 기능으로부터 살피는 것이 합목적적이다.

3. 급부를 간이화할 목적으로 이루어진 제3자를 위한 계약관계에서는 낙약자의 제3자에 대한 출연으로써 기본관계의 채무와 대가관계의 채무가 동시에 변제되고, 따라서 제3자는 요약자에 대해 보유하는 유효한 채권에 기해 낙약자의 급부를 수령할 법률상 원인을 보유하므로, 낙약자는 제3자에 대해 직접 부당이득반환을 청구할 수 없다고 보아야 한다. 이렇게 보는 것이 계약법상 자기책임의 원칙에도 부합한다. 반면, 요약자의 제3자에 대한 증여, 생명보험계약처럼 제3자에게 경제적 도움을 주거나 그에 대한 급양기능이 목적인 경우, 대가관계는 부존재하거나 단지 제3자에 대한 수익자 지위 취득만을 목적으로 하고, 낙약자의 출연으로 인한 이득은 요약자를 경유하지 않은 채 제3자에게 직접 발생하므로, 기본관계에 흠결이 발생하면 낙약자가 제3자에 대해 직접 청구할 수 있다고 보아야 한다. 이렇게 보더라도 제3자의 요약자에 대한 항변권이 박탈되거나 요약자의 무자력 위험을 부당하게 부담하게 되는 불합리는 발생하지 않는다.

4. 대상판결은 보험자의 보험수익자에 대한 직접청구를 허용하였다. 이는 타당한 결론이다. 다만, 그렇게 보아야 할 이유를 다소 불분명하게 설시한 점은 아쉬움으로 남는다. 그럼에도 불구하고 대상판결은 제

3자를 위한 계약에서 구체적인 법적 상황에 따라 부당이득의 법률관계가 다르게 형성될 수 있다는 점을 분명히 하였다는 점에서 의미가 있다. 이와 같은 대상판결의 함의를 기초로, 향후 제3자를 위한 계약의 청산관계에서 당사자들 사이의 이해관계 조정이 합리적으로 이루어지기를 기대한다.

[Abstract]

Contracts for the Benefit of Third Parties : Unjust Enrichment Due to Defect in the Relationship Between the Promisee and Promisor

−Focusing on Cases Involving Payment of Money−

Ko, Seok Beom*

This paper studies the applicability of the theory of unjust enrichment to the relationship among the parties to a contract involving a third-party beneficiary("Third Party Contract" or "TPC"), focusing on Supreme Court Decision 2016Da255125, dated September 13, 2018(the "Case").

In the Case, the defendant who is the third-party beneficiary, received insurance money from an insurance company(the "Promisor") based on the accident insurance contract entered into between the Promisor and the defendant's spouse(the "Promisee"). After such payment to the third-party payment was made, the contract between the Promisee and Promisor(the "Base Contract") was found to be void. Accordingly, the Promisor argued that the defendant is obliged to disgorge the insurance money received as such payment constituted an unjust enrichment.

The main issue of the Case is whether the defendant, who is a third-party beneficiary, has an obligation to return the benefit received from the Promisor. In cases where a TPC was found to be void or rescinded, previous Supreme Court Decisions in 2005 and 2010 held that the Promisor, in the absence of any special circumstance, has no right to seek restitution against a third-party beneficiary based on the doctrine of unjust enrichment.

* Judge, Jeongeup Branch Court of Jeonju District Court.

This paper centers on the question whether the conclusion of this Case was made in light of the Supreme Court precedents, or, if not, how this Case differs from such previous decisions.

This paper finds that: to whom the Promisor should be able to claim to return the unjust enrichment should be determined in a way that the interests of the parties involved are balanced, the risk of insolvency is rationally distributed, and the expectation each party had at the execution of the underlying contract is protected. Accordingly, this paper finds that the determination on who should be the party to bear the responsibility of settling an unjust enrichment situation may depend in light of the purpose and the function of the underlying TPC. In other words, in a TPC entered into for the purpose of simplifying the transfer of benefit, the performance of the Promisor to the third party should exempt the responsibilities of both the Promisee and the Promisor, and the money paid is theoretically deemed to have been transferred from the Promisor to the Promisee, and from the Promisee to the third-party beneficiary. However, in cases where the purpose of a TPC is to provide economic benefit or support to a third party, such as in a donation agreement or an accident insurance designed to benefit the Promisee's family, the benefit provided by the Promisor transfers directly to the third-party beneficiary without passing through the Promisee. As there is no compensational relationship between the Promisee and the third-party beneficiary in such TPCs, or the purpose of such TPCs is to create a beneficiary status for such nominated third party, the Promisor should be able to directly claim the third-party beneficiary in case the Base Contract is determined to be defected.

In the Case, Supreme Court allowed the Promisor to make a direct claim against the beneficiary unlike the previous decisions. This is a reasonable conclusion in that the payment of the insurance money by the insurance company to the third party is only meaningful in the sense a certain benefit was transferred from the Promisor to the third party, and is irrelevant to any compensational relationship between the Promisee and third party. The previous decisions cannot be applied in the Case, considering that the previous decisions dealt with contract relationships aimed at simplifying the route of benefit transfer.

The Case is meaningful in that it clarified the court's recognition of an unjust enrichment relationships depending on the specific legal circumstances in TPCs. Based on the implications of the Case, it is anticipated that the interests of the parties will be reasonably allocated in future settlement of a TPC.

[Key word]

- Contracts involving a Third-party Beneficiary
- Unjust Enrichment
- Multiple Parties
- Insurance for Benefits of Third Party

참고문헌

[단 행 본]

편집대표 곽윤직, 민법주해Ⅶ, 박영사(1997).

______, 민법주해 XⅦ, 박영사(2005).

편집대표 김용담, 주석민법[채권각칙(1)], 한국사법행정학회(2016).

김성태, 보험법강론, 법문사(2001).

김형배, 사무관리 · 부당이득, 박영사(2003).

김홍기, 상법강의(제6판), 박영사(2021).

양승규, 보험법(제5판), 삼지원(2004).

양창수, 독일민법전 : 총칙 · 채권 · 물권, 박영사(2018).

양창수 · 권영준, 권리의 변동과 구제(제4판), 박영사(2021).

양창수 · 김재형, 계약법(제3판), 박영사(2020).

이기수 · 최병규 · 김인형, 보험 · 해상법(제9판), 박영사(2015).

이은영, 채권각론(제5판보정), 박영사(2007).

장덕조, 상법강의(제4판), 법문사(2021).

정경영, 상법학쟁점(전정판), 박영사(2021).

정찬형, 상법강의요론(제18판), 박영사(2021).

지원림, 민법강의(제18판), 홍문사(2021).

최기원, 보험법(제3판), 박영사(2002).

한기정, 보험법(제3판), 박영사(2021).

[논 문]

김명숙, "제3자를 위한 계약의 재검토-새로운 형태의 보증을 중심으로-", 안암법학 통권 제44호, 안암법학회(2014).

김병선, "제3자를 위한 계약의 실효와 부당이득반환관계", 홍익법학 제13권 제2호, 홍익대학교 법학연구소(2012).

김형석, "지급지시 · 급부관계 · 부당이득", 서울대학교 법학 제47권 제3호, 서울대학교 법학연구소(2006. 9.).

민철기, "타인을 보험수익자로 하는 생명보험에서 보험계약이 무효인 경우

보험자가 보험수익자에게 이미 급부한 보험금의 반환을 구할 수 있는지 여부", 대법원판례해설 제117호, 법원도서관(2019).

박세민, 삼각관계상의 부당이득－지시사례를 중심으로－, 박사학위논문, 서울대학교(2007).

배호근, "제3자를 위한 계약관계에서 낙약자와 요약자 사이의 법률관계(이른바 기본관계)를 이루는 계약이 해제된 경우, 낙약자가 이미 제3자에게 급부한 것에 대해 계약해제에 기한 원상회복 또는 부당이득을 원인으로 제3자를 상대로 그 반환을 구할 수 있는지 여부(소극)", 대법원판례해설 제57호, 법원도서관(2005).

연광석, 제3자를 위한 계약에 관한 연구, 박사학위논문, 서울대학교(2007).

윤지영, "채권양도와 부당이득－「삼각관계에서의 급부부당이득」 법리를 중심으로－", 민사판례연구 제41권, 박영사(2019).

윤진수, "부당이득법의 경제적 분석", 서울대학교 법학 제55권 제3호, 서울대학교 법학연구소(2014. 9.).

이계정, "삼각관계에서의 부당이득 법률관계와 질권자의 부당이득반환의무 유무－대법원 2015. 5. 29. 선고 2012다92258 판결－", 법조 통권 제721호, 법조협회(2017. 2.).

이상훈, "계약법의 기본원리에 따른 3각관계 부당이득 사안 해결－DCFR과의 비교를 중심으로－", 재산법연구 제34권 제1호, 한국재산법학회(2017. 5.).

이원석, "채권질권과 삼각관계에서의 부당이득의 법리", 대법원판례해설 제103호, 법원도서관(2015).

장덕조, "타인을 위한 보험계약과 민법상 제3자를 위한 계약, 그리고 부당이득반환청구권", 선진상사법률연구 통권 제86호, 법무부(2019. 4.).

장지웅, "'급여자에 관한 착오'가 있는 경우의 부당이득", 민사판례연구 제42권, 박영사(2020).

정태윤, "계약이 무효이거나 취소 또는 해제된 경우에 보호받는 제3자의 범위에 관한 대법원판례의 정합성 여부", 이화여자대학교 법학논집 제20권 제4호, 이화여자대학교 법학연구소(2016. 6.).

______, "독일에서의 부당이득 삼각관계에 대한 논의가 우리 민법에도 그대로 타당한가?", 비교사법 제14권 제4호(통권 제39호), 한국비교사법학회(2007. 12.).

______, "제3자를 위한 계약관계에서 기본계약이 해제되었을 때의 부당이득

반환관계", 민사판례연구 제29권, 박영사(2007).

제철웅, "보상관계 또는 대가관계에서의 흠결이 이미 경료된 중간생략등기에 미치는 영향", 저스티스 제33권 제1호, 한국법학원(2000).

홍성주, "삼각관계에서의 부합과 부당이득 – 대법원 2009. 9. 24. 선고 2009다15602 판결 –", 판례연구 제23집, 부산판례연구회(2012. 2.).

공용부분 무단점유로 인한 부당이득반환청구권의 성립과 행사[*·**]

—침해부당이득에서의 손해를 중심으로—

윤 정 운[***]

■요 지■

대상판결의 핵심 쟁점은 타인이 집합건물의 공용부분을 정당한 권원 없이 배타적으로 점유·사용하는 경우 구분소유자에게 민법 제741조에서 정한 '손해'가 발생하였다고 볼 수 있는지에 있다. 다수의견은 '사용·수익할 권리의 침해' 그 자체를 손해로 파악하였고, 반대의견은 차액설의 관점에서 손해를 파악하였다. 결론적으로 다수의견이 타당하다. 이유는 다음과 같다.

첫째, 법해석적 측면에서 타당하다. 집합건물 공용부분의 무단점유 사례에 관하여 종래의 차액설에 따르면 침해행위 전후로 권리자인 구분소유자의 재산상태에 증감이 없어 손해가 없다고 볼 수 있다. 그러나 공용부분에 대한 공유지분권에 입은 불이익 그 자체를 규범적 손해로 볼 수도 있다. 그것이 "물질적으로나 정신적으로 밑짐"이라고 되어 있는 손해의 사전적 의미에도

* 이 글은 2021. 4. 19. 개최된 제440회 민사판례연구회 월례회에서 발표한 논문으로 사법 제56호(2021)에 게재되었다. 이후 환송 후 원심판결이 선고되어 추기하였다.

** 지정토론자로서 유의미한 토론을 해 주신 제철웅 교수님, 자유토론이나 논문을 통해 많은 가르침을 주신 윤진수 교수님, 권영준 교수님, 대상판결의 선정에서부터 발표에 이르기까지 따뜻한 격려와 아낌없는 지도를 해 주신 이계정 교수님, 그리고 졸고를 보시고 귀중한 가르침을 주신 김재형 대법관님께 감사드린다. 비교법적 문헌 수집에 도움을 주신 국립대만대학교의 顔佑紘 교수님, 시마네대학교의 佐藤 陽子님께도 감사의 뜻을 표하고 싶다.

*** 서울북부지방법원 판사.

부합한다. 나아가 민법상 부당이득 제도는 '이익의 반환'을 목적으로 하는 제도로서 '손해의 배상'이라는 불법행위 제도와는 그 취지와 목적을 달리한다. 부당이득에서의 손해는 손해배상에서처럼 그 손해의 현존성과 확정성을 따져야 하는 것이 아니다. 민법 제741조에 영향을 미친 일본 및 독일 민법 규정의 입법 경위를 살펴보더라도 부당이득에서의 '손해'를 차액설에 기초하여 파악할 근거가 뚜렷하지 않다.

둘째, 비교법적 측면에서 타당하다. 침해부당이득에서 '손실'은 성립요건으로 규정 또는 요구되지 않거나(스위스, 영국, 미국), 법정되어 있다고 하더라도 독자적인 의미를 가지지 않는다(독일, 일본). 대륙, 일본 및 국내에서 주류적인 견해로 자리매김한 할당내용설에 따르면 부당이득반환청구권은 권한 없는 이용에 의해 침해된 권리 그 자체에서 발생한다. 집합건물 공용부분의 무단점유 사례에서 부당이득반환청구권의 성립요건으로서의 손실 내지 손해의 존부가 문제된 해외 사례를 찾아보기 어렵다.

셋째, 법경제학적 측면에서 타당하다. 만일 침해부당이득이 인정되지 않아 배타적 이익 지배의 교란을 회복할 수 없다면, 재산권의 보호는 공허해지므로 각 경제 주체는 타인의 재산권 침해를 방지하기 위하여 많은 비용을 지출할 유인을 가지게 된다. 집합건물 공용부분의 무단점유로 인한 이득의 반환을 명하는 것이 불필요한 비용의 지출을 방지하여 배분적 효율을 증대시킨다.

부당이득반환청구권의 반환범위는 환송 후 원심에서 심리·판단되어야 한다. 손해의 액수가 산정되어야 하는지, 인과관계가 인정되는 범위는 어디까지인지, 반환되는 이득에 피고의 지분 상당액은 포함되어야 하는지 등이 쟁점이 될 것이다. 한편, 집합건물의 특수성까지 참작하더라도 공유지분권에 기초한 금전채권인 공용부분의 무단점유로 인한 부당이득반환채권은 구분소유자에게 귀속된다고 봄이 타당하다. 관리단과 구분소유자의 이해관계가 일치하는 한, 관리단의 권리 행사에 관하여 대리, 위임, 채권양도, 임의적 소송담당 등 실체법적 또는 절차법적 법률구성이 불가능하지 않다. 다만, 관리단과 구분소유자 사이에 권리 행사 여부에 대한 이해관계가 대립되는 경우의 문제에 대해서는 향후 연구를 필요로 한다.

[주 제 어]
- 침해부당이득
- 부당이득
- 유형론
- 손해
- 차액설
- 집합건물
- 공용부분
- 무단점유
- 할당내용설

대상판결 : 대법원 2017다220744 전원합의체 판결

[사건의 개요]

1. 사실관계

이 사건 건물은 18개의 점포로 구성된 집합건물이다. 원고는 집합건물의 소유 및 관리에 관한 법률(이하 '집합건물법') 제23조에 따라 이 사건 건물의 구분소유자 전원으로 구성된 관리단이다.

피고는 이 사건 건물의 전유부분인 상가 101호 등을 매수하여 소유권이전등기를 마친 다음 2012. 7. 31.부터 골프연습장을 운영하고 있다. 피고는 2012. 7. 31.경 이 사건 건물 1층의 복도와 로비 477.19㎡(이하 '이 사건 복도와 로비')에 퍼팅연습시설 등을 설치하고 골프연습장 내부공간처럼 사용하고 있다.

2. 경 과

원고는 피고를 상대로 이 사건 복도와 로비의 인도 및 차임 상당의 부당이득반환을 구하였다. 1심은 청구 전부 인용의 무변론 판결을 선고하였다. 이에 피고가 항소하였다.

항소심은 피고에게 이 사건 복도와 로비를 인도할 의무가 있다고 판단하는 한편, "집합건물의 복도, 계단 등과 같은 공용부분은 구조상 이를 점포로 사용하는 등 별개의 용도로 사용하거나 그와 같은 목적으로 타에 임대할 수 있는 대상이 아니므로 특별한 사정이 없는 한 구분소유자 중 일부가 아무런 권원 없이 이를 점유·사용하였다고 하더라도 이로 인하여 다른 구분소유자에게 임료 상당의 이익을 상실하는 손해가 발생하였다고 볼 수 없(다)."라는 전제에서, 이 사건 복도와 로비가 구조상 별개의 용도로 사용하거나 그와 같은 목적으로 타에 임대할 수 있는 대상임을 인정할 만한 증거가 없다는 이유로 부당이득반환청구를 기각하였다.

이 사건의 주된 쟁점은 구분소유자가 집합건물의 공용부분을 정당한 권원 없이 배타적으로 점유·사용한 경우 민법 제741조에 따른 부당이득이 성립하는지 여부이다.

3. 대법원의 판단 : 파기환송

(1) 다수의견

다수의견은 "구분소유자 중 일부가 정당한 권원 없이 집합건물의 복도, 계단 등과 같은 공용부분을 배타적으로 점유·사용함으로써 이익을 얻고, 그로 인하여 다른 구분소유자들이 해당 공용부분을 사용할 수 없게 되었다면, 공용부분을 무단점유한 구분소유자는 특별한 사정이 없는 한 해당 공용부분을 점유·사용함으로써 얻은 이익을 부당이득으로 반환할 의무가 있다. 해당 공용부분이 구조상 이를 별개 용도로 사용하거나 다른 목적으로 임대할 수 있는 대상이 아니더라도, 무단점유로 인하여 다른 구분소유자들이 해당 공용부분을 사용·수익할 권리가 침해되었고 이는 그 자체로 민법 제741조에서 정한 손해로 볼 수 있다."라고 판시하였다.[1] 다수의견의 핵심적인 이유를 요약하면 다음과 같다.

① 구분소유자 중 일부가 정당한 권원 없이 집합건물의 복도, 계단 등과 같은 공용부분을 배타적으로 사용하는 경우 다른 구분소유자들은 해당 공용부분을 사용할 수 없게 되는 불이익을 입게 된다. 즉 다른 구분소유자들의 해당 공용부분에 대한 사용권이 침해되는 것이다. 이는 해당 공용부분을 구조상 별개 용도로 사용하는 것이 불가능하거나 다른 목적으로 임대할 수 없더라도 마찬가지이다. 구분소유자 중 일부가 집합건물법에서 정한 절차를 거치지 않고 정당한 권원 없이 공용부분을 배타적으로 사용하였다면 해당 공용부분에 대한 다른 구분소유자들의 사용·수익권을 침해하여 그에 해당하는 손해를 가한 것이다.

② 정당한 권원 없이 집합건물의 공용부분을 배타적으로 점유하여 사용한 자는 부동산의 점유·사용 그 자체로 부당한 이익을 얻게 된다. 이로 인하여 다른 구분소유자들은 해당 공용부분을 사용할 수 있는 가능성이 원천적으로 봉쇄되는 손해를 입었으므로 이로써 민법 제741조에 따른 부당이득반환의 요건이 충족되었다고 볼 수 있다. 그 외에 해당 공용부분에 대한 별개 용도로의 사용 가능성이나 다른 목적으로 임대할 가능성이 추가적으로 요구된다고 볼 수 없다.

---

1) 다수의견에 대한 대법관 이기택의 보충의견(이하 '제1 보충의견') 및 대법관 김재형의 보충의견(이하 '제2 보충의견')이 있다.

③ 공용부분을 정당한 권원 없이 배타적으로 점유·사용한 자가 그로 인한 이익을 누렸는데도, 해당 공용부분이 구조상 별개의 용도로 사용하거나 다른 목적으로 임대할 수 있는 대상이 아니라는 이유로 다른 구분소유자들에게 손해가 없다고 한다면, 이는 공용부분을 배타적으로 사용한 자로 하여금 점유·사용으로 인한 모든 이익을 보유하도록 하는 것으로서 부당이득반환제도의 취지인 공평의 이념에도 반한다.

(2) 반대의견

반대의견은 "집합건물의 복도, 계단 등과 같이 집합건물 전체의 유지와 관리를 위하여 필수적인 공용부분은 구조상 이를 점포 등 별개의 용도로 사용하거나 그와 같은 목적으로 임대할 수 있는 대상이 아니므로 구분소유자 중 일부나 제3자가 점유·사용하였더라도 이로 인하여 다른 구분소유자에게 차임 상당의 이익을 상실하는 손해가 발생하였다고 볼 수 없다."라고 판단하였다. 반대의견의 주된 이유는 다음과 같다.

① 공용부분의 무단사용으로 차임 상당의 부당이득이 성립하기 위해서는 구분소유자들이 차임 상당 이익 내지 소득을 얻을 수 있었는데도 이를 얻지 못한 손해를 입었다는 것을 전제로 하여야 한다. 그러나 필수적 공용부분을 특정인에게 임대하여 배타적으로 사용하게 하는 것은 집합건물법 제11조에서 정한 공유자의 사용권을 침해하여 허용될 수 없으므로 구분소유자는 물론 구분소유자 전원을 구성원으로 하는 관리단에도 해당 공용부분에 대한 차임 상당의 이익이나 소득이 발생할 수 있는 여지가 없다.

② 이 사건에서는 복도와 로비의 무단점유가 문제되고 있으므로 다른 구분소유자들과 일반인의 통행이 허용되는 제한된 범위에서 해당 공용부분을 통행하거나 일시적으로 머물 수 있는 권리, 즉 통행권이나 일시적 점유권 정도가 침해된 것을 손해로 볼 수 있을 것이다. 그런데 이 사건 원고는 차임 상당의 이익을 상실하는 손해가 발생하였다고 주장하였을 뿐 위와 같은 손해를 주장하였다고 볼 수 없다. 게다가 이러한 제한된 형태의 사용이익 상실을 손해로 보아 이를 금전적으로 평가하는 마땅한 방법을 찾기도 어렵다.

나아가 반대의견은 "설령 다수의견대로 특정 구분소유자의 공용부분 무단점유로 해당 공용부분에 대한 사용·수익권의 침해라는 손해 또는 차임 상당액의 손해가 발생하였다고 하더라도, 이러한 손해는 결국 다른 구분소유자들의 권리가 침해되어 발생하는 손해이므로 다른 구분소유자들이 무단점유자를 상대로 부당이득반환을 청구할 수 있을 뿐이다."라고 판단하였다.

〔研　　究〕

1. 서　　론

타인 소유의 재화를 무단사용하는 것은 침해부당이득의 대표적인 예이다. 민법은 정당한 권리를 보호하기 위하여 여러 수단을 마련하고 있다. 甲이 자기 소유 토지를 황무지로 방치하고 있었더니 乙이 고의 또는 과실로 그 위에 오두막집을 지었다고 가정하자.[2] 甲은 황무지를 점유한 乙에 대하여 토지의 반환을 청구하는 방법(민법 제213조), 고의 또는 과실로 인한 위법한 점유를 근거로 손해배상을 청구하는 방법(민법 제750조) 또는 법률상 원인 없이 얻은 이익에 관하여 부당이득반환을 청구하는 방법(민법 제741조)을 떠올려 볼 수 있다. 乙이 황무지를 점유할 권리가 있는 때가 아닌 한 乙은 甲의 인도청구에 따라 황무지를 반환하여야 한다. 그것이 황무지여서 경작조차 어렵다는 사정은 고려할 만한 것이 못 된다. 乙의 무단점유가 아니었더라도 甲은 그 토지를 방치하였을 것이고 황무지를 이용하려는 자를 찾기는 쉽지 않다. 甲이 그 토지를 직접 이용하거나 타인에게 임대하여 임료를 지급받을 현실적 가능성은 사실상 없다. 종래의 차액설에 의하면 甲에게 손해가 인정되지 않아 甲의 乙에 대한 손해배상청구가 기각될 가능성이 있다. 불법행위에서의 재산상 손해란 위법한 가해행위로 인하여 발생한 재산상의 불이익, 즉 그 위법행위가 없었더라면 존재하였을 재산상태와 그 위법행위가 있고 난 뒤의 재산상태의 차이를 의미한다고 여겨지기 때문이다.[3] 민법 제741조의 부당이득은 이익, 손해, 이익과 손해 사이의 인과관계, 법률상 원인의 부존재를 성립요건으로 한다.[4] 이 손해를 앞서 본 불법행위에서의 손해와 동일하

---

2) 長谷川隆, "無断使用による権利侵害と不当利得法的視点(2・完)", 富大経済論集 第36巻 第2号(1990), 340면.

3) 곽윤직(a), 채권각론(민법강의Ⅳ), 박영사(2007), 408면; 곽윤직(b), 채권총론(민법강의Ⅲ), 박영사(2009), 112면; 대법원 2018. 9. 28. 선고 2015다69853 판결.

4) 곽윤직 편, 민법주해 채권(10), 박영사(2005), 154면(양창수).

다고 보면, 甲의 乙에 대한 부당이득반환청구 역시 인용되기 어렵다. 乙이 고의 또는 과실로 甲 소유의 토지를 무단점유하고 있음에도 甲이 그 토지를 황무지로 방치하였다는 이유에서 아무런 금전적 보호를 받지 못한다는 것은 어쩐지 꺼림칙하다.

대상판결의 문제의식은 바로 이 지점에서 시작된다. 종래 대법원은, 집합건물의 공용부분은 특별한 사정이 없는 한 구분소유자 중 일부나 제3자가 정당한 권원 없이 이를 점유·사용하였더라도 이로 인하여 다른 구분소유자에게 차임 상당의 이익을 상실하는 손해가 발생하였다고 볼 수 없다는 이유로 부당이득이 성립하지 않는다고 판단하였다. 대상판결은 압도적인 다수의견으로 이러한 취지의 종전 대법원판결을 변경하였다. 선행연구로서 대상판결의 다수의견을 지지하는 견해도 적지 않다.[5] 대상판결은 침해부당이득의 본질에 기초하여 민법 제741조에서 정한 '손해'의 의미를 분명히 하였다는 점에서 선례로서 중요한 의미가 있다. 이하에서는 부당이득반환청구권의 성립요건인 '손해'가 침해부당이득에서 가지는 의미를 중점적으로 탐구하도록 한다. 대상판결 사안을 매듭짓기 위해서는 부당이득반환청구권의 효과를 고민하지 않을 수 없다. 부당이득반환청구권이 성립한다면 원고에게 반환되어야 하는 이득이 어떻게 결정되어야 하는지가 최종적인 문제로 등장하기 때문이다. 나아가 반대의견이 지적하는 바와 같이 부당이득반환청구권의 귀속과 행사에 대한 분석도 요구된다.

이 논문의 구성은 다음과 같다. 먼저 부당이득반환청구권의 성립과 효과를 검토하고(전반부), 다음으로 부당이득반환청구권의 귀속과 행사를 검토한다(후반부). 전반부에서는 부당이득의 본질과 침해부당이득의 특수성을 고찰하고[2.(1)], 부동산 무단점유 사안을 중심으로 부당이득 법제를

5) 윤진수, "집합건물 공용부분의 무단점유로 인한 부당이득", 자율과 정의의 민법학(양창수 교수 고희기념논문집), 박영사(2021); 권영준, "2020년 민법 판례 동향", 서울대학교 법학 제62권 제1호(2021); 이계정, "집합건물 공용부분 무단사용자에 대한 관리단의 부당이득반환청구 가부", 법조 제70권 제1호(2021); 박설아, "집합건물 공용부분의 무단점유에 따른 부당이득의 성립 여부", 사법 제53호(2020).

비교법적으로 살펴본 다음[2.(2)], 침해부당이득에 관한 우리 법을 손해와 이득으로 나누어 검토한다[2.(3)]. 후반부에서는 집합건물 공용부분의 특수성에 기초하여 부당이득반환청구권의 귀속[3.(1)]과 행사[3.(2)]를 차례로 살펴본다.

2. 부당이득반환청구권의 성립과 효과

(1) 부당이득의 본질

(가) 통일론과 유형론

부당이득의 본질을 파악하는 관점으로 독일에서 비롯된 통일론과 유형론은 우리 법학에서도 오랫동안 논의되어 왔다. 통일론과 유형론을 개괄적으로 설명하면 다음과 같다. 통일론은 일정한 재산적 가치의 이동이 형식적 · 일반적으로는 정당하나 실질적 · 상대적으로는 공평의 이상에 반하여 정당하지 않은 경우에 그 재산적 가치를 반환시키는 데에 부당이득의 본질이 있다는 입장이다.[6] 여러 부당이득 소권이 개별적으로 존재하였던 로마법 시대를 지나,[7] 아무도 타인의 손실이나 권리침해를 바탕으로 부당하게 이득을 얻을 수 없다는 폼포니우스의 원리에 기초하여 부당이득 제도가 발전하였고,[8] 이는 공평의 원리로 인식되어 자연법론자의 지지를 받았다. 이러한 이론적 근거를 바탕으로 스위스 채무법(1881년) 제62조, 독일 민법(1896년) 제812조, 미국 Restatement of the Law Restitution(1978년) 제1조, 이태리 민법(1865년) 제2041조와 같은 일반규정이 제정되었다.[9] 부당이득을 하나의 자족적 · 통일적인 제도로 규정하고 있는 우리 민법도 영향을 받았다고 할 수 있다. 유형론은 부당이득법이 처리하여야 하는 여러 분쟁 유형의 실질적 차이를 의식하고, 이에 상응하여 구체적으로 타당한 해결을 모색하려는 입장이다.[10] 독일의 빌부르크, 캐머러가 주창

---

6) 곽윤직(a)(주 3), 346면.

7) 김형배, 사무관리 · 부당이득, 박영사(2003), 58면; 권영준, "부당이득에 관한 민법 개정안 연구", 서울대학교 법학 제55권 제4호(2014), 155면.

8) Pomp, D. 50, 17, 206.

9) 김형배(주 7), 58, 59면.

하였고,[11] 일본에서도 주류적인 견해가 되었다.[12] 유형론에서는 일반적으로 급부부당이득과 비급부부당이득으로 구별하고, 후자를 침해부당이득, 비용부당이득, 구상부당이득 등으로 나누어 설명한다.[13] 급부부당이득은 일단 급부가 이루어졌으나 급부를 정당화할 수 있는 법률상 원인이 처음부터 없었거나 나중에 소멸한 경우에 그 반환을 구하는 것이고,[14] 침해부당이득은 다른 사람에게 배타적으로 귀속되는 재화를 권한 없이 사용·수익 또는 처분함으로써 이익을 얻고, 그로 인하여 다른 사람에게 손해를 입힌 경우 그 이익의 반환을 구하는 것이며,[15] 비용부당이득은 손실자가 비용을 지출하였고 그 결과 다른 사람이 이익을 얻은 경우에 그 다른 사람에 대하여 이익의 반환을 구하는 것이다.[16] 급부부당이득은 급부 관계의 청산을 구체적인 내용으로 하고, 침해부당이득은 타인의 권리침해로 인한 이득 관계의 조정을 꾀하며, 비용부당이득은 의무 없이 지출한 비용 부담의 조정을 목적한다. 따라서 급부부당이득법은 주로 계약법에 대한 보충규범으로, 침해부당이득법은 불법행위법에 대한 보충규범으로, 비용부당이득법은 사무관리법에 대한 보충규범으로 기능한다고 할 수 있다.[17]

이처럼 부당이득 제도를 어떻게 이해할 것인지에 대하여 통일론과 유형론은 시각을 달리한다. 종래 통일론이 통설적 지위를 차지하였으

10) 민법주해, 양창수(주 4), 171면.

11) Wilburg, Die Lehre von der ungerechtfertigten Bereicherung nach österreichischem und deutschem Recht: Kritik und Aufbau, Leuschner & Lubensky, Graz(1934); v. Caemmerer, "Bereicherung und unerlaubte Handlung", Festschrift für Ernst Rabel, Bd. 1(1954).

12) 窪田充見 編, 新注釈民法(15), 有斐閣(2017), 80-82면(藤原正則); 藤原正則, 不当利得法, 信山社出版(2002), 17-25면.

13) 윤진수, "부당이득법의 경제적 분석", 서울대학교 법학 제55권 제3호(2014), 111면. 급부 대신 급여라는 용어를 사용한다. 이하에서는 대법원판결에 나오는 급부라는 용어를 사용한다.

14) 윤진수(주 13), 111면.

15) 민법주해, 양창수(주 4), 243면; 윤진수(주 13), 112면.

16) 윤진수(주 13), 112면.

17) 양창수, 일반부당이득법의 연구, 서울대학교 박사학위 논문(1987), 259, 260면.

나,[18] 지금은 유형론이 주류적인 견해로 주장되고 있다.[19] 통일론과 유형론이 양립 불가능한 대립적 지위의 견해인 것은 아니다. 통일론은 좀 더 근본적인 차원을 다루고 유형론은 좀 더 구체적인 차원을 다룬다는 점에서 양자는 상호배척 관계가 아니라 상호보완 관계에 있다.[20] 공평이 부당이득 제도의 출발점이자 이상이라고 하더라도 그것은 추상적이고 막연한 개념이다. 법관의 자의적 판단을 억지하고 그 판단에 정당성을 부여하기 위한 학문적 노력을 게을리할 수 없으므로,[21] 통일론이 추구하는 형평의 이념을 염두에 두면서도 유형론에 따라 법률요건과 효과를 구체화할 필요성이 있다.[22]

(나) 판례 태도

대법원 역시 통일론과 유형론 중 어느 하나에 얽매이지 않고 양자를 조화롭게 파악하고 있다. 부당이득 제도가 공평 또는 정의의 이념에 근거하고 있음을 분명히 하면서도 부당이득의 구체적인 유형에 따라 부당이득반환청구권의 성립요건이나 주장·증명책임 등을 달리 파악하는 것이다. 즉 대법원은 "부당이득 제도는 이득자의 재산상 이득이 법률상 원인을 갖지 못한 경우에 공평·정의의 이념에 근거하여 이득자에게 그 반환의무를 부담시키는 것이므로, 이득자에게 실질적으로 이득이 귀속된 바 없다면 그 반환의무를 부담시킬 수 없다."라고 판시하여 공평과 정의의 이념이 부당이득 제도의 기초임을 명시적으로 밝히고 있다.[23] 그러면서도 대법원은 부당이득의 유형을 구별하는 것을 꺼리지 않는다. 가령 대법원은 "계약상 채무의 이행으로 당사자가 상대방에게 급부를 행하였

18) 곽윤직(a)(주 3), 346면.

19) 김형배(주 7), 76면; 양창수(주 17), 258면; 안춘수, 불법행위·부당이득·사무관리, 동방문화사(2018), 338, 339면.

20) 권영준(주 7), 157면.

21) 민법주해, 양창수(주 4), 171면.

22) 유럽민사법 공통참조기준안(Draft Common Frame of Reference, 이하 'DCFR')은 부당이득을 일원적으로 규정하면서도 인과관계가 인정되는 유형을 분류하고 있다. 이에 관한 분석으로는 윤진수(주 13), 113, 114면.

23) 대법원 2017. 6. 29. 선고 2017다213838 판결.

는데 그 계약이 무효이거나 취소되는 등으로 효력을 가지지 못하는 경우(의) … 부당이득반환의무에서는, 예를 들면 소유권 등의 권리에 기하여 소유자 기타의 사람에게 배타적으로 귀속되어야 하는 이익이 제3자에게 귀속됨으로써 그 권리가 객관적으로 침해당하였으나 그 이익취득자에게 이익의 보유를 법적으로 정당화하는 권원이 없어서 권리자가 그에 대하여 그 취득한 이익을 부당이득으로 반환청구하는 경우에 상대방이 얻는 이익의 구체적인 내용을 따져서 과연 부당이득반환의 대상이 될 만한 것인지를 살펴보아야 하는 것과는 달리, 상대방이 얻은 계약상 급부는 다른 특별한 사정이 없는 한 당연히 부당이득으로 반환되어야 한다."라고 판시함으로써 급부부당이득과 침해부당이득을 명확히 구별하고 있다.[24) 나아가 대법원은 "당사자 일방이 자신의 의사에 따라 일정한 급부를 한 다음 그 급부가 법률상 원인 없음을 이유로 반환을 청구하는 이른바 급부부당이득의 경우에는 법률상 원인이 없다는 점에 대한 증명책임은 부당이득반환을 주장하는 사람에게 있다. … 이는 타인의 재산권 등을 침해하여 이익을 얻었음을 이유로 부당이득반환을 구하는 이른바 침해부당이득의 경우에는 부당이득반환청구의 상대방이 그 이익을 보유할 정당한 권원이 있다는 점을 증명할 책임이 있는 것과 구별된다."라고 판시하기도 하였다.[25)]

(다) 침해부당이득의 특수성

침해부당이득은 '타인의 권리'를 보호대상으로 한다. 여기서 권리라 함은 소유권, 제한물권뿐만 아니라 지적재산권, 인격권 등까지 망라하는 개념이다.[26)] 침해부당이득이 주로 절대권의 침해를 중심으로 이루어진다는 점에서, 그 속성을 파악하는 데에는 불법행위 및 물권적 청구권과 비교하는 것이 도움이 된다.

24) 대법원 2010. 3. 11. 선고 2009다98706 판결.

25) 대법원 2018. 1. 24. 선고 2017다37324 판결.

26) 김형배(주 7), 164, 165; 물권 또는 채권의 귀속이 침해된 경우에 한정되지 않는다는 견해로는 제철웅, "등기청구권과 침해부당이득: 새로운 법리의 형성과정에 관한 고찰", 민사법학 제93호(2020), 286면.

침해부당이득은 권리침해의 측면에서 불법행위와 유사하다. 그러나 두 가지 점에서 불법행위와 구별될 수 있다. 첫째, 침해부당이득에서는 타인 재산의 침해가 반드시 수익자의 책임 있는 행위에 의하여 이루어져야 하는 것은 아니다.[27)] 수익자 이외의 제3자나 심지어 자연현상에 의해서도 침해부당이득이 성립될 수 있다.[28)] 따라서 불법행위에서의 고의나 과실은 침해부당이득의 성립에서 문제되지 않는다. 둘째, 불법행위는 가해자의 위법·유책한 행위로 피해자에게 발생된 손해를 배상하는 제도이지만, 침해부당이득은 이득자가 법률상 원인 없이 얻은 이득을 원래의 권리자에게 반환하도록 하는 제도이다.[29)] 불법행위에서는 타인의 손해가 문제될 뿐이고 가해자가 어떠한 이득을 얻었는지는 관심 대상이 아니다.[30)] 요컨대 민법상 부당이득 제도는 '이익의 반환'을 목적으로 하는 제도로서 '손해의 배상'이라는 불법행위 제도와는 그 취지와 목적을 달리한다.[31)] 여기에서 민법 제741조의 '손해'와 민법 제750조의 '손해'는 그 문언적 동일성에도 불구하고 다른 의미를 함축한다고 볼 여지가 생긴다.

침해부당이득반환청구권은 물권적 청구권과 논리적 구조를 같이한다.[32)] 물권의 내용 실현이 타인의 행위로 말미암아 방해당하고 있거나 방해당할 염려가 있는 경우에는 그 방해자에 대하여 방해의 제거 또는 예방에 필요한 일정한 행위를 청구할 수 있는 권리, 즉 물권적 청구권이 인정된다.[33)] 이러한 물권적 청구권은 청구권자가 물권자이며, 상대방이 방해를 하고 있다는 두 가지의 객관적인 상태에 기초하여 주장된다. 마찬가지로 침해부당이득반환청구권도 청구권자가 물권 기타의 권리를 가

---

27) 김형배(주 7), 159면.
28) 안춘수(주 19), 334면.
29) 김형배(주 7), 159면.
30) 안춘수(주 19), 334면.
31) 대법원 2019. 1. 24. 선고 2016다264556 전원합의체 판결 중 대법관 김재형의 반대의견에 대한 보충의견.
32) 양창수(주 17), 265면.
33) 곽윤직/김재형, 물권법(민법강의Ⅱ), 박영사(2014), 26면.

지고, 상대방이 그 권리로부터 일정한 이익을 얻었다는 두 가지 점에 기초한다.[34] 민법 제213조 단서의 점유할 권리는 물권자의 상대방이 주장·증명하여야 한다. 침해부당이득에서 이익을 보유할 정당한 권원이 있다는 점을 이득자가 주장·증명하여야 하는 것과 같은 구조이다.[35] 양자는 모두 배타적 이익의 원만한 지배를 목적으로 하며 주관적 귀책사유와 관계없이 인정된다. 물권적 청구권은 장래에 대하여 배타적 이익의 상태 그 자체를 실현하는 것을 내용으로 하지만, 침해부당이득반환청구권은 과거에 일어난 배타적 이익의 지배 교란에 대하여 그 교란이 일어나지 않은 것과 같은 경제적 상태를 달성하고자 한다는 점에서 차이가 있을 뿐이다.[36]

(2) 침해부당이득에 관한 비교법적 검토

대륙법과 영미법을 불문하고 부당이득 제도는 타인의 손실로 부당하게 이득을 취하여서는 안 된다는 법언에 기초한 것이다.[37] 침해부당이득 사안은 구체적인 지역이나 시대제약성에 비교적 구애되지 않는 문제이므로 각국의 법률, 판례 또는 학설을 살펴볼 필요가 있다.

(가) 독 일

독일 민법은 제26장에서 부당이득(Ungerechtfertigte Bereicherung)이라는 표제 아래 제812조부터 제822조까지 두고 있다. 핵심 규정인 제812조 제1항 제1문은 "타인의 급부로 인하여 또는 기타의 방법에 의하여 그의 손실로 법적 원인 없이 어떤 것을 취득한 사람은 그에 대하여 반환의 의무를 진다."라고 규정하고 있다.[38] 법적 원인 없이 다른 사람의 손실로 이득을 얻는 것은 허용되지 아니하고 그 이득을 반환하여야 하나, 고의·과실이 없는 한 반환범위는 반환 당시 남아 있는 이득으로 제한된다는 것

34) 양창수(주 17), 62면.
35) 대법원 2018. 1. 24. 선고 2017다37324 판결.
36) 양창수(주 17), 265면.
37) 서종희, "미국 부당이득법의 과거와 현재", 일감법학 제36호(2017), 30면.
38) Kosten이라는 용어를 비용, 부담, 손실 등으로 번역한다. 이 논문은 양창수, 독일 민법전, 박영사(2018)의 번역에 따랐다.

이 주요 내용이다.[39] 독일 민법 제812조의 '그의 손실로(auf dessen Kosten)'는 우리 민법 제741조의 '타인에게 손해를 가한'에 대응하고, '어떤 것을 취득(etwas … erlangt)'은 '이익을 얻고'에 대응한다. 독일 민법 제812조의 기초가 된 제1초안 제748조는 손실을 요건으로 하지 않은 채 '재산으로부터(aus dem Vermögen)'라고만 규정하고 있었는데, 이 문언은 제2초안 제737조 제1항 제1문에서 '타인의 손실로(auf Kosten eines anderen)'라는 표현으로 변경되었다.[40] 그 이유는 '타인의 재산으로부터'라고만 하면 이득한 재산이 반드시 그 전에 손실자의 소유여야 한다는 것으로 오해될 여지가 있었기 때문이라고 한다.[41]

대상판결과 관련하여서는, 일찍이 슐츠가 위법한 행위로 얻은 이득은 모두 반환하여야 하고, 반환범위는 객관적 가치를 초과하는 수익에 미치며 침해부당이득에서 '타인의 손실로'라는 요건의 삭제를 주장하였다는 점과,[42] 수익자가 지출을 절약한 경우 그 지출 절약을 '취득된 것'으로 파악하는 것이 주류적 견해라는 점을 지적하지 않을 수 없다.[43] 나아가 침해부당이득에 관하여 대립하는 관점으로 위법성설(Rechtswidrigkeitstheorie)과 할당내용설(Zuweisungstheorie)을 소개하고자 한다. 위법성설은 침해부당이득의 근거를 위법성에서 찾는다.[44] 위법하게 행동한 자는 침해로 인하여 상당한 정도로 획득한 모든 것에 대하여 책임을 진다고 한다. 권리침해 시 그에 대한 사용료 상당액의 반환뿐만 아니라 침해자가 획득한 수익의 반환까지도 넓게 인정한다. 할당내용설은 권리의 할당내용이 권리자 이

---

39) 이동진, "독일 · 오스트리아 · 스위스의 부당이득법", 비교사법 제25권 제1호(2018), 252면.

40) 제정 과정에 대해서는 최윤석, "부당이득의 체계－독일 부당이득법 입법과정을 통해 바라본 한국 부당이득법", 재산법연구 제31권 제1호(2014), 168-170면.

41) 서종희, "부당사무관리 및 부진정(準)사무관리와 부당이득과의 관계", 민사법학 제63권 제1호(2013), 51면.

42) F. Schulz, System der Rechte auf den Eingriffserwerb, AcP 105. Bd H. 1(1909), S. 478 ff.

43) 川角由和, "不当利得法における「出費節約」観念の意義", 島大法学 第三四巻第二号(1990), 14면.

44) F. Schulz(주 42), S. 473 ff.

외의 자에게 귀속된 경우 그 재화의 회복을 도모하는 것을 침해부당이득의 본질로 파악한다.[45] 대체로 권리침해 시 원래 합의를 했었더라면 권리자가 얻을 수 있었을 사용료 상당액의 반환을 인정한다. 기타부당이득의 근거를 권리자에게 할당되어 있는 침해된 권리의 순수한 객관적인(Sachlich) 목적 안에서 찾는 빌부르크의 설명이나,[46] 물건의 사용·수익·처분은 오로지 물건의 소유자에게 귀속 내지 할당되어 있으므로 침해부당이득에 있어서 이득이 부당하다는 근거는 소유권의 할당내용에 반하여 물건이 사용된 데에 있다는 캐머러의 설명은 독일의 통설적인 견해로 발전되었다.[47] 이에 따르면 부당이득반환청구권은 권한 없는 이용으로 침해된 권리 그 자체에서 발생하는 것이지 권리자의 손실에서 발생하는 것이 아니다. 권리자 자신이 이익을 낼 수 있는 상황에 있었는지도 문제되지 않는다.[48] 이러한 시각에서 손실은 권리자에게 할당된 권한을 의미할 뿐이어서 독자적인 의미를 가지지 못한다.[49]

다음의 몇 가지 사례를 참고할 수 있다.[50] ① 甲은 乙과 체결한 지역권 설정 약정의 범위를 넘어 대상 토지 이외의 다른 토지까지 선로(線路)를 연장하여 화물 등을 운송하였다. 乙은 甲이 자기의 토지를 과잉이용(Mehrbenutzung)하였다는 이유로 부당이득반환청구를 하였다. 제국법원은 "甲은 통상적이라면 권한이 없는 과잉이용에 대하여 상당한 보상(Entschädigung)을 지불하였을 것이 틀림없으므로, 그 상당액을 절약하고 있으며 동시에 乙은 손실을 보고 있다."라고 판단하였다.[51] ② 甲 택시회사가 공중의 통행에 사용되는 乙 소유의 역전 광장 일부를 승객 대합소로 무단사용하였다. 임대차계약이 체결되지 않자 乙은 甲 택시회사에 부

45) v. Caemmerer(주 11), S. 353; Wilburg(주 11), S. 27 ff.
46) Wilburg(주 11), S. 27.
47) v. Caemmerer(주 11), S. 352 ff.
48) Wilburg(주 11), S. 106 f; 長谷川隆, "無断使用による権利侵害と不当利得法的視点(1)" 富大経済論集 第35巻 第3号(1990), 128면.
49) 長谷川隆(주 48), 128면.
50) 長谷川隆(주 48), 102-104; 川角由和(주 43), 18-30면.
51) RGZ 97, 310.

당이득반환청구를 하였다. 독일연방대법원은 "타인의 물건을 권한 없이 이용하여 비용을 절약했을 경우 민법 제812조에서 말하는 타인의 손실로 법률상 원인 없이 이득을 얻은 것에 해당한다. 단순한 사용이익(Gebrauchsvorteil)이 문제될 때에는 획득물의 반환은 불가능하다. 그러나 이 경우 이용자는 제818조 제2항에 따라 가치배상(Wertersatz)을 하여야 하며, 甲 택시회사가 절약한 금액은 이용에 대한 거래가격으로 간주된다."라고 판단한 원심판결을 유지하였다.[52] ③ 甲이 무단으로 乙 소유의 지상에 펌프를 설치하고 수도용수를 공급하기 위하여 지하수를 양수하였다. 乙은 甲을 상대로 손해배상청구 및 부당이득반환청구를 하였다. 바이에른주 대법원은 지하수 양수로 인하여 甲에게 손해가 발생하지 않았다는 이유로 손해배상청구를 기각하는 한편, "甲은 乙의 땅을 권한 없이 이용하였는바 乙은 甲에 대하여 이용보상에 상당하는 금전의 지급을 청구할 수 있다."라고 판단하면서 부당이득반환청구를 인용하였다.[53] ④ 甲은 乙과의 계약에 따라 乙 소유의 토지에서 채굴 사업을 하다가 그 사업과 무관한 석유를 지하에 저장하였다. 乙은 甲이 권한 없이 석유를 토지에 저장하였다고 주장하며 부당이득반환청구를 하였다. 독일연방대법원은 "甲이 석유 저장을 위하여 광산을 사용한 것은 그의 채굴권의 범위를 초과하므로, 甲에게는 지하 공간의 사용에 상응하는 보상을 할 의무가 있는바, 甲은 사용의 통상적인 대가를 부당이득하고 있다."라고 판단하였으나 절차상의 이유로 원심판결을 파기하였다.[54] 이상의 판례에 의하면 타인의 물건을 권한 없이 이용한 경우, 침해자는 이용이익(Nutzungsvorteil), 사용이익(Gebrauchsvorteil) 그 자체나 그에 상당한 지출을 절약하는 이득을 얻고, 그 이득액은 대개 상당한 보상 금액이나 거래가격으로 간주됨을 알 수 있다.[55]

52) BGHZ 20, 270.
53) BayObLG, NJW 1965, 973.
54) BGH, WM 1981, 129.
55) 長谷川隆(주 48), 104면.

(나) 일 본

일본 민법 제703조는 "법률상 원인 없이 타인의 재산 또는 노무로 인하여 이득을 얻고 그로 인하여 타인에게 손실을 끼친 자는 그 이익이 존재하는 한도에서 이를 반환할 의무를 진다."라고 규정하고 있다. 브와소나드(Boissonade) 초안 제381조 및 구 민법 제361조 제1항에서는 정당한 원인 없이 타인의 재산으로부터 부당하게 이득을 취한 자에게 부당이득 반환의무를 부과하였고, '타인에게 손실을 가할 것'을 별도의 요건으로 정하지 않았다. 그 후 현행 일본 민법이 제정되면서 제703조에 '손실' 요건이 추가되었는데, 이는 독일 및 스위스 민법의 영향을 받은 것으로 평가된다.[56] 손실을 요한다는 문구가 삽입된 것은 '타인의 노무로 인한 수익'의 추가와 관련될 뿐 독자적인 의미가 없다는 것이 민법 제정 기초자들의 의견이라고 한다.[57] 전통적인 공평설에서는 법률상 원인이 없는 이득에 대응하는 '손실'을 성립요건으로 요구하였다.[58] 일본에서도 주류적 견해로 자리 잡은 유형론에서는 침해부당이득에서 '손실'이 독립적 의미를 갖지 않는다고 본다.[59] 이러한 입장에서는, 수익과 손실이란 법률상 원인 없이 이득을 얻는다는 하나의 사회적 과정의 양단에 지나지 않는다고 설명하거나,[60] 반드시 경제적인 의미에서 문제되는 것이 아니라 권리자에게 귀속되어야 하는 사용·수익·처분 등의 권능이 사실상 상대방에 의하여 행사되어 이득을 보고 있다는 것 자체가 권리자에게 손실이라고 설명한다.[61] 손실이란 외형상의 이익이 권리의 할당내용에 위반되는 것이

56) 서종희(주 41), 51면.

57) 서종희(주 41), 51면.

58) 我妻栄, 債権各論下 巻1, 岩波書店(1998), 964. 그러나 전통적인 견해에서도 손실 개념의 확장을 모색하였다. 가령 石田文次郎, "不当利得に於ける「損失」に就て", 法学論叢 第37巻 第4号(1937), 577면은 부당이득에 있어서 관찰의 기점은 이득자에 대한 상태이며, 이득자의 이익 취득의 결과 타인에게 손해를 끼쳤는지 여부는 부당이득의 본질상 중요한 사항이 아니라고 한다.

59) 長谷川隆(주 2), 324면.

60) 広中俊雄, 債権各論講義, 有斐閣(1994), 401, 402면.

61) 好美清光, "不当利得法の新しい動向について(下)", 判例タイムズ 第30巻 第18号(1979), 23, 24면.

어서, 가령 무임승차와 같이 경제적인 손실이 발생하지 않은 경우에도 '손실'이 인정된다는 견해 역시 같은 취지이다.[62] 요컨대 타인의 물건을 무단으로 사용·수익한 경우 소유권에 할당된 사용·수익권의 침해가 침해자의 측면에서는 이득에 해당하고, 피침해자의 측면에서는 손실에 해당한다는 것이다.[63]

부당이득이 문제된 몇 가지 사례를 소개하면 다음과 같다. ① 자동판매기 상품 제조업자인 甲 회사가 도쿄도가 관리하는 도로 위에 권한 없이 자동판매기를 설치·운영하자 도쿄도 주민인 乙이 도쿄도를 대위하여 도로 점용료 상당의 손해배상 또는 부당이득반환청구를 하였다. 최고재판소는 "도로관리자는 도로의 점용에 대해 점용료를 징수하여 이득을 얻을 수 있기 때문에 도로가 권원 없이 점유되었을 경우에는 도로관리자는 점유자에 대해 점용료 상당액의 손해배상청구권 또는 부당이득반환청구권을 취득하는 것이다."라고 판시하면서, 다만 대위청구의 요건이 갖추어지지 않았다는 이유로 乙의 청구를 기각한 원심을 유지하였다.[64] ② 맨션의 구분소유자 중 한 명인 甲이 맨션의 공용부분을 제3자에게 임대하여 임대료를 지급받자 같은 맨션의 구분소유자인 乙이 甲을 상대로 지분비율 상당의 부당이득반환청구를 하였다. 최고재판소는 "甲이 임대차계약에 근거해 공용부분을 제3자에게 임대하여 임대료를 얻음으로써 법률상 원인 없이 乙의 지분비율 상당액의 이익을 받아 그 때문에 乙에게 손실을 끼친 것이 되어 동액에 대해 부당이득이 성립한다."라는 원심의 판단이 적절하다고 보았다.[65]

(다) 영 국

영국의 부당이득 법리는 Lipkin Gorman vs. Karpnale Ltd. 사건에서

---

62) 橋本佳幸 外 2人, 民法Ⅴ 事務管理·不当利得·不法行為, 有斐閣(2020), 21면.
63) 新注釈民法, 藤原正則(주 12), 124면.
64) 最判 2004. 4. 23. 平成12年(行ヒ) 第246号 判決.
65) 最判 2015. 9. 18. 平成25年(受) 第843号 判決. 다만, 구분소유자 단체의 규약에 비추어 개별 구분소유자가 부당이득반환청구권을 행사할 수 없다는 결론에 이르렀다.

일반적으로 승인되었다.[66] 일반적으로 재산 감소에 따른 부당이득(Restitution in unjust enrichment by subtraction)과 위법행위로 인한 부당이득(Restitution for wrongdoing)으로 대별된다.[67] 위법행위로 인한 부당이득의 바탕에는 "아무도 위법행위로부터 이득을 취해서는 안 된다(No person shall profit from his or her wrong)."라는 사고가 자리하고 있다.[68] 이는 의무위반 행위의 모습에 따라 보통법상 불법행위로 인한 부당이득(Restitution for torts), 계약위반으로 인한 부당이득(Restitution for breach of contract) 및 형평상 위법으로 인한 부당이득(Restitution for equitable wrongs)으로 나뉘고,[69] 부동산 또는 동산에 대한 점유침탈은 불법행위로 인한 부당이득 유형에 속한다. 이 유형에서는 전보적 구제뿐만 아니라 원상회복적 구제를 모색할 수 있고, 후자의 경우 재산상의 손실이나 가치의 감소를 증명할 필요가 없다. 침해자는 불법행위로 얻은 이익을 피침해자가 손실을 보았는지와 관계없이 피침해자에게 반환하여야 한다.[70] 불법점유에 따른 책임액은 실제의 손실과 무관하게 합리적인 이용가격으로 산정될 수 있고,[71] 소유자가 그 재산을 실제로 이용하거나 제3자에게 이용하도록 하였을 것이라는 점을 증명할 필요는 없는 것이다.[72]

다음의 몇 가지 사례를 살펴볼 수 있다. ① 甲이 乙의 부두시설을 무단으로 이용하여 선박을 정박하였다. 乙이 부두시설을 폐쇄하고 타인에게 정박시설로 제공하지 않을 계획이었기 때문에 甲의 무단사용으로

---

66) Lipkin Gorman vs. Karpnale Ltd, 2 AC 548(1991); Andrew Burrows, The Law of Restituion, 3rd ed, Oxford University Press(2011), 4, 5.

67) Andrew Burrows(주 66), 9-12; 김상중, "영국의 restitution for wrongs와 위법이익의 반환", 민사법학 제78호(2017), 326, 327면.

68) 김상중(주 67), 328면.

69) Andrew Burrows(주 66), 621-623.

70) 이계정, "부당이득에 있어서 이득토출책임의 법리와 그 시사점 — 반환범위에 있어 손해중심에서 이득중심으로의 전환", 저스티스 제169호(2018), 43면.

71) I. M. Jackman, "Restitution for Wrongs", The Cambridge Law Journal, Vol. 48(2)(1989), 305; Strand Electric and Engineering Co. Ltd. v. Brisford Entertainments Ltd., 2 Q.B. 246(1952).

72) 2 Q.B. 246(주 71).

인하여 乙이 입은 현실적 손해가 무엇인지 문제되었다. 법원은 乙이 비록 어떤 재산적 손해를 입었다고 보기 어렵다고 하더라도 이런 유형의 사건에서 배상액은 乙이 상실한 것이 아니라 甲이 시설을 이용함으로써 얻게 된 이익이 무엇인지에 따라 산정된다고 판단하면서, 불법적으로 이용한 물건의 일반적인 시장가치를 지불하지 않음에 따라 절약된 비용 상당액을 원상회복적 배상액으로 인정하였다.[73] ② 이러한 사고는 공군 가족이 관사를 이용할 수 없게 되었음에도 무단으로 이용한 사례에서도 확인된다.[74] 주요 논리는 다음과 같이 요약할 수 있다.[75] 먼저 무단점유 토지의 소유자는 자신이 입은 손해의 배상(Damages for loss)이나 점유자가 얻은 이득의 반환(Restitution of the value)을 구할 수 있다. 이때 소유자가 부지를 할인된 가격에 임대할 것이었는지 또는 임대하지 못할 것이었는지는 반환되는 이득을 산정하는 데에 고려할 만한 것이 아니다. 중요한 것은 무단점유자가 얻은 이득이다. 다만, 할인된 임차료로 임차하던 점유자가 계약 연장이 이루어지지 않았음에도 무단점유를 계속할 때 얻는 이득은 할인된 임차료나 계약 연장 시 지불하였을 임차료보다 일반적으로 크다는 점 등을 고려하여야 한다. ③ 원상회복적 배상의 문제는 동산의 무단사용에서도 동일하게 발생한다. 甲은 임차 기간이 만료한 이후에도 乙의 극장 설비를 무단으로 보관 및 이용하였다. 법원은 乙이 제3자 또는 甲에게 설비 사용을 허락하였을 경우에 받을 수 있었을 차임 상당액의 배상책임을 인정하였다. 설비 소유자가 아무런 재산상 손해를 입지 않았다고 하더라도 그 소유자는 합리적 차임을 지급받을 권한이 있고, 이러한 甲의 책임은 乙의 손실에 입각한 것이 아니라, 甲이 그 설비를 본인의 의도에 따라 사용하였다는 점에 기초한다고 보았다.[76] 이와 같은 유형의 손해 없는 배상(Damages without loss)의 문제는 부동산, 동산, 무체

---

73) Penarth Dock Engineering Co. Ltd. v. Pounds, 1 Lloyd's Rep. 359(1963).

74) Ministry of Defence v Ashman, 25 HLR 513(1993).

75) Ministry of Defence v Thompson, 25 HLR 552(1993).

76) 2 Q.B. 246(주 71).

재산권 등 다양한 재산권 침해 국면에서 발견된다.[77)]

(라) 미 국

미국법률협회는 1937년에 Restatement of the Law of Restitution: Quasi Contracts and Constructive Trust라는 이름으로 부당이득의 기초를 마련하였다. 이후 부당이득의 독자성을 강조한 Restatement (Third) of Restitution and Unjust Enrichment(이하 'R3RUE')를 간행하였다. R3RUE은 제4편 제8장 70개 조문으로 구성되어 있는데, 유형론의 시각에서 조망하자면 제2편 제2장(무효가 된 재화 이전) 및 제4장(원상회복과 계약) 제1절이 급부부당이득에, 제5장(위법행위로 인한 원상회복) 및 제6장(제3자에 의해 제공된 이익)이 침해부당이득에 유사하다고 볼 수 있다.[78)] 위법행위로 인한 원상회복의 중심 규정은 제40조이다. 한편 제51조는 악의의 침해자에게 시장가치를 초과하는 순이익의 반환책임을 인정하고, 순이익을 결정함에 있어 인과관계와 격원성(Causation and remoteness) 등을 고려하도록 정하고 있다.

부동산의 무단점유에 관한 다음 사례를 참고할 수 있다. ① 甲이 乙 소유의 강에 아무런 권한 없이 통나무를 띄워 이동시켰다.[79)] 甲은 점유침탈이 아무런 손해를 야기하지 않았다고 주장하면서, 손해는 점유침탈로 인하여 얻은 이득이 아니라 사업 방해나 임대 상실 등으로 인한 실제 손해로 측정되어야 하고, 이러한 실제 손해가 증명되지 않는 한, 명목상 손해(Nominal damages)만을 배상하면 충분하다고 주장하였다.[80)] 뉴욕주 항소법원은 甲의 주장은 점유침탈자가 정당한 계약을 체결하였을 경우보다 더 나은 결과를 야기한다고 지적하면서, 소유자가 장래에 직접 사용이나 임대를 계획하지 않고 그 소유의 주택을 방치한 상태에서 점유침탈자가

77) Kit Barker, "Damages Without Loss: Can Hohfeld Help?", Oxford Journal of Legal Studies, Vol. 34(4)(2014), 633.

78) 서종희(주 37), 53면.

79) In DeCamp v. Bullard, 159 N.Y. 450(1899).

80) 명목상 손해가 상징적인 의미만을 가진다고 할 수는 없지만 통상 법원에서 인정하는 액수는 매우 적다.

그 주택을 점유하였다면, 점유침탈자는 바로 그 사용 및 점유 가치에 상당하는 손해를 배상하여야 하는데, 그것은 점유침탈자의 무단사용, 바로 그것에 대한 적정 가격(Quantum meruit)으로 계약을 체결하는 것이 임차인의 의무이기 때문이라고 설시하였다. ② 甲이 자기 소유 토지 지하 약 100m에 전체 길이 2km에 이르는 그레잇 오닉스 동굴을 발견하고 관광명소로 개발하여 큰 이득을 거두었는데, 동굴의 3분의 1이 乙 소유 토지 지하에 있었음에도 乙의 동의를 받지 않았다.[81] 켄터키주 항소법원은 甲의 부동산 점유침탈에 대하여 이득토출책임을 인정하면서도 동굴 관람으로 인한 수익의 전부가 아닌 3분의 1만 위법행위로 의하여 창출된 수익으로 보아 그 액수만큼의 반환책임을 인정하였다. 乙은 甲에 의하여 운영되고 있는 호텔 수입에 대하여도 이득반환을 구하였는데, 법원은 乙의 토지에 대한 부동산 점유침탈과 甲의 호텔 사업으로 발생한 수익 사이의 인과관계가 격원하다고 보아 그 부분 청구를 기각하였다.

(마) 유럽 등

1) 유　　럽

2009. 2. 발표된 DCFR은 제7편에서 제7장 23개의 조문으로 부당이득을 규정하고 있다.[82] 제1장은 기본규정을, 제2장 내지 제4장은 반환청구의 요건을, 제5장은 효과론에 해당하는 반환의 방법과 범위를, 제6장은 수익자 측의 항변 사유를, 제7장은 다른 법과의 관계를 규정하고 있다.[83] 단일모델에 입각한 DCFR은 부당이득반환의 요건으로 손실, 이득, 부당성, 손실의 이득 해당성을 요구하고 있다. DCFR 제3장은 이득(Ⅶ-3:101)과 손실(Ⅶ-3:102)을 정확히 대칭적으로 규정하고 있다. 침해부당이득 사안에서 손실이란 실제 손실자가 입은 구체적인 손실이 아니라 손실자를 대체한 이용 자체가 이득에 해당함과 동시에 손실에 해당한다고 한다.[84] 예

81) Edwards v. Lee's Administrator, 96 S.W.2d 1028(1936).

82) 부당이득편에 관한 연구로는 이상훈, 유럽민사법 공통참조기준안(DCFR) 부당이득편 연구, 경인문화사(2017).

83) 이상훈(주 82), 6면.

84) v. Bar/Clive (eds.), Principles, definitions and model rules of european private

를 들어 일요일에 휴업하는 상가의 주차장에 이웃이 주차한 경우, 별장 소유자가 해외 출장을 떠나자 별장 관리인이 소유자의 허락을 받지 않고 자신의 친구를 숙박시킨 경우와 같이 손실자가 재산을 소위 '놀리고 있는' 경우에도 DCFR의 손실은 인정된다.[85] 이때 손실은 현실적으로 발생할 필요가 없고 잠재적 상업화 가능성의 침해만 있으면 된다.[86] 따라서 상가 주인이 실제로 자신이 주차장에 주차를 하지 못하여 다른 유료주차장의 사용료를 지급하지 않았거나, 별장 소유자가 별장을 직접 사용하거나 제3자로 하여금 사용하도록 할 계획이 없었더라도 손실은 인정된다. 중요한 것은 손실자에게 실제로 구체적 액수로서의 '손실'이 발생하였는지가 아니라 권리자에게 법적으로 할당된 이득의 침해가 있었는지 여부이다.[87] 한편 반환범위와 관련하여서는 노무나 사용이익과 같이 이전 불가능한 경우 그 이득의 금전가치를 반환하되 수익자에 책임이 없는 경우에는 수익자가 실제 얻은 이득인 비용절감액이 책임범위로 한정된다.

2) **오스트리아**

오스트리아 민법에서 부당이득법의 기능을 하는 규정은 비채변제와 비용상환청구권으로 구별되고, 그중 침해부당이득을 포괄하는 것으로 이해되는 비용상환청구권은 사무관리에 관한 절의 끝에 규정되어 있다.[88] 중심 규정은 제1041조로 "물건이 사무처리 없이 다른 사람의 이익으로 이용되었을 때에는 소유자는 그 원물, 또는 이것이 더는 되지 아니할 때에는, 비록 그 뒤에 수익이 좌절되었다 하더라도, 이용할 때 그것이 가졌던 가치를 청구할 수 있다."라고 규정하고 있다.[89] 법문에서 알 수 있듯이 소유자의 손실은 요건으로 규정되어 있지 않다. 빌부르크는 비용부당이득과 침해부당이득 등 일체의 비급부부당이득의 근거를 이 규정에서

---

law: draft common frame of reference(DCFR), Oxford University Press(2010), 4012, 4013; 이상훈(주 82), 38면.

85) v. Bar/Cilve(주 84), 3892, 4013; 이상훈(주 82), 38면.

86) v. Bar/Cilve(주 84), 4011, 4012; 이상훈(주 82), 38면.

87) 이상훈(주 82), 38면.

88) 이동진(주 39), 271, 279면.

89) 이동진(주 39), 279면.

찾고, 그 이론적 기초를 할당내용에서 구하였다.[90] 원물반환이 불가능한 경우 이득자의 선·악의에 따라 반환가액을 산정하여야 한다는 것이 통설·판례이며,[91] 선의자는 취득한 이득이 통상 가치에 못 미칠 때에는 취득한 이득만 반환하면 되나, 통상 가치를 초과하는 이득을 취득하였을 때에는 통상 가치만 반환하면 된다. 악의자는 이득이 없어도 시장 최고가 상당을 반환하여야 하고, 실제 취득한 이득이 최고가를 초과하는 경우에는 그 초과 수익도 반환하여야 하며, 다만 자신의 고유한 기여가 있다면 이득을 분할하여야 한다.[92]

3) 스 위 스

스위스 채무법은 제62조 이하에서 부당이득을 규정하고 있다. 제62조는 일반 요건으로 "다른 사람의 재산으로 부당하게 이득한 사람은 그 이득을 반환하여야 한다."라고 규정하고, 제64조는 반환범위에 관하여 "반환은 수령자가 반환 시에 더는 이득하지 아니하고 있음을 증명할 수 있을 때에는 요구되지 아니한다. 그러나 그가 스스로 이득을 소멸시켰고 그 당시 선의가 아니었거나 반환을 고려하였어야 했다면 그러하지 아니하다."라고 규정하고 있다.[93] 침해부당이득에 관한 독일의 할당내용설이 스위스에서도 통설적 지위를 차지하고 있다.[94] 2020 채무법 개정안(Schweizer Obligationenrecht 2020)은 침해부당이득과 수익반환에 관한 명문의 규정을 두고 있다.[95] 제69조는 다른 사람의 법적으로 보호되는 이익이 침해되어 이득한 때에는 그가 그 사실을 인식하지 못하였고 인식하였어야 했던 것도 아닐 때가 아닌 한, 수익도 반환되어야 한다고 규정하고, 제70조는 이 때 수익은 소명하여야 하며 그 액수를 산정하기 어려운 이득에 대해서는 법원이 사태의 통상 경과를 고려하여 액수를 산정할 수 있다고 규정하고

90) Wilburg(주 11), S. 27, 69; 이동진(주 39), 281면.
91) 이동진(주 39), 282면.
92) 이동진(주 39), 282면.
93) 이동진(주 39), 285면.
94) 이동진(주 39), 290면.
95) 다만, 스위스연방참정원은 2020 채무법 개정안을 받아들이지 않았다.

있다.[96)] 제72조는 법원이 권리자의 특별한 이익을 보호할 필요성과 이득자 자신의 기여를 고려하여 반환액을 정한다고 규정하고 있다. 이는 요건의 구체화를 어느 정도 포기하고 반환액 산정에 관하여 법원에 재량을 부여한 것으로 평가된다.[97)]

4) 대 만

대만 민법 제179조는 "법률상 원인 없이 이익을 얻고 타인에게 손해를 가한 경우에 그 이익을 반환하여야 한다. 법률상 원인이 있었으나 그 후 이미 존재하지 아니하는 경우도 같다."라고 규정하고 있다.[98)] 집합건물 공용부분의 무단점유로 인한 부당이득반환청구에 관한 최근 판결을 소개한다.[99)] 甲은 5층 규모의 집합건물 중 4층의 소유자이고, 乙은 위 건물의 5층 및 다른 구분소유자의 동의를 얻지 못한 옥상 증축물에 대한 소유권 내지 사실상의 처분권을 취득한 자이다. 甲은 乙을 상대로 옥상 증축물을 철거하고, 옥상 부분을 전체 공유자에게 반환하며, 부당이득을 반환할 것을 구하였다. 이에 乙은 옥상 증축물 건축 당시 각 구분소유자가 그 증축물의 소유권을 5층 소유권자에 귀속시키는 데에 동의하였고, 수십 년간 누구도 이에 반대하지 않았으며, 그동안 증축물을 수도료 등의 분납 대상에 포함하였음을 주장하였다. 원심은 옥상 부분이 전유부분이 아니므로 구분소유자의 공동 소유에 속하고, 그 부분 위에 증축물을 건축하는 것에 관한 계약이 성립하지 않았으므로, 乙이 옥상 부분을 점유할 정당한 권리가 없다고 보았다. 나아가 乙은 甲에게 법률상 원인 없이 손해를 입혔으므로 임대료에 상당하는 부당이득을 반환하여야 한다고 판단하면서, 구체적으로 토지법 등 관계 법령 등에 따른 공시지가를 기초로 차임 상당액을 구한 다음 전유부분의 면적에 따라 甲에게 귀속되는 차임 상당액의 반환을 명하였다. 최고법원은 이러한 원심의 판단을 수긍

---

96) 최윤석, "스위스채무법 2020 총칙초안(OR 2020)에 관한 연구", 저스티스 제178호(2020), 161면; 이동진(주 39), 293면.

97) 이동진(주 39), 294면.

98) 김성수, 대만민법전, 법무부(2012), 133의 번역을 참고하였다.

99) 最判 2020. 8. 5. 中華民國109年度台上字第1019號判決.

하였다.

(바) 검 토

대상판결의 해결과 관련하여 다음의 특징을 주목할 필요가 있다. 첫째, 비교법적으로 침해부당이득에서 '손실' 요건은 독자적인 의미를 가지지 않는다. 오스트리아 민법과 스위스 채무법은 '손실'을 사무관리나 부당이득의 성립요건으로 규정하고 있지 않다. 학문적으로는 할당내용설이 독일, 오스트리아, 스위스, 일본의 주류적인 견해로 자리매김하였고 이러한 태도는 DCFR에서도 확인된다. 할당내용설에 따르면 부당이득반환청구권은 권한 없는 이용에 의해 침해된 권리 그 자체에서 발생하는 것이다. '손실'은 권리자에게 할당된 권한이 침해되었다는 것을 의미할 뿐이어서 독립적 법률요건으로서의 기능을 수행한다고 보기 어렵다. 영미의 위법행위로 인한 원상회복의 경우에도 위법행위로 인하여 피침해자에게 실제 손실이 발생하였는지는 문제되지 않는다. 이러한 점에서 전보배상을 목적하는 불법행위에서 '손해'가 갖는 법적 의미와 구별된다. 둘째, 반환범위와 관련하여 '통상의 사용가치'는 침해자의 주관적 의도와 무관하게 최소한도로 기능하고, 악의의 침해자는 이를 초과하는 이득이 있는 경우 그 이득까지 반환하여야 한다는 법리가 공통적으로 확인된다. 대륙에서는 부당이득과 사무관리 중 어느 쪽에서 처리할 것인지 차이가 있기는 하지만, 악의의 침해자가 취득한 초과이득이 반환되어야 한다는 명제는 일반적으로 인정되고 있다.[100] 영미에서도 악의의 침해자에 대해서는 이득토출책임이 비교적 넓게 인정된다. R3RUE이나 DCFR이 명시하고 있듯이 수익자의 주관적 인식은 원상회복 범위를 결정짓는 결정적 요소이다. 셋째, 악의의 침해자가 반환하여야 할 이득의 범위를 결정하는 데에는 인과관계 내지 그에 준하는 요건이 핵심 사항이 된다. 독일의 부진정사무관리가 성립되는 경우 악의의 침해자는 사용의 객관적 가치를 초과하는 이득을 반환하여야 한다. 독일 민법 제667조의 반환대상은 사무처리

100) 이동진(주 39), 297면.

내지 이행을 목적으로 수임인이 취득하게 된 일체의 것을 의미하므로,[101] 침해에 의하여 취득된 것인지는 비교적 넓게 인정되지만, 독일 민법 제670조에 따라 일정한 비용의 공제를 주장할 수 있으므로, 결국 반환범위를 확정하는 데에는 이득 발생의 기원 내지 기여를 따져보아야 한다. R3RUE는 인과관계와 격원성을 통하여 반환되어야 하는 순이득을 결정하고, 스위스 2020 채무법 개정안 제72조는 이득자 자신의 기여를 고려하도록 정하고 있다. 이처럼 표현이나 관점을 달리하고 있지만, 반환하여야 할 이득을 확정하는 데에는 침해된 권리와 침해자의 기여가 대립적으로 고려되고 있음을 알 수 있다.

(3) 침해부당이득에 관한 우리 법의 검토

(가) 성립요건으로서의 손해

1) 쟁점 소개

다수의견과 반대의견은 민법 제741조의 '손해' 개념을 달리 파악하였다. 다수의견은 '사용·수익할 권리의 침해' 그 자체를 손해로 파악하였고, 반대의견은 차액설의 관점에서 손해를 파악하였다. 대상판결에서는 집합건물 공용부분의 무단점유가 문제되었지만, 문제의 본질이 여기에 국한되는 것은 아니다. 이하에서는 침해부당이득상 손해의 개념에 관한 대표적인 국내 학설을 소개하고, 그에 관한 대법원의 입장을 엿볼 수 있는 판례를 검토한 다음, 다수의견의 정당성과 반대의견의 부당성을 검증하기로 한다.

2) 국내 학설

전통적으로 부당이득에서의 '손해'는 이득에 대응하는 재산의 감소 내지 부증가를 뜻하는 것으로 이해되었다.[102] 국내에서도 유형론이 지배적인 견해가 되면서 침해부당이득에서의 손해에 관한 구체적 논의가 활발히 이루어졌다. 대표적인 견해는 다음과 같다.

① 김형배 교수는 침해부당이득에 있어서 손해는 불법행위에 있어

---

101) Münchener Kommentar BGB, 8. Aufl., 2020, § 667 Rn. 10, 11.
102) 곽윤직(a)(주 3), 353면.

서 피해자가 입은 손해와는 성질을 달리하므로 정확한 이해를 요한다고 지적한다. 즉 "채무불이행법 및 불법행위법에 있어서는 피해자가 입은 손해를 전보(Ausgleich)하는 것이 동법의 목적이지만, 부당이득법에 있어서는 수익자가 취득한 부당한 재산의 증가(이득)를 교정(Korrektur)하는 것이 기본목적"이고, 침해부당이득은 타인에게 귀속된 재산상의 독점적 지위를 침해함으로써 이득을 얻는 것이므로 현실적으로 존재하고 있는 또는 기대되는 재산적 가치가 권리자로부터 박탈되었느냐 하는 것은 문제되지 않는다고 한다. 나아가 "반환청구자의 손실은 수익자의 이득의 원인이 되었던 손실자의 단순한 상대적 재산적 부담(Kosten)"이라고 파악하면서, 결과적으로 침해부당이득법상 손해라는 요건의 기능은 "부당이득반환채권자와 반환채무자 사이의 관계를 확정하고, 소극적으로 그 범위의 확대를 방지하려는 데 있다."라고 설명한다.[103)]

② 안춘수 교수는 유형론의 시각에서 타인의 손실이라는 것이 반드시 부당이득반환청구자의 재산이 감소되었어야 한다는 것을 의미하지는 않는다면서 "권리영역에 대한 침해가 있으면 되고 재산상의 결손까지 있어야 하는 것은 아니"라고 한다. 다수의 견해에 의하면, 타인의 권리영역에 대한 침해가 있으면 손실 요건은 충족되고, 침해 여부는 관련된 권리 및 법익과 그 보호범위에 중점이 있으며, 수익자가 얻은 이익이 특정한 법적 지위를 통하여 반환청구자에게 부여된 배타적 재화 이용권한을 침해하지 않으면 얻을 수 없는 것일 때에 침해부당이득이 성립한다고 한다.[104)]

③ 양창수 · 권영준 교수는 타인이 법률상 원인 없는 침해행위로 이득을 얻었다면 그 사실 자체로부터 손해 요건이 충족된다고 한다.[105)] 구체적으로 양창수 교수는 침해부당이득의 경우 "이득반환청구권자가 가지는 애초의 권리가 무엇이냐가 결정적으로 중요한 의미"를 가지고, "침해

103) 김형배(주 7), 170-176면.
104) 안춘수(주 19), 355-356면.
105) 양창수/권영준, 민법Ⅱ 권리의 변동과 구제, 박영사(2017), 502면.

자가 '타인의 재산으로 인하여' 이득을 얻었느냐가 문제"이지, "그 타인이 그로써 '손해'를 입었느냐는 고려할 필요가 없다."라고 한다. 결국 "그와 같은 침해 또는 이용으로 인하여 권리자가 손해를 입었느냐 하는 것은 부당이득의 성립 여부를 좌우하지 못"하고, 이러한 요건을 침해부당이득에서 요구하는 것은 "결과적으로 손해의 의미를 무한정 확장하여 어떠한 경우에도 손해가 있다는 무의미한 결론에 도달"하는 것이라고 한다.[106)] 권영준 교수는 "침해부당이득에서의 손해는 배타적으로 할당된 법적 이익의 침해 상태"를 의미하고, 이러한 침해 상태, 또는 권리자의 "사용·수익 가능성 박탈상태 자체가 곧 침해부당이득에서의 손해를 구성"한다면서, "결국 침해부당이득에서 이득과 손해는 동전의 양면 또는 물체와 그 거울상(Mirror image)의 관계에 있다."라고 설명한다.[107)]

④ 윤진수 교수는 "침해부당이득이란 다른 사람에게 배타적으로 귀속되는 재화 또는 이익을 권한 없이 사용, 수익 또는 처분함으로써 이익을 얻는 경우에 그 이익을 반환하게 하는 것"이라면서, 그 경우에도 손해라는 요건 자체가 필요하지 않다고 할 수는 없지만 "침해부당이득에서는 타인의 배타적인 권리 내지 이용이 침해되었다면 그 자체로 손해는 존재하는 것이고, 이를 따로 임대하는 등 영리적인 목적으로 사용할 수 없다고 하여 손해가 존재하지 않는다고 할 수 없다."라고 설명한다.[108)]

⑤ 이계정 교수는 독일의 지배적인 견해인 권리귀속설은 침해부당이득에서의 손해 개념을 추상적으로 이해한다면서, "법질서에 의해 누군가에게 배타적으로 귀속되어 있는 이익이 침해된 그 상태를 손해로 파악"한다고 설명한다. 부당이득은 손실전보 기능보다는 정당하지 않은 이득의 반환을 위한 제도라는 점에서 손해배상과 구별되는 독자성이 있고, 사용·수익·처분 권능이 내재된 소유권 보호에 충실한 이론이라는 점 등에서 위와 같은 권리귀속설의 태도는 우리 민법에도 그대로 적용될 수

106) 양창수(주 17), 62, 265면.
107) 권영준(주 5), 284면.
108) 윤진수(주 5), 762-765면.

있다고 한다.[109)]

3) **판례 태도**

집합건물은 부동산의 한 유형이다. 따라서 기본적 유형인 타인의 토지에 대한 무단점유 사례를 먼저 살펴볼 필요가 있다.

대법원 1988. 4. 25. 선고 87다카1073 판결은 부당이득에서의 손해를 차액설적 관점에서 조망한 첫 판결이다. 이 판결이 부당이득에서의 손해에 관한 일반적 법리를 설시하면서 원용한 참조판결은 불법행위로 인한 손해배상청구가 문제되었던 사안이다. 대법원이 불법행위에서의 손해와 부당이득에서의 손해를 사실상 동일하게 취급하였음을 시사한다. 사안을 살펴보면 다음과 같다. 피고는 원고들 명의로 등기된 구거(溝渠)의 일부 지상에 교량(橋梁) 2개를 가설하여 통행에 제공하였다. 원고는 피고를 상대로 부당이득반환을 청구하였다. 원심은 피고가 구거 중 일부를 점유·사용함으로써 원고들이 손해를 입게 되었다는 증거가 없다고 보아 청구를 배척하였다. 이에 원고가 상고하였다. 대법원은 "불법점유를 당한 부동산의 소유자로서는 불법점유자에 대하여 그로 인한 임료상당 손해의 배상이나 부당이득의 반환을 구할 수 있을 것이나 불법점유라는 사실이 발생한 바 없었다고 하더라도 부동산소유자에게 임료 상당 이익이나 기타 소득이 발생할 여지가 없는 특별한 사정이 있는 때에는 손해배상이나 부당이득반환을 청구할 수 없는 것이다(대법원 1985. 10. 22. 선고 85다카689 판결 참조)."라고 판시하면서, 피고의 교량가설에 의하여 소유자들이 새삼스럽게 위 구거 부분을 사용·수익할 수 없게 된 것은 아니라 하여 소유자들의 부당이득반환청구를 배척한 원심의 조치는 정당하다고 하였다. 이러한 법리는 2000년대 판결까지 이어지는데,[110)] 이를 바탕으로 대법원은 무단점유라는 사실이 발생하지 않았더라도 토지소유자에게 임료 상당 이익이나 기타 소득이 발생할 여지가 없다는 등의 특별한 사정은 무단점유자가 주장·증명하여야 한다고

109) 이계정(주 5), 383면.
110) 대법원 2002. 12. 6. 선고 2000다57375 판결.

판시하고 있다.[111)]

대법원 1991. 7. 9. 선고 91다11889 판결은 이른바 독점적 · 배타적인 사용 · 수익권의 포기에 관한 법리를 전개한 대표적인 판결이다. 사안의 개요는 다음과 같다. 원고는 그 소유의 토지를 도로예정지로 고시된 부분과 그 이외의 택지 부분으로 분할한 다음 택지 부분을 제3자에 분양하였다. 이후 택지 부분에 주택 및 상가가 건축되었고, 주민 등은 위와 같이 도로예정지로 고시된 부분을 사실상 통행에 사용하기 시작하였다. 지방자치단체는 주민 등의 요청에 따라 그 토지 부분을 포장하고 하수도를 설치하였고, 그 후로도 그 토지 부분은 사실상 도로로 계속 사용되었다. 원고는 지방자치단체인 피고를 상대로 부당이득반환청구를 하였다. 원심은 원고가 위 토지 부분에 대한 사용 · 수익권을 포기하였다고 보기 어렵다는 이유로 부당이득반환청구를 받아들였다. 이에 피고가 상고하였다. 대법원은 제반 사정에 비추어 "원고가 이 사건 토지를 제외한 나머지 소유지를 택지로 분양할 때, 이 사건 토지에 대하여는 그 주민들에게 무상으로 통행할 수 있는 권한을 부여하였다고 볼 수 있으므로 원고는 이 사건 토지에 대한 독점적이고 배타적인 사용 · 수익권을 행사할 수 없고 피고의 점유로 인하여 원고에게 어떤 손실이 생긴다고도 할 수 없는 이치이다."라고 판시하면서 원심판결 중 피고 패소 부분을 파기하였다. 토지의 소유자가 그 토지에 대한 독점적 · 배타적인 사용 · 수익권을 포기한 것으로 볼 수 있다면, 타인이 그 토지를 점유 · 사용하고 있다고 하더라도 특별한 사정이 없는 한 그로 인해 토지소유자에게 어떤 손해가 생긴다고 볼 수 없으므로, 토지소유자는 그 타인을 상대로 부당이득반환을 청구할 수 없다는 내용은 확고한 법리로 자리매김하였다.[112)] 이러한 법리는 토지소유자가 물권적 청구권을 행사하는 경우까지도 적용된다.[113)]

---

111) 대법원 1997. 7. 22. 선고 96다14227 판결, 대법원 2017. 6. 15. 선고 2015다77717, 77724 판결.

112) 대법원 1989. 7. 11. 선고 88다카16997 판결, 대법원 1991. 7. 9. 선고 91다11889 판결, 대법원 1996. 11. 29. 선고 96다36852 판결, 대법원 2004. 8. 20. 선고 2004다22407 판결, 대법원 2013. 9. 12. 선고 2013다33454 판결.

독점적 · 배타적인 사용 · 수익권 행사의 '제한'이라는 표현을 사용하기는 하지만 최근의 전원합의체 판결에서도 그 타당성이 인정되었다.[114] 이는 소유권을 이루는 사용 · 수익권의 침해 자체가 인정되지 않는 사안이므로, 소유권의 침해 자체는 인정되나 차액설적 관점에서 파악할 수 있는 손해가 인정되지 않는다는 이유로 부당이득반환청구권의 성립을 부정한 사례와는 구별된다. 따라서 독점적 · 배타적인 사용 · 수익권 포기라는 법리에 대한 당부는 차치하고, 이 판결이 침해부당이득에서의 손해에 관한 대상판결의 태도와 모순된다고 볼 것은 아니다.

다음으로 대상판결이 변경한 집합건물의 공용부분에 관한 사례 중 대표적인 판결을 살펴본다.

대법원 2005. 6. 24. 선고 2004다30279 판결은 공용부분은 별개 용도로 사용하거나 임대할 수 있는 대상이 아니므로 무단점유로 인해 구분소유자에게 임료 상당의 이익을 상실하는 손해가 발생하였다고 볼 수 없다는 법리를 명시적으로 설시한 첫 판결이다.[115] 구체적인 사안은 다음과 같다. 피고는 집합건물의 복도 부분을 피고의 영업장으로 사용하기 위하여 벽을 설치한 후 배타적으로 점유 · 사용하였다. 원고는 피고에 대하여 공유물의 보존행위로서 벽 등의 철거 및 복도 부분의 명도를 구함과 동시에 임료 상당의 부당이득반환청구를 하였다. 원심은 해당 복도 부분이 일부 점포들만을 위한 일부공용부분에 해당하므로 원고의 주장은 나아가 볼 필요 없이 이유 없다고 판단하였다. 이에 원고가 상고하였다. 대법원은 해당 복도 부분이 일부공용부분에 해당한다는 원심의 판단에 잘못이 있다는 이유로 원심 판결을 파기하면서, 부가적으로 원고의 부당이득반환청구에 대하여 "이 사건 복도 부분은 이 사건 상가의 구조상 전체공용부분으로서 이 사건 상가의 통로로써의 기능을 하는 것일 뿐 점포

113) 대법원 2013. 11. 14. 선고 2011다63055 판결.
114) 대법원 2019. 1. 24. 선고 2016다264556 전원합의체 판결.
115) 이 판결이 참조판결로 들고 있는 대법원 1998. 2. 10. 선고 96다42277, 42284 판결은 같은 취지의 원심판단을 수긍하는 것이었다.

로 사용하는 등 별개의 용도로 사용하거나 그와 같은 목적으로 타에 임대할 수 있는 대상이 아니므로, 특별한 사정이 없는 한 피고가 아무런 권원 없이 이를 점유사용하였다 하더라도 이로 인하여 원고에게 임료 상당의 이익을 상실하는 손해가 발생하였다고 볼 수 없다는 점을 지적하여 둔다."라고 판시하였다. 원고는 환송 후 원심에서 금전청구부분을 취하하였다. 환송 후 원심은 원고가 공유물의 보존행위로서 권리침해상태의 배제를 청구할 수 있다고 보아 철거 및 인도청구를 인용하였다.[116] 결과적으로 대법원판결이 부가적으로 설시한 부당이득반환청구에 대한 판단은 환송 후 원심에서 문제되지 않았다. 그럼에도 위 법리는 후속 대법원판결에 반복적으로 인용되면서,[117] 하나의 사례군을 형성하게 되었다.

대법원 2011. 4. 28. 선고 2010다26097 판결은 쟁점 법리를 명시적으로 설시하면서 하급심과 실질적으로 상충되는 내용의 판단을 하였다. 이 판결로 인하여 구분소유자 중 일부가 아무런 권원 없이 공용부분을 점유·사용하였다고 하더라도 다른 구분소유자에게 부당이득반환청구권이 성립되지 않는다는 법리가 확고해졌다. 사안을 소개하면 다음과 같다. 피고는 집합건물의 세면장과 방화벽을 철거하고 복도와 화장실을 피고의 의류매장으로 점유·사용하였다. 원고들은 피고에 대하여 공유물의 보존행위로서 방화벽과 세면장의 원상회복을 구하고, 인도 시까지의 부당이득반환을 구하였다. 원심은 원상회복청구와 부당이득반환청구를 모두 인용하였다. 이에 피고가 상고하였다. 대법원은 부당이득반환청구 부분에 관하여 "집합건물의 복도 등과 같은 전체공용부분은 이를 점포로 사용하는 등 별개의 용도로 사용하거나 그와 같은 목적으로 타에 임대할 수 있는 대상이 아니다. 따라서 특별한 사정이 없는 한 구분소유자 중 일부가 아무런 권원 없이 이를 점유, 사용하였다고 하더라도 이로 인하여 다른 구

116) 이 사안은 원고(전유면적 31.35㎡)가 피고(전유면적 332.64㎡)를 상대로 공유물의 보존행위로서 공유지분에 기한 방해배제청구 및 공유물반환청구를 한 사례이다. 그중 반환청구는 대법원 2020. 5. 21. 선고 2018다287522 전원합의체 판결에 따라 이제는 인용되기 어렵다.

117) 대법원 2006. 5. 12. 선고 2005다36779 판결 등.

분소유자가 당연히 그 부분에 관한 임료 상당의 이익을 상실하는 손해가 발생하였다고 볼 수 없다."라고 판시하면서, 임료 상당의 부당이득반환의무가 있다고 판단한 원심에 위법이 있다고 보아, 원심판결 중 부당이득반환청구에 관한 피고 패소 부분을 파기하였다. 환송 후 원심은 위와 같은 대법원의 판단에 따라 원고들의 부당이득반환청구를 기각하였다. 더 주목할 만한 판단은 환송 전 원심이다.[118] 환송 전 원심은 앞서 본 대법원 2004다30279 판결에 명시된 법리를 존중하면서도 나름의 합리적 결론을 도출하기 위한 시도를 하였다. 그 결과 대법원 2004다30279 판결 등의 의미를 제한적으로 해석하여 의류매장이 아닌 복도를 기초로 산정한 차임 상당액을 부당이득금으로 인정하였다. 비록 상고심에서 수긍되지는 않았지만, 대상판결과 본질적으로 동일한 문제의식을 가졌다는 점에서 의미가 있다.

4) 대상판결 검토

대상판결의 다수의견이 타당하다. 대상판결의 다수의견, 반대의견, 다수의견에 대한 보충의견에서 각 근거가 상세히 소개되어 있다. 이하에서는 다수의견의 정당성과 반대의견의 부당성을 법해석적 측면, 비교법적 측면 및 법경제학적 측면에서 탐구하도록 한다.

가) 법해석적 측면

대상판결의 핵심 쟁점은 타인이 집합건물의 공용부분을 정당한 권원 없이 배타적으로 점유·사용하는 경우 구분소유자에게 민법 제741조에서 정한 '손해'가 발생하였다고 볼 수 있는지에 있다. 따라서 이 문제의 해결은 '손해'라는 문언의 해석에서 출발하여야 한다. 법해석방법으로 문언해석, 목적론적 해석, 체계적 해석, 역사적 해석이 언급된다.[119] 이하에서는 문언 해석, 목적론적 해석 및 역사적 해석을 중심으로 논한다.

먼저 문언 해석을 살펴본다. 민법은 여러 곳에서 손해라는 단어를 사용하고 있다. 손해의 개념에 대하여 여러 시대에 걸쳐 세계 각국에서

118) 서울고등법원 2010. 2. 9. 선고 2008나87961 판결.
119) 김용덕 편, 주석민법 총칙(1), 한국사법행정학회(2019), 57-77면(이원범, 윤진수).

깊이 있는 연구가 진행되었다. 손해, 특히 전보대상으로서의 손해의 개념에 대한 이론적·실무적 고찰은 선행 연구에 의지하기로 하고,[120] 여기에서는 통설·판례의 태도로 인식되는 차액설에 대한 보완으로서,[121] 권리·법익의 침해 결과 그 자체를 손해로 파악하는 실재적(구체적) 손해의 관념, 손해의 규범적 평가 등이 유지·발전하여 왔다는 점을 지적하는 데에 그친다.[122] 재산상의 불이익이 존재하지만, 차액설로는 그것이 제대로 인식되지 않는 경우가 있다.[123] 소유자가 무단점유자의 퇴거 이후 나름대로 대상 부동산을 이용하고자 하는 일반적 상황에서는 차액설이 적절한 답을 줄 수 있지만, 대상 부동산의 이용이 전혀 계획 또는 예정되어 있지 않은 경우, 그 이용에 사실상의 제약이 있는 경우, 그 부동산을 제3자에 임대할 수 없는 경우 등에는 차액설만으로 문제가 해결되지 않을 수 있다. 집합건물 공용부분의 무단점유 사례에 관하여 종래의 차액설에 따르면 침해행위 전후로 권리자인 구분소유자의 재산상태에 증감이 없어 손해가 없다고 볼 수 있다.[124] 그러나 공용부분에 대한 공유지분권에 입은 불이익 그 자체를 규범적 손해로 볼 수도 있다. 그것이 "물질적으로나 정신적으로 밑짐"이라고 되어 있는 손해의 사전적 의미에도 부합한다. 이론적으로나 실무적으로 차액설의 한계를 극복하기 위한 시도는 지속적으로 이루어졌다.[125] 독일의 학설과 판례도 일정한 유형의 사안에서 규범적 손해를 받아들이고 있다.[126] 지식재산권 침해에 따른 권리자

---

120) 국내 문헌으로 우선 곽윤직 편, 민법주해 채권(2), 박영사(2005), 465-469면(양창수); 양삼승, "손해배상의 범위 및 방법에 관한 독일·일본 및 우리나라 민법의 비교", 민사법의 제문제, 박영사(1984); 서광민, "손해의 개념", 서강법학연구 제6권(2004); 최우진, "구체적 액수로 증명 곤란한 재산적 손해의 조사 및 확정", 사법논집 제51집(2011); 김상중, "손해의 개념과 손해발생의 인정", 민사법학 제90호(2020).

121) 민법주해, 양창수(주 120), 466. 대법원 2018. 9. 28. 선고 2015다69853 판결, 대법원 1977. 8. 23. 77다714 판결. 일본에서도 차액설이 주류적인 견해이고, 판례도 다르지 않다(最判 1964. 1. 28. 昭和34(オ) 第901号 判決).

122) 김상중(주 120), 222면.

123) 최우진(주 120), 441면.

124) 제2 보충의견.

125) 대법원 1994. 8. 26. 선고 94다25810 판결, 대법원 2007. 12. 13. 선고 2007다18959 판결.

의 손해에 관한 저작권법 제125조, 특허법 제128조, 상표법 제110조나 손해의 액수를 증명하기 어려운 경우 제반 사정을 참작해 그 액수를 정할 수 있도록 한 민사소송법 제202조의2는 규범적 손해를 더욱 적극적으로 파악할 수 있도록 하는 근거가 될 수 있다.[127] 부당이득 제도 이외의 영역에서 권리·법익의 침해 결과 그 자체를 손해로 파악하는 것이 불가능하다고 단정하기는 어렵다.

다음으로 목적론적 해석을 살펴본다. 민법상 부당이득 제도는 '이익의 반환'을 목적으로 하는 제도로서 '손해의 배상'이라는 불법행위 제도와는 그 취지와 목적을 달리한다.[128] 다수의견이 명시적으로 밝히고 있듯이 침해부당이득에 관한 부당이득 제도의 목적은 이득의 원천이 된 재산의 권리자에게 그 이익을 귀속시킴으로써 부당한 재산적 가치의 이동을 조정하는 데에 있다. 위법한 원인으로 발생한 손해를 공평하게 분담하기 위하여 피해자 이외의 자가 전보하는 것을 일컫는 손해의 배상과는 구별된다.[129] 불법행위는 피해자의 손해를 배상하는 것을 목적하므로 손해의 개념을 구체적으로 파악하지만, 침해부당이득은 정당하지 않은 이득의 회수를 목적하므로 손해의 개념을 추상적으로 파악하는 데에 특징이 있다.[130] 불법행위에서는 '피해자의 상태'가 관심의 초점이고 '손해의 발생'이 중심 성립요건인 것에 반하여, 부당이득에서는 '수익자의 상태'가 관심의 초점이고 '이득의 발생'이 중심 성립요건이다.[131] 제도의 목적에서 비롯된 차이는 법문에도 반영되어 있다. 부당이득에서의 손해는 법률요건으로서만 기능하지만, 불법행위에서의 손해는 법률요건에서 나아가 법률효과로서 기능한다. 따라서 이러한 차이에 주목하면 민법 제741조에서

126) 김상중(주 120), 204면.

127) 윤진수(주 5), 774면은 "부당이득의 손해를 산정하는 데 어려움이 있는 때에는 민사소송법 제202조의2를 유추할 필요가 있다."라고 하면서, 같은 취지의 견해로 이계정(주 5), 387면, 권영준(주 5), 285면, 박설아(주 5), 902, 903면을 들고 있다.

128) 대법원판결(주 31) 중 대법관 김재형의 반대의견에 대한 보충의견.

129) 민법주해, 양창수(주 120), 450면; 石田文次郎(주 58), 574면.

130) 이계정(주 5), 384면.

131) 石田文次郎(주 58), 574, 575면; 권영준(주 5), 282면.

말하는 손해를 불법행위에서 말하는 손해와 동일한 개념으로 파악하지 않을 수 있다.[132] 부당이득에서의 손해는 부당이득권리자에게 발생한 구체적·현실적 손해를 말하는 것이 아니고, 손실자가 현실로 그 재산을 이용할 수 있었는가를 불문하며, 사회관념상 그 이익이 손실자에게 당연히 귀속되어야 할 것이라고 생각되는 한 손실이 있다고 보는 견해,[133] 손실자의 손해라는 요건은 침해부당이득의 성립에서 그 의미가 반감되어 가고 있고, 수익자가 손실자의 권리·법익을 배타적으로 이용할 지위를 침해하였다는 사정에서 침해부당이득의 근거를 찾을 수 있다는 견해,[134] 침해부당이득에서는 수익자의 이득과 손실자의 손해 사이에 재산의 이동이 문제되지 않으며, 그 손해는 침해자가 얻은 이득에 대한 상대적 개념에 불과하다는 견해는 모두 그러한 전제에서 이해될 수 있다.[135] 요컨대 부당이득에서의 손해는 그 문언적 동일성에도 불구하고 전보의 대상인 불법행위에서의 손해와 그 의미가 다르므로,[136] 손해배상에서처럼 그 손해의 현존성과 확정성을 따져야 하는 것이 아니다.[137] 무엇보다도 민법 제741조는 반환대상을 '손해'가 아니라 '이득'으로 삼고 있기 때문이다. 손해배상에 관한 종래의 차액설에도 불구하고, 침해부당이득에서는 권리자가 수익자의 침해행위로 재산을 이용할 가능성이 박탈되었다는 사실만으로 손해를 인정할 수 있다.[138]

132) 이에 관하여 윤진수(주 5), 769면은 "재산상 법익의 침해에 관한 한 불법행위법상의 손해가 인정됨에도 불구하고 부당이득법상의 손실은 인정되지 않는다고 하는 경우는 생각하기 어렵다."라고 하면서, "이론적으로 보더라도 침해부당이득은 불법행위와 동질적"이라고 설명한다.

133) 민법주해, 양창수(주 4), 580면.

134) 김상중, "위법이익 반환에 관한 민사책임의 법리", 비교사법 제25권 제2호(2018), 586, 587면.

135) 이계정(주 5), 383면; 같은 취지로는 권영준(주 5), 282, 284면; 박설아(주 5), 895, 896면.

136) 민법주해, 양창수(주 4), 580면.

137) 권영준(주 5), 282; 지원림, 민법강의, 홍문사(2020), 1673면.

138) 대법원 2012. 12. 26. 선고 2011다73144 판결은 원고 소유의 토지가 민간인통제선 이북지역인 통제보호구역에 위치함에도 국가에 대한 부당이득반환청구를 인용하였다. 침해부당이득에서의 추상적인 손해의 개념에 따른 적절한 판단이라는 평

마지막으로 역사적 해석을 살펴본다. 민법 제741조는 일본 민법 제703조가 계수된 것이다. 이 규정에서 바뀐 것은 일본 민법 제703조의 '손실'이 우리 민법 제741조의 '손해'가 된 것 정도인데 그 경위는 분명하지 않다.[139] 손실의 사전적 의미는 "잃어버리거나 축나서 손해를 봄"이므로 일상용어로서 손해와 그 뜻이 명확히 구별되는 것은 아니다. 따라서 우리 민법이 손실이 아닌 손해라는 용어를 채택한 경위보다는 독일과 일본 민법에서 손실(Kosten, 損失)이라는 용어가 채택된 경위에 주목할 필요가 있다. 일본 민법 초안은 부당이득에 있어 손실을 요건으로 삼지 않았다가 독일 민법 등의 영향을 받아 손실 요건을 추가하였다. 부당이득반환청구권의 주체를 명확히 하거나 수익이 타인의 노무에 기초한 것임을 분명히 하기 위한 것이었다.[140] 독일 민법 제2초안은 제1초안의 '타인의 재산으로부터'라는 표현을 '타인의 손실로'라는 표현으로 변경하였다. 그 이유는 이득한 것이 손실자의 소유가 아니었다고 하더라도 부당이득반환을 인정할 필요가 있기 때문이었다.[141] 민법 제741조에 영향을 미친 일본 및 독일 민법 규정의 입법 경위를 살펴보더라도 부당이득에서의 '손해'를 차액설에 기초하여 파악할 근거는 뚜렷하지 않다.

그렇다면 '차임 상당의 손해'가 존재하지 않는다고 본 반대의견에 대하여는 다음과 같은 비판이 가능하다. 첫째, 반대의견은 법익에 대한 사실상의 변화를 도외시하고, 재산의 금전적 평가가치의 감소가 관찰되지 않는다는 이유로 손해를 인정하지 않음으로써 손해라는 문언을 지나치게 제한적으로 해석하였다. 둘째, 반대의견은 손해의 파악과 산정이 구별되는 문제임에도 이를 동시에 다루었을 뿐만 아니라,[142] 결과적으로 마땅한 금전 평가 방법을 찾기 어렵다는 이유로 손해의 파악을 포기함으로써 부

가로는 이계정(주 5), 384면.

139) 이동진(주 39), 250은 실질적 의미 변화를 꾀한 것은 아니었다고 평가하고, 권영준(주 7), 161면은 중화민국 민법 제179조를 참조한 것이 아닌지 추측된다고 한다.

140) 서종희(주 41), 51면.

141) 최윤석(주 40), 168-170면.

142) 서광민(주 120), 141면.

당이득 제도의 목적을 일탈하였다. 셋째, 반대의견은 민법 제741조에서 정한 손해의 해석에 있어서 차액설에 기초하여야 하는 타당한 역사적 근거를 제시하지 못하였다.

나) 비교법적 측면

비교법적으로 보더라도 침해부당이득에서 '손실'은 성립요건으로 규정 또는 요구되지 않거나(스위스, 영국, 미국), 법정되어 있다고 하더라도 독자적인 의미를 가지지 않는다(독일, 일본). 이미 살펴보았듯이 독일의 지배적 견해는 할당내용설 내지 권리귀속설에 의해 침해부당이득을 설명하고 있고,[143] 이는 오스트리아, 스위스 등 대륙법계 국가의 주류적 견해로 자리매김하였다. 할당내용설은 독일 판례에서도 받아들여지고 있고,[144] 우리나라에서도 유력하게 주장되고 있다. 가령 배타적 이익의 내용이 타인에게 돌아간 경우에는 그 타인이 그 이익을 이용하여 어느 만큼의 수익을 얻었느냐에 상관없이 그 이용에 대한 객관적 대가를 부당이득으로 보상하여야 한다는 견해나,[145] 권리의 침해가 있을 경우에 침해자가 얻은 이익은 적어도 일반적인 정상적 경우라면 권리자가 타인에게 그 목적물이나 권리를 사용·수익하게 하거나 처분함으로써 얻을 수 있는 이익과 그 내용을 같이한다는 견해나,[146] 또는 배타적 지배상태의 방해를 '권리의 침해'로 볼 수 있고 반대의 측면에서는 그것을 이익으로 파악할 수 있다는 견해[147] 등은 할당내용설을 기초로 한 것이다. 해당 법적 지위에 부여된 할당내용이 침해부당이득의 성립 여부를 결정짓는 핵심 요소이므로 그 지위 내지 권리에 배타적 이익이 할당되어 있는지가 관건이지,[148] 침해로 인하여 권리자가 손해를 입었느냐 하는 것이 부당이득의 성립을 좌우하는 것은 아니다.[149] 나아가 할당내용설과 위법성설이 소유

143) 이계정(주 5), 381면.
144) BGHZ 82, 299.
145) 양창수(주 17), 264면.
146) 김형배(주 7), 163면.
147) 제철웅(주 26), 286, 287면.
148) 이계정(주 5), 381면.
149) 양창수(주 17), 265면.

권 침해 사안에서 손실의 인정 여부를 두고 견해가 대립하였던 것도 아니다. 위법성설이 침해부당이득의 근거를 권리의 할당내용이 아닌 침해의 위법성에서 찾고는 있지만, 타인의 권리가 침해되었음에도 손실이 부인될 수 있고 그 결과 부당이득반환청구권이 성립되지 않을 수 있다는 주장을 전개한 것은 전혀 아니다. 오히려 위법성설을 주창한 슐츠는 침해부당이득에서 '타인의 손실로'라는 요건의 삭제를 주장하였다.[150] 한편, 일본과 대만에서 발견되는 집합건물 공용부분의 무단점유 사례에서 임대료 상당의 부당이득반환책임 자체는 모두 인정되었는데,[151] 부당이득반환청구권의 성립요건으로서의 손실 내지 손해의 존부가 문제되지는 않았다. 결국 침해부당이득에서의 손해를 차액설에 따라 이해하는 반대의견은 비교법적 뒷받침이 있다고 보기 어렵다.

다) 법경제학적 측면

법경제학적 관점에서 보더라도 집합건물 공용부분의 무단점유로 인한 부당이득반환청구권의 성립을 인정하는 것이 바람직하다. 일반적으로 소유권과 같은 배타적 재산권을 인정하여야 한다는 법경제학적 논리는 침해부당이득에도 그대로 적용된다.[152] 양자는 모두 배타적 이익의 원만한 지배를 목적으로 하며 주관적 귀책사유와 관계없이 인정된다는 점에서 닮았기 때문이다. 배타적 재산권을 인정하는 주된 경제적 이유는 외부로부터의 침탈 위험에서 벗어나 장기 투자를 통해 재산 가치의 극대화를 추구할 수 있다는 데에 있다.[153] 만일 침해부당이득이 인정되지 않아 배타적 이익 지배의 교란을 회복할 수 없다면, 재산권의 보호는 공허해지므로 각 경제 주체는 타인의 재산권 침해를 방지하기 위하여 많은 비용을 지출할 유인을 가지게 된다. 그러나 법이 개입하여 다른 사람의 소유권을 침해하여 얻은 이익을 반환하도록 하면 각 경제 주체는 좀 더 적은 비용만을

150) F. Schulz(주 42), S. 478 ff.
151) 最判 判決(주 65), 最判 判決(주 99).
152) 윤진수(주 13), 118, 119면.
153) Richard A. Posner, Economic Analysis of Law, 9th ed, Wolters Kluwer Law & Business(2014), 40.

지출하게 된다.[154] 간단한 경제 모형을 가정해 보자. 甲 소유의 A 토지를 甲이 이용하는 경우의 편익은 3이고, 乙이 이용하는 경우의 편익은 7이다. 계약 체결 비용을 무시하면 甲과 乙이 계약을 체결하여 乙이 A 토지를 이용하고, 甲에게 3 초과의 편익을 제공할 때 전체 후생이 7로 극대화된다. 계약이 성사되지 않는 경우 乙은 A 토지의 무단사용을 시도할 유인이 생기고, 그 유인은 발각 시 부담할 부당이득반환책임의 범위에 반비례한다. 만일 乙의 무단사용에도 불구하고 甲의 편익이 재산상 가액으로 산정될 수 없다는 이유로 부당이득반환책임이 인정되지 않는다면, 사법 이외의 형사적, 행정적 책임 등이 따르지 않는 경우, 乙은 더욱 적극적으로 무단사용을 시도하게 된다. 따라서 乙은 무단사용을 위한 침탈비용을 증가시키게 되고, 그에 상응하여 甲은 감시비용을 증가시키게 된다. 이론적으로 乙은 7까지의 침탈비용을, 甲은 3까지의 감시비용을 지출할 유인이 있다. 침탈과 감시비용이 등가적이라면 결국 甲은 A 토지에 대한 권리를 빼앗기고 乙은 침탈비용을 제외한 4만큼의 편익을 향유하게 되며, 전체 후생은 1로 퇴보한다. 그러나 부당이득반환책임을 인정하고 乙이 반환해야 하는 책임범위를 실제 취득한 편익에 가깝게 만든다면, 乙의 침탈비용과 그에 상응한 甲의 감시비용이 감소되므로, 전체 후생은 1보다 증대될 수 있다. 결국 집합건물 공용부분의 무단점유로 인한 이득의 반환을 명하는 것이 불필요한 비용의 지출을 방지하여 배분적 효율을 증대시킨다고 할 수 있다. 뒤집어 말하자면, 반대의견은 공용부분 무단점유자에 대한 민사법적 제재를 포기함으로써 불필요한 비용의 증가를 야기하고 그로 인한 전체 후생의 감소를 초래하였다는 비판을 면하기 어렵다.

(나) 반환대상으로서의 이득

부당이득반환청구권의 반환범위는 환송 후 원심에서 심리 · 판단되어야 한다. 이하에서는 환송 후 원심에서 문제될 수 있는 몇 가지 쟁점을 간략히 지적한다.

---

154) 윤진수(주 13), 119면.

첫째, 손해의 액수가 산정되어야 하는가? 대상판결은 손해의 존부를 확정하였을 뿐이고 손해의 액수를 확정한 것은 아니다. 부당이득에서의 반환대상은 이득 그 자체이고, 원물반환이 불가능한 경우 가액반환을 하여야 하므로, 이득에 대한 금전가치의 평가는 불가피하다. 한편, 부당이득반환의무의 범위는 부당이득 제도의 취지상 손실자의 손실과 수익자의 이득에 대비하여 그 적은 것의 범위로 제한된다는 것이 대법원의 오래된 입장이다.[155] 악의의 침해부당이득 사안에서도 이러한 법리를 적용한다면, 손해와 이득의 비교가 수반되어야 하므로 손실자가 입은 손해를 금전으로 평가할 수밖에 없다는 결론에 이른다. 이와 달리 부당이득반환의 대상은 손해가 아닌 이득이므로 손실자가 입은 손해를 금액으로 평가하여 비교할 필요가 없다는 견해를 취한다면 다른 결론에 이를 가능성이 있다.[156]

둘째, 인과관계가 인정되는 범위는 어디까지인가? 침해부당이득에서 손해의 인정 여부를 권리침해와 구별되는 독자적 요건으로 강조할 필요성은 없다. 오히려 타인의 권리로부터 그 권리내용을 자기의 것으로 하였다는 의미에서 "타인의 재산 …(으)로 인하여"라는 문언이 훨씬 중요한 의미가 있다.[157] 이 문언은 이득과 손해 사이의 인과관계로 이해될 수 있다. 인과관계 해당 여부를 판단함에 있어서 고려하여야 할 요소는 매우 복합적이다. 비교법적으로 우리 민법과 달리 부진정사무관리에 관한 전수익반환책임 규정을 두고 있는 독일 민법 규정,[158] 침해자가 반환하여야 하는 이득의 범위는 위법행위로 인하여 수익자에게 발생한 이익 전부가 아니라 그중에서 위법행위에 귀속시키는 것이 정당화될 수 있는 범위(Net profit attributable the underlying wrong)로 제한된다는 R3RUE 규정,[159] 미국법상 위법행위로 인한 원상회복에서의 인과관계 인정 여부는 수익자

155) 대법원 1965. 4. 27. 선고 65다181 판결, 대법원 1974. 7. 26. 선고 73다1637 판결. 악의의 침해부당이득이 문제된 사례는 아니다.
156) 가령 서종희(주 41), 71, 72면.
157) 양창수(주 17), 265면.
158) 독일 민법 제687조 제2항 제1문, 제681조 제1문, 제667조.
159) R3RUE § 51(4).

에 대한 비난가능성, 위법행위에 대한 억제 필요성, 정책적 고려 등 다양한 요소를 고려하여 규범적으로 판단된다는 점[160)]등을 염두에 두고 고민할 문제이다.[161)]

셋째, 피고의 지분 상당액은 반환되어야 하는가? 제1 보충의견은 피고의 지분비율에 해당하는 금액을 반환범위에서 제외할 필요가 없다고 명시하였다.[162)] 관리규약에 규정된 사용료의 징수에 준하여 관리단은 구분소유자인 상대방의 지분비율을 고려할 필요 없이 부당이득액 전부를 반환받을 수 있고, 구분소유자를 위해 지출한 다음 남는 부분은 정산 후 배분될 것이기 때문에 피고에게 불리할 것이 없다는 것이 근거이다. 이에 대해서는 피고 소유의 공유지분에 상응하는 부당이득반환청구권의 성립을 인정할 수 있는지부터 우선 점검될 필요가 있다. 부당이득반환청구권의 발생 근거가 구분소유자의 공유지분권 침해에 있다면, 피고에게 귀속되는 공유지분권에 관하여는 피고의 공유부분 무단점유로 인한 침해 자체를 상정하기 어렵다는 반론도 불가능하지만은 않기 때문이다. 관리규약에 따른 관리단의 공용부분에 관한 사용 권리나 관리 권한의 침해는 별개의 문제일 수 있다.

3. 부당이득반환청구권의 귀속과 행사

(1) 부당이득반환청구권의 귀속

(가) 일반 부동산 침해

부동산의 무단점유로 인한 부당이득반환청구권은 법정채권으로 본인 소유 부동산에 대한 타인의 권한 없는 점유·사용이라는 사건에 기초해

---

160) 이계정(주 5), 64면.

161) 토지의 차임 상당액을 넘는 이득의 반환과 관련하여서는 대법원 2006. 12. 22. 선고 2006다56367 판결을 참고할 수 있다. 이 판결은 불법점유 토지에서 재배한 두충나무의 수피 처분대금이 일단 부당하게 취득한 이득에 포함된다는 것을 전제하면서 그것이 반환되어야 할 대상인가를 이득자의 기여도 및 차임과의 관계를 중심으로 살폈다. 결론의 당부를 떠나 부당이득반환대상인 이득의 범위를 인과관계의 측면에서 조망하였다는 점에서 의미가 있다.

162) 윤진수(주 5), 775면, 박설아(주 5), 909, 910면도 같은 취지이다.

발생한다. 타인의 부동산을 권한 없이 점유·사용한 자는 원칙적으로 그로 인하여 취득한 이득을 소유자에게 반환하여야 한다. 이는 공유자의 동의 없이 공유물을 이용하는 경우에도 마찬가지이다. 물건의 공유자는 공유물 전부를 지분의 비율로 사용·수익할 수 있고(민법 제263조 후단), 원칙적으로 공유물의 사용·수익으로 인한 이익에 대하여도 지분의 비율로 권리를 가진다.[163] 따라서 공유자 이외의 타인은 물론이거니와, 공유자 중 1인 또는 일부가 지분 과반수의 동의 없이 공유물의 전부 또는 일부를 독점적·배타적으로 사용·수익하는 경우 그로 인하여 그 공유물을 사용할 수 없게 된 다른 공유자는 그에 대하여 지분비율에 따라 그 무단사용으로 인한 이득의 반환을 구할 수 있다.[164] 금전채권인 부당이득반환청구권은 특별한 사정이 없는 한 가분채권으로 각 공유자에게 지분비율에 따라 귀속되기 때문이다.

(나) 집합건물 공용부분 침해

1) 집합건물의 특수성

집합건물의 공용부분은 일부공용부분이 아닌 한 구분소유자 전원의 공유에 속한다. 공용부분의 공유에 관하여는 민법상 공유에 관한 일반규정에 우선하여 집합건물법 제11조부터 제18조까지의 규정이 적용된다. 집합건물법은 구분소유관계의 단체적 특성을 반영하여 개인주의적 구성을 취하는 민법상의 공유에 변형을 가하고 있다. 무엇보다도 공용부분에 대한 구분소유자의 공유는 건물의 구분소유라고 하는 공동의 목적을 위하여 인정되는 것이기 때문이다.[165] 따라서 개별 구분소유자는 구분소유관계의 단체적 특성으로 인하여 공용부분에 대한 사용·수익이나 관리에 있어 제한을 받는다. 그럼에도 공용부분은 구분소유자(일부공용부분은 이를 공용하는 구분소유자)의 공유에 속하고, 구분소유자 아닌 자가 공용부분 소유권의 귀속주체가 될 수 없음은 분명하다.

163) 민법주해, 양창수(주 4), 271면.
164) 대법원 1995. 7. 14. 선고 94다15318 판결, 대법원 1992. 6. 23. 선고 91다40177 판결.
165) 김용덕 편, 주석민법 물권(2), 한국사법행정학회(2019), 226면(이원).

2) 공용부분 침해로 인한 부당이득반환청구권의 귀속

공유물의 권한 없는 점유로 인한 사용이익 상당의 부당이득반환청구권은 그 물건의 공유자에게 분할되어 귀속되는 것이 원칙이다. 집합건물의 특수성으로 인하여 집합건물 공용부분에 대하여는 달리 보아야 하는가? 집합건물의 경우 다수의 구분소유자들의 단체법적 법률관계를 구성하는 측면이 있기는 하지만, 집합건물법에 의하더라도 공용부분은 구분소유자 전원의 공유에 속하고, 각 공유자의 지분은 그가 가지는 전유부분의 면적 비율에 따라 개별적으로 귀속된다. 따라서 집합건물의 특수성까지 참작하더라도 각 구분소유자의 소유에 속하는 공유지분권에 기초한 금전채권인 공용부분의 무단점유로 인한 손해배상채권 내지 부당이득반환채권은 각 구분소유자에게 귀속된다고 봄이 타당하다.[166] 대법원은 "집합건물에 있어서 공용부분이나 구분소유자의 공유에 속하는 건물의 대지 또는 부속시설을 제3자가 불법으로 점유하는 경우에 그 제3자에 대하여 방해배제와 부당이득의 반환 또는 손해배상을 청구하는 법률관계는 구분소유자에게 단체적으로 귀속되는 법률관계가 아니고 공용부분 등의 공유지분권에 기초한 것이어서 그와 같은 소송은 1차적으로 구분소유자가 각각 또는 전원의 이름으로 할 수 있고 … "라고 판시한 바 있다.[167] 반대의견과 제1보충의견도 집합건물의 공용부분에 관하여 금전으로 평가된 사용이익 상당의 부당이득반환청구권이 구분소유자에게 분할귀속됨을 분명히 하였다.

(2) 부당이득반환청구권의 행사

건물에 대하여 구분소유 관계가 성립되면 구분소유자 전원을 구성원으로 하여 관리단이 설립된다. 관리단은 건물의 관리 및 사용에 관한 공동이익을 위하여 필요한 구분소유자의 권리와 의무를 선량한 관리자의 주의로 행사하거나 이행하여야 하고(집합건물법 제23조의2), 관리단집회 결

---

166) 最判 判決(주 65); 집합건물법상 하자보수를 갈음한 손해배상청구권에 관하여는 대법원 2011. 12. 13. 선고 2011다80531 판결.

167) 대법원 2003. 6. 24. 선고 2003다17774 판결.

의에 의하여 선임된 관리인은 공용부분의 보존행위, 공용부분의 관리 및 변경에 관한 관리단집회 결의를 집행하는 행위, 관리단의 사업 시행에 관련하여 관리단을 대표하여 행하는 재판상 또는 재판 외의 행위 등을 할 권한과 의무를 가진다(집합건물법 제25조 제1항 제1호, 제1의2호, 제3호). 관리단이 집합건물법 제23조의2 또는 제25조에 근거하여 구분소유자에게 귀속되는 부당이득반환청구권을 행사할 수 있는가?

순서를 바꾸어 먼저 집합건물법 제25조를 살펴본다. 무단점유로 인한 부당이득반환청구권의 행사가 공용부분의 관리 또는 변경에 해당되는지 분명하지 않을 뿐만 아니라, 최근 신설된 집합건물법 제25조 제1항 제1의2호의 문언상 관리 및 변경에 관한 집행행위에 대해서는 관리단집회 결의가 요구된다. 보존행위에 해당한다는 대법원판결이 없지 않지만,[168] "공유물에 끼친 불법행위를 이유로 하는 손해배상청구권은 특별한 사유가 없는 한 각 공유자는 그 지분에 대응한 비율의 한도에서만 이를 행사할 수 있고 타인의 지분에 대해서는 청구권이 없다."라는 것이 주류적인 판결로 보인다.[169] 통설은 후자의 판결을 지지한다.[170] 나아가 집합건물법 제25조 제1항 제3의2호는 "소음 · 진동 · 악취 등을 유발하여 공동생활의 평온을 해치는 행위의 중지 요청 또는 분쟁 조정절차 권고 등 필요한 조치를 하는 행위"라고 규정하고 있을 뿐이므로, 무단점유로 인한 부당이득반환청구권의 재판상 또는 재판 외 행사가 같은 항 제3호에서 정한 관리단의 사업 시행에 관한 행위로서 허용된다고 보기도 어렵다. 따라서 집합건물법 제25조에 따라 관리단이나 그를 대표하는 관리인이 공용부분의 무단점유로 인한 부당이득반환청구권을 행사할 수 있다고 보는 것은 근거가 충분하지 않다.

다음으로 집합건물법 제23조의2를 살펴본다. 집합건물법 제23조의2

168) 대법원 1962. 4. 12. 선고 4294민상1242 판결.

169) 대법원 1970. 4. 14. 선고 70다171 판결, 대법원 2008. 4. 24. 선고 2007다44774 판결.

170) 곽윤직 편, 민법주해 물권(2), 박영사(2005), 575면(민일영).

는 2012. 12. 18.에 신설되어 2013. 6. 19.부터 시행된 규정이다. 제1 보충의견이 설시하는 바와 같이 그 취지가 '구분소유자에게 귀속되는 권리라도 구분소유자 공동의 이익을 위하여 필요한 경우에는 관리단이 행사하도록 하여 집합건물의 효율적인 유지와 관리를 도모하기 위한 것'에 있다고 보아도 무리는 없다. 집합건물법 제23조의2에서 말하는 '구분소유자의 권리 행사'가 공용부분의 보존 · 관리 · 변경에 한정된다고 해석할 필요도 없다.[171] 따라서 공용부분의 무단점유로 인한 부당이득반환청구권이 집합건물법 제23조의2에서 정한 관리단이 행사할 수 있는 구분소유자의 권리에 포함된다고 볼 여지가 있다.[172] 그것이 분쟁의 모순 없는 해결을 위한 정책적 효율성에도 이바지한다. 그러나 관리단은 어디까지나 '선량한 관리자의 주의로' 구분소유자의 권리를 행사할 수 있을 뿐이다. 민법 제681조는 "수임인은 위임의 본지에 따라 선량한 관리자의 주의로써 위임사무를 처리하여야 한다."라고 규정하고 있다. 여기서 선량한 관리자의 주의란 위임계약의 신임관계에서 특히 기대되는 성실한 수임인이 갖는 주의의무라고 이해되고 있다.[173] 대법원은 주차장 무단점유로 인한 임료 상당의 부당이득반환청구 사건에서 "집합건물 관리단집회의 결의에서 관리인이 선임되면 관리인이 사업집행에 관련하여 관리단을 대표하여 그와 같은 재판상 또는 재판 외의 행위를 할 수 있다고 하여도 이는 권리귀속주체인 구분소유자의 위임에 기하여 하는 것이므로 구분소유자가 각각의 이름으로 재판상의 권리를 행사하는 것을 제한하는 것은 아니다."라고 판시한 바 있다.[174] 따라서 집합건물법 제23조의2에 따른 관리단의 권리 행사는 그 권리의 귀속주체인 구분소유자의 위임에 기한 것으로 볼 수 있는 경우에만 정당화될 수 있다. 반대 측면에서 말하자면, 위 규정만으로 관리단이 구분소유자의 의사에 반하여서까지 구분소유자의 권리를 행

171) 이계정(주 5), 389면.

172) 윤진수(주 5), 776면은 집합건물법 제23조의2가 관리단이 구분소유자의 부당이득반환청구권을 행사할 수 있는 근거가 될 수 있다고 한다.

173) 곽윤직 편, 민법주해 채권(8), 박영사(2005), 536면(이재홍).

174) 대법원 2006. 10. 27. 선고 2005다48987 판결.

사할 수 있다고 보기는 어렵다.

관리단과 권리 귀속주체로서의 구분소유자의 이해관계가 일치하는 한, 관리단의 권리 행사에 관하여 대리, 위임, 채권양도, 임의적 소송담당 등 실체법적 또는 절차법적 법률구성이 불가능하지 않다. 특별한 사정이 없는 한 공용부분 무단점유로 인한 부당이득반환청구권의 행사에 관한 관리단과 구분소유자의 이해관계가 일치한다고 보는 것이 실체에도 부합할 것이다. 어려운 문제는 관리단과 구분소유자 사이에 구분소유자의 권리 행사 여부에 대한 이해관계가 대립되는 경우이다. 가령 대상판결 피고의 독점적 점유를 전적으로 지지하며 소제기에 명시적으로 반대하는 구분소유자가 있는 경우, 관리단은 그러한 명시적 의사에 반하여서까지 그 구분소유자에게 귀속되는 부당이득반환청구권을 행사할 수 있는가? 집합건물의 단체법적 특성과 개별 구분소유자의 공유지분권 등에 관한 고찰이 요구되는 문제이다.

4. 결　　론

부당이득 제도는 공평을 기초로 한다. 타인 소유의 재화를 무단으로 사용하여 이득을 얻은 경우 그 이득은 원래의 권리자에게 반환되는 것이 정당하다. 불법행위를 원인으로 한 손해배상청구가 인정되지 않는 경우 침해부당이득을 통해 이득의 교정을 모색할 필요가 커진다. 도입부에서 들었던 황무지 사례로 돌아와 보자. 乙이 甲의 토지를 무단으로 이용하여 얻은 이득을 乙에게 계속 보유하도록 허용하는 법은 직관적으로도 정의롭지 못하다. 그 토지가 황무지라고 하더라도 마찬가지이다. 종래의 차액설에 따르면 乙의 침해행위 전후로 甲의 재산상태에 증감이 없어 손해배상청구가 기각될 수 있다. 침해부당이득에서는 권리자가 침해행위로 재산상의 현실적·구체적 손해를 입을 것이 요구되지 않는다. 침해행위로 말미암아 그 재산으로부터 이익을 누릴 가능성이 박탈되었다는 것 자체로 권리자에게 부당이득법상 손해가 있다고 보는 것이 타당하다. 乙이 황무지로 방치되고 있는 甲 소유의 토지를 무단으로 이용하였다면, 甲의

사용·수익권이 침해되었다는 사정 그 자체만으로 민법 제741조에서 정한 손해를 인정하여야 한다. 그것이 부당이득 제도의 목적 등에 기초한 법해석 원칙이나 비교법적 유례에 부합하고, 경제적 효율성을 증대시키는 방안이 된다. 같은 논리로 공용부분에 관한 구분소유자의 사용·수익권이 침해되었다면, 그 자체만으로 부당이득법상 손해가 발생하였다고 보아야 한다. 집합건물의 공용부분을 전유부분과 같이 사용·수익할 수 없다고 하더라도 달리 볼 것은 아니다. 대상판결은 이러한 관점에서 침해부당이득법상 손해의 의미를 조금 더 분명히 파악하고, 판례 변경을 통해 집합건물의 공용부분에 관한 정의로운 이익 상태를 달성하기 위해 노력하였다. 이로써 재화보호에 봉사하는 침해부당이득의 제도적 기능이 강화되었다는 점에 특히 의의가 있다.

【추기】 청주지방법원은 2021. 7. 15. 대상판결에 대한 환송 후 원심인 2020나12609호 판결을 선고하였다. 위 판결은 부당이득반환의무의 성립을 인정하면서 임료 감정에 따른 공용부분의 차임 상당액 월 6,515,000원을 부당이득금으로 산정하였다. 나아가 스크린 골프장을 하면서 얻은 이익과 그중 공용부분에 설치한 커피자판기 등이 영업이익에 기여한 정도를 평가하여 이를 부당이득액으로 보아야 한다는 피고의 주장을 배척하였는데, 실질적인 근거가 제시되지 않아 아쉬움이 남는다. 공용부분의 무단점유로 필요적 지출을 절약한 경우 그 절약된 지출 상당액을 이득으로 볼 수 있고, 차임 상당액에 기초하여 그 이득을 산정하는 것에 큰 무리는 없다. 아무런 영업이익이 발생하지 않은 경우라고 하더라도 피고가 무단점유로 인하여 마땅히 지출하였어야 할 비용을 절감하였다면 해당 금원은 반환되어야 하기 때문이다. 다만, 피고의 지분비율에 해당하는 금액을 반환범위에서 제외하지 않은 점에 관하여는 이론적 비판이 가능할 수 있다.

[Abstract]

Establishment and Exercise of Claim for Restitution of Unjust Enrichment due to Unauthorized Occupation of Section for Common Use

-Focusing on Loss of Unjust Enrichment Arising from Infringement-

Yun, Joung Woon*

Main issue of the subject case is whether "loss" in the Article 741 of the Civil Act is satisfied in a case where some sectional owners exclusively occupy and use the portions used in common of condominium buildings without having a legal right to do so. The Majority Opinion deems the "infringement of the right to use and take profits" per se as the loss prescribed in Article 741 of the Civil Act, while the Dissenting Opinion understands the loss based on the difference theory. In conclusion, I agree with the Majority Opinion for three reasons outlined below.

First, a reasonable ground can be found in the view of interpretation of the law. According to the widely accepted difference theory, exclusive occupation and use of the section for common use without any justifiable reasons do not incur any loss because there is no difference between the actual economic position of the owner and the position that would have been had the unlawful conduct not taken place. However, disadvantage of other sectional owners caused by exclusive occupation and use of the common portions without permission per se can be deemed as normative loss. This

* Judge, Seoul Northern District Court.

view accords with lexical meaning of loss, which is the "disadvantage on material and spiritual interests." In addition, the purpose of the restitution of unjust enrichment, which is to return the profit from a person enriched, is different from that of the tort, which is to compensate the victim for damage. Even if the same terminology is used in the Civil Act in regard to the restitution of unjust enrichment and the tort, the actual meaning of the terminology can be different from one another. It is hard to find any reasonable evidence to regard the loss as the decrease of property value considering legislative history about the Civil Acts of German and Japan that have a significant influence on Article 741 of the Civil Act.

Second, the Majority Opinion may also be upheld in the comparative consideration. The loss is not required by the statue of the restitution of unjust enrichment arising from infringement (Switzerland, England, USA), even if there is an Article states "loss" in terms of the restitution of unjust enrichment, the loss does not have its own meaning (Germany, Japan). According to the assignment theory (zuweisungstheorie) that has became the mainstream, the claim for restitution of unjust enrichment shall be affirmed from the infringed right itself.

Third, the Majority Opinion can be justified in the view of the law of economics. If the law does not admit the claim for restitution of unjust enrichment because there is no loss according to difference theory in case of unjust enrichment arising from infringement, people would have great incentive to make infringement to other's right. In other words, distributive efficiency can be improved when the claim for restitution of unjust enrichment is affirmed if the infringer exclusively occupies and uses the owner's asset because the unnecessary cost to protect the right can be diminished.

[Key word]

- unjust enrichment arising from infringement
- unjust enrichment
- the typology of unjust enrichment
- loss

- difference theory
- condominium buildings
- section for common use
- unauthorized occupation, assignment theory

참고문헌

[국내 문헌]

1. 단 행 본

곽윤직 편, 민법주해 물권(2), 박영사(2005).
______, 민법주해 채권(2), 박영사(2005).
______, 민법주해 채권(8), 박영사(2005).
______, 민법주해 채권(10), 박영사(2005).
곽윤직, 채권총론(민법강의Ⅲ), 박영사(2009).
______, 채권각론(민법강의Ⅳ), 박영사(2007).
곽윤직/김재형, 물권법(민법강의Ⅱ), 박영사(2014).
김성수, 대만민법전, 법무부(2012).
김용덕 편, 주석민법 총칙(1), 한국사법행정학회(2019).
______, 주석민법 물권(2), 한국사법행정학회(2019).
김형배, 사무관리 · 부당이득, 박영사(2003).
안춘수, 불법행위 · 부당이득 · 사무관리, 동방문화사(2018).
양창수, 독일민법전, 박영사(2018).
______, 일반부당이득법의 연구, 서울대학교 박사학위 논문(1987).
양창수/권영준, 민법Ⅱ 권리의 변동과 구제, 박영사(2017).
이상훈, 유럽민사법 공통참조기준안(DCFR) 부당이득편 연구, 경인문화사(2017).
이은영, 민법Ⅱ(채권총론 · 채권각론 · 친족상속법), 박영사(2005).
지원림, 민법강의, 홍문사(2020).

2. 논 문

권영준, "부당이득에 관한 민법개정안 연구", 서울대학교 법학 제55권 제4호(2014).
______, "2020년 민법 판례 동향", 서울대학교 법학 제62권 제1호(2021).
김상중, "손해의 개념과 손해발생의 인정", 민사법학 제90호(2020).

______, "영국의 restitution for wrongs와 위법이익의 반환", 민사법학 제78호 (2017).

______, "위법이익 반환에 관한 민사책임의 법리", 비교사법 제25권 제2호 (2018).

박설아, "집합건물 공용부분의 무단점유에 따른 부당이득의 성립 여부", 사법 제53호(2020).

서광민, "손해의 개념", 서강법학연구 제6권(2004).

서종희, "미국 부당이득법의 과거와 현재", 일감법학 제36호(2017).

______, "부당사무관리 및 부진정(準)사무관리와 부당이득과의 관계", 민사법학 제63권 제1호(2013).

윤진수, "부당이득법의 경제적 분석", 서울대학교 법학 제55권 제3호(2014).

______, "집합건물 공용부분의 무단점유로 인한 부당이득", 자율과 정의의 민법학(양창수 교수 고희기념논문집), 박영사(2021).

양삼승, "손해배상의 범위 및 방법에 관한 독일 · 일본 및 우리나라 민법의 비교", 민사법의 제문제, 박영사(1984).

이계정, "부당이득에 있어서 이득토출책임의 법리와 그 시사점－반환범위에 있어 손해중심에서 이득중심으로의 전환", 저스티스 제169호(2018).

______, "집합건물 공용부분 무단사용자에 대한 관리단의 부당이득반환청구 가부", 법조 제70권 제1호(2021).

이동진, "독일 · 오스트리아 · 스위스의 부당이득법", 비교사법 제25권 제1호 (2018).

제철웅, "등기청구권과 침해부당이득: 새로운 법리의 형성과정에 관한 고찰", 민사법학 제93호(2020).

최우진, "구체적 액수로 증명 곤란한 재산적 손해의 조사 및 확정", 사법논집 제51집(2011).

최윤석, "부당이득의 체계－독일 부당이득법 입법과정을 통해 바라본 한국 부당이득법", 재산법연구 제31권 제1호(2014).

______, "스위스채무법 2020 총칙초안(OR 2020)에 관한 연구", 저스티스 제178호(2020).

[외국 문헌]

1. 단 행 본

Andrew Burrows, The Law of Restituion, 3rd ed, Oxford University Press(2011).

F. Schulz, System der Rechte auf den Eingriffserwerb, AcP 105. Bd H. 1(1909).

Münchener Kommentar BGB 8. Aufl., 2020.

Richard A. Posner, Economic Analysis of Law, 9th ed, Wolters Kluwer Law & Business(2014).

v. Bar/Clive (eds.), Principles, Definitions and Model Rules of European Private Law: Draft Common Frame of Reference(DCFR), Oxford University Press(2010).

Wilburg, Die Lehre von der ungerechtfertigten Bereicherung nach österreichischem und deutschem Recht: Kritik und Aufbau, Leuschner & Lubensky, Graz(1934).

窪田充見 編, 新注釈民法(15), 有斐閣(2017).

橋本佳幸 外 2人, 民法Ⅴ 事務管理・不当利得・不法行為, 有斐閣(2020).

広中俊雄, 債権各論講義, 有斐閣(1994).

藤原正則, 不当利得法, 信山社出版(2002).

2. 논 문

I. M. Jackman, "Restitution for Wrongs", The Cambridge Law Journal, Vol. 48(2)(1989).

Kit Barker, "Damages Without Loss: Can Hohfeld Help?", Oxford Journal of Legal Studies, Vol. 34(4)(2014).

v. Caemmerer, "Bereicherung und unerlaubte Handlung", Festschrift für Ernst Rabel, Bd. 1(1954).

川角由和, "不当利得法における「出費節約」観念の意義", 島大法学 第三四巻 第二号(1990).

長谷川隆, "無断使用による権利侵害と不当利得法的視点(1)" 富大経済論集 第35巻 第3号(1990).

______, "無断使用による権利侵害と不当利得法的視点(2・完)", 富大経済論集第36巻 第2号(1990).
石田文次郎, "不当利得に於ける「損失」に就て", 法学論叢 第37巻 第4号(1937).
好美清光, "不当利得法の新しい動向について(下)", 判例タイムズ 第30巻 第18号 (1979).

오리지널 신약의 약가 인하에 대한 제네릭 제약사의 불법행위책임 인정 여부

권 민 영*

요 지

우리나라 국민건강보험제도에서는 제네릭 제약사가 제네릭 의약품을 요양급여대상으로 결정해 달라고 신청하는 경우 보건복지부장관이 약제급여목록표에 등재되어 있던 오리지널 의약품의 요양급여 상한금액을 인하할 수 있도록 정하고 있다. 제네릭 제약사는 오리지널 의약품 특허의 무효가능성을 소명하면 그 특허권 존속기간 중에도 제네릭 의약품을 보험약으로 판매하겠다고 통보할 수 있고, 보건복지부장관은 오리지널 의약품의 요양급여 상한금액 인하를 시행할 수 있다. 그런데 오리지널 의약품의 특허가 결국 무효가 아니라고 확정된 경우, 제네릭 제약사가 오리지널 의약품 제약사에게 오리지널 의약품의 요양급여 상한금액 인하와 관련하여 불법행위에 따른 손해배상책임을 부담하는지 여부가 문제 된다. 대상판결은 이러한 사안에서 제네릭 제약사가 오리지널 의약품 제약사에게 불법행위 손해배상책임을 부담하지 않는다고 판시한 최초의 대법원 판결이다.

이 글에서는 먼저 의약품의 요양급여 상한금액 결정 및 조정 제도에 관하여 살펴본 다음, 불법행위의 성립요건에 관하여 차례로 검토하여 대상판결의 타당성 여부를 검토하였다. 대상판결은 불법행위 성립요건 중 위법성 및 인과관계를 부정하였는데, 일련의 행위를 전체로 파악하지 않고 문제가 되는 행위마다 개별적으로 위법성 판단을 하였다는 것이 핵심적인 부분이다. 그 결과 대상판결은 '제네릭 의약품의 판매행위'가 특허권을 침해하는 위법한 행

* 서울중앙지방법원 판사.

위에 해당하는지 여부와 무관하게, 제네릭 의약품에 대한 '요양급여대상 결정 신청행위' 및 '판매예정시기 변경신청행위'는 관련 법령의 규정에 따라 이루어진 이상 위법성이 인정되지 않는다고 하였고, '제네릭 의약품의 판매행위'는 오리지널 의약품의 요양급여 상한금액 인하의 원인이라고 할 수 없다는 이유로 인과관계를 부정하였다. 현행 제도에서 제네릭 제약사에게 책임을 귀속시키는 것이 타당한가의 측면을 고려할 때 대상판결은 타당하다.

[주제어]
- 국민건강보험제도
- 제네릭 의약품
- 의약품의 요양급여 상한금액 인하
- 불법행위 손해배상책임

대상판결 : 대법원 2020. 11. 26. 선고 2016다260707 판결(제1 대상판결), 대법원 2020. 11. 26. 선고 2018다221676 판결(제2 대상판결)[1)]

[사안의 개요]

1. 사실관계

가. L사는 '올란자핀'이라는 약제학적 화합물에 관한 특허발명(특허권 존속기간 2011. 4. 24., 이하 '이 사건 특허발명'이라 한다)의 특허권자이다. 원고는 '올란자핀'을 성분으로 하는 의약품인 '자이프렉사 10㎎', '자이프렉사 5㎎'에 관한 수입품목허가를 1997. 7. 31. 받고, '자이프렉사 2.5㎎'에 관한 수입품목허가를 2002. 4. 19. 받아 국내로 수입·판매해 왔다(이하 통틀어 '원고 제품'이라고 한다). 그 후 원고 제품은 국민건강보험의 요양급여대상으로 결정되고 급여 상한금액이 정해져 '약제 급여 목록 및 급여 상한금액표'(이하 '약제급여목록표'라고 한다)로 고시되었다.

나. 제1 대상판결의 피고인 H사는 2008. 4. 29. 및 2009. 11. 27. 원고 제품의 제네릭 의약품[2)]인 '올란자정 10㎎', '올란자정 5㎎'(이하 '제1 피고 제품'이라 한다)에 관하여 식약청장에게 제조판매품목 신고를 하였다. 제2 대상판결의 피고인 M사는 2010. 3. 31. 원고 제품의 제네릭 의약품인 '뉴로자핀정 2.5㎎'(이하 '제2 피고 제품'이라 한다)에 관하여 식약청장에게 제조판매품목 신고를 하였다. 피고들은 제조판매품목 신고 후 건강보험심사평가원장에게 각 피고 제품을 국민건강보험의 요양급여대상으로 결정신청하였다. 당시 피고들은 각 피고 제품을 이 사건 특허발명의 특허권 존속기간 만료일 후에 판매할 예정이었다. 보건복지부장관은 각 피고 제품을 요양급여대상으로 결정하고 약제급여목록표에 등재·고시하였다.

다. 특허법원은 2010. 11. 5. 피고 H사가 제기한 심결취소 소송에서 이

1) 두 사건은 원고는 동일하고 피고인 제네릭 제약사만 달랐던 사건의 각 상고심 판결인데, 먼저 진행된 제1 대상판결의 1, 2심은 제네릭 제약사의 손해배상책임을 부정하는 판단을 한 반면, 나중에 진행된 제2 대상판결의 1, 2심은 제네릭 제약사의 손해배상책임을 인정하는 판단을 하여, 대법원이 어느 결론을 지지할 것인지 주목을 받았다. 제1, 2 대상판결의 기본적 사실관계는 대체로 일치하고, 피고 제품의 허가 관련 사항 등에서만 다소 차이가 날 뿐이므로, 함께 살펴보기로 한다.

2) 오리지널 신약과 동일성분·동일제형의 약제를 '제네릭 의약품'이라고 한다.

사건 특허발명의 진보성이 부정되므로 특허등록이 무효가 되어야 한다는 이유로 피고 H사의 청구를 받아들여, 이와 달리 이 사건 특허발명에 대한 무효심판청구를 기각한 특허심판원의 심결을 취소하는 판결(이하 '진보성 부정 판결'이라 한다)을 선고하였다.

라. 그러자 제1 대상판결의 피고인 H사는 2010. 11. 10. 건강보험심사평가원장에게, 위 피고가 특허법원에서 진보성 부정 판결을 받아 승소하였고 대법원에서도 그 특허가 무효로 확정될 가능성이 있어 제1 피고 제품은 '등재 후 즉시 또는 특허권 관련 분쟁과정 중 판매 가능한 것으로 밝혀졌을 때'에 해당한다는 사유로, 제1 피고 제품의 판매예정시기를 '등재 후 즉시'로 변경하는 신청을 하였다. 보건복지부장관은 2010. 11. 29. 보건복지부 고시 제2010-103호로 약제급여목록표를 개정하여 원고 제품의 상한금액 인하 시행일을 2011. 4. 25.에서 2011. 1. 1.로 변경하고 그 상한금액을 2011. 1. 1. 이전까지의 최종 상한금액의 80%로 한다고 고시하였다.

한편, 제2 대상판결의 피고인 M사는 2010. 11. 23. 건강보험심사평가원장에게, 이 사건 특허발명에 관한 특허분쟁 진행상황 등을 고려할 때 그 특허가 무효로 될 가능성이 있어 제2 피고 제품은'등재 후 즉시 또는 특허권 관련 분쟁과정 중 판매 가능한 것으로 밝혀졌을 때'에 해당한다는 사유로, 제2 피고 제품의 판매예정시기를 '등재 후 즉시'로 변경하는 판매예정시기 변경신청을 하였다. 보건복지부장관은 2010. 12. 28. 보건복지부 고시 제2010-130호로 약제급여목록표를 개정하여 원고 제품의 상한금액 인하 시행일을 2011. 4. 25.에서 2011. 2. 1.로 변경하고 그 상한금액을 2011. 2. 1. 이전까지의 최종 상한금액의 80%로 한다는 고시를 하였다.

마. 대법원은 2012. 8. 23. 이 사건 특허발명의 진보성을 부정한 특허법원의 판결을 파기환송하는 판결을 선고하였고, 환송 후 특허법원의 판결을 거쳐 결국 이 사건 특허발명의 특허가 유효한 것으로 확정되었다.

2. 원고의 청구

원고는, 피고들이 제1, 2 피고 제품의 판매예정시기를 '이 사건 특허발명의 존속기간 만료일'에서 '등재 후 즉시'로 변경신청한 행위로 인하여 원고가 국내에서 독점적으로 판매하던 원고 제품의 약제 상한금액이 기존 상한금액의 80%로 인하되었고, 이러한 피고들의 행위는 원고가 특허권자인 L사로부터 부여받은 이 사건 특허발명에 관한 독점적 통상실시권 또는 약제상한금액 고시의 근거법령에 의하여 보호되는 법률상 이익을 침해하는 불법행위에 해당한다고 주장하면서, 불법행위에 의한 손해배상으로 약가 인하로 인한 원고의 매출액 감소분과 그 지연손해금의 지급을 청구하였다.[3)]

3. 소송의 경과

제1 대상판결의 원심(서울고등법원 2016. 10. 6. 선고 2015나2040348 판결, 편의상 '제1 원심판결'이라고 한다)과 제2 대상판결의 원심(특허법원 2018. 2. 8. 선고 2017나2332 판결,[4)] 편의상 '제2 원심판결'이라고 한다)은 ① 원고가 독점적 통상실시권을 가지는지, ② 피고의 행위가 위법한지, ③ 피고의 행위와 원고의 손해 사이에 인과관계가 있는지 여부에 관하여 상반된 판단을 하였다. 대법원은 제1 원심판결의 결론을 지지하였다.

가. 제1 원심판결: 원고 청구 기각

1) 원고가 독점적 통상실시권을 가지는지 여부(소극)

원고가 국내에서 유일하게 제품을 수입하여 판매한 사실은 인정되나, 원고가 L사로부터 이 사건 특허발명에 관하여 독점적 통상실시권을 부여받았음을 인정하기는 부족하다고 판단하였다.

2) 피고 H사의 행위가 위법한지 여부(소극)

제1 원심판결은 제3자 채권침해에 관한 법리[5)]를 인용한 후, 다음과 같은

---

3) 원고와 1심 공동원고였던 L사는 피고들이 이 사건 특허발명의 존속기간이 만료하기 이전에 제네릭 의약품을 판매한 행위에 대하여 특허권 침해를 원인으로 한 손해배상청구를 하였고, 제1, 2 대상사건의 제1심 법원은 L사의 청구를 전부 인용하였다. L사의 청구 부분에 대하여는 L사와 피고들 모두 불복하지 아니하여 그대로 확정되었다. L사의 청구는 특허권자가 피고들의 특허권 침해행위로 인한 '판매수량의 감소'에 따른 일실이익을 손해배상으로 청구하는 것으로서, 약가인하에 따른 매출 감소를 대상으로 하는 원고의 손해배상청구와 구분된다.

4) 2015. 12. 1. 민사소송법 및 법원조직법 개정으로 특허권 등 지식재산권의 침해에 관한 민사사건의 항소심 관할이 특허법원에 집중됨에 따라(2016. 1. 1. 이후 1심판결이 선고된 사건부터 적용), 제2 대상판결의 원심은 특허법원에서 판단이 이루어졌다. 제1 대상판결의 제1심(서울중앙지방법원 2014가합526972)은 2015. 6. 19. 선고되었고, 제2 대상판결의 제1심(서울중앙지방법원 2014가합556560)은 2017. 9. 15. 선고되었다.

5) 제3자가 채권자를 해한다는 사정을 알면서도 법규에 위반하거나 선량한 풍속 또는 사회질서에 위반하는 등 위법한 행위를 함으로써 채권자의 이익을 침해하였다면 이로써 불법행위가 성립한다(대법원 2007. 5. 11. 선고 2004다11162 판결).

이유로 피고 H사의 행위가 위법하다고 보기 어렵다고 판단하였다. 즉, 관련 규정에 따르면 최초등재제품의 특허권 관련 분쟁에서 무효 여부에 관한 판단이 확정되기 전이라도 제네릭 의약품에 대하여 적법하게 약제 요양급여 결정 신청 또는 판매예정시기 변경신청이 가능한 것으로 규정하고 있으므로, 피고 H사가 당초 요양급여대상여부의 결정을 신청하면서 판매예정시기를 '이 사건 특허발명의 존속기간 만료일'로 정하였다가, 특허법원 판결이 선고된 이후 판매예정시기를 '등재 후 즉시'로 변경하는 신청을 한 것은 약제 상한금액 산정과 관련된 규정에서 예정하고 있는 사유로서 적법한 변경신청이며, 그 과정에서 피고 H사가 원고를 해한다는 사정을 알면서도 법규를 위반하거나 허위의 자료를 제출하여 행정청을 기만하는 등 선량한 풍속 또는 사회질서에 위반하는 등 위법한 행위를 하였다는 사정이 없다는 것이다.

3) 피고 H사의 행위와 원고의 손해 사이에 인과관계가 있는지(소극)

제1 원심판결은, 피고 H사의 판매예정시기 변경신청행위가 있은 후에도 보건복지부장관이 법령상 절차를 거쳐서 이 사건 고시로서 재량권을 행사함으로써 상한금액의 인하 여부 및 인하 시기 등을 판단하고 결정한 것이라는 이유로, 피고 H사의 행위와 원고의 손해 사이의 상당인과관계를 부정하였다.

나. 제2 원심판결: 원고 청구 일부 인용[6)]

1) 원고가 독점적 통상실시권을 가지는지 여부(적극)

제2 원심판결은, 원고가 비독점적 통상실시권자로서 근거 법령에 의하여 보호되는 약가에 관한 영업상 기대이익을 가지는 것만으로는 제네릭 제약사의 약가등재 신청으로 인하여 원고 제품의 약가가 인하되더라도 원고의 기대이익이 위법하게 침해되었다고 볼 수 없고, 독점적 통상실시권자일 경우에만 제3자에게 손해배상청구를 할 수 있다는 전제 하에, 원고와 특허권자인 L사 사이의 특수관계, 원고의 설립경위와 목적 등에 비추어 원고의 독점적 통상실시권이 인정된다고 판단하였다.

2) 피고 M사의 행위가 위법한지 여부(적극)

제2 원심판결도 제3자 채권침해에 관한 법리를 전제로 하여,[7)] 다음과 같

---

6) 제2 원심판결은 약가 인하에 따른 매출액 감소분을 원고의 손해로 인정하되, 피고가 특허법원의 판결을 신뢰하여 침해행위에 나아간 것으로 보이는 점, 약가인하로 인한 이득의 상당부분은 피고가 아닌 국민건강보험공단과 보험급여의 수급자들에게 귀속된 점 등 제반 사정을 참작하여 피고의 책임을 70%로 제한하고, 매출액 감소에 따라 원고가 특허권자인 L사에게 지급을 면하게 된 실시료 상당액을 손해배상액에서 공제하였다.

은 이유로 '피고 M사가 판매예정시기를 「등재 후 즉시」로 변경하고 제2 피고 제품을 판매한 일련의 행위'가 위법하다고 판단하였다. 즉, 피고 M사는 제2 피고제품에 대해 약가등재 절차를 거쳐 이를 판매하게 될 경우 원고 제품의 약가가 인하되어 원고가 손해를 입으리라는 사정을 잘 알면서, 먼저 제네릭 의약품 시장에 진입하여 이를 선점하는 이익을 얻기 위하여 이 사건 특허발명의 존속기간 만료 전에 약가등재 절차를 거쳐 제품을 판매하였고, 그로 인하여 원고 제품의 약가가 인하되어 독점적 통상실시권에 기하여 원고가 가지는 법률상 보호가치 있는 이익이 침해되었으며, 이는 거래의 공정성과 건전성을 해하며 선량한 풍속 또는 사회질서에 위반되는 위법한 행위라고 보았다.

3) 피고 M사의 행위와 원고의 손해 사이에 인과관계가 있는지(적극)

제2 원심판결은, 다음과 같은 이유로 '피고 M사가 약가등재 신청 및 판매예정시기 변경신청을 거쳐 제2 피고 제품을 판매한 일련의 행위'와 원고의 손해 사이에 상당인과관계가 있다고 판단하였다. 즉, ① 피고 M사의 약가등재 신청 등을 포함하는 일련의 제2 피고 제품 판매행위가 없었으면 원고 제품의 급여 상한금액 인하가 이루어지지 않았을 것이고, ② 보건복지부장관의 급여 상한금액 조정은 원칙적으로 재량행위이지만, 관련 기준에 의하면 제네릭 의약품의 약가등재 신청을 사유로 하는 상한금액 조정의 경우 일정한 예외 사유에 해당하지 않으면 재량의 여지없이 일률적으로 상한금액을 일정 비율 인하하도록 규정하고 있으며, ③ 보건복지부 장관의 고시에 앞서 약제급여평가위원회 등의 평가를 거치게 되어 있기는 하나, 앞서 본 기준에 따라 상한금액을 평가하도록 하고 있으므로 그러한 사정만으로 피고 M사의 판매행위와 원고 제품의 약가인하 사이에 인과관계가 단절된다고 볼 수 없고, ④ 피고 M사로서는 제네릭 의약품인 제2 피고 제품에 대해 약가등재 신청을 하고 즉시 판매할 경우 관련 법령에 따라 보건복지부장관이 원고 제품의 약가를 인하하는 조치를 할 것이고, 그로 인하여 원고가 손해를 입을 수 있다는 점을 알았거나 알 수 있었다는 것이다.

---

7) 제2 원심판결은 위법성 판단기준에 관하여 '독점적 통상실시권자가 특허권자로부터 부여받은 권리에 의해 누리는 경제적 이익은 결국 특허법에 의해 보호되는 특허권자의 독점적·배타적 실시권에 기인하는 것으로서 법적으로 보호할 가치가 있는 이익에 해당하고, 제3자가 독점적 통상실시권자를 해한다는 사정을 알면서 법규를 위반하거나 선량한 풍속 또는 사회질서를 위반하는 등 위법한 행위를 함으로써 이러한 이익을 침해하였다면 이로써 불법행위가 성립한다.'고 설시하였다.

다. 대법원(제1 대상판결 : 상고기각, 제2 대상판결 : 파기환송)

1) 원고가 독점적 통상실시권을 가지는지 여부(소극)

대법원은 원고가 특허권자인 L사와 서로 계열회사 관계에 있고, 유일하게 이 사건 특허발명의 국내 수입·양도에 관한 허락을 받았다고 볼 수는 있으나, L사가 원고에 대하여 원고 이외의 제3자에게 이 사건 특허발명의 특허권에 대한 통상실시권을 부여하지 않을 부작위 의무를 부담하기로 약정하였다고 보기는 부족하다고 판단하였다.

2) 피고들의 행위가 위법한지[8](소극)

대법원은 먼저 "불법행위 성립요건으로서의 위법성은 관련 행위 전체를 일체로만 판단하여 결정하여야 하는 것은 아니고, 문제가 되는 행위마다 개별적·상대적으로 판단하여야 한다."는 법리를 확인한 다음, 피고들의 행위를 ① 요양급여대상 결정신청행위, ② 판매예정시기 변경신청행위, ③ 제품 제조·판매행위로 나누어 판단하였다.

먼저 ① 요양급여대상 결정신청행위의 경우, 피고들은 원래 피고들 제품을 이 사건 특허발명의 특허권 존속기간 만료 후 요양급여대상 약제로 판매하고자 요양급여대상 결정신청을 하여 제1, 2 피고 제품이 약제급여 목록표에 등재·고시되었고, 이는 관련 규정에 따른 것으로서 위법하다고 볼 수 없다고 하였다.

다음으로 ② 판매예정시기 변경신청행위의 경우, 피고들은 특허법원이 진보성을 부정하는 판결을 선고하자 이를 근거로 관련 규정에서 원고 제품의 특허권에도 불구하고 피고들 제품을 약제급여목록표 등재 후 즉시 요양급여대상 약제로 판매할 수 있는 사유로 예시한 '특허분쟁의 승소가능성' 등을 소명하여 판매예정시기 변경신청을 한 것으로, 이러한 행위를 위법하다고 평가하기 어렵다고 하였다. 또한, 피고들의 판매예정시기 변경신청은 원고 제품의 상한금액을 인하해 달라는 약제 상한금액 조정신청이 아니고, 제네릭 의약품인 피고들 제품의 상한금액은 관련 규정에 따라 원고 제품 상한금액의 일정 비율로 정해지므로, 피고들이 원고에게 원고 제품의 상한금액 인하라는 손해를 가할 의도로 판매예정시기 변경신청을 했다고 보기도 어렵다고 하였다.

---

8) 대법원은 제1, 2 원심판결과 달리 위법성과 인과관계의 항목을 분리하여 판단하지 아니하고 양자를 '피고가 위법행위로 원고에게 원고 제품의 상한금액 인하라는 손해를 가하였는지 여부에 관하여'라는 하나의 항목으로 판단하였으나, 내용상으로는 각각에 대한 판단이 이루어졌다.

③ 제품 제조·판매행위에 관하여는 별도로 위법성 판단을 하지 아니하였다.

3) 피고들의 행위와 원고의 손해 사이에 인과관계가 있는지(소극)

대법원은 먼저 상당인과관계에 관한 기존의 법리를 확인하고 있다. "불법행위로 인한 손해배상책임을 지우려면 위법한 행위와 피해자가 입은 손해 사이에 상당인과관계가 있어야 하고, 상당인과관계의 유무는 일반적인 결과 발생의 개연성은 물론 주의의무를 부과하는 법령 기타 행동규범의 목적과 보호법익, 가해행위의 태양 및 피침해이익의 성질 및 피해의 정도 등을 종합적으로 고려하여 판단해야 한다."

대법원은 상당인과관계 판단에 있어서도 위법성 판단과 마찬가지로 피고들의 행위를 ① 요양급여대상 결정신청행위, ② 판매예정시기 변경신청행위, ③ 제품 제조·판매행위로 구분하여 살피고 있다.

먼저 ③ 제품 제조·판매행위의 경우, 원고 제품의 상한금액이 인하된 것은 보건복지부장관이 고시를 하였기 때문이지 피고들이 피고들 제품을 제조·판매했기 때문이 아니므로, 원고가 주장하는 일련의 피고들 제품 출시행위 중 제품의 제조·판매행위를 원고 제품 상한금액 인하의 원인이라고 볼 수 없다고 하였다.

다음으로, ① 요양급여대상 결정신청행위, ② 판매예정시기 변경신청행위의 경우, 피고들이 제네릭 의약품인 피고들 제품에 관하여 요양급여대상 결정신청과 판매예정시기 변경신청을 한 이후 보건복지부장관이 고시로써 원고 제품의 상한금액 인하 시행시기를 변경하여 원고가 원고 제품의 상한금액 인하라는 불이익을 입게 된 측면은 있지만, 피고들의 신청행위를 위법하다고 보기 어려운 점, 보건복지부장관의 고시를 위법한 처분이라고 볼 만한 자료도 없는 점, 관련 규정의 취지가 국민건강보험 재정을 건전화하여 원활한 요양급여를 지속적으로 보장하는 데에 있다는 점, 국민건강보험제도의 공익적 성격 등을 고려하면, 위와 같은 원고의 불이익은 제네릭 의약품의 요양급여대상 결정신청이 있으면 보건복지부장관이 최초등재제품의 상한금액을 인하할 수 있고, 최초등재제품 특허의 무효가능성이 소명되면 제네릭 의약품을 약제급여목록표 등재 후 즉시 요양급여대상 약제로 판매할 수 있도록 한 관련 제도를 채택한 결과에 따른 것이고, 이를 피고들의 책임으로 돌릴 것은 아니라고 하였다.

〔研 究〕

I. 서 론

제네릭 제약사가 오리지널 의약품의 특허권에 대한 무효심판청구 또는 무효소송을 통하여 해당 특허가 무효라는 취지의 판단을 받은 경우, 그 판단이 아직 확정되지 않은 상태에서 제네릭 의약품을 출시하여 판매하는 행위는 사후적으로 특허가 무효가 아니라는 판단이 확정될 경우 위법행위로 판명된다. 오리지널 의약품의 특허권 존속기간 만료 전에 제네릭 의약품을 판매하는 행위가 특허권을 침해하는 행위로서 제네릭 제약사가 특허권 침해로 인한 손해배상책임을 부담한다는 점은 의문의 여지가 없다.

그런데 우리나라에서는 제네릭 의약품이 요양급여대상으로 최초 등재될 경우 기존에 요양급여대상으로 등재되어 있던 오리지널 의약품의 요양급여 상한금액을 일정비율 인하하는 제도를 운영하고 있고, 특허가 무효라는 판단이 확정되지 않은 상태에서 제네릭 의약품이 출시되어 오리지널 의약품의 요양급여 상한금액이 인하된 경우, 제네릭 제약사가 이러한 상한금액 인하로 인한 손해에 대해서도 배상할 책임이 있는지 문제된다. 통상 제네릭 의약품 출시에 따른 오리지널 의약품의 시장점유율 감소(판매량 감소)로 인한 손해보다 오리지널 의약품의 요양급여 상한금액이 인하됨으로써 발생하는 손해가 훨씬 크다. 대상판결은 제네릭 의약품 출시에 따른 오리지널 의약품의 요양급여 상한금액 인하에 관하여 제네릭 제약사가 불법행위 손해배상책임을 부담하는지 여부에 관한 최초의 대법원 판결이다.

이 글에서는 먼저 의약품의 요양급여 상한금액 결정 및 조정 제도에 관하여 살펴본 다음, 불법행위의 성립요건에 관하여 순서대로 검토하여 대상판결의 타당성 여부를 검토해 보고자 한다. 민법 제750조의 손해배상책임이 성립하기 위해서는 네 가지 요건, 즉 ① 고의 또는 과실 있는 행위가 있을 것, ② 가해행위의 위법성, ③ 손해의 발생, ④ 위법한 행위와 손해 발생 사이의 인과관계가 갖추어져야 한다. 대상판결에서는 원고가 독점적 통상실시권자인지 여부도 쟁점이 되었으나, 뒤에서 보는 바와 같이 원고의 통상실시권이 독점적인 것인지 아닌지는 이 사건 결론과 직접적인 관련이 없는 문제라고 생각되므로, 이 글에서는 본격적인 논의대상으로 삼지는 않고 간단하게 살펴본다.

Ⅱ. 의약품의 요양급여 상한금액 결정 및 조정 제도

1. 약제비와 관련된 국민건강보험제도의 구조

우리나라는 국민건강보험법에서 모든 국민을 건강보험에 강제로 가입하도록 하고 있고, 의료기관과 약국은 원칙적으로 요양기관으로 당연 지정된다. 요양기관은 약제 지급 등 요양급여를 실시한 후, 국민건강보험공단에 요양급여비용을 청구하여 상환받는다. 보건복지부장관은 약제의 요양급여비용 상한금액을 정하여 고시하는데, 요양기관은 그 상한금액의 범위 내에서 해당 약제의 실제 구입금액을 상환받을 수 있다(실거래가 상환제도). 한편 요양급여를 받은 자도 요양급여비용 중 일부를 본인부담금 비율에 따라 부담한다.[9)]

실거래가 상환제도 하에서 구매자인 요양기관은 실거래가를 상환받기 때문에 약제 가격을 낮추려는 동기가 전혀 없는 반면, 제약회사 입장에서는 실거래가가 상한금액보다 낮아지면 상한금액 인하로 이어지게 되므로 실거래가를 유지시키려는 강력한 동기가 있다. 그 결과 실거래가 상환제도 하에서 의약품의 가격은 상한금액과 거의 같은 수준에서 형성된다.[10)] 의무적 국민건강보험제도 하에서는 보건복지부장관이 고시하는 상한금액이 사실상 해당 약제의 실제 거래가격을 결정하게 되는 것이다.[11)]

---

9) 박성민 · 정용익 · 신혜은, 후발의약품 진입 후 신약 보험약가 인하와 손실 배분의 정의, 정보법학 제20권 제3호(2016), 6면.

10) 윤희숙, 건강보험약가제도의 문제점과 개선방향, 한국개발연구원(2008), 30면에 의하면, 2007. 12. 31. 기준 보험등재의약품의 품목별 실거래가격은 평균적으로 고시된 상한금액의 99%를 초과하고 있다.

2. 의약품의 요양급여대상 등재와 상한금액 결정

의약품 제조업자 또는 수입업자가 의약품을 판매하려면 먼저 약사법에 따라 식품의약품안전처장으로부터 품목허가를 받거나 또는 품목신고를 하여야 한다. 다음으로, 약제를 요양급여의 대상으로 공급하려는 자는 보건복지부장관에게 해당 약제를 약제급여목록표에 등재해 줄 것을 신청하게 된다. 국민건강보험공단은 요양급여대상으로 등재된 약제에 한하여 요양급여비용을 지급하기 때문이다.

오리지널 의약품과 제네릭 의약품은 약가 결정절차에 차이가 있다. 오리지널 의약품은 국민건강보험공단 이사장과 제약회사 사이의 협상에 의하여 요양급여 상한금액이 결정되는 반면, 제네릭 의약품은 보건복지부장관의 결정·고시에 의하여 결정된다.

신약의 약가 결정절차는 구체적으로 다음과 같다. 즉, 약제의 제조업자 등은 약제급여목록표로 고시되지 아니한 새로운 약제에 대하여 보건복지부장관에게 요양급여대상 여부의 결정을 신청할 수 있고(구 국민건강보험 요양급여의 기준에 관한 규칙[12] 제10조의2 제1항), 건강보험심사평가원장에게 해당 약제의 경제성, 요양급여의 적정성 및 기준 등에 관한 평가신청을 함으로써 이를 갈음한다(같은 조 제3항). 약제에 대한 평가신청을 받은 심사평가원장은 약제급여평가위원회의 심의를 거쳐 평가결과 등을 신청인에게 통보하고(구 요양급여규칙 제11조의2 제1항), 위 통보를 받은 신청인은 심사평가원장에게 재평가 등을 신청할 수 있으며(같은 조 제2항), 심사평가원장은 이러한 평가결과, 재평가 결과 등을 보건복지부장관에게 보고하고 건강보험공단의 이사장에게 통보하여야 한다(같은 조 제5항). 보건복지부장관은 평가결과 등에 따라 요양급여대상으로 하는 것이 적정하

---

11) 이와 같이 실거래가가 상한금액과 거의 동일한 금액이기 때문에 통상 상한금액을 '약가'라고 부른다. 이 글에서도 '약가'는 같은 의미로 사용하기로 한다.

12) 2011. 12. 2. 보건복지부령 제87호로 개정되기 전의 것, 이하 '구 요양급여규칙'이라 한다. 대상판결 사안에 적용되는 법령을 기준으로 표시하였다.

다고 평가된 약제에 대하여는 건강보험공단의 이사장에게 상한금액에 대해 협상하도록 하고(같은 조 제6항 제1호), 협상 결과 합의가 이루어진 약제는 요양급여대상 여부 및 상한금액을 고시한다(같은 조 제8항 제1호).

한편, 제네릭 의약품이 약제급여목록표에 신규로 등재되기 위해서는 건강보험심사평가원장이 약제급여평가위원회의 심의를 거쳐 상한금액을 평가 또는 재평가하여야 하는데, 신약과 달리 협상대상이 아닌 제네릭 의약품에 대하여는 [별표 1]이 정한 기준에 따라 상한금액을 평가하도록 하고 있다(구 약제의 결정 및 조정 기준[13] 제7조 제1항). 구 약제조정 기준 [별표 1]에 의하면, 최초부터 5번째 제네릭 의약품까지는 약제급여목록표에 등재된 약제(기존 오리지널 의약품) 상한금액의 68%로, 6번째 이후 제네릭 의약품은 최저 제네릭 의약품 가격의 90% 등의 적용을 받는 것으로 산정된다. 이와 같이 제네릭 의약품의 등재 순서에 따라 약가의 상한금액에 차등이 생기는 결과, 이를 계단식 약가제도라 부른다.

3. 제네릭 의약품 등재에 따른 상한금액 조정 제도

보건복지부장관은 약제의 상한금액이 결정된 후에도, 이미 고시된 약제의 상한금액을 직권으로 결정·조정할 수 있고(구 요양급여규칙 제13조), 요양기관 등의 조정신청을 받아 조정할 수도 있다(구 요양급여규칙 제12조). 구 요양급여규칙 제13조 제4항은 약제 상한금액을 직권으로 조정할 수 있는 사유를 열거하고 있는데, 그중 제네릭 의약품 등재에 따른 오리지널 의약품 상한금액 인하가 있다.

제네릭 의약품 등재에 따른 오리지널 의약품 상한금액 조정제도는 정부의 2006. 5. 3. 국민건강보험 약제비 적정화 방안[14]에 따라 도입되어

13) 2011. 12. 30. 보건복지부고시 제2011-176호로 개정되기 전의 것, 이하 '구 약제조정기준'이라 한다.

14) 보건복지부 보도자료(2007. 7. 23.) 건강보험 약제비 적정화 방안에 의하면, 건강보험 약제비가 2001년 41,804억 원에서 2006년 84,041억 원으로 5년 사이 101% 증가하는 등 건강보험 약제비가 급증하는 상황에서 건강보험재정 안정화에 기여하기 위하여 선별 등재제도(종전에는 일부 비급여 대상을 제외한 모든 의약품을 건강보험에 등재하는 방식이었던 반면, 치료적·경제적 가치가 우수한 의약품을 선

2006. 12. 29.부터 시행된 제도로서, 제네릭 의약품이 요양급여대상 등재 신청을 할 경우 오리지널 의약품의 특허가 만료된 것으로 볼 수 있다면 그 상한금액을 20% 인하하는 것을 내용으로 한다.[15] 이러한 약가 인하제도는 시장에 대체재가 존재하게 되었을 경우 이를 공급 증가로 보아 시장에서 가격이 인하되는 것과 마찬가지로, 그러한 가격 하락의 요인을 약가에 적시에 반영하여 약제비 지출을 적정화하려는 데 기본적인 취지가 있는 조항으로 이해된다.[16]

Ⅲ. 원고가 독점적 통상실시권자인지 여부

1. 판단기준

특허권자는 특허권에 대하여 타인에게 통상실시권을 허락할 수 있으며, 통상실시권자는 설정행위로 정한 범위 안에서 특허발명을 업으로써 실시할 수 있는 권리를 가진다(특허법 제102조 제1, 2항). 독점적 통상실시권을 부여하는 계약이 체결된 경우 특허권자는 계약상 실시권자 이외의 제3자에게 실시권을 부여하지 아니할 의무를 부담하고, 실시권자는 시장에서 해당 특허발명을 독점적으로 실시할 권리를 가진다. 제3자가 아무런 권원 없이 특허발명을 실시함으로써 독점적 통상실시권자가 채권계약을 통해 향유하는 위와 같은 이익을 해한다면, 그 침해로 인한 손해배상을 청구할 수 있다. 이와 달리 비독점적 통상실시권은 동일한 발명에 대하여 복수의 주체가 특허권자로부터 중복적으로 실시권을 설정받을 수

별하여 등재하는 방식으로 변경), 신약 약가 협상제도(신약의 약가 산정 시, 종전 주요 외국가격을 참조하는 상대비교방식에서 건강보험공단과 협상에 의하여 결정하는 방식으로 전환) 등과 함께 도입되었다.

15) 이 제도는 2012년 그 구체적인 내용이 변경되어 현재는 최초 제네릭 의약품이 등재될 경우 오리지널 의약품과 제네릭 의약품 모두의 가격을 오리지널 의약품 상한금액의 53.55%로 일괄 인하하는 방식으로 운영되고 있다(단 최초 1년간은 오리지널 의약품은 70%, 제네릭 의약품은 59.5%). 제네릭 의약품이 최초 진입하였을 때 오리지널 의약품의 상한금액을 인하한다는 점에서는 2006. 12. 29. 처음 시행된 제도와 같다.

16) 이헌, 제네릭 의약품 출시에 따른 약가 인하와 손해배상책임의 유무, 특별법연구 제17권(2020), 376면.

있다는 것을 특징으로 한다. 비독점적 통상실시권자는 제3자가 무단으로 특허발명을 실시하더라도 비독점적 통상실시권자의 실시권을 침해하는 것이 아니므로 제3자를 상대로 손해배상청구를 할 수 없다.[17)]

1인의 실시권자만이 특허발명을 실시하는 경우, 특허권자로부터 독점적 실시권을 허락받은 경우도 있을 수 있고, 단순히 특허권자가 어느 한 실시권자에게만 실시권을 부여함에 따라 당해 실시권자가 사실상 독점적인 지위를 향유하고 있는 경우가 있을 수 있다. 어느 통상실시권이 독점적인지 비독점적인지 여부는 특허권자가 통상실시권을 허락하면서 상대방과 사이에 특허권자가 상대방 외의 제3자에게 실시허락을 하지 않겠다는 약정을 하였는지 여부에 달려 있다. 독점적 통상실시권은 명시의 계약에 의해서만 성립하는 것은 아니고, 묵시의 계약에 의하여서도 성립할 수 있다.[18)]

2. 대상판결의 검토

대상판결은 원고가 특허권자인 L사와 서로 계열회사 관계에 있고, 원고만이 이 사건 특허발명의 존속기간 동안 특허제품인 원고 제품을 국내로 수입 · 판매하여 왔으므로, 원고가 유일하게 이 사건 특허발명의 국내 수입 · 양도에 관한 허락을 받았다고 볼 수는 있으나, 제출된 증거만으로는 특허권자인 L사가 원고에 대하여 원고 외의 제3자에게 이 사건 특허발명의 특허권에 대한 통상실시권을 부여하지 않을 부작위 의무를 부담하기로 약정하였다고 보기 어려우므로, 원고를 독점적 통상실시권자로 볼 수는 없다고 판시하였다.

대상판결은 독점적 실시권의 허락이 명시적으로 이루어지지 않은 경우에도 특허권자와 실시권자 사이에 체결된 실시권허락계약의 내용상 특허권자가 실시권자 외의 제3자에게 통상실시권을 부여하지 아니할 의무

---

17) 조영선, 특허실시권자의 손해배상 및 금지청구권, 저스티스 제110호, 한국법학원(2009), 92-93면.

18) 정상조 · 박성수 공편, 특허법 주해 I , 박영사(2010), 1249면.

를 부담하는지 여부에 따라 독점적 통상실시권 여부를 판단하여야 한다는 점을 명확히 하였다는 점에 의의가 있다.

다만, 원고가 독점적 통상실시권을 가지는 자라고 하더라도 원고의 독점적 통상실시권을 침해당한 손해와, 원고가 약제급여목록표에 등재된 원고 제품의 상한금액에 관하여 가지는 법률상 이익을 침해당한 손해는 구별된다는 점에서, 원고의 통상실시권이 독점적인 것인지 아닌지는 이 사건 결론과 직접적인 관련이 없는 문제라고 생각된다. 제2 원심판결은, 원고의 청구가 인정되기 위해서는 원고가 L사로부터 독점적 통상실시권을 부여받았음이 전제되어야 한다고 판시하였다. 그러나 원고가 독점적 통상실시권자가 아니라면 제3자의 특허권 무단 실시에 의한 불법행위가 성립하지는 않겠지만, 원고가 약제급여목록표에 등재된 원고 제품의 상한금액에 관하여 가지는 이익은 국민건강보험법령 등 근거법령에 의하여 보호되는 법률상 이익이므로, 그 법률상 이익을 침해하는 불법행위의 성립여부는 별개의 문제로서 여전히 판단대상이 된다. 대법원 역시 원고가 독점적 통상실시권자일 경우에만 제3자에게 손해배상청구를 할 수 있다고 본 제2 원심판결과 달리, 원고가 약제급여목록표에 등재된 원고 제품의 상한금액에 관하여 가지는 이익을 국민건강보험법령 등 근거법령에 의하여 보호되는 법률상 이익으로 볼 수 있다고 하면서(다만, 이는 국민건강보험법령에서 정한 약제 상한금액 조정사유가 있는 경우 보건복지부장관의 적법한 조정에 따라 변동될 수도 있는 이익이라고 하였다), 그 법률상 이익을 침해하는 불법행위의 성립여부 판단으로 나아간 바 있다.

Ⅳ. 고의 · 과실 인정 여부

1. 고의 · 과실의 의미

일정한 결과가 발생하리라는 것을 알면서 감히 이를 행하는 심리상태가 고의이다. 과거에는 고의를 일정한 결과발생의 의욕, 즉 일정한 결과를 발생케 하려는 의사를 가지고 행위를 하는 것이라고 새기는 견해가 있었으나, 오늘날에 있어서는 그러한 의사가 없더라도 일정한 결과의 발생에 대한 인식을 가지고 실제로 그런 결과가 일어나도 좋다는 생각을 가지고 행위를 하는 때에는 고의를 인정하는 것이 일반적이다. 인식의 대상은 객관적으로 위법하다고 평가되는 일정한 결과의 발생으로 충분하고, 그것이 위법하다고 평가되는 것까지 인식할 필요는 없다는 것이 다수설이다.[19]

과실은 사회생활상 요구되는 주의를 다하지 아니하였다는 것, 즉 주의의무의 위반이다. 과실 인정의 전제가 되는 주의의무는 예견가능성과 결과회피의무로 구성되어 있다. 일정한 결과(손해)가 발생할 가능성 있는 행위를 하면서 사회평균인의 관점에서 그 결과를 예견할 수 있었어야 한다. 예견할 수 있었는데도 결과회피를 위한 조치를 취하지 아니한 경우에 비로소 그 행위자를 비난할 수 있다.[20]

통설과 판례는 이른바 권리요건 분류설의 입장에서, 민법 제750조의 법률효과를 주장하는 자가 권리근거사실로서 고의·과실에 관한 증명책임을 부담한다고 한다.

2. 대상판결 사안의 검토

제1 원심판결 및 대법원은 불법행위의 성립요건 중 객관적 요건에 해당하는 위법성 및 인과관계를 부정하였고, 그것만으로도 불법행위책임을 부정할 수 있으므로 주관적 요건인 고의·과실에 관하여는 별도로 판단하지 아니하였다. 반면 불법행위책임을 인정한 제2 원심판결은 '피고 M사가 특허권을 침해하는 제2 피고 제품을 제조·판매한 행위에 대하여 특허법 제130조에 따라 과실이 있는 것으로 추정되고, 특허법원의 진보성 부정 판결이 있었다는 사정만으로는 피고 M사가 이 사건 특허발명을 침해하지 않는다고 믿은 것을 정당화할 수 없다'고 판시하였다.

제2 원심판결이 특허법 제130조를 적용하여 위와 같은 결론에 이른

---

19) 곽윤직 편, 민법주해 XⅧ(채권11), 박영사(2005), 184면.
20) 김용담 편, 주석민법 채권각칙(6) 제4판, 한국사법행정학회(2016), 167면(이연갑 집필).

것은 수긍하기 어렵다. 특허법 제130조는 '타인의 특허권 또는 전용실시권을 침해한 자는 그 침해행위에 대하여 과실이 있는 것으로 추정한다'고 규정하고 있다.[21] 그런데 이 사안의 경우 원고가 특허권자나 전용실시권자가 아닌 통상실시권자에 불과함에도 특허법 제130조를 유추적용할 수 있는 것인지 의문이다. 뿐만 아니라 제2 원심판결은 제2 피고가 특허권을 침해한 행위에 과실이 있다는 취지로 판시하고 있는데, 원고의 손해배상청구는 특허권 침해로 인한 손해가 아니라 원고 제품의 상한금액 인하로 인한 손해에 대한 것이므로, 고의 또는 과실의 유무를 판단함에 있어서도 특허권 침해에 관한 고의·과실이 아니라, '원고 제품의 상한금액 인하'라는 결과발생에 관한 고의·과실 유무를 판단하였어야 한다.

제네릭 의약품인 피고들 제품의 상한금액은 관련 규정에 따라 오리지널 의약품인 원고 제품 상한금액의 일정 비율로 정해지므로, 피고들이 원고 제품의 상한금액 인하를 적극적으로 의욕하였다고 보기는 어렵다. 다만, 약가인하에 관한 보건복지부장관의 처분(고시)은 재량행위에 해당하지만, 실제로 제네릭 의약품의 등재 신청이 있는 경우 보건복지부장관은 오리지널 의약품의 약가를 인하하여 온 것으로 보인다. 그렇다면 피고들이 피고들 제품의 등재 신청을 할 당시 원고 제품의 상한금액 인하를 적극적으로 의욕하였다고 보기는 어렵지만, 원고 제품의 상한금액이 인하될 것임을 인식하고 소극적으로나마 이를 용인하였다고 볼 여지가 있다.

---

21) 특허권(전용실시권) 침해도 불법행위의 일종인 이상 특허권자(전용실시권자)가 침해자의 과실을 입증하여야 하지만, 특허법은 특칙을 두어 침해자의 과실을 추정하는 것이다. 판례는 위 규정의 입법취지는 "특허발명의 경우 그 내용이 특허공보 또는 특허등록원부 등에 의하여 공시되어 일반 공중에게 널리 알려질 수 있고, 또 업으로서 기술을 실시하는 사업자에게 당해 기술분야에서의 특허권의 침해에 대한 주의의무를 부과하는 것이 정당하다는 데 있다"고 한다. 특허침해에 있어서는 과실로 침해품을 제조하였다거나 판매하였다는 일은 있을 수 없으므로, 특허법 제130조가 추정하는 과실은 구체적 행위 그 자체에 대한 주의의무라기보다는 일정한 사실(특허권의 존재)을 알지 못한 것, 혹은 일정한 판단(특허권의 권리범위에 속함)을 하지 못한 것을 비난하는 것으로서 악의의 추정과 유사한 면이 있다. 정상조·박성수 공편, 특허법 주해 Ⅱ, 박영사(2010), 304-306면.

Ⅴ. 위법성 인정 여부

1. 불법행위 성립요건으로서 위법성

위법이란 법질서에 반하는 것을 의미한다. 법질서에 위반한다는 것의 실질이 무엇인가에 관하여, 권리나 법익에 대한 침해라는 결과 자체에서 그 행위의 위법성을 보는 견해(결과불법론)와 가해행위에서 그 행위의 위법성을 보는 견해(행위불법론)의 대립이 있다. 우리나라에서는 위법성의 유무는 피침해이익의 종류와 침해행위의 태양을 상관적으로 판단하여야 한다는 견해(상관관계설)이 통설의 지위를 차지하고 있고, 판례도 상관관계설의 입장에 있는 것으로 평가된다.

상관관계설에 따르면 침해된 이익이 확실한 권리로 인정된 것부터 권리는 아니나 법률상 보호되는 이익에 이르기까지 강약의 정도가 있고, 강한 이익의 침해는 약한 이익의 침해에 비하여 위법성이 크다. 또 침해행위의 태양도 권리남용으로 되는 것부터 형벌법규의 위반행위에 이르기까지 위법성의 강약이 있다. 이 때 피침해이익의 측면에서 본 위법성의 강약과 가해행위의 태양의 측면에서 본 위법성의 강약을 상관적, 종합적으로 고찰하여 최종적인 위법성 판단을 한다는 것이다. 피침해이익의 종류로는 물권 내지 물권적 권리, 채권, 인격권 기타 인격적 이익, 생활이익 등이 있고, 침해행위의 태양으로는 형벌법규 위반, 단속법규 위반, 공서양속위반, 권리남용 등을 들 수 있다.[22)]

2. 대상판결 사안의 검토

(1) 위법성 판단의 대상이 되는 행위

원고 제품의 요양급여 상한금액 인하라는 결과발생 전후의 피고들의 행위를 시간 순서대로 살펴보면, ① 요양급여대상 결정신청행위, ② 판매예정시기 변경신청행위, ③ 제품 제조·판매행위가 있다. 대법원 및 제1

---

22) 김용담 편(주 19), 183-185면.

원심판결이 위법성의 판단에 있어 제2 원심판결과 결론을 달리하게 된 근본적인 이유는 위법성 판단의 대상이 되는 행위를 무엇으로 보았는지에 있다.

대법원과 제1 원심판결은 원고 제품의 상한금액을 인하한 보건복지부장관의 고시의 원인이 되었다고 할 수 있는 ① 요양급여대상 결정신청행위, ② 판매예정시기 변경신청행위에 관하여 위법성 여부를 판단하고 있다. 이와 달리 제2 원심판결은, 피고 M사의 ① 요양급여대상 결정신청행위나 ② 판매예정시기 변경신청행위는 제품을 요양급여 대상 약제로 판매하기 위하여 반드시 수반되는 행위로서 ③ 제품 판매행위와 별개로 구분지어 볼 수 없다는 이유로, '약가등재 신청을 포함하는 일련의 피고 제품의 판매행위'를 위법성 판단의 대상으로 보았다.

그러나 위법성을 판단함에 있어서는 일련의 행위를 전체로 파악하여 판단할 것이 아니고, 문제가 되는 행위마다 개별적으로 판단하여야 한다. 예컨대 합법적으로 설치된 공장에서 발생한 매연으로 인하여 피해가 발생한 경우 또는 공사로부터 소음이나 진동이 일어난 경우에, 공장을 운영하거나 공사를 한다는 면에서는 적법한 행위라고 하더라도, 그로부터 매연이나 소음·진동이 발생하여 타인에게 손해를 가하였다는 면에서는 위법한 행위로 평가되는 것이 타당하다. 대법원은 일찍부터 생활이익 침해가 문제된 사안에서, "불법행위 성립요건으로서의 위법성은 관련 행위 전체를 일체로만 판단하여 결정하여야 하는 것은 아니고, 문제가 되는 행위마다 개별적·상대적으로 판단하여야 할 것이므로 어느 시설을 적법하게 가동하거나 공용에 제공하는 경우에도 그로부터 발생하는 유해배출물로 인하여 제3자가 손해를 입은 경우에는 그 위법성을 별도로 판단하여야 하며, 이러한 경우의 판단 기준은 그 유해의 정도가 사회생활상 통상의 수인한도를 넘는 것인지 여부라고 할 것인바, 그 수인한도의 기준을 결정함에 있어서는 일반적으로 침해되는 권리나 이익의 성질과 침해의 정도뿐만 아니라 침해행위가 갖는 공공성의 내용과 정도, 그 지역환경의 특수성, 공법적인 규제에 의하여 확보하려는 환경기준, 침해를 방지 또는 경감시키거나 손해를 회피할 방안의 유무 및 그 난이 정도 등 여러 사정을 종합적으로 고려하여 구체적 사건에 따라 개별적으로 결정하여야 한다."고 판시하였다.[23)]

제네릭 의약품이 국민건강보험 요양급여대상으로 등재되는 경우에도 제네릭 제약사는 제네릭 의약품을 판매하지 않을 수도 있고, 반대로 제네릭 제약사는 제네릭 의약품을 요양급여대상으로 등재하지 않고 비급여로 판매할 수도 있다. 이와 같이 제네릭 의약품의 ① 요양급여대상 결정 신청행위, ② 판매예정시기 변경신청행위는 그 이후의 ③ 제품 판매행위와는 구별되는 별개의 행위이므로, 각 행위마다 위법성 여부를 개별적으로 판단하는 것이 타당하다.

(2) 위법성 판단의 기준

제1, 2 원심판결은 모두 제3자 채권침해[24)]에 관한 법리를 인용하고 이를 위법성 판단의 기준으로 삼았다. 이는 채권적 권리인 통상실시권을 피침해이익으로 파악하였기 때문인 것으로 보인다. 그러나 대상판결 사안에서 문제되는 피침해이익은 '(독점적이든 비독점적이든) 원고의 통상실시권'이 아니라 '원고가 약제급여목록표에 등재된 원고 제품의 상한금액에 관하여 가지는 법률상 이익'이므로, 제3자 채권침해에 관한 법리가 적용될 사안이 아니다. 이하에서는 앞서 본 상관관계설에 따라 피침해이익과

23) 고속도로 확장공사에서 발생한 소음·진동으로 양돈업을 폐업한 인근의 양돈업자들이 국가를 상대로 손해배상을 청구한 사안(대법원 2001. 2. 9. 선고 99다55434 판결), 원전에서 배출된 온배수가 인근의 양식장에 유입되어 양식하던 물고기들이 집단폐사한 사안(대법원 2003. 6. 27. 선고 2001다734 판결), 공군기지에서 발생하는 소음으로 피해를 입은 인근의 양돈업자들이 국가를 상대로 손해배상을 청구한 사안(대법원 2010. 7. 15. 선고 2006다84126 판결) 등.

24) 물권 등 절대권은 그 침해의 경우에 원칙적으로 위법성이 인정된다고 볼 수 있으나, 채권침해의 경우에는 제3자가 채권자를 해한다는 사정을 알면서도 법규에 위반하거나 선량한 풍속 또는 사회질서에 위반하는 등 위법한 행위가 있어야만 불법행위가 성립한다. 여기에서 채권침해의 위법성은 침해되는 채권의 내용, 침해행위의 태양, 침해자의 고의 내지 해의의 유무 등을 참작하여 구체적·개별적으로 판단하되, 거래자유 보장의 필요성, 경제·사회정책적 요인을 포함한 공공의 이익, 당사자 사이의 이익균형 등을 종합적으로 고려하여 판단한다(대법원 2003. 3. 14. 선고 2000다32437 판결 참조).

침해행위의 태양을 상관적, 종합적으로 고찰하여 위법성 판단을 하기로 한다.

(3) 구체적 검토

(가) 피침해이익

이 사안에서 문제되는 피침해이익은 '원고가 약제급여목록표에 등재된 원고 제품의 상한금액에 관하여 가지는 이익'이다. 손해는 법률상 보호되는 이익에 대한 불이익을 의미하고, 단순한 사실상 이익이나 반사적 이익에 관한 불이익은 손해에 해당하지 않는다.[25] 따라서 원고가 약제급여목록표에 등재된 원고 제품의 상한금액에 관하여 가지는 이익이 법률상 보호되는 이익인지 문제되는데, 판례는 제약회사가 약제 상한금액을 인하하는 보건복지부 고시의 취소를 구한 소송에서, 제약회사는 자신이 공급하는 약제에 관하여 국민건강보험법 등 약제상한금액 고시의 근거 법령에 의하여 보호되는 법률상 이익을 향유한다고 판시하여 제약회사의 원고적격을 인정하여 왔다.

> "(전략) 이 사건 고시로 원고들의 이 사건 약제에 대한 상한금액이 인하되면, ① 국민건강보험가입자 또는 국민건강보험공단으로서는 지급하여야 할 약제비용이 감소될 수 있으므로 이익을 받게 되나, ② 반면, 요양기관으로서는 원고들 등 공급업자로부터 이 사건 약제를 상한금액 이상으로 구입하게 되더라도 상한금액을 초과하는 약제구입대금 부분은 국민건강보험가입자 또는 국민건강보험공단으로부터 상환받을 수 없게 되므로 요양급여시 그 약제를 제외하고, 동일하거나 유사한 성분으로서 구입가격이 상한금액의 범위 내에 있는 다른 약제를 지급하거나(의료기관, 보건소 등), 거래 품목에서 제외함으로써(약국) 그 비용을 모두 상환받을 수 있게 되며, 약제에 대한 선택은 그 권한 내에 있어 스스로 그 수요를 변경할 수 있으므로 실제적으로 그 이익을 침해받을 가능성은 거의 없게 되며, ③ 그런데 요양기관에 이 사건 약제를 공급하는 제약회사인 원고들로서는 그 약제의 상한금액이 인하될 경우, 요양기관에 대한 공급가격을 상한금액보다 초과하여 유지하게 되면 요양기관이 그 약제를 구매하지 아니하게 될 것이므로 그 공급가격을 상한금

25) 김용담 편(주 19), 241면.

액의 범위 내로 인하할 수밖에 없게 된다고 할 것이어서, 상한금액의 인하에 직접적으로 영향을 받게 됨으로써 그 이익을 침해받게 되는 점 등을 종합하여 보면, 원고들은 자신이 공급하는 이 사건 약제에 대하여 법, 법 시행령, 요양급여규칙 등 약제상한금액고시의 근거 법령에 의하여 보호되는 직접적이고 구체적인 이익을 향유한다고 할 것이고, 이 사건 고시로 인하여 원고들은 자신이 제조·공급하는 이 사건 약제의 상한금액이 인하됨에 따라 위와 같이 근거 법령에 의하여 보호되는 법률상 이익을 침해당하였다고 할 것이므로, 원고들은 이 사건 고시의 취소를 구할 원고적격이 있다."[26]

대상판결은 종전의 판례 입장대로 이 사안에서 문제되는 피침해이익인 '원고가 약제급여목록표에 등재된 원고 제품의 상한금액에 관하여 가지는 이익'을 국민건강보험법령 등의 근거법령에 의해 보호되는 법률상 이익으로 볼 수 있다고 하면서, 다만 이는 국민건강보험법령에서 정한 약제 상한금액 조정사유가 있는 경우 보건복지부장관의 적법한 조정에 따라 변동될 수도 있는 이익이라고 판시하였다.

(나) 침해행위의 태양

사후적으로 오리지널 의약품의 특허가 무효가 아니라는 판단이 확정될 경우 ③ 제네릭 의약품을 판매한 행위가 특허권을 침해하는 행위로서 위법행위가 된다는 점은 다툼이 없다. 그러나 ① 요양급여대상 결정신청행위 및 ② 판매예정시기 변경신청행위는 제네릭 의약품 판매행위와는 구별되는 별개의 행위이고, 특허발명의 '실시'[27]에 해당하는 행위가 아니므로, 위 각 행위의 위법성 여부는 그 행위 자체를 기준으로 독자적인 판단이 필요하다. ① 요양급여대상 결정신청행위 및 ② 판매예정시기 변경신청행위에 대하여 차례로 검토하기에 앞서, 건강보험법령 등 관련 규

---

26) 대법원 2006. 9. 22. 선고 2005두2506 판결.

27) 특허법 제2조(정의)

3. "실시"란 다음 각 목의 구분에 따른 행위를 말한다.

가. 물건의 발명인 경우: 그 물건을 생산·사용·양도·대여 또는 수입하거나 그 물건의 양도 또는 대여의 청약(양도 또는 대여를 위한 전시를 포함한다. 이하 같다)을 하는 행위

정의 내용을 살펴본다.

구 요양급여규칙 제13조 제4항 제5호는 "요양급여대상으로 결정된 약제와 동일성분 · 동일제형의 약제가 요양급여대상여부의 결정신청이 된 경우, '이미 고시된 약제'의 요양급여대상여부 및 상한금액을 조정하여 고시할 수 있다."라고 규정하고 있다. 이에 따라 고시된 구 약제조정기준 [별표 1] 제3호 가목 및 나목에 의하면, 보건복지부장관은 요양급여대상으로 최초등재제품과 성분과 제형이 동일한 약제(제네릭 의약품)가 요양급여대상여부 결정신청된 경우 최초등재제품(오리지널 의약품)의 상한금액을 1회에 한하여 80%로 조정하되, 결정신청된 약제가 최초등재제품의 특허를 이유로 판매하지 않겠다는 의사를 표명한 경우 최초등재제품의 상한금액을 조정하지 아니할 수 있다. 다만, 결정신청된 제품이 판매를 하지 않겠다는 의사를 번복하거나 판매할 의사를 표명한 경우에는 최초등재제품의 상한금액을 위와 같이 조정한다. 만약 판매할 의사를 표명한 제품이 권한 있는 기관의 판단에 의해 최초등재제품의 특허권을 침해한 것이 밝혀져 판매 가능한 제품이 존재하지 않게 될 경우에는 인하되었던 상한금액을 회복한다.

약제 상한금액의 산정기준 제1호 가목의(1) 후단규정 시행에 관한 세부지침(2007. 8. 6. 보건복지부지침 제2020호로 시행되어 2015. 7. 7. 보건복지부 지침 제2호로 개정되기 전의 것)은 오리지널 의약품의 약가인하조치 시행시기를 결정하는 절차를 아래와 같이 정하고 있다.

□ 최초등재의약품의 약가인하조치 시행시기 결정
① 건강보험심사평가원장은 제네릭 의약품의 등재신청 후, 「국민건강보험 요양급여의 기준에 관한 규칙」 제11조의2 제2항의 약제급여평가위원회 심의에 따라 상한금액 산정기준 제1호 가목의(1) 후단규정 적용에 의해 최초등재의약품의 약가인하가 결정될 경우, 최초등재품목 업소에게 약가인하 대상이 된 사실과 이에 대해 재평가를 신청할 수 있다는 내용을 통보함.
② 통보받은 최초등재품목 업소는 해당 품목에 특허권이 존재할 경우 건강보험심사평가원장에게 특허권 존재 여부와 종류 및 기간 등을 증빙자료와 함께 소명함.
③ 제2항의 소명을 받은 건강보험심사평가원장은 제네릭 의약품을 등재신청한 업소에게 최초등재업소의 특허관련자료를 통보하고 다음과 같이 판매예정시기를 건강보

험심사평가원장에게 7일 이내에 제출토록 함.

1. 결정 신청 의약품관련 특허 분쟁 여부
□ 없음 □ 있음 - 종류 - 진행사항
2. 결정 신청 의약품의 판매예정시기
□ 최초등재제품의 특허권 존속기간 만료 후 □ 등재 후 즉시, 또는 특허권 관련 분쟁 과정 중 판매 가능한 것으로 밝혀졌을 때 - 등재 후 즉시 판매할 수 있는 사유 (예: 최초등재제품의 특허권 존속기간 만료, 기존의 특허권과 무관, 특허분쟁 결과 승소 또는 특허분쟁 승소가능성 등)

④ 제네릭사가 판매예정시기를 "등재 후 즉시"로 소명한 경우, 심평원장은 최초등재품목 업소에게 그 사실을 통보하고 등재절차를 진행시킴.

⑤ 약제 상한금액의 산정기준 제1호가목의(1) 후단규정 적용시기 결정

1. 제네릭 의약품 업소가 판매예정시기를 "최초등재제품의 특허권 존속기간 만료 후"로 소명한 경우, 최초등재제품의 특허권 존속기간 만료일 익일

2. 제네릭 의약품 업소가 판매예정시기를 "등재 후 즉시, 또는 특허분쟁 과정 중 판매 가능한 것으로 밝혀졌을 때"로 소명한 경우, 제네릭 제품 등재일

⑥ 제네릭 의약품 업소는 제출한 판매 예정시기를 변경하고자 할 경우 그 즉시 이를 건강보험심사평가원장에게 통보해야 하며, 건강보험심사평가원장은 제4항 및 제5항에 따라 변경된 내용을 반영함.

먼저 ① 요양급여대상 결정신청행위에 관하여 살펴본다. 관련 규정에 의하면 오리지널 의약품의 특허권이 만료되기 전 또는 특허권 분쟁에서 특허권의 무효 여부에 대한 판단이 만료되기 전이라도 제네릭 의약품에 대하여 요양급여대상 결정신청을 하는 것이 가능하다. 피고들은 원래 오리지널 의약품의 특허권 존속기간 만료 후 피고들 제품을 요양급여대상 약제로 판매하고자 요양급여대상 결정신청을 하였고, 그 결과 피고들 제품이 약제급여목록표에 등재되었는데 여기에 어떠한 위법이 있다고 볼 수 없다.

다음으로, 오리지널 의약품 약가 인하의 직접적인 원인이 되었다고 볼 수 있는 ② 판매예정시기 변경신청행위에 관하여 살펴본다. 특허를

무효로 한다는 심결이 확정되기 전까지 특허는 무효가 아니지만, 피고들은 이 사건 특허발명에 관하여 특허가 무효라는 취지의 특허법원 판결이 선고되자, '특허분쟁에서의 승소가능성'을 소명하여 판매예정시기를 '등재 후 즉시'로 변경하는 신청을 하였다. 이는 관련 규정에서 '특허분쟁에서의 승소가능성'을 특허권 무효 여부에 대한 판단이 확정되기 전이라도 제네릭 의약품을 등재 후 즉시 판매할 수 있는 사유로 예시하고 있는 데 따른 것으로, 그 판매예정시기 변경신청행위를 위법하다고 평가하기는 어렵다고 생각한다.

이에 대하여 당초부터 약가 인하 제도는 국민건강보험 재정을 건전화하여 원활한 요양급여를 지속적으로 보장하기 위한 제도일 뿐 사인(私人)간의 약가 인하로 인한 손해배상 문제까지 규율하는 제도는 아니고, 이러한 손해배상 문제는 특허법 또는 민법에 따라 별도로 해결해야 함을 전제로 설계된 것이라는 견해[28]도 있다. 그러나 약가 인하와 관련된 규정을 보면, 특허권 무효 여부에 관한 판단이 확정되기 전이라도 특허분쟁에서의 승소가능성을 이유로 제네릭 의약품의 시장 진입이 가능하도록 허용하고 있고, 이에 의하면 약가 인하 관련 법령이 제네릭 의약품의 특허 도전과 조기 진입을 장려하고 있는 것으로 볼 여지가 있다. 만약 특허법원에서의 특허권 무효 취지 판결을 신뢰하고 제네릭 의약품을 출시한 제약사에게 그 이후 위 판결이 번복되어 특허가 유효로 확정될 경우 약가 인하분에 대한 손해배상책임을 인정할 경우, 제네릭 제약사는 그러한 거액의 손해배상책임이라는 위험을 감수하면서까지 제네릭 의약품을 조기에 출시하려고 하지 않을 것이므로 오리지널 의약품의 특허권 존속기간이 만료될 때까지 시장 진입을 꺼려할 것이다. 그 결과 무효 사유를 안고 있는 특허권에 대해서도 제네릭 의약품의 진입과 오리지널 의약품의 약가 인하 시점이 지연됨으로써 오리지널 제약사는 망외의 이익을 얻고 국민건강보험 재정은 손실을 입는 왜곡이 발생하게 된다. 물론 제네

28) 권영준, 2020년 분야별 중요판례분석 4. 민법 下(채권), 2021. 2. 4.자 법률신문.

릭 제약사의 손해배상책임을 인정할 경우 오리지널 의약품에 대한 특허권 존속기간 동안 권리의 독점에 대한 이익을 보장함으로써 특허권을 보다 두텁게 보호하는 결론이 될 수는 있겠지만, 특허권의 보호를 통하여 달성되는 공익이 국민건강보험제도의 재정 건전성이라는 공익보다 반드시 더 우월하다고 단정할 수 없다.

(다) 소 결 론

피침해이익의 측면에서 보면 '원고가 약제급여목록표에 등재된 원고 제품의 상한금액에 관하여 가지는 이익'은 국민건강보험법령에서 정한 약제 상한금액 조정사유가 있는 경우 보건복지부장관의 적법한 조정에 따라 변동될 수도 있는 이익이다. 침해행위의 태양 측면에서 보면, 보건복지부장관의 오리지널 의약품 상한금액 인하 고시 발령의 직접적인 원인이 된 행위는 피고들의 '판매예정시기 변경신청행위'인데, 이는 특허발명의 실시행위(피고들 제품 판매행위)와는 구별되는 별개의 행위로서 관련 법령의 규정에 따른 요건을 모두 충족하여 이루어졌다. 따라서 오리지널 의약품의 상한금액 인하 고시를 촉발한 제네릭 제약사의 ① 요양급여대상 결정신청행위 및 ② 판매예정시기 변경신청행위를 법규를 위반하거나 선량한 풍속 또는 사회질서에 위반되는 위법한 행위라고 볼 수 없다고 생각된다.[29]

Ⅵ. 손해의 발생

손해란 피해자가 누리고 있던 보호법익에 대한 침해를 말한다. 이 사건에서 원고의 손해는 원고 제품의 요양급여 상한금액이 인하된 것이

---

29) 이러한 관점에서 보면, 원고가 독점적 통상실시권자였다고 하더라도 이 사건의 결론이 달라지지는 않았을 것이라고 생각된다. 즉, 설령 ③ 피고들 제품의 제조·판매행위가 원고의 독점적 통상실시권을 침해하는 행위에 해당한다고 하더라도, 그와 별개로 이루어진 피고들의 ① 요양급여대상 결정신청행위와 ② 판매예정시기 변경신청행위는 특허발명의 실시에 해당하지 않는 행위로서 위법행위에 해당한다고 볼 수 없고, 반면 위법성이 인정될 수 있는 ③ 피고들 제품의 제조·판매행위는 원고 제품의 상한금액 인하의 원인이 된 행위가 아니므로 원고 제품 상한금액 인하와 인과관계가 인정되지 않을 것이기 때문이다.

다(더 구체적으로는, 원고 제품의 요양급여 상한금액 인하에 따라 원고 제품 판매에 따른 수익이 감소한 손해이다). 원고가 약제급여목록표에 등재된 원고 제품의 상한금액에 관하여 가지는 이익을 법률상 보호되는 이익으로 볼 수 있음은 앞서 살펴본 바와 같다.

Ⅶ. 인과관계 인정 여부

1. 인과관계 판단기준

민법 제750조는 '위법행위로 손해를 가한' 경우 그 손해배상책임이 성립한다고 정하고 있다. 원고에게 손해가 발생하더라도 이 손해는 가해자의 위법행위로 인한 것이어야 한다. 전통적인 통설과 판례는 상당인과관계설에 따라 손해배상책임의 성립과 손해배상의 범위를 판단하여 왔다. 상당인과관계설은 원인과 결과의 관계에 있는 무한한 사실 가운데서 객관적으로 보아 어떤 전행사실로부터 보통 일반적으로 초래되는 후행사실이 있는 때에 양자는 상당인과관계에 있다고 한다. 상당인과관계설은 동일한 조건이 존재하는 경우에 동일한 결과를 발생하는 것이 보통이라는 경우에만 인과관계를 인정함으로써 우연한 사정이나 특수한 사정은 책임에서 제외한다. 상당인과관계의 판단에 있어서는 가해행위 당시에 보통인이 알 수 있었던 사정과 가해자가 특히 알고 있었던 사정을 함께 고찰의 대상으로 한다.[30)]

대법원이 상당인과관계의 유무를 판단하는 자료로 들고 있는 것은 ① 결과발생의 개연성, ② 위배한 법령 기타 행동규범의 목적과 보호법익, ③ 법령위배(가해행위)의 태양, ④ 수행하는 직무의 목적 내지 기능으로부터 예견가능한 행위 후의 사정, ⑤ 피침해이익의 성질(피해의 정도) 등이다.[31)]

---

30) 곽윤직 편(주 18), 231면.

31) 오영준, 가. 금융기관이 본인 또는 대리인을 자처하는 자에게 예금계좌를 개설하여 줌에 있어서 요구되는 주의의무, 나. 모용계좌의 개설에 관한 금융기관의 주의의무위반과 피모용자나 제3자의 손해 발생 사이에 상당인과관계가 있는지 여부의 판단기준, 대법원판례해설 제71호, 법원도서관(2008), 324면.

즉 대법원은 '상호신용금고의 대표이사가 상호신용금고법 제12조 등 법령을 위배하여 추가대출을 한 것을 계기로 하여 제3자가 손해를 입었다고 하더라도 상호신용금고 및 그 대표이사가 그 제3자에게 손해배상책임을 지기 위하여는 위 법령에 위배된 행위와 제3자의 손해 사이에 상당인과관계가 있어야 할 것인바, 상당인과관계의 유무를 판단함에 있어서는 결과발생의 개연성은 물론 같은 법조의 입법목적과 보호법익, 위 법령위배행위의 태양 및 피침해이익의 성질 등을 종합적으로 고려하여 판단하여야 한다'거나,[32] '공무원에게 부과된 직무상 의무의 내용이 단순히 공공일반의 이익을 위한 것이거나 행정기관 내부의 질서를 규율하기 위한 것이 아니고 전적으로 또는 부수적으로 사회구성원 개인의 안전과 이익을 보호하기 위하여 설정된 것이라면, 공무원이 그와 같은 직무상 의무를 위반함으로 인하여 피해자가 입은 손해에 대하여는 상당인과관계가 인정되는 범위 내에서 국가가 배상책임을 지는 것이고, 이 때 상당인과관계의 유무를 판단함에 있어서는 일반적인 결과발생의 개연성은 물론 직무상 의무를 부과하는 법령 기타 행동규범의 목적, 그 수행하는 직무의 목적 내지 기능으로부터 예견가능한 행위 후의 사정, 가해행위의 태양 및 피해의 정도 등을 종합적으로 고려하여야 할 것이다'[33]고 한다.

대법원 판례는 인과관계 판단에 있어서 기본적으로 상당인과관계설을 채택하고 있으면서도, 상당인과관계 판단에 있어 규범목적설의 입장을 일부 수용하고 있는 것으로 평가된다. 원래 규범목적설은 종래의 상당인과관계이론이 채무불이행책임에서 계약목적을, 불법행위책임에서 책임규범의 목적과 그 뒤에 존재하는 의무를 전혀 고려하지 않고 배상범위를 결정하는 것이 옳지 않다고 비판하면서 등장한 학설로, 손해배상책임을 발생시키는 규범의 보호범위 안에 포함되는 손해만을 행위자에게 귀책시켜야 한다는 이론이다. 대법원은 규범목적설을 상당인과관계론과 대립하는 인과관계론으로서 채택한 것이라기보다는 상당인과관계 유무 판단의

32) 대법원 1995. 1. 12. 선고 94다21320 판결.
33) 대법원 2003. 4. 25. 선고 2001다59842 판결.

하나의 기준으로 도입하고 있다.[34)]

2. 대상판결 사안의 검토

위법성 판단에서 ① 요양급여대상 결정신청행위, ② 판매예정시기 변경신청행위, ③ 제품 제조·판매행위를 구별한 것과 마찬가지로, 인과관계 판단에 있어서도 각 행위를 구별하여 살펴본다.

먼저 ③ 제품 제조·판매행위의 경우, 이는 특허발명의 실시에 해당하여 위법성이 인정될 수 있는 행위이나, 원고 제품의 요양급여 상한금액이 인하된 것은 보건복지부장관의 고시 발령에 의한 것이지, 피고들이 피고들 제품을 제조·판매하였기 때문이 아니므로, 제품 제조·판매행위를 원고 제품 상한금액 인하의 원인으로 볼 수 없다. 따라서 피고들 제품의 제조·판매행위는 원고 제품의 상한금액 인하와 인과관계가 인정되지 않는다.

다음으로 ① 요양급여대상 결정신청행위 및 ② 판매예정시기 변경신청행위는 앞서 본 바와 같이 위법성이 인정되지 않고, 그것만으로 불법행위 손해배상책임을 부정할 수 있으므로 상당인과관계의 인정 여부에 관하여 나아가 판단할 필요가 없다. 그러나 제1 원심판결과 대법원은 피고들 행위의 위법성을 부정하는 입장을 취하면서도 피고들의 행위와 원고 제품의 상한금액 인하 사이에 상당인과관계가 있는지 여부를 판단하였다. 제1 원심판결은 피고들의 행위 이후 보건복지부장관이 고시를 발령하여 재량권을 행사함으로써 원고 제품의 상한금액이 인하되었다는 점을 상당인과관계를 부정하는 주요 논거로 들었다. 대법원은 '피고들의 신청행위를 위법하다고 보기 어려운 점, 보건복지부장관의 고시를 위법한 처분이라고 볼 만한 자료도 없는 점, 관련 규정의 취지가 국민건강보험 재정을 건전화하여 원활한 요양급여를 지속적으로 보장하는 데에 있다는 점, 국민건강보험제도의 공익적 성격 등을 고려하면, 원고 제품의 상한금

---

34) 곽윤직 편, 민법주해Ⅸ(채권2), 박영사(2001), 504-506, 529면.

액 인하라는 불이익은 약가 인하 제도를 채택한 결과에 따른 것이고, 이를 피고들의 책임으로 돌릴 것은 아니다'라고 판시하여, '원고에게 발생한 손해를 피고들의 책임으로 귀속시키는 것이 타당한가'의 관점에서 상당인과관계를 부정한 것으로 보인다.

상당인과관계의 유무를 판단함에 있어 일반적인 결과발생의 개연성 측면에서만 본다면, 피고들의 요양급여대상 결정신청 및 판매예정시기 변경신청행위와 원고 제품의 상한금액 인하 사이에 보건복지부장관의 고시가 개입되었다는 것만으로는 상당인과관계를 부정하기에 부족한 측면이 있다고 생각된다. 구 요양급여규칙 제13조 제4항이 "보건복지부장관은 다음 각 호에 해당하면 이미 고시된 약제의 요양급여대상여부 및 상한금액을 조정하여 고시할 수 있다"고 규정하고 있으므로, 보건복지부장관의 요양급여 상한금액 조정은 원칙적으로 재량행위에 속하기는 한다. 그러나 제네릭 의약품의 등재신청을 사유로 하는 상한금액 조정의 경우, 구 약제의 결정 및 조정 기준에서 일정한 예외사유에 해당하지 않으면 일률적으로 상한금액을 일정 비율 인하하도록 규정하고 있으므로,[35] 재량의 여지가 적은 것이 사실이고, 실제로도 위 기준이 도입된 이래 보건복지부장관은 제네릭 의약품의 등재신청이 있을 경우 오리지널 의약품의 약가를 위 기준에서 정한 비율만큼 일률적으로 인하하여 온 것으로 보인다. 또한 원고 제품의 상한금액 인하 시행시기를 언제로 정할지가 보건복지부장관의 재량에 달려 있다고 하나, 앞서 본 바와 같이 약제 상한금액의 산정기준 제1호 가목의(1) 후단규정 시행에 관한 세부지침에서는 제네릭

35) 구 약제의 결정 및 조정기준 제8조 제2항 제6호 및 [별표 1] 약제 상한금액의 산정 및 조정기준 제3호 가목은, "신청제품이 등재되는 경우 최초등재제품…의 상한금액은 1회에 한하여 80%로 조정한다. 다만, 다음의 어느 하나에 해당하는 경우는 조정하지 아니한다."고 하여 일정한 예외사유에 해당하지 않으면 재량의 여지없이 일률적으로 상한금액을 일정 비율 인하하도록 규정하고 있다. 이는 다른 상한금액 조정사유인 판매 촉진을 위하여 금품을 제공하는 등 유통질서를 문란하게 한 것이 확인된 경우에 대해 "인하율은 상한금액의 20% 이내로 한다.", "가목에 따른 인하율의 100/100을 가중하여 인하할 수 있다."로 하여 일정한 재량을 둔 것과 차이가 있다(구 요양급여규칙 제13조 제4항 제12호, 구 약제의 결정 및 조정기준 제8조 제2항 제10호 및 [별표 5] 유통질서 문란 약제의 상한금액 조정기준 제3호 가목, 나목).

제약사가 제출하는 판매예정시기에 따라 약가 인하조치 시행시기를 지정하고 있다. 이와 같이 '어떤 전행사실로부터 보통 일반적으로 초래되는 후행사실이 있는가'라는 측면에서만 보면, 피고들이 제네릭 의약품인 피고들 제품에 대하여 판매예정시기를 등재 후 즉시로 변경하는 신청을 할 경우 관련 규정에 따라 보건복지부장관이 원고 제품의 상한금액을 종전 금액의 80%로 인하하는 고시를 발령할 것이고, 그로 인하여 원고 제품의 상한금액 인하라는 결과가 발생하는 것이 보통이라고 할 수도 있다.

그러나 대법원 판례는 상당인과관계의 유무를 판단하는 자료로 결과 발생의 개연성 외에 위배한 법령 기타 행동규범의 입법목적과 보호법익, 법령위배행위의 태양 및 피침해이익의 성질 등을 고려하고 있다. 피고들의 요양급여대상 결정신청 및 판매예정시기 변경신청행위를 위법한 행위라고 할 수 없다는 점은 앞서 본 바와 같다. 약가 인하 관련 규정의 취지는 국민건강보험 재정을 건전화하여 요양급여를 지속적으로 보장하는 데 있다. 또한 오리지널 의약품의 상한금액이 인하됨으로써 이익을 얻는 자는 국민건강보험공단과 보험급여 수급자들이고, 제네릭 제약사가 아니라는 사정도 고려될 필요가 있다. 만약 오리지널 의약품 상한금액 인하로 인하여 오리지널 제약사가 입은 손실에 대하여 제네릭 제약사가 책임을 부담한다고 하면, 국민건강보험 재정은 망외의 이익을 얻고, 책임은 제네릭 제약사가 지게 되므로 형평에 맞지 않다. 따라서 특허 무효 취지의 판단이 상급심에서 번복되어 특허가 유효로 확정될 경우에 오리지널 제약사가 입은 손실에 대해서는 국민건강보험공단이 이를 보상하는 것이 합리적이라고 생각한다. 제1 원심판결이 '원고에게 발생한 손실을 공익적 차원에서 보상의 문제로 접근할지는 별론으로 하더라도, 약가인하 제도가 법령에 따라 집행됨으로써 발생한 손실을 불법행위로 보아 피고에게 부담시키는 것은 수긍하기 어렵다'고 한 것이나, 대법원이 '원고의 불이익은 오리지널 의약품 특허의 무효가능성이 소명되면 제네릭 의약품을 약제급여목록표 등재 후 즉시 요양급여대상 약제로 판매할 수 있도록 한 관련 제도를 채택한 결과에 따른 것이고, 그 제도에서 정한 절차가 원고에게 불리하게 작용하더라도 이를 피고들의 책임으로 돌릴 것은 아니다'라고 한 것은 모두 책임귀속의 측면을 고려한 것으로 보인다.

결론적으로, 손해배상책임 성립요건으로서의 인과관계와 배상범위에 있어서 인과관계를 구별하지 않는 상당인과관계설의 입장에서 본다면, 상당인과관계 유무 판단에 있어 '가해행위가 없었더라면 손해가 발생하지 않았을 것인가 여부' 이외에 '그 손해를 가해자에게 귀속시키는 것이 타당한가 여부'를 고려하여야 하므로, 피고들의 행위와 원고 제품의 상한금액 인하 사이에 상당인과관계를 부정한 대상판결의 입장이 타당하다고 생각한다.

Ⅷ. 결 론

대상판결은 제네릭 제약사가 오리지널 의약품의 특허에 관한 특허무효 소송에서 승소한 후 해당 판결이 확정되기 전에 제네릭 의약품을 출시하였는데, 추후 판결이 번복되어 특허가 유효한 것으로 확정된 경우, 제네릭 의약품의 출시로 오리지널 의약품의 약가가 인하되어 입게 되는 손해에 대하여 제네릭 제약사가 손해배상책임을 지는지 여부가 문제된 최초의 사건이라는 점에서 중요한 선례적 가치를 갖는다.

대상판결은 불법행위 성립요건 중 객관적 요건인 위법성 및 인과관계를 부정하였는데, 위법성 판단에 있어 일련의 행위를 전체로 파악하여 판단하지 않고 문제가 되는 행위마다 개별적으로 판단하였다는 것이 핵심적인 부분이다. 그 결과 대상판결은 '제네릭 의약품의 판매행위'가 특허권을 침해하는 위법한 행위에 해당하는지 여부와 무관하게, 제네릭 의약품에 대한 '요양급여대상 결정신청행위' 및 '판매예정시기 변경신청행위'는 특허발명의 실시에 해당하지 않는 행위로서 관련 법령의 규정에 따라 이루어진 이상 위법성이 인정되지 않는다고 하였고, 반면 위법한 것으로 인정될 수 있는 '제네릭 의약품의 판매행위'는 오리지널 의약품의 약가 인하의 원인이 되는 행위가 아니므로 인과관계가 인정되지 않는다는 결론에 이르렀다.

제네릭 의약품의 조기 진입으로 인하여 오리지널 의약품의 약가가 (결과적으로) 부당하게 인하된 경우, 오리지널 제약사는 손실을 입고, 국민건강보험 재정이 망외의 이익을 얻게 된다. 이는 국민건강보험제도의 재정 건전성이라는 공익을 위하여 설계된 현행 약가인하 제도에 따른 결과로서, 그 책임을 제네릭 제약사에게 귀속시키는 것은 형평에 맞지 않다. 입법론적으로는 오리지널 의약품과 관련된 특허권 분쟁이 있을 경우 해당 분쟁이 종료되기 전까지 제네릭 의약품의 출시 및 오리지널 의약품의 약가 인하를 보류하는 방법, 또는 특허권 무효 여부에 관한 판단이 확정되기 이전에 제네릭 의약품의 조기 진입을 허용하는 현행 제도를 유지할 경우, 이익을 얻은 국민건강보험공단이 오리지널 제약사에게 손실보상을 하도록 하는 방법을 고려해 볼 만하다.

[Abstract]

Whether a Generic Pharmaceutical Company is Liable for Damages in Tort for the Reduction of the Upper Price Limit of Health Care Benefits for a Brand-name Medicine

Kwon, Min young*

In Korea, the National Health Insurance System (NHIS) allows the Minister of Health and Welfare to reduce the Upper Price Limit of Health Care Benefits (hereinafter "Price") for a brand-name medicine when an application is initially filed to register a generic medicine on the Health Care Benefits List for Medicines (HCBLM). According to the NHIS, once a generic medicine is registered on the HCBLM, the generic pharmaceutical company can apply to change its scheduled sales date to immediate sale by explaining that there is a possibility of patent invalidation of the brand-name medicine before the patent expiration date. Upon receiving such application of change in sales schedule, the Minister of Health and Welfare may reduce the Price for the brand-name medicine. The question is whether a generic pharmaceutical company is liable for damages in tort for the reduction of the Price for brand-name medicine in case the patent remains valid. The decision at issue is the first Supreme Court judgment on the aforementioned issue. The Supreme Court held that the generic pharmaceutical company was not liable for damages in tort arising from the reduction of the Price for the brand-name medicine.

This article reviewed the NHIS system in relation to determination and reduction of the Price for a medicine. After that, it reviewed elements of a

---

* Judge, Seoul Central District Court.

tort((a) intent or negligence, (b) unlawful act, (c) harm, (d) causation between unlawful act and harm) in order to examine the decision at issue.

With respect to the 'unlawful act' requirement, Supreme Court examined each act individually, rather than grasping a series of acts as a whole. The generic pharmaceutical company's actions in relation to reducing the Price for a brand-name medicine are 'application to register a generic medicine on the HCBLM' and 'application to change its sales schedule.' The Supreme Court held that these applications are not unlawful acts as they were done in accordance with the relevant regulations. 'The acts of selling a generic medicine' are patent infringements and unlawful act; but causation between the acts of selling a generic medicine and the reduction of the Price for a brand-name medicine is denied. Considering whether it is reasonable to attribute responsibility to generic pharmaceutical companies under the current NHIS system, the decision at issue is reasonable.

[Key word]

- National Health Insurance System
- Generic medicine
- Reduction of the upper price limit of health care benefits for medicine
- Liability for damages in tort

참고문헌

[단 행 본]

곽윤직 편, 민법주해Ⅸ(채권2), 박영사(2001).

______, 민법주해ⅩⅧ(채권11), 박영사(2005).

김용담 편, 주석민법 채권각칙(6) 제4판, 한국사법행정학회(2016).

정상조 · 박성수 공편, 특허법 주해Ⅰ, 박영사(2010).

______, 특허법 주해Ⅱ, 박영사(2010).

[논문 및 평석]

권영준, "2020년 분야별 중요판례분석 4. 민법 下(채권)", 2021. 2. 4.자 법률신문.

박성민 · 정용익 · 신혜은, "후발의약품 진입 후 신약 보험약가 인하와 손실 배분의 정의", 정보법학 제20권 제3호(2016).

오영준, "가. 금융기관이 본인 또는 대리인을 자처하는 자에게 예금계좌를 개설하여 줌에 있어서 요구되는 주의의무, 나. 모용계좌의 개설에 관한 금융기관의 주의의무위반과 피모용자나 제3자의 손해 발생 사이에 상당인과관계가 있는지 여부의 판단기준", 대법원판례해설 제71호, 법원도서관(2008).

윤희숙, "건강보험약가제도의 문제점과 개선방향", 한국개발연구원(2008)

이 헌, "제네릭 의약품 출시에 따른 약가 인하와 손해배상책임의 유무", 특별법연구 17권(2020).

조영선, "특허실시권자의 손해배상 및 금지청구권", 저스티스 제110호, 한국법학원(2009).

신주인수권 배제와 경영권 방어 맥락에서 살펴본 "회사법의 목적"과 "법인격의 매개기능" 검토

-주주의 권리행사 대상인 "회사"와 이사의 의무이행 대상인 "회사"의 통일적 해석을 중심으로

이 중 기*

■요 지■

경영자지배와 주주지배가 일어나는 미국 상장회사와 달리 우리 상장회사의 현실과 회사법의 주주중심주의 구조를 고려할 때 우리 회사법은 전통적인 "주주중심주의" 관점을 채택하고 있는 것으로 해석해야 한다. 주주중심주의 관점에 의하면, 회사가 경영목적을 위하여 주주의 신주인수권을 배제하기 위해서는 (i) "적극적 요건"으로서, 정당한 목적인 '사업상 중요한 자본제휴'와 '긴급한 자금조달'의 필요성의 존재를 적극 증명해야 하고, (ii) "소극적 요건"으로서, 주주의 보호를 위해 신주인수권 배제와 관련해 이사에게 충돌이익의 부존재를 증명해야 한다. 이 사안의 경우 제3자인 산업은행에 대한 신주발행을 결정하는 한진칼의 이사들은 2대 소수주주인 대표이사 등으로서 자신의 의무와 주주로서의 이익이 충돌하는 이익충돌상황에서 신주발행결정을 하였으므로, 두 번째 요건을 충족시키지 못한 것으로 판단된다. 특히 이 사건 신주발행에 대해서는 주된 목적은 아니라고 하더라도 적어도 종된 목적으로서 지배권 변동의 목적이 인정된다는 점에서 "정당한 목적"에 대한 적극적 요건도 충족시킬 수 없다고 판단된다.

---

* 홍익대학교 법과대학 교수.

한국 상장회사처럼 “실제 지분취득을 기초”로 회사를 지배하는 한국의 지배권시장에서는 경쟁 “주주간의 형평”을 기해야 하는데, 대상결정은 기존 경영진에게 과도한 방어수단을 부여한다. 즉 기존 경영진으로 하여금 “자본조달목적”이 있기만 하면 언제든지 지배권 방어를 위한 “부수적” 신주발행을 가능하게 해 기존 경영진 입장을 지나치게 옹호하는 결과를 초래한다.

[주 제 어]
• 신주인수권
• 신주인수권의 배제
• 주주중심주의
• 경영자 중심주의
• 지배권 변동 목적
• 이익충돌
• 이사의 의무

대상판결 : 서울중앙지법 2020. 12. 1. 선고 2020카합22150 결정

[사안의 개요]

1. 사건의 배경과 경과

(1) 회사지배를 위한 지분경쟁 상황

주식회사 한진칼(이하 "한진칼)은 대한항공, 한진, 진에어를 자회사로 둔 지주회사이다. 산업은행과 한진칼 사이의 이 사건 거래가 체결되기 전 한진칼의 회사지배와 관련하여 한진칼 대표이사 조원태와 그 특수관계인(이하 "조원태 등") 및 이 사건 신청인 경영참여 사모펀드 설립 운영사 KCGI와 그 특수관계인(이하 "KCGI 등") 사이에 지배권 분쟁이 있었다.

(2) 신주인수권 배제에 관한 정관 규정

한진칼의 정관 중 신주발행에 관한 부분은 다음과 같다.

제8조(신주발행 및 신주인수권) ① 이 회사의 주주는 신주발행에 있어서 그가 소유한 주식수에 비례하여 신주의 배정을 받을 권리를 가진다. ② 제1항의 규정에 불구하고 다음 각호의 어느 하나에 해당하는 경우에는 주주 외의 자에게 이사회 결의로 신주를 배정할 수 있다. 3. 발행주식총수의 100분의 30을 초과하지 않는 범위 내에서 긴급한 자금조달을 위하여 국내외 금융기관 또는 기관투자자에게 신주를 발행하는 경우 4. 발행주식총수의 100분의 30을 초과하지 않는 범위 내에서 사업상 중요한 기술도입, 연구개발, 생산·판매·자본제휴를 위하여 그 상대방에게 신주를 발행하는 경우 ⑤ 제2항 각호 및 제3항의 어느 하나의 방식에 의해 신주를 발행할 경우에는 발행할 주식의 종류와 수 및 발행가격 등은 이사회의 결의로 정한다.

2. 이 사건 거래와 공시

한진칼은 산업은행과 대강 다음과 같은 내용의 이 사건 거래를 체결하였다.

(i) 한진칼은 산업은행에 신주를 발행해 조달한 신주발행대금 등으로 대한항공에 대여하고,

(ii) 대한항공은 이 대여금과 증자를 통해 조달한 자금으로 아시아나를 인수함

> ① 한진칼은 산업은행에 대하여 제3자 배정방식 신주발행을 통해 5,000억 원, 대한항공 주식을 교환대상으로 하는 교환사채 발행을 통해 3,000억 원, 합계 8,000억 원을 조달한다. 신주발행의 납입기일은 2020. 12. 2.이고, 교환사채 발행의 납입기일은 2020. 12. 3.이다.
> ② 한진칼은 2020. 12. 3. 대한항공에 위 ①과 같이 조달한 자금 8,000억 원을 대여한다.
> ③ 대한항공은 2조 5,000억 원 규모의 주주배정 방식의 유상증자를 실행한다. 대한항공의 주주인 한진칼은 그 지분비율(29.27%)에 해당하는 7,300억 원 상당의 신주를 배정받는다. 한진칼은 대한항공에 대한 대여금 8,000억 원 중 7,300억 원을 신주인수대금과 상계하는 방식으로 납입한다. 대한항공의 주주배정 방식의 유상증자 납입기일은 2021. 3. 12.이다.
> ④ 아시아나항공은 대한항공에 대하여 1조 5,000억 원 규모의 제3자 배정방식 신주발행을 하고, 3,000억 원 규모의 전환사채를 발행함으로써 총 1조 8,000억 원을 조달하고, 대한항공은 아시아나항공의 경영권을 인수한다. 다만, 긴급한 자금조달이 필요한 아시아나항공의 재무상황을 고려하여 대한항공은 신주인수대금 중 계약금 3,000억 원은 2020. 12. 3.까지 지급한다. 전환사채의 납입기일은 2020. 12. 29.이다.

한진칼은 경영사항 공시를 통해 “이 사건 거래”로 인한 회사의 산업은행에 대한 의무부담사실을 다음과 같이 공시하였다.

> 4. 당사의 한국산업은행에 대한 의무
>
> ① 한국산업은행이 지명하는 사외이사 3인 및 감사위원회위원 등 선임
> ② 주요경영사항에 대한 사전협의권 및 동의권 준수
> ③ 윤리경영위원회 설치 및 운영 책임
> ④ 경영평가위원회가 대한항공에 경영평가를 실시할 수 있도록 협조하고 감독할 책임
> ⑤ PMI 계획을 수립하고 이행할 책임
> ⑥ 대한항공 주식 등에 대한 담보 제공, 처분 등 제한
> ⑦ 투자합의서의 중요 조항 위반시 금 5천억 원의 위약벌과 손해배상책임을 부담하며, 이를 담보하기 위해 대한항공 발행 신주에 대한 처분권한 위임 및 질권을 설정할 의무
>
> 5. 계약 체결 예정일 : 2020년 11월 17일
> 6. 기타 : 기타 본 건 집행에 필요한 세부사항은 대표이사에게 위임함.

3. 신청취지 : 신주발행금지

이 사건 신주발행은 주주들의 신주인수권을 중대하게 침해하는 것이므로, 신청인은 한진칼의 주주로서 상법 제424조에 기한 신주발행유지청구권을 피보전권리로 하여 이 사건 신주발행의 금지를 구한다.

4. 문제제기

(1) 주주의 신주인수권 배제의 정당성 판단기준 및 누가 증명책임을 지는가?

(가) 회사의 신주인수권 배제의 정당성 판단 기준은?

회사가 상법이 인정한 주주의 신주인수권을 배제하고 정관규정에 따라 제3자인 산업은행에 대하여 신주배정을 한 경우, 이러한 회사의 신주배정이 "경영상 목적을 위한 것"으로서 유효한 것인지 아니면 "경영상 목적을 벗어난 것"인지, 예를 들어 지배권유지 목적의 신주발행으로서 무효인지 여부를 판정하는 기준은 무엇인가? 특히 경영권 분쟁 상황이라면 "경영상 목적"의 내용으로서 달리 고려해야 할 점은 없는지 등이 문제된다.

(나) 신주인수권 배제의 정당성의 증명책임은 누가 부담하나?

회사가 상법이 인정한 신주인수권을 정관의 규정에 따라 배제하였는데, 주주가 회사의 신주인수권 배제조치가 "경영상 목적"을 벗어난 것이라고 정당성을 문제삼는 경우, 이러한 사안에서 누가 회사의 배제조치의 정당성에 대한 증명책임을 지는지가 문제된다.

특히, 주주는 상법이 선언한 자신의 신주인수권이 배제되었다는 사실 및 회사의 정관에 따른 배제가 "경영상 목적"을 벗어난 것이라는 것을 소명하면, 회사가 자신의 정관에 따른 배제 조치가 "경영상 목적"에 부합한다는 점을 적극적으로 증명해야 하는 것 아닌지 여부가 문제된다.

(2) 신주인수인에 대한 "특별한 권리부여"의 경우, 주주의 평등권을 침해하는 게 아닌가?

다음으로 회사가 정관의 규정에 따라 제3자에게 신주인수권을 부여할 때, 다른 주주에게 인정되지 않는 사외이사선임권 기타 동의권 등을 특정 주주 혹은 신주인수권자에 대해 부여하였다면, 이러한 권리부여는 주주평등권을 침해한 것으로서 무효가 아닌지가 문제된다.

따라서, 회사가 다른 주주에게 인정되지 않는 특별한 권리를 산업은행에 대해 부여하는 이 사건 선임권 부여특약에 대해서는 신주인수권 부여의 유효성이 인정되더라도 독립적으로 부여특약의 유효성을 다툴 수 있지 않는지가 문제된다.

(3) 주주의 "신주인수권" 침해에 해당하는 이사의 "의무" 위반의 논리 구성 방법은? 법인격의 매개기능[1)]의 최적화 문제

또한 "회사"가 주주의 신주인수권, 주주평등권을 침해하였다면, 회사업무를 집행한 "이사"가 "회사에 대한 의무"를 위반한 것으로 볼 수 있는데, 이사의 "회사에 대한 의무위반"을 바로 이사의 "주주권" 침해행위로 볼 수 있지 않는지가 문제된다.

구체적으로, 회사 내부관계에서 주주의 권리행사 상대방으로서 '회사'와 회사업무를 집행하는 '이사'를 구별할 필요가 있는지 여부, 따라서, 내부관계에서 주주가 자신의 권리를 주장하거나 회사가 주주의 권리를 제한하는 과정에서 '이사'는 직접 주주의 권리행사의 상대방 혹은 의무이행의 상대방이어서, 직접 주주에 대해 의무를 지는 것 아닌지 여부가 문제된다.

〔研　　究〕

Ⅰ. 검　토

1. 주주의 신주인수권 배제의 정당성 여부와 누가 소명해야 하는가?

제8조 ② … 3. 긴급한 자금조달을 위하여 국내외 금융기관 또는 기관투자자에게 신주를 발행하는 경우 4. 사업상 중요한 기술도입, 연구개발, 생산 · 판매 · 자본제휴를 위하여 그 상대방에게 신주를 발행하는 경우

한진칼의 정관 제8조 제2항의 3호와 4호는 위와 같이 이사회결의로 주주외의 자에게 신주를 배정할 수 있도록 하고 있는데, 한진칼은 위 3호에 따라 "긴급한 자금조달" 혹은 4호에 따라 "자본제휴"를 이유로 산업은행에 대한 신주배정을 하였다.

1) 법인격의 재산분리기능, 재산통합기능에 대해서는 이중기, "조직법의 역할: 재산통합과 지분, 기관, 유한책임의 실현", 홍익법학 제16권 제1호(2015), 591면.

(1) 쟁점 I : 주주의 신주인수권 배제의 "경영상 목적 필요성" 충족 여부

(가) 당사자간의 쟁점

한진칼이 기존 주주의 신주인수권을 배제하고 제3자인 산업은행에 대하여 부여한 신주배정이 회사의 "경영상 목적"을 벗어난 다른 목적, 예를 들어 현 경영진의 지배권유지 목적의 신주발행으로서 무효인지 여부에 대해 살펴보자.

第418조(신주인수권의 내용 및 배정일의 지정 · 공고) ① 주주는 그가 가진 주식수에 따라서 신주의 배정을 받을 권리가 있다. ② 회사는 제1항의 규정에 불구하고 정관에 정하는 바에 따라 주주 외의 자에게 신주를 배정할 수 있다. 다만, 이 경우에는 신기술의 도입, 재무구조의 개선 등 회사의 경영상 목적을 달성하기 위하여 필요한 경우에 한한다.

(나) 경영상 목적의 필요성 해석기준

회사가 상법이 인정한 주주의 신주인수권을 배제하고 정관규정에 따라 제3자인 산업은행에 대하여 신주배정을 한 경우, 이러한 회사의 신주배정이 "경영상 목적을 위한 것"으로서 유효한 것인지 아니면 "경영상 목적을 벗어난 것", 예를 들어 지배권유지 목적의 신주발행으로서 무효인지 여부를 판정하는 기준은 무엇인가?

특히 지배권 분쟁시 "경영상 목적"의 내용으로서 고려해야 할 점은 없는지 여부가 문제된다.

1) "경영상 목적"의 인정에 있어 "경영진 재량"의 범위와 재량의 해석기준?

"경영상 목적"의 필요성 해석에 있어 결국 문제가 되는 것은 (ⅰ) 회사의 경영진이 어느 정도 "경영상 재량"을 가지는가? 또한 (ⅱ) 이러한 "경영재량"의 행사 필요성을 어떤 기준에 따라 판단하여 인정할 것인가 여부이다.

그런데, 이러한 경영재량의 필요성 정도에 대한 허용기준은 결국 "회사" 혹은 "회사법의 목적"을 어떻게 보느냐에 따라 다르게 접근할 수 있고 그 결론이 다르게 도출될 수 있다.

2) "회사의 의미"와 "회사법의 목적"

회사법의 목적은 회사를 어떻게 파악하는가에 따라 크게 다음과 같이 세가지로 대별할 수 있고, 따라서, "경영상 목적"의 인정 기준은 "경영상 재량"의 인정 범위에 관하여 세 가지 다른 태도를 취할 수 있는 회사법의 목적에 따라 다르게 파악될 수 있다.[2)]

(i) 주주 중심주의 : 회사법을 주주인 투자자를 보호하는 것으로 보는 관점

(ii) 이사회 중심주의 : 회사법을 기업가정신을 실현하는 경영자를 보호하는 것으로 보는 관점

(iii) 이해관계자 중심주의 : 회사법을 더 넓은 이해관계자(소위 stakeholders)를 보호하는 것으로 보는 관점

-투자자 중심주의/주주 중심주의

"회사"는 투자자의 자본결집의 효율성을 위한 도구이고, 따라서 "회사법의 목적"은 회사에 투자한 투자자의 보호를 위하여 작동한다는 전통적인 관점이다. 이러한 전통적인 주주중심주의 관점에 의하면 이사에 대해 주주전체에 대한 충실의무를 부과하는 것은 정당화되며, 이사는 주주전체의 이익을 위해 행위하여야 한다. 따라서, 이사의 행위는 주주의 이익에 의하여 목표와 범위가 설정되고, 주주의 이익에 반하는 경우 이사의 경영재량은 구속받게 된다.

-기업가 중심주의/경영자 중심주의

한편 "회사"는 기업가가 기업가정신을 실현하는 도구이고, "회사법의 목적"은 사회에 부를 창출하는 기업가정신의 고취와 기업가 보호를 목적으로 하여야 한다는 입장을 취할 수 있다. 이러한 경영자 중심주의 입장에 의하면 회사는 전문경영인이 기업가정신을 실현하는 비클이고, 전문경영인은 투

2) 주주중심주의와 이해관계자 중심주의 논쟁에 대해서는, Lucian Bebchuk and Roberto Tallarita, Shareholderism versus Stakeholderism-A Misconceived Contradiction. A Comment on "The Illusory Promise of Stakeholder Governance", ECGI Working Paper N° 522/2020, June 2020(https://papers.ssrn.com/sol3/papers.cfm?abstract_id=3617847).

자자로부터 자금을 풀링하여 기업의 목적인 영리행위를 추구함으로써 사회의 부를 창출하는 중요한 역할을 수행한다. 따라서 이러한 입장에 의하면 전문경영인의 경영재량을 가능한 한 많이 인정할 수 있는 여지가 발생한다.

－이해관계자 중심주의

더 나아가 "회사"는 사회적 책임을 다하여야 한다는 입장까지 취할 수 있는데, 이러한 입장에 의하면 "회사법의 목적"은 회사조직에 관계된 다른 이해관계자들의 보호도 포함할 수 있게 확장된다. 예를 들어, 회사의 채권자의 보호, 회사의 근로자의 보호 더 나아가 회사가 속한 지역사회에 대한 회사의 사회적 책임은 이러한 입장에 의하면 쉽게 정당화될 수 있다.[3)]

－검　　토 :

우리 회사법은 사채와 관련한 채권자보호 규정 외에 근로자의 보호에 대한 명시적 규정이 없다. 그런 점에서 3번째 이해관계자 중심주의 입장은 채택하기 어렵다고 본다. 특히 우리 사회는 아직까지 주주중심주의 입법이냐 이사회중심주의 입법이냐의 논쟁도 심도 깊게 행해진 적이 없다는 점을 고려하면, 아직까지는 우리 회사법이 1의 입장을 취하는지 혹은 2의 입장을 취하는지 여부의 논쟁만이 의미가 있을 것으로 생각된다.

3) 대상 결정의 검토와 비판

대상결정은 다음과 같이 우리 "회사법의 목적"과 관련해 과감하게 "경영자보호" 관점을 취하는 것으로 판단하여, 회사의 신주인수권 배제 조치를 정당화하였다.

> "신주를 발행할 경우 원칙적으로 기존 주주에게 이를 배정하게 함으로써 기존 주주의 신주인수권을 보호하면서도, 주주들이 회사의 새로운 자금 수요를 충족하지 못하거나, 회사가 다른 기업과 자본제휴를 하는 경우와 같이 주주배정 방식에 의해서는 경영 목적을 달성할 수 없는 상황에서는 회사가 자유로운 경영 판단에 기해 자금조달의 기동성을 도모할 수 있어야 한다는 고려에 따른 것으로 보인다."

3) 하지만 그 한계도 명확하다. 이해관계자 중심주의의 한계에 대해서는, 이중기, "지배권 프리미엄과 충실의무 관점에서 본 지배주주와 소수주주의 관계－다수결원칙에 따른 지배권의 정당화와 내재적 한계", 사법 제57호(2021), 143, 164면 본문 및 각주의 논의 참조.

> … 신주발행이 단지 경영권 분쟁 상황에서 이루어졌다는 사정만으로 이를 곧바로 무효로 볼 수는 없다 할 것이다. 다만 회사가 내세우는 경영상 목적은 표면적인 이유에 불과하고, 실제로는 경영진의 경영권이나 지배권 방어 등 회사 지배관계에 대한 영향력에 변동을 주는 것을 주된 목적으로 하는 경우에는 제3자 배정방식의 신주발행은 상법 제418조 제2항을 위반하여 주주의 신주인수권을 침해하는 것이므로 무효로 보아야 한다.

특히 대상결정은 지배권 변동 목적이 "주된 목적"인 경우에는 무효로 될 수 있지만, 지배권변동목적이 자본조달의 목적에 수반되는 "부수적인 목적"인 경우에는 허용될 수 있는 것처럼 판시하고 있다.

－대상결정 비판:

불분명한 경우, 주주권을 보호하는 전통적 입장이 일반적인 사회관념 아닌가?

우리 상법은 주주의 권리를 명시적으로 선언하고 있고 또한 주주총회의 권한도 명시적으로 선언하면서 동시에 이사회의 권한을 선언한다. 따라서 우리 상법의 해석으로는 "주주중심주의" 입법을 채택했다고 볼 수 있는 반면, 한편으로는 "경영자중심주의" 입법을 채택했다고도 볼 여지도 있다.

그런데, 한국에서 상장회사에 대한 일반적인 인식은 "회사"는 투자자의 자본결집의 효율성을 위한 도구이고, 따라서 "회사법의 목적"은 회사에 투자한 투자자의 보호를 위하여 작동한다는 것이라고 생각된다. 특히 한국의 상장회사 현실은 지분의 집중이 유지되고 있어 회사지배에 이해를 갖는 지배주주가 확실히 존재하는 반면, 미국처럼 분산된 지분구조하에서 회사지배에 이해를 갖는 경영진의 경영권 보호가 문제되는 상황은 별로 없는 것처럼 보인다.

즉 우리나라 상장회사에는 지배주주가 존재하고, 비록 소수지분이지만 지배주주에 의한 회사지배가 일어나고 있는 현실은 경영자지배가 일상적이어서 경영자의 경영재량을 보호할 필요가 확실히 존재하는 미국 상장회사와는 상황이 다르다고 볼 수 있다.

이와 같이 우리 상황은 회사법이 지배주주의 존재를 긍정하고 지배주주의 이익을 보호하는 법제로서 작동할 수 있다는 점에서 우리는 "회사법의 목적"과 관련해 과감하게 "경영자보호" 관점을 취하는 것은 곤란하다고 생각된다.

특히 우리나라에서는 일반기업의 경우 경영자가 자신의 경영권의 보호를 주장하는 경우는 아직까지 거의 없는 것처럼 보인다. 예외적으로 신한은행 사례와 같이 지배주주의 의견과 배치되는 경영진의 의견이 표출되어 주주의 이익과 경영진의 이익이 충돌하는 현상이 한두건 있으나, 이러한 현상은 규제산업인 금융업 영역에서 관치금융이라는 한국적 상황에서 규제기관이 경영진의 입장을 지원해 준 결과라고 생각되므로, 한국에서 경영자지배 현상은 아직까지 일반화시키기는 힘들다고 생각된다.

이 사건 한진칼의 경영진도 경영재량을 독자적으로 행사하는 경영진으로서 경영재량을 보호해 줄 가치가 있는 경영진인지 의문이 있다. 이 사건 거래 체결 당시 경영진은 2대주주로서 주주의 이익을 보유한 대표이사 등[4]이고 미국 상장회사처럼 proxy contest를 통해 의결권을 위임받는 경영진은 아니다. 따라서, 이 사건의 본질도 주주보호의 문제로 파악해야 하고 경영재량의 보호 문제는 아닌 것으로 생각된다.

결론적으로 만약 미국 상장회사처럼 지분의 분산으로 지배주주가 존재하지 않고 경영자지배가 일어나는 경우라면 임원을 중심으로 한 회사에서 경영자의 경영재량을 보호하는 것이 "회사법의 주요한 목적"이 될 수 있지만, 우리의 회사상황은 아직까지 경영진의 재량보다는 주주보호를 목적으로 하고 있고 그 수단으로서 "이사의 충실의무"를 강조하는 회사법 시스템을 채택하고 있다. 따라서, 우리 회사법은 기본적으로 주주의 보호를 위해 이사에게 충실의무를 부과하는 주주중심주의 시스템으로 작동하

4) "경영진을 지배하는 지배소수주주"의 충실의무에 대해서는, 이중기, "지배권 프리미엄과 충실의무 관점에서 본 지배주주와 소수수수의 관계-다수결원칙에 따른 지배권의 정당화와 내재적 한계", 사법 제57호(2021), 143, 152 및 162면 이하 참조.

고 있다고 보는 것이 타당하다.

(다) 결론 : 주주중심주의에 의한 “경영상 목적”의 해석 기준

이와 같이 “회사법의 목적”을 주주중심주의에 의해 해석할 경우, “경영상 목적”의 인정에 있어 “경영 재량”의 범위와 재량의 해석기준은 주주의 이익보호 및 이사의 의무수행시 충돌이익의 존재 여부의 관점에서 접근해야 한다.

즉, 회사가 정당한 “경영목적”을 위하여 상법이 선언한 주주의 신주인수권을 배제하기 위해서는 먼저 객관적인 요건으로서 이사의 권한행사가 “정당한 목적”(proper purpose)을 위해 행사되었다는 것을 증명해야 하므로, (i) “적극적 요건”으로서, 정관이 규정한 ‘사업상 중요한 자본제휴’와 ‘긴급한 자금조달’의 필요성의 존재를 적극 증명해야 하고, 또한 주관적 요건으로서 이사의 개인적 이익이 회사의 이익과 충돌하지 않을 것이 요구되므로, (ii) “소극적 요건”으로서, 신주인수권 배제와 관련해 이사에게 충돌이익이 부존재함을 증명해야 한다.

그런데, 이 사안의 경우 제3자에 대한 신주발행을 결정하는 대표이사 기타 이사들은 2대 주주 등으로서 자신의 이사로서의 의무와 주주로서의 이익이 충돌하는 이익충돌상황에서 신주발행결정을 하였고, 또한 이러한 신주발행결정은 적어도 종된 목적으로서 지배권 변동의 의도가 인정된다는 점에서 ‘정당한 목적’을 위해 권한을 행사하였다는 적극적 요건을 충족시키는지도 의문이 있다.

따라서, 이사들의 신주발행결정은 “이사의 충실의무 위반”에 따른 결정으로서 이사회결의의 효력을 다툴 수 있다고 생각된다. 특히 1대 주주의 명시적 의사에 반하는 경영진의 신주인수권 배제결정은 “정당한 목적”을 위한 경영재량의 행사인가에 의문이 있다(경영권의 남용의 문제).

관련하여 대법원은 “회사법의 목적”을 어떻게 보는지에 대한 정책적 입장을 선언할 필요가 있는데, 일단 선언하는 경우, 회사법의 통일적 해석을 위해 일관된 입장을 유지할 필요가 있다. 그래야만 회사관계자에게 예측가능성을 줄 수 있기 때문이다. 그런데, 현재로서는 주주중심주의 해석이 지배주주가 현존하는 우리 상장회사 관계의 현실을 반영한 해석으로 생각된다.

(라) 특수한 상황 I : 경영권 분쟁시 "경영상 목적"의 해석, 누가 판단하는 것이 합리적인가?

1) 경영권 분쟁 상황의 특수성 : 지배권 경쟁하는 주주의 존재와 주주의 사적 자치 필요성

주주 중심주의 관점을 취하지 않는 경우에도 주주의 이익이 특히 보호되어야 하는 경우에는 주주의 이익보호가 우선되어야 한다. 바로 주주간 지분경쟁이 일어나는 상황이다. 주주의 이익이 첨예하게 대립되는 특수한 상황, 예를 들어, "주주간의 문제"로서 회사에서 지분경쟁이 일어나는 상황에서는 주주의 현재 상태(status quo)를 존중해야 하고 주주가 자율적으로 문제를 해결할 수 있도록 해야 한다.

따라서 이러한 지분경쟁 상황에서는 지분권의 변동을 일으키는 조치는 "경영진"이 할 수 있는 경영상 목적행위가 아니라고 보아야 하고, 이 점에서 회사의 제3자에 대한 신주인수권 부여행위는 경영재량권의 "정당한 행사" 범위를 벗어난 것으로 해석될 수 있다.

따라서, 회사와 경영진은 중립을 지켜야 하고 "주주간의 문제"에 간섭하지 않아야 한다. 상장기업에 대한 경영자 지배가 일반적인 영국에서도 지배권 분쟁시에는 경영진의 중립의무를 요구한다.

2) 지배권 분쟁시 회사의 경영목적을 "누가" 판단하는 것이 효율적인가? 판사 v 경쟁하는 주주

법관은 한진칼에 '사업상 중요한 자본제휴'와 '긴급한 자금조달'의 필요성이 있는지를 판단할 적정한 위치에 있는가? 법관이 그러한 판단을 할 적정한 위치에 있지 않다면, 현 상황의 유지(status quo)를 결정하고 신주발행을 진행시키지 않는 것이 지배권취득 경쟁을 벌이는 주주들의 자율적 경쟁을 공정하게 인도하는 길이다.

법관은 당해 사건에 대해서만 이 사건을 담당하는 데 비해, 지배권 경쟁을 벌이는 주주들은 회사지배의 당사자로서 오랜 기간 가장 직접적인 이해관계를 가진다. 이들 주주집단들이 서로 경쟁하는 상황에서, 당시 회사의 경영권을 담당하고 있음을 기화로 소수 주주집단이 신주발행을 통해 지배권변경을 시도하는 경우, 특히 "지배권변경 목적"을 부수적으로 추구하는 경우, 법원은 이러한 신주발행의 "진정한 목적"을 잘 판단할 수 있을까?

미국처럼, 경영자가 자기지분 없이 "proxy contest"를 통해 회사를 지배하고, 회사법의 목적이 "경영재량을 보호"하는 법제로 볼 수 있는 체제하에서는 "주주의 이익"은 어차피 "지배권"을 갖지 못하는 소수주주의 이익[5]에 불과하지만, 우리나라처럼 지배권프리미엄의 가치가 매우 높고[6] 지배주주들이 직접 주식 소유경쟁을 통해 지배권 경쟁을 벌이는 상황에서는 주주들이 직접 경영진을 선택하도록 하는 것이 타당하다.

이러한 상황에서 법원은 다른 목적, 예를 들어 자본조달목적이 주된 목적이고 지배권변동목적은 부수적이라는 이유로 경영진의 신주인수권배제 시도를 용인해서는 안 된다. 법원이 주주들의 사적자치 사항,[7] 다시 말해 지분취득을 통한 주식소유경쟁 상황에 개입하는 것이 되기 때문이다.

3) 지배권 분쟁시 주주의 사적자치의 방법 : 임시주총을 개최하여 다수결의 확인

주주간 지배권 분쟁시 경영진인 이사회가 주주의 뜻을 확인하는 방법은 임시주주총회를 개최하여 다수주주의 뜻이 무엇인가를 확인하는 것이다. 만약 2대 주주인 경영진이 주주의 신주인수권 배제가 다수주주의 뜻을 반영한 것이라고 주장한다면 경영진은 임시주주총회를 개최하여 "특별이해관계 없는"[8] 다수주주가 경영진을 지지하고 있음을 확인하면 된다.

---

5) 이 경우 발생하는 '소수주주의 디스카운트'에 대해서는, 이중기, "지배권 프리미엄의 표현으로서 다수지배원칙과 통제장치로서의 지배주주의 충실의무", 상사법연구 제32권 제1호(2013), 251면(이하 이중기, "지배권 프리미엄과 소수주주 디스카운트"), 254면 이하.

6) '지배주주의 지배권 프리미엄'에 대해서는, 이중기, "지배권 프리미엄과 소수주주 디스카운트", 256면 이하 참조.

7) 아래의 3. (2) 2) 참조.

이와 같이 2대주주인 경영진이 1대주주를 제외한 다른 주주의 동의를 얻어 경영진의 뜻이 다수주주의 뜻이라는 것을 증명한 경우라면 법원은 다수주주의 뜻에 따라 경영진의 신주인수권 배제를 적법하다고 볼 것이다.

(마) 특수한 상황 Ⅱ : 공적 목적의 달성을 위한 신주인수권 부여

마찬가지로 회사법의 목적이 "주주보호법제"로 해석되는 현재 상황에서는 "항공산업의 구조조정"이라는 공적목적의 달성은 공법적 수단을 통해 달성되어야 하고, 회사법적 수단을 통해 달성되어서는 안 된다[자세히는 아래의 2. (3). 참조].

회사법의 목적은 영리추구를 위해 모인 "주주들"의 보호 혹은 경영권을 갖는 이사들의 "경영재량"의 보호이고, 이러한 회사관계에서는 항공산업의 구조조정이라는 공적목적은 회사법이 고려할 수 있는 회사법의 목적이 될 수 없다.

물론 항공산업의 구조조정으로 "회사"에 이익이 된다는 주장은 가능하다. 하지만 이 문제도 결국 "회사" 내부관계에서 주주전체가 판단해야 할 것이지 '법관'이 판단할 것은 아니다. 법관은 주주들의 자율적 해결을 도와주어야 할 것이고, 주주의 공정한 사적자치를 위해 경영진의 의심스런 개입은 금지해야 한다.[9]

(2) 쟁점 Ⅱ : 경영상 목적의 필요성은 누가 소명해야 하는가? : 회사법의 구조

(가) 당사자간의 쟁점 : 회사가 주주의 권리를 배제한 경우 증명책임의 분배

대상 결정은 아래에서 보는 것처럼, 신청인인 주주에 대하여 회사의 신주인수권배제가 부당함을 소명할 증명책임을 지우고 있는 듯하다.

---

8) 특별이해관계 없는 주주의 결정권과 이때 이들이 부담하는 충실의무에 대해서는, 이중기, "지배권 프리미엄에 근거한 주주의 충실의무 인정과 그 집행방법-특별이해관계 없는 지배소수주주의 충실의무와 그 집행을 중심으로", 홍익법학 제20권 제4호(2019), 385, 403면 이하.

9) 지배주주와 소수주주의 자율협상 유도를 위한 법관의 역할에 대해서는 이중기, "지배권 프리미엄과 소수주주 디스카운트", 278, 287면 이하.

3. **판 단** … 이 사건 신청은 그 피보전권리에 관한 [채권자 주주의] 소명이 부족하다. 4. **결 론** 그렇다면 이 사건 신청은 이유 없으므로 이를 기각하기로 하여 주문과 같이 결정한다.

(나) 주주의 권리에 대한 회사의 배제조치에 대한 증명책임

그런데 우리 상법상 대원칙은 주주의 신주인수권을 인정하는 것이고, 회사의 배제 재량은 정관에 규정한 경우 예외적으로 허용하는 것이다. 상법이 원칙으로 인정한 신주인수권을 회사가 정관의 규정에 따라 예외적으로 배제하는 경우, 주주가 회사의 신주인수권 배제조치가 "경영상 목적"을 벗어난 것이라고 정당성을 문제삼는 경우, 이러한 사안에서 증명책임은 어떻게 분배되어야 하는가?

견해 1 : 법정권리자인 주주가 (ⅰ) 자신의 신주인수권이 배제되었다는 사실 및 회사의 정관에 따른 배제조치가 "경영상 목적"을 벗어난 것이라는 것을 소명하면, 회사가 (ⅱ) 회사의 정관에 따른 배제 조치가 "경영상 목적"에 부합한다는 점을 적극적으로 증명해야 한다는 견해가 유력하다. 다시 말해, 상법이 인정한 주주의 권리를 회사가 정관규정에 따라 배제하므로, 회사가 배제조치의 정당성을 증명해야 한다.

견해 2 : 회사의 배제재량이 정관에 의해 허용되므로, 주주가 회사의 배제조치의 부당성에 대한 증명책임을 져야 한다.

(다) 소결-대상판결 비판

상법은 주주의 "권리" 형태로 신주인수권을 선언하고 있고, 회사가 정관으로 규정한 예외적인 경우 제한할 수 있다고 규정한다. 따라서 상법상 원칙적 권리인 주주의 권리를 회사가 제한하려는 경우, 특히 이 사례와 같이 회사가 주주의 신주인수권을 배제하는 조치를 취할 경우, 회사가 자신의 정관에 따른 조치가 정당한 것인지를 적극적으로 증명해야 할 것이다.

1단계 : 주주가 자신의 권리의 존재를 증명하고, 회사가 자신의 권

리를 부당하게 배제하려 한다는 사실을 다투면,

2단계 : 회사가 주주의 권리를 배제하는 자신의 조치가 정당함을 증명해야 한다.

그럼에도 불구하고 대상판결은 주주로 하여금 회사의 권리배제가 부당하다는 것을 증명하도록 한 것 같다는 인상을 준다.

2. 신주인수인에 대한 "특별한 권리부여"의 정당성 : 주주의 평등권 침해 여부

(1) 쟁점 : 신주인수인에 대한 특별한 권리부여의 경우, 주주 평등권을 침해하는 것 아닌가?

회사가 정관의 규정에 따라 제3자에게 신주인수권을 부여할 때, 다른 주주에게 인정되지 않는 사외이사선임권 기타 동의권 등을 특정 주주 혹은 신주인수권자에 대해 부여한 경우, 이러한 권리부여는 주주평등권을 침해한 것으로서 무효가 아닌가 하는 문제가 제기될 수 있다. 따라서, 회사가 다른 주주에게 인정되지 않는 특별한 권리를 산업은행에 대해 부여하는 이 사건 선임권 부여특약은 무효이고, 신주인수권의 부여와 무관하게 독립된 쟁점으로서 다툴 수 있지 않는가 하는 문제제기가 가능하다. 즉 신주인수권의 부여가 설사 유효한 것이라고 하더라도 산업은행에 부여한 이사선임권은 주주평등권을 위반한 것으로서 무효이고, 따라서 이러한 거래의 유효성은 독립적으로 다툴 수 있는 것으로 보인다.

그렇다면 신청인은 신주인수권의 부여 외에 이러한 특별한 권리부여의 정당성에 대해서 다툴 수 있었을 텐데 왜 신수인수권 부여 여부만을 다투었는지 의문이 생긴다.

(2) 주주에 대한 "특별한 권리부여"의 정당화 사유

다른 주주에게 인정되지 않는 권리, 이 사안에서 보면 신주인수인에 대한 사외이사선임권 기타 동의권 부여가 주주평등권을 침해한 것인지 여부에 대해서 살펴보자. 신주인수인에 대한 부가적 권리의 부여에 대한 대법원의 태도는 기본적으로 다음과 같다 :

대법원 2020. 8. 13. 선고 2018다236241 판결

주주평등의 원칙이란, 주주는 회사와의 법률관계에서는 그가 가진 주식의 수에 따라 평등한 취급을 받아야 함을 의미한다. 이를 위반하여 회사가 일부 주주에게만 우월한 권리나 이익을 부여하기로 하는 약정은 특별한 사정이 없는 한 무효이다.

회사가 신주를 인수하여 주주의 지위를 갖게 되는 자와 사이에 신주인수대금으로 납입한 돈을 전액 보전해 주기로 약정하거나, 상법 제462조 등 법률의 규정에 의한 배당 외에 다른 주주들에게는 지급되지 않는 별도의 수익을 지급하기로 약정한다면, 이는 회사가 해당 주주에 대하여만 투하자본의 회수를 절대적으로 보장함으로써 다른 주주들에게 인정되지 않는 우월한 권리를 부여하는 것으로서 주주평등의 원칙에 위배되어 무효이다. 이러한 약정의 내용이 주주로서의 지위에서 발생하는 손실의 보상을 주된 내용으로 하는 이상, 그 약정이 주주의 자격을 취득하기 이전에 체결되었다거나, 신주인수계약과 별도의 계약으로 체결되는 형태를 취하였다고 하여 달리 볼 것은 아니다.

이 판결에 나타난 것처럼 주주평등의 원칙을 광범위하게 설시하는 것이 타당한가는 의문이지만,[10] 적어도 다른 주주가 갖지 못하는 권리부여의 정당화 사유는 존재해야 할 것이다.

(3) 쟁점 I : 정부기관의 공공목적 수행은 특별취급에 대한 정당화 사유가 될 수 있는가?

주주의 이익을 침해하는 특별한 권리부여와 관련해, 항공산업 구조조정은 정당화 사유가 될 수 있는가? 행정주체가 주주의 이익보다 공공의 이익을 우선하는 경우가 있는데, 이렇게 공공의 이익을 위해 주주의 권리를 침해하려면, 법률유보 기타 공법적인 정당화 과정이 있어야 할 것이다. 국민의 이익침해행위는 기본권을 존중하면서 행해져야 하는 것이 공법적 규제의 대원칙이기 때문이다. 그런데, 본 사안에서는 산업은행이 이러한 공법적 정당화 과정을 거치는 절차가 전혀 존재하지 않고, 오로지 회사법의 문제로서 문제를 해결한다. 그런데, 앞서 본 것처럼, 우리 회사법은 주주의 이익을 가장 우선하는 것으로 생각된다.

---

10) 자세한 분석으로는 천경훈, “회사와 신주인수인 간의 투자자보호약정의 효력－주주평등원칙과의 관계를 중심으로”, 상사법연구 제40권 제3호(2121), 71면 참조.

이러한 관점에서 회사가 산업은행의 공공적 구조조정역할을 이유로 자발적으로 특별한 권리를 부여하는 것을 정당화할 수 있는 회사법상 원칙은 존재하는가? 다시 말해 회사법적 관점에서 어떻게 특별한 취급이 정당화될 수 있는지가 문제된다. 다음 세 가지 상황을 언급할 수 있을 것이다:

(i) 비상장 벤처기업에서 투자자의 유치를 위해 투자자에게 특별한 취급을 하는 것은 정당화될 여지가 있다. 다른 사람이 투자하지 않는 벤처에 대한 투자를 촉진하기 위한 인센티브를 주기 위한 특별한 취급은 벤처 활성화 관점에서 정당화될 수 있기 때문이다.[11)]

(ii) 도산에 임박한 회사에 대해 회생을 위한 긴급자금대출자에게 특별한 취급을 하는 것도 정당화될 여지가 있다. 불확실한 기업의 회생의 지원을 장려하기 위한 인센티브의 부여 관점에서 정당화될 수 있기 때문이다.

(iii) 또한 "주주"가 아니라 "채권자"에 대해 특별한 권리를 부여하는 것도 별문제가 없다고 본다. 이러한 거래는 회사 외부자와의 거래이므로 회사지배를 하지 않는 채권자보호를 위해 주주보다 우선될 수 있기 때문이다.

하지만 상장된 기업이 정상적인 재무상태에서 주주의 지분적 이익을 희생시키면서 제3자에게 신주인수권을 부여하고 동시에 회사지배에 대한 특별한 권리를 부여하는 것은 통상적으로 정당화될 수 있는가? 정당화하기 어렵다고 생각된다. 결론적으로 항공산업의 구조조정을 위한 것이라면, 공법적 지원조치를 취했어야 하거나 아니면 다른 정당화 사유를 발굴해야 했다.

(4) 쟁점 Ⅱ : 권리부여를 "경영재량"의 행사로 인정할 여지는 없는가? – '주주의 이익'보다 우선하는 경영자의 '경영재량'이 존재하는 경우

앞서 본 것처럼, 회사법의 목적을 "기업가의 경영권 보호"라고 가정

---

11) 특히 폐쇄회사의 경우, 전체 주주와 계약이 있다면 단체법적 효력, 회사법적 효력을 인정해 줄 여지가 생긴다. 이중기, "주주간 계약의 회사규범성과 그 한계", 홍익법학 제20권 제2호(2019), 359, 387면 이하 참조.

한다면, 주주의 이익보다 경영자의 경영권이 우선한다고 볼 여지가 있고, 이러한 논리에 기하면, 경영진이 경영재량을 행사해 특별한 권리를 부여할 수 있다고 우호적인 해석을 할 수 있다.

하지만 우리 상장회사의 현실은 앞서 본 것처럼, 경영자지배가 일어나는 미국 상장사와 달리 지배주주가 엄연히 존재하므로 아직은 주주중심주의를 채택하는 것이 타당하고, 주주의 보호를 우선하는 한도에서 경영자의 경영재량 행사를 우선할 수 있는 여지는 좁아진다. 따라서 경영진이 일부 주주를 특별취급하는 데 대해서는 이사들이 정당화 사유를 적극적으로 소명해야 한다고 본다.

특히 이러한 관점에서 보면 당해 사안에서 대표이사 기타 경영진은 2대주주로서의 충돌이익이 있으므로 "1대 주주 기타 다른 주주"의 이익침해(신주인수권 배제)와 비교형량할 수 있는 어떠한 정당화 사유를 제시하여야 하고, 무엇보다 자신의 2대주주로서의 이익을 사전공시하면서 특별이해관계자로서의 이익충돌을 관리하기 위한 선결조치를 취하는 것이 필요했을 것이다. 하지만 당해 사안에서 경영진이 이러한 이익충돌의 관리라는 선결조치를 제대로 이행했는지는 큰 의문이 든다.

사안에서 제시된 항공산업구조조정은 산업은행에는 이익이 되는 것이고 2대주주에게도 좋은 것이지만, 그것이 "1대 주주 및 다른 주주"에게 도움이 되는 측면은 명확하지 않기 때문에, 주주의 비례적 이익을 박탈할 수 있는 정당화 사유가 별도로 제시될 필요가 있었다.

(5) 쟁점 Ⅲ : "회사"의 이익 개념

대상결정은 정관이 규정한 '사업상 중요한 자본제휴'와 '긴급한 자금조달'의 필요성과 같이 주주와 독립된 "회사"의 이익을 근거로 내세우고 있으나, 이러한 "회사"의 이익 개념이 회사 내부관계에서 특히 주주간 지배권 분쟁이 발생하는 상황에서 유용한 개념인지 특히 주주의 비례적 이익보다 우선할 수 있는지 의문이 든다.

앞서 "회사법의 목적"과 관련하여 "회사"를 어떻게 볼 것인가를 살펴보았는데, "회사"는 대외적인 거래관계에서는 "as a going concern"으로서 회사관계자와 무관하게 객관적 관점에서 파악되고 계산될 여지가 있다. 따라서 외부자적 관점에서 객관적으로 볼 때 그 "회사"에 긴급한 자금조달의 필요성이 있다는 표현은 타당할 수 있다.

하지만 "회사"의 내부관계 즉 회사관계자들 사이의 관계라는 관점에서 보면 "회사"라는 것은 실질적 이해관계를 갖는 주주, 경영진 혹은 그 외의 이해관계자를 둘러싼 "베일"(ie. 법인격)에 불과하고, 이러한 "회사"의 의미는 맥락에 따라 달리 해석하여야 한다. 특히 주주간 지배권경쟁이라는 맥락에서는 주주만이 당사자가 되고, 주주의 이익만을 고려해야 하지 여기에 외부자적 관점의 객관적 "회사" 개념이 개입할 여지는 실질적으로 없다고 본다.

이와 관련해, 회사법의 의무법 체계 내에서 "회사"의 의미가 어떻게 사용되는지를 살펴보자.

3. 주주의 권리침해와 관련한 회사법의 의무법 체계–경영권 분쟁 상황에서 법인격의 매개기능의 최적화

(1) 주주의 "신주인수권" 침해에 해당하는 이사의 "의무" 위반 논리 구성

(가) 신주인수권과 관련한 권리법 체계–주주, 회사의 권리 규정방식

우리 회사법은 주주의 권리와 관련해 대체로 주주의 권리를 선언하면서 일정한 경우 정관으로 정하는 경우 회사가 주주의 권리를 배제할 수 있는 재량을 가질 수 있는 것으로 규정한다. 이 사안에서 문제된 주주의 신주인수권과 한진칼의 신주인수권 배제 재량도 모두 권리법 체계로 구성되어 있다. 즉 상법은 주주의 권리로서 기존주주의 신주인수권을 대원칙으로 선언하고 있으며, 예외적으로 정관에 규정한 경우 회사는 정관규정에 기해 신주인수권을 배제할 수 있는 재량을 규정한다.

그런데, 이러한 회사관계의 권리법체계에서 문제되는 쟁점 중 하나는 주주가 권리를 갖는 경우 구체적으로 "누구"에 대하여 권리를 가지며 "누구"에 대하여 그 권리를 행사할 수 있는가에 관한 것이다.

> 第418条(신주인수권의 내용 및 배정일의 지정·공고) ① 주주는 그가 가진 주식 수에 따라서 신주의 배정을 받을 권리가 있다.
> ② 회사는 제1항의 규정에 불구하고 정관에 정하는 바에 따라 주주 외의 자에게 신주를 배정할 수 있다. 다만, 이 경우에는 신기술의 도입, 재무구조의 개선 등 회사의 경영상 목적을 달성하기 위하여 필요한 경우에 한한다.

(나) 주식회사법의 기본구조－이사의 의무법적 구조

회사법은 주주의 권리를 권리법체계로 선언한 반면 주식회사법의 기본구조는 의무법 체계로 구성되어 있다. 즉 (ⅰ) 소유와 경영의 분리로 인한 전문경영인으로서의 이사의 등장과 (ⅱ) 주주보호를 위한 이사에 대한 충실의무의 부과라는 의무법적 구조는 주식회사법의 가장 근간을 이룬다.

즉 거대자본 집적을 위한 소유와 경영의 분리, 소유자인 주주의 유한책임제도 및 이로 인한 전문경영인으로서의 이사의 등장은 회사법의 주요목적 중 하나가 소유자인 주주의 보호라는 점을 일깨워 주며, 이러한 목적의 달성 수단으로서 이사에 대한 충실의무 부과와 집행이라는 의무법적 방법을 동원한다.

이러한 회사법의 의무법 체계 내에서 논쟁이 되는 쟁점은 의무수범자의 입장에서 누구에 대하여 의무를 부담하며 누구에 대하여 의무를 이행해야 하는가이다. 다시 말해 이사는 누구에 대하여 의무를 지며 누구에 대하여 의무를 이행해야 하는가?

> 第382条(이사의 선임, 회사와의 관계 및 사외이사) ① 이사는 주주총회에서 선임한다.
> ② 회사와 이사의 관계는 「민법」의 위임에 관한 규정을 준용한다.
>
> 第382条의3(이사의 충실의무) 이사는 법령과 정관의 규정에 따라 회사를 위하여 그 직무를 충실하게 수행하여야 한다.

(2) 주주의 '권리' 행사와 이사의 '의무' 이행의 연결점–"회사"

(가) 내부관계에서 주주의 "권리" 침해에 해당하는 이사의 "의무" 위반의 연결－법인격의 매개기능

"회사"는 출자자인 주주 및 업무집행자인 이사와 구별되는 독자적인 법인격을 통해 "주주에 대한 관계"에서는 주주의 권리행사 상대방으로 등장하고, "이사에 대한 관계"에서는 선임권자로서 의무이행의 상대방으로 나타난다.

그런데, 회사 내부관계에서는 회사관계자들 사이의 실질적 이해관계가 중요하므로 "회사"는 "주주" 혹은 "주주전체"를 의미하는 경우가 많다. 따라서 이러한 경우에는 거래안전의 보호가 중요한 대외적 거래관계와 달리 내부관계의 실질적 이해관계를 반영하기 위해 법인격의 매개기능을 유연하게 해석해야 한다.

(나) 상황 Ⅰ : 상법이 "주주의 권리"를 선언한 경우－주주의 권리행사 대상인 "회사"의 의미는?

회사의 내부관계의 당사자로 (ⅰ) 주주, (ⅱ) 이사, 및 (ⅲ) 법인격을 제공하는 회사가 등장하는데, 여기서 관념적인 "회사"의 개념을 어떻게 해석할 것인가는 맥락에 따라 다르게 판단해야 한다.

예) 상법이 이사는 "주총"에서 선임한다는 표현을 하는데, 이 경우 주주총회가 "회사"이다.

－이사 선임 과정에서 "회사"는 "주주총회"로 볼 수 있다:

내부관계에서도 대외적 거래관계에서와 같이 외부자적 관점에서 객관화된 "회사"를 독자적인 as a going concern으로 보아야 하는 예외적인 경우가 있을 수 있지만, 주주의 권리가 문제된 대부분의 경우 주주의 권리행사의 상대방으로서의 "회사"는 회사내부의 업무집행기관인 "이사"를 중심으로 파악하는 것이 타당하다.

*** 주주간 자치영역의 존재**

나아가, 주주들 간의 문제는 주주의 사적자치의 문제로 해결해야 하는 영역이 존재한다. 주식의 양수도 기타 지배권 경쟁도 이러한 영역에 속한다. 따라서 이러한 주주 자치영역의 경우에는 주주만이 문제의 해결 주체가 되고, 이사의 의무 문제는 처음부터 발생하지 않는다. 이사의 관여가 필요 없기 때문이다. 따라서 이러한 주주의 자치영역에 이사가 개입하려는 경우 법관은 이사의 개입을 금지해야 할 것이다.

(다) 상황 Ⅱ : 정관으로 "회사에게 주주권 배제재량"이 부여된 경우—이사의 의무이행 대상인 "회사"의 의미는?

그런데, 회사가 주주의 권리를 배제할 수 있는 정관규정이 있는 경우 회사는 신주인수권을 배제할 수 있다. 이러한 경우에 이사는 "회사"의 업무를 집행하고 "회사"에 대하여 의무를 지는데, 여기서 "회사"의 의미는 추상적 관념체인 "회사"가 아니라 실질적인 권리행사의 대상으로 보아야 할 것이다. 이 사안에서 이사는 정관으로 인정된 회사재량의 행사를 통해 "주주의 권리"를 배제하므로, 이사의 의무대상은 "상법상 권리"를 배제당하는 "개별주주"로 볼 수 있고, 실질적으로 개별주주에게 의무를 지는 것으로 볼 가능성이 발생한다.

이와 같이, 주주의 권리를 "회사"가 배제하고 그 업무를 이사가 집행하는 경우, 내부관계에서 이사가 의무를 지는 대상은 형식상 "회사"라고 표현되어 있지만 실질적으로 권리가 배제되는 "주주" 혹은 "주주전체"로 취급해도 무방한 경우가 있다.

(라) 소 결

이와 같이 회사전체의 객관적 가치가 중요한 대외적 거래관계에서는 "회사"의 개념이 객관적으로 추상화되는 것이 타당하지만, 회사 내부관계에서 특히 회사의 재량으로서 이사가 그 재량을 행사해 주주의 권한을 제한하는 경우에는 이사는 내부관계에서 형식상 "회사"에 대해 의무를 지는 경우에도, 실질적으로는 권한을 박탈당하는 "주주" 혹은 "주주전체"에 대하여 의무를 지는 것으로 볼 수 있고, 이사의 주주에 대한 의무 위반을 인정할 수 있을 것이다.

(4) 결론 : 주주의 "권리" 침해에 해당하는 이사의 "의무" 위반의 논리 구성

결론적으로 회사 내부관계에서 "회사"가 주주의 신주인수권, 주주평등권을 침해하였다면, 회사업무를 집행한 "이사"가 "회사에 대한 의무"를 위반한 것으로 볼 수 있는데, 이사의 "회사에 대한 의무위반"에 대해서는 바로 이사의 주주에 대한 의무위반으로 볼 수 있는 가능성을 보여준다.

마찬가지로, 회사 내부관계에서는 주주가 "회사"에 대해 권리를 행사하는 경우, 주주의 권리행사 상대방으로서 '회사'는 실제 회사업무를 집행하는 '이사'가 되므로, 내부관계에서 주주의 상대방으로서의 "회사"는 실질적으로 이사로 보아도 무방할 것으로 생각된다.

결론적으로, 회사 내부관계에서 주주가 자신의 권리를 "회사"에 대해 주장하거나 "회사"가 회사의 재량을 행사해 주주의 권리를 제한하는 과정에서 '이사'는 직접 주주의 권리행사의 상대방이 되거나 회사의 재량행사 주체이어서, 직접 주주에 대해 권리를 갖고 의무를 부담하는 것으로 보아도 될 것으로 생각된다.

Ⅱ. 정리의 말

1. 주주중심주의 관점에서의 대상결정 비판

"회사법의 목적"과 관련하여, 우리 상장회사의 현실과 회사법의 주주중심주의 구조를 살펴볼 때 우리 회사법은 전통적인 "주주중심주의" 관점을 채택하고 있는 것으로 보이고, 이러한 관점에서 보면 대상 결정은 너무 과감하게 "경영자중심주의" 관점에 기한 결정을 내렸다고 판단된다. 주주중심주의 관점에 의하면, 회사가 경영목적을 위하여 주주의 신주인수권을 배제하기 위해서는

(ⅰ) "적극적 요건"으로서, 정관이 규정한 '사업상 중요한 자본제휴'와 '긴급한 자금조달'의 <u>필요성의 존재</u>를 적극 증명해야 하고

(ⅱ) "소극적 요건"으로서, 주주의 보호를 위해 신주인수권 배제와 관련해 이사에게 <u>이익충돌의 부존재</u>를 증명해야 한다.

그런데, 이 사안의 경우 제3자에 대한 신주발행을 결정하는 이사들은 2대 소수주주로서 자신의 의무와 주주로서의 이익이 충돌하는 이익충돌상황에서 신주발행결정을 하였으므로, 두 번째 요건을 충족시키지 못한 것으로 판단된다. 특히 이 사건 신주발행에 대해서는 주된 목적은 아니라고 하더라도 적어도 종된 목적으로서 지배권 변동의 목적이 인정된다는 점에서 "정당한 목적"에 대한 적극적 요건을 충족시킬 수 없다고 판단된다.

2. 주주자치 관점에서의 이사의 개입 금지

특히 경영권 분쟁 상황은 주주간의 사적 자치의 영역이므로, 이사는 주주간 지배권분쟁에서 중립의무를 지켜야 한다. 따라서 2대 주주가 경영권을 가지고 있음을 기화로 지배권경쟁 중 제3자에 신주를 배정하는 것은 부당한 경영권행사이므로 법원은 이러한 행사를 금지하여야 한다.

3. 기존 대주주와 새로운 대주주 간의 형평성 문제와 지배권 시장의 위축 효과

대상결정은 "경영진의 재량"을 넓게 옹호하고 있다. 이러한 결정은 미국 상장회사처럼 "proxy contest"를 통해 경영권을 행사하는 경영자지배상황에서는 정책적으로 선택할 수 있는 한 방법이 된다.

하지만, 한국 상장회사처럼 "실제 지분취득을 기초"로 회사를 지배하는 한국의 지배권시장에서는 경쟁 "주주간의 형평"을 기해야 하는데, 대상결정은 기존 경영진에게 과도한 방어수단을 부여한다. 즉 기존 경영진으로 하여금 "자본조달목적"이 있기만 하면 언제든지 지배권 방어를 위한 "부수적" 신주발행을 가능하게 해 기존 경영진 입장을 지나치게 옹호하는 결과를 초래한다.

이러한 결정은 새로이 지배주주가 되려는 지배권경쟁자에게 과도한 부담을 지우기 때문에 공격자와 수비자 간 공정한 경쟁시장의 원칙으로 정당화되기 어렵다. 이러한 결정은 지배권시장에서의 경쟁을 통해 더 능력 있는 지배주주의 등장을 가로막는 부작용 때문에 건전한 지배권 시장의 발전을 위축시킬 것이다.

Ⅲ. 여론 : 회사 내부관계 설명 목적상 "회사"라는 개념이 필요한가?

"회사법의 목적"과 관련해, 주주중심주의, 경영자중심주의, 이해관계자중심주의 외에 외부적 관점에서 객관화된 "회사"라는 의미에서 "회사" 중심주의라는 회사법목적은 설정될 수 있는가? 적어도 내부관계의 설명 목적상 필요 없다고 생각된다. 왜냐하면 제3자적 관점의 "회사" 개념은 주주 등 실질적 이해관계자들의 총합체인 회사관계를 외부에서 경제적 가치 혹은 계속적 가치를 파악하는 "렌즈 혹은 덮는 베일"로서 필요하기 때문에 외부 거래상대방의 관점에서는 객관화시킬 필요가 있고, 또한 책임재산의 총체로서 객관화된 "회사재산"을 확정하기 위해 필요하다.

하지만, 회사내부의 내부관계를 설명하는 목적상 외부적 관점에서 객관화된 "회사" 개념을 등장시킬 이유가 있는가? 없다고 생각되고 가능하지도 않다고 생각된다. 내부관계자 간의 관점에서 보면 "회사"라는 법인격 내에 실재하는 이해당사자인 주주, 이사회, 이해관계자 등의 상호관계가 중요하고, 그들 사이에서는 외부 당사자와의 거래에서 상대방으로 등장할 때 사용하는 가면인 "회사"의 의미를 별도로 강조할 필요성은 별로 없기 때문이다.

결론적으로 "회사"라는 외부관점에서 객관화된 개념은 회사의 대외적 거래시 거래상대방과의 관점에서 의미 있는 개념이고, 내부관계의 설명 목적상으로는 "회사"라는 개념을 채용할 필요성은 별로 없고, 직접 이해당사자인 주주나 이사 등이 등장하면 충분한 것으로 판단된다.

[Abstract]

Exclusion of Shareholders' Preemption Rights – When Such an Exclusion Can Be Justified?

Lee, Choong Kee*

This case study investigates whether the Lower Court decision allowing the Hanjin-KAL to exclude the existing shareholders' preemption rights and to issue new shares to the third party KDB is justifiable despite the apparent subsidiary purpose of changing the existing control. This study emphasizes that the current Korean corporate law structures should be interpreted as being based on the traditional "shareholder supremacy" principle rather than the alternative "managerial power supremacy" principle, on which the Court decision seems much relying upon. This paper distinguished the Korean listed corporations context from the American one: While in Korea controlling shareholders are actually exercising control by way of share acquisitions and competing in acquiring shares, in America managers are exercising control by way of proxy contests rather than actual share acquisition. From this observation, the paper argues that as far as Korean listed companies are concerned the traditional shareholder supremacy rule should prevail and thus the interests of shareholders rather than managers should be put first. The paper conclude from this perspective that the Hanjin-KAL board decision to exclude the shareholders' preemption rights with the subsidiary purpose of changing existing control is in breach of shareholders' rights, and the Lower Court decision allowing the Hanjin-KAL to proceed is wrongfully decided and shall not be justified.

* Professor, College of Law, HongIk University.

[Key word]

• preemption rights
• exclusion of preemption rights
• shareholder supremacy
• managerial rights supremacy
• purpose of changing control
• conflicts of interests
• directors' duties

참고문헌

이중기, "조직법의 역할: 재산통합과 지분, 기관, 유한책임의 실현", 홍익법학 제16권 제1호(2015).

______, "지배권 프리미엄의 표현으로서 다수지배원칙과 통제장치로서의 지배주주의 충실의무", 상사법연구 제32권 1호(2013).

______, "지배권 프리미엄에 근거한 주주의 충실의무 인정과 그 집행방법-특별이해관계 없는 지배소수주주의 충실의무와 그 집행을 중심으로", 홍익법학 제20권 제4호(2019).

______, "지배권 프리미엄과 충실의무 관점에서 본 지배주주와 소수수수의 관계-다수결원칙에 따른 지배권의 정당화와 내재적 한계", 사법 제57호(2021).

천경훈, "회사와 신주인수인 간의 투자자보호약정의 효력－주주평등원칙과의 관계를 중심으로", 상사법연구 제40권 제3호(2121).

Lucian Bebchuk and Roberto Tallarita, Shareholderism versus Stakeholderism－A Misconceived Contradiction. A Comment on "The Illusory Promise of Stakeholder Governance", ECGI Working Paper N° 522/2020, June 2020 (https://papers.ssrn.com/sol3/papers.cfm?abstract_id=3617847).

증권발행시장에서의 전문가책임*

김 연 미**

요 지

우리 자본시장법에서는 발행시장 규제 위반으로 인한 피해자들의 손해보전을 돕기 위하여 입증책임 전환을 포함한 특칙을 두고, 일정한 시장참여자들에게 전문가로서 손해배상책임을 부과하고 있으며, 소액 다수의 피해구제를 효율적으로 진행할 수 있도록 증권관련 집단소송제도를 마련하고 있다. 그러나 대상판결의 진행과정을 보면 이러한 제도가 실제로 피해구제에 효과적이지 못하다는 점을 알 수 있다.

대상판결의 사안은 286억원의 유상증자에 9천여명의 피해자가 참여한 증권사기에 대하여 게이트키퍼 역할을 담당한 인수인 증권회사에게 손해배상을 청구한 증권관련 집단소송이다. 그런데 증권관련 집단소송에서 인정받은 손해액수는 145억원에 불과하고 그나마 손해의 공평한 분담이라는 명목으로 피고 증권회사에게 10%의 책임만을 인정하였으며, 이러한 제한적인 구제를 받는 데 거의 10년이 소요되었다.

자본시장법 제125조는 회계사, 증권회사 등 일정한 발행시장에서의 전문가에게 위법행위자의 시장진입을 막을 책임을 부과하고 있으나, 대상판결에서 법원은 증권회사가 해당 인수업무로 얻은 이익이 원고들의 청구금액에 비하여 매우 적고 이미 과태료, 과징금 등을 납부하였음을 이유로 손해배상책임을 10%로 제한하였다. 이러한 법원의 태도에 비추어 볼 때 앞으로 자본시

---

* 이 글은 2021년 2월 민사판례연구회에서 발표한 것으로 기업법연구 제25권 제3호(기업법학회, 2021. 9.), 121면 이하에 게재되었다. 필자의 발표에 대하여 귀중한 의견을 주신 민사판례연구회 회원들에게 감사드린다.

** 성균관대학교 법학전문대학원 부교수.

장의 전문가들이 적극적으로 문지기 역할을 수행할 유인을 상실할 우려가 있다. 또한 유통시장 취득자를 집단소송의 원고적격에서 배제하고, 집단소송 본안심리가 시작될 때까지 지나치게 오래 걸리는 등 다수의 피해자 구제에 미흡한 점을 개선할 필요가 있다.

[주제어]
• 증권관련 집단소송
• 증권신고서 부실책임
• 손해분담의 공평
• 전문가책임
• 발행시장 책임

대상판결 : 대법원 2020. 2. 27. 선고 2019다223747 판결

[사안의 개요][1)]

1. XX이퀴티의 씨모텍 인수

주식회사 씨모텍(C-Motech Co, 이하 “씨모텍”)은 2002년 소프트웨어, 정보처리 및 제공기술, 시스템통합 영업 등을 목적으로 설립되어 2007년 11월 코스닥시장에 주식이 상장되었다. 씨모텍의 대표이사 겸 최대주주인 김OO은 2009. 11. 4. 보유한 주식 804,025주(당시 발행주식 총수의 10.18%)와 경영권을 300억원에 주식회사 ××이퀴티(이하 “××이퀴티”)에 매각하기로 하는 주식 및 경영권양수도계약을 체결하였다. 경영권양수도계약에 의하면 계약금 50억원은 계약체결일에, 잔금은 2회에 나누어 지급하기로 하였다.

××이퀴티는 2009. 7. 29. M&A를 목적으로 자본금 5천만원으로 설립된 회사인데, 계약체결 후 공시된 ‘주식등의대량보유상황보고서’에 의하면 계약금 50억원은 차입금으로 조달하였으며, 잔금은 지급일정에 맞추어 증자를 통해 조달할 계획이라고 기재되었다.

××이퀴티가 1차 잔금을 지급한 다음날인 2009. 12. 11. 씨모텍은 임시주주총회를 열어 ××이퀴티측 인사들을 이사들 및 대표이사로 선임하였다. 이와 같이 ××이퀴티가 장악한 씨모텍 이사회는 2010. 1. 27. 일반공모방식으로 약 300억원의 유상증자(보통주 650만주, 주당 발행가 4,655원)를 결의하였고, 경영권양수도계약에 따른 최종잔금을 납부하기 전인 2010. 3.경 유상증자를 완료하였다(“1차 유상증자”).

2. 이 사건 유상증자

씨모텍은 1차 유상증자 후 6개월 경과 후인 2010. 9. 28. 다시 이사회를 개최하여 운영자금 확보를 위하여 ‘시가발행에 의한 주주배정 후 실권주 일반공모’방식으로 약 286억원의 유상증자(보통주 12,000,000주, 주당 2,390원)를 2010. 11.경 실시하기로 결의하였고, 수차례 증권신고서를 정정하다가 2011. 1. 28. 2차 유상증자를 완료하였다. 2차 유상증자 과정에서 씨모텍은

---

1) 사실관계 및 소송의 경과는 대법원 2020. 2. 27. 선고 2019다223747 판결 및 원심인 서울고등법원 2019. 2. 15. 선고 2018나2045009 판결, 1심인 서울남부지방법원 2018. 7. 13. 선고 2011가합19387 판결을 참고하였다.

D증권을 대표주관회사 겸 증권인수인으로, W증권을 공동주관회사로 하는 인수계약을 체결하였다. 그 내용은 일반공모청약이 완료된 후 청약수가 발행예정주식수에 미달하는 경우 D증권과 W증권이 주관사별 모집비율(9:5, 한도 90억:50억)로 인수하고, 대표주관 및 주식인수 업무의 대가로 모집총액과 잔액인수금액에 일정 비율을 곱하여 산출한 수수료를 지급받기로 하였다.

유상증자 과정에서 D증권은 대표주관회사 겸 증권인수인으로서 인수인의 의견(분석기관의 평가의견)을 작성하였고 이는 2010. 9. 28.자 증권신고서 및 2010. 12. 7.자 투자설명서에 포함되었다(이후 수차례 정정된 증권신고서 및 투자설명서에도 계속 포함되었다). 인수인의 의견에는 D증권이 공동주관회사인 W증권과 함께 2010. 9. 10.부터 9. 27.까지 씨모텍에 대한 기업실사(발행회사 방문을 통한 의견청취, 공시 및 기사내용 등을 통한 발행회사 및 소속산업에 대한 사전 조사, 주요 경영진 면담, 유상증자 리스크 검토, due diligence check list에 따라 투자위험 요소 실사, 주요 계약서 확인, 주요 담당자 인터뷰를 통한 투자위험요소 세부사항 체크, 증권신고서 작성 관련 조언 등으로 이루어졌다)를 실시하였으며, 주요 리스크로 최대주주 변경에 따른 경영불안정 리스크를 언급하면서 특히 최대주주에 대한 평가의견을 다음과 같이 기재하였다:

> ▶ ××이퀴티: 씨모텍을 인수하기 위한 Buy-out Fund의 성격이 강한 SPC로서 현 대표이사인 김OO이 주된 자금을 제공하였음(설립시 자본금 50백만원, 09.07월 설립).
> ▶ 인수자금 조달 방법: 전체 300억원에 대해서 30억원 자기자본과 270억원 외부차입금으로 조달하였음. 외부조달자금 270억원(××× 외 12인)은 2010년 9월 14일 기준으로 220억원이 자본금으로 전환되었고, 증권신고서 제출일 현재 전환되지 않은 50억원에 대해서도 자본금으로 전환할 예정임(자본금 250억원).

그러나 ××이퀴티의 재무상황은 외부차입금이 자본금으로 전환되지 않은 상태였으며, 당시 법인등기부등본상 자본금은 여전히 30억 5천만원이었다.

3. 거래정지 및 청산

씨모텍은 2차 유상증자 직후인 2011. 3. 24. 외부감사인으로부터 감사의견 거절을 받아 주권매매거래가 정지되었고, 2011. 9. 9. 감사인의 감사의견

거절과 자본 전액 잠식 등을 이유로 상장폐지결정을 받았다. 2011. 9. 14.부터 2011. 9. 22.까지 정리매매가 이루어진 후 2011. 9. 23. 씨모텍 주식에 대한 최종 상장폐지가 이루어졌다. 씨모텍 주식의 주권매매거래정지 당시 주가는 1주당 2,015원이었는데, 정리매매기간 동안 씨모텍의 주가는 1주당 78원에서 17원까지 하락하였다.

한편, 씨모텍은 2011. 4. 8. 서울중앙지방법원 2011회합42호로 회생절차개시신청을 하고 4. 27. 회생절차개시결정을 받았다. 회생절차에서 작성된 관리인 조사보고서에 의하면 ××이쿼티의 실제 사주들이 회사의 대표이사를 통해 법인인감 등을 관리하면서 배임, 횡령행위를 자행했는데 회사의 예금을 인출, 횡령한 금액이 340여억원, 융통어음을 발행하여 횡령한 금액이 510여억원, 임차보증금 등 재산매각으로 횡령한 금액이 110여억원이다. 또한 200억원이 넘는 자금을 타 기업 인수자금으로 유출하였다.

씨모텍은 회생절차에서 두 차례 무상감자를 실시하였으나 결국 청산에 들어가 주당 229원의 청산금을 지급하고 2017. 1. 16. 청산등기를 마쳤다.

4. 관련자들의 형사 및 행정제재

횡령을 주도한 실제 사주는 특정경제범죄가중처벌법(사기 등) 위반으로 징역 12년 6월을 선고받았다.[2)]

금융감독원은 2012. 2. 10. D증권에 대하여 대표주관회사로서 기업실사과정에서 최대주주의 차입금의 자본금 전환여부를 등기부등본 등으로 확인하지 않은 채 관련자의 보고만 믿고 인수인 의견란에 사실과 다르게 기재함으로써 증권신고서상 중요사항인 최대주주의 자본금 변동에 관한 사항을 사실과 다르게 기재하는 것을 방지하는 데에 적절한 주의를 기울이지 않았다는 이유로 기관주의 및 과태료 5천만원의 제재조치를 하였다.

증권선물위원회는 2012. 10. 26. D증권에 대하여 인수인 의견란에 중요사항에 관하여 거짓기재를 하였다는 이유로 과징금 4억 6,620만원을 부과하는 처분을 하였다. D증권은 과징금 취소를 구하는 행정소송을 제기하였으나 기각되었다.[3)]

---

2) 파이낸셜뉴스, "'씨모텍 주가 조작' 주범에 징역 12년 6월 확정"(2019. 9. 30.).

3) 대법원 2016. 2. 18. 선고 2014두36259 판결.

[증권관련집단소송의 경과][4)]

1. 증권관련집단소송의 제기와 소송허가

이OO 외 185명은 2011. 10월 서울남부지방법원에 D증권을 상대로[5)] 이 사건 유상증자(2차 유상증자)의 증권신고서 등에 거짓 기재를 이유로 손해배상을 구하는 책임을 주장하는 증권관련 집단소송을 제기하였다. 소장에 총원은 '씨모텍이 2011. 1. 28. 이 사건 유상증자를 통하여 발행한 기명식 보통주식을 발행시장에서 취득하여 주권매매거래정지일인 2011. 3. 24.까지 계속하여 보유한 자'로 기재하였다.[6)]

서울남부지방법원은 2013. 9. 27. 증권관련 집단소송허가결정을 하였다(2011카기2010). 이 허가결정에 대해 D증권이 항고하였고, 서울고등법원은 2015. 2. 6. 항고를 기각하면서 총원의 범위를 '씨모텍이 2011. 1. 28. 이 사건 유상증자를 통하여 발행한 기명식 보통주식을 발행시장에서 취득하여 주권매매거래정지일인 2011. 3. 24.까지 계속하여 보유한 자(유통시장에서 취득한 주식 또는 기존 주식을 함께 보유하다가 위 기간 중에 처분한 경우에는 먼저 취득한 주식을 먼저 처분한 것으로 의제하여 계산한 결과 위 유상증자에 참여하여 취득한 주식이 2011. 3. 24.까지 남아 있는 자일 것)'으로 경정하였다.[7)] 이에 따라 대표당사자도 변경하였다.

이에 D증권은 재항고하였으나 2016. 11. 4.자로 대법원에서 기각되었다(2016. 11. 4.자 대법원 2015마4027 결정).[8)]

---

4) 집단소송의 경과에 대하여는 대법원 홈페이지의 증권관련집단소송 공고란 (https://www.scourt.go.kr/portal/notice/securities/securities.jsp)에 공고된 내용을 참고하였다.

5) 씨모텍의 관리인을 공동피고로 하였으나 이후 이 부분은 취하되었다.

6) 286억의 유상증자에 참여한 자 모두가 피해자라고 할 수 있으나, 자본시장법 제125조의 원고적격을 발행시장에서 증권을 취득한 자로 한정하는 법원의 태도와, 집단소송의 적용범위를 자본시장법 제125조에 따른 손해배상 청구로 제한하는 증권관련집단소송법 제3조에 따라 이와 같이 총원의 범위를 제한하였다.

7) 밑줄은 저자가 임의로 추가하였다.

8) 1심에서 소송허가가 나오기까지 2년, 소송허가가 확정되기까지 추가로 3년여가 소요된 것이다. 소송허가과정에서 주된 쟁점은 총원의 범위를 어떻게 특정하느냐였는데, 이 사건 유상증자는 주주배정 후 일반증자로 진행되어서 다수의 투자자들이 이 사건 유상증자 이전에 이미 씨모텍 주식을 보유하고 있었고, 이 사건 유상증자에 참여한 이후 주식 일부를 처분하는 등 거래가 진행되자, 어느 주식을 처분하고 어느 주식을 계속 보유하고 있는 것인지의 문제가 발생한 것이다. 대법원은 이를 결정하는 방법으로 선입선출법과 후입선출법 등 여러 방법이 있으나 대표당사자가 선택한 방법이 특히 불합리하다거나 그 방법으로 총원의 범위를 확정하는

2. 본안의 진행

소송허가결정이 확정된 이후 본안의 재판은 2016. 12. 9. 첫 변론기일을 시작으로 진행되었으며, 1심 판결은 2018. 7. 13. 원고 일부 승소로 선고되었다(서울남부지방법원 2018. 7. 13. 선고 2011가합19387 판결). 1심 판결에서 인정한 피고의 손해배상책임이나 손해배상액수는 항소심(서울고등법원 2019. 2. 15. 선고 2018나2045009 판결)과 상고심(대법원 2020. 2. 27. 선고 2019다223747 판결)에서도 그대로 유지되었다.

3. 분배절차

법원은 원고 소송대리인인 법무법인을 분배관리인으로 선임하였고, 분배관리인이 제출한 분배계획안에 대해 2020. 6. 11. 인가결정을 내렸다. 분배계획에 의하면 총 2,000,311,494원(손해배상 원금과 지연이자)에서 소송비용 128,057,360원과 분배비용 20,000,000원, 변호사보수를 공제한 금액이 분배할 금액이 되며, 권리신고 구성원의 손해액에서 해당 구성원의 손해액이 차지하는 비율을 곱한 금액을 지급받게 된다.

2021. 5. 28. 분배관리인은 분배가 완료되었다는 분배보고서를 제출하였다.

[본안에 대한 법원의 판단]

1심과 원심, 대법원[9]의 판단에 차이가 없기 때문에 이하에서는 심급을 구분하지 않고 기재한다.

1. 손해배상 책임의 인정

1심과 원심은 다음과 같이 D증권의 손해배상책임을 인정하였고, 대법원은 이에 잘못이 없다고 인정하였다.

(1) **거짓의 기재**

씨모텍의 이 사건 유상증자에 D증권이 대표주관회사 및 증권인수인으로

것이 불가능하다는 등의 특별한 사정이 없는 한 대표당사자가 선택한 방법에 따라 총원의 범위를 확정할 수 있다고 보았다.

9) 대법원 2020. 2. 27. 선고 2019다223747판결 및 원심인 서울고등법원 2019. 2. 15. 선고 2018나2045009 판결, 1심인 서울남부지방법원 2018. 7. 13. 선고 2011가합19387 판결.

참여하였고, 관련 증권신고서와 투자설명서의 '인수인의 의견' 부분에 D증권이 '주식회사 ××이퀴티가 씨모텍을 인수하기 위하여 차입한 270억원 중 220억원이 2010. 9. 14. 기준 자본금으로 전환되었다'(이하 '이 사건 기재'라고 한다)는 기재를 포함시켰는데, 실제로는 220억원이 자본금으로 전환되지 아니하였다. 따라서 이 사건 기재는 구 자본시장법 제125조 제1항 본문이 정한 증권신고서 등의 중요사항에 관하여 '거짓의 기재'를 한 것에 해당한다.

(2) 중요사항 여부

이 사건 기재가 '중요사항'에 대한 기재인지에 대하여 법원은 '금융투자회사의 기업실사(Due Diligence) 모범규준'[10]의 내용을 참고로 중요사항 여부를 인정하였다. 모범규준 제11조 제6항에서 주관회사가 발행회사의 지배구조에 대하여 검증을 실시하는 경우 반드시 포함하여야 할 사항에 관하여 최대주주의 지분율 및 주식보유형태, 경영권 분쟁 등으로 인하여 경영권 불안정성이 대두될 가능성이 있는지 여부, 최근 최대주주가 변경된 경우 지분인수조건 및 인수자금 조달방법 등이 타당한지 여부 등을 열거하고 있는데, 법원은 이 점에 비추어 발행회사뿐만 아니라 발행회사의 최대주주에 관한 사항도 주관회사가 실사하여 증권신고서에 기재하여야 하는 필수적인 사항에 해당한다고 보았다.

씨모텍의 최대주주인 ××이퀴티는 Buy-out을 목적으로 30억원의 자본과 270억원의 차입금을 통해 씨모텍의 주식 및 경영권을 인수하였는데, 위 270억원의 차입금 중에서 220억원이 자본금으로 전환되었는지 여부는 씨모텍 지배구조의 안정성과 직결되는 요소로서 씨모텍 주식의 가치에 영향을 미칠 수 있는 사항이다고 보았다. 1차 유상증자가 이루어질 때부터 이 사건 유상증자 당시까지 ××이퀴티의 씨모텍 인수자금 조달 방법이나 최대주주인 ××이퀴티가 씨모텍에 대하여 지속적이고 안정적인 경영의지를 가지고 있는지에 관하여 여러 의혹이 제기되고 있었는데, 차입금이 자본금으로 전환되지 않고 계속 차입금의 형태로 남아있게 되면 ××이퀴티가 채무상환을 위해 씨모텍의 주식을 대량 매각할 수 있어 주가가 하락할 수 있고 씨모텍의 경영방향이나 사업내용에도 변화가 생길 수 있으므로, ××이퀴티가 차입금을 자본금으로 전환하였는지에 대한 이 사건 기재내용은 이 사건 유상증자에 참여한 투자자들이 의사결정을 할 때에 중요하게 고려할 상당한 개연성이 있는 사항이라고

10) 금융감독원이 2011. 12. 제정한 모범규준으로 행정지도의 일종이다.

보아, 중요사항에 해당한다고 판단한 것이다.

(3) 거래 인과관계의 존부

D증권은 이 사건 유상증자 당시 씨모텍의 실적이 좋았고 호재성 공시가 연이어 이루어져서 구성원들은 이 사건 기재가 없었더라도 이 사건 유상증자에 참여하였을 것이므로 이 사건 기재와 구성원들의 씨모텍의 발행주식 취득 사이에 인과관계가 없다고 주장하였다.

이에 대하여 법원은 자본시장법 제125조의 책임구조가 '거짓의 기재로 인하여 취득하였을 것'을 명시적으로 규정하고 있지 않고, 거짓기재와 주식취득 사이의 인과관계의 전 과정을 증명하는 것은 극히 어렵거나 사실상 불가능하므로 주식 취득자에게 입증책임을 부담시키는 것은 자본시장법의 취지에 부합하지 않는다고 본 후, 증권신고서 등의 중요사항에 관하여 거짓 기재가 객관적으로 존재하는 한 증권의 취득자가 이와 같이 거짓 기재가 있는 증권신고서 등의 내용을 참조하였는지 여부나 그 기재내용을 신뢰하였는지 여부를 불문하고 증권신고서 등의 거짓기재는 시장가격의 형성에 영향을 주는 것으로 볼 수밖에 없다고 하여,[11] 거래인과관계를 인정하였다. 즉, 발행시장에서 발행주식을 취득하는 투자자로서는 주식의 발행정보를 가장 잘 나타내는 증권신고서와 투자설명서가 정당하게 작성되어 공표된 것으로 믿고 그 주식의 발행가격이 그에 바탕을 두고 형성되었으리라는 믿음을 바탕으로 대상 기업의 발행주식을 취득한 것으로 보아야 한다는 것이다.

2. 면책 주장에 대한 판단

자본시장법 제125조의 책임구조는, 피고인 D증권이 "상당한 주의를 하였음에도 불구하고 이를 알 수 없었음을 증명"해야 책임을 면할 수 있게 입증책임을 전환하고 있다. '상당한 주의를 하였음에도 불구하고 이를 알 수 없었음'을 증명한다는 것은 '자신의 지위에 따라 합리적으로 기대되는 조사를 한 후 그에 의하여 허위기재 등이 없다고 믿을 만한 합리적인 근거가 있었고 또한 실제로 그렇게 믿었음'을 입증하는 것을 의미한다(대법원 2007. 9. 21. 선고 2006다81981 판결 등 참조).

금융투자회사의 기업실사 모범규준에 의하면 발행회사의 최대주주에 관한 사항은 실사대상이고 D증권도 이를 염두에 두고 인수인의 의견에 기재를

11) 밑줄은 저자가 임의로 추가하였다.

하였는데, 법원은 D증권이 이 과정에서 충분히 실사를 거치지 않았다고 보아 D증권의 면책주장을 배척하였다. ××이퀴티의 법인등기부등본을 확인하는 간편한 방법에 의하여 실제 차입금의 자본금 전환 여부를 손쉽게 알 수 있었음에도 불구하고 씨모텍 담당자의 진술이나 ××이퀴티가 일방적으로 작성한 서류만을 근거로 차입금의 자본금 전환을 믿고 기재한 것은, 증권인수인으로서 합리적으로 기대되는 조사를 하였다거나 이 사건 기재가 거짓 기재가 아니라고 믿은 데 합리적인 근거가 있다고 인정하기 어렵다는 것이다.

3. 손해배상 책임의 범위

(1) 손해금액

법원은 이 사건 구성원들이 입은 손해금액을 2011. 3. 24. 현재 각 구성원이 보유한 유상증자 주식수에 발행가액인 2,390원을 곱하여 산출한 금액에서 청산금으로 지급받은 금액을 공제하여 산정한 금액으로 인정하였다.

[발행가액 2,390원 × 보유주식수] − [청산금(1주당 5.725원) × 보유주식수]

총원의 범위는 씨모텍이 2차 유상증자를 통하여 발행한 주식을 발행시장에서 취득하여 주권매매거래 정지일인 2011. 3. 24.까지 계속하여 보유한 자로, 유통시장에서 취득한 주식 또는 기존 주식을 함께 보유하다가 위 기간 중에 처분한 경우에는 먼저 취득한 주식을 먼저 처분한 것으로 의제하여 계산한 결과 위 유상증자에 참여하여 취득한 주식이 2011. 3. 24.까지 남아 있는 자이다.

(2) 손해 인과관계의 존부

피고인 D증권은 손해의 이유가 이 사건 기재의 허위성 때문이 아니라 이 사건 유상증자 후 발생한 최대주주의 횡령, 배임행위 등으로 이 사건 기재와 무관하고, ××이퀴티의 차입금이 자본금으로 전환되었더라도 배임 및 횡령행위를 방지할 수 없었을 것이므로 자본시장법 제126조 제2항[12]에 따라 손해배상책임이 없다고 주장하였다.

---

12) 제1항에 불구하고 제125조에 따라 배상책임을 질 자는 청구권자가 입은 손해액의 전부 또는 일부가 중요사항에 관하여 거짓의 기재 또는 표시가 있거나 중요사항이 기재 또는 표시되지 아니함으로써 발생한 것이 아님을 증명한 경우에는 그 부분에 대하여 배상책임을 지지 아니한다.

이를 위하여 소송과정에서 사건연구(event study) 방법에 의한 감정을 진행하였으나 법원은 감정결과가 인과관계를 부정할 정도가 되지 않는다고 판단하였다. 또한 법원은 이 사건 기재내용인 ××이퀴티의 씨모텍 인수자금 조달방법과 규모, 차입금의 자본금 전환여부는 이후 씨모텍이 상장폐지에 이르게 된 사정과 관련이 있으므로 이 사건 기재내용과 구성원들이 입은 손해 사이에 아무런 인과관계가 존재하지 않는다고 할 수 없다고 판단하였다. 다만 법원은 이러한 사정을 아래에서 보는 손해배상책임의 제한사유로 참작한다고 하였다.

4. 손해배상책임의 제한

손해분담의 공평이라는 손해배상제도의 이념에 비추어 손해배상액을 제한할 수 있다(대법원 2007. 10. 25. 선고 2006다16758, 16765 판결, 대법원 2016. 12. 15. 선고 2015다243163 판결 등 참조)는 법원의 확립된 판례에 따라, 1심은 D증권의 손해배상책임을 총 손해액수의 10%로 제한하였고, 원심과 대법원은 그 비율을 그대로 인정하였다.

(1) 손해배상책임의 제한 사유

법원이 손해배상액의 제한요소로 고려한 사항은 다음과 같다:

① ××이퀴티 측의 씨모텍 자산의 횡령, 배임과 그로 인한 감사의견 거절, 법인회생절차개시, 상장폐지 등 이후의 시장 상황 등과 같은 다양한 요인들이 주가 하락에 영향을 미쳤을 가능성이 있다.

② 1차 유상증자 당시부터 ××이퀴티는 차입금이 자본금으로 전환될 예정임을 밝혔고, 주식 등의 대량보유상황보고서에도 자본금을 허위로 보고해 온 점에 비추어, D증권이 이 사건 기재를 통해 ××이퀴티의 자본구조에 관한 허위사실을 처음으로 시장에 공표한 것은 아니다.

③ 손해의 상당 부분은 ××이퀴티 측에 의한 씨모텍 자산에 대한 대규모 횡령, 배임행위로 인하여 발생한 것이다

④ D증권이 ××이퀴티 측의 씨모텍 자산 횡령, 배임행위에 관여하거나 이를 알고도 방치하였다고 볼 증거가 없고, 기업실사 과정에서 씨모텍과 ××이퀴티 측의 설명에 의존하여 ××이퀴티의 자본구조에 관하여 의견 기재를 소홀히 한 잘못이 있다 하더라도 그러한 사정만으로 D증권에게 이 사건 구성원들이 입은 손해 전부를 배상케 하는 것은 손해분담의 공평에 반하는 것

으로 판단된다.

⑤ D증권이 씨모텍과의 인수계약을 통해서 받기로 한 유상증자 대표주관 및 증권인수업무의 대가는 수수료 약 485,000,000원가량인데, 그나마 씨모텍의 법인회생절차에서 위 수수료채권을 회생채권으로 신고하여 그중 약 1억원가량을 회수하였으나, 금융위원회 및 증권선물위원회로부터 위 회수 수수료를 초과하는 과태료 및 과징금 부과처분을 받았다.

(2) 공동불법행위와 손해배상책임의 제한

이 사건 유상증자에 대하여는 씨모텍 및 씨모텍의 등기 이사들과 D증권이 자본시장법 제125조에 따라 공동불법행위 책임을 부담하며, 씨모텍 및 씨모텍의 등기 이사들 중 일부는 고의로 불법행위를 한 것으로 평가될 수 있다. 원고대리인은 이 점을 지적하였으나, 대법원은 다음과 같이 판시하면서 사실심의 손해배상책임 제한에 위법이 없다고 판단하였다.

공동불법행위책임은 가해자 각 개인의 행위에 대하여 개별적으로 그로 인한 손해를 구하는 것이 아니라 가해자들이 공동으로 가한 불법행위에 대하여 그 책임을 추궁하는 것이므로, 공동불법행위로 인한 손해배상책임의 범위는 피해자에 대한 관계에서 가해자들 전원의 행위를 전체적으로 함께 평가하여 정하여야 하나, 이는 과실상계를 위한 피해자의 과실을 평가함에 있어서 공동불법행위자 전원에 대한 과실을 전체적으로 평가하여야 한다는 것이지, 공동불법행위자 중에 고의로 불법행위를 행한 자가 있는 경우에는 피해자에게 과실이 없는 것으로 보아야 한다거나 모든 불법행위자가 과실상계의 주장을 할 수 없게 된다는 의미는 아니다(대법원 2007. 6. 14. 선고 2006다78336 판결, 대법원 2012. 12. 27. 선고 2012다84356 판결 등 참조).

〔研　　究〕

I. 머 리 말

주식 발행시장의 규제는 발행인이 투자자들에게 투자 판단에 필요한 모든 정보를 정확하게 제공하면 발행시장에서 시장원리에 따라 투자가 이루어지는 것을 전제로 하는 공시규제로 이루어진다. 공시규제가 제대로 작동하려면 정보제공이 진실되게 이루어지도록 적절한 제재가 있어야 한다. 발행시장 규제 위반에 따른 제재로 행정상 제재와 형사상 제재도 있으나, 궁극적으로 투자자 보호를 담보하기 위해서는 민사상 제재에 따른 손해배상이 손쉽게 이루어질 수 있어야 한다. 우리 자본시장법에서는 발행시장 규제 위반으로 인한 피해자들의 손해배상 청구를 돕기 위하여 입증책임 전환을 포함한 특칙을 두고 있고, 일정한 시장참여자들에게 전문가책임을 부과하고 있으며, 소액 다수의 피해구제를 효율적으로 진행할 수 있도록 증권관련 집단소송을 마련하고 있다.

이러한 제재들은 위반행위에 대한 사후적 제재로 마련되어 있지만, 감독당국과 법원이 이를 얼마나 강력하게 집행하느냐에 따라 위법행위를 사전에 억제하는 사전적 제재로서 기능할 수 있다면 투자자 보호에 더 효율적일 것이다. 특히 투자자들은 발행시장에서의 사기행위에 대한 강력한 사후적 제재를 기대하기보다는 사전에 증권사기꾼이 발행시장에 진입하지 못하기를 기대한다. 발행시장에 대한 공시규제만으로는 비전문가인 투자자들이 증권사기꾼이 제출한 공시서류를 읽고 사기임을 발견하기 어렵고, 감독당국이 모든 공시서류를 적극적으로 심사하여 증권사기와 부실기재를 밝혀내는 것도 비현실적이다. 이에 일정한 자본시장 전문가들에게 증권사기꾼이 발행시장에 진입하지 못하도록 금융시장 감시자로서의 역할을 기대하게 되었으나, 실제로 그러한 역할을 수행하도록 하려면 상응하는 책임을 적절하게 구성할 필요가 있다.[13)]

대상판결의 사안은 유상증자와 관련한 증권사기에 대하여 gatekeeper 역할을 담당한 인수인 증권회사에게 손해배상을 청구한 증권관련 집단소송으로, 발행회사의 경영진이 증권사기를 기획하였음은 명백하나, 발행회사 및 경영진들의 책임재산이 부족하여 인수인인 증권사에게 책임을 묻게 되었다. 법원은 관련 법령을 적용하여 인수인 증권사가 책임이 있음을 인정하였으나, 286억원의 유상증자에 9천여 명이 참여한 증권사기에

13) 전문가책임에 대한 해외에서의 논의에 대하여는 John C. Coffee Jr., "Gatekeeper Failure and Reform: The Challenge of Fashioning Relevant Reforms", 84 B.U. L. REV. 301 (2004), 308-311면 참조.

대하여 증권집단소송으로 허가된 손해액수는 145억원에 불과하고 그나마 그중 10%의 책임만을 증권사에게 인정하였으며, 이러한 제한적인 구제를 받는 데 거의 10년이 소요되었다. 이와 같이 대상판결의 진행상황은 실제 우리 제도가 투자자 보호에 효과적이지 않다는 것을 보여 주었다. 최근 금융투자상품과 관련하여 일반적인 민사소송이나 증권관련 집단소송을 제기하는 외에 금융당국을 주체로 한 조정 등의 분쟁해결방안이 마련되고 있는데, 이 사건과 같이 법원을 통한 현행 권리 구제 제도가 피해자 구제에 효과적이지 않다는 인식이 바탕에 있는 것이 아닌지 우려된다.

Ⅱ. 증권발행시장에서의 민사책임의 구조

1. 발행시장의 규제에서의 민사책임

(1) 개　　관

증권발행시장이란 새로이 발행되는 증권을 투자자가 처음으로 취득하는 시장으로, 투자자의 입장에서는 증권에 대한 정보가 부족하며, 발행회사나 발행을 돕는 증권회사의 입장에서는 일시에 대량으로 발행하는 증권에 대한 투자를 유도하기 위하여 지나치게 낙관적인 정보를 제공할 가능성이 높다. 이러한 사정이 판매압력으로 작용해 투자자들은 정보를 제대로 검토하지 못한 채 경솔하게 투자를 결정하게 된다.[14] 발행시장을 규제하는 방법은 크게 내용규제(merit regulation)와 공시규제(disclosure regulation)로 나뉘는데, 전자는 규제당국이 적절한 투자대상인지 여부를 판단하고 후자는 규제당국이 투자대상으로서의 적절성에는 간여하지 않고 투자판단에 필요한 정보가 투자자들에게 충분히 제공되는 것만을 담보한다.[15] 공시규제의 근거는 결국 정확한 정보가 투자자에게 제공되기만 하면 투자판단은 투자자가 스스로 할 수 있다는 것으로, 자본시장이 발달한 주요 국가들은 대부분 공시규제를 채택하고 있다.[16]

---

14) 김건식 · 정순섭, 『자본시장법(제2판)』, 두성사(2010), 104면.
15) 김건식 · 정순섭, 105면.

우리나라도 공시규제를 채택하여 자본시장법에서 발행시장 공시제도로 증권신고서제도를 두고 있다. 즉, 공시의무가 부과되는 발행(공모발행)의 경우에는 투자판단에 필요한 정보를 기재한 증권신고서를 제출하여 공시하고, 투자자들이 이를 읽고 투자판단을 할 수 있도록 일정한 대기기간을 보장하며, 실제 투자를 하려는 자에게는 동일한 내용의 투자설명서를 교부하도록 하고 있다.[17] 공시의무 준수를 강제하기 위한 제재수단으로는 행정제재, 형사제재, 민사제재가 모두 마련되어 있다. 행정제재로는 금융위원회에서 일정한 조치[18]를 취할 수 있으며(자본시장법 제132조), 증권신고서상의 모집가액의 3%(20억을 초과하는 경우에는 20억원)을 초과하지 아니하는 범위에서 과징금을 부과할 수 있다(자본시장법 제429조 제1항). 형사제재로는 증권신고서 제출의무를 위반하거나(제444조 제12호), 증권신고서나 투자설명서 등의 공시서류 중 중요사항에 관하여 거짓의 기재 또는 표시를 하거나 중요사항을 누락한 자(제444조 제13호)의 경우 5년 이하의 징역 또는 2억원 이하의 벌금형을 법정하고 있다.

이러한 행정제재나 형사제재로는 손해를 본 투자자들을 사후적으로 구제할 수 없으며, 증권 공모발행의 구조상 소액의 피해자를 다수 양산하게 되어 일반 민사소송으로는 피해자의 손해보전에 실질적인 어려움이 있어, 자본시장법에서는 손해배상의 특칙을 두고 있다. 즉, 자본시장법 제125조에서 손해배상조항을 두고 있으며, 제126조에서는 손해배상액의 추정을, 제127조에서는 단기소멸시효를 두고 있다. 물론 민법 제750조에 따른 불법행책임을 청구하는 것은 여전히 가능하다.[19] 또한 증권관련집단소송법에 따른 집단소송을 허용하고 있다.

---

16) 정남성 · 김은집 감수, 『자본시장법(제2판)』, 지원출판사(2015), 366면.

17) 자본시장법 제119조 내지 제124조.

18) 자본시장법 시행령 제138조에 의하면 1년의 범위에서 증권의 발행 제한, 임원에 대한 해임권고, 고발 또는 수사기관에의 통보, 관련 기관이나 수사기관에의 통보, 경고 또는 주의의 조치를 할 수 있다.

19) 두 책임은 경합적으로 적용된다고 본다. 대법원 1997. 9. 12. 선고 96다41991 판결 등.

(2) 손해배상책임의 구조

> **제125조(거짓의 기재 등으로 인한 배상책임)**
> ① 증권신고서(정정신고서 및 첨부서류를 포함한다. 이하 이 조에서 같다)와 투자설명서(예비투자설명서 및 간이투자설명서를 포함한다. 이하 이 조에서 같다) 중 중요사항에 관하여 거짓의 기재 또는 표시가 있거나 중요사항이 기재 또는 표시되지 아니함으로써 증권의 취득자가 손해를 입은 경우에는 다음 각 호의 자는 그 손해에 관하여 배상의 책임을 진다. 다만, 배상의 책임을 질 자가 상당한 주의를 하였음에도 불구하고 이를 알 수 없었음을 증명하거나 그 증권의 취득자가 취득의 청약을 할 때에 그 사실을 안 경우에는 배상의 책임을 지지 아니한다.
> 1. 그 증권신고서의 신고인과 신고 당시의 발행인의 이사(이사가 없는 경우 이에 준하는 자를 말하며, 법인의 설립 전에 신고된 경우에는 그 발기인을 말한다)
> 2. 「상법」 제401조의2제1항 각 호의 어느 하나에 해당하는 자로서 그 증권신고서의 작성을 지시하거나 집행한 자
> 3. 그 증권신고서의 기재사항 또는 그 첨부서류가 진실 또는 정확하다고 증명하여 서명한 공인회계사·감정인 또는 신용평가를 전문으로 하는 자 등(그 소속단체를 포함한다) 대통령령으로 정하는 자
> 4. 그 증권신고서의 기재사항 또는 그 첨부서류에 자기의 평가·분석·확인 의견이 기재되는 것에 대하여 동의하고 그 기재내용을 확인한 자
> 5. 그 증권의 인수인 또는 주선인(인수인 또는 주선인이 2인 이상인 경우에는 대통령령으로 정하는 자를 말한다)
> 6. 그 투자설명서를 작성하거나 교부한 자
> 7. 매출의 방법에 의한 경우 매출신고 당시의 매출인

(가) 대상행위

손해배상책임의 근거가 되는 행위는 투자설명서의 (ⅰ) 중요사항에 대한 거짓기재 또는 표시와 (ⅱ) 중요사항의 누락(기재 또는 표시되지 아니한 경우)이다. 거짓기재되거나 누락된 내용이 중요사항이어야 손해배상 특칙이 적용되는데, 중요사항은 “투자자의 합리적 판단 또는 해당 금융투자상품의 가치에 중대한 영향을 미칠 수 있는 사항”으로 정의되어 있다(자본시장법 제47조 제3항). 대상 사안과 동일한 사실관계에서 D증권에 대한 과징금 사건에서 법원은 발행회사의 최대주주와 관련된 사항은 합리적인 투자자가 투자판단에 중요하게 고려할 상당한 개연성이 있는 중요사항에 해당한다고 보았다.[20)]

증권신고서 등에 거짓기재가 있다는 사실 및 그 사항이 중요사항이라는 사실은 원고에게 입증책임이 있다. 중요사항 누락의 경우에도 어떠한 사항이 중요사항인데 누락되었다는 점에 대하여 원고에게 입증책임이 있다. 그러나 증권신고서에 기재된 또는 기재되어야 하는 발행회사의 재무 및 영업에 관한 자료는 피해자가 입수하기 어려운 경우가 많으므로 현실적으로 입증이 용이하지 않은 문제가 있다.[21] 그 결과 행정제재가 선행되어 거짓기재사실이 확정된 후 민사소송이 진행되는 경우가 많은데, 자본시장법 제125조에 따른 청구에는 단기 소멸시효[22]가 있어 소송수행에 제약이 되고 있다. 해당 사건에서도 D증권에 대한 금융감독원의 조사와 과징금처분이 손해배상 소송의 수행관계에서 사실관계 입증에 영향을 미쳤으며, D증권이 과징금처분에 대해 적극적으로 다툰 이유도 민사소송에 부정적인 영향을 줄 수 있었기 때문인 것으로 생각된다.

(나) 청구권자

법 제125조에서는 손해배상 청구권자를 "증권의 취득자"라고 표시하는데, 해당 증권을 발행시장에서 취득한 자[23]는 당연히 청구권자에 포함되지만, 발행 완료 이후 해당 증권을 유통시장에서 취득한 자도 자본시장법 제125조에 따라 손해배상을 청구할 수 있는지에 대하여는 다툼이 있다. 발행 완료 후 증권신고서의 부실기재가 드러나기 전에 증권을 유통시장에서 처분한 자는 손해를 입지 않았으므로 손해배상 청구권자에 포함되지 않는다. 그렇다면 이렇게 유통된 증권에 대한 손해를 누가 어떻게 청구할 수 있는지가 문제된다.

자본시장법 제125조의 청구권자에 유통주식 취득자를 포함시켜야 한다는 견해는 발행시장에서 형성된 가격이 결국 유통시장의 가격에까지

20) 대법원 2018. 8. 1. 선고 2015두2994 판결.
21) 임재연, 『자본시장법(2021판)』, 박영사(2021), 548면.
22) 자본시장법 제127조에 의하면 제125조에 따른 배상의 책임은 그 청구권자가 해당 사실을 안 날부터 1년 이내 또는 해당 증권에 관하여 증권신고서의 효력이 발생한 날부터 3년 이내에 청구권을 행사하지 아니한 경우에는 소멸한다.
23) 증권신고서에 기재된 절차에 따라 청약을 해서 배정을 받은 자를 말한다.

영향을 미친다는 점과, 증권의 전득자도 당연히 보호해야 한다는 점을 근거로 든다.[24] 반면 유통시장 취득자를 제외해야 한다는 견해는 특칙의 취지가 발행시장 취득자를 보호하기 위한 것이라는 점을 주된 근거로 든다.[25] 우리 법원은 일관하여 유통시장 취득자를 자본시장법 제125조의 청구권자에서 제외하고 있으며,[26] 그 대신 해당 증권을 유통시장에서 취득한 자는 민법 제750조에 따라 손해배상을 청구할 수 있다는 입장이다. 그러나 민법 제750조로 청구하는 경우에는 입증책임 전환 등의 혜택을 받을 수 없고 증권관련 집단소송을 이용할 수 없다.

이러한 법원의 태도는 일응 미국 1933년 증권법 제11조(a)에 따른 손해배상 청구권자를 제한한 미국 법원의 태도와 유사한데, 이러한 청구권자 제한에 따른 문제는 후술한다.

(다) 책임의 주체 - 피고

자본시장법 제125조 제1항 각호에서는 책임의 주체를 법정하고 있으므로, 원고는 각호에 해당하는 자를 모두 피고로 소를 제기할 수 있으며, 해당 피고가 자신이 책임이 없음을 스스로 입증해서 면책을 받아야 한다.

기본적으로는 발행회사(제1호), 신고서 제출당시의 발행회사의 등기이사(제1호), 증권신고서와 관련한 업무집행지시자(제2호)가 책임의 주체가 된다. 해당 주체에 해당하는지는 원고의 입증책임이라고 할 수 있으나, 발행회사나 등기이사의 경우 등기부등본의 제출만으로 입증이 완료될 것이다. 업무집행지시자 해당 여부는 여전히 원고의 입증책임이 부담스러울 수 있다. 통상적인 업무를 지시하는 지위에 있는 것으로 충분하지 않고, 증권신고서 등의 부실기재에 대한 업무집행지시가 인정되어야 하는데, 회사 내부의 지시 과정을 피해자가 입증하기는 쉽지 않다. 발행회사 자체가 책임의 주체의 하나로 인정되는 점에 대하여는, 회사의 책임재산으로 특정주주들에 대하여만 손해배상(실질은 자본의 일부환급)을 해 준다

---

24) 임재연, 549면.

25) 임재연, 550면.

26) 대법원 2015. 12. 23. 선고 2013다88447 판결, 대법원 2002. 9. 24. 선고 2001다9311, 9328 판결.

는 문제가 있다.

제125조 제1항 제3호 내지 제5호에서는 증권발행시장에 참여하는 일정한 전문가들을 책임의 주체로 열거하고 있는데, 이는 금융시장의 감시자로서 역할을 수행하는 전문가들에게 전문가책임을 부과하는 근거가 된다. 우선 공인회계사, 감정인, 신용평가를 전문으로 하는 자, 변호사, 변리사 또는 세무사 등 공인된 자격을 가진 자로서 증권신고서의 기재사항 또는 첨부서류가 진실 또는 정확하다고 증명하여 서명한 자는 책임의 주체가 된다(제125조 제1항 제3호). 이들의 배상책임의 범위는 자신이 증명하거나 서명한 부실표시에 한정된다.[27] 그 외에 자기의 의견이 기재되는 것에 대하여 동의하고 그 내용을 확인한 자가 있다면 역시 손해배상책임의 주체가 된다(제125조 제1항 제4호).

또한 증권의 인수인 또는 주선인이 손해배상책임의 주체가 된다(제125조 제1항 제5호). 대상판결에서 피고 D증권은 증권의 인수인으로 책임주체가 되었다. 인수인은 증권신고서 중 "인수인의 의견"을 작성하지만, 그 부분 기재에 한정하여 책임을 부담하는 것이 아니고 증권신고서 기재 전체에 대하여 책임을 부담한다. 인수인은 자본시장의 문지기(gatekeeper)로서 발행기업과 증권에 대한 정보가 제대로 투자자에게 제공되는지를 담보하고, 제대로 정보를 제공하지 못하는 증권사기꾼들을 걸러 낼 책임을 부담하는 것이다.

(라) 거래인과관계

자본시장법 제125조에 따른 손해배상을 청구하기 위하여 거래인과관계를 요구하는지, 특히 원고에게 거래인과관계의 입증을 요구하는지에 대하여는 견해가 나뉜다. 거래인과관계란 피고의 위법행위와 원고의 거래행위 사이의 인과관계로, 공시의무와 관련하여서는 증권신고서에 거짓의 기재가 있었는데 원고가 그 내용을 진실한 것으로 신뢰하고 증권을 취득하였다는 것이다. 미국 증권소송에서는 신뢰(reliance) 요건이라고도 한다.

---

27) 정남성 외, 432면.

미국의 증권소송에서는 1934년 증권거래소법(Securities Exchange Act of 1934) 10(b)조항과 Rule 10(b)-5를 이용하여 민사소송을 진행하는 경우가 많은데, 이 조문은 요건사실을 적극적으로 규정하고 있지 않아서 법원에서 보통법(common law)의 사기에 근거한 불법행위 책임과 동일한 요건사실을 적용하게 되었다. 그 결과 원고가 (ⅰ) 증권의 거래와 관련하여 (ⅱ) 피고의 적극적인 인식(scienter) 아래, (ⅲ) 중요한 사항에 관한 허위표시(misrepresentation) 또는 누락(omission)이 있고, (ⅳ) 원고가 이를 신뢰하여 (reliance) 거래를 하였으며, (ⅴ) 원고가 손해를 입었고 (ⅵ) 손해와 피고의 허위표시나 누락 사이에 인과관계가 있다는 사실을 입증해야 한다.[28] 엄격하게 reliance 요건을 충족하려면 원고가 "거짓이 기재된 공시서류를 읽었을 것"을 입증해야 하는데, 실제로 이를 입증하는 것은 쉽지 않으며, 현실적으로는 공시서류를 제공받지 않고 투자를 하는 경우도 많다는 문제가 있다. 이러한 경우의 투자자들도 손해배상을 청구할 수 있도록 발전된 이론이 시장사기이론이다.[29]

우리 법원에서는 부실기재와 관련하여 원고가 공시서류를 읽었음을 입증할 것을 요구하지 않고도 거래인과관계를 인정하고 있는데, 시장사기이론과 같은 논리를 채용한 것으로 보인다.[30] 또한 제125조 제1항 단서에서 "그 증권의 취득자가 취득의 청약을 할 때에 그 사실을 안 경우에는 배상의 책임을 지지 아니한다"고 규정한 것은 거래인과관계가 없음을

---

28) 김화진, "증권소송에서의 인과관계이론의 재조명－미국 판례동향의 시사점－", 저스티스 제144호(한국법학원, 2014), 212면; Michael Kaufman, John M. Wunderlich, "Fraud Created the Market", 63 Alabama Law Review 275, at 279.

29) 시장사기이론에 대하여는 김병연, "미국 판례법상 시장사기이론(The fraud-on-the-market theory)과 증권거래법상 손해배상책임에 있어서 인과관계의 문제", 비교사법 제11권 제1호(2004); 김정수, "증권집단소송법상 입증책임과 시장사기이론: 미국에서의 발전과 우리 법과의 비교분석을 중심으로－", 주식 제243호(한국거래소, 2003); 이동신, "유가증권 공시서류의 부실기재에 관한 책임", 증권거래에 관한 제문제(상), 재판자료 제90집(법원도서관, 2001); 장근영, "시장사기이론과 거래인과관계의 재평가", 비교사법 제23권 제3호(2016) 등 많은 연구가 있다.

30) 대표적인 사건인 대법원 1997. 9. 12. 선고 96다41991 판결 이후 대법원 2016. 12. 15. 선고 2015다241228 판결, 대법원 2016. 12. 15. 선고 2015다243163 판결, 대법원 2007. 10. 25. 선고 2006다16758,16765 판결 등 다수.

피고가 입증하면 책임을 지지 않는다는 입증책임의 전환으로 해석한다.

(마) 면책사유

제125조 제1항 단서에서는 "배상의 책임을 질 자가 상당한 주의를 하였음에도 불구하고 이를 알 수 없었음을 증명"하면 배상책임을 면할 수 있도록 하여, 귀책사유 여부의 입증책임을 피고에게 부담시키고 있다. 주의의 정도는 피고의 지위에 따라 결정되며, '자신의 지위에 따라 합리적으로 기대되는 조사를 한 후 그에 의하여 허위기재 등이 없다고 믿을 만한 합리적인 근거가 있었고 또한 실제로 그렇게 믿었음'을 증명하여야 한다.[31]

(3) 증권관련 집단소송

자본시장법의 특칙에 불구하고 개별 피해자는 손해액수가 적어서 소송을 적극적으로 수행할 유인이 부족하나, 전체 피해자의 수와 규모는 상당할 수 있다. 이 사건 유상증자의 경우에도 12,000,000주 총 28,680,000,000원을 9,621명에게 발행하였으므로 피해자의 수는 9천명이 넘고 평균 취득가액은 3백만원이 된다. 다수의 소액투자자로부터 투자를 유치하는 증권공모시장의 특성상 개별 투자자들의 손해배상청구소송이 쉽지 않게 되는 것이다. 이러한 증권거래와 관련한 집단적인 피해를 효율적으로 구제하기 위하여 증권관련 집단소송이 제정되어 2005년부터 시행되고 있다. 자본시장법 제125조에 따른 손해배상청구는 대표적인 증권관련 집단소송 대상이다(집단소송법 제3조 제1항 제1호).

---

31) 대법원 2002. 9. 24. 선고 2001다9311, 9328 판결(증권신고서에 포함된 감사보고서와 관련하여 회계법인이 표본조사만을 시행하고 전체적이고 실질적인 감사는 하지 않았고, 감사를 맡은 시점 이전의 재무제표의 진실성 및 그 기초자료의 객관성에 대하여 회사로부터 재무확인서를 받은 이외 다른 조치는 취하지 않았으며, 상당한 액수의 대표이사 대여금에 대하여도 대표이사로부터 확인서만 받은 채 그 진실성 및 실질적인 내용은 전혀 파악하지 않은 경우 면책을 인정하지 않음).

대법원 2007. 9. 21. 선고 2006다81981 판결(사업보고서 부실기재와 관련하여 이사가 이사회에 출석하지 아니하고 공시 대상인 재무제표 및 사업보고서의 내용에 대하여 아무런 조사를 하지 않은 경우, 이사의 직무를 수행하지 아니한 이유가 보유주식을 제3자에게 모두 양도한 때문이었다는 사정만으로는 면책을 인정하지 않음)

대법원 2014. 12. 24. 선고 2013다76253 판결(사업보고서 부실기재와 관련하여 회계법인에 대하여는 면책을 인정하고, 사외이사에 대하여는 이사회에 참석하지 않았다는 사유만으로는 면책을 인정하지 않음).

이 사건 소는 증권관련 집단소송으로 제기되었다. 그러나 증권관련 집단소송법에 따른 집단소송은 집단적 피해를 효율적으로 구제한다는 취지에 불구하고 제도적 한계가 드러나 현재는 이용이 기피되고 있는 실정이다.

(4) 소 결

대상판결은 발행시장 공시서류의 거짓기재를 이유로 자본시장법 제125조 제1항 제5호의 인수인을 피고로 손해배상청구를 증권관련 집단소송으로 청구한 사안으로, 증권관련 집단소송으로 인수 증권사에게 전문가책임을 인정하여 다수의 소액 피해자들을 구제한 모델케이스로 보인다.[32] 그러나 소송의 결과 투자자들이 얼마나 피해배상을 받았는지를 살펴보면 우리 발행시장에서의 민사책임제도의 민낯을 볼 수 있다.

이 사건의 본질은 고의의 불법행위자(××이쿼티측 이사들 및 실제사주)가 회사 자금을 횡령하면서 횡령사실이 발각(외부감사인의 감사보고서 의견거절)되기 이전에 유상증자를 실시하여 추가로 자금을 조달한 후 빼돌리고자 기획한 증권사기사건이다. 불법행위자나 발행회사의 책임재산으로는 손해배상을 받을 수 없어, gatekeeper인 증권회사에게 증권사기꾼이 발행시장에 진입하는 것을 막지 못한 책임을 묻게 되었다. 그런데 법원의 과도한 손해배상액 제한으로 사기범죄자의 무자력이라는 위험을 피해자들과 증권회사 사이에 누가 부담할 것이냐의 문제로 귀결되어 버렸다. 대상판결에서는 Gatekeeper인 D증권의 책임을 인정하면서도 손해배상액을 겨우 손해액의 10%로 한정하여 문지기책임을 집행하는 데 실패하였다.

이하에서는 여러 쟁점에 대하여 상세히 살펴보고자 한다.

2. 증권발행시장에서의 전문가책임

(1) 전문가책임의 의의와 필요성

전문가책임을 부담하는 전문가-문지기(gatekeeper)는 위법행위자에 대한 협력을 보류함으로써 그 위법행위를 저지할 수 있는 사적 당사자

---

32) 최민용, "2020년 자본시장법 판례회고", 상사판례연구 제34권 제1호(상사판례학회, 2021), 146면에서는 대상판결을 투자자 보호를 강조한 판례로 평가하고 있다.

(private parties who are able to disrupt misconduct by withholding their cooperation from wrongdoers)"로 정의될 수 있다.[33] 즉, 이러한 전문가들의 협력 없이는 증권시장 진입이 법률상 또는 사실상 불가능한 경우, 해당 전문가들에게 위법행위자의 시장진입을 막을 책무를 부여하자는 것이다. 대표적인 gatekeeper로 투자은행, 회계법인, 법무법인, 신용평가기관, 증권애널리스트, 증권인수인, 사모펀드회사 등을 들 수 있다.[34]

이상적인 발행시장의 경우 투자판단에 필요한 정보가 모두 공시되면 투자자들이 이를 바탕으로 합리적인 투자판단을 하여 위법행위자나 경제적 효용성이 떨어지는 발행인에게는 투자가 이루어지지 않게 되지만, 실제로는 투자자들이 제공된 정보를 모두 읽고 합리적인 투자판단을 하는 경우는 없고 증권시장의 여러 전문가들의 조력을 받아 정보를 소화하고 투자판단에 이르게 된다. 재무정보에 대하여는 회계법인의 감사의견에 의존하고, 주식의 공모에 있어서는 인수증권사의 의견에 의존하며, 채무증권에 있어서는 신용평가기관의 신용평가를, 구조화증권의 구조에 대하여는 법무법인의 법률의견서를 믿고 투자를 하는 것이다. 이러한 전문가들이 위법행위자의 시장진입을 걸러 낸다면 위법행위자 본인의 불법행위를 억제하는 집행전략을 효율적으로 보완할 수 있다.[35]

(2) 전문가책임의 한계

그러나 전문가에게 지나치게 엄중한 손해배상책임을 부여하는 것은 전문가의 활동비용을 증가시켜 자본시장을 위축시키는 효과가 있다.[36] 주식회사등의 외부감사에 관한 법률에서 외부감사인의 책임을 비례책임으로 입법한 것은, 전문가책임을 적정범위로 한정하려는 노력의 일환이라고 볼 수 있다.[37] 더 나아가 부실표시부분이 누구의 책임영역인지에 따

33) Reinier H. Kraakman, "Gatekeepers : The Anatomy of a Third Party Enforcement Strategy, 2 (1) Journal of Law, Economics and Organization, 53 (1986).

34) 안태준, "금융시장에서의 게이트키퍼책임의 이론", BFL 제82호(서울대학교 금융법센터, 2017. 3.), 8면.

35) 안태준, 8면.

36) 안태준, 19면.

37) 최문희, "회계감사인의 비례책임제도의 쟁점과 바람직한 운용방안 : 개정 외감법

라 주의의무의 정도를 구별할 수 있다.[38)]

① 전문가의 전문가 담당부분에 대한 책임

전문가는 자신이 작성한 부분에 대하여, 합리적인 조사를 거쳐 허위기재나 중요사항 누락이 없다고 믿을 합리적인 근거가 있고, 실제로 그렇게 믿었음을 입증해야 면책된다.[39)] 합리적인 근거가 인정되려면 전문가로서 요구되는 기준에 따라 합리적인 조사를 하여야 한다.

② 비전문가의 전문가 담당부분에 대한 책임

비전문가는 다른 전문가가 작성한 부분에 대하여, 허위기재나 중요사항 누락이 있다고 믿을 만한 합리적인 근거가 없었고 실제로 믿지 않았다는 사실을 증명하면 면책된다.[40)] 즉, 어느 전문가의 작성부분을 다른 게이트키퍼가 검토하는 경우에는 조사의무를 부담하지 아니하고 낮은 수준의 주의의무가 요구된다.

③ 비전문가의 전문가 담당부분 이외의 부분에 대한 책임

이 경우는 ①과 마찬가지로 합리적인 조사를 거쳐 허위기재나 중요사항 누락이 없다고 믿을 합리적인 근거가 있고, 실제로 그렇게 믿었음을 입증해야 면책되나, 기준은 신중한 자가 자기 재산을 관리하는 경우의 주의의무로 경감된다.[41)] 다만 실제로는 자격이나 발행인과의 관계, 정보접근가능성 등 다양한 기준이 적용된다.[42)]

우리나라에서도 전문정보인지 비전문정보인지의 구분에 따라 주의의무를 달리 판단하는 사례들이 나타나고 있다.[43)] 특히 증권인수인이 회계법인이 작성한 부분에 대하여 별도로 검증할 책임을 부담하는지에

에 대한 비판적 고찰과 개선과제를 중심으로", 저스티스 통권 제144호(2014), 282면.

38) 우리 대법원은 아직 기재영역별로 주의의무를 나누고 있지 아니한 것으로 보인다. 최민용, 앞의 논문 175면 참고.

39) 임재연, 566면.

40) 임재연, 567면.

41) 임재연, 567-568면.

42) 임재연, 568면.

43) 허유경, "게이트키퍼로서의 증권인수인의 책임", BFL 제82호(서울대학교 금융법센터, 2017. 3.), 29면.

대하여, 법원은 외부감사인의 감사를 받은 감사보고서나, 검토보고서 기재사항이라도 외부감사인이 내용을 별도로 검증한 정보에 대하여는 전문정보로 보아 검증의무를 경감시키는 데 반해, 외부감사인이 추가적으로 감사하거나 검증하지 않은 검토보고서 기재사항은 비전문정보로 보아 보다 적극적인 검증의무를 부여한 사례들이 나타나고 있다.[44] 즉, 전문정보의 경우 인수인에게 전문가 이상의 적극적인 조사의무를 지우지 않지만, 비전문정보는 인수인에게 보다 적극적인 탐지의무를 부과하는 것이다.[45]

해당 사건에 있어서는 문제된 내용이 "인수인의 의견"에 기재된 것으로 전문가인 증권인수인이 스스로 작성한 부분이므로, 주의의무 경감의 대상이 아니다. 증권인수인으로서는 해당 부분을 작성함에 있어 발행회사로부터 제공받은 정보를 그대로 믿으면 안되고 적절한 검증을 실시하였어야 하며, 이 사건과 같이 법인등기부등본을 열람하는 간단한 방법으로 검증할 수 있었던 내용이라면 책임을 면하기 어렵다.

(3) 면책약정의 효력

인수인은 손해배상책임을 부담할 경우에 대비하여 그 책임을 발행인에게 전가하는 면책약정(indemnification)을 인수계약에 포함시킬 수 있다.[46] 대상판결에서는 D증권의 책임범위를 결정하는 과정에서 고려한 여러 요소 중 하나로 인수계약에 따라 D증권이 얻은 수수료 수입을 언급하였는데, 손해배상책임의 범위를 수수료 수입에 연동하는 것은 인수계약의 면책약정에서 볼 수 있는 내용이다.

(가) 면책 관련 계약 조항

인수계약서에서 볼 수 있는 면책관련 조항의 내용은 다음과 같다:[47]

---

44) 서울고등법원 2015. 2. 5. 선고 2014나2012933 판결, 서울고등법원 2016. 11. 24. 선고 2014나2004505 판결 등. 해당 사안에 대한 자세한 분석은 허유경, 32면 참조.
45) 허유경, 36면.
46) 박준, "인수인 면책약정의 효력", BFL 제82호(서울대학교 금융법센터, 2017. 3.), 42면.
47) 박준, 앞의 논문 43면에서 인용한 내용이며, 해당 사건에서 D증권이 체결한 인수계약서에는 상대적 이익비율이나 상대적 과실비율까지 규정하지 않았다.

① 발행인은 증권신고서·투자설명서상 중요한 사항에 대한 부실기재로 인하여 인수인과 그 대리인, 임직원, 계열사가 입은 손해를 면책하고 보상할 의무를 부담한다. 다만 인수인이 증권신고서·투자설명서 기재에 사용할 것을 명시적으로 전제하여 제공한 정보를 발행인이 원용함으로써 발생한 부실기재는 제외한다.
② 인수인은 그가 증권신고서·투자설명서 기재에 사용할 것을 명시적으로 전제하여 제공한 정보로 인한 부실기재로 발행회사와 그 대리인, 임직원 등이 입은 손해를 면책하고 보상할 의무를 부담한다. 인수인의 이 의무는 개별 채무이며, 귀책사유 있는 인수인은 귀책사유 없는 인수인을 면책하고 보상할 의무를 부담한다.
③ ①과 ②에 따른 면책이 면책받을 권리가 있는 당사자(이하 '면책권리자')에게 가능하지 않거나 관련된 손해를 면책·보상하기에 부족한 경우, (ⅰ) 공모를 통해 발행인이 얻는 이익과 인수인이 얻는 이익의 비율(이하 '상대적 이익비율')에 따라 책임을 분담하고, (ⅱ) 이러한 분담이 법령상 허용되지 않는 경우 상대적 이익비율과 아울러 발행인과 인수인의 과실비율 및 기타 형평성을 고려하여 분담한다. 이때 상대적 이익비율은 공모로 발행인이 조달한 금액(비용 제외)과 인수인이 받은 수수료액의 비율에 의한다. 발행인과 인수인의 상대적인 과실은, 부실기재가 발행인이 제공한 정보에 의한 것인지 인수인이 제공한 정보에 의한 것인지 여부 및 각 당사자의 그 정보에 대한 의도·인식·정보접근성과 부실기재를 시정하거나 방지할 기회를 갖고 있었는지 여부에 의해 결정한다.

이 사건을 위 계약조항에 넣어 어떤 결과가 나오는지 살펴보겠다. D증권이 증권신고서 부실기재를 이유로 예컨대 유상증자금액 전체인 286억원의 손해배상책임을 부담하게 되면, D증권은 위 ①에 따라 발행인인 씨모텍에게 전액 보상을 청구할 수 있다. 다만 씨모텍이 회생절차에 들어가 보상을 받는 것이 불가능하므로 ③에 따라 D증권과 씨모텍이 손해를 분담하게 되는데, (ⅰ) 상대적 이익비율에 따르면 씨모텍과 D증권의 분담비율은 [286억-발행비용] : [수수료 4억 8천5백만원]에 따르게 된다. 법원에서 상대적 이익비율로 분담하는 것을 허용하지 않으면 상대적 과실비율까지 고려할 수 있으며, 그 경우에도 부실정보를 씨모텍 쪽에서 제공하였으므로 여전히 씨모텍의 분담비율이 매우 크게 된다.

(나) 면책 관련 조항의 효력

우리나라에서는 아직 면책 관련 조항의 효력을 그대로 인정할 수 있는지에 대한 논의가 없는 것으로 보인다. 미국에서의 논의를 살펴보면,

미국 증권거래위원회(Securities and Exchange Commission, 이하 'SEC')는 연방 증권법에 따른 책임을 면책시키는 면책약정은 연방증권법에 반영된 공공 정책(public policy)에 반하고 따라서 효력이 없다는 입장이다.[48] 미국 법원도 일반적으로 발행인이 인수인을 면책하는 약정의 효력을 인정하고 있지 않으며, 인수인이 발행인으로부터 면책받아 자신의 위반행위에 대한 책임을 회피하는 것이 허용된다면 인수인이 철저한 조사를 하려는 유인이 작아질 것을 우려한다.[49] 위 ③과 같이 상대적 이익비율이나 상대적 과실비율을 이용하여 분담비율을 정하는 약정의 효력에 대하여도 여전히 면책약정의 효과를 달성하고 인수인의 손해배상책임을 무력화한다는 비판이 있다.[50]

(다) 손해의 공평한 분담의 기준으로의 이용

대상판결은 손해의 공평한 분담의 근거 중 하나로 D증권이 받은 이익은 수수료 약 4억 8천5백만원에 불과하고 그나마 씨모텍의 법인회생절차에서 이 중 약 1억원가량만을 회수하였다는 점을 들고 있다. 공동불법행위자들과 피해자 사이에 어떻게 전체 손해를 배분하는 것이 형평에 맞고 효율적으로 사고를 억지할 수 있는지에 대하여는 여러 논의가 발전되어 왔으나,[51] 과실비율이 아니라 이익비율을 근거로 배분하는 것이 전문가책임을 합리적으로 구성하는 데 도움이 되는지에 대하여는 아무런 근거가 없다. 더 나아가 공동불법행위자인 발행인과 인수인 사이의 구상과 면책에 대한 약정을, 피해자에 대한 손해배상책임의 제한에 이용할 수 있는지라는 근본적인 문제가 있다.

씨모텍과 D증권 사이의 인수계약 제15조에도 다음과 같은 내용이 있다[52]:

---

48) 박준, 44면.

49) 대표적인 사례로 Globus v. Law Research Service, Inc. 418 F2d 1276 (2d Cir. 1969).

50) 박준, 48면.

51) 이동진, "공동불법행위, 구상, 과실상계의 경제적 분석," 법경제학연구 제9권 제1호(2012. 6.).

52) 인수계약서는 전자공시시스템(dart.fss.or.kr)에 공시된 증권신고서에 첨부되어 있다. 밑줄은 저자가 임의로 추가하였다.

> 1. 발행회사는 발행회사의 귀책사유로 인하여 본 주식의 모집 절차상 이의 또는 이에 따른 배상 문제 및 기타 본 계약과 관련하여 발행하는 모든 문제에 대하여 발행회사가 전적으로 책임을 지며, 만약 이러한 문제로 인하여 주관회사 또는 그의 임직원이 제3자와의 사이에 소송 또는 이의제기 등을 당한 경우 발행회사는 자신의 책임과 비용으로 방어하여야 하며, 주관회사 및 그의 임직원을 면책시켜야 한다. 또한 이로 인하여 주관회사 및 주관회사의 임직원 및 청약자에게 손해가 발생하였을 경우 그 손해(실제로 지출한 소송비용, 변호사 비용을 포함하나 이에 한정되지 아니함)를 배상하여야 한다.
> 2. 발행회사는 증권신고서에 기재되는 사항 및 본 계약과 관련된 업무처리를 위하여 발행회사로부터 주관회사에게 제공된 자료 등에 있어서 사실과 다른 내용이 있거나 중요한 사항의 누락이 없음을 주관회사에게 보장하며, [생략] 이로 인한 책임으로부터 주관회사 또는 주관회사의 임직원을 면책하고, 전적으로 발행회사가 책임을 진다.
> 3. 주관회사는 본 계약상의 의무를 이행함에 있어 고의 또는 과실이 없는 한 발행회사 또는 발행회사의 임직원, 청약자 및 기타 제3자에 대하여 어떠한 손해배상 의무도 부담하지 아니하며, 주관회사의 책임은 제11조에 의거하여 발행회사로부터 <u>실제로 수수한 수수료를 한도로</u> 한다.
> 4. 제1항 내지 제2항에도 불구하고 금융위원회의 처분 또는 그에 대한 불복신청이 있거나 소송이 제기된 경우의 판결확정으로 발행회사와 주관회사가 공동으로 책임이 있다고 인정되는 경우 주관회사는 <u>기 수령한 수수료를 한도로</u> 그 책임을 부담한다.

이러한 면책약정의 존재는 인수인인 증권회사가 철저하게 due diligence를 수행할 유인을 방해할 것이 분명하며, 발행인뿐만 아니라 제3자에 대한 손해배상의무의 한도도 이익비율도 아닌 수수료 금액으로 한정하는 것은 일방적으로 인수인에게만 유리한 내용으로 그대로 효력을 인정하기 어렵다. 물론 인수인에게 지나친 책임을 부과한다면 인수인이 사업을 수행하는 데에 비용이 증대되는 부작용이 있을 수 있으나, 전문가 책임을 성실히 수행할 유인이 될 정도의 책임은 인정할 필요가 있다.

3. 손해의 공평한 분담

(1) 원 칙

법원이 보는 손해배상법의 목적은 손해의 전보에서 손해의 공평하고 타당한 분담으로 넘어간 것으로 보인다.[53] 법원은 다양한 손해배상 사건에서 손해배상책임을 제한하고 있고 이러한 사건들은 여러가지 방식으로 유형화할 수 있는데, 유형화의 한 방법으로 (ⅰ) 가해자측 영역(손해원인의 지배가능성), (ⅱ) 피해자측 영역(예견가능성), (ⅲ) 제3의 영역(회피가능성)으로 나누는 방식이 있다.[54] 이러한 유형화에 따르면 법원에서 (ⅰ) 가해자의 영역으로 인정되는 사안으로 가해자의 고의인지 과실인지, 피해자와의 관계가 호의에 의한 것인지, 배상능력이 있는지 여부 등을, (ⅱ) 피해자측 영역의 사안으로 피해자 측의 과실이 개입되어 있는지, 동의 또는 양해를 하거나 위험을 인수한 사정이 있는지 등을, (ⅲ) 제3의 영역으로 자연재해 등 예측불가능한 사정이 있는지, 경제적/사회적 지위가 현저하게 차이나는지, 업무나 직위, 신분이 특수한지 등을 인정하여 왔음을 알 수 있다.[55]

증권소송에서 인정되는 요소들을 이에 맞추어 보면, (ⅰ)의 요소로 피고가 직접적인 고의의 불법행위자인지 과실에 의한 행위자인지[56]를 들 수 있으며, (ⅱ)의 요소로는 위험한 투자대상임을 인식하면서 투자하였는지 여부를,[57] (ⅲ)의 요소로는 원고 피고 모두 예상할 수 없었던 외부적 요소로 손해가 크게 발생하게 된 경우를 들 수 있다.[58]

---

53) 권영준, "불법행위법의 사상적 기초와 그 시사점", 저스티스 제109호(2009), 73-107면.

54) 이은영, "이른바 판례상 책임제한에서 고려되는 주요 원인", 비교사법 제22권 제1호(2015), 410면.

55) 이은영, 410-425면.

56) 코오롱TNS 사건에서 분식회계에 직접적인 책임이 있는 이사들과 과실책임만 인정되는 회계법인의 손해배상책임범위가 달라진 경우를 예로 들 수 있다. 대법원 2008. 6. 26. 선고 2006다35742 판결 참조.

57) 대우중공업 분식회계에 대한 대법원 2010. 8. 19. 선고 2008다92336 판결의 원심인 서울고등법원 2008. 11. 6. 선고 2004나66911 판결 참고. 반면, 대우전자 분식회계에 대한 대법원 2007. 10. 25. 선고 2006다16758, 16765 판결에서는 자금사정이나 재무상태에 문제가 있다는 점이 알려진 회사의 주식을 취득하였다는 사정은 투자자의 과실이라고 할 수 없고, 적당한 때에 증권을 처분하지 아니하고 매도를 늦추어 매도가격이 낮아졌다는 사정 역시 특별한 사정이 없는 한 과실상계의 사유가 될 수 없다고 보았다.

58) 대표적인 예시로 KIKO에 관한 대법원 2013. 9. 26. 선고 2012다13637 판결에서 서브프라임 모기지 사태에서 촉발된 세계적 금융위기가 크게 작용한 점을 들었다.

(2) 증권소송의 특이성

그러나 증권소송이나 금융투자상품과 관련된 소송에서는 이러한 일반적인 공식과 맞지 않는 내용이 많이 발견된다. 대표적인 사항으로, 손해인과관계가 인정되는 손해액을 정확하게 입증하기 어려울 때 손해분담의 공평이라는 원칙에 숨어 적당한 비율로 손해배상책임을 제한해버리는 경우이다.[59] 발행시장 부실공시에 따른 손해배상액은 자본시장법 제126조에서 증권의 취득가액에서 처분가액 또는 처분하지 않은 경우에는 변론종결일의 시가를 공제한 금액으로 추정하고 있으나, 실제로 법원에서는 분식회계 등 허위기재사실이 밝혀진 후 그로 인한 충격이 가라앉고 허위정보로 인하여 부양된 부분이 모두 제거되어 일단 정상적인 주가가 형성되면 그 정상주가 이후의 부가변동은 인과관계가 없는 것으로 보고, 취득가액과 정상주가와의 차액을 손해액으로 보고 있다.[60] event study 등으로 정상주가를 입증하는 데 성공하면 그러한 정상주가를 이용해서 손해액을 계산하겠지만, 정상주가를 입증하는 데 성공하지 못하면 126조의 추정액으로 가는 것이 아니라 손해부담의 공평이라는 이름으로 법원의 재량에 완전히 맡겨진다.

이러한 손해책임의 제한에 대하여는 명확한 기준이 없고 위반자의 행위에 대한 위법성과 비교하여 너무 형평에 반하는 약한 주의의무 위반을 이유로 과실상계를 한다는 비판이 있다.[61] 특히 여러 요소를 열거하

---

59) 대우전자 분식회계에 관한 대법원 2007. 10. 25. 선고 2006다16758, 16765 판결에서는 "주식 가격의 변동요인은 매우 다양하고 여러 요인이 동시에 복합적으로 영향을 미치는 것이기에 어느 특정 요인이 언제 어느 정도의 영향력을 발휘한 것인지를 가늠하기가 극히 어렵다는 점을 감안할 때, 허위공시 등의 위법행위 이외에도 매수시점 이후 손실이 발생할 때까지의 기간 동안의 당해 기업이나 주식시장의 전반적인 상황의 변화 등도 손해 발생에 영향을 미쳤을 것으로 인정되나, 성질상 그와 같은 다른 사정에 의하여 생긴 손해액을 일일이 증명하는 것이 극히 곤란한 경우가 있을 수 있고, 이와 같은 경우 손해분담의 공평이라는 손해배상제도의 이념에 비추어 그러한 사정을 들어 손해배상액을 제한할 수 있다"고 판시하였다.

60) 대법원 2007. 10. 25. 선고 2006다16758, 16765 판결.

61) 조상규, "금융투자자소송에 있어 손해배상책임제한의 문제점에 관한 연구", 동아법학 (2013. 11.), 353면.

지만 왜 그러한 책임제한비율이 나왔는지에 대해서는 아무런 설명이 없는 것이 보통이며, 여러 투자자가 별도로 소를 제기하면 책임제한비율이 다르게 인정될 가능성이 있고, 동일 사건에서도 심급에 따라 책임제한비율이 달라지는 경우에도 별다른 설명이 나오지 않는 문제가 있다.

다음으로 "자기 책임의 원칙"이라는 논리로 투자의 액수가 크거나 투자대상이 복잡할수록, 위험한 투자대상에 투자할수록 공평에 따른 책임제한을 주장하는 문제가 있다.[62] 그러나 증권소송 또는 금융투자자소송의 많은 경우 피고가 그러한 위험한 투자대상에 투자하도록 원고들을 유인한 행위자이거나 책임이 있는 자임을 고려할 때 자기책임의 원칙을 이유로 함부로 책임제한을 하는 것은 적절하지 않다. 자기책임의 원칙의 한계는, 투자자가 애초에 인수하려고 한 위험을 넘어서까지 손해배상을 해 줄 필요는 없다는 것이며, 인수한다고 인식한 위험의 범위에 대해 투자자가 잘 못 알게 된 데에 피고가 책임이 있는 경우에는 이를 근거로 책임을 제한하여서는 아니 될 것이다.

마지막으로, 증권이나 금융투자상품의 유통구조상 동일한 또는 유사한 증권이나 금융투자상품이 더 많이 유통되었음에도 불구하고 일부 피해자만이 소를 제기하여 손해배상을 청구하게 되므로, 지나친 책임제한은 시장참여자들에 대한 억지기능을 상실시킨다는 문제가 있다. 시장참여자들, 특히 전문가들에게 위법행위를 방지하거나 적극적인 게이트키퍼 행위를 하도록 장려하려면 징벌적 손해배상을 명해도 부족한 상황에서 오히려 책임제한을 하는 것이 아니냐는 비판이 있을 수 있다.

(3) 대상판결의 검토

대상판결에서 법원이 손해배상액의 제한요소로 언급한 사항에 대해 아래와 같이 의문을 제기하고자 한다.

① ××이퀴티 측의 씨모텍 자산의 횡령, 배임이 주된 원인이라는 사정([사안의 개요] 4. (1)의 ①, ③ 및 ④): 분식회계 등 증권신고서 허위기재

62) 조상규, 351면.

가 아닌 ××이퀴티 측의 횡령, 배임행위가 궁극적인 원인이 된 것은 사실이나, D증권의 인수인으로서의 문지기책임은 이 사건 유상증자와 같은 증권사기가 발생하지 않도록 due diligence를 철저히 하는 것이고, 단순히 '인수인의 의견'에 잘못 기재한 책임만을 부담하는 것이 아니다.

② ××이퀴티가 이미 자본구조에 대해 허위사실을 공시한 사정([사안의 개요] 4. (1)의 ②): ××이퀴티의 자본구조는 전문정보로 볼 수 없으므로 인수인인 D증권은 스스로 진위 여부를 확인할 주의의무를 부담한다. 이미 시장에 공표된 허위사실을 발견하는 것도 due diligence 의무의 일부로 볼 수 있다.

③ D증권의 이익이 약 1억원에 불과하고 금융위원회 및 증권선물위원회로부터 이 금액을 초과하는 과태료 및 과징금 부과처분을 받은 사정([사안의 개요] 4. (1)의 ⑤): 물론 게이트키퍼에게 영업으로 인한 이익에 비추어 지나친 책임을 부과하는 것은 적절하지 않다. 그러나 이 경우 인수인의 이익을 해당 사안에서의 순이익만을 기초로 판단하여야 할 논리적 근거는 없으며(물론 대상판결에서 D증권의 책임을 이 건에서의 수수료 금액으로 한정한 것은 아니다), 인수수수료의 일정 배수로 한정하거나,[63] 유사하게 주의의무를 다하지 아니하면서 인수업무를 수행하여 얻은 이익(예컨대 최근 일정 기간의 인수업무 수수료 수입)으로 한정할 수 있다. 과태료나 과징금 처분을 받은 사정을 고려하는 것은, D증권의 행위에 대한 위법성이 강했기 때문에 행정처분을 받은 것인데 오히려 책임감경사유로 인정된다는 것으로 논리에 맞지 않다. 반대로 피해자들에게 손해배상을 다하였다면 과태료나 과징금을 감경해주는 것은 가능하다고 볼 것이다.

대상판결의 사안에서는 원고들에게는 과실이라고 인정될 사항이 전혀 없는데 손해액의 90%를 부담시켰다는 점이 가장 큰 문제라고 할 수 있다. 고의의 위법행위자가 별도로 존재하는 상황에서 D증권에게 전체의 손해에 대해 책임을 부담하도록 하는 것은 일견 형평에 맞지 않는 것으

63) 한 예로, 상법 제400조에서는 이사의 책임을 이사의 최근 1년간의 보수액의 6배(사외이사의 경우는 3배)까지로 제한할 수 있다.

로 보일 수 있지만, D증권이 부담하지 아니하는 손해는 위법행위자가 아니라 결국 피해자들이 고스란히 부담하게 되는 결과에 비추어 볼 때, D증권의 입장에서만 형평을 판단하지 말고 전체의 맥락에서 피해자들이 얼마의 손해를 부담하는 것이 형평에 맞는지를 고민하였다면 다른 손해 분담 비율이 나오지 않았을까 하는 아쉬움이 있다.

4. 원고적격의 문제[64)]

(1) 발행시장 취득자와 유통시장 취득자의 구분

자본시장법 제125조에 의한 원고적격을 해당 증권을 발행시장에서 취득한 자에 한정할 것인가, 아니면 유통시장에서 전득한 자까지 포함할 것인가에 대하여는 양쪽의 주장이 모두 있으나, 법원은 증권거래법 시절부터 자본시장법에 이르기까지 일관되게 유통시장 취득자는 포함하지 않는 것으로 판단하고 있다.[65)] 법원의 입장은, 자본시장법 제125조의 특칙은 적용범위를 함부로 넓혀서는 아니 되고, 유통시장에서의 취득자는 민법 제750조에 따라 손해배상을 청구하면 된다는 것으로 보인다. 그런데 발행시장과 유통시장은 정보 면에서 완전히 구분된다고 볼 수 없고, 특히 동일한 발행인이 수회에 걸쳐 유상증자를 하여 모두 상장되는 경우에는 그러한 수회에 걸쳐 발행된 주식은 최종 발행분이 상장되는 순간 모두 동일한 종류물이 되고 그 이후에는 누가 어느 주식을 취득한 것인지 구분할 수 없게 된다. 씨모텍의 경우 2차 유상증자분이 상장된 이후에는 1차 유상증자 이전에 발행된 주식, 1차 유상증자로 발행된 주식, 2차 유상증자로 발행된 주식이 모두 동일한 종류물이 되는 것이다. 주가 역시 2차 유상증자 이후 모든 주식에 동일하게 형성되며, 증권신고서 부실기재가 발견되면 모든 주식에 대해 주가가 하락하게 된다. 그런데 유통시

64) 이 부분의 논의는 김연미, “미국 증권소송의 추적요건(Tracing Requirement) : In re Century Aluminum Co. Securities Litigation 사건을 중심으로”, 성균관법학 제27권 제4호(2015)에 의한다.

65) 대법원 2015. 12. 23. 선고 2013다88447 판결, 대법원 2002. 5. 14. 선고 99다48979 판결, 대법원 2002. 9. 24. 선고 2001다9311, 9328 판결.

장 취득자에게 자본시장법 제125조의 특칙을 이용할 수 없게 하고 민법 제750조에 의하여서만 손해배상을 청구할 수 있게 한다면, 원고들이 모든 요건사실에 대해 입증책임을 부담해야 하는 문제가 생긴다.

대한해운의 추가 유상증자에서의 증권신고서 부실기재가 문제된 사안에서[66] 원고들은 유통시장 취득분에 대하여 민법 제750조로 손해배상을 청구하였다. 법원은 발행시장에서 주식을 취득한 자(유상증자 참여자)가 이후 유통시장에서 동일한 주식을 추가로 취득한 부분에 대하여는 증권신고서의 기재를 신뢰하고 신주를 인수하였고 그 후 위와 같은 신뢰 하에 유통시장에서 대한해운의 주식을 추가로 매수하였다고 할 수 있으므로 거래인과관계가 입증되었다고 보았다. 반면, 유상증자에 참여하지 아니하고 유통시장에서만 대한해운의 주식을 취득한 원고들의 경우는 증권신고서의 기재 내용을 신뢰하고 주식을 취득하였음을 인정할 만한 증거가 없다고 하여 청구를 기각하였다.

그러나 이미 주식이 상장되어 거래되고 있는 회사가 추가로 유상증자를 하는 경우, 추가 유상증자로 발행되는 주식의 수량과 가격은 기존의 발행주식의 가격에도 그대로 영향을 미치고 추가 유상증자분의 상장이 완료되면 기존의 발행주식과 구분되지 않고 동일한 가격에 거래되므로, 추가 유상증자를 위한 증권신고서의 부실기재 내용은 (기발행주식과 신규발행을 구분하지 않고) 주식의 시장가격에 완전히 반영되게 된다. 또한 추가 유상증자에 참여한 청약자들이 취득분을 유통시장에서 처분하면 부실기재 사실이 발각되기 전까지 부실기재로 부양된 주가로 해당 물량이 유통되는데, 이 유통과정에서 주식을 취득한 자들은 증권신고서의 부실기재로 손해배상청구권이 인정되는 투자자의 지위를 취득한 자로 보아야 할 것이다.

유통시장에서의 전득자의 손해배상 청구를 허용하지 아니하면 명백한 위법행위에 불구하고 위법행위자가 아무에게도 책임을 부담하지 않는 결과가 생길 수 있다. 예컨대 286억원의 사기에 의한 유상증자에서 발행

66) 대법원 2015. 12. 23. 선고 2013다88447 판결의 원심인 서울고등법원 2013. 10. 16. 선고 2012나80103 판결.

시장에 참여한 주주들이 발행시장 공시에 허위기재가 있음이 밝혀지기 전에 286억원 전량을 매각하여 유통되었다면 286억원의 사기에도 불구하고 아무도 손해배상을 청구하지 못하는 결과가 된다.[67]

(2) 새로운 해석의 시도

자본시장법 제125조에 상응하는 미국 연방 증권법 Section 11에 따른 청구적격에 대하여 미국 법원은 발행시장에서 증권을 취득한 자로 한정하다가, 2000년대 이후로는 유통시장에서 증권을 취득한 자도 해당 증권이 허위기재 또는 중요사항이 누락된 증권신고서에 기하여 발행된 것임을 추적(tracing)하는 데 성공한다면 Section 11에 기한 손해배상 청구를 허용하고 있다. 추적에 대하여는 여러 가지 이론이 있으나,[68] 미국 법원에서 인정하는 경우는 매우 제한적이다. 문제된 종류의 증권 전량이 문제된 증권신고서에 기하여 공모발행되었다면(예컨대 전환사채를 오로지 1회 발행한 경우) 별도의 입증 없이 원고가 해당 종류의 증권을 취득한 사실만으로 추적요건을 충족하였다고 본다. 그러나 문제된 종류의 증권이 문제된 증권신고서에 의한 공모발행 이전이나 이후에도 발행된 사실이 있다면, 자신이 취득한 증권이 이 중 허위기재가 포함된 바로 그 증권신고서에 의하여 발행된 것임을 추적할 수 있어야 하고, 그 전에 이미 발행된 주식이나 그 이후 발행된 주식이 아님을 원고가 입증하여야 한다.

우리도 보통주 이외에 다양한 증권이 발행되고 있다는 점에서 미국 법원에서 인정하는 바와 같이 단일한 증권신고서로 동종의 증권 전체가 발행된 경우에는 유통시장에서의 전득자도 자본시장법 제125조에 따라 손해배상을 청구할 수 있도록 허용하여야 할 것이다(예컨대 종류주식이나

67) 대상판결에서는 이 사건 유상증자로 발행된 12,000,000주 중 절반인 6,103,656주에 대하여 총원의 범위를 인정하였다.

68) 문제된 증권신고서에 의하여 새로 발행된 증권의 물량이, 시중에 유통되는 증권의 물량 중 차지하는 비중에 따라, 원고가 보유한 증권 중 청구적격을 가진 물량을 결정하는 Fungible Mass 이론, 원고가 증권을 취득한 증권회사(중개업자)가 해당 공모발행 증권의 시장조성인(market maker)으로부터 증권을 취득한 사실만 입증하면, 해당 증권 취득분은 해당 공모발행에 추적이 된다고 보는 Contrabroker 이론 등이 있다.

전환사채, 조건부자본증권 등의 경우). 다음으로 단일한 증권신고서로 포섭되지 않는 경우에는 미국 연방 증권법 Section 11에서 발행을 통하여 조달한 총 금액을 한도로 손해배상을 부담한다고 규정하고 있는 점과 Fungible Mass 이론을 결합하면 발행인의 이득범위 내에서 더 많은 피해자들이 손해배상을 받을 수 있도록 할 수 있다. 즉, 증권사기로 발행한 금액(이 사안의 경우 286억원)을 한도로 피고의 책임을 인정하고, 발행시장 취득자들에게 우선 배상을 하고 남은 금액으로 유통시장 취득자들에게 배상을 하는 것이다.

특히 증권집단소송으로 제기된 경우에는, 피고에게 발행인의 잘못에 근거한 액수의 손해배상을 명한 후 권리신고와 배분과정에서 발행시장에서의 취득자와 유통시장에서의 투자자에게 적절한 방법으로 배분하는 것도 고려할 수 있다.

5. 증권관련집단소송의 문제점

(1) 증권관련집단소송의 이용현황

증권관련집단소송법은 1990년대에 도입을 논의하기 시작하였는데, 남소를 우려하여 입법의도가 집단소송을 가급적 사용하기 어려운 방식으로 제정하자는 것이라는 지적을 받고 있다. 2004년 1월 20일 법률 제7074호로 공포되고 2005년 1월 1일부터 시행되었으나 재계의 걱정에 불구하고 첫 집단소송이 제기된 것은 시행 후 4년이 경과한 2009년 4월이었다. 첫 집단소송인 주식회사 진성티이씨 사건은 제소단계부터 화해를 전제로 원활하게 진행되어 재판상화해, 법원의 화해허가를 거쳐 2010년 말 분배가 완료되었다.[69]

그 이후에도 집단소송은 매우 드물게 제기되어 2021년 현재까지 제기된 사건 수는 10건에 불과하다.

---

69) 김연미, "파생결합증권과 집단소송", 금융법연구 제16권 제3호(2019).

〈표 1〉[70]

순번	사 건 피 고	사건번호(1심) 총 원	내 용 진행상황
1	진성티이씨	수원지방법원 2009가합8829	반기보고서 부실공시 (자본시장법 162조 손해배상)
	진성티이씨 (발행회사)	반기보고서 제출일부터 정정공시일 사이에 보통주를 취득한 자로써 정정공시일 현재 전부 또는 일부를 보유한 자	2009. 4. 13. 제소 2010. 1. 21. 소송허가 2010. 4. 30. 재판상화해 허가 피고는 총 29억원을 현금과 자사주로 지급
2	한화스마트 ELS	서울지방법원 2010가합1604	ELS 기초자산 거래로 상환 방해행위가 사기적 부정거래(자본시장법 179조 손해배상)
	RBC (백투백헤지)	한화증권 발행 한화스마트 ELS 10호를 취득하여 만기에 상환받은 자	2010. 1. 7. 제소 2016. 3. 28. 소송허가 확정 2017. 2. 15. 재판상화해 허가
3	씨모텍	서울남부지방법원 2011가합19387	유상증자 증권신고서에 허위기재 (자본시장법 125조)
	동부증권[71] (증권인수인)	유상증자에 참여하여 주식을 발행시장에서 취득하여 거래정지일까지 계속 보유한 자 (유통시장에서 취득한 주식이 있는 경우에는 선입선출로)	2011. 10. 13. 제소 2016. 11. 4. 소송허가확정 (대법원 2016. 11. 4. 자 2015마4027 결정) 2018. 7. 13. 1심 판결(손해액의 10%만 배상책임 인정), 2020. 2. 27. 대법원 상고기각
4	한투 부자아빠 ELS	서울중앙지방법원 2012가합17061	ELS 기초자산 거래로 상환 방해행위가 사기적 부정거래(자본시장법 179조 손해배상)
	도이치뱅크 (백투백헤지)	한국투자증권 발행 부자아빠 ELS 289회를 취득하여 만기에 상환받은 자	2012. 3. 2. 제소 2016. 5. 27. 소송허가 확정 2017. 1. 20. 1심 판결(원고승소) 2017. 7. 7. 항소포기로 확정
5	GS건설	서울중앙지방법원 2013가합74313	사업보고서 부실공시 (자본시장법 162조 손해배상)
	GS건설 (발행회사)	사업보고서 제출일부터 잠정실적 공시일 사이에 보통주를 취득한 자로써 잠정실적공시일 현재 보유한 자	2013. 10. 8. 제소 2016. 6. 10. 소송허가(대법원 2016마253 결정) 2020. 9. 18. 1심 판결 (원고패소) 2021. 3. 2. 재판상화해 허가
6	진매트릭스	서울남부 2013가합107585 서울서부 2013가합35856 수원지방법원 2013가합26404	시세조종 또는 사기적 부정거래 (자본시장법 177조, 179조)

70) 대법원 홈페이지의 증권관련집단소송 공고란(https://www.scourt.go.kr/portal/notice/securities/securities.jsp)에 공고된 내용을 참고하였다.

	유OO, 장O, 진매트릭스72) (시세조종자)	시세조종기간 동안 보통주를 정상주가보다 높은 가격으로 취득한 자	2013. 11. 제소 2018. 8. 22. 소송허가(2013카기2787, 2014카기10064, 2014카기10065) 2018. 7. 15. 재판상화해 허가
7	(주)동양 회사채	서울중앙지방법원 2014가합31627	사업보고서 부실기재로 회사채 취득 (자본시장법 125조)
	동양증권 외 20명	㈜동양이 발행한 회사채를 취득하여 회생절차개시일 현재 보유한 자	2014. 6. 제소 2018. 7. 5. 소송허가(대법원 2017마5883)
8	동양증권 CP	서울중앙지방법원 2014가합30150	사기적 부정거래 (자본시장법 179조)
	동양증권 외 10명	동양증권이 판매한 동양 계열사 회사채, CP, 전자단기사채, 유동화증권 등 취득자	2014. 7. 제소 2017. 1. 소송불허가
9	동양네트웍스 분식회계	서울서부지방법원 2016가합30418	분식에 대한 회계감사인의 책임 (자본시장법 170조)
	삼일회계법인	2013. 4. 1.~10. 1. 사이에 동양네트웍스 보통주를 취득하여 10. 1. 현재 보유한 자	2016. 1. 제소 2018. 11. 20. 소송불허가
10	STX조선해양	서울중앙지방법원 2015가합9047	사업보고서 부실공시 (자본시장법 162조 손해배상)
	STX조선해양 외 2명	2013. 3. 21.~2014. 2. 6. 사이에 STX조선해양 보통주를 취득하여 보유한 자	2017. 9. 소 제기 공고 2017. 11. 23. 대표당사자 선임

이러한 이유로 2019년 터진 해외금리연계 DLS, DLF 사태의 경우 피해자의 수가 수백명에 달하지만, 증권관련 집단소송 대신 금융분쟁조정위원회에 조정을 신청하거나 단체소송을 진행하고 있다.

(2) 대상 사건을 통해 본 집단소송제도의 문제점

원고들이 증권관련 집단소송을 제기한 시기가 2011년 10월인데, 1심에서 소송허가결정이 나온 것이 2013년이며, 피고가 항고 및 재항고하여

71) 공동피고로 발행인인 주식회사 씨모텍의 관리인에 대하여도 집단소송을 제기하였으나 회생절차가 개시되어 소를 취하하였다.

72) 피고의 보통재판적 소재지에 전속관할이 있어 공동으로 시세조종을 한 자들을 상대로 여러 법원에 집단소송을 나누어 제기하였다. 이후 이송을 통해 한 법원에서 진행되었다.

소송허가결정이 최종 확정되는 데에만 5년이 소요되었다. 소 제기 후 5년이 경과한 후에야 본안 심리에 들어가게 된 셈이다. 또한 소송진행과정에서 모든 구성원들의 거래내역을 확인하고 손해액수를 구체적으로 확정하는 절차를 거쳤는데, 과연 다수의 피해자에 대한 효율적인 권리구제 방식인지 의문이 있다.

지금까지 진행된 10건의 증권관련 집단소송 중 본안이 빨리 진행된 ELS 소송 두 건은 모두 일부 피해자들이 집단소송과 별도로 손해배상청구소송을 진행하여 집단소송허가가 확정되어 본안이 진행되기 이전에 승소 판결을 받거나 피고와 화해 또는 조정이 성립된 경우이다. 별도로 소송을 진행하지 않은 사안들은 소송허가 후 본안소송을 시작해서 최종 판결이 나오기까지 다시 장기간의 시간을 보내고 있다. 이러한 이유로 신속하고 효율적인 권리구제를 원한다면 증권관련 집단소송을 이용하기를 꺼리게 된다.

또한, 대상판결에서 보듯이 피해자들이 모여서 손해배상을 청구하다 보니 자연스럽게 손해배상청구 액수가 커져서 법원이 책임제한을 더 큰 비율이나 금액으로 하는 것이 아니냐는 우려가 나올 수 있다. 예컨대 대상판결에서 총원에 속한 구성원들의 피해 총액은 145억원으로, 피고 D증권의 수수료수입과 비교할 때 거액으로 인식되어 책임제한비율에 영향을 준 것으로 보인다. 반면 집단소송으로 진행하지 않고 개별 피해자들이 소송을 진행하였다면, 예를 들어 300만원의 피해를 본 개별 피해자가 단독으로 청구를 하였다면 법원이 피고에게 10%의 책임비율에 따라 30만원만 지급하라고 명하기는 쉽지 않았을 것으로 생각된다. 소액 피해자가 먼저 100% 지급을 받은 이후 거액의 피해자가 소를 제기하면, 법원이 책임제한비율을 달리 정하는 데에도 부담을 주게 된다. 증권의 공모발행에 참여한 투자자들 사이에 오로지 금액의 차이로 책임제한비율을 달리 정하는 것이 맞는지도 의문이 있다. 수천 명의 피해자들이 소송의 효율성을 포기하고 개별 소송을 진행하는 게 더 정당한 결과를 가져온다면, 집단소송제도가 잘못 만들어지거나 취지에 맞지 않게 운영되고 있다고 볼 수밖에 없다.

또한 증권관련 집단소송은 청구의 근거가 되는 조문을 기준으로 집단소송 가능성을 규정하고 있어, 동일한 불공정행위를 기반으로 민법 제750조에 따른 청구를 함께 하거나, 계약의 무효나 취소로 구성할 수 없게 제동을 걸고 있다. 그러나 동일한 불공정행위로 인한 분쟁이라면, 같은 집단소송 과정에서 동일한 당사자가 다양한 법률적 주장을 하는 것을 허용하는 것이 총원의 권리 실현에 적합하고 효율적이라고 할 것이다.

Ⅲ. 나 오 며

자본시장의 발전은 시장 자체, 특히 발행시장에 대한 투자자들의 신뢰를 요건으로 한다. 투자자들의 신뢰 확보에는 발행시장에서의 불공정행위에 대한 적절한 제재와 충분하고 신속한 손해배상이 필수적이다. 발행시장에서의 사기행위에 대해 제재가 충분하게 이루어지지 않으면 이를 기화로 발행시장에 증권사기가 만연하게 될 것이다.

대상판결은 발행시장 공시서류의 거짓기재를 이유로 자본시장법 제125조 제1항 제5호의 인수인을 대상으로 손해배상청구를 증권관련 집단소송으로 청구한 사안으로, 고의의 증권사기범이 발행시장에 참여하는 것을 게이트키퍼인 증권회사가 막지 못하였고, 그로 인한 책임을 집단소송으로 청구한 사안이다.

자본시장법 제125조 제1항 각호에서는 다양한 책임주체를 열거하고 있는데, 이들은 동일한 증권발행에 조력한 자들로 이들이 주의의무를 다하지 못한 행위가 합하여 피해자들에 대한 공동불법행위를 구성한다고 보아야 할 것이다. 즉, 공동불법행위자의 부진정연대책임으로 볼 수 있다.[73] 또는 부진정연대채무를 통하여 피해자는 가해자들 각자에게 손해액 전부를 청구할 수 있고 가해자들 중 무자력자가 존재한다고 하더라도 자력이 있는 가해자를 통하여 손해전부를 배상받을 수 있도록 보호하여

73) 임재연, 앞의 책 565면.

주는데 그 취지가 있다고도 할 수 있다.[74] 이렇게 보면 일단 gatekeeper로서 증권회사는 사기범과 연대하여 피해액 전액에 대하여 피해자들에게 책임을 지고, 사후에 사기범에게 구상을 청구하게 된다.

그런데 우리 법원은 공동불법행위로 인한 과실상계 등 손해배상책임의 범위는 피해자에 대한 관계에서 가해자들 전원의 행위를 전체적으로 함께 평가하여 정한다고 하면서도(전체적 평가설), 공동불법행위자 중에 고의로 불법행위를 저지른 자가 있어 그에 대비하여 피해자의 과실이 없는 경우를 전제로 다른 가해자에 대한 과실상계가 이루어지지 못하는 경우 등 불합리한 경우에는 예외적으로 개별적 평가설을 취하고 있다.[75] 법원은 더 나아가 증권소송에 있어서는 책임비율에 따라 공동불법행위자의 책임을 달리 인정하고 있다.[76]

대상판결은 증권신고서 허위기재 내용을 '인수인의 의견'란의 최대주주의 자본금 항목으로 한정하고 있으나, 실제로는 ××이쿼티측 이사들이 회사의 재산을 횡령하고 배임행위를 저지르는 등의 사정을 숨기고 유상증자를 진행하였으므로 "중요사항을 기재하지 아니한 경우"에도 해당할 수 있으며, 이 사건 유상증자 자체가 증자대금을 빼돌리기 위한 사기행위로 볼 수 있다. 이러한 적극적인 고의의 불법행위를 막기 위해서는 당사자들에게 공시의무를 엄격하게 적용하는 것으로는 부족하고 증권시장의 문지기들(gatekeeper)에게 사기꾼의 진입을 막을 의무를 부과하고 이를 해태하는 경우 책임을 인정할 필요가 있다.

대상판결에서는 D증권의 책임을 인정하면서도 손해배상액을 겨우

74) 조상규, "금융투자자소송에 있어 손해배상책임제한의 문제점에 관한 연구", 동아법학(2013. 11.), 354면.

75) 조상규, 355면.

76) 대법원 2008. 6. 26. 선고 2006다35742 판결에서는 분식회계에 속아 코오롱TNS 발행의 기업어음을 취득한 금융기관이 회사의 이사들과 회계법인을 상대로 제기한 손해배상청구소송에서 원고의 과실비율을 50%로 인정한 후 고의로 분식회계에 책임이 있는 이사들은 손해액의 50%의 책임을, 과실로 분식회계를 발견하지 못한 회계법인에 대하여는 손해액의 20%의 책임만을 인정하였다. 상세는 조상규, 355면 이하.

손해액의 10%로 한정하였는데, 과연 이 사건에서 원고들에게 90%의 과실비율이 인정될 만한 과실이 있는지, 그 외에 D증권의 손해배상책임을 10%에 한정하는 것이 공평의 원칙에 부합하는지에 대하여는 의문이 든다. 피해자들의 입장에서는 근 10년 동안 소송을 수행하였으나 결국 손해액의 10%만을 배상받은 결과가 되어, 과연 우리 자본시장법에서 충분히 투자자들을 보호하고 있는지, 자본시장법이 예정한 증권시장의 문지기들에 대한 문지기책임을 법원이 제대로 집행하고 있는지에 대한 의문을 일으킨다.

[Abstract]

Gatekeeper Liability in Korean Capital Market

-A Review of C-Motech Securities Litigation-

Kim Yon Mi*

Korea has a set of schemes to enable victims from securities fraud to recover their losses. Such schemes include reversing burden of proof, imposing gatekeeper liability to certain professionals, and allowing class action to certain securities litigation. However, a recent case — C-Motech securities litigation — shows that such set of sechemes failed to accomplish full compensation in a prompt and effective way.

The litigation was based on a securities fraud involving a public offering of shares at KRW 28.6 billion from more than 9,000 investors. After ten years of litigation, only half of the investors were allowed to recover their loss from the securities firm who played the role of underwriter through the class action. The court recognized the aggregate loss of the plaintiffs at KRW 14.5 billion. However, after equitable consideration, the court granted that only 10% of the loss should be paid by the underwriter.

This case has revealed many loopholes in the set of schemes which prevent investors from getting full compensation and let gatekeepers dodge their gatekeeping roles.

[Key word]

- securities litigation
- gatekeeper liability

---

* Associate Professor, SungKyunKwan University.

- primary market liability
- misrepresentation
- securities fraud

참고문헌

1. 단 행 본

김건식 · 정순섭, 『자본시장법(제2판)』, 두성사(2010).

임재연, 『자본시장법(2021판)』, 박영사(2021).

정남성 · 김은집 감수, 『자본시장법(제2판)』, 지원출판사(2015).

2. 논　　문

권영준, "불법행위법의 사상적 기초와 그 시사점", 저스티스 제109호(2009).

김병연, "미국 판례법상 시장사기이론(The fraud-on-the-market theory)과 증권거래법상 손해배상책임에 있어서 인과관계의 문제", 비교사법 제11권 제1호(2004).

김연미, "미국 증권소송의 추적요건(Tracing Requirement): In re Century Aluminum Co. Securities Litigation 사건을 중심으로", 성균관법학 제27권 제4호(2015).

______, "파생결합증권과 집단소송", 금융법연구 제16권 제3호(2019).

김정수, "증권집단소송법상 입증책임과 시장사기이론 : 미국에서의 발전과 우리 법과의 비교분석을 중심으로－," 주식 제243호(한국거래소, 2003).

김화진, "증권소송에서의 인과관계이론의 재조명-미국 판례동향의 시사점－", 저스티스 제144호(한국법학원, 2014).

박　준, "인수인 면책약정의 효력", BFL 제82호(2017. 3.).

안태준, "금융시장에서의 게이트키퍼책임의 이론", BFL 제82호(2017. 3.).

이동신, "유가증권 공시서류의 부실기재에 관한 책임", 증권거래에 관한 제문제(상), 재판자료 제90집(법원도서관, 2001).

이동진, "공동불법행위, 구상, 과실상계의 경제적 분석," 법경제학연구 제9권 제1호(2012. 6.).

이은영, "이른바 판례상 책임제한에서 고려되는 주요 원인", 비교사법 제22권 제1호(2015).

장근영, "시장사기이론과 거래인과관계의 재평가", 비교사법 제23권 제3호(2016).

조상규, "금융투자자소송에 있어 손해배상책임제한의 문제점에 관한 연구", 동아법학(2013. 11.).

최문희, "회계감사인의 비례책임제도의 쟁점과 바람직한 운용방안 : 개정 외감법에 대한 비판적 고찰과 개선과제를 중심으로", 저스티스 통권 제144호(2014).

최민용, "2020년 자본시장법 판례회고," 상사판례연구 제34권 제1호(상사판례학회, 2021).

허유경, "게이트키퍼로서의 증권인수인의 책임", BFL 제82호(2017. 3.).

3. 외국 문헌

John C. Coffee Jr., "Gatekeeper Failure and Reform: The Challenge of Fashioning Relevant Reforms", 84 B.U. L. REV. 301 (2004).

Michael Kaufman, John M. Wunderlich, "Fraud Created the Market", 63 Alabama Law Review 275.

Reinier H. Kraakman, "Gatekeepers : The Anatomy of a Third Party Enforcement Strategy, 2 (1) Journal of Law, Economics and Organization, 53 (1986).

부정경쟁방지법 제2조 1호 일반조항의 적용 기준에 관한 고찰*

-대법원 2020. 3. 26. 선고 2016다276467 판결을 계기로

신 지 혜**

■요 지■

지난 2014년 도입된 부정경쟁방지법 제2조 1호 카목은 “그 밖에 타인의 상당한 투자나 노력으로 만들어진 성과 등을 공정한 상거래 관행이나 경쟁질서에 반하는 방법으로 자신의 영업을 위하여 무단으로 사용함으로써 타인의 경제적 이익을 침해하는 행위”를 부정경쟁행위의 한 유형으로 열거하며 규율한다. 카목은 이러한 행위를 “부정한 경쟁행위로서 민법상 불법행위에 해당”한다고 판단한 네이버 사건 판례(대법원 2010. 8. 25.자 2008마1541 결정)를 입법화한 것으로, 일반조항의 성격을 갖는 것으로 평가되고 있다.

그런데 부정경쟁방지법 카목의 적용범위를 판단함에 있어서 특허법, 상표법, 저작권법 및 부정경쟁방지법 가목 내지 차목의 부정경쟁행위 등 기존 법령에서 규율되는 침해행위와의 관계를 검토할 필요가 있다. 기존 법령에서 보호되는 권리에 포함되지 않는 지적 성과는 원칙적으로 자유로운 이용이 가능한 공공영역(public domain)에 해당한다고 보아야 하며, 그럼에도 불구하고 이러한 성과를 이용한 행위를 다시 불법행위 내지 부정경쟁행위로 규율하기 위해서는 행위태양에 있어서 고도의 위법적 징표가 요구되어야 하기 때문이다.

그럼에도 불구하고 부정경쟁방지법 카목의 해석, 적용에 있어서 마치 무단 사용행위만으로 곧바로 동목의 부정경쟁행위에 해당하는 것처럼 오해되어

---

* 이 글은 법조 제70권 제6호(통권 제750호), 법조협회(2021. 12. 28.)에도 게재되었음.
** 한국외국어대학교 법학전문대학원 조교수, 변호사, 법학박사.

온 것은 아닌지 의문이며, 대상판결(대법원 2020. 3. 26. 선고 2016다276467 판결)에서도 역시 그러한 문제점을 발견할 수 있다. 그러나 이와 같은 오해는 기존에 정립되어 온 지적재산권 체계를 뿌리째 뒤흔들 수 있다. 따라서 부정경쟁방지법 카목을 해석, 적용함에 있어서는, 창작자 보호와 자유경쟁 촉진 사이의 적절한 균형을 맞춰 온 기존 지적재산권 체계의 대원칙을 항상 염두에 두고, 신중하고 세심한 접근법을 취해야 할 것이다.

[주 제 어]
- 부정경쟁방지법 제2조 1호 카목
- 부정경쟁행위
- 민법상 불법행위
- 공공영역
- 지적재산권 체계

대상판결 : 대법원 2020. 3. 26. 선고 2016다276467 판결

[사건의 개요 및 소송경과]

1. 사실관계

원고들은 골프장의 소유·운영자이고, 피고는 골프시뮬레이터(Golf Simulator)[1] 판매 등을 목적으로 설립된 회사로, 피고는 시뮬레이터에 사용되는 소프트웨어와 하드웨어를 개발하여 판매할 뿐만 아니라, 국내외 여러 골프장의 실제 모습을 촬영하고 그 사진 등을 토대로 실제 골프장의 모습을 거의 그대로 재현한 스크린골프 시뮬레이션 시스템용 3D 골프코스 영상을 제작하여 스크린골프장 운영업체들에게 제공하는 사업을 해 왔다. 피고가 제작한 골프코스 영상은 이용자들로 하여금 특정 골프장을 선택하면 그 골프장에서 골프를 즐기는 것과 같은 환경을 제공해 주고 있는데, 그중에는 원고들 소유 골프장도 포함되어 있다. 피고는 원고들 소유 골프장을 항공 촬영한 다음 그 사진 등을 토대로 3D 컴퓨터 그래픽 등을 이용하여 각 골프장의 골프코스를 거의 그대로 재현한 입체적 이미지의 골프코스 영상을 제작한 다음 2009년 무렵부터 2015. 2. 23.까지 스크린골프장 운영업체에 제공하였다.

한편, 원고들은 골프장의 골프코스를 직접 설계한 것은 아니고, 설계자에게 설계를 맡겨 골프장을 시공한 건축주이거나, 골프장 설계자인 공동저작자 중 1인으로부터 골프코스 디자인에 관한 모든 권리를 양수한 양수인이다.

원고들은 피고 등을 상대로, (1) 원고들 소유 골프장의 골프코스가 저작권법 제4조 제1항 제5호에 정해진 건축저작물임을 전제로, 피고 등이 저작재산권 침해를 원인으로 하는 손해배상책임을 지고 (2) 이 사건 골프장의 골프코스와 골프장 명칭이 원고들 각자가 상당한 투자와 노력을 기울여 만든 성과물임을 전제로, 피고 등이 무단으로 이를 사용한 행위가 부정경쟁방지 및 영업비밀보호에 관한 법률(이하 '부정경쟁방지법') 제2조 1호 카목[2]·[3]의 부

1) 스크린골프를 즐기기 위하여 필요한 장치로서 피고 회사가 판매하는 골프시뮬레이터는 기본적으로 소프트웨어가 설치되어 있는 PC, 공의 탄도 및 속도 등을 인식할 수 있는 센서, 플레이트, 프로젝터, 스크린, 사용자의 스윙을 저장할 수 있는 카메라로 구성되어 있고, 실제 골프장의 경사를 재현할 수 있는 스윙플레이트 및 자동캐디기 등은 옵션품목으로 판매되고 있다.

2) 2018. 4. 17. 법률 제15580호로 개정되기 전의 부정경쟁방지법에서는 제2조 1호 '차목'이었으며, 이 사건에서도 개정되기 전의 법률이 적용되나, 이 글에서는 판례를 직접 인용하는 부분 등을 제외하고는 편의상 '카목'으로 지칭한다. 한편 2021.

정경쟁행위에 해당하거나 민법상 불법행위에 해당[4]한다고 주장하며 손해배상을 청구하는 소를 제기하였다.

2. 사건의 경과 – 제1심[5] 및 항소심[6]의 판단

(1) 제1심의 판단

이에 대하여 제1심은, 골프장이 저작권 보호대상인 저작물에 해당하고, 골프장의 저작권이 원고들에게 원시적으로 귀속하였거나 원고들이 골프장에 관한 자산 및 영업권 일체를 포괄적으로 양수함으로써 저작재산권도 양수하여 원고들은 저작권자가 되었으며, 피고가 원고들로부터 각 이용허락을 받지 못한 이상 원고들의 저작재산권(복제권, 전송권)을 침해하였다는 이유로 원고들의 청구를 인용하였다.

(2) 항소심의 판단

(가) 저작재산권 침해

원심인 항소심은, 실제로 구현된 각 골프장의 골프코스는 단순한 아이디어가 아니라 인간의 사상이나 감정을 표현한 저작물, 그 중에서도 저작권법 제4조 제1항 제5호에 규정된 '건축저작물'에 해당하고, 골프코스는 골프 플레이의 순서, 골프 게임의 전개방식이나 규칙 및 사람의 체력이나 골프 장비의 성능 등을 고려하여 그 규격이 결정되는 등 그 형태 등이 제한되기는 하지만, "각 골프장의 골프코스는 일반적으로 사용되는 표현이나 누가 하더라도 같거나 비슷할 수밖에 없는 표현만을 사용한 것이 아니라, 골프코스를 창작한 저작자 나름대로의 정신적 노력의 소산으로서의 특성이 부여되어 있는 표현을 사용함으로써 저작자의 창조적 개성이 표현되어 있으므로 단순히 일반

---

12. 7. 개정되어 2022. 4. 20. 시행 예정인 개정 부정경쟁방지법(법률 제18548호)에서는 '국내에 널리 인식되고 경제적 가치를 가지는 타인의 성명, 초상, 음성, 서명 등 그 타인을 식별할 수 있는 표지를 공정한 상거래 관행이나 경쟁질서에 반하는 방법으로 자신의 영업을 위하여 무단으로 사용함으로써 타인의 경제적 이익을 침해하는 행위'를 카목으로 추가하여, 종전 카목은 '타목'으로 변경되었다.

3) 이하 부정경쟁방지법 제2조 1호 각목을 지칭할 경우, 제2조 1호는 생략하고 '부정경쟁방지법 ○목'과 같은 방식으로 표기한다.

4) 부정경쟁방지법 카목이 신설된 2014. 1. 31.을 기준으로, 동조 신설 후 부분에 대하여는 부정경쟁행위를, 그 이전 부분에 대하여는 민법 제750조의 불법행위를 주장한 것이다.

5) 서울중앙지방법원 2015. 2. 13. 선고 2014가합520165 판결.

6) 서울고등법원 2016. 12. 1. 선고 2015나2016239 판결.

공중의 자유로운 이용의 영역(public domain)에 속한다고 볼 수 없고, 저작권법에 의해 보호되는 저작물에 해당한다고 봄이 타당하다"고 하여, 골프장의 골프코스는 저작권법에 의해 보호되는 창작성 있는 건축저작물에 해당한다고 판단하였다.

다만 원심은, 원고들이 골프코스의 저작권자인지 여부와 관련하여서, "저작권법 제2조 제2호는 저작자란 저작물을 창작한 자라고 규정하고 있는바, 저작물을 실제로 창작한 자, 즉 특정한 사상 또는 감정을 창작성 있는 표현으로 구체화 한 자가 저작자로서 원시적으로 저작권을 취득하게 된다. 따라서 건축주가 설계자와 사이에 건축설계계약을 체결하는 경우에도 특별한 사정이 없는 한 설계자가 작성하는 설계도서의 저작권은 건축주가 아닌 설계자에게 원시적으로 귀속하고, 건축주에게는 다만 설계도서에 따라 건축공사를 진행할 수 있는 등 설계도서에 관한 이용권이 유보될 뿐"이므로, "건축주가 설계도서에 따라 건축물을 시공하는 것은 설계도서의 저작자인 설계자로부터 이용허락을 받아 설계도서를 복제하는 것에 불과하다고 할 것이므로, 건축물의 저작자 역시 특별한 사정이 없는 한 건축주가 아니라 그 설계자라고 봄이 타당하다"고 하면서, 원고들은 건축주로서 설계자는 아니고, 또한 설계자로부터 저작권을 양수하였다는 주장, 입증이 없거나, 공동저작물의 저작재산권자 전원의 합의에 의하여 이를 양수받은 것이 아니므로, 원고들은 각 "골프장의 골프코스에 관한 저작재산권을 보유하고 있다고 보기 어려우므로, 피고 회사가 원고들의 이 사건 각 골프장의 골프코스에 관한 저작재산권을 침해하고 있음을 전제로 한 원고들의 주장은 나아가 살펴볼 필요 없이 이유 없다"고 하여 저작권에 기한 손해배상청구를 배척하였다.

(나) 성과물 무단 사용행위로 인한 민법상 불법행위 또는 부정경쟁행위

이에 관하여 원심은, 부정경쟁방지법 카목은, "인터넷 및 디지털로 대표되는 새로운 기술의 발달로 인하여 기업의 개발 성과물이 다양한 형태로 나타나고 있고, 그러한 개발 노력에 대하여 이를 법적으로 보호해줄 필요가 있음에도 불구하고 타인이 그 성과물을 자신의 경제적 이익을 위하여 도용하는 것은 매우 쉬운 반면, 특허법, 실용신안법, 상표법, 디자인보호법, 저작권법과 같은 기존의 지식재산권법은 물론 부정경쟁행위를 구체적으로 한정하여 열거하는 열거주의 방식을 취한 종래의 부정경쟁방지법 조항으로는 그 보호가 불가능한 상황이 종종 발생하게 됨에 따라, 새로운 유형의 부정경쟁행위에 대한 부정경쟁방지법의 포섭범위를 확대하기 위하여 기존의 한정적, 열거적 방식으로 제한된 부정경쟁행위에 대한 보충적 일반조항으로서 부정경쟁방지법에 새로 신설된 것"이라고 하면서, 이러한 개정 이유 등에 비추어 볼 때 부정경쟁방지법 카목의 "보호 대상인 '타인의 상당한 투자나 노력으로 만들어진 성과'에는 새로운 기술과 같은 기술적인 성과 이외에도 특정 영업을 구성하는 '영업의 종합적인 이미지'의 경우 그 개별 요소들로서는 부정경쟁방지법 제2조 제1호 (가)목 내지 (자)목을 비롯하여 저작권법, 디자인보호법, 상표법 등 지식재산권 관련 법률의 개별 규정에 의해서는 보호받지 못한다고 하더라도, 그 개별 요소들의 전체 혹은 결합된 이미지는 특별한 사정이 없는 한 부정경쟁방지법 제2조 제1호 (차)목이 규정하고 있는 '해당 사업자의 상당한 노력과 투자에 의하여 구축된 성과물'에 해당한다고 볼 수 있으므로, 경쟁자가 이를 공정한 상거래 관행이나 경쟁질서에 반하는 방법으로 자신의 영업을 위하여 무단으로 사용함으로써 타인의 경제적 이익을 침해하는 행위는 부정경쟁방지법 제2조 제1호 (차)목이 규정한 부정경쟁행위에 해당한다고 봄이 타당하다"고 판단하였다.

원심은 구체적으로, "각 골프장의 명칭을 만들기 위하여 상당한 투자나 노력을 들였음을 인정할 만한 아무런 증거가 없"으므로 골프장의 명칭은 부정경쟁방지법 카목의 성과물에 포함되지 않으나, "각 골프장의 골프코스의 모습, 즉 골프코스를 실제로 골프장 부지에 조성함으로써 외부로 표현되는 지형, 경관, 조경요소, 설치물 등이 결합된 이 사건 각 골프장의 골프코스의 모습 내지 종합적인 '이미지'는 원고들의 상당한 투자나 노력으로 만들어진 성과에 해당"한다고 보았다.

그리고 "각 골프장의 골프코스 모습(이미지)과 피고 회사가 제작한 3D 골프코스 영상은 실질적으로 동일하거나 유사"하고, 피고가 원고들로부터 골프코스의 모습(이미지)에 대한 사용을 허락받았다고 볼 증거가 없으며, 피고가 각 골프장의 골프코스를 이용하여 스크린골프 시뮬레이션용 3D 골프코스 영상을 제작하여 스크린골프장 운영업체에 제공한 행위가 저작권법 제35조의 3에 의하여 허용되는 공정이용에 해당한다고 볼 수 없으므로, 피고가 "스크린골프사업을 하는 과정에서 스크린골프장 이용자들로 하여금 [각] 골프장의 골프코스를 선택하여 스크린골프 게임을 할 경우 마치 [각] 골프장을 실제로 방문하여 골프 게임을 하는 것과 동일하거나 유사한 느낌을 갖도록 하기 위하여, 무단으로 [원고들의] 골프코스 모습(이미지)을 이용하여 스크린골프 시뮬레이션용 3D 골프코스 영상을 제작하여 스크린골프장 운영업체에 제공(중략)

한 것은 [원고들]이 이룩한 성과를 공정한 상거래 관행이나 경쟁질서에 반하는 방법으로 피고 회사의 영업을 위하여 무단으로 사용하는 행위에 해당한다"고 보았다.

더 나아가 원심은 "골프코스 모습(이미지)를 이용하여 스크린골프 시뮬레이션용 3D 골프코스 영상을 제작하여 스크린골프장 운영업체에 제공한 행위는, 경쟁관계에 있는 위 원고들의 상당한 투자나 노력으로 만들어진 성과등을 공정한 상거래 관행이나 경쟁질서에 반하는 방법으로 자신의 영업을 위하여 무단으로 사용함으로써 위 원고들의 경제적 이익을 침해하는 행위로서 2014. 1. 30.까지는 민법상의 불법행위를 구성하고, 2014. 1. 31.부터는 부정경쟁방지법 제2조 제1호 (차)목의 부정경쟁행위에 해당"하며, 피고는 손해배상의무가 있다고 판단하였다.

3. 상고심[7]의 판단

위 항고심 결정에 대해 원고들 중 일부와 피고가 상고하였고, 대법원은 다음과 같이 판단하며 상고를 모두 기각하였다.

우선 대법원은 "[부정경쟁방지법 카목은 개정 전 부정경쟁방지법][8]의 적용 범위에 포함되지 않았던 새로운 유형의 부정경쟁행위에 관한 규정을 신설한 것이다. 이는 새로이 등장하는 경제적 가치를 지닌 무형의 성과를 보호하고 입법자가 부정경쟁행위의 모든 행위를 규정하지 못한 점을 보완하여 법원이 새로운 유형의 부정경쟁행위를 좀 더 명확하게 판단할 수 있도록 함으로써, 변화하는 거래관념을 적시에 반영하여 부정경쟁행위를 규율하기 위한 보충적 일반조항이다. 위와 같은 법률 규정과 입법 경위 등을 종합하면, (카)목은 그 보호대상인 '성과 등'의 유형에 제한을 두고 있지 않으므로, 유형물뿐만 아니라 무형물도 이에 포함되고, 종래 지식재산권법에 따라 보호받기 어려웠던 새로운 형태의 결과물도 포함될 수 있다. '성과 등'을 판단할 때에는 위와 같은 결과물이 갖게 된 명성이나 경제적 가치, 결과물에 화체된 고객흡인력, 해당 사업 분야에서 결과물이 차지하는 비중과 경쟁력 등을 종합적으로 고려해야 한다. 이러한 성과 등이 '상당한 투자나 노력으로 만들어진' 것

---

7) 대법원 2020. 3. 26. 선고 2016다276467 판결(이하 '대상판결').

8) 이하 [ ]에 기재한 내용은 이해의 편의를 위해 필자가 추가하거나 변경한 부분을 표시한 것이다.

인지는 권리자가 투입한 투자나 노력의 내용과 정도를 그 성과 등이 속한 산업분야의 관행이나 실태에 비추어 구체적·개별적으로 판단하되, 성과 등을 무단으로 사용함으로써 침해된 경제적 이익이 누구나 자유롭게 이용할 수 있는 이른바 공공영역(公共領域, public domain)에 속하지 않는다고 평가할 수 있어야 한다. 또한 (카)목이 정하는 '공정한 상거래 관행이나 경쟁질서에 반하는 방법으로 자신의 영업을 위하여 무단으로 사용'한 경우에 해당하기 위해서는 권리자와 침해자가 경쟁관계에 있거나 가까운 장래에 경쟁관계에 놓일 가능성이 있는지, 권리자가 주장하는 성과 등이 포함된 산업분야의 상거래 관행이나 경쟁질서의 내용과 그 내용이 공정한지, 위와 같은 성과 등이 침해자의 상품이나 서비스에 의해 시장에서 대체될 수 있는지, 수요자나 거래자들에게 성과 등이 어느 정도 알려졌는지, 수요자나 거래자들의 혼동가능성이 있는지 등을 종합적으로 고려해야 한다"라고 하면서, "이 사건 골프장의 골프코스 자체는 설계자의 저작물에 해당하나, 골프코스를 실제로 골프장 부지에 조성함으로써 외부로 표현되는 지형, 경관, 조경요소, 설치물 등이 결합된 이 사건 골프장의 종합적인 '이미지'는 골프코스 설계와는 별개로 골프장을 조성·운영하는 원고들의 상당한 투자나 노력으로 만들어진 성과에 해당한다. 원고들과 경쟁관계에 있는 피고 등이 [원고들]의 허락을 받지 않고 이 사건 골프장의 모습을 거의 그대로 재현한 스크린골프 시뮬레이션 시스템용 3D 골프코스 영상을 제작, 사용한 행위는 위 원고들의 성과 등을 공정한 상거래 관행이나 경쟁질서에 반하는 방법으로 피고의 영업을 위하여 무단으로 사용함으로써 위 원고들의 경제적 이익을 침해하는 행위"라고 하면서 피고의 상고이유를 배척하였다.

한편 대법원은 저작권자가 아니라고 인정한 부분에 관한 원고들의 상고에 대하여는, "원고들의 상고이유 주장은 실질적으로 사실심법원의 자유심증에 속하는 증거의 취사선택과 증거가치의 판단을 다투는 것"이라고 배척하였고 "골프장 명칭을 포함한 골프코스의 종합적인 이미지를 성과로 볼 수 있으므로 골프장 명칭은 성과에 해당하지 않는다는 원심판결 이유는 적절하지 않으나, 원고 경산개발 주식회사를 제외한 나머지 원고들의 성과 등을 인정하고 적정한 손해액을 산정한 원심의 결론은 정당하고 판결 결과에 영향을 미친 잘못이 없다"고 하여 원고들의 상고이유도 배척하였다.

〔研　　究〕

Ⅰ. 문제의 제기

대상판결은 유명 골프시뮬레이터 개발 및 제조 전문기업인 "골프존"에 관한 것이다. 대상판결에서는 골프코스의 저작물성, 저작자의 판단, 공동저작물의 양도, 저작권법 제35조의3의 공정이용 조항의 적용 등 여러 가지 중요한 쟁점에 관하여 판단된 바 있다.[9] 이 글에서는 이 사건에서 문제되었던 여러 가지 쟁점 중 특히 부정경쟁방지법의 일반조항인 카목의 적용 범위에 관한 부분에 대해 집중해서 살펴보고자 한다.

지난 2014년 도입된 부정경쟁방지법 카목은 "그 밖에 타인의 상당한 투자나 노력으로 만들어진 성과 등을 공정한 상거래 관행이나 경쟁질서에 반하는 방법으로 자신의 영업을 위하여 무단으로 사용함으로써 타인의 경제적 이익을 침해하는 행위"를 부정경쟁행위의 한 유형으로 열거하며 규율한다. 카목은 "경쟁자가 상당한 노력과 투자에 의하여 구축한 성과물을 상도덕이나 공정한 경쟁질서에 반하여 자신의 영업을 위하여 무단으로 이용함으로써 경쟁자의 노력과 투자에 편승하여 부당하게 이익을 얻고 경쟁자의 법률상 보호할 가치가 있는 이익을 침해하는 행위는 부정한 경쟁행위로서 민법상 불법행위에 해당"한다고 판단한 대법원 2010. 8. 25.자 2008마1541 결정(이하 '네이버 사건')을 입법화한 것으로, 가목 내지 차목의 부정경쟁행위와는 달리 일반조항의 성격을 갖는 것으로 평가되고 있다.

---

9) 이러한 쟁점에 관하여는 이미 제1심 및 항소심 판결에 관하여도 선행 연구가 이루어진 바 있다. 예컨대, 차상육, "골프코스 건축디자인의 저작권법상 보호: 이른바 '골프존' 사건(서울고등법원 2016. 12. 1. 선고 2015나2016239 판결)을 중심으로", 계간저작권 제119호, 한국저작권위원회(2017) 등. 또한 저작권법 관점에서 대상판결을 분석한 것으로는, 김인철, "골프코스의 저작권법상 보호-골프존 사건을 중심으로-", 산업재산권 제64호, 한국지식재산학회(2020). 한편, 지적재산권의 공유에 관하여는, 신지혜, "지적재산권의 공유관계", 토지법연구 제35권 제1호, 한국토지법학회(2019. 6.) 참조.

이처럼 부정경쟁방지법 카목은 원래 판례가 네이버 사건 등에서 불법행위로 판단하였던 행위를 부정경쟁행위의 하나로 규율하겠다는 것이다. 그런데 부정경쟁방지법 카목의 적용범위를 판단함에 있어서 특허법, 상표법, 저작권법 및 부정경쟁방지법 가목 내지 차목의 부정경쟁행위 등 기존 법령에서 규율되는 침해행위와의 관계를 검토할 필요가 있다. 원래 무형물인 지적재산권은 누구나 자유롭게 사용할 수 있는 것이 원칙이나, 창작자 등을 보호하고 소비자에 대한 기만적인 유인을 방지하기 위하여, 특허법, 상표법, 저작권법은 창작자 등에게 독점적인 '권리'를 부여한 것이다. 이에 비하여 부정경쟁방지법은 일정한 권리를 부여하는 대신 불공정한 경쟁행위 유형을 열거하며 그러한 '행위'를 금지한다. 즉 특허법, 상표법 및 저작권법상 보호되는 권리에 포함되지 않는 성과는 원칙적으로 자유로운 이용이 가능한 공공영역(public domain)에 해당한다고 보아야 하며, 그럼에도 불구하고 이러한 행위를 다시 불법행위 내지 부정경쟁행위로 규율하기 위해서는 행위태양에 있어서 고도의 위법적 징표가 요구되는 것이다. 만약 그렇게 해석하지 않는다면 창작자의 보호와 자유로운 이용 사이의 균형을 유지해 사회발전과 복리향상에 기여하고자 하는 종래의 지적재산권법의 취지와 정면으로 배치될 수 있다.

위 네이버 사건 선고 전에도 이미 지적재산권 침해에는 해당하지 않더라도 불법행위가 성립할 수 있다는 하급심 판결이 여러 차례 선고된 바 있었고, 부정경쟁방지법 카목 신설 후에도 이에 관한 판례가 다수 존재한다. 이러한 선행 사례들의 상세한 사실관계와 개별 쟁점에 관한 논의는 여러 차례 이루어진 바 있으며,[10] 이 글에서는 부정경쟁방지법 카목의 적용 범위를 결정하는 구체적인 기준을 도출하기 위하여, 종래의 사례를 크게 (ⅰ) 아예 새롭게 등장한 지적재산이나 영업

10) 최근의 것으로는, 손천우, "부정경쟁방지법 제2조 제1호 (카)목이 규정하는 성과물 이용 부정경쟁행위에 관한 연구", 사법 1(55), 사법발전재단(2021)이 있고, 박준우, "부정경쟁방지법 제2조 제1호 차목의 유형화에 대한 검토-서울고등법원 판결을 중심으로-", 산업재산권 제55호, 한국지식재산학회(2018)는 특히 서울고등법원에서 선고된 사례들을 중심으로 행위 유형별로 나누어 소개하고 있다.

재산을 이용한 경우[11]와, (ⅱ) 기존의 지적재산권 체계 하에서 일부 요건을 결여하였다는 이유로 보호범위에서 제외되는 경우로 나누어 살펴보고자 한다.[12] 대상판결은 (ⅱ)의 유형으로, 피고의 행위는 저작권침해행위에는 해당하지 않는다고 보면서도 카목의 부정경쟁행위는 인정될 수 있다고 본 것이다. 이 글에서는 이러한 분류에 따라 종래 판례를 검토하고, 이러한 검토를 토대로 대상판결의 의의와 문제점 등에 관하여 살펴보도록 하겠다.

Ⅱ. 지적재산권 침해와 불법행위 내지 부정경쟁행위가 문제된 사례들에 대한 분석

1. 부정경쟁방지법 카목의 요건과 사례군 분류 기준

부정경쟁방지법 카목의 법적 성격에 관하여 민법상 불법행위의 특칙으로서, 다른 지적재산권 침해행위 및 부정경쟁행위에 대한 일반적 보충규정이라고 보는 것이 일반적이다.[13] 이처럼 부정경쟁방지법 카목은 불법행위의 일

11) 기존의 법제도로써는 보호하기 극히 어려운 분야에 관하여는 부정경쟁방지법 카목의 적용을 보다 적극적으로 고려할 수 있다. 예를 들어 마술의 핵심인 트릭이나 미스디렉션(misdirection, 관객의 시선을 엉뚱한 곳으로 유도하는 것) 방법 등은 특허법이나 상표법, 저작권법, 부정경쟁방지법상 영업비밀 등 종래의 법체계에 의해서는 보호되기 어렵다. 백경태, "난쟁이는 어떻게 거인의 어깨 위에 올라갔을까－마술 표절에 대한 법적 보호 검토－", 법학연구 제28권 제2호, 연세대학교 법학연구원(2018)에서 이에 관해 상세히 분석하고 있다.

12) 한편, 박성호, "저작권법에 의한 보호가 부정되는 경우 부정경쟁방지 및 영업비밀보호에 관한 법률 제2조 제1호 (차)목의 적용범위", 한양법학 제29권 제1호, 한양법학회(2018), 82-91면; 104, 105면은, 저작권법에 의한 보호가 부정되는 두 가지 범주로, ① 아예 저작권법에서 보호대상에서 제외하고 있는 비보호저작물(제7조), 보호기간이 만료되어 공유로 환원된 저작물(제39조 내지 제44조) 및 저작권법상 권리제한 규정에 해당하는 경우(제24조 이하)와, ② 아이디어에 해당하거나 창작성이 부정되는 경우를 나누어, ①은 표현의 자유를 보장하기 위한 저작권법의 내재적 조정원리가 적용된 것이므로, 이에 대하여는 부정경쟁방지법 카목의 보호가 인정될 수 없고, ② 중 아이디어에 관하여는 여전히 표현의 자유를 보호하기 위한 내재적 원리가 작동한 것으로 부정경쟁방지법 카목에 의한 보호를 부정하거나 신중을 기해 적용해야 하나, ② 중 창작성이 인정되지 않아 저작권법상 보호가 부정된 경우에는 그렇지 않으므로 위법성 판단을 긍정할 수 있는 특별한 사정을 유형화하여 카목의 적용을 인정할 수 있다고 한다.

13) 카목의 성격이나 적용 범위에 관한 연구로는 김원오, "부정경쟁방지법상 신설된

종이기 때문에, 불법행위에 관한 일반법리가 부정경쟁방지법 카목 해석에도 고려되어야 한다. 불법행위는 권리침해를 그 요건으로 하지 않고 위법성만을 요구하므로, 객관적 법질서를 파괴하는 것 자체가 불법행위제도의 본질이고 권리는 그 법질서가 부분적으로 주관적으로 발현된 것에 불과하며, 권리침해에 해당하지 않더라도 법규위반이나 공서양속위반 등에 의해서도 위법성이 인정될 수 있는 것이다.14) 이러한 점에서 부정경쟁행위는 결과불법을 전제로 하는 종래의 지적재산권 침해행위와 근본적으로 차이가 있다.15)

특허법, 상표법, 저작권법에서는 특허발명이나 상표, 저작물을 무단으로 사용한 경우 곧바로 권리에 대한 침해에 해당하게 된다. 특허권이나 상표권, 저작권을 인정받기 위해서는 각각의 법영역에서 발전되어 온 고유한 요건을 충족해야 하나, 일단 요건을 충족하고 권리가 인정되면 무단 사용행위에 대하여는 특별한 정당화 사유가 없는 한 위법성이 인정된다. 반면 부정경쟁방지법은 특허법, 상표법, 저작권법에 의하여 보호되는 법익침해에는 이르지 않더라도 구체적인 행위태양이 출처표시에 혼동을 가져오는 등 법질서에 위배되는 경우를 규율하는 것이어서, 행위불법을 전제로 하는 것이다. 부정경쟁방지법 가목 내지 차목에서는 이때 행위불법을 구성하는 구체적인 태양을 자세히 규정하고 있으나, 카목은 추상적인 기준을 적시하고 있을 뿐 구체적인 행위태양을 규정하고 있지는

일반조항의 법적성격과 그 적용의 한계", 산업재산권 제45호, 한국지식재산학회(2014); 문선영, "부정경쟁행위 일반조항에 관한 주요 법적 쟁점 연구", 과학기술법연구 제22권 제1호, 한남대학교 과학기술법연구원(2016); 이규홍, "부정경쟁방지법 제2조 제1호 차목(변경 후 카목)에 대한 연구-부정경쟁행위와 불공정거래행위의 교차점-", 정보법학 제22권 제2호, 한국정보법학회(2018) 등이 있다.

14) 대표저자 김용덕, 「주석민법 채권각칙(5)」, 한국행정사법학회(2017), 182면(박동진 집필부분).

15) 이러한 점은 부정경쟁방지법상 일반조항이 도입되기 전, 민법상 불법행위에 의하여 규율되는 경우에 관하여도 이미 지적된 바가 있다. 박성호, "지적재산법의 비침해행위와 일반불법행위", 정보법학(제15권 제1호), 한국정보법학회(2011), 202-204면. 부정경쟁방지법 일반조항 도입 전에는 이러한 행위가 민법상 불법행위에 의하여 규율되는 것임이 명백하였기 때문에, 민법상 불법행위 성립을 위한 요건으로서 '행위불법'이 좀 더 정면에서 판단될 수 있었던 반면, 오히려 부정경쟁방지법 일반조항 도입으로 인하여 이러한 점이 모호해진 측면이 있다고 할 수 있다.

않다. 따라서 결국 부정경쟁방지법 카목에 의한 부정경쟁행위에 해당하는지 여부, 특히 위법성을 판단함에 있어서는 민법상 불법행위 판단에서 사용되는 기준이 적용될 수밖에 없다.

그런데 우리나라의 통설과 판례는 피침해이익의 종류와 침해행위 태양을 相關적으로 판단하여야 한다는 소위 '상관관계설'을 취한다. 따라서 부정경쟁방지법 카목에 관하여도 결과불법과 행위불법 및 상관관계설에 입각한 해석론이 필요하다고 생각하며, 이러한 시각에서 종래 사례군을 (i) 종래의 지적재산권 체계에서는 생각하지 못한 새롭게 등장한 지적재산이나 영업상 이익을 이용한 경우와, (ii) 기존의 지적재산권 체계 하에서 일부 요건을 결여하였다는 이유로 기존 체계에 의한 보호가 명확히 부정되는 경우로 나누어 살펴보고자 하는 것이다.[16] (i)은 사회환경의 변화나 새로운 기술 발달 등을 통해 새롭게 생겨난 법익에 대한 침해가 문제되는 사안들이고, (ii)는 기존 지적재산권법 체계 하에서는 권리로 인정될 수 없다고 판단되지만, 침해자의 구체적인 행위태양에 비추어 위법성이 인정되는 사안이다. (i)은 종래의 지적재산권 체계 하에서 어차피 보호를 받지 못하던 영역으로, 새로운 지적재산 내지 영업이익으로 보호될 필요가 있는지가 주로 문제될 것이어서, 결과불법과 연관성이 크다고 생각된다. 반면, (ii)는 지적재산권 침해가 아니어서 결과불법은 없으나 행위 태양 비추어 위법성이 크다면 예외적으로 불법행위로 인정할 수 있는 것이므로 행위불법과 연관성이 클 것이다. 이 이하에서는 부정경쟁방지법 카목이 문제된 사례들을 이와 같이 두 가지 유형으로 나누어 살펴보도록 하겠다.

---

16) 이러한 구별이 항상 명확한 것은 아니지만, 이 글에서는 애초에 기존의 지적재산권의 범주에 포섭조차 되기 어려운 것을 (i)로, 기존의 지적재산권의 보호 범주에는 일단 들어갈 수 있으나, 구체적인 요건 결여 등의 이유로 보호가 부정된 것을 (ii)로 나누어 보고자 한다. 한편, 박준우(주 10), 414면에는, '보호공백'과 '공공영역'이라는 표현이 사용되었는데, 이 글에서 (i) 유형은 보호공백, (ii) 유형은 공공영역이라고 할 수도 있을 것이다.

2. 새로운 지적재산 내지 영업이익에 관한 사례: 종래 체계하에서의 보호공백 부분

(1) 대법원 2010. 8. 25.자 2008마1541 결정(네이버 사건)[17]

채권자는 국내 최대의 포털사이트 www.naver.com의 운영자로, 네이버 사이트는 상당한 노력과 투자에 의하여 막강한 신용과 고객흡인력을 획득한 바 있다. 채권자는 네이버 사이트 방문자에게 배너광고 등을 노출시키는 방법으로 광고영업을 하였다. 채무자는 광고주를 모집하고 이용자들에게 자신이 제작한 프로그램을 배포하였는데, 이 프로그램을 사용하면 네이버 사이트 방문시 채권자가 제공한 배너광고 대신 광고주가 노출시키고 싶은 배너광고가 방문자에게 표시되게 되었다.

법원은 이러한 채무자의 행위는 저작권침해 자체에는 해당하지 않는다고 보았지만, "채무자의 위와 같은 광고행위는 인터넷을 이용한 광고영업 분야에서 서로 경쟁자의 관계에 있는 채권자가 상당한 노력과 투자에 의하여 구축한 네이버를 상도덕이나 공정한 경쟁질서에 반하여 자신의 영업을 위하여 무단으로 이용함으로써, 채권자의 노력과 투자에 편승하여 부당하게 이익을 얻는 한편, 앞서 본 바와 같이 법률상 보호할 가치가 있는 이익인 네이버를 통한 채권자의 광고영업 이익을 침해하는 부정한 경쟁행위로서 민법상 불법행위에 해당한다"고 판단하였다.

이처럼 부정경쟁방지법 카목의 도입의 발단이 되었던 네이버 사건에서 법원이 불법행위의 대상이 된다고 본 '성과 등'은 기존의 지적재산권이 아니고, '광고영업과 관련한 이익'이었다.

(2) 대법원 2012. 3. 29. 선고 2010다20044 판결(헬로키티 사건)

원고들은 대장금, 주몽 등의 드라마를 제작, 방송한 사업자이고, "대장금", "주몽" 표장의 상표권자이다. 피고들은 1974년경부터 헬로키티(Hello Kitty)

---

17) 네이버 사건과 헬로키티 사건은 직접 부정경쟁방지법 카목이 적용되는 사안은 아니고, 카목이 도입되는 데 있어 결정적인 역할을 한 사안이다. 그러나 카목과 동일한 표현을 사용하면서 불법행위 책임을 인정하였고, 카목의 성격이나 요건을 파악함에 있어 중요한 대법원 판결례이므로 이 글에서 검토한다.

라는 유명 캐릭터를 이용한 상품을 제작, 판매해 왔는데, 대장금, 주몽 드라마가 큰 인기를 끌자 자신들이 제작, 판매하는 헬로키티 인형에 이 드라마의 등장인물의 모습을 본뜬 의상이나 자세를 표현하고, 대장금, 주몽 등의 문구를 기재해 판매하였다. 다만 피고들은 이러한 인형에 헬로키티 및 피고들의 명칭 등을 함께 표시하였다.

법원은 피고들이 "대장금", "주몽"을 상표적으로 사용한 것이 아니고, "대장금", "주몽"이 상품표지로서 주지성을 획득한 바 없다는 이유로 상표권침해 및 부정경쟁방지법 가목 위반행위 주장을 배척하였고, 피고들이 위 드라마에서 나온 등장인물의 모습을 그대로 사용한 것이 아니라는 등의 이유로 동호 자목 및 저작권침해 주장도 배척하였다. 다만 법원은 "드라마의 명성과 고객흡인력을 이용하여 그에 관한 상품화 사업을 수행할 수 있는 권한을 타인에게 부여하고 대가를 받는 방식 등으로 영업"하는 것을 통해 얻는 이익은 법률상 보호가치 있는 것으로, 이에 관한 권리허락을 받지 않은 이상 피고들의 행위는 불법행위에 해당한다고 판단하였다.[18)]

헬로키티 사건에서도 역시 법원이 불법행위의 대상이 된다고 본 '성과 등'은 '드라마 등장인물의 상품화권'으로, 종래 지적재산권으로 포섭되기 어려운 법익이다.

(3) 대법원 2020. 3. 26. 선고 2019마6525 판결(BTS 판결)[19)]

채권자는 전세계적으로 큰 인기를 끈 그룹 방탄소년단(BTS)의 소속사인데, 채무자는 BTS 각 멤버의 초상과 성명이 담긴 사진집을 발간해 판매하였다. 법원은 채무자가 상당한 투자와 노력으로 BTS 그룹과 관련하여 명성 · 신용 · 고객흡인력 등의 성과를 구축하였고, 채무자가 채권자의 허락 없이 통상적인 정보제공 범위를 넘어 사진을 대량으로 수록한 책자를 제

18) 이 사안은 아래 (ii) 유형에 해당한다고 볼 여지도 있다. 다만, 이 사건에서 궁극적으로 불법행위를 인정한 것은 '상품화권'에 관한 것이었으므로 (i) 유형으로 분류하였다.

19) 이 사건에 관한 검토로는, 신지혜, "부정경쟁방지법에 의한 퍼블리시티권의 규율－대법원 2020. 3. 26.자 2019마6525 결정－", 민사법학 제94호, 한국민사법학회(2021) 참조.

작, 판매하는 것은 부정경쟁방지법 카목 위반에 해당한다고 판단하였다.

이 사건에서 카목 요건 중 '성과 등'에 해당하는 것은 소위 퍼블리시티권(right of publicity)[20]으로, 종래의 지적재산권 범주에는 포함되지 않는다.

3. 종래의 지적재산에 관한 사례: 요건 결여 등으로 공공영역에 해당하는 부분

(1) 대법원 2017. 6. 15. 선고 2017다200139 판결(출구조사 결과 사건)

이 사건에서 공중파 방송사인 원고들은 공동으로 비용을 들여 당선자 예측조사를 하여 결과를 발표하기로 하였다. 그런데 피고 방송사는 원고들의 동의 없이 이 예측조사 결과를 방송하였고,[21] 법원은 이러한 행위가 부정경쟁방지법 카목 위반에 해당한다고 판단하였다.

종래의 지적재산권 체계 하에서 예측조사 결과와 같은 정보나 아이디어는 보호의 대상에서 제외되었고, 특히 공직선거에 대한 예측조사는 공공적 성격도 강하므로 자유로운 이용이 허락되는 것으로 받아들여진다. 더욱이 그러한 정보의 축적이나 생성에 단순히 상당한 비용이나 투자가 이루어졌다고 하더라도, 그것이 예컨대 저작권법상 데이터베이스에 해당하지 않는 이상 보호될 수 없었다. 대법원의 판단에서는 명확하지 않으나, 이 사건 항소심에서는 "정보의 신선도가 매우 높은 시점에서 원고들과 서로 경쟁관계에 있는 방송사인 피고로 하여금 이 사건 예측조사 결과를 원고들의 허락 없이 무단으로 보도하는 행위를 허용한다면, 이는 원고들을 포함한 방송사의 출구조사 시스템 구축 등에 대한 인센티브를 저해하는 결과를 가져옴이 명백하므로, 피고의 위와 같은 일련의 행위는 사회적으로 허용되는 한도를 넘는 것"이라고 하여, 일반적인 정보나 아이디어가 아닌, 정보의 신선도(time sensitive)가 문제되는 경우에는 특히 '성

20) 이 사건에서는 명시적으로 '퍼블리시티권'이라는 용어를 사용하지는 않았는바, 퍼블리시티권에 관한 것인지 논란의 여지가 전혀 없는 것은 아니다.

21) 모든 방송사가 투표종료시점 직후에 공개하였으나, 피고 방송사의 공개가 원고들 중 KBS와 SBS보다 몇십 초 앞서 공개하였다.

과 등'으로 포함시킬 수 있다고 보았다.

이 사건에서 문제된 예측조사 결과는 순수한 '아이디어'로 저작권의 보호 대상에서 제외될 것이고, 부정경쟁방지법상 영업비밀에도 해당하지 않으나, 카목에서 보호되는 '성과 등'에는 해당한다고 판단되었다.[22)]

(2) **대법원 2019. 6. 27 선고 2017다212095 판결**(킹닷컴 사건)[23)]

원고는 매치-3-게임[24)] 형태인 모바일 게임을 개발, 서비스하여 상당한 성과를 올렸는데, 피고는 이와 유사한 게임을 개발하여 출시하였다. 제1심[25)]은 게임 규칙 자체는 아이디어에 불과하고, 핸드폰의 작은 화면에서 구동되는 모바일 게임 특성상 그 규칙을 효과적으로 표현할 수 있는 방법이 다양하지 못하여 규칙과 결부된 내재적 표현은 원고의 개성을 드러낸 것이라고 보기 어려워 저작권법에서 보호되는 표현에 해당하지 않고, 맵화면, 맵화면 이후 제시되는 안내 바 부분, 게임화면, 특수 타일, 특수 칸, 특수 규칙, 게임 보드 등에서 일부 유사성이 발견되기는 하나 실질적 유사성을 인정할 수 있는 정도에는 이르지 않는다고 하여 저작권 침해를 부정하였다. 한편 부정경쟁방지법 카목과 관련하여서는, 원고의 게임이 상당한 투자나 노력으로 만들어진 성과에 해당한다고 하면서, "① 이 사건 원고 게임은 기존의 매치-3-게임에 더하여 '기본 보너스 규칙' 및 '추가 보너스 규칙' 등을 포함한 많은 규칙을 최초로 도입하였는데, 이 사건 피고 게임에도 위 규칙들이 동일하게 적용되고 있는 점, ② 이 사건 원고 게임은 2013. 4.경 개발되어 페◇스북을 플랫폼으로 하여 출시되었는데, 이 사건 피고 게임은 그로부터 불과 10개월 정도 이후로서 이 사건 원고 게임이 국내 시장에

---

22) 물론 이 사안은 새로운 타입의 정보에 관한 것이어서, (ⅰ) 유형으로 볼 여지도 있다. 그러나 종래 저작권법에서 아이디어/표현 이분법에 따라 아이디어를 보호범위에서 제외해 온 점에 착안하여, 이 글에서는 (ⅱ) 유형으로 분류하였다.

23) 이 사건 제1심에 대한 비판적 고찰로는, 유대종 · 신재호, "부정경쟁방지법에 의한 아이디어 보호의 비판적 검토-서울중앙지방법원 2015. 10. 30. 선고 2014가합567553 판결을 중심으로-", 창작과권리 제83호, 세창출판사(2016).

24) 게임 속의 특정한 타일들이 3개 이상의 직선으로 연결되면 함께 사라지면서 점수를 획득하도록 고안된 게임을 말한다.

25) 서울중앙지방법원 2015. 10. 30 선고 2014가합567553 판결.

본격적으로 진출하기 이전인 2014. 2. 11.경 출시된 점, ③ 위와 같은 출시 시점이나 이 사건 원고 게임과의 규칙 및 진행방식의 동일성 등에 비추어 보았을 때, 이 사건 피고 게임은 이 사건 원고 게임에 의거하여 개발된 것으로 봄이 상당한 점, ④ 원고와 피고는 모두 모바일 게임 제작·공급업체로 경쟁관계에 있을 뿐만 아니라, 이 사건 원고 게임과 이 사건 피고 게임 역시 기본적으로 매치-3-게임 형식을 취하면서 추가적으로 동일한 각종 규칙을 적용한 동종의 게임인 점, ⑤ 비록 원고의 저작권을 침해하는 정도에 이르렀다고는 볼 수 없으나 앞서 살펴본 각 게임의 구체적인 실행 형태 등을 살펴보면, 이 사건 원고 게임과 이 사건 피고 게임은 그 표현의 방식, 사용되는 효과, 그래픽 등도 상당히 유사한 점, ⑥ 이에 따라 이용자들 역시 이 사건 원고 게임과 이 사건 피고 게임이 거의 동일하다고 지적하고 있는 점 등"에서 피고의 게임 출시는 '공정한 상거래 관행이나 경쟁질서에 반하는 방법으로 자신의 영업을 위하여 무단으로 사용함으로써 타인의 경제적 이익을 침해하는 행위'로 위법하다고 보았다.

항소심[26]은 저작권 침해를 부정한 제1심 판단은 유지하였으나, "특허법 등 지식재산권법은 타인의 투자나 노력으로 만들어진 성과를 이용하는 행위 중에서 타인의 지적 창작활동이나 영업상 신용에 편승하는 것을 방지하기 위하여 각종 지식재산권을 창설하고, 타인의 성과를 보호함과 아울러 그 한계를 설정하고 있다. 그러므로 그와 같은 지식재산권에 의한 보호의 대상이 되지 않는 타인의 성과를 이용하는 것은 본래 자유롭게 허용된다고 할 것이고(특히 저작권법에 있어 아이디어의 경우는 비록 그 아이디어가 독창적인 것이라고 하더라도 저작권법의 보호대상에 포함되지 않는 것으로서 누구나 이용 가능한 공공의 영역에 해당하는바, 이는 당해 아이디어가 자연법칙을 이용한 기술적 사상이면서 신규성과 진보성 등 일정한 요건을 갖춘 경우 심사를 통해 아이디어 자체를 보호하는 특허법 및 당해 아이디어가 비공지성, 경제적가치성, 비밀관리성 등의 요건을 갖추는 경우 영업비밀로서 보호하고

26) 서울고등법원 2017. 1. 12 선고 2015나2063761 판결.

있는 부정경쟁방지법상의 영업비밀 보호제도와 차이가 있다), 또한 자유경쟁사회는 기업을 비롯한 모든 자의 경쟁참가기회에 대한 평등성 확보와 자기 행위의 결과에 대한 예측 가능성(적법성의 한계에 대한 예측가능성을 의미한다)을 전제로 성립하는 것이므로 이와 같은 행위에 대한 법규범은 명확하여야 하고, 해석에 의하여 광범위한 법규범 창설 기능이 있는 일반조항을 적용함에는 원칙적으로 신중하여야 한다. 더욱이 부정경쟁방지법 제15조는 특허법, 실용신안법, 디자인보호법, 상표법, 저작권법 등과의 관계에서 보충적인 지위에 있음을 분명히 하고 있으므로 부정경쟁방지법 제2조 제1호 (차)목은 위 지식재산권법에 모순·저촉되지 않는 한도 내에서만 지적 창작물을 보호할 수 있다."고 설명하면서, "지식재산권법에 의하여 보호되지 않는 타인의 성과인 정보(아이디어) 등은 설령 그것이 재산적 가치를 갖는다고 하더라도 자유로운 모방과 이용이 가능하다고 할 것이지만, 그와 같은 타인의 성과 모방이나 이용행위에 공정한 거래질서 및 자유로운 경쟁질서에 비추어 정당화될 수 없는 '특별한 사정'이 있는 경우로서 그 지적 성과물의 이용행위를 보호해 주지 않으면 그 지적 성과물을 창출하거나 고객흡인력 있는 정보를 획득한 타인에 대한 인센티브가 부족하게 될 것임이 명백한 경우 등에는 그와 같은 모방이나 이용행위는 허용될 수 없다"는 것이라고 보면서, "타인의 성과 모방이나 이용행위의 경과, 이용자의 목적 또는 의도, 이용의 방법이나 정도, 이용까지의 시간적 간격, 타인의 성과물의 취득 경위, 이용행위의 결과(선행자의 사업이 괴멸적인 영향을 받는 경우 등) 등을 종합적으로 고려하여 거래 관행상 현저히 불공정하다고 볼 수 있는 경우로서, 절취 등 부정한 수단에 의하여 타인의 성과나 아이디어를 취득하거나 선행자와의 계약상 의무가 신의칙에 현저히 반하는 양태의 모방, 건전한 경쟁을 목적으로 하는 성과물의 이용이 아니라 의도적으로 경쟁자의 영업을 방해하거나 경쟁지역에서 염가로 판매하거나 오로지 손해를 줄 목적으로 성과물을 이용하는 경우, 타인의 성과를 토대로 하여 모방자 자신의 창작적 요소를 가미하는 이른바 예속적 모방이 아닌 타인의 성과를 대부분 그대로 가져오면서 모방자의 창작적 요소가 거의 가미되지 않은 직접적 모방에 해당하는 경우 등에는 예외적으로 타인의 성과 모방이나 이용행위에 공정한 거래질서 및 자유로운 경쟁질서에 비추어 정당화될 수 없는 '특별한 사정'이 있는" 경우에만 카목 위반에 해당할 수 있다고 하면서 카목 위반도 부정하였다.

이에 대하여 대법원은, "게임물은 저작자의 제작 의도와 시나리오를 기술적으로 구현하는 과정에서 다양한 구성요소들을 선택·배열하고 조합함으로써 다른 게임물과 확연히 구별되는 특징이나 개성이 나타날 수 있다. 그러므로 게임물의 창작성 여부를 판단할 때에는 게임물을 구성하는 구성요소들 각각의 창작성을 고려함은 물론이고, 구성요소들이 일정한 제작 의도와 시나리오에 따라 기술적으로 구현되는 과정에서 선택·배열되고 조합됨에 따라 전체적으로 어우러져 그 게임물 자체가 다른 게임물과 구별되는 창작적 개성을 가지고 저작물로서 보호를 받을 정도에 이르렀는지도 고려"해야 한다고 전제하면서, "원고 게임물의 개발자가 그동안 축적된 게임 개발 경험과 지식을 바탕으로 원고 게임물의 성격에 비추어 필요하다고 판단된 요소들을 선택하여 나름대로의 제작 의도에 따라 배열·조합함으로써, 원고 게임물은 개별 구성요소의 창작성 인정 여부와 별개로 특정한 제작 의도와 시나리오에 따라 기술적으로 구현된 주요한 구성요소들이 선택·배열되고 유기적인 조합을 이루어 선행 게임물과 확연히 구별되는 창작적 개성을 갖게 되었"고, "피고 게임물은 원고 게임물의 제작 의도와 시나리오가 기술적으로 구현된 주요한 구성요소들의 선택과 배열 및 유기적인 조합에 따른 창작적인 표현형식을 그대로 포함하고 있으므로, 양 게임물은 실질적으로 유사"하다는 이유로 저작권 침해를 인정하였고, 부정경쟁방지법 카목에 관하여는 따로 판단하지 않았다.

이 사건에서는 게임의 저작물성과 실질적 유사성 판단이 문제되었는데, 제1심과 항소심에서는 저작권 침해를 부정한 반면 대법원은 저작권 침해를 인정하였다. 한편, 제1심은 저작권침해를 부정하면서 부정경쟁방지법 카목 위반은 인정하였는데, 제1심의 판시내용을 보면 피고가 저작권과 관련된 사용행위 외에, 예를 들어 원고가 쌓은 고객흡인력을 무단으로 사용하였다는 등 별도의 위법성을 인정할만한 특별한 행위에 관하여는 언급하고 있지 않다. 따라서 이러한 특별한 사정이 없는 한 항소심 판단과 같이 부정경쟁방지법 카목 위반을 인정하지 않는 것이 타당하다고 생각된다. 반면, 대법원에서는 저작권침해를 인정하면서 부정경쟁방지법 카목 위반에 관하여는 판단하지 않았는데, 종래 지적재산권 체계 하에서 규율될 수 있는지부터 먼저 면밀히 따져서 그에 의해 규율했다는 점에서 큰 의미가 있다고 생각된다.

(3) 대법원 2020. 6. 25. 선고 2019다282449 판결(루프박스 사건)[27]

원고는 트렁크 외 적재공간을 확장하기 위한 목적으로 사용되는 차량 지붕 위에 설치하는 박스 형태의 자동차 용품인 루프박스(roof box)를 제조, 판매하는 자인데, 피고가 자신의 제품과 유사한 제품을 판매하자 부정경쟁방지법 자목 및 카목 위반을 주장하였다.[28]

이에 대해 원심[29]은, 원고의 제품과 피고의 제품 중 공통되는 부분은 상품 형태 모방 여부 판단에서 대비 대상이 될 수 없는 부분이거나 채용이 불가피한 형태, 또는 동종 상품에서 채용되어 오던 형태에 불과하고, 그 부분을 제외하면 체결 방식 다르고 바닥면도 다른 등 형상과 모양이 다르므로 자목 위반에 해당하지 않는다고 본 제1심 판단을 그대로 유지하였고, 제품 형태를 모방하였다고 볼 수 없는 이상 "원고가 원고 제품을 만들어 내기 위하여 상당한 투자와 노력을 기울였다고 해도 피고들이 공정한 상거래 관행이나 경쟁질서에 반하는 방법으로 자신의 영업을 위하여 원고의 성과를 무단으로 사용했다고 평가할 수 없다"고 하여 카목 위반 주장도 배척한 제1심 판단 역시 유지하였으며, 대법원도 원심의 결론에 위법이 없다고 판단하였다.

이 사건에서 문제된 것은 '상품의 형태' 내지 '기술'로, 특허법이나 실용

---

27) 루프박스 사건에 대한 소개와 해설로는, 정희엽, "'차량의 루프박스 구조'와 관련하여 부정경쟁방지법 제2조 제1호 (카)목의 적용 여부가 문제된 사건[대법원 2020. 6. 25. 선고 2019다282449 판결]", Law & Technology 제16권 제6호, 서울대학교 기술과법센터(2020) 참조.

28) 원고는 이와 관련한 특허권도 보유하고 있었던 것으로 보이는데, 피고의 제품이 특허권 침해에는 해당하지 않는다고 보아 특허권 침해는 주장하지 않았다고 한다.

29) 서울고등법원 2019. 9. 26 선고 2018나2052021 판결.

신안법, 디자인보호법 등으로 보호될 여지가 있는 것이다. 그러나 피고의 제품은 원고가 실제로 등록하였던 특허발명의 기술 범위에 포함되지 않았던 것으로 보이고, 원고가 실용실안이나 디자인으로 등록한 바도 없었으므로, 이에 의한 보호 가능성은 배제되었다. 한편 원고의 제품 형태에 관해서는 부정경쟁방지법 자목이 적용될 수 있으나, 피고의 제품이 원고 제품과 형상에서 차이가 있는 이상 자목도 인정되지 못하였다. 이처럼 이 사건에서는, 기존이 특허법 등 및 부정경쟁방지법 자목에 의한 보호가 부정되고, 그 밖에 카목에 의해 보호될만한 '성과 등'이 별도로 인정되지 못한다고 보았다.

(4) 대법원 2020. 7. 9. 선고 2017다217847 판결(눈알가방 사건)[30]

원고는 에르메스(Hérmes) 상표로, 켈리백(Kelly Bag), 버킨백(Birkin Bag)이라는 명칭으로 불리는 디자인의 핸드백을 제조, 판매하고 있다. 그런데 피고들은 켈리백, 버킨백과 유사한 형태의 핸드백에 팝아트 감각의 눈알 모양 도안을 붙여 판매하고 있다. 원고는 피고들을 상대로 부정경쟁방지법 가목의 상품출처 혼동행위, 다목의 저명표장 손상행위 및 카목 위반을 주장하였다. 이에 대해 제1심[31]은 원고 제품은 일반 수요자들에게 특정 상품의 출처로서 식별력과 주지성을 획득하기는 하였지만, 피고들 제품에 눈알 모양 도안을 붙은 이상 출처에 혼동이 올 여지가 없다고 하여 가목 주장을 배척하였고, 켈리백, 버킨백 형태가 국내에서 원고의 제품임을 일반 공중 대부분에게까지 널리 알려져 저명성을 획득하였다고 볼 수 없다는 이유로 다목 주장도 배척하였다. 그러나 카목 위반 주장과 관련하여서는, 원고의 제품 형태가 상당한 투자와 노력으로 만들어진 성과에 해당하고 공공영역에 속하는 것으로 보기 어려워 법률상 보호할 가치가 있는 이익에 해당하며, 피고들이 원고 제품과 유사한 형태의 제품을 생산, 판매하는 행위는 자신의 영업을 위하여 무단으로 사용하는 행위에

30) 이 사건에 대한 비판적 검토로는, 나종갑, "부정경쟁방지법 제2조 제1호 카목은 사냥허가(hunting license)인가?-소위 '눈알가방'사건과 관련하여", 지식재산연구 제15권 제4호, 한국지식재산연구원(2020) 참조.

31) 서울중앙지방법원 2016. 6. 1 선고 2015가합549354 판결.

해당하고, 피고들의 제품 역시 싸지 않은 가격대에서 판매된다는 점, 원고 제품 형태가 가진 인지도에 편승하려는 의도가 추단된다는 점 및 현실적으로 시장에서 대등한 수준의 경쟁관계에 있어야 하거나 수요를 직접적으로 대체하는 상품을 생산·판매하는 관계에 있지 않더라도 경쟁자 관계를 인정할 수 있다는 점 등에 비추어 이러한 무단사용은 공정한 상거래 관행이나 경쟁질서에 반하는 것으로 평가할 수 있다고 보았다. 이에 반하여 원심[32]은 "피고들 제품의 창작성과 독창성 및 문화적 가치, 피고들 제품의 창작 경위, 피고들의 적극적인 홍보·판매 및 마케팅 전략 등을 종합적으로 고려하면, 피고들에게 원고들 제품 형태의 인지도에 무단으로 편승하기 위한 의도가 있었다고 단정하기는 어렵고, 오히려 피고들은 앞서 본 바와 같이 '가치 소비', '합리적이고 가치 있는 창조', 'M', '값비싼 물건에 구애받지 말고, 패션 본연의 즐거움을 회복하자', '클래식과 팝아트', '럭셔리와 위트', '키치 패션', '펀 디자인', '명품에 대한 패러디', '진부함에 대한 도전' 등 피고들의 디자인 철학, 표현 또는 가치 등을 전달하기 위하여 '클래식', '럭셔리', '명품', '값비싼 물건', '고상', '품위', '고급스러움', '전통', '격식'에 해당하는 원고들 제품 형태를 일부 차용한 다음 '팝아트', '위트', '패러디', '도전', 'fun', '즐거움', '유쾌', '유머', '풍자', '파괴', '참신'에 해당하는 피고 A의 창작물인 이 사건 도안을 전면 대부분에 크게 배치하여 대비되게 함으로써 낯선 조합인 다양한 이미지를 혼합하여 새로운 심미감과 독창성을 구현한 것"이라는 이유로 카목 위반 주장까지 배척하였다.

대법원은 가목 및 다목에 관한 원심의 판단은 유지하였으나, 카목에 관하여는 제1심과 마찬가지로 위반을 인정하였다. 즉 대법원은 원고의 "상품표지는 국내에서 계속적·독점적·배타적으로 사용되어 옴으로써 전면부와 측면부의 모양, 손잡이와 핸드백 몸체 덮개의 형태, 벨트 모양의 가죽 끈과 링 모양의 고정구 등이 함께 어우러진 차별적 특징으로 일반 수요자들 사이에 특정의 상품 출처로서의 식별력을 갖추게 되었으므로,

32) 서울고등법원 2017. 2. 16 선고 2016나2035091 판결.

공공영역(public domain)에 속하는 것으로 보기 어렵고, '법률상 보호할 가치가 있는 이익'에 해당"하고, "원고들 제품과 피고들 제품은 재질, 가격 및 주 고객층 등에 차이가 있지만, 원고들 제품 중 일부 모델은 피고들 제품의 무늬와 비슷하여 전체적·이격적으로 관찰하면 유사해 보이고, 피고들 제품을 이 사건 도안이 부착되지 않은 후면과 측면에서 관찰하면 원고들 제품과 구별이 쉽지 않다. 피고들 제품이 수요자들로부터 인기를 얻게 된 것은 이 사건 상품표지와 유사한 특징이 상당한 기여를 한 것으로 보"이며, "원고들은 켈리 백과 버킨 백의 공급량을 제한해 왔는데, 이와 유사한 형태의 피고들 제품이 판매되면서 점차 이 사건 상품표지의 희소성을 유지하는 데 장애요소가 될 수 있다. 또한 피고들이 원고들과 동일한 종류의 상품인 피고들 제품을 국내에서 계속 생산·판매하게 되면 원고들 제품에 대한 일부 수요를 대체하거나 원고들 제품의 희소성 및 가치 저하로 잠재적 수요자들이 원고들 제품에 대한 구매를 포기할 가능성이 높아진다는 점에서 원고들의 경제적 이익을 침해한다"고 하면서 피고들의 행위는 원고들의 "상품표지와 유사한 형태를 사용하여 이 사건 상품표지의 주지성과 인지도에 편승하려는" 의도이므로, "타인의 동의 없이 수요자들에게 널리 알려진 타인의 상품표지에 스스로 창작한 도안을 부착하여 상업적으로 판매하는 행위가 공정한 경쟁질서에 부합하는 행위라고 보기 어렵다"고 판단하였다.

이 사건에서는 피고가 원고 가방의 형상을 사용한 행위가, 저작권이나 디자인권 침해 차원에서 문제된 것이 아니었고, 상품출처 내지 저명한 표장의 희석화 측면에서 문제되었던 것이다. 이러한 차원에서 "대법원 판결이, 수요자 보호를 위한 사칭모용행위 금지와, 공정한 경쟁을 촉진하기 위한 부정취득사용행위 금지를 혼동하여, 부정경쟁방지법 카목은 후자에 관한 것임에도 불구하고 전자에 관한 기준을 잘못 적용한 것이고, 공공영역에 속하는 것은 자유롭게 이용할 수 있다고 하면서도, 보충적 일반조항이라는 카목을 적용하여 규율할 수 있다고 보는 것은 그 자체로 모순"이라고 지적하는 견해가 있다.[33)·34)]

(5) 대법원 2020. 7. 23. 선고 2020다220607 판결(콘티 사건)

원고는 피고와 사이에 계약을 체결하고 피고에게 피고의 치킨 프랜차이즈 사업 광고를 위한 콘티를 제공하였는데, 피고는 광고촬영을 차일피일 미루다가 기간만료로 계약종료를 통보한 다음 다른 광고회사와 계약을 체결하여 원고의 콘티와 주인공의 내레이션, 배경전환 구성방식, 배경의 구체적인 장소와 상황, 배경인물들의 배열과 행동, 주인공의 행동, 옷차림 등이 동일하거나 유사한 내용으로 광고를 제작하였다. 그러자 원고는 피고를 상대로 부정경쟁방지법 차목의 아이디어 탈취행위 및 카목 위반을 주장하였고, 법원은 이러한 원고의 주장을 모두 받아들였다.

여기서 문제된 '콘티'는 저작권법상 저작물로 보호될 여지가 있다. 원고가 이에 대하여 주장하지는 않았으나, 원고가 피고에게 주장한 콘티는 단순한 아이디어 차원을 넘어 구체적인 표현을 담고 있다고 할 정도에 이르렀고, 피고가 원고로부터 제공받은 콘티와 구체적인 표현까지 동일한 내용의 광고를 제작하였으므로, 이는 저작권 침해에도 해당할 여지가 있다고 생각된다.

4. 소결 - 부정경쟁방지법 카목의 적용 범위

(1) 이상에서 살펴본 바와 같이 부정경쟁방지법 카목이 적용되는 사례는 크게 (ⅰ) 종래의 지적재산권법 체계에서는 보호의 공백이었던 새로운 유형의 지적재산 내지 영업이익을 인정할 수 있는지 문제되는 사안과, (ⅱ) 종래의 지적재산권법 체계에 의할 때 공공영역에 해당하게 되나, 침해자의 침해행위 태양에 비추어 볼 때 특별히 불법행위를 인정해야 하는 사안으로 나눠 볼 수 있다.

(2) 우선 (ⅰ)과 관련하여서, 기술의 발달이나 사회경제 상황 변화로

33) 나종갑(주 30), 164-167면; 174-180면.

34) 한편 이 사건에 관하여 대법원이 "타인의 주지상표를 동종업자가 자신의 상품 또는 영업을 위한 홍보수단으로 사용한 행위'를 새로운 유형의 부정경쟁행위로 인정한 것", 즉 "홍보비용의 무임편승"을 부정경쟁행위의 하나로 규율하려고 한 것이라고 평가하는 것으로는 박준우, "주지상표의 광고기능과 부정경쟁방지법 일반조항-대법원 2017다217847 판결('에르메스눈알가방 사건')의 검토-", 법과기업연구(제11권 제1호), 서강대학교 법학연구소(2021. 4.), 56-59면.

새롭게 등장한 지적재산 내지 영업이익에 대하여 창작자 등에게 일정한 보호를 부여하고 권익을 인정해 주는 것으로, 부정경쟁방지법 카목의 적용이 타당하고 가능하다고 본다. 지적재산의 중요성이 강조되고 있고, 또 지적재산을 손쉽게 복제, 배포할 수 있는 디지털 시대가 도래하여, 종래의 지적재산권법 체계로는 도저히 다 포섭하기 어려운 새로운 유형의 지적재산 내지 영업이익이 속속 등장하고 있으며, 이를 보호할 실질적인 필요성이 커지고 있기 때문이다. 다만 비단 부정경쟁방지법 카목에 기대지 않더라도, 이러한 행위에 대하여는 네이버 사건 등과 같이 불법행위로 의율할 수 있다는 점에서 카목의 존재의의에 대하여는 다소 의문이 있다. 지금까지 한 번도 보호대상으로 제시되지 않았던 새로운 유형의 지적재산이나 영업이익이라면 설령 카목과 같은 일반규정이 존재한다고 하여 이 조항만을 토대로 곧바로 과감히 침해를 인정할 수 있을 것으로 보이지는 않기 때문이다. 실제로 위에서 본 것처럼, 새로운 지적재산이나 영업이익에 관하여 카목을 적용해서 인정한 사례보다는, 종래의 지적재산이 문제되었던 경우에 관한 사례군이 훨씬 많다. 위에서 소개한 BTS 사건에서 문제되는 퍼블리시티권은 이미 90년대 중반부터 활발하게 논의되어 왔고, 현실적 이론적 보호필요성이 충분히 검증되어 있는 것이어서, 완전히 새로운 형태의 지적재산에 관하여 판단한 것으로 보기는 무리가 아닐까 한다.

(3) 부정경쟁방지법 카목은 어디까지나 종래의 지적재산권법 체계를 보완하는 보충적 일반조항에 해당한다고 보아야 하므로, 특히 (ⅱ)와 관련하여서는 종래의 지적재산권법이 축적해 온 체계와 법적 안정성을 무너뜨리지 않도록 세심한 분석이 필요하다. 지적재산권은 단지 창작자의 권리를 무조건으로 보호하려는 것이 아니고, 창작자에게 충분한 인센티브를 부여함으로써 사회경제적 발전을 이루고, 인센티브를 부여할 필요가 없는 부분에 대하여는 누구나 자유롭게 사용할 수 있도록 함으로써 다시 새로운 창작과 발전을 도모하고 자유로운 경쟁을 촉진하려는 것이다. 이러한 관점에서 종래의 지적재산권 체계는 보호범위와 금지되는 행위에 관하여 상세한 기준과 요건을 정립해 왔던 것이고, 수범자 역시 그와 같

이 명확히 설정된 기준선 위에서 행위해 왔다고 할 수 있다. 그런데 부정경쟁방지법 카목의 적용 범위를 너무 넓게 설정할 경우, 이와 같이 종래 지적재산권법 체계가 구축해 온 정교한 균형점이 흔들릴 수 있다.

물론 공서양속에 반해 도저히 용인될 수 없는 위법한 무단도용행위가 있는 경우라면 예를 들어 그 보호 대상이 단순한 아이디어일 뿐이라고 하더라도 불법행위에 해당한다고 보아야 함은 분명하다. 그러나 이는 어디까지나 기존의 지적재산권법 체계를 넘어서까지 위법성을 인정해야 할 만한 극히 예외적이고 특별한 사실관계 하에서만 인정되어야 한다. 자유경쟁 시장에서 어느 정도의 무임승차(free-riding) 행위가 있다고 해서 곧바로 불법행위나 부정경쟁방지법 카목 위반으로 인정해서는 안 되는 것이다.

이와 관련하여, 기존 지식재산권 체계 유형에 속하는 것이라고 하더라도 카목에서 보호되는 '성과 등'에서 모두 배제될 수는 없고, 성과 유형에 따른 인센티브 부여 필요성에 따라 평가하여 결정해야 한다고 보는 견해가 있다. 기존 지식재산권 체계도 그 출발점은 정보의 자유이용이며, 창작에 대한 인센티브를 부여하면 사회적 효용이 높아지는 경우 한시적으로 보호영역에 둔다는 것이 지적재산권 체계의 운영원리로, 이는 부정경쟁방지법 카목의 해석에서도 동일하게 적용되어야 한다는 것이다.[35] 종래의 지적재산권 체계가 창작자에 대해 인센티브를 부여할 필요가 있는지, 그렇지 않으면 공공영역으로 두어 자유로운 이용을 가능하게 하는 것이 좋은지를 기준으로 위법성을 판단해 왔으므로, 이 견해의 지적과 같이 창작자에 대한 인센티브의 필요성이 카목에 있어서도 중요한 기준이 될 수 있을 것이다.

(4) 위에서 살펴본 대법원 판결례들은 이러한 관점에서 볼 때, 전반적으로 타당한 결론을 내리고 있다고 생각되나, 눈알가방 사건에 관하여는 수긍하기 어렵다. 이 사건에서 "피고들 제품이 수요자들로부터 인기를 얻게 된 것은 이 사건 상품표지와 유사한 특징이 상당한 기여를 한 것"이라고 하면서, 원고가 켈리백과 버킨백의 브랜드 가치 유지를 위해서

35) 박준우(주 10), 408면, 414-416면.

공급을 제한해 왔음에도 "피고들 제품이 판매되면서 점차 이 사건 상품표지의 희소성을 유지하는 데 장애요소가 될 수 있"으며 잠재적 수요가 감소할 수 있고, 원고들의 "상품표지와 유사한 형태를 사용하여 이 사건 상품표지의 주지성과 인지도에 편승하려는" 의도이므로 위법하다고 보았다. 그러나 이미 상품출처 혼동행위(가목)나 저명표장 손상행위(다목)가 부정된 상황에서 카목에 의한 부정경쟁행위를 적용하기 위해서는 더욱 특별한 위법성 표지가 있어야 하나 과연 이 사건에서 그 정도의 위법성이 인정될 수 있을지 의문이다. 위에서 판례가 언급한 내용은 상품출처 혼동이나 저명표장 손상의 요건을 다시 반복한 것에 불과한 것으로도 보이며, 더욱이 피고가 판매에 있어서 위법한 방식을 사용한 것도 아니므로, 이 사건의 항소심과 같이 카목에 의한 부정경쟁은 부정함이 타당하다고 생각된다.

Ⅲ. 부정경쟁방지법 카목에 대한 평가 및 대상판결에 대한 검토

1. 부정경쟁방지법 카목에 대한 평가

부정경쟁방지법 카목은 네이버 사건 및 헬로키티 사건을 통해 형성된 대법원 판례의 법리를 그대로 입법화한 것으로, 불법행위의 성질을 갖는 일반적 보충조항이다. 불법행위 유형 중에서 특히 건전한 거래질서 유지(부정경쟁방지법 제1조)를 해치는 행위를 특별히 동법에 의하여 규율할 수 있다는 점, 민법상 불법행위의 경우 금지청구권을 인정할 수 있는지 여부에 관하여 논란의 여지가 있지만, 동조에 의할 경우에는 명확히 대세적인 금지청구권까지 인정된다는 점에서 분명히 의미 있는 조항이기는 하지만, 반드시 그 도입이 필요했던 것인지 다음과 같은 점에서 의문이다.

우선 부정경쟁방지법 카목의 도입으로 기존 지적재산권법 체계와 부정경쟁방지법 카목의 관계가 크게 논란이 되었다. 예를 들어 눈알가방 사건에 관하여, 수요자 기망을 가져오지 않아 부정경쟁방지법 제2조 가목 내지 다목에 해당하지 않는 것으로 판단되는 행위에 대하여 카목의 보호를 인정한다면, "카목은 가목 내지 다목을 대체하는 최상의 조항(supremacy clause)이 될 것"이며 "이는 법체계상 허용되지 않는다"거나,[36]

저작권법이나 특허법, 상표법 등에 의하여 보호되지 않는 대상에 관하여 부정경쟁방지법 카목에 의한 보호를 인정할 경우에는 저작권법이나 특허법, 상표법 등을 대체하는 최상위 조항이 될 수도 있다는 지적이 있다.[37] 가목 내지 다목에 해당하지 않는 행위라고 하더라도 만약 가목 내지 다목과는 구별되는 행위의 불법성이 현저한 경우에는 반드시 카목의 적용이 부정되어야 하는 것은 아니지만, 이러한 지적과 같이 자칫 기존 지적재산권 체계에서 사용되어 온 요건을 그대로 적용하면 카목이 최상위 규범으로 작용하면서 기존 지적재산권 체계를 뒤흔들 위험이 있다.

더 나아가 종래 지적재산권 체계 하에서는 창작자에 대한 인센티브와 이용자의 자유이용 범위를 세밀하게 조정하고 균형점을 마련함으로써 창작의 촉진과 자유경쟁을 통한 사회경제 발전을 이룰 수 있도록, 보호범위와 공공영역에 관한 기준이 명확히 설정되어 왔다. 그런데 부정경쟁방지법 카목은 그동안 여러 사례군을 통해 정립하여 온 명확한 구별 기준을 무력화할 수 있다는 점에서 문제이다. 위에서 분석한 바와 같이, 카목이 관련되는 사안은 (ⅰ) 애초에 보호에 공백이 있었던 새로운 유형의 지적재산, 영업비밀에 관한 것과, (ⅱ) 종래의 지적재산권 침해에는 해당하지 않는 공공영역에 있는 것이지만 특별히 불법행위를 인정해야 하는 것이 있다. 그런데 (ⅱ)와 관련하여서 보면, 종래 세밀하게 설정된 지적재산권의 보호 기준에 부합하지 않으면 그것은 누구나 자유롭게 이용할 수 있는 공공영역에 해당하는 것이고, 단지 이를 무단으로 사용하였다고 하더라도 불법행위라고 할 수 없으므로, 무단사용행위만으로 성급하게 위법하다고 판단되어서는 안 된다. 그렇지 않고 곧바로 일반조항에 해당하는 부정경쟁방지법 카목을 곧바로 적용한다면 기껏 지금까지 마련되어 온 지적재산권 체계의 세밀한 균형점이 흔들릴 수 있다. 오히려 종래 지

36) 나종갑(주 29), 152면.

37) 나종갑(주 29), 153면. 이 견해는 또한 카목이 가지는 이러한 위험성을 고려하면 카목은 매우 엄격하고도 극히 제한적으로 해석 · 적용되어야 함에도, 대법원의 해석은 법원의 영향력을 확대하려는 것 외에 다른 정책적 고려가 보이지 않는다고 강하게 비판한다(154면).

적재산권 침해에 해당하는지 여부를 면밀히 살펴보고, 만약 종래 지적재산권 침해에는 해당하지 않는다고 하더라도 새로운 환경변화 등으로 인하여 창작자에게 인센티브가 필요한 상황이라면, 지적재산권 침해 기준을 세밀하게 수정하는 방법으로 자유사용이 허용되는 공공영역을 축소하는 등으로 조정해 볼 필요가 있다. 이러한 측면에서 게임 저작물에 관하여는 저작권 인정 범위를 다소 넓혀 저작권 침해 자체를 인정한 킹닷컴 사건의 대법원 입장은 극히 타당하다고 할 것이다.

더욱이 부정경쟁방지법 카목은 지적재산권 자체의 침해를 문제삼는 것이 아니라, 부정한 경쟁을 하는 '행위의 불법' 자체에 초점이 맞추어져 있는 점에서 보더라도 그렇다. 즉, 부정경쟁방지법 카목이 정하는 행위가 지적재산권과 어느 정도 관련이 있고, 지적재산권이 보호하는 대상과 그 보호대상이 겹치기는 하지만, 양자는 엄연히 구별되는 것이다. 오히려 부정경쟁방지법 카목은 '무임승차'를 방지하고자 하는 측면이 있으며[38)·39)] 종래의 지적재산권 침해와는 그 구성요건과 기준은 물론 본질부터 전혀 다르다. 따라서 부정경쟁방지법 카목을 도입하기보다는, 네이버 사건이나 헬로키티 사건을 통해 제시된 불법행위 기준을 개개의 사건별로 적용하여 해결하도록 하는 것이 오히려 바람직하였을 것이다. 이와 같이 해결

38) 이러한 관점에서 나종갑, "성과 '모방' 도그마와 부정경쟁방지법 제2조 제1항 (카)목의 적용범위－서울연인단팥빵사건을 중심으로－", 산업재산권 제62호, 한국지식재산학회(2020), 172-177면은, 성과 자체의 모방과 고객흡인력의 부정취득사용행위를 구별해야 한다고 지적한다.

39) 여기에 불공정거래행위 등 경쟁법적 시각을 통해 부정경쟁방지법 카목을 해석해야 한다는 견해도 제기되고 있다. 강봉관, "부정경쟁방지법상 일반조항의 적용 사례에 대한 불공정거래행위 법리를 통한 재해석", 법학연구 제16권 제2호, 명지대학교 법학연구소(2017); 박윤석, "지식재산권 침해와 부정경쟁의 관계에 관한 고찰", 지식재산연구 제13권 제3호, 한국지식재산연구원(2018) 등. 카목의 성격이나 요건을 파악함에 있어 경청할만한 견해라고 생각하나, 부정경쟁방지법 카목은 어디까지나 기존 지적재산권법에 관한 보충적 일반조항으로 보아야 하며, 경쟁법적 시각에만 의존해 이를 해석할 경우에는 그 적용기준이 부정확해질 수도 있다. 예를 들어 박윤석(주 37), 85-87면은, 경쟁법적 관점에서, 영업적 비용절감이나 제품 가격인하가 경쟁에 미치는 영향 등을 고려할 수 있다고 하는데, 성과도용행위가 반드시 영업적 비용절감이나 제품 가격인하를 가져오는 것이 아니기 때문에, 이와 같이 경쟁법적인 기준을 부정경쟁방지법 카목에 직접 적용하기는 무리이다.

할 경우에는, 이러한 행위가 어디까지나 민법 제750조에 의한 불법행위라는 점이 보다 명확히 강조되어, 단순히 공공영역에 해당하는 아이디어 등을 도용한 것으로는 부족하고, 불법행위에 해당할 정도로 뚜렷한 위법적 징표가 요구된다는 점을 확실히 인식할 수 있을 것이며, 기존 지적재산권 체계에 불필요한 오해를 불러일으키는 일도 없었을 것이다.

물론 부정경쟁방지법 카목의 도입으로, 설령 종래 지적재산권 체계 하에서 보호될 수 없는 단순한 아이디어 등이라고 하더라도, 그 도용행위에 위법성이 인정된다면 불법행위 책임이 인정될 수 있음이 선명하게 확인되었다는 긍정적인 측면이 없지 않다. 그러나 이미 네이버 사건이나 헬로키티 사건을 통해서 새로운 유형의 지적재산이나 영업이익도 불법행위로 보호될 수 있으며, 또 종래의 지적재산권과 관련된 것으로 자유사용이 허용되는 공공영역에 관한 것이라도 함부로 위법한 방식으로 사용할 경우 불법행위로 인정될 수 있다는 것이 인식되어 있던 상황에서, 부정경쟁방지법 카목을 도입함으로써 마치 종래의 지적재산권법 체계와는 전혀 구별되는 새로운 침해유형이 생긴 것으로 오해될 여지를 둔 것은 아닌지 우려된다. 부정경쟁방지법 카목이 도입되기 전, 그에 더 앞서 네이버 사건이나 헬로키티 사건이 선고되기 전에도 이미, 종래의 지적재산권 침해가 인정되지 않는 사안에서 불법행위 성립 여부가 문제되었던 사례가 존재하였으며,[40] 오히려 이에 관하여는 판례군 형성을 통해 개별적인 사례에 맞는 구체적인 기준이 설정되는 것이 바람직했을 것으로 생각된다.

실제로 불구하고 킹닷컴 사안에서 항소심 판결이 내려지기 전, 다수의 하급심 판례에서 부정경쟁방지법 카목의 취지를 오해하여 카목 위반이 다소 무분별하게 인정되었다. 킹닷컴 사안의 제1심 역시 이러한 경향 중 하나라고 할 수 있다. 즉, 현실적으로 단순히 각 목의 부정경쟁행위와 동일한 대상만을 주장하면서 예비적으로 부정경쟁방지법 카목의 주장을

40) 이러한 사례들에 대한 설명과 비판적 검토로는, 신지혜, "공중의 영역에 해당하는 저작물 이용에 대하여 일반불법행위 책임을 인정한 판결례에 대한 고찰", Law & Technology 제6권 제2호, 서울대학교 기술과법센터(2010) 참조.

추가하는 정도의 사례가 다수 있었으며,[41] 실제로 인용되기도 하였다. 그러나 일단 기존 법체계 하에서 자유로운 이용이 가능한 공공영역으로 판단된 것에 대하여 "다시 '모방의 자유'가 제한되기 위해서는 그 '불공정'함이 '현저'하여야 하므로, 그 예측가능성과 법적 안정성을 확보하기 위하여 신중하고 엄격하게 해석되어야 하고, 따라서 성과 모방이나 이용행위의 경과, 침해자의 목적 또는 의도, 이용의 방법이나 정도, 이용까지의 시간적 간격 (선행시간의 이익), 성과물 취득 경위, 이용행위의 결과로 피침해자의 사업이 괴멸적인 영향을 받는 경우 등을 고려"[42]해야 하는 것이다.

결론적으로 부정경쟁방지법 카목을 적용함에 있어서, 불법행위 판단에 관하여한 위법성이 충분히 검토되어야 한다. 특히 그 경우에는 종래 불법행위 이론에서 논의된 결과불법론, 행위불법론 및 피침해이익과 행위태양 사이의 상관관계론 등이 고려되어야 할 것이며,[43] 안일하게 종래

---

41) 최호진, "개정 부정경쟁방지법 (차)목 및 (카)목의 해석 · 적용에 관한 고찰", 인권과정의 Vol. 476, 대한변호사협회(2018), 20면.

42) 박준우(주 10), 413면. 그러면서 이 견해는 다음과 같은 경우들을 그러한 예시로 들고 있다.

① 부정 취득: 절취 등 부정한 수단에 의하여 원고의 성과나 아이디어를 취득 ② 신의칙 위반: 원고와의 계약상 의무나 신의칙에 현저히 반하는 양태의 모방 ③ 가해행위: 건전한 경쟁을 목적으로 하는 성과물의 이용이 아닌 경우. 예) 경쟁자의 의도적 영업방해, 경쟁지역에서 염가판매, 오로지 손해를 줄 목적으로 이용 ④ 직접적 모방(dead copy): 원고의 성과를 토대로 피고 자신의 창작적 요소를 가미한 것(: 예속적 모방)이 아닌, 원고의 성과를 대부분 그대로 가져오면서 피고의 창작적 요소가 거의 가미되지 아니한 모방

43) 최호진, "아이디어의 보호가능성과 유형별 사례분석", 저스티스 통권 제140호, 한국법학원(2014), 163, 164면은, "아이디어는 관련 지식재산권법률의 보호요건을 갖추기 직전의 것에서부터 단순한 생각에 이르기까지 다양한 종류의 가치를 가지고 있으나, 이 중에서 '법률이 보호하기에 적합한 이익의 침해'로 인정되기 위해서는 어느 정도의 경제적 · 사회적 가치를 가진 아이디어일 필요가 있는 것이고, 아이디어가 참신하고, 독창적이며, 구체적이라고 인정할 수 있을수록 현실적으로 그 아이디어에 경제적 · 사회적 가치가 있다고 보아 '법률이 보호하기에 적합한 이익의 침해'로 판단하기 용이하다. 또한 침해의 태양이라든지 가해자 측의 주관적인 상황이 상당히 강한 정도의 반사회성을 가지고 있을 것이 필요한데, 가해자의 침해 태양의 불법성이 매우 불량하거나 신뢰관계나 묵시적 의무와 같은 일종의 법적 관계가 있다면, 가해자의 고의 · 과실 및 가해의 태양이 중하다고 보아 가해행위의 불법성을 무겁게 판단할 수 있을 것이다."라고 기술하고 있는데, 상관관계설에 입각한 해석론이라고 볼 여지가 있다.

지적재산권 침해행위에 관한 사실관계만을 근거로 카목 위반을 인정하여서는 안 될 것이다.

이하에서는 이러한 전제에서 대상판결을 검토한다.

2. 저작권침해를 부정한 부분에 대한 검토

(1) 대상판결 사안에서 골프코스에 대하여 저작물성이 인정되었고, 피고들이 이를 무단으로 사용한 사실은 인정되었으나, 원고들이 골프코스의 창작자가 아니거나 저작권자로부터 적법하게 저작권을 양수하지 않았다는 이유로 침해주장이 배척되었다. 현행 저작권법 체계에 비추어 보았을 때 이러한 판단은 적절한 것으로 판단되기는 하나, 저작권 양수와 관련하여 다음과 같은 점을 지적하고자 한다.

우선 원고들은 골프장의 시공자로, 창작자인 설계자와 사이에 골프코스 설계에 관한 계약을 체결하고 이들에게 골프코스 설계도 작성을 맡겼다. 따라서 설령 창작자인 설계자에게 저작재산권이 원시적으로 귀속하였다고 하더라도, 원고들이 이를 묵시적으로 양도받거나 이용허락받았다고 볼 여지는 없었는지 하는 점이다. 원고들이 창작자가 아니라고 판단한 것은 타당하나, 저작권의 묵시적 양도나 이용허락 등의 법리를 통해 원고들이 저작권으로 보호받을 여지는 없었는지 의문이다.[44)·45)] 한편, 원고들

44) 물론 이 사건에서 원고들 스스로 공동저작물의 양도 부분에 관하여 정치한 법리적 다툼이나 주장·입증을 하지 않았던 것으로 보이므로, 변론주의 원칙상 이에 관하여 판단하기 어려웠을 것이다. 아래의 공동저작물 양도에 관한 부분도 마찬가지이다.

45) 한편 골프코스 중 일부에 관하여는, 원고들이 공동저작자 중 한 명으로부터 실제로 저작권을 양수한 것으로 보인다. 저작권법 제48조 제1항에 의하면 공동저작물의 저작재산권은 그 저작재산권자 전원의 합의에 의하지 아니하고는 이를 행사할 수 없으며, 다른 저작재산권자의 동의가 없으면 그 지분을 양도하거나 질권의 목적으로 할 수 없고, 이 경우 각 저작재산권자는 신의에 반하여 합의의 성립을 방해하거나 동의를 거부할 수 없다. 따라서 원고들이 공동저작자 중 한 명으로부터 저작권을 양수하였다고 하더라도 다른 공동저작자 전원이 동의하지 않은 한 그러한 양수는 무효가 된다. 따라서 공동저작자 중 한 명으로부터만 저작권을 양수했더라도 양수의 효력을 주장할 수는 없다. 다만 하급심 판결 중에서는, 공동저작자 중 1명이 다른 공동저작자들을 상대로 저작인격권 중 공표권에 기초하여 저작물의 출판, 발매, 배포의 금지를 청구한 사건에서, 원고가 이와 같은 금지청구를

외에 골프코스에 대한 저작권자가 별도로 존재하기 때문에, 피고가 부정경쟁행위를 이유로 원고들에게 손해배상을 한 이후라고 하더라도, 추후 저작권자들로부터 다시 저작권 침해에 대한 손해배상을 청구당할 수 있다.

(2) 부정경쟁방지법 카목 위반을 인정한 부분에 대한 검토

(가) 대상판결은 위와 같이 원고들은 저작권침해를 주장할 수 있는 주체에 해당하지 않는다고 보면서, 부정경쟁행방지법 카목 위반에는 해당한다고 보았다. 그 근거로 대상판결은, "(카)목이 정하는 '공정한 상거래 관행이나 경쟁질서에 반하는 방법으로 자신의 영업을 위하여 무단으로 사용'한 경우에 해당하기 위해서는 권리자와 침해자가 경쟁관계에 있거나 가까운 장래에 경쟁관계에 놓일 가능성이 있는지, 권리자가 주장하는 성과 등이 포함된 산업분야의 상거래 관행이나 경쟁질서의 내용과 그 내용이 공정한지, 위와 같은 성과 등이 침해자의 상품이나 서비스에 의해 시장에서 대체될 수 있는지, 수요자나 거래자들에게 성과 등이 어느 정도 알려졌는지, 수요자나 거래자들의 혼동가능성이 있는지" 여부를 기준으로 해야 한다고 일반론은 전개하고 있으나, 구체적인 사실관계 포섭에 있어서는 "원고들과 경쟁관계에 있는 피고 등이 [원고들]의 허락을 받지 않고 이 사건 골프장의 모습을 거의 그대로 재현한 스크린골프 시뮬레이션 시스템용 3D 골프코스 영상을 제작, 사용한 행위는 위 원고들의 성과 등을 공정한 상거래 관행이나 경쟁질서에 반하는 방법으로 피고의 영업을 위하여 무단으로 사용함으로써 위 원고들의 경제적 이익을 침해하는 행위"에 해당한다고 하여 상세하게는 설시하지 않으며 원심의 판단을 그대로

하는 것은 공동저작자로서 신의에 반하는 것이어서 허용될 수 없다고 본 것이 있는데(서울민사지방법원 1995. 4. 28. 선고 94가합50354 판결: 확정), 즉 공동저작자 중 일부가 먼저 다른 공동저작자 전원의 동의를 받지 않고 공동저작물을 사용하였더라도 만약 공동저작자의 동의 거절이 신의에 반하는 것이었다면 그러한 사용은 허용될 수 있다는 것이다. 이러한 하급심 판결에 의할 때, 만약 원고들이 저작권을 양도하지 않은 공동저작자들을 상대로 저작권 양도에 대한 동의를 구하였으나 다른 공동저작자들이 동의를 거부하였다면 그와 같은 동의 거부가 제48조 제1항 단서의 신의칙 위반에 해당하여 동의의 효과가 발생한다고 볼 여지는 없는지 의문이다.

유지하고 있다. 그런데 대상판결 내용을 보면, 피고의 행위는 결국 "원고들의 성과 등인 골프코스를 무단으로 사용했다"는 것일 뿐이어서, 무단사용 이상의 구체적인 불법적인 행위태양이 어디에 존재하는지 알 수 없다.

이는 사실관계에 관해 구체적으로 판단한 항소심 판결을 보아도 마찬가지이다. 항소심은 피고가 원고들의 성과물을 위법하게 무단으로 사용하였는지 여부를 상세히 판단하고 있기는 하나, 그 내용을 보면, 피고가 원고들로부터 사용허락을 받았는지에 국한되어 있다. 즉 피고가 원고들과 사이에 골프코스 사용에 관하여 여러 차례 협상을 하다가 결국 최종적인 사용계약에 이르지 못하였던 사정만 상세히 나와 있을 뿐, 그 외 구체적으로 피고에게 어떠한 불법적 행위태양이 인정되는지 알기 어렵다. 항소심에서는, 부정경쟁방지법 카목에 관한 부분에서, 사용허락을 받지 못한 피고가, 저작권법 제35조 제2항이나 제35조의3 제1항 등에 해당할 수 있는지를 판단하고 있는데, 이는 일단 객관적으로 저작권 침해에 해당하는 경우 그 제한사유에 관한 것이어서 부정경쟁방지법 카목과 관련하여 논의될 것도 아니고, 더군다나 설령 피고가 위 저작권 제한사유에 해당하지 않는다고 하여 곧바로 불법적 행위태양이 인정되는 것도 아니어서, 피고의 불법적 행위태양을 뒷받침함에 있어 적절하지 않다.[46] 게다가 피고들이 침해하였다고 주장하는 원고들의 이익은 저작권이 아니며, '골프코스를 스크린 골프용 프로그램으로 제작할 영업상 이익'이므로, 저작권 제한사유에 해당하지 않는다는 이유로 불법성이 인정된다는 것도 타당하지 않다.

오히려 피고들의 행위에 불법성이 인정되는지 여부는 킹닷컴 판결 항소심이 제시하고 있는 바와 같이, "절취 등 부정한 수단에 의하여 타인의 성과나 아이디어를 취득하거나 선행자와의 계약상 의무가 신의칙에 현저히 반하는 양태의 모방, 건전한 경쟁을 목적으로 하는 성과물의 이용이 아니라 의도적으로 경쟁자의 영업을 방해하거나 경쟁지역에서 염가로 판매하거나 오로지 손해를 줄 목적으로 성과물을 이용하는 경우, 타인의 성

46) 원고들 측에서 구체적으로 피고들의 불법행위를 주장, 입증해야 하는데, 마치 피고들에게 주장, 입증 책임이 있는 것처럼 비춰지기도 한다.

과를 토대로 하여 모방자 자신의 창작적 요소를 가미하는 이른바 예속적 모방이 아닌 타인의 성과를 대부분 그대로 가져오면서 모방자의 창작적 요소가 거의 가미되지 않은 직접적 모방에 해당하는 경우 등에는 예외적으로 타인의 성과 모방이나 이용행위에 공정한 거래질서 및 자유로운 경쟁질서에 비추어 정당화될 수 없는 '특별한 사정'이 있는" 경우에 해당하는지 여부를 판단하였어야 할 것이다. 그러나 이 사안에서는 위 킹닷컴 판결에서 제시한 기준에 해당하는 사정이 있다고 보이지는 않는다.

(나) 한편, 위에서 본 바와 같이, 이 사건에서 원고들에게는 저작재산권이 인정되지 않고 별도의 저작재산권자가 존재하기는 하나, 피고들의 행위가 일응 저작권 침해에는 해당한다는 점에서 볼 때,[47] 피고들의 불법적 행위태양에 관한 판단 수준은 낮아질 여지가 있기는 하다. 상관관계설에 의할 때에도 이러한 해석이 가능하다. 그러나 대상판결에서는 실질적으로 '사용허락을 받지 못한 점'만이 불법성 요소로 판단된 것과 다름없으므로, 아무리 행위태양에 관한 기준을 낮춘다고 하더라도 여전히 부정경쟁방지법 카목 위반에 해당할만한 행위의 불법성에 대해 충분히 판단되었다고 보기는 어렵다.

(다) 더욱이 정보생산에 있어서 시장실패 상황이 발생하면 정부가 개입하여야 하며 바로 부정경쟁방지법 카목이 이러한 역할을 하는 것이므로, 카목의 해석에 있어서도 이러한 점이 고려되어야 한다고 보는 견해[48]에서는, "성과로 주장하는 내용이 공공영역에 존재하는 정보와 유사한 경우에는 보호되는 성과로 인정받기 힘들고, 기존 지식재산권 체계로

---

47) 다만, 피고들의 행위가 반드시 저작권 침해에 해당하는지 여부에 관하여는 논란의 여지가 없지 않다. 피고들은 골프장 설계도를 그대로 복제하거나 이를 이용하여 골프장을 건축한 것이 아니고, 스크린골프 시뮬레이션 시스템용 3D 골프코스 영상을 제작한 것이기 때문이다. 피고들이 제작한 영상의 전체적인 구조는 원고들의 골프장 설계도에 의한 것이지만, 실제 골프장 이용시 이용자들이 느끼는 감각과, 피고들의 골프코스 영상에서 이용자들에게 비춰지는 구체적이고 단편적인 화면 사이에 과연 실질적 유사성이 인정될 수 있을지 다시 판단될 필요가 있다.

48) 박준우(주 10), 410-412면.

충분히 보호될 수 있었음에도 보호에 필요한 절차를 스스로 밟지 않아 보호공백을 발생시킨 경우에는 보호될 수 없으며, 이미 기존 지식재산권 체계로 보호될 수 있는 이익이라면 기존의 지식재산권자과는 별도의 중첩적인 보호를 인정할 필요는 없다"고 하면서, 이러한 기준에 의하면 골프코스에 대한 저작권자 외에 원고들에게 부정경쟁방지법 카목에 의한 별도의 보호를 인정할 필요는 없으며, 원고들에게 저작권자와는 별도로 보호를 인정할 경우 피고들은 원고들에게 손해배상을 한 후 다시 저작권자로부터 저작재산권 침해 주장을 당할 가능성도 있다고 지적한다. 저작권자가 갖는 이익과, 저작물의 이용허락을 받아 영업을 하는 자의 이익이 항상 일치한다고 볼 수 없고, 때로는 양자가 별도로 손해배상 등 권리구제 수단을 행사할 수 있다는 점에서 이러한 지적이 항상 타당하다고 볼 수는 없다. 그러나 저작권 침해 외에 추가로 부정경쟁방지법 카목 위반을 인정하기 위해서는, 저작권 침해와 구별되는 별도의 구체적인 불법적 행위태양이 인정되어야 함에도, 대상결정과 같이 '이용허락을 받지 않은 점' 외에 실질적으로 불법적 행위태양이 전혀 인정되지 않는 경우라면, 결국 저작권자의 이익과 저작물의 이용허락을 받아 영업을 하는 자의 이익이 구별되기 어렵다는 점에서 이러한 지적이 여전히 유효할 것이다.

Ⅳ. 결 론

네이버 사건 판결 선고 전부터 이미 하급심 판결례 중에서는 저작권 침해를 부정하면서 불법행위를 인정한 사례가 여럿 있었다. 그러다가 네이버 사건 및 헬로키티 사건을 통해 불법행위의 인정 기준이 정립되었고, 이를 토대로 부정경쟁방지법 카목이 도입되었으며, 그 이후로 다수의 하급심 판결과 대법원 판결이 선고되었다. 대상판결 역시 이에 관한 것이다.

부정경쟁방지법 카목이 보충적 일반조항으로 불법행위의 성질을 갖는다는 점에 대하여는 대체로 의견일치가 이루어진 것으로 보이지만, 기존 지적재산권 체계와의 정합성이나, 불법행위로 인정되기 위한 세부적 요건 등에 관하여는 심도 있는 논의가 이루어졌다고 보기 어렵다. 부정경쟁방지법 카목이 불법행위의 일종으로 타인이 구축한 성과 등을 부당하게 도용하여 무임승차하는 것을 방지하는 조항이라면, 그러한 본질에 맞게 요건을 구성하는 것이 타당하다. 즉, 법률적으로 보호될 만한 이익을 성과 등으로 보아야 할 뿐 아니라, 그러한 이익을 사용하는 행위태양에 단순한 무단 이용을 넘는 현저한 불법성이 인정되어야 하는 것이다. 그럼에도 불구하고 지금까지의 사례들 중 상당수에서는 마치 종래 지적재산권 침해의 경우와 마찬가지로 허락 없는 무단 사용행위만 있으면 곧바로 부정경쟁방지법 카목에 해당할 수 있는 것처럼 오해되어 온 면이 없지 않다. 이 글에서 소개한 바와 같이 대상판결 이전의 사례들에서도 그러한 경향이 보이며, 대상판결에서도 역시 그러한 문제점을 발견할 수 있다. 그러나 이러한 태도는 기존에 정립되어 온 지적재산권 체계를 뿌리째 뒤흔들 수 있다. 따라서 부정경쟁방지법 카목을 해석, 적용함에 있어서는, 창작자 보호와 자유경쟁 촉진 사이의 적절한 균형을 맞춰 온 기존 지적재산권 체계의 대원칙을 항상 염두에 두고, 신중한 접근법을 취해야 할 것이다.[49)]

49) 설민수, "저작권의 보호 한계와 그 대안 : 비디오게임, 인터페이스 소프트웨어, 패션디자인에서의 도전과 한국 법원의 부정경쟁방지법 제2조 제1호 (차)목의 확장적 적용을 중심으로", 인권과정의 Vol. 458, 대한변호사협회(2016), 48, 49면 역시, "시행한 지 그리 오랜 시간이 지나지 않았지만 부정경쟁방지법 제2조 제1호 (차)목은 한국에서 빠르게 확장하고 있고 벌써 캔디크러쉬 판결에서도 보이듯이 상대적으로 좁게 해석되는 저작권을 어느 정도 대체하는 쪽으로 접근하고 있다. 하지만 한국보다 먼저 지식재산권법을 개척한 미국이 어떻게 보면 제도를 악용하는 것처럼 보일 수도 있는 부정이용행위자를 제재하는 손쉬운 부정이용 법리가 아닌 그 보호범위도 난해한 저작권을 고집하며 발전시키고 있는 것은 위와 같은 확장이 가진 위험성을 충분히 인식하면서 나온 결과로 볼 수 있다. 비디오게임, 인터페이스 소프트웨어, 패션디자인의 예에서 볼 수 있듯이 저작권은 그 산업의 특성 등에 따라 보호범위를 달리하며 오랫동안 발전되어 온 아이디어와 표현의 분리, 공정이용 등의 각종 법리를 통해 그 자체 내에서 일정한 제어장치와 균형을 가진 지식재산권으로 볼 수 있다. 따라서 한국의 법원에서도 향후 부정경쟁방지법 제2조 제1호 (차)목과 같은 일반조항으로 도피하기보다는 저작권의 보호범위에 대한 보다 깊은 숙려를 통해 이를 정립하려고 노력하는 것이 선행되어야 할 것이다"라고 하여 이러한 점을 지적하고 있다.

[Abstract]

A Study on the Application Criteria for the General Provision of the Article 2 para. 1 of the Unfair Competition Prevention Act

–The Supreme Court Decision on March 26, 2020, 2016da276467

Shin, Ji Hye*

The Article 2 para. 1 section (k) of Unfair Competition Prevention and Trade Secret Protection Act(the "Section (k)" and the "Unfair Competition Prevention Act", respectively), introduced in 2014, lists "any other acts of infringing on other persons' economic interests by using the outcomes, etc. achieved by them through substantial investment or efforts, for one's own business without permission, in a manner contrary to fair commercial practices or competition order" as a type of unfair competition. The Section (k) was legislated in accordance with the precedent Naver case (the Supreme Court Decision on Aug. 25, 2010, 2008ma1541), which have judged such an act as "unfair competition and a tort under the Civil Act." It is evaluated as a general provision. In determining the scope of application of the Section (k) of the Unfair Competition Prevention Act, it is necessary to examine the relationship with the infringements regulated by existing laws, such as the Patent Act, Trademark Act, Copyright Act, and the unfair competition listed by the Section (a) to (j) of the Unfair Competition Prevention Act. As any intellectual achievements that are not included in the rights protected by existing laws and regulations should, in principle, be considered to be in the public domain that can be used freely, in order to regulate an act using

* Assistant Professor, Law School, Hankuk University of Foreign Studies, Attorney at Law, Ph.D at Law.

these achievements as a tort or unfair competition, a high degree of illegality in the behavior is required.

Nevertheless, in the interpretation and application of Section (k) of the Unfair Competition Prevention Act, it seems that the act of using any intellectual achievements without permission has been misunderstood as if it directly corresponds to the Section (k). The same problem is found in the Supreme Court decision on March 26, 2020, 2016da276467. Such misunderstandings could shake up the existing intellectual property rights system from the ground up. Therefore, in interpreting and applying the Section (k) of the Unfair Competition Prevention Act, a careful and meticulous approach should be taken, always keeping in mind the basic principle of the existing intellectual property rights system that seeks an appropriate balance between the protection of creators and the promotion of free competition.

[Key word]

- The Article 2 para. 1 of the Unfair Competition Prevention Act
- Unfair Competition
- Tort on the Civil Act
- Public domain
- Intellectual property system

참고문헌

대표저자 김용덕, 「주석민법 채권각칙(5)」, 한국행정사법학회(2017).

강봉관, "부정경쟁방지법상 일반조항의 적용 사례에 대한 불공정거래행위 법리를 통한 재해석", 법학연구 제16권 제2호, 명지대학교 법학연구소(2017).

김원오, "부정경쟁방지법상 신설된 일반조항의 법적성격과 그 적용의 한계", 산업재산권 제45호, 한국지식재산학회(2014).

김인철, "골프코스의 저작권법상 보호-골프존 사건을 중심으로-", 산업재산권 제64호, 한국지식재산학회(2020).

나종갑, "부정경쟁방지법 제2조 제1호 카목은 사냥허가(hunting license)인가? -소위 '눈알가방'사건과 관련하여", 지식재산연구 제15권 제4호, 한국지식재산연구원(2020).

______, "성과 '모방' 도그마와 부정경쟁방지법 제2조 제1항 (카)목의 적용범위-서울연인단팥빵사건을 중심으로-", 산업재산권 제62호, 한국지식재산학회(2020).

문선영, "부정경쟁행위 일반조항에 관한 주요 법적 쟁점 연구", 과학기술법연구 제22권 제1호, 한남대학교 과학기술법연구원(2016).

박성호, "지적재산법의 비침해행위와 일반불법행위", 정보법학(제15권 제1호), 한국정보법학회(2011).

______, "저작권법에 의한 보호가 부정되는 경우 부정경쟁방지 및 영업비밀보호에 관한 법률 제2조 제1호 (차)목의 적용범위", 한양법학 제29권 제1호, 한양법학회(2018).

박윤석, "지식재산권 침해와 부정경쟁의 관계에 관한 고찰", 지식재산연구 제13권 제3호, 한국지식재산연구원(2018).

박준우, "부정경쟁방지법 제2조 제1호 차목의 유형화에 대한 검토-서울고등법원 판결을 중심으로-", 산업재산권 제55호, 한국지식재산학회(2018).

______, "주지상표의 광고기능과 부정경쟁방지법 일반조항-대법원 2017다217847 판결('에르메스눈알가방 사건')의 검토-", 법과기업연구(제11권 제1호), 서강대학교 법학연구소(2021. 4.).

백경태, "난쟁이는 어떻게 거인의 어깨 위에 올라갔을까—마술 표절에 대한 법적 보호 검토—", 법학연구(제28권 제2호), 연세대학교 법학연구원(2018).

설민수, "저작권의 보호 한계와 그 대안 : 비디오게임, 인터페이스 소프트웨어, 패션디자인에서의 도전과 한국 법원의 부정경쟁방지법 제2조 제1호 (차)목의 확장적 적용을 중심으로", 인권과정의 Vol. 458, 대한변호사협회(2016).

손천우, "부정경쟁방지법 제2조 제1호 (카)목이 규정하는 성과물 이용 부정경쟁행위에 관한 연구", 사법 1(55), 사법발전재단(2021).

신지혜, "공중의 영역에 해당하는 저작물 이용에 대하여 일반불법행위 책임을 인정한 판결례에 대한 고찰", Law & Technology 제6권 제2호, 서울대학교 기술과법센터(2010).

______, "지적재산권의 공유관계", 토지법연구 제35권 제1호, 한국토지법학회(2019. 6.).

______, "부정경쟁방지법에 의한 퍼블리시티권의 규율—대법원 2020. 3. 26.자 2019마6525 결정—", 민사법학 제94호, 한국민사법학회(2021).

유대종 · 신재호, "부정경쟁방지법에 의한 아이디어 보호의 비판적 검토—서울중앙지방법원 2015. 10. 30. 선고 2014가합567553 판결을 중심으로—", 창작과권리 제83호, 세창출판사(2016).

이규홍, "부정경쟁방지법 제2조 제1호 차목(변경 후 카목)에 대한 연구—부정경쟁행위와 불공정거래행위의 교차점—", 정보법학 제22권 제2호, 한국정보법학회(2018).

정희엽, "'차량의 루프박스 구조'와 관련하여 부정경쟁방지법 제2조 제1호 (카)목의 적용 여부가 문제된 사건[대법원 2020. 6. 25. 선고 2019다282449 판결]", Law & Technology 제16권 제6호, 서울대학교 기술과법센터(2020).

차상육, "골프코스 건축디자인의 저작권법상 보호: 이른바 '골프존' 사건(서울고등법원 2016. 12. 1. 선고 2015나2016239 판결)을 중심으로", 계간저작권 제119호, 한국저작권위원회(2017).

최호진, "아이디어의 보호가능성과 유형별 사례분석", 저스티스 통권 제140호, 한국법학원(2014).

______, "개정 부정경쟁방지법 (차)목 및 (카)목의 해석 · 적용에 관한 고찰", 인권과정의 Vol. 476, 대한변호사협회(2018).

LBO에 대한 배임죄 판단기준

송 옥 렬*

요 지

LBO는 대상회사를 인수하기 위한 인수자금의 조달에 대상회사의 자산가치를 활용하는 기법을 말한다. LBO는 부채를 조달하여 기업을 인수하는 것이기 때문에, 인수 이후 대상회사의 파산위험이 높아지는 문제가 있다. 따라서 과도하게 부채를 이용할 인센티브를 적절한 수준으로 통제하는 것이 올바른 정책목표가 된다. 그러나 대법원은 2006년 신한 판결에서 이런 LBO의 특징을 간과하고, 단순히 대상회사와 주주는 서로 독립된 법인격을 가진다는 형식논리에 의존하여 배임죄를 인정하였다. 다행히 대법원은 2015년 온세통신 사건에서 담보형 LBO에 대해서 유연한 접근으로 선회하였으나, 대상판결은 LBO의 법리를 다시 15년 전으로 회귀시키는 듯한 판시를 하였다. 나아가 대상판결은 심지어 SPC를 이용한 합병형 LBO도 문제가 될 수 있다는 방론을 남기고 있다. 그러나 이런 판시내용은 LBO를 이용한 기업인수의 가능성을 차단하는 문제를 야기할 뿐만 아니라, 법리적으로도 보더라도 법인격과 같은 형식적 요소에 너무 주목하면서 전체적인 거래의 구조를 간과하고 있다는 비판이 가능하다.

이 글에서 대상판결에 대해서 비판한 부분은 크게 세 가지이다. 첫째, 대상판결은 저당권설정등기를 위하여 제출한 국문본이 당사자 사이에 피담보채무의 범위에 관한 합의내용이라고 보았다. 그러나 영문본에 이와 다른 명문의 규정이 있고, 영문본과 다른 내용을 며칠 안에 당사자들이 합의하였다고 보기 어렵다는 점에서, 형사책임을 묻기 위한 엄격한 사실관계의 인정인

* 서울대학교 법학전문대학원 교수.

지에 대해서는 의문이 있다. 둘째, 대상판결은 이 사건을 담보형 LBO라고 판단하고, 신한 판결에 기초하여 배임죄를 인정하고 있다. 그러나 2015년 온세통신 판결에서 임무위배의 판단을 위하여 설시한 여러 요소들은 고려하고 있지 못하다. 근본적으로 담보형 LBO의 법리는 1인 회사 법리의 연장선에 있는 만큼, 이제 1인 회사의 법리의 타당성에 대해서 본격적으로 논의할 시기가 된 것이 아닌가 생각한다. 셋째, 대상판결은 SPC와 대상회사의 합병은 합병형 LBO가 아니어서 배임죄가 적용될 여지가 높다고 보고 있다. 그러나 SPC와의 합병이라 하더라도 대상회사의 채권자는 충분히 보호될 수 있으므로, 이를 굳이 인수회사와의 합병과 달리 취급해야 할 이유는 없다.

[주 제 어]
- LBO
- 배임죄
- 담보형 LBO
- 합병형 LBO
- 1인 회사
- 법인격
- 계약의 해석
- SPC

대상판결 : 대법원 2020. 10. 15. 선고 2016도10654 판결

[사실관계]

1. 이 사건 기업인수 약정 및 대출계약

하이마트 대표이사인 피고인 선종구는 2004. 5. 어피니티와 매각 협상을 진행하였다. 이후 실사를 거쳐 2004. 9. 어피니티는 하이마트 발행주식 100%의 매수를 제안하였으며, 이 제안은 2004. 9. 24. 하이마트 이사회에서 통과되었다. 이후 어피니티는 2004. 12. 16. 하이마트 100% 지분에 대하여 4,640억원의 인수대금을 제시하였고 며칠 후 12. 22. 하이마트 이사회는 이를 전원 찬성으로 승인하였다.

어피니티는 2005. 1. 26. 하이마트 주식 100%를 보유할 SPC로 하이마트홀딩스를 설립하였다.[1)] 하이마트홀딩스는 2005. 3. 22. A, B, C, D, E 등 금융기관을 대주단으로 하여 합계 4,720억원의 이 사건 대출계약을 체결하였는데, 이 사건 대출계약은 이를 5개의 서로 다른 개별대출로 구분하고, 각 대출마다 그 차주 및 대출금 용도를 달리 하였다. 이에 따르면, ① 2,550억원의 B, C 대출은 차주가 하이마트홀딩스이고 목적은 하이마트의 주식인수대금이었다. ② 나머지 2,170억원의 A, D, E 대출은 하이마트가 차주로서, 하이마트의 운전자금 지원 및 기존 대출금의 리파이낸싱을 위한 것이었다.

이 사건 대출계약에서 대법원이 특별히 주목한 사항은 다음과 같다. ① 인수자금 대출실행의 선행조건으로서, 대출실행일인 2005. 4. 6.경까지 하이마트가 하이마트홀딩스와 더불어 차주가 되는 것[2)]과 하이마트가 자신의 채무 및 다른 채무자들이 인수과정에서 부담하는 합법적인 채무에 대해 근저당권을 설정하는 것을 요구하고 있다. ② 하이마트홀딩스가 장래 취득할 하이마트 주식과 보유예금에 대한 근질권설정계약서를 제출할 것을 역시 요구하고

---

1) 이후 어피니티가 네덜란드에 설립한 Korea CE Holdings가 하이마트홀딩스의 100% 지분을 인수하였고, 다시 Korea CE Holdings의 100% 지분을 어피니티가 룩셈부르크에 설립한 LUX CE S.A.R.L이 인수하여, 어피니티-LUX CE-Korea CE-하이마트홀딩스로 이어지는 지분구조가 완성되었으나, 모두 SPC에 불과하므로 사건의 이해에는 큰 영향이 없다. 독자들은 바로 어피니티가 인수를 위해서 SPC인 하이미트홀딩스를 설립했다고 생각하면 충분하다.

2) 이에 따라 하이마트는 2005. 4. 6. 대주단에게 "하이마트는 이 사건 대출계약의 차주로 가입하며, 차주로서 이 사건 대출계약상의 약정내용에 구속됨에 동의한다."는 내용의 차주가입증서를 제출하였다.

있다. ③ 대출실행일로부터 27개월 내에 하이마트홀딩스와 하이마트의 합병 절차를 진행하고, 대주단에게 위와 같이 제공된 모든 담보는 기존의 우선순위를 유지하면서 존속회사에 대해서도 효력을 가진다.

2. 근저당권의 설정

이 사건 대출계약에 따라 하이마트는 2005. 4. 6. 대주단과 하이마트 본사 건물 대지 등 토지를 비롯하여 그 소유의 223개 토지 및 건물에 관하여 근저당권설정계약을 체결하고, 2005. 4. 13. 등기원인 2005. 4. 9. 설정계약, 채권최고액 6,136억원, 채무자 하이마트, 근저당권자 대주단으로 하는 이 사건 근저당권설정등기를 마쳤다. 그런데 이 사건 근저당권설정계약의 영문본과 등기과정에서 등기소에 제출된 국문본이 피담보채무의 범위에 대하여 서술이 다르다.

먼저 영문본에는 이 사건 근저당권의 피담보채권에 관하여 합병 이전에는 하이마트만을 채무자로 하고, 합병 후에는 합병법인을 채무자로 한다는 취지의 기재가 있다.[3)] 반면 등기소에 제출된 2005. 4. 9.자 국문본 제2조는 "근저당권설정자는, 근저당권설정자 및 하이마트홀딩스가 채권자에 대하여 대출계약들 및 관련 금융계약에 따라 기왕 현재 부담하고 있거나 장래 부담하게 되는 모든 채무(피담보채무)를 담보코자 근저당권자들이 취득하는 다른 담보와 공동으로 근저당권자들에게 별지2목록 기재 부동산에 제1순위 포괄근저당권을 설정한다."라고만 기재하여, 이 사건 근저당이 하이마트홀딩스의 채무를 담보하고 있을 가능성을 배제하지 못하고 있다. 다만 국문본 제6조에는 "영문본과 국문본 사이에 모순되는 부분이 있을 경우 영문본이 모든 면에서 우선한다."는 내용이 기재되어 있다.

---

3) 구체적인 영문계약서 조문을 번역하면 다음과 같다.

1.6 피담보채무라 함은,

(1) **합병일 이전**에는 (i) 이 사건 인수금융 약정과 관련하여 **근저당권설정자**가 담보권자에게 부담하는 현재 또는 장래의 모든 채무 및 (ii) **법으로 허용되는 한도** … 내에서, 이 사건 인수금융 약정과 관련되어 **채무자**(근저당권설정자는 제외)가 담보권자에게 부담하는 현재 또는 장래의 모든 채무

(2) **합병일 이후**에는 (i) 이 사건 인수금융 약정과 관련되어 **합병법인**이 담보권자에게 부담하는 현재 또는 장래의 모든 채무 및 (ii) 법으로 허용되는 한도 … 내에서, 이 사건 인수금융 약정과 관련되어 채무자(합병법인 제외)가 담보권자에게 부담하는 현재 또는 장래의 모든 채무

또한 대법원은 당시 회계감사인의 시각에도 주목하고 있는데, 하이마트홀딩스에 대한 2005년도 감사보고서에는, 대주단에 대한 위 장기차입금 부채에 관하여 "상기 장기차입금은 전액 하이마트의 지분 매입을 위한 인수금융 대출이며, 이와 관련하여 회사의 주식과 예금 및 회사가 보유하고 있는 하이마트 주식 등이 담보로 제공되어 있습니다. 또한 회사의 차입금 약정 및 하이마트의 차입금 약정과 관련하여 하이마트의 건물 및 토지가 대주단(채권최고액 6,136억원)에 담보로 제공되어 있습니다."라고 기재되어 있다.

3. 합 병

하이마트홀딩스는 이 사건 대출계약에 의해 실행된 대출금으로 피고인 선종구 등 하이마트의 기존 주주들로부터 주식을 매수하여 2005. 12. 31. 기준으로 하이마트 발행주식의 99.78%를 보유하게 되었으며, 2006. 3. 14. 하이마트와의 포괄적 주식교환을 통하여 하이마트의 100% 주식을 보유하게 되었다. 하이마트와 하이마트홀딩스는 2007. 5. 31. 하이마트를 존속회사로, 하이마트홀딩스를 소멸회사로 하는 흡수합병을 하였다.

[판시사항]

이 사건에서 원심은 제1심과 마찬가지로 배임죄에 대하여 무죄를 선고하였으나, 대법원은 이를 유죄의 취지로 파기환송하였다. 결정적으로 결론이 달라진 원인은 근저당권의 피담보채무의 범위를 서로 다르게 판단한 데 있으므로, 이를 먼저 살펴본다.

1. 근저당권의 피담보채무 범위에 관한 판단

이 사건에서 검찰이 하이마트가 설정한 근저당권이 하이마트홀딩스의 채무까지 담보한다고 주장한 핵심적인 근거는 다음과 같이 세 가지 정도를 생각할 수 있다. ① 이 사건 근저당권의 채권최고액이 6,136억원으로 되어 있다는 점이다. 통상 채권최고액은 피담보채무액의 130% 정도로 설정하는 것이 관행인데, 이에 의하면 당사자들도 5개 대출 전체인 4,720억원을 피담보채무로 이해하고 있었다. ② 국문본 근저당권설정계약서의 문구는 하이마트홀딩스의 현재 및 장래의 채무를 위하여 하이마트의 부동산에 근저당권을 설정한다고 명시되어 있다. ③ 하이마트홀딩스와 대주단 사이의 대출계약에는 하이마트가 대출계약에 차주로 가입하고 하이마트의 자산을 담보로 제공하는 것이 대출실행의 선행조건으로 규정되어 있다.

(1) 원　　심

원심[4)]은 다음과 같이, 위 근거에서 피담보채무의 범위가 하이마트홀딩스의 채무까지 확대된다고는 볼 수 없다는 입장이었다. 이런 입장은 제1심도 마찬가지였다. ① 합병이 예정된 상황에서 합병 후 존속회사가 승계할 대출금 채무까지 담보할 수 있도록 이 사건 근저당권의 채권최고액을 6,136억원으로 높게 설정해 둔 것이므로, 이것만 가지고 하이마트홀딩스의 채무까지 피담보채무로 하였다고 단정할 수 없다. ② 원심은 영문본이 당사자들의 계약내용이라고 보았다. 영문본 계약서에 의하면, 합병 전에는 하이마트의 채무만이 피담보채무가 되고, 합병 후에는 합병법인의 채무를 피담보채무로 하는 물권적 합의가 그 기재상 명백하다는 것이다. 국문본의 내용은 위 영문본과 명백히 배치되는 것으로서, 국문본은 영문본으로 작성된 본래의 계약서를 해석의 편의 및 국내 관할 등기소에 제출할 용도로 약식으로 작성한 것에 불과하다고 보았다. 국문본 제6조에서 영문본이 우선한다는 내용이 있는 것도 이를 지지하는 근거로 들었다. ③ 이 사건 대출계약에서 하이마트의 담보제공을 요구한 것에 대해서도, 그것만을 가지고 피담보채무의 범위를 확대할 수 없다고 하였다. 이 사건에서 하이마트홀딩스와 하이마트에 대한 대출은 상호 견련성이 있고, 그 결과 하나의 목적을 위하여 설계된 인수금융의 구성요소로서 하이마트의 차주가입증서 및 담보제공을 요구한 것이지만, 그런 견련성을 이유로 하이마트의 채무에 관하여 제공된 담보가 당연히 하이마트홀딩스의 채무에 관한 담보로 제공되었다고 단정할 수 없다는 것이다. 이 사건 대출계약을 구성하는 각 대출은 차주 및 대출금의 용도 등에 따라 성격이 다르고 서로 독립된 것이므로, 하이마트홀딩스의 채무는 하이마트의 채무와 서로 별개로서 독립된 것이라고 판단하였다.

(2) 대 법 원

그러나 대법원은 원심과 달리, 이 사건 근저당의 피담보채무에는 하이마트홀딩스의 채무까지 포함된다고 보았다. 그 판단 근거를 위 세 가지 논거의 순서에 따라 정리하면 다음과 같다.

① 먼저 담보비율의 분석은 검찰의 논거를 받아들였다. 하이마트홀딩스

4) 서울고등법원 2016. 6. 24. 선고 2015노478 판결.

는 이 사건 대출계약에 따라 담보로 장래 취득할 하이마트 주식 등을 제공하도록 되어 있으나, 이는 2,550억원에 이르는 대출금의 규모에 비추어 담보로서 충분해 보이지 않는다. 반면 하이마트는 2,170억원을 대출받으면서 대출액의 2배가 넘는 채권최고액 6,136억원의 근저당권을 설정하였는데, 이는 하이마트홀딩스와 하이마트의 대출금 합계 4,720억원의 130%에 해당하는 금액으로 금융기관의 관행에 부합한다.

② 원심과 달리 대법원은 국문본 근저당권설정계약서를 기준으로 판단하였다. 등기부상 이 사건 근저당권의 등기원인은 2005. 4. 9.자 근저당권설정계약으로 되어 있기 때문에 그 채무자와 피담보채무도 이에 따라 정해져야 한다. 이 국문본에는 2005. 4. 6. 즈음 작성된 것으로 보이는 영문본 계약서의 내용이 우선한다는 취지의 기재가 있지만, 국문본이 영문본보다 시기적으로 뒤에 작성되었고, 등기소에 등기원인서류로 제출된 점 등을 고려할 때, 당사자들의 실질적인 의사가 국문본보다 영문본의 내용에 부합한다고 단정하기 어렵다. 또한 국문본 계약서와 근저당권 등기에 채권자로 기재되어 있는 금융기관 일부는 하이마트홀딩스의 채권자일 뿐 하이마트에는 아무런 채권을 가지고 있지 않다. 이는 합병 전에는 하이마트에 대한 채권만을 담보한다는 영문본 계약서의 취지와 맞지 않는다. 나아가 합병전 하이마트홀딩스에 대한 2005년도 감사보고서에 이 사건 대출계약에 따른 하이마트홀딩스의 채무는 이 사건 근저당권에 의해 담보되고 있다는 취지가 기재되어 있다.

③ 이 사건 대출계약 체결의 경위와 목적을 보더라도 하이마트홀딩스의 대출금 채무도 이 사건 근저당권의 피담보채무에 포함되었다고 볼 여지가 크다. 이 사건 대출계약은 하이마트 인수를 위한 인수자금 조달이라는 필요에 의해 체결된 것으로서, 하이마트는 자신의 기업운영을 위한 필요에 의해서가 아니라 기업합병의 피인수자의 지위에서 인수자인 하이마트홀딩스의 요청에 따라 이 사건 근저당권을 설정한 것이다. 이 사건 대출계약에는 하이마트가 설정한 근저당권이 다른 채무자의 인수과정에서 부담하는 채무도 담보하도록 규정하고 있는데, 여기서 다른 채무자란 인수과정에 비추어 하이마트홀딩스를 의미하는 것으로 봄이 타당하다. 결국 이 사건 대출계약을 체결할 당시 계약당사자들은 이 사건 근저당권으로 하이마트홀딩스가 인수과정에서 부담하게 되는 채무까지 담보하는 점에 대해 의사의 합치가 있었다고 보아야 한다.

2. 재산상 손해 여부에 관한 판단

이 사건 근저당권의 피담보채무의 범위가 정해지면 그에 따라 자동적으로 이 사건 LBO가 담보형인지 합병형인지 정해진다. 원심은 합병형이라는 관점에서, 대법원은 담보형이라는 관점에서, 다음과 같이 기존에 정립된 판례의 법리를 다시 확인하고 있다.

(1) 원　심

이 사건에서 결과적으로 하이마트와 하이마트홀딩스가 합병됨에 따라 실질적으로 하이마트홀딩스의 채무를 하이마트의 자산으로 담보하게 되는 결과가 초래된 것은 맞다. 그러나 합병은 두 법인이 합일되는 것이므로 합병 이후에는 일방의 손해와 타방의 이익을 관념할 수 없고, 소멸회사 및 그 주주 혹은 채권자의 권리침해도 상정하기 어렵다. 소멸회사의 채무는 당연히 존속회사에 승계되어, 존속회사로서는 그 채무는 자신의 채무인 것이지 타인의 채무라고 할 수는 없다. 합병으로 이해 하이마트와 하이마트홀딩스는 법률적, 경제적 동일체가 되었으므로 합병 이후에 하이마트의 재산이 기존 하이마트홀딩스의 채무를 위해 담보로 제공된다고 해도 타인의 채무를 위해 담보를 제공한다거나 그로 인한 자산 상실의 위험이 발생한다고 볼 여지가 없는 것이다.

(2) 대 법 원

대법원은 먼저 기존의 법리를 확인하고 있다. “차입매수는 일률적으로 배임죄가 성립한다거나 성립하지 아니한다고 단정할 수 없고, 이는 그 과정에서의 행위가 구성요건에 해당하는지에 따라 개별적으로 판단되어야 한다.” “주식회사와 주주는 별개의 법인격을 가진 존재로서 동일인이라 할 수 없으므로 1인 주주라 하여도 그 본인인 주식회사에 손해를 주는 임무위배행위가 있는 경우에는 배임죄가 성립하고, 그 임무위배행위에 대하여 사실상 주주의 양해를 얻었다고 하여 본인인 회사에게 손해가 없었다거나 또는 배임의 범의가 없었다고 볼 수 없다.” “기업인수에 필요한 자금을 마련하기 위하여 그 인수자가 금융기관으로부터 대출을 받고 나중에 피인수회사의 자산을 담보로 제공하는 방식을 사용하는 경우, 피인수회사로서는 주채무가 변제되지 아니할 경우에는 담보로 제공되는 자산을 잃게 되는 위험을 부담한다. 그러므로 인수자가 피인수회사에 아무런 반대급부를 제공하지 않고 피인수회사의 대표이사가 임의로 피인수회사의 재산을 담보로 제공하게 하였다면, 인수자 또는 제3자에게 담보 가치에 상응한 재산상 이익을 취득하게 하고 피인수회사에 그 재산상 손해를 가하였다고 보아야 한다."

이런 기본적인 법리를 적용하면 이 사건은 담보형 LBO로서 배임죄가 성립한다. 이 사건 근저당권은 하이마트의 채무뿐만 아니라 하이마트홀딩스의 대출금 채무도 피담보채무로 정한 것으로서, 하이마트는 이 사건 근저당권 설정 당시는 물론 이 사건 합병 후에도 어떠한 재산상의 이익을 얻지는 못한 채 자신의 재산을 하이마트홀딩스의 채무를 담보하기 위한 책임재산으로 제공함으로써 하이마트홀딩스가 채무를 제대로 변제하지 못할 경우에는 환가처분 될 위험에 처하는 재산상의 손해를 입게 되었다. 비록 이 사건 합병 이후에는 그에 대한 변제와 담보제공은 자신이 부담하는 채무에 관한 것으로 전환되기는 하였지만, 배임죄에서 재산상 손해의 유무에 관한 판단은 배임 여부가 문제되는 행위 당시를 기준으로 파악되어야 하는 이상 배임죄의 성립에는 영향이 없다. 따라서 피고인 선종구가 하이마트의 다른 이사들과 공모하여 하이마트로 하여금 이 사건 근저당권을 설정하게 한 행위는, 대표이사로서의 임무를 위배하여 하이마트홀딩스에게 재산상 이익을 취득하게 하고 하이마트에게 재산상 손해를 가하였다.

그런데 대법원은 이런 결론에 다음과 같이 약간 다른 뉘앙스의 판단을 덧붙이고 있다. "하이마트홀딩스는 영업적 실체를 갖추지 못한 특수목적회사에 불과하여 이 사건 합병에도 불구하고 통상 기업결합에서 기대되는 영업상의 시너지 효과 등을 통해 장래 하이마트에 초과수익을 가져다주기는 어렵다. 또한 하이마트홀딩스의 보유 자산의 거의 대부분은 하이마트 발행 주식으로서 위 합병을 통해 하이마트가 이를 승계하더라도 자기주식을 취득한 것에 불과하여 실질적 가치 있는 재산을 얻은 것으로 볼 수는 없다." "나아가 현금 등 나머지 유동자산도 이 사건 대출계약에 따라 처분이 엄격히 제한됨으로써 하이마트의 영업에 활용될 수 없었다." "결국 하이마트로서는 인수절차가 진행되기 전에 비하여 채무원리금 변제의 부담이 크게 증가하고, 미변제 시 보유 부동산을 상실할 위험이 발생하는 등 전체적으로 재산상의 손해만 입었을 뿐 이를 상쇄할 만한 다른 반대급부를 인수자 등으로부터 제공받지 못하였다."

〔研　　究〕

I. 사건의 배경 및 문제의 제기

1. 배　　경

이 사건은 홍콩계 사모펀드인 어피니티가 하이마트를 인수하는 과정에서 발생하였다. 인수의 기본구조는 간단하다. 어피니티는 인수를 위하여 100% 자회사로서 하이마트홀딩스를 설립하여, 이 하이마트홀딩스가 하이마트의 100% 지분을 인수한 다음, 2년 후 두 회사 사이에 하이마트를 존속회사로 하는 합병을 하였다. 합병까지의 거래는 처음부터 예정되어 있었다. 여기서 문제는, 하이마트홀딩스 및 하이마트가 대주단으로부터 자금을 대출받으면서 하이마트가 소유한 토지 및 건물에 대하여 근저당권을 설정하여 주었는데, 근저당권이 담보하는 채무의 범위와 관련하여 영문계약서와 국문계약서의 문언이 서로 다르다는 것이었다. 영문계약서를 보면, 합병 이전에는 근저당권의 피담보채무에서 하이마트홀딩스가 부담하는 채무는 제외한다는 규정이 있다. 그러나 등기소에 제출된 국문계약서에는 그런 문구를 두지 않았기 때문에, 결국 하이마트가 하이마트홀딩스의 인수자금 대출을 위해서 담보를 제공한 것이 아닌가 하는 논쟁이 벌어졌다. 결과적으로 원심은 영문계약서에 따른 법률관계를, 대법원은 국문계약서에 따른 법률관계를 인정하였다.

이 사건처럼 인수회사가 인수자금의 조달방법으로 대상회사의 자산을 담보로 거액의 대출을 일으키는 것을 흔히 “차입매수(leveraged buyout, LBO)”라고 부른다. LBO가 배임죄에 해당하는지에 대해서 대법원은 2006년 이후 일련의 판결을 통해서 “담보형은 배임에 해당하지만, 합병형과 분배형은 배임죄가 되지 않는다.”로 읽히는 법리를 형성해 왔다. 대법원이 이런 도식을 선언한 적도 없고, 실제 판결에서는 항상 전체적인 정황을 고려한 종합적 판단이라고 하고 있지만, 현재 실무는 이런 도식적인 법리를 대법원의 태도로 이해하고 있다. 이 사건을 이해하기 위해서는 먼저 그 이전의 대법원의 판결을 알고 있어야 하므로, 이를 먼저 간단히 설명한다.

대법원의 LBO 판결은 2006년 신한 판결에서 시작한다.[5] 이 사건은 도산 상태에 처한 대상회사의 자산을 담보로 하여 인수회사가 부채를 차입한, 전형적인 담보형 LBO 방식이었다. 대상회사는 인수된 다음 흑자기업으로 전환되었을 뿐만 아니라, 사전적으로도 이미 도산 상태에 이른 회사였기 때문에 기존 채권자에게 발생하는 손해는 미미하였다. 그럼에도 불구하고 대법원은 대상회사의 경영진에게 배임죄를 인정하였는데, 그 논리는 간단하다. 대상회사의 입장에서 담보로 제공되는 자산을 잃게 되는 위험을 부담함에도 불구하고 그 대가를 받지 않았다는 것이다. 그 채무자가 회사의 100% 지분을 보유한 주주라 하더라도, 주주와 회사는 서로 다른 법인격을 가지기 때문에 달라질 것이 없다고 보았다. 이런 측면에서 1인 회사 법리의 연장선에 있다고 이해할 수 있다. 신한 판결은 구체적인 부채조달 수준이나 인수 이후 회사의 재무구조, 자금 차입의 필요성 등 경영판단적 요소와는 상관없이 LBO 방식의 기업인수는 허용되지 않는다는 법리를 시장에 전달하였고, 그 이후 이런 담보형 LBO는 시장에서 거의 자취를 감추었다.

이어서 대법원은 2010년 한일합섬 판결에서 다시 LBO를 다루게 된다.[6] 이번에는 인수회사가 SPC를 설립하고, 그 SPC가 대출을 받아 대상회사의 주식을 취득한 다음, 인수회사가 먼저 SPC와 합병하고, 이후 최종적으로 인수회사와 대상회사가 합병하였다. 대상판결과 합병의 순서가 다르다는 점에 유의할 필요가 있다. 대상판결은 SPC와 인수회사의 합병에 문제가 있다고 보기 때문이다. 여기에서도 인수자금 부채의 상환은 대상회사의 자산으로 하였고, 중간에 인수회사는 대상회사를 자회사로 보유하게 되어서 신한 사건과 경제적 본질이 크게 다르지는 않았다. 그러

---

5) 대법원 2006. 11. 9. 선고 2004도7027 판결; 대법원 2008. 2. 28. 선고 2007도5987 판결.

6) 대법원 2010. 4. 15. 선고 2009도6634 판결.

나 대법원은 이 경우 배임죄가 성립되지 않는다고 보았다. 대상회사의 자산이 따로 담보로 제공된 적이 없고, 합병과정에서 주주나 채권자를 보호하는 절차가 마련되어 있다는 것이 주된 논거였다. 대법원이 LBO의 유형에 따라 "일률적으로 배임죄가 성립한다거나 성립하지 아니한다고 단정할 수 없다."라고 유보를 두었음에도 불구하고, 한일합섬 판결 이후 담보형은 배임이고 합병형은 배임이 아니라는 도식적인 이해가 실무에 널리 퍼지게 되었다.

2. 문제의 제기

(1) LBO의 법리

LBO는 그 용어에서 알 수 있는 바와 같이, 대상회사를 인수하기 위한 인수자금의 조달에 "대상회사의 자산을 활용하는" 기법을 말한다. 미국에서 1980년대에는 적대적 기업인수의 방식으로도 활용되었으나, 우리나라에서 이루어지는 모든 LBO는 우호적 인수방식이다. 여기서 자산을 활용하는 방법으로는 보통 대상회사가 담보를 제공하는 것이 가장 일반적이지만, 우리나라에서는 인수회사가 스스로 자금을 차입한 다음 대상회사를 합병하는 방법이나, 대상회사가 인수회사를 인수한 다음 배당 또는 유상감자 등의 방법으로 자산을 취득하는 형태도 LBO에 포함하여 논의된다. 실무에서는 이를 각각 담보형, 합병형, 분배형이라고 부른다. 대상판결은 이 가운데 담보형과 합병형에 관한 판결로서, 2015년 1월 제1심 판결[7]이 나왔을 때는 합병형 LBO의 사례로 알려져 있었으나,[8] 5년이 흘러 대상판결에서는 이를 담보형이라고 판단하면서 배임죄를 인정하였다. 그러나 대상판결이 LBO 및 기업인수 거래에 대하여 정확하게 이해하고 있다고 생각되지 않는다. 이 글에서는 대상판결이 현재의 LBO 법리에 미치는 영향, 특히 다소 우려되는 방향으로 선회한 부분을 강조하여 설명

---

7) 서울중앙지방법원 2015. 1. 22. 선고 2012고합450, 2013고합319 판결.

8) 안보용/이영민/김태오, "차입매수를 통한 인수금융의 최근 쟁점", BFL 제73호 (2015), 10면. 제1심에서도 이 사건이 합병형인지 담보형인지 다투어졌다.

하고자 한다.

원래 LBO는 충분한 인수자금이 없더라도 금융기관으로부터 부채를 조달하여 기업을 인수할 수 있다는 점에 매력이 있다. 따라서 그 논리나 경제적 실질은 우리가 아파트를 구입할 때 은행으로부터 주택담보대출을 받는 것과 같다. 주택담보대출에 있어서도 미리 은행으로부터 담보대출을 받으면서 담보제공의 약정을 하고, 주택의 매매와 동시에 그 아파트를 담보로 제공한다. LBO 역시 마찬가지이다. 아파트 대신 그 아파트가 재산의 전부인 회사 주식을 100% 인수한다고 생각하면 그것이 바로 LBO 거래이다. LBO의 경제적 실질은 주택담보대출이기 때문에, 그 장단점도 비슷하다. LBO는 인수자금이 없더라도 기업을 인수할 수 있기 때문에 기업인수시장이 활성화될 수 있고 이를 통하여 사회적 효율성을 증진시킨다. 반면 인수과정에서 부채가 증가하고, 이것은 결국 인수 이후에 상환되어야 하기 때문에, 인수 이후 경영이 악화되면 쉽게 파산으로 이어질 가능성이 있다. 이것은 특히 대상회사의 채권자의 이해관계에 중요한 영향을 미칠 수 있다. 그러나 주택담보대출의 경우와 마찬가지로, LBO에 있어서도 부채 자체가 문제는 아니다. 다만 "과도한" 부채가 문제일 뿐이다. 주택담보대출의 문제를 해결하기 위한 해법으로 종종 담보비율 규제가 이용되는 것과 마찬가지로, LBO 역시 과도하게 부채를 이용할 인센티브를 적절한 수준으로 통제하는 것이 올바른 정책목표가 된다.

그러나 대법원은 2006년 신한 판결에서 이런 LBO의 본질적 측면, 즉 LBO는 파산의 위험을 높이기 때문에 문제가 될 수 있다는 점에 주목하지 못하고 단순히 법인격이 다르다는 형식논리에 따라 이사의 의무를 판단하였다. 그에 따라 실무에서 많이 이루어지던 LBO 거래도 자취를 감추게 되었다.[9] 대법원은 이어서 법인격이 다른 주체에게 담보를 제공한

9) 이창원/이상현/박진석, "LBO의 기본구조 및 사례분석", BFL 제24호(2007), 13-16면은 2000년대 이루어진 해태제과 LBO(2004), 휠라코리아 LBO(2005), 브릿지증권 LBO(2005), 한국까르푸 LBO(2006) 등을 소개하면서, 해태제과 및 휠라코리아 사건에서는 SPC의 자기자본과 타인자본 비율이 1 : 1 정도로 유지되었다는 특징을 지적하고 있다. 한국카르푸 사건에서도 자기자본과 타인자본 비율은 1 : 2 정도 되었으

담보형은 배임죄가 성립하지만, 법인격이 동일한 합병형은 배임죄가 아니라는 다소 기형적인 법리를 발전시켰다. 그러나 이 법리는 이론적으로는 문제가 있다. 합병형이든 담보형이든 인수자금의 조달을 부채로 한다는 점과, 그 부채의 조달에 있어서 대상회사의 자산가치가 활용되었다는 점은 동일하기 때문이다. 이 구분이 형사책임이 달라질 정도의 차이인가의 관점에서 보면, 그 규범적인 차이는 거의 없다고 보아야 한다. 각 유형에 차이가 있다면 1인 회사의 법리의 연장선상에 있는 법인격의 도그마에 의한 차이가 유일하고, 이 법리도 이제 재검토되어야 할 시점이 되지 않았나 생각한다. 대법원은 다행히도 2015년 온세통신 사건[10)]에서 담보형 LBO에 대해서도 다소 유연한 접근으로 선회하여 법리의 정상화를 도모하고 있었다. 그러나 5년 후 등장한 대상판결에서는 법리를 다시 15년 전으로 회귀시키면서, 심지어 합병형 LBO도 문제가 될 수 있다는 방론을 남기고 있어 문제가 된다.

(2) 국문본과 영문본의 차이가 그렇게 중요한 것이었는가?

대상판결을 이해하는 한 가지 방법은, 국문본과 영문본의 차이에서 이렇게 큰 결론의 차이가 생겼다는 점을 음미해 보는 것이다. 특히 이 사건이 형사사건이라는 점에서, 계약의 해석에 따라 결론이 달라진다는 것은 흥미로운 지점이다. 예를 들어, "만일 국문본 근저당권설정계약서가 영문본을 그대로 번역하였다면 결론이 달라졌을까?"라는 질문을 생각해 보자. 영문본 계약서의 문구를 보면, 당사자들은 합병 이전에 하이마트의 자산으로 하이마트홀딩스의 부채에 대한 담보를 제공하는 것이 배임죄에 해당할 우려가 있다는 점을 인식하였던 것으로 보인다.[11)] 따라서 하이마

므로, 이 당시 LBO 거래의 당사자들은 대상회사의 부채비율이 과도하게 높아지는 것을 경계하였음을 짐작할 수 있다. 그러나 2006년 신한 판결이 나오면서 위와 같은 전형적인 LBO는 실무에서 이용하기 어려워졌다.

10) 대법원 2015. 3. 12. 선고 2012도9148 판결.

11) 이창원 등, 앞의 논문 각주 9, 12면은, 우리나라에서 LBO가 활성화되지 못했던 가장 중요한 이유로 인수회사의 차입에 대하여 대상회사의 자산을 담보로 제공하는 행위가 대상회사 이사의 배임죄에 해당한다는 우려가 있기 때문이라고 지적하고 있다. 2006년 신한 판결 이전에도 실무에서는 이런 우려가 있었던 것이다.

트홀딩스는 장래 취득할 하이마트 주식 등을 담보로 하여 대출받는 것으로 하고, 합병 이후에만 하이마트 자산이 전체 대출금에 대한 담보로 되도록 한 것이다. 만일 이 내용에 따라 국문본 계약서가 작성되어 등기소에 제출되었다면 결론이 달라질 것인가?

먼저 국문본이 그렇게 되어 있더라도 여전히 배임죄가 성립한다고 결론을 유지할 수 있을 것인가? 상당히 어려울 것으로 보인다. 대상판결도 근저당권의 피담보채무의 범위는 결국 당사자의 의사해석의 문제로 보았다. 처분문서인 계약서에 그 범위가 명확하게 규정되어 있는데, 그럼에도 불구하고 법원이 "당사자의 의사는 사실 하이마트홀딩스의 채무도 피담보채무에 포함시키고자 한 것"이라고 판단하기는 어려울 것이다. 물론 이 사건은 형사사건이므로 법원이 처분문서의 기재에 구속될 것은 아니지만, 배임죄의 고의를 판단함에 있어 대상판결이 제시한 정황증거라는 것도 보기에 따라서는 다양하게 해석할 수 있으므로, 이것만 가지고 "합리적인 의심이 없는 정도"로 계약서의 문구를 부정하는 것은 쉽지 않다. 위 사실관계에서 대상판결이 피담보채무의 범위를 확장한 논거를 보더라도, ① 담보비율이 전체 대출금 4,720억원의 130%에 이른다는 것은 합병 이후의 상황을 염두에 둔 것이라고 볼 수 있고, ② 계약서의 내용으로는 설명되지 않는 일부 정황이 있으나, 이는 사소한 실수이거나 제3자의 정확하지 않은 기재로서 고의를 인정함에 있어 크게 비중을 둘 수 없으며, ③ 이 사건 대출계약이 하이마트홀딩스의 요청에 의한 것이라 하더라도, 그 자체는 임무위배를 요청한 것이 아니고, 구체적인 절차나 형식은 당사자들이 배임죄의 적용을 피하는 방식으로 합의하였을 것이므로, 이 경위만 가지고 배임죄의 고의를 인정하기는 어렵다.

그렇다면 반대로 국문본 계약서가 바뀌면 배임죄가 부정된다고 보면 어떠한가? 이 사건 거래를 담보형 LBO라고 본 단초가 국문본 계약서의 문구였기 때문에, 만일 국문본의 내용이 달라진다면 대상판결도 근저당권의 피담보채무의 범위를 다르게 판단했을 가능성이 높아 보인다. 이 경우 두 가지 의문이 가능하다. ① 그렇다면 당사자들이 잘못한 것은 무엇인가 하는 문제이다. 이 사건에서 당사자들이 배임죄의 적용 가능성을 염두에 두고 영문본 계약서를 작성했다고 본다면, 결국 등기소에 제출하는 국문본 계약서를 부주의하게 작성한 것밖에는 잘못이 없다는 것이다. 여기에 형사책임을 인정할 정도의 비난가능성이 있는가? 이것은 결국 대법원의 사실판단이 적정하였는지에 관한 의문이라고 할 수 있다. ② 더 중요한 문제는, 피담보채무의 범위가 어디까지로 되어 있든지 사실상 결과에서는 아무 차이가 없었다는 점이다. 계약서의 문구에 따라, 즉 담보형인지 합병형인지에 따라 법적인 차이가 생기는 것은 하이마트홀딩스가 거의 100% 주주가 된 2005년 12월부터 합병이 이루어진 2007년 5월 사이에 하이마트홀딩스가 파산하는 상황 정도를 생각해 볼 수 있을 것인데, 기업인수를 시도하는 회사가 이렇게 단기간에 파산한다는 것은 확률적으로 거의 있기 어려운 일이다. 그 기간이 줄어든다면 더욱 그러하다. 그렇다면 이 사건에서 하이마트홀딩스에 잠깐 담보를 제공했던 것은 거래의 실질에 별 영향이 없다는 점에서, 이 사건 LBO는 피담보채무의 범위와는 상관없이 합병형의 논리에 따라 해결되어야 하는 것은 아닐까?

(3) 쟁　　점

이 글에서는 위와 같은 의문을 염두에 두고 대상판결에 대해서 다음 세 가지 쟁점을 논의하고자 한다. 첫 번째는 여러 차례 언급한 당사자들의 의사 해석의 문제이다. 특히 영문본과 국문본이 다른 경우 그 해석의 기준은 무엇이 되어야 하는지 살펴본다. 두 번째는 담보형 LBO에서 임무위배 및 고의의 판단기준에 관한 문제이다. 대상판결은 이 사건을 담보형이라고 보고 신한 판결의 법리에 기초하여 배임죄를 인정하고 있다. 그러나 이미 대법원은 2015년 온세통신 판결에서 담보형 LBO의 법리를 완화하였는데, 대상판결이 이 전환을 충분히 고려하지 못한 것이 아닌가 하는 의문이 있다. 세 번째는 대상판결이 방론에서 지적하고 있는 부분에 대한 검토이다. 대상판결은 SPC를 이용한 거래에 대해서 지나친 형식주의로 접근하고 있다. 그 결과 SPC를 활용한 일반적인 합병형 LBO까지 배임죄를 적용하려는 것인지에 대해서 실무상 혼란을 야기하고 있다.[12]

그러나 이런 대상판결의 합병형에 대한 이해는 잘못된 것으로 보인다. 최소한 담보형과 합병형을 구분하여 합병형은 허용된다는 현재의 법리는 유지되어야 할 것이고, 이 합병에는 SPC와 인수회사의 합병도 포함하여야 할 것이다. 나아가 합병형의 범위에는 이 사건처럼 처음부터 합병을 예정한 거래도 포함되어야 한다는 점도 아울러 지적하고자 한다.

일반적으로 회사가 그 이사, 지배주주, 기타 그 특수관계인을 위하여 담보를 제공하는 것은 전형적인 자기거래 사례로서 회사의 손해를 구성할 수 있고, 이 경우 이사 또는 지배주주에게 회사에 대한 손해배상책임이 인정될 수 있다. LBO 거래 역시 이런 관점에서 논의가 이루어진다. 구체적으로 두 가지 관점에서 볼 수 있다. ① 대상회사의 주식 100%를 인수한 주주를 위하여 담보가 제공되었다는 점이다. 위 두 번째 쟁점과 관련된다. ② 합병을 전제로 하는 기업인수라면, 일시적으로 중간 단계에서만 제공되는 담보라는 점에서, 합병까지의 기간에 거래의 확실성을 높이기 위한 조치에 불과하다는 점이다. 이것은 위 세 번째 쟁점과 관련된다.

Ⅱ. 피담보채무의 범위

우리나라에서 대형 기업인수 거래는 미국 등에서 사용되는 영문계약서의 형식과 내용을 모두 채용하고 있다. 계약서 역시 영문계약서를 먼저 만들고, 이를 번역하거나 요약하여 국문계약서를 만드는 것이 보통이다. 이제는 많은 조항들이 표준화되어 있기 때문에 당사자들의 실질적 협상 내용을 제외하고는 대동소이한 문언들도 많다.[13] 이렇게 기업인수

---

12) 안보용 등, 앞의 논문 각주 8, 12면은 합병형 LBO에 관해서 다음과 같이 실무상 우려를 설명하고 있다. "기존에 실무적으로 합병형 LBO가 배임죄로 문제될 수 있다고 본 주된 이유 중 하나는, 피인수회사 입장에서 SPC와 합병해야 하는 경영상 필요성을 설명하기가 쉽지 않다는 점이었다. SPC가 인수금융 조달 등을 위해 설립된 회사로서 실질적인 영업을 하지 않으며 피인수회사의 주식 회에 다른 자산이 없이 차입부채만 부담하고 있기 때문에, SPC와의 합병을 통해 경영상 시너지 효과 등 영업 활동의 측면에서 합병의 경영상 필요성을 설명하기가 어려운 측면이 있는 것은 사실이다."

13) 이에 관한 좋은 안내서로는, 천경훈 편저, 우호적 M&A의 이론과 실무 1 & 2, BFL 총서 12 & 13(서울대학교 금융법센터, 2017).

계약서에는 우리나라 계약법 교과서에는 없는 다양한 조항들이 들어가는데, 준거법인 우리나라 계약법의 관점에서는 결국 강행규정에 어긋나지 않는 이상 당사자의 의사해석의 문제로 귀결될 수밖에 없다. 그러나 당사자들의 합의가 분명하지 않거나, 관행적으로 들어가는 계약문구도 많아서 항상 분쟁의 소지가 남아 있다. 최근 많은 주목을 받고 있는 진술보장 조항[14]은 실제로 분쟁으로 이어진 사례이지만, 여전히 많은 조항들은 그 해석에 관하여 특별히 분쟁이 생기지 않아 그 의미가 불확실한 채로 남아 있다. 이 사건에서 문제된 조항도 그러하다. 국문본과 영문본 계약서의 내용이 다른 경우 영문본 또는 국문본이 우선한다는 내용은 계약실무상 관행적으로 포함되지만, 아직 우리나라에서 문제된 사례나 그 해석에 관한 판례, 논문은 찾기 어렵다.

대상판결은 원심과 달리, 계약서에서 명시적으로 영문본이 우선한다고 규정하고 있음에도 불구하고 정황증거를 가지고 그와 반대로 당사자의 의사를 해석하였다. 국문본의 내용이 번역 또는 요약 과정에서 생긴 단순한 실수가 아니라 당사자의 진정한 의사가 반영되어 있다는 것이다. 그러나 이런 판단이 적정했는지에 대해서는 의문이 있다. 앞서 대상판결이 제시한 정황증거가 보기에 따라서는 다르게 해석될 수 있다는 점을 지적하였지만, 그 이외에도 다음과 같이 몇 가지 논의가 가능할 것이다.

첫째, 실제 사건서류를 확인한 것은 아니어서 정확하지는 않지만, 국문본 계약서는 원래부터 영문본과 함께 존재했던 것이 아니라 근저당

---

14) 예를 들어, 대법원 2015. 10. 15. 선고 2012다64253 판결은 인수회사가 진술보장 위반 사실을 알고 있었던 경우에도 손해배상책임을 물을 수 있는지를 다루고 있다. 이에 관한 문헌으로는 이동진, "기업인수계약상 진술보증약정 위반과 인수인의 악의", 서울대학교 법학 제57권 제1호(2016); 김희중, "악의의 주식양수인이 진술 및 보증조항 위반을 이유로 손해배상청구를 할 수 있는지 여부", BFL 제76호(2016); 이영선, "진술 및 보장 위반에 따른 책임의 범위와 제한", BFL 제93호(2019). 대법원 2019. 6. 13. 선고 2016다203551 판결은 강행법규 위반의 문제를 다루고 있다. 문헌으로는 백숙종, "강행법규 위반과 진술보장조항의 관계", BFL 제98호(2019).

권 설정을 위하여 따로 작성한 것으로 보인다. 그리고 그 내용도 영문본의 모든 규정을 번역한 것이 아니라 그 목적에 필요한 한도에서 요약한 것이라고 보인다. 그 과정에서 영문본 계약서상 피담보채무의 범위를 제한한 취지를 간과하고 국문본을 작성한 것이라고 볼 수도 있다. 다시 말해서, 당사자들이 국문본 계약서를 만들면서 새로 실질적인 협상이나 합의를 한 것은 아니라는 것이다. 특히 영문본과 국문본의 작성일자가 3일의 차이밖에 나지 않기 때문에, 이 기간에 새로운 합의가 이루어졌다는 것은 설득력이 약하다. 따라서 국문본의 작성이 영문본 이후에 만들어졌다는 것은 국문본을 기준으로 해야 할 근거가 되기 어렵다.

둘째, 국문본 계약서에 완전합의(entire agreement) 조항이 있을 수도 있고, 그렇지 않더라도 처분문서의 법리에 의하면, 당사자들의 의사를 해석함에 있어서는 계약서의 문구가 원칙적인 기준이 되므로, 국문본 제6조의 "영문본과 국문본 사이에 모순되는 부분이 있을 경우 영문본이 모든 면에서 우선한다."는 내용도 원칙적으로 당사자들의 합의로 보아야 한다. 처분문서라 하더라도, 문언의 내용, 약정이 이루어진 동기와 경위, 약정에 의하여 달성하려는 목적 등을 종합적으로 고찰하여 당사자의 의사를 해석할 수 있으나,[15] 그것은 어디까지나 문언의 의미에 다양한 해석이 가능한 경우에 국한된다. 만일 문언의 객관적인 의미가 명확하다면 특별한 사정이 없는 한 문언대로의 의사표시의 존재와 내용을 인정하여야 하며, 특히 "문언의 객관적 의미와 달리 해석함으로써 당사자 사이의 법률관계에 중대한 영향을 초래하게 되는 경우에는 문언의 내용을 더욱 엄격하게 해석하여야 한다."[16] 물론 이 법리는 당사자가 계약서의 내용을 두고 서로 다른 주장을 하는 민사판결에서 적용되는 것이고, 형사판결까지 구속하는 것은 아니다. 당사자들이 단순히 계약서 문구를 변경함으로써 범죄를 피할 수 있다면 그것도 문제일 수 있기 때문이다. 그러나 형사판결에서도 이 사건과 같이 당사자의 의사를 확정하는 것이 중요한

15) 대법원 2005. 5. 27. 선고 2004다60065 판결 등 다수.
16) 대법원 2015. 10. 15. 선고 2012다64253 판결.

경우에는 위 법리의 정신에 비추어 계약서의 문구에 더 비중을 두어 판단해야 할 것이고, 문구와 다른 해석을 하고자 한다면 "합리적 의심이 없는 정도"의 강한 입증이 필요할 것이다. 사실관계의 판단이므로 이 글에서 비판하기는 적절하지 않으나, 이 사건에서 3일만에 당사자들의 의사가 달라졌다는 점에 대해서 이 정도의 입증이 있었는지는 생각해 볼 지점이다.

셋째, 위와 같은 처분문서의 법리는 배임죄의 특성, 즉 임무위배나 손해와 같은 핵심적인 요건이 민사적 판단에 의존한다는 점을 감안하면 더욱 중시되어야 한다. 이 사건에서도 피담보채무의 범위가 어디까지인지는 민사적 판단으로 정하는 것이고 특별히 배임죄에서 따로 회사의 손해나 이사의 임무위배의 기준을 정하고 있지는 않다. 예를 들어, 이 사건이 채권단의 근저당권 실행과 같은 민사사건이었다면, 하이마트홀딩스에 채권을 가진 채권단은 합병 이전에 위 근저당권을 실행할 수 있었을까? 이렇게 집행 사건이었다면, 당사자 사이에 하이마트홀딩스의 채무까지 피담보채무로 한다는 물권적 합의가 있었는지를 판단해야 하고, 민사 사건이므로 처분문서의 법리에 따라 국문본 제6조의 내용도 중요하게 고려되어, 국문본이 영문본과 다른 부분에서는 영문본의 내용을 당사자의 합의로 해석하였을 가능성이 높다. 배임죄에서 임무위배는 민사적 판단과 달라지지 않기 때문에, 이런 경로를 통해서 처분문서의 법리가 형사판결에도 영향을 주게 될 것이다.

당사자의 의사해석이란 결국 답이 없는 문제이고, 실제로 사건을 담당하지 않은 자가 단정적으로 비판하기는 어렵다. 이 사건에서 인수자금의 대출에 대한 담보로 하이마트의 자산을 활용하고자 하는 의도는 분명하였고, 다만 담보형 LBO의 위험성을 인지하여 거래 구조를 최대한 배임죄가 적용되지 않도록 조심하였던 것으로 보인다. 대상판결은 당사자들의 위와 같은 의도를 중시하였으나, 그 판단이 적정했는지는 다소 아쉬움이 남는다.

Ⅲ. 담보형 LBO와 배임죄

1. LBO의 효과

(1) LBO의 경제적 효과

하이마트의 자산으로 그 100% 주주인 하이마트홀딩스의 채무를 담보하였다면 하이마트 이사는 임무위배로 회사에 손해를 끼친 것인가? 그렇다면 그 회사의 손해는 "구체적으로" 누구에게 실질적인 재산가치의 감소를 가져 왔는가? 앞서 설명한 바와 같이, LBO 거래의 가장 큰 특징은 기업인수의 결과 대상회사의 부채가 증가하고 그로 인하여 파산위험이 커진다는 점에 있다. 이로 인한 구체적인 이해관계의 변동에 대해서는, 대부분 1980년대 미국 기업을 대상으로 한 것이기는 하지만, 많은 실증연구 결과가 있다.[17]

먼저 LBO가 대상회사의 주주가치를 증대시킨다는 것은 거의 대부분의 실증분석이 일치한다. 1980년대 미국의 인수합병시장에서 일반적인 인수합병의 경우 주주의 비정상수익률이 20% 정도였던 것에 비하여, LBO 거래는 그 이상 최고 37% 정도까지 비정상수익률을 기록한 것으로 보고되고 있다.[18] 이것은 기업인수에서 대상회사의 주주는 이익을 본다는 일반적인 효과에, 부채로 자금을 조달한다는 측면이 더해졌기 때문이다. 다시 말해서, 어피니티는 하이마트의 현재 주주가치보다 더 높은 금액을 지불하고 주식을 인수했다는 것이다. 이에 대한 이론적인 설명은 주로 대리비용의 감소에서 찾고 있는데,[19] ① LBO는 일반적으로 분산된

---

17) 이하 실증분석은 J. Fred Weston, Mark L. Mitchell & J. Harold Mulherin, Takeovers, Restructuring, and Corporate Governance 415-426 (4th, 2004).

18) Roberta Romano, "A Guide to Takeovers: Theory, Evidence, and Regulation", 9 Yale Journal on Regulation 122 (1992).

19) 법인세 절감효과도 생각할 수 있다. 차입금에 대한 이자가 손금으로 인정되므로 타인자본이 증가할수록 법인세가 감소되기 때문이다. 그러나 주주가치의 증가에 큰 기여를 하는지에 대해서는 실증연구가 나뉜다. 인수프리미엄의 대부분이 세금절감 효과라는 주장으로는, Steven Kaplan, "Management Buyouts: Evidence on Taxes as a Source of Value", 44 Journal of Finance 611 (1989).

소유구조에서 집중된 소유구조로 변경되므로, 새로 등장한 지배주주는 기업의 경영성과를 증대시키려는 인센티브를 가지고, ② 부채가 증가하면 회사의 현금흐름이 주기적으로 도래하는 이자 및 원금의 상환을 위해서 사용되어야 하므로, 경영진이 잉여현금흐름을 비효율적으로 낭비하기 어려우며, ③ 경영진은 부채를 상환하기 위해서 계속적으로 수익을 내야 하는 부담을 가진다는 등의 논리가 있다. 실제로 LBO 방식에 의한 기업인수 이후 평균적으로 경영성과가 개선되었는지에 대해서도 긍정적인 보고가 많다. 설사 그렇지 못하더라도 그것은 인수회사의 문제일 따름이다. 대상회사의 기존 주주 대부분은 인수프리미엄이 붙은 가격에 주식을 매각하고 퇴출하므로 이익이 침해되지 않는다. 특히 100% 지분을 인수하는 거래에서는 잔존 소액주주의 문제도 발생하지 않는다.

여기서 주주의 이해관계는 대상회사의 "기존" 주주의 이익을 말한다. 하이마트홀딩스의 이해관계를 말하는 것이 아니다. 어피니티 또는 하이마트홀딩스 역시 부채비율이 높아진 하이마트의 100% 주주가 되었기 때문에 하이마트의 부채비율이 높아지면 영향을 받지만, 자신들의 결정이므로 경제적인 손해를 생각할 여지가 없다.

다음으로 대상회사의 파산위험, 다시 말해서 채권자의 이해관계에 미치는 영향에 대해서도 실증분석이 많다.[20] 이러한 파산위험의 증가는 LBO 방식 기업인수의 가장 큰 문제로 알려져 있으며, 실제로 미국에서 LBO 거래가 1990년대 극도로 위축되었던 것도 기업인수가 결국 대상회사의 파산으로 이어졌기 때문이다. LBO 거래의 공시로 인하여 채권자의 수익률의 감소는 별로 없다는 연구도 있지만, 사채의 비정상수익률이 7% 정도 감소된다는 보고도 있다. 이런 연구에서는 LBO 거래의 주주가치 증가의 원인을 단순히 채권자로부터의 부의 이전이라고 주장하기도 하지만, 일반적으로 채권자로부터의 부의 이전은 주주가치 증가의 "일부"를 설명할 뿐이라고 본다. 또한 주주가치 상승이 근로자의 이익으로부터 이전된

20) Weston, et al., 앞의 책 각주 17, 415-426면에 여러 연구가 요약되어 있다.

것일 가능성도 있다. LBO 이후 대상회사는 부채의 상환을 위해서 강한 구조조정을 거치게 될 가능성이 높고, 그 과정에서 근로자의 이익이 침해될 수 있기 때문이다. 이에 관한 실증연구도 많지만, 결과가 쉽게 모아지지는 않는다.

이처럼 대부분의 실증분석은 LBO 거래 자체는 사회적으로 효율적인 결과를 가져온다는 것을 보이고 있다. 다만 그 과정에서 채권자의 부가 감소할 수 있고, 파산위험이 증가함으로써 사회적 비용이 생길 수 있는데, 이를 어떻게 통제할 것인지 문제가 된다. 그것은 LBO 거래가 결국 대상회사의 자본구조를 자기자본에서 타인자본으로 교체하는 거래라는 점에서 본다면 자연스러운 결론이다.

(2) 1인 회사의 법리와의 관계

만일 하이마트의 기존 주주는 물론이고, 어피니티 또는 하이마트홀딩스도 아무 손해를 보지 않았다면, 대상판결에서 말하는 회사의 손해는 구체적으로 채권자의 재산가치의 감소를 가져왔다는 의미인가? 아마도 독자들은 이미 답을 알고 있을 것이다. 판례가 말하는 "회사의 손해"란 구체적으로 채권자의 손해를 말하는 것은 아니고, "회사 그 자체의 손해"를 말한다고 답을 하고 싶은 유혹이 생긴다. 익숙한 1인 회사의 법리이다. 대상판결은 1인 회사의 법리의 맥락에서, 회사가 100% 주주의 채무를 담보한 경우에도, "주주가 회사에 아무 반대급부를 제공하지 않았다면, 회사에 재산상 손해를 가한 것"이라고 본다.

사실 더 본격적으로 논의가 시작되어야 하는 것은 1인 회사의 법리이다. 판례는 확고하게 1인 회사에서 1인 주주인 이사의 횡령죄 또는 배임죄를 인정한다.[21] 그러나 1983년 법리를 전환할 당시 논거가 무엇이었는지 알려져 있지 않기 때문에, 그 이후에도 생산적인 논의는 거의 이루어지지 못했다. 논거가 옳기 때문에 비판을 받지 않은 것이 아니라, 비판할 대상이 무엇인지 명확하지 않아서 비판하기 어려웠던 것이다. 사안들

21) 대법원 1983. 12. 13. 선고 82도2330 전원합의체 판결; 대법원 1989. 5. 23. 선고 89도570 판결; 대법원 2005. 10. 28. 선고 2005도4915 판결.

을 보면 대부분 채권자의 이익이 침해된 사안인 것처럼 짐작되지만, 판례는 단순히 "주식회사와 주주는 별개의 법인격을 가진 존재로서 동일인이라고 할 수 없다."는 정도의 설명만 할 뿐이고, 채권자의 손해를 감안한 법리라고 말하고 있지 않다. 실제로 법원이 채권자가 어떤 손해를 입었는지 구체적으로 검토하는 경우도 발견하기 어렵다. 다만 최근 판례 가운데는, "주주총회의 결의내용이 회사 채권자를 해하는 불법한 목적이 있는 경우에는 이에 맹종할 것이 아니라"고 하면서 배임죄를 인정함으로써 채권자의 이익을 고려하였다는 점을 엿볼 수 있는 것이 있기는 하다.[22] 그러나 채권자의 이해관계가 1인 회사 법리의 핵심적 논거인지 판례는 여전히 밝히고 있지 않다.

먼저 판례가 말하는 "별개의 법인격"이라는 것은 1인 회사의 법리에 따라 이사에게 임무위배 또는 회사의 손해를 인정하는 근거가 되기는 어렵다. 현학적인 법인격에 관한 이론을 따지기 전에, 도대체 주주도, 채권자도, 근로자도, 소비자도 아무 불만이 없다면, 이사가 왜 민사책임 나아가 형사책임을 져야 하는 것인지 이해할 수 없다.

이런 관점에서 1인 회사의 법리를 이론적으로 정당화하는 방법은 크게 두 가지를 생각해 볼 수 있다. ① 하나는 절차를 거쳤는지에 주목하는 것이다. 예를 들어, 회사가 1인 주주의 변호사비용을 지급하는 것과 회사로부터 배당을 받아 주주가 변호사비용을 지급하는 것은 평가를 다르게 해야 한다는 것이다. 상식적으로는 설득력이 있어 보인다. 그러나 1인 회사는 특히 주주총회와 관련하여 절차적 엄격성이 극도로 완화되어 있어서, 1인 주주는 배당가능이익이 있는 한 언제나 쉽게 이런 절차를 거칠 수 있다. 그렇다면 양자의 실질적인 차이는 세금 정도에 불과하다. 그렇다면 절차를 거쳤는지를 가지고 형사책임을 달리 한다는 것도 1인 회사에 있어서는 의미가 크지 않다고 생각할 수 있다. 특히 LBO 거래에서 담보제공은 이사회결의 등 필요한 절차를 모두 거치기 때문에, LBO

22) 대법원 2005. 10. 28. 선고 2005도4915 판결.

거래에 있어서는 항상 형사책임을 면책시키는 결과가 된다. ② 주주 이외의 다른 이해관계자, 특히 채권자의 이해관계에 주목하는 것이다. 대상회사의 부채 증가라는 LBO 거래의 특성에 비추어 설득력이 높다. 그러나 부채가 증가한다고 해서 항상 채권자가 손해를 보는 것은 아니므로, 그 판단기준을 어떻게 설정할 것인가 논의할 필요가 있다. 이하 항을 바꾸어 논의한다.

(3) 채권자에 대한 손해의 판단기준

LBO 맥락에서 채권자의 이해관계를 고려하는 방법은 크게 두 가지를 생각할 수 있다. ① 하나는 현재 회사법의 틀, 즉 채무상환을 위한 일정한 완충금액의 확보 및 이와 연계된 채권자보호절차로 만족하는 방법이다. 이 방법의 장점은 현행 제도를 그대로 유지할 수 있고, 기준도 명확하다는 것이다. 이사의 의무도 이것으로 국한되며, 부채수준이 높아지더라도 완충금액의 잠식이 없는 이상 이사의 책임은 발생하지 않는다.[23] 미국의 일부 주와 같이 배당규제를 지급불능기준으로 변경한 회사법 체계에서는, 회사의 기존 채무에 대하여 지급불능이 발생하지 않는 이상 법적인 문제는 생기지 않는다고 보면 된다. ② 다른 하나의 방법은 현재 회사법이 요구하는 수준 이상으로 이사에게 채권자의 이익을 고려할 의무를 부과하는 것이다. LBO 거래로 부채가 증가하면 기존 채권자의 입장에서는 어쨌든 조금이라도 채무불이행 위험이 높아지는 것이므로, 이를 이사의 임무위배로 구성할 여지가 생긴다. 그러나 이 방법은 어느 정도로 채무불이행 위험이 높아져야 이사의 임무위배가 되는지 기준을 정하기 어렵고, 그 위험을 측정하기도 어렵다는 문제가 있다.

최근 미국이나 유럽에서는 기관투자자의 경영관여, 특히 인덱스펀드까지도 ESG를 강조하는 흐름을 타고 이른바 "회사의 목표(corporate purpose)"

---

23) LBO 거래는 실질적으로 대상회사가 자금을 빌려서 자기주식을 매입한 것과 같다(equivalent to the corporation borrowing to repurchase its stock)는 논리에서, 이사의 의무는 자기주식취득에서와 같다고 볼 수 있다. Munford v. Valuation Research Corp., 97 F.3d 456 (11th Cir. 1996). 구체적인 설명은, Franklin A. Gevurtz, Mergers and Acquisitions Law (2019), 132-133면.

에 관한 논의가 유행이다. 종래의 주주이익극대화 모형 대신, 채권자나 근로자, 환경, 주변 사회 등의 이익도 함께 고려하면서 지속가능한 형태로 발전해야 한다는 주장이 많다. 이런 맥락에서 이사의 의무와 책임 역시 위 두 번째 방식으로 수정될 수 있다. 원래 이사의 의무와 관련하여 주주 이외에 채권자의 이익을 고려하는 것은 바람직하지 않거나 또는 필요하지 않다는 논거는, ① 하나의 대리인이 둘 이상의 본인을 섬기는 것은 대리인에게 적절한 지침을 내리기 어렵고, ② 자발적 채권자는 계약에 의해서, 비자발적 채권자는 개별 규제법규에 의해서 이미 보호되고 있으며, ③ 채권자를 해하는 행동을 자주 시도하면 이후의 자금조달이 어려워지므로, 주주이익을 장기적 관점에서 파악한다면 채권자의 이익까지 대부분 포섭할 수 있다는 것을 든다. 그러나 LBO는 특수한 일회성 거래이므로 자발적이든 비자발적이든 채권자가 LBO로 인한 파산위험의 증가를 실효적으로 대비하기는 어렵다. 채권자의 이익을 주주 이익과 동일선상에서 극대화할 의무를 부과하는 것은 바람직하지 않겠지만, 일종의 “제약조건”으로 설정하는 것은 이론적으로도 무리가 없다. 구체적인 수치로 제약조건을 확정하는 것이 어렵다면, 대상회사의 기존 채권자에 대한 채무불이행위험이 “현저하게” 증가하는 경우에는 책임이 인정된다는 식으로 불확정개념을 채용하는 것도 한 가지 방법이다.

이렇게 여러 가지를 고려하여 채권자의 이익침해를 이사의 임무위배로 구성할 수 있겠지만, 최소한 대상회사가 아무 대가 없이 인수자금에 대하여 실질적으로 부담을 지는 행위 자체를 이사의 임무위배로 보는 것은 타당하지 않다. 정당한 대가를 받았는지는 전형적으로 주주의 이해관계를 따지는 경우에 등장하는 사고방식이기 때문이다. 부채비율이 크게 증가하였다면 정당한 대가를 받았더라도 채권자가 부담할 위험은 높아지는 것이고, 그 반대로 인수자금에서 인수회사의 자기자본이 차지하는 비율이 높다면, 정당한 대가를 받지 않았더라도 파산위험은 높아지지 않을 수 있다. 이사가 채권자의 이익을 고려할 임무를 진다고 본다면 채권자의 이익이 침해되었는지를 정확하게 판단하는 것이 중요하다. 따라서 그 임무에 위배하였는지 여부의 판단은 "담보제공 또는 채무부담에 대하여 정당한 대가를 받았는지"가 아니라 "그로 인하여 대상회사의 사업이 부실화되거나 부채가 증가하여 기존의 채권자가 변제를 받지 못할 위험이 현저하게 증가하였는지"를 기준으로 삼아야 한다.

2. 학　　설

신한 판결 이후 학계에서도 수십 편의 LBO 관련 논문이 쏟아졌다. 먼저 신한 판결이 단순히 회사의 법인격에 근거하여 대상회사 이사의 임무위배를 인정한 것에 대해서는 비판적인 입장이 대부분이다.[24] 이 견해는 결론적으로 LBO에 대한 이사의 책임을 판단함에 있어서도, "단순히 재산의 증감을 계산하는 것만으로 그에 대한 법적 판단을 하는 것은 곤란하며, 인수대상회사의 현금의 흐름, 부채의 증감, 향후 수익률의 증가 등 여러 가지 면에서 적절성을 판단"할 것을 주문하고 있다.[25] 다만 판례의 법인격 중시론에 찬동하는 견해도 있으며,[26] 이 입장에서는 "LBO

---

24) 예를 들어, 윤영신, "차입매수시 피인수회사의 자산을 담보로 제공하는 행위와 업무상배임죄", 상사판례연구 제7권(2007), 383-385면("우려되는 점은 … 담보로 제공하는 행위가 회사의 변제자력 여부라든가 이사의 신인의무의 대상이 무엇인가에 대한 엄밀한 분석 없이 무조건 배임죄에 해당한다고 판단될 가능성이 있다는 것이다."); 김병연, "차입매수와 배임죄의 적용: 신한 LBO 및 한일합섬 LBO 사례와 관련하여", 상사법연구 제29권 제1호(2010), 248면("회사에게 최선의 이익이 무언지를 판단하는 기준과 회사의 독립된 법인격이 인정된다는 것과는 다른 차원의 문제로 보는 것이 더 적절할 것이다."); 천경훈, "LBO 판결의 회사법적 의미: 이사는 누구의 이익을 보호해야 하는가?", 저스티스 제127호(2011), 240면("만약 SPC가 신한을 100% 소유하였더라면 주주, 채권자는 물론 다른 이해관계자에게도 손해를 인정할 근거가 보이지 않는다. 즉 신한이 1인 회사였더라도 배임죄가 성립할 것처럼 판시한 방론 부분은 이해관계자주의적 고려를 가미하더라도 동의할 수 없다.").

25) 김병연, 앞의 논문 각주 23, 248면; 안보용 등, 앞의 논문 각주 8, 15-17면.

26) 송종준, "회사법상 LBO의 배임죄 성부와 입법과제", 증권법연구 제10권 제2호(2009), 339면("주주, 채권자 등 이해관계자 개개의 손익만을 분석하여 회사의 손익을 판단하는 접근방식은 구체적인 사안에서 이사의 회사에 대한 책임을 대부분 부정하는 결과를 가져올 여지가 크다는 점에서 일반론으로서 받아들이기는 어렵다. … 회사의 손해 개념도 독립적인 회사 재산가치의 감소 또는 감소 위험성을 기준으로 파악하여야 할 것이지, 회사의 이해관계자인 주주, 채권자 개개의 일시적인 손익여부를 가지고 판단하는 것은 일반법리로서는 타당하지 않다.").

방식을 이용하여 기업을 인수한 후에 피인수회사가 경영실패에 이른 경우가 적지 않음을 감안하면 여기에 일정한 사법적인 제한은 필요"하다는 관점에서, 그 기준으로서 "피인수회사의 담보제공에 상응하는 반대급부의 제공"을 제시한 것은 "우리 회사법의 정신에 부합하는 해석"이라고 보았다.[27] 그러나 이렇게 법인격을 중시하는 견해는 학계에서는 오히려 소수설에 그치고 있다. 전반적으로 학계의 입장도 LBO 사건에 대한 경직적인 배임죄의 적용에 반대하는 것으로 보인다.

3. 담보형 LBO에 대한 온세통신 판결

(1) 사실관계

합병형과 분배형 LBO는 배임죄가 성립하지 않는다는 대법원의 판결이 연속적으로 나오면서 관심은 다시 담보형으로 옮겨 갔다. 2015년 온세통신 판결[28]은 신한 판결과 거의 비슷한 사실관계에서 반대의 결론을 내린 사안으로서, 두 판결의 법리가 왜 달라졌는지는 사실관계의 차이만 보아서는 알기 어렵다. 이 사건에서 인수회사인 유비스타는 회생절차를 진행하고 있던 대상회사인 온세통신의 주식을 100% 인수하였는데, 그 과정에서 부채를 조달하면서 채권자와의 사이에 대상회사의 회생절차가 종결되면 그 자산에 담보를 설정해 주기로 약정하였다. 실제로 온세통신은 그 자산으로 완전모회사가 된 유비스타의 인수자금 채무에 담보를 제공하였다. 신한 판결의 사실관계와 비교해 보면, 신한 사건에서는 대상회사의 66.2% 지분을 취득하였고 합병이 없었으나, 온세통신 사건에서는 대상회사 주식의 100%를 취득하였고 담보제공 이후 최종적으로는 합병이 이루어졌다는 점 정도가 다를 뿐이다. 거래의 기본구조는 신한 사건과 같다.

(2) 판시사항

제1심은 신한 판결을 적용하여, 대상회사가 반대급부 없이 그 자산

---

27) 송종준, 앞의 논문 각주 26, 342면.

28) 앞의 각주 10.

을 인수회사의 자금조달에 담보로 제공하였으므로 배임죄가 성립한다고 판단하였다. 그러나 항소심과 대법원은 배임죄의 고의를 부정하였다. 특히 항소심은 이 사건이 신한 사건과 다르다는 점을 자세하게 열거하고 있는데, ① 대상회사 인수자금의 46% 정도는 인수회사가 자체적으로 마련하였다는 점, ② 대상회사의 주식 100%를 취득하여 두 회사가 경제적 이해관계가 일치하게 된 점, ③ 처음부터 인수회사가 합병을 전제로 협상하였으며, 이후 결국 대상회사를 흡수합병한 점, ④ 인수회사의 부채비율은 193%로서 대상회사의 363%보다 양호한 상태였던 점, ⑤ 인수과정에서 대상회사 근로자들의 고용보장을 약정하고 실제로 고용을 그대로 유지한 점 등이다. 항소심은 이런 차이에 기초하여 회사의 손해 요건까지 부정하였으나, 대법원은 일단 손해는 인정하고 다만 배임죄의 고의를 부정하는 방식을 선택하였다.

대법원이 가장 고민했던 것은 아마도 신한 판결과의 관계였을 것이다. 온세통신 사건에서도 대상회사에 담보제공에 대한 반대급부가 제공되었던 것은 아니기 때문에, 신한 판결을 변경하지 않는 이상 같은 결론에 이를 수밖에 없다. 이런 관점에서 온세통신 판결은 신한판결과 서로 모순된다는 분석도 가능하다. 다만 대법원은 이런 모순을 피하기 위해서 재산상 손해 발생의 요건을 건드리지 않고 대신 배임죄의 고의를 부정하는 전략을 선택하였는데, 판례를 변경하기에는 1인 회사의 법리부터 시작해서 너무 많은 장애물이 있었기 때문에 어쩔 수 없는 선택이었을 것이다. 판결문에서 인수과정 전반의 사정을 자세하게 설시하는 것이나, 판결의 앞부분에서 경영판단원칙을 길게 설명하는 것도 이런 우회로를 위한 포석이라고 볼 수 있다. 물론 신한 사건에서도 인수과정 전반의 사정을 고려하면 대상회사 경영진에게 배임죄의 고의가 인정되기는 쉽지 않았겠지만, 신한 판결에서는 회사의 손해에 중점을 두어 판단하였기 때문에 대법원으로서도 이렇게 우회로를 찾을 수 있었던 것이 아닐까 생각해 본다.

(3) 평 가

온세통신 판결은 담보형 LBO라 하더라도 인수과정 전반에서 여러 요소를 감안할 때 인수회사에게 대상회사에 손해를 가한다는 인식이 있었다고 보기 어려운 상황도 있을 수 있다는 가능성을 열어 주었다는 점에서[29] 긍정적인 발전이라고 평가할 수 있다. 판단기준으로 제시한 여러 기준은 LBO 거래의 실질적 효과와 관련된다는 점에서 정확한 접근이다. 대상회사의 100% 지분을 인수한 사건에서 LBO로 인한 부채비율의 증가 및 그로 인한 파산위험의 통제 문제는 결국 기존 대상회사의 채권자 또는 근로자의 이해관계에 관한 문제로 환원된다. 따라서 파산위험이 얼마나 증가하였는지, 그에 따른 채권자 또는 근로자의 보호가 충분하였는지가 규범적 평가에 있어서 중요한 부분이다. 온세통신 판결에서 대상회사 인수자금의 46% 정도는 자기자본이었다는 점, 인수회사의 부채비율이 낮아서 인수 이후에도 전반적으로 부채비율이 높아지지 않았다는 점, 인수과정에서 근로자의 고용이 그대로 유지되었다는 점 등을 중시한 것은 이런 관점에서 진일보한 의미가 있다.

이처럼 온세통신 사건이 "대상회사의 100% 지분을 취득하는 거래에서" "파산위험이 적절한 수준에서 통제된 LBO는" "심지어 대상회사의 자산에 담보를 설정하는 방식이더라도" 적법하다고 읽히고, 실제로는 신한 판결을 변경한 것이라는 메시지를 실무에 전달하였더라면 LBO 법리에 큰 발전을 가져왔을 것이다. 그러나 배임죄의 고의 판단이라는, 너무 불명확하고 다양한 사실관계에 의존하는 방식으로 문제를 해결하였기 때문에, 실무상 담보형 LBO에 대해서 가지는 일반적인 우려를 제거하지는 못하였던 것으로 보인다. 또한 법리적인 측면에서도, 여전히 대상회사에 손해가 발생하였다고 보았다는 점에서, 그리고 그 손해의 실체가 무엇인지는 묻고 있지 않다는 점에서, 기존의 LBO 판례의 문제점을 해결하고 있지 못하다. 아마도 1인 회사의 법리에 대한 논의가 진전되지 않는 한 이

29) 안보용 등, 앞의 논문 각주 8, 9면.

런 입장이 수정되기는 어려울 것이다.

4. 대상판결의 평가

LBO 법리의 관점에서, 대상판결의 가장 큰 문제점은 온세통신 판결 이전의 신한 판결로 논의의 수준을 후퇴시켰다는 점이다. 대상판결은 피담보채무의 범위 확정을 통하여 이 사건을 담보형 LBO로 판단한 다음, 바로 신한 판결의 논리에 따라 임무위배와 회사의 손해를 인정하였다. 그 결과 1인 회사의 법리에서 벗어나지 못하고 있는 신한 판결의 한계가 그대로 담겨 있다. 대법원이 온세통신 판결을 통하여, 다소 편법이기는 하지만 실질적으로 파산위험의 수준이나 이해관계자에 미치는 영향에 관한 판단을 수용할 수 있는 우회로를 만들어 두었음에도 불구하고, 대상판결을 읽으면 마치 온세통신 판결은 세상이 존재하지 않았던 것처럼 느껴진다. 온세통신 판결도 담보형 LBO의 실무상 우려를 완전히 극복하기 어려웠는데, 대상판결로 인하여 이제 그 가능성은 완전히 없어져 버렸다고 해도 과언이 아니다. 이론적으로도 잘못된 방향으로의 선회라는 평가할 수밖에 없을 것이다.

Ⅳ. 대상판결과 합병형 LBO

1. SPC와 합병형 LBO의 법리

온세통신 사건에서 많은 주목을 받지는 못했지만, 실제로 큰 의미가 있는 부분은 처음부터 인수회사가 합병을 전제로 거래를 진행하였다는 점이다. 합병은 채권자보호절차를 통하여 최소한 대상회사의 채권자에게 자신의 이해관계에 미치는 영향을 판단할 수 있는 기회를 제공한다는 보장이 있기 때문이다. 예를 들어, 한일합섬 사건[30]에서 인수회사인 동양메이저는 자신의 자산을 담보로 하여 일단 자금을 조달한 다음, 그 자금으로 대상회사인 한일합섬의 지분을 매입하고 최종적으로 합병에 이르렀는

30) 앞의 각주 2.

데, 합병 이후에 원래 한일합섬이 보유하던 현금을 이용하여 채무를 모두 변제하였다. 이렇게 대상회사의 자산이 인수자금의 변제에 실제로 활용되었음에도 불구하고, 한일합섬 판결은 ① 합병 이후에는 자신의 채무가 된다는 형식적 판단과 함께, ② 합병에서 채권자보호절차를 거치기 때문에 채권자의 이익이 침해되지 않는다는 실질적 판단을 통해 이사의 책임을 부정하였다. 이처럼 합병형 LBO란 합병이 예정되어 있다거나 실제로 합병으로 종결되었다는 것에서 용어를 차용하였으나, 실제 판단에 있어서는 대상회사의 자산이 인수회사의 인수자금 조달에 담보로 제공되지 않았다는 것이 더 중요한 구분기준이다.

그런데 대상판결은 합병형 LBO의 적법성에 관해서도 언급을 하고 있어서 문제가 된다. 앞서 소개한 판시사항의 해당 부분을 옮기면 다음과 같다. "하이마트홀딩스는 영업적 실체를 갖추지 못한 특수목적회사에 불과하여 이 사건 합병에도 불구하고 통상 기업결합에서 기대되는 영업상의 시너지 효과 등을 통해 장래 하이마트에 초과수익을 가져다주기는 어렵다. 또한 하이마트홀딩스의 보유 자산의 거의 대부분은 하이마트 발행 주식으로서 위 합병을 통해 하이마트가 이를 승계하더라도 자기주식을 취득한 것에 불과하여 실질적 가치 있는 재산을 얻은 것으로 볼 수는 없다." 다시 말해서, SPC와의 대상회사가 합병한 것에 그치고, 인수회사와의 합병까지 이루어진 것은 아니기 때문에, 대상회사로서는 합병으로 인하여 얻은 이익이 없고, 따라서 대상회사 이사의 임무위배가 될 수 있다는 뉘앙스이다. 이 사건에서 합병은 이미 발생한 배임 이후의 사실관계이므로 특별히 이런 언급을 할 필요는 없었는데, 아마도 대상판결은 이 사건이 합병형 LBO로 될 수도 있다는 점을 염두에 둔 것이 아니었을까 추측해 볼 수 있다.

사실 이런 논리는 대상판결에서 처음 등장한 것은 아니다. 합병형 LBO의 법리를 탄생시킨 한일합섬 사건 제1심에서도, 만일 대상회사인 한일합섬이 인수회사인 동양메이저와 합병한 것이 아니라 자본금이 없는 형식적인 회사인 SPC와 합병한 것이라면, 한일합섬으로서는 실질적인 자산의 증가 없이 오직 SPC의 인수대금채무만을 부담하게 되는 결과 배임이 성립할 여지가 있다는 방론을 남기고 있다. SPC와의 합병을, "합병대상인 회사의 재무구조가 매우 열악하여, 합병을 하게 되면 일방의 재산 잠식이 명백히 예상됨에도 합병을 실행하여 그로 인해 재산 잠식 등의 재산상 손해가 발생된 경우"로 볼 수 있다는 것이다. 거의 대부분의 LBO 거래는 인수회사가 SPC를 활용하여 대상회사를 합병하므로, 이 방론으로 인하여 당시에도 실무에서는 합병형 LBO가 완전히 적법하다고 안심할 수는 없다고 인식하고 있었다.[31] 한일합섬 사건의 항소심과 대법원 판결은 이런 방론을 포함하지 않아서, 이와 같은 우려가 실제로 증폭되지 않고 합병형 LBO의 법리로 도식화되었으나, 대상판결에서 이를 다시 명시적으로 언급함으로써 SPC를 이용한 합병형 LBO가 허용되는가에 관한 의문이 생기게 된 것이다.

2. 합병형 LBO의 적법성

대상판결은 종래 허용되는 것으로 이해하고 있던 합병형 LBO의 범위를 인수회사와 합병하는 경우로 제한하는 것처럼 적고 있다. 물론 대상판결도 일반적인 법리가 아니라 사안에 관한 구체적인 판단 부분에서 재산상 손해를 판단하는 요소의 하나로 이를 서술하고 있기 때문에, 명확하게 기준을 제시하고 있는 것은 아니다. 그러나 최소한 대상회사를 SPC와 합병하여 완전자회사로 유지하는 구조의 법적 불확실성을 증폭시킨 것은 분명하다. 그러나 대상판결의 이런 입장은 다음 세 가지 점에서 비판이 가능하다.

첫째, 대상판결의 설명은 어피니티가 하이마트를 인수한다는 전체 구조를 전혀 고려하고 있지 않고, 그 가운데 일부인 SPC와의 합병만을 고찰하고 있다. 그러나 하이마트 또는 그 이해관계자에게 어떤 영향을 미치는지, 그 결과 하이마트에 손해가 발생하는지는 전체 기업인수 구조

31) 천경훈, 앞의 논문 각주 24, 219면.

에서 판단하여야 한다. 예를 들어, 대상판결은 SPC와 합병하더라도 "장래 하이마트에 초과수익을 가져다주기 어렵다."고 판단하고 있다. 이 서술 자체는 너무 당연한 것이, SPC와의 합병이란 영업실체를 변화시키기 위한 거래가 아니고 주주 구성을 변화시키기 위한 거래이기 때문이다. 하이마트의 영업실체에 아무 변화가 없기 때문에 문제라는 지적은, 원래 전체 거래의 목적이 어피니티가 하이마트의 100% 주식을 보유하는 것에 있다는 점을 간과하고 있다. 또한 대상판결은 하이마트가 합병을 통하여 하이마트홀딩스의 자산을 승계하더라도 실질적으로 재산을 얻은 것이 아니라고 서술하고 있는데, 이 역시 너무 당연한 설명이다. 이 합병은 100% 주식보유를 해소하고 하나의 회사로 구조를 변경한 것에 지나지 않기 때문이다.

둘째, 합병형 LBO가 배임에 해당하지 않는다는 논리는 SPC와의 합병에서도 동일하게 적용된다. 앞서 설명한 바와 같이, 한일합섬 판결이 합병형 LBO를 면책시킨 기본적인 논리는, ① 합병 이후에는 자신의 채무가 된다는 점과, ② 합병 과정에서 채권자보호절차를 거친다는 점에 있었다. 합병의 상대방이 인수회사가 아니라 SPC인 경우에도 이 두 가지 논리는 동일하게 적용된다. 합병 이후에는 SPC의 채무가 존속회사에 승계되므로 자신의 채무가 되고, 합병 과정에서 대상회사의 채권자는 탈퇴할 기회를 부여받게 되는 것이다. 따라서 SPC와의 합병이라고 해서 합병형 LBO에서 제외하는 것은 타당하지 않다.

셋째, 인수회사가 대상회사를 100% 자회사 형태로 둘 것인지 아니면 합병하여 하나의 회사로 운영할 것인지는 인수회사가 전적으로 자유롭게 선택할 수 있다. 상법에서도 100% 자회사 방식으로 두기 위한 합병으로 삼각합병을 도입하고 있다(제523조 제4호, 제523조의2). 인수회사가 대상회사를 합병할 수 있었음에도 불구하고 100% 자회사로 둔다고 해서 그것을 범죄라고 한다면, 아마도 누구나 말이 안 된다고 생각할 것이다. 대상판결에서 합병형 LBO의 범위를 인수회사와의 합병만으로 제한하는 것은 이런 이상한 주장을 하는 것과 다름이 없다.

결국 대상판결이 거부감을 가지고 지적하고 있는 것은 "합병의 실체가 없는 합병" 또는 "다른 목적을 달성하기 위한 합병"이라고 요약할 수 있을 것이다. 그러나 SPC 자체도 회사로서의 실체가 없는 회사이고, 사실 이렇게 실체가 없음에도 불구하고 그 법적 형식만을 빌리는 경우는 찾아보면 수없이 많다. 이 경우 단지 그 실체가 없다는 이유로, 또는 경제적 실질이 법적 형식과 다르다는 이유로 바로 불법이 되는 것은 아니고, 이런 법적 형식을 통하여 달성하고자 하는 목적을 감안하여 구체적으로 어떤 문제가 있는지 분석이 선행되어야 한다. 그러나 대상판결에서 이런 문제의식은 명확하게 드러나지 않는다. 오히려 대상판결은 "모든 합병은 합병으로서의 실체가 있어야 한다."는 고정관념에 사로잡혀 있는 것은 아닌가 하는 생각이 든다. 이 사건에서 하이마트 이사로서는 적절한 경영판단을 해야 하지만, 그것은 어피니티와의 기업인수 거래 전체를 대상으로 판단해야 하는 것이지, SPC와의 합병을 가지고 판단할 필요는 없는 것이다.

3. 적법한 합병형 LBO의 확대 문제

실제로 합병형 LBO는 대상회사의 자산이 인수회사의 인수자금 조달에 담보로 제공되지 않았다는 점에 더 주목한다는 것을 앞서 설명하였다. 따라서 온세통신 사건은 대상회사와의 합병이 처음부터 목표였고 결과적으로 합병도 이루어졌지만, 대상회사의 자산이 인수자금 조달의 담보로 제공되었으므로 합병이 없었던 신한 사건과 동일하게 담보형 LBO로 분류된다. 대상판결도 마찬가지이다. 최종적으로 SPC와 하이마트 사이에 합병이 이루어졌지만, 담보형 LBO의 법리가 적용되었다. 담보형 LBO는 설사 인수회사가 대상회사의 100%를 취득하더라도 원칙적으로 배임이라는 점을 감안하면, 담보형과 합병형의 구분은 사실상 결론을 거의 결정하는 정도로 중요성을 가진다.

그런데 담보형으로 출발하기는 하였으나 최종적으로 대상회사를 합병하는 것으로 종결되는 LBO, 특히 그것이 처음부터 예정되었던 LBO는 합병형으로 보아 원칙적으로 회사의 손해나 이사의 임무위배를 부정하는 것이 옳지 않을까? 그 이유는, 대상회사가 SPC 또는 인수회사와 합병하는 이상, 인수자금의 담보를 누가 제공하든지 최종 결과는 동일하기 때문이다. 어느 경우든 최종적으로는 합병으로 인한 존속회사가 자신의 자산을 담보로 한 자신의 채무를 변제해야 하고, 그 합병 과정에서 대상회사의 채권자는 채권자보호절차로 보호받게 된다. 대상회사의 자산에 인수자금에 대한 담보가 설정되어 있더라도 합병형 LBO가 면책되는 논리가 그대로 적용될 수 있다는 것이다. 따라서 최종적으로 인수회사와 합병이 이루어지는 LBO는 합병형으로 취급하여 배임죄를 부정하는 것이 바람직하다.

이런 유형의 합병형 LBO가 본래 의미의 합병형, 즉 대상회사의 자산이 담보로 제공되지 않은 유형과 차이가 나는 부분은, 합병 이전의 법률관계, 즉 합병 이전에 인수회사가 파산하여 대상회사의 자산에 설정된 담보가 실행되는 상황에서의 법률관계일 것이다. 그러나 최종적으로 합병이 된 LBO 사안에서, 그 이전의 담보제공을 가지고 대상회사의 이사에게 임무위배를 인정하는 것은 다음과 같은 이유에서 바람직하지 않다고 생각한다. ① 인수회사가 합병 이전에 파산할 위험은 극히 낮다. 만일 이런 상황이 발생하여 결국 합병까지 나아가지 못했다면 그 경우에 국한하여 담보형 LBO로 판단하면 충분하다. ② 처음부터 합병이 예정되어 있다면 최종 합병 단계에서 대상회사의 채권자는 자신의 이익을 보호할 수 있기 때문에, 합병 이전이라도 인수회사로서는 대상회사의 채권자를 해할 인센티브를 갖기 어렵다. ③ 대상회사의 자산에 담보를 설정할 수 있다면 인수자금의 조달이 더 저렴한 이자율로 더 쉬워질 수 있어서 거래비용이 감소된다.

물론 몇 가지 반론이 존재할 수 있다. 예를 들어, 배임죄는 위험범이므로 위험이 발생한 순간 기수가 되는 것이고, 그 이후의 합병이라는 사정은 배임죄의 성립에 영향이 없다는 주장도 가능할 것이다. 또한 담보제공의 대가를 받지 못했다는 등의 이유로 이미 발생한 회사의 손해가 그 이후 합병이라는 절차에서 치유되어 소멸한다는 것은 어색한 법리라고 볼 여지도 있다. 법리만 놓고 본다면, 단지 합병을 예정했다는 것만 가지고 그렇지 않은 거래와 달리 면책을 허용하는 것은 분명히 어색할 수 있다. 그러나 당초 예정된 합병까지 모두 종결되어 대상회사의 채권자들도 아무 불만이 없다면, 굳이 다시 합병 이전으로 돌아가 대상회사의 채권자의 이익이 침해될 "위험"만을 이유로 이사의 책임을 추궁할 필요는 무엇인지 묻지 않을 수 없다. 실제로 그런 위험이 처음부터 존재하였는지도 다시 생각해 보아야 할 것이다.

이렇게 합병형 LBO의 범위를 확대한다면, 대상판결의 결론도 달라진다. 설사 대상회사의 자산에 근저당을 설정하였더라도 최종적으로 합병이 이루어진 이상 회사의 손해나 이사의 임무위배는 인정하기 어렵게 된다. 온세통신 판결이 정말로 의도했던 것이 사실 이런 법리였을지도 모른다. 그래서 온세통신 사건에서도 처음부터 합병이 예정되어 있었고 실지로 합병이 이루어졌다는 점이 더 강조되었다고 한다고 생각한다.

Ⅴ. 결 어

원심으로부터 4년 반이나 지나서 나온 대상판결은 실무상 LBO 법리에 많은 혼란을 가져 왔으며, 대법원이 지난 15년간 일련의 판결을 통하여 진전시켜 온 법리적 발전을 다시 신한 판결로 후퇴시켰다. 그것도 하급심의 판단을 모두 뒤집으면서 내린 판단이라는 점에서 충격이 컸다. 담보형 LBO뿐만 아니라 합병형 LBO에 대해서도 부정적 판단을 언급하였다는 점에서, 거래의 불확실성은 더욱 높아졌다. 이에 따라 실무에서는 SPC를 이용한 합병형 역시 법적 불확실성이 커져 시장이 위축될 것이라고 전망하고 있다. 본문에서 상세히 설명한 바와 같이, 이런 대상판결의 논리는 회사법 이론에 비추어 보더라도 수긍하기 힘들다. 여전히 1인 회사와 같은 경직적 법리에 구속되어 있고, SPC의 활용과 같은 거래수단에 대해서는 다소 왜곡된 이해가 드러나고 있다. 무엇보다 이제 1인 회사의 법리와 같은 경직적 법리부터 변화를 위한 논의가 시작되어야 할 것이다. 향후 LBO 거래의 경제적 실질을 정확히 파악하고 그에 상응하는 법리가 형성되기를 기대한다.

[Abstract]

Criminal Liability with Leveraged Buyout

Song, Ok Rial*

Leveraged buyout, or LBO, refers to a technique that utilizes the asset value of a target company to raise the acquisition funds by the bidder. Since LBO usually adopts debt-financing, it has been the main problem associated with this transaction that the probability of bankruptcy of the target company is likely to increase after the acquisition. The correct legal policy, therefore, is to restrict the excessive use of debt in LBO transaction. The Korean Supreme Court, however, have overlooked this economics of LBO. In the Shinhan decision in 2006, for instance, the Court recognized the criminal liability of directors of the target company simply by relying on the formal analysis that the target "company" and its "shareholders" have independent legal personality. Although the Court adopted a more flexible approach to LBO cases in the Onse Telecom case in 2015, the recent decision at hand seemed to return the jurisprudence of LBO back to 15 years ago. The decision at hand not only raises the problem of stopping the efficient acquisition transactions from taking place, but also from theoretical perspectives overlooks the overall structure of the transactions while paying attention to formal elements such as corporate personality.

This paper points out three legal issues in the decision at hand. First, the Court admitted that the Korean version of the contract, which had different stipulations from the English version, should be dominant in determining what was actually agreed between the parties on the scope of the collateral interest. Given that the Court deals with the criminal liability,

* Professor, Seoul National University School of Law.

however, it is not clear whether the Court adopted proper standard of finding factual backgrounds. Second, the decision at hand regarded the transaction as a type of collateralized LBO, in which the target company provides security interest for the controlling shareholder's debt, and recognized the criminal liability relying on the Shinhan case. In that reasoning, however, the Court did not take into account the several elements set out in the Onse Telecom case in 2015 for finding violation of fiduciary duty of the directors. Finally, the decision at hand mentioned that the merger between the SPC and the target company could not exempt the directors from the criminal liability of breach of trust. Even in the case of such a merger with the SPC, however, the creditors of the target company would be sufficiently protected by the merger process, and thus there is no reason to treat it differently from the merger with the acquiring company.

[Key word]

- LBO
- breach of trust
- collateralized LBO
- merged LBO
- corporate personality
- contract interpretation
- SPC

참고문헌

김병연, "차입매수와 배임죄의 적용: 신한 LBO 및 한일합섬 LBO 사례와 관련하여", 상사법연구 제29권 제1호, 2010.

송종준, "회사법상 LBO의 배임죄 성부와 입법과제", 증권법연구 제10권 제2호, 2009.

안보용/이영민/김태오, "차입매수를 통한 인수금융의 최근 쟁점", BFL 제73호, 2015.

윤영신, "차입매수시 피인수회사의 자산을 담보로 제공하는 행위와 업무상 배임죄", 상사판례연구 제7권, 2007.

이창원/이상현/박진석, "LBO의 기본구조 및 사례분석", BFL 제24호, 2007.

천경훈, "LBO 판결의 회사법적 의미: 이사는 누구의 이익을 보호해야 하는가?", 저스티스 제127호, 2011.

Gevurtz, Franklin A., Mergers and Acquisitions Law (2019).

Romano, Roberta, "A Guide to Takeovers: Theory, Evidence, and Regulation", 9 Yale Journal on Regulation 122 (1992).

Weston, J. Fred, Mark L. Mitchell & J. Harold Mulherin, Takeovers, Restructuring, and Corporate Governance (4th, 2004).

民事判例研究會 하계 심포지엄

우리 연구회는 2021년 8월 21일 온라인으로 제44회 하계 심포지엄을 열고, "2010년대 민사판례의 경향과 흐름"이라는 주제로 민사법 분야 판례들의 경향과 흐름을 검토하고 논의하는 기회를 가졌다. 이 모임에서 발표된 논문들을 다시 수정 · 보완하여 『2010년대 민사판례의 경향과 흐름』이라는 별권의 단행본으로 발간하였다.

심포지엄은 다음과 같은 일정으로 진행되었다.

09:50~10:00　開 會 辭 ---------------------------------- 전원열 회장

10:00 ~12:00　제1세션 : 主題發表와 討論

(1) 민법총칙 ------------------------ 전보성(서울중앙지방법원 부장판사)

(2) 채권법 -------------------------------------- 권영준(서울대학교 교수)

13:20~13:30　신입회원 소개

13:30~15:30　제2세션 : 主題發表와 討論

(3) 물권법 -------------------------------------- 최우진(고려대학교 교수)

(4) 가족법 ------------------------------------ 현소혜(성균관대학교 교수)

15:50~17:50　제3세션 : 主題發表와 討論

(5) 상법 ---------------------------- 백숙종(서울고등법원 고등법원판사)

(6) 민사소송법, 민사집행법 ---------- 박진수(서울중앙지방법원 부장판사)

17:50~18:00 會員總會

18:00~18:10 閉 會 辭

民事判例研究會 日誌

▣ 月例 研究發表會 ▣

○ 第437回(2021. 1. 18.)

1. 송옥렬 교수 : 차입매수에 있어 이사 책임의 판단기준 –하이마트 LBO 판결
2. 이무룡 판사 : 입질채권을 담보하기 위해 사후적으로 설정된 저당권에 질권의 효력이 미치기 위한 요건

지정토론 : 조병구 부장판사, 정병호 교수

○ 第438回(2021. 2. 15.)

1. 김연미 교수 : 증권발행시장에서의 전문가책임
2. 여동근 판사 : 누적적 근저당권의 성립 근거와 운용상 특징 등에 관한 연구

지정토론 : 고유강 판사, 김형석 교수

○ 第439回(2021. 3. 22.)

1. 목혜원 판사 : 공유물분할청구권을 대위 행사하는 경우 보전의 필요성 유무의 판단기준
2. 고석범 판사 : 제3자를 위한 계약에서 기본관계의 흠결과 부당이득관계

지정토론 : 여하윤 교수, 장덕조 교수

○ 第440回(2021. 4. 19.)

1. 신지혜 교수 : 부정경쟁방지법 제2조 1호 카목의 적용 범위에 관한 고찰
2. 윤정운 판사 : 공용부분 무단점유로 인한 부당이득반환청구권의 성립과 행사 –침해부당이득에서의 손해를 중심으로

지정토론 : 장지용 고등법원판사, 제철웅 교수

○ 第441回(2021. 5. 24.)

1. 이중기 교수 : 신주인수권 배제와 관련한 "회사법의 목적"과 "법인격의 매개기능" 검토 —주주의 권리행사 대상인 "회사"와 이사의 의무이행 대상인 "회사"의 통일적 해석을 중심으로—
2. 박상한 판사 : 사해행위 취소소송에서 수익자 명의 등기의 말소를 명하는 판결이 확정된 후 그 말소가 불가능하게 된 경우, 다시 소유권이전등기청구를 할 수 있는지 여부

지정토론 : 이인수 판사, 권재문 교수

○ 第442回(2021. 6. 21.)

1. 조원경 변호사 : 특별한정승인 요건(민법 제1019조 제3항)에 관한 법률 해석
2. 장윤실 판사 : 사정변경 원칙의 요건과 '예견불가능'에 관한 검토

지정토론 : 현소혜 교수, 이동진 교수

○ 第443回(2021. 7. 19.)

1. 여미숙 교수 : 채권양도에서 이의를 보류하지 않은 승낙 및 상계
2. 박인범 판사 : 경매목적물에 설정된 제한물권으로 인한 담보책임과 확인의 이익

지정토론 : 오홍록 판사, 전휴재 교수

○ 第444回(2021. 9. 13.)

1. 정긍식 교수 : 문성공 율곡 이이의 종손권 분쟁에 대한 사적 고찰
2. 권민영 판사 : 제네릭 의약품 출시에 따른 약가 인하와 손해배상책임의 인정여부

지정토론 : 황은규 부장판사, 권태상 교수

○ 第445回(2021. 10. 18.)

1. 도민호 판사 : 임대차 존속 중 소멸시효가 완성된 자동채권과 유익비상환청구권의 상계 가부 —민법 제495조의 해석을 중심으로

2. 최승호 판사 : 법정임대차관계에 따른 임차주택의 점유와 임차보증금 반환채권의 소멸시효

지정토론 : 최준규 교수, 백경일 교수

○ 第446回(2021. 11. 22.)

1. 오영걸 교수 : 2001. 7. 13. 2001다9267 －리부트－

2. 장민하 판사 : 후순위담보권자가 선순위담보권의 피담보채권의 소멸시효를 원용할 수 있는지 여부

지정토론 : 임기환 부장판사, 정소민 교수

▣ 夏季 심포지엄 ▣

○ 第44回(2021. 8. 21.) (온라인 진행)

主題 : 「2010年代 民事判例의 傾向과 흐름」

1. 민법총칙 (전보성 부장판사)
2. 채권법 (권영준 교수)
3. 물권법 (최우진 교수)
4. 가족법 (현소혜 교수)
5. 상법 (백숙종 고등법원판사)
6. 민사소송법, 민사집행법 (박진수 부장판사)

民事判例研究會 2021年度 會務日誌

1. 月例發表會

□ 2021년에도 하계 심포지엄이 열린 8월과 연말인 12월을 제외한 나머지 달에 빠짐없이 연구발표회를 개최하여 총 20명의 회원들이 그동안 연구한 성과를 발표하였다. 2021년 1월의 제437회 월례발표회부터 11월의 제446회 월례발표회까지의 발표자와 논제는 위의 월례연구발표회 일지에서 밝힌 바와 같다.

2. 송상현 교수님 산수 기념 논문집 헌정식

□ 1990년부터 2004년까지 연구회 회장을 맡으신 송상현 교수님(전 국제형사재판소장)께서 산수를 맞이하신 것을 기념하여 2021. 4. 19. 교수님께 '민사판례연구 제43권'을 기념 논문집으로 헌정하는 모임을 가졌다. 교수님의 눈부신 업적을 기리고 수복강녕을 기원하는 회원 모두의 마음을 전달한 뜻깊은 시간이었다.

3. 제44회 夏季 심포지엄

□ 2021년도 하계 심포지엄은 8월 21일 줌 프로그램을 이용하여 '2010년대 민사판례의 경향과 흐름'이라는 주제로 온라인으로 개최하였다. 2020년에 이어 2021년에도 코로나바이러스감염증-19로 인한 사회적 거리두기 준수를 위해 2년 연속으로 하계 심포지엄이 온라인 방식으로 진행되었다. 이번 심포지엄에는 79명의 회원이 참석하여 유익한 발표와 토론이 이루어졌다.

□ 회원이 아니면서도 심포지엄에 참석하여 발표를 맡아 주신 백숙종 서울고등법원 판사님, 회원으로서 발표를 맡아 주신 전보성 부장판사님,

권영준 교수님, 최우진 교수님, 현소혜 교수님, 박진수 부장판사님과 심포지엄의 원활한 진행을 위하여 도움을 주신 모든 회원님들께 깊이 감사드린다.

4. '2010년대 민사판례의 경향과 흐름' 단행본 발간

□ 2022년 2월 '2010년대 민사판례의 경향과 흐름' 단행본을 발간하였다. 이는 같은 대주제로 개최한 2021년도 하계 심포지엄에서 발표된 6편의 주제발표문을 수정·보완한 것이다.

□ 이 단행본은 2001년 '90년대 주요 민사판례평석'부터 10년 간격으로 발간된 민법총칙, 채권법, 물권법, 가족법, 상법, 민사소송법 분야의 대법원 판례의 경향과 흐름을 분석한 단행본들의 후속 편에 해당한다.

5. 會員動靜

□ 정긍식 교수님께서 2021년 1월 교육부로부터 학술·연구지원사업 한국학 분야 우수성과를 수상하셨다.

□ 전원열 회장님, 정기상 부장판사께서 2022년 1월 한국법학원으로부터 법학논문상을 수상하셨다.

6. 2022년도 新入會員

□ 학계의 곽희경(아주대), 박혜진(한양대), 안태준(한양대), 이정수(서울대) 교수와 법원의 고범진, 구하경, 김동호, 김진하, 김찬영, 현재언 판사의 신청을 받아 2022년도 신입회원으로 맞이하였다.

(幹事 김 영 진)

民事判例硏究會 2023年度
新入會員 募集 案內

우리 연구회에서는 2023년도 신입회원을 모집합니다. 민사법, 상사법, 민사소송법 분야의 판례 및 이론 연구에 높은 관심과 열의가 있으신 법학교수 및 법조인(판사, 검사 및 변호사 포함)으로서 우리 연구회에 가입하여 활동하기를 원하시는 분들께서는 2022. 10. 15.까지 아래 연락처로 문의해 주시기 바랍니다.

– 아　　래 –

주　　소 : 서울 서대문구 연세로 50 연세대학교 법학전문대학원
광복관 310호(조인영 교수)

이 메 일 : inyoung.cho@yonsei.ac.kr

전화번호 : (02) 2123-2994

民事判例研究會 定款

(2010. 8. 28. 제정)

제1장 총 칙

제1조(목적) 본회는 판례의 연구를 통하여 민사법에 관한 이론과 실무의 조화로운 발전에 기여하고 회원 상호간의 친목을 도모함을 목적으로 한다.

제2조(명칭) 본회는 「민사판례연구회」라고 한다.

제3조(주소지) 본회는 서울특별시에 그 주소지를 둔다.

제4조(사업) 본회는 제1조의 목적을 달성하기 위하여 다음 사업을 한다.

1. 판례연구 발표회 및 심포지엄의 개최
2. 연구지를 비롯한 도서의 간행
3. 그 밖에 본회의 목적을 달성함에 필요한 사업

제2장 회 원

제5조(회원) 회원은 본회의 목적에 동의하는 다음 각 호에 해당하는 사람으로서 가입신청을 하여 운영위원회의 승인을 얻어야 한다.

1. 민사법의 연구에 관심이 있는 대학교수
2. 민사법의 연구에 관심이 있는 법관, 검사, 변호사, 그 밖에 변호사 자격이 있는 사람

제6조(회원의 권리·의무) ① 회원은 본회의 운영과 관련된 의사결정에 참여하며, 본회의 각종 사업에 참여할 수 있는 권리를 갖는다.

② 회원은 정관 및 총회 결정사항을 준수할 의무를 지며 회비를 납부

하여야 한다.

제7조(회원의 자격상실) 다음 각 호의 1에 해당하는 회원은 그 자격을 상실한다.

1. 본인의 탈퇴 신고
2. 회원의 사망
3. 회원의 제명 또는 탈퇴 결정

제8조(제명 또는 탈퇴 결정) ① 회원이 본회의 명예를 심각하게 훼손한 때 또는 본회의 목적에 위배되는 행위를 하거나 회원으로서의 의무를 중대하게 위반한 때에는 총회의 의결로 제명할 수 있다. 제명에 관한 총회의 의결은 회원 3/4 이상의 출석과 출석회원 과반수의 찬성으로 한다.

② 회원이 정당한 사유없이 상당한 기간 동안 출석을 하지 아니하는 등 회원으로서 활동할 의사가 없다고 인정되는 경우에는 운영위원회의 의결로 탈퇴를 결정할 수 있다.

제 3 장 자산 및 회계

제9조(자산의 구성) 본회의 자산은 다음 각 호에 기재한 것으로 구성한다.

1. 회원의 회비
2. 자산으로 생기는 과실
3. 사업에 따른 수입
4. 기타 수입

제10조(자산의 종류) ① 본회의 자산은 기본재산과 보통재산으로 구분한다.

② 기본재산은 다음 각 호에 기재한 것으로 하되 이를 처분하거나 담보로 제공할 수 없다. 다만, 부득이한 사유가 있는 때에는 운영위원회의 의결을 거쳐 이를 처분하거나 담보로 제공할 수 있다.

1. 기본재산으로 하기로 지정하여 출연된 재산
2. 운영위원회에서 기본재산으로 하기로 결의한 재산

③ 보통재산은 기본재산 이외의 재산으로 한다.

제11조(경비지출) 본회의 경비는 보통재산에서 지출한다.

제12조(자산의 관리) 본회의 자산은 운영위원회의 의결에 의하여 운영위원회에서 정한 관리방법에 따라 회장 또는 회장이 지명하는 회원이 관리한다.

제13조(세입 · 세출 예산) 본회의 세입 · 세출예산은 매 회계연도개시 1개월 전까지 운영위원회의 의결을 얻어야 한다. 다만, 부득이한 사정이 있는 경우에 운영위원회의 의결은 새 회계연도 후 첫 회의에서 이를 받을 수 있다.

제14조(회계연도) 본회의 회계연도는 매년 1월 1일에 시작하여 12월 31일까지로 한다.

제15조(회계감사) 감사는 연 1회 이상 회계감사를 하여야 한다.

제16조(임원의 보수) 임원의 보수는 지급하지 아니한다. 다만 실비는 변상할 수 있다.

제4장 임　원

제17조(임원의 인원수 및 자격) 본회에는 법률상 그 결격사유가 없는 자로서 다음과 같은 임원을 둔다.

1. 회장 1인
2. 운영위원 5인 이상 20인 이내
3. 감사 1인
4. 간사 2인 이내

제18조(임원의 선임) ① 회장은 운영위원회에서 선출하며 총회의 인준을 받는다.

② 운영위원은 회장이 추천하여 총회의 인준을 받는다.

③ 감사는 총회에서 선출한다.

④ 간사는 회장이 지명한다.

제19조(임원의 직무) ① 회장은 본회의 업무를 통괄하고 본회를 대표한다.

② 회장 유고시에 운영위원 중 연장자가 그 직무를 대행한다.

③ 감사는 본회의 업무 및 회계에 관한 감사를 한다.

④ 간사는 회장의 지시에 따라 본회의 실무를 수행한다.

제20조(임기) 회장, 운영위원 및 감사의 임기는 4년으로 하되 연임할 수 있다.

제21조(명예회장과 고문) ① 본회의 발전을 위하여 명예회장과 고문을 둘 수 있다.

② 명예회장과 고문은 운영위원회의 추천에 의하여 회장이 추대한다.

제5장 총　　회

제22조(총회) ① 총회는 본회의 최고의결기구로서 회원으로 구성한다.

② 회장은 총회의 의장이 된다.

제23조(총회의 소집) ① 총회는 정기총회와 임시총회로 나누되 정기총회는 년 1회 하반기에, 임시총회는 회장 또는 운영위원회가 필요하다고 인정한 경우에 각각 회장이 소집한다.

② 회장은 회의 안건을 명기하여 7일전에 각 회원에게 통지하여야 한다. 이 통지는 본회에 등록된 회원의 전자우편주소로 발송할 수 있다.

제24조(총회의사 및 의결의 정족수) 총회는 회원 30인 이상의 출석과 출석회원 과반수로서 의결한다.

제25조(표결의 위임) 회원은 다른 회원에게 위임하여 표결할 수 있다. 이 경우 그 위임을 증명하는 서면을 미리 총회에 제출하여야 한다.

제26조(총회에 부의할 사항) 총회는 다음에 기재하는 사항을 의결한다.

1. 정관의 제정 및 개정에 관한 사항
2. 임원의 선임과 인준에 관한 사항
3. 세입세출의 예산 및 결산의 승인
4. 기본재산의 처분·매도·증여·기채·담보제공·임대·취득의 승인
5. 본회의 해산
6. 그 밖에 주요사항으로서 운영위원회가 총회에 부의하기로 의결한 사항

제6장 운영위원회

제27조(운영위원회의 구성) ① 운영위원회는 회장과 운영위원으로 구성한다.

② 회장은 운영위원회의 의장이 된다.

제28조(운영위원회의 권한) 운영위원회는 다음 각 호의 사항을 심의 의결한다.

1. 회장의 선출
2. 회원의 가입과 탈퇴에 관한 사항
3. 운영계획에 관한 사항
4. 재산의 취득, 관리, 처분에 관한 사항
5. 총회의 소집과 총회에 회부할 의안에 관한 사항
6. 총회가 위임한 사항
7. 그 밖에 회장이 회부한 본회의 운영에 관한 중요사항

제29조(운영위원회의 소집) ① 운영위원회는 정기 운영위원회와 임시 운영위원회로 구분하고 회장이 소집한다.

② 정기 운영위원회는 년 1회 이상 개최한다.

③ 임시 운영위원회는 회장이 필요하다고 인정하거나 운영위원 1/3 이상 또는 감사의 요구가 있을 때에 회장이 소집한다.

제30조(운영위원회 의사 및 의결의 정족수) 운영위원회는 운영위원 5인 이상의 출석과 출석운영위원 과반수의 찬성으로 의결한다.

제7장 보 칙

제31조(정관의 변경) 본 정관은 총회에서 회원 1/3 이상의 출석과 출석회원 2/3 이상의 동의를 얻어 이를 변경할 수 있다.

제32조(해산, 잔여재산의 처분) ① 본회는 민법 제77조 및 제78조의 규정에 의하여 해산한다.

② 총회원 3/4 이상의 출석과 출석회원 2/3 이상의 찬성으로 본회를 해산할 수 있다.

③ 본회가 해산한 때의 잔여재산은 총회의 결의를 거쳐 유사한 목적을 가진 다른 단체에 출연할 수 있다.

제33조(시행세칙의 제정) 본 정관의 시행에 필요한 세칙은 운영위원회의 의결을 거쳐 정한다.

부 칙

제1조(시행일) 이 정관은 2010년 8월 28일부터 효력이 발생한다.

제2조(회원 및 임원 등) ① 이 정관의 효력 발생일 당시의 민사판례연구회의 회원은 본회의 회원으로 본다.

② 이 정관의 효력 발생일 당시의 회장은 이 정관에 의하여 선임된 것으로 본다. 그 임기는 본 정관의 규정에 의하되, 정관 효력발생일부터 개시된다.

제3조(기존의 행위에 관한 규정) 이 정관의 효력 발생 이전에 민사판례연구회가 한 활동은 이 정관에 따른 것으로 본다.

民事判例研究 간행규정

2005년 12월 27일 제정
2021년 2월 22일 개정

제 1 조(목적) 이 규정은 민사판례연구회(이하 연구회)가 발간하는 정기학술지인 『민사판례연구』에 게재할 논문의 제출, 작성 기준에 관한 사항을 규정함을 목적으로 한다.

제 2 조(삭제)

제 3 조(논문의 제출자격) 논문의 제출은 연구회의 회원인 자에 한하여 할 수 있다. 그러나 운영위원회의 승인을 받은 경우에는 회원이 아닌 자도 논문을 제출할 수 있다.

제 4 조(논문의 제출기일) ① 『민사판례연구』에 논문을 게재하고자 하는 자는 발간예정일을 기준으로 2개월 전에 원고를 이메일로 간사에게 제출하여야 한다.

② 연구회가 주최 또는 주관한 심포지엄 기타 학술모임에서 발표한 논문을 『민사판례연구』에 게재하는 경우에도 제 1 항에 의한다.

제 5 조(삭제)

제 6 조(원고분량의 제한) 논문은 200자 원고지 240매를 초과할 수 없다. 그러나 논문의 성격상 불가피하다고 인정될 경우에는 운영위원회의 승인을 얻어 게재할 수 있다.

제 7 조(논문불게재) 연구회는 운영위원회의 심의를 거쳐 제출된 논문을 게재하지 아니할 수 있다.

제 8 조(원고작성 기준) 게재를 위하여 제출하는 원고는 아래와 같은 기준

으로 작성한다.

1. 원고는 흔글 워드 프로그램으로 작성하여 제출하여야 한다.
2. 원고표지에는 논문제목(영문제목 병기), 필자의 인적 사항(성명, 영문성명, 소속, 직책) 및 연락처를 기재하여야 한다.
3. 논문의 저자가 2인 이상인 경우에는 주저자와 공동저자를 구분하고 주저자·공동저자의 순서로 표시하여야 한다.
4. 목차순서는 다음과 같이 기재한다.
   ㉠ 로마 숫자 예) Ⅰ.
   ㉡ 아라비아 숫자 예) 1.
   ㉢ 괄호 숫자 예) (1)
   ㉣ 괄호 한글 예) ㈎
   ㉤ 반괄호 숫자 예) 1)
5. 논문의 결론 다음에는 국문 및 국제학술어(영어, 독일어, 프랑스어)로 된 논문초록 및 10개 이내의 주제어를 기재하여야 한다.
6. 마지막으로 참고문헌 목록을 작성하여야 한다.
7. (삭제)

제 9 조(원고제출 및 게재안내) ① 게재를 신청하는 원고의 접수 및 그에 관련된 문의에 관한 사항은 간사가 담당한다.

② 『민사판례연구』에는 다음 호에 게재할 논문의 투고 및 작성기준을 안내한다.

부　　칙(2005년 12월 27일)

이 규정은 2006년 1월 1일부터 시행한다.

부　　칙(2021년 2월 22일)

이 규정은 2021년 3월 1일부터 시행한다.

논문의 투고 및 작성기준 안내

1. 제출기일

민사판례연구회의 『민사판례연구』는 매년 1회(2월 말) 발간됩니다. 간행규정 제 4 조에 따라 위 정기 학술지에 논문이나 판례평석(이하 논문이라고 한다)을 게재하고자 하는 자는 발간예정일을 기준으로 2개월 전에 원고를 이메일로 간사에게 제출하여야 합니다. 연구회가 주최 또는 주관한 심포지엄 기타 학술모임에서 발표한 논문을 『민사판례연구』에 게재하는 경우에도 마찬가지입니다.

2. 논문의 제출자격 등

논문의 제출은 연구회의 회원인 자에 한하여 할 수 있습니다. 그러나 운영위원회의 승인을 받은 경우에는 회원이 아닌 자도 논문을 제출할 수 있습니다.

연구회는 운영위원회의 심의를 거쳐 제출된 논문을 게재하지 아니할 수 있습니다.

3. 원고분량 제한

논문은 200자 원고지 240매를 한도로 합니다. 다만 논문의 성격상 불가피하다고 인정될 경우에는 운영위원회의 승인을 얻어 게재할 수 있습니다(간행규정 제 6 조 참조).

4. 원고작성 기준

게재할 원고는 아래와 같은 기준으로 작성하여 주십시오.

(1) 원고는 [흔글]워드 프로그램으로 작성하여, 원고표지에는 논문제

목(영문제목 병기), 필자의 인적 사항(성명, 영문성명, 소속, 직책, 학위) 및 연락처를 기재하여 주십시오.

(2) 논문의 저자가 2인 이상인 경우에는 주저자와 공동저자를 구분하고 주저자·공동저자의 순서로 표시하여 주십시오.

(3) 목차순서는 다음과 같이 하여 주십시오.

㉠ 로마 숫자(중앙으로) 예) Ⅰ.

㉡ 아라비아 숫자(2칸 들여쓰기) 예) 1.

㉢ 괄호 숫자(4칸 들여쓰기) 예) (1)

㉣ 괄호 한글(6칸 들여쓰기) 예) ㈎

㉤ 반괄호 숫자 예) 1)

(4) 논문의 결론 다음에는 국문 및 국제학술어(영어, 독일어, 프랑스어)로 된 논문초록 및 10개 이내의 주제어를 기재하여 주십시오.

(5) 마지막으로 참고문헌목록을 작성하여 주십시오.

5. 원고제출처

게재신청 원고의 접수 및 문의에 관한 사항은 실무간사인 이재찬 판사에게 하시면 됩니다.

Tel: (031) 920-3520

e-mail: leejaechan@scourt.go.kr

◇ 2023년 2월경 간행 예정인 민사판례연구 제45권에 투고하고자 하시는 분들은 2022년 11월 30일까지 원고를 제출하여 주십시오.

民事判例硏究會 會員 名單

(2022. 2. 28. 現在, 281名, 가나다 順)

姓 名	現 職	姓 名	現 職
姜東郁	변호사	金琪泓	서울회생법원 판사
姜棟勛	광주고법(제주) 판사	金度亨	변호사
康承埈	서울고법 부장판사	金東鎬	서울중앙지법 판사
姜永壽	변호사	金文煥	국민대 법대 명예교수
姜志曄	광주고법(전주) 판사	金旼秀	변호사
姜智雄	창원지법 마산지원 부장판사	金炳瑄	이화여대 법전원 교수
姜賢俊	부산고법 판사	金相瑢	중앙대 법전원 교수
高範溱	인천지법 판사	金上中	고려대 법전원 교수
高錫範	전주지법 정읍지원 판사	金相哲	변호사
高唯剛	서울대 법전원 교수	金善和	서울중앙지법 판사
高銀設	인천지법 부장판사	金成昱	변호사
高弘錫	인천지법 부천지원장	金星泰	연세대 법전원 명예교수
郭喜卿	아주대 법전원 교수	金世容	사법연수원 교수
丘尙燁	울산지검 인권보호관	金昭英	전 대법관
具泰會	서울고법 고법판사	金水晶	명지대 법대 교수
具河庚	서울중앙지법 판사	金延美	성균관대 법전원 교수
權光重	변호사	金永錫	대법원 재판연구관
權大祐	한양대 법전원 교수	金永信	전 명지대 법대 교수
權珉瑩	울산가정법원 판사	金煐晋	서울고법 고법판사
權英俊	서울대 법전원 교수	金榮喜	연세대 법전원 교수
權五坤	전 ICC 당사국총회 의장	金龍潭	전 대법관
權載文	서울시립대 법전원 교수	金禹辰	울산지방법원장
權 澈	성균관대 법전원 교수	金雄載	서울대 법전원 교수
權兌相	이화여대 법전원 교수	金裕鎭	변호사
金敬桓	변호사	金在男	대전지법 천안지원 판사
金圭和	대구고법 판사	金廷娟	이화여대 법전원 교수

姓　名	現　　職	姓　名	現　　職
金志健	대전고법(청주) 판사	朴相漢	수원지법 성남지원 판사
金鎭雨	한국외국어대 법전원 교수	朴雪娥	대법원 재판연구관
金辰河	서울중앙지법 판사	朴秀坤	경희대 법전원 교수
金贊榮	서울남부지법 판사	朴仁範	창원지법 밀양지원 판사
金昌模	서울중앙지법 부장판사	朴仁煥	인하대 법전원 교수
金天秀	성균관대 법전원 교수	朴宰瑩	서울고법 고법판사
金泰均	인천지법 부천지원 판사	朴在允	전 대법관
金兌宣	서강대 법전원 교수	朴鍾垣	청주지법 판사
金兌珍	고려대 법전원 교수	朴俊錫	서울대 법전원 교수
金賢錫	변호사	朴之姸	변호사
金賢眞	인하대 법전원 교수	朴鎭秀	서울중앙지법 부장판사
金炯錫	서울대 법전원 교수	朴贊益	변호사
金滉植	전 국무총리	朴　徹	변호사
金孝貞	수원지법 판사	朴哲弘	대전지법 판사
羅載穎	부산지법 판사	朴海成	변호사
羅眞伊	수원지법 성남지원 부장판사	朴彗辰	한양대 법전원 교수
南馨斗	연세대 법전원 교수	方泰慶	변호사
南孝淳	서울대 법전원 명예교수	裵容浚	서울고법 고법판사
盧榮保	변호사	白慶一	숙명여대 법대 교수
盧柔慶	대법원 재판연구관	白昌勳	변호사
盧在虎	광주지법 부장판사	范鐥允	양형위원회 운영지원단장
魯赫俊	서울대 법전원 교수	徐　敏	전 충남대 법전원 교수
都旻浩	부산가정법원 판사	徐乙五	이화여대 법전원 교수
睦榮埈	전 헌법재판관	徐　正	변호사
睦惠媛	대전지법 천안지원 판사	徐靚源	성균관대 법전원 교수
文容宣	변호사	石光現	서울대 법전원 교수
文準燮	변호사	孫哲宇	양형위원회 상임위원
閔聖喆	서울동부지법 부장판사	孫台沅	의정부지법 판사
閔日榮	전 대법관	宋德洙	이화여대 법전원 명예교수
朴東奎	대법원 재판연구관	宋相現	전 ICC 재판소장
朴珉俊	대법원 재판연구관	宋永福	대구고법 판사
朴庠彦	수원지법 안산지원 부장판사	宋沃烈	서울대 법전원 교수

姓　名	現　　職	姓　名	現　　職
宋宰馹	명지대 법대 교수	劉慧珠	수원지법 안양지원 판사
宋惠政	서울고법 고법판사	尹聖憲	서울중앙지법 판사
宋鎬煐	한양대 법전원 교수	尹榮信	중앙대 법전원 교수
申世熙	청주지법 제천지원 판사	尹楨雲	대전가정법원 판사
申元一	대법원 재판연구관	尹智暎	의정부지법 판사
申智慧	한국외국어대 법전원 교수	尹眞秀	서울대 법전원 명예교수
沈承雨	사법연수원 교수	李健熙	수원지법 여주지원 판사
沈仁淑	중앙대 법전원 교수	李京珉	서울중앙지법 판사
沈俊輔	서울고법 부장판사	李啓正	서울대 법전원 교수
安炳夏	강원대 법전원 교수	李恭炫	전 헌법재판관
安正鎬	변호사	李國鉉	수원지법 부장판사
安台埈	한양대 법전원 교수	李均釜	서울서부지법 판사
梁勝宇	인천지법 판사	李均龍	대전고등법원장
梁栽豪	변호사	李東明	변호사
梁鎭守	서울고법 고법판사	李東珍	서울대 법전원 교수
梁彰洙	전 대법관(한양대 법전원 석좌교수)	李茂龍	청주지법 판사
嚴東燮	서강대 법전원 명예교수	李丙儁	한국외국어대 법전원 교수
呂東根	춘천지법 영월지원 판사	李鳳敏	대법원 재판연구관
呂美淑	한양대 법전원 교수	李祥敏	변호사
呂河潤	중앙대 법전원 교수	李相元	변호사
吳大錫	대법원 재판연구관	李새롬	대법원 재판연구관
吳英傑	서울대 법전원 교수	李宣憙	성균관대 법전원 교수
吳泳俊	서울고법 부장판사	李承揆	변호사
吳姃厚	서울대 법전원 교수	李丞鎰	수원지법 판사
吳宗根	이화여대 법전원 교수	李承勳	헌법재판소 파견
吳興祿	부산지법 서부지원 부장판사	李縯甲	연세대 법전원 교수
庾炳賢	고려대 법전원 교수	李仁洙	수원지법 성남지원 판사
劉아람	차세대전자소송지원단장	李載根	변호사
柳元奎	변호사	李在敏	춘천지법 강릉지원 판사
柳濟瑨	대전지법 판사	李栽源	법원행정처 사법정책심의관
劉玄埴	대전지법 판사	李載璨	서울고법 고법판사
劉亨雄	사법정책연구원 연구위원	李在璨	사법정책연구원 연구위원

姓 名	現 職	姓 名	現 職
李在赫	서울고법 고법판사	張允實	부산지법 판사
李政玟	평택지원장	張埈赫	성균관대 법전원 교수
李政洙	서울대 법전원 교수	張志墉	수원고법 고법판사
李貞兒	수원지법 안양지원 판사	張智雄	대전고법(청주) 판사
李政桓	변호사	張哲翼	변호사
李鍾基	창원지법 진주지원 부장판사	張泰永	서울고법(춘천) 판사
李鍾文	전주지법 부장판사	全甫晟	서울중앙지법 부장판사
李鍾赫	한양대 법전원 교수	全元烈	서울대 법전원 교수
李準珩	한양대 법전원 교수	全宰賢	전주지법 정읍지원 판사
李重基	홍익대 법대 교수	全烋在	성균관대 법전원 교수
李芝姈	서울고법 고법판사	鄭璟煥	변호사
李智雄	대전지법 공주지원 판사	鄭肯植	서울대 법전원 교수
李鎭萬	변호사	鄭基相	수원고법 고법판사
李彰敏	대법원 재판연구관	鄭多周	변호사
李昌鉉	서강대 법전원 교수	丁文卿	서울고법 고법판사
李玹京	대법원 재판연구관	鄭炳浩	서울시립대 법전원 교수
李賢洙	변호사	鄭仙珠	서울대 법전원 교수
李惠美	수원지법 판사	鄭素旻	한양대 법전원 교수
李慧民	HCCH 파견	鄭洙眞	서울고법 고법판사
李孝濟	변호사	鄭宇成	수원지법 안양지원 판사
李興周	대전고법 고법판사	鄭煜都	대구지법 부장판사
林奇桓	서울북부지법 부장판사	鄭載優	의정부지법 판사
林 龍	서울대 법전원 교수	鄭晙永	서울고법 부장판사
任允漢	서울북부지법 판사	鄭俊爀	서울대 법전원 교수
林貞允	대법원 재판연구관	鄭泰綸	이화여대 법전원 교수
張德祚	서강대 법전원 교수	鄭鉉熹	사법정책연구원 연구위원
張斗英	법원행정처 형사지원심의관	諸哲雄	한양대 법전원 교수
張民河	대전지법 판사	趙敏惠	수원가정법원 판사
張輔恩	한국외국어대 법전원 교수	趙炳九	서울중앙지법 부장판사
張善鍾	광주지법 순천지원 판사	曺媛卿	변호사
張洙榮	부산지법 서부지원 부장판사	趙恩卿	대법원 재판연구관
張允瑄	서울중앙지법 부장판사	趙璘英	연세대 법전원 교수

姓　名	現　　職	姓　名	現　　職
趙在憲	수원지법 안산지원 판사	韓相鎬	변호사
趙弘植	서울대 법전원 교수	韓愛羅	성균관대 법전원 교수
朱大聖	변호사	韓政錫	서울중앙지법 부장판사
朱宣俄	서울고법 고법판사	咸允植	변호사
池宣暻	대구지법 서부지원 판사	許文姬	수원지법 안양지원 판사
池元林	고려대 법전원 교수	許　旻	대구지법 김천지원 판사
陳賢敏	서울고법 고법판사	許盛旭	서울대 법전원 교수
車永敏	서울중앙지법 부장판사	玄洛姬	성균관대 법전원 교수
千景壎	서울대 법전원 교수	玄昭惠	성균관대 법전원 교수
崔文壽	대법원 재판연구관	玄在彦	서울중앙지법 판사
崔文僖	강원대 법전원 교수	胡文赫	서울대 법전원 명예교수
崔俸京	서울대 법전원 교수	扈帝熏	변호사
崔瑞恩	대구지법 부장판사	洪承勉	서울고법 부장판사
崔秀貞	서강대 법전원 교수	洪晙豪	변호사
崔乘豪	춘천지법 속초지원 판사	洪眞映	서울대 법전원 교수
崔宇鎭	고려대 법전원 교수	黃勇男	대구지법 서부지원 판사
崔允瑛	수원지법 판사	黃銀圭	변호사
崔竣圭	서울대 법전원 교수	黃進九	대법원 선임재판연구관
韓나라	사법정책연구원 연구위원		

民事判例研究〔XLIV〕

2022년 2월 20일 초판인쇄
2022년 2월 28일 초판발행

편 자 전 원 열
발행인 안 종 만 · 안 상 준
발행처 (株)傳 英 社
서울특별시 금천구 가산디지털2로 53
(가산동, 한라시그마밸리)
전화 (733) 6771 FAX (736) 4818
등록 1959. 3. 11. 제300-1959-1호(倫)
www.pybook.co.kr e-mail: pys@pybook.co.kr

정 가 63,000원

ISBN 979-11-303-4119-4
978-89-6454-552-2(세트)
ISSN 1225-4894 45